Gwynfor:
RHAG POB BRAD

I Mam ac Er Cof am Dad

Gwynfor:
RHAG POB BRAD

cofiant gan RHYS EVANS

Lluniau: Ceridwen Pritchard; Geoff Charles; Meleri Mair; Bob Puw; Ken Davies; Arwel Davies; Marian Delyth; Llyfrgell Genedlaethol Cymru; Hulton Deutsch; South Wales Evening Post; Western Mail and Echo.

Argraffiad cyntaf: 2005

Llun y clawr: Russell Jarvis Photography

ISBN: 0 86243 795 4

Argraffwyd a chyhoeddwyd yng Nghymru
gan Y Lolfa Cyf., Talybont, Ceredigion SY24 5AP
e-bost ylolfa@ylolfa.com
gwefan www.ylolfa.com
ffôn 01970 832 304
ffacs 01970 832 782

CYNNWYS

BYRFODDAU I'R NODIADAU

APC   Archif Plaid Cymru

GE   Papurau Personol Gwynfor Evans. Lleolir y casgliad enfawr hwn yn Llyfrgell Genedlaethol Cymru, Aberystwyth. Wrth lunio'r gyfrol, dibynnais ar yr hen system gatalogio ddigon amrwd ac at honno y cyfeiria'r troednodiadau. Mae rhif y flwyddyn (e.e. 1973, 1983) yn dynodi'r flwyddyn y cyflwynodd Gwynfor Evans ei bapurau i'r llyfrgell. Fodd bynnag, wrth i'r llyfr hwn weld golau dydd, pleser digymysg oedd clywed bod mynegai manwl o holl bapurau Gwynfor Evans ar fin cael ei gyhoeddi. Afraid dweud mai'r ddogfen bwysig honno fydd y man cychwyn i'r sawl a fyn ymchwilio ymhellach i'w fywyd.

LlGC   Llyfrgell Genedlaethol Cymru, Aberystwyth

NLW   National Library of Wales, Aberystwyth

PRO   Yr Archifdy Gwladol, Kew

RHAGAIR

Tair ideoleg a thri dyn sy'n bennaf cyfrifol am fowldio Cymru a'r hyn oedd hi yn ail hanner yr ugeinfed ganrif: y Rhyddfrydwr, Lloyd George; y Llafurwr, Aneurin Bevan, a'r cenedlaetholwr, Gwynfor Evans. Nhw oedd penseiri gwleidyddol y genedl; nhw leisiodd ddyheadau a siomedigaethau eu pobl. Hebddyn nhw, ni fyddai Cymru yr hyn yw hi heddiw. Fodd bynnag, mae dweud hynny'n ddweud mawr – yn enwedig felly yn achos Gwynfor, ac oedais cryn dipyn cyn ei roi yn y fath drindod ddyrchafedig. Wedi'r cyfan, ni wnaeth Gwynfor fyth ddal swydd mewn llywodraeth, ac ychydig iawn o 'bethau' – gydag eithriad S4C – y gellir eu priodoli i'w weithgarwch uniongyrchol. Mae yna eraill hefyd – o Saunders Lewis i Jim Griffiths a Cledwyn Hughes – sy'n haeddu cael eu cyfri bron cyn bwysiced â Gwynfor. Er hynny, wedi cryn betruso, deuthum i'r casgliad nad oedd dyfarniad arall yn bosibl. Yn syml iawn, ni fyddai cenedlaetholdeb, na'r ymwybyddiaeth Gymreig, wedi cael byw i'r fath raddau ag y gwnaethant oni bai am ddylanwad arhosol, anferthol, Gwynfor. Cyflawnwyd hyn i gyd yn ystod rhai o'r degawdau gerwinaf oll i Gymreictod a'r Gymraeg – degawdau a welodd drai, ond a orffennodd mewn dadeni. Nod y llyfr hwn fydd esbonio pam fod Gwynfor cyn bwysiced i'r datblygiadau hyn, gan wneud hynny heb ganu salm o fawl i'w fywyd mawr.

Ac ar y dechrau'n deg fel hyn, dylid gwerthfawrogi mai math arbennig o lyfr yw hwn. Mae yna draddodiad hir, rhy hir efallai, o lunio cofiannau i seintiau yng Nghymru, ond nid llyfr am fywyd sant yw hwn, er mai dyna a ddisgwylir gan nifer o bobl. Dim ond y Pab all greu seintiau ond, i garfan o genedlaetholwyr, ni haedda Gwynfor, gyda'i gyfraniad hir a nodedig i Gymru, ddim byd amgenach na molawd siwgwrllyd. I'r gwladgarwyr hyn, Gwynfor oedd eu Moses hwy, y gŵr a arweiniodd Gymru o'r gaethglud ac a wnaeth y genedl yr hyn yw hi heddiw. Yn ganolog i'r meddylfryd hwn, awgrymir na ellir beirniadu Gwynfor gan wyched ei lafur a bod unrhyw gwestiynu ar yr hyn a wnaeth yn ymylu ar heresi sbeitlyd. Drwy gydol y cyfnod y bûm yn byw fel petai gyda Gwynfor, deuthum yn ymwybodol o ba mor rymus oedd y traddodiad hwn, a chefais sawl siars yn fy annog i beidio â baeddu'r nyth. Pe byddai pleidwyr y traddodiad hwn yn cael eu ffordd, Gwynfor *in excelsis* fyddai hi o nawr hyd dragwyddoldeb. Ysywaeth, i'r darpar ddarllenwyr hyn, mae yna siom yn eu haros. Euthum ati i ysgrifennu'r cofiant hwn mor wrthrychol fyth ag y medrwn gan drin Gwynfor am yr hyn ydoedd ac ydyw: gwleidydd a thad, meidrolyn a gŵr. Yn yr un cywair, nid cofiant *i* Gwynfor ydyw ond yn hytrach cofiant *am* Gwynfor. Mae'n wahaniaeth sylfaenol ac ni fedrwn wneud fel arall. Ys dywedodd Tim Pat Coogan, cofiannydd yr eicon cenedlaetholgar arall hwnnw, de Valera, mae yna wahaniaeth dybryd rhwng parch a *pietas*. Gwn y bydd ategu hyn yn gwylltio rhai pobl; gwn hefyd y bydd rhai yn fy ystyried fel sbrigyn ymhonnus am feiddio dweud y fath beth. Er hynny, fy ngobaith taer yw y bydd y gonestrwydd yma, serch ei wendidau, yn cael ei werthfawrogi. Yn y bôn, mae Gwynfor yn rhy bwysig o beth tipyn i fod yn eicon.

Cofiant answyddogol yw hwn, heb ei awdurdodi gan neb. Ac oes, ar brydiau, mae yna bethau yma fydd yn peri chwithdod i Gwynfor a'i blaid. Eto i gyd, bernais fod hynny'n rhan gwbl allweddol o'r stori. Wedi'r cyfan, pa blaid wleidyddol na welodd ffraeo mewnol? Does yna yr un gwleidydd yn berffaith ychwaith – hyd yn oed arweinwyr Plaid Cymru. Fodd bynnag, nid fy mwriad oedd ysgrifennu yn arddull y '*biograffiend*', chwedl James Joyce. Mae Gwynfor yn haeddu llawer gwell na chael pwcedaid o barddu drosto. Er hynny, wrth ysgrifennu'r llyfr, deuthum yn ymwybodol o garfan a fyddai wedi ffoli ar gyfrol a ddrylliai ddelw Gwynfor. Cefais sawl proc i'r cyfeiriad hwn, yn bennaf gan Lafurwyr a gredai fod Gwynfor wedi ei organmol i'r entrychion. Ond nid Llafurwyr yn unig a fynnai roi cic ym mhen-ôl yr hynafgwr. I raddau llai, synhwyrais fod yna garfan o genedlaetholwyr yn dyheu am i'r cofiant gladdu'r syniad o Gwynfor fel gwleidydd radical. Iddynt hwy, fe gofir Gwynfor fel y gŵr a fradychodd Gwm Tryweryn, y parchusyn llwfr na feiddiodd aberthu ei yrfa dros gymuned Gymraeg yn ei hawr dduaf. Rhag Pob Brad? Na, nid o reidrwydd, fyddai cri'r cenedlaetholwyr hyn. Ysywaeth, caiff y boblach hyn eu siomi hefyd. Er mai cofiant am wleidydd ydyw hwn, roeddwn yn bendant o'r farn na ddylid llygru'r cofnod hanesyddol gan wleidyddiaeth y presennol. Ar bob cyfrif, trafoder bywyd Gwynfor – ond gadawer y gwleidydda i'r gwleidyddion a'r hanes i'r haneswyr, hyd yn oed y rhai amatur fel yr awdur hwn.

Fy nhasg oedd llywio'r cwch bach rhwng yr ystyriaethau hyn ac, ar brydiau, fe wangalonnais. Er hynny, gwnaed y dasg gymaint â hynny'n haws gan y llu cyfeillion a chydnabod a'm cefnogodd dros y tair blynedd diwethaf. Mae'r ddyled gyntaf i wasg y Lolfa. Bu Gruffuddiaid Tal-y-bont yn ddigon dewr i gefnogi'r prosiect a hynny heb unrhyw dystiolaeth y medrwn gwblhau'r fath dasg. Ar y pryd, nid oeddwn wedi ysgrifennu dim byd mwy estynedig nag adroddiadau newyddion byr i'r BBC. Ni allaf ond gobeithio na fradychais eu ffydd ddihysbydd ynof. Iddyn nhw, ac i'm cyfaill Dr Robin Chapman, a gywirodd y gyfrol mor fanwl-ofalus, y mae'r diolch am iddi ymddangos mor lân. Pleser hefyd yw cydnabod fy nyled i Carys Briddon am ei gwaith teipio gofalus a thrwyadl. Yn goron ar y cyfan, sicrhaodd Dewi Morris Jones o Gyngor Llyfrau Cymru y câi ei golygu'n raenus a chymen. Mae'r un peth yn wir am gysondeb deallusol y gyfrol. Bu Dr John Davies, ysbrydoliaeth os bu un erioed, yn ddigon caredig i'w ddarllen gan awgrymu twr o welliannau. Mae'r cofiant ar ei ennill yn ddirfawr o'r herwydd serch mai fy nghyfrifoldeb i, wrth reswm, yw'r diffygion a erys.

Mae'r dyledion eraill yn fwy personol ond nid yn llai pwysig o'r herwydd. Bu fy nghyflogwyr, BBC Cymru, yn ddigon goleuedig i ganiatáu dau gyfnod sabothol i mi. Daeth yr arian i gyllido'r cyfnodau hynny drwy'r Cyngor Llyfrau, ond Llywodraeth y Cynulliad a benderfynodd roi cynhaliaeth i awduron Cymraeg a Chymreig. Heb yr arian hwnnw, mae'n amheus a fyddai'r gyfrol hon erioed wedi gweld golau dydd. Mae'r un peth yn wir am y llyfrgelloedd niferus a fu mor amyneddgar gyda mi wrth ymchwilio'r llyfr. I Lyfrgell Genedlaethol Cymru ac i driawd hynod hael – Gwyn Jenkins, J Graham Jones a Cyril Evans – mae fy niolch yn ddifesur am gymwynasau dirifedi. Nhw yn anad neb a wnaeth fy nhywys drwy archif bersonol Gwynfor a Phlaid Cymru gan ateb fy nghwestiynau cynyddol fanwl yn siriol a dirwgnach. Roedd Gwynfor ei hun a'i deulu yn llawn mor barod eu cydweithrediad gan sicrhau y byddai'r cofiant mor gywir a chyflawn â phosibl gyda'u hatgofion hael. Yn yr un modd, prin iawn oedd y bobl hynny – boed yn gefnogwyr i Gwynfor neu ynteu'n wrthwynebwyr gwleidyddol iddo – a wrthododd gydweithredu. Ceir enwau'r llu cymwynaswyr hyn wrth eu cyfraniadau yng nghorff y testun a'r nodiadau. Iddyn nhw hefyd, diolch.

Ond yn olaf, dyma ddod at y ddyled fwyaf – fy nheulu. Hebddyn nhw, mae'n saff dweud na fyddwn erioed wedi ystyried ysgrifennu llyfr o gwbl. Nhw a roes yr ysbrydoliaeth i mi fentro rhoi pìn ar bapur. Digwyddodd hynny'n gwbl ddisymwth yn ffermdy fy mrawd ger Aberystwyth noswyl Nadolig 2001. Flwyddyn ynghynt, bu farw fy nhad ac fe gafodd hynny effaith enbyd arnaf.

Fel fy nhaid, marw yn annhymig o gancr a wnaeth fy nhad. Doedd, a does yna ddim byd unigryw yn hynny, ond fe wnaeth y sefyllfa greulon beri i mi dorri fy nghalon. Am dros flwyddyn, bûm yn byw gyda'r golled gan ddatblygu'n feistr ar y grefft o arsyllu hunanfogeiliol. Deuthum yn argyhoeddedig mai ras rhyngof i a'r ymgymerwr angladdau, chwedl Gwyn Alf Williams, oedd fy mywyd innau hefyd. Yna, ar y noswyl Nadolig honno, awgrymodd fy mrawd y dylwn godi o'r merddwr a gwneud rhywbeth adeiladol. Y rhywbeth hwnnw oedd ysgrifennu llyfr, a dyma eni *Rhag Pob Brad*. Dewisais Gwynfor fel testun, nid am fy mod yn un o fechgyn Caerfyrddin, ond am ei fod yn destun mor gyfoethog. Roeddwn hefyd am lenwi un o'r bylchau enfawr a geir yn hanes Cymru. Er hynny, ni ddechreuais ar y gwaith tan fis Mai 2002 ond, o fwrw iddi go iawn, datblygodd ymchwilio ac ysgrifennu am Gwynfor yn ffordd o fyw. Roedd y broses ddamweiniol o lunio'r gyfrol yn ddim llai na gwefr serch i'r baich fy nhroi'n feudwy ar brydiau. Fy nheulu a sicrhaodd na fyddai'r dasg yn fy nhorri. Cefais gefnogaeth ryfeddol gan fy mrawd, Rhodri, ynghyd â'i wraig, Catrin. Yna, flwyddyn cyn cyrraedd pen y dalar, bûm yn ddigon ffodus i gwrdd â f'annwyl Ruth. Sut llwyddodd hi i ymgodymu â minnau a Gwynfor, Duw yn unig a ŵyr. Bu hefyd yn ddigon da i ddarllen a chywiro'r llyfr gyda'i chraffter arferol, bendith arni. Ni allaf ond gobeithio y medraf ad-dalu'r ddyled yn llawnach iddi rywdro. Ond er mwyn fy rhieni yr ysgrifennais y gyfrol. Nhw a'm gwnaeth yn Gymro; nhw a roddodd y Gymraeg ar fy ngwefusau; nhw a'm magodd ar aelwyd wâr a chariadus. Ni wn sut dderbyniad a gaiff y gyfrol, ond gobeithio y bydd Mam yn ei hoffi, ac y byddai Dad wedi ei mwynhau hefyd. Iddyn nhw, halen y ddaear, y cyflwynir y gyfrol hon.

Rhys Evans
Caerdydd
Awst 2005

TRÖEDIGAETH, 1912–31

RHWNG GENI GWYNFOR EVANS ddydd Sul, 1 Medi 1912, a'i farw ddydd Iau, 21 Ebrill 2005, dechreuodd y Cymry feddwl ac ymddwyn fel Cymry. I nifer, daeth Prydeindod yn eilbeth i Gymreictod, a siaredid Cymraeg gyda balchder ac fel arwydd o arwahanrwydd. Yn yr un modd, dechreuodd y darn o dir a gâi ei alw'n Gymru ymddangos fwyfwy fel gwladwriaeth. Byddai gan yr egin wladwriaeth hon ei chynulliad ei hun a dosbarth o wleidyddion a ddiffiniai eu hunaniaeth wleidyddol yn nhermau Cymru. Diflannodd yr Ymerodraeth Brydeinig a daeth rhai Cymry, mwy emosiynol, i feddwl bod eu gwlad fach yn 'cŵl' – a defnyddio un o hoff eiriau benthyg Cymry Cymraeg diwedd yr ugeinfed ganrif. Daeth tref Caerdydd yn brifddinas ac yn feca i'r ffoaduriaid economaidd hynny a ddenid yno gan ei sefydliadau dwyieithog. Ochr yn ochr â hyn, aeth hi'n nos ar 'Y Fro Gymraeg'; yn lle cymunedau sefydlog, cafwyd casgliadau o unigolion a theuluoedd, nifer ohonynt yn ddi-Gymraeg. Yn y cymoedd hefyd, daeth y broses o ddad-ddiwydiannu i ben. Caeodd y pyllau glo olaf a chyda hynny, darfu am ffordd unigryw o fyw; yn ei lle, gadawyd gwaddol arhosol o salwch a chardod arian Amcan Un.

Ond roedd y Gymru a welodd Gwynfor ar ei ddydd Sul cyntaf yn wlad a fyddai'n hollol ddieithr i Gymry 2005. Ym 1912, roedd y sefydliadau hynny y gellid eu disgrifio fel rhai Cymreig yn brin i ryfeddu atynt ac roedd yr haul yn dechrau machlud ar ymdrechion y Rhyddfrydwyr i ennill tamaid o ymreolaeth i Gymru. Ymhen rhai blynyddoedd, byddai pob ymdrech i sicrhau datganoli trwy Senedd San Steffan wedi ei disbyddu. Roedd sefyllfa ddiwylliannol y Cymry Cymraeg yn wannach fyth wrth i ddiwydiannaeth a symudiadau poblogaeth chwalu'r hen ffordd Gymreig o fyw. I bleidwyr y Gymru hon, edrychai'n fwyfwy tebygol ei bod ar ddarfod am eu cenedl lân, fucheddol. I nifer – ac er gwaethaf bodolaeth cyrff Cymreig fel y Brifysgol a'r Eisteddfod – roedd yna deimlad bod

Cymreictod ar drai, a'r Gymraeg ar drengi. Ond erbyn Mai 1999, y mis pan agorwyd y Cynulliad Cenedlaethol, roedd yna chwyldro arall wedi digwydd. Chwyldro parchus gwladgarwch Cymreig oedd y chwyldro hwn ac roedd hwnnw'n tynnu at ei derfyn buddugoliaethus. Ar y diwrnod hwnnw, medrai'r Frenhines ddatgan, mewn seremoni ddwyieithog a ddarlledwyd gan gorff costus o'r enw Sianel Pedwar Cymru, y byddai yna gynulliad i Gymru. Yn goron ar y cyfan, pan gamodd y Frenhines o'i choets, fe'i croesawyd i'r Cynulliad gan gyn-rebel (a chanddo dueddiadau gwrth-frenhinol) o'r enw Dafydd Elis Thomas. Bellach, roedd yntau'n aelod o Dŷ'r Arglwyddi ac yn llywydd ar y Cynulliad. Llywyddai'r Cynulliad mewn siwt drwsiadus ac yn enw 'dirmygedig griw' Plaid Cymru. Oedd, er gwaeth neu er gwell, roedd Cymru'n wlad newydd. Ond i'r wlad ddieithr honno, yn ôl ym 1912, y mae'n rhaid dychwelyd er mwyn rhoi cynnig ar adrodd stori un o feibion hynotaf Cymru. Dyma stori Gwynfor Evans.

Mae i Gwynfor le cwbl ganolog yn stori creu'r Gymru newydd, ond tre'r Barri a'i creodd ef. Ei brofiad bore oes o fyw fel 'alltud' ieithyddol a diwylliannol mewn tref a chanddi fwy yn gyffredin ag America nag â Chymru a daniodd y cenedlaetholdeb a losgodd yn eirias am dros naw degawd. Yn y bôn, stori am golli gwreiddiau a cheisio'u hailddarganfod yw stori Gwynfor ond, yn y broses, gadawodd yntau argraff annileadwy ar Gymru a Phrydain fodern. Roedd y Barri ym 1912 yn un o drefi mwyaf anhysbydd ei hegnïon yn yr hollfyd diwydiannol. Yn wir, crëwyd 'Chicago Cymru' o'r nesaf peth i ddim pan agorodd David Davies, Llandinam, ddoc yno ym 1869. Roedd hon yn ymgais ganddo i dorri monopoli porthladd Caerdydd ar allforio glo, neu 'ddiamwnt du' y Rhondda, a llwyddodd y tu hwnt i'w ddisgwyliadau. Ym 1881, 500 o bobl a drigai yn y Barri; erbyn 1911, roedd 33,000 wedi ei hel hi o bob rhan o Brydain am yr El Dorado Cymreig yn y gobaith o wneud eu ffortiwn yn y 'magnetic south'. Ac yn wahanol i drefi diwydiannol eraill de Cymru, hwyrddyfodiad i bair moderniaeth oedd y Barri. I bob pwrpas, roedd sefyllfa'r Gymraeg mor fregus yno fel nad oedd yna lawer o ddiwylliant Cymraeg a Chymreig i'w golli. Hyd y dydd heddiw, does ond angen clustfeinio ar acen trigolion y Barri os am brawf o hyn; fel y nododd Peter Stead, hanesydd ac un o feibion y Barri, mae'r acen frodorol, fel acen Caerdydd a Chasnewydd, yn acen anghymreig ac yn adlewyrchu dylanwad y mewnfudwyr o Iwerddon a gorllewin Lloegr.[1] Roedd y sefyllfa hon yn gwbl wahanol i gynifer o drefi'r cymoedd, fel Aberdâr neu Ferthyr. Yn achos y Barri, golygai'r dechreuadau anghymreig hyn na fyddai gan y dref fyth unrhyw syniad clir na sefydlog o'i hunaniaeth.[2]

O fewn ffiniau'r dref, ceid brwydr ddiwylliannol ysol. Ar y naill law, ceid diwylliant proletaraidd y gweithwyr newydd a'u *jazz*, eu tai pictiwrs a'u tafarnau; ar y llaw arall, ceid y diwylliant dosbarth canol Cymraeg parchus – diwylliant a drawsblannwyd yno, ond nad oedd yn llai gwerthfawr o'r herwydd. Roedd yna frwydrau cyffelyb i'w gweld ar draws Cymru gan adael teimlad chwerw, chwedl Robin Chapman, 'fod y cyfarwydd yn ymbellhau, fod popeth y cymerid yn ganiataol gynt ei fod yn ddigyfnewid yn prysur ddiflannu ac ymddieithrio dan draed "y dorf a'i berw chwil" '.[3] Ond yn y Barri, diwylliant y dosbarth gweithiol a orfu. Crëwyd perthynas ryfedd rhyngddi hi a gweddill Cymru a daeth trwch ei thrigolion i gredu bod Cymru'n dechrau tua phymtheg milltir i'r gogledd yn y cymoedd 'Welshy' lle trigai'r 'Sionis' rhyfedd hynny.[4] I ganol y byd hwn o ddryswch enbyd y ganwyd Gwynfor Richard Evans, mab hynaf Dan a Catherine Evans.[5]

Fel cynifer o bobl y Barri, pobl ddŵad oedd Dan a Catherine. Roedd hithau'n hanu o Gydweli tra deuai hynafiaid Dan o Felindre yn Sir Forgannwg, ac yn y fan honno y mae'n rhaid tyrchu er mwyn esbonio pwysigrwydd gwehelyth y tad ar brifiant Gwynfor. Gweinidog oedd Ben Evans, tad-cu Gwynfor, ac roedd yntau'n fab i James Evans, gwehydd a lwyddodd rywsut i gael deupen llinyn ynghyd a chodi pedwar mab mewn amgylchiadau pur ddigysur. Ychydig a wyddom am James Evans, ond o'r farwnad a ysgrifennwyd iddo, gallwn fod yn saff bod Anghydffurfiaeth a gwleidyddiaeth Anghydffurfiol Gymraeg yn gwbl ganolog i fydolwg y teulu Fictoraidd. Fel diacon yn y capel, sicrhaodd James Evans y byddai'r 'ysgol hardd Sabothol/ Yn perarogli fel planhigfa nefol' pan fu farw. Roedd hefyd, fe ymddengys o'r un testun, yn basiffist o argyhoeddiad gan iddo ymwneud 'â holl fudiadau teyrnas heddwch'.[6] Ond nid radicaliaeth Anghydffurfiol (a'r ffordd o edrych ar y byd a ddeuai yn sgil hynny) oedd yr unig ddylanwadau. Wrth draed James Evans, dysgodd Ben a'i frodyr fod yna dri thrysor i'w cael yn llyfrgell y teulu: *Y Beibl*, *Hanes Merthyron Madagascar* ac *Esboniad Dr Adam Clarke*. Heb amheuaeth, roeddent yn gyfrolau trymion, onid sych, ond bu eu dylanwad yn arhosol gan iddynt selio ymlyniad y brodyr wrth Anghydffurfiaeth. Wedi brwydr hir gyda'r hyn a ddisgrifiodd fel 'Rhagluniaeth', penderfynodd Ben beidio mynd i ffermio. Yn hytrach na thrin y tir, aeth ef, ynghyd â'i ddau frawd, i drin eneidiau yn y weinidogaeth.

Ond rhagluniaeth neu beidio, doedd dim byd yn rhagluniaethol ynghylch yr addysg dila a gafodd Ben Evans. Penderfynodd James Evans foicotio'r Ysgol Genedlaethol leol fel protest yn erbyn yr addysg eglwysig a gynigid yno. Roedd yn safiad egwyddorol, ond roedd yna bris i'w dalu, gan i'w blant gael eu hamddifadu o addysg ffurfiol. Roedd yn ddechrau anaddawol ond, er gwaethaf hyn, llwyddodd Ben Evans i oresgyn y rhwystrau gan brifio i fod yn arweinydd cymunedol. Fodd bynnag, roedd y blys am addysg yn dal i'w gnoi, ac ymhen hir a hwyr, llwyddodd i ennill lle mewn ysgol ramadeg yn y gobaith y câi ddigon o addysg i fynd i'r weinidogaeth. Digwyddai'r ysgol honno fod yn Llangadog a phrofodd yn addysg arhosol ymhob ystyr. Yno, yn Llangadog, y cyfarfu â'i ddarpar wraig, Miss Elizabeth 'Bess' James, merch ieuengaf fferm Caeshenkin, ac aelod o deulu adnabyddus a phur gefnog y Jamesiaid – neu'r 'Wythïen Fawr'. Priodasant ym 1882 ac yn fuan wedyn cawsant dri o blant, Dan, Idris a Ceridwen. Felly y dechreuodd perthynas Gwynfor â Sir Gaerfyrddin – dolen a gynigiai achubiaeth bersonol a gwleidyddol iddo mewn degawdau i ddod.

Gyda'i wraig newydd wrth ei gwt, aeth Ben i'r coleg yn Aberhonddu, cyn ei mentro hi i'r weinidogaeth am y tro cyntaf ym 1880. Eglwys Siloh, Melincryddan ger Castell-nedd, oedd yr alwad gyntaf ac, yn fuan, adeiladodd gynulleidfa gref. Llwyddodd yn ogystal i leihau dyled y capel, cyn symud ym 1888 i ofalaeth newydd mewn capel newydd yn Lloyd Street, Llanelli. Treuliodd un mlynedd ar ddeg yn nhre'r Sosban ac, o dan ei ofal, tyfodd yr achos yn aruthrol wrth i filoedd heidio am 'Tinopolis' Cymru. Yma y magwyd ac yr addysgwyd tad Gwynfor, Dan. Er hynny, ychydig o addysg ffurfiol a gafodd Dan, gan iddo adael ysgol yn 14 oed i weithio fel prentis mewn siop haearnwerthwr. Ond yng Ngorffennaf 1899, ar drothwy canrif newydd, penderfynodd Ben dderbyn un her ola – symudodd ef, a'r teulu, i dref newydd y Barri a derbyn galwad i gapel newydd, Capel y Tabernacl. Roedd y penderfyniad yn glec aruthrol i Annibynwyr Llanelli, ac anfonwyd dirprwyaeth o flaenoriaid i geisio'i gadw rhag mynd i'r Barri. Ond doedd dim ailfeddwl i fod. Mynnodd adael am y Barri ac wrth esbonio'i benderfyniad, dywedodd Ben wrth ddiaconiaid Lloyd Street mai 'dyletswydd' a'i cymhellodd.[7]

Pan gyrhaeddodd Ben y Barri ddiwedd haf 1899, roedd y dref wedi chwalu pob record gan iddi dyfu'n gynt dros y degawd blaenorol nag unrhyw dref arall ym Mhrydain. Honnodd y papur lleol nad oedd yna'r un dref â mwy o 'enterprising spirits' na'r Barri ac mai tasg amhosib fyddai rhag-weld sut dref y byddai hi ymhen degawd.[8] Oedd, yn bendifaddau, roedd y Barri'n lle hynod gyffrous i Ben roi cynnig ar sefydlu gofalaeth newydd. Ond roedd y dref lle na wneid 'nothing by halves' hefyd yn atyniad i Dan gan iddo ddilyn ei dad i Fro Morgannwg.[9] Cafodd yntau waith yn siop haearnwerthwyr Hoopers ar stryd fwya byrlymus y Barri, Holton Road. Yn y cyfamser, profodd Ben yn llwyddiant ysgubol wrth lyw'r Tabernacl. Ar draws Cymru benbaladr, achubodd ar bob cyfle i bleidio achos Cymru Fydd a Rhyddfrydiaeth Anghydffurfiol Gymreig. Erbyn 1905, fe'i disgrifiwyd fel un o 'Ddynion yr Oes' gan Beriah Gwynfe Evans, un o hoelion wyth mudiad Cymru Fydd.

Yn wir, yn ystod 1905, daeth Ben i amlygrwydd cenedlaethol o ganlyniad i'r modd y gwrthwynebodd y dull o gyllido ysgol Babyddol y Barri. Roedd yr ysgol wedi llwyddo i argyhoeddi Pwyllgor Addysg y Barri y dylai dderbyn arian o bwrs y wlad gan aros ar yr un pryd yn rhydd o grafangau'r Cyngor. Ffieiddid y syniad hwn gan Ben a'i gyd-Ryddfrydwyr gan fod y gri 'No Control, No Cash!' yn erthygl ffydd iddynt. Mynnodd hefyd na ddylai'r Pabyddion gael unrhyw ffafriaeth. Roedd y frwydr hon yn frwydr ynghylch y modd y gweithredid Deddf Addysg 1902 a datblygodd i fod yn un o bynciau mwyaf dadleuol Cymru. Gwelwyd brwydrau cyffelyb mewn sawl rhan o Gymru, gyda Lloyd George, eilun Ben Evans, ar flaen y gad yn y gwrthwynebiad i addysg eglwysig a cheidwadaeth.[10]

Fodd bynnag, yn y Barri, roedd pethau'n arbennig o chwerw gan i Ben, a nifer o gyd-weinidogion, ddiosg hualau parchusrwydd a gwrthod talu'r dreth enwadol. Ar ddau achlysur, fe'i llusgwyd gerbron Llys Ynadon am ei drafferthion. Gwerthwyd rhan o'i eiddo ar ei ddau ymweliad – oriawr aur ei wraig oedd yr aberth bob tro gyda rhyw gyfaill caredig yn ei phrynu'n ôl i Mrs Evans. Ond roedd Ben Evans am wneud rhywbeth mwy nag arbed watsh ei wraig. Penderfynodd gweinidog y Tabernacl mai'r unig ffordd i rwystro'r Pabyddion oedd ennill grym ar y Cyngor, a safodd etholiad yn erbyn y Pabydd Rhyddfrydol a'r meddyg poblogaidd, Dr O'Donnell. Serch i Ben gael ei 'felltithio gan y priest', y gweinidog a ddaeth ar dop y pôl. Maes o law, fe etholwyd Ben Evans yn gadeirydd y Pwyllgor Addysg. Roedd hi'n fuddugoliaeth ysgubol, a medrai ei gyd-Ymneilltuwyr ddatgan yn hunanfoddhaus i'r pwyllgor gael ei buro o 'bob elfen anghydnaws ag egwyddorion ymneilltuaeth a gweriniaeth Gymreig'. Roedd gweld buddugoliaeth fel hon 'mewn tref hanfodol wrth-ymneilltuol a nodweddiadol Anghymreig' yn felysach fyth i Ben a'i gyfeillion.[11]

Ynghanol y llwyddiant hwn, daeth trallod i ran y teulu bach wrth i Ceridwen, merch Ben, farw a hithau ond yn 14 oed. Doedd yna'r un llygad sych, meddid, i'w weld ar ddydd cynhebrwng 'Ceri', ond serch y golled, ni phylodd cred y teulu yng ngallu unigolion i wella eu stad ddaearol.[12] Defnyddiodd Ben ei rym newydd ar y Cyngor er mwyn hyrwyddo achosion Dirwest a Chymru Fydd – popeth, yn ôl un gohebydd, 'that tended to uplift his fellow beings'.[13] Yn wir, mae'n hynod eironig nodi, o gofio sut y bu i Gwynfor 'golli' ei Gymraeg, i Ben Evans wneud mwy nag odid neb i gynnal achos yr iaith yn y Barri. Barnodd y *Barry Herald* mai ef oedd arweinydd 'Welsh Nationalists' y dref, yn rhinwedd ei swydd fel llywydd Cymmrodorion y Barri. Ym 1909, fe geisiodd wneud y Gymraeg yn bwnc gorfodol yn ysgolion y dref – ond methodd o drwch blewyn. Wedi'r methiant gogoneddus hwn, cyhoeddodd (i gyfeiliant bonllefau o gymeradwyaeth) fod gelynion y Gymraeg wedi gwneud ymdrech arwrol i ladd yr heniaith ond wedi methu.[14]

Ac nid Ben oedd yr unig aelod o'r teulu i lewyrchu yn ystod Oes Aur yr Edwardiaid. Erbyn 1905, roedd Dan wedi anniddigo yn Hoopers a chawsai lond bol ar gyflog crintachlyd ei feistr. Yn fariton o fri, ystyriodd droi ei law at ganu'n broffesiynol ac ymuno â chwmni opera Carl Rosa, ond ni pharhaodd y chwiw honno'n hir. Yn 22 oed, penderfynodd dorri ei gwys ei hun ac agor siop haearnwerthwr Dan Evans ar Holton Road. Egwyddor sylfaenol Dan oedd cynnig y stwff gorau i bobl y Barri am bris teg. 'One Trial And You'll Be Satisfied' oedd arwyddair hysbyseb cyntaf Dan Evans yn Nhachwedd 1905, ac felly y bu hi.[15] Yn fuan, dechreuodd y busnes ehangu a chyflogodd ddau brentis: Edward Griffiths ac Anthony Griffiths. Profasant hwythau'n neilltuol o dalentog hefyd: daeth Edward Griffiths yn farchog ac yn un o gyfarwyddwyr cwmni ffilm Gaumont; daeth Anthony Griffiths yn gapten ar un o longau tancer mwya'r byd.[16] Do, bu Dan yn ffodus gyda'i ddirprwyon a chyda'r hinsawdd economaidd, gan i weithgarwch dociau'r Barri gynyddu'n aruthrol yn ystod pum mlynedd cyntaf y busnes.[17] Er hynny, roedd boneddigeiddrwydd naturiol a dygnwch Dan Evans yn allweddol, ac enillodd enw da yn lleol fel gŵr a wyddai'n union beth oedd ar wraig y tŷ ei angen.

Roedd hefyd yn graff; yn y cyfnod hwn, âi Dan o gylch capeli'r Fro gan berfformio mewn nifer mawr o gyngherddau ond, yn ddi-ffael, ar ddiwedd perfformiad, gwrthodai dderbyn taliad. Yn hytrach, byddai'n dweud wrth ei edmygwyr: 'I haven't come here to receive payment but if you want to show your appreciation, I've opened in Holton Road, Barry, and you'll find a shop there you'll appreciate'.[18] Y tu ôl iddo, roedd corfflu o staff teyrngar a barchai'r amodau gwaith teg a gynigid yn y siop. Yn y blynyddoedd dilynol, ehangodd y busnes yn sylweddol ac agorwyd dwy siop arall erbyn 1917.[19] Ac eithrio dydd Sul, gweithiai Dan o leiaf bedair awr ar ddeg bob dydd gan droi ei law at dipyn o bopeth: gweini y tu ôl i'r cownter, archebu steils diweddaraf Llundain a gwneud y cownts. Erbyn geni Gwynfor, roedd y siop gyda'r bwysicaf yn y dref a'i dad yn un o bileri achos dosbarth canol capelgar y Barri. Yn 2005, dathlodd cwmni Dan Evans ei ganmlwyddiant a gwelid parhad y siop fel enghraifft brin o allu'r masnachwr bychan i oroesi er gwaethaf grymuster cyfalafiaeth.[20] Ond byrhoedlog fu'r dathlu, fodd bynnag. Ym mis Awst 2005, cyhoeddwyd y byddai'r siop hithau hefyd yn gorfod plygu i'r anochel a chau'i drysau gan gymaint y gystadleuaeth a'i hwynebai.

Ond yn ôl â ni at y stori. Priododd Dan ym 1911 â Catherine Richard, merch William ac Elizabeth Richard, landlordiaid y New Inn, Cydweli. Prin yw'r manylion am fam Gwynfor, ond gallwn fod yn saff o un peth: roedd ei magwraeth yn bur anhapus. Yn un peth, roedd ei thad yn feddwyn o'r radd flaenaf a bu yntau farw a Catherine ond yn flwydd oed. Yn un ar ddeg oed, daeth rhagor o drallod i'w rhan pan gollodd ei mam. A hithau'n amddifad, ei modryb Sage a'i gŵr, Ben Jones, golygydd y *Llanelly Mercury*, a ysgwyddodd y cyfrifoldeb o roi cartref iddi. Heb addysg ac yn ddiymgeledd, gadawodd Gydweli yn ei harddegau am Lundain i weithio fel 'draper's assistant' cyn dychwelyd i weithio mewn siop yn y Barri – siop a ddigwyddai fod gyferbyn â siop Dan Evans. Yno, ynghanol gwaith a dwndwr Holton Road, y cyfarfu'r ddau cyn ymserchu yn ei gilydd. Yno y buont yn canlyn am bedair blynedd cyn priodi. Ar y cyd â Dan, llafuriodd y ddau yn llwyddiannus yn y siop a dangosodd hithau hefyd yr un parodrwydd â'i gŵr i weithio diwrnodau eithafol o hir yn yr adran lestri. Dyma, felly, ddechrau ar berthynas neilltuol lwyddiannus o safbwynt materol ac ysbrydol. A hithau heb neb yn y byd, roedd priodi â Dan yn achubiaeth i Catherine. Roedd meddwdod ei thad wedi achosi archoll dwfn iddi ac am weddill ei dyddiau byddai'n casáu'r ddiod gadarn â chas perffaith. Wrth ddewis ei gŵr, dywedir iddi edrych am dri rhinwedd: 'I wanted a teetotaller; I didn't want a sailor; I wanted a capelwr'.[21]

Flwyddyn yn ddiweddarach, i gyfeiliant hwteri dociau'r Barri, ganed Gwynfor. Y Goedwig, rhif 24, Somerset Road, oedd ei gartref cyntaf ac fel yr awgryma'r cyfeiriad, fe'i magwyd yng nghysgod bryniau Lloegr draw yng Ngwlad yr Haf. Yn wir, mae'n un o eironïau mawr daearyddiaeth Cymru i un o wladgarwyr mwyaf yr ugeinfed ganrif weld mwy o Loegr nag o Gymru yn ystod ei blentyndod. Er hynny, roedd lleoliad yr aelwyd yn un a weddai i ddyn busnes uchelgeisiol fel Dan. Capteiniaid llongau, gwŷr a ystyrid fel haenen uchaf dosbarth canol y dref, oedd eu cymdogion. Teulu Dan Evans (erbyn 1918 roedd gan Gwynfor chwaer, Ceridwen, a brawd bach, Alcwyn) oedd yr unig Gymry Cymraeg ar y stryd, ond ni fenai hynny yr un iod ar eu magwraeth. Gyda chynifer o deuluoedd ifanc ar Somerset Road, byddai'r Goedwig yn atseinio i sŵn chwerthin plant ac i dalentau cerddorol y ddau riant.

Mae brithgofion cyntaf Gwynfor yn gyfuniad o'r llon a'r lleddf. Dywed mai ei atgof cyntaf un oedd cario sosban ar ran ei daid, Ben, pan oedd yn ddwy oed. Ei uchelgais oedd gyrru injans trên ac, er mawr gywilydd iddo'n hwyrach, roedd Gwynfor yn bur hoff o chwarae cowbois ac indians. Doedd ef ddim yn rhy swil ychwaith i brofi angerdd y cariad diniwed cyntaf yn bedair oed, gan ymserchu yn Mary Rowlands. Er hynny, plentyndod annormal oedd hwn i Gwynfor a'i genhedlaeth. Y cysgod mawr dros bopeth iddo ef, a gweddill trigolion y Barri, oedd y Rhyfel Byd Cyntaf. Roedd yn ddigwyddiad a dduodd ei ddiniweidrwydd plentynnaidd ac a chwalodd yr optimistiaeth a lefeiniai fywyd y Barri tan 1914. Os oedd yna un dref yng Nghymru yn ymwybodol o'r rhyfel, yna y Barri oedd honno. Yn wir, ym 1914, trodd yn dref garsiwn; cartrefwyd miloedd o filwyr a ffoaduriaid o Wlad Belg yno. Erbyn diwedd y rhyfel, byddai canran uwch o fechgyn y Barri wedi mynd i'r fyddin nag unrhyw dre arall yn ne Cymru. Doedd capel Ben, capel y Tabernacl, ddim yn eithriad ac ymfalchïai'r aelodau yng ngwrhydri'r 'nifer lliosog' o'u plith a oedd bellach ar eu ffordd i 'Ffrainc, Salonica, Dwyrain Affrica a'r Aipht'.[22] Mewn cyngerdd arbennig i anrhydeddu'r milwyr a oedd ar fin gadael am diroedd tramor, canodd Dan Evans y 'Drum Major' gyda'r milwyr yn serenadu'r gynulleidfa trwy ganu'r 'Soldiers' Chorus'.[23] Maes o law, byddai'r cof hwn am y modd y militareiddiwyd holl sefydliadau'r dref yn cael effaith ddofn ar genedlaetholdeb heddychol Gwynfor.

Erbyn 1916, y flwyddyn pan aeth Gwynfor i Ysgol Elfennol Gladstone Road, roedd presenoldeb rhyfel yn amhosibl ei osgoi. Yn ei hunangofiant, mae Gwynfor yn dwyn i gof y profiad o weld 'colofnau hir o filwyr yn martsio i sŵn herfeiddiol y seindorf i lawr y rhiw ganllath o'r ysgol… i fyrddio llong a oedd i'w dwyn i Ffrainc'. Y ddau beth a greodd argraff arno oedd yr afr ar flaen y seindorf, ynghyd â dagrau rhai o'r milwyr.[24] Yn yr ysgol, cyplyswyd Cymreictod â Phrydeindod ac anogid y plant i fawrygu'r milwyr yn Ffrainc. Ar Ddydd Gŵyl Dewi 1917, cyflwynwyd rhaglen o 'patriotic aims' gan y plant a gosodwyd torchau wrth enwau y cyn-ddisgyblion hynny a oedd eisoes wedi syrthio yn y Rhyfel Mawr. Fis a hanner yn ddiweddarach, dathlwyd Diwrnod Sant Siôr gydag arddeliad.[25] Ac nid rhyfel oedd yr unig fwgan i fwrw'i gysgod dros blentyndod Gwynfor. Bu salwch yn gydymaith cyson ar hyd y daith 'ddigon anhapus' trwy Ysgol Gladstone Road. I nifer o blant y Barri, roedd y clefyd coch, neu difftheria, yn broblem gyffredin, oherwydd cyflwr y system garthffosiaeth. Yn yr ysgol, roedd 'vast amount of sickness'[26] yn broblem barhaus, a thrawyd Gwynfor yn galed gan yr aflwydd pan oedd yn bedair ac yn wyth oed. Yr ail dro, daeth ei Wncwl Dudley i mewn i'w ystafell yn dilyn ymweliad gan y meddyg a chlywodd Gwynfor y gair 'crisis' yn cael ei yngan; yn aml, credai ei fod ar fin marw. Daeth drwyddi, ond roedd yna bris i'w dalu. Gadawodd y blynyddoedd o gystudd eu hôl ar Gwynfor, a hyd ei arddegau hwyr fe'i llethid gan wendid corfforol a byrder.

Yn ogystal ag anhwylder, fe ddigwyddodd un newid cymhleth arall yn y blynyddoedd cynnar hyn a brofodd o bwys enfawr yn natblygiad Gwynfor: newidiodd iaith yr aelwyd o'r Gymraeg i'r Saesneg. Hyd 1917, defnyddiai Dan a Catherine, rhieni Gwynfor, gymysgedd o Gymraeg a Saesneg wrth siarad â'i gilydd serch mai Cymraeg oedd iaith gyntaf y ddau ohonynt. Defnyddient yr un math o lobsgows wrth siarad â'u plant er mai dim ond Cymraeg a siaradai Ceridwen â'i brawd mawr 'Wo', fel y galwai Gwynfor. Hyd ei ben-blwydd yn bump oed, roedd y ddau ohonynt yn rhugl yn y Gymraeg. Yna, yn ddisymwth, diorseddwyd y Gymraeg. Y newid cyntaf oedd penderfyniad y forwyn, Annie, Cymraes Gymraeg o Bontyberem, i adael. Ceisiodd Dan a Catherine gael morwyn a fedrai'r Gymraeg i'w holynu ond ofer fu eu hymdrechion. Yn ei lle daeth Maggie, morwyn ddi-Gymraeg o Barrow-in-Furness, i warchod y plant. Gyda Dan a Catherine yn byw o fore gwyn tan nos yn y siop, Saesneg a glywai'r plant o hynny ymlaen yn y cartref.[27] Y gyfundrefn addysg oedd yr ail gymhlethdod. Wrth fynd i Ysgol Gladstone Road, ni chlywai Gwynfor air o Gymraeg o'i amgylch ac, o'r herwydd, penderfynodd ef y dylai ddechrau siarad Saesneg â'i deulu. Ymatebodd Dan a Catherine i'w benderfyniad trwy siarad Saesneg â'i gilydd, a chyda'r plant, Sul, gŵyl a gwaith.

Mewn cyfnod pryd yr ystyrid y Gymraeg yn dipyn o niwsans, doedd eu sefyllfa ddim yn unigryw. Ym 1911, flwyddyn cyn geni Gwynfor, apeliodd diaconiaid y Tabernacl 'yn daer' ar i Gymry Cymraeg y Barri siarad Cymraeg â'u plant.[28] Cafwyd neges debyg ynghylch y Gymraeg gan Ben, tad-cu Gwynfor, ddwy flynedd yn ddiweddarach. 'It must be taken up on the hearth'[29] oedd ei gri ond penderfynodd ei fab ei hun anwybyddu'i ble ac, erbyn 1921, blwyddyn y Cyfrifiad, roedd sefyllfa'r Gymraeg yn y Barri yn adfydus. Yn achos Gwynfor, gwaethygwyd y sefyllfa gan agwedd ddiraddiol athrawon Gladstone Road tuag at y Gymraeg. Er bod i'r ysgol enw da am ei chwricwlwm arloesol, roedd y gwersi Cymraeg yn eithriad i'r rheol, a defnyddiai rhai o'r athrawon y gwersi fel cyfle i 'ddarllen am rasus ceffylau yn y papur a bwyta siocled wrth gefn y papur gan holi drosodd a throsodd beth oedd y gair Cymraeg am hwn a llall'.[30] Ar fuarth yr ysgol, Saesneg oedd y *lingua franca* – yr iaith a lwyddodd i uno Tŵr Babel o Gymry Cymraeg (fel Gwynfor), y Cymry di-Gymraeg a phlant mewnfudwyr o Loegr, yr Eidal, Groeg a thu hwnt.

Fodd bynnag, myth yw'r stori i Gwynfor golli ei Gymraeg yn llwyr, ac iddo orfod ailddysgu ei famiaith pan oedd yn ddeunaw. Mae'n wir iddo orfod gloywi ei Gymraeg pan oedd yn ei arddegau, ond hyd yn oed yn y Barri Seisnig a chosmopolitaidd, roedd Gwynfor yn clywed y Gymraeg yn aml. Mae yna dystiolaeth glir o hyn. Y ffynhonnell orau yw ei chwaer, Ceridwen. Arferai hithau gael ei chynddeiriogi gan amharodrwydd ei brawd i herio adroddiadau papur newydd a honnai'n gwbl gamarweiniol fod Gwynfor wedi dysgu Cymraeg o'r newydd. Erbyn hynny, roedd y chwedl wedi ei hailadrodd drosodd a thro gan Gwynfor a'i gefnogwyr, ac roedd gorliwio cryn dipyn ar ei gefndir yn siwtio ei ddibenion gwleidyddol. Er mor amharod oedd Gwynfor i siarad Cymraeg ar ôl mynd i Gladstone Road, mi fyddai wedi bod yn amhosibl iddo osgoi presenoldeb yr iaith – ar yr aelwyd a thu hwnt. Gartref, cafodd ei fodryb Jane, unig chwaer Ben Evans, gryn ddylanwad ar Gwynfor, gan iddi fyw gyda nhw am wyth mlynedd, ac fel 'Yr Ystafell Gymraeg' yr adwaenai Gwynfor ei hystafell. Yma, bron yn ddyddiol, byddai Gwynfor yn siarad Cymraeg â hi. Roedd yr un peth yn wir am Gapel y Tabernacl – canolbwynt diwylliannol y teulu. Deirgwaith y Sul, heb sôn am gyfarfodydd y Gobeithlu, byddai Gwynfor yn clywed y Gymraeg. Er mai Saesneg oedd iaith yr Ysgol Sul, byddai'r gybolfa liwgar honno o ddocwyr, athrawon a gwŷr busnes a fynychai'r Tabernacl yn siarad Cymraeg â'i gilydd.

Roedd yr un peth yn wir am berthynas agos teulu Gwynfor â Chymmrodorion y Barri – corff a lwyddodd, trwy gyfrwng eisteddfodau a darlithoedd, i greu rhyw lun ar ddiwylliant Cymraeg mewn amgylchiadau hynod anffafriol. Fel crwt, âi Gwynfor yn fynych i gyfarfodydd y Cymmrodorion, ac er dycned ei ymdrechion i ddianc rhag Arthen Evans, ysgrifennydd egnïol y corff, bu yntau'n ddigon penderfynol i sicrhau y byddai Gwynfor yn mynd i'w seiadau. Effaith yr holl gysylltiadau hyn â'r Gymraeg oedd bod Gwynfor yn ddigon rhugl i ennill y wobr gyntaf yn y 'Barry Cymmrodorion Tests', prawf Cymraeg i blant yr ystyrid y Gymraeg yn famiaith iddynt.[31] Nid unwaith y digwyddodd hyn; enillodd wobrau niferus am siarad Cymraeg hefyd.[32] Ond efallai mai'r profiad diwylliannol pwysicaf i Gwynfor yn y cyfnod hwn oedd yr hafau hir a dreuliai yn Llangadog gyda Walter James, ocsiwnïar y pentref, a brawd i'w fam-gu. Dyma gymuned a ymdebygai i baradwys i'r Gwynfor ifanc; trwy ffenestr Llangadog, daeth Gwynfor i weld gweddill y byd, nid yn annhebyg i'r modd y daeth Llanuwchllyn yn ffenestr ar weddill Cymru i O M Edwards, arwr mawr Gwynfor.[33] Oedd, mewn cymhariaeth â bryntni canfyddedig y Barri, roedd Llangadog yn symbol o berffeithrwydd. Y rhain, i Gwynfor, oedd dyddiau telynegol y teithiau beic, y casglu merlod a'r pysgota. Ymhen amser, byddai'r atgof lled sentimental hwn am sefydlogrwydd y Gymru wledig yn mowldio ei genedlaetholdeb.

Ac nid hwn oedd yr unig atgof o'r cyfnod cynnar yma a brofodd yn arhosol. Erbyn 1918, roedd y Rhyfel Mawr hefyd wedi cael effaith barhaol ar Gwynfor a phob plentyn yn y Barri. Pan glywyd am y cadoediad ar Sul glawog 11 Tachwedd, dathlodd y dref gyfan, 'almost every house displaying bunting… the whole day being one continued demonstration of rejoicing'.[34] Roedd y dathlu'n gynamserol, fodd bynnag, oherwydd bu'r blynyddoedd a ddilynodd y rhyfel yn rhai anodd i'r dref. Nid arbedwyd siop Dan rhag yr awelon llym hyn; profiad ysgytwol i Gwynfor oedd gweld ei dad yn wylo a chlywed y gair 'deflation' am y tro cyntaf. Deallodd Gwynfor yn ddiweddarach fod gwerth stoc y siop wedi gostwng i'r fath raddau nes peryglu'r busnes. Effeithiodd hyn yn uniongyrchol ar fywydau'r plant. Pe gwelai'r teulu longau yn y doc gwyddent y byddai'n ddiwrnod da i'r siop. Defod foreol arall i'r teulu fyddai darllen y *Western Mail* i weld faint yn union o longau fyddai'n dadlwytho y diwrnod hwnnw.[35] Ni chafwyd gwaredigaeth rhag y storm economaidd tan ddechrau'r tridegau, ond penderfynodd Dan Evans beidio plygu. Mewn adlais o'r genadwri Ryddfrydol a ysbrydolodd Gwynfor fel gwleidydd, credai Dan Evans y dylai marsiandïwyr bychain y Barri gael yr hawl i fyw yn rhydd rhag ymyrraeth allanol ac, yn ystod y 1920au, ymgysegrodd i weithgarwch y Siambr Fasnach. Drwy gydol y degawd hwn, apeliodd ar i gwsmeriaid y Barri beidio â chael eu denu gan atyniadau siopau Caerdydd. Y peth pwysicaf yn y byd iddo (ac eithrio'r capel) oedd llewyrch siopau'r Barri. Mynnodd na ddylai unrhyw beth danseilio hyn, a phan streiciodd y glowyr ym 1926, canmolodd ei gyd-siopwyr 'for the grand way in which they had supported the Government in the very disastrous period they had just passed through'.[36]

Yn wleidyddol, Lloyd George oedd arwr Dan a Catherine, a than y tridegau, byddai llun 'Dewin Dwyfor' yn cael lle tra anrhydeddus ar un o barwydydd y cartref teuluol. Ac nid dyma oedd hyd a lled ymlyniad y teulu wrth egwyddorion Rhyddfrydol – magwraeth a gafodd effaith ddiamheuol ar fydolwg Gwynfor. Ffieiddiai Dan a Catherine y ddiod gadarn a bu'r ddau ohonynt yn flaenllaw ym mudiad dirwest y Barri. I Dan, roedd ymwrthod ag alcohol yn golygu sicrwydd na châi pobl dda y Barri eu hudo gan anfoesoldeb. Roedd hefyd yn symbol o amharodrwydd y teulu i blygu glin i'r drindod anllad honno a gynhwysai fragwyr, eglwyswyr a Thorïaid. Yn achos Catherine, does dim dwywaith mai gorhoffter ei thad o godi'r bys bach a daniodd ei brwdfrydedd dros waith y 'Purity and Protective League' yn y Barri.

Ym 1924, blwyddyn marw Lenin ac ethol y llywodraeth Lafur gyntaf, enillodd Gwynfor ysgoloriaeth i fynd i'r Barry County School. O'r braidd y gellir disgrifio Gwynfor fel ysgolor disglair ond roedd mynediad i'r 'BCS' yn gryn gamp, ac wrth fynd yno am y tro cyntaf ym mis Medi 1924, fe wyddai'n dda ei fod yn rhan o elît cymdeithasol a deallusol.[37] Roedd y bechgyn a anfonid yno yn ystyried yr ysgol fel rhyw fath o Eton neu Harrow Cymreig o'r foment y'i hagorwyd ym 1896.[38] Yng nghylchgrawn yr ysgol, *The Barrian*, trafodwyd gyda chryn arddeliad pa ffasiwn oedd fwyaf gweddus i fechgyn o'u statws hwy – 'Oxford Bags' y Bolsheficiaid ynteu steils Deauville. A chydag athrawon hynod flaengar ar y staff, doedd hyder y bechgyn yn eu galluoedd eu hunain ddim yn hollol eithafol. O gylch Gwynfor, roedd blwyddyn lachar hyd yn oed yn ôl safonau'r BCS: Ronnie Boone a chwaraeodd rygbi dros Gymru; Glyn Daniel a ddaeth yn archaeolegydd byd-enwog ac Alan Michell, cyfaill agos i Gwynfor a wnaeth ei farc fel diplomydd. Y prifathro, gŵr hynod ddylanwadol o'r enw Major Edgar Jones, a gonsuriodd y llwyddiant hwn ac fe brofodd 'The Boss' yn ddylanwad mawr ar Gwynfor gyda'i bwyslais ar greu'r dyn cyfan, yn y dosbarth ac ar y cae chwarae.

Gyda'r storm economaidd yn dal i ruo, y noddfa arall i Gwynfor oedd capel ei dad-cu, Capel y Tabernacl. Er bod brwdaniaeth Diwygiad 1905 wedi hen oeri, roedd rhannau o'r Barri – er gwaethaf elfennau aflednais – yn parhau i fod yn Gristnogol iawn. Roedd yr elît masnachol yr oedd Dan Evans yn gymaint rhan ohono yn fwy duwiolfrydig na'r un garfan arall, ac roedd byw'n agos at eich lle yn gymaint o rinwedd i'r garfan hon ag yr oedd llwyddiant cyfalafol. O'i blentyndod cynnar, bu Capel y Tabernacl, dair gwaith y Sul, yn sail i fywyd diwylliannol ac ysbrydol y teulu. A Dan yn ddiacon blaenllaw yn y Tabernacl, doedd gan Gwynfor ddim dewis ond cael ei rwydo gan Anghydffurfiaeth. Ond ni wnaeth y mab fyth gicio yn erbyn y tresi ac, erbyn diwedd ei arddegau, daeth Gwynfor i werthfawrogi Anghydffurfiaeth Gymreig fel gwrthglawdd rhag Seisnigrwydd ac anlladrwydd. Hynodrwydd arall y Tabernacl i Gwynfor oedd bod yna drawstoriad cymdeithasol o Gymry Cymraeg yn mynd yno. I Penuel, yng ngorllewin y dref, yr âi crachach y Barri ond yn y Tabernacl yr addolai 'trimmers', neu lefelwyr glo y dociau. I lencyn â'i wreiddiau'n ddwfn yn nosbarth canol y Barri, roedd yna rin a rhyfeddod yn y dynion hyn. Wrth eu gwylio'n gweddïo yn y Tabernacl, ymhyfrydai Gwynfor yng ngallu'r 'trimmers' yma i fyw'n rhinweddol a hwythau'n parhau i lafurio ym mhellafoedd duaf y llongau glo. I Gwynfor, doedd a wnelo dynion o'r fath ddim oll â phroletariat digyfeiriad a di-foes y cymoedd. Yn hytrach, hon, iddo yntau, oedd 'Y Werin Gymraeg', pobl y pethe, a'r teip o bobl y daeth Gwynfor i'w hystyried fel sail y gymdeithas Gymreig, Gymraeg.[39]

Er hynny, roedd y digalondid a deimlai Gwynfor yn Gladstone Road yn dal i'w lethu. Methai'n deg â bwrw ymaith ei flinder na chwaith ei bryder ei fod yn rhy fyr. Câi ei blagio gan hunllefau morbid a melodramataidd; mewn adlais o'r ffordd y byddai fel oedolyn yn ysgrifennu am Gymru, câi hunllefau lle deuai o fewn trwch blewyn i farw yn amlach na pheidio. Yna, byddai'n deffro gan sylweddoli ei fod wedi ei achub. A than ei ben-blwydd yn un ar bymtheg, cymharol fychan fu ei gyfraniad academaidd a chymdeithasol – er gwaethaf yr adnoddau addysgol bendigedig o'i amgylch. Er iddo basio'i Matriculation, methodd ag ennill 'Distinction' fel y goreuon yn ei ddosbarth. Eto i gyd, roedd yna rai cysuron. Yn un ar bymtheg oed, aeth dramor am y tro cyntaf gyda'i gyfaill mynwesol, Alan Michell. Hwyliodd y ddau mewn llong nwyddau fechan o'r Barri i Sbaen, gan dreulio chwe wythnos yn cerdded mynyddoedd y Pyreneau. Dychwelodd Gwynfor i Gymru â diddordeb newydd mewn gwledydd tramor wedi ei danio, ond nid dyna oedd yr unig newid.

Yn ystod gaeaf 1928, daeth tro dramatig ar fyd i Gwynfor. Dechreuodd dyfu, ac o fewn blwyddyn, byddai Gwynfor, y dyn talsyth, urddasol wedi ymddangos. Yn ystod y flwyddyn hon o dymestl emosiynol, fe syrthiodd mewn cariad am y tro cyntaf hefyd, ac am y pedair blynedd nesaf, bu'n canlyn merch brydferth ac afieithus o'r Barri, Glenys Davies. Roedd gan y ddau lawer yn gyffredin: Ceridwen, chwaer Gwynfor, oedd ffrind gorau Glenys ac roedd hithau, fel Gwynfor, yn aelod selog o gôr y capel. Dros y blynyddoedd nesaf, bu'r ddau mor agos nes y credai Ceridwen mai mater o amser oedd hi cyn iddyn nhw briodi. Roedd yn gryn sioc i Ceridwen felly pan ddaeth y berthynas i ben yn ddisymwth. Hyd nes iddo gyfarfod â'i wraig Rhiannon, Glenys oedd yr unig berthynas ddifrifol i Gwynfor ei chael, serch na fu'n brin o gariadon yn y cyfamser.

Gyda'r glasoed hwyr wedi dyfod a merch brydferth bellach ar ei fraich, enillodd Gwynfor hyder dros nos – yn enwedig o ganlyniad i'w ddisgleirdeb ar y caeau criced a hoci. Erbyn 1930, fe oedd 'star medium pace bowler' yr ysgol – teitl a haeddai barch. O fewn blwyddyn, roedd wedi ennill y gapteiniaeth a lle yn nhîm ysgolion Cymru. 'EVANS – Never gets rattled', oedd y disgrifiad canmoliaethus ohono yn y *Barrian*.[40] Yr eironi, wrth gwrs, yw i Gwynfor ddisgleirio yn y gêm fwyaf Seisnig oll, ond fe drodd y dŵr i'w felin ei hun. Wrth chwarae gêm y bonedd Seisnig, fe ddysgodd sgiliau arweinyddol newydd, gan werthfawrogi pwysigrwydd yr egwyddor o fagu *'esprit de corps'*.[41]

Nid cyd-ddigwyddiad yw hi i agwedd Gwynfor at y Gymraeg newid yn ogystal ym 1929, blwyddyn bwysicaf ei fywyd. Yn ystod ei arddegau cynnar, tipyn o boendod iddo oedd y Gymraeg; yn wir, ar ddechrau 1929, fe gynigiodd (yn Saesneg) yng nghymdeithas ddiwylliadol y Tabernacl 'Bod yn rhaid troi'r Tabernacl yn gapel Saesneg'. Collodd y ddadl, ond fe'i cynghorwyd gan drysorydd y capel, John Davies, mai da o beth fyddai iddo brynu geiriadur Cymraeg a dysgu'r iaith yn drwyadl dda. Dyna a wnaeth, ond y cam allweddol oedd yr hyn a ddigwyddodd ym 1929, pan basiodd y 'Senior CWB' a mynd i'r chweched dosbarth. Wrth ddewis ei bynciau am y ddwy flynedd i ddod, penderfynodd astudio Cymraeg yn hytrach na Ffrangeg – cam lled anarferol yn y BCS. Gwnaeth hyn, nid oherwydd rhyw gariad dwfn at Gymru, ond am ei fod yn drwgleicio'r athro Ffrangeg. Trwy ddamwain felly y dechreuodd ei efrydiau Cymraeg go iawn, ond er gwaethaf natur ansicr y dechreuad, fe gafodd y penderfyniad effaith ddofn arno.

O dan ofal yr athro Cymraeg ifanc brwdfrydig, Gwynallt Evans, cafodd Gwynfor flas anarferol ar waith llenorion newydd beiddgar fel Kate Roberts, R Williams Parry a T H Parry-Williams, ynghyd â thrysorau fel y Mabinogi a gweithiau Ellis Wynne. Ac nid y gwersi Cymraeg oedd yr unig ddylanwad; David Williams, efallai y mwyaf o haneswyr Cymru, oedd ei athro hanes, a sicrhaodd yntau y byddai Gwynfor yn ymwybodol o dreftadaeth oludog ei genedl. Maethwyd yr addysg hon gan sgyrsiau hir ac aml gyda'i gyfeillion Alan Michell a Glyn Daniel. Ar yr un pryd, ymserchai mewn emynau a thonau Cymraeg. Yn wir, câi hwb eneidiol wrth ganu'r piano a bloeddio ffefrynnau tebyg i 'Ar Lan Iorddonen Ddofn' neu 'Bugeilio'r Gwenith Gwyn'. Profasai yr un meddwdod iwfforig wrth grwydro Bro Morgannwg a chael ei gyfareddu gan hyfrydwch cynhenid Cymru.[42] Cerddodd 'ugeiniau o weithiau' dros rai rhannau o'r Fro er mwyn dianc rhag bydolrwydd y Barri. 'Ni bu lle mwy di-draddodiad erioed' oedd ei ddyfarniad damniol flynyddoedd yn ddiweddarach ynghylch ei dref enedigol.[43] Ond peidied neb â meddwl fod Gwynfor yn unigryw. Wrth leisio a phrofi'r fath deimladau, nid oedd Gwynfor ond yn cymuno ag estheteg fwy cyffredinol y Cymry Cymraeg ynghylch eu colled ddiwylliannol. Deilliai'r bydolwg hwn yn uniongyrchol o ddylanwad cylchgrawn *Cymru*, O M Edwards, ac roedd i'r meddylfryd agweddau penodol iawn. Uwchlaw popeth, mawrygid y telynegol, y gwerinol a'r prydferth. I'r gwrthfodernwyr hyn, y gwerinwr oedd yr uchelwr go iawn, yn ei fwthyn gwyngalchog. Ac fel y dangosodd Gwynfor weddill ei fywyd, doedd yna ddim byd yn anghyson mewn bod yn asetig a rhamantaidd.[44]

Does dim amheuaeth nad oedd yna lawer o ing adolesent y tu ôl i'r teimladau hyn, ond roedd Gwynfor hefyd yn ymglywed â dadrithiad mwy cyffredinol gyda chyfundrefn wleidyddol yr oes. Argyhoeddwyd cenhedlaeth ei dad, a'i dad-cu, y medrai Lloyd George sicrhau mesur o ymreolaeth Gymreig trwy Senedd San Steffan, a thrwy berthyn i blaid Brydeinig. Erbyn 1929 (bedair blynedd wedi sefydlu Plaid Cymru), roedd nifer cynyddol o Gymry Cymraeg ifanc yn wfftio'r syniad y gellid gwasanaethu Cymru, a bod yn driw i blaid Brydeinig. Yn y wasg hefyd, roedd yna olion o ddylanwad cynyddol y Blaid Genedlaethol. Pan ysgrifennodd Ambrose Bebb am ddadeni neu *Risorgimento* Cymraeg ym 1929, roedd yn llygad ei le. Roedd cenedlaetholdeb ar dwf ac yn rym na ellid mo'i anwybyddu ac yn un oedd wedi denu, chwedl Bebb, 'a sufficient number of men and women to bring about the revolution they desire'.[45] Byddai'r chwyldro hwnnw'n digwydd yn enw Plaid Cymru a'r wers fawr i Gwynfor a'i genhedlaeth wrth wylio siom eu tadau oedd na ellid gwasanaethu dau feistr.[46]

Law yn llaw â'r addysg gynyddol Gymreig a Chymraeg yma, roedd y cof am y Rhyfel Byd Cyntaf yn dechrau newid meddylfryd Gwynfor yn llwyr. Yn un ar bymtheg oed, fe'i hystyriai ei hun yn dipyn o sosialydd ac, yn yr ysgol, fe'i cyflwynwyd i'r *New Statesman and Nation* (er mawr bryder yn ddiweddarach i Saunders Lewis). Cam naturiol iddo felly oedd ymuno â'r Left Book Club, gan fynychu eu cyrddau yn y Barri. Ond o'r braidd y gellir disgrifio'r argyhoeddiadau sosialaidd hyn fel rhai tanllyd. Pasiffistiaeth a hawliai ei fryd, a'r llyfr a drawsnewidiodd ei fydolwg ym 1929 oedd cyfrol Leyton Richards, *The Christian Alternative to War*. Yn ystod y flwyddyn honno, cyhoeddwyd y gyfrol am y tro cyntaf a chafodd yntau a'i gyd-ymgyrchwyr yng Nghymdeithas y Cymod gryn sylw trwy Brydain benbaladr gyda'u hymgyrch 'Christ and Peace'. O hynny ymlaen, wedi darllen llyfr Richards, gwyddai Gwynfor mai heddychwr Cristnogol fyddai yntau hefyd. Buan felly oedd yr effaith; tra oedd yn ddisgybl ysgol, gweithredodd ar fyrder i ddangos ei ochr fel heddychwr, gan ymaelodi ag Undeb Cynghrair y Cenhedloedd, neu'r League of Nations Union, mudiad hynod ddylanwadol a weithredai er mwyn hyrwyddo diarfogi a chymod rhyngwladol. Yn y Barri ac ar draws Cymru, roedd gan yr LNU ganghennau dirifedi a hi, yn fwy na'r un gymdeithas arall, oedd y gwarant sicraf i Gwynfor na cheid rhyfel byth eto.

Ym 1929, daeth y ddwy ffrwd hyn – heddychiaeth Gristnogol a chenedlgarwch – ynghyd, gan arwain at yr hyn y mae Gwynfor wedi ei ddisgrifio fel tröedigaeth. Yn fuan iawn, sylweddolodd y gellid uno dau gorff o syniadau. Y canlyniad oedd trawsnewid ei fyd. Yn ei ffordd ei hun, roedd y dröedigaeth hon lawn mor bellgyrhaeddol ag y bu tröedigaethau Ann Griffiths neu William Williams Pantycelyn. O hyn ymlaen, daeth Gwynfor yn Gymro ac yn Gristion eirias, gan ddod i weld ei Gymru mewn termau du a gwyn. Yn ei sgil, daeth y syniad o Gymru Gristnogol Gymraeg yn llusern i'w arwain drwy'r tywyllwch a ddilynodd dranc Rhyddfrydiaeth Gymreig. I Gwynfor, fel i nifer o genedlaetholwyr ei genhedlaeth, byddai i'r genedl hon, 'Cymru Wen, Walia Wen' ei 'henaid'. Syniad mawr O M Edwards oedd hwnnw, a byddai ei thir hefyd, chwedl Islwyn, 'oll yn gysegredig'. Dechreuwyd synied am Gymru fel gwlad etholedig a'r Cymry fel yr Iddewon – y bobl golledig ac angen Meseia arni. Cafodd syniadau tebyg i'r rhain ddylanwad anferthol ar Gwynfor yn yr argyfwng gwacter ystyr a ddilynodd gwymp Cymru Fydd, ac nid cyd-ddigwyddiad yw hi i Gwynfor ddechrau arddel llawer o'r nodweddion hyn.[47] Mewn araith o'i eiddo yn agos i ddegawd wedi'r dröedigaeth ar y testun 'The Aims and Ideals of Young Wales', ceisiodd resymoli'r cysylltiad rhwng magwraeth a thröedigaeth. O flaen crachach Clwb Rotari'r Barri ym 1938, dadlennodd am y tro cyntaf mai'r Barri a'i creodd. Yr araith hon ynghylch ei genhedlaeth ef ei hun, yw ei gyffes ffydd:

> They were cradled in a rocking world and never had known a stable one; the post-war years had seen social unrest, economic depression and the dissolution of moral codes and the accepted conventions. Two things characterised the period – rootlessness and ruthlessness. Society was drifting, without any sense of direction.

Ond trwy'r chwalfa, gwelodd y goleuni:

> In the midst of this chaos, the younger generation in Wales gradually became conscious
> of two traditions which met their needs in a very real way – religion and the national
> traditions. One gave life purpose and the other roots.[48]

Nid yw'r trawsnewidiad yn ymddygiad Gwynfor o 1929 ymlaen yn ddim llai na thrawiadol. Diflannodd y bachgen gwantan ac, yn ei le, daeth gwladgarwr ifanc a gredai iddo gael ei 'alw' i wasanaethu cenedl. Roedd y genedl honno, fe synhwyrai, yn ymestyn yn ôl i Oes y Seintiau mewn llinach di-dor, anrhydeddus. Eto i gyd, er mor ddwys fu'r dröedigaeth, nid ymunodd Gwynfor â Phlaid Cymru am bum mlynedd arall gan y tybiai fod y 'Blaid Bach' yn rhy bitw i wneud unrhyw wahaniaeth. Y peth pwysig, o safbwynt Gwynfor, oedd iddo sicrhau achubiaeth emosiynol rhag tryblith y Barri.[49] Pan ofynnwyd iddo ym 1984 pam ei fod yn genedlaetholwr, cynigiodd ateb syml: 'Most people will laugh at it as being in their eyes sentimental slush. Nevertheless for me it is basic. I love Wales'.[50] Hyd ddiwedd ei ddyddiau, yr ysfa emosiynol hon i achub pobl yn enw'r Gymru Gristnogol Gymraeg, ac i'w harbed rhag gorfod dioddef y 'niwed' emosiynol a ddioddefodd yntau yn ei dref enedigol, fyddai ei genadwri.[51]

Maes cyntaf ei genhadaeth oedd y Barry County School. Ac yntau'n ysgrifennydd eisteddfod yr ysgol, dwrdiodd ei gyd-ddisgyblion am fod mor ddibris ynghylch ei chystadlaethau, a phlediodd ar fechgyn y BCS i ddangos ychydig o barch, 'if it is only out of respect for our patriotic students'.[52] Ond ni chyfyngodd ei hun i'r ysgol; ei uchelgais ym 1930 oedd ennill un o'r pedair ysgoloriaeth Gymreig a gynigid gan Gynghrair y Cenhedloedd a mynd i Genefa i weld gwaith y Cynghrair drosto'i hun. Dyfernid yr ysgoloriaethau hyn trwy arholiad ac ymgollodd Gwynfor yn y gwaith paratoadol gan bori mewn cyfrolau dyrys tebyg i *Peace of Nations*, Hugh Dalton, a *The Way of Peace* gan yr Is-Iarll Cecil. Fodd bynnag, wedi'r paratoi trylwyr, roedd yna siom yn ei aros. Barnodd yr arholwr fod ei wybodaeth o'r pwnc yn dda ond bod ei ymresymu yn 'slight and superficial'.[53] Ond nid dyma ddiwedd y freuddwyd; camodd ei dad i'r adwy a thalu'r swm sylweddol o £16 a ganiataodd i Gwynfor ymuno â'r pedwar arall a mynd i Genefa. Am y tro cyntaf, ond yn sicr nid y tro olaf, fe achubodd Dan ei fab o dwll ariannol.

Gadawodd Gwynfor am Genefa ar 1 Medi 1930. Y Parchedig Gwilym Davies, ysgrifennydd Undeb Cynghrair y Cenhedloedd, a'i tywysai – gŵr a oedd yn un o ffigurau cyhoeddus amlycaf Cymru, a gŵr a oedd hefyd yn dipyn o eilun i Gwynfor. Dangosodd Gwilym Davies iddo sut yn union yr oedd diplomyddion Ewrop yn ymdopi â thrafodaethau diarfogi y flwyddyn honno. Roedd yn brofiad cyffrous i fachgen mor ifanc ond, at ei gilydd, bu'r daith yn siom. Serch iddo gael ei gyfareddu gan yr Alpau a'r Jura, roedd yn ddigon hirben i weld bod rhyfel arall yn bosibilrwydd clir mor gynnar â 1930. Wrth wrando ar yr aelodau'n paldaruo ynghylch dyfodol y Saar, nododd â chryn bryder nad oedd yna fymryn o angerdd yn y trafodaethau. 'Members,' meddai, 'were continually walking to and fro, while the press-men seemed to vie with one another in making rustling noises with sheets of papers.' Dros y blynyddoedd nesaf, dyfnhaodd pryderon Gwynfor a'i gyd-basiffistiaid yng ngallu'r LNU a diplomyddiaeth Genefa i gadw'r heddwch. Ond proses fyddai'r dadrithiad hwn; am y tro, roedd Gwynfor yn fwy pendant nag erioed mai'r LNU oedd yr ateb, ac mai ei ddylestwydd ef a'i gyd-heddychwyr oedd gweithredu fel 'apostles in the cause of peace at home'.[54]

Wedi cyffro'r Swistir, blwyddyn o adolygu ac astudio gogyfer â'i arholiadau terfynol a'i hwynebai pan gyrhaeddodd y Barri ar 17 Medi. Cymraeg, Saesneg a Hanes oedd ei ddewis bynciau ond, er ei fod yn fyfyriwr cydwybodol, roedd ei gloffni wrth ddarllen Cymraeg yn peri pryder a gorfu iddo ddarllen rhai o'r clasuron, gyda chymorth geiriadur. Er hynny, ni fyddai'n rhaid iddo boeni ynghylch pwn methiant arall. Yn ystod haf 1931, daeth y newyddion da o lawenydd mawr: pasiodd yr 'Higher' yn rhwydd, gan ennill un o ysgoloriaethau Sir Forgannwg i astudio'r gyfraith yng Ngholeg y Brifysgol, Aberystwyth. Tref glan môr arall, ond un hollol wahanol, fyddai ei gartref am y tair blynedd nesaf. Aeth i Aberystwyth yn fachgen; dychwelodd i'r Barri ymhen tair blynedd yn ddyn ac yn genedlaetholwr. Ond eisoes roedd y seiliau wedi eu gosod, a'r hunaniaeth hollt yn cael ei chyfannu. Wedi byw cyhyd rhwng bod ac anfod, roedd Gwynfor wedi gwneud y dewis a'r dewis hwnnw oedd Cymru.

CENHADAETH, 1931–39

Y<small>N</small> H<small>YDREF</small> 1931, mis yr etholiad cyffredinol, ac yntau newydd ddathlu ei ben-blwydd yn bedair ar bymtheg oed, aeth Gwynfor ar y trên o'r Barri i Aberystwyth am y tro cyntaf. Taith y pererin oedd hon, gan ei fod yn dechrau o ddifrif ar y broses o ailddarganfod ei wreiddiau fel Cymro Cymraeg. Fe'i hudwyd gan y siwrnai wrth i'r trên wau ei ffordd o Gaerfyrddin i fyny Cwm Gwili a heibio i Dregaron cyn cyrraedd gorsaf brysur Aberystwyth. Roedd ei obeithion yn uchel ar ddiwedd yr haf bach Mihangel hwnnw; o'i flaen roedd tair blynedd yn Aberystwyth yn adran y Gyfraith, un o adrannau gorau'r Coleg. Gwyddai hefyd, er bod addysg Aberystwyth yn drochfa o Saesneg, y câi gyfleoedd dirifedi i loywi ei Gymraeg clapiog yno. Ond o'r diwrnod cyntaf un, fe siomwyd Gwynfor gan Aberystwyth. Yno i gwrdd ag ef ar blatffform y stesion roedd Gwyn Humphries-Jones, bachgen o'r Bala y bu'n cyd-letya ag ef am dair blynedd. Disgwyliai Gwynfor y byddai'r bachgen yma'n gweithredu fel tywysydd diwylliannol iddo, ond nid felly y bu hi. Pan ofynnodd Gwynfor iddo (yn Saesneg) a fyddai cystal â siarad Cymraeg ag ef, gwrthododd, gan ddweud nad oedd ganddo'r amynedd. O gofio'i ddisgwyliadau ynghylch y Gymraeg yn ei pherfeddwlad, roedd darganfod sut roedd pethau go iawn yn wers fore i'r glas fyfyriwr o'r Barri. Gwraig garedig Ceinfan, ei dŷ lojin yn Trefor Road, nid ei gyd-fyfyriwr o Gymro Cymraeg, a'i cynorthwyodd i berffeithio'i Gymraeg.[1]

Roedd y siom ynghylch y Gymraeg yn glec iddo, ond y siom arall i ddelfrydwr fel Gwynfor oedd natur Aberystwyth. Beth bynnag am wendidau'r Barri, doedd yna ddim dwywaith ei fod yn lle difyr. Fodd bynnag, roedd Aberystwyth, a bywyd y stiwdants, yn hollol wahanol. Rhyw saith gant o fyfyrwyr a geid yno mewn cymuned ynysig ar lannau Bae Ceredigion. Yr unig ffordd allan o Aberystwyth oedd y trên ond, yn ystod y tymhorau, anaml iawn y defnyddid hwnnw gan y myfyrwyr. Effaith hyn oll oedd creu cymuned academaidd glòs ond eithriadol fewnblyg, ac mewn sawl ystyr roedd cymdeithas golegol Aberystwyth yn bur ansoffistigedig.[2] Ac er bod 1931 yn flwyddyn drobwyntiol – y flwyddyn pryd y dechreuodd argyfwng rhyngwladol y tridegau – eithriadau oedd y myfyrwyr hynny, fel Gwynfor, a ymddiddorai mewn gwleidyddiaeth. Ond am y dyddiau cyntaf, aeth Gwynfor gyda'r llif, ac o fewn wythnos i gyrraedd y Coleg, roedd wedi wynebu'r seremoni dderbyn draddodiadol. Yn ei achos ef, fe'i twyllwyd, ynghyd ag 80 o fyfyrwyr eraill, i gwrdd â'r Arglwydd Davies, Llandinam, mewn tŷ diarffordd. Wedi talu swllt a chwech, aed â hwynt mewn dau siarabang i dŷ anghysbell ger Ponterwyd, cyn iddynt sylweddoli mai jôc oedd y cyfan. Dyma oedd adroddiad gohebydd y papur lleol, y *Welsh Gazette*, ar yr 'initiation':

> Having realised the sitution they accepted it with very good humour and immediately entered upon the tramp homeward, a distance of over twelve miles. They enlivened the journey with songs but it was long after midnight when, weary and footsore, they reached Aberystwyth.[3]

Roedd hyn i gyd yn rhan o wead bywyd stiwdants Aberystwyth a sonia Gwynfor am y peth gydag ysgafnder yn ei hunangofiant. Er hynny, fel y gwelir yn y man, ni chredai'r bachgen difrifol o'r Barri y gellid cyfiawnhau'r fath smaldod yn yr hinsawdd oedd ohoni.[4] Fodd bynnag, roedd bechgyn Aberystwyth yn ymhyfrydu mewn digwyddiadau o'r fath; yn wir, credent fod defodau derbyn homo-erotig a thrafodaethau hunanfogeiliol ynghylch yr 'Aber Spirit' yn rhan o drefn naturiol pethau. Byddai hyn i gyd yn dân ar groen Gwynfor, ond brathodd ei dafod gydol y flwyddyn gyntaf gan sianelu ei egnïon i ddau gyfeiriad penodol: y gyfraith a heddychiaeth Gristnogol.

Ac yntau'n edrych am encil, daeth ystafell fach adran y Gyfraith a wyneb yr Athro ecsentrig, Thomas Levi, yn olygfa gyfarwydd iddo rhwng 1931 a 1934. Roedd 'Tommy' Levi, erbyn i Gwynfor gyrraedd Aberystwyth, yn ddihareb, yn enwog am ei fyddardod a'r clust ffôn Marconi a'i cynorthwyai i glywed. Roedd hefyd yn enwog am ei hoffter o lygadu merched. Er gwaethaf hynny, nid clown mohono; fel darlithydd roedd yn 'ddihafal, yn artist' a chredai mai 'agor y ffordd a chreu diddordeb oedd gwaith darlithydd'.[5] Erbyn 1931, roedd wedi adeiladu adran gref, ac fel 'crachach y gyfraith' y cyfeirid at y 37 myfyriwr o dan adain Levi. Ond er bod Gwynfor yn aelod cydwybodol o'r 'crachach' hynny, bu'r flwyddyn gyntaf yn anodd iddo. Yn wir, dim ond llwyddo i grafu drwy ei arholiadau a wnaeth. Eto i gyd, er mor ddyrys y treialon academaidd, dysgodd un wers arhosol wrth draed Rhyddfrydol Levi, a honno oedd bod y 'Senedd yn hollalluog'.[6] Roedd hi'n wers bwysig gan mai'r addysg wleidyddol hon a lywiodd Gwynfor a Phlaid Cymru yn y blynyddoedd i ddod.

Yr ail set o barwydydd tra chyfarwydd i Gwynfor yn ystod y flwyddyn gyntaf hon oedd ystafelloedd cyfarfod Cymdeithas Gristnogol y Myfyrwyr neu'r SCM (Student Christian Movement), cymdeithas fwyaf poblogaidd y coleg. Roedd tua 11,000 o fyfyrwyr yn perthyn i'r SCM ar draws Prydain, ond ei hadain Gymraeg, Urdd y Deyrnas, a ddenodd deyrngarwch Gwynfor. Yn eu cyfarfodydd hwy, o dan ysgrifenyddiaeth y genedlaetholwraig a'r heddychwraig Dr Gwenan Jones, dyfnhaodd ffydd Gwynfor yn arw, a darllenai gyhoeddiadau'r Urdd yn awchus. Roedd y rhain yn llyfrau a gafodd effaith ddofn arno ac, o dan eu dylanwad hwy, daeth Gwynfor yn efengylwr a gredai mewn cyfuniad o Gristnogaeth ac o ddelfrydiaeth iwtopaidd. Dysgodd ddwy wers yn seiadau'r Urdd. Y gyntaf, a'r bwysicaf, oedd bod fflam gobaith yn anniffodd ac y gellid creu byd newydd, er gwaethaf pawb a phopeth.[7] Fel gwleidydd, dibynnodd yn drwm ar yr iwtopiaeth grefyddol hon. Yr ail wers oedd sut i ymddwyn yn gyhoeddus. Meddai'r Urdd ar god ymddygiad a roddai bwyslais anferth ar ddifrifoldeb, ac anogid yr aelodau i geisio byw fel seintiau yn eu cymunedau gan ymwrthod â hunan-dyb, clecs ac alcohol. Ufuddhaodd Gwynfor yn llwyr i'r rheolau hyn. Âi'n ddeddfol hefyd i gapel Seion, y capel lle cynhaliwyd ei angladd yn 2005, ond roedd hyn, yn ogystal â'i swildod cynhenid, yn arwain rhai o'i gyd-fyfyrwyr i feddwl mai snob sychdduwiol ydoedd.[8] Ac ni chredai nemor neb ar y pryd fod deunydd arweinydd cenedlaethol i'w gael ynddo. Ei unig gonsesiwn i fywyd afradus myfyrwyr Aberystwyth oedd ei aelodaeth o dîm hoci'r Coleg, ond er gwaethaf ei ddoniau fel chwaraewr, roedd ei ddifrifoldeb yn destun sbort. Un diwrnod, wrth bwyso dros ganllaw'r balconi yn y cwad, trodd Alun Lewis, bardd a chyd-aelod o'r tîm hoci, ato a datgan yn groyw: 'You know what your trouble is, Gwyn? You're too bloody conventional'.[9]

Nid hon oedd yr unig feirniadaeth a gyfeirid at yr SCM a'i aelodau. I rai cenedlaetholwyr amlwg, fel Saunders Lewis, gwastraff amser llwyr oedd yr SCM. Rhywbeth 'arall parchus a diniwed na all fethu oblegid nad oes iddo amcan' oedd ei ddisgrifiad o'r mudiad.[10] Ac os oes label i'w roi ar wleidyddiaeth Gwynfor yn y cyfnod hwn, yna rhyw fath o sosialydd heddychol o dan ddylanwad y 'Left Book Club' yw hwnnw. Er mor danbaid ei wladgarwch, Gwynfor, yn ôl ei gyfoedion, fyddai'r person olaf i brynu copi o gylchgrawn Plaid Cymru, *Y Ddraig Goch*. Ac er y byddai'n mynd i gyfarfodydd y Geltaidd, cymdeithas Gymraeg y Coleg, roedd yn parhau i lynu wrth ei gred bod Plaid Cymru'n fintai ddibwrpas heb unrhyw obaith o lwyddiant – ac nid heb reswm. Pan alwyd isetholiad seneddol yn Sir Aberteifi yn ystod Medi 1932, methodd Plaid Cymru â chael digon o arian ynghyd i dalu'r ernes. Yr ail reswm dros ei ochelgarwch oedd ei bryder y gwnâi hunanlywodraeth i Gymru fwy o niwed nag o les i economi ddirwasgedig Cymru.

Llawer mwy perthnasol i Gwynfor yn ystod ei gyfnod colegol oedd gweithgarwch y Clwb Cysylltiadau Rhyngwladol a Chymdeithas yr LNU. Medrai'r clwb ddenu nifer o fyfyrwyr dawnus ond, at ei gilydd, lleiafrif oedd y rheiny. Dewis osgoi problemau Manchuria a thu hwnt a wnaeth trwch myfyrwyr Aberystwyth yn ystod blwyddyn gyntaf Gwynfor, gan gladdu eu pennau yn estrysaidd yn y tywod.[11] Ond o ystyried bod y cof am y Rhyfel Mawr mor fyw, efallai nad yw hyn yn syndod. Wedi'r cyfan, seiliwyd cytundeb heddwch Versailles ar y gred na fyddai rhyfel byth yn digwydd eto; fodd bynnag, i Gwynfor, roedd ymddygiad hunanfaldodus o'r fath yn gwbl warthus, ac erbyn 1932, penderfynodd fod angen gwneud rhywbeth. Ac yntau bellach yn un o hoelion wyth y Clwb Cysylltiadau Rhyngwladol a Changen yr LNU, cymerodd y cam hynod anarferol o lambastio difrawder ei gyd-fyfyrwyr yn gwbl gyhoeddus. Mewn ysgrif a gyhoeddwyd yng nghylchgrawn y myfyrwyr, *The Dragon*, amlinellodd y perygl o chwalfa ddiplomyddol, gan fod anarchiaeth ryngwladol i'w gweld yn y Dwyrain Pell ac ysbryd anniddig i'w deimlo ar gyfandir Ewrop. Pryderai Gwynfor y gallai hyn chwalu seiliau holl hygrededd Cynghrair y Cenhedloedd. Heb flewyn ar ei dafod, apeliodd ar i fyfyrwyr Aberystwyth roi'r gorau i'w giamocs plentynnaidd:

> It has been said that an enlightened Public Opinion is 'the life blood of a civilised community'. If other Universities are like Aber, we humbly suggest either we are not members of a 'civilised community' or this country is dying a bloodless death.[12]

Nid dyma oedd y ffordd orau i ennill cyfeillion, ond roedd yn ddiedifar. Nid oes amheuaeth ychwaith nad oedd yr LNU – yn y Coleg, ac yn nhref Aberystwyth – ar drai, cymaint felly nes i un o aelodau cangen y dref alw am 'electric shock' i'w ddeffro o'i chysgadrwydd.[13] Cefnogai Gwynfor y farn hon i'r carn, ac ar ôl cyhoeddi ei homili trefnodd gyfres o sgyrsiau i'w gyd-fyfyrwyr yn dwyn y teitl *Crossroads*. Ac er nad oedd i wybod hynny, roedd yn deitl hynod amserol. Ar 30 Ionawr 1933, dinistriwyd ffydd Gwynfor yn llwyr yng ngallu Cynghrair y

Cenhedloedd i sicrhau heddwch byd-eang pan benodwyd Hitler yn Ganghellor yr Almaen. O fewn y mis, roedd myfyrwyr yr 'Oxford Union' wedi datgan, mewn pleidlais hanesyddol, na fyddent yn ymladd dros eu Brenin na'u Gwlad o dan unrhyw amgylchiadau. Roedd effaith y datganiad gwrthfilitaraidd hwn gan fyfyrwyr Rhydychen – o bawb – yn aruthrol, a sgubodd yr ymdeimlad hwn fel twymyn trwy golegau Prydain. Ym mis Mawrth 1933, gwnaeth Cymdeithas Ddadlau Myfyrwyr Aberystwyth yr un peth. Prin fod angen dweud bod Gwynfor ymysg y myfyrwyr a ddadleuodd yn groyw y noson honno dros y cynnig 'That this House would not in any circumstances take part in armed conflict'.[14] Yn raddol bach, gorfodwyd cenhedlaeth i feddwl sut orau y medrent eu hamddiffyn eu hunain – proses a gafodd effaith uniongyrchol ar benarglwyddiaeth yr LNU. Egwyddor sylfaenol yr LNU, corff y bu Gwynfor mor gefnogol iddo hyd 1933, oedd heddwch trwy gymrodedd. Diplomydda, fe gredid, oedd yr ateb i bopeth, ac ni chaniateid rhyfel ond yn niffyg unrhyw ddull arall. Ond yn gynyddol, credai nifer o Gymry mai'r unig achubiaeth oedd arddel pasiffistiaeth absoliwt, a fesul tamaid, chwalodd y consensws pasiffistaidd. Ym Mehefin 1933, gwelwyd Undeb yr Annibynwyr, senedd yr enwad i bob pwrpas, yn pleidleisio o blaid heddychiaeth bur. Er i'r Annibynwyr hefyd bleidleisio dros gefnogi'r LNU, daeth hi'n fwyfwy amlwg na ellid coleddu'r ddau safbwynt. Nid heb reswm yr achwynodd Gwilym Davies, y gŵr a dywysodd Gwynfor dair blynedd ynghynt i Genefa, fod yna 'drift towards out and out pacifism in the big religious denominations of Wales'.[15]

Roedd Gwynfor ymysg yr amheuwyr hynny. Er iddo fod yn llywydd ar gangen Coleg Aberystwyth o'r LNU yn ystod 1933, daethai'n raddol bach i'r casgliad fod y Gynghrair yn gorff cwbl ddiddannedd ac mai rheitiach peth fyddai iddo yntau hefyd fwrw'i goelbren gyda'r heddychwyr digymrodedd. Erbyn Tachwedd 1933, y mis pan gefnodd yr Almaen ar y Gynghrair, penderfynodd Gwynfor a'i gyd-heddychwyr orymdeithio o gylch Aberystwyth ar Sul y Cofio o dan faner ac arni'r slogan a glywyd gyntaf yn yr Oxford Union: 'We will not fight for King and Country'. Roedd effaith cadlef heddychol fel hon yn drydanol mewn tref Ryddfrydol-barchus fel Aberystwyth, a chymaint oedd llid aelodau Lleng Brydeinig y dref fel y ceisient rwygo baneri'r myfyrwyr. Credai'r wythnosolyn lleol, y *Cambrian News*, fod rhai o'r myfyrwyr wedi llyncu 'communistic literature' yn ddihalen, ond roedd Gwynfor yn ddiedifar.[16] Mynnai mai dyletswydd ei genhedlaeth oedd protestio'n daerach, ac yn fwy croch, yn erbyn cyfundrefn ryngwladol gwbl bwdr. Ynghanol y cynnwrf hwn, roedd

Gwynfor, ar anogaeth ei diwtor, Victor Evans, wedi ennill lle ym Mhrifysgol Rhydychen i astudio ar gyfer gradd bellach yn y Gyfraith – llwybr cyfarwydd i fyfyrwyr gorau Aberystwyth. Effaith hyn, fodd bynnag, oedd gwneud bywyd hyd yn oed yn fwy cymhleth. Yn awr, gwyddai y byddai'n rhaid treulio mwy o amser yn y llyfrgell, serch mai cenhadu ymysg y myfyrwyr oedd yr hyn a ystyrid ganddo fel ei briod alwedigaeth.

Roedd natur ei genhadaeth hefyd yn newid. Ers blynyddoedd, roedd wedi sianelu ei egnïon fel heddychwr Cristnogol i gyfeiriad yr LNU ac Urdd y Deyrnas, ond roedd ei genedlgarwch byth er 1929 wedi bod yn ddigyfeiriad. Ar ddechrau 1934, ei flwyddyn olaf yn Aberystwyth, dechreuai weld bod modd cyfuno pasiffistiaeth â gwladgarwch. Gwelai hefyd fod angen cyfeiriad gwleidyddol ar ei wladgarwch. Dyma pam iddo droi at genedlaetholdeb a chynhesu at serchiadau Plaid Cymru. Ond y gweithgaredd a'i llygad-dynnodd oedd gweld Pleidwyr ifanc fel Eic Davies a Hywel D Roberts yn gwerthu copïau o'r *Ddraig Goch* ar hyd strydoedd Aberystwyth yn ystod 1934. Gadawodd natur ddihunan a thruenus y pedleriaid argraff arno. Fe'i siomwyd yn arw hefyd yn ystod y cyfnod hwn gan agwedd y Blaid Lafur tuag at Gymru. Un o arwyr mawr Gwynfor oedd Keir Hardie, datganolwr o argyhoeddiad, a phrofiad chwerw i Gwynfor oedd gweld llywodraethau Llafur 1924 a 1929 yn gwrthod mynd â maen datganoli i'r wal. Mae'r ystyriaethau hyn i gyd yn bwysig wrth esbonio pam iddo ogwyddo fwyfwy tuag at Blaid Cymru, ond dywed yn ei hunangofiant mai'r digwyddiad trobwyntiol oedd taro heibio i siop Jac Edwards yn Aberystwyth a phrynu copi digon blêr o un o bamffledi Plaid Cymru. Enw'r pamffledyn hwnnw oedd *The Economics of Welsh Self-Government* gan D J Davies,[17] cyn-löwr, bocsiwr, 'hobo', ac un o ddeallusion rhyfeddaf Plaid Cymru.

Hwyrddyfodiad i syniadau D J Davies oedd Gwynfor; roedd *The Economics of Welsh Self-Government* wedi ei gyhoeddi dair blynedd ynghynt ym 1931 ond, o'i ddarllen, disgynnodd y cen o'i lygaid. Yn awr, dechreuodd popeth wneud synnwyr, a chredai fod yma gorff o syniadau y gellid eu gwerthu ar garreg y drws. Trwy ddarllen D J Davies, daeth i'r casgliad bod modd cefnogi Plaid Cymru heb orfod pleidio athrawiaethau canoloesol a niwlog Saunders Lewis ynghylch economeg. Llawn cyn bwysiced â hynny i Gwynfor oedd bod pamffled D J Davies yn caniatáu gwadu Marcsiaeth a Chyfalafiaeth heb ddychwelyd i'r Oesoedd Canol yn ôl traed Saunders Lewis. Hanfod gweledigaeth D J Davies oedd nacáu, mor bell ag y gallai, Farcsiaeth a Chyfalafiaeth trwy ddosbarthu eiddo preifat. Fel hyn, byddai'r gymuned leol yn rheoli grym economaidd. Er mai pragmatydd oedd Gwynfor mewn materion economaidd, mae'n anodd gorbwysleisio faint o ddylanwad fu D J Davies arno. Arhosodd yr egwyddorion hyn o gydweithrediad a datganoli grym economaidd yn rhai sylfaenol i Gwynfor.

Ond er bod Gwynfor yn cynhesu at Blaid Cymru trwy waith D J Davies ym 1934, plaid Saunders Lewis, heb rithyn o amheuaeth, oedd Plaid Cymru. Y gwir amdani yw mai ymylol oedd athrylith o faintioli D J Davies mewn cymhariaeth ag anferthedd deallusol Saunders Lewis. Mae'r un peth yn wir am ddylanwad hufen y deallusion Cymraeg hynny – rhai fel W J Gruffydd, Kate Roberts a D J Williams – a geid oddi mewn i rengoedd y blaid. Eiddo Saunders Lewis oedd y *Deg Pwynt Polisi* a gyhoeddwyd ym Mawrth 1934 – dogfen a ddaeth yn faniffesto hylaw i Blaid Cymru gyda'i deg egwyddor syml, geidwadol.[18] Mae'n anodd coelio na fyddai Gwynfor wedi clywed sôn am y datganiad herfeiddiol hwn, a'i weledigaeth o Gymru Gymraeg wledig, gydag eiddo wedi ei rannu, a'r 'Deheudir' wedi ei ddad-ddiwydiannu. Yn gyfansoddiadol, y nod oedd ennill, nid annibyniaeth i Gymru, ond 'Statws Dominiwn', fel a geid yn Seland Newydd ac Awstralia – statws a fyddai'n caniatáu i Gymru reoli ei materion ei hun gan gydnabod y Goron ar yr un pryd. Nid cyd-ddigwyddiad yw hi felly – er gwaethaf yr hanesyn yn ei hunangofiant amdano'n taro heibio i siop Jac Edwards – mai syniadau Saunders Lewis am Gymru Gymraeg, organig oedd y dylanwad trymaf ar Gwynfor. Yn wir, yr hyn sydd fwyaf od (fel y dangosodd Richard Wyn Jones) yw bod Gwynfor wedi sôn cyn lleied am y ddyled hon.[19] P'un ai embaras ar ran Gwynfor yn wyneb yr hyn a ddigwyddodd rhyngddynt maes o law sy'n gyfrifol, mae'n anodd dweud i sicrwydd. Ond mae un peth yn sicr: mae'n fwlch od ar y naw yn y modd y dewisodd Gwynfor adrodd ei fabinogi.

Does ond angen bwrw cip cyflym ar y wasg Gymreig ym 1934 i'n hatgoffa pa mor ddylanwadol oedd Saunders Lewis – Saunders dda, Saunders ddrwg – ym 1934. Ef, ym 1934, oedd y gŵr a alwodd am sefydlu Caerdydd fel prifddinas, y gweledydd a alwodd am Gymreigio'r BBC a'r modernydd a alwodd am greu 'Cyngor Datblygiad Cenedlaethol Cymreig' – rhagredegydd yr Awdurdod Datblygu neu'r WDA.[20] Saunders Lewis, eto fyth, a fynnodd fod Plaid Cymru'n amddiffyn Sioe Amaethyddol Cymru rhag penderfyniad Sioe'r 'Bath and West' i ymweld â Chastell-nedd ym 1936. Ond er gwaethaf rhinweddau datganiadau fel y rhain, roedd cynnen a checru yn dilyn Saunders Lewis i bobman yr âi y flwyddyn honno fel rhyw wynt drwg. Mae'n rhaid bod Gwynfor yn ymwybodol o Babyddiaeth Saunders Lewis a'r anghydfod a grëwyd gan hynny. Byddai hefyd wedi clywed am wrthwynebiad angerddol Saunders Lewis i'r polisi newydd o ganiatáu i aelodau Plaid Cymru gymryd eu seddau yn San Steffan pe caent eu hethol. Ond y dirgelwch mawr ym 1934 oedd amwysedd sylfaenol y llywydd ynghylch ffasgiaeth, a'i agwedd tuag at Hitler, Mussolini a Mosley. Ar y naill law, byddai Gwynfor wedi darllen adroddiadau yn y wasg am Saunders Lewis yn addo ym Mawrth 1934 y byddai'r blaid yn ochri hyd at golli gwaed gyda 'the popular masses of Wales against Fascist dictatorship'.[21] Roedd hon yn wedd atyniadol ar agwedd Plaid Cymru tuag at Ffasgiaeth – yr unig gwestiwn gwleidyddol o bwys yng Nghymru a gweddill Prydain ym 1934. Ar y llaw arall, mae hefyd yn bur debygol y byddai Gwynfor wedi darllen am Saunders Lewis yn telynegu ynghylch parodrwydd Plaid Cymru i fynd 'i'r un ffynhonnell ag arweinwyr Ffasgiaeth i chwilio am ddŵr bywiol i adnewyddu diffeithwch ein bywyd cymdeithasol'.[22] Ni waeth bynnag sut yr edrychir ar ei benderfyniad, nac ychwaith faint o bwyslais a roes Gwynfor yn ei hunangofiant ar ddylanwad mwy rhesymol D J Davies, roedd y delfrydwr ifanc am ymuno â phlaid amhoblogaidd, amherthnasol a oedd yn llwyr dan bawen maferic.

Ym mis Mehefin 1934, clywodd Gwynfor iddo ennill gradd Ail Ddosbarth yn y Gyfraith – gradd ddigon da i'w alluogi i gymryd y lle a gynigiwyd iddo eisoes yn Rhydychen. Gadawodd lannau Aberystwyth am y tro olaf heb fawr o hiraeth, ond yn hytrach na dal y trên yn ôl i'r Barri, penderfynodd gerdded adref yng nghwmni ei gyfaill, Dilwyn Davies. Er bod Gwynfor wedi rhodio Cymru cryn dipyn yn ystod ei gyfnod yn Aberystwyth, profodd y daith bedwar diwrnod yn anarferol o gyffrous. Trannoeth cyrraedd y Barri, a'r cof am y panorama Cymreig mor fyw ag erioed, aeth Gwynfor yn unswydd at Cassie Davies, arweinydd Plaid Cymru yn y Barri, gan ofyn a gâi ymuno â'r blaid. Testun ymffrost i Cassie Davies am weddill ei dyddiau yw mai hi a dderbyniodd Gwynfor i rengoedd Plaid Cymru. Er hynny, ni chredai cefnogwraig mor frwdfrydig â Cassie Davies fod Gwynfor yn debygol o ddatblygu'n ffigur cenedlaethol. Iddi hi, y ddau beth mwyaf trawiadol am y cyfarfod cyntaf hwnnw oedd ei brydwedd 'hynod olygus' ynghyd â'i 'blazer coleg Aberystwyth'.[23]

Ond roedd llawer mwy o swmp i Gwynfor na wyneb crwtyn golygus. O'r eiliad yr ymunodd â Phlaid Cymru, penderfynodd fod yn rhaid i'r blaid uno cenedlaetholdeb â phasiffistiaeth. Ar y pryd, yn ystod haf 1934, roedd y berthynas rhwng y ddwy ideoleg yn bwnc hynod ddadleuol, ac roedd y blaid yn rhanedig ar y mater. Ar y naill law, ceid cefnogwyr Saunders Lewis a gredai mewn 'nerth' gwrthryfel, fel a ddigwyddodd yn Iwerddon ym 1916, er mwyn ennill hunanlywodraeth; ar y llaw arall, roedd yna leiafrif a gredai y dylai'r blaid ymwrthod â thrais gan fod gwrthryfel yn rhedeg yn groes i egwyddorion Cristnogol. Ond, at ei gilydd, trafodaeth ddamcaniaethol oedd hon ynghylch terfysg neu heddychiaeth. Wedi'r cyfan, doedd Saunders Lewis byth o ddifrif ynghylch argymell gwrthryfel na chwaith am greu byddinoedd. Yn wir, nid dadl dros ddulliau oedd y rhwyg mawr ym Mhlaid Cymru, ond rhwyg ynghylch agwedd. A'r cwestiwn oedd hwn: a oedd Plaid Cymru am fod yn blaid barchus ynteu a oedd hi am fod yn blaid filwriaethus? Ofn adain filwriaethus Plaid Cymru ar ddechrau'r tridegau oedd y byddai heddychiaeth yn stumio holl gwrs y blaid a'i throi'n blaid sbaddedig a dof. Y tensiwn deallusol hwn, nid rhyfelgarwch, sy'n esbonio pam i Saunders Lewis fod mor ochelgar o heddychiaeth, a pham i basiffistiaeth fod yn bwnc mor neilltuol o sensitif. Ystyriaeth arall oedd drwgdybiaeth Saunders Lewis o natur anghymreig yr LNU yng Nghymru. Roedd hwn, chwedl yntau, yn sefydliad lle na cheid ond 'gweniaith ac atsain syniadau Lloegr'.[24] Yn wir, pan drafodwyd heddychiaeth yn Ysgol Haf Plaid Cymru ym mis Awst 1934, bu'n rhaid gadael y mater ar y bwrdd. Barn glir Saunders Lewis oedd nad oedd diben i Blaid Cymru 'basio penderfyniadau ofer fel y rhai a ddeuai o Rydychen'.[25] Mewn ymgais i brynu amser, ac atal y rhwyg rhag dyfnhau, pasiwyd bod 'Pwyllgor Rhyfel' yn cael ei ffurfio i lunio polisi cadarnach.

Methodd Gwynfor â mynd i'r Ysgol Haf, ond er gwaethaf rhybudd clir Saunders Lewis, doedd e ddim am adael i'r mater fod. Nid am y tro olaf, byddai'r heddychwr a'r cyn-lefftenant gyda'r 'South Wales Borderers' benben â'i gilydd. Er mai dim ond ers deufis yr oedd wedi bod yn aelod o Blaid Cymru, penderfynodd ysgrifennu at J E Jones, trefnydd ac ysgrifennydd Plaid Cymru, gan gynnig ei farn ar y mater mewn llythyr hynod feiddgar. Prin yr adwaenai Gwynfor J E Jones, ond mynnodd yn ei lythyr fod 'tangnefeddiaeth' yn rhan annatod o waith pob cenedlaetholwr, a bod i Gymru 'genhadaeth yn y cyfeiriad hwn'. Ychwanegodd mai dyletswydd 'Cymru annibynnol' oedd 'arwain gwledydd y byd i agwedd mwy synhwyrol tuag at ryfel'.[26] Maes o law, byddai Gwynfor yn gwireddu'i uchelgais o droi Plaid Cymru'n blaid heddychol, ond dim ond ar draul fendeta rhyngddo ef a Saunders Lewis.

Ym mis Hydref 1934, dilynodd Gwynfor y llwybr cyfarwydd o Aberystwyth i Rydychen. Ond os siom a'i disgwyliai pan gyrhaeddodd Aberystwyth am y tro cyntaf, yna fe'i cyfareddwyd gan Rydychen a Choleg Sant Ioan. Yn gymdeithasol, roedd cwrdd â Saeson o ysgolion bonedd Lloegr wrth chwarae hoci a chriced yn brofiad newydd a chyffrous. Cafodd hefyd flas anarferol ar wrando ar bregethwyr a darlithwyr enwog fel Nathaniel Micklem a G D H Cole.[27] Er hynny, gwleidyddiaeth a difrifoldeb ei gyd-efrydwyr oedd yr hyn a'i hudodd fwyaf. Y flwyddyn honno, roedd y ddinas yn grochan o ddadleuon eirias ynghylch sosialaeth a phasiffistiaeth; er bod Rhydychen mor Seisnig ag erioed gyda llafnau'r ysgolion bonedd mawr yn dal i dra-arglwyddiaethu, roedd yn lle hynod gyffrous i heddychwr tanbaid fel Gwynfor – ddeunaw mis wedi pleidlais hanesyddol yr 'Oxford Union'. Ys dywedodd golygydd *Isis*, cylchgrawn y myfyrwyr, 'Oxford now, as then, regards war as the prerogative of the gorilla'.[28]

Y peth cyntaf a'i trawodd oedd prydferthwch llesmeiriol yr adeiladau hynafol a'r cwadiau cyfareddol. Credai'n gryf fod gwarineb Rhydychen, a'r ymdeimlad o draddodiad, yn newid bywydau'r myfyrwyr. Anfonodd lythyr hynod ddadlennol o Rydychen i'w gyhoeddi yn y *Barrian* sy'n crisialu'i deimladau:

> The hand of tradition is heavy on the place, restraining even the iconoclasm of
> the present generation. We study in libraries wherein is stored the learning of time
> immemorial; and when we dine, a mighty host of witnesses looks down on us from the
> walls of the college hall.

Rhinwedd pennaf myfyrwyr pendefigaidd Rhydychen i Gwynfor oedd yr ymwybyddiaeth 'that they will one day be among the leaders of the nation. This gives them an earnestness of outlook which pervades all their activities whether it be in religion or literature, politics or drama'.[29]

Heb amheuaeth, mae Gwynfor yn disgrifio'i hun yma, a'r rhan y credai ef yr oedd ar fin ei chwarae mewn cenhedlaeth a dynghedwyd i wasanaethu'n gyhoeddus. Ym mhob agwedd, credai fod Rhydychen yn rhagori ar Aberystwyth, gyda'r Brifysgol yn cynnig urddas nas ceid ym Mhrifysgol Cymru. O'i amgylch y flwyddyn honno yn Rhydychen, roedd Cymry Cymraeg cyn alluoced â J R Jones, Hywel D Lewis, Huw Morris-Jones, Harri Williams a G O Williams – gwŷr a ddaeth yn arweinwyr cenedlaethol yng Nghymru. Dau arall a gyfarfu yn Rhydychen, ond na chafodd ef gyfle i ddod i'w hadnabod yno, oedd y sant hwnnw, George M Ll Davies, a'r polymath disglair, Pennar Davies. Wrth gymharu cyfarfodydd Rhydychen â seiadau plentynnaidd Aberystwyth, ei gasgliad rhwng cloriau'r *Barrian* oedd hwn:

I did not find this seriousness in Welsh colleges; the debates at Aberystwyth were too often opportunities for a 'night out' for the rougher element, and cultural societies and clubs were supported only by a small majority. It is true the life at Aberystwyth had a gaiety which one misses here and that a real feeling of *ésprit-de-corps* would be engendered by the inter-collegiate contests, but it does not yet turn its students to fill the position which is their duty and their privilege.

Methiant myfyrwyr Cymru i sylweddoli bod gofyn iddyn nhw hefyd chwarae rhan ym mywyd cenedlaethol Cymru oedd i gyfrif, yn ei dyb ef, am yr anaeddfedrwydd hwn. Edrychai'n ddigalon dros Glawdd Offa gan weld cenhedlaeth o Gymry ifanc ag un amcan ym Mhrifysgol Cymru: 'to get a degree, with as much pleasure as possible thrown in, and they might be Zulus for all the interest most of them take in their own country'.[30]

Yn groes i fyfyrwyr 'ffaeledig' Aberystwyth, gwleidyddiaeth ac achub y Gymraeg oedd alffa ac omega bywyd Gwynfor tra oedd yn Rhydychen. Esgeulusodd ei astudiaethau, gan dreulio oriau'n perffeithio ei Gymraeg, gyda chymorth tua 80 o lyfrau *Cyfres y Fil* a ddarganfu yn siop lyfrau Blackwells. Gyda'i Gymraeg bron â bod yn gwbl sicr, aeth ar gais J E Jones i gwrdd ag Edwin Pryce Jones, gyda'r bwriad o sefydlu cangen o Blaid Cymru. Bu'r cyfarfod hwnnw'n llwyddiannus ac, yn fuan, cyfarfu Edwin Pryce Jones a Gwynfor â dau genedlaetholwr arall, Harri Williams a Tudno Williams. Penllanw hyn yn Chwefror 1935 oedd sefydlu cangen gyntaf Plaid Cymru yn Rhydychen. Er gwaethaf cyngor Saunders Lewis yn ystod y mis Chwefror hwnnw na ddylai neb 'a fyn yrfa wleidyddol' ymuno â Phlaid Cymru, penderfynodd Gwynfor gymryd llywyddiaeth y gangen. Bychan, a dweud y lleiaf, oedd y niferoedd a ddeuai i'r cyfarfodydd ond roedd yn gychwyn o fath. Yn yr ail gyfarfod, darllenodd bapur ac iddo'r teitl addas 'Delfrydau Cenedlaetholdeb' a bu rhai o'r gwahoddedigion 'bron â chael eu hargyhoeddi' wrth wrando arno.[31]

O'r dechrau gyda'i ymwneud â Phlaid Cymru, felly, gwyddai Gwynfor pa mor anodd fyddai hi, a bod bywyd o waith cwbl ddiddiolch o'i flaen. Wrth i waith y gangen fynd rhagddo, cyfarfu â rhibidires o broblemau: doedd yna nemor ddim llenyddiaeth i'w chael, a deuai llai fyth o arweiniad gan benaethiaid y blaid. Er hynny, ni ddigalonnodd. Yn wir, yn ystod ei ddwy flynedd yn Rhydychen, dyfnhaodd ei syniad delfrydgar o Gymru ac o uchelwriaeth ei gwerin. Ar ddechrau ei ail flwyddyn yn Rhydychen, yn Hydref 1935, daethai'n grediniol (fel Saunders Lewis) mai'r Gymraeg oedd sail Cymreictod, ac y diflannai 'dawn ysbrydol y

Cymro' o'i cholli. Yn gyfochrog â hyn, dadleuodd yn ei erthygl gyhoeddus fawr gyntaf fod diwylliant Cymru yn gyfoethocach o safbwynt moesol na diwylliant proletariat Lloegr. 'Sothach Lloegr' oedd ei diwylliant poblogaidd hithau, y 'rasis cŵn, betio a gamblo… y talkies a nofelau di-foes ac anfoesol'. O'i dŵr ifori Rhydychennaidd, cyferbyniai 'bydredd' y diwylliant dosbarth gweithiol hwn â'r gorau yn niwylliant gwerin Cymru – y capeli, y glowyr yn dysgu'r pedwar mesur ar hugain wrth eu gwaith, a'r hen lewyrch eisteddfodol. Dagrau pethau – o bersbectif Gwynfor – oedd bod diwylliant y werin Gymraeg yn cael ei aberthu ar 'allor materoliaeth'. Yr unig waredigaeth o hyn ymlaen, fe gredai, oedd i'w gyd-Gymry gerdded, fel ag y gwnaeth yntau, trwy borth argyhoeddiad Plaid Cymru.[32]

Ond lleiafrif oddi mewn i leiafrif oedd grŵp Plaid Cymru yn Rhydychen. Y 'Dafydd', Cymdeithas Dafydd ap Gwilym, oedd calon gweithgarwch Cymry Cymraeg y Brifysgol. I'r cenedlaetholwr alltud, roedd hi'n werddon o Gymreictod cynnes a diniwed: byd o gellwair, canu emynau ac yfed coffi yn y cyrddau clebran. Ystyrid darllen cywyddau coch Dafydd ap Gwilym yn beth beiddgar ar y naw i'w wneud. Roedd hi hefyd yn gymdeithas bur anwleidyddol – gydag un eithriad. Yn ystod un noson o jolihoitian ar yr 'ysgraffau' neu'r 'punts', mynnodd Gwynfor ddadlau'n gyhoeddus dros hawliau 'cenedlaetholdeb Cymru' gan gynnau tân poeth rhyngddo a'r sosialwyr yn y 'Dafydd'. Doedd ganddo ddim iod o gywilydd ychwaith ynghylch ei efengylu parhaus pan draddododd bapur i'r 'Dafydd' ym Mawrth 1936. Yr arfer ymysg aelodau'r Gymdeithas oedd siarad ar destunau saff ac anwleidyddol, ond penderfynodd Gwynfor (ac yntau bellach yn ysgrifennydd) godi dau fys ar gonfensiwn gan siarad ar y testun 'Eu Hiaith a Gadwant'. Yn yr anerchiad, fflangellodd y Tuduriaid dan-din am adael y Gymraeg mewn sefyllfa mor adfydus ag yr oedd hi ym 1936 – mewn oes pryd, fe gredai, y câi cwestiwn y Gymraeg ei setlo yn 'derfynol'. Dim ond un dewis, meddai Gwynfor, oedd yn weddill – roedd yn rhaid i 'frodyr' y 'Dafydd' eu taflu eu hunain 'i'r frwydr o blaid parhad a datblygiad yr iaith'. [33]

Yn y cyfamser, gwaethygai'r sefyllfa ryngwladol yn arw. Gwelwyd yr Ymneilltuwyr Cymreig (a Gwynfor yn eu plith) yn 'drifftio'n raddol tuag at safbwynt y pasiffistiaid Cristnogol'.[34] Yn ystod Ysgol Haf 1935, gwelwyd D J Williams yn dadlau drachefn, fel ag y gwnaeth Gwynfor flwyddyn ynghynt, dros basiffistiaeth genedlaetholgar, ac ar i Blaid Cymru aros yn niwtral pan ddeuai'r rhyfel.[35] Gam wrth gam herciog, roedd Plaid Cymru'n troi'n blaid heddychol, wrth i broses heddwch Versailles chwalu, ac i heddychiaeth genedlatholgar ennill ei phlwy. Mae'n arwydd o rym y symudiad deallusol hwn fod hyd yn oed Saunders Lewis yn methu â'i wrthsefyll ar drothwy ail ddegawd hanes Plaid Cymru. Erbyn mis Mawrth 1936, y mis pan filitareiddiwyd y Rheindir gan y Natsïaid, diffoddodd yr hyder egwan a feddai Gwynfor yn yr LNU a dylifodd aelodau Plaid Cymru i gyfeiriad pasiffistiaeth – cymaint felly nes i olygydd *Yr Herald Cymraeg* haeru, â chryn gyfiawnhad, bod 'mwy o gyfartaledd o aelodau'r Blaid yn heddychwyr digyfaddawd nag sydd yn perthyn i unrhyw blaid wleidyddol arall'.[36]

Gyda milwyr Hitler yn y Rheindir, gorfodwyd y Prif Weinidog, Stanley Baldwin, i gyhoeddi papur gwyn ar ailarfogi – datganiad a olygai y byddai'n rhaid i Gymru ysgwyddo'i siâr o ganolfannau milwrol newydd. Y datganiad allweddol hwn i Gwynfor oedd y prawf bod y llywodraeth wedi 'colli pob gobaith o sicrhau heddwch trwy Seiat y Cenhedloedd' ac mai'r canlyniad fyddai 'ras arfau' yng Nghymru gyda 'miloedd o grefftwyr Saesneg yn ein plith'. Er bod yna hen siarad wedi bod er Mai 1935 ynghylch codi ysgol fomio ym Mhenyberth, dim ond ym Mawrth 1936 y sylweddolodd Gwynfor fod y llywodraeth o ddifrif ynghylch ei chynlluniau. Heb amheuaeth, roedd yr ysgrifen ar y mur a galwodd (mewn adlais o'i lythyr preifat yn Awst 1934 at J E Jones) am uniad rhwng cenedlaetholwyr a phasiffistiaid i ddeffro'r genedl. Nid 'cydymdeimlad claear' yr oedd ei angen yn awr, fe haerodd, ond yn hytrach galwodd 'am benboethni'.[37] Mewn geiriau eraill, roedd Gwynfor, dyn y gyfraith, yn galw am weithred dorcyfraith i rwystro Penyberth – rhywbeth yr oedd Pwyllgor Gwaith Plaid Cymru wedi bod yn ei ystyried er diwedd 1935.

Aeth brwydr chwerw Penyberth rhagddi drwy gydol gwanwyn 1936. Ar fwy nag un achlysur, trodd protestiadau heddychlon Plaid Cymru yn derfysglyd wrth i lanciau penboeth Sir Gaernarfon golbio'r cenedlaetholwyr diamddiffyn. Os yw'r *Daily Despatch* i'w gredu, 'Professors, schoolmasters and ministers of the Gospel fought barefist' ar y Maes ym Mhwllheli 'for their right to proclaim the cause of peace'.[38] Roedd gwleidyddiaeth Cymru'n ferw gwyllt a serch y penawdau anffodus, nid oedd y digwyddiadau hyn heb eu harwyddocâd i'r blaid y byddai Gwynfor yn ei harwain ymhen naw mlynedd. Am y tro cyntaf yn ei hanes, daeth Plaid Cymru yn destun trafod ar lefel Brydeinig gyda'r wasg yn ysu am gael gwybod beth fyddai dulliau 'Gandhïaidd' newydd Plaid Cymru o weithredu. Ond profiad dirprwyol o bell oedd y digwyddiadau cynhyrfus hyn i Gwynfor, ac yntau'n dal yn Rhydychen yn paratoi ar gyfer ei arholiadau gradd.

Ym mis Mehefin 1936, cafodd radd Ail Ddosbarth arall yn y Gyfraith; newyddion da pellach oedd clywed ei fod wedi cael swydd fel cyfreithiwr yng Nghaerdydd. Yn ôl y drefn arferol, byddai hyn i gyd yn destun dathlu, ond i'r myfyrwyr ym mlwyddyn Gwynfor a adawodd Rydychen ym 1936, roedd yna ymdeimlad dwfn eu bod ar groesffordd. Yn ôl golygydd *Isis*, dim ond dau lwybr oedd yn agored iddynt: 'the attitude of the idealist or the attitude of the Hun warrior'.[39] Gwir y gair, gan i ddelfrydiaeth Gwynfor ddyfnhau o hyn ymlaen. Ar derfyn ei ddiwrnod olaf yn Rhydychen, teithiodd yn ôl i Gymru dros nos yng nghwmni ei frawd Alcwyn, mewn hen gar Singer a brynodd Gwynfor am bymtheg punt. Uchafbwynt y daith oedd gadael y car bach a dringo i gopa Pen-y-Fâl a gweld y wawr yn torri dros fynyddoedd Cymru. Yn y wawr honno, gwyddai Gwynfor yn dda mai llwybr yr 'idealist' fyddai'r unig lwybr y medrai yntau, a'i genedl, ei dramwyo. Ei waith ef yn awr fyddai dyblu ei ymdrechion i sicrhau yr amcanion hynny.[40]

Dychwelodd Gwynfor i'r cartref teuluol, bellach yn 35 St Nicholas Road, y Barri, i fyw – ond roedd y dyn a ddychwelodd i'r Barri yn greadur tra gwahanol i'r bachgen a adawodd am Aberystwyth. Fel y mae Pennar Davies, cofiannydd a chyfaill mynwesol Gwynfor wedi nodi, dyma'r adeg y dechreuodd genhadu 'o ddifrif'.[41] Niwsans digymysg, o gofio'i frwdaniaeth heddychol a chenedlaetholgar, oedd y gwaith beunyddiol fel cyw-gyfreithiwr yn swyddfa W B Francis yng Nghaerdydd. O'r diwrnod cyntaf un, teimlai Gwynfor fod y swyddfa'n siop siafins, ac yn amlach na pheidio, câi ei anwybyddu gan y tri phartner yno. Llwyddodd y partneriaid i ladd ei ddiddordeb yn y gyfraith, a pho fwyaf o brynu a gwerthu tai a wnâi, mwyaf i gyd y diflannai ei frwdfrydedd.[42] Fin nos ac yn ystod y penwythnosau, roedd hi'n stori dra gwahanol gan ei fod yn cenhadu'n ddi-baid dros genedlaetholdeb a heddychiaeth Gristnogol – dwy ideoleg hynod ddadleuol. O gofio bod cwestiwn pigog heddychiaeth yn dal heb ei setlo yn rhengoedd Plaid Cymru, sianelodd Gwynfor ei egnïon pasiffistaidd i gyfeiriad corff radical newydd a sefydlwyd ym Mai 1936: y 'Peace Pledge Union'. Nod syml iawn y PPU, neu'r Undeb Llw Heddwch, oedd gwrthsefyll militariaeth trwy wrthod rhyfel yn llwyr; yn wir, doedd dim arlliw o syniadau cyfaddawdus yr hen LNU yn gysylltiedig â'r corff hwn. Dros y blynyddoedd nesaf, gweithiodd Gwynfor yn ddiflino dros y PPU. Ond bron yn anochel, achosodd embaras sylweddol i'w dad gan fod Dan bellach yn gynghorydd yn nhref y Barri ac yn un o ffigurau pwysicaf Bro Morgannwg. Yn fynych, deuai Dan allan o gyfarfodydd cyngor y dref a gweld

Gwynfor yn annerch cyfarfod o heddychwyr o dop gambo ar Sgwâr y Brenin. Ar sawl achlysur, bu'n rhaid iddo gnoi ei dafod a goddef gweithgareddau'r mab afradlon.

Os oedd gweithgarwch gyda'r PPU yn cael ei weld fel rhywbeth ymylol yn y Barri, yna roedd gweithio dros Blaid Cymru a'r PPU yn gyfuniad hynod beryglus, os nad ffrwydrol. O 1936 hyd 1945, bu'n rhaid i Gwynfor ysgwyddo baich y condemniad dwbl hwn drosodd a thro. Yn y Barri, roedd Plaid Cymru'n gwbl ddi-gownt o ran ei chefnogaeth ac fe'i hamheuid o fod yn ddeorfa i Ffasgwyr a Phabyddion. Gwyddai Gwynfor yn iawn pa mor anodd oedd hi. Âi o dŷ i dŷ yn gwerthu'r *Ddraig Goch* a'r *Welsh Nationalist*; cryn gamp oedd cael dyrnaid i danysgrifio ac roedd hi'n wyrth pe medrai gael yr un llond llaw i danysgrifio am yr eildro.[43] Roedd yr un gwrthwynebiad i'w weld yn ymwneud cenedlaetholwyr y Barri â'r papur lleol, y *Barry and District News*. Pan basiwyd cynnig gan gangen Plaid Cymru y Barri yn gwrthwynebu cynllun Penyberth, arswydodd y papur o feddwl bod yna 'such cranks… wasting their time in futile opposition to the War Departments' yn byw yn eu plith.[44]

Ond am hanner awr wedi un y bore, ar 8 Medi 1936, trawsnewidiwyd hanes Plaid Cymru yn y Barri, ac ymhobman arall, pan roddwyd deunyddiau'r adeiladwyr ym Mhenyberth ar dân. Yng ngeiriau cofiadwy Saunders Lewis: 'Roedd o'n dân bendigedig: doedd dim isio gola' arnon ni'.[45] Drannoeth, pan glywodd y newyddion, roedd Gwynfor yn gwbl iwfforig. O'r diwedd, roedd Plaid Cymru, plaid mor ddistadl a dibwys yn ystod ei hoes fer, wedi gwneud ei marc. Mewn llythyr at J E Jones y diwrnod hwnnw, canmolodd Gwynfor waith 'rhagorol a dewrder anhunanol' 'y Tri', Saunders Lewis, D J Williams a Lewis Valentine, a'u rhan mewn digwyddiad a fyddai'n 'rhwym o roi ysbryd newydd yn y rhai a feddwl am Gymru'. Gyda'r weithred yn sicr o rannu Cymru, galwodd am 'waith brwdfrydig, ar unwaith, trwy'r wlad, a dangos yn eglur i drigolion Cymru a Lloegr ein bod yn falch o'r arweiniad a roed inni'.[46] O fewn y mis, roedd Gwynfor yn defnyddio llwyddiant Penyberth mewn ymgais i rwystro'r llywodraeth rhag codi ffatri arfau 'ffiaidd' ger Pen-y-bont ar Ogwr.[47]

Fodd bynnag, fel ag ym Mhenyberth, fe gafodd y Swyddfa Ryfel ei ffordd ym Mhen-y-bont. A does dim dwywaith ychwaith i'r flwyddyn wedi Penyberth fod yn wers i Gwynfor yn y modd y gallai llwyddiant ddiflannu cyn gynted ag y daeth. Y broblem sylfaenol wedi carcharu 'y Tri' yn Ionawr 1937, oedd bod clamp o wagle arweinyddol wedi'i greu gan adael Plaid Cymru i bob pwrpas heb neb wrth y llyw am wyth mis. Gyda Saunders Lewis ar gyfnod sabothol gorfodol yn Wormwood Scrubs, achubodd Gwynfor ar y cyfle yn ystod y mis hwnnw i wthio ei agenda ei hun ar Blaid Cymru, gan alw'n gyhoeddus am briodas rhwng cenedlaetholdeb a heddychiaeth. Mewn erthygl feiddgar i ryfeddu ati yn *Y Ddraig Goch*, cynigiodd 'Awgrym o Bolisi' ynghylch yr hyn y dylai Plaid Cymru ei wneud pan ddôi'r rhyfel. Roedd ganddo ddau bwynt canolog: y cyntaf oedd bod 'rhyfel mawr yn nesáu gyda chyflymdra di-galonogol'; ail ben ei bregeth oedd mai rhyfel i 'ddinistrio gwareiddiad' fyddai'r nesaf, gyda'r 'awyrblan' yn arllwys dinistr. Yr ateb, yn ôl Gwynfor, oedd i 'filoedd' o bobl arddel pasiffistiaeth bur, digon i orfodi gelynion Lloegr i sylweddoli nad oedd Cymru yn rhan ohoni. Dyma felly sut y credai Gwynfor y gellid arbed Cymru rhag Hitler, ac anelodd yr apêl hon at ei gyd-aelodau ym Mhlaid Cymru: 'Dyma'r welediigaeth: y Blaid Genedlaethol yn gwneud heddwch y cwestiwn pwysicaf ar ei rhaglen'.[48] Does yna ddim cofnod o ymateb Saunders Lewis i erthygl Gwynfor, ond fe fyddai ei chynnwys wedi peri iddo dagu ar ei uwd. Yn wahanol i Lewis Valentine a D J Williams, nid heddychiaeth a gymhellodd Saunders Lewis i losgi'r ysgol fomio – casineb tuag at filitariaeth Lloegr a'i symbylodd.

Ni cheisiwyd datrys y cwestiwn anodd hwn yn ystod carchariad 'y Tri' ond, trwy gydol y cyfnod tyngedfennol hwn, bu'n rhaid i'r blaid benderfynu ynghylch ei hagwedd tuag at goroni'r Brenin, Siôr VI. Yn rhesymegol, fe ddylai Plaid Cymru fod wedi cefnogi'r coroni. Wedi'r cyfan, roedd ei pholisi cyfansoddiadol o alw am Statws Dominiwn yn cydnabod bodolaeth a swyddogaeth y Goron. Cyn ei garcharu, cyngor Saunders Lewis fel Llywydd Plaid Cymru oedd y dylid rhoi croeso gofalus i'r Brenin yn ystod ei daith trwy Gymru.[49] Ond trwy gamgymeriad a brofodd yn hynod gostus, dewisodd Pwyllgor Gwaith Plaid Cymru anwybyddu pragmatiaeth anarferol Saunders Lewis, a galw ar i gynghorau Cymru foicotio'r Coroni. Syniad mawr yr is-lywydd, W J Gruffydd, yn anad neb oedd hwn ond, o fewn dyddiau, daeth hi'n amlwg fod Plaid Cymru wedi cymryd cam gwag dinistriol; yn y Barri, gwelodd Gwynfor yr ewyllys da hynny a fodolai tuag at Blaid Cymru yn diflannu dros nos megis. Mewn gwewyr, ysgrifennodd at J E Jones i'w hysbysu fod Cymmrodorion y Barri wedi pasio cynnig yn cefnogi Tri Penyberth ond wedi gwrthod pasio cynnig Plaid Cymru yn galw am foicotio'r Coroni.[50] Dair wythnos yn ddiweddarach, roedd strydoedd y Barri'n orlawn wrth i filoedd o bobl ddathlu'r Coroni yno. Neb llai na thad Gwynfor, Dan Evans, a arweiniodd ei gyd-gynghorwyr wrth iddynt floeddio canu *God Bless Our*

Native Land a *Cofia'n Gwlad*.[51] I Gwynfor a J E Jones, roedd y wers yn amlwg: peidio dweud dim ynghylch y Goron oedd y peth doethaf. Seriwyd hyn ar gof Gwynfor, ac i raddau helaeth iawn mae'n esbonio pam y bu mor llugoer ynghylch gwrthwynebu'r Arwisgo ym 1969.

Yn y cyfamser, âi'r gwaith o godi'r ysgol fomio ym Mhenyberth rhagddo'n ddilyffethair. Adroddodd y wasg fod safle Penrhos yn gwch gwenyn o brysurdeb, 'where everybody works 12 hours and twelve'. Codwyd adeiladau taclus i beilotiaid yr RAF ac ymdebygai'r tân a'i effeithiau i'r hyn a ddisgrifid fel 'a mere blister in a corner'.[52] Yn ddiamau, roedd adroddiadau fel y rhain yn brawf grymus i Gwynfor o'r modd y collasai Plaid Cymru yr hud a hithau o dan arweinyddiaeth *de facto* yr annibynadwy W J Gruffydd. Ac nid dyma oedd yr unig bryder i Gwynfor. Ym merw'r dadlau ynghylch priodoldeb y Coroni, ofnai fod y blaid ar fin ailadrodd 'y camsynied a wnaed yn Iwerddon o frwydro ym mholitics ar draul iaith a diwylliant'.[53] Er mai achub y Gymraeg oedd y cymhelliad gwreiddiol dros sefydlu Plaid Cymru, y peth rhyfeddol, cyn hwyred â 1937, yw nad oedd ganddi bolisi clir ar y mater. Ar y naill law, roedd Saunders Lewis, a freuddwydiai am greu Cymru uniaith Gymraeg; ar y llaw arall, roedd carfan J E Jones, a gredai mai breuddwyd gwrach oedd hyn.[54] Gyda'i blaid i bob pwrpas heb bolisi, digalonnai Gwynfor yn llwyr o weld sefyllfa'r iaith yn nwyrain Morgannwg. Yn y Barri, honnodd nad oedd 'ond dwsin o dan ugain mlwydd oed a fedr siarad Cymraeg'; yn y cymoedd hefyd, haerodd ei bod hi'n dywyll fel y fagddu gyda'r 'cancr' wedi cyrraedd y Rhondda, Ogwr, Rhymni, Aberdâr a Merthyr Tudful, a'r Gymraeg wedi diflannu o 'enau'r plant wrth chwarae ar yr heol'.[55] Yr ateb amlwg i Gwynfor oedd gwneud y Gymraeg yn iaith swyddogol gan orfodi Plaid Cymru i gydnabod am y tro cyntaf fod Cymru'n genedl ddwyieithog. Byddai hefyd, fe dybiai Gwynfor, wedi cynnig ymgyrch wreiddiol ac ymarferol i'r blaid.

Ym mis Mai 1937, teimlai Gwynfor nad oedd diben dwrdio'r awdurdodau gwrth-Gymraeg; rhoddwyd cynnig aflwyddiannus ar y dull hwnnw o'r blaen. Yr ateb i Gwynfor oedd cael Plaid Cymru i arwain ffrynt llydan, gyda chefnogaeth yr Aelodau Seneddol Cymreig. Byddai hyn yn ennill cydymdeimlad, yn 'deffro Cymru', ac yn dod â sylw i'r blaid.[56] Roedd hi hefyd yn ffaith, yn nhyb Gwynfor, bod nifer mawr o 'fudiadau cenedlaethol wedi tynnu eu nerth o fudiad i ennill cydnabyddiaeth i'r iaith'. Ond, ddyddiau wedi galw am ffrynt llydan, cyfansoddiadol, i arwain brwydr yr iaith, mae'n amlwg iddo gael traed oer ynghylch tactegau. Ym Mehefin, ysgrifennodd drachefn at J E Jones i ddweud bod angen radicaleiddio'r frwydr a chael mudiad 'non co-operative' a fyddai'n mynnu defnyddio'r Gymraeg wrth yrru telegramau ac wrth gyfeirio llythyrau. Byddai'r un dulliau'n cael eu defnyddio wrth lenwi'r ffurflen dreth incwm.[57] Afraid dweud bod y darpar gyfreithiwr ar lwybr peryglus ond, wedi Penyberth, torcyfraith i bob pwrpas oedd dewis ddull y blaid o weithredu. Wedi'r cyfan, roedd W J Gruffydd ei hun wedi mynnu ar ôl carchariad 'y Tri' mai 'gwrthryfel agored neu gudd' oedd yr unig ffordd ymlaen i Blaid Cymru.[58]

Ddeufis ar ôl crybwyll ei 'gynllun iaith' am y tro cyntaf, dadlennodd Gwynfor ei syniadau i'r byd a'r betws yng nghynhadledd Plaid Cymru yn y Bala. Roedd hi'n gynhadledd anodd, gyda myfyrwyr y mudiad Gwerin (mudiad a alwai am ffrynt poblogaidd rhwng sosialaeth a chenedlaetholdeb) yn dechrau anniddigo ynghylch arlliw obsciwrantaidd Plaid Cymru. Anwybyddwyd hyn i gyd gan Gwynfor; ei flaenoriaeth yntau oedd creu polisi iaith i'w blaid. Yn y Bala, cynigiodd fod Plaid Cymru yn 'cychwyn mudiad ang-nghydweithredol' er mwyn ennill statws swyddogol i'r Gymraeg. Pasiwyd y cynnig, a chytunwyd y byddai arweinwyr y blaid ar flaen y gad, gyda'r Pwyllgor Gwaith yn trefnu i aelodau Plaid Cymru wrthod llenwi ffurflenni yn Saesneg. Y nod oedd cael tua deuddeg o Bleidwyr amlwg i wrthod llenwi eu ffurflenni treth incwm, a chael eu llusgo, ymhen amser, gerbron y llysoedd.[59] Ddiwedd y flwyddyn, âi'r trefniadau rhagddynt yn dda, ond yna, yn gynnar ym 1938, diflannodd y gwrhydri a'r awydd i herio llysoedd Lloegr. Mae'n aneglur pam yn union y digwyddodd hyn ond, o hynny ymlaen, cyfeiriodd Plaid Cymru ei hegnïon i gyfeiriad Pwyllgor Deiseb yr Iaith Gymraeg, o dan arweiniad y diarbed Dafydd Jenkins.[60] Ar un olwg, roedd strategaeth Gwynfor o ymgyrch dorcyfraith wedi methu ond, o safbwynt arall, bu'n llwyddiant ysgubol. Yn un peth, fe orfododd Gwynfor Blaid Cymru i lunio polisi ynghylch y Gymraeg. Mae hefyd yn amheus a fyddai Pwyllgor y Ddeiseb wedi cael y fath gefnogaeth gan Blaid Cymru ym 1938 oni bai am benderfyniad Gwynfor i roi mater y Gymraeg ar yr agenda. Penllanw'r cydymdrechu hwn oedd pasio Deddf Llysoedd Cymru 1942 – cam bychan ond hynod arwyddocaol yn y frwydr i ennill cyfiawnder i siaradwyr Cymraeg.

Ar ôl cynhadledd y Bala, câi Gwynfor ei gydnabod fel arweinydd y to ifanc ym Mhlaid Cymru, ond serch ei enwogrwydd newydd, roedd cyn baroted ag erioed i ymgymryd â'r gwaith diddiolch o efengylu dros Blaid Cymru yn y de. Ysgwyddodd y cyfrifoldeb o olygu colofn Gymraeg y *Barry Herald*, a gweithredai fel trysorydd cangen Plaid Cymru yn y Barri hefyd. Yn ôl y galw, byddai hefyd yn gweithredu fel pregethwr lleyg. Ond ei waith yn y cymoedd oedd ei gyfraniad pwysicaf yn y cyfnod hwn. Hwn, yn nhyb Gwynfor, oedd y rhanbarth 'anhawsaf' yng Nghymru i weithio ynddo, 'yn bennaf am fod Saesneg a Marxiaeth [*sic*] wedi gafael yn y bobl'.[61] Yn ystod haf 1937, anerchodd gyrddau dirifedi yng nghymoedd dirwasgedig Taf, Rhymni, Rhondda a Chynon. Fel arfer, âi o Gaerdydd yng nghwmni Vic Jones, Gwyn Daniel a Griff Jones, a'r drefn arferol oedd y byddai un ohonynt ar y corn siarad tra byddai'r lleill yn mynd ati i werthu papurau Plaid Cymru.[62] Ar y dechrau, roedd gan Gwynfor enw am fod yn greadur cydwybodol ond addfwyn. Pan gytunodd Gwynfor i annerch cyfarfod o Gomiwnyddion ar sgwâr Tonypandy, ysgrifennodd Oliver Evans, trefnydd Plaid Cymru yn y de, at un o fechgyn gwytnaf Plaid Cymru, Wynne Samuel, gan leisio'i bryder bod Gwynfor 'a little too gentle for a meeting of this sort'. Yn y cyfarfod, anelodd rhywun yn y dorf fricsen at Kitchener Davies.[63] Bu'r cyfarfodydd hyn yn rhyw fath o brifysgol mewn gwleidyddiaeth ymarferol i Gwynfor; erbyn i'r rhyfel ddechrau, caledodd Gwynfor i'r fath raddau nes i'w gyfaill mynwesol, Dewi Watkin Powell, ei alw'n Stalin!

Dwysbigwyd cydwybod gymdeithasol Gwynfor gan yr ymweliadau hyn i ganol tlodi'r cymoedd. Ar ôl dychwelyd o Rydychen ym 1936, treuliodd sawl haf yn gwirfoddoli yn y Malthouse, gwersyll i'r di-waith yn y Wig ym Mro Morgannwg. Âi tua dwy fil o wŷr, gwragedd a phlant y Rhondda i'r hen fragdy bob blwyddyn i gael seibiant gwerthfawr ymhell o dlodi enbyd y cwm. Plicio tatws oedd gwaith Gwynfor, ond er bod y gwaith yn galed ac ailadroddus, dan amgylchiadau'r gwersyll doedd hwnnw ychwaith, meddai, ddim 'heb ramant'.[64] Warden y Malthouse oedd George M Ll Davies, yr heddychwr enwog ac un o Gymry mawr yr ugeinfed ganrif. Er bod Gwynfor wedi cyfarfod ag ef yn Rhydychen, ffurfiwyd cwlwm agos rhyngddynt yn ystod yr ymweliadau hyn â'r Malthouse. A dysgodd un wers wleidyddol bwysig hefyd wrth draed George Davies. Wrth weld plant bach y Rhondda yn rhedeg at y ffigur duwiolfrydig a charismatig hwn, sylweddolodd Gwynfor mai'r ffordd ymlaen iddo yntau fel gwleidydd oedd efelychu 'Politics Gras' George Davies. Yn ymarferol, golygai hyn fod rhaid 'argyhoeddi dynion yn un ac un wrth gwrdd â hwynt yn bersonol'. Elfen arall y fargen wleidyddol hon oedd ymwrthod â 'pholitics y sylfeini' – y traddodiad Comiwnyddol o argyhoeddi dynion trwy wleidyddiaeth dorfol.[65]

Lliniarwyd ychydig yn rhagor ar gydwybod ddosbarth canol Gwynfor yn sgil ei aelodaeth o Glwb Cinio Difiau Plaid Cymru. Sefydlwyd y clwb ar anogaeth Saunders Lewis ac, am rai blynyddoedd, byddai aelodau blaenllaw Plaid

Cymru'n hepgor un pryd bwyd bob dydd Iau, gan anfon ei werth mewn arian at deuluoedd di-waith. Mewn gwirionedd, doedd hyn ddim yn rhyw lawer o aberth i aelodau'r blaid ond roedd Gwynfor ymysg cefnogwyr mwyaf hael y cynllun. Ceisiodd hefyd, serch yn aflwyddiannus, lusgo'r Annibynwyr i galon y ddadl ynghylch tlodi. Ym 1938, tynnodd nyth cacwn am ei ben pan gyflwynodd gynnig gerbron Undeb yr Annibynwyr yn honni mai ofer fyddai disgwyl unrhyw 'bolisi economaidd pendant i Gymru' gan lywodraeth Llundain.[66] Hyd yn oed i'r Annibynwyr, yr enwad mwyaf radical a pharod ei gonsárn, roedd hyn gam yn rhy bell.[67] Gadawyd y mater ar y bwrdd, a chlywyd yr Athro Joseph Jones, arweinydd y garfan geidwadol yn rhengoedd yr Annibynwyr, yn datgan bod Gwynfor yn argymell 'a kind of separation from England'.[68] Ond er mor ddidwyll ei weithgarwch ynghanol tlodi'r tridegau, ni ddylid ychwaith anghofio'r cyfoeth yr oedd Gwynfor yn ei fwynhau gartref yn y Barri. Mesur o lwyddiant siop Dan Evans erbyn diwedd y tridegau yw i gwmni Marks and Spencer gynnig £11,250 am y busnes ym Mehefin 1937 – swm anferthol.[69] Rhygnodd y trafodaethau yn eu blaen hyd ddechrau'r Ail Ryfel Byd, cyn i Dan benderfynu atal y gwerthiant. Er hynny, mae'n amlwg fod ganddo ddigon o arian wrth gefn. Erbyn 1939, roedd hefyd wedi llwyddo i brynu dwy fferm sylweddol: y naill ym Mro Morgannwg a'r llall, Wernellyn, ffermdy 250 erw, yn Llangadog, Sir Gaerfyrddin.

Ond tynged 'y Tri' oedd blaenoriaeth Gwynfor ac, ym mis Medi 1937, cerddodd 'Tri Penyberth' allan trwy byrth Wormwood Scrubs i ganol yr hyn a ddisgrifiwyd gan y *Western Mail* fel 'an orgy of crazy sentiment and self-adulation'.[70] Fodd bynnag, yn gyhoeddus ymataliodd Gwynfor rhag arllwys rhagor o ganmoliaeth ar eu pennau, gan ganolbwyntio ar y gwaith o lunio polisi heddychol ar gyfer ei blaid. Yn hynny o beth, roedd pasiffistiaid Cymreig wedi achub y blaen ar Blaid Cymru. Ym Mehefin 1937, ddyddiau wedi bomio Guernica yng Ngwlad y Basg, galwodd dau weinidog o Eifionydd, y Parchedig J P Davies a'r Parchedig J W Jones, am sefydlu undeb i heddychwyr Cymru, mudiad ac iddo flas mwy Cymraeg a Chymreig na'r PPU.[71] Dyma oedd y symbyliad y tu ôl i'r penderfyniad i greu 'Mudiad Pasiffistaidd Cymreig', a phrofodd yn gam hynod arwyddocaol gan iddo roi'r farwol i'r hen gred mewn cyd-ddibyniaeth ryngwladol. Yn ystod y mis Mehefin hwnnw, cafwyd adroddiad fod yr LNU yng Nghymru yn wynebu argyfwng wrth i'w aelodau a'i arian ddiflannu.[72] Yn ddiamau, roedd yna strwythur wedi'i greu i basiffistiaeth Gymreig, a chyda chymorth parod *Y Brython* tyfodd y mudiad yn gyflym gan ddenu 'llu o Gymry'.[73] Ond er y llwyddiant buan, sylweddolwyd mai ffolineb fyddai i fudiad o'r fath fodoli'n gwbl annibynnol ar fudiad mor boblogaidd â'r PPU. Yn Ebrill 1938 felly, penderfynwyd sefydlu Heddychwyr Cymru fel adain Gymreig a Chymraeg o'r PPU, gyda George M Ll Davies, eilun Gwynfor, yn llywydd arni. Y nod, fel y'i dadlennwyd ym maniffesto Cymreig Heddychwr Cymru, oedd 'ymwrthod â rhyfel a pheidio byth â phleidio na goddef un arall'.[74] Ym mis Mehefin y flwyddyn honno, cyfarfu Heddychwyr Cymru am y tro cyntaf a rhestrid Gwynfor ymysg y siaradwyr. Ond nid dyma oedd ei unig gyfraniad: yn wir, bu Gwynfor yn gwbl ganolog i'r broses o esgor ar Heddychwyr Cymru yn ystod 1938. Serch mai mudiad i leiafrif ydoedd, roedd sefydlu Heddychwyr Cymru yn ddatblygiad allweddol. Yn awr, gallai'r Cymry ddatgan bod heddychiaeth Gymreig, traddodiad ac iddo wreiddiau hir a dwfn, mor fyw ag erioed ar drothwy ail ryfel byd tebygol.

Roedd i sefydlu Heddychwyr Cymru ei oblygiadau gwleidyddol hefyd. Gyda mudiad y tu ôl iddyn nhw, rhoes Heddychwyr Cymru ysbryd newydd a phendantrwydd i'r pasiffistiaid yn rhengoedd Plaid Cymru. O gofio gwrthwynebiad angerddol Saunders Lewis i heddychiaeth, fe allasai'r frwydr rhwng y ddwy garfan – y pasiffistiaid a'r 'Saundersiaid' – yn ystod cynhadledd flynyddol yr haf fod wedi bod yn un ddifaol. Fodd bynnag, bu Gwynfor a'r lobi heddychol ym Mhlaid Cymru yn ffodus. Drwy gydol gwanwyn 1938, pastynnwyd Saunders Lewis gan genawon y mudiad Gwerin, y mudiad hwnnw, fel a welwyd eisoes, a geisiai uno cenedlaetholdeb a sosialaeth. Fe'i beirniadwyd gan y wasg boblogaidd hefyd ar gownt ei anallu i gondemnio ffasgiaeth a'i amharodrwydd i gefnogi sefyllfa enbydus y Basgiaid o dan Franco. Barnai Gwynfor fod y cyhuddiad o ffasgiaeth yn un 'mor hawdd i'w ateb', ond cafwyd ymateb tra gwahanol gan Saunders Lewis.[75] Daeth Saunders Lewis yn fwy argyhoeddedig nag erioed bod ei benderfyniad i beidio sefyll eto am y llywyddiaeth ac i'w hildio ym 1939 yn un cywir.

Erbyn cynhadledd flynyddol Abertawe ym 1938, roedd galluoedd gwleidyddol Saunders Lewis wedi hen ddihoeni. Roedd Plaid Cymru'n rhanedig ar economeg a heddychiaeth, ond dewisodd Saunders Lewis ymladd adain chwith ei blaid. Ni feiddiodd herio'r heddychwyr – corff llawer grymusach na'r mudiad Gwerin. Roedd yr argyfwng rhyngwladol a sefyllfa fregus Tsiecoslofacia hefyd yn porthi'r ymdeimlad o chwalfa. Yn y gynhadledd stormus honno, rhwygwyd Plaid Cymru ar bolisi economaidd ac, er i Saunders Lewis garthu'r sosialwyr ifanc o'i blaid, achubodd yr heddychwyr ar y cyfle i gipio'r gwagle gwleidyddol. Pasiwyd cynnig yn enw'r Parchedigion J P Davies a Ben Owen yn galw ar i Blaid

Cymru ymwrthod â thrais yn y frwydr dros ymreolaeth. I Blaid Cymru, plaid a ysbrydolid gan Wrthryfel Iwerddon ym 1916, byddai'r effaith yn enfawr. Golygai hyn y byddai'n rhaid i'r blaid feddwl o'r newydd am ei thactegau gwleidyddol a'i naratif cenedlaetholgar. Yn ei araith olaf fel Llywydd, gadawodd Saunders Lewis y llwyfan mawr gyda rhybudd clir i Gwynfor ac adain heddychol Plaid Cymru. Y rhybudd oedd hwn: os mudiad di-drais oedd Plaid Cymru i fod o hyn ymlaen, rhaid oedd iddi rwystro'r llywodraeth rhag gweithredu yng Nghymru, fel ag y gwnaeth Gandhi yn India, trwy dorri cyfreithiau Lloegr yn barhaus. Heb y parodrwydd hwnnw i dorri'r gyfraith, meddai, barnodd mai 'chwarae plant' fyddai 'holl raglen ac amcanion y Blaid Genedlaethol Gymreig'. Cyn bwysiced â hynny oedd y ffaith hon: 'Un llwybr yn unig sydd yn arwain i borth y Senedd Gymreig. Y mae'r llwybr hwnnw'n rhedeg yn union drwy garcharau Lloegr'.[76] Er nad oedd Saunders Lewis i wybod hynny ar y pryd, byddai'r datganiad oraclaidd hwn o'i enau yn diasbedain yng nghlustiau Gwynfor hyd ddiwedd ei ddyddiau yntau fel llywydd. Dyma hefyd ddechrau ar y rhwyg fwyaf arhosol yn rhengoedd cenedlaetholdeb Cymreig.

Dewisodd Gwynfor ddehongli penderfyniad Abertawe mewn ffordd gwbl groes i Saunders Lewis. I Gwynfor, roedd pedair blynedd o drefnu, lobïo ac ymgyrchu wedi dwyn ffrwyth; bellach, roedd yr uniad hwnnw rhwng cenedlaetholdeb a heddychiaeth y galwodd amdano yn ôl ym 1934 wedi ei wireddu. Mewn erthygl orfoleddus o'i eiddo yn wythnosolyn y PPU, *Peace News*, cyhoeddodd wrth ei gyd-heddychwyr ym Mhrydain fod Plaid Cymru wedi pasio cynnig 'of great significance in Welsh politics'. Yn awr meddai, byddai Plaid Cymru yn dangos arweiniad clir i weithwyr Cymru yn erbyn y rhyfel. Fel ad-daliad, credai hefyd y gallai'r pasiffistiaid Cymreig ddisgwyl cefnogaeth heddychwyr Lloegr yn y frwydr 'for the recognition of the rights of Welsh nationality'.[77] Wythnos yn ddiweddarach, yn Eisteddfod Genedlaethol Caerdydd, roedd Heddychwyr Cymru yn fwy poblogaidd nag y buont erioed, a thyrrodd miloedd o Gymry Cymraeg i'w pabell lle y llwyddwyd i werthu 2,000 o gopïau o *Peace News*. Ni chyfyngwyd y gweithgarwch hwn i'r Eisteddfod; yn ystod hydref 1938, cynhaliodd Gwynfor gyfarfodydd ar y cyd rhwng Plaid Cymru a Heddychwyr Cymru.[78] Ond os oedd y Cymry Cymraeg, at ei gilydd, yn fodlon ar y briodas hon rhwng cenedlaetholdeb a heddychiaeth, roedd yr ymateb yn Lloegr yn dra gwahanol, a thrwch yr heddychwyr yno yn llugoer iawn tuag at genedlaetholdeb heddychol Cymreig. Atebwyd ei ysgrif yn *Peace News* gan ryw Marjorie Fenn o Sevenoaks a fynegodd ei sioc o ddarganfod 'your special correspondent Mr Gwynfor Evans claiming that the president of the Welsh Nationalist Party, Mr Saunders Lewis, had adopted the methods of Gandhi'. Wedi'r cyfan, meddai, 'setting fire to other people's property cannot be considered as non-violent resistance?' [79]

Ni chyhoeddwyd ateb gan Gwynfor ond mae'n annhebygol y byddai wedi gorboeni am agwedd Mrs Fenn a'i theip – a hynny am ddau reswm. Y cyntaf oedd i Heddychwyr Cymru dyfu'n gyflym yn ystod haf 1938 gan hawlio dros 10,000 o aelodau erbyn 1939. Yn eilbeth, roedd yr hinsawdd ryngwladol wedi newid yn sylweddol rhwng Awst a Hydref 1938. Yn ystod haf 1938, aeth Gwynfor ac Alcwyn ar daith gerdded i'r Almaen gan weld drostyn nhw eu hunain gynnwrf Natsïaeth a'r 'ieuenctid a hoffai ganu'n uchel wrth gyd-gerdded'.[80] Erbyn iddynt ddychwelyd ym mis Medi, daethai'r Cymry'n grediniol bod rhyfel mawr â'r Almaen yn anochel. Yng Nghaerdydd, er enghraifft, gosodwyd seiliau y llochesi cyrchoedd awyr a chafodd Gwynfor, fel gweddill y bobl, ei fasg nwy. Ond yna, yn ddisymwth ac yn annisgwyl, ciliodd yr argyfwng. Ar 30 Medi, dychwelodd Chamberlain o Munich gyda'r ddalen enwog honno yn ei law. Roedd ei bolisi o ddyhuddo, neu 'appeasement', wedi llwyddo, a Hitler wedi ei ddofi. Er i Aelodau Seneddol Cymru bleidleisio o ugain i dri ar ddeg yn erbyn cytundeb Munich, roedd y newyddion yn gwbl drydanol i genhedlaeth a ofnodd cyhyd fod rhyfel yn anochel. Dadleuodd *Y Cymro* fod Chamberlain wedi 'rhoddi inni obaith newydd i'r dyfodol' tra credai'r *Western Mail* fod Chamberlain yn haeddu Gwobr Nobel. Yng Nghaerdydd, gwelwyd baner y *Swastika* yn cyhwfan uwchben Neuadd y Ddinas.[81]

Ymunodd Heddychwyr Cymru yn y gorfoleddu afieithus gan gefnogi i'r carn y polisi o drafod â Hitler. Mewn cyfarfod cyhoeddus ddyddiau wedi cytundeb Munich, pasiodd yr heddychwyr gynnig yn diolch i Chamberlain am ei ymdrechion dros heddwch, tra cyhoeddodd Gwynfor o'r llwyfan nad oedd 'meistrolaeth Hitler dros y cyfandir yn ddiwedd heddwch'. Gobeithiai hefyd fod y drws 'yn agored' i ddealltwriaeth ryngwladol.[82] Eithriadau oedd yr heddychwyr hynny fel Emrys O Roberts a ymddiswyddodd o rengoedd Heddychwyr Cymru oherwydd y polisi o ddyhuddo. Ac fel gyda chytundeb Munich, ni chredai Gwynfor fod gan yr heddychwyr ddim byd i ymddiheuro amdano, a gresynodd yn gyhoeddus ynghylch penderfyniad Emrys Roberts i gefnu ar y pasiffistiaid.[83] Drwy'r amser, neges Gwynfor oedd mai imperialaeth Lloegr a chytundeb dialgar Versailles a arweiniodd at raib Adolf Hitler. Yr ateb i Gwynfor oedd mynd 'hanner ffordd i gwrdd â chwynion cenhedloedd eraill'.[84] Yn hyn o beth, doedd Heddychwyr Cymru ddim yn wahanol i'r PPU yn Lloegr, gan fod y corff hwnnw hefyd lawn mor barod i achub cam ac i faddau trachwant Hitler, cyn cytundeb Munich ac ar ôl hynny.[85]

Parhaodd y gred gyffredinol bod rhyfel wedi cilio tan ddechrau 1939. Barnai golygydd *Yr Herald Cymraeg*, er enghraifft, na cheid rhyfel yn ystod 1939 gan fod 'llwybr cymrodedd yn cynnig sicrwydd'.[86] Yn y Barri, croesawyd y flwyddyn newydd gydag arddeliad. Wrth i gloc y dref ar Sgwâr y Brenin daro hanner nos, cododd bloedd a dechreuodd y dorf ddawnsio a chanu ond, o fewn tri mis, roedd y ddawns honno'n debycach i ddawns angau. Ym mis Mawrth 1939, rhuodd tanciau'r Almaen i mewn i weddill Tsiecoslofacia gan drawsnewid agweddau'r Cymry tuag at ryfel a pholisi Neville Chamberlain o ddyhuddo. O hyn ymlaen, yr unig ateb i nifer ar y dde ac ar y chwith oedd ymarfogi, a pharatoi gogyfer â rhyfel anorfod. Yn ystod misoedd cyntaf 1939, treuliodd Gwynfor gyfnod yn Llundain tra oedd yn paratoi at ei arholiadau terfynol fel cyfreithiwr, ond gyda chonsgripsiwn ar y gorwel, aeth ystyriaethau proffesiynol i'r gwellt. Fodd bynnag, wrth weld y paratoadau hyn yn mynd rhagddynt yn Llundain, methai Gwynfor yn deg â deall pam y câi'r rhyfel ei alw'n rhyfel dros 'ryddid'. Wedi'r cyfan, ys dywedodd wrth J E Jones, ni soniai affliw o neb am 'ryddid y Cymro i siarad ei iaith ei hun yn ei wlad ei hun, neu i fyw yn hael "ar y means test" '.[87]

Rhwng Mawrth a Mai 1939, Gwynfor oedd arweinydd y gwrthwynebiad o du Plaid Cymru yn erbyn congsripsiwn. Ei obaith digon diniwed oedd y medrai Plaid Cymru gydweithredu â'r Blaid Lafur ar y mater a sicrhau eithriad seneddol a fyddai'n esgusodi bechgyn Cymru rhag y drafft, fel a ddigwyddodd yng Ngogledd Iwerddon. Yn breifat, credai y byddai'n 'bluen yn ein cap' pe dôi'r arweiniad cryfaf o gyfeiriad Plaid Cymru.[88] Er y cafwyd un rali fawr ym mis Mai 1939 pryd yr ymddangosodd Saunders Lewis ochr yn ochr ag R W Williams, ysgrifennydd Undeb Chwarelwyr y Gogledd, i wrthwynebu gorfodaeth, breuddwyd gwrach oedd y syniad o ffrynt unedig. Daeth Gwynfor i gysylltiad â heddychwyr Llafur yng nghyfarfodydd y PPU yn Llundain a Chaerdydd, ond eithriad oedd ei deip ef. At ei gilydd, prin iawn oedd y gyd-ddealltwriaeth rhwng yr heddychwyr ym Mhlaid Cymru a'r pasiffistiaid yn y Blaid Lafur. Y broblem arall a waethygodd wrth i'r rhyfel nesáu oedd y berthynas rhwng Plaid Cymru a'r PPU. Hyd yn oed cyn i'r rhyfel ddechrau, y gwir amdani yw bod rhai o weithwyr y PPU yn siroedd y gogledd yn gwrthod cydweithredu â'r cenedlaetholwyr. Roeddent hefyd yn gwbl agored ynghylch eu drwgdybiaeth o genedlaetholdeb.[89] Y maen tramgwydd arall oedd y rhaniadau hynny ym Mhlaid Cymru ei hun ynghylch natur ei gwrthwynebiad hithau i gonsgripsiwn. Cynrychiolid un garfan gan Saunders Lewis, a wrthwynebai gonsgripsiwn ar y sail na ddylai'r un Cymro ymladd dros Loegr.[90] Ar y pegwn arall, ceid Gwynfor a'r heddychwyr hynny a wrthwynebai gonsgripsiwn oherwydd eu pasiffistiaeth. Ychwaneger at hyn bresenoldeb y garfan lai oddi mewn i Blaid Cymru a gefnogai'r rhyfel – a dyna syniad am anferthedd y dasg a wynebai Gwynfor.

Ym mis Mai 1939, pasiwyd y Ddeddf Orfodaeth. Yn awr, gyda chonsgripsiwn yn gyfraith gwlad, byddai'n rhaid i'r heddychwyr sefyll fel gwrthwynebwyr cydwybodol – cam a barai hunllefau i nifer o heddychwyr o gofio sut y bu i'r 'Conshis' gael eu trin yn ystod y Rhyfel Byd Cyntaf. Yn ystod yr un mis, cyhoeddodd Plaid Cymru mai niwtraliaeth fyddai ei pholisi hithau, gan ddadlau mai dyletswydd Cymru, fel gwledydd bychain eraill Ewrop, oedd cadw 'allan o'r ymrafael imperialaidd'.[91] Gwyddai'r Pleidwyr yn iawn nad oedd gan Gymru obaith o ddilyn polisi o'r fath ond fe gredent fod yna gyfiawnhad drosto. Yn hytrach, safbwynt meddwl oedd niwtraliaeth, datganiad difloesgni fod gan Gymru yr hawl 'i benderfynu drosti ei hun a fynnai hi ymyrryd yn y rhyfel ai peidio'.[92] Er i rai, fel Ambrose Bebb, anghytuno'n llwyr â'r polisi, at ei gilydd, llwyddodd Plaid Cymru i uno y tu ôl i'r datganiad hwn.

Ond wrth i'r rhyfel agosáu, roedd rhwystredigaeth Gwynfor gyda'i sefyllfa bersonol yn dwysáu. Yn un peth, roedd yr holl ymgyrchu a phoeni ynghylch tynged Plaid Cymru a Heddychwyr Cymru yn andwyol i'w astudiaethau cyfreithiol. Yr haf hwnnw, gorfu i Gwynfor sefyll yr arholiad a'i cymhwysai fel cyfreithiwr. Er hynny, gwleidyddiaeth a hawliai ei holl sylw. Erbyn Mehefin 1939, ac yntau bellach yn ôl yn y Barri, digalonnodd yn llwyr o weld y 'Fed', Undeb Glowyr De Cymru, yn pleidleisio o blaid consgripsiwn. Yn wir, fe'i syfrdanwyd o weld y glowyr, y gwŷr hynny a ystyrid ganddo fel etifeddion ei arwr, Keir Hardie, yn cefnogi'r rhyfel cyn llwyred ag y gwnaethant. Yn Awst 1939, gorlifodd ei siom a'i chwerwder ynghylch y glowyr. Mewn ysgrif anarferol o ymosodol a phersonol yn y *Welsh Nationalist*, honnodd fod annibyniaeth barn y glowyr wedi ei lwyr wastrodi gan filitariaeth. Anghofiodd y glowyr, meddai, am gyfrifoldeb Prydain tuag at dynged yr Almaen a gweithredoedd Hitler; yn lle mawredd egwyddorol y coliers, ceid yn ei le 'a sordid and unheroic readiness to send their sons of twenty into the maw of English miltarism'. Deilliai hyn oll, fe dybiai, o ddibyniaeth eu teuluoedd ar bropaganda'r wasg Seisnig a'u cynffonwyr ar y *Western Mail.*[93]

Yr unig gysur, nid ansylweddol, yn ystod y misoedd hyn oedd iddo gwrdd â Rhiannon Thomas, merch Elizabeth a Dan Thomas. Roedd ei mam yn drysorydd Heddychwyr Cymru, a dyna sut y daeth Gwynfor ar ei thraws. Ond y lliwgar Dan Thomas, penteulu aelwyd y Tomosiaid, oedd y dylanwad mawr ar Gwynfor. Erbyn hynny roedd Dan Thomas yn byw ynghanol parchusrwydd dosbarth canol Parc y Rhath ond, cyn cyrraedd Caerdydd, gwelsai sawl tro ar ei yrfa. Yn ystod y Rhyfel Byd Cyntaf, brwydrodd Dan Thomas yn ffosydd Ffrainc, cyn mynd yn swyddog recriwtio. Ar ddiwedd y rhyfel, fe'i penodwyd i brif swyddfa Banc Martins yn Lerpwl, lle y daeth i amlygrwydd fel 'Red Hot Dan' ar gownt ei waith dros yr ILP, ac undeb y gweithwyr banc. Eto i gyd, serch y cefndir llafurol hwn, Plaid Cymru a ddenai ei gefnogaeth erbyn diwedd y tridegau. Ond Rhiannon – a oedd ar y pryd yn gweithio yn y banc yng Nghasnewydd – a ddenodd serchiadau Gwynfor. Cyfarfu'r ddau am yr eildro ddeufis yn ddiweddarach yn Tynllidiart, tŷ haf y teulu gerllaw Islaw'r Dref, Dolgellau, a hithau a 'ffrog fach ysgafn iawn a byr amdani'. Oedd, roedd y 'boi o dref y Barri', ar ei dystiolaeth ei hun, 'yn ŵr colledig' a dechreuodd y ddau ganlyn – perthynas ddifrifol gyntaf Gwynfor ers gadael Glenys oddeutu wyth mlynedd ynghynt.[94]

Yn ystod Awst 1939, digwyddodd dau beth a newidiai gwrs bywyd Gwynfor. Y cyntaf oedd iddo dderbyn ysgrifenyddiaeth Heddychwyr Cymru yn ystod Eisteddfod Dinbych – swydd a fyddai'n debygol o greu pob math o broblemau ymarferol a chyfreithiol iddo ef a'i deulu. Yr ail oedd ei benderfyniad i droi ei gefn ar y gyfraith unwaith ac am byth a mynd i weithio ar fferm ei dad yn Wernellyn, Llangadog. Serch nad oedd i wybod hynny ar y pryd, roedd yna newid byd anferthol yn ei aros ac yntau erioed wedi tyfu cymaint â chabetsen. Gyda synnwyr trannoeth, mae'n edrych yn benderfyniad od o gofio'i gefndir, ac yn odiach fyth o ystyried iddo basio'i arholiadau fel cyfreithiwr yn ystod Awst 1939. Ond roedd y rhain yn ddyddiau cwbl eithafol, a gwelai Gwynfor y penderfyniad fel un hollol resymegol. Yn wir, credai'n angerddol mai anweddus fyddai iddo barhau fel cyfreithiwr a chynifer o'i gyfeillion yn debygol o ddioddef cosbedigaeth lem am beidio â chofrestru yn lluoedd arfog Prydain. O hynny ymlaen, felly, dechreuodd rannu ei amser rhwng y Barri a Llangadog.

Erbyn hynny, roedd yr heddychwyr wrthi fel lladd nadroedd yn paratoi am y gwaethaf. Yn ystod mis Awst, treuliodd Gwynfor oriau lu yn cynnal tribiwnlysoedd ffug yn enw Plaid Cymru a Heddychwyr Cymru. Bwriodd ati hefyd i ddysgu talpiau o lenyddiaeth ar ei gof er mwyn ei gynnal yn ystod cyfnod posibl o garchar. Ynghanol y fagddu emosiynol hon, 'peth bendigedig' iddo oedd gallu ymgymryd â thaith beryglus ddiwedd y mis i Amsterdam lle daeth 1,500 o Gristnogion ifanc ynghyd ar gyfer cynhadledd nodedig.[95] O'u hamgylch, roedd yr Iseldiroedd yn gwegian a thrapiau wedi eu gosod gogyfer â thanciau'r Almaenwyr. Roedd yna gynlluniau manwl hefyd wedi eu paratoi er mwyn boddi rhannau helaeth o'r wlad. I'r delfrydwyr ifanc, fodd bynnag, roedd y gynhadledd yn un cyfle olaf i geisio gwneud synnwyr o fyd a oedd ar fin chwalu. Am ddeng niwrnod buont yn trafod, gweddïo a myfyrio cyn gorffen trwy ganu'n fuddugoliaethus:

À toi la gloire, O ressuscité,
À toi la victoire, pour l'éternité.[96]

Fe fyddai angen y ffydd ddi-sigl hon. Dychwelodd Gwynfor i Gymru gan wneud un apêl olaf yn *Y Faner* ar i'w gyd-wladwyr arddel 'ysbryd tangnefeddus'.[97] Ond yn ofer. Bum niwrnod yn ddiweddarach, ar 3 Medi, diffoddodd y lampau yn Llangadog ac yng ngweddill Ewrop. Roedd hi'n rhyfel byd am yr eildro.

YR HELDRIN FAWR, 1939–45

Mis o gyferbyniadau cofiadwy oedd Medi 1939. Yn y Barri, fel yng ngweddill Cymru, roedd y tywydd yn ogoneddus a'r ha' bach Mihangel yn un i'w ddathlu. Ac roedd yr haul yn dal i wenu – yn gwbl amhriodol – ar y bore Sul hwnnw pan gyhoeddodd Chamberlain ddechrau'r rhyfel. Ond ni thwyllwyd neb gan ddechrau'r 'phoney war'; ys dywedodd *Y Cymro*, 'hindda cyn y glaw' oedd hi, a gwyddai'r Cymry'n iawn fod yr haul ar fin tywyllu. Roedd pob cymuned yn barod am y drin a'r 'cydau tywod, ffosydd a ffenestri duon' yn symbolau diriaethol o'r storm ar y gorwel.[1] Caeodd ysgolion y de am wythnos a chaeodd y sinemâu am rai dyddiau hefyd. Yng nghefn gwlad, dylifodd miloedd o ffoaduriaid i ganol broydd Cymreiciaf Cymru. Daeth 3,000 ohonynt i Sir Drefaldwyn yn unig, tra glaniodd 10,000 o'r 'noddedigion' yn Sir Fôn o fewn wythnos i ddechrau'r rhyfel. Gwelwyd enghreifftiau o gymwynasgarwch nodedig tuag at y plant hyn a'u teuluoedd ofnus; eto i gyd, teimlid ansicrwydd mawr ar draws cefn gwlad Cymru wrth i'r arbrawf ieithyddol mwyaf yn hanes yr iaith Gymraeg gychwyn. Ac wrth i gysgodion y 'blac-owt' neu'r 'fagddu' ledu, gwelwyd dewrder trawiadol gan bobl gyffredin. Trannoeth y cyhoeddiad, ar 4 Medi, aeth trigolion y de o amgylch eu pethau mor syber ac urddasol ag y gwnaethant cyn cyhoeddi'r 'supreme tragedy'. 'Cardiff and South Wales towns,' adroddodd y *South Wales Echo* gyda balchder, 'were this morning notable for the absence of any untoward excitement.'[2]

Ond gyda dyfodiad rhyfel, plymiwyd Plaid Cymru i ganol affwys ansicrwydd gan wireddu ofnau gwaethaf nifer o genedlaetholwyr. Credai nifer ohonynt y byddai rhyfel yn seinio cnul marwolaeth Plaid Cymru; yn wir, mor gynnar â dydd Calan 1939, roedd Saunders Lewis wedi rhybuddio Pwyllgor Gwaith Plaid Cymru ei fod yn amheus 'a ddaliai'r Blaid trwy gyfnod o ryfel'.[3] Wynebai Plaid Cymru a'i llywydd newydd, J E Daniel, gwestiynau dirifedi. A oedd ganddi ganllawiau i'w thywys drwy'r sefyllfa? A oedd ganddi batrymau ar gyfer ei hymddygiad? A fyddai ei niwtraliaeth yn arwain at restio'r arweinyddiaeth a chwalu'r peirianwaith brau a fodolai? Ac yn wahanol i'r Gwyddelod, a wnaeth hefyd fabwysiadu niwtraliaeth, doedd gan Blaid Cymru ddim gwladwriaeth i amddiffyn polisi o'r fath. Mewn cymhariaeth â pholisi'r SNP hefyd, roedd niwtraliaeth Plaid Cymru yn llawer mwy ymosodol, ac yn bolisi i blaid gyfan. Ymhellach, roedd yna gwestiynau diwylliannol yr oedd angen eu hateb. Sut byddai'r Cymry'n cymryd at genedlaetholwyr yn y byd newydd a dieithr hwn, byd o *spivs*, *spam* ac aberth dros Brydain? Doedd yna neb yn gwybod yr atebion, a'r gwir amdani yw bod Plaid Cymru'n gwbl ddigwmpawd ar fôr tymhestlog.[4]

Dioddefodd Gwynfor yn arbennig o ddrwg ar ddiwrnod cyntaf y rhyfel gan brofi pwl enbyd o iselder ysbryd – problem a fyddai'n ei lethu trwy gydol ei gyfnod fel ffigur cyhoeddus. Y diwrnod hwnnw, o gartref ei rieni yn y Barri, ysgrifennodd at J E Jones a'i galon fel y plwm. Ar flaen ei feddwl, roedd yr ofn morbid hwnnw o farwolaeth a brofasai eisoes yn llanc; y gwahaniaeth y tro hwn ac yntau'n ddyn oedd mai marwolaeth cenedl oedd yn achosi'r ing. 'Tybed,' meddai, 'ai dyma'r awr dywyllaf a welodd Cymru? A fydd hi byw? Y mae meddwl am ei dyfodol yn pwyso ar fy ysbryd yn drymach na dim; ie, hyd yn oed na'r posibilrwydd o weld ugeiniau o filiynau yn cael eu lladd.'[5] Ond ni pharodd y panig cychwynnol yn hir, a dechreuodd ddangos y dur a fu'n gymaint rhan o'i bersonoliaeth yn ystod blynyddoedd y rhyfel. Rai dyddiau'n ddiweddarach, rhannodd ei weledigaeth â'i gyfaill Pennar Davies, gŵr a weithredai fel rhyw fath o dad gyffeswr i Gwynfor ar hyd ei oes. 'Rhaid,' meddai, 'i ni ymgysegru ein hegnïon i sicrhau na chollir Cymru na'r pethau y saif Cymru ein gobeithion drostynt. Byddai ildio yn awr yn golygu nid yn unig tranc ein gwlad ond efallai ein hymddatodiad moesol ninnau hefyd.' Ac o hyn ymlaen, roedd am i'r anobaith a deimlai fod yn ddi-ildio; cydnabod anobaith oedd yr unig ffordd y credai Gwynfor y gellid ei herio. Trwy ymresymu yn y dull hwn y llwyddodd i wneud synnwyr o dryblith rhyfel a pharhau i gredu y medrai 'achub un yma ac acw'.[6]

Ond er yr unplygrwydd newydd, roedd Gwynfor, o ddiwrnod cyntaf un y rhyfel, yn boenus o ymwybodol o'r effaith y câi'r 'efaciwîs' ar gynifer o gymunedau Cymraeg. Daeth y noddedigion cyntaf i Langadog ar 5 Medi, a phrin oedd yr ardaloedd Cymraeg hynny na roddasant groeso – o fodd neu anfodd – i'r plant a'u mamau. Brithid y wasg gan adroddiadau o'r croeso caredig a gawsant a gwgid ar y sawl a feiddiodd beidio'u derbyn. 'Snobs', a dyfynnu'r *Amman Valley Chronicle*, oedd y bobl hyn.[7] Eto i gyd, roedd yna broblemau enfawr ynghlwm wrth eu dyfodiad. Clywyd adroddiadau enbyd am y pwysau a roddwyd ar y gyfundrefn addysg, y gwasanaeth iechyd ac ar Gymreictod teuluoedd. Roedd dyfarniad Kate Roberts yn nodweddiadol o'r modd y caent eu hystyried gan nifer o genedlaetholwyr: 'Fe rowd ar deuluoedd glân Cymru bobl aflanaf a ffieiddiaf glannau Merswy'.[8] Hwn, heb amheuaeth, oedd y cwestiwn gwleidyddol llosg i Blaid Cymru orfod ei wynebu yn ystod y dyddiau cyntaf hyn, a rhannwyd y blaid o'i herwydd. Roedd Saunders Lewis am weld gwersylloedd yn cael eu sefydlu i gadw'r noddedigion.[9] Yn y cyfamser, galwodd am gasglu 'ffeithiau am aflendid ac afiechydon, cyflwr cyrff a dillad plant a'r gwragedd'. Awgrymodd yn ogystal y dylid casglu 'ffeithiau am gam-ymddygiad o bob math' a'u rhoi mewn 'memorandwm' pwerus a gâi ei anfon at y llywodraeth.[10] Roedd yn bolisi anhrugarog a chwbl anymarferol o gofio'r cyd-destun. Llawer mwy adeiladol ac arwyddocaol oedd ei syniad yntau a J E Daniel o gynnull cynhadledd genedlaethol i drafod argyfwng diwylliannol Cymru.[11] Polisi hir-dymor oedd hwnnw, fodd bynnag. O ran y tymor byr, doedd gan Gwynfor ddim cydymdeimlad o gwbl ag agwedd ddidostur Saunders Lewis. Cymathu, fel y dywedodd wrth J E Jones, oedd yr unig ateb:

> Y maent hwy bellach wedi dod, a'r unig beth y gallwn ni benderfynu yw ein hagwedd tuag atynt. Credaf mai diwerth yw'r agwedd negyddol o'u gwrthwynebu... Felly, credaf mai ein polisi ni ddylai fod i gael y Cymry i goncro'r Saeson trwy eu caredigrwydd iddynt, a'u Cymreigio hyd y gellir. Gall y plant hyn edrych yn ôl eto ar y dyddiau y buont yng Nghymru gyda diolchgarwch, a gall hyn, efallai, wneud lles i ni.[12]

Ni chafwyd polisi unol, fodd bynnag, ac roedd yr anghytgord yma'n ernes o'r problemau enfawr a fyddai'n niweidio Plaid Cymru yn y blynyddoedd i ddod. Yn ystod y mis Medi hwnnw, cyhoeddodd Plaid Cymru ddatganiad o'i pholisi yn y rhyfel presennol. Dangoswyd hwn i'r sensor a thynnodd ei bensel las drwyddo.[13] Ond roedd yr ychydig a ganiataodd i'r blaid ei gyhoeddi yn 'haerllugrwydd annioddefol', ys dywedodd *Y Cymro*, ac roedd agweddau o'r fath yn mynd yn rhy bell i lawer o Gymry.[14] Nid syndod felly i lawer o Bleidwyr wangalonni a theimlo mai'r peth callaf fyddai cau'r blaid i lawr dros gyfnod y rhyfel.

Dyma, fel y gwelir yn y man, yw'r hyn a ddigwyddodd i raddau helaeth rhwng 1939 a 1943, ond gwnaeth Gwynfor ei orau glas i sicrhau y byddai ei blaid yn medru parhau drwy'r rhyfel. Gwelir hyn ar ei gliriaf gyda'r ddadl a gafwyd ym mis

Hydref 1939 ynghylch y *Welsh Nationalist*, organ cyhoeddusrwydd Saesneg Plaid Cymru. Roedd rhai Pleidwyr am roi'r gorau i'w gynhyrchu, ond roedd Gwynfor yn bendant na ddylid cymrodeddu gan y byddai hyn yn 'arwydd o wendid a diffyg ysbryd'. Yn wir, roedd am fynd gam ymhellach a chyhoeddi rhifyn 'hollol wrthryfelgar'. Pe gwrthodid ei gyhoeddi, yna anogodd J E Jones i gael 'gafael ar wasg breifat a'i symud o fan i fan os bydd angen'. Fe'i hysbrydolwyd hefyd gan lythyr a dderbyniodd oddi wrth Dylan Thomas ar y diwrnod y rhoes y cyngor hwnnw i J E Jones. Dylan Thomas, fe gredai, oedd yr union deip a ddylai fod yn barod i gyfrannu i'r math hwnnw o rifyn beiddgar. Ni ddigwyddodd hynny, ond roedd ganddo gynlluniau mwy beiddgar fyth i fyny ei lawes er gwaethaf presenoldeb y 'polîs', chwedl yntau, 'ar ein holau ni ymhopeth bron erbyn hyn'.[15] Y mwyaf rhyfeddol o'r cynlluniau hyn oedd ei fwriad i deithio i Iwerddon a darlledu propaganda cenedlatholgar oddi yno yn ôl i Gymru. O gofio sut yr amheuid cysylltiadau posibl rhwng Sinn Fein a'r Natsïaid, fe fyddai wedi bod yn daith ffôl tu hwnt i ymgymryd â hi ac, yn y diwedd, fe'i darbwyllwyd i beidio â chroesi Môr Iwerddon.[16]

Os rhywbeth, roedd hi'n haws gweithredu fel heddychwr yn hytrach nag fel cenedlatholwr yn ystod dyddiau cyntaf y rhyfel. Mae hefyd yn wir dweud bod yna fwy y medrai'r heddychwyr ei wneud o safbwynt ymarferol; wedi'r cyfan, roedd gwleidyddiaeth gonfensiynol wedi dod i ben ac fel hynny y byddai hi am y chwe blynedd nesaf. Mewn gwirionedd, roedd yna gruglwyth o waith o'u blaenau os oeddent am rwystro cynifer o fechgyn â phosibl rhag cofrestru yn y lluoedd. Yn ystod y misoedd hyn, tueddai Gwynfor i symud yn ôl ac ymlaen rhwng gweithgarwch pleidiol a heddychol, ond synnai pawb – yn enwedig yr heddychwyr – at ei weithgarwch. Yn ystod un wythnos, trefnodd 27 o gyfarfodydd ar draws Cymru gan siarad mewn ugain ohonynt.[17] Roedd hefyd yn flaenllaw tu hwnt yn y tribiwnlysoedd ffug a gâi eu cynnal ar draws Cymru ar y cyd rhwng aelodau Plaid Cymru a Heddychwyr Cymru. I'r heddychwyr, roedd y sesiynau hyn yn 'llwyddiant rhyfeddol' ac yn fodd i Blaid Cymru gael propaganda 'gwych'.[18] Bu hefyd yn ofalus i sicrhau na niweidid enw da'r heddychwyr gan y sawl a oedd naill ai'n rhy ddiog neu'n rhy lwfr i fynd i'r fyddin. Un o'r rhai a enynnodd ymateb digon sgornllyd ganddo oedd Dylan Thomas. Fis yn unig ar ôl iddo ganmol Dylan Thomas i'r cymylau, gofynnodd y bardd afreolus i Gwynfor ym mis Hydref 1939 sut y medrai osgoi'r drafft milwrol. Ond fe'i siomwyd. Gan y gwyddai Gwynfor fod Dylan Thomas yn bwdryn heb yr un asgwrn pasiffistaidd yn ei gorff, gwrthododd ei gynorthwyo. Flynyddoedd wedi'r digwyddiad, datgelodd mai dyma beth a ddywedodd ynghylch ei sgwrs gyda Dylan Thomas: 'Thought he was taking the easy line, far too easy line and didn't have a great deal of respect for it. Just told him I couldn't do anything to help him'.[19] A bu'r cyfuniad yma o ochelgarwch a gweithgarwch yn hynod effeithiol. Calonogwyd yr heddychwyr yn ogystal gan fod y tribiwnlysoedd yn llawer tecach na'r rhai a gynhelid yn ystod y Rhyfel Byd Cyntaf.[20] Erbyn diwedd Hydref, roedd *Y Faner* yn adrodd am 'weithgarwch anghyffredin' ymysg yr heddychwyr gyda changhennau newydd wedi eu sefydlu o Fryn-mawr i Grymych.[21] Yn wir, os rhywbeth, roedd yr heddychwyr yn rhy lwyddiannus os yw Saunders Lewis i'w gredu. Yn Nhachwedd 1939, achwynodd wrth J E Jones fod 'cymaint o basiffistiaeth yng ngwrthwynebiad y bechgyn a chenedlaetholdeb Cymreig yn ail beth ganddynt'. Yn sylfaenol, ni fedrai Saunders Lewis gredu 'yng ngonestrwydd' y cyfuniad o heddychiaeth a chenedlaetholdeb y clywid amdano mewn tribiwnlysoedd fel rheswm dros beidio â mynd i ryfel.[22]

Nid dyma – o bell ffordd – fyddai diwedd y ddadl ynghylch heddychiaeth ym Mhlaid Cymru, ond ni fenodd ryw lawer ar Gwynfor. Wedi'r cyfan, ieuo cenedlaetholdeb a heddychiaeth oedd ei genhadaeth fawr. Ac roedd bywyd mor brysur, beth bynnag, fel na chafodd lawer o amser i roi ystyriaeth lawn i gwyno Saunders Lewis. Yn ystod y misoedd cynnar hyn, symudodd Gwynfor i Langadog ac ymgartrefu yn Wernellyn, ffermdy nobl y teulu. Unig anfantais Llangadog, fe gyfaddefodd wrth Pennar Davies, oedd 'cysgadrwydd meddyliol' y pentref, ac yntau mor bell o siop lyfrau dda.[23] Yn iawn am hyn, fodd bynnag, roedd ei ymwybyddiaeth ddofn ei fod bellach yn rhan o gymuned ac iddi wreiddiau go iawn, cymuned hollol wahanol i'r Barri. Nid Gwynfor oedd yr unig un o genedlaetholwyr y pedwardegau a wnaeth daith gyffelyb, ond fe gafodd effaith arhosol arno. Wrth edrych dros erwau Wernellyn, gwyddai ei fod bellach yn cymuno â hen wareiddiad y genedl Gymraeg, gyda'r Garn Goch, un o fryngaerydd gwychaf Cymru, a Chastell Dinefwr, prif lys yr Arglwydd Rhys, o'i flaen.[24]

Yma, o'r diwedd, medrai fyw ynghanol cymeriadau diwylliedig ac yn sŵn sefydliadau gwerinol Cymraeg fel Eisteddfod Llangadog, Côr Gravelle a'r Cadogian Philharmonic Society – y math o gynulliadau a gynigiai'r sadrwydd hwnnw na chawsai erioed mohono yn y Barri. Roedd mynd i Gapel Providence y pentref a gweld cannoedd yn gwrando'n astud ar rai o sêr Anghydffurfiaeth Gymraeg, rhai fel Jubilee Young a Dyfnallt, hefyd yn bleser pur. Y peth arall a'i trawodd yn ôl ym 1939 oedd bod Llangadog, ar hyd ei ddau begwn, sef y capel a'r dafarn, yn bentref croesawgar, a'i gymdogion, ar ddechrau'r rhyfel beth bynnag, yn syndod o oddefgar tuag at heddychiaeth a chenedlaetholdeb y dyn dŵad.[25] Mae'r ffaith iddo orfod gloywi ei wybodaeth o'r cynganeddion er mwyn beirniadu mewn ambell eisteddfod yn tystio i'r cynhesrwydd cymharol hwn. Y siom fawr, fel y canfu, oedd bod gwerinwyr Sir Gaerfyrddin mor wamal ynghylch defnyddio'r Gymraeg fel iaith swyddogol. Yn Saesneg y cynhelid pob cwrdd cyhoeddus, carnifal a chyfarfod o'r Cyngor Plwyf. Gwneid hyn i gyd serch mai dim ond dau berson di-Gymraeg oedd yn Llangadog ym 1939.

Daeth Gwynfor i Langadog i weithio ar fferm ei dad – ni thyfid tomatos yno tan ddiwedd 1942 – gan ddod yn rheolwr ar 'Conchies Corner' fel y gelwid Wernellyn. Yn ariannol, roedd ei sefyllfa'n bur iach ar gownt y cyflog misol a'r llety rhad a gâi gan Dan Evans. Rhwng popeth, roedd hi'n fargen hynod o hael o gofio nad oedd ei dad yn heddychwr nac ychwaith yn genedlatholwr. Roedd hi hefyd yn fargen hael i heddychiaeth Gymreig o gofio i gynifer o wrthwynebwyr cydwybodol weithio yn 'Conchies Corner'. Mae'r haelioni hwn hyd yn oed yn fwy trawiadol os ystyrir bod absenoldebau Gwynfor o Wernellyn yn bur fynych. O ddydd i ddydd, cyflogid beili gan ei dad i ofalu am y tir a'r anifeiliaid, gan adael Gwynfor yn rhydd i bob pwrpas i weithio fel ymgyrchydd llawn amser dros Blaid Cymru a Heddychwyr Cymru.[26] Parhaodd y cymorth ariannol enfawr hwn hyd nes yr etholwyd ef yn Aelod Seneddol ym 1966. Yn awr, gyda diflastod ei gyfnod fel twrnai y tu ôl iddo, medrai ganolbwyntio ar yr hyn a oedd wedi ei yrru er 1929: achub Cymru.

A thros yr hydref hwnnw, roedd angen Cymru am achubiaeth yn fwy nag erioed wrth i'r pryderon ynghylch ei dyfodol ddyfnhau. Cyhoeddodd Undeb Rygbi Cymru na chynhelid rhagor o gêmau, a dechreuwyd trafod y posibilrwydd o orfod canslo'r Eisteddfod Genedlaethol. Ni ddychwelodd rhaglenni Cymraeg y BBC ychwaith, byth oddi ar iddyn nhw ddiflannu ar ddiwrnod cynta'r rhyfel. Roedd clywed am bethau fel hyn yn bwysig gan iddynt fowldio ysbryd yr oes a chreu ymdeimlad o argyfwng diwylliannol. Ond y bygythiad mwyaf, uwchlaw popeth, i nifer, oedd y noddedigion. Serch i nifer ohonynt droi yn ôl tua Lerpwl a Llundain, daeth hi'n fwyfwy amlwg bod eu niferoedd yn gwbl anghynaliadwy.[27] Galwodd W J Gruffydd, golygydd *Y Llenor*,[28] am bwyllgor ymhob pentref i ymgeleddu 'hanfodion bywyd Cymreig y brodorion eu hunain' tra haerodd Gwyn Jones, golygydd y *Welsh Review*, mai'r ateb oedd sefydlu gwersylloedd i'w cadw.[29] Yn yr un modd, cyhoeddodd Dyfnallt a Tecwyn Evans, ysgrifenyddion y

Cymdeithasau Cymraeg, ddatganiad yn galw am 'a firm and steady stand for the Welsh Language in the stronghold'.[30]

Roedd y galwadau hyn yn ddatblygiadau o bwys, ond y cam pwysicaf oedd penderfyniad yr Eisteddfod Genedlaethol i benodi pwyllgor 'to approach the religious denominations of Wales and other national institutions with a view to forming immediately a national consultative committee to safeguard Welsh cultures'.[31] Penllanw'r ymdrechion hyn oedd y penderfyniad i alw cynhadledd o blith arweinwyr y Gymru Gymraeg ar 1 Rhagfyr 1939 er mwyn trafod y ffordd ymlaen. Y cynulliad hwn yn yr Amwythig, y peth tebycaf 'i Senedd a welodd Cymru erioed' ys dywedodd *Y Cymro*, oedd trobwynt tynged y Gymraeg adeg y rhyfel.[32] Yn wir, nid gormodiaith yw disgrifio'r diwrnod hwnnw fel un o'r rhai pwysicaf yn hanes yr iaith Gymraeg. Wedi'r cyfarfod, penderfynwyd ffurfio Pwyllgor Diogelu Diwylliant Cymru o blith yr arweinwyr yno. Ar y pwyllgor hwn, byddai ffigurau mor amrywiol â Saunders Lewis, W J Gruffydd ac Ifan ab Owen Edwards yn eistedd – nid wastad mewn cytgord – ond roedd yna gam anferthol wedi ei gymryd. Dewiswyd T I Ellis, prifathro Ysgol Sir y Rhyl a mab neb llai na'r arwr Rhyddfrydol, Tom Ellis, yn ysgrifennydd. O hyn ymlaen, yn niffyg gweithgarwch Plaid Cymru, byddai yna awch ar ymdrechion ymarferol cannoedd o wladgarwyr.

Fe fyddai'r penderfyniad i sefydlu pwyllgor o'r math hwn yn cael effaith anferthol maes o law ar fywyd Gwynfor, ond yn ystod wythnosau cyntaf 1940, bu'n rhaid iddo fodloni ar weithio trwy Blaid Cymru. Mae'n wir i'r pwyllgor gyhoeddi memorandwm ar y noddedigion ond bychan, mewn gwirionedd, oedd ei effaith yng nghymdogaeth Gwynfor. Yn y cyfamser, bu'n rhaid iddo fodloni ar anfon gwahanol awgrymiadau at J E Jones. Yn y cymoedd, teimlai fod y Comiwnyddion wedi bwrw Plaid Cymru i'r naill ochr fel y blaid fwyaf gwrthwynebus i'r rhyfel. Ceisiodd annog J E Jones i arwain ymgyrch bropaganda bleidiol yng nghyfrinfeydd y glowyr ond, o safbwynt ymarferol, breuddwyd gwrach oedd hyn.[33] Roedd sefyllfa'r heddychwyr hefyd wedi gwaethygu'n arw, wrth i gyfuniad o ragfarn ac ymyrraeth swyddogol ddechrau brathu.[34] Daeth sefyllfa'r cenedlaetholwyr yn anos fyth, ar ôl i'r tribiwnlysoedd ddyfarnu nad oedd cenedlaetholdeb yn rheswm dros beidio â chofrestru yn y lluoedd.[35] O weld y darlun mawr yma, ofnai Gwynfor yr âi militariaeth mor rhemp nes y byddai'r gyfundrefn addysg Gymreig yn dechrau hyfforddi disgyblion nid yn unig 'yn y gelfyddyd o fyw, ond hefyd yn y grefft o ladd'.[36] Roeddent yn eiriau tywyll, ond o fewn dyddiau i'w hysgrifennu yn Ionawr 1940, gwireddwyd ei ofnau gwaethaf: clywodd fod yr Epynt, un o gadarnleoedd olaf y Gymraeg ym Mrycheiniog, i'w droi'n faes tanio. Roedd un o frwydrau mawr bywyd Gwynfor ar fin dechrau ond, erbyn haf 1940, byddai 'cymdeithas fwyn canol gwlad', chwedl Iorwerth Peate, wedi ei llofruddio.[37]

Eto i gyd, doedd cyhoeddiad y Swyddfa Ryfel ynghylch yr Epynt ddim cymaint â hynny o daranfollt. Wedi'r cyfan, roedd yna sôn wedi bod er mis Hydref 1939 am ei chynlluniau. Fodd bynnag, roedd y cyhoeddiad swyddogol pan y'i gwnaed yn Chwefror 1940 yn ergyd ofnadwy. Ar draws ardal o ryw 60,000 o erwau, clywyd y byddai 79 o ffermydd yn cael eu cipio; yn ychwanegol at hyn, byddai 41 o ffermydd eraill yn colli tir. Roedd y rhybudd i adael, 57 diwrnod, hefyd yn sobor o annigonol; halen ar y briw oedd iddo gael ei wneud ar adeg waethaf y flwyddyn o safbwynt y stoc. Teimlai cymdeithas gyfan yn hollol ddiymadferth ac ni chafwyd croywach ymateb nag un William Williams, Ysgrifennydd Sirol Undeb yr NFU ym Mrycheiniog: 'Where are these beggars going to go? – Not a vacant house for them to shelter!!!… Poor fellows, they are nearly going off their heads'. Ond roedd hefyd yn bur realistig; ofnai yn nwfn ei galon y byddai angen 'a terrible hard fight' os oedd yr Epynt i'w hachub.[38]

Dechreuodd y frwydr go iawn ar 9 Mawrth pan ddaeth dau gant o wladgarwyr (yn enw Pwyllgor Diogelu Diwylliant Cymru), gwleidyddion lleol ac amaethwyr ynghyd i drafod y ffordd ymlaen.[39] Ymunodd Gwynfor â'r ymdrechion hyn bythefnos yn ddiweddarach, gan dreulio diwrnod torcalonnus yn ymweld â'r 'Cymoedd Galar'. Yn y gymuned gyntaf 'glân ei gwedd a Chymraeg ei hiaith' iddo ymweld â hi ym mryniau Epynt, fe'i sobreiddiwyd. Eisoes, roedd olion bod y fyddin wedi dechrau ar y gwaith paratoadol a chlywodd broffwydoliaeth leddf a chlir gan un aelod o'r gymdogaeth: 'Ie, bydd y lle hwn wedi newid yn fawr iawn cyn bo hir'. Aeth Gwynfor a'i gydymaith, John Thomas, Llanddeusant, dros y mynydd i gwm cyfagos a chwrdd â hen ŵr a'i fab-yng-nghyfraith. Mewn cyfarfod dirdynnol, dangosodd y ddau, David Price a George Evans, gapel y Babell i Gwynfor – capel a oedd ar fin diflannu. Wyneb yn wyneb â'r talp hynafol yma o Anghydffurfiaeth Gymraeg, daeth rhyw ysictod drosto: 'Curai'r galon yn gyflymach wrth feddwl mai dyma Gymru wir – "Gwlad y Bryniau"; ond berwai'r gwaed wrth feddwl am yr hyn a ddigwyddai yma ymhen ychydig fisoedd, mai 'bugeiliaid newydd fydd ar yr hen fynyddoedd hyn'.[40] Do, fe'i cynddeiriogwyd gan yr olygfa; dyma gymuned oedd yn wynebu difancoll, a hynny yn enw 'totalitariaeth Seisnig'. Ymhen y mis, daeth Gwynfor i'r casgliad mai o Loegr, nid o'r Almaen, y deuai'r bygythiad go iawn i gymunedau Cymru ym 1940. Dyma, fel y dywedodd yn ddiweddarach, oedd 'dull Hitler – wynebu pobl â *fait accompli*'.[41]

Wedi dychwelyd o'r Epynt ar 14 Mawrth 1940, ysgrifennodd lythyr torcalonnus at T I Ellis, ysgrifennydd y Pwyllgor Diogelu. Roedd yr hyn a welodd yno, cyfaddefodd, 'bron yn ddigon i dorri calon dyn' ac yn dystiolaeth glir na fyddai yna 'Gymru ar ôl o gwbl erbyn diwedd y rhyfel' oni sefydlid ymgyrch gref i'w hachub. I'r perwyl hwn, addawodd roi 'pob nos o'r wythnos' i rwystro'r anfadwaith.[42] Bwriodd Gwynfor iddi ag arddeliad gan annerch llu o gyfarfodydd ar y cyd â Dyfnallt yng ngwyll y blac-owt. Erbyn diwedd mis Mawrth, roedd yna arwyddion bod pethau ar i fyny wrth i Aelodau Seneddol Cymreig fel Will John, Clement Davies a Jim Griffiths gydymgyrchu gyda'r ffermwyr a'r Pwyllgor Diogelu. Y peth pwysig yn awr oedd momentwm a pheidio gadael y ffermwyr, fel y rhybuddiodd Saunders Lewis, 'ar drugaredd swyddogion Undeb y Ffermwyr a rhai ofnus fel hwynt'.[43]

Fodd bynnag, gwireddwyd ofnau gwaethaf Saunders Lewis a chwalwyd brwydr yr Epynt yn rhacs. Ar 2 Ebrill, aeth Gwynfor gyda J E Jones i Bontsenni a Chwm Cilienni. Yn ffermdy Cefn Bryn, 'cawsant groeso godidog' gan weld yno 'yr ysbryd a dry y frwydr yn llwyddiant llwyr'. Fe'u sicrhawyd gan y brawd a ffermiai yno, Mr Lewis, 'y byddai'r rhan fwyaf o ffermwyr yn barod i sefyll i'r eithaf'. Yr unig gwmwl ar y gorwel oedd clywed rhybudd ynghylch William Williams; roedd y rhybudd hwnnw'n awgrymu ei fod yn 'gwneud ei orau glas i berswadio'r ffermwyr na bydd gwrthwynebiad' a'i fod yn eu cymell i dderbyn iawndal y Swyddfa Ryfel.[44] Ond nid annog ffermwyr oedd unig dacteg William Williams. Ysgrifennodd Williams yn enw'r 'Mynydd Eppynt and Bwlch-y-Groes Commoners Protection Committee' at T I Ellis gan ddweud wrtho ei fod wedi cael llond bol ar weithgarwch y Pwyllgor Diogelu. Roedd ei rybudd cyn gliried â hoel ar bost:

> … no outsiders should come to the area to make capital out of the unfortunate business to promote any principles they may hold… would strongly advise not holding meetings in Breconshire.[45]

A thrannoeth, ysgrifennodd Williams drachefn at T I Ellis gan ategu'r siars:

… your organisation and the Welsh Nationalist Party were doing tremendous harm for the affected farmers to have the War Office to purchase the farms, extend the time for clearing out and to pay fair and just compensations.[46]

Trodd ymyriad pragmataidd William Williams y fantol yn llwyr gan ddinistrio'r ymgyrch. Methwyd â chael cymaint ag un teulu i aros fel protest yn y gobaith y caent eu taflu allan yn gorfforol gan yr awdurdodau.[47] Er i'r Pwyllgor Diogelu gwrdd ar 4 Ebrill a sefydlu is-bwyllgor 'i weithredu fel y barnent orau ynghylch y mater', gwyddent yn iawn fod y frwydr ar ben.[48] O fewn tair wythnos, roedd y papur lleol yn saliwtio William Williams fel arwr, y gŵr a sicrhaodd iawndal teg i amaethwyr yr Epynt.[49]

Gadawodd yr hyn a ddigwyddodd flas fel wermod yng ngheg Gwynfor. Mae'n wir iddo orliwio maint y gwrthwynebiad ond roedd yn hollol gywir pan broffwydodd y byddai effeithiau'r 'troi allan' yn gwbl ddifaol. Dinistriwyd y gymdeithas, torrodd rhai o'r ffermwyr eu calonnau a symudodd y ffin ieithyddol ddeuddeg milltir i'r gorllewin. Daeth Clwyd Bwlch y Groes yn 'Dixie's Corner', yr hewl i Ferthyr Cynog yn 'The Burma Road' a Hirllwyn yn 'Piccadilly Circus'.[50] Roedd sŵn gynnau mawr ar yr Epynt hefyd yn arwydd clir bod delfryd telynegol Gwynfor o'r Gymru Gymraeg egwyddorol wedi'i halogi. Wedi'r cyfan, William Williams, arweinydd y ffermwyr, a wnaeth gymell ei gyd-amaethwyr i dderbyn yr iawndal. A hyd yn oed gyda threigl amser, ni ddiflannodd chwerwder Gwynfor ynghylch yr hyn a wnaeth Williams. Flynyddoedd wedi'r rhyfel, disgrifiai William Williams fel bradwr a phan ailymwelodd â chapel y Babell i ffilmio rhaglen ddogfen ym 1990, fe'i hysgydwyd hyd at ddagrau.[51]

Ond er enbyted yr hyn a ddigwyddodd i'r Epynt, ychydig mewn gwirionedd o sylw a gafodd y digwyddiad y tu hwnt i gloriau'r *Faner* a'r *Ddraig Goch*. Ychydig o gydymdeimlad a leisiwyd gan fod Cymru benbaladr erbyn diwedd Ebrill 1940 yn paratoi ar gyfer goresgyniad posibl gan y Natsïaid. Yn wyneb y datblygiad tywyll yma, ymrwymodd Gwynfor yn agosach fyth wrth weithgarwch Plaid Cymru a'r heddychwyr. Ar ddiwedd Ebrill, cafodd godiad cyflog gan ei dad, ond rhoddodd yr arian yn syth i Blaid Cymru. Wrth erfyn ar J E Jones i beidio tynnu sylw at ei gyfraniad, barnodd mai 'gwneud yr hyn a ellid' dros Gymru a hithau mewn 'argyfwng mor ddifrifol' oedd yr unig beth y medrai ei wneud.[52] Roedd aberth o'r fath yn gydnaws â chred Gwynfor na ddeuai dim o ddyheadau'r cenedlaetholwyr hyd nes y dangosent barodrwydd 'i dorri ein safon byw i lawr er mwyn yr achos (cyfeiriaf at ein haelodau yn y dosbarth canol)'.[53] Hawdd y medrai Gwynfor siarad felly, o gofio'i sefyllfa ariannol, ond camgymeriad dybryd fyddai meddwl mai rhyfel di-gost fyddai hwn iddo. Ym mis Mai 1940, bu'n rhaid iddo dalu pris trwm iawn: cyfeillgarwch aelodau o'i deulu.

Yn ystod y mis hwnnw, parlyswyd Cymru gan ofn pan dorrodd y newyddion bod yr Iseldiroedd wedi syrthio. Yn ei sgil, diflannodd y mymryn lleiaf o oddefgarwch tuag at yr heddychwyr a chenedlaetholwyr. A lluoedd yr Almaen yn brasgamu'n fygythiol tuag at Ffrainc, golchodd ton o baranoia dros Gymru. Credai MI5 fod arweinwyr Plaid Cymru wedi dod i gysylltiad ag ysbïwyr o'r Almaen, o ganlyniad i ymweliad gan ysbïwr Almaenaidd o'r enw Gerhard von Teffenar. Targed rhif 1 y gwasanaethau cudd oedd Saunders Lewis − gŵr a fyddai o bosibl yn ochri gyda'r Almaenwyr pe deuent, ym marn un aelod o'r gwasanaethau cudd. Yn yr un modd, tybiai M15 fod yna gysylltiadau wedi eu gwneud rhwng Plaid Cymru a'r IRA ym 1939 a'u bod yn frodyr o'r un bru. Serch bod yna resymau arbennig o dda i amau pa mor gywir yw'r honiadau hyn, dyma, er gwaeth neu er gwell, oedd y ffordd y syniai'r awdurdodau am wŷr fel Saunders Lewis, J E Daniel a Gwynfor − arweinyddiaeth a oedd i'r awdurdodau yn nodedig am ei 'unreliability' pe trechid Lloegr.[54]

Pasiwyd y 'Fifth Column Bill' yn ystod mis Mai i ddelio â bradwyr, ynghyd â phobl a amheuid o fod yn llechgwn. Yn yr un modd, derbyniwyd gwŷs gan arweinwyr y PPU yn Lloegr. O weld hyn i gyd, hydreiddiwyd y dychymyg poblogaidd gan ofnau bod yna ffasgwyr yn gweithredu'n ddirgel yn eu plith. Anfonwyd pob un o Almaenwyr ac Eidalwyr alltud Cymru i wersylloedd cadw a dechreuodd yr awdurdodau wneud eu gorau glas i sicrhau bod bywyd mor annifyr â phosibl i'r pasiffistiaid. Rhwystrwyd Heddychwyr Cymru rhag codi stondin ym Marchnad Ganol Caerdydd − stondin a fu ers tair blynedd yn gwbl ganolog i'w gweithgarwch.[55] Digwyddodd yr un peth yn Abertawe;[56] o fewn mis, dechreuodd Awdurdodau Lleol Cymru ddiswyddo gweithwyr − yn enwedig athrawon − ar gownt eu heddychiaeth. Cyngor Abertawe oedd y cyntaf, ond yn sicr nid yr olaf, o blith cynghorau Cymru i ymarfer y fath erledigaeth.[57] A'r gwir amdani yw bod camau o'r fath yn boblogaidd; yn Abertawe, gwelwyd miloedd o fenywod yn protestio o blaid diswyddo heddychwyr.[58] Roedd y sefyllfa cyn waethed yn y gogledd; yno, pledwyd J P Davies, un o heddychwyr amlycaf Cymru, gan domatos ac orenau. 'Cowards, Traitors... You Ought to Face a Firing Squad' oedd y slogan bras a baentiwyd ar fur ei gapel ym Mhorthmadog [59] − geiriau diraddiol a adlewyrchai'r farn boblogaidd nad oedd y Swyddfa Gartref yn gwneud digon i amddiffyn y bobl rhag y 'bradwyr' hyn. Wedi'r cenllif hwn, y cwbl y medrai Gwynfor a chyd-arweinwyr Heddychwyr Cymru ei wneud oedd apelio'n gyhoeddus ar i'w haelodau ddangos 'agwedd gywir ac ysbryd hael yn wyneb anghyfiawnder'.[60]

Yn y fath hinsawdd – ac yntau'n cyfannu dau o gas bethau'r Cymry ar y pryd, heddychiaeth a Phlaid Cymru – roedd hi bron yn anochel y byddai Gwynfor hefyd yn dioddef erledigaeth. Hwn, wedi'r cyfan, oedd y cyfnod dwysaf o ofn poblogaidd a brofasai'r Cymry ers dyddiau Napoleon a glaniadau'r Ffrancwyr yn ôl yn y ddeunawfed ganrif. Yn y Barri, paentiwyd 'Spy', 'Traitor', 'Fifth Columnist' ar faniau a ffenestri siop Dan Evans. Llosgwyd warws a cheisiwyd tanio un arall.[61] Mae'n amlwg i hyn achosi tensiwn anferth yn y teulu gan i Idris, brawd Dan, ysgrifennu at Gwynfor gan grefu arno i gefnu ar ei gredoau anghonfensiynol oherwydd maint y niwed a wnâi i fusnes a delwedd Dan Evans. Yn ôl Idris Evans, roedd hi'n bryd i Gwynfor roi'r gorau i'w hunanoldeb. Mynnodd hefyd fod yr awr wedi dod iddo sylweddoli ei fod yn aelod o'r teulu, 'not only an individual'. Yr ateb felly, meddai, oedd i Gwynfor wadu ei heddychiaeth a gwneud hynny fel gweithred Gristnogol, elusengar.[62] Ond trodd Gwynfor glust fyddar i apêl ei ewythr: roedd wedi dechrau ymhyfrydu yn y syniad o aberth. A dyfynnu o un o'i lythyrau at Pennar Davies yn ystod Mai 1940:

> Fy ngobaith yw, os down allan o'r rhyfel hwn o gwbl, y dewn allan wedi ein puro o'r pethau sy'n llygru – cysur a safon byw uchel ac yn y blaen; – pethau'r byd, pethau materol, yw'r rhain, ac ni allwn byth obeithio codi Cymru annibynnol, ddiwylliedig, Gymraeg, Gristnogol fyw, os glynwn wrth ein hen ffydd.

Ac ynghlwm wrth hyn, cyfaddefodd wrth ei ohebydd ei fod yn llawen o fod yn medru cwblhau cenhadaeth:

> Dyddiau llawn a phrysur yw'r rhain i'r sawl sydd â nod wahanol i'r llywodraeth – ie, a dyddiau llawen yn eu ffordd od. O leiaf fe gawn gyfle y dyddiau hyn i fyw; ond dwn i ddim a gaiff rhai ohonom fyw yn rhydd am hir eto.[63]

Roedd ganddo sawl rheswm da dros feddwl felly. Maes o law, gwyddai y byddai'n rhaid iddo orfod mynd trwy dribiwnlys milwrol – prawf a allai olygu mynd i garchar. Ond, yn y tymor byr, roedd hefyd yn ofni y câi ei garcharu ar bwys ei amlygrwydd fel heddychwr. Câi Gwynfor, fel gweddill heddychwyr Prydain, ei wylio'n fanwl gan yr awdurdodau ond, yng Nghymru, roedd yna gymhlethdod ychwanegol. Yn nhyb y Gwasanaethau Cudd, roedd heddychiaeth wedi ei hieuo wrth 'Welsh Nationalism of a very violent character'.[64] Dyma, yn ddiau, oedd wrth wraidd bwriad heddlu'r Barri i'w erlyn ar ôl i'r heddlu glywed iddo ddweud, wrth adael Capel y Tabernacl un nos Sul, y byddai'n rhaid i'w gyfeillion fynd ati i ddysgu Almaeneg. Yn dilyn hyn, galwyd ei dad i swyddfa'r heddlu yn y Barri ac yno dangoswyd iddo domen o bapurau yn nodi pob gair ymfflamychol a ddaeth o enau'r mab afradlon. Trwy drugaredd ei ewythr Dudley yn unig, fe ymddengys, y llwyddwyd i ddarbwyllo'r heddlu rhag erlyn Gwynfor.[65]

Eto i gyd, roedd yna, ac mae yna, le i amau teyrngarwch Gwynfor. Wrth weld y sefyllfa'n gwaethygu, mae'n glir iddo gael ei dynnu ddwyffordd gan ei deimladau ynghylch yr hyn a ddigwyddai pe byddai Lloegr yn syrthio. Yr oedd, meddai mewn llythyr at J E Jones, yn 'flin calon' ganddo weld gwlad ryddfrydol fel Lloegr, er gwaethaf ei 'holl ffaeleddau', yn y fath dwll. Ond hyd yn oed yn y cyfnod du iawn hwn, roedd yn ansicr ynghylch pa dynged fyddai orau i Gymru: buddugoliaeth i Loegr ynteu llwyddiant i'r Almaenwyr. Yn wir, cyfaddefodd wrth Ysgrifennydd Cyffredinol Plaid Cymru nad oedd 'yn sicr y byddai'n well ar Gymru (o safbwynt parhad ei bodolaeth) ped enillai'r Cynghreiriaid na phe bai'r Almaenwyr yn ennill'. Yr unig sicrwydd iddo oedd bod 'triniaeth go arw' yn disgwyl heddychwyr a chenedlaetholwyr Cymru.[66]

Wedi cwymp Dunkirk, aeth pethau o ddrwg i waeth. Ar 14 Mehefin, roedd y Natsïaid wedi cyrraedd Paris, 'un o ddyddiau porffor-goch calendr yr ugeinfed ganrif' yn ôl Dyfnallt, golygydd Y Tyst. Gyda milwyr Hitler yn swagro i lawr y Champs-Elysées, roedd hi'n edrych yn debygol, os nad yn anochel, y syrthiai Prydain erbyn diwedd y mis. Dechreuodd y noddedigion lifo'n ôl i Gymru ac amheuid pawb nad oedd yn rhan o'r ymdrech Brydeinig o fod yn fradwr. Roedd apêl Y Cymro ar i'r Cymry anghofio 'bob cwyn'[67] yn gwbl nodweddiadol a chafwyd ple tebyg gan W J Gruffydd yn Y Llenor o blaid undod cenedlaethol.[68] Ganol Mehefin 1940, bu'n rhaid i J E Daniel wadu bod Plaid Cymru'n 'bumed colofnwyr'[69] ac erbyn diwedd y mis, roedd Y Cymro wedi cyhoeddi darlun i gynorthwyo'u darllenwyr i wahaniaethu rhwng awyrennau Junkers JU 52 a'r Junkers 86.[70] Roedd y cyhoeddiad ddechrau Gorffennaf na chynhelid Eisteddfod Genedlaethol y flwyddyn honno yn brawf digamsyniol i lawer fod cymdeithas gyfan ar fin chwalu.

Yn y cyfnod tywyll hwn, ffydd yn anad dim a gynhaliai Gwynfor ac, yn gynyddol, gwelai encil yn ôl i'r tir fel gwrthglawdd rhag y distryw rhyngwladol.

Bellach, y cwestiwn canolog iddo oedd sut y gellid creu cymdeithas Gristnogol yn wyneb methiant truenus y dulliau confensiynol o efengylu. Yn naear ir Llangadog, credai iddo ddarganfod yr ateb, ac anogodd ei gyd-Gristnogion i drechu'r bwystfil trwy ystyried ffermio cydweithredol gan 'gasglu arian ymhlith cyfeillion' i brynu ffermydd lle y 'gellid dechrau ar y bywyd comiwnyddol newydd'.[71] Ac ni chyfyngodd ei syniad i Gristnogion ychwaith; ceisiodd annog ei gyd-Bleidwyr i brynu fferm yn enw Plaid Cymru fel ateb i broblem y cenedlaetholwyr hynny, fel Wynne Samuel, a ddiswyddwyd oherwydd eu hagwedd tuag at y rhyfel. Yn breifat, credai Gwynfor fod gan yr aelodau ddigon o arian 'i brynu neu rentu dwsin' o ffermydd petaent o ddifrif yn y mater.[72] Ni chymerwyd odid ddim sylw o'i syniad, fodd bynnag. Hyd yn oed yng nghefn gwlad Sir Gaerfyrddin erbyn Gorffennaf 1940, goroesi oedd ar flaen meddwl pawb ac edrychai cynlluniau manwl i brynu ffermydd yn hollol ffantasïol. Pan welodd Gwynfor ei hun 'ddwy awyrblen' yn ymladd â'i gilydd ger Brynaman un prynhawn o Orffennaf, sylweddolodd nad oedd ymneilltuo i'r wlad yn warant y gellid dianc rhag y 'ffwlbri melltigedig' a ddeuai i berfeddwlad Cymru.[73]

Er hynny, er nad oedd yna sicrwydd diogelwch yn Llangadog, roedd Gwynfor, fel nifer o aelodau'r Pwyllgor Diogelu, yn daer am weld plant trefi de Cymru yn cael eu symud i gefn gwlad er mwyn eu harbed rhag y bomio trwm nosweithiol.[74] Yn wahanol i ddinasoedd Lloegr, ni ddynodwyd yr un o drefi mawrion Cymru yn ardaloedd gwacáu, neu *evacuation* – sefyllfa a olygai fod teuluoedd yn gwbl ddiymgeledd wrth i'r bomiau lawio arnyn nhw. Gwynfor, yn anad neb, a ddechreuodd dynnu sylw at hyn yn y gobaith y gellid lliniaru rhyw gymaint ar sefyllfa a ystyriai fel anghyfiawnder sylfaenol. Ys dywedodd wrth T I Ellis yn ystod y Gorffennaf hwnnw:

> Rhydd digwyddiadau bob dydd fwy o fin ar y ddadl dros symud plant rhai o drefydd y de i'r Siroedd Cymraeg. Er enghraifft, yr oedd y Barri hyd at ddoe wedi dioddef 41 o ymosodiadau o'r awyr. Clywais oddiwrth ewythr Idris yn Llundain ddoe a ddwedai mai un rhybudd yn unig a gawsant hwy. Yn y Barri y mae cannoedd o'r plant yn cysgu yn y 'dug-outs' bob nos a miloedd yn colli eu cwsg yn gyson. Bydd gwaeth, hwyrach, yn dilyn... Yr hyn a wna'r sefyllfa yn fwy anghyfiawn byth yw bod digon o le i blant Llundain a Lerpwl yn Lloegr. Dim ond rhyw un o bob pump neu chwech o'r rhai a ddisgwylid a ymadawodd; yr oedd, felly, le i bump neu chwe gwaith y nifer a aeth. Pe bai awydd, gellid sicrhau lle diogel i'r plant sy'n awr yn y Siroedd Cymreig yn Lloegr a chael plant Caerdydd, Barri, etc. yn eu lle.[75]

Roedd llythyr Gwynfor yn gyfraniad pwysig i'r ddadl ddeallusol dros symud plant trefi'r de i ddiogelwch. Maes o law, ategwyd yr alwad hon gan rai o Aelodau Seneddol Cymru. Ond er mor bwysig oedd hyn i gyd, blaenoriaeth Gwynfor yn ystod y Gorffennaf hwnnw oedd ei baratoi ei hun ar gyfer ei dribiwnlys – y gwrandawiad a fyddai'n penderfynu ei dynged am weddill y rhyfel. Er ei fod eisoes wedi cymhwyso degau o fechgyn gogyfer ag achlysuron tebyg, ni wnaeth y profiad hwnnw rhyw lawer i dawelu'i ofnau. Parhâi i ddysgu talpiau enfawr o farddoniaeth ar ei gof rhag ofn y câi ei garcharu. Gwnaeth hynny er ei bod hi'n gwbl hysbys erbyn hynny mai cynulliadau digon gwâr oedd y tribiwnlysoedd. Ond i Gwynfor a'i genhedlaeth, fodd bynnag, roedd y cof am y driniaeth ofnadwy a brofasai gwrthwynebwyr cydwybodol y Rhyfel Byd Cyntaf yn drech nag unrhyw ffaith. Er hynny, wynebu'r tribiwnlys oedd yn rhaid ar 12 Gorffennaf. Yn ei boced, roedd y casgliad mwyaf disglair o dystlythyrau a gyflwynwyd erioed i unrhyw dribiwnlys. Yn eu mysg, roedd llythyrau gan Saunders Lewis a George M Ll Davies yn tystio i'r ffaith gwbl amlwg bod gwrthwynebiad Gwynfor i ryfel yn ddiffuant a diwyro.

Cynhaliwyd y tribiwnlys yn adeilad y Guildhall, Caerfyrddin, ac Oliver Harris, aelod o'r tribiwnlys ac Ysgrifennydd Undeb Glowyr y De, y *Fed*, ddechreuodd ar yr holi. Fel hyn yr aeth hi:

Oliver Harris:	What if everyone adopted your attitude and Germany was successful in this war, do you think that would be to the advantage of Wales?
Gwynfor Evans:	I do not think it would be to the advantage of Wales. I cannot see good ever coming from war. I feel very strongly that, even if this war continues to a British victory, the hope of a Welsh survival and of Wales making any contribution will be dead, because the processes now in full swing will have destroyed all life too fully for it ever to recover.

Ond roedd Harris yn ddi-ildio:

Oliver Harris:	But you are content to let other people fight against them?
Gwynfor Evans:	No. I am opposed to the Nazi and Totalitarian principle more than anyone who is in the armed forces. I have fought against the principle the whole of my life, but not in the same way as the Government now fight it. The only way to destroy Nazism is to stand up to it with all the moral strength we can muster.

Oliver Harris:	Do you really believe that our moral influence can change the disposition of Germany?
Gwynfor Evans:	Yes.

Wedyn, tro y Cadeirydd, y Barnwr Frank Davies, oedd hi i holi ei berfedd.

Y Barnwr Frank Davies:	What would you do to save women and children if bombs fell at Llangadock?
Gwynfor Evans:	My advice to them would be to make themselves as safe as they could.
Y Barnwr Frank Davies:	And urge the fathers and brothers of these children not to bomb the enemy?
Gwynfor Evans:	Yes, not to bomb them in return.
Y Barnwr Frank Davies:	Other Welsh Nationalists who have appeared before this Tribunal, when asked if they would fight for Wales, say "Yes", but you say "No"?
Gwynfor Evans:	Quite. I am a pacifist first and a Welsh Nationalist afterwards.
Mr J H Williams (aelod o'r tribiwnlys):	It is one of the minor tragedies of Wales that young men of your character could not take the larger view in the present situation and co-operate with us. I think you could do so much for Wales, which is in need of men of your ability.[76]

O fewn yr wythnos clywodd Gwynfor ei fod wedi cael rhyddhad diamod – penderfyniad a olygai y medrai wneud yr hyn a fynnai, o fewn rheswm, yn ystod y rhyfel.

Rhoddwyd y dyfarniad haelfrydig hwn i tua phymtheg y cant o'r 'very religious objectors' a ymddangosai o flaen y Barnwr Frank Davies. Serch bod Gwynfor yn amlwg yn perthyn i'r categori uchod, doedd ei ebychiadau o ryddhad ddim yn llai o'r herwydd.[77] Gwir oedd y gair pan ysgrifennodd at Pennar Davies i nodi bod y fainc wedi bod yn 'neilltuol o garedig' gydag ef.[78] Ond gyda rhyddid, fe ddaeth cyfrifoldebau newydd. O hyn ymlaen, fel y'i rhybuddiwyd gan George M Ll Davies, byddai pawb – boed heddychwyr neu ryfelgwn – yn disgwyl pethau mawr ganddo ac yntau wedi ennill statws o'r fath.[79] A Brwydr Prydain yn ei hanterth, nid hawdd, a dweud y lleiaf, oedd bod 'yn ddyn rhydd', ond doedd gan Gwynfor fawr o amser i bendroni ynghylch hyn. Wrth i'r haf fynd rhagddo, cynyddodd nifer yr heddychwyr Cymreig a ddiswyddwyd a bu'n rhaid ceisio cael gwaith arall iddyn nhw.[80] Bu Gwynfor yn flaenllaw yn yr ymdrechion seithug hyn yn ystod haf 1940 – yr un haf ag y cafodd ei ethol yn aelod o Sanhedrin Plaid Cymru, y Pwyllgor Gwaith.[81]

Roedd ennill rhyddhad diamod hefyd yn golygu y gallai Gwynfor yn awr geisio rhoi rhyw fath o drefn ar ei fywyd. Un o'r pethau cyntaf a wnaeth ym Medi 1940 oedd dyweddïo â Rhiannon, gan bennu dydd Gŵyl Dewi, 1941, fel dyddiad y briodas. Fodd bynnag, roedd anscirwydd yn rhan o wead y cyfnod. O fewn mis i ddyweddïo, roedd Gwynfor wedi cynnig ei wasanaeth i'r Pacifist Service Units a weithredai yn yr East End yn Llundain – cynnig hynod ddewr o gofio bod y Blitz yn ei anterth erbyn hynny. Gwaith hollol wirfoddol y catrodau hyn o basiffistiaid oedd ymgeleddu trueiniaid Llundain. Yn ffodus i Heddychwyr Cymru (ac i Gwynfor efallai), gwrthodwyd y cynnig gan Nancy Richardson, un o arweinwyr y PPU, oherwydd bod cymaint o waith i'w wneud yng Nghymru.[82]

Yn hyn o beth, roedd hi yn llygad ei lle. Y gwir amdani yw fod y cefnogaeth i heddychiaeth yng Nghymru wedi edwino ar ôl Medi 1940. Os yw ffigurau MI5 i'w credu, dim ond tua saith o bob mil a fyddai'n cofrestru fel gwrthwynebwyr cydwybodol ac o'r rhain, byddai nifer yn tynnu eu gwrthwynebiad yn ôl cyn mynd i dribiwnlys. Gyda chryn gyfiawnhad, medrai'r Swyddog o MI5 a ofalai am Gymru ddatgan: 'it would be safe to say that pacifism is not a menace to the war effort'.[83] Roedd y sefyllfa'n arbennig o wael yn y gogledd yn ystod yr hydref hwnnw wrth i nifer o heddychwyr simsanu o dan ddylanwad propaganda'r 'diwifr'.[84] Yn y de, roedd pethau'n llawn mor anaddawol a phrofodd trefniadau'r Uned Goedwigaeth ym Mhencader a gyflogai heddychwyr a ddiswyddwyd yn helbulus tu hwnt i Gwynfor.[85] Fel corff, roedd Heddychwyr Cymru, er gwaethaf eu henw, hefyd yn hynod hoff o ladd ar ei gilydd. Y berthynas fwyaf anodd i Gwynfor oedd honno rhyngddo ef fel Ysgrifennydd, a'r Cadeirydd, Richard Bishop, gŵr o gorffolaeth Falstaffaidd ac o anian anhydrin. Yn aml, byddai Bishop yn esgeuluso gwaith Cymru ar draul 'ei fynych grwydriadau yn Lloegr'.[86] Un broblem ymarferol oedd diffyg petrol i deithio o amgylch Cymru; rhwystr arall oedd agwedd y wasg Gymreig a Chymraeg tuag at yr heddychwyr. Fel y dywedodd George M Ll Davies wrth Gwynfor, roedd y *Western Mail* yn 'corddi casineb tuag at y lleiafrif... *Y Goleuad* yn ofnus, *Y Cymro* yn Shonni Bob Ochr, *Y Faner* yn rhy dueddol i chwifio cadach coch ger bron Shôn Tarw, *Y Ddraig Goch* a'i grafangau mewn rhywbeth neu rhywun Saesneg o hyd'. [87]

I bob pwrpas, felly, roedd Gwynfor yn gorfod cadw Heddychwyr Cymru ynghyd heb unrhyw drefniadaeth nac offerynnau propaganda – tasg anferth ond, er gwaethaf hyn, ni arbedwyd ef rhag beirniadaeth lem ar ddiwedd 1940. Un gŵyn gyson oedd ei fod yn cymysgu gwleidyddiaeth â heddychiaeth;[88] y gŵyn arall oedd mai 'mudandod' a nodweddai'r heddychwyr a hwythau heb gynnal cynhadledd na chyhoeddi sillaf ers misoedd. Yn ôl un o lythyrwyr miniog *Y Tyst*: 'Ar y gorau, adran o'r PPU yw'.[89] Diau y byddai beirniadaeth o'r fath wedi brifo Gwynfor, ond roedd yn hollol ymwybodol o'r problemau hyn. Yn ystod Nadolig 1940, bu'n cribinio ôl-rifynnau *Y Deyrnas*, y cylchgrawn i heddychwyr a gyhoeddid yn ystod y Rhyfel Byd Cyntaf ac a fu'n foddion i'w cadw ynghyd mewn cyfnod hynod o fain. Gwnaeth hyn argraff ddofn arno a buan y caledodd ei farn mai'r unig ffordd i achub yr heddychwyr rhag suddo'n llwyr i gors dinodedd oedd iddyn nhw gyhoeddi eu llenyddiaeth eu hunain.[90] O ganlyniad i hyn, esgorwyd ar y syniad o gyfres o bamffledi gan Heddychwyr Cymru.

Ynghanol hyn i gyd, rywsut rywfodd, gwnaeth Gwynfor ddau beth a brofodd yn allweddol i Gymreictod Sir Gaerfyrddin. Y cyntaf oedd penderfyniad y fintai fechan a gyfarfu yn Rowlands Café, Llandeilo, ddiwedd Tachwedd 1940 i sefydlu cangen leol o'r Pwyllgor Diogelu. Yn anochel, gwnaed Gwynfor yn ysgrifennydd ar ranbarth Gogledd a Dwyrain Myrddin.[91] O hyn ymlaen, byddai Gwynfor yn gwisgo tair het: gwaith gyda Phlaid Cymru, gwaith gyda'r heddychwyr a gwaith gyda Phwyllgor Diogelu Diwylliant Cymru. Hyd yn oed yn ôl ei safonau goruwchddynol ef o weithgarwch, roedd llafurio fel hyn ar draws tri ffrynt yn rhyfeddol. Yr ail ddatblygiad pwysig oedd ei benderfyniad yn Rhagfyr 1940 i sefydlu cangen o Blaid Cymru yn Llangadog. Er hynny, fel gyda'r heddychwyr, roedd yn hau hadau mewn tir diffaith iawn. Serch iddo dreulio llawer o amser ac arian yn hysbysebu'r cyfarfod, saith yn unig a ddaeth yno.[92] Doedd ryfedd felly ei fod yntau, fel gweddill Cymru, am i'r flwyddyn hunllefus a fu brysuro at ei therfyn.

Bu'r Nadolig hwnnw yn Wernellyn yn dawel a heddychlon ac roedd y teulu i gyd yno – gan gynnwys ei ewythr Idris. Ac nid dyma oedd yr unig reswm dros ddathlu. Ar ddechrau'r flwyddyn, rhoddwyd teyrnged wresog i Gwynfor yn yr *Amman Valley Chronicle* am ei ymdrechion i Gymreigio'i fro yn enw'r Pwyllgor Diogelu. Ys dywedodd 'Cerddetwr', colofnydd Cymraeg y papur:

> Y mae'n ŵr ifanc ac hoyw, diwylliedig, a hawdd dyfalu y bydd ei ddyfodiad i Ddyffryn Tywi yn gaffaeliad mawr i fywyd y Fro.

Unig bryder 'Cerddetwr' oedd mai'r dosbarth canol yn unig a ddaeth i gyfarfod cynta'r Pwyllgor yn Llandeilo:

> Onid gwiw o beth a fuasai cael glowyr diwylliedig, a gweithiwr alcam hefyd, a gwas fferm hirben o ogledd y sir ar y pwyllgor, petai ddim ond er mwyn talu teyrnged i 'hil y gewynnau tewion'. Bu yno gryn lawer o sôn am draddodiadau Cymru, ac am fôn a gwraidd y traddodiadau hynny. Gresyn na chofiasom bod perthynas agos rhwng daear ein gwlad – rhwng y pridd – a phob traddodiad a feddwn.[93]

Ond ni pharodd y dedwyddwch cymharol hwn yn hir. Toc wedi'r Calan, ymosodwyd yn ffyrnicach nag erioed ar drefi'r de; dioddefodd Llandaf a'i chadeirlan yn arbennig o ddrwg, a lladdwyd 103 o bobl gan gyrchoedd awyr yr Almaenwyr. Ganol y mis, tro Abertawe oedd hi i wynebu cawod o fomiau. Fis yn ddiweddarach, trowyd 'Abertawe'n fflam', chwedl Waldo Williams, gan ymosodiad trymaf y rhyfel ar Gymru. Yn wyneb hyn i gyd, ymddangosai galwadau rhai tebyg i Gwynfor a Saunders Lewis am gadoediad yn ynfyd o hurt.[94] Roedd yn neges hynod amhoblogaidd ac eithriadau oedd y cyrff hynny fel Annibynwyr Sir Gaerfyrddin a Llŷn a bleidleisiodd dros gadoediad. Llawer mwy cynrychiadol o'r Gymru Gymraeg oedd safbwynt tebyg i'r un a goleddid gan olygydd y *Carmarthen Journal*. Barnodd hwnnw fod galw am gadoediad yn 'very deplorable thing' ac yn weithgarwch 'a small number of cranks'.[95]

Roedd ymdrechion Gwynfor ar ran Plaid Cymru ar ddechrau 1941 hefyd yn wynebu problemau: diffyg cefnogaeth, drwgdybiaeth a threfniadaeth dila. Y penbleth mawr a'i hwynebai yn ystod Ionawr 1941 oedd penderfynu a ddylai ganiatáu i'w enw fynd ymlaen fel ymgeisydd Plaid Cymru yn isetholiad Caerfyrddin – isetholiad a oedd newydd ei alw ar ymddeoliad Daniel Hopkin. Y confensiwn adeg rhyfel oedd peidio herio'r blaid a amddiffynnai'r sedd, ond roedd yna nifer ym Mhlaid Cymru a gredai mai arfer Seisnig, annemocrataidd oedd hwn. Fe gytunai Gwynfor â hyn mewn egwyddor, ond fe achosodd mater isetholiad Caerfyrddin gryn wewyr iddo. Ar y naill llaw, fe gredai y dylai Plaid Cymru sefyll dros Gymru mewn etholiad seneddol, a bod peidio ymladd yn llwfrdra. Ar y llaw arall, gwelai broblemau fyrdd. Sir Gaerfyrddin, yn ei dyb ef, oedd 'y sir fwyaf anobeithiol yng Nghymru' o safbwynt Plaid Cymru gan fod arian mor brin. Y maen tramgwydd arall oedd y byddai'r 'sawl a safai yn dinistrio ei obaith am wneud rhywbeth o werth yn y dyfodol'. Yr unig ddewis hyd y medrai weld oedd gwneud yr hyn a wnâi cenedlaetholwyr yr Alban, sef gofyn i ymgeiswyr y pleidiau eraill ddatgan yr ymladdent dros ymreolaeth wedi'r rhyfel.[96]

I'w gyfeillion, roedd amheuon Gwynfor ynghylch ymladd isetholiad yn nyfnderoedd rhyfel yn weddol hysbys ond, ac yntau'n cloffi rhwng dau feddwl, daeth o dan bwysau anferth i sefyll. Yn y diwedd, cytunodd i'w enw fynd ymlaen ar un amod, sef bod ei ymgeisyddiaeth yn dderbyniol i'w deulu. Rhoddodd y mater yn nwylo ei ddarpar dad-yng-nghyfraith, Dan Thomas, ac aeth yntau i drafod y mater gyda Dan a Catherine yn y Barri. Ond roedd y neges a ddaeth yn ôl i Langadog yn hollol ddiamwys. Barnodd rhieni Gwynfor y byddai sefyll etholiad a'r amgylchiadau fel yr oeddent – bomio trwm a threfniadau i'w gwneud ar gyfer y briodas – yn weithred ffôl tu hwnt. Credent hefyd y byddai sefyll yn ffolach fyth o gofio bod y pleidiau eraill wedi cytuno i beidio gwleidydda yn ystod y rhyfel. Yn wyneb y fath siars, penderfynodd Gwynfor blygu i ddymuniadau ei rieni, ond doedd gwneud hynny ddim yn benderfyniad hawdd. Cyfaddefodd wrth J E Jones mai 'siomedigaeth arw iawn iddo' oedd y 'gwrth-darawiad hwn' rhwng dau deyrngarwch.[97] Wedi'r holl drafod, nid enwebwyd yr un ymgeisydd yn enw Plaid Cymru.

Priodwyd Gwynfor a Rhiannon wythnos yn ddiweddarach, ar Ddydd Gŵyl Dewi, 1941, mewn seremoni emosiynol. Dridiau cyn y briodas, glaniodd bom o fewn dau ganllath i gartref Rhiannon ym Mharc y Rhath gan chwalu'r holl ffenestri blaen a thaenu gwydr dros anrhegion priodas y ddau.[98] Ar fore'r briodas hefyd, deffrodd de Cymru i'r galanastra cyfarwydd: dinistr a marwolaeth wedi noson arall o fomio trwm. Ond, yn ffodus i'r pâr priodasol, ni laniodd yr un bom ar Gaerdydd yn ystod eu diwrnod mawr ac aeth y seremoni wladgarol rhagddi'n ddigynnwrf yng Nghapel Heol y Crwys, Caerdydd. Ewythr Gwynfor, Idris, a briododd y ddau mewn capel trymlwythog o symbolau cenedlaetholgar. Roedd y briodas hefyd yn rhyw fath o 'society wedding' Gymraeg – digon pwysig i haeddu adroddiad yn Y Faner ('cylchgrawn tŷ' y cenedlatholwyr) a'r uchafbwynt diamheuol, meddid, oedd araith George M Ll Davies.[99] Ynddi, pwysleisiodd fod y ddau ar antur fawr ac yn gadael dinas distryw er mwyn ymarfer cariad. Roedd y ffaith bod cariad i'w ganfod ynghanol rwbel Caerdydd hefyd yn brawf i Lywydd Heddychwyr Cymru nad oedd fflam gobaith wedi'i llwyr ddiffodd. Geiriau sentimental yn ddios ond, o gofio'r hinsawdd y traethwyd y geiriau ynddi, roedd eu grym yn ddiamheuol. A chyda hynny o eiriau, gadawodd Gwynfor a Rhiannon am eu mis mêl: cwpwl o ddiwrnodau yn Tynllidiart, Dolgellau, tŷ haf Dan ac Elizabeth Thomas.

Yna, dychwelodd y ddau i Wernellyn ac i'r hyn na ellid ond ei ddisgrifio fel newid byd dramatig i Rhiannon. Merch o'r ddinas oedd hi, ond yn awr fe'i taflwyd hithau, fel Gwynfor ddeunaw mis ynghynt, i ganol cefn gwlad a dirgelion byd amaeth. Llwyddodd i ymdopi'n syndod o dda, gan ddysgu godro, carthu a bwydo'r anifeiliaid.[100] O fewn dim, sefydlwyd ffordd o fyw a ddatblygodd yn batrwm am yr hanner can mlynedd nesaf ymron − Gwynfor yn cenhadu, a Rhiannon yn cynnal yr aelwyd tra oedd yn ymgodymu â'i gweddwdod gwleidyddol. O'r foment y priodwyd y ddau, bu ei chyfraniad wrth gynnal gyrfa gyhoeddus Gwynfor yn anferth. Dyma ŵr, cofier, a oedd yn hollol ddibynnol arni; y math o ŵr traddodiadol Cymreig na ddewisodd grys na phâr o sgidiau erioed. Ysgwyddodd Rhiannon lawer o feichiau proffesiynol Gwynfor hefyd, gan deipio a chymryd nodiadau llawfer ar ei ran. Roedd y cyfraniad hwn yn hynod bwysig i'w lwyddiant yntau, ond efallai mai ei chyfraniad pwysicaf oedd bod yn Rhiannon 'Gwynfor' − y fam ddiwair a'r gymhares berffaith i ŵr mor gyhoeddus. Yn hynny o beth, roedd ei phersonoliaeth ddeallus hithau'n gaeth i bersona Rhiannon 'Gwynfor'. Gwnaeth Rhiannon hyn i gyd yn ddirwgnach, er i fynych absenoldebau ei gŵr fod yn brawf anochel ar y briodas.

Bwriodd Gwynfor yn syth iddi wedi dychwelyd o Ddolgellau. Yn Ebrill 1941, daeth yn aelod o Bwyllgor Gwaith y Pwyllgor Diogelu Diwylliant − cam a olygai y byddai ei waith yn trymhau yn fwy fyth. O hyn ymlaen tan ddiwedd y rhyfel, byddai Gwynfor, ar y cyd â T I Ellis, yn gwbl ganolog i lwyddiant y gweithgarwch diwylliannol. Ac mewn cymhariaeth â phopeth arall a wnâi, roedd y Pwyllgor Diogelu yn hynod uchel ei barch, ac yn dechrau ennill brwydrau pwysig. Ym Mai 1941, wedi ymgyrch hir ar y cyd â rhieni Abertawe a rhai Aelodau Seneddol, dechreuwyd symud plant Abertawe i ddiogelwch. Daeth dwy ferch o Abertawe i fyw yn Wernellyn am gyfnod − rhywbeth yr oedd Gwynfor yn ei ystyried fel llwyddiant mawr.[101] Mae'n amheus a wnaeth hynny ryw lawer i sicrhau dedwyddwch priodasol, ond roedd aelwyd Gwynfor, fel cynifer o aelwydydd Cymreig, yn ddarostyngedig i'r rhyfel a'i rythmau. Yn ystod yr un mis, aeth ati i wireddu'r syniad o gyhoeddi pamffledi Cymraeg yn enw'r heddychwyr − tasg anodd adeg rhyfel. Yn ganolog i hyn, roedd cefnogaeth Kate Roberts a Morris Williams, perchnogion Gwasg Gee. Oni bai eu bod nhw wedi cytuno i gyhoeddi'r pamffledi am dair ceiniog yr un, mae'n amheus a fyddai'r syniad erioed wedi gweld golau dydd o gofio bod cynifer o weisg yn amharod i ymgymryd â'r fath gomisiwn. Bu Gwilym R Jones hefyd yn hynod o hael gyda'r golygu, ond roedd problemau fel y sensor yn aros. Yn wir, seiliwyd nifer o'r pamffledi gan y tri golygydd – Gwynfor, Gwilym R Jones a George M Ll Davies – yn fwriadol ar y cysyniad o 'grefydd Crist' er mwyn osgoi beiro las y sensor.[102] Ond erbyn mis Mehefin, roedd y pamffled cyntaf, *Y Traddodiad Heddwch yng Nghymru* gan Iorwerth Peate, yn barod. Buont yn llwyddiant ysgubol ac, erbyn Hydref 1941, roedd y tri phamffled cyntaf allan o brint.[103] Daethant allan yn fisol wedi hynny hyd 1944, cyfanswm o 31, ac ymhlith yr awduron roedd rhai o lenorion disgleiriaf a mwyaf radical Cymru fel Pennar Davies, J Gwyn Griffiths a T Gwynn Jones. Golygodd Gwynfor ei hunan y ddeuddegfed yn y gyfres, sef *Tystiolaeth y Plant,* datganiadau gan 14 o bobl ifanc ynghylch pam yr oeddynt yn heddychwyr. Heb amheuaeth, o gofio bod cynifer o bapurau Cymraeg yn amharod i gyhoeddi erthyglau gan yr heddychwyr, bu'r pamffledi yn anhraethol bwysig wrth ddod â chymuned wasgaredig o heddychwyr ynghyd. Roedd Gwenallt yn llygad ei le pan ddisgrifiodd y pamffledi fel 'lamp unig yn y fagddu fawr'.[104]

Wrth edrych yn ôl ar ei weithgarwch gyda Heddychwyr Cymru, mae Gwynfor wedi rhoi sylw dyladwy i'r pamffledi hyn ond, er eu dylanwad, dewisodd anwybyddu'r ffaith mai blwyddyn o gynhennu parhaus i Heddychwyr Cymru fu 1941. 'Heddychwyr y ddisberod' oedd disgrifiad Waldo Williams o'i grŵp pasiffistaidd yntau, ac roedd y canfyddiad hwn yn bur gyffredin.[105] Un broblem a filwriai yn erbyn undod mewn rhai ardaloedd oedd y Gymraeg, gyda rhai o grwpiau'r de'n ddrwgdybus ohoni a Chyngor Prydeinig y PPU yn hollol ddirmygus ei agwedd tuag ati. Pan aeth John Barclay, aelod amlwg iawn o'r PPU, i wrando ar Gwynfor yn annerch yn y gogledd, teimlai iddo gael ei ddieithrio o'r gynulleidfa Gymraeg gan 'impossible barriers of tongue and tradition'. Ond yn hytrach na chadw'i deimladau iddo'i hun, porthodd Barclay'r fflamau trwy gyhoeddi erthygl haerllug yn *Peace News* a ddadleuai mai'r ateb oedd i Heddychwyr Cymru a Lloegr ddechrau siarad yr un iaith.[106] Yn wir, un o baradocsau mawr y PPU oedd bod ei haelodau'n eangfrydig ynghylch ymron popeth ac eithrio'r Gymraeg. I'r carfanau hyn roedd cenedlaetholdeb, a ieithoedd lleiafrifol, fawr gwell na salwch deallusol. Yn ôl un llythyrwr yn *Peace News,* yr ateb oedd astudio Esperanto fel y gwnâi rhai o aelodau Cymdeithas y Cymod.[107] I gorff mor wan â Heddychwyr Cymru, roedd cecru fel hyn ar gownt y Gymraeg yn arwyddocaol oherwydd, yn gynyddol, fe'u hamddifedid o gymorth gan y PPU yn ganolog. Pan chwalodd Unedau Coedwigaeth Pontrhydyfen a Phencader yn ystod y flwyddyn, darganfu Gwynfor na ddeuai cymorth o unman arall i gyflogi'r dynion a weithiai ynddynt. Yn fuan wedi hyn, penderfynodd Richard Bishop 'ymddiswyddo' o'i weithgarwch yng Nghymru. Ni ddaeth neb i gymryd ei le gan adael Gwynfor a George M Ll Davies i orfod delio â'r smonach nid ansylweddol.[108] Gwobr gysur, mewn gwirionedd, oedd i Gwynfor gael ei ethol yng Ngorffennaf y flwyddyn honno i Gyngor Prydeinig y PPU.

O leiaf roedd pethau'n well gyda'r Pwyllgor Diogelu, a oedd erbyn hynny'n mynd o nerth i nerth. Yn Awst 1941, unodd ag Undeb Cenedlaethol y Cymdeithasau Cymraeg – corff a oedd mewn bodolaeth er 1913. Daeth y ddau fudiad i ben fel endidau annibynnol wedi hynny, ond y teimlad cyffredinol oedd mai mewn undeb yr oedd nerth. Ar awgrym Gwynfor, galwyd y corff newydd yn Undeb Cymru Fydd er mwyn 'ei gysylltu â'r mudiad cenedlaethol mwyaf poblogaidd a welodd Cymru fodern'.[109] Roedd yn ddatblygiad cwbl allweddol yn hanes goroesiad y Gymraeg; o hyn ymlaen, byddai gan yr iaith fudiad effeithiol i ddadlau drosti. Ond yn bwysicach na dim, llwyddodd Undeb Cymru Fydd i sicrhau y byddai yna bobl yn fodlon gweithio dros y Gymraeg yn ei chymunedau adeg rhyfel. Fodd bynnag, er mor bwysig fu hyn, doedd dim modd lliniaru ar ofnau Gwynfor ynghylch statws y Gymraeg. Fel y cyfaddefodd yn *Y Faner* yr haf hwnnw: 'Y mae misoedd yn bwysig iawn yn rhuthr y dyddiau hyn; yn wir, y mae dyddiau'n bwysig pan all y dyddiau hynny esgor ar ddigwyddiadau a fydd yn ddinistriol i'r etifeddiaeth Gymreig'.[110]

Rhwng beichiau'r cynhaeaf a phopeth arall, bu'r hydref hwnnw'n un anesmwyth i Gwynfor. Dechreuodd gasáu'r rhyfel a'i holl effeithiau. Ys dywedodd wrth Pennar Davies: 'Pan welaf ddynion yn sathru fy ngwlad, yn taflu ei phlant i'r heolydd (e.e. o Fynydd Epynt) teimlaf y gallwn saethu'r diawliaid. Ond yn y cyfamser ceisiaf lynu wrth y ffordd y dywed fy nghydwybod wrthyf yn fy oriau tawel ei bod yn iawn'.[111] Ychwanegwyd at y digalondid hwn gan ddiffyg cyfeiriad Plaid Cymru ar gyfnod allweddol pan ddechreuai gwleidyddion a sylwebwyr drafod pa fath o Brydain a geid wedi'r rhyfel. Ym mis Hydref 1941, gofynnwyd iddo ysgrifennu memorandwm ar ran Plaid Cymru ac amlinellu ei weledigaeth yntau o Gymru wedi'r rhyfel. O fewn dim, fodd bynnag, sylweddolodd nad oedd gan Blaid Cymru y syniad lleiaf ynghylch economeg fodern. Mewn llythyr at J E Jones, dywed ei fod yn 'gondemniad damniol' nad oedd gan unrhyw aelod o'r Pwyllgor Gwaith, nac yntau, y syniad lleia o'r hyn oedd 'polisi'r Blaid, yn wir a oedd ganddi bolisi diwydiannol o gwbl'. Mewn truth diarbed ei feirniadaeth, â yn ei flaen i restru'r diffygion yn ei pholisi economaidd: 'Pwy reolai'r diwydiannau?

Y cyfalafwyr? Y cyfalafwyr + y gweithwyr?' Heb atebion i'r cwestiynau hyn, meddai, doedd gan Blaid Cymru mo'r hawl i ddisgwyl cefnogaeth y gweithwyr 'wrth bregethu polisi gwleidyddol heb gynnwys economeg gobeithiol'.[112]

Roedd yr un digofaint i'w weld yn ei ohebiaeth â T I Ellis. Gwyddai Gwynfor ei fod o blaid cenedlaetholi'r diwydiant glo a'r rheilffyrdd 'yn enw'r genedl' ac y dylid talu iawndal yn llawn. Gwyddai hefyd ei fod am genedlaetholi diwydiant monopolistig fel y diwydiant trydan ond, y tu hwnt i'r egwyddorion syml hynny, ni welai fawr mwy na niwl trwchus:

> Wrth fentro i fyd y diwydiannau trymion yr wyf allan o'm dyfnder yn llwyr... Ni wn ddim byd ar y pwnc [economeg], a chroesawn oleuni... Y mae'n wendid dychrynllyd ynom fel Plaid Genedlaethol na roisom fwy o feddwl i'r pynciau hyn, ac yn fy marn i, dyma'r prif reswm am ein methiant i apelio i'r gweithwyr; nid oes gennym ddim i'w gynnig iddynt... Eu dychrynu a wna sôn am ddad-ddiwydiannu etc., er mor wir a phwysig y gall hwnnw fod... Oni wynebwn y problemau hyn, rhyw gorff academaidd a erys y Cymry diwylliannol; neu o leiaf, ni bydd eu gweithrediadau yn berthynol iawn i fywyd mwyafrif y Cymry, sy'n byw yn yr ardaloedd diwydiannol.[113]

Yr ateb i Gwynfor oedd i Saunders Lewis droi ei feddwl at y pynciau hyn, a dyna'n union a ddigwyddodd. Er hynny, roedd yn ddiwedd di-fflach ar flwyddyn hynod fain i heddychiaeth a chenedlaetholdeb. Ond o leiaf roedd yntau, fel y gweddill o'r lleiafrif, wedi dod trwyddi, ac o 1942 ymlaen, gwelir cyfnod mwy beiddgar yn agor o safbwynt y Gymraeg a gwladgarwch wrth i Undeb Cymru Fydd ddechrau gwneud ei farc go iawn. Yn awr, roedd gan Gwynfor beiriant y tu ôl iddo ac fe'i defnyddiodd i'r eithaf. Roedd penderfyniad America i ymuno â'r rhyfel yn ystod Rhagfyr 1941 hefyd wedi newid pethau'n sylweddol; o hyn ymlaen, gwyddai pawb nad rhyfel diddiwedd oedd hwn. Trwy gydol 1942, felly, yr angen i Churchill agor ail ffrynt oedd cri y wasg boblogaidd – nid goroesiad.[114]

Adlewyrchwyd yr hyder newydd hwn yn null Gwynfor o weithredu. Ac yntau wedi bod dan yr ordd cyhyd, dechreuodd fynnu bod pobl yn gwrando arno. Pan gyhoeddwyd y byddai menywod yn dod o dan y drefn gonsgripsiwn, mynnodd mai creu cynnwrf oedd yr unig ffordd o rwystro'r gymdeithas Gristnogol Gymraeg rhag cael ei chwalu. Galwodd, er enghraifft, ar i Undeb yr Annibynwyr wneud llawer mwy a chystwyodd ei gyd-aelodau o fod yn 'fud a lwfr [sic]' tra dygai'r llywodraeth eu haelodau ifanc. Roedd yn alwad feiddgar gan ŵr nad oedd eto'n 30 oed, ond roedd y weledigaeth a'i symbylai yn golygu ei fod am weld gweithredu; ei gynllun mawr oedd i'r Annibynwyr ddod ynghyd a saernïo polisi cadarn i wrthsefyll y Mesur consgripsiwn newydd hwn.[115] Does yna ddim tystiolaeth i'r gynhadledd arbennig hon fyth ddigwydd, ond fe ategwyd yr ymdrechion hyn gan Undeb Cymru Fydd; y mis Ionawr hwnnw, fe gynhaliwyd tair cynhadledd ganddynt er mwyn tynnu sylw at orfodaeth a'r effaith a gâi ar fenywod.[116]

Erbyn diwedd Ionawr, adwaenid Gwynfor gan y wasg Gymraeg fel 'yr arweinydd Cymreig sy'n prysur ddod i amlygrwydd'. Ac nid heb reswm ychwaith, gan fod ei areithiau cyhoeddus yn fwyfwy Meseianaidd trwy sôn am 'roi ein hunain i'r Gymru newydd' gan ddisgrifio'r llafur hwn fel 'gwaith bywyd cyfan'. Byddai hefyd, o hyn tan ddiwedd y rhyfel, yn cysylltu rhyfelgarwch gydag anfoesoldeb a Seisnigrwydd. Dyma, er enghraifft, oedd y darlun a baentiodd yn un o gyfarfodydd Undeb Cymru Fydd o effaith rhyfel ar foesoldeb a Chymreictod ei fro:

> Cyn y rhyfel clywid plant cwm Aman yn chwarae yn yr iaith Gymraeg; heddi clywir Saesneg ymhob man – effaith dyfodiad y noddedigion. Â merched Cymreig dan 18 oed yng Nghwm Tawe i'r tafarnau gyda gwragedd o Saeson. Ac wrth ddanfon y Saeson hyn i Gymru, mae'r llywodraeth ar yr un adeg yn galw ein bechgyn a'n merched i ffwrdd.[117]

Fodd bynnag, roedd yna bris personol i'w dalu am yr enwogrwydd cynyddol hwn. O ganlyniad i'r ysgrif a gyhoeddwyd ganddo yn *Y Tyst* cyn y Nadolig, dioddefodd yr ymosodiad mwyaf llym arno a brofasai yn ystod blynyddoedd y rhyfel. Penderfynodd Llewelyn Evans, cyd-aelod a diacon yng nghapel Providence, ysgrifennu at *Y Tyst* gan ddiolch i'r Nefoedd bod 'mwyafrif ein gwlad mor hoff ohoni ac mor deyrngarol i'r awdurdodau'. 'Agitator' oedd Gwynfor yn nhyb ei gymydog – gŵr a fyddai'n prysuro tranc pob delfryd gyda'i bolisïau llwfr a phasiffistaidd.[118] Eironi mawr y ffrae chwerw hon oedd i Llewelyn Evans aros gartref ar ei fferm, Glasallt, yn Llangadog drwy gydol y rhyfel. Ond wrth daro'n ôl rhwng cloriau'r *Tyst,* dewisodd Gwynfor beidio nodi ei ddiffyg gwrhydri amlwg gan lynu at ei ddadl mai trwy'r dulliau di-drais – dulliau Gandhi yn India a Kagawa yn Siapan – y gellid amddiffyn cenedl.[119] Nid dyma oedd diwedd y llythyru cyhoeddus rhwng y ddau gymydog – aeth y pendilio geiriol yma rhagddo yng ngholofnau'r *Tyst* am fis arall cyn i gadoediad gael ei alw rhwng yr heddychwr a'r ffermwr o Langadog.[120] Cynrychiolai bechgyn Glasallt yr hyn a ddisgrifia Gwynfor yn ei hunangofiant fel lleiafrif 'gwrthwynebus iawn'. Y broblem, fodd bynnag, oedd fod y gelynion hyn mewn safleoedd eithaf manteisiol ac yn bobl amlwg mewn nifer o sefydliadau cymunedol yn Llangadog. Nid cyd-ddigwyddiad oedd y ffaith i'r 'Llandovery and Llangadock War Week' ym 1941 godi saith gwaith yn fwy na'r targed gwreiddiol – y swm uchaf y pen o blith holl bentrefi Cymru.[121] Bu'n rhaid i'r teulu orfod byw gyda gelyniaeth y lleiafrif hwn o 1942 hyd nes iddyn nhw adael Llangadog ym 1984 – a hynny'n rhannol oherwydd y casineb gwaelodol yma tuag at eu gwleidyddiaeth.

Ond er gwaethaf gerwinder yr ymosodiadau hyn, dechreuodd ambell lygedyn o obaith befrio trwy'r tywyllwch. Y cyntaf oedd geni Alcwyn Deiniol yn Ionawr 1942. Dilynodd y pum plentyn nesaf gyda rheoleidd-dra metronomaidd cyn dyfodiad Rhys, y cyw melyn olaf. A daeth Alcwyn Deiniol i'r byd ar gyfnod pan ddechreuai ei dad weld bod y llanw gwrth-Gymraeg, er mor araf, yn dechrau troi. Ddechrau'r flwyddyn, enillodd Undeb Cymru Fydd sylw a chefnogaeth haeddiannol yn dilyn eu cefnogaeth i'r ddau ffermwr a orfodwyd gan Lys Bach Llangadog i dalu am gyfieithu eu tystiolaeth o'r Gymraeg i'r Saesneg. I Gwynfor, fel i gynifer o Gymry Cymraeg, roedd yr achos yn 'serious denial of justice' ac ymgyrchodd Undeb Cymru Fydd yn galetach na neb i unioni'r cam.[122] Wrth i'r frwydr hon fynd rhagddi, credai Gwynfor fod yr 'achos cenedlaethol' yn yr ardal yn tyfu a'i fod wedi dod 'yn syndod o boblogaidd' oherwydd y mater.[123] Lleisiwyd protestiadau tebyg gan rai o'r Aelodau Seneddol Cymreig, ac erbyn Ebrill 1942 roedd yr Ysgrifennydd Cartref, Herbert Morrison, wedi cyhoeddi na ddylai Cymro Cymraeg uniaith dalu am gyfieithydd. O fewn y mis, cyhoeddodd yr Arglwydd Ganghellor, yr Is-iarll Simon, yr ymchwiliai i statws y Gymraeg oherwydd y materion a godwyd yn sgil achos Llangadog. Ddiwedd y flwyddyn, pasiwyd Deddf yr Iaith Gymraeg yn y Llysoedd, deddf a wnaeth elwa – er gwaethaf ei gwendidau anferth – o'r sylw a roddwyd i achos Llangadog.

Fe ddaeth enillion pellach i ran Gwynfor yn y cyfnod hwn. Sicrhaodd gyfarfod â Rhys Hopkin Morris, pennaeth y BBC yng Nghymru, er mwyn 'gwasgu arno ddyheadau Cymru yn y dyddiau enbyd' hynny.[124] Ac os oedd pethau'n gwella gydag Undeb Cymru Fydd, roedd yr un peth yn wir am y gwaith gyda'r heddychwyr. Ym Mawrth 1942, cafwyd adroddiadau bod gwaith canghennau heddychwyr y de ar gynnydd 'wedi cyfnod digon di-lewyrch'. Bu'r ymateb i bamffledi'r heddychwyr lawn mor galonogol, ac roedd yr wyth cyntaf a gyhoeddwyd wedi gwerthu fel slecs.[125] Llwyddodd hyd yn oed Plaid Cymru i gynnal cynhadledd undydd er mwyn trafod eu polisi ar ad-drefnu cymdeithasol wedi'r rhyfel. Dyma pryd y cadarnhawyd llawer o syniadau Gwynfor a Saunders Lewis ar wladoli trwy sefydlu byrddau cydweithredol.[126] Ond cymharol, wrth gwrs, oedd y gweithgarwch a'r cydymdeimlad newydd hwn. Mewn cymhariaeth â'r hyn a fu, roedd unrhyw beth yn well na dim ond, eto i gyd, mae'n bwysig cofio nad oedd y casineb a fodolai tuag at genedlaetholdeb a heddychiaeth wedi meirioli.

Yn genedlaethol, gofidiai Gwynfor sut y gallai gwŷr grymus fel Dr Thomas Jones, cyn-ysgrifennydd preifat Lloyd George, ddifenwi cenedlaetholwyr trwy eu disgrifio fel 'Hitleriaid'.[127] Fodd bynnag, roedd ei eiriau, er eu bod yn 'ffiaidd a phlentynnaidd', yn ôl tyb Gwynfor, yn haeddu 'ystyriaeth ddifrifol'.[128] Ar raddfa leol hefyd, gwelid yr un meddylfryd ar waith yn safbwynt Pwyllgor Addysg Sir Gaerfyrddin. Ym mis Mai, cododd ffrae chwerw wedi i Undeb Cymru Fydd ac Annibynwyr Sir Gaerfyrddin wrthwynebu hawl y Cadet Corps i recriwtio yn ysgolion y sir. Disgrifid addysg o'r fath fel 'Adolescent Education' gan y Pwyllgor Addysg ac arswydodd Gwynfor a'i gefnogwyr o weld yr hyn oedd yn digwydd. Iddyn nhw, byddai gadael i fechgyn 14 oed wisgo lifrai milwrol yn sicrhau y medrai militariaeth fwrw gwreiddiau dyfnach fyth. Ar y pryd, edrychai Gwynfor tuag at Norwy am ysbrydoliaeth – gwlad lle dewisodd ei hathrawon alltudiaeth a thlodi yn hytrach na chydweithredu gyda'r peiriant Natsïaidd.[129] Ond dewisodd y Pwyllgor Addysg anwybyddu'r lobi hwn yn llwyr; er bod trwch pobl Sir Gaerfyrddin, mor gynnar â 1942, yn dechrau gweld bod statws y Gymraeg yn annigonol, doedd yna nemor ddim cefnogaeth boblogaidd i unrhyw agenda a sawrai o basiffistiaeth. Yn ôl un E Harries, llythyrwr â'r *Carmarthen Journal,* roedd Gwynfor yn ymdebygu i 'Rip van Winkle', gŵr a ddangosai 'a startling incongruity towards the needs of the hour'.[130] Gwelwyd yr un math o feirniadaeth yn yr *Amman Valley Chronicle* – y papur a fu mor ganmoliaethus ohono rai misoedd ynghynt. Yn ôl un o'u gohebwyr, roedd Gwynfor yn dioddef o ryw 'kink'.[131] A dyma, bron yn ddiwahân, oedd agwedd gwerin gwlad Sir Gaerfyrddin tuag at yr agenda heddychol a chenedlgarol hon.

Ond os oedd heddychiaeth yn amhoblogaidd, roedd cenedlaetholdeb Plaid Cymru hyd yn oed yn fwy atgas gan drwch pobl Cymru ym 1942. Gwyddai Gwynfor hyn yn dda a theimlai rwystredigaeth barhaus gydag amharodrwydd y Cymry i ddeall – heb sôn am werthfawrogi – natur cenedlaetholdeb. Yn breifat, byddai'n melltithio 'ein pobl ni', y Cymry, cyn amled ag y cystwyai'r Saeson. Y Cymry claear hyn – yr Aelodau Seneddol, y cynghorwyr a'r swyddogion –

ynghyd â 'difrawder y werin bobl' oedd yn gyfrifol, yn ei dyb ef, am wendid Plaid Cymru.[132] Credai'n ogystal mai hunan-les oedd y cymhelliad pennaf a yrrai Aelodau Seneddol Cymreig o Gymru i lannau'r Tafwys yn San Steffan.[133] Ar ddechrau haf 1942, teimlai'r rhwystredigaeth hwn i'r byw. Oedd, roedd Gwynfor yn ddyn anniddig iawn. Nid syndod, felly, iddo ffrwydro gan gymaint ei lid.

Gwilym Davies, ei arwr mawr gynt gyda'r LNU a'r gŵr a'i tywysodd o gylch Genefa pan oedd yn ddeunaw oed, a achosodd y rhyferthwy anarferol hwn. Ar 6 Gorffennaf 1942, darllenodd Gwynfor yn *Western Mail* y bore hwnnw fod Gwilym Davies am gyhoeddi erthygl ysgytwol yn *Y Traethodydd* a fyddai'n cyhuddo Plaid Cymru o fynnu Cymru annibynnol, ffasgaidd, dotalitaraidd a Phabyddol.[134] Er bod y cyhuddiadau'n rhai cyfarwydd, ofnai Gwynfor y byddai ysgrif o'r fath gan ffigur mor uchel ei barch yn cael effaith andwyol iawn. Y bore hwnnw, ysgrifennodd Gwynfor ato gan grefu arno i beidio â chyhoeddi'r llith. Pe gwelai'r erthygl olau dydd, meddai Gwynfor, byddai'n gwneud 'fwy o niwed nag odid dim a sgrifennodd neb arnom yn ystod y deng mlynedd diwethaf'. Sut, holodd Gwynfor, y gallai Plaid Cymru fod yn dotalitaraidd, ffasgaidd a Phabyddol o gofio bod y gwerthoedd hyn mor groes i'w gilydd. Aeth ymhellach: yr oedd Saunders Lewis 'yn gwbl wrth-dotalitaraidd'; yr unig aelod o Blaid Cymru a wnaeth sylwadau 'annoeth' yn y cyfnod hwn, yn ôl Gwynfor, oedd Ambrose Bebb, a gwnaeth y sylwadau hynny '… unwaith yn ei wres'. Llawn mor hurt oedd ei gyhuddiad fod Pabyddiaeth yn rhemp ym Mhlaid Cymru:

> Un a drowyd hyd yn hyn wedi S. L.– Cathrin Huws. Nid oes yr un Blaid â chynifer, ar gyfartaledd, o Ymneilltuwyr brwd ynddo… Ni allaf fynegi'r ergyd a fu imi a fu'n eich parchu cymaint erioed oddi ar pan gefais y fraint o fynd i Genefa gyda chwi. Yr hyn a'i gwna'n ddirgelwch ac yn loes yw y gwn eich bod yn gyfaill inni; ac eto ni fedrai gelyn ddweud pethau gwaeth. Wrth gwrs ni fedrai gelyn wneud yr un niwed. Y mae mwd a deflir gan gyfaill yn glynu'n fwy clos rywsut.[135]

Ni wnaeth y llythyr daten o wahaniaeth, fodd bynnag. Fe gyhoeddodd Gwilym Davies ei erthygl yn *Y Traethodydd* gan beri argyfwng i arweinyddiaeth ac i aelodau cyffredin Plaid Cymru. Ddeuddydd yn ddiweddarach, ysgrifennodd Gwynfor at T I Ellis gan ddadlennu'i deimladau'n llawn:

> Beth sydd wedi dod drosto? A delir iddo am hyn? Ni welais y fath druth yn fy myw. Ymddengys yn ffiaidd o anonest, a chredais bob amser ei fod yn ddyn onest. Nid oes dwywaith na wna niwed mawr i'r Blaid, canys y mae peth o'r mwd yn sicr o lynu a'n gwarthnodir ni â'r llysenwau sydd gasaf gan bobl Cymru.[136]

Ac roedd Gwynfor yn iawn. Wedi'r cyfan, Gwilym Davies, neb llai nag un o bileri'r Gymru Gymraeg Anghydffurfiol, oedd yn gyfrifol am y feirniadaeth – nid y siniciaid arferol. Chwedl *Y Goleuad*, roedd yr erthygl yn 'fom'.[137] Ac roedd y pwysau ar i Blaid Cymru ddechrau ymgyrchu o'r newydd, ac o ddifri, gymaint â hynny'n fwy oherwydd y sôn bod plaid newydd o dan adain 'Grŵp 1942' ar fin cael ei chreu. Byddai'r blaid hon, fe honnid, yn uno elfennau cenedlatholgar Plaid Cymru, y Blaid Lafur a'r Comiwnyddion.[138] Ni ddaeth dim o 'Grŵp 1942' – ei nod cyfyngedig oedd casglu ffeithiau am gyflwr Cymru – ond mynnodd Gwynfor, o weld ei blaid yn wynebu sefyllfa hynod ddyrys, fod yn rhaid i Blaid Cymru ailddatgan ei hegwyddorion er mwyn lladd yr awgrym mai plaid ffasgaidd ydoedd. A'r llywodraeth newydd gyhoeddi y byddai yna Bwyllgor Ymgynghorol Cymreig i drafod ad-drefnu, roedd hefyd am i'w blaid ymddwyn yn fwy pragmataidd. Y peth pwysig, meddai wrth J E Jones, oedd:

> … ennill cydymdeimlad y bechgyn yn y Lluoedd. Beth am eu cyfarch fel hyn, 'Ein bod ni, aelodau cynhadledd flynyddol y Blaid Genedlaethol yn danfon ein cyfarchion llawen at y Cymry yn y Lluoedd Arfog, ac yn eu croesawu yn galonnog i ymuno â ni yn y frwydr dros Gymru rydd a gwell cyn gynted ag y cant gyfle'.[139]

Derbyniwyd ei awgrym yn rhannol; yn ystod cynhadledd flynyddol ddigon stormus ym 1942, cyhoeddodd Plaid Cymru nad plaid ffasgaidd mohoni. Er hynny, bu'n rhaid aros am flwyddyn arall i'r blaid ddechrau dangos agwedd fwy cydymdeimladol tuag at y bechgyn yn y lluoedd. Yn y cyfamser, cynyddai anniddigrwydd yr aelodau ifanc hynny – rhai fel John Legonna a Trefor Morgan – gyda'r hyn a ystyrient fel dulliau unbenaethol ac anymarferol Plaid Cymru.[140]

Drwy gydol hydref 1942, brwydrodd Gwynfor ymlaen yn ddygn: gwaith gyda'r heddychwyr; gwaith gyda'r blaid a gwaith gydag Undeb Cymru Fydd – heb sôn am ei ddyletswyddau teuluol yn Wernellyn. Ni ddiflannodd yr ofnau yn llwyr ynghylch 'Grŵp 1942' a phryderai nifer o genedlatholwyr fod Jim Griffiths â'i fys rywle yn y brywes.[141] Yna, ym mis Tachwedd 1942, trawsnewidiwyd gwleidyddiaeth Cymru a Phlaid Cymru pan alwyd isetholiad yn sedd y Brifysgol. Er nad oedd ganddo fawr o awydd ennill y sedd, llamodd Saunders Lewis fel ewig i'r maes etholiadol. Gwelai Saunders Lewis yr etholiad fel cyfle bendigedig i ennill cydymdeimlad i Blaid Cymru a hynny mewn sedd nad oedd yn gwbl anobeithiol i'w blaid. Wedi'r cyfan, dim ond graddedigion a gâi bleidleisio ac roedd Plaid Cymru, er gwaethaf y rhyfel, yn dal i fedru hawlio cefnogaeth cyfran helaeth o'r bobl alluocaf.

Roedd ymgeisyddiaeth Saunders Lewis yn ddigwyddiad mawr ynddo'i hun ond gwefreiddiwyd *intellegentsia* dosbarth canol Cymru pan gyhoeddodd neb llai na'r cyn-Bleidiwr mawr, W J Gruffydd, y byddai'n sefyll yn enw'r Rhyddfrydwyr.[142] Ar amrantiad, ymrannodd y Gymry Gymraeg yn ddwy garfan: y Pleidwyr ar y naill law ac yna'r lleill, sef y bobl hynny a ffieddiai obsciwrantiaeth Babyddol a ffasgaidd Saunders Lewis. Roedd hi hefyd yn frwydr epig rhwng dwy ideoleg: cenedlaetholdeb ar y naill law a rhyddfrydiaeth Gymraeg ar y llaw arall. Yn y garfan gyntaf, rhestrid Gwynfor, T Gwynn Jones, J E Daniel, D J Williams a Lewis Valentine fel cefnogwyr Saunders Lewis; yn y garfan arall, ceid rhai o bileri cadarnaf y sefydliad Cymraeg: Lloyd George, T J Morgan, J E Lloyd ac R T Jenkins.

Profodd yr etholiad yn falm eneidiol ac yn addysg i Gwynfor; o'r diwedd, roedd cyfle i Blaid Cymru wneud safiad gweladwy a chlywadwy ynghanol rhyfel. Ys dywedodd wrth *Y Faner*:

> … yng nghanol gwleidyddiaeth yr oedd lle pob Cymro ystyriol heddiw. Yr oedd arwyddion calonogol yng Nghymru, a châi Prifysgol Cymru gyfle gwych yn awr i daro ergyd arall dros Gymru drwy ethol Mr Saunders Lewis yn aelod seneddol… Ni allai fod dau ddehongliad i ddigwyddiad fel yna; ac ni byddai arwyddocâd o ethol neb arall.[143]

Aeth i'r caeau a'r priffyrdd i ymgyrchu dros Saunders Lewis, gan adleisio yn ei areithiau y carfanu a oedd yn gymaint rhan o idiom wleidyddol y cyfnod. I Gwynfor, fel i gynifer o'i gyd-ymgyrchwyr, 'bradwyr' oedd y rhai hynny na fynnai ymgyrchu dros Saunders Lewis.[144] Ac er gwaethaf y pegynu, roedd yna deimlad cyffredinol erbyn y Nadolig hwnnw fod y rhod yn troi o ganlyniad i ddadeni Plaid Cymru a gweithgarwch amlwg Undeb Cymru Fydd. Roedd hyn yn amlwg yn lleol hefyd a defnyddiodd 'Cerddetwr' ei golofn yn yr *Amman Valley Chronicle* i ganu clodydd Gwynfor drachefn am ei waith dros Undeb Cymru Fydd:

> … i'r ysgrifennydd ifanc o Langadog, yn anad neb arall, y mae'r diolch yn ddyledus am hynny. Ef a gododd y mater dyrus ynglŷn â thalu'r cyfieithydd yng Nghwrt Llangadog. Enillodd fuddugoliaeth fawr yn y drafodaeth honno. Yn wir, bu bywyd gorau Sir Gaerfyrddin ar ei ennill yn ddirfawr drwy ddyfodiad Mr Evans i Ddyffryn Tywi. Arhosed ei fwa'n gryf dros flynyddoedd lawer yw dymuniad ei gydnabod.[145]

Ond, yn gynyddol, Plaid Cymru a âi â sylw Gwynfor. Wedi'r Calan, rhwng 'prysurdeb y da a'r tomatoi',[146] synhwyrai Gwynfor fod 'un o frwydrau mawr ein hanes' eisoes wedi gwneud 'lles mawr'. Ei unig siom, ynghanol yr ymdderu etholiadol, oedd mai 'un digon di-wenwyn' fel Gruffydd, o bawb, a fynnodd herio Plaid Cymru. Priodolai hynny, fodd bynnag, i ddylanwad drwg Iorwerth Peate.[147] Ac wrth i ddiwrnod y bleidlais agosáu, ymdaflodd Gwynfor ei hunan yn ôl i'r ymgyrchu. Trefnodd gyfarfod etholiadol 'rhagorol' i Saunders Lewis yng Nghaerfyrddin, ond po fwyaf yr ymgyrchai drosto, mwyaf oll y gwelai fod Pabyddiaeth Saunders Lewis yn gwenwyno holl ddelwedd Plaid Cymru yn Sir Gaerfyrddin.[148] 'Onibai fod Saunders yn Babydd,' meddai wrth J E Jones, 'byddai'n ofer i neb sefyll yn ei erbyn. Gwn yn fy nghylch innau am nifer fawr sy'n methu â'i gefnogi o herwydd hynny. Felly ni bydd y bleidlais yn adlewyrchu nerth llawn y mudiad cenedlaethol Cymreig.'[149]

Cynhaliwyd y bleidlais dros bum niwrnod ddiwedd Ionawr, a phan gyhoeddwyd W J Gruffydd yn fuddugwr â mwyafrif clir iawn dros Saunders Lewis, roedd teimladau Gwynfor, fel nifer ym Mhlaid Cymru, yn bur gymysg. Ar y naill law, canfu fod y 'deffroad' wedi gwneud 'lles mawr';[150] ar y llaw arall, ofnai fod y 'storm etholiadol' wedi clwyfo Plaid Cymru – yn enwedig 'triciau'r Wasg Felen' a'i hymdrechion i ladd ar Babyddiaeth Saunders Lewis.[151] Yn y mis a ddilynodd yr isetholiad, ceisiodd offerynnau propaganda Plaid Cymru ddefnyddio'r canlyniad fel prawf bod Plaid Cymru wedi 'cyrraedd yng ngwleidyddiaeth' Cymru.[152] Ond, yn gynyddol, roedd gan Gwynfor, J E Jones a Saunders Lewis bryderon y gallai'r canlyniad brofi'n gleddyf deufin – dyfarniad etholiadol a rymusai gefnogwyr ffyddlonaf Plaid Cymru, ond a fferrai waed y llai cadwedig. Adlewyrchir yr ofnau hyn ym mhenderfyniad arweinwyr Plaid Cymru i lunio memorandwm cyfrinachol o'r enw 'Wedi'r Etholiad' a seiliwyd ar holiadur a anfonasid at aelodau amlycaf Plaid Cymru. Mae'r cwestiynau eu hunain yn awgrymog o'r meini tramgwydd i Blaid Cymru: 'A oedd y Blaid yn rhy Babyddol? Oedd ei hagwedd at y rhyfel yn rhwystr? O ble y cafodd Gruffydd ei bleidleisiau?'[153]

Mae'n amlwg i Gwynfor a'i blaid ddysgu llawer o fwstwr yr isetholiad gan fod gwedd lawer mwy modern i'w gweld ar wleidyddiaeth genedlatholgar o hynny ymlaen. Ar ryw ystyr, doedd ganddi ddim dewis o gofio mai y testun trafod mewn glofa a chwarel oedd adroddiad Syr William Beveridge ar yswiriant cenedlaethol. Yr un oedd neges golygydd Y Faner a siarsiodd Plaid Cymru i wynebu'r byd newydd.[154] Ond er cydnabod yr elfen yma o orfodaeth, bu cyfraniad Saunders Lewis a Gwynfor yn allweddol wrth foderneiddio byd-olwg Plaid Cymru. Roedd y teimlad bod oes newydd ar y trothwy yn un pur gyffredin ond, a Phlaid Cymru wedi treulio cyhyd yn colbio Gruffydd, o'r braidd bod ganddi unrhyw bolisïau cymdeithasol gwerth sôn amdanyn nhw. Roedd Gwynfor yn dra ymwybodol o hyn ac ysgrifennodd at J E Jones (nid y praffaf o feddylwyr) gyda'r bwriad o wneud iddo sylweddoli bod natur gwleidyddiaeth Cymru yn dechrau newid. 'Pwnc canolog y dydd', meddai wrth ei Ysgrifennydd Cyffredinol, oedd 'trefnu, cynllunio, totalitareiddio cymdeithas' a mynnodd y dylai'r frwydr dros ryddid gweithwyr Cymru fod yn ganolog i weithgarwch Plaid Cymru. Yn y tymor byr, gobeithiai y byddai hyn yn ffordd o wrthbwyso grym y 'Bevs' – Beveridge a Bevin, y Gweinidog Llafur.[155] Oedd, roedd Gwynfor ond yn dweud yr amlwg, ond y gwir amdani yw mai eithriadau oedd Pleidwyr hirben fel ef.

Yn ffodus iddo, cafodd y math o ymgyrch ymarferol y gobeithiai ei harwain ei rhoi ar blât iddo yng ngwanwyn 1943. Yn Ebrill y flwyddyn honno, gwelwyd pryder cynyddol, yn enwedig yn y de, ynghylch polisi 'transference' y llywodraeth. Lleisiwyd ofnau tebyg gan rai o weithwyr chwareli'r Eifl a Phenmaen-mawr hefyd. Roedd y polisi hwn yn caniatáu i'r llywodraeth symud gweithwyr – gan gynnwys menywod – i ba le bynnag yr oedd eu hangen. Golygai hyn nad oedd diweithdra i bob pwrpas yn bodoli yng Nghymru erbyn 1943, ond roedd gwir berygl i'r polisi trosglwyddo gael effaith ofnadwy. Yn ymarferol, golygai y gallai menywod o Gymru gael eu dadwreiddio a'u hanfon i ganolfannau diwydiannol fel Dagenham, Slough a Wolverhampton.[156] Galwyd cynhadledd genedlaethol ar y mater gan nifer o gynghorau'r de a chafwyd Aelodau Seneddol i gefnogi'r egwyddor o wrthwynebu'r trosglwyddiadau.[157] I Blaid Cymru, roedd yn gyfle euraidd a dadleuodd Gwynfor, drosodd a thro, fod trosglwyddo menywod ar y *budgie trains* hyn lawn cynddrwg â Natsïaeth. Rhoes glipsen eiriol i undebau llafur y de hefyd, gan ddadlau bod eu difaterwch ynghylch y mater yn fwy trist na thristwch ei hun. Roedd hyn, meddai, yn brawf bod eu harweinwyr yn udo gyda'r bleiddiaid ac yn llwyr o dan bawen y Comiwnyddion.[158]

Heb amheuaeth, roedd y cynnig cynnar hwn ar wleidyddiaeth boblogaidd yn rhethregol gryf, ond ychydig o effaith a gafodd. Gwaeth na hynny, roedd paentio'r mudiad Llafur â'r un brws yn gamgymeriad tactegol gan y gwnaethai nifer o ganghennau Llafur, ynghyd ag Aelodau Seneddol fel aelod Llanelli, Jim Griffiths, gwyno'n groch yn erbyn y polisi. Niweidiwyd yr achos yn y de yn ogystal gan benderfyniad Saunders Lewis a Gwynfor i feirniadu agwedd yr undebau llafur ar y mater.[159] O gofio hyn, doedd hi ddim yn syndod i Jim Griffiths wrthod awgrymiadau Gwynfor yn llwyr. 'No substance or constructive proposal' oedd ei ddedfryd lem.[160] Yn yr un modd, fe gystwywyd Gwynfor a'i blaid gan rai o'r

cynghorau am gymryd mantais o'r sefyllfa 'to further their own interests'.[161] Dylid
hefyd ychwanegu, wrth basio, iddi ddod i'r amlwg ar ddiwedd y rhyfel bod nifer
o'r menywod hyn wedi ymgartrefu'n hapus yn Lloegr ac yn mwynhau cyflogau
cymharol uchel. Y broblem bryd hynny oedd eu cael yn ôl yn wirfoddol o'u
halltudiaeth orfodol.[162]

Ond er gwaethaf y dechrau simsan hwn, o leiaf roedd Gwynfor yn ceisio
mynd i'r afael â gwleidyddiaeth ymarferol – rhywbeth na ellir ei ddweud am rai
o arweinwyr Plaid Cymru yn ystod misoedd cyntaf 1943. Ym marn Gwynfor,
roedd y cyfnod hwn yn gyfle gwych i Gymru herio honiad y sosialwyr mai
nhw yn unig a fedrai godi Caersalem newydd. Ond i Lywydd Plaid Cymru,
J E Daniel, roedd meddwl am orfod llywio Plaid Cymru i gyfeiriad heddwch yn
ormod. Er mor ddisglair ei ddoniau fel academydd, teimlai nad oedd ganddo mo'r
wybodaeth dechnegol i fod yn llywydd ar gyfnod mor dyngedfennol. Roedd
Pabyddiaeth ei wraig, Catherine Daniel, hefyd yn dramgwydd cyhoeddus iddo.
Felly, penderfynodd J E Daniel, yn ystod y gwanwyn hwnnw, ildio'r llywyddiaeth
gan beri un o'r argyfyngau mwyaf a wynebodd Plaid Cymru yn ei hanes.

Ar 7 Mai 1943, ysgrifennodd J E Jones at Gwynfor i'w hysbysu fod Daniel am
ildio'r llywyddiaeth ac mai ei enw ef yn unig o blith yr olynwyr posibl a haeddai
ystyriaeth. Crefodd arno i sefyll gan ddadlau bod ganddo'r holl gymwysterau
ac na fyddai ei heddychiaeth yn gwneud dim gwahaniaeth. Yn wir, credai J E
Jones y byddai Gwynfor fel llywydd yn 'symud tipyn ar y rhagfarnau' gwrth-
Babyddol a niweidiodd achos Plaid Cymru yn ystod cyfnodau Saunders Lewis a
J E Daniel fel llywyddion. Roedd yna addewid hefyd y câi gefnogaeth sylweddol
fel llywydd; y tu ôl iddo, gobeithiai J E Jones weld 'Pwyllgor y Llywydd' (corff a
oedd eisoes yn bodoli) yn tynnu ar 'brofiad helaeth' Saunders Lewis a J E Daniel.[163]
Yn ddiamau, roedd Plaid Cymru mewn clamp o dwll, ac roedd gweniaith J E
Jones yn bradychu'r ffaith nad oedd neb arall yn debygol o fod yn gymwys i
arwain y blaid. Ac eithrio Gwynfor, yr unig enwau eraill a gâi eu crybwyll fel
olynwyr credadwy i J E Daniel oedd Saunders Lewis, Moses Gruffydd ac, efallai,
Lewis Valentine. Caniataodd Gwynfor i'w enw fynd ymlaen ond ei obaith, fodd
bynnag, oedd y byddai Moses Gruffydd, amaethwr disglair ac un o batriarchiaid
mwyaf goludog y blaid, yn sefyll. Ym mhob ffordd, credai Gwynfor fod Gruffydd
yn rhagori arno: 'Y mae ganddo wybodaeth arbenigwr mewn maes pwysig; mae'n
brofiadol ac yn ffyddlon i'r Blaid'. Ei rinwedd arall, fe dybiai Gwynfor, oedd na
fyddai rhagfarnau fel 'crefydd neu basiffistiaeth, yn ei erbyn'.[164]

Erbyn Mehefin, felly, roedd yna ansicrwydd anferth ynghylch yr arwein-
yddiaeth a dechreuodd Gwynfor ymateb i'r pwysau. Ar 9 Mehefin, cytunodd
Gwynfor â J E Jones y safai pe gwrthodai Moses Gruffydd a phe medrai dawelu
ofnau ei deulu yn y Barri a oedd, chwedl yntau, 'yn elyniaethus tuag at y Blaid'.
Fodd bynnag, pwysleisiodd nad oedd sicrwydd y medrai wneud hyn.[165] Er ei fod
yn byw yn Llangadog ers pedair blynedd, roedd hi'n gwbl hysbys bod Llafurwyr
y Barri yn prysur lacio gafael ei dad a'i gef nogwyr ar lifrai grym. Roedd hi hefyd
yn wybyddus eu bod yn defnyddio amlygrwydd Gwynfor yn erbyn y tad. Yna, fe
gymerodd y stori hon dro dramatig pan gadarnhaodd Moses Gruffydd na fynnai'r
llywyddiaeth gan ei fod yn gweithio ar y pryd i'r Weinyddiaeth Amaeth. Tybiai'n
ogystal na fyddai'n gymwys ar gyfer swydd bwysig o'r fath.[166] Un enw oedd yn
y ffrâm felly, a dibynnai'r cyfan ar benderfyniad Gwynfor. Ar 29 Mehefin, fe
geisiodd esbonio'r sefyllfa wrth J E Jones:

> Y prif anhawster a ragwelwn oedd agwedd fy rhieni, ond gan nad oeddwn wedi
> ymddangos ar strydoedd y Barri ers pan ddigwyddodd pethau annymunol i'r teulu wedi
> cwymp Ffrainc, credais y gellid eu perswadio i ystyried y mater yn bwyllog. Neithiwr
> daeth fy mrawd yma gydag adroddiad am y sefyllfa. Yn fyr, dyma fe, i fy nhad ffromi'n
> aruthr at yr awgrym a rhoi ar ddeall y byddai'n golygu rhwyg yn y teulu petawn yn
> cymryd y swydd. Ofna fy mrawd y byddai'n rhaid imi ymdael â Wernellyn a chwilio
> am waith arall. Efallai na ddylwn ystyried hynny'n ormod i wneud, ond y mae mwy
> iddo na chael gwaith. Am un peth, anodd gweld na byddai'r gwaith y cyfryw fel y
> byddai'n rhaid rhoi amser llawn iddo bob dydd – heb ryddid i fynd yma ac acw yn ôl
> gofynion y swydd. Byddai'n rhaid imi gael gwaith gan nad oes gennyf ddim modd i
> gynnal y teulu. Y peth arall yw pa mor deyrngar y dylai dyn fod i'w rieni… Y mae fy
> rhieni wedi dioddef gryn dipyn o'm herwydd, ac yn dal i wneud. Yn anffodus, taenir
> straeon amdanynt ar hyd y dref y dyddiau hyn, a dim ond ddoe bu fy nhad i weld
> cyfreithiwr i roi pen ar rai straeon dwl amdano – sail y rhain yw ei fod yn heddychwr
> a chenedlaetholwr; ac nid yw y naill na'r llall; fel mater o ffaith nid yw'r Blaid yn ddim
> iddo ond casgliad o benboethiaid twp. (Welsoch chwi'r hanes am losgi o Neuadd
> Goffa'r Barri – £75,000 – i lawr; y stori ddiwethaf yw bod gan fy nhad law yn y tân fel
> passifist!) I ni byddai straeon fel yna ond jôc fawr, ond daeth pedwar at fy nhad un bore
> i ddweud eu bod wedi eu clywed, ac y mae'r peth yn ei boeni'n fawr.

Rhybuddiodd ef J E Jones yn ogystal fod iechyd ei dad wedi dechrau gwaethygu
ac iddo lewygu oherwydd y straen:

Y dewis a'm hwyneba yw rhwng derbyn y swydd a rhwygo fy nghysylltiadau teuluol a niweidio iechyd a thawelwch meddwl rhieni – a gwrthod swydd y mae'n bosibl y gallwn fod o ryw wasanaeth i Gymru ynddi. Y mae'n ddewis cythreulig o anodd. Ni allaf roi ateb terfynol heb fynd i'r Barri i weld fy nhad; ond os deil yn ei agwedd bresennol, ni theimlwn yn rhydd i dderbyn y swydd.[167]

Fel cyfaddawd, awgrymodd Gwynfor y byddai'n fodlon cael ei enwebu fel is-lywydd ac yr adolygai'r sefyllfa eto 'ymhen blwyddyn neu ddwy'. Ni wyddys a aeth Gwynfor byth i'r Barri, ond, ar 2 Gorffennaf 1943, fe dderbyniodd lythyr sobreiddiol gan ei dad yn erfyn arno i beidio â sefyll. Roedd yn llythyr a ddinoethodd y tensiynau y rhoesai Dan glawr arnynt cyhyd:

These are very trying days for everyone and the trials and worries caused by the war are beginning to have their effect on people's nerves and tempers. I need not remind you that we have never by word or deed attempted to interfere with your position of Secretary to Heddychwyr Cymru… You are entitled to your opinion and you have never flinched in your attitude, but you should have regard for our feelings sometimes with regard to Undeb Cymru Fydd. I believe that this is a movement that is trying to bring back the cultural values &c to Wales and her people. I am again very delighted… With regard to the Blaid, I feel that by accepting the position offered to you that the *Western Mail* will … attempt to pour scorn upon you and the party. You know also that neither mam or myself are able to agree with their position… We know that Wales does not get her due attention but we believe that a movement like Undeb Cymru Fydd can do more and will attract more people than the Blaid and will in the end accomplish more for Wales… You know (not that I worry) that I lost the honour of J. P. through having a son as a CO [Conscientious Objector]… you see therefore that our attitude and work for these societies is having a very unfair reaction upon us.[168]

Hyd yn oed i rywun mor danbaid ei genedlaetholdeb â Gwynfor, roedd hon yn siars na fedrai ei hanwybyddu. Ddeuddydd yn ddiweddarach, ysgrifennodd at J E Jones gan ei hysbysu o'i benderfyniad terfynol:

Nid oes angen imi ddweud bod hyn yn ergyd imi hefyd, canys rwy'n credu y gwnawn unpeth dros yr achos petawn yn rhydd oddiwrth deyrngarwch cryfach. Ni fedraf wynebu'r ffaith o daflu fy rhieni o'r neilltu, a dyna fyddai ystyr caniatáu fy enwebu yn awr. Byddai gennyf ddirmyg at fy hun pe gwnawn hynny. Go brin fod hynny'n waeth na'r cywilydd a deimlaf yn awr wrth wrthod cyfrifoldeb ar adeg anodd.[169]

Does dim dadl mai hwn oedd y penderfyniad doeth i'w gymryd o safbwynt teuluol ond, o safbwynt y blaid, bu'r sgil-effeithiau yn ddim llai na thrychinebus.

Pan gyrhaeddodd aelodau Plaid Cymru Gaernarfon ar gyfer eu cynhadledd flynyddol yn Awst 1943, roedd hi i bob pwrpas yn blaid nad oedd neb am ei harwain. Y truan a gytunodd i sefyll yn y bwlch oedd Abi Williams – gŵr gweddol adnabyddus yn rhengoedd Plaid Cymru ond ffigur a oedd yn gwbl anhysbys y tu allan i gylchoedd pitw ei blaid ei hun. Er ei fod yn ddyn da, roedd y syrfëwr o Sir y Fflint yn gwbl anaddas i etifeddu swydd o'r fath am amryw byd o resymau.[170] Yn gyntaf, er iddo gael ei hyfforddi fel gweinidog, roedd yn casáu siarad yn gyhoeddus gan ei fod yn areithiwr neilltuol o sâl. Yn ail, dioddefasai'n gwbl annheg o ensyniadau maleisus ynghylch pam y gadawodd y weinidogaeth – un awgrym cwbl gelwyddog oedd mai lleidr ydoedd.[171] Yn drydydd, doedd ganddo ddim owns o'r weledigaeth yr oedd Plaid Cymru ei hangen ar drothwy cyfnod mor allweddol. Ond er gwaethaf yr anfanteision amlwg hyn, etholwyd Abi Williams fel llywydd yn ddiwrthwynebiad, a gwnaed Gwynfor yn ddirprwy iddo.

O fewn wythnosau i'w benodi, roedd hi'n amlwg i bawb fod Plaid Cymru wedi gwneud clamp o gamgymeriad, yn ogystal ag anghymwynas â dyn da, trwy ei adael i gamu i'r fath swydd bwysig. Roedd ei neges lywyddol gyntaf yn *Y Ddraig Goch* yn bradychu'r ofnusrwydd patholegol hwn. Ynddi, cyfaddefodd i'r alwad ddod yn 'hollol annisgwyl' ac 'nid heb bryder y dechreuai ar y gwaith'.[172] Hwn, i bob pwrpas, oedd cyfraniad ystyrlon cyntaf ac olaf y llywydd; o fewn wythnosau i gynhadledd Caernarfon, fe'i trawyd yn sâl gan rywbeth a aflonyddodd ar ei 'iechyd cynefin'.[173] Yn wir, mae'n ymddangos i'r cyfrifoldeb o wisgo mantell y llywyddiaeth waethygu ei broblemau nerfol cynhenid. Erbyn diwedd 1943, roedd hi'n amlwg bod Plaid Cymru wedi ethol llywydd clwc a chafodd hyn effaith uniongyrchol ar Gwynfor. Yn draddodiadol, ni chariai swydd yr is-lywydd nemor ddim cyfrifoldeb, ond yn awr roedd pethau'n hollol wahanol; o ganlyniad i anhwylder Abi Williams, bu'n rhaid i Gwynfor – er gwaethaf yr addewid a roesai i'w dad – weithredu fel llywydd *de facto* a gyrru siarabang Plaid Cymru o'r sedd ôl nes cymryd awenau'r llywyddiaeth yn swyddogol ym 1945.

Yr eironi mawr gyda'r hyn a ddigwyddodd yw bod yna fwy o gyfle i wladgarwch gwleidyddol ei fynegi ei hun yn haf 1943 nag ar unrhyw gyfnod er haf 1939. Yn un peth, roedd yr Eidal wedi syrthio i'r Cynghreiriaid, a phan agorodd Eisteddfod Genedlaethol 1943, roedd hi'n amlwg, chwedl *Y Cymro*, bod yna 'rhyw lewyrch o obaith' i'w weld yn llygaid arweinwyr y genedl.[174] Yn wleidyddol hefyd, roedd yna fomentwm i'w deimlo a'i glywed. Bu penderfyniad swta y dirprwy Brif Weinidog, Clement Attlee, i wrthod Ysgrifennydd i Gymru yn Awst 1943 yn hynod amhoblogaidd. Daethai hefyd yn fwfwy amlwg mai cath mewn cwd oedd Deddf y Gymraeg yn y Llysoedd. Ond os oedd y cyfleoedd hyn yn rhai mawr i Blaid Cymru, roedd mudandod Abi Williams yn fwy byddarol fyth. Yn niffyg arweiniad llywyddol clir, felly, camodd Gwynfor yn awchus, os nad yn hyderus, i'r adwy. O'r cychwyn cyntaf, anwybyddodd yr addewid hwnnw a roesai i'w dad, gan ddechrau ar y gwaith cyhoeddus allweddol o osod allan bolisïau'r blaid ar gyfer Cymru wedi'r rhyfel. Yn y gynhadledd flynyddol, siaradodd ar bwnc 'Cymru Wedi'r Rhyfel' mewn araith a ddaeth yn rhyw fath o faniffesto personol iddo ar y pwnc. Ynddi, mynnodd ddau beth: yn gyntaf, roedd am i'w blaid sylweddoli'r bygythiad a wynebai moesoldeb Cymreig o gyfeiriad dylanwadau estron fel y sinema a'r dafarn. Galwodd, felly, fel Saunders Lewis, am Gymreigio'r holl broses o gynllunio cymdeithasol ac ar i Gymru gael Cyngor Cynllunio. Yn ail, roedd am i'w blaid werthfawrogi'r ffaith bod yna ddigon 'o dystiolaeth o gynnydd yr ymwybyddiaeth Gymreig' ymysg y Cymry a wasanaethai yn y lluoedd. Y bechgyn hyn, fe obeithiai, a fyddai'n cynrychioli gwawr ei Gymru newydd.[175]

O ganlyniad i hyn, un o benderfyniadau cyntaf Gwynfor yn ystod dwy flynedd yr *interregnum* arweinyddol oedd bod rhaid i'w blaid uniaethu â'r Cymry a wasanaethai yn y lluoedd. Doedd hyn, o gofio heddychiaeth Gwynfor a'r blaid y perthynai iddi, byth yn mynd i fod yn hawdd, ond roedd y manteision yn gwrthbwyso'r anfanteision o gryn dipyn. Y peth mawr o safbwynt Gwynfor oedd i'r bechgyn wybod bod y blaid yn 'meddwl amdanynt, edrych ymlaen at eu dychweliad, a chyfrif arnynt yn y frwydr dros Gymru – a hynny heb ddim seboni na rhagrith'.[176] Ar ei gais yn Awst 1943, anfonwyd miloedd o gopïau o'r llythyr *Cymru am Byth* allan i aelodau o'r lluoedd. Yn ogystal, bu Gwynfor yn ysbrydoliaeth bwysig i T Elwyn Griffiths, Swyddog *Intelligence* gyda'r Awyrlu yn Cairo. T Elwyn Griffiths oedd sylfaenydd *Seren y Dwyrain*, cylchgrawn cwbl unigryw i'r lluoedd o Gymru a wasanaethai yng ngogledd Affrica, ond bu Gwynfor yn ddylanwad pwysig wrth wraidd yr holl brosiect.[177] Y tu ôl i'r llenni, derbyniodd T Elwyn Griffiths anogaeth gan Gwynfor ac, ar 16 Medi 1943, cyhoeddwyd 'y cylchgrawn Cymraeg cyntaf i'w gyhoeddi yn y Dwyrain Canol'.[178] Ymhen dim o dro, gwerthid 1,500 o gopïau o'r papur bro hwn a'i ddalgylch yn ymestyn o Tripoli i Baghdad. Trwy ei brynu, câi'r Cymry alltud gymorth, chwedl Elwyn Griffiths, i anghofio 'am yr hiraeth a'r iselder ysbryd' yn ogystal â chael modd o 'gadw'r gwladgarwch yn effro, a'r iaith a'r diwylliant

Cymreig yn fyw'.[179] Heb amheuaeth, bu'n gynhaliaeth ddiwylliannol bwysig ac, yn fuan, fe'i hefelychwyd gyda chyhoeddi *Seren y Gogledd* – cylchgrawn i Gymry Cymraeg a wasanaethai yn oerfel Gwlad yr Iâ a thu hwnt.

Ond er mor llwyddiannus fu'r fenter hon, creadur pur unig oedd Gwynfor mewn gwirionedd wrth lusgo Plaid Cymru tuag at gyfeiriad heddwch. Eithriadau prin oedd y ffigurau hynny fel Wynne Samuel, D J, Noëlle Davies a Saunders Lewis a oedd yn meddwl o ddifrif am wleidyddiaeth ymarferol. Pan gyhoeddodd Eisenhower dros y Calan y câi'r rhyfel Ewropeaidd ei ennill yn ystod 1944, digalonnodd Gwynfor drachefn ynghylch ei anallu i gynnig atebion economaidd i broblemau Cymru. Erbyn 1944 roedd gan y pleidiau eraill, ynghyd â Phanel Cymreig y Weinyddiaeth Ail-Lunio, syniadau cadarn ar y mater, ond nodweddid ymateb cychwynnol Plaid Cymru gan ansicrwydd sylweddol. Er bod Plaid Cymru wedi bod yn gweithio ar gynllun 'TVA i Gymru' – cynllun cydweithredol tebyg i'r Tennessee Valley Authority – er 1943, byddai'n rhaid aros chwe mis arall cyn i lafur pwysig y penseiri, C F Matthews a Dewi Watkin Powell, weld golau dydd. Gydag amser yn prinhau, ni fedrodd Gwynfor gelu ei aflonyddwch pan ysgrifennodd at Pennar Davies ddechrau Ionawr 1944:

> Wedi mentro ymadael â'r sylfaen, a meddwl am ein cymdeithas ddiwydiannol, nid oes gennyf weledigaeth. Gwelaf ryw obaith ar y tir ac mewn cymdeithas wledig; a gwelaf ragoriaeth egwyddor Cyd-weithrediad ar gyfalafiaeth a Sosialaeth Marx; ond wedi hynny – niwl. Ceisio amcanu cyn agored ag sy'n bosibl at gymdeithas gydweithredol gan adfer amaethyddiaeth i'w wir bwysigrwydd – a ffarmio *da*, y dibynna iechyd corfforol dyn cymaint arno; dyna'r cyfeiriad. Gallem wneud rhywbeth mawr yng Nghymru pe gellid symud y rhwystrau ar ffordd ein rhyddid a sicrhau moddion rhyddid llawn.[180]

Heb economi iach, gwyddai nad oedd gobaith creu Cymru Gristnogol ac mai hunllef afiach o 'Hollywood a milgwn' fyddai'n wynebu'r Cymry.[181] Ond er dyfned ei ymwybyddiaeth o bwysigrwydd economeg, ni lwyddodd i gael gwared â'r ymdeimlad preifat o'i annigonolrwydd ynghylch materion o'r fath. Yn ystod blwyddyn drobwyntiol fel 1944, roedd y diffyg hwn yn arbennig o amlwg, ac mewn llythyr arall o'r un cyfnod at Pennar Davies, fe'i gwelir yn dychwelyd at yr un methiant:

> Caf yr ymdeimlad weithiau ein bod ni'n lleiafrif o'n cof, yn ddelfrydwyr brwd ac anghyfrifol… pa bryd y daw ein pobl yn wir ddylanwadol? Pa obaith sy gennym yn erbyn gallu sy'n cynnig insiwrans o'r crud i'r bedd?

Fodd bynnag, doedd ildio, meddai, ddim yn bosibl:

> Ond gwae inni os gadawn i'r ysbryd ymollwng; byddai'n golygu 'syrthio dan lefel
> hanes' fel y mae Middleton Murry yn hoff o ddweud. Ar ymdrechion y deng mlynedd
> nesaf y dibynna ffawd y genedl hon, yn hollol lythrennol. A fedr ein cenhedlaeth godi
> uwch-law ei hun am gyfnod? [182]

Dyfnhaodd pryderon Gwynfor am ddyfodol Plaid Cymru gan y siarad mawr fu
yn ystod Ionawr 1944 ynghylch creu plaid newydd a fyddai'n uno sosialaeth a
chenedlaetholdeb. Yr undebwr blaenllaw, Huw T Edwards, roes y gath yn y
colomendy trwy alw – nid am y tro cyntaf na'r tro olaf – am sefydlu plaid na
fyddai ganddi obsesiwn ynghylch cynnal holl weithgareddau senedd i Gymru yn
Gymraeg, ac na fyddai chwaith yn mynd i lawr y llwybr pasiffistaidd.[183] Trwy
gydol Ionawr 1944, holai Gwynfor a J E Jones ei gilydd pwy yn union fyddai'n
ymuno â phlaid 'fyngrelaidd' debyg i hon. Tecwyn Lloyd, John Aelod Jones a
Goronwy Roberts oedd rhai o'r enwau a gynigiwyd – trindod a oedd, yn nhyb
J E Jones, naill ai'n uchelgeisiol mewn gwleidyddiaeth, yn rhagfarnllyd neu'n
anfodlon mynd 'trwy anialwch y Blaid'.[184] Yn gyhoeddus, ceisiodd Plaid Cymru
honni bod symudiad o'r fath yn 'arwydd arall o fawr ddylanwad y Blaid'[185] ond, yn
breifat, roedd Gwynfor yn gofidio'i enaid am yr hyn a allai ddigwydd a theimlai y
byddai plaid newydd yn 'debycach o rwygo a chwerwi'r gweithwyr dros Gymru'
a chreu sefyllfa drychinebus i'r mudiad cenedlaethol.[186]

Fel gyda Mudiad Gwerin a 'Grŵp 1942', tân siafins oedd y sôn am greu uniad
rhwng y Coch a'r Gwyrdd yng ngwleidyddiaeth Cymru. Ond roedd datganiad
Huw T Edwards yn adlewyrchu'r canfyddiad bod Plaid Cymru, er ei gwendid,
yn graddol ddod allan o'r rhyfel yn holliach. Cafwyd casgliad anrhydeddus ddigon
i Gronfa Gŵyl Ddewi y flwyddyn honno ac, ym Mawrth 1944, agorwyd swyddfa
newydd yng Nghaerdydd. Roedd yr agoriad, yn nhyb Gwynfor, yn brawf nid
yn unig o gynnydd y blaid ond hefyd o'r modd y llwyddasai cenedlaetholdeb
Cymru, er gwaethaf gwasg elyniaethus a'r awydd i 'ymwrthod â chyfrifoldeb, a
llu o anawsterau eraill'.[187] Yna, gydag arwyddion bod yna wanwyn pleidiol ar fin
blaguro, sigwyd y blaid pan gyhoeddodd Saunders Lewis ar 18 Ebrill ei fod yn
ymadael â gweithgarwch dyddiol Plaid Cymru. Roedd yn gwneud hyn, meddai
wrth D J Williams, am gyfuniad o resymau.

> Yr wyf yn gweld fod pobl iau a mwy tebyg o lwyddo na mi yn barod i arwain y Blaid
> yn awr, ac yr wyf yn benderfynol o roi eu cyfle iddynt a pheidio â mynnu'r blaen.

Dyna sydd orau i'r Blaid ac i'r nod. Yr wyf i wedi gwneud fy nhasg, a'u tro hwynt yw
hi yn awr. Petawn yn parhau yn amlwg mi rwystrwn eu cynnydd hwy.

Ar y nodyn melodramatig hwnnw, addawodd Saunders Lewis adael y llwyfan
mawr i rannu rhagor o amser gyda'i deulu llenyddol: 'Fyrsil, À Kempis a'r hen
lenorion Cymraeg'.[188] Mae'n amlwg o ohebiaeth bellach rhwng Saunders Lewis
a D J Williams taw dau enw'n unig oedd ar flaen meddwl Saunders Lewis fel
arweinwyr Plaid Cymru yn y dyfodol: Wynne Samuel a Gwynfor.[189] Fodd
bynnag, roedd cyhoeddiad Saunders Lewis yn newyddion cwbl ysgytwol. Ystyriai
D J Williams y llythyr fel un 'tyngedfennol yn hanes y Blaid Genedlaethol a
Chymru' a thebyg oedd ymateb Gwynfor hefyd.[190] Gyda'r troad, ysgrifennodd at
D J Williams, gan ddisgrifio cyhoeddiad Saunders Lewis fel un hanesyddol:

> Rhaid ei dderbyn dros dro, beth bynnag. Efallai y gwelir ef yn dychwelyd mewn
> dyddiau a fydd yn fwy ffafriol i'r mudiad – 'Tragwyddol y tardd gobaith'. Yn y
> cyfamser, syrth baich y gwaith ar rai fel J E a Wynne.[191]

Dychwelodd Saunders Lewis i ganol y berw pleidiol, ond yr eironi, wrth gwrs,
yw iddo ddychwelyd mewn dyddiau digofaint gan ddod yn agos at ddinistrio
arweinyddiaeth Gwynfor.

Er dyfned y siom, ymatebodd Gwynfor yn hynod gadarnhaol ac fe gafodd
y cyhoeddiad yr effaith y gobeithiai Saunders Lewis amdano. Drwy'r gwanwyn,
gweithiodd ar beth wmbredd o brosiectau: lluniodd bamffled ar yr angen i gael
Corfforaeth Radio yng Nghymru; cyhoeddodd un arall, *Cry Wolf*, ar y bygythiad
parhaus o gyfeiriad Totalitariaeth Seisnig.[192] Prysurodd y gweithgarwch hwn pan
dorrodd y newyddion am laniadau D-Day ym mis Mehefin. Ar y pryd, codai
Gwynfor yn blygeiniol am hanner awr wedi pump y bore i wneud y godro a
gweithio ar y cynhaeaf gwair. Fodd bynnag, doedd y llafur trwm hwn ddim
yn lliniaru dim ar ei frwdfrydedd na chwaith ar ei ymdeimlad o hyder y medrai
cenedlaetholdeb egino yng Nghymru wedi'r rhyfel. A doedd yna ddim cywilydd
ychwaith – hyd yn oed wedi D-Day – o fod wedi arddel niwtraliaeth cyhyd.

I'r gwrthwyneb; roedd yr hyn a wnaeth Plaid Cymru yn ystod y rhyfel yn
destun balchder iddo am fod 'rhai wedi sefyll yn glir ac yn bendant yn enw cenedl
y Cymry ac wedi sefyll yn ddigyfaddawd'.[193] Ategwyd yr hyder hwn gan Saunders
Lewis hefyd. Yn ystod Gorffennaf 1944, cyhoeddodd erthygl hynod arwyddocaol
yn *Y Faner* a danlinellai'r angen ar i Blaid Cymru weithredu'n wleidyddol – yn
enwedig yn y cymoedd – a hynny trwy gyfrwng y Saesneg.[194] Ond y datblygiad

allweddol oedd cyhoeddi'r pamffled *Plan Electricity for Wales* yr haf hwnnw.[195] Yn awr, diolch i C F Matthews a Dewi Watkin Powell, roedd yna sail gadarn i'r alwad am sefydlu TVA i Gymru – cynllun a fyddai wedi rhoi rheolaeth gydweithredol dros adnoddau naturiol fel dŵr, glo a dur. Dyma, chwedl Dewi Watkin Powell, 'draddodiad Rhyddfrydiaeth ar ei orau'.[196] Roedd hefyd yn golygu y medrai Plaid Cymru symud ymlaen o bolisi cwbl anymarferol Saunders Lewis o rannu eiddo mor eang â phosibl yn enw 'perchentyaeth'.

Gyda'r hydref, llaciodd gafael militariaeth ychydig yn rhagor ar fywydau'r Cymry. Gollyngwyd y rheidrwydd i gymryd rhan yn ymarferiadau'r ARP (Air Raid Protection) a chodwyd rhyw gymaint ar amodau fagddu cyfnod y rhyfel. Ond, gyda hyn, gwelodd Gwynfor fod angen gwleidyddol Plaid Cymru yn fwy fyth a dechreuodd boeni am ddiffyg paratoadau ei blaid. Sylweddolai y gallai'r rhyfel ddod i ben y gaeaf hwnnw gydag etholiad cyffredinol buan i ddilyn; pe digwyddai hynny, ofnai y byddai Plaid Cymru yn 'wynebu'r cyfnod mwyaf argyfyngus' yn ei hanes gyda chymaint yn dibynnu ar ei llwyddiant, ond heb unrhyw baratoadau wedi'u gwneud. Digalonnai'n llwyr yn ei fynych lythyrau at J E Jones o weld cyn lleied o Bleidwyr a feddyliai am strategaeth wleidyddol a chyn lleied ohonynt oedd yn cynllunio o ddifrif ynghylch sut y medrai ei blaid dorri trwodd. Yn wir, aeth cyn belled â rhoi amserlen ar ba hyd yr oedd yn fodlon goddef hyn gan rybuddio J E Jones fel a ganlyn: 'Oni byddwn wedi cyrraedd rhywle ymhen 10 mlynedd, gallwn roi'r ffidil yn y to'.[197]

Araf fu ei blaid, fodd bynnag, i ymateb i'w anogaeth a thrwy gydol hydref 1944 gwelir rhwystredigaeth Gwynfor gyda rhai o'i gyd-arweinwyr yn brigo i'r wyneb. Mewn cyfarfodydd o'r Pwyllgor Gwaith, methai'n deg â deall ofnusrwydd rhai o arweinwyr y blaid fel J E Daniel ynghylch cyhoeddi maniffesto etholiadol cyn gynted â phosibl. Yr angen i sichrau cywirdeb a chysondeb polisi oedd pryder Daniel ond, i Gwynfor, roedd yr angen i ennill calonnau'r dychweledigion yn llawer pwysicach na chysactrwydd deallusol: 'Welshmen coming back to new things… Our job is to get them to join quickly'.[198] Ond gyda llai nag wyth mis i fynd cyn etholiad cyffredinol tebygol, roedd dyfnder yr anwybodaeth a lefel y rhagfarn tuag at Blaid Cymru yn anferthol. Yr unig ffordd i liniaru casineb o'r fath, yn nhyb Gwynfor, oedd ymladd etholiadau seneddol a mynd â'r neges allan i ganol gwerin gwlad. Ef, yn anad neb arall, a bwysodd ar i'w blaid ymladd saith sedd seneddol ym 1945 – menter anferthol o gofio bychander ei hadnoddau. Roedd eraill ymhlith hynafgwyr y blaid yn llawer parotach na Daniel i wrando arno – yn eu plith Saunders Lewis. Ym mis Hydref 1944, mynnodd y dylai Gwynfor 'gael ei gyfle i fod yn Llywydd' ac aros cyhyd ag y gwnaeth yntau yn y swydd (tair blynedd ar ddeg) 'nes magu awdurdod yn y wlad'.[199]

Eto i gyd, roedd hi'n sefyllfa ddigon rhyfedd: ar y naill llaw, roedd Abi Williams, y llywydd mewn enw'n unig, yn cael ei anwybyddu; ar y llaw arall, roedd Gwynfor, y mwyaf gwleidyddol a thalentog o blith arweinwyr ifanc Plaid Cymru, heb sedd i'w hymladd yn yr etholiad cyffredinol. Ond ddiwedd Tachwedd, newidiodd y sefyllfa hon yn llwyr pan ddechreuwyd clywed sibrydion am ymgeisyddiaeth Abi Williams ym Meirionnydd, y sedd fwyaf enilladwy. Yn fras, roedd dwy broblem: y gyntaf oedd diffyg 'presenoldeb' Abi Williams fel ymgeisydd; yr ail oedd y ffaith bod yna 'ymgyrch sibrwd' ar droed ynghylch pam y bu iddo gefnu ar y Weinidogaeth. Erbyn diwedd 1944, roedd pethau cynddrwg nes i Bleidwyr amlwg ym Meirion grefu ar i Abi Williams ildio a gadael i Gwynfor, seren ifanc y blaid, gamu i'r adwy.[200] Yn ôl J E Jones, gŵr â'i wreiddiau'n ddwfn ym Meirion, câi Gwynfor ei weld fel rhyw 'Dom Ellis bach', y gŵr a allai wneud y gwahaniaeth rhwng gwneud yn dda'n unig ac ennill y sedd.[201] Ni welid heddychiaeth Gwynfor fel problem ychwaith; credai ei gefnogwyr fod yna ganran uwch o heddychwyr ym Meirionnydd nag odid yr un sir arall yng Nghymru.

Nid oedd gan Gwynfor ei hun unrhyw ran yn y castiau hyn, ond yn fuan fe gafodd Abi Williams achlust bod yna gynllwyn ar droed a chwynodd yn chwerw wrth J E Jones am anonestrwydd Pleidwyr Meirion. Yn Nhachwedd 1944, camodd Williams i'r naill ochr, yn gymysgedd o chwerwder a rhyddhad; chwerwder am iddo gael ei fradychu, rhyddhad am na fyddai'n gorfod wynebu'r artaith etholiadol debygol. Ar 13 Tachwedd, cadarnhawyd yr anochel pan ysgrifennodd Marion Eames, trefnydd Plaid Cymru yn lleol, at Gwynfor i'w hysbysu fod Abi Williams wedi tynnu'n ôl fel ymgeisydd a chan ei wahodd yntau i sefyll.[202] Dair wythnos yn ddiweddarach, ameniwyd y gwahoddiad gan Bwyllgor Gwaith Plaid Cymru. Pwysleisiwyd rhagoriaethau lleol Gwynfor; roedd Gwynfor, meddai'r Pwyllgor Gwaith, yn ŵr a chanddo 'gysylltiadau eang a theuluoedd mewn llawer rhan o Feirion, a'i briod yn wyres i'r diweddar Mr John Jones, Tan-y-bwlch, Llanuwchllyn'.[203] Yn gyhoeddus, dywedodd Plaid Cymru mai 'anallu' Abi Williams fu'n gyfrifol am ei benderfyniad ac, o fewn yr wythnos, derbyniodd Gwynfor y gwahoddiad.[204] Prin fod angen dweud pa mor ddélicet fu'r sefyllfa hon i Gwynfor gan ei fod yntau, fel is-lywydd, yn etifeddu enwebiad ei fòs; ond gyda'r etholiad yn agosáu, doedd dim amser i edliw na phigo bai. Er hynny, nid gormodiaith yw dweud i enwebiad Meirionnydd drawsnewid ei fywyd; wrth dderbyn y cynnig, pwysai'r bagad gofalon yn drymach nag erioed: Wernellyn, gwaith dros yr heddychwyr a Phlaid Cymru – heb sôn am y cyfrifoldeb o dendio sedd gan milltir droellog i ffwrdd o Langadog.

Ond wrth i un bennod newydd ddechrau agor yn hanes Gwynfor, roedd ei ymwneud â'r heddychwyr ar fin gorffen a hynny dan yr amgylchiadau mwyaf chwerw posibl. Y rheswm canolog dros hyn oedd canfyddiad heddychwyr de-ddwyrain Cymru fod Gwynfor, ynghyd â'i dad-yng-nghyfraith, Dan Thomas, yn trin Heddychwyr Cymru fel ymestyniad o Blaid Cymru. Cytunodd y PPU yn Llundain â'r farn hon ac aeth Donald Port, Ysgrifennydd Datblygu'r PPU, cyn belled â dweud wrth Gwynfor ei fod yn amau bod nifer o aelodau di-Gymraeg y de-ddwyrain wedi colli ffydd yng ngallu Heddychwyr Cymru i'w cynrychioli'n deg.[205] Mewn llythyrau arall, gwelir Port yn galw ar i Gwynfor roi cyfrif llawn iddo am weithgareddau'r mudiad pasiffistaidd 'both in connection with the Nationalist Party and its ordinary propaganda work',[206] gan awgrymu wrtho mai da o beth fyddai cael ysgrifennydd 'who is not very preoccupied with Nationalism'.[207] Erbyn gwanwyn 1945, roedd Gwynfor wedi cael llond bol ar wrth-Gymreictod dihysbydd y PPU yn Llundain a heddychwyr de-ddwyrain Cymru ac ymddiswyddodd o'r ysgrifenyddiaeth. Effaith hyn oedd gadael y llywydd, George M Ll Davies, yn teimlo 'fel pelican yn yr anialwch' ac yntau heb y partner a lwyddodd i gadw'r 'ysgrifenyddion a'r Phariseaid mewn cymod'. Yr unig gysur i George M Ll Davies oedd fod Gwynfor ac yntau wedi cyflawni 'camp' wrth gadw corff mor gynhennus o heddychwyr gyda'i gilydd cyhyd drwy'r rhyfel. [208]

Roedd hi'n ffordd flêr ar y naw i Gwynfor orffen ei gyfnod gyda'r heddychwyr, ond doedd ei sefyllfa ddim yn unigryw. Wrth i heddwch nesáu, gwelwyd nifer o grwpiau heddychol yn Lloegr yn chwalu mewn amgylchiadau cyffelyb.[209] Byddai darganfod gwersylloedd crynhoi fel Auschwitz a Belsen yn cyflymu'r tueddiadau hyn ac yn tanseilio heddychiaeth ambell basiffist yn llwyr; ond er mor ddiurddas fu'r diwedd, o leiaf fe fu ildio ysgrifenyddiaeth yr heddychwyr yn fodd iddo weithio i bob pwrpas yn llawn amser dros Blaid Cymru. Ar droad y flwyddyn, cadeiriodd Bwyllgor Gwaith Plaid Cymru am y tro cyntaf 'oherwydd absenoldeb anorfod Mr Abi Williams'.[210] Barnodd J E Jones i Gwynfor gadeirio'r pwyllgor yn 'effeithiol a llwyddiannus iawn' ond, o hyn ymlaen, sedd Meirionnydd fyddai'n mynd â rhan helaethaf ei sylw.[211] Ddechrau Ionawr, fe'i mabwysiadwyd yn ffurfiol fel ymgeisydd y blaid mewn cyfarfod iwfforig a geisiodd gyflwyno Gwynfor i'w sir fabwysiedig fel etifedd traddodiad radical Meirionnydd. Gwynfor, haerodd un o'i gefnogwyr mwyaf awchus, fyddai'n gwisgo mantell Ieuan Gwynedd, R J Derfel a Michael D Jones. Yn yr un cywair, pwysleisiodd D J Williams nad oedd pleidleisio dros Blaid Cymru yn rhywbeth mor feiddgar â hynny. 'Yr oedd lle ym Mhlaid Cymru,' meddai, 'i Sosialwyr, Ceidwadwyr a Rhyddfrydwyr – os oeddynt yn barod i roi Cymru yn gyntaf.'[212]

Mabwysiadodd Gwynfor idiom debyg er mwyn ceisio carthu'r syniad bod Plaid Cymru'n blaid benboeth, or-radical. Ym Meirionnydd, golygai hyn y byddai angen i Gwynfor ei bortreadu ei hun fel aer naturiol y goron Ryddfrydol. Trefnodd sgyrsiau i werinwyr Meirion gan ddwyn i gof wychder y llinach y gobeithiai fod yn rhan ohoni; ymhlith y mawrion hyn roedd Michael D Jones, R J Derfel ac, wrth gwrs, y mab darogan arall hwnnw, Tom Ellis.[213] Cafodd y propaganda hwn yr effaith y gobeithiwyd amdano ac, o fewn rhai wythnosau i'w gwrdd mabwysiadu, roedd Y Dydd, papur Dolgellau, yn gwneud cymhariaeth uniongyrchol rhwng Gwynfor a Tom Ellis: y ddau wedi'u haddysgu ym Mhrifysgol Cymru, cyn symud i Rydychen; un yn fab i amaethwr a'r llall yn amaethwr ei hun. 'Dau ŵr ifanc ysbryd addfwyn a charuaidd ond cedyrn er hynny'.[214] Yn y bôn, roedd Gwynfor ond yn cynnig fersiwn lastwraidd o genedlaetholdeb i'r Gymru Gymraeg Ryddfrydol. Eto i gyd, roedd yn effeithiol ac roedd y glastwr yn hynod flasus i lawer o Gymry.

A doedd yr hygrededd newydd hwn ddim yn gyfyngedig i Feirionnydd. Yn gynyddol, daeth sylwebwyr gwleidyddol a chymdeithasol i sylweddoli bod yna gryn ruddin i gynlluniau economaidd Plaid Cymru – yn enwedig y cynllun TVA. Enillodd ganmoliaeth tri arbenigwr o fri: Julian Huxley, David Lilienthal (yr arbenigwr ar gynlluniau cyffelyb), a'r Athro C H Reilly.[215] Yn etholiadol hefyd, cafodd Plaid Cymru gefnogaeth neilltuol o dda mewn dau isetholiad yn ystod y gwanwyn hwnnw. Yn y cyntaf, isetholiad Bwrdeistrefi Caernarfon, ymagweddai Plaid Cymru'n llawer mwy cymodlon gan arwain y Western Mail i gyhuddo'i hymgeisydd, J E Daniel, o gynnig 'saccharine pills' a 'soothing syrup' i'r etholwyr.[216] Yn y diwedd, llwyddodd i ennill 25 y cant o'r bleidlais; dair wythnos yn ddiweddarach, cipiodd Wynne Samuel 16.2 y cant o'r bleidlais yn isetholiad Castell-nedd. Roeddent yn ganlyniadau ardderchog ac yn gydnaws â'r farn gynyddol ym Mhlaid Cymru mai gweithredu gwleidyddol, cyfansoddiadol oedd achubiaeth y blaid. Yn hyn o beth, rhoes Saunders Lewis gefnogaeth nodedig i adain gyfansoddiadol Plaid Cymru pan bwysleisiodd y byddai:

> … presenoldeb un aelod Cymreig cenedlaethol ac annibynnol yn Nhŷ'r Cyffredin yn troi'r Blaid Seneddol Gymreig yn fwy Cymreig, yn gryfach, yn ddewrach, yn daerach nag y gwelwyd hi ers hanner canrif.[217]

Gyda'r SNP yn yr Alban wedi cipio sedd Motherwell ar yr un adeg, dechreuai hoelion wyth Plaid Cymru obeithio na fyddai cosfa etholiadol o reidrwydd yn anochel.

Bythefnos wedi canlyniad Motherwell, daeth y rhyfel yn Ewrop i ben. Roedd yn ddiwedd ar 2,094 o ddyddiau blin a thrallodus i bawb ond, hyd y gwyddys, ni chafwyd datganiad o fath yn y byd gan Blaid Cymru i nodi 8 Mai, y diwrnod tyngedfennol hwn yn hanes y ddynoliaeth. Ar draws Prydain, gwelwyd golygfeydd gorfoleddus – cymaint felly nes i'r tafarnau gael yr hawl i aros ar agor tan hanner nos. Ond ni chlywyd smic gan y cenedlaetholwyr wrth i'r Cymry cyffredin ddathlu eu parhad a'u rhan arwrol yn 'rhyfel y bobl'. Eto i gyd, doedd yr ymchwydd mewn balchder Prydeinig ddim mor arhosol â hynny. Yn wir, pan bennwyd 5 Gorffennaf fel diwrnod yr etholiad, o'r braidd y gellir dweud bod disgwyliadau rhai Pleidwyr fawr is nag yr oeddent cyn diwrnod 'VE'. Ym Meirionnydd, roedd y gobeithion yn arbennig, os nad yn ynfyd o uchel – mor uchel nes i rai Pleidwyr ddechrau siarad am ennill y sedd. Roedd disgwyliadau Gwynfor ei hun yn llawer mwy realistig – cadw ei ernes oedd ei nod. Er hynny roedd Gwynfor, wrth ganfasio (un o'i gasbethau), yn dysgu'n gyflym y gellid newid agweddau'n bur gyflym wrth wisgo cenedlaetholdeb mewn iaith gymodlon. Ar ôl blynyddoedd o glywed am Saunders Lewis, y Pabydd penboeth, roedd hyn yn brofiad newydd i lawer o Gymry. Yn y Bermo, er enghraifft, cafodd Gwynfor effaith aruthrol ar rai o fasnachwyr y dref. Mwy rhyfeddol fyth oedd yr ymateb a gafwyd yn Nhrawsfynydd pan gynhaliodd Gwynfor gyfarfod awyr agored am hanner awr wedi un ar ddeg y nos o flaen cofgolofn Hedd Wyn! I un Pleidiwr cyffredin o Feirion, Wmffra James, roedd yr olygfa wedi peri iddo feddwl 'am y proffwyd Elias' gan fod y blaid yn dechrau cael ei derbyn:

> Yr ydym yn awr yn bobl respectable a chennym statws ym mywyd politicaidd y sir. Y mae cyfnod y tynnu coes a'r nawdd-ogaeth a'r 'Cinderela' wedi mynd a bobl [sic] yn meddwl fod gennym ychydig o 'brains' wedi'r cyfan.[218]

Gyda Marion Eames ac Elwyn Roberts – y naill yn ddisglair am ei threfnusrwydd a'r llall yn serennu ar garn ei galedwch diarhebol fel asiant etholiadol – yn ei dywys o gylch yr etholaeth, aeth y si ar led bod gan Blaid Cymru goblyn o ymgeisydd da. Yn ystod mis yr ymgyrch, anerchodd Gwynfor gant ac ugain o gyfarfodydd gan lenwi hyd yr ymylon nifer o neuaddau mewn pentrefi fel Llanfrothen a Chroesor. Ond doedd yr ymgyrch ddim yn fêl i gyd. Mewn ardal Lafurol fel Blaenau Ffestiniog, roedd yna gasineb di-dderbyn-wyneb tuag at Blaid Cymru a'r 'hen gonshi' hwnnw o'r 'sowth', Gwynfor.[219] Yn y Blaenau, liw dydd, fe'i bygythiwyd gan wraig a redodd ar ei ôl â bwyell yn ei llaw.[220] Cafwyd ymateb mymryn yn llai gorffwyll gan y Blaid Lafur yn swyddogol wrth iddi ymdrechu'n daer i'w ddifenwi. Lluchiodd D J Thomas, Cadeirydd Pwyllgor Llafur Meirion, fwcedeidiau o barddu i'w gyfeiriad, gan honni i Gwynfor ddysgu ei wleidyddiaeth wrth draed Ambrose Bebb – 'ffaith' a'i gwnâi yn Ffasgydd. Cyhuddiad arall oedd Pabyddiaeth. Onid oedd hi'n wir, holodd D J Thomas, fod yna debygrwydd rhyfeddol rhwng y *Catholic Herald* ac erthyglau 'Cwrs y Byd' Saunders Lewis yn *Y Faner*? Ond y cyhuddiad mwyaf damniol oedd hiliaeth, a haerodd fod Plaid Cymru yn euog o gorddi casineb gwladgarol: 'cymharer Hitler a'r Iddew yn yr Almaen. Cofier fod gwladgarwch wrth ei hun yn fynych yn noddfa y cnaf gwallgof a ffyrnig'.[221]

Ar 5 Gorffennaf 1945, aeth y Cymry i'r bythau pleidleisio am y tro cyntaf ers degawd, ond wedi afiaith yr ymgyrch, roedd diwrnod y bleidlais yn siom bersonol i Gwynfor. Canfu, wrth deithio o gylch Meirionnydd, nad oedd pobl mor gynnes ag y buont tuag ato yn y cyfarfodydd cyhoeddus. Yna, wedi bwrw pleidlais, cafwyd cyfnod o ddyfalu. Seliwyd y blychau pleidleisio am dair wythnos er mwyn rhoi digon o amser i gyfri pleidleisiau'r milwyr dramor. Aeth Gwynfor adref i Wernellyn gan deimlo'n hollol luddedig, gyda chyffro'r ymgyrch yn ei gwneud hi'n anodd i 'ail-feddiannu tawelwch ysbryd'.[222] Balm o fath oedd gweithio ar y gwair wrth i'r pleidiau i gyd ddyfalu beth fyddai eu tynged. Yr unig wybodaeth a geid oedd cyfres o bolau piniwn yn y *News Chronicle* a ragwelai fuddugoliaeth ysgubol i Clement Attlee. Er hynny, o'r braidd y medrai neb eu credu gan gymaint y mwyafrif a broffwydwyd i Lafur. Ar 26 Gorffennaf, cyfrifwyd y bleidlais a gwireddwyd proffwydoliaeth Gallup – roedd Llafur wedi ennill mwyafrif anferthol a Chymru, chwedl John Aelod Jones, wedi symud i'r chwith heb chwithdod. Yn y broses, cyfnewidiwyd un eilun, Lloyd George, am un newydd, Aneurin Bevan.[223]

Ym 1945, medrai'r Blaid Lafur hawlio ag argyhoeddiad mai hi oedd plaid y Cymry; wedi ennill 58 y cant o'r bleidlais a 25 o'r seddau, roedd ei gafael ar Gymru yn ymddangosiadol anorchfygol. Eto i gyd, gwnaeth Plaid Cymru yn syndod o dda yn y saith sedd lle yr oedd ganddi ymgeiswyr, a chafwyd canlyniadau parchus mewn tiroedd digon hesb tebyg i etholaethau Dwyrain y Rhondda ac Ogwr. Ond teimlai Gwynfor siom gyda'i ganlyniad personol yntau. Er iddo gael 2,448 o bleidleisiau – 10 y cant o'r bleidlais – roedd yn bell ar ei hôl hi ar waelod y pôl ym Meirion gyda'r Rhyddfrydwr, Emrys Roberts, yn fuddugol dros Lafur o drwch adain gwybedyn. Credai Gwynfor iddo yntau, ynghyd ag Ambrose Bebb a J E Daniel (a safodd yn nwy sedd Caernarfon), gael eu 'gwasgu allan' yn yr ymrafael rhwng y Blaid Lafur a'r Blaid Ryddfrydol. Y ffawd hon yn y broydd Cymraeg oedd 'yr ergyd drymaf' iddo gan y dangosai pa mor ddrwgdybus oedd y Cymry o genedlaetholdeb. Y cysur mawr, fodd bynnag, oedd cwymp cyffredinol y Rhyddfrydwyr a chredai Gwynfor mai Plaid Cymru, fel etifedd y traddodiad radicalaidd Cymreig, fyddai'n elwa.[224] Yn hyn o beth, roedd ei reddf yn hollol gywir ac, i bob pwrpas, seiliodd ei holl strategaeth hyd y 1970au ar y dybiaeth hon.

O gofio treialon rhyfel a'r casineb a geid tuag at heddychiaeth a chenedlaetholdeb, nid yw'n ddim llai na gwyrth i Blaid Cymru ddod allan o'r heldrin fawr yn gymharol iach. Yn ystod chwe blynedd y rhyfel, bu mwyafrif llethol y Cymry yn dyheu am gael byw i weld y dydd pan fyddai Hitler yn cael ei chwalu'n yfflon gan luoedd Prydain. Nid felly Plaid Cymru. Heb amheuaeth, roedd safiad Gwynfor a'i genedlaetholeb heddychol yn egwyddorol, ond ni ddylid byth anghofio mai datganiad ydoedd gan leiafrif amhoblogaidd nad oedd yn adlewyrchu barn y bobl. Roedd y farn honno'n mynnu y dylid trechu ffasgiaeth trwy'r unig ddull posibl a'r dull hwnnw, ysywaeth, oedd rhyfel. Yn y degawdau i ddod, fe fyddai Plaid Cymru'n talu pris trwm am iddi fethu â deall beth oedd pobl Cymry yn sôn amdano yn y tafarnau ac yn gweddïo drosto yn y capeli. Fe fyddai hefyd yn talu pris lawn mor drwm am fod mor amwys ynghylch pwy yr oedd am ei weld yn ennill y rhyfel: Prydain ynteu'r Almaen. Wrth gloriannu cyfraniad Gwynfor yn ystod y rhyfel, mae'n rhaid datgan y caswir hwn a anwybyddwyd gan ormod o genedlaetholwyr.

Ochr arall y geiniog, wrth gwrs, yw na fyddai'r fath safiad byth wedi cael ei wneud mor glir a chlywadwy oni bai am gyfraniad rhyfeddol Gwynfor. O safbwynt Plaid Cymru, roedd medru parhau â chenhadaeth felly yn llwyddiant ynddo'i hunan. Nid gormodiaith ychwaith yw honni y gallasai Plaid Cymru fod wedi diflannu am byth oni bai am benderfyniad Gwynfor i 'achub' Abi Williams fel llywydd rhwng 1943 a 1945. Elwodd ei blaid hefyd o ganlyniad i'r modd y mynnodd fod yn rhaid iddi ymddwyn fel plaid wleidyddol a dechrau siarad mewn iaith y byddai pobl Cymru yn ei deall. Mae'r ffaith iddo lwyddo i wneud hyn tra oedd yn parhau'n rhan ganolog o weithgarwch Undeb Cymru Fydd a Heddychwyr Cymru yn gwneud ei orchest yn fwy eithriadol fyth. Pe bai Gwynfor Evans wedi ymddeol o Blaid Cymru ar y foment honno yn 33 oed, byddai ei le ym mhantheon y mawrion wedi bod yn gwbl saff. Ond roedd ei stori ond megis dechrau. Ym mis Awst 1945, agorodd y bennod hwyaf a'r fwyaf dymhestlog yn ei fywyd: llywyddiaeth Plaid Cymru.

DAL DY DIR, 1945–51

ROEDD GWYNFOR YN ŴR â'i wyneb tuag at y wawr pan ddaeth yn llywydd ar Blaid Cymru ar 6 Awst 1945. Heb amheuaeth, roedd yna glamp o her yn ei wynebu ar y diwrnod tesog hwnnw yn Llangollen, ond o leiaf gwyddai fod pawb yn ei blaid ei hun am iddo lwyddo. Yn wir, roedd yr ymdeimlad bod hwn yn ddechrau newydd yn un dwfn a chyffredinol. O blith y to hŷn, ni chafwyd dim byd ond banllefau o gymeradwyaeth a siarsiodd Saunders Lewis ei gyd-aelodau i bleidleisio dros y darpar lywydd newydd.[1] Ond doedd yr ymdeimlad hwn ddim yn gyfyngedig i hynafgwyr y blaid, gan i'r aelodau cyffredin hefyd gael eu llygad-dynnu gan rinweddau Gwynfor. Yn un peth, roedd yn ifanc ac yn olygus – cyfuniad a olygai fod menywod yn dwlu ar ei osgo talsyth a'i wallt tonnog.[2] Nid sylw gwamal yw hwn; am flynyddoedd i ddod, elwai yn fawr o'r ffaith fod cynifer o fenywod yn ei blaid yn barod i ymladd hyd y ffos olaf i amddiffyn eu *matinée idol* hwythau. Mantais arall y Clark Gable cenedlaetholgar hwn oedd y medrai ei gynnal ei hun yn ariannol – sefyllfa a olygai y gallai ymroi'n llwyr i waith y blaid. Roedd yn ffortunus gyda'i grefydd hefyd. Ac yntau'n Annibynnwr pur amlwg, ni fyddai'r diwn gron wrth-Babyddol a gwrth-genedlaetholgar honno – 'Home Rule is Rome Rule' – i'w chlywed hanner mor aml. Os rhywbeth, roedd oes 'Llanbrynmair Rule', cyfnod uchafiaeth Annibynwyr parchus tebyg i Gwynfor, ar fin gwawrio. Oedd, roedd D J Williams yn llygad ei le pan nododd yn ei ddyddiadur mai hon oedd yr Ysgol Haf 'orau o ran gobaith ac addewid o'r cychwyn' gyda '250 o bobl yn bresennol a'r mwyafrif ohonynt yn ifanc'.[3]

Gan mor ddibwys ydoedd Plaid Cymru yng ngolwg y wasg, chafodd y digwyddiad nemor ddim sylw yn y papurau – ambell gyfeiriad yma a thraw yw'r unig olion o'r digwyddiad allweddol hwn yn hanes y blaid. Ond i Gwynfor, roedd yna ymdeimlad o gwblhau cenhadaeth; rai degawdau wedi'r etholiad, haerodd ei fod wedi ei alw i arwain Plaid Cymru a'i fod 'fel Gweinidog' yn wynebu praidd newydd ar y diwrnod cyntaf hwnnw.[4] Ac yntau wedi cysgodi Abi Williams cyhyd, medrai arwain Plaid Cymru yn awr yn gwbl agored, heb orbechu teulu na chymuned. Eto i gyd, serch y teimlad o alwedigaeth, ychydig mewn gwirionedd o dân a brwmstan a gafwyd gan Gwynfor ar y dechrau fel hyn: dim datganiadau mawr *ex cathedra*, dim dwrdio, ac, yn sicr, dim histrioneg fel gyda Saunders Lewis. Ond roedd yna arwyddocâd mawr i'r lledneisrwydd hwn gan fod llywyddiaeth Gwynfor yn golygu diwedd oes yr artist-wleidydd ym Mhlaid Cymru. O hyn ymlaen, gwleidyddion parchus, lled-broffesiynol fel Gwynfor fyddai'n llywio Plaid Cymru. Fodd bynnag, am y tro, cadwodd Gwynfor y newid hwn yn natur yr arweinyddiaeth o dan ei het, a dim ond yn ei ohebiaeth breifat at J E Jones, Pennar Davies a D J a Noëlle Davies y cawn ni fflachiadau o'r ffordd y credai y gellid denu etholwyr drwgdybus i gorlan Plaid Cymru. Ond roedd rhai pethau'n gwbl glir iddo.

Yn un peth, a'r Blaid Lafur newydd ennill buddugoliaeth mor ysgubol, barnodd mai camgymeriad fyddai 'amlygu casineb' tuag ati. Yn hytrach, casglodd y byddai'n llawer gwell i Blaid Cymru weithredu fel carfan bwyso ddylanwadol gan gymell y Blaid Lafur i gyflawni 'rhaglen sylweddol i Gymru'. Ymhlith y datblygiadau hyn, gobeithiai sicrhau Cyngor Datblygu i Gymru, a Chorfforaeth Radio Gymreig, o fewn y blynyddoedd nesaf.[5] Fodd bynnag, gwyddai'n dda y byddai hon yn frwydr hir ac y cymerai flynyddoedd cyn i'r Cymry ddechrau edrych ar y Blaid Lafur gydag unrhyw fesur o wrthrychedd. Eto i gyd, roedd yn ffyddiog y deuai'r dydd pan oerai'r gwres ac y medrai'r etholwyr ystyried Llafur 'more coolly and with a new poise'.[6] Ac ar yr adeg honno, wedi'r dadrithiad gyda Llafur, y gwelai gyfle mawr i Blaid Cymru.

Yr agen arall yn y graig oedd y Rhyddfrydwyr. Ers yr etholiad cyffredinol, roedd Gwynfor, fel nifer o brif ddeallusion ei blaid, yn credu'n gryf bod traddodiad Rhyddfrydol Cymru'n marw, ac y gellid concro'r ceyrydd Rhyddfrydol hynny draw yn y gorllewin. Ei dasg yn awr, chwedl Saunders Lewis, oedd denu'r Cymry a fagwyd ar draddodiad Rhyddfrydol Mabon, Tom Ellis a Llywelyn Williams i mewn i'r blaid.[7] Ynghlwm wrth hyn, roedd yna hyder ar draws Plaid Cymru bod dyddiau Prydain fel grym imperialaidd yn darfod fel mwg. Tybiai Gwynfor yn ogystal fod gwawr ofnadwy yr Oes Niwcliar a welwyd yr haf hwnnw yn Hiroshima a Nagasaki hefyd wedi gwneud pethau'n haws i achos gwlad fach fel Cymru. O hyn ymlaen, barnodd na fyddai'r un wlad yn saff rhag y bom a'i effeithiau enbyd.[8] Ac roedd Gwynfor hefyd yn wleidydd gobeithiol – gorobeithiol yn wir ar y dechrau fel hyn – a chredai fod etholwyr Cymru'n fwy tebygol o roi gwrandawiad tecach i Blaid Cymru ym 1945 nag y byddent wedi ei wneud yn ôl ym 1939. Yn awr, meddai wrth Pennar Davies, nid 'anghytundeb llwyr' â Phlaid Cymru oedd y prif anhawster yn gymaint â 'methiant i roi Cymru'n gyntaf'.[9] I fynd â'r maen i'r wal, galwodd am newidiadau strwythurol mawr ym Mhlaid Cymru yr haf hwnnw: y blaenoriaethau oedd symud y swyddfa ganolog i Gaerdydd, cael adran ymchwil effeithiol, a phenodi Elwyn Roberts yn drysorydd er mwyn clirio'r ddyled. Hwn fyddai map gwleidyddol Gwynfor wrth iddo ddechrau troi Plaid Cymru yn blaid wleidyddol go iawn.

Nid Gwynfor oedd yr unig wleidydd â syniadau pendant ynghylch sut i greu Cymru newydd wedi'r rhyfel. Erbyn mis Hydref 1945, roedd Attlee wedi dechrau gwireddu nifer o'r addewidion a wnaed o dan lywodraeth goalisiwn Churchill. Dynodwyd de Cymru yn ardal ddatblygu ac agorwyd nifer o ystadau diwydiannol. Yn eu sgil, daeth gwaith â pheth llewyrch i ardaloedd tlodaidd.[10] Cwblhawyd hefyd y broses o ddarparu yswiriant i'r bobl ac o greu sefydliadau fel y Gwasanaeth Iechyd Gwladol a'r Bwrdd Glo Cenedlaethol. Ymserchodd trwch y Cymry yn y cyrff hyn, gan gyflwyno her ddiamheuol newydd ac anodd i lywydd ifanc Plaid Cymru. O hyn ymlaen, roedd hi'n anodd os nad yn amhosibl i Blaid Cymru baentio gwawdlun o'r Blaid Lafur fel plaid na wnaeth ddim dros weithwyr Cymru. Rhaid felly oedd iddi geisio cynnig polisïau cadarnhaol ei hunan, a dyma'r union beth a wnaeth Gwynfor gydag anogaeth Saunders Lewis ymysg eraill. Drwy'r hydref hwnnw, gwthiwyd rhagoriaethau'r TVA hyd yr eithaf, mewn ymdrech i Gymreigio polisïau colectifistaidd y Blaid Lafur.[11] Yn yr un modd, gwnaed yr angen i gael Bwrdd Glo Cymreig ac i sefydlu Corfforaeth Radio yn gonglfeini ymgyrchoedd plaid newydd Gwynfor.

Eto i gyd, er yr holl sôn gan Lafur a Phlaid Cymru am 'Oes Newydd' ym 1945, roedd y Cymry hefyd i raddau helaeth yn byw yn nhir neb: cyfnod o heddwch ond cyfnod o baratoadau manwl gogyfer â'r rhyfel oer. Braidd yn annisgwyl, felly, daeth militariaeth i ddiffinio pum mlynedd cyntaf llywyddiaeth Gwynfor, wrth i'r Cymry sylweddoli nad oedd bywyd dan Lafur yn fêl i gyd, ac y byddai gafael y Swyddfa Ryfel yn tynhau cyn llacio. Doedd Gwynfor heb feddwl rhyw lawer am effeithiau'r heddwch amodol, ond o'r eiliad y cafodd J E Jones wybodaeth 'cwbl gyfrinachol' yn Nhachwedd 1945 am gynllun i feddiannu 7,000 o erwau Meirion, gwnaed daliadau tir y fyddin yn un o brif ymgyrchoedd y blaid.[12] Maes o law, hon fyddai *y* brif ymgyrch a enillai sylw a chefnogwyr i Blaid Cymru. Er hynny, roedd y dechreuadau'n hynod anaddawol. Wfftiwyd awgrym Gwynfor o ffurfio Pwyllgor Amddiffyn i frwydro dros dir Trawsfynydd gan nifer o fasnachwyr amlwg ym Meirionnydd a oedd wrth eu bodd â'r cyhoeddiad. Wedi'r cyfan, ar ôl cyni'r rhyfel, roedd hwn yn gyfle i ennill swllt neu ddau o gofio'r cyfleoedd masnachol a ddeilliai o'r gwersyll yn Nhrawsfynydd. Ond dygnu arni a wnaeth Gwynfor a rhai o ffyddloniaid Undeb Cymru Fydd gan lwyddo i argyhoeddi amaethwyr y sir fod eu tir hwy yn werth brwydro drosto.[13] Cafwyd sylw ffafriol, ac erbyn dechrau 1946, roedd yna ryw fath o batrwm gwleidyddol wedi datblygu, wrth i'r llywodraeth gipio rhagor o dir gan barhau â gorfodaeth filwrol. Roedd amlygrwydd y ddeubwnc hyn − tir a bechgyn Cymru − yn gyfle euraidd i genedlaetholdeb, gan arwain Gwynfor a J E Jones at y casgliad mai trwy'r blaid ac nid trwy Undeb Cymru Fydd y dylent fod yn arwain eu hymgyrchoedd.[14] Dyna (gyda rhai eithriadau) yr hyn a ddigwyddodd, ond gadawodd y pellhau tactegol hwn gwestiwn mwy fyth ar ei ôl, sef hwn: sut ar wyneb daear yr oedd y blaid am gael unrhyw ddylanwad o gwbl?

Cafwyd un ateb wrth ymladd etholiadau lleol ar ddechrau 1946. A'r blaid wedi llwyddo i glirio dyled yr etholiad cyffredinol, ac wedi dechrau ar ymgyrch aelodaeth newydd o'i swyddfa newydd yn 8, Queen Street, Caerdydd, roedd hi mewn sefyllfa gymharol gref. Yn hyn o beth, dilynodd Gwynfor gyngor Saunders Lewis trwy fynnu bod y blaid yn ymladd etholiadau ar raddfa lawer ehangach. Barnai Gwynfor y byddai'r pôl − yr etholiadau lleol cyntaf er 1937 − yn gorfodi'r bobl i gwrdd â chenedlatholwyr.[15] Sefydlwyd cronfa gan Bleidwyr i fod yn gefn i 'fudiad rhyddid Cymru' ac, wrth i'r etholiadau agosáu, cafwyd adroddiadau am fechgyn yn dychwelyd o'r lluoedd ac yn dangos diddordeb yn y blaid.[16] Hydreiddiwyd yr hyder hwn gan adroddiadau 'calonogol' am 'rai ugeiniau' o Bleidwyr yn sefyll, serch ei bod yn aneglur faint mewn gwirionedd a safodd yn enw'r blaid. Ond bid a fo am hynny, pan ddaeth yr etholiad ym mis Mawrth, cafwyd nifer o ganlyniadau addawol. Yn ei fro ei hunan, safodd Gwynfor yn sedd Llangadog a Llansadwrn, gan ddod o fewn un bleidlais i gael ei ethol.[17] Mae'n swnio'n hynod bitw yn awr ond, ar y pryd, roedd y canlyniad yn teimlo fel buddugoliaeth foesol. Cariwyd Gwynfor fel buddugwr ar ysgwyddau rhai o bentrefwyr Llangadog, cyn iddo annerch torf fawr ar sgwâr y pentref a hithau wedi hen droi hanner nos.[18] Mae'r canlyniad yn rhan o fytholeg Gwynfor ac mae'n ganolog o ran cynnig esboniad ar sut iddo ennill calonnau pobl Sir Gâr. Yn ogystal, roedd y canlyniad hefyd yn rhan o batrwm, wrth i fis mêl y Blaid Lafur ddechrau dirwyn i ben.

Dilynwyd yr etholiadau gan nifer o ddigwyddiadau a fu'n fanteisiol tu hwnt i Gwynfor. Aeth pethau o ddrwg i waeth ym maes glo'r de, a daeth diweithdra'n bwnc llosg drachefn. Mewn rhai rhannau o'r cymoedd, roedd yna gyni economaidd enbyd erbyn y Pasg hwnnw, a gorfodwyd gweithwyr i adael Cymru am Loegr gan arafed y gwaith o addasu ffatrïoedd ar gyfer economi heddwch.[19] Cynddeiriogwyd y Cymry'n ogystal gan agwedd bur sarhaus Attlee tuag at hawliau Cymreictod a chlywyd nad oedd yn debygol o gytuno i roi Ysgrifennydd i Gymru. Cafwyd cadarnhad hefyd na fyddai yna 'ffordd ganol' i Gymru (priffordd o'r gogledd i'r de) gan danseilio grym ac awdurdod adain 'Llais Llafur', adain Gymraeg y Blaid Lafur yn fwy fyth.[20] Ym Mhen Llŷn, rhoddwyd hawl cynllunio i wersyll Billy Butlin. A thrwy'r misoedd hyn, magai Gwynfor ddelwedd ddengar fel un o brif leisiau'r Gymru Gymraeg gymedrol. Coronwyd y cyfan gyda pherfformiad ysgubol ganddo o flaen yr Aelodau Seneddol Cymreig pan gyflwynodd femorandwm yn galw am y Gorfforaeth Radio annibynnol honno i Gymru. Gwnaeth hyn yn enw Undeb Cymru Fydd, ond yr hyn sy'n drawiadol yw'r cyrff eraill a gefnogai'r alwad am lacio gafael y BBC: yr Eisteddfod Genedlaethol, Urdd Gobaith Cymru, ac Undeb yr Amaethwyr.[21]

Ond wrth i'r llwyddiant hwn ddod i'w ran, dechreuodd rhai amheuon bychain godi ynghylch dulliau Plaid Cymru. Er bod Saunders Lewis, yn ôl ym mis Awst 1945, wedi galw ar i'w blaid fabwysiadu dulliau ymarferol o wleidydda, roedd yn dal i feddwl bod yna le sylweddol i ddefnyddio dulliau torcyfraith. Fe'i siomwyd yn arw felly gan benderfyniad Plaid Cymru i beidio â thorri'r gyfraith wrth geisio rhwystro gwersyll Butlins. Aeth J E Jones cyn belled â rhoi'r mater ar agenda'r Pwyllgor Gwaith, ond mae'n amlwg o'r ymateb nad oedd Gwynfor o blaid hynny.[22] Dyma, mae'n debyg, pam yr ysgrifennodd Saunders Lewis at D J Williams, sef i gwyno mai ei obaith oedd: 'y gwelir Gwynfor ryw ddydd yn Wormwood Scrubs − dyna'r un peth sydd angen arno i'w wneud yn arweinydd grymus. Rhy ychydig o ysbryd 1936 sydd yn y Blaid yn 1946, neu buasai buddugoliaeth Butlin yn amhosibl'.[23] Ond i Saunders Lewis, y pwnc diffiniol oedd gorfodaeth ac, yn *Y Faner*, cwynodd (wedi canmol Gwynfor am ei 'ddyfalwch dygn a chyson') mai angen y bobl ifanc oedd iddynt baratoi 'ar gyfer profion caletach nag wynebu cyfarfodydd hwyliog'.[24]

Er hynny, camgymeriad fyddai meddwl i Blaid Cymru anwybyddu cwestiwn gorfodaeth. Drwy gydol Ebrill a Mai, mae'n amlwg y cafwyd trafodaethau oddi mewn i rengoedd y blaid ynghylch consgripsiwn a'r dull gorau o'i rwystro. Rhoddwyd ystyriaeth i ymgyrch drefnedig o wrthod cofrestru ond ni wireddwyd y cynllun, fodd bynnag, oherwydd rhaniadau dyfnion ynghylch tactegau a phriodoldeb torcyfraith. Nodweddiadol, er enghraifft, oedd pryder Dewi Watkin Powell – y ffigur mwyaf dylanwadol o'r cyfan ar Gwynfor yn ystod ei lywyddiaeth, efallai. Rhybuddiodd yntau yr arweinyddiaeth yn gwbl glir mai gwastraff amser fyddai torri'r gyfraith ar fater gorfodaeth. Roedd hefyd yn argyhoeddedig na ddylai Plaid Cymru gael ei themtio 'to chase hares which have landed the Party in great unpopularity and which have left the movement, after 21 years' existence, with no MP to represent its views'.[25]

Greddf Gwynfor ar y pwynt hwn yn ei yrfa oedd gwneud yr hyn a oedd yn bragmataidd bosibl, a serch iddo ochri gyda Watkin Powell, mae'n eglur ei fod yn barod i ystyried torcyfraith pe gellid dangos na niweidiai hynny ymdrechion seneddol y blaid. Ar bwnc Corfforaeth Radio i Gymru, er enghraifft, roedd Gwynfor, yn Ionawr 1946, yn fodlon arwain ymgyrch o beidio â thalu trwyddedau, a'r unig reswm pam na chafwyd ymgyrch debyg oedd diffyg aelodau a fyddai'n barod i wynebu achos llys.[26] Yn wir, dim ond wedi Tryweryn y gwelwyd Gwynfor yn datblygu yr hyn y gellir ei ddisgrifio fel 'seneddoldeb', neu obsesiwn â dulliau cyfansoddiadol. Gwelir y pragmatiaeth hwn ar ei orau gyda'r ymdrechion preifat a wnaed ganddo i achub Llydawyr cenedlaetholgar rhag erledigaeth yn Ffrainc.

Ar ddechrau 1946, clywodd Plaid Cymru, yn bennaf trwy Geraint Dyfnallt Owen a Dewi Watkin Powell, fod nifer o genedlaetholwyr Llydaw yn dioddef erledigaeth enbyd. Roedd hyn yn ganlyniad uniongyrchol penderfyniad lleiafrif o blith cenedlaetholwyr Llydaw i gefnogi'r Almaen yn ystod y rhyfel.[27] Bu'n benderfyniad hynod annoeth oherwydd, pan drechwyd y Natsïaid, rhoes hyn reswm digonol i lywodraeth Ffrainc fynd ati i ddinistrio cenedlaetholdeb Llydewig yn ei gyfanrwydd. Penderfynodd Plaid Cymru gefnogi'r Llydawyr – heb drafferthu gofyn a oedd y rhai a dderbyniai eu cefnogaeth yn gynffonwyr Natsïaidd ai peidio. Sylweddolai Gwynfor y byddai rhoi cefnogaeth i fenter o'r fath yn beryglus ond, fel y dywedodd ddegawdau wedi hynny, 'roeddem ni'n falch o wynebu perygl'.[28]

Ffurfiwyd is-bwyllgor oddi mewn i Blaid Cymru i hwyluso'r fenter gudd hon: y llywiawdwyr oedd Delwyn Phillips, D J a Noëlle Davies, Dewi Watkin Powell a Gwynfor. Yn Ysgol Haf 1946, er enghraifft, ceir cofnod sy'n nodi i

Gwynfor ddadlennu'r broblem ac, yn ddioed, bwriwyd ati i'w cynorthwyo. Fodd bynnag, roedd cydlynu anghenion y ffoaduriaid, a chadw popeth yn breifat, yn gryn dasg; roedd angen rhestr o dai lle y gellid eu llochesu, pwyllgor i gael hyd i waith iddyn nhw, cronfa i'w cynorthwyo ac 'agents' rhanbarthol – Dewi Watkin Powell yng Nghaerdydd a Delwyn Phillips yn Lerpwl. Y model i'r Pleidwyr oedd gwaith *Clann na Saoirse* (Undeb Rhyddid Celtaidd), ac erbyn mis Hydref 1946, sefydlwyd rhwydwaith pur effeithiol a ganiatâi i'r Llydawyr ffoi o Ffrainc i Gymru.[29] Y llwybr mwyaf poblogaidd oedd i'r Llydawyr ei hel hi am Baris, cael papurau ffug yno, wedyn dal trên am Lundain, cyn anelu am y Fenni neu Langadog. Iwerddon, hafan ddiogel lle na wynebai'r alltudion nemor ddim cwestiynau, oedd cyrchfan derfynol y mwyafrif ohonynt. Yn ystod 1946, mae'n amlwg i nifer o'r cenedlaetholwyr hyn dreulio o leiaf un noson yn Wernellyn. Yn amlach na pheidio, ni wyddai Gwynfor a Rhiannon pwy oeddynt na chwaith pam yn union yr oeddent ar ffo; roedd y ffaith bod y Llydawyr yn teithio o dan ffugenwau a bod nifer ohonynt heb fedru'r Saesneg yn ychwanegu at y dryswch a'r straen. Yr enwocaf o blith y gwŷr hyn i brofi lletygarwch Gwynfor oedd Yann Fouéré – un o benseiri mudiad iaith Llydaw.[30] Bu ef, dan gochl yr enw Dr Moger, yn byw yn Wernellyn am yn agos i ddeg mis o fis Hydref 1946 ymlaen gyda'i wraig Marie Madeleine a'u tri phlentyn. Roedd Fouéré, fel Gwynfor, yn heddychwr ac yn genedlaetholwr o argyhoeddiad, a does yna ddim unrhyw awgrym iddo ef ochri gyda'r Almaenwyr. Ond y cwestiwn yw a wnaeth unrhyw un o blith aelodau Plaid Cymru gynnig noddfa i wŷr eraill a gydweithredodd gyda'r Natsïaid? Y casgliad tecaf, yn ôl pob tebyg, yw bod hyn wedi digwydd, yn enwedig o gofio pa mor amharod oedd aelodau Plaid Cymru i holi.

Gwnaed pob ymdrech i gadw'r fenter hon rhag dod yn wybodaeth gyhoeddus ac nid oedd gan drwch aelodau Plaid Cymru syniad bod hyn yn digwydd ar ddiwedd 1946. Ymbiliodd Noëlle Davies, er enghraifft, ar i Gwynfor beidio â gadael i'r Llydawyr ymgyrchu yn isetholiad Aberdâr yn Rhagfyr 1946 gan ei rybuddio y byddai datgelu eu presenoldeb yn 'disastrous, not only for the two concerned, but for all those now here and to come'.[31] Ond erbyn canol 1947, daeth sefyllfa Llydawyr fel Fouéré a breswyliai yng Nghymru gymaint â hynny'n haws o ganlyniad i'r hinsawdd ryngwladol. Golygai hyn y medrent fyw'n weddol agored a byddai Fouéré, er enghraifft, yn mynd ar y Suliau i Gapel Providence, Llangadog, yng nghwmni Gwynfor. Gwyddai Llysgenhadaeth Ffrainc yn Llundain yn iawn fod hyn yn digwydd a pho fwyaf y clywid am ehofndra'r ffoaduriaid, mwyaf i gyd y digient gydag amharodrwydd yr awdurdodau Prydeinig i'w harestio. Yn ôl un gwas sifil o Swyddfa Dramor Prydain, roedd Roche, Prif Gwnsler Ffrainc yn Llundain, wedi dweud wrtho ei fod wedi gweld map ac arno Lydaw, Iwerddon a Chymru wedi eu lliwio â'r un lliw. Yn ôl y gwas sifil hwnnw:

> Monsieur Roche went on to say that this map looked to the French Embassy suspiciously like some of the maps put out before the war by the German Geopolitik experts. He then went on rather to hint that possibly behind this movement for Breton autonomy we might see some sinister Nazi plot.[32]

Wfftiwyd y farn hon yn llwyr gan y Swyddfa Dramor a phenderfynasant nad oedd yna unrhyw reswm dros erlyn Fouéré a'i debyg. Dyma oedd cyngor deifiol y gwas sifil yng ngofal y mater:

> I see however no reason whatsoever for taking this question seriously. Neither the Breton Autonomist Movement nor the Welsh Nationalist Movement are in the least worthy of serious consideration and the whole thing is, I think, a rather bizarre form of Celtic nonsense.[33]

Ac fe adawyd llonydd i Fouéré tan 1948 pryd y bu'n rhaid i Gwynfor a rhai o'r Aelodau Seneddol Cymreig ymyrryd ar ei ran drachefn er mwyn sicrhau na fyddai'n cael ei ddychwelyd i Ffrainc.

Ond er difyrred mater y Llydawyr, troednodyn estynedig ydyw mewn gwirionedd o'i gymharu â'r ymdrechion a wnâi Gwynfor i ddatblygu'i blaid yn rym gwleidyddol. Cafwyd isetholiad yn etholaeth Ogwr ym Mehefin 1946 ac, er gwaethaf ymdrechion y Blaid Lafur i bardduo'r cenedlaetholwyr gyda phosteri'n datgan 'Welsh Nationalism Means Fascism', cawsant ganlyniad rhyfeddol o dda.[34] Llwyddodd y lliwgar Trefor Morgan i ddyblu pleidlais ei blaid serch nad oedd gan Blaid Cymru odid ddim presenoldeb yn yr etholaeth. Roedd ei gamp yn fwy fyth o gofio bod Gwynfor am gael gwared ag ef fel ymgeisydd gan y tybiai ei fod yn ymgeisydd annibynadwy! Gyda Phlaid Cymru'n llwyddo i ennill 29 y cant o'r bleidlais mewn etholaeth ddiffaith fel hon, doedd hi fawr o syndod bod sylwebwyr a gwleidyddion pleidiau eraill wedi dechrau ei chymryd fwyfwy o ddifrif. Mae yna dystiolaeth i'r Blaid Ryddfrydol awgrymu wrth Blaid Cymru y gellid cael cytundeb anffurfiol rhyngddynt i beidio â gwrthwynebu'i gilydd.[35] Gwrthodwyd yr ymgais ddigon llipa hon yn llwyr gan benaethiaid Plaid Cymru, ond roedd y fflyrtio gwleidyddol yma'n brawf o'r hyn a ganfu'r *Observer* yr haf hwnnw, sef bod yna archwaeth yng Nghymru ac yn yr Alban am 'a less extreme nationalism'.[36]

Llywodraeth Attlee a fwydodd yr ymdeimlad hwn ac, os rhywbeth, wrth i'r haf hwnnw fynd rhagddo, dyfnhaodd yr anniddigrwydd yng Nghymru ynghylch 'London Decisions'. Rai dyddiau cyn Eisteddod Genedlaethol Aberpennar, glaniodd 'bombshell' Attlee ar Gymru pan gadarnhawyd na fyddai'n creu swydd Ysgrifennydd i Gymru.[37] Gwnaed hyn yn y modd mwyaf dideimlad (trwy lythyr) a thrwy wneud hynny, llwyddodd i anwybyddu barn trwch yr Aelodau Seneddol Cymreig a'r cynghorau. Roedd yn fethiant diplomyddol o'r radd flaenaf; dechreuodd *Y Cymro* ymgyrch yn galw am adfer y cam hwn a wnaed â'r 'Genedl Wrthodedig' ac fe gafod Plaid Cymru (nad oedd o blaid Ysgrifenyddiaeth) fodd i fyw.[38] I Gwynfor, roedd yna gam di-droi'n-ôl wedi ei gymryd ac, am weddill yr haf diferol hwnnw, dyrnodd yn gyson ar yr un thema, sef na ellid Cymreigio'r Blaid Lafur. A Llafur mor ddideimlad tuag at anghenion gweinyddol Cymru, medrai Plaid Cymru yn awr ddadlau mai'r unig ateb credadwy oedd ymreolaeth lawn. Adlewyrchwyd hyn yn y wasg drachefn. Dadleuodd Celt (E Morgan Humphreys) yn gryf o blaid ymreolaeth ac, wrth i'r tymhorau droi,[39] dechreuodd rhai newyddiadurwyr Llundeinig sôn am y posibilrwydd o weld Plaid Cymru'n cipio sedd pe deuai isetholiad arall.[40] Gwireddwyd peth o'r broffwydoliaeth honno yn ystod Rhagfyr 1946 pan gipiodd Plaid Cymru a'i hymgeisydd disglair, Wynne Samuel, 20 y cant o'r bleidlais yn isetholiad Aberdâr. Yno, eto fyth, gwelodd Gwynfor â'i lygaid ei hun, 'gyrddau mawr orlawn' a chryn gydymdeimlad tuag at y blaid.[41]

Fodd bynnag, er mor addawol yr oedd pethau i Blaid Cymru yn y cymoedd, hwyrach mai yng nghefn gwlad yr oedd pethau ar eu gorau. Yn ystod yr hydref diflas hwnnw, methodd y cynhaeaf a daeth hi'n gynyddol amlwg na laciai Western Command ei gafael ar eu daliadau tiriogaethol. Ym mis Hydref 1946, dechreuodd pobl y Preselau gwyno'n groch ynghylch bwriad y Swyddfa Ryfel i gipio 16,000 o erwau. Roedd hyn yn ergyd enfawr i Gymreictod y fro, ond dechrau gofidiau oedd hyn. Clywodd Gwynfor fod yna gynllun hefyd ar droed i gipio 5,000 o erwau yng Nghwm Wysg – rhan o gynllun ehangach i feddiannu 50,000 o erwau yn Sir Gaerfyrddin a Sir Frycheiniog. Arswydodd o glywed am hyn ac, yn breifat, dywedodd wrth J E Jones na fyddai gan 'y Cymry wlad ar ôl – byddant yn yr un man â'r Iddewon hwythau wedi eu gwasgaru ac wedi colli eu gwlad eu hunain'.[42] Ond, yn gymysg ag ofn cwbl ddiffuant ynghylch *diaspora* Cymreig, does dim dadl i Gwynfor weld cyfle gwleidyddol yma hefyd. Gwyddai y byddai ymgyrch yn erbyn y Swyddfa Ryfel yn ddengar – a hynny yn y ceyrydd Cymraeg gorllewinol hynny yr oedd mor daer am eu hennill. Yn Nhachwedd 1946, felly, barnodd y dylai Plaid Cymru greu helynt ynghylch mater y tir 'gymaint ag y gallwn'. Eto i gyd, hyd yn oed gyda'r strategaeth hon yn ei lle, ni freuddwydiai Gwynfor yn ei oriau duaf y byddai gofynion y Swyddfa Ryfel mor anniwall.[43]

Gyda'r flwyddyn yn tynnu at ei therfyn cafwyd newydd arwyddocaol: ychydig cyn y Nadolig, enwebwyd Gwynfor yn aelod o Bwyllgor Ymgynghorol y BBC yng Nghymru. Roedd hwn yn gorff cwbl ddiddannedd ond roedd dod yn aelod ohono'n brawf o'r modd yr oedd Gwynfor yn araf bach yn dod yn un o ffigurau pwysicaf y Gymru Gymraeg. Roedd hwnnw'n newydd pwysig iddo, ond y digwyddiad trobwyntiol oedd hwnnw a gafwyd rai dyddiau'n ddiweddarach, ar drothwy 1947, pan ddatgelodd y Swyddfa Ryfel ei bod am feddiannu hanner miliwn o erwau Cymru. Gyda hyn, trawsnewidiwyd y sefyllfa – ynghyd â chwrs gwleidyddiaeth Plaid Cymru am y tair blynedd nesaf.[44] Yn ei hymdrech i esbonio'r penderfyniad, ceisiodd y Swyddfa Ryfel ddefnyddio'r ddadl 'foesol' trwy honni i filoedd o fechgyn gael eu lladd yn yr Ail Ryfel Byd oherwydd annigonolrwydd cyfundrefn hyfforddi byddin Prydain.[45] Diau bod elfen o wir yn hyn. Fodd bynnag, o hyn ymlaen, credai'r Gymru Gymraeg (gyda rhai eithriadau yn y Blaid Lafur) fod Cymru'n gorfod ysgwyddo llawer mwy na'i chyfran deg o'r baich hwn. Roedd yr Aelodau Seneddol Cymreig yn gwbl gegrwth o glywed y ffigwr, ac aeth Saunders Lewis cyn belled â haeru'n apocalyptaidd mai 'yn y tair blynedd nesaf, tair blynedd olaf hanner canrif cyntaf yr ugeinfed ganrif, y penderfynir tynged yr iaith Gymraeg'.[46] Yn wleidyddol, roedd yna ddisgwyliad bod brwydr ffyrnig ar fin datblygu. Ys dywedodd *Yr Herald Cymraeg*: 'Y mae'n dra thebyg y bydd brwydr tir Cymru wedi ei hennill neu wedi ei cholli yn gynnar ar y flwyddyn newydd'.[47] Ychwanegodd datganiadau yn y cywair hwn, yn ogystal â gerwinder yr hin economaidd, at benderfynolrwydd penaethiaid Plaid Cymru mai eu dyletswydd yn ystod y flwyddyn i ddod fyddai ailddyblu eu hymdrechion i arwain y frwydr ar fater tir a chonsgripsiwn.[48]

Canlyniad uniongyrchol y polisi mwy pendant oedd protest Llyn y Fan a gynhaliwyd ddydd Sadwrn 11 Ionawr 1947 ar gopaon Bannau Caerfyrddin. Er bod y Swyddfa Ryfel wedi cyhoeddi y noson cyn y brotest na châi ardal Llyn y Fan ei throi'n faes tanio, yr oedd hyn yn amherthnasol erbyn i'r protestwyr gyrraedd. Yn yr un modd, anwybyddwyd y cyhoeddiad atodol mai dim ond

125,000 o erwau y byddai'r fyddin yn eu hawlio ar draws Cymru benbaladr. Barn Gwynfor a phenaethiaid y blaid oedd y dylai'r brotest fynd rhagddi gan gymaint yr ansicrwydd a deimlid ar draws cefn gwlad Cymru. A'r glaw'n pistyllio, dringodd pedwar cant o brotestwyr Plaid Cymru y gelltydd llithrig, 'like some ghostly column from Arthurian legend' yn ôl y *Western Mail*, cyn cyrraedd glannau'r llyn.[49] Dechreuwyd gyda 'Hen Wlad fy Nhadau' cyn symud ymlaen at 'Cofia'n Gwlad Benllywydd Tirion' a diweddu gyda gweddi. Ond yr uchafbwynt diamheuol i'r pererinion gwlyb oedd clywed Gwynfor yn traddodi araith a ddeuai'n rhan o'i fytholeg. Ynddi, bwriodd ei lach ar Western Command am feiddio llygadu tir Cymru ac am hau hadau y fath ansicrwydd mewn cynifer o gymunedau. Wfftiodd hefyd y cyhoeddiad bod y ffigwr cychwynnol o hanner miliwn o erwau wedi ei ostwng i ychydig dros gan mil o erwau. Y ffaith amdani, meddai, oedd bod y Swyddfa Ryfel mor wancus ag erioed. Byr oedd y brotest, ond bu'n llwyddiant ysgubol, ac fe'i gwelid fel ernes o barodrwydd Plaid Cymru i wneud tir a iaith yn brif faterion ei hymgyrchu dros y blynyddoedd i ddod. Roedd dyfarniad gohebydd *Y Cymro* yn gwbl ddiamwys: hwn, meddai, oedd 'y cyfarfod protest mwyaf rhamantus, anghysurus, lliwgar a byr a fu erioed'.[50] Yn goron ar y cyfan, llwyddodd Keidrych Rhys, golygydd *Wales* a thipyn o *impresario* llenyddol, i gael sylw i'r brotest yn y *Picture Post* – sgŵp nid ansylweddol i blaid a oedd yn ei chael hi mor anodd i gael sylw o fath yn y byd.[51]

Wedi'r brotest, credai Gwynfor fod Plaid Cymru wedi profi mwy o lwyddiant y dwthwn hwnnw nag a wnaethai ers blynyddoedd. Yn un peth, roedd diddordeb y wasg yn y stori'n parhau – cymaint felly nes i'r *Cymro*, papur nad oedd, yn wahanol i'r *Faner*, yn ddilynwr slafaidd i bropaganda Plaid Cymru, neilltuo rhifyn arbennig i frwydrau'r tir. Yn Nhŷ'r Cyffredin, roedd yr Aelodau Seneddol Cymreig hefyd yn dangos diddordeb cynyddol yn y mater,[52] ond y peth pwysicaf oedd bod llwyddiannau fel y rhain yn tanlinellu i ba raddau yr oedd Gwynfor wedi llwyddo i gael ei draed tano fel llywydd. Mewn erthygl broffeil o Saunders Lewis y flwyddyn honno, ni fedrai'r cylchgrawn *Wales* lai na rhyfeddu at y newid tawel a ddigwyddodd i Blaid Cymru ers i'r brenin gamu oddi ar ei orsedd:

It no longer scorns the idea of a Welsh Nationalist taking his seat at Westminster. It has at last abandoned the fratricidal notion that a Welshman who does not speak Welsh is 'untouchable'; its headquarters have been moved from Caernarvon to Cardiff and its campaign to convert the industrial south now rests on something more than a belief that the industrial south is a moral swamp which the wrath of God should long have delivered over to a sheep-run. It has begun to infiltrate into the field of local government.[53]

Ond doedd Gwynfor ddim y teip i orffwys ar ei rwyfau. O fewn wythnos i lwyddiant Llyn y Fan, penderfynodd agor ail ffrynt yn y frwydr yn erbyn presenoldeb parhaus y fyddin a militariaeth ym mywyd y Cymry. Ysgrifennodd at J E Jones i'w hysbysu mai dyletswydd Plaid Cymru oedd gwrthwynebu'r Mesur Gorfodaeth a âi drwy'r Senedd. 'Dyma,' meddai, 'yw ein prif waith y misoedd hyn.'[54] Ei amcan tactegol oedd cyplysu'r brwydrau yn erbyn gorfodaeth a meddiannu tir â gwrthwynebiad ehangach i wleidyddiaeth grym. Roedd hi'n frwydr, fe obeithiai, a fyddai'n gorfodi'r Cymry i feddwl amdanynt eu hunain fel Cymry, yn hytrach nag fel Saeson.[55] Erbyn diwedd 1947, byddai Gwynfor wedi datblygu'r thema hon a'i chyplysu â Cheltigiaeth fel ffordd o drechu trefedigaethedd.[56] Roedd hynny i ddod, ond gan gymaint ei frwdfrydedd ar fater y tir, llosgai ddeupen y gannwyll. Ddiwedd Ionawr, arhosodd i fyny drwy'r nos er mwyn cwblhau ei bamffledyn gwrthfilitaraidd, *Havoc in Wales*. A'r gwaith wedi ei gyflawni, dychwelodd am 6.30 y bore o Gaerdydd i Langadog![57]

A doedd yr ymdrechion hyn ddim yn ofer. Yn benllanw ar hyn i gyd, trefnodd Undeb Cymru Fydd gynhadledd fawr yn Llandrindod ym Mawrth 1947 i dynnu sylw at broblem meddiannu'r tir. Erbyn mis Mawrth 1947, roedd y fyddin wedi cyhoeddi na fyddai'n defnyddio tiroedd ger Harlech a'r Preselau gogyfer â'i dibenion hyfforddi. Ond wrth i'r fyddin ddechrau ymbwyllo, ac wrth i amlygrwydd Plaid Cymru godi, roedd yna bris gwleidyddol i'w dalu. Teimlai rhai o Aelodau Seneddol Cymreiciaf y Blaid Lafur fod Plaid Cymru'n gwneud cyfalaf gwleidyddol allan o'r sefyllfa, ac aeth Goronwy Roberts, Aelod Llafur Caernarfon, cyn belled â chyhuddo'r 'Jesiwitiaid pleidgar' o wthio'u 'bysedd hirion' i 'sefydliadau di-blaid'.[58] Arwydd o'r drwgdeimlad hwn tuag at Blaid Cymru oedd i'r Pleidwyr gael eu rhwystro rhag anfon cynrychiolydd i Gynhadledd Llandrindod – un o'r cynadleddau cenedlaethol cyntaf i gael ei chynnal yng Nghymru 'ers cenedlaethau'.[59] Roedd ffigurau dylanwadol eraill, fel John Aelod Jones, yn feirniadol o Gwynfor am gymhlethu'r ddadl trwy gyplysu tir â gorfodaeth gan mai cwestiwn i Brydain gyfan oedd 'achub yr heddwch'.[60] Ond y feirniadaeth bwysicaf oedd yr un fewnol a ddaethai o'r garfan honno a gredai mai dyletswydd Plaid Cymru oedd torri'r gyfraith er mwyn rhwystro'r fyddin. Cwynodd Kate Roberts, er enghraifft, y '... dylid rhwystro'r milwyr rhag cymryd y ffermydd drwy wrthwynebiad goddefol... Mae amser siarad ar ben. Bu digon o siarad yng Nghymru ers blynyddoedd ond ni wnaed dim ag eithrio llosgi'r Ysgol Fomio'.[61] Mynegodd Kate Roberts ei pharodrwydd i weithredu er mwyn amddiffyn Dyffryn Clwyd ac nid hi oedd yr unig un i siarad fel hyn. Ar Bwyllgor Gwaith Plaid Cymru, roedd ffigurau radical fel Wynne Samuel ac Ithel Davies am fynd yn finteioedd i'r ardaloedd dan fygythiad a 'gweithredu'.[62] Fodd bynnag, er taered y protestiadau, gwrthododd Gwynfor yr alwad hon gan ei fod am weld Pwyllgorau Amddiffyn yn cael eu sefydlu yn gyntaf yn yr ardaloedd hynny a fygythid.

Doedd y wasg ychwaith ddim yn ddall i'r 'parchusrwydd' hwn yn agwedd arweinydd y blaid. Gwelai hefyd fod rhethreg Plaid Cymru ar gonsgripsiwn a thir yn ymdebygu i ddelfrydiaeth ofer. Nododd y *Liverpool Daily Post* sut y disgwyliai pawb ymgyrch dorcyfraith gan 'the enigmatic Nationalists... something swift and novel in the way of nuisance tactics' ond mai'r cwbl a gafwyd oedd paentio sloganau.[63] Halen ar y briw oedd i Saunders Lewis hefyd danlinellu'r bwlch a fodolai rhwng rhethreg a realiti gwleidyddiaeth Gwynfor. 'Rhaid,' meddai, oedd i Blaid Cymru 'ddewis cyn hir rhwng penderfyniad a phenderfyniadau.'[64] Am y tro, fodd bynnag, daliai Gwynfor na ellid cael ymgyrch 'Gandhïaidd' debyg i honno a anogid gan Saunders Lewis. O ganlyniad i hyn, fe'i gorfodwyd i barhau â'r frwydr gyfansoddiadol – nid nad oedd prinder achosion i ymgyrchu drostynt.

Dros yr haf hwnnw, dechreuodd ofnau gyniwair ynghylch prinder bwyd pan ddeuai'r gaeaf a phrofodd y penderfyniad i wrthod Bwrdd Trydan i Gymru yn amhoblogaidd hefyd. Yng Ngorffennaf, datgelwyd mai Cymru oedd y smotyn duaf ym Mhrydain o safbwynt diweithdra ond, i Blaid Cymru, rhaib Western Command fyddai'n parhau fel y pwnc llosg. Gwnaed y mater yn brif bwnc y Gynhadledd Flynyddol a chlywyd galwadau gan ffigurau dylanwadol fel D J Williams a Wynne Samuel am 'weithredu ymarferol'.[65] Wrth i'r hinsawdd economaidd waethygu ar ddechrau'r hydref, dyfnhaodd ofnau pobl Tregaron ynghylch y bwriad i gipio 28,000 o erwau yno. Ochr yn ochr â'r amaethwyr ac Undeb Cymru Fydd, bu Plaid Cymru'n flaenllaw yn y protestiadau a gynhaliwyd i rwystro Tregaron rhag cael ei throi'n dref garsiwn. Trefnodd Plaid Cymru orymdaith lle gwelwyd posteri'n dwyn y slogan 'Ymenyn nid Gynnau'.[66] Cafwyd protestiadau tebyg gan fechgyn Coleg Aberystwyth a bechgyn Ysgol Sir Tregaron. Galwodd Gwynfor ar ffermwyr i wrthod gadael eu cartrefi ac fel y sylwodd y prif was sifil a ofalai am y mater, roedd hon yn 'storm of protest, largely inspired by the Welsh Nationalist Party'.[67] Enillwyd y frwydr yn derfynol yn haf 1948 ac, yn gynyddol, canfyddai gelynion Plaid Cymru, fel y *Western Mail*, fod y Swyddfa Ryfel wedi cyflwyno 'a heaven sent chance for the pacifists among the Welsh Nationalists to inveigh against the military hand desecrating the noble mountains and lovely vales of Gwalia'.[68]

A'r gwyntoedd gwleidyddol o'i blaid, rhoes Gwynfor gynnig ar geisio cael cynifer o fechgyn â phosibl i dorri'r gyfraith a rhwystro gorfodaeth trwy anufudd-dod sifil. Mae'n anodd dweud i sicrwydd pam fod Gwynfor cyn baroted i lunio ymgyrch dorcyfraith ar fater gorfodaeth. Wedi'r cyfan, fel y gwelwyd eisoes, Gwynfor oedd yn bennaf cyfrifol am ffrwyno'r radicaliaid hynny a ddadleuai dros rwystro'r meddiannu tir drwy ddulliau anghyfansoddiadol. Yr esboniad tebycaf dros y gwahaniaeth tactegol yw perthynas Plaid Cymru ag unrhyw brotestio tramgwyddus. Sonia D J Williams yn ei ddyddiadur sut y bu iddo gynhyrfu drwyddo pan glywodd am fwriad Gwynfor i sefydlu 'Cymdeithas Keir Hardie' – cymdeithas led-braich o Blaid Cymru a fyddai'n torri'r gyfraith er mwyn rhwystro gorfodaeth. Y gymdeithas hon, fe obeithiai, a fyddai'n gwneud Gwynfor yn 'arweinydd iawn' yn llygaid Saunders Lewis.[69] Ar gais Gwynfor, lluniwyd cynllun a arfaethai dorcyfraith ar raddfa eang. Y gobaith oedd cael o leiaf gant o aelodau Plaid Cymru, ar y cyd â heddychwyr a chynrychiolwyr crefyddol, i bicedu canolfannau cofrestru gan dderbyn unrhyw gosb a ddeilliai o hynny. Pe byddai'r cynllun wedi mynd yn ei flaen, byddai dulliau eraill fel 'paentio sloganau ac eistedd ar y ffordd' hefyd wedi cael eu defnyddio gan orfodi'r awdurdodau, 'ar derfyn ymgyrch fawr', i erlyn cynifer o aelodau Plaid Cymru â phosibl.[70] Byddai'r cynllun hefyd wedi bod yn fanteisiol gan y byddai wedi caniatáu i Blaid Cymru ganolbwyntio ar wleidydda cyfansoddiadol – fel ag y gwnaeth bodolaeth Cymdeithas yr Iaith yn y chwedegau a'r saithdegau. Fodd bynnag, er i'r trafodaethau preifat hyn fynd rhagddynt tan 1949, ni wireddwyd y cynllun oherwydd rhaniadau dyfnion ynghylch tactegau a phriodoldeb torcyfraith. Amheuai R Tudur Jones, un o brif gynghorwyr Gwynfor, a oedd yna gant o Bleidwyr a fyddai'n fodlon mynd i'r carchar. Pe na cheid y cant, ofnai y byddai'r 'cynllun yn troi'n ffars'.[71] Roedd agwedd cenedlaetholwyr y gogledd hefyd yn siom i Gwynfor[72] ond y broblem sylfaenol arall gydag agwedd y Cymry, ys dywedodd golygydd *Y Faner*, oedd na welai rhieni'r bechgyn deunaw mlwydd oed '… lawer o ddrwg mewn deuddeg mis o ddisgyblaeth filwrol'.[73]

Mae hefyd yn wir i'r polisi hwn o gydymdreiddio heddychiaeth, tir a iaith gael ei weld fel llyffethair gan rai aelodau. Erbyn 1949 byddai'r aelodau hyn yn gadael y blaid i ffurfio'r Mudiad Gweriniaethol Cymreig ond, hyd yn oed ym 1947, roedd y gwŷr hyn – nifer ohonynt o'r de-ddwyrain ac yn gyn-filwyr – o'r farn bod Gwynfor yn cyfeiliorni trwy ganolbwyntio cymaint ar orllewin Cymru. Un o'r cyntaf i fylchu'r rhengoedd a chwyno am Gwynfor oedd Cliff Bere, a alwodd am ffrynt poblogaidd i dorri gafael y Blaid Lafur. Y nod, meddai, oedd 'uno'r ddwy elfen hir sefydlog sydd yn ne-ddwyrain Cymru – sef gwladgarwch a sosialaeth'.[74] Mynegwyd syniadau tebyg gan 'Hwntw' (Vic Jones) yn *Y Faner*. Cyhuddodd yntau Blaid Cymru o fod wedi methu'n llwyr yn y de-ddwyrain ac o anwybyddu'r sefyllfa enbydus yng Ngwent a'r canghennau 'torcalonnus o aneffeithiol' yn nwyrain Morgannwg.[75] Symbyliad pellach i'r beirniaid oedd penderfyniad Iwerddon i hawlio statws gweriniaeth ym 1947 – sefyllfa a wnâi i bolisi Plaid Cymru o gydnabod y Goron trwy alw am Statws Dominiwn ymddangos yn bur lwfr. Achwynodd Gwilym Prys Davies, y parchusaf o blith y gwŷr hyn, ei fod wedi hen ddiflasu ar farweidd-dra cylchgronau fel y *Welsh Nationalist* a'r *Ddraig Goch* a'i fod yn 'hwyr ddydd glas' i Blaid Cymru bregethu cenedlaetholdeb gweriniaeth ac nid Statws Dominiwn.[76]

Trodd Gwynfor glust fyddar i'r cwynion gan y gwyddai y byddai dadlau dros annibyniaeth fel wermod lwyd i'r Gymru Gymraeg Anghydffurfiol. Roedd hefyd yn gwbl anystyriol o feirniadaeth Vic Jones mai plaid i'r Cymry Cymraeg oedd Plaid Cymru. Gwrthododd gydnabod fod yna unrhyw wir o gwbl yn ei lith yn *Y Faner* ac fe'i cyhuddodd yn breifat o fod yn gawdel o falais a 'hunanbwysigrwydd'.[77] Mynnodd yn ogystal fod syniad Cliff Bere o gael ffrynt poblogaidd i drechu Llafur 'allan o'r cwestiwn'.[78] Y pris uchel y bu'n rhaid iddo'i dalu am ei safbwynt oedd gweld ffurfio'r 'Ripyblicanod' ymhen dwy flynedd, ond ei gyffes ffydd yn ystod y blynyddoedd hyn oedd yr angen iddo yntau fel llywydd i wrteithio gwreiddiau Plaid Cymru wedi sychder y rhyfel. Roedd hyd yn oed y syniad o ffrynt unedig dros senedd i Gymru – rhywbeth a ddaeth yn dipyn o obsesiwn ganddo ymhen dwy flynedd – yn anathema iddo ar y pryd. Pan awgrymodd J E Jones ar ddiwedd Tachwedd 1947 y dylai Plaid Cymru alw cynhadledd ar y cyd â'r Blaid Lafur a'r Rhyddfrydwyr i drafod y mater, dywedodd Gwynfor wrtho y byddai hynny'n debygol o 'dywyllu cyngor'. Pryderai'n ogystal y byddai'r Blaid Lafur a'r Rhyddfrydwyr Cymreig yn 'defnyddio' cynhadledd o'r fath am eu bod gymaint â hynny'n gryfach na Phlaid Cymru. Yn ei feddwl, roedd ganddo ddarlun o Huw T Edwards yn bradychu'r fath gynnig eciwmenaidd 'gydag arddeliad'.[79]

Yn y cyfamser, cyfyngodd Gwynfor ei ymdrechion amlbleidiol i'r weithred o anfon gwahoddiad i'r pleidiau eraill er mwyn trafod 'Rhyddid Diwylliannol, Diwydiannol ac Economaidd Cymru'.[80]

Stynt rethregol oedd hynny i raddau helaeth, ond ni wnaeth sectyddiaeth bleidiol o'r fath achosi niwed mawr i Blaid Cymru. Ar ddiwedd 1947, gwireddwyd greddf Gwynfor mai dyletswydd ei blaid oedd parhau â'r ymgyrchoedd tir pan gyhoeddodd Western Command gynllun i hawlio deng mil o erwau ychwanegol yn Nhrawsfynydd.[81] Ar y dechrau, barnodd mai 'gwan oedd y gobaith' am lwyddiant yno, o gofio bod 70 y cant o ddynion y gymdogaeth eisoes yn gweithio i'r Swyddfa Ryfel ond, er gwaethaf hyn, roedd yn gyfle rhy dda i'w anwybyddu.[82] Wedi'r cyfan, roedd hyn i gyd yn digwydd ym Meirionnydd, y gem yng ngobeithion etholiadol Plaid Cymru. Ddechrau'r flwyddyn felly, cyfarfu Pwyllgor Gwaith Plaid Cymru a phenderfynwyd na ddylent ildio yr un fodfedd yn Nhrawsfynydd. Roedd y penderfyniad hwn yn adlewyrchu teimlad mwy cyffredinol ymysg cenedlaetholwyr na ddylai Plaid Cymru gael ei themtio i gefnogi'r elfennau hynny o fewn Undeb Cymru Fydd, fel T I Ellis a W J Gruffydd, a gredai mai doethach peth fyddai bargeinio â Western Command.[83] Dyma, yn ystod misoedd cychwynnol 1948, fu'r neges gyhoeddus a gâi ei datgan mewn cyfarfodydd lu yn enw Plaid Cymru. Ond, yn sgil y polisi hwn, rhoddwyd hwb o'r newydd i'r garfan honno a gredai ei bod hi'n hwyr bryd i Gwynfor arwain ymgyrch dorcyfraith ar y mater. Un o'r rheiny oedd Wynne Samuel a broffwydodd fod yr amser i 'weithredu'n ymarferol yn agos',[84] tra daroganodd aelod arall o'r to iau, Huw Davies, y darfyddai am oes y 'wordy resolutions and futile conferences' ped agorid gwersylloedd milwrol newydd yng Nghymru.[85] Roedd Saunders Lewis yn fwy rhybuddgar fyth. Mewn truth pigog yn *Y Faner*, gwnaeth bwynt o beidio â rhoi ei farn 'am effeithlonrwydd y dulliau a gymerir yng Nghymru i atal y difeddiannu a'r alltudio hwn'.[86]

Yn gyhoeddus, fe uniaethodd Gwynfor ei hun â'r rhethreg filwriaethus hon trwy awgrymu y gallai 'Ysbryd Beca' ymweld â Thrawsfynydd ryw ddydd. Eto i gyd, ar ôl dwy flynedd a hanner o lywyddu ar Blaid Cymru, ceid yr argraff gyhoeddus glir nad oedd Gwynfor yn ysu am weld muriau carchar.[87] O safbwynt Gwynfor, yr hyn a'i pryderai'n fwy na dim oedd y perygl y gallai gweithred anghyfreithlon fawr – fel Penyberth dros ddeng mlynedd ynghynt – ar ddiwedd y pedwardegau niweidio achos Plaid Cymru fel plaid a fyddai ryw ddydd mewn sefyllfa i gynrychioli seddau seneddol fel Caernarfon a Meirionnydd. Ansicrwydd pellach a gymhlethai'r sefyllfa oedd arian, a'r pryder na fyddai Plaid Cymru'n abl i gyllido achosion llys costus a chynnal arweinwyr di-waith. Erbyn haf 1948, er enghraifft, roedd sefyllfa ariannol Plaid Cymru yn enbyd o wael a gorfu i Bwyllgor Cyllid y blaid rybuddio bod 'the collapse of the only organised political movement working for Welsh freedom' yn bosibilrwydd real iawn.[88]

Yr ystyriaeth arall sy'n esbonio amharodrwydd Gwynfor i dorri'r gyfraith oedd ei gred ddiffuant bod Plaid Cymru – er gwaethaf y cyni ariannol – yn blaid a oedd yn parhau i dyfu. Roedd llwyddiant cinio i groesawu Arlywydd Iwerddon, de Valera, i Gaerdydd ym mis Hydref 1948, yn brawf digamsyniol iddo fod Plaid Cymru, oddi ar brotest Llyn y Fan, wedi cymryd camau breision ac yn dechrau cael ei hystyried o ddifrif. Ynghlwm wrth yr hyder bregus hwn, roedd y canfyddiad diymwad fod tirlun gwleidyddol Cymru yn dechrau newid a bod yr angen tactegol ar i Blaid Cymru weithredu fel plaid gyfansoddiadol yn fwy nag erioed erbyn hynny. Y datblygiad mawr a drawsnewidiodd y sefyllfa oedd y penderfyniad i sefydlu Cyngor Cymru a Mynwy ym mis Hydref 1948 – corff diddannedd ac enwebedig a ddyfeisiwyd gan Arweinydd Tŷ'r Cyffredin, Herbert Morrison, er mwyn trechu'r datganolwyr Cymreig yn y Blaid Lafur. I Blaid Cymru, roedd bodolaeth y 'Cyngor Anobaith' dan gadeiryddiaeth yr undebwr amlwg, Huw T Edwards, yn gyfle gwych. Trwy gyplysu bodolaeth y cyngor â phenderfyniad Attlee i wrthod Ysgrifenyddiaeth i Gymru, yn ôl yn haf 1946, medrai Gwynfor ddadlau gyda mwy fyth o hygrededd bod arweinyddiaeth y Blaid Lafur yn casáu datganoli. Ar gorn hyn, medrai hefyd barhau i honni ag argyhoeddiad fod y datganolwyr hynny yn y Blaid Lafur – gwŷr fel Jim Griffiths a Goronwy Roberts – wedi methu'n rhacs yn y frwydr dros lacio gafael Llundain. Ond nid dadrithiad ynghylch bodolaeth Cyngor Cymru a natur anghymreig y Blaid Lafur oedd yr unig ddatblygiadau o bwys. O ganlyniad i sefydlu'r Cyngor, gorfodwyd y Rhyddfrydwyr i ailddatgan eu polisi ar senedd ffederal yn gliriach nag erioed. Lefeiniwyd y blawd gwleidyddol yn ogystal gan benderfyniad y Ceidwadwyr – y blaid undebaethol *par excellence* – i ymgymreigio rhyw gymaint trwy addo Gweinidog i Gymru.[89]

Erbyn Nadolig 1948, roedd Gwynfor mor siriol ag y buasai yn ystod y dyddiau afieithus hynny yn union wedi llosgi Penyberth. Doedd hyd yn oed y ffaith bod y Gweriniaethwyr yn ddigon eofn a threfnedig bellach i fedru galw eu hunain yn 'gylch gweriniaethol' yn menu dim ar ei sioncrwydd deallusol. Yn ei ohebiaeth breifat at Dr Gwenan Jones, synhwyrai fod Plaid Cymru eisoes 'wedi taro'r gwaelod' a bod arwyddion ei bod yn dechrau codi eto. Yn wleidyddol, credai fod yna gyffro rhyfeddol i'w deimlo a bod yna gyfle euraidd i 'fudiad cryf' elwa o'r bwrlwm hwn gan fod y Blaid Ryddfrydol 'ar ddiflannu' a'r Blaid Lafur wedi 'disbyddu ei rhaglen a cholli ei delfrydiaeth a'i sêl genhadol'. Roedd y Gymraeg hefyd yn sicrach ei dyfodol nag y bu ers blynyddoedd, a chredai fod yr arloesi cychwynnol a welwyd ym meysydd addysg a chyhoeddi Cymraeg yn ystod 1948 yn brawf o 'agwedd newydd at yr iaith, yn arbennig yn y dosbarth canol'. O roi'r holl gynhwysion hyn yn y pair, cyfaddefodd wrth Gwenan Jones ei bod hi'n anodd iddo weld sut na allai pethau 'gymryd tro pwysig' yn ystod y 'ddwy neu dair blynedd nesaf'. Y cwbl yr oedd ei angen yn awr, a 1949 ar fin gwawrio, oedd yr hyn a alwai Saunders Lewis yn 'ddychymyg gwleidyddol' – y dychymyg i droi 'mudiad bach gwan yn fudiad cenedlaethol'.[90]

Y syniad 'mawr' cyntaf a ddaeth i ran Gwynfor ym 1949 oedd polisi ynghylch y Gymraeg. Er bod y rhagolygon yn dechrau goleuo, roedd y ffurfafen ieithyddol yn parhau yn hynod ddu, a thema gyson ganddo drwy'r pedwardegau a'r pumdegau (er gwaethaf ei optimistiaeth) oedd pa mor fregus oedd sefyllfa'r Gymraeg.[91] Yn dilyn anogaeth Gwynfor, penderfynodd Pwyllgor Gwaith ei blaid gefnogi ymgyrch dros statws swyddogol i'r Gymraeg. Nod digon Maciafelaidd Gwynfor oedd cael y llywodraeth 'i wrthod' yr ymgyrch yn y gobaith y byddai hyn yn ennyn cydymdeimlad tuag at Blaid Cymru wrth i'r etholiad cyffredinol ddynesu.[92] Yn hynny o beth, ni chafodd ei siomi gan yr ymateb poblogaidd Cymreig na chwaith gan benderfyniad llywodraeth Attlee i anwybyddu'r ymgyrch. Ar ddydd Gŵyl Dewi 1949, gwahoddwyd capeli a chymdeithasau Cymru i gefnogi'r alwad, ac erbyn diwedd mis Mawrth, llwyddwyd i gael dros 600 o sefydliadau i ateb yn gadarnhaol.[93] Gwrthododd y llywodraeth drafod y mater, ac er gwaethaf y siom gyhoeddus a fynegwyd gan Blaid Cymru, roedd hyd yn oed ateb nacaol fel hwn yn llwyddiant gwleidyddol o fath.

Roedd hyn yn bwysig, ond mae ei arwyddocâd yn bitw mewn cymhariaeth â'i benderfyniad mawr yn ystod hanner cyntaf 1949 i ymgyrchu dros senedd i Gymru a gadael i bopeth arall fod yn ddarostyngedig i'r ymgyrch honno. Yn wir, nid gormodiaith yw dweud bod y misoedd hyn ymysg y rhai pwysicaf yn ei fywyd wrth edrych ar ei ymdaith ddeallusol. Yr ysbrydoliaeth ddiamheuol oedd darllen cyfrol Arlywydd Israel, Chaim Weizman, *Trial and Error*. Roedd y gyfrol honno, meddai wrth Pennar Davies ym Mai 1949, yn 'llwythog o wersi ac ysbrydiaeth' a'r wers gliriaf oll iddo oedd na ellid amddiffyn y Gymraeg heb wladwriaeth.[94] Yn achos Cymru, golygai hynny fod ennill senedd i Gymru – neu hyd yn oed fesur o ddatganoli – yn hanfodol. Os oedd hynny mor amlwg â hoel ar bost, roedd y dull gorau o ymgyrchu dros ymreolaeth hefyd yn dod yn gliriach iddo. Yn yr Alban, roedd y Cyfamodwyr wedi cael llwyddiant rhyfeddol gyda'u deiseb; erbyn diwedd 1949, roedd cynifer â hanner miliwn o Albanwyr wedi arwyddo'r ddogfen ac amcangyfrifir i ddwy filiwn o Sgotiaid dorri'u henwau ar y ddogfen derfynol.[95]

Roedd y rhain yn fisoedd cyffrous, misoedd o ddatblygiadau pwysig a roddodd siâp arhosol i wleidyddiaeth Plaid Cymru ar drothwy degawd newydd. Wrth i'r syniad o senedd, ac ymgyrch drosti, facsu ym meddwl Gwynfor, daeth llwyddiant etholiadol i'w ran am y tro cyntaf. Ar 18 Ebrill, fe'i hetholwyd yn gynghorydd dros Langadog ar Gyngor Sir Caerfyddin. Ddeuddydd cyn y pôl, methai Gwynfor â choelio'r 'overwhelming support' a gâi, ac ymddengys i Thomas Jones – yr aelod a enillodd o un bleidlais yn ôl ym 1946 – benderfynu peidio â sefyll eto oherwydd yr ofn y câi gurfa etholiadol.[96] Yn y diwedd, fe etholwyd Gwynfor yn ddiwrthwynebiad, ond doedd y fuddugoliaeth ddim yn llai melys nac arwyddocaol o'r herwydd. Hwn yw un o'r digwyddiadau pwysicaf yn ei fywyd gan iddo gael llwyfan etholedig am y tro cyntaf a chyfle i weld y Blaid Lafur yn gweithredu; yn sgil hynny dwysaodd ei gasineb patholegol tuag at y blaid honno. Etholwyd Gwynfor i gyngor lle yr oedd y Blaid Lafur newydd ennill mwyafrif am y tro cyntaf erioed. Golygai hyn na fyddai unrhyw beth nac unrhyw un yn cael rhwystro ei fandad poblogaidd. 'We are the Masters now' oedd datganiad ymorchestol arweinydd y Cyngor, Douglas Hughes, yn ystod y cyfarfod cyntaf wedi'r etholiad.[97] Câi Gwynfor y fath dalwrn yn anodd dygymod ag ef a theimlai boen yn ei fol bob tro y codai i siarad. Yn fynych, ac yntau ar fin traddodi rhyw araith neu'i gilydd, byddai nifer yn y garfan Lafur yn agor papur newydd neu'n cerdded o amgylch y siambr. Ni hoffent ei lais pwyllog nac ychwaith y modd yr ymdebygai i sant difrycheulyd. Ond hanner y stori yw hon. Mae hefyd yn wir iddo fynd ati'n gwbl fwriadol i godi dau fys ar feddylfryd bostfawr a digon amrwd y Blaid Lafur ar brydiau. Fel y gwelir, does dim dwywaith i Gwynfor gael ei drin yn siabi tu hwnt lawer gwaith, ond roedd cynghorydd newydd Llangadog hefyd yn ddigon o lwynog i wybod sut a phryd i odro cydymdeimlad cyhoeddus.

O'r eiliad gyntaf y cymerodd ei sedd, gwelwyd golygfeydd chwerw tu hwnt gan iddo eistedd, am resymau tactegol, gyda'r garfan Annibynnol. Gobeithiai fedru dylanwadu rhyw gymaint ar y glymblaid lac hon o Ryddfrydwyr, Torïaid ac anffyddwyr gwleidyddol ond, i'r Blaid Lafur, roedd y penderfyniad yn un i'w ffieiddio. Wrth weld cynghorydd Llangadog yn eistedd ar fainc yr Annibynwyr, cawsant brawf clir yn eu tyb hwy mai Tori cefnog oedd y tyfwr tomatos o Langadog.[98] Roedd y bwlch cymdeithasol rhwng Gwynfor a'r Llafurwyr hefyd yn cyfrannu at y drwgdeimlad. Tân ar groen Douglas Hughes, cyn-golier a welodd ddioddefaint enfawr, oedd clywed mab siop lewyrchus o'r Barri yn pregethu am egwyddorion. Câi Gwynfor ei ddrwgdybio hefyd (gyda pheth cyfiawnhad) o ddefnyddio siambr y Cyngor fel llwyfan cenedlaethol. Fel pe na bai hynny'n ddigon o ddraenen yn ystlys y garfan Lafur, penderfynodd Gwynfor yn y cyfarfod cyntaf hwnnw fynnu ei hawl i annerch y Cyngor yn Gymraeg – rhywbeth a ystyrid ganddo fel synnwyr cyffredin gan fod trwch y cynghorwyr yn medru'r Gymraeg.[99] Ond gwrthodwyd y cais ac, o Ebrill 1949 ymlaen, gwelwyd brwydro parhaus rhwng Gwynfor a'r garfan Lafur wrth iddo ymdrechu i Gymreigio pob agwedd ar weithgarwch y Cyngor – yn enwedig ym maes addysg. Yn hanes yr iaith Gymraeg, mae'r brwydrau epig hyn gyda'r pwysicaf; am y tro cyntaf erioed yn ei hanes, roedd rhywun yn ceisio mynd i'r afael â statws cwbl annigonol y Gymraeg ym myd llywodraeth leol.

Er y medrai Cyngor Sir Caerfyrddin ymfalchïo mai hi a agorodd yr ysgol gynradd Gymraeg gyntaf yn Llanelli ym 1947, mae hefyd yn wir bod yna wythïen fawr o wrth-Gymreictod a pharanoia ynghylch y Gymraeg yn rhedeg trwy'r garfan Lafur. Barn hollol gynrychiadol oedd un y cynghorydd Gwilym Thomas, Llandybïe – gŵr a wrthododd gefnogi ymgais Gwynfor i wneud y Gymraeg yn iaith swyddogol yn y Cyngor am ei fod yn 'ymboeni fwy ynghylch budd y dosbarth gweithiol, pa iaith bynnag a siaradent'.[100] Y cysur, fodd bynnag, oedd i'r brwydrau hyn ennyn edmygedd trwch cenedlaetholwyr Cymru. Yn wir, i lawer o Bleidwyr y cyfnod hwnnw, ystyrid brwydrau Gwynfor ym 1949 ar Gyngor Sir Caerfyrddin fel rhai o'r brwydrau pwysicaf a ymladdwyd erioed yn hanes yr iaith Gymraeg. Credai Saunders Lewis, er enghraifft, fod llwyddiannau (a methiannau) Gwynfor ar y Cyngor yn brawf digamsyniol o farweidd-dra'r gymdeithas Lafurol, gapelyddol. O ystyried hynny, gwelai safiad Gwynfor fel prawf o'r angen am 'chwyldro' yn y ffordd y syniai'r gweithwyr am eu Cymru ac i ddyrchafu'r ysbrydol ar draul materoliaeth sosialaidd.[101]

Ond, wrth i'r ymryson hwn fynd rhagddo, roedd trefniadaeth a hyder y Ripyblicanod ym Mhlaid Cymru ar gynnydd ac, erbyn Ebrill 1949, daeth Gwynfor i'r casgliad ei bod yn rhaid iddo dorri crib y criw hwn a ddisgrifiwyd gan y *Liverpool Daily Post* fel y 'Cymric Bolsheviki with beards and bombs'.[102] Ers i'r Gweriniaethwyr gwrdd fel corff am y tro cyntaf yn y Dolwar Cafe yng Nghaerfyrddin yn Chwefror 1949, newidiodd eu natur, a'u bygythiad i arweinyddiaeth Gwynfor, yn sylfaenol. Ar y dechrau, trafod tactegau yn unig a wnaent.[103] Mae hefyd yn amlwg taw amcan gwreiddiol Gwilym Prys Davies, Huw Davies a Cliff Bere oedd parhau oddi mewn i Blaid Cymru yn y gobaith y medrent rwystro pleidleiswyr gwladgarol y de rhag symud eu cefnogaeth i'r Comiwnyddion.[104] Aeth Gwilym Prys Davies cyn belled â gofyn i Gwynfor ganiatáu ffrynt poblogaidd rhwng y Comiwnyddion a Phlaid Cymru, ond barnodd Gwynfor fod hyn allan o'r cwestiwn gan fod y Comiwnyddion anghristnogol yn gwadu 'fod a wnelo moesoldeb â gwleidyddiaeth'.[105] Yn wyneb y fath wrthwynebiad, roedd y Ripyblicanod yn anesmwytho a'u dewisiadau gwleidyddol yn prinhau. O fis Chwefror 1949 ymlaen, dechreuodd rhai o'u harweinwyr – rhai fel Trefor Morgan a John Legonna – drafod un o ddau ddewis: torri'n rhydd erbyn cynhadledd flynyddol Awst 1949 neu, yn fwy annhebygol, gipio awenau arweinyddiaeth Plaid Cymru.[106]

Y cyd-destun hwn sy'n esbonio pam i Gwynfor benderfynu eu herio a gosod cynnig gerbron Pwyllgor Gwaith Ebrill 1949 yn galw ar i'r Gweriniaethwyr ymddiswyddo oni ddangosent 'ffyddlondeb i'r Blaid'. Ar ryw ystyr, roedd Gwynfor yn gorymateb i 'fygythiad' y Ripyblicanod gan mai llond llaw yn unig ohonynt oedd yna; bychan iawn hefyd oedd y gefnogaeth iddynt. Fodd bynnag, credai fod bodolaeth grwpiau bychan fel hwn yn creu dryswch ym meddwl y cyhoedd fel ag y gwnaethai grŵp Gwerin yn ôl ym 1938. Roedd hefyd yn meddwl bod eu syniadau yn gwbl groes i erthyglau sylfaenol Plaid Cymru ac mai pris bychan i'w dalu am ennill Statws Dominiwn oedd gorfod cydnabod y Goron. Afraid ychwanegu bod Llywydd Plaid Cymru hefyd yn anesmwyth ynghylch seciwlariaeth, gwrth-heddychiaeth ac amharchusrwydd cyffredinol nifer o'r Ripyblicanod. Arweiniodd ei safbwynt digyfaddawd ar y mater at ddadl boeth yn y Pwyllgor Gwaith. Honnodd Trefor Beasley fod y blaid yn rhy wan i gael rhwyg, tra rhybuddiodd J Gwyn Griffiths bod aelodau'r Mudiad Gweriniaethol ymysg gweithwyr gorau Plaid Cymru. Ond roedd Gwynfor yn mynnu cael ei ffordd; o ddeuddeg pleidlais i dair, galwodd Pwyllgor Gwaith Plaid Cymru ar y Gweriniaethwyr i ymddiswyddo o Blaid Cymru neu ynteu roi'r gorau i'w gweithredoedd.[107]

Dewisodd y Gweriniaethwyr beidio â phlygu i'r storm a phrofwyd Gwynfor yn hollol anghywir yn ei ddewis o dacteg. Os rhywbeth, fe barodd wltimatwm y Pwyllgor Gwaith i'r Gweriniaethwyr ymwroli ac, o fis Ebrill ymlaen, daethant yn gorfflu cwbl gyhoeddus a threfnedig y tu mewn i Blaid Cymru gan ymosod yn barhaus ar agwedd ofnus Gwynfor tuag at y Frenhiniaeth.[108] Mae'n amlwg i'r ymosodiadau ac i annheyrngarwch y Gweriniaethwyr effeithio'n drwm ar ei hwyliau oherwydd, erbyn canol Mai 1949, roedd wedi hysbysu J E Jones na fynnai gael ei ailethol yn llywydd ar Blaid Cymru gan gwyno ei fod wedi llwyr ymlâdd. O edrych yn ôl, hwyrach fod ei adwaith yn fwy o gri am help na bygythiad go iawn i roi'r ffidil yn y to ond, ar y pryd, fe achosodd gwewyr Gwynfor banig yn rhengoedd Plaid Cymru. Ysgrifennodd J E Jones ato gan fynnu mai 'amhosib' fyddai iddo hyd yn oed ystyried ymddiswyddo, gan na wyddai am neb tebyg iddo a fedrai wneud y swydd.[109] Ar yr un diwrnod, cyfeiriodd Saunders Lewis apêl debyg ato gan ddweud y 'byddai'n ddrwg enbyd' ganddo pe bai'n gadael y swydd yn y modd hwn, o gofio'r ymddiriedaeth a'r dylanwad a enillasai i Blaid Cymru yn ystod pedair blynedd ei lywyddiaeth.[110]

Profodd swcr o'r fath yn falm i'r enaid clwyfedig. O fewn y mis, dechreuodd Gwynfor ymrafael drachefn â'r ddau bwnc allweddol a'i hwynebai fel llywydd: Ymgyrch Senedd i Gymru a'r Ripyblicanod. Mewn cyfarfod allweddol o Bwyllgor Gwaith Plaid Cymru ym Mehefin 1949, amlinellodd ei weledigaeth uchelgeisiol o wneud yr alwad am 'Senedd i Gymru Mewn Pum Mlynedd' yn brif genhadaeth i Blaid Cymru. Er mwyn mynd â'r maen i'r wal, defnyddiodd Gwynfor yr holl ddadleuon a oedd wedi bod yn crynhoi yn ei feddwl ers y Nadolig. Y pastwn mawr yn ei arfogaeth oedd y ddadl wleidyddol, a'i hyder y byddai ymgyrch dros senedd i Gymru yn 'rhoi hwb i'r mater', gan orfodi'r pleidiau eraill i ddweud lle yn union y safent. Roedd sefyllfa'r Alban yn rhan o'r dadansoddiad hwn, a phwysleisiodd na fedrai Plaid Cymru fod ar ei hôl hi. Yr atyniad arall iddo oedd economeg, gan y credai y byddai 'politics ymarferol' yn boblogaidd unwaith y deuai dirwasgiad i'r de ar ddiwedd y cynllun Marshall Aid.[111]

Yn dilyn y cyflwyniad, mae'n deg dweud y gallai Gwynfor fod wedi disgwyl gwrthwynebiadau sylweddol ond fe'i siomwyd ar yr ochr orau. Wedi'r cyfan, roedd Plaid Cymru wedi cael ei sefydlu er mwyn amddiffyn diwylliant Cymru ond, yn awr, dyma'r llywydd yn gofyn iddi wneud senedd i Gymru ar hyd llinellau Senedd Ulster yn brif amcan iddi. Byddai senedd yn dod â Mesur o ddatganoli, nid 'rhyddid' llawn, ond ateb Gwynfor i'r cyhuddiad ei fod yn cyfaddawdu oedd bod angen Cymru yn rhy fawr 'to debate in academic terms what Wales should have in another thirty years'.[112] Er hynny, roedd yr oblygiadau'n enfawr: wrth dderbyn y slogan hwnnw, 'Senedd i Gymru Mewn Pum Mlynedd', roedd Gwynfor yn gofyn i'w blaid gefnu ar wleidyddiaeth byr-dymor ac arwriaeth wleidyddol. Yr hyn sy'n drawiadol, fodd bynnag, yw'r mudandod a glywyd o du 'carfan Penyberth' Plaid Cymru – yn enwedig o gofio'u parabl llifeiriol adeg boddi Tryweryn. Yr unig feirniadaeth go iawn a welwyd yn y wasg oedd bod y cynllun yn oruchelgeisiol, a bod gosod amserlen o'r fath yn 'political suicide', chwedl y *Liverpool Daily Post*.[113] Mae'n bosibl hefyd i'w fygythiad i ymddiswyddo o'r llywyddiaeth ennill peth cydymdeimlad tuag ato, ond roedd Gwynfor wedi ennill brwydr fewnol dyngedfennol. Trwy rym ei argyhoeddiad, llwyddodd i sicrhau bod brodyr Plaid Cymru yn gadwedig yn y ffydd wrth ymgymryd â'r fenter fawr newydd hon.

O'r diwedd, roedd Plaid Cymru, o safbwynt polisi a delwedd, yn dechrau symud allan o gysgod dylanwad Saunders Lewis, a rhoes hyn ail wynt i Gwynfor yn ei frwydr yn erbyn y Gweriniaethwyr. Drannoeth y cyfarfod allweddol hwnnw o'r Pwyllgor Gwaith, fe glywodd fod y Ripyblicanod ar fin gadael Plaid Cymru ond nid, addefodd wrth D J Williams, 'cyn gwneud yfflon o stŵr yn y Gynhadledd a cheisio cymryd gymaint byth ag y medrent gyda hwy'. Ymddangosai hyn yn gwbl 'anghyfrifol' i Gwynfor, ond serch ei fod yn gresynu ynghylch y posibilrwydd o golli bechgyn dawnus fel Gwilym Prys Davies a Huw Davies, cyfaddawd oedd y peth olaf ar ei feddwl. Wyneb yn wyneb â'r hyn a ystyriai fel brad (yn enwedig o du Trefor Morgan), credai ei bod hi'n rheidrwydd trechu'r Ripyblicanod trwy sicrhau y byddai'r 'demonstration' o'u plaid hwy yn y gynhadledd yn troi'n 'amlygiad o unoliaeth y Blaid'.[114] Anogwyd Gwynfor yn ei wrthwynebiad i'r Ripyblicanod gan D J Williams. Yn ei dyb ef, 'heroics plentynnaidd' oedd gwleidyddiaeth y Gweriniaethwyr ac, erbyn i Gynhadledd Plaid Cymru ymgynnull yn Nyffryn Ardudwy yn Awst 1949, roedd y cylch cyfrin o amgylch Gwynfor yn bendant bod yn rhaid cael gwared â'r ploryn hwn.[115]

Gyda'r fath elyniaeth ar y ddwy ochr, doedd hi fawr o syndod i'r Gynhadledd ddatblygu i fod ymysg y fwyaf tanllyd yn hanes y blaid. Y Gweriniaethwyr a enillodd rownd gyntaf yr ornest gan alw am 'Werinlywodraeth', nid Statws Dominiwn, fel nod y Gymru Rydd. O'r llwyfan, honnodd un o'r Gweriniaethwyr amlycaf, Ithel Davies, fod polisi'r blaid yn eu cymell i fod yn Brydeinwyr yn gyntaf ac yn Gymry yn ail. Roedd Cliff Bere yn llawn mor ddeifiol. I gyfeiliant o ebychiadau o 'Nonsens!' gan gefnogwyr Gwynfor, awgrymodd y gellid cloi'r Gynhadledd trwy

1915: Gwynfor yn deirblwydd oed gyda'i fam, Catherine, a'i chwaer, Ceridwen.

Y 'Barry Boy': Gwynfor, ei fam Catherine, ei chwaer Ceridwen, ei dad
Dan a'r brawd bach, Alcwyn.

'Evans – never gets rattled'
– y cricedwr a'r llanc (chwith
eithaf) ar ei brifiant yn y Barry
County School.

Frankfurt, 1936:
ar wyliau gydag
Alcwyn.

Diddanwch dirwestol: Gwynfor (â photel yn ei law), gyda'i deulu a chyfeillion capel, 1934.

Yr efrydydd delfrydgar: Gwynfor ar ddechrau'r tridegau.

Y Brideshead Cymraeg, 1935: Gwynfor (rhes gefn, ail o'r dde) a'i gyd-fyfyrwyr yng Nghymdeithas Dafydd ap Gwilym, Rhydychen.

Dathlu wedi'r arholiadau terfynol: Gwynfor yn Rhydychen, 1936.

Darganfod y 'Fro Gymraeg':
Gwynfor yn Tynllidiart ger
Dolgellau, 1939. Tynnwyd y llun
gan ei ddarpar dad-yng-nghyfraith,
Dan Thomas.

Cariad yn nyfnderoedd rhyfel:
Gwynfor a Rhiannon yn Tynllidiart,
1940.

1940: ymweliad cyntaf Rhiannon,
'Nannon', â Wernellyn.

Gwynfor a'r 'Esgob': Gwynfor yng nghwmni Richard Bishop, Cadeirydd Heddychwyr Cymru.

Dyddiau rhyfel, 1941: trwy gydol y cyfnod hwn, gweithiai Gwynfor dros Blaid Cymru, Heddychwyr Cymru ac Undeb Cymru Fydd – camp nid ansylweddol.

1 Mawrth 1941: Rhiannon a'i thad, Dan
Thomas, ar ddiwrnod ei phriodas â Gwynfor.

Y flwyddyn gyntaf o fywyd priodasol: Gwynfor a
Rhiannon yn Wernellyn, 1941.

Ennill ei blwyf fel llywydd: un o gyfarfodydd Plaid Cymru tua 1947.

'Like some ghostly column from Arthurian legend': protest
Llyn-y-Fan Fach, Ionawr 1947.

Y chwyldro melfedaidd drwy
sefydliadau: Gwynfor a'i gyd
aelodau o Bwyllgor Ymgynghord
Cymreig y BBC, 194

'Stop War Office Havoc in Wales': protest gan Blaid Cymru yn
gwrthwynebu cipio tir Cymru. Ar flaen eithaf y llun, a dynnwyd yn
Ionawr 1947, gwelir Gwilym Prys Davies.

Dal dy dir: protest Abergeirw, 1948.

Rali fawr Machynlleth: cychwyn Ymgyrch Plaid Cymru dros
gael senedd i Gymru, mis Hydref 1949.

ganu 'Duw Gadwo'r Frenhines' o gofio polisi cyfansoddiadol Plaid Cymru.[116] Tacteg Gwynfor mewn sefyllfaoedd eirias fel hyn oedd peidio â dweud dim, a dirprwyo'r gwaith brwnt i'w lefftenantiaid – yn enwedig J E Jones a Dewi Watkin Powell. Gwrth-ddadl Watkin Powell oedd bod Ymerodraeth Lloegr yn datblygu'n gymdeithas o wledydd rhydd, ac y byddai Cymru'n mwynhau statws cenedl rydd, er y byddai o dan y Goron. Pan ddaeth hi'n fater o bleidlais, roedd hi'n amlwg bod y dirprwywyr wedi gwneud eu gwaith yn ardderchog oherwydd 10 yn unig a bleidleisiodd dros Weriniaeth Gymreig gyda 99 yn erbyn.

Roedd hi'n fuddugoliaeth ysgubol i Gwynfor, ond hyd yn oed wedi hynny, doedd yna ddim byd anochel ynghylch penderfyniad y Gweriniaethwyr i adael Plaid Cymru a sefydlu mudiad newydd. Gobaith rhai ohonynt, fel Gwilym Prys Davies, oedd aros oddi mewn i Blaid Cymru, ond teimlent fod agwedd 'bitw' J E Jones yn ei gwneud yn gwbl glir nad oedd croeso iddynt mwyach.[117] Er nad oes tystiolaeth i Gwynfor annog J E Jones, does yna ddim gronyn o dystiolaeth ychwaith iddo geisio ei rwystro, ac mae'n anodd coelio y byddai gwas mor ffyddlon ag Ysgrifennydd Cyffredinol Plaid Cymru wedi gwneud unrhyw beth i ddigio'i feistr. Canlyniad hyn oedd i tua hanner cant o'r Gweriniaethwyr adael Plaid Cymru a ffurfio eu plaid eu hunain erbyn y Nadolig 1949. Ni faliai Gwynfor ffeuen am eu presenoldeb y tu allan i Blaid Cymru, a chredai fod y 'dyn cyffredin' yn mynegi ei ddiffyg diddordeb yn eu cyrddau trwy eu hanwybyddu.[118] Roedd eu radicaliaeth, a fynegid gliriaf yn eu cylchgrawn *The Welsh Republican* rhwng 1950 a 1957, hefyd yn cynorthwyo Plaid Cymru trwy wneud iddi edrych yn fwy parchus. Fodd bynnag, stryffaglodd y mudiad hyd at ei farwolaeth anorfod ym 1957 a dychwelodd rhai o'r bechgyn i gorlan Plaid Cymru tra aeth eraill i gyfeiriad y Blaid Lafur. Ond buddugoliaeth bur wag a diangen oedd hon i Gwynfor a J E Jones. Yr eironi pennaf, fel y sylwodd John Davies, oedd mai syniadau seciwlar a gwrthsefydliadol tebyg i rai'r Gweriniaethwyr fu'n allweddol i hygrededd Plaid Cymru yng nghymoedd y de yn ystod y chwedegau a'r saithdegau.[119]

Ynghanol gwres a brwmstan Dyffryn Ardudwy, ni chafodd penderfyniad pwysicaf y gynhadledd, sef hwnnw i gymeradwyo'r ymgyrch dros senedd, nemor ddim sylw, ond o haf 1949 ymlaen, aeth ymron holl egnïon Plaid Cymru i'r cyfeiriad hwn. Er hynny, dechreuodd yr ymgyrch mewn modd digon di-sut wrth i'r wasg lambastio eu gwahoddiad i Clement Attlee gwrdd â nhw fel 'stynt' plentynnaidd. Ond er y dechrau anaddawol, roedd y rhod ar fin troi yn y modd mwyaf disglair i Blaid Cymru.[120] Ym Machynlleth, ar ddechrau mis Hydref 1949, trefnwyd un o ralïau mwyaf uchelgeisiol Plaid Cymru erioed; y gobaith oedd cael dros fil o bobl ynghyd yn nhref senedd-dy Owain Glyndŵr i alw am senedd newydd i Gymru. Pe bai'r rali hon wedi methu, byddai hygrededd Gwynfor wedi bod yn bur isel mor fuan wedi chwalfa'r gynhadledd ym mis Awst, ond doedd dim angen poeni. Daeth pedair mil o bobl ynghyd er mwyn galw am senedd – ffigur rhyfeddol o uchel o gofio nad oedd datganoli wedi ei drafod yn iawn ar lefel gyhoeddus ers dyddiau mudiad Cymru Fydd, hanner can mlynedd ynghynt. Ac os oedd y nifer yn syndod, roedd natur y dorf yn rhyfeddach fyth. Ymhlith y gweinidogion a'r athrawon a fu'n gynheiliaid i Blaid Cymru, gwelwyd wynebau newydd: glowyr, chwarelwyr a gweithwyr rheilffordd. Yn goron ar y diwrnod, cafwyd perfformiad gorchestol gan Gwynfor. Wedi'i araith, barnodd un gohebydd gorganmolus mai Gwynfor, nid Aneurin Bevan, a haeddai wisgo mantell areithiwr gorau Cymru.[121] Cyffelyb oedd ymateb Anthony Davies (Llygad Llwchwr), sgriblwr enwog y *News Chronicle*. Maentumiodd yntau fod Plaid Cymru wedi cynnal y rali fwyaf arwyddocaol ers dyddiau Lloyd George a Tom Ellis, a bod y llwyddiant yn adlewyrchiad o anniddigrwydd y Cymry ynghylch llywodraeth Llundain.[122]

Y cwestiynau llosg wedi llwyddiant Machynlleth oedd i ble yr âi Plaid Cymru â'u hymgyrch, ac a fyddent yn cymryd y cam amlwg o ddod i ddealltwriaeth â'r Rhyddfrydwyr Cymreig. Roeddent hwythau newydd 'ailddarganfod' eu brwdaniaeth dros senedd i Gymru. Am dri mis, aeth y darogan rhagddo, ond roedd Plaid Cymru a'r Rhyddfrydwyr yn bur anfoddog i gymryd y camau cyntaf hynny tuag at yr allor. Yn absenoldeb unrhyw gytundeb amlwg, penderfynodd Plaid Cymru achub y blaen ar y Rhyddfrydwyr gan benderfynu ar 31 Rhagfyr 1949 y dechreuent ddeiseb amlbleidiol dros senedd. Drannoeth, ar ddydd Calan 1950, dewisodd y Rhyddfrydwyr Cymreig dorri cwys debyg, ond cwbl ar wahân, trwy ddechrau ymgyrch senedd i Gymru ar eu liwt eu hunain.[123] I nifer ym Mhlaid Cymru, roedd penderfyniad y Rhyddfrydwyr yn 'sioc' a'r argraff glir oedd bod sefyllfa unigryw a chwbl hurt wedi ei chreu: am hanner canrif, roedd datganoli (gydag ambell eithriad prin) yn farw gelain, ond yn awr roedd dwy ymgyrch o blaid senedd wedi eu creu gan fynnu dilyn llwybrau gwahanol![124] I gymhlethu'r darlun ymhellach, ofnai lleiafrif ym Mhlaid Cymru fod sêl newydd y Rhyddfrydwyr dros senedd yn ymdebygu i'r hyn a ddisgrifiodd Saunders Lewis fel 'cast etholiadol', ac y dylai Plaid Cymru fod yn dra gochelgar wrth ddelio â nhw.[125] Bu'n rhaid wrth ddoethineb yr Henadur William George i achub sefyllfa a allai fod wedi troi'n siop siafins. Ar ei anogaeth ef, llwyddwyd i argyhoeddi'r ddwy blaid y byddai'n llawer doethach cydymgyrchu o dan faner Undeb Cymru Fydd. O'r diwedd, felly, cafwyd cytundeb ond gydag etholiad cyffredinol ar fin cael ei alw, penderfynwyd y byddai'n rhaid aros nes i'r berw etholiadol oeri cyn dechrau ar unrhyw gydymgyrchu.

O gofio'r hyn oedd newydd ddigwydd, doedd hi ddim yn syndod i Gwynfor droi'r angen am senedd yn gonglfaen ymgyrch etholiadol ei blaid.[126] Ond os oedd y polisi'n eglur, dechreuodd y frwydr yn y modd gwaethaf posibl iddo. Rhwng cloriau'r *Faner*, gwelodd Saunders Lewis yn dda i danseilio'r holl ymgyrch trwy ymosod yn hallt ar y syniad o senedd i Gymru ac ar arddull Gwynfor o arwain. Yr hyn yr oedd ei angen ar Blaid Cymru, meddai, oedd rhagor o ysbryd Gandhi a Mrs Pankhurst – mewn geiriau eraill, torcyfraith. Yn ogystal, mynegodd Saunders Lewis gydymdeimlad cyhoeddus â dulliau'r Gweriniaethwyr: 'Pan ddywedo'r Gweriniaethwyr Cymreig fod Plaid Cymru wedi colli ysbryd ei blynyddoedd cyntaf, wedi troi ei chefn ar Benyberth, ymddengys i mi fod y cyhuddiad yn deg. Trwy holl fywyd Cymru heddiw y mae diffyg antur yn amlwg'.[127] Arweiniodd homili Saunders Lewis at benawdau breision yn y wasg: 'Extremists in the Blaid' oedd dyfarniad y *News Chronicle* [128] ac er i Saunders Lewis (yn ei ddull cynyddol anghyson) dalu teyrnged hael i Gwynfor wythnos yn ddiweddarach, roedd y niwed wedi ei wneud.[129] Nid am y tro cyntaf, roedd Saunders Lewis – gŵr yr oedd ei ddylanwad yn parhau'n aruthrol o gryf ar genedlaetholdeb Cymreig – wedi rhoi Gwynfor mewn sefyllfa hynod anodd, a hynny yn y modd mwyaf amlwg posibl. Llwybr diplomyddiaeth styfnig oedd yr unig un oedd yn agored i Gwynfor gan y gwyddai y byddai ymosodiad ar Saunders Lewis yn creu rhwyg. Yn gyhoeddus, felly, y cwbl y gallai ei wneud oedd ailddatgan ei gred mai dim ond senedd a fedrai achub y genedl.[130]

Cyn bwysiced â senedd, roedd yr angen i ymladd cynifer o seddau ag oedd yn bosib yn erthygl ffydd i Gwynfor. Yn nannedd gwrthwynebiad chwyrn rhai o hoelion wyth Plaid Cymru, llwyddodd i argyhoeddi ei Bwyllgor Gwaith y dylai Plaid Cymru ymladd saith sedd. Er bod ffigurau mor amlwg â Saunders Lewis, R Tudur Jones a D J Davies yn dadlau mai twpdra fyddai rhoi cynifer o ymgeiswyr ar y maes, roedd Gwynfor yn grediniol mai dyma'r unig ffordd y medrai ei blaid ehangu sylfaen ei chefnogaeth.[131] Bu'r ymgyrch ei hun yn un ddigon di-fflach i'r pleidiau i gyd ond, i Lafur yn arbennig, roedd hi'n amlwg bod sêl a delfrydiaeth 1945 wedi hen bylu. Yng Nghymru, er bod yna barch enfawr i'w deimlo tuag at welliannau cymdeithasol llywodraeth Attlee, bychan oedd y brwdfrydedd dros yr ymgyrchu. Wedi pum mlynedd o lymder economaidd, y dadrithiad tybiedig hwn gyda sosialaeth fyddai pregeth fawr Gwynfor drwy gydol yr ymgyrch.

Yn genedlaethol, ac ym Meirionnydd drachefn, ceisiodd ddarlunio Llafur fel plaid lawn mor rhyfelgar ac ymerodraethol â'i rhagflaenwyr. Y dewis i etholwyr Meirion a thu hwnt oedd hwn: rhagor o raib milwrol y Blaid Lafur Seisnig, ynteu cenedlaetholdeb heddychol Plaid Cymru.[132] Trwy gydol yr ymgyrch y Chwefror hwnnw, apeliodd Gwynfor at yr elfen foesol ymhlith etholwyr Meirion, gan eu hatgoffa bod y Cymro 'wedi ei alw i waith arbennig' a bod 'cenhadaeth' wedi ei gosod ar y Cymry.[133] Ond mae'n amlwg i hyn arwain at rai tensiynau yn ei ymgyrch. Roedd rhai o Bleidwyr Meirion yn credu mai camgymeriad tost oedd rhoi cymaint o bwyslais ar y moesol heb sôn nemor ddim am yr ochr faterol. Roedd yna hefyd deimlad ymysg rhai o'i feirniaid mai camsyniad oedd cael cynifer o weinidogion ac athrawon i annerch ei gyfarfodydd etholiadol. Beth, holodd un o'r cyfryw feirniaid, a wyddai'r gwŷr hynny 'gyda'u cyflogau sicr' am anghenion gwerin Meirion? [134] Ac os oedd Gwynfor yn tueddu i apelio at bethau dyrchafedig, roedd ei wrthwynebwyr yn fwy na pharod i chwarae'n frwnt o gofio bod canlyniad Meirionnydd yn dibynnu ar y cynnydd a ddisgwylid ym mhleidlais Plaid Cymru.[135] Gyda'r frwydr rhwng y Rhyddfrydwyr a Llafur yn un dynn, awgrymodd y Rhyddfrydwyr na ddylai'r etholwyr ymddiried mewn dyn dŵad a oedd yn debygol o ddod 'allan fel Llafur Annibynnol Cymreig'. Mwy niweidiol, ond llai credadwy, oedd yr awgrym a wnaed gan y Blaid Lafur fod Gwynfor yn Babydd.[136]

Wedi mis o ymgyrchu mewn tywydd ofnadwy, stryffaglodd y Cymry tuag at y bythau pleidleisio ar 23 Chwefror 1950. O drwch blewyn, enillodd Attlee fwyafrif seneddol, a serch iddo golli seddau dirifedi yn Lloegr, roedd y Cymry mor driw ag erioed i'w sosialaeth. Ym Meirionnydd, roedd y dyfarniad ar bum mlynedd o ymgyrchu parhaus yn un siomedig iawn i Blaid Cymru gan y gadawyd Gwynfor ar waelod y pôl drachefn. Gwasgwyd ei bleidlais yn yr ymrafael clòs rhwng y buddugwr, y Rhyddfrydwr, Emrys Roberts, a'i wrthwynebydd Llafur, Owen Parry. Cynnydd bychan o lai nag un y cant a welodd Gwynfor yn ei bleidlais ac, yn genedlaethol, arhosodd Plaid Cymru yn ei hunfan i bob pwrpas, gan ennill ychydig dros un y cant o'r bleidlais.

Y teimlad cyffredinol yn y wasg Gymreig oedd y dylai Plaid Cymru fod wedi gwneud yn llawer gwell wedi'i holl lafur dros y pum mlynedd blaenorol. Roedd y cwymp o dri y cant ym mhleidlais y Rhyddfrydwyr Cymreig hefyd yn cael ei ddehongli fel tystiolaeth glir bod datganoli, a'r ymgyrch fregus dros senedd i Gymru, wedi eu tagu ar eu genedigaeth.[137] Efallai mai John Aelod Jones a ddaeth agosaf at fynegi calon y gwir ynghylch difaterwch y Cymry pan nododd mai'r unig ddeiseb y clywodd ef sôn amdani yn ystod yr ymgyrch ym Meirionnydd oedd honno ym Mlaenau Ffestiniog i rwystro cwmni Tate and Lyle rhag cael ei wladoli![138] Yn rhengoedd y cenedlaetholwyr, arweiniodd y gurfa ymddangosiadol at drengholiad hir a manwl. Yn ôl ymchwil fewnol Plaid Cymru, canfuwyd rhestr hir o ddadleuon a rhagfarnau yn erbyn pleidleisio drosti. Yn eu plith, rhestrid:

> *Jobs for the boys*, Clic y Brifysgol – rhy academaidd – athrawon a phregethwyr (gwybodusion, totalitarwyr, gweinidogion anfoddog yw'r Blaid medd un); ddim am agor tafarnau ar y Sul; Plaid y dde; Pabyddiaeth; dim budd i'r gweithwyr; dim Saesneg ar y radio; dim lle i'r Cymry di-Gymraeg yn y Gymru rydd, rhaid i bawb siarad Cymraeg.[139]

Roedd Gwynfor yn gwbl ymwybodol o'r niwed a wnâi'r canfyddiadau hyn, ond y radio a diffyg sylw cyfryngol oedd y prif resymau, yn ei dyb ef, dros fethiant etholiadol Plaid Cymru. Bob nos yn ystod yr ymgyrch, dywed iddo ddigalonni o sylweddoli bod y radio'n cyrraedd 'bron pob cartref tra na fedrai'r blaid gyrraedd pentref ond unwaith neu ddwy mewn cyfarfod cyhoeddus'.[140] Yn niffyg sylw ar donfeddi'r BBC, dau ateb yn unig y medrai eu cynnig: gweithio'n galetach rhwng etholiadau, a chreu rhagor o 'genedlaetholwyr da' trwy 'dröedigaeth feddyliol ac ysbrydol'.[141] Eto i gyd, peidied neb â meddwl bod Gwynfor wedi torri ei galon. 'Are we down-hearted?' gofynnodd yn rhethregol i D J Williams. Yr ateb, wrth gwrs, oedd 'Na'. 'A woblwn?' holodd drachefn. Eto fyth, yr ateb oedd 'Na'. Wedi'r cyfan, fel y dywedodd wrth D J Williams, 'Dylem wybod pa fath o ddeunydd sydd gennym i weithio arno yng Nghymru'.[142]

Bu'n driw i'w air, a throdd ei wyneb fel callestr wrth ymateb i'r beirniaid mewnol ac allanol hynny a fynnai mai gwastraff amser oedd ymladd etholiadau ac ymgyrchu o blaid senedd i Gymru. Yn ystod Ebrill 1950, penderfynodd Plaid Cymru sefyll eto yn yr un saith etholaeth[143] a chynyddodd gweithgarwch Gwynfor yn fwy fyth dros senedd i Gymru wrth i 1 Gorffennaf, diwrnod lansio'r ymgyrch amlbleidiol, agosáu. Anerchodd dwr o gyfarfodydd ac ysgrifennodd barnffled swmpus, *Plaid Cymru and Wales*, mewn ymgais i lunio achos cwbl resymegol dros senedd i Gymru.[144] Ychwanegwyd at yr ymdeimlad o gyffro cenedlaetholgar gan anniddigrwydd cynyddol yn y Blaid Lafur Gymreig. O'r foment y dyfarnodd Cliff Prothero, Ysgrifennydd Cyngor Cymreig y Blaid Lafur, mai 'frivolous demand' oedd senedd ac y byddai ei blaid yn boicotio'r lansiad, cafwyd cryn ddarogan ynghylch pa Lafurwyr fyddai'n ddigon dewr i'w anwybyddu. Yn y wasg Gymraeg, crybwyllwyd enwau amlwg fel David Thomas, Huw T Edwards a Goronwy Roberts – gwŷr a fyddai, chwedl Gwynfor, yn fodlon herio 'gair Llundain'.[145] Gobaith Gwynfor oedd y byddai presenoldeb Llafurwyr oddi mewn i ymgyrch dros senedd yn rhwygo'r Blaid Lafur. Arwydd o'i obeithion uchel, os nad ffôl o oroptimistaidd, oedd iddo rybuddio ei gyd-aelodau ym Mhlaid Cymru i ymbaratoi ar gyfer croesawu 'adran Gymreiciaf' y Blaid Lafur i'r 'mudiad Cenedlaethol'.[146] Does dim dwywaith y gwnaeth Gwynfor fwynhau sylwebu ar y rhwygiadau hyn; wedi'r cyfan, am y tro cyntaf yn ei yrfa fel gwleidydd, tybiai iddo ddarganfod gwendid ym mheiriant y Blaid Lafur Gymreig. Eto i gyd, bu chwarae i'r galeri fel hyn yn drychinebus o safbwynt datganoli, gan iddo wanhau sefyllfa'r Cymry hynny oddi mewn i'r Blaid Lafur – rhai fel Cledwyn Hughes a Goronwy Roberts – a oedd yn ystyried o ddifrif a ddylent ymuno ag ymgyrch Senedd i Gymru.

Roedd yna bris personol hefyd i'w dalu am y fath brysurdeb rhyfeddol er 1945. Yn aml, anerchai Gwynfor tua hanner dwsin o gyfarfodydd cyhoeddus bob wythnos gan deithio i bedwar ban Cymru yn ei Morris Minor cyn dychwelyd yn oriau mân y bore i Wernellyn. Yna, yn amlach na pheidio, âi i gael golwg ar y bwyleri yn y tai gwydr gan roi proc i'r tanau cyn clwydo a hithau'n aml ar fin gwawrio. Dyma, ar ôl pum mlynedd o lywyddiaeth, oedd ei ffordd o fyw a llwyddodd i gadw at y math yma o amserlen asetig am ddegawdau. Swmp a sylwedd ei fywyd yn syml iawn oedd efengylu, gohebu, teithio di-ben-draw a swpera mewn siopau tships. Byddai ond yn darllen i bwrpas, a chanu'r piano oedd ei unig gonsesiwn i ymlacio. Ond ni fedrodd hyd yn oed rhywun mor ddihysbydd ei egnïon â Gwynfor barhau heb gael ei dolcio gan y fath ymdrech. Ym Mai 1950, bu'n rhaid iddo gael llawdriniaeth yn Ysbyty Treforys ar ei bendics, ac er mai llawdriniaeth gymharol bitw ydoedd, roedd y sawl a oedd agosaf ato yn grediniol ei fod yn cloddio bedd cynnar iddo'i hun. Ysgrifennodd ei dad-yng-nghyfraith, Dan Thomas, ato gan grefu arno i 'beidio bod mor galed' arno'i hun gan ei rybuddio ei fod yn hawdd i un dyn wneud gormod gan 'amddifadu ei ddydd a'i genhedlaeth o'i wasanaeth ar ei orau'.[147] Tebyg oedd pryder D J Williams a gredai'n breifat fod Gwynfor yn gweithio'n 'gwbl afresymol o galed'.[148] Mor aml y clywodd ei fab Alcwyn yr ymadrodd bod 'Dadi mewn cyfarfod' nes i'r bychan ddod i gredu bod lle o'r enw 'Cyfarfod' yn bodoli. Ac er bod Gwynfor yn caru ei deulu'n angerddol, Cymru oedd ei flaenoriaeth. Un tro, dywedodd wrth ei fab Dafydd iddo ddifaru cael teulu gan y byddai aros yn sengl wedi ei alluogi i weithio'n galetach fyth dros ei genedl. Yn anochel, rhoes y llafur hwn beth straen ar ei briodas â Rhiannon hefyd ac, ar brydiau, barnai Dafydd ei bod hi'n briodas anodd oherwydd ei efengylu parhaus yn enw Plaid Cymru.[149]

Adferodd ei iechyd yn ddigonol, fodd bynnag, iddo gael mynd i Landrindod a bod yn rhan o ddechrau swyddogol yr Ymgyrch dros Senedd i Gymru ar 1 Gorffennaf 1950. Aeth y datganolwyr yno yn eu cannoedd i gynulliad a ymdebygai i gwrdd diwygiad, gan gymaint yr 'hwyl'; o'r llwyfan dadleuodd Gwynfor fod mudiad o blaid senedd yn rhywbeth ysbrydol ac yn ymgorffori 'un o'r delfrydau mwyaf'.[150] Ond barn leiafrifol oedd hon. Mewn awgrym o'r tensiynau mawr a fyddai'n codi maes o law yng nghalon yr ymgyrch, dewisodd y siaradwyr eraill – rhai fel Ifan ab Owen Edwards a'r prif atyniad, y fympwyol ddisglair Megan Lloyd George, Aelod Seneddol Rhyddfrydol Ynys Môn – bwysleisio rhagoriaethau gweinyddol y syniad o senedd i Gymru, yn hytrach na'r wedd ysbrydol. Roedd yr un anghytgord pleidiol i'w weld pan ddaeth hi'n fater o ddewis aelodau i Bwyllgor Gwaith yr ymgyrch a bu bron i bopeth syrthio i lefel 'parish pump shambles' wrth i'r pleidiau (gan gynnwys y Comiwnyddion) geisio sicrhau lle i'w ffefrynnau hwythau.[151] Cwynai eraill fod y gogledd yn cael ei ffafrio ar draul y de. Yn nhyb rhai o'r to hŷn yno, roedd hanes yn ei ailadrodd ei hun, gan adleisio'r diffyg undod a roddodd y farwol i'r Mudiad Cymru Fydd gwreiddiol hanner can mlynedd ynghynt. Yn ben ar y gofidiau, doedd yna'r un Aelod Seneddol Llafur yno – ac eithrio aelod Llafur Merthyr, S O Davies. Roedd y Rhyddfrydwyr hefyd yn rhanedig, ac yn ôl y Rhyddfrydwr amlwg Glyn Tegai Hughes, a aeth i Landrindod, roedd yr holl ymgyrch o'r dechrau'n deg yn draed moch: 'It went off at half cock from the beginning… I've never seen anything so abysmally organised'.[152] Ond beth bynnag y farn a'r ymrannu ymhlith y pleidiau eraill ynghylch Ymgyrch Senedd i Gymru, yr oedd Gwynfor ei hun wrth ei fodd gyda'r lansiad yn Llandrindod, ac o weld yr ymgyrch go iawn gyntaf dros ddatganoli ers hanner can mlynedd yn dechrau, credai fod pennod newydd yn hanes Cymru wedi ei hagor.[153]

Drwy gydol haf 1950, aeth Gwynfor ati'n sgilgar i gyplysu'r angen am senedd â'r ffordd ddiffygiol y gweinyddid Cymru o Whitehall. Yn ffodus iddo ef, cafwyd dau ddatblygiad a gynddeiriogodd y Gymru Gymraeg. Y cyntaf oedd penderfyniad y llywodraeth i anwybyddu barn ymchwiliad cyhoeddus a chaniatáu i faes tanio Trawsfynydd gael ei ehangu. Yr ail oedd traha'r Comisiwn Coedwigaeth a'i gynllun i blannu coed ar 20,000 o aceri rhwng Cwrtycadno a Llanddewibrefi – cynllun fyddai wedi gorfodi 46 o deuluoedd i adael eu cartrefi. Ond, yn waeth na hynny, pe byddai'r Comisiwn wedi cael ei ffordd, byddai'r polisi o blannu coed ar raddfa ddwys wedi anrheithio miloedd yn rhagor o erwau Cymru. Yn Sir Gaerfyrddin, penderfynodd Gwynfor a'r amaethwyr lleol wneud safiad, gan herio'r Comisiwn – corff, mewn adlais o gerdd fawr Gwenallt, 'Rhydcymerau', yr oedd Gwynfor yn hoff o'i ddisgrifio fel 'y blaidd unig'.[154] Yn ystod yr ymgyrch bwysig hon, achubodd Gwynfor ar bob cyfle i atgoffa'r cymunedau dan fygythiad mai senedd yn unig a gynigiai waredigaeth. Roedd hi'n amlwg bod hon yn dacteg lwyddiannus ac, mewn panig, ysgrifennodd Goronwy Roberts, Aelod Seneddol Llafur Caernarfon, at un o benaethiaid ei blaid gan grefu am newid polisi:

> The Nationalist Party is growing… Many of our people are dispirited and frustrated. They find it so difficult to counter the arguments of the separatists. The facts are so positive… Unless we change our attitude we shall reap an inevitable whirlwind.[155]

Wrth i etholiad cyffredinol arall agosáu, roedd yna beth cyfiawnhad dros anesmwythyd Goronwy Roberts. Er nad oedd Plaid Cymru yn debygol o ennill unrhyw seddau, byddai ymchwydd yn ei chefnogaeth wedi effeithio ar ganlyniadau'r Blaid Lafur – yn enwedig yn y broydd Cymraeg. Ond wrth i apêl Plaid Cymru gynyddu, pryderai Gwynfor nid yn gymaint ynghylch ei blaid ond yn hytrach am yr ymgyrch Senedd i Gymru. O'r dechrau cyntaf un, gwnaed Gwynfor yn aelod o Bwyllgor Canol yr Ymgyrch, ac mae'n amlwg yn ôl y cofnodion y byddai wedi bod yn draed moch llwyr oni bai am ei gefnogaeth. Prawf o'r diffyg trefn hwn oedd y modd y bu'n rhaid aros tan Ddydd Calan 1951 cyn i'r ymgyrch gael swyddfa, a threfnydd – Dafydd Miles – wyth mis wedi pasiant lliwgar Llandrindod. Ni chyfarfuasai'r Pwyllgor ond ddwywaith yn unig yn ystod 1950.[156] Yn y cyfamser, ni thorrwyd yr un enw ar y ddeiseb ac, wrth i'r diffygion ddod yn gynyddol amlwg, dechreuodd y sefyllfa bwyso'n drwm ar Gwynfor. Erbyn troad y flwyddyn, roedd yn prysur ddod i'r casgliad dadleuol mai'r unig ffordd y gellid rhoi hwb i'r ymgyrch oedd i'w blaid beidio ag enwebu ymgeiswyr i sefyll yn erbyn yr Aelodau Seneddol hynny a'i cefnogai.

Yn ystod tri mis cyntaf 1951, mi gadwodd y syniad o dan ei het ond roedd ffigurau dylanwadol ym Mhlaid Cymru fel Dr Gwenan Jones, Dan Thomas ac – yn rhyfeddol ddigon – Saunders Lewis hefyd, yn rhannu'r un farn. Ar ddechrau mis Mawrth, cyhoeddodd Saunders Lewis, heb flewyn ar dafod, y byddai'r niwed i Gymru yn 'arswydus' pe byddai'r ymgyrch yn 'nychu a darfod'.[157] Mae yna dystiolaeth yn ogystal bod Emrys Roberts, Aelod Seneddol Rhyddfrydol Meirionnydd, a gŵr a berchid yn fawr gan Gwynfor, hefyd yn meddwl ar hyd llinellau tebyg.[158] Roedd medru arbed arian trwy beidio ag enwebu cynifer o ymgeiswyr hefyd yn ystyriaeth – ond nid hon oedd y brif ystyriaeth o bell ffordd.[159] Yr hyn a drodd y fantol, fodd bynnag, oedd dryswch y Blaid Lafur tuag at y ddeiseb. Er gwaethaf gwrthwynebiad croch Llafurwyr amlwg fel Cliff Prothero a Huw T Edwards i'r sawl a 'aeth i Landrindod', roedd y ddeiseb yn dechrau denu cefnogaeth rhai o wŷr mwyaf dawnus adain Gymraeg y Blaid Lafur. Ar ddygwyl Dewi, 1951, cododd arweinydd y garfan hon ei ben uwch y parapet: ei enw oedd Cledwyn Hughes, darpar ymgeisydd Llafur ar Ynys Môn, rebel annhebygol, cyfreithiwr disglair, a chyn-aelod o Blaid Cymru. Ddeng niwrnod yn ddiweddarach, edrychai'r mudiad yn rymusach fyth pan gafwyd dau gyfarfod – y naill yn y Rhyl a'r llall yng Nghaernarfon – gydag aelodau o'r Blaid Lafur, Plaid Cymru a'r Rhyddfrydwyr yn rhannu llwyfan. Ynghanol cyfnod a ddisgrifiwyd gan yr hanesydd Peter Stead fel un o 'ryfel oer' gwleidyddol, ni ellir gorbwysleisio arwyddocâd y meirioli gwleidyddol hwn.[160]

Dair wythnos yn ddiweddarach, ar 22 Mawrth, dechreuodd Gwynfor ar y broses o geisio argyhoeddi ei blaid o werth y polisi o beidio ag ymladd rhai seddau. Wedi trafodaeth a barodd ddwy awr, derbyniodd y Pwyllgor Gwaith ei awgrym mai'r ddeiseb a ddylai ddod yn gyntaf. Eto i gyd, gwyddai Gwynfor y byddai'r dasg o gyfiawnhau'r tro pedol 'yn anodd', chwedl J E Jones.[161] Methodd Wynne Samuel, er enghraifft, â choelio yr hyn a ddigwyddodd, a disgrifiodd y polisi fel un 'cwbl anymarferol' mewn etholaethau, fel Caernarfon a Meirionnydd, lle ceid ymgeiswyr Llafur a Rhyddfrydol o blaid senedd. Effaith hyn, meddai Samuel, fyddai sicrhau nad senedd i Gymru fyddai'r peth mawr ar raglen y naill blaid na'r llall.[162] Ac nid y rhain oedd yr unig gwestiynau caled a wyntyllwyd. Roedd yna ddryswch llwyr yn ogystal ynghylch beth yn union yr oedd cefnogwyr Plaid Cymru i fod i'w wneud yn ystod yr ymgyrch etholiadol. Pryder arall oedd sut y medrid sicrhau bod yr aelod a gâi lwybr etholiadol clir yn 'ddiffuant gefnogol' i'r ymgyrch. Ar 20 Ebrill 1951, daeth 'Pwyllgor y Llywydd', y corff cyfrin hwnnw o ffyddloniaid Gwynforaidd, ynghyd i drafod yr ofnau hyn. Er gwaethaf galwadau am ymgynghori pellach, mynnodd Gwynfor a J E Jones mai hwn oedd yr unig lwybr ymwared. Gydag Aneurin Bevan newydd ymddiswyddo, barnai Gwynfor fod dyfodol y Blaid Lafur yn y fantol, a bod y posibilrwydd o rwyg yn rhengoedd Llafur yn agor y drws i gyfleoedd posibl i Blaid Cymru. Oedd, ar dystiolaeth Gwynfor ei hun, roedd gwanwyn 1951 'yn wych o heulog' a'r dyddiau'n rhai 'cyffrous' i wleidyddiaeth Cymru.[163]

Cyhoeddwyd y newid polisi etholiadol ar 1 Mai 1951 a cheisiodd Gwynfor ei gyflwyno fel 'aberth costus' ar ran Plaid Cymru. Rhwng cloriau'r *Ddraig Goch* y mis hwnnw, mynnodd ei bod hi'n hen bryd i'w gyd-Bleidwyr sylweddoli nad Iwerddon oedd Cymru ac na fedrai'r Cymry gymryd cefnogaeth yn ganiatol i'r graddau y gallai'r Gwyddelod wneud hynny.[164] Ond er taered yr ymdrechion, llugoer a dweud y lleiaf oedd yr ymateb yn rhengoedd ei blaid. Ym Meirionnydd, roedd yr anniddigrwydd yn sylweddol pan glywodd yr aelodau na fyddai Gwynfor yn ymgeisydd. Ysgrifennodd Tecwyn Lloyd Owen, trefnydd Meirion, at Gwynfor i'w rybuddio bod 'amryw o aelodau'r Sir yn anfodlon â'r penderfyniad diweddaraf' a bod rhai yn eu mysg 'yn bygwth gadael y Blaid'.[165] Roedd dyfarniad golygyddol *Y Cymro* yn llawn mor ddamniol gan weld y cyhoeddiad fel un 'rhyfeddol' a olygai y byddai Plaid Cymru'n ymdebygu'n fwy i fudiad pwyso yn hytrach nag i blaid genedlaethol.[166] Am fisoedd, bu'n rhaid i Gwynfor fyw gyda'r feirniadaeth lem o'r ffordd yr oedd yn arwain ei blaid, a dim ond ar y funud olaf y penderfynodd Rhanbarth Gorllewin Morgannwg beidio â herio'r polisi yn y Gynhadledd Flynyddol. Dilewyd eu cynnig, yn ôl Wynne Samuel, 'yn unig o barch at Gwynfor'. Ond, parch neu beidio, roedd Samuel yn y garfan gref honno a gredai, chwedl yntau, fod Llywydd Plaid Cymru wedi llunio 'ffars wleidyddol'.[167]

Ynghanol y misoedd hyn o ymdderu tactegol, cafodd Gwynfor fwy o lwyddiant y tu allan i'w blaid ei hunan nag ynddi. Ac yntau'n aelod o Lys y Brifysgol, llwyddodd i ddefnyddio'r corff digon sychlyd hwnnw i bwysleisio'r angen am sefydlu Coleg Cymraeg. Wrth gyflwyno'i ddadl gerbron y Llys yng Ngorffennaf, aeth ati i ddarlunio Cymru fel gwlad lle y medrai miloedd o ffermwyr, clerigwyr a phregethwyr fyw eu bywydau'n gyfan gwbl trwy gyfrwng y Saesneg. Onid oedd y cywilydd hwnnw, holodd, yn brawf bod angen Coleg Cymraeg i roi i'r iaith yr urddas a haeddai? Cydnabu y byddai yna broblemau wrth roi'r fath sefydliad ar ei draed, ond onid oedd llwyddiant y Gwyddelod i greu corff o'r fath yn brawf y gellid mynd â'r maen i'r wal? Wedi traddodi'r araith hynod radical hon, ni chlywyd yr un llais yn erbyn y cynnig, gymaint y syndod 'ar ôl i Mr Gwynfor Evans eistedd i lawr yn ei sedd'.[168] Pasiwyd y cynnig o fwyafrif llethol ac, yn sgil hyn, sefydlwyd pwyllgor a fu wedyn yn ystyried y mater am bedair blynedd. Fodd bynnag, prin fu'r gefnogaeth wedi hynny. Roedd hyd yn oed Alwyn D Rees, gŵr a fu mor ddiwyro ei gefnogaeth i'r syniad o Goleg Cymraeg yn ystod y chwedegau, yn amheus a fedrai Cymru'r pumdegau gynnal Coleg Cymraeg.[169] Ym 1955, adroddodd yr is-bwyllgor yn ôl, ac er i'r syniad o Goleg Cymraeg gael ei chwalu, cafwyd peth gwelliant a derbyniwyd argymhelliad yn galw ar i'r Brifysgol ehangu'r ddarpariaeth Gymraeg yn y colegau. Yn Aberystwyth a Bangor y gwelwyd y fenter hon yn dwyn ffrwyth. Aed ati hefyd, ar anogaeth Gwynfor yn anad neb, i geisio rhoi chwarae teg i bynciau megis Cymraeg a Hanes Cymru yn y colegau oedd yn rhan o'r Brifysgol.[170] Roedd llwyddiant o'r fath yn falm iddo. Felly hefyd y ffaith i'r ddeiseb – o'r diwedd – gael ei lansio yn Eisteddfod Genedlaethol Llanrwst. Elfed oedd y cyntaf i dorri ei enw arni, ond er gwaethaf ymosodiadau trwm gan y Blaid Lafur ar yr holl fenter, bernid bod Ymgyrch Senedd i Gymru, wedi misoedd o din-droi, ar gerdded yn ystod Awst 1951.[171]

Eto i gyd, eironi mawr y cyfnod hwn o dwf cymharol mewn gwleidyddiaeth gyfansoddiadol yw i rai o ffigurau pwysicaf Plaid Cymru deimlo i'r byw y byddai'n rhaid i'r blaid dorri'r gyfraith mewn un ymdrech olaf i rwystro cynlluniau'r Swyddfa Ryfel yn Nhrawsfynydd. Oddi ar o leiaf fis Ebrill 1951, roedd arweinwyr Plaid Cymru wedi bod yn trafod y posibilrwydd o brotest dorfol yn Nhrawsfynydd a fyddai, hwyrach, yn arwain at restio nifer o'i harweinwyr. Doedd dim byd yn newydd yn hyn; wedi'r cyfan, roedd y cof am Benyberth yn wastadol ffres ac roedd yna genhedlaeth o Bleidwyr yn dal i gredu – er gwaethaf heddychiaeth Gwynfor – mai dulliau mwy uniongyrchol oedd yr unig ffordd ymlaen. Bu'r ddadl hon yn ffrwtian am fisoedd cyn cyrraedd trobwynt ar ddechrau haf 1951. Ym Mehefin y flwyddyn honno, gwelwyd Saunders Lewis yn ymosod yn hallt ar Gwynfor, nid yn gymaint am ei ddiffygion arweinyddol – credai ei fod 'yn gyson yn llefaru gyda grym a chynnwys arweinydd cenedlaethol' – ond yn hytrach am ei ddiffygion tactegol. O'i golofn yn *Y Faner*, bwriodd Saunders Lewis ei lach ar y cyfarfodydd protest diddiwedd, ond digon dof y byddai Gwynfor yn eu hannerch. Ar ôl clywed am Gwynfor yn annerch cyfarfod protest yn erbyn y Comisiwn Coedwigaeth yn Llanbryn-mair,[172] penderfynodd Saunders Lewis na fedrai ddal yn ôl mwyach, gan ddatgan yn 'Cwrs y Byd' mai:

> ... chwarae plant yw cyfarfodydd protest os cyfarfodydd protest yn unig a geir gennych.
> Ni eill Mr Gwynfor Evans fod yn effeithiol rymus fel arweinydd yr amddiffyn Cymreig
> oblegid nad oes hanner cant o wŷr yng Nghymru a faidd wrthsefyll cynlluniau trais a
> gormes. Ni ellir mo'i wneud heb gynhyrfu digllonedd a chasineb berw y mwyafrif o
> bobl Cymru eu hunain. Ni ellir mo'i wneud heb ddwyn teuluoedd i brofedigaeth ac
> ardaloedd i gynnwrf a therfysg.[173]

Roedd hi'n erthygl nerthol, a'i chynnwys mewn sawl ffordd yn od o debyg i'w ddarlith *Tynged yr Iaith*, un mlynedd ar ddeg yn ddiweddarach. Yn y cyfamser, gwelwyd y Gweriniaethwyr yn gwneud yr union beth y galwodd Saunders Lewis amdano; roeddent, chwedl Mignedd, sef Gwilym R Jones, yn creu 'rhyw helynt neu'i gilydd beunydd'.[174] Paentiasant gar Maer Abertawe ac ystyrid hwy fel apostolion y wir radicaliaeth. Dechreuodd yr heddlu cudd ymddiddori ynddynt hefyd, gan gynyddu'r pwysau ar Gwynfor i ddangos pendantrwydd cyffelyb.[175] Wythnosau'n unig wedi truth Saunders Lewis, cyhoeddodd D J Davies, y gŵr a hudodd Gwynfor i Blaid Cymru, ymosodiad halltach fyth arno. Mewn dwy erthygl yn *Y Faner*, collfarnodd Davies ymron bopeth yr oedd Gwynfor erioed wedi ei wneud; o arafwch twf y blaid i'r gorbwyslais ar y Gymraeg, gwelai D J Davies blaid a oedd yn araf suddo i'r gors. Cyferbyniai D J Davies radicaliaeth ddengar y Gweriniaethwyr â'r hyn yr oedd Gwynfor yn sefyll drosto – deiseb Senedd i Gymru. Ond i D J Davies, heddychiaeth Gwynfor a'i amharodrwydd i fabwysiadu dulliau Gandhi o brotestio byth er 1938 oedd y diffyg mwyaf. Gorffennodd ei ddwy erthygl gyda chwip o ergyd ynghylch cynhadledd Abertawe a'r hyn a ystyriai fel trychineb gwleidyddol penderfyniad 1938:

> A dyma ddechrau dirywiad Plaid Cymru fel mudiad cenedlaethol ymosodol, aeth
> yn fenywaidd a gor-barchus ei naws a dylifodd i'w rhengoedd y Cymry hynny sy'n
> dymuno cadw eu cysur a thawelu eu cydwybod ynghylch cyflwr truenus eu gwlad ar yr
> un pryd! [176]

Rhyngddynt, roedd y ddeuddyn a edmygai Gwynfor fwyaf wedi difrïo'n gwbl gyhoeddus ei ddulliau o weithredu oddi ar 1945. Gwnaethant hynny yn y modd creulonaf posibl hefyd. Serch nad oes cofnod o ymateb Gwynfor, y tebyg yw y byddai darllen y tair erthygl wedi ei ysigo i'r byw gan iddynt danlinellu ei gyfynggyngor yn gliriach nag erioed. Ar y naill law, roedd ei gydymdeimlad greddfol â gwleidyddiaeth gyfansoddiadol a'r ddeiseb. Ar y llaw arall, roedd ganddo beth cydymdeimlad â'r garfan honno a gredai fod dulliau cyfansoddiadol o brotestio wedi eu disbyddu yn dilyn penderfyniad Hugh Dalton, y Gweinidog Cynllunio, i anwybyddu dyfarniad ymchwiliad cyhoeddus 1950. Mae'n amhosibl dweud ai cynllwyn 'trefnedig' rhwng Saunders Lewis a D J Davies oedd y llithoedd ond, yn fuan wedi hyn, gwelwyd newid rhyfeddol yn agwedd y blaid tuag at dorcyfraith. Mewn cyfarfod 'dramatig' o'r Pwyllgor Gwaith, penderfynwyd y byddai Plaid Cymru'n ceisio cau Gwersyll Trawsfynydd drwy eistedd ar y ffordd.[177]

Roedd trefniadau'r brotest gyntaf ar 30 Awst yn gwbl gyfrinachol a thrwy wahoddiad yn unig y cynullwyd y protestwyr: cymysgedd pur barchus o fyfyrwyr, athrawon a gweinidogion. Yn eu plith, roedd rhai o gedyrn cenedlaetholdeb Cymreig – rhai megis D J Williams, Waldo Williams a Lewis Valentine; yn gymysg â'r rhain roedd llafnau tanbeitiach megis Glyn James, Kitchener Davies ac R S Thomas. Y llinyn cysylltiol oedd eu parodrwydd i dorri'r gyfraith – y dull mwyaf amharchus posibl o brotestio yng Nghymru'r pumdegau. Ar fore'r brotest, cododd Gwynfor a J E Jones yn blygeiniol er mwyn annerch y 75 o weithredwyr ansicr yn nhechnegau protest ddi-drais. Roedd neges Gwynfor yn glir fel crisial: 'Daeth yr amser inni wneud rhywbeth heblaw siarad. Daeth yr amser inni weithredu… Nid ydym yn gwybod beth sy'n mynd i ddigwydd inni. Arbraw yw hwn a eill arwain i arbrofion eraill.'[178] A chyda'r siars hon yn atseinio yn eu clustiau, cerddodd y fintai o Fronaber at y gwersyll cyn eistedd ar y tarmacadam gwlithog. Yn fuan wedi hyn, daeth dau swyddog milwrol allan o'u ceir gan holi pam yr oeddynt yno. Mynegodd un o'r milwyr siom na fyddai'n cael mynd i dorri'i wallt! Yna, daeth un o lorïau mawr y fyddin atynt gan yrru mor agos â phosibl at y protestwyr. Gwasgwyd rhai ohonynt gan ei fwmper blaen – y tro cyntaf, ond nid y tro olaf, y diwrnod hwnnw i'r protestwyr gael eu gwasgu gan geir a cherbydau trwm. Gofynnodd yr heddlu i'r protestwyr symud, ond gwrthodasant ildio'r un fodfedd.[179] Trwy gydol y brotest, Gwynfor a reolai'r sefyllfa gan benderfynu pwy neu beth a fyddai'n cael gadael y gwersyll. I nifer yno, roedd urddas a phendantrwydd Gwynfor mewn sefyllfa anodd a newydd yn gwbl feistraidd. Yna, wedi cyflwyno llythyr i brif swyddog y gwersyll, y Lefftenant Cudmore, yn esbonio pam eu bod yno, penderfynodd y protestwyr adael awr yn gynnar fel arwydd o gyfeillgarwch â'r plismyn.

Fodd bynnag, hynod gymysg fu'r ymateb i'r brotest gyntaf. Credai Gwynfor fod Plaid Cymru wedi ennill buddugoliaeth foesol, ac ysgrifennodd Saunders Lewis at y blaid yn ganolog i'w llongyfarch 'yn galonnog' ar y weithred.[180] Ar y llaw arall, roedd yna nifer yn rhengoedd y blaid a ofnai fod cenedlaetholdeb Cymreig wedi

cerdded i dir corsiog. Ymhith yr amheuwyr hyn, roedd gweinidogion ifanc fel
Islwyn Ffowc Elis a Huw Jones. Teimlent hwy na fyddai'r Gymru Anghydffurfiol
Gymraeg byth yn gallu stumogi styntiau o'r fath.[181] Adlewyrchid hyn gan yr
ymateb yn y wasg Gymreig. Yn ôl y *Liverpool Daily Post*, roedd y 'Plaid Fanatics'
wedi bradychu unrhyw ewyllys da a fodolai tuag at Ymgyrch Senedd i Gymru
gan y 'Welsh people of broad outlook'.[182] Roedd ymateb y *Western Mail* ac Aelod
Seneddol Llafur Gorllewin y Rhondda, Iorwerth Thomas, yn fwy sarhaus fyth
gan gyhuddo Gwynfor o ymddwyn fel *Gauleiter* Cymreig: 'The squatting act is
a prelude to many acts of folly that will surely lead to the spilling of blood in the
future'. Yn gymysg â hyn i gyd, tybiai Thomas (mewn datganiad paranöig hyd yn
oed yn ôl ei safonau aruchel) fod yr holl brotest yn sawru o Babyddiaeth: 'Where
is the clear voice of Nonconformist Wales warning people about the dangers of
Rome?' [183] Ond nid y wasg Gymreig oedd yr unig lais sgornllyd. Yn union wedi'r
brotest gyntaf, ymosododd D J Davies drachefn ar y ffaith fod cynifer wedi torri'r
gyfraith am mai pasiffistiaid yn unig oedden nhw, ac nid cenedlaetholwyr yn
gyntaf. 'Ymddengys,' meddai, 'mai gan y Gweriniaethwyr y mae'r weledigaeth
gliriaf ym myd gwleidyddiaeth rhyddid yng Nghymru heddiw.'[184]

Yn y cyfamser, dyfalai pawb beth a ddigwyddai nesaf ac a fyddai yna erlyn ai
peidio. Er i ffeil ar y mater gyrraedd desg y Cyfarwyddwr Erlyniadau Cyhoeddus,
y cyngor preifat gan Brif Gwnstabl Gwynedd, W Jones-Williams, oedd bod yr
holl weithred yn 'silly prank' a bod rhai o'r protestwyr yn siomedig na chawsant eu
herlyn.[185] Roedd asesiad Jones-Williams yn hynod graff ac, yn absenoldeb unrhyw
erlyniad, penderfynodd Gwynfor gynnal ail brotest. Y tro hwn, bwriadodd i'r
protestwyr dresmasu ar dir y Swyddfa Ryfel 'fel simbol ein bod yn ei hawlio'n ôl
fel daear Cymru'. Yna, dywedodd wrth J E Jones y dylid 'plannu baner y Ddraig
Goch ar ben bryn yn amlwg fel arwydd mai tir Cymru ydyw' cyn eistedd ar y
ffordd.[186] Dyna a ddigwyddodd, ond yn wahanol i'r brotest gyntaf, gwnaed y
trefniadau'n gwbl gyhoeddus gan gyfrannu at y niferoedd a'r disgwylgarwch pan
gyfarfu torf o dros gant yn Abergeirw ar 29 Medi. A'r heddlu'n gwybod bod y
llu protestgar ar ei ffordd, anfonodd J E Jones un ar ddeg ohonynt i orymdeithio
i'r brif fynedfa mewn ymgais i daflu llwch i lygaid yr awdurdodau. Llwyddodd
y dacteg yn wych oherwydd, yn ddiarwybod i'r heddlu, cyrhaeddodd trwch y
gwrthdystwyr y brif fynedfa ar hyd y ffordd gefn.[187] A hwythau bellach ar ganol
tir Western Command, plannwyd Draig Goch yn ddwfn i'r tir a ystyrid ganddynt
yn gymaint rhan o dreftadaeth Cymru. Yna, eisteddasant ar draws y ffordd a chael

eu gwasgu eto fyth gan lorïau'r fyddin.[188]

Aeth y protestwyr adref wedi i'r heddlu nodi eu henwau, a serch i Gwynfor gyhoeddi'n fuddugoliaethus fod y 'diwrnod yn un pwysig yn hanes rhyddid Cymru',[189] roedd amheuon ymhlith yr elfennau mwy parchus yn rhengoedd Plaid Cymru yn parhau. Adlewyrchid hyn eto fyth gan y wasg Gymreig ac enwadol hefyd. Haerodd golygydd *Y Goleuad,* wythnosolyn y Methodistiaid, fod protestiadau'n sylfaenol anghristnogol[190] tra awgrymodd y *Western Mail* y dylid bathu medalau er cof am 'Gwynfor's Squatters' a'u harddangos ar eu tinau – y lle mwyaf addas i genedlaetholwyr![191] Yn wyneb y fath gawdel o ymatebion, tymherwyd brwdaniaeth Gwynfor dros dorri'r gyfraith a'r gwir amdani yw mai tân siafins, fel Penyberth, oedd protestiadau Trawsfynydd. Er i'r ddwy brotest osod seiliau deallusol pwysig ar gyfer cyfeiriad polisïau Cymdeithas yr Iaith Gymraeg ddegawd yn ddiweddarach, hon fyddai'r brotest dorfol olaf yn enw Plaid Cymru a Gwynfor tan ymgyrch y Bedwaredd Sianel ym 1980. Serch i Blaid Cymru drefnu ymgyrch o beidio â thalu trwyddedau radio yn ystod 1955, roedd honno, fel y'i disgrifir yn y man, yn llawer llai tramgwyddus i blaid Gwynfor a'r cymunedau y trigai ei aelodau ynddynt.

Ynghanol y cynnwrf hwn, ac er mawr syndod i bawb, galwodd Clement Attlee etholiad cyffredinol arall – cyhoeddiad sydd hefyd yn esbonio amharodrwydd penaethiaid Plaid Cymru i gynnal rhagor o brotestiadau yn Nhrawsfynydd. I'r blaid, roedd yr etholiad yn llam i'r tywyllwch; pedwar ymgeisydd yn unig oedd ganddi a'r ymgeiswyr hynny mewn tiroedd diffaith Llafurol – Llanelli a Gorllewin y Rhondda, Aberdâr a Wrecsam. Yn y gorllewin, yr ardal sicraf ei chefnogaeth i Blaid Cymru, y cwbl y medrai'r blaid ei wneud oedd aros a disgwyl yn y gobaith y byddai'r dacteg o roi rhwydd hynt i gefnogwyr Ymgyrch Senedd i Gymru yn dwyn ffrwyth. Ar 25 Hydref 1951, dychwelwyd Winston Churchill i rif 10 Downing Street o drwch blewyn, ond roedd y canlyniad yn drychineb i Blaid Cymru. Collodd Megan Lloyd George ac Emrys Roberts, dau o gefnogwyr tanbeitiaf y ddeiseb, eu seddau ym Môn a Meirionnydd. Er bod y ddau Lafurwr a'u holynodd, Cledwyn Hughes a T W Jones, ar adain Gymreig y Blaid Lafur, credai nifer yn rhengoedd Plaid Cymru fod Gwynfor wedi gamblo'r cwbl a cholli'n druenus. Bu'r *post mortem* a ddilynodd yr etholiad yn un chwerw iddo, a gwelwyd nifer o ffyddloniaid y blaid yn bwrw amheuaeth ar ei grebwyll gwleidyddol. Holodd y newyddiadurwr Mathonwy Hughes sut y gellid cyfiawnhau penderfyniad a welodd Plaid Cymru yn rhoi ei 'ffydd a'i gobaith yn y Pleidiau Seisnig, i ddim ond gweld taflu o'r Senedd yr aelodau y rhoesant eu hyder ynddynt'.[192] Ategwyd y farn hon gan Kate Roberts. Yn ôl y llenor ceintachus, roedd yna 'anfodlonrwydd mawr yn y Blaid ei hun ar ei diffyg cynnydd' gyda'i haelodau 'hynaf yn anfodlon iawn ar bethau'.[193] Ond ni chyfyngwyd y feirniadaeth i ddeallusion Cymru. Ym Meirionnydd, roedd yna nifer o Bleidwyr cyffredin yn gandryll gan y tybient fod Plaid Cymru wedi achosi i Ryddfrydwr gwladgarol golli ei sedd. Yn dilyn hyn, rhybuddiwyd J E Jones ynghylch y teimladau chwerw a fodolai tuag at yr arweinyddiaeth.

Am y tro cyntaf yn ystod ei yrfa fel llywydd, roedd Gwynfor yn gorfod dygymod â methiant go iawn. Ei benderfyniad ef, yn anad neb, oedd rhoi rhwydd hynt etholiadol i gefnogwyr y ddeiseb ond, yn awr, roedd yn medi'r corwynt. I bob pwrpas, gadawyd Cymru ym meddiant gwleidyddol y Torïaid a'r Blaid Lafur wedi etholiad cyffredinol 1951. Sgubwyd y Rhyddfrydwyr o'r tir, ond roedd y sefyllfa bron cyn ddued i Blaid Cymru. Er y medrai Gwynfor edrych yn ôl â chryn falchder ar yr hyn a wnaed er 1945, ychydig iawn o wobr oedd i'w weld am yr ymdrechion hynny. Cyn bwysiced â hyn oedd y dryswch parhaus yn rhengoedd y blaid ynghylch ei dulliau. Yn absenoldeb unrhyw gysur etholiadol, cynyddai'r amheuon ynghylch doethineb ei obsesiwn ymddangosiadol gydag Ymgyrch Senedd i Gymru. Yr hyn y sychedai nifer amdano oedd gweld Plaid Cymru'n ailddarganfod yr hen ffordd Bleidiol o fyw gan roi'r ddeiseb a'r parchusrwydd pasiffistaidd i'r naill ochr. Ond roedd yna siom yn eu haros: ni fyddai yna Benyberth arall. Ar ddiwedd 1951, ysgrifennodd Gwynfor at D J Williams i'w hysbysu bod rhaid gwneud 'rhywbeth heblaw gweithio dros y Blaid' yn ystod 1952. Y rhywbeth hwnnw i Gwynfor oedd y ddeiseb. 'Rhaid', meddai, oedd 'gwneud llwyddiant o'r ddeiseb' yn y flwyddyn i ddod.[194] Y cwestiwn syml, fodd bynnag, ond un oedd bron yn amhosibl i'w ateb, oedd hwn: sut?

Pennod 5

'GWÊN FÊL YN GOFYN FÔT'?
1951–55

YMGYRCH DAN WARCHAE oedd Ymgyrch Senedd i Gymru ar drothwy 1952. Roedd ei sefyllfa ariannol, yn ôl ei threfnydd, Dafydd Miles, 'yn ddifrifol iawn' ac yntau heb gael ei dalu ers dros ddeufis.[1] Rhybuddiwyd Dafydd Miles gan drysorydd yr ymgyrch, J R Jones, fod 'cysgod hyll methdaliad' dros bopeth, ond mynnodd Dafydd Miles gario ymlaen.[2] Ddyddiau wedi'r Calan, daeth hi'n amlwg mai siomedig fu'r apêl gyhoeddus am ragor o arian ac mai calennig pitw a gasglwyd gan gefnogwyr y ddeiseb.[3] Dros dro, diflannodd cefnogaeth allweddol Megan Lloyd George hefyd gan iddi ymgilio i America yn sgil colli ei sedd.[4] Yn anochel, dechreuodd rhai o gefnogwyr yr ymgyrch ddigalonni'n llwyr. Ysgrifennodd un ohonynt, Syr Ifan ab Owen Edwards, at Dafydd Miles, gan awgrymu wrtho y gallai 'pwyso ymdrech y ddeiseb ymlaen, a methu â chael peth enbyd o enwau, wneud mwy o ddrwg nag o les'.[5] Roedd yna nifer a deimlai fel Syr Ifan. Yn y cyfamser, yn y gogledd, roedd yna gefnogwyr eraill a wangalonnodd oherwydd eu bod yn 'cael peth anhawster i ateb y ddadl fod perygl i siroedd Morgannwg a Mynwy oruwchlywodraethu unrhyw Senedd Gymreig'.[6] Na, roedd pethau ymhell o fod yn iawn ac, o gofio hyn, edrychai penderfyniad Gwynfor i roi wyau Plaid Cymru i gyd ym masged yr ymgyrch fel un annoeth tu hwnt.

Ond nid materion trefniadol oedd yr unig resymau am ddiymadferthedd gwleidyddol Plaid Cymru a'r ymgyrch. Gydag ethol llywodraeth Geidwadol, cadwodd Churchill at ei air a phenodwyd Gweinidog Materion Cymreig am y tro cyntaf. Syr David Maxwell-Fyfe oedd hwnnw ac, am gyfnod beth bynnag, llwyddodd i dynnu'r colyn allan o gwynion niferus y Cymry Cymraeg ynghylch y ffordd y caent eu llywodraethu o Lundain. O fewn wythnosau i'w benodi, roedd Maxwell-Fyfe wedi cyhoeddi na châi'r Comisiwn Coedwigaeth fwrw ymlaen â'i gynlluniau amhoblogaidd yn Sir Gaerfyrddin; erbyn mis Chwefror, rhoesai ddiwedd ar gynllun y Swyddfa Ryfel i gipio dros 11,000 o erwau Pen Llŷn. Rhoes Maxwell-Fyfe bwerau bychan cyfyngedig i'r Adrannau Amaeth ac Addysg yng Nghaerdydd yn ogystal, ac o fewn dim, câi 'Dai Bananas' hefyd ei adnabod fel 'Dai Chwarae Teg'. Yn wir, wedi blynyddoedd o weinyddiaeth ganoledig y Blaid Lafur, ymfalchïai nifer o Gymry ym mhresenoldeb y Sgotyn yn Whitehall a fynegai barodrwydd i wrando ar Gymru. Achosodd hyn broblemau sylweddol i'r ddeiseb a dechreuodd rhai o'i chefnogwyr amlycaf ddod i gredu mai gwastraff amser oedd yr holl beth. Ergyd drom i Gwynfor oedd derbyn llythyr gan Syr Ifan ab Owen Edwards ganol Ionawr yn ei hysbysu bod Maxwell-Fyfe wedi gwneud cymaint o argraff arno nes y daethai i'r casgliad nad oedd angen 'mudiad yn awr i'n huno ar y mater annelwig a alwem yn "Senedd i Gymru" '.[7] Roedd sefyllfa o'r fath yn un newydd i Gwynfor. Wedi'r cyfan, carreg sylfaen rhethreg Plaid Cymru oedd y gred bod Llundain yn casáu Cymru. Y cwbl y medrai Gwynfor ei wneud oedd rhybuddio'r Cymry rhag cael eu hudo gan ragoriaethau'r Tori diplomataidd,[8] ond roedd y parch at Maxwell-Fyfe cyn ddyfned nes yr ymestynnai i gyrrau pellaf y Blaid Lafur. Cwbl nodweddiadol oedd ymateb Huw T Edwards, Cadeirydd Cyngor Cymru a Mynwy, pan ganmolodd Maxwell-Fyfe am iddo 'gychwyn yn rhagorol iawn'.[9]

Wrth i Ymgyrch Senedd i Gymru golli stêm, dyfnhaodd yr amheuon yn rhengoedd Plaid Cymru ynghylch gwerth menter o'r fath ac aeth beirniaid Gwynfor ati i lambastio ei heddychiaeth – a ystyrient fel y symbol mwyaf gweladwy o 'neisrwydd' cenedlaetholdeb Cymreig. Y Parchedig Fred Jones, un o sylfaenwyr Plaid Cymru, a thaid Dafydd Iwan, a roddodd y grug ar dân mewn erthygl yn *Y Faner* lle erfyniodd ar i'w blaid ddatgysylltu ei heddychiaeth oddi wrth ei chenedlaetholdeb. Yn ôl Fred Jones, ymddangosai Plaid Cymru fel 'cymdeithas o heddychwyr' a honnodd ei fod yn gwybod am bobl nad oeddynt yn heddychwyr a deimlai 'nad oes le iddynt yn y blaid'.[10] Ategwyd y farn hon gan D J Davies. Roedd yntau, fel Fred Jones, yn grediniol bod heddychwyr Plaid Cymru wedi bradychu'r egwyddorion sylfaenol, a'u bod wedi ymddwyn nid yn annhebyg i'r Comiwnyddion trwy gipio lifrai grym y blaid – gan gynnwys y ddau fisolyn, sef y *Welsh Nation* a'r *Ddraig Goch*. Gresynai'n ogystal fod ysbryd Penyberth wedi ei golli a datgelodd fod Gwynfor wedi dweud wrtho y byddai'n well ganddo pe byddai Cymru'n aros yn 'gaeth' os yr unig ddewis oedd ennill rhyddid trwy drais.[11]

Agorodd y feirniadaeth hon y llifddorau gyda'r cwyno cyhoeddus mwyaf chwerw yn dod o du cylch cyfeillion Saunders Lewis. Testun tristwch oedd cyflwr presennol Plaid Cymru i Kate Roberts, gyda bri ac anturiaeth cyfnod y llywiawdwyr cynnar wedi hen ddarfod. Fodd bynnag, O T L Huws oedd y mwyaf llidiog. Gwnaeth hwnnw ymgais aflwyddiannus i gynnull cynhadledd i drafod penderfyniad 1938 ar heddychiaeth. Ategwyd yr ymdrech hon gan y sgweier Pabyddol hwnnw, R O F Wynne, a aeth cyn belled â honni bod pasiffistiaeth yn 'heresi' i'r Cristion nad oedd yn basiffist.[12] Ac er na wnaeth Saunders Lewis gorddi'r dyfroedd yn gyhoeddus, roedd yntau, fel ei gyfeillion, yn barod i geisio tanseilio heddychiaeth Plaid Cymru a'i llywydd. Gwrthododd gyfrannu i'r *Welsh Nation* o dan olygyddiaeth Pennar Davies gan anfon y neges swta hon yn ôl ato:

> I do hope that Plaid Cymru is not going to waste time and energy debating pacifism. The only thing worth discussing within the ranks of Plaid Cymru is how practically, effectively, constantly, to create a consciousness of Welsh nationhood and of the Welsh inheritance in the people of Wales. Our enemy no.1 is not English Government but our own apathy and inertia.[13]

Effeithiodd y cweryla'n drwm ar Pennar Davies ac, erbyn canol Chwefror 1952, roedd yr awyrgylch oddi mewn i Blaid Cymru yn sur a gwenwynllyd. Ond yn wahanol i Pennar Davies, ystyfnigodd Gwynfor gan watwar naïfrwydd gwleidyddol y gweithredwyr rhamantus. Meddai mewn llythyr at Pennar Davies: 'Wn i ddim pa beth y disgwyliai'r bois hyn i'r Blaid *wneud* o fabwysiadu polisi milwrol – saethu Churchill, neu godi byddin Gymreig neu beth?' O ran Gwynfor, roedd y beirniaid yn euog o gamliwio'r gorffennol, gan anghofio na wnaeth Plaid Cymru 'fwy na chynnal cyrddau (ag eithrio'r Ysgol Fomio)' yn y dyddiau 'da'.[14] Ofnai hefyd – nid am y tro cyntaf – fod y feirniadaeth yn rhan o gynllwyn trefnedig gan y Pabyddion ym Mhlaid Cymru. 'Tybed,' meddai wrth Pennar Davies, 'a oes gytundeb rhyngddynt? Edrych yn debyg.'[15] Does dim tystiolaeth bod yna unrhyw gynllwyn o'r fath erioed wedi bodoli ond, erbyn 1952, câi Gwynfor ei ystyried fel bradwr gan nifer o Babyddion. Yn ei dro, bwydai hyn y paranoia gwrth-Babyddol oedd yn nodwedd bur gyffredin ymysg ei gylch o gyfeillion Anghydffurfiol. Gyda'r ddadl ar ei ffyrnicaf, bu'n rhaid i J E Jones amddiffyn yr arweinyddiaeth yn gyhoeddus, gan gymharu'r gweithgarwch a gafwyd yn ystod llywyddiaeth Gwynfor â'r hyn a ddigwyddasai cyn Penyberth.[16] Bu hyn yn ddigon i roi caead ar y ffraeo am y tro, ond roedd hi'n gwbl amlwg bod gan heddychiaeth

y potensial i rwygo Plaid Cymru – yn enwedig pan âi'r blaid trwy gyfnod mwy
hesb na'r arfer.

Heb amheuaeth, roedd bywyd erbyn gwanwyn 1952 'dipyn yn aflonydd'
i Gwynfor.[17] Roedd y ddeiseb ar stop, a golygai hyn fod rhaid i'w blaid wneud
rhyw fath o argraff yn yr etholiadau sirol. Roedd y gwaith yn y tai gwydr hefyd
yn cyfrannu at ei feichiau ac, yn niffyg unrhyw agenda wleidyddol glir, gorfu iddo
ailgydio yn y math o genhadu pleidiol diramant a ddaethai'n fwyd a diod iddo. Er
mor ddiffuant y datganiad hwnnw rai misoedd ynghynt wrth D J Williams mai
Ymgyrch Senedd i Gymru fyddai ei flaenoriaeth, i bob pwrpas doedd yna ddim
ymgyrch yn bodoli iddo weithio drosti. Fe'i siomwyd yn ogystal gan bapur gwyn
y llywodraeth ar ddarlledu, gan na roddai hanner digon o bwerau i'r BBC yng
Nghymru. Roedd hefyd wedi llwyr alaru ar fod yn aelod o bwyllgor ymgynghorol
y BBC – corff a ystyrid gan Gwynfor fel un cwbl ddiddannedd. Ys dywedodd
wrth T I Ellis:

> Mae'r Cyngor Cymreig a'i alluoedd yn siomedig iawn. Wyth dyn di-dâl, na fedrant
> gan hynny roi llawer o amser i'r gwaith (gyda Parri Bach [T H Parry-Williams] mae'n
> debyg – y gwannaf o'r gweiniaid – yn Gadeirydd cyflogedig) heb fwy o alluoedd dros
> raglenni nag a fedd Cymru yn awr… e.e. ni all benderfynu ar bwnc fel darllediadau
> gwleidyddol yng Nghymru. Dim hunan-lywodraeth ariannol. Dim gallu i benodi
> – ond, yng ngeiriau Alun Oldfield-Davies ei hun 'Commissionaires and cleaners'…
> dim gallu i ddatblygu.[18]

Mewn cyfnod mor llwm, roedd cael ei ailethol yn gynghorydd dros Langadog yn
gysur mawr, ac yn brawf ei fod yn dechrau ennill hygrededd fel llais ei gymdogaeth.
Ond uchafbwynt diamheuol y flwyddyn fain hon iddo oedd dadorchuddio
maen Pencader ddiwedd Medi. Ar ddiwrnod anarferol o boeth, daeth miloedd
i Bencader er mwyn gweld y garreg a gludwyd yno yr holl ffordd o Drefor yn
Sir Gaernarfon.[19] Mewn cyfnod pan na fedrai Plaid Cymru ennill nemor ddim
dylanwad ar y cyfryngau torfol – yn enwedig y BBC – roedd cynulliad o'r fath fel
yr aur i arweinwyr y blaid. Wedi cyfres o areithiau, dadorchuddiwyd y maen gan
ddatgelu geiriau proffwydol yr hen ŵr o Bencader wrth Harri II wyth can mlynedd
ynghynt. Nod Gwynfor (a luniodd y cyfan) oedd cael y Cymry i feddwl amdanynt
eu hunain fel Cymry, nid Prydeinwyr a 'gwneud o'r Cymry genedlaetholwyr
da'.[20] Yn wir, wrth gloriannu ei gyfraniad i gymdeithaseg Cymru, mae'n anodd
gorbwysleisio pa mor ddylanwadol fu pregethu parhaus o'r fath – yn enwedig yn

y Gymru Gymraeg. Yn raddol, roedd yntau, ar y cyd â dyrnaid o gyd-ffordolion, yn dechrau argyhoeddi miloedd o Gymry bod Prydeindod yn bwdr i'r gwraidd ac y dylent edrych i gyfeiriad gwledydd fel Denmarc ac Israel am ysbrydoliaeth. Trwy raliau, sgyrsiau a phropagandeiddio, newidiodd Gwynfor gwrs hanes deallusol Cymru gan argyhoeddi'r Cymry Cymraeg o wir werth syniadau Emrys ap Iwan a Saunders Lewis. Mewn cyfarfodydd fel hwnnw ym Mhencader yr heuwyd hadau cenedlaetholdeb y chwedegau ac, ar lawer ystyr, roedd y 'fuddugoliaeth' hon lawn cyn bwysiced ag oedd ennill isetholiad Caerfyrddin ym 1966.

Ond fe fyddai'n rhaid aros o leia ddegawd arall cyn gweld ffrwythau'r ymdrechion hyn. Wrth i 1952 hel ei thraed iddi, roedd Plaid Cymru mor ddistadl ag erioed, a'r ymgyrch Senedd i Gymru ar fin trengi. Cefnogaeth y Blaid Lafur oedd yr allwedd i unrhyw lwyddiant i'r ymgyrch ond, er mis Mai 1952, roedd ei phenaethiaid wedi bygwth tân a brwmstan ar y rebeliaid hynny fel Cledwyn Hughes ac S O Davies a gefnogai'r ddeiseb. Nodweddiadol oedd barn Jim Callaghan, a fynnodd yng nghynhadledd Gymreig ei blaid y dylai sosialwyr 'dderbyn yr her a gwrthsefyll ynfydrwydd disynnwyr y Cenedlaetholwyr Cymreig'.[21] Yn yr un cyfarfod, trechwyd cynnig gan Blaid Lafur Meirionnydd yn galw am ymchwiliad i ddatganoli.[22] I gymhlethu pethau, roedd y berthynas rhwng rhai o'r datganolwyr Llafurol a Gwynfor yn bur anodd – sefyllfa a oedd yn ei thro yn tanseilio unoliaeth y deisebwyr. Methai Cledwyn Hughes, er enghraifft, â deall pam fod Plaid Cymru yn arddangos y fath atgasedd tuag at y Blaid Lafur. Mewn ergyd glir at Gwynfor, dywedodd Cledwyn Hughes yn gyhoeddus ei fod ar brydiau wedi ei siomi 'yn arw o weld cynifer o aelodau'r Blaid Genedlaethol yn beirniadu ein plaid â'r fath chwerwder'.[23] Ar ben hynny, roedd y Rhyddfrydwyr yn fwy claear – a diog – nag erioed o ran eu cefnogaeth i'r ymgyrch.

Ac nid problemau gwleidyddol oedd yr unig rai i lethu'r ymgyrch. Yn drefniadol, roedd pethau'n draed moch, a phrin oedd y dystiolaeth bod yna unrhyw waith o gwbl yn digwydd gyda'r casglu enwau – hyd yn oed ym Meirionnydd, y sir agosaf at galon Gwynfor.[24] Diweddodd y flwyddyn yn y modd mwyaf digalon posibl i'r ymgyrch pan gyhoeddodd Dafydd Miles ei fod am adael ei swydd wedi misoedd o lafur diddiolch. Nid heb reswm, ysgrifennodd Ambrose Bebb at T I Ellis rai wythnosau'n ddiweddarach gan ofyn a oedd yr ymgyrch yn bodoli o gwbl: 'fe hoffem wybod hyd sicrwydd ei fod [Y Pwyllgor Canol] ar dir y byw, a'i fod yn gwir lywio'r gweithgarwch drwy Gymru oll… Felly!! Traed moch, yntê'.[25] Roedd Bebb yn llygad ei le gan fod y fenter ar fin dod i ben gan adael

'Home Rule Chaos', chwedl y *News Chronicle*, y tu ôl iddo.[26] Ond eithriad oedd cael y wasg boblogaidd i roi unrhyw sylw, ni waeth pa mor anffafriol, i Ymgyrch Senedd i Gymru. Ar drothwy 1953, doedd yna nemor ddim lle i wladgarwch gan fod Cymru, fel gweddill Prydain, wedi ffoli ar y Coroni – y digwyddiad mawr a fyddai'n diffinio'r flwyddyn i ddod. Yn ystod misoedd cyntaf 1953, roedd y wasg Gymreig yn llawn adroddiadau cynhyrfus am y paratoadau wrth i'r Cymry heidio yn eu miloedd i brynu setiau teledu er mwyn cyfranogi o'r profiad.

O safbwynt Plaid Cymru, golygai'r fath sbloets Brydeinllyd yr anwybyddid ymgyrchu dros senedd ac y dinoethid tensiynau sylweddol ynghylch ei hagwedd tuag at y frenhiniaeth. Ac yntau wedi dysgu ei wers ym 1937, roedd Gwynfor yn bendant ei farn na ddylai Plaid Cymru dynnu nyth cacwn arall am ei phen. Pan fu farw'r Brenin, Siôr VI, yn ôl yn Chwefror 1952, cyngor Gwynfor i J E Jones oedd y byddai Plaid Cymru yn 'gofyn am drafferth' pe gwnâi ddatganiad ar y mater, a gwrthododd gais i siarad yn Gymraeg ar y mater yng Nghyngor Sir Gaerfyrddin.[27] Dweud dim oedd y polisi a fabwysiadwyd yn genedlaethol hefyd ond, wrth i 1953 agosáu, roedd hi gymaint â hynny'n anos i gynnal y polisi hwnnw o ddifaterwch bwriadus. Y genedlaetholwraig ddisglair, Jennie Eirian Davies, a gynhyrfodd y dyfroedd trwy annog ei chyd-Bleidwyr i 'ddiarddel y ffwlbri brenhinol' a fyddai'n 'rhemp drwy Gymru' yn ystod 1953. Roedd hefyd, meddai, am i 1953 fod yn 'flwyddyn o weledigaeth' i Blaid Cymru – mewn geiriau eraill, blwyddyn o brotestio gwrthfrenhinol.[28]

Roedd effaith araith Jennie Eirian Davies yn drydanol. Ar 2 Ionawr 1953, cyfarfu pwyllgor gwaith Plaid Cymru a daeth yn amlwg fod rhai o'r aelodau am waed Jennie Eirian. Honnodd Hywel Heulyn Roberts fod nifer o ddarpar aelodau Plaid Cymru yn Sir Aberteifi wedi ailystyried eu haelodaeth ar ôl clywed am ei sylwadau, ac aeth Dewi Watkin Powell cyn belled â dweud y dylid ei disgyblu am siarad 'yn fyrbwyll'.[29] Am unwaith, gwrthododd Gwynfor â gwrando ar gyngor Watkin Powell, gan ddweud wrtho y byddai'n 'rhaid cael rhywun i wneud y disgyblu' ac y byddai'r rhywun hwnnw yn ei dro yn cael ei gyhuddo o fod 'yn unbennaeth bach'.[30] Ni chafwyd achos disgyblu, ond roedd Gwynfor yn hollol anghywir wrth gredu mai dyna fyddai diwedd y mater. Rhwng cloriau'r *Faner* yn ystod yr wythnosau wedyn, taflwyd goleuni anffafriol iawn ar y modd yr oedd Plaid Cymru wedi anwybyddu elfen ganolog o'i pholisi cyfansoddiadol yn gwbl fwriadol. Mewn un garfan, ceid y Pleidwyr hynny a oedd am Gymreigio'r Coroni a rhoi croeso i'r Frenhines.[31] Saunders Lewis oedd lladmerydd huotlaf y duedd hon, gan gynrychioli meddylfryd a gyrhaeddodd ei uchafbwynt pan gyhuddodd ei gyd-genedlaetholwyr o 'sefyll draw mor Phariseaidd, hir-wynebog' wrth weld Gwyddelod a 'negroaid' Caerdydd yn mwynhau pasiantri lliwgar y Coroni.[32] Mewn carfan arall, ceid yr elfen weriniaethol ynghyd â'r garfan lai honno, ond un fwy ecsentrig, o dan arweiniad D J Davies. Credai'r garfan honno y dylid mabwysiadu teulu fel 'Scudamoriaid Kentchurch' a dysgu'r werin Gymreig i feddwl amdanyn nhw fel y teulu Brenhinol Cymreig.[33]

Wrth i'r drafodaeth hon fynd rhagddi, mae'n gwbl amlwg bod Gwynfor yn poeni'i enaid am y niwed y gallai hyn ei wneud, gan fod cynifer o Bleidwyr yn cefnogi'r Frenhiniaeth a chan fod y Cymry, wedi llwydni a llymder y rhyfel, yn mwynhau ychydig o liw yn eu bywydau. Ganol Ionawr 1953, felly, paratôdd ddatganiad dadlennol (nas cyhoeddwyd) a ddarllenai fel hyn:

(1) Er bod yn y Blaid, fel yn y Blaid Lafur a'r Blaid Ryddfrydol, rhai ripyblicanod, nid yw polisi swyddogol y Blaid yn wrth-frenhinol. O ran safle dominiwn bydd y Frenhines yn Frenhines ar Gymru fel y mae ar New Zealand neu Ceylon.

(2) Nid yw'r Blaid wedi rhoi unrhyw gyfarwyddwyd i'w haelodau ynglŷn â'r Coroni.[34]

Atgyfnerthwyd y neges hon gan lythyr o eiddo J E Jones a anfonwyd at y Pwyllgorau Rhanbarth. Fel enghraifft o'r grefft o eistedd ar y ffens y mae'n gampwaith: cyngor Ysgrifennydd Plaid Cymru ynghylch mater allweddol y Coroni oedd 'tewi â sôn'. Llwyddodd Gwynfor i osgoi gwneud datganiad ar y mater ond, os rhywbeth, roedd ei dawedogrwydd yn gwneud pethau'n waeth. Dryswch wyneb yn wyneb ag un o ddigwyddiadau pwysicaf yr ugeinfed ganrif oedd y teimlad a brofwyd gan nifer o aelodau Plaid Cymru pan goronwyd Elisabeth II ar 2 Mehefin 1953. Pan gyfaddefodd D J Williams nad oedd 'yn glir iawn' ei feddwl 'ar fusnes y coroni',[35] siaradai ar ran llawer ym mhlaid Gwynfor. Ar ddiwrnod y Coroni ei hun, y si a gyniweiriai ymysg aelodau Plaid Cymru oedd bod Jac yr Undeb yn cyhwfan uwchben swyddfa'r blaid yn Heol y Frenhines, Caerdydd.[36] A gwelwyd yr un ansicrwydd hefyd ar aelwyd Wernellyn. Er nad oedd yn frenhinwraig fel y cyfryw, roedd gan Rhiannon, gwraig Gwynfor, gryn feddwl o'r teulu brenhinol ac, ar ddiwrnod y Coroni, fe godod hi a'r plant yn blygeiniol a mynd i dŷ cymydog er mwyn gweld y digwyddiad hanesyddol ar y teledu.[37]

Wedi'r Coroni, dychwelodd bywyd Gwynfor a'i blaid i ryw fath o drefn. Nid cyd-ddigwyddiad yw hi ychwaith taw yn ystod mis Mai y penderfynwyd rhoi un cynnig olaf ar atgyfodi'r ymgyrch gysglyd dros senedd i Gymru. Yn ystod y mis hwnnw, derbyniodd Plaid Cymru gais gan Bwyllgor Canol yr ymgyrch yn gofyn am ryddhau Elwyn Roberts, trefnydd gwydn y blaid yng Ngwynedd, er mwyn rhoi'r ymgyrch yn ôl ar ei thraed. Cytunodd Plaid Cymru i'w ryddhau am ddwy flynedd ar yr amod y câi weithio dros Blaid Cymru pe codai etholiad cyffredinol neu isetholiad yn y cyfamser.[38] I Gwynfor, roedd y penderfyniad i ryddhau ei drefnydd gorau efallai yn benderfyniad pur hawdd. Wedi'r cyfan, o gofio bod Plaid Cymru wedi buddsoddi ei holl obeithion yn y ddeiseb, nid oedd 'offrymu' Elwyn Roberts namyn ymestyniad o'r unig strategaeth wleidyddol a oedd ganddi. Ym mis Medi yr oedd Elwyn Roberts i fod dechrau ar ei swydd newydd, ond manteisiwyd ar yr Eisteddfod Genedlaethol yn y Rhyl i ail-lansio'r ddeiseb. Gwnaed hyn yn llwyddiannus a chyflwynwyd y ddeiseb fel modd ymarferol o ddod â senedd i Gymru 'i'r glöwr a'r cynghorydd... i'r *Goleuad* a'r *Tyst*'. Pinacl y lansiad oedd penderfyniad Huw T Edwards, y gŵr a fu mor ddilornus o gyfarfod Llandrindod dair blynedd ynghynt, i ymuno â'r ymgyrch. A dyfynnu ei eiriau ei hun: 'Roedd ei galon a'i ben o'r diwedd wedi dod at ei gilydd'.[39] Y gobaith yn awr, fel y nododd Celt yn y *Liverpool Daily Post*, oedd y medrai Huw T Edwards ac eraill yn y Blaid Lafur gydnabod mai da o beth fyddai rhoi senedd i Gymru.[40]

Gwelodd Gwynfor ddatblygiadau calonogol eraill yn ystod haf 1953. Cwta bythefnos wedi cyffro Eisteddfod y Rhyl, symudodd y teulu lluosog o Wernellyn i'r Dalar Wen – y tŷ godidog a gynlluniwyd gan Dewi Prys Thomas, pensaer o fri a brawd-yng-nghyfraith Gwynfor. Er bod yr aelwyd newydd ar dir Wernellyn, ni allasai'r tŷ fod yn fwy gwahanol i'r hen gartref. Cynrychiolai Wernellyn gadernid Fictoraidd, eithr roedd y Dalar Wen yn fynegiant o hyder Gwynfor yng ngallu'r Cymry i gynllunio dyfodol llewyrchus drostyn nhw eu hunain. Wedi'r cyfan, roedd y tŷ yn fodern ond y deunyddiau yn gwbl Gymreig. Lwc Gwynfor oedd mai ei dad a dalodd am y tŷ a llawer o'r dodrefn fel anrheg briodas hwyr.[41] Ond lwc neu beidio, bu Gwynfor yn wirioneddol hapus yn y tŷ hwn, a daeth y stydi a'i olygfeydd godidog dros Ddyffryn Tywi yn noddfa iddo ynghanol y stormydd i ddod. Serch hynny, yr oedd yna bris i'w dalu mewn cymdogaeth fach: gyda chodi'r tŷ, mae'n debyg iddo ennyn cenfigen rhai o'i wrthwynebwyr. Yn yr un modd, mae'n amheus a fu ei benderfyniad i anfon dau o'i feibion i Goleg Llanymddyfri o gymorth i ladd yr ensyniad mai Tori Cymreig ydoedd.[42]

Gyda'r teulu'n ymgynefino â'r Dalar Wen, ymdaflodd Gwynfor i ganol gweithgarwch y ddeiseb. Yn ystod mis Medi 1953, dewisodd Plaid Cymru fynd ar ei liwt ei hun a chynnal rali dros senedd yn enw'r blaid yn unig. Gallai'r penderfyniad i anwybyddu gweddill yr ymgyrch fod wedi profi'n chwithig, ond fe dalodd ar ei ganfed. Daeth pobl i Gaerdydd yn eu miloedd; yn eu plith roedd aelod Llafur Merthyr, S O Davies.[43] Ond yr uchafbwynt diamheuol oedd gweld tîm o redwyr a gariodd ffagl dân o senedd-dy Owain Glyndŵr ym Machynlleth i ganol y dorf o dair mil o bobl yng Ngerddi Soffia, Caerdydd. Roedd y fath dân gwyllt yn ddull cwbl newydd o ymgyrchu i blaid a fagasid cyhyd ar lymru llwyd y cyrddau siarad, ond nid oedd fymryn yn llai effeithiol o'r herwydd. I Gwynfor, roedd hefyd yn fodd o aildanio'r ymgyrch ac i gysylltu'r blaid â'r galwadau am i Gaerdydd, y dref a ystyrid ganddo fel 'prif gaer Seisnigrwydd', fod yn brifddinas i Gymru.[44] Ac yn nhyb y wasg, roedd Plaid Cymru chwarter ffordd i gyrraedd y nod hwnnw. Yn ôl Anthony Davies, gohebydd y *News Chronicle*,[45] ni welwyd dim byd tebyg i'r digwyddiad erioed o'r blaen yng Nghaerdydd, tra dehonglodd Paul Ferris o'r *Observer* yr achlysur fel tystiolaeth o ddewrder ac ymarferoldeb Plaid Cymru.[46]

Er mai rali yn enw Plaid Cymru oedd hon, cafodd effaith ddiamheuol ar yr ymgyrch swyddogol o blaid senedd hefyd. Erbyn mis Hydref, y mis pan ddechreuodd Elwyn Roberts yn swyddogol ar ei waith fel trefnydd, roedd ysbryd y deisebwyr wedi ei drawsnewid. Dechreuodd Megan Lloyd George a Gwynfor gredu bod senedd yn anochel wrth i'r gefnogaeth gynyddu o gyfeiriad aelodau cyffredin y Blaid Lafur yng Nghymru.[47] Ac nid nhw oedd yr unig rai i goelio bod y rhod wedi troi o blaid y ddeiseb. O fewn dyddiau, ysgrifennodd Cliff Prothero at Morgan Phillips, Ysgrifennydd Cyffredinol y Blaid Lafur, gan erfyn arno i nodi'n glir beth oedd barn y Blaid Lafur Brydeinig: 'the Labour Party is having the ground taken underneath its feet because we do not make a declaration one way or the other'.[48] O fewn dyddiau, roedd yna banig yn rhengoedd y Blaid Lafur gan gymaint eu hofn y byddai'r Comiwnyddion (a gefnogai'r ddeiseb) yn dylanwadu ar undeb glowyr y de. Ar ddechrau Tachwedd, roedd hi'n ymddangos bod ofnau gwaethaf Cliff Prothero wedi eu gwireddu, pan ofynnodd yr NUM am gael 250 copi o'r pamffled a amlinellai amcanion y ddeiseb.[49] Yn y cyfamser, tyfai'r ymgyrch fel caws llyffant, a dangosodd adroddiad i Bwyllgor Canol y ddeiseb fod pobl yn casglu enwau mewn dros gant o leoliadau ar draws Cymru.

Ganol y mis, fodd bynnag, dechreuodd y gwrth-ddatganolwr pybyr, Herbert Morrison, glecian y chwip – datblygiad y byddai iddo oblygiadau sylweddol i fywyd Gwynfor. Ar 11 Tachwedd 1953, deddfodd y Blaid Lafur Brydeinig ac wedyn Cyngor Rhanbarthol y Blaid Lafur yng Nghymru y byddai senedd yn andwyol i Gymru. O ganlyniad, rhoddwyd pwysau anferthol ar y rebeliaid hynny yn y Blaid Lafur fel Cledwyn Hughes a Goronwy Roberts i beidio â chefnogi'r ddeiseb. Agwedd arall ar y 'gwrth-ymosodiad' oedd penderfyniad y Blaid Lafur i gwyno'n swyddogol am y BBC yng Nghymru, gan honni bod y Gorfforaeth yn nythaid o genedlaetholwyr.[50] Am wythnosau, unig destun y wasg oedd ymateb y Blaid Lafur, a'r pwysau a roddai ar y pum Aelod Seneddol Llafur a gefnogai'r ddeiseb.[51] Yn gyhoeddus, dyfalai Gwynfor beth fyddai tynged y datganolwyr a hwythau'n wynebu sefyllfa hynod anodd. Ond yn hytrach na'u cynorthwyo trwy ddweud dim, penderfynodd borthi'r fflamau trwy broffwydo y gallai weld 'those members of the Labour Party in Wales who refuse to renounce their country's rights at its behest, leaving the fold, and, perhaps forming an independent Welsh Labour Party'.[52]

Yn breifat, aeth Gwynfor yn llawer pellach a gorfoleddai wrth weld y Blaid Lafur yn ei darnio ei hunan. O'r diwedd, meddai wrth Pennar Davies, roedd yr 'ychydig' a wnaeth Plaid Cymru dros y ddeiseb yn ddigon 'i daflu gwersyll y gelyn i gryn anhrefn'. Ceid tystiolaeth o hynny, meddai, mewn cyfarfodydd gorlawn yn Aberdâr, Llanelli ac Abertawe. Yr hyn oedd yn bwysig iddo yn awr oedd bod y syniad o Blaid Lafur Gymreig yn cael ei hybu – er na chredai y byddai hynny byth yn digwydd. Yn y cyfamser, gobeithiai y byddai'r pum aelod Llafur hynny a gefnogai'r ddeiseb yn sefyll yn gadarn. Synhwyrai y byddai Goronwy Roberts yn fodlon herio Herbert Morrison gan nad oedd 'yn debygol o gael lle ar y fainc flaen'. Roedd Cledwyn Hughes hefyd, yn ôl Gwynfor, yn annhebygol o blygu gan fod y syniad o fod yn rhan o achos cenedlaethol yn apelio ato. Rheswm arall dros unplygrwydd Cledwyn Hughes yn yr achos hwn oedd ei fod, ym marn Gwynfor, 'ar ei golled yn fawr yn ariannol o fod yn Aelod Seneddol' ac na fyddai felly yn torri ei galon 'pe collai ei sedd'. Byddai T W Jones, aelod Meirion, yn gorfod sefyll oherwydd bod Llafurwyr y sir am gael senedd ac, wrth gwrs, barnodd Gwynfor na fyddai S O Davies yn ildio'r un fodfedd. Ei broblem fawr yntau oedd nad oedd fawr neb yn cymryd dim sylw ohono. Yr unig bryder go iawn oedd Tudor Watkins, aelod Brycheiniog a Maesyfed, gwleidydd yr oedd yn rhaid, yn ôl Gwynfor, ei 'gadw'n sad'.[53]

Wrth i'r Nadolig agosáu, roedd Gwynfor ar ben ei ddigon. Yn un peth, roedd poblogrwydd Maxwell-Fyfe ar drai, ond y peth gorau oll oedd yr hyn a ddisgrifiodd wrth D J Williams fel 'helynt ardderchog' yn rhengoedd y Blaid Lafur. O hyn ymlaen, diflannodd unrhyw gogio preifat ganddo fod yna wahaniaeth rhwng Plaid Cymru a'r ddeiseb. Yr unig gwmwl i dduo'r ffurfafen oedd ei bryder nad oedd Plaid Cymru 'mewn gwell siâp i wneud mwy ohoni' gan fod eu trefnydd, J E Jones, 'yn symol iawn ei iechyd'.[54] Roedd Gwynfor hefyd wedi cael achlust bod grŵp o Lafurwyr yng Nghaerdydd am ymddiswyddo, ac roedd hefyd wedi clywed yn breifat gan Huw T Edwards y byddai'n well ganddo adael y mudiad Llafur na phlygu glin i Herbert Morrison. Does ryfedd felly iddo gredu y gallai 'rhywbeth mawr i Gymru dyfu o'r cwbl'.[55] Pan gyfarfu penaethiaid Plaid Cymru ar droad y flwyddyn, credai nifer ohonynt, fel Gwynfor, fod y 'drws yn agor' a'r torri trwodd hir ddisgwyliedig ar fin digwydd.[56] Y cwestiwn a'u hwynebai, fodd bynnag, oedd sut y gellid troi brwdfrydedd yn weithgarwch, yn enwedig ym maes glo'r de. I Gwynfor a'i gyd-arweinwyr, yr undebau llafur oedd yr allwedd i unrhyw lwyddiant, ac aethpwyd cyn belled â rhoi ystyriaeth fanwl i'r posibilrwydd o gael papur yn enw Plaid Cymru o'r enw *Welsh Labour News*.[57] Amcan y cyfryw gyhoeddiad fyddai cyferbynnu 'gormes' yr arweinyddiaeth bresennol ag agwedd fwy goleuedig datganolwyr tebyg i Keir Hardie ac Arthur Henderson.[58] Ni welodd y papur fyth olau dydd, ond fe gafwyd papur Saesneg yn enw'r ymgyrch, *Welsh Clarion*, a addawodd gynnig atebion i feirniaid datganoli, 'stone upon stone until the Welsh Parliament'.[59] Ac fel y gellid disgwyl, rhoes yr ymdderu Llafurol hyder newydd i Gwynfor. Yn awr, medrai fynd â'i neges i lefydd fel Port Talbot yng 'ngwlad y dur' a honni ag argyhoeddiad bod Llafur a'r Ceidwadwyr cynddrwg â'i gilydd pan ddôi'n fater o ddatganoli.[60]

Ym mis Mawrth 1954, cyhoeddodd y Blaid Lafur yn ffurfiol, wedi wythnosau o drafod, y byddai'n gwrthwynebu'r ddeiseb, ac fe'i cadarnhawyd yng nghynhadledd y blaid ym mis Mai. Hwn oedd y 'knock-out blow' terfynol gan iddo adael y datganolwyr hynny megis Cledwyn Hughes yn ynysig yn eu plaid eu hunain. Ond roedd Cledwyn Hughes hefyd yn chwerw ynghylch y diffyg cefnogaeth ymarferol a gafodd y 'pump' o gyfeiriad Plaid Cymru. Mae'n amlwg taw at Gwynfor y cyfeiriai Cledwyn Hughes pan haerodd mai un o'r prif resymau pam i'w safiad fethu oedd y 'deep resentment throughout the rank and file of the Labour movement in Wales at the persistence and abusive attacks made by certain elements in the Principality on some of the most highly respected Welsh Labour leaders'.[61] Mae yna elfen gref o wir yn hyn. Fe fyddai sefyllfa'r datganolwyr oddi mewn i'r Blaid Lafur wedi bod yn gryfach pe byddai Gwynfor wedi mabwysiadu idiom fwy diplomataidd.

Ond rhaid deall pethau o bersbectif Gwynfor hefyd. Er bod methiant gwŷr fel Cledwyn Hughes yn siom iddo, gobeithiai y sylweddolai cenhedlaeth o Gymry ifanc mai trwy blaid Gymreig yn unig y gellid sicrhau ymreolaeth. Roedd hefyd am i'r genhedlaeth honno ddeall, fel y gwnaeth yntau, mai myth llwyr oedd credu y gallai 'Cymry da' Gymreigio'r Blaid Lafur. O'r herwydd, ystyriai ymateb y Blaid Lafur fel teyrnged anfwriadol i Blaid Cymru gan mai hi a orfododd Llafur i ystyried datganoli am y tro cyntaf er 1946 ac i roi rhesymau penodol dros ei wrthod.[62] Roedd y penderfyniad yn un a'i cyffrôdd yn arw, a chysylltodd Gwynfor y datblygiad hwn ag arwyddion gobeithiol eraill. Yn eu plith, roedd gweithiau newydd fel *Siwan* Saunders Lewis, *Cysgod y Cryman* Islwyn Ffowc Elis a'r salm honno i werin Sir Gâr, *Hen Dŷ Ffarm* o eiddo D J Williams. Roedd yna gysuron eraill hefyd: llwyddiant y cwmni opera Cymreig a thwf yr ysgolion Cymraeg. Ys dywedodd yn *Y Faner*, dim ond un casgliad y gellid dod iddo, a hwnnw oedd bod ei blaid 'yn peri i'r genedl sylweddoli ei phosibiliadau' er gwaethaf ymdrechion 'gamekeepers' y Blaid Lafur. Gyda'r fath 'grac yn y peiriant' sosialaidd, gwelai Gwynfor y dydd yn prysur ddod pryd y byddai Cymru fel cenedl yn gwneud yr hyn a wnaeth yntau pan oedd yn grwtyn yn y Barri, sef ei 'achub ei hun'.[63]

Porthwyd yr ymdeimlad hwn bod llwyddiant o fewn cyrraedd pan ddewiswyd Gwynfor yn gadeirydd yr Annibynwyr ym mis Mehefin 1954. O gofio'i dras a'i dad-cu, roedd yn fraint enfawr, ond roedd hefyd yn hwb sylweddol iddo fel gwleidydd. Hwn, yn ddiau, oedd y digwyddiad a laddodd yr ensyniad od (a ddaliai i gyniwair cyn hwyred â chanol y pumdegau) mai Pabydd ydoedd. Cymaint oedd y diddordeb yn ei gwrdd sefydlu nes i bobl ddechrau ciwio am le yn y capel ym Mhen-y-groes, Sir Gaerfyrddin, o wyth o'r gloch y bore ymlaen. Yn ôl Anthony Davies, gohebydd y *News Chronicle*: 'even at Epsom a few hours later there could have been no greater eagerness to see the Derby'.[64] Dewisodd Gwynfor draethu ar y testun 'Cristnogaeth a'r Gymdeithas Gymreig' a'r hyn a glywyd ganddo oedd ple ar i'w gyd-Annibynwyr drefnu eu cymdeithas yn hytrach na chladdu eu pennau yn enw 'pietistiaeth'. Mewn geiriau eraill, dadleuai fod gwleidydda yn ymestyniad o'i Gristnogaeth, a'i fod yn dilyn yn ôl traed cewri Annibynnol fel Henry Richard, Samuel Roberts a Michael D Jones wrth Gymreigio a Christioneiddio'i genedl.

Mae'r araith hon – yr agosaf at ei gyffes ffydd lawnaf fel oedolyn – hefyd yn drawiadol am yr hyder sy'n ffrydio drwyddi. Yn ganolog iddi, mae'r hyder bod y 'Dinasawrws gwladol' yn dihoeni, a chymdeithas newydd Gymraeg yn cymryd ei lle. Y prawf cliriaf o hyn, tybiai Gwynfor, oedd clywed am brofiad colier o'r

Rhondda a eisteddai wrth ddrws ei dŷ un prynhawn. Yna, meddai Gwynfor yn ei druth: 'daeth plant heibio adref o'r Ysgol Gymraeg, yn parablu'r hen iaith am eu bywyd wrth fynd. Wylai'r hen ŵr o lawenydd. Ni feddyliai y clywai blant yn siarad Cymraeg ar strydoedd y Rhondda byth mwy. Ond mae'n digwydd'.[65] Roedd y traddodi'n orchestol, ond doedd pawb ddim yn hapus â'r araith er gwaethaf ei ymgais i gyflwyno'i weithgarwch fel ymestyniad o hen draddodiad. Er y cafwyd bonllefau o gymeradwyaeth yn ystod ei lith, clywyd ebychiadau o 'rubbish' a 'tripe' gan leiafrif yn y gynulleidfa a gredai mai heresi oedd cymysgu gwleidyddiaeth a Christnogaeth.[66]

Ond os oedd Gwynfor yn heretig, roedd yn heretig bodlon. Er bod gweithgarwch y ddeiseb wedi arafu'n arw erbyn yr haf, roedd yna ddigon o dystiolaeth i awgrymu bod yr ymgyrch wedi newid barn llawer o Gymry. Ymhellach, doedd y targed o 250,000 o enwau a osodwyd ar gyfer y ddeiseb ddim yn edrych yn gwbl hurt. Yn ôl y *Manchester Guardian*, roedd Ymgyrch Senedd i Gymru bellach yn denu 'the solid citizens' – pobl o bwys yn y dref yn ogystal ag 'incendiary fringe' y cenedlaetholwyr.[67] Mae cofnodion Pwyllgor Canol yr Ymgyrch hefyd yn cadarnhau hyn. Ym mis Hydref 1954, datgelwyd mai'r broblem oedd nid yn gymaint cael pobl i arwyddo'r ddeiseb – hyd yn oed mewn 'rhannau anodd iawn yn ne Cymru' – ond yn hytrach cael digon o bobl i'w casglu.[68] O gofio bod Gwynfor wedi buddsoddi cymaint o amser, egni ac adnoddau ei blaid yn y ddeiseb, mae'n anodd gorbwysleisio pa mor bwysig fu sylwadau fel hyn iddo. Ac yn goron ar y cyfan, cafodd Plaid Cymru gyfle euraidd i fynd â'r genadwri hon i ganol glowyr y de pan fu farw Emlyn Thomas, aelod Llafur Aberdâr, yng Ngorffennaf 1954.

Roedd Aberdâr bryd hynny'n sedd Gymreig a lled Gymraeg, ond dechreuodd yr ymgyrch mewn amgylchiadau pur anffafriol i Blaid Cymru a Gwynfor. Er taered ei ymdrechion, methwyd â chael Wynne Samuel i sefyll fel ymgeisydd y blaid yn yr etholaeth. O'r herwydd, bu'n rhaid i Gwynfor ei hun, yn absenoldeb unrhyw ymgeisydd credadwy arall, gamu i'r cylch.[69] Roedd hi'n sefyllfa chwithig a wnaed gymaint â hynny'n anos gan y credai nifer o Bleidwyr yr etholaeth na fyddai Gwynfor hanner mor boblogaidd â Wynne Samuel.[70] Roedd atgasedd parhaus rhai Pleidwyr amlwg tuag at y dacteg o ymladd isetholiadau seneddol hefyd yn cymylu'r dyfroedd. Gwrthododd Saunders Lewis yn lân â chefnogi unrhyw ymgyrch, gan fynnu bod Gwynfor yn 'lladd yr unig ysbryd a allasai ysgwyd y wlad' ac mai 'trwy Wormwood Scrubs yn unig' y medrai Cymru sicrhau ei rhyddid.[71]

Ond dygnodd Gwynfor ymlaen gan lunio ymgyrch (ar y cyd â Glyn James) a fyddai'n dylanwadu'n drwm ar ei fuddugoliaeth yng Nghaerfyrddin ymhen deuddeg mlynedd. O'r dechrau'n deg, cafwyd tactegau newydd a phoblogaidd gyda Gwynfor, cadeirydd y '121,000 strong Congregational Union',[72] yn apelio at Gymreigrwydd cynhenid yr etholwyr mewn ymgais i'w hennill 'tros Gymru'.[73] Gwnaed defnydd helaeth o'r Saesneg a cheisiwyd cysylltu Plaid Cymru â champau'r cae rygbi a'r bocsiwr lledrithiol, Dai Dower. Defnyddid cerddoriaeth hefyd ac, am y tro cyntaf, daeth canu yn rhan ganolog o arfogaeth Plaid Cymru. Wrth i Gwynfor sgrialu o amgylch y cwm, daeth llais Hawys Williams a'r perlau yma yn gefndir cyfarwydd i'r ymgyrchu dros y corn siarad:

> This is my story, this is my song,
> Working for Gwynfor all the day long;
> He's our hero, he never fails,
> When you are voting do so for Wales.[74]

Wrth i'r ymgyrch fynd rhagddi mewn glaw di-baid, daethai'n amlwg i'r newyddiadurwyr a fentrodd i'r etholaeth fod yna rywbeth ar droed a bod y to iau yn troi at Blaid Cymru. Yn y broses, bwriasant i'r naill ochr rai o ragfarnau dyfnion eu rhieni ynghylch cenedlaetholdeb.[75] Roedd Gwynfor hefyd yn elwa o'r gwres cenedlaethol a gynhyrchwyd gan y ddeiseb. Ar noswyl y bleidlais, bu'n rhaid i'r Blaid Lafur rybuddio etholwyr Aberdâr rhag cael eu hudo gan y 'Trojan Horse' cenedlatholgar a lechai oddi mewn i rengoedd Ymgyrch Senedd i Gymru.[76] Drannoeth, yn ôl y disgwyl, etholwyd Arthur Probert o'r Blaid Lafur, ond gwelodd Plaid Cymru gynnydd o 3,000 yn ei phleidlais wrth i'r ffyddloniaid Llafur aros gartref yn eu miloedd. Enillodd Gwynfor 16 y cant o'r bleidlais, canlyniad tipyn salach na'r hyn a gawsai Wynne Samuel yn isetholiad Aberdâr wyth mlynedd ynghynt ond, yng nghyd-destun tair blynedd o ddadlau ac ymgyrchu dros y ddeiseb, teimlid bod Plaid Cymru wedi cyflawni gwyrthiau. 'Welsh Home Rule Men Seize Votes. Socialists shocked'[77] oedd pennawd y *Daily Express*, tra gorfu i hyd yn oed y *Western Mail* gydnabod effaith 'Nationalist propaganda'. Byddai'r effaith hon yn parhau, yn ôl y papur, cyhyd ag y medrai'r cenedlatholwyr ddangos 'that Wales has her own special problems that are getting scant attention at Whitehall'.[78] O ran Gwynfor ei hun, dehonglodd ganlyniad Aberdâr fel pleidlais enfawr o hyder ym Mhlaid Cymru. Rai dyddiau wedi'r pôl, ysgrifennodd yn fuddgoliaethus at D J Williams gan nodi bod dau gasgliad cwbl glir i'w gweld. Y cyntaf oedd bod Pleidwyr Aberdâr yn cerdded y Cwm 'fel ceiliogod'. Yr ail beth oedd 'ei fod yn amlwg i bawb' a gymerodd ran yn yr ymgyrch fod 'mwyafrif helaeth pobl y cwm dros Senedd i Gymru' a bod eu Cymreictod wedi cynyddu 'yn rhyfeddol'.[79]

Yn dilyn yr isetholiad, trodd Gwynfor ei sylw'n gynyddol at faterion yn ymwneud â darlledu. Ers mis Medi y flwyddyn honno, achwynai Plaid Cymru'n arw ynghylch anallu'r blaid i gael darllediadau gwleidyddol.[80] Y rheol ar y pryd oedd bod rhaid ymladd hanner cant o seddau seneddol, deuddegfed rhan o'r cyfanswm, er mwyn cael darllediadau o'r fath. Roedd y rheol hon yn gwbl hurt i blaid fechan fel Plaid Cymru gan mai dim ond 36 sedd a geid yng Nghymru i gyd ac, o blith y rheiny, dim ond pedair sedd yn unig a ymladdwyd gan y blaid yn etholiad cyffredinol 1951.[81] Ond er gwaethaf yr amgylchiadau arbennig, doedd chwipiaid y Ceidwadwyr a'r Blaid Lafur (a benderfynai'r materion hyn) byth yn mynd i newid eu hagwedd. Fodd bynnag, erbyn diwedd 1954, roedd Gwynfor wrthi fel lladd nadroedd yn llythyru a thynnu sylw at amharodrwydd y ddwy brif blaid i gydnabod bod y cyd-destun Cymreig yn wahanol. Aeth ati i odro pob diferyn o gydymdeimlad a fedrai o'r sefyllfa ac, erbyn y Nadolig roedd llu o unigolion a sefydliadau nad oedd â rhyw lawer o deyrngarwch i Blaid Cymru wedi mynegi cydymdeimlad cyhoeddus â'r achos. Ond y wobr fawr oedd clywed ar ddiwedd y flwyddyn fod Cyngor Darlledu Cymru am herio'r ddwy brif blaid trwy addo rhoi darllediadau gwleidyddol i Blaid Cymru ddwywaith y flwyddyn rhwng etholiadau.

Roedd penderfyniad y Cyngor Darlledu yn Rhagfyr 1954 yn fuddugoliaeth hynod bwysig i Blaid Cymru, ac nid cyd-ddigwyddiad yw hi bod Gwynfor wedi parhau i ganolbwyntio'i ymdrechion ar ddarlledu yn ystod y misoedd hyn gan benderfynu bod angen ymgyrch ar bwnc llosg y dydd (ymysg y Cymry Cymraeg, beth bynnag), sef safon derbyniad y rhaglenni a ddarlledid gan y BBC. Ers rhai blynyddoedd, gyrrid miloedd o Gymry'n benwan oherwydd y câi rhaglenni Cymreig y BBC eu boddi wedi chwech o'r gloch bob nos gan gryfder y tonfeddi a ddefnyddid gan yr Orsaf Americanaidd a gorsafoedd eraill yn Nwyrain yr Almaen. Drwy gydol 1954, brithid y wasg Gymreig gan gwynion ynghylch y tonfeddi sgrechllyd ac, ym mis Rhagfyr, dirwywyd y genedlaetholwraig Gwyneth Morgan am beidio â thalu ei thrwydded radio fel protest. Safiad unigolyn oedd un Gwyneth Morgan, ond roedd eraill yn meddwl ar hyd yr un llinellau – yn eu plith Roger Hughes, rheithor Bryneglwys, Sir Ddinbych. Roedd ef eisoes wedi bod yn llafar ar y mater ac roedd yntau, fel Gwyneth Morgan, wedi dod i'r casgliad mai dim ond trwy ddulliau torcyfraith y gellid dwysbigo'r llywodraeth. Ateb Roger Hughes oedd cael ymgyrch drefnedig o beidio â thalu trwyddedau a'i galw'n ymgyrch 'Cymdeithas y Gwrandawyr'.[82]

Dros y Nadolig, mae'n amlwg i Gwynfor gynhesu at awgrym Roger Hughes, a phan gyfarfu penaethiaid Plaid Cymru am y tro cyntaf yn Ionawr 1955 roedd yn ysu am weld Plaid Cymru'n cefnogi Cymdeithas y Gwrandawyr. Credai Gwynfor, fel R Tudur Jones, fod yna bob cyfiawnhad dros dorri'r gyfraith gan fod y gyfraith fel ag yr oedd hi yn anghyfiawn, ac mai 'fraudulent appropriation', chwedl Tudur Jones, oedd gofyn am arian yn dâl am wasanaeth mor dila.[83] Gyda theledu masnachol hefyd ar gynnydd, ofnai Gwynfor y byddai'r Cymry Cymraeg wedi rhoi'r gorau i wrando ar y donfedd Gymreig oni cheid gwelliant ymhen tair blynedd. Does dim dwywaith taw atyniad arall y cynllun oedd mai cymdeithas dorcyfraith led braich o Blaid Cymru fyddai hi. O'r herwydd, ni chysylltid Plaid Cymru fel plaid â dulliau o'r fath yn ystod blwyddyn etholiad cyffredinol. Eto i gyd, ystyriai rhai o arweinwyr y blaid y ddadl hon fel un wan, ac ofnent y difethid yr holl ymdrechion i gyflwyno Plaid Cymru fel plaid barchus. Pan ddaeth hi'n fater o orfod penderfynu, roedd blaenoriaid y blaid yn gwbl rhanedig ar y mater, a dim ond ar ôl trafodaeth ddeg awr, ac ar bleidlais fwrw Gwynfor, y penderfynodd Plaid Cymru gefnogi Cymdeithas y Gwrandawyr.[84]

O fewn dyddiau i'r penderfyniad hwn, sefydlwyd Cymdeithas y Gwrandawyr yn ffurfiol. Gwynfor oedd ei haelod cyntaf ac yntau hefyd oedd ei chadeirydd. Talodd ddeuswllt am y fraint gan addo talu arian ei drwydded i'r gymdeithas, ac nid i'r Postfeistr Cyffredinol. Y cynllun tymor hir oedd i'r gymdeithas drosglwyddo'r arian i'r Postfeistr unwaith y sicrheid gwell derbyniad i'r donfedd Gymreig. Ar ôl dechrau araf, addawodd yn agos i ddau gant o Gymry Cymraeg parchus y byddent yn fodlon herio'r gyfraith.[85] Creodd hyn gryn ben tost i'r awdurdodau gan mai'r peth olaf a fynnent oedd rhoi mantell merthyr ar ysgwyddau Gwynfor yn enwedig. Y broblem arall a wynebai Swyddfa'r Post oedd y gefnogaeth a fodolai yn y Gymru Gymraeg i'r fenter. Nodweddiadol oedd dyfarniad John Roberts Williams, golygydd *Y Cymro*: 'I bob unigolyn a phob mudiad Cymreig sy'n ymladd yr aflwydd hwn – lwc dda'.[86]

Ymateb cychwynnol yr awdurdodau oedd anwybyddu'r gymdeithas ond, wrth i nifer cefnogwyr y 'streic radio' gynyddu, gorfodwyd yr Ysgrifennydd Cartref, Gwilym Lloyd George, i ddod â'r 'streicwyr' o flaen eu gwell.[87] Dyma a ddigwyddodd, a thros y misoedd nesaf, gwysiwyd 151 o aelodau'r gymdeithas gerbron y llysoedd mewn achosion a enynnodd gryn gydymdeimlad i'r achos os nad i Blaid Cymru. Ymddangosodd Gwynfor ei hun o flaen llys bach Llangadog ym mis Awst 1955 'with every sign of being in an evil temper', chwedl cynrychiolydd y llythyrdy, am na chafodd yr hawl i annerch y fainc.[88] Ond roedd hi'n fuddugoliaeth foesol glir. Pris bychan oedd y ddirwy o ddwy bunt a thri swllt a dalodd, gan i'r sylw a gafodd ei achos yntau ac eraill brysuro'r broses o sefydlu gwasanaeth radio teilwng yng Nghymru o fis Medi 1955 ymlaen.[89] Daeth y gymdeithas i ben fel grym ymarferol yn Rhagfyr 1955 pan benderfynodd 'glewion y radio' y dylent ailddechrau talu eu trwyddedau – er mawr ryddhad i'r awdurdodau.

Nid hon oedd yr unig fuddugoliaeth a ddaeth i ran Gwynfor yn ystod 1955. Roedd pethau'n parhau cystal ag erioed gyda'r ddeiseb – er gwaethaf y problemau ariannol a'r tywydd garw. Yn Chwefror 1955, er enghraifft, arwyddwyd y ddeiseb gan drigolion 1,074 allan o'r 1,092 o'r tai yr ymwelwyd â hwy ym Merthyr Tudful. Yn wir, nid oedd Merthyr yn eithriad; cafwyd ffigurau lawn mor galonogol am y Rhondda a Llanelli.[90] Yr anhawster, eto fyth, oedd cael digon o bobl i gasglu enwau. Fis yn ddiweddarach, cyflwynodd S O Davies Fesur Seneddol yn galw am senedd i Gymru a serch iddo gael ei drechu'n hawdd, ni fedrai'r *Cymro* lai na gorfoleddu o weld Aelodau Seneddol Cymreig yn cael eu gorfodi i feddwl am ddatganoli.[91] Dyna hefyd oedd agwedd Gwynfor, ac nid cyd-ddigwyddiad oedd hi mai ei gyfaill, Dewi Watkin Powell, a ddrafftiodd Fesur Seneddol S O Davies.

Ac roedd yr hyn a ddigwyddai gyda'r ddeiseb ac yn y Senedd yn rhan o ddadeni bychan mewn gwladgarwch. Ym mis Ebrill, fe ailetholwyd Gwynfor i Gyngor Sir Caerfyrddin ac, am y tro cyntaf, cafodd gwmni – y Pleidiwr Gwynfor S Evans o'r Betws. Roedd hynny ynddo'i hun yn gam ymlaen wedi blynyddoedd o aredig tywod ar lefel llywodraeth leol. Ond gwir arwyddocâd y canlyniad oedd mai'r ddau genedlaetholwr a ddaliai'r fantol gyda'r Blaid Lafur a'r Annibynwyr yn gwbl gyfartal ar 29 o seddau yr un. O gofio i ba raddau y ffieiddiai Gwynfor y Blaid Lafur, nid yw'n syndod hwyrach na roddodd eiliad o ystyriaeth i'r posibilrwydd o glymbleidio â'r garfan Lafur. Yn hytrach, dewisodd y ddau Wynfor glymbleidio'n ffurfiol â'r Annibynwyr – grŵp a oedd, serch y teitl 'Annibynwyr', yn parhau'n fagad llac o Ryddfrydwyr a Thorïaid. Roedd yn gam dadleuol, ond y cadach coch i'w feirniaid oedd penderfyniad Gwynfor i dderbyn cynnig yr Annibynwyr o sedd henadur. Golygai sedd henadur na ellid ei herio mewn etholiad am chwe blynedd a bod ei le oddi mewn i gyfundrefn nawddogaeth yr Annibynwyr wedi'i smentio'n gadarn. I'r garfan Lafur (ac i rai ym Mhlaid Cymru), roedd penderfyniad Gwynfor yn brawf terfynol mai Tori Cymreig ydoedd ac mai ei unig uchelgais oedd parchusrwydd personol. Yn y *Carmarthen Journal* fe'i cymharwyd â Faust, y cymeriad hwnnw a werthodd ei enaid i'r Diafol.[92]

Fe'i clwyfwyd i'r byw gan hynny, a thros y degawd nesaf fe'i pastynwyd ar fater yr henaduriaeth. Eto i gyd, mae yna elfen o wir yn y cyhuddiad ei fod yn cydswpera â Satan. Wrth glymbleidio'n ffurfiol â'r 'Independiaid', roedd Gwynfor yn bwrw'i goelbren i gydweithio â charfan a gelai ei gwir deyrngarwch. Roedd hon hefyd yn garfan a wrthwynebodd rai o ymdrechion y Llafurwyr i wella ystâd dosbarth gweithiol Sir Gaerfyrddin.[93] Diau i Gwynfor fwynhau'r statws a ddaethai gyda'r teitl 'Alderman' Evans, ond rhaid cofio hefyd pam iddo wneud hyn. Wrth roi cefnogaeth Plaid Cymru i'r Annibynwyr, sicrhaodd y byddai ei blaid yn gwasgu cymaint ag y medrai ei gael allan o grwyn eu partneriaid newydd.[94] O ganlyniad i'r grym newydd hwn, llwyddodd y ddau Wynfor i wireddu polisïau blaengar ar faterion yn ymwneud â heolydd, gwasanaethau cymdeithasol ac addysg Gymraeg yn arbennig. Bwriwyd ati hefyd i sicrhau bod y Cyngor Sir yn ymddwyn yn fwy fel corff democrataidd ac yn llai fel *Politburo* Sofietaidd. Er gwaethaf hyn, mae'n anodd osgoi'r casgliad mai cam annoeth oedd y briodas wleidyddol â'r Annibynwyr. Os oedd yna un cyhuddiad a niweidiodd ymdrechion Gwynfor yn y cymoedd yn ystod y pumdegau a'r chwedegau, yna'r cyhuddiad ei fod yn Dori oedd hwnnw. Ac er taered ei esboniadau ynghylch yr henaduriaeth, y teitl newydd oedd y prawf cliriaf i nifer yn y de mai rhyw fath o *Poujadiste* Cymreig, lladmerydd y dyn bach ceidwadol, oedd Gwynfor mewn gwirionedd.

Roedd hon yn grachen a gâi ei chodi'n gyson dros y degawd nesaf ond, yn ystod Ebrill 1955, anghofiwyd helynt yr henaduriaeth ym merw'r etholiad cyffredinol a ddynesai. Rhoes Plaid Cymru ei holl ymdrechion i mewn i'r ymgyrch hon, gan anghofio i raddau helaeth am yr Ymgyrch Senedd i Gymru. Dros dro, gadawodd Elwyn Roberts yr ymgyrch er mwyn gweithredu fel asiant Plaid Cymru yng Nghonwy. Roedd yn gam disgwyliedig ond, trwy wneud hynny, amddifadwyd yr ymgyrch o'i hunig weithiwr amser llawn. Yn yr un modd, amddifadwyd yr ymgyrch o'i harweinydd mwyaf carismatig pan ddewisodd Megan Lloyd George ymuno â'r Blaid Lafur yn Ebrill 1955. Eto i gyd, ni olygodd y penderfyniadau hyn y byddai 'gwladgarwch gwleidyddol' ar ei golled. Eisoes, roedd y tymheredd gwleidyddol wedi codi yn dilyn y cyhoeddiad na châi Plaid Cymru unrhyw ddarllediadau gwleidyddol. Barnodd y Postfeistr Cyffredinol, Charles Hill, na ellid rhoi amser darlledu i'r 'Welsh Nationalist Party' rhwng etholiadau gan y byddai'n gosod 'an especially dangerous precedent'. Ond hyd yn oed wrth orfodi'r Cyngor Darlledu i blygu i'r drefn, gwyddai Hill y byddai yna bris gwleidyddol i'w dalu. Eisoes, roedd wedi rhybuddio ei gyd-aelodau yng nghabinet Churchill bod yna 'a virtual certainty of a serious political blow-up if the present proposal is banned'. Roedd yn llygad ei le a chafwyd cythraul o helynt.[95] Pan dorrodd y newyddion am y 'ban' darlledu, llifodd ton o gydymdeimlad i gyfeiriad Plaid Cymru a chytunodd llawer â dehongliad Gwynfor fod y gwaharddiad yn brawf o dueddiadau 'totalitaraidd agored yr hen bleidiau'.[96] Ar unwaith, dechreuodd Plaid Cymru ymgyrchu i geisio codi'r gwaharddiad gan gyhoeddi pamffledi, paentio sloganau a chynnal ralïau ar y cyd â phleidiau llai fel plaid y Commonwealth a'r ILP o dan faner 'Pwyllgor y Pum Plaid'.

Yn y tymor hir, bu'r gwaharddiad ar ddarllediadau gwleidyddol yn llyffethair sylweddol iawn ar obeithion etholiadol Plaid Cymru, a bu'n rhaid wrth ddegawd o ymgyrchu caled, a sefydlu gorsaf radio beirat, cyn iddo gael ei godi ym mis Hydref 1965. Ond, yn eironig ddigon, bu'r 'ban' yn fanteisiol yn ystod etholiad cyffredinol 1955 o ystyried anallu Plaid Cymru i danio'i hymgyrch etholiadol. Y broblem gyntaf oedd y nifer hynod uchelgeisiol o seddau y penderfynodd Plaid Cymru eu hymladd – deuddeg. Dewisodd Gwynfor ddilyn polisi o gael cynifer o ymgeiswyr ag oedd yn bosib yn nannedd gwrthwynebiad o du nifer yn ei blaid ei hun a ofnai y byddai menter o'r fath yn gostus a di-fudd. Credai Dewi Watkin Powell, er enghraifft, mai lol oedd sôn am ymladd sedd amhosibl ei hennill, fel Caerfyrddin, ac mai cam ffolach fyth fyddai mentro i sedd fel Abertyleri yn Sir Fynwy. Ond, i Gwynfor, y peth pwysig oedd bod Plaid Cymru'n tyfu'n blaid genedlaethol a bod pobl yn gweld a chlywed ymgeiswyr ei blaid am y tro cyntaf. Roedd gan nifer amheuon dwfn ond, ar y mater yma, roedd Gwynfor fel y graig. Wrth gyfiawnhau'r penderfyniad i gamu i ddiffeithdir etholiadol Sir Fynwy am y tro cyntaf, dywedodd wrth J E Jones na fyddai 'pleidlais isel iawn yn gymaint drwg' o ystyried y 'byddai'r gwerth propaganda yn fawr iawn'.[97] Profwyd Gwynfor yn iawn, ond yr ail broblem oedd sicrhau ymgeiswyr addas. Chwe wythnos cyn y balot, saith ymgeisydd oedd gan Blaid Cymru a bu'n rhaid i Gwynfor deithio'r wlad a chrefu ar gyfeillion i sefyll. Llwyddodd i gael yr unfed ar ddeg yn angladd Ambrose Bebb – o bob man! Roedd y nifer terfynol un yn brin o'r targed o ddeuddeg a osododd Gwynfor ar gyfer ei blaid, ond roedd y strategaeth a'i weledigaeth o greu plaid genedlaethol yn ddianaf. Er nad oedd hi'n amlwg ar y pryd, roedd yna seiliau pwysig tu hwnt yn cael eu gosod ar gyfer twf cenedlaetholdeb y chwedegau a'r saithdegau.

Camodd un ar ddeg ymgeisydd, felly, i'r maes etholiadol yn ystod Mai 1955 ac i ganol corwynt o feirniadaeth. Asgwrn y gynnen oedd y cyhoeddiad na fyddai Plaid Cymru'n ailadrodd yr hyn a wnaed ym 1951, sef ymatal rhag gwrthwynebu'r ymgeiswyr hynny o bleidiau eraill a oedd o blaid datganoli. Roedd Megan Lloyd George – a oedd erbyn hynny'n aelod o'r Blaid Lafur – yn gandryll gyda Gwynfor.[98] Mae'r un peth yn wir am Goronwy Roberts a Cledwyn Hughes. I adain Gymreig y Blaid Lafur a'u cefnogwyr yn y wasg Gymraeg, roedd y dacteg yn gwbl ansensitif o gofio cymaint yr aberth a wnaed gan y datganolwyr sosialaidd dros y pum mlynedd blaenorol.[99] Dyma, am ddyddiau bwygilydd ar ddechrau'r ymgyrch, oedd y pwnc llosg a hawliodd sylw'r wasg Gymraeg, ond ni phoenai Gwynfor ffeuen am y geiriau croes. Gwyddai'n burion erbyn hynny fod y frwydr wleidyddol wedi newid yn llwyr o'i chymharu â 1951, ac nad brwydr rhwng personau oedd hi yn gymaint ag un 'rhwng pleidiau a'u polisïau'.[100] Roedd hefyd yn gwbl bendant ei farn na ddylai Plaid Cymru ymddiheuro 'am ei safiad yn unrhyw ran o'r wlad'.[101]

Safodd Gwynfor am y trydydd tro ym Meirionnydd, gan seilio ei ymgyrch ar ei neges gynyddol gyfarwydd, sef cyfuniad o emosiwn a gwladgarwch Cymreig. Er iddo yntau, fel ei gyd-ymgeiswyr, sôn am faterion bara menyn fel moderneiddio'r gwasanaeth rheilffyrdd a sicrhau Bwrdd Trydan i Gymru, eilbeth oedd y pethau materol yma i Gwynfor.[102] Yn gynyddol, ac yn groes i'r hyn y ceisiodd ei wneud pan ddechreuodd fel llywydd, apeliai at ei etholwyr ar sail ystyriaethau haniaethol, yn fwy na theyrngarwch plaid. Mewn datganiad i'r *Cymro*, er enghraifft, dywedodd fod yna un peth yn gyffredin rhwng holl ymgeiswyr Plaid Cymru. Y peth cyffredin hwnnw oedd eu bod yn caru 'Cymru yn angerddol. Credant ynddi ac yn ei phosibiliadau a dymunant â'u holl galon ei gweld yn byw'. Ym Meirionnydd ei hun, talodd am hysbysebion etholiadol a adleisiai – yn eironig ddigon o gofio'i heddychiaeth – bosteri recriwtio'r Rhyfel Byd Cyntaf. Datganent:

Mae ar Gymru Eich Angen Chwi. Cymry Ydym yn Gyntaf. Beth Bynnag Fo'n Cred Boliticaidd, Unwn i Achub Cymru. Pleidleisiwn i Gwynfor Evans.[103]

Dro arall, galwodd yn gyhoeddus am weld ymgais i 'briodi nerth sosialaeth ein gwlad a nerth ei rhyddfrydiaeth a nerth ceidwadaeth iach' er mwyn creu mudiad a fyddai 'yn anorchfygol'.[104] I bob pwrpas, roedd yn ceisio argyhoeddi etholwyr Meirion a Chymru mai plaid amhleidiol oedd Plaid Cymru. Dyma oedd y 'mudiad cenedlaethol' yng ngwir ystyr y gair – gallai unrhyw un ymuno. Fel tacteg byr-dymor, bu'r apêl hon at wladgarwch yn dra llwyddiannus. Wrth i'r poliau agor, credai nifer o sylwebwyr gwleidyddol fod gan Gwynfor Evans obaith go iawn o wneud sioe dda ohoni, ac mai ef a ddaliai'r fantol rhwng Llafur a'r Rhyddfrydwyr yn y sir. Yn nhyb *The Times*, ystyrid Plaid Cymru fel plaid pobl ifanc Meirion wrth i Gwynfor, eto fyth, fwynhau cyfarfodydd gorlawn. Yn ffodus iddo, digwyddai'r cyfarfodydd hyn mewn etholaeth lle nad oedd y teledu yn ddylanwad – sefyllfa a fyddai wedi newid yn llwyr ymhen pedair blynedd.[105] Aeth Hafren, colofnydd gwleidyddol *Y Faner*, gam ymhellach gan ddarogan taw 26 Mai fyddai 'dydd mwyaf hanes Cymru' pan fyddai etholwyr Meirion yn troi tu min ar y Blaid Lafur.[106]

Wedi'r holl ddarogan, dyblodd pleidlais Gwynfor ym Meirionnydd i 22 y cant o'r pôl, tra gwelwyd canlyniadau calonogol tu hwnt ar draws y wlad i Blaid Cymru. Er gwaethaf yr holl amheuon, gwnaeth Plaid Cymru argraff mewn seddau fel Conwy a Gŵyr. Rhyfeddach fyth oedd y 4.1 y cant a gafwyd yn Abertyleri – sedd a ystyrid gan rai ar y pryd fel rhan o Loegr. Llonnodd Gwynfor drwyddo o weld y darlun cenedlaethol a'r cynnydd sylweddol a gafwyd ym mhleidlais Gymreig ei blaid – o 1.2 y cant ym 1950 i 3.2 y cant ym 1955. I Gwynfor, roedd goleuni bellach yn tywynnu trwy'r mwrllwch: 'y Blaid Bach' yn tyfu, y sect yn cael ei throi'n enwad, a'r Cymry, o'r diwedd, yn dechrau cofleidio cenedlaetholdeb.[107] Wedi pum mlynedd o fyw yng nghysgod ansicrwydd y polisi deublyg o gefnogi'r ddeiseb ac ymladd etholiadau seneddol, medrai yn awr glochdar wrth J E Jones am lwyddiant cymharol y polisi hwnnw. Roedd y ddeiseb o fewn blwyddyn i gael ei chyflwyno, y Blaid Lafur wedi ymrannu ar fater datganoli, a chanlyniad yr etholiad yn gyfiawnhad 'llwyr' o'r polisi 'o ymladd ymhobman posibl'.[108] Yn awr, meddai wrth J E Jones, roedd hi'n bryd gwireddu'r weledigaeth fawr a fyddai'n sail i'w blaid dros y pum mlynedd nesaf: ymladd rhwng deunaw ac ugain o seddau gan ganolbwyntio ar y tair sedd ym meddiant y Rhyddfrydwyr – Ceredigion, Maldwyn a Chaerfyrddin. Cymaint oedd ei hyder ar drothwy haf 1955 fel na chredai y byddai adnoddau dynol yn broblem. Yr unig rwystr i'w gynllun o herio Llafur a llywodraeth Geidwadol newydd Anthony Eden oedd 'ffeindio'r arian'.[109]

Yna, yn gwbl ddisymwth, aeth y si ar led fod Corfforaeth Lerpwl yn llygadu un o bentrefi hyfrytaf Cymru er mwyn diwallu ei hanghenion dŵr. Enw'r gymuned honno oedd Dolanog – y prolog i frwydr epig Tryweryn. Roedd hawddfyd Gwynfor a chenedlaetholdeb Cymreig ar fin chwalu yn y modd mwyaf dramatig posibl.

Pennod 6

DŴR OER TRYWERYN, 1955–59

YDEGAWD A WELODD Y FRWYDR drasig dros Gwm Tryweryn rhwng 1955 a 1965 yw'r degawd mwyaf amwys a phoenus yng ngyrfa faith Gwynfor. O blith holl wleidyddion Cymru, ni wnaeth neb fwy nag ef i geisio rhwystro Corfforaeth Lerpwl rhag cloddio bedd dyfrllyd i bentref Capel Celyn. Ni wnaeth odid neb ychwaith ymdrechu'n galetach i danlinellu'r modd y medrai democratiaeth seneddol ddiystyru'r farn Gymreig. Wrth dynnu sylw at y camwedd hwn yn y degawdau i ddod, creodd Gwynfor filoedd o genedlaetholwyr cyfansoddiadol – yn eu plith Dafydd Wigley, y gŵr fyddai'n ei olynu fel llywydd. Ond hanner y stori yw honno. Ochr arall y naratif yw Gwynfor y bradwr – y gŵr a fynegodd barodrwydd i gyfaddawdu â Lerpwl, y gwleidydd uchelgeisiol oedd yn rhy lwfr a pharchus i fynd i'r carchar dros gymuned Gymraeg. Arweiniodd y canfyddiad hwn yn uniongyrchol at sefydlu Cymdeithas yr Iaith Gymraeg a chenedlaetholdeb mwy milwriaethus y chwedegau. Byddai'r dehongliad hwn ohono fel bradwr yn drobwynt i genedlaetholdeb Cymreig. Byddai hefyd yn drobwynt i Gwynfor y dyn; digon, yn wir, i beri iddo droi ei gefn ar sedd seneddol Meirionnydd a chynnig ei ymddiswyddiad fel Llywydd Plaid Cymru.

Mae'n stori llawn paradocsau ac mae'n addas rywsut, o gofio'i chymhlethdodau trofaus, nad yn Nhryweryn y dechreua stori Tryweryn o gwbl, ond ym mhentref Dolanog ym mro'r emynyddes Ann Griffiths. Er mis Ionawr 1955, roedd Corfforaeth Lerpwl wedi bod yn trafod ei hanghenion dŵr gydag adran Gymreig y Weinyddiaeth Dai a Llywodraeth Leol. Roedd ganddynt dri safle dan ystyriaeth gogyfer â chodi argae: Haweswater ym Manceinion, Dolanog yn Sir Drefaldwyn, ynghyd â'r cynllun a ffafriai dinas Lerpwl, sef Cwm Tryweryn.[1] Gwnaed hyn yn dawel bach a doedd gan drigolion na Dolanog na Chapel Celyn ddim syniad bod eu dyfodol yn cael ei drafod mor oeraidd yng nghoridorau grym Whitehall a Chaerdydd. Llwyddwyd i gadw'r trafodaethau hyn yn ddirgel am fisoedd ond, yn ystod Awst 1955, sylweddolodd penaethiaid Plaid Cymru am y tro cyntaf fod cynlluniau o'r fath ar droed. Clywodd J E Jones fod Corfforaeth Lerpwl â'i bryd ar godi argae yn Nolanog tra cafodd Gwynfor achlust mai yn y Frongoch y'i codid.

Fodd bynnag, doedd yna ddim argoel bryd hynny bod yna argyfwng ar fin llethu Plaid Cymru a Chapel Celyn. Ymateb pwyllog a digon didaro Gwynfor oedd awgrymu y dylai Plaid Cymru ystyried gwneud datganiad 'ar gwestiwn tir Cymru, a hawliau awdurdodau Seisnig'.[2] Ei nod ar y pryd oedd dechrau ymgyrch arall ar fater gorfodaeth ond, ym Medi 1955, gollyngwyd y gath o'r cwd: roedd Lerpwl yn edrych ar Ddolanog ac yn ystyried creu llyn a fyddai'n ymestyn bedair milltir i fyny afon Fyrnwy. Byddai hyn wedi golygu boddi pentref Dolanog, Dolwar Fach a chapel coffa Ann Griffiths. O glywed am y bygythiad, dechreuwyd yn syth ar ymgyrch i achub Dolanog. 'Dyddiau Olaf Dolanog' oedd pennawd ysgytiol *Y Cymro*, gan adleisio tranc pentref dychmygol Dolwyn yn y ffilm boblogaidd a gynhyrchwyd chwe blynedd ynghynt. Cydiodd Gwynfor yn yr un gymhariaeth ac, o'r dechrau, haerodd mai dyletswydd Plaid Cymru oedd sicrhau nad yr un fyddai tynged Dolanog.[3] Roedd hefyd yn bendant na fyddai Plaid Cymru byth yn cydnabod hawl unrhyw awdurdod Seisnig i feddiannu a defnyddio 'unrhyw ardal Gymreig' i bwrpas nad oedd 'o les i Gymru'.[4] Ond roedd Lerpwl yn hynod glyfar. Roedd ei gonestrwydd cynnil wedi'i felysu â chyfrwystra Maciafeliaidd. Wrth gyfaddef bod Dolanog o dan ystyriaeth, cafwyd cadarnhad ganddynt eu bod hefyd yn bwrw'u llinyn mesur dros ddau safle arall – Frongoch a Thryweryn. Yng ngwres y frwydr, y cyhoeddiad hwn i raddau helaeth a gafodd sylw gan ymgyrchwyr tebyg i Gwynfor a chan y wasg hefyd. Roedd pawb, â chryn gyfiawnhad, yn credu mai brwydr i achub Dolanog fyddai hi.

Bedwar diwrnod cyn y Nadolig, daeth y newyddion creulonaf posibl i Dryweryn: roedd Dolanog yn ddiogel. Ar gyngor Huw T Edwards, Cadeirydd Cyngor Cymru, sylweddolodd y gweision sifil y byddai yna storm o brotest pe meiddiai Lerpwl foddi 'bro Ann'.[5] Yng ngoleuni'r rhybudd hwnnw, daethant i'r casgliad hanesyddol hwn: '... Treweryn [*sic*] will cause less opposition than Dolanog'.[6] Fel hyn y setlwyd ffawd Tryweryn a cham bychan oedd hi wedyn i Lerpwl dderbyn barn y mandariniaid a chyhoeddi'n haelfrydig fod Dolanog wedi'i achub. Roedd Lerpwl wedi ei chael hi bob ffordd: cawsant ddyffryn llawer mwy, ond, yn yr un gwynt, rhoesant yr argraff eu bod yn parchu dymuniadau'r Cymry. Mae'n amhosibl dweud a oedd hyn i gyd yn fwriadol, ond roedd hi'n fuddugoliaeth ysgubol i ddinas a gredai'n ddiffuant fod angen dŵr arni er mwyn gwella cyflwr ei slymiau a llewyrch ei diwydiannau. Roedd hon yn ddadl foesol gref ac, o fewn dim, crëwyd momentwm sylweddol iawn i Gorfforaeth Lerpwl.

Ymatebodd Gwynfor yn ffyrnig i'r newydd gan lambastio cynghorwyr Llafur Lerpwl a'u sgemio. 'Sioe ragrithiol', meddai, oedd yr holl sôn am foddi 'ardal santes o athrylith' cyn 'bachu rhywle arall' lawn cyn 'bwysiced i fywyd y genedl'.[7] A phechod cyn waethed â rhagrith i Gwynfor oedd agwedd y Cymry Cymraeg hynny ar Lannau Merswy a wrthododd gefnogi pentrefwyr Dolanog a Chapel Celyn gan y credent fod Lerpwl yn haeddu rhagor o ddŵr. I'r bobl hyn, roedd cyfraniad Lerpwl i Gymru adeg y rhyfel yn rhoi hawl foesol i'r ddinas, ar draul rhai o adnoddau Cymru ond, i Gwynfor, 'cachgwn Cymreig' oedd Cymry'r Glannau.[8] Yn bendifaddau, roedd brwydr enfawr wedi dechrau, brwydr a hawliai 'ymdrech fawr a chostus'. Fodd bynnag, er mor ddidwyll y geiriau, go brin y byddai Gwynfor wedi breuddwydio pa mor gostus fyddai'r frwydr erbyn y diwedd chwerw un.

Mae'r un gosodiad yn wir am aelodau Pwyllgor Gwaith Plaid Cymru. Ar derfyn 1955, cyfarfu'r penaethiaid yn Aberystwyth a'r awyr yn dew gan bryder ynghylch yr hyn oedd yn debygol o ddigwydd i Gapel Celyn. Penderfynwyd mai gwaith Plaid Cymru fyddai ymladd brwydr gyfansoddiadol i achub Cwm Tryweryn, gan bwysleisio y dylai gwrthwynebiad sylfaenol y blaid i'r cynllun fod ar sail economeg. Dyma felly ddechrau'r frwydr gyhoeddus ond, y tu ôl i ddrysau caeedig, roedd brwydr ffyrnig arall wedi dechrau. Roedd hon yn frwydr rhwng adain gyfansoddiadol ac adain anghyfansoddiadol Plaid Cymru, ac yn ymrafael a fyddai maes o law yn datblygu'n frwydr epig am ei dyfodol. Yr adain gyfansoddiadol oedd y gryfaf o gryn dipyn ym Mhlaid Cymru, a chytunwyd mai dulliau cyfansoddiadol y dylid eu defnyddio gyntaf. Fodd bynnag, yn y cyfarfod cyntaf hwnnw, penderfynwyd yn ogystal y dylid llunio 'polisi cyfrinachol at y dyfodol ar y pwnc'.[9] Mewn geiriau eraill, roedd y blaid yn llunio polisi ar dorcyfraith. Er hynny, gwleidydd cyfansoddiadol oedd Gwynfor wrth reddf ac, er mwyn cyrraedd y nod hwn, fe'i cysegrodd ei hunan, gorff ac enaid.

Y ddolen gyswllt rhwng Plaid Cymru a phentrefwyr Capel Celyn oedd Elizabeth Watkin Jones, un o Gymraesau mwyaf dylanwadol ac egwyddorol yr ugeinfed ganrif. Roedd hi'n ferch i Watcyn o Feirion, gŵr oedd yn dalp o ddiwylliant gwâr a gwladaidd Penllyn ac, yn rhinwedd ei swydd fel Ysgrifennydd Pwyllgor Amddiffyn Cwm Tryweryn, daeth 'Lizzie May', ynghyd â Gwynfor, yn benseiri'r frwydr i achub Capel Celyn. Heb y cyfraniad enfawr a wnaeth hi a Gwynfor, mae'n amheus a fyddai pobl byth yn 'Cofio Tryweryn' i'r graddau y maent yn dal i'w wneud dros hanner canrif wedi dechrau'r frwydr. Ond er cymaint brwdfrydedd Gwynfor ar ddechrau 1956, y gwir amdani yw i lawer o Gymry ymateb yn araf os nad yn llugoer i dranc Capel Celyn.[10] Camp Gwynfor ac Elizabeth Watkin Jones oedd llunio ymgyrch cyn gryfed ag a gafwyd, gan ffrwyno'r tensiynau mawr a fodolai oddi mewn iddi.

Pobl y Bala oedd y broblem gyntaf i wynebu'r ddau. Ganol Ionawr 1956, clywsant fod Cyngor Tre'r Bala wedi gwahodd un o aelodau'r Gorfforaeth i esbonio'r cynllun wrthyn nhw. Arswydodd Elizabeth Watkin Jones pan ddaeth hyn i'w chlustiau a gwyddai mai'r gorchwyl cyntaf i'w hwynebu hi a Gwynfor oedd 'argyhoeddi yn Jerusalem' a cheisio darbwyllo'r 'Philistiaid yn ein mysg' fod Cwm Tryweryn yn werth ei achub.[11] Y broblem, fodd bynnag, oedd bod yna nifer ym Mhenllyn a gytunai â 'Philistiaid' y Bala fod Capel Celyn yn bentref diffaith, diramant – sefyllfa a'i gwnâi'n anos tanio brwdfrydedd pobl. Sylwodd amaethwyr Capel Celyn ar hyn, gan nodi'n bryderus yn un o'u cyfarfodydd fod y farn gyhoeddus yn wan fel gwybedyn ac nad oedd 'Dyffryn Tryweryn yn gofallor fel Bro Ann Griffiths'.[12] Roedd y difaterwch hwn yn deimlad cyffredin ymysg dosbarth gweithiol Meirionnydd hefyd. Pan gynhaliai T W Jones, Aelod Seneddol Meirionnydd, gyfarfodydd cyhoeddus, byddai nifer o'i gyd-Lafurwyr yn ei annog i beidio 'â wastio'n hamser heno i sôn am Dryweryn' gan ei gymell yn hytrach i roi 'dipyn o wleidyddiaeth inni'.[13] Coron gofidiau Elizabeth Watkin Jones oedd bod pobl Capel Celyn hefyd yn ofnus ynghylch y frwydr oedd o'u blaenau. Mewn llythyr dirdynnol, ysgrifennodd at J E Jones fel hyn:

> Mae'n wir fod pobl Celyn wedi bod yn ymarhous i neidio i'r bwlch ond diffyg cael arweinydd oedd hyn a ninnau ddim yn hoffi'r syniad o neidio i'r tresi…
> Mewn gwirionedd y diwylliant barddonol/cerddorol yma a'u gwnaeth yn bobl rhy freuddwydiol ac araf i ddelio â busnes a gorthrwm pobl Lerpwl.[14]

I'r sawl a fynnai achub Capel Celyn, roedd yna sefyllfa hynod ddelicet o'u blaen.

Cyfraniad mawr Gwynfor yn ystod y misoedd dechreuol hyn oedd ceisio troi'r llanw a chreu achos deallusol dros gadw Cwm Tryweryn gan gyplysu gwladgarwch gydag economeg. Mewn areithiau ac ysgrifau dirifedi yn ystod 1956 ac wedi hynny, aeth ati i atgoffa'r Cymry pam fod erwau llwm Capel Celyn mor arbennig. Fel gyda brwydrau'r Epynt a Thrawsfynydd, sail ei wrthwynebiad oedd cyfaredd y tir gan ddadlau bod dyffryn Tryweryn yn 'galon rhan o wlad a gydnabyddir fel un lle ceir y diwylliant Cymreig ar ei orau ac ar ei gryfaf'.[15] Ond yn wahanol i'r Epynt a Thrawsfynydd, roedd ceisio creu achos dros Gapel Celyn yn fwy cymhleth. Roedd dadlau dros dir Cymru yn enw heddychiaeth yn gymharol hawdd ond, yn awr, roedd yn gorfod esbonio wrth gynulleidfaoedd Seisnig a rhyngwladol pam na ddylai dinas fawr fel Lerpwl gael cyfran o'r glaw dihysbydd a syrthiai ar Sir Feirionnydd. Roedd y dinistr a brofodd Lerpwl yn ystod y rhyfel hefyd yn gwneud pethau'n anos ac yn rhoi hygrededd moesol i'r ddinas. Roedd hi'n ddadl emosiynol anodd ei thanseilio ac, heb fawr o lwyddiant, ceisiodd Gwynfor wrthweithio'r emosiynoldeb hwn trwy haeru mai blys cyfalafol oedd gwir gymhelliad Lerpwl dros ei hanghenion dŵr. Yr ateb i Gwynfor oedd y dylai Lerpwl edrych tuag at Fanceinion am ddŵr a pheidio parhau â'r celwydd bod dosbarth gweithiol y ddinas yn pydru mewn slymiau aflan.[16] Dyma, yn ei hanfod, oedd y neges a anfonodd at aelodau Cyngor Lerpwl ddiwedd Chwefror gan eu rhybuddio bod 'national consciousness' Cymreig wedi datblygu'n fawr dros y blynyddoedd diwethaf.[17]

O dipyn i beth, bwriai Ymgyrch Capel Celyn gysgod dros bopeth a wnâi Plaid Cymru. Ond er ei phwysiced, ceisiodd Gwynfor ddal wrth yr hen genhadaeth ac ehangu apêl Plaid Cymru: ym mis Ionawr, bu'n annerch newyddiadurwyr o dramor; ym mis Mawrth, gorffennodd y gwaith gyda'r ddeiseb;[18] yn yr un mis, cynhaliodd gyfres o gyfarfodydd i drafod y posibilrwydd o sefydlu cwmni teledu masnachol Cymraeg.[19] Fodd bynnag, yn raddol bach, dechreuodd Tryweryn drawsnewid gweithgarwch Plaid Cymru a dechreuodd y blaid sianelu ei holl ymdrechion i achub y cwm llwm hwn. Ar y pryd, doedd dim dewis gan Gwynfor; oni bai ei fod ef wedi arwain y frwydr, mae'n amheus a fyddai unrhyw un arall wedi codi bys mewn unrhyw ffordd ystyrlon. Gwelir hyn ar ei gliriaf gyda'r modd trychinebus y gweithredai Pwyllgor Amddiffyn Capel Celyn. Pan sefydlwyd y pwyllgor gyntaf, ar ddiwedd Mawrth 1956, Gwynfor ac Elizabeth Watkin Jones a benderfynai ar gyfeiriad a thactegau'r corff gan nad oedd neb o blith yr aelodau'n fodlon gweithio drosto. Digwyddodd hyn er nad oedd Gwynfor, fel y cyfryw, yn aelod llawn o'r Pwyllgor Amddiffyn. Yn hytrach, gwnaed Gwynfor yn un o ddeg Llywydd Anrhydeddus y Pwyllgor Amddiffyn – corff a restrai ffigurau mor amlwg â Megan Lloyd George, Ifan ab Owen Edwards a'r Aelod Seneddol lleol, T W Jones. Roedd hi'n rhestr bwysfawr o bwysigion ond doedd yna fawr o sylwedd y tu ôl i'r Llywyddion Anrhydeddus a'r gwir yw mai Gwynfor yn unig o blith yr *éminences grises* hyn a weithiodd o ddifrif dros gadw Cwm Tryweryn.

Rhoes Gwynfor o'i amser er gwaethaf amheuon dwfn rhai o'i gyd-aelodau ar y pwyllgor ynghylch doethineb cael aelod mor flaenllaw o Blaid Cymru fel Llywydd Anrhydeddus. Ofnent y byddai ei bresenoldeb yn creu rhagfarn yn erbyn ymgyrch Capel Celyn ymhlith y rhai a ddisgrifiwyd gan Elizbeth Watkin Jones wrth Gwynfor fel 'y Cymry rhagfarnllyd'.[20] Ar y pryd, roedd Plaid Cymru'n fwy amhoblogaidd nag arfer oherwydd ei chefnogaeth i Makarios, Archesgob Nicosia yng Nghyprus – gŵr a oedd, er gwaethaf ei deitl Eglwysig, yn porthi fflamau gwrthryfel yn erbyn lluoedd Prydain ar yr ynys.[21] Ond doedd problemau Gwynfor fel arweinydd *de facto* y pwyllgor ond megis dechrau. Gyda nifer yn ddrwgdybus ohono, ac eraill ar y pwyllgor yn llaesu dwylo, prin y gellid dweud bod y ffordd o'i flaen yn glir. Sylwodd John Roberts Williams yn *Y Cymro* mai gwendid y Pwyllgor Amddiffyn oedd gormod o bregethu a rhy ychydig o gynllunio manwl i amddiffyn Cwm Tryweryn – sefyllfa wahanol i'r hyn a gaed yn y frwydr i achub Dolanog.[22] Bu'n rhaid i Gwynfor ymgiprys hefyd â difaterwch nifer o Gymry amlwg tuag at Gwm Tryweryn. Nodweddiadol oedd agwedd yr hanesydd disglair R T Jenkins. Ysgrifennodd yntau at Elizabeth Watkin Jones gan ddweud y gallai 'manteision y cynllun i'r ardal orbwyso unrhyw anfantais'.[23] Oherwydd hyn, gwrthododd gais yn gofyn iddo ysgrifennu pamffledyn yn gosod allan yr achos deallusol dros gadw Capel Celyn. Methwyd â chael neb arall i wneud y gwaith ac, o ganlyniad i hyn, gorfu i Gwynfor ei hun lunio'r pamffled.

Roedd hynny'n boendod ychwanegol i Gwynfor ac yn brawf o anawsterau'r frwydr gychwynnol yn ystod gwanwyn 1956. Misoedd yn unig oedd yna i fynd cyn y cyflwynai Lerpwl ei Mesur Seneddol a ofynnai am yr hawl i foddi Capel Celyn. Ond, yn y cyfamser, roedd ceisio argyhoeddi'r Cymry yn profi'n hynod anodd. Roedd ennill cefnogaeth olygyddol y *Western Mail* yn fuddugoliaeth annisgwyl, ond yr hyn a yrrai Gwynfor yn benwan oedd y modd y dibrisid enillion fel hynny gan gynifer o Gymry – yn enwedig ym Mhenllyn. Siom enfawr, os nad cwbl annisgwyl, oedd penderfyniad Cyngor Tre'r Bala i wrthod cefnogi Pwyllgor Amddiffyn Capel Celyn a'u hymgyrch. Cyfiawnhad swyddogol y Cyngor dros benderfyniad o'r fath oedd nad oedd 'Dyffryn Tryweryn yn dyfod i mewn i'r cylch'.[24] Roedd pryder ynghylch cyflenwad dŵr y Bala hefyd yn rhan o'r cyfiawnhad cyhoeddus, ond dichon mai ariangarwch masnachwyr y dref oedd y gwir reswm. Yn ofer, fe geisiodd Gwynfor argyhoeddi masnachwyr y Bala mai dros dro yn unig y dôi elw i siopau'r dref ac na fyddai unrhyw bosibilrwydd o ostyngiad yn y dreth leol unwaith y byddai'r gronfa wedi cael ei chodi.[25] Cafwyd ymateb lawn mor glaear gan gynghorwyr Corwen. Gwelodd ei chynrychiolwyr etholedig hwythau hefyd yn dda i adael cais am gefnogaeth gan y Pwyllgor Amddiffyn ar y bwrdd.[26] Roedd yr un peth yn wir am Gyngor Meirion hyd yn oed. Pan drafodwyd yr egwyddor o gefnogi pobl Capel Celyn, penderfynodd y cynghorwyr beidio â chynnig barn. Cael a chael oedd hi pan drafodwyd y mater am yr eildro hefyd, a dim ond ym mis Mehefin, 'wedi brwydr boeth', y penderfynodd y Cyngor wrthwynebu Lerpwl yn ffurfiol.[27] Roedd hyn chwe mis ers i Lerpwl gyhoeddi ei chynlluniau. O gofio hyn i gyd, does ryfedd felly i Elizabeth Watkin Jones synhwyro bod 'rhyw ddifaterwch mawr yn bod ar fater mor bwysig'.[28]

Yn wyneb natur gloff yr ymgyrch leol, cynyddai'r pwysau oddi mewn i Blaid Cymru ar i Gwynfor gyflawni gweithred fawr, hunanaberthol. Erbyn Ebrill 1956, roedd rhai o aelodau Pwyllgor Gwaith Plaid Cymru am weld ymgyrch dorcyfraith yn dechrau'n fuan. Dengys nodiadau J E Jones o gyfarfod allweddol i drafod y mater mai'r farn gyffredinol ymysg arweinwyr y blaid oedd y byddai 'pobl yn synnu os na wnewn ni rywbeth'.[29] Golygai'r 'rhywbeth' hwnnw ddefnyddio dulliau di-drais. Aeth y drafodaeth ymlaen am oriau ac awgrymodd rhai o'r aelodau y dylai Plaid Cymru ystyried dulliau mor amrywiol â chynnal piced dros bythefnos yn Lerpwl, cau un o strydoedd y ddinas ar bnawn Sadwrn a phaentio sloganau ledled y wlad. Dyma hefyd oedd disgwyliad yr awdurdodau Cymreig, a barnodd Blaise Gillie (prif was sifil adran Gymreig y Weinyddiaeth Dai a Llywodraeth Leol) mai fel hyn y byddai hi:

> The Central Office think it likely that if the Bill is passed, the Welsh Nationalists will proceed to at least token acts of physical resistance as has been done before the war, and by obstructing the road at Trawsfynydd.[30]

Does yna ddim cofnod o'r hyn a ddywedodd Gwynfor yn y cyfarfod allweddol hwnnw o'r Pwyllgor Gwaith, ond mae'n amlwg ei fod am chwarae pethau'n ofalus a gweld beth ddeuai o'r pwysau cyfansoddiadol. Yn dilyn hyn, penderfynwyd sefydlu is-bwyllgor, 'Pwyllgor Cwm Tryweryn', i drafod dulliau. Eisteddai Gwynfor ei hun ar y pwyllgor hwn, ynghyd â rhai o ffigurau mwyaf blaenllaw y frwydr hon fel R Tudur Jones, Tom Jones, Llanuwchllyn, a J E Jones.[31] Wrth sefydlu corff o'r fath roedd Gwynfor am brynu amser, ond doedd ef ddim ychwaith am gau'r drws ar y posibilrwydd o ymgyrch dorcyfraith. Er hynny, roedd y llwybr cyfansoddiadol yn llawer mwy atyniadol am resymau gwleidyddol a phersonol. A dechrau gyda'r ystyriaethau personol, mae'n amlwg bod ei sefyllfa deuluol yn gwneud pethau'n anodd. Gyda theulu o chwech o blant, ofnai Gwynfor y byddai cyfnod o garchar yn golygu rhoi'r gorau i'w waith gyda Phlaid Cymru a gorfod chwilio am waith fel cyfreithiwr.[32] Arian, wedi'r cyfan, oedd un o'r prif resymau pam y gwnaeth Saunders Lewis ymbellhau o reng flaen gweithgarwch Plaid Cymru. Ar ben hyn, roedd ei gyfrifoldeb tuag at Rhiannon. Ym mis Medi 1956, aeth Gwynfor a Rhiannon ar wyliau gyda'i gilydd am y tro cyntaf mewn pum mlynedd. Yn ystod y blynyddoedd hynny, yr unig bethau a lanwai ei bywyd hi oedd y teulu ac absenoldebau diddiwedd ei gŵr.[33] Gobeithiai Gwynfor y gellid osgoi mynd i garchar, a rhwystro Lerpwl gyda'r math o ddulliau gwleidyddol yr oedd y Gymru Gymraeg ryddfrydol yn eu deall, ac a fyddai'n arbed ei deulu rhag loes. Dyna oedd y nod ond, drwy gydol brwydr Tryweryn, pwysai'r galwadau am weithred debyg i Benyberth fel tunnell o blwm ar ei gydwybod.[34]

Ond nid mater o bersonoliaeth yn unig sy'n esbonio amharodrwydd Gwynfor i dreulio cyfnod yn un o blasau'r Frenhines. Erbyn haf 1956, roedd y stomp ddiplomyddol yn Suez ar flaen meddyliau pawb ac roedd yna lawer a gredai y cynhelid etholiad cyffredinol yr hydref hwnnw. O gofio pa mor uchel oedd gobeithion Plaid Cymru o ennill sedd Meirionnydd, credai llawer o Bleidwyr y byddai i Gwynfor fynd i'r carchar yn weithred ffôl ar y naw. Ac roedd yna broblemau eraill hefyd. Er bod nifer o arweinwyr Plaid Cymru am dorri'r gyfraith, y gwir amdani yw y byddai Plaid Cymru wedi ei chael hi'n anodd cynnal ymgyrch fawr. Un rheswm am hyn yw bod nifer sylweddol o Bleidwyr Meirion yn amharod iawn i gefnogi ymgyrch a fyddai'n tramgwyddo pobl ac yn dwyn anfri o unrhyw fath ar barchusrwydd Plaid Cymru yn lleol.[35] Gwelir yr un gochelgarwch yn y cofnodion sydd wedi goroesi o'r trafodaethau a gafwyd ar ddechrau haf 1956 ynghylch y syniad digon diniwed o gynnal piced yn Lerpwl. Ceisiodd Dewi Prys Thomas, brawd-yng-nghyfraith Gwynfor, drefnu gorymdaith o 500 drwy ganol Lerpwl ond methodd yn lân â chael digon o bobl i fynd yno.[36] Roedd yna resymau dirifedi gan Bleidwyr cyffredin dros beidio â mynd i Lerpwl, o weithio ar y cynhaeaf gwair i drefnu garddwest. Yn hyn o beth, mae'n anodd osgoi'r casgliad bod y gwladgarwyr parchus hyn, y math o bobl a ddenwyd i rengoedd Plaid Cymru gan Gwynfor, yn ei chael hi'n anodd deall gafael Penyberth ac apêl arwriaeth. O edrych ar y darlun yma'n grwn, mae'n haws deall pam na ruthrodd Gwynfor i lawr llwybr torcyfraith.

Fodd bynnag, nid Tryweryn oedd yr unig wybedyn yn yr ennaint. Yn gynyddol, roedd syniadau uchelgeisiol J E Jones a Gwynfor o weld ehangu mawr yn nhrefniadaeth Plaid Cymru yn wynebu trafferthion dybryd. Er i Blaid Cymru fedru talu am ymladd isetholiad yng Nghasnewydd yr haf hwnnw, roedd y blaid cyn dloted â llygoden eglwys – yn bennaf o ganlyniad i'r penderfyniad i droi'r *Welsh Nation* yn wythnosolyn. Erbyn mis Medi 1956, roedd sefyllfa ariannol y *Nation* yn fregus tu hwnt a gadawyd Gwynfor ac Elwyn Roberts ar bigau'r drain. Uwchlaw popeth, roeddent yn daer am gael clywed yn ôl gan y *rancher* lliwgar hwnnw, Hywel Hughes, Bogotá, a oedd wedi addo gwneud 'rhywbeth mawr i'r Blaid'.[37] Yn ystod 1956, cyfarfu Gwynfor â Hywel Hughes gan esbonio wrtho mai diffyg arian yn anad dim oedd y rhwystr a bod hynny'n 'dal tyfiant y blaid'. Yn y cyfarfod hwn, ymddengys i Gwynfor ac Elwyn Roberts ofyn am rodd anferthol – £50,000.[38] Dywedodd Hywel Hughes y medrai helpu ond, yn allweddol, ni roddodd unrhyw awgrym o'r swm yr oedd yn debygol o'i gyfrannu. Yn y cyfamser, gadawyd Gwynfor ac Elwyn Roberts i fwhwman yn y gwynt tra oeddent yn disgwyl y newyddion o dde America. Wrth i'r dyddiau droi'n wythnosau, gwaethygodd y ddyled, a phoenai Gwynfor y byddai banc Plaid Cymru'n gwrthod cydnabod sieciau'r blaid gan arwain at wrthdaro rhwng y blaid a'i chredydwyr. Gwnaed sefyllfa anodd yn ganmil gwaeth am fod nerfau J E Jones yn rhacs; o'r herwydd, ni chredai Gwynfor y medrai sôn wrtho am y diffyg ariannol. Pan oedd pethau ar eu gwaethaf – ac yn ddiarwybod i'w Ysgrifennydd Cyffredinol – aeth Gwynfor â'i gap yn ei law at nifer o wŷr busnes amlwg yng Nghaerdydd, ond heb fawr o lwyddiant.[39] Daeth yr argyfwng i ben yn Nhachwedd 1956 pan ffoniodd Elwyn Roberts gyda'r 'newydd da am y doleri'.[40] Ni wyddys faint yn union a gafwyd, ond gellir bod yn sicr o un peth: doedd hyd yn oed gwaredigaeth o Golombia ddim yn ddigon i rwystro'r *Nation* rhag dychwelyd i fod yn fisolyn – cam yn ôl a fu'n ergyd drom i Gwynfor a'i blaid.[41]

Rywsut rywfodd, llwyddwyd i gadw'r stori ryfeddol hon rhag clustiau'r wasg. Fodd bynnag, ar lawer ystyr, roedd y sefyllfa ariannol erbyn hyn yn adlewyrchu cyflwr cynyddol adfydus y frwydr i achub Capel Celyn. Er bod Plaid Cymru wedi cynnal rali lwyddiannus fel rhan o'r ymgyrch i achub Capel Celyn ym Medi 1956,[42] roedd Gwynfor yn dechrau sylweddoli y byddai'n rhaid wrth lawer rhagor o undod Cymreig os oedd yna unrhyw obaith trechu henaduriaid pengaled Lerpwl. Dro ar ôl tro, gwrthododd Corfforaeth Lerpwl yr holl ymdrechion a wnaed gan y Pwyllgor Amddiffyn i gysylltu â hi.[43] Gan gymaint hyder cynghorwyr Lerpwl, credent mai gwastraff amser fyddai cwrdd â'r Pwyllgor Amddiffyn. Ac roedd yr un math o benstiffrwydd yn cael ei gyfleu'n gyhoeddus erbyn hyn hefyd gan rai o bileri bywyd Cymraeg Lerpwl. Barnodd golygydd *Y Glannau*, misolyn Cymry alltud Glannau Merswy, mai campus o beth fyddai boddi Capel Celyn gan nad oedd 'diwylliant i ymffrostio ynddo mewn bref dafad na gogoniant mewn brwyn'.[44] Does yna ryfedd felly i Gwynfor gyfaddef wrth D J a Noëlle Davies ym Medi 1956 fod ei galon 'yn dueddol i fynd i'r seleri' gyda holl fater Tryweryn.[45] Mae'n bosibl hefyd bod Gwynfor yn ymwybodol o'r feirniadaeth breifat ohono a gafwyd yn dilyn cyhoeddi ei bamffledyn hir-ddisgwyliedig, *Save Cwm Tryweryn for Wales*[46] – fis yn unig cyn i'r Mesur Seneddol gael ei gyflwyno. Hwn, i lawer un, fyddai arf cryfaf y Pwyllgor Amddiffyn ond, pan welodd olau dydd, siomwyd llawer gan bamffledyn a oedd yn frith o gamgymeriadau technegol. Barnodd Wynne Samuel, ymysg y praffaf o wleidyddion Plaid Cymru, nad oedd 'angen amddiffyn Treweryn [*sic*] gyda ffeithiau anghywir'.[47] A thebyg oedd ymateb y gweision sifil yn adran Gymreig y Weinyddiaeth Dai a Llywodraeth Leol. Credai un gwas sifil a astudiodd bamffledyn Gwynfor mai 'doubtful validity' yn unig oedd yna i lawer o'i gasgliadau ffeithiol.[48]

I bob pwrpas, roedd hanner cyntaf y frwydr gyfansoddiadol wedi ei cholli'n llwyr, a hynny heb i nemor ddim pwysau go iawn gael ei roi ar Gyngor Lerpwl. Er bod nifer mawr o gyrff Cymreig yn barod i gefnogi achos Capel Celyn, doedd yna ddim unfrydedd barn. Yn wir, medrodd *The Times* ddatgan yn hyderus (serch yn gamarweiniol) mai dim ond pump y cant o bobl Cymru oedd yn erbyn y boddi, a bod yr undebau llafur yn gryf o blaid y cynllun.[49] Law yn llaw â'r canfyddiad hwn, cynyddai'r pwysau oddi mewn i Blaid Cymru ar i'w llywydd wneud safiad dewrach, mwy aberthol. Ym mis Hydref 1956, daeth y pwyllgor bychan hwnnw oddi mewn i Blaid Cymru a fu'n trafod torcyfraith ers Ebrill ynghyd ar gyfer cyfarfod allweddol. Ond, eto fyth, roedd ei aelodau'n gwbl ranedig. Roedd yna rai, fel Emrys Bennett Owen, o blaid rhwystro Corfforaeth Lerpwl, pan ddechreuent ar y gwaith o godi'r argae, trwy symud pegiau'r contractwyr. Ar y llaw arall, roedd yna rai eraill fel Dr Elwynne Jones a gredai mai llethr llithrig fyddai hwnnw a arweiniai 'i ddefnyddio grym yn y pen draw'.[50] O'i ran yntau, roedd Gwynfor yn barod ar y pwynt hwn i ystyried anufudd-dod sifil, gan y gwelai wahaniaeth rhwng grym yn erbyn eiddo a grym yn erbyn personau. Er hynny, roedd ei ddiffyg brwdfrydedd yn parhau'n bur amlwg. Yn y cyfamser, prynodd ragor o amser trwy ddirprwyo i Emrys Roberts, is-olygydd radical y *Welsh Nation* (ac aelod llawn amser o staff Plaid Cymru o 1957 ymlaen), y gwaith o roi ystyriaeth bellach i dactegau 'Gandhïaidd'.[51] Gydag Emrys Roberts – gŵr a gâi ei ystyried gan neb llai na Saunders Lewis fel y 'penodiad mwyaf peryglus' yn hanes Plaid Cymru – wrthi'n llunio tactegau, byddai yna awch pendant o hyn ymlaen i adain weithredol y blaid.[52]

Roedd y cloc yn tician, a Chyngor Lerpwl ar fin cymeradwyo'u cynllun cyn ei gyflwyno fel Mesur i'r Senedd. Yn wyneb hyn, penderfynodd arweinwyr Plaid Cymru fod yn rhaid protestio gymaint â hynny'n fwy croch a chroyw. Roedd Elizabeth Watkin Jones hefyd wedi clywed sïon bod y Blaid Lafur am gefnogi Lerpwl ac y byddai neb llai na Megan Lloyd George, un o Lywyddion Anrhydeddus y Pwyllgor Amddiffyn, yn troi ei chot ac yn ochri gyda'i chyfeillion newydd yn y Blaid Lafur.[53] Ni ddigwyddodd hynny, ond yn yr hinsawdd oedd ohoni, y cam naturiol nesaf i Gwynfor, Plaid Cymru, a'r Pwyllgor Amddiffyn oedd mynd â'r brotest i ffau'r llewod – siambr Cyngor Lerpwl.

Dyna a ddigwyddodd ar 7 Tachwedd 1956, pan aeth Gwynfor, R Tudur Jones a David Roberts, is-gadeirydd y Pwyllgor Amddiffyn, i Neuadd San Siôr, Lerpwl, yn y gobaith o gael annerch y Cyngor. Gwyddent yn iawn nad oedd fawr o obaith medru cyflwyno'u dadleuon yn uniongyrchol i'r cynghorwyr, ond diflannodd y gobaith hwnnw'n llwyr cyn i fater Capel Celyn gael ei drafod. Anlwc y ddirprwyaeth Gymreig oedd iddi ofyn am rywbeth eithriadol ar ddiwrnod hynod gecrus yn hanes Cyngor Lerpwl. Yr ail eitem i'w thrafod y diwrnod hwnnw oedd cynnig o gerydd gan y Blaid Lafur yn erbyn polisi'r Torïaid ar fater Suez. Pan gyflwynwyd y cynnig, digiodd y Ceidwadwyr i'r fath raddau nes penderfynu cerdded allan dan ganu 'Land of Hope and Glory'. Am ddeng munud, daeth holl fusnes y Cyngor i stop, a dim ond ar ôl llwyddo i adfer trefn y dechreuwyd trafod Capel Celyn. Erbyn hynny, roedd pawb mewn hwyliau drwg, a'r awyrgylch yn y Siambr yn hynod sur, wrth i'r cynghorwyr awdurdodi gwario £30,000 ar waith paratoadol yn Nhryweryn. Pan ddechreuodd yr Henadur Frank Cain gyflwyno argymhellion y Pwyllgor Dŵr, cododd Gwynfor ar ei draed gan ddechrau ei heclo o'r oriel gyhoeddus. Wrth edrych yn ôl ar frwydr Tryweryn, dywed Gwynfor mai'r funud fwyaf cyffrous yn yr holl frwydr oedd honno pan ofynnodd yn ei Saesneg Rhydychennaidd, mwyaf cwrtais, am yr hawl i gael annerch y Cyngor: 'My Lord Mayor, will you accept a deputation from Wales?'[54] Yn gegrwth, llygadrythodd y cynghorwyr arno, ond mynnodd Gwynfor barhau â'i brotest, serch bod ei galon yn curo fel drwm. Roedd y neges yn un gyfarwydd i'w gynulleidfa Gymreig, ond roedd medru datgan y 'deep opposition throughout Wales' i'r cynllun mewn fforwm o'r fath yn gyfle euraidd iddo. Ar amrantiad, deffrodd barwniaid dinesig Lerpwl i'r hyn oedd yn digwydd a chlywyd ebychiadau apoplectig fel 'Order, Order' a 'Go Back to Wales' yn atseinio ar draws siambr y Cyngor. Edrychai Bessie Braddock, un o Aelodau Seneddol Llafur Lerpwl (a gwraig John Braddock, arweinydd y garfan Lafur ar y Cyngor), fel pe bai ar fin cael ffit, gan ddefnyddio pob owns o'i hugain stôn i guro top ei desg wrth ddiawlio Gwynfor. Yn ofer, ymbiliodd cadeirydd y Cyngor am drefn, a dim ond ar ôl i'r heddlu gyrraedd y penderfynodd y drindod adael y siambr. O safbwynt Plaid Cymru, roedd y pwynt wedi ei wneud – nid ar chwarae bach y byddai Capel Celyn yn cael ei foddi – ond er gwaethaf y sylw a gafwyd yn y wasg, ni wnaeth y brotest daten o wahaniaeth i'r ffordd yr edrychai Lerpwl a'i phobl ar y sefyllfa. 'Scene' oedd dyfarniad dilornus y *Liverpool Echo* o'r brotest, ac ystyrient y giamocs ynghylch Suez yn llawer mwy arwyddocaol na'r dadlau dros Dryweryn.[55]

Wedi hyn, roedd yn rhaid ystyried tacteg newydd arall, a hynny ar fyrder. Dridiau'n ddiweddarach, dadleuodd Gwynfor yng nghyfarfod arbennig o Bwyllgor Gwaith Plaid Cymru nad oedd y Cyngor wedi cymryd o ddifrif y gwrthwynebiad i foddi Capel Celyn. Roedd pethau eraill yn ei boeni: llesgedd yr Aelodau Seneddol Cymreig yn ogystal â honiad *The Times* fis ynghynt mai dim ond pump y cant o bobl Cymru oedd yn malio botwm corn am Gwm Tryweryn. Roedd y sefyllfa, meddai, yn 'rhoi pwysau gymaint â hynny'n drymach ar y Blaid'.[56] Yng ngoleuni'r sefyllfa hon, llwyddodd Gwynfor i berswadio ei gyd-arweinwyr bod angen cynnig rhywbeth newydd amgenach, a dyma pryd y penderfynwyd dychwelyd i Lerpwl gyda phobl Capel Celyn. Cytunai penaethiaid y blaid mai dyma oedd y ffordd orau ymlaen, ond un peth oedd argyhoeddi'r Pwyllgor Gwaith – mater cwbl wahanol fyddai perswadio pobl Meirion. Eisoes, roedd Pwyllgor Amddiffyn Capel Celyn wedi trafod y syniad a'i wrthod. Credai rhai aelodau o'r Pwyllgor Amddiffyn ei fod yn 'gynllun diwerth' ac 'na fyddai mintai fach Capel Celyn yn cyfri yn y ddinas fawr'.[57] Erbyn hyn, fodd bynnag, roedd Elizabeth Watkin Jones yn gwneud llawer ar ei liwt ei hun 'heb ymgynghori â neb ond Gwynfor Evans yn aml'. Yn nannedd cryn wrthwynebiad o du adain geidwadol y Pwyllgor Amddiffyn, mynnodd Gwynfor ac Elizabeth Watkin Jones y dylid cael protest yn Lerpwl. Ar 21 Tachwedd, gadawodd cymuned gyfan Capel Celyn (gydag eithriad un neu ddau o ffermwyr na fedrai wneud y daith) am Lerpwl. Hon fyddai un o'r protestiadau mwyaf dirdynnol a thruenus yn hanes Cymru.

Toc wedi gorffen y godro, aeth trigolion Capel Celyn i Lerpwl a ffenestri'r bysys a'u cludai yno'n blastar o bosteri ymbilgar: 'Your homes are safe – why destroy ours? Please, Liverpool, be a great city not a big bully'.[58] Roedd hon yn un ymgais olaf gan y pentrefwyr i rwystro'r Cyngor rhag pleidleisio y diwrnod hwnnw o blaid boddi'u cartrefi. Ni fyddai'r brotest hon erioed wedi digwydd oni bai am Gwynfor, ac ef a roddodd arweiniad i'r protestwyr ofnus wrth iddyn nhw gyrraedd Lerpwl. Wrth gamu o'r cerbydau, roedd pentrefwyr Capel Celyn yn brudd, a'u hwyliau cyn ddued â'r tywydd. Amheuai un ohonynt, Mrs Jennie Rowlands o fferm y Gelli, a fyddai yna unrhyw ddiben i'w safiad: 'Do you think the big council will listen to us a few village people from Wales? We can't speak English well. We are Welsh and our land and language is Welsh'.[59] Gwaethygwyd y sefyllfa gan benderfyniad yr heddlu i ddarparu 'enough police for Downing Street' ar gyfer rhengoedd y protestwyr, wrth i fyfyrwyr Cymreig Prifysgol Lerpwl chwyddo eu rhengoedd. Er hynny, protest heddychol fyddai hon, ac roedd eu dull o orymdeithio, a dyfynnu gohebydd y *Manchester Guardian*, yn 'rather orderly and hopeless and inescapably pathetic'.[60]

Gwynfor a'u harweiniai trwy lwydni Lerpwl. Y tu ôl iddo, roedd y *diaspora* truenus o Feirion:

> … small boys in new boots, with the tags sticking out behind; bigger boys in the pride
> of long trousers; and girls; a group of women in neat winter coats who might have
> been part of a women's outing; farmers with tweed caps and faces under them tanned
> to the protuberant bones; a tiny girl with a fur muff staggering slightly.[61]

Pan gyraeddasant Neuadd y Ddinas, anfonodd Gwynfor gais am gael annerch y Cyngor ar ran Pwyllgor Amddiffyn Capel Celyn. Erbyn hynny, roedd yr Henadur John Braddock, arweinydd y cyngor, wrthi'n cyflwyno'r cais i foddi Capel Celyn. Ond hyd yn oed o fewn muriau trwchus y siambr, clywid yr emynau a genid gan bentrefwyr Capel Celyn ar y stryd islaw yn glir fel cloch. Yna, yn annisgwyl, cytunodd John Braddock y câi Gwynfor annerch y Cyngor llawn – bythefnos yn unig ar ôl iddo gael ei daflu allan ar ei glust. Roedd yn foment fawr i Gwynfor, ac ni fethodd achub ar ei gyfle. Yn ôl gohebydd y *Manchester Guardian*: 'Mr Evans made such a brilliant plea for the preservation of the valley's economic and cultural life that the council broke into spontaneous applause at the end'.[62] Ond buddugoliaeth wag a byrhoedlog oedd hon.

Atebwyd Gwynfor gan John Braddock a gyhuddodd Blaid Cymru o geisio elwa'n wleidyddol ar draul Capel Celyn. Dadleuodd hefyd mai propaganda pur oedd datganiadau Plaid Cymru ynghylch hawliau'r pentrefwyr. Nonsens hefyd, yn ei dyb ef, oedd cyhuddiad Plaid Cymru nad oedd Lerpwl wedi ymgynghori ar y pwnc. Onid oedd hi'n wir, gofynnodd, fod Lerpwl wedi trafod y mater â 40 o gynghorau Cymreig? Hon oedd y farn a gariodd y dydd, a phan ddaeth hi'n fater o fwrw pleidlais chwalwyd y dadleuon cenedlatholgar yn rhacs gyrbibion. O 95 pleidlais i 1 (ataliodd tri chynghorydd eu pleidlais), seliwyd tynged Capel Celyn. Eto i gyd, y syndod efallai yw bod y pentrefwyr ymhell o fod yn bruddglwyfus. Gwynfor, heb amheuaeth, oedd arwr yr awr ac fe'i cofleidiwyd yn wresog gan bentrefwyr Capel Celyn yn dilyn ei araith. Toc wedi cinio, darfu'r brotest, ond gadawodd Gwynfor Lerpwl gydag addewid clir: 'We will be back soon'.[63]

Ni ddigwyddodd hynny. Yn awr, roedd ffocws y frwydr am symud o lannau Merswy i lannau afon Tafwys ond, wrth i'r frwydr seneddol ddechrau, roedd yna ansicrwydd mawr yn rhengoedd Plaid Cymru ynghylch y ffordd ymlaen. Wedi'r cyfan, doedd Plaid Cymru erioed wedi ymladd brwydr seneddol. Roedd rhai yn rhengoedd Plaid Cymru, fe ymddengys, am weithredu cyn gynted â phosibl. Trannoeth protest Lerpwl, ysgrifennodd R Tudur Jones at Gwynfor i'w rybuddio ei fod wedi clywed: 'si fod Elystan [Morgan] yn meddwl o ddifrif am ddryllio'r pibellau o Fyrnwy i Lerpwl'.[64] Ynghanol y dryswch hwn, yr unig beth y gellid bod yn sicr ohono oedd bod 'the longest and bitterest conflict in contemporary Welsh history', chwedl y *Liverpool Daily Post*, ar fin cael ei hymladd.[65]

Y frwydr seneddol, nid torcyfraith, oedd blaenoriaeth Gwynfor ac Elizabeth Watkin Jones, ac am tua thair wythnos wedi protest Lerpwl credai'r ddau ohonynt y gellid trechu Lerpwl yn Nhŷ'r Cyffredin. Gydag arwyddion bod Aelodau Seneddol fel Raymond Gower, y Tori a gynrychiolai'r Barri, yn fodlon ymladd dros Gapel Celyn, roedd gobaith yn y tir. Roedd saith Aelod Seneddol Llafur hefyd wedi cyflwyno cynnig seneddol yn gofyn am i Gorfforaeth Lerpwl beidio â boddi Capel Celyn. Ar ddechrau Rhagfyr 1956, ysgrifennodd Lizzie May at Gwynfor gan ddweud wrtho fod y 'rhagolygon yn gwella yn fawr' a bod 'buddugoliaeth yn sicr ond dal i weithio fel llewod amdani'.[66] Yna, yn gwbl ddisyfyd, newidiodd y darlun yn llwyr i Gwynfor a phentrefwyr Capel Celyn. Ddyddiau'n unig wedi derbyn llythyr gobeithiol Elizabeth Watkin Jones, cafodd Gwynfor lythyr sobreiddiol o Lundain gan ei sylwedydd seneddol, Dewi Watkin Powell. Yn ôl Watkin Powell, roedd Cledwyn Hughes a Goronwy Roberts yn 'ddig iawn' gyda Phlaid Cymru oherwydd ei gweithgarwch ar fater Tryweryn.

Ychwanegodd fod y ddau yn ystyried safiad Plaid Cymru ar y mater fel ymyrraeth ddiangen yng ngwleidyddiaeth gogledd Cymru. Ond nid dyma oedd yr unig newydd drwg. Aeth Dewi Watkin Powell yn ei flaen i rybuddio Gwynfor bod aelodau Cymreiciaf y Blaid Lafur Gymreig yn dechrau ochri gyda Chyngor Llafur Lerpwl. Awgrym Dewi Watkin Powell yn y llythyr allweddol hwn – llythyr a roddodd y farwol i unrhyw gydymgyrchu ar y mater – oedd y dylai Cymru 'wybod am hyn'.[67]

Roedd Dewi Watkin Powell yn llygad ei le. Roedd y berthynas rhwng y Blaid Lafur Gymreig a Chyngor Lerpwl yn newid, a'r gwrthwynebiad di-dderbyn-wyneb yn troi'n agwedd fwy pragmataidd. Ymhen wythnos, cafwyd cyfarfod rhwng Cyngor Meirion, grŵp yr Aelodau Llafur Cymreig a Chorfforaeth Lerpwl. O ganlyniad i'r cyfarfod hwn, cafodd bargen ei tharo, a chafwyd addewid gan Lerpwl y câi Cyngor Meirion ddefnyddio peth o'i dŵr. Cadarnhaodd cadeirydd grŵp Aelodau Seneddol Cymru, Walter Padley, y newyddion gan ddweud y dylai'r ddau awdurdod gwrdd ar fyrder 'to seek agreement'.[68] Mewn geiriau eraill, roedd yr Aelodau Llafur yn ceisio cymod rhwng Lerpwl a Chyngor Meirion tra oeddent yn parhau i geisio achub Capel Celyn. Go brin fod angen dweud bod y ddau amcan yn gwbl groes i'w gilydd.

Methai Gwynfor â choelio'r hyn a ddigwyddai. Ar ddiwrnod y Nadolig 1956, ysgrifennodd at D J Williams gan adael iddo wybod yr hyn a oedd, yn ei dyb ef, yn ddim llai na'r 'brad a ddinistriodd effaith y gwaith a wnaethpwyd trwy'r flwyddyn i amddiffyn y Cwm, y bobl a'r dŵr'. Bellach, roedd popeth wedi newid. O ganlyniad i'r brad hwn, credai Gwynfor ei bod hi'n 'anodd gweld gobaith llwyddo mwy yn yr ymdrech' ac mai'r cwbl y medrai ei wneud yn awr oedd 'dal ati a cheisio cael cymaint o les i Gymru ag sydd modd'. Ond doedd hyn ychwaith ddim heb ei broblemau. Ysai am fedru dweud wrth bobl Cymru pa mor 'anobeithiol' oedd y 'set' o Aelodau Seneddol, ond y rhwystr mawr iddo ef a'i blaid oedd gorfod gwleidydda yn oes 'mass communication'. Heb y rhain, y cwbl y medrai ef a'i blaid fechan ei wneud oedd dibynnu ar lenorion cefnogol: gwaith Waldo Williams, Kate Roberts, Leslie Richards a chyfrol newydd, *Wythnos yng Nghymru Fydd*, o eiddo Islwyn Ffowc Elis a oedd ar fin cael ei chyhoeddi. Cysuron bychain oedd y rhain fodd bynnag ac, yn sicr, doedd gan Gwynfor ddim achos i ddathlu'r Nadolig hwnnw. Yn hytrach, roedd ganddo bob hawl i felltithio'r 'cwislingiaid' a oedd yn 'gwerthu'r dreftadaeth hon heb hyd yn oed haglo am y pris'.[69]

Dridiau wedi'r Nadolig, daeth arweinwyr Plaid Cymru ynghyd i drafod yr argyfwng, gyda Gwynfor yn fwy argyhoeddedig nag erioed fod y Blaid Lafur Gymreig wedi bradychu Capel Celyn 'mewn gwaed oer'. Roedd yna ddau reswm am hyn, yn ôl Gwynfor. Y cyntaf oedd bod Aelodau Seneddol Llafur Cymru yn fwy teyrngar i'w brodyr sosialaidd ar Gyngor Lerpwl ac yn enwedig i Arweinydd y Cyngor, John Braddock. Yn ail, roedd Gwynfor yn grediniol bod Plaid Cymru wedi datblygu'n 'obsession' i'r Blaid Lafur Gymreig gan mai Plaid Cymru a weithiodd galetaf dros Gwm Tryweryn. A'r mwyaf cyfrifol (ac euog) yn ôl Gwynfor am y dichell hwn oedd y tri Aelod Seneddol Llafur a ystyrid fel y drindod ffyddlonaf i'r Gymru Gymraeg: Goronwy Roberts, Cledwyn Hughes a T W Jones.[70]

O hyn ymlaen, aeth Plaid Cymru ati'n awchus i ddarlunio'r Aelodau Seneddol Llafur Cymreig fel ciwed o gynffonwyr. Cyhuddwyd T W Jones gan Gwynfor ei hunan o fod yn llefarydd answyddogol ar ran Cyngor Lerpwl[71] – cyhuddiad a ddisgrifiwyd fel ensyniad hollol 'wicked' gan Aelod Seneddol Llafur Meirion.[72] Ond a oes yna wir yn yr honiadau hyn? Cyhuddiad di-sail yw'r awgrym i Cledwyn Hughes a Goronwy Roberts fradychu Capel Celyn, ond, yn achos T W Jones, mae yna beth swmp o dystiolaeth i gefnogi'r feirniadaeth. Ym mis Ionawr 1957, er enghraifft, dywedodd Aelod Meirion (ac yntau'n dal i fod yn aelod o Bwyllgor Amddiffyn Capel Celyn) mai'r unig ffordd o gael atomfa a gwaith i Feirionnydd oedd trwy gael cyflenwad digonol o ddŵr a chodi cronfa yn Nhryweryn.[73] Ar y gorau, gellir dweud bod ymddygiad T W Jones yn anghyson, ac yntau'n cael ei dynnu i ddau gyfeiriad rhwng cadwraeth ar y naill law a'r angen i greu gwaith ar y llall; ar y gwaethaf, gellir dweud ei fod yn gwbl ddiegwyddor.

Dagrau pethau o safbwynt achos Capel Celyn oedd i'r gynnen hon chwalu'r ymgyrch i achub y gymuned, gan roi tragwyddol heol i John Braddock a'i ddatganiadau baldorddus o wrth-Gymreig.[74] O ganlyniad, diflannodd yr unfrydedd brau fel gwlith y bore. Ni chafwyd y cymorth a ddisgwylid gan Undeb Cymru Fydd, a methodd nifer o gymdeithasau â chadw at eu haddewidion i lythyru'n uniongyrchol â Lerpwl. Teimlai Elizabeth Watkin Jones hithau ei bod yn 'gorfod gweithio o dan anawsterau mawr yn codi oddi ar ystrywiau pobl Llafur o hyd'.[75] Canlyniad arall i'r tensiynau rhyngbleidiol oedd mai'r Aelod Ceidwadol, Raymond Gower, oedd yr unig ddolen gyswllt a fodolai rhwng Gwynfor a'r Aelodau Seneddol eraill. Dibynnai Gwynfor yn drwm arno a chyflwynodd yntau ddeisebau sirol o Gymru; yn yr un modd, byddai'n gohebu â Gwynfor gan ddweud wrtho sut roedd y gwynt seneddol yn chwythu.[76] Ond erbyn diwedd Ionawr 1957, roedd y smonach gwleidyddol yn amlwg i bawb. Gresynai'r *Cymro*, er enghraifft, yn arw o weld y cecru hwn. Mewn erthygl ddeifiol, ysgrifennodd y golygydd fel hyn: 'Y mae'r frwydr yn poethi o amgylch Capel Celyn. Ac yn ôl yr arfer, nid rhwng Cymru a rhywun arall y mae'r ddadl, eithr rhwng Cymry a'i gilydd'.[77] Roedd Gwynfor, fodd bynnag, yn ddiedifar. Yn nwfn ei galon, gwyddai fod achos Capel Celyn yn golledig ac mai'r flaenoriaeth oedd paratoi gogyfer ag etholiad cyffredinol – o bosibl ym mis Mai 1957.[78]

Surwyd y berthynas rhwng Llafur a Phlaid Cymru ymhellach gan isetholiad seneddol Caerfyrddin, a gynhaliwyd ddiwedd Chwefror yn dilyn marwolaeth Syr Rhys Hopkin Morris. Ar y pryd, roedd trefniadaeth Plaid Cymru'n chwilfriw ulw mân yng Nghaerfyrddin – etholaeth y credai Gwynfor nad oedd 'yn graff mewn gwleidyddiaeth'.[79] Ond er gwaethaf yr amheuon preifat hyn, gweithiodd yn ddiflino dros ymgeisydd Plaid Cymru, Jennie Eirian Davies. Hi, yn ddiamau, oedd 'pin up star' yr ymgyrch, ac anerchodd dros gant o gyfarfodydd cyhoeddus yn y frwydr rhyngddi hi a'r ymgeisydd Llafur, Megan Lloyd George.[80] Er mai'r ddisglair Megan Lloyd George a enillodd, doedd dim modd celu siom Gwynfor. Methodd Jennie Eirian â chadw'i hernes – er gwaethaf ymgyrch neilltuol o dda a holl ymdrechion y llywydd. Yr unig gysur – ac mae hyn yn allweddol wrth geisio deall pam yr enillodd Gwynfor ym 1966 – oedd yr hyn a ddigwyddodd i'r bleidlais Ryddfrydol. Gyda marw Hopkin Morris, dechreuodd traddodiad Rhyddfrydol Sir Gaerfyrddin edwino.[81] Ymhen naw mlynedd, Gwynfor fyddai'n etifeddu'r bleidlais 'Chwig-Ryddfrydol' hon.

Roedd hynny ymhell yn y dyfodol, a dim ond ynfytyn a fyddai wedi breuddwydio ar y pryd y gallai Gwynfor ennill sedd Caerfyrddin. Wedi'r cyfan, Gwynfor, os oedd propaganda Plaid Cymru i'w gredu, fyddai gwaredwr Sir Feirionnydd a Chwm Tryweryn. Ond wrth i'r gwanwyn ddynesu, roedd y drysau cyfansoddiadol, fesul un, yn cau. Sylweddolwyd mai diwerth oedd addewid y Gweinidog Materion Cymreig, Henry Brooke, i gynnal arolwg o anghenion dŵr Cymru cyn penderfynu ar dynged Capel Celyn. Wrth i Fesur Tryweryn ddechrau ar ei daith seneddol yn Nhŷ'r Arglwyddi, gwelwyd bod Brooke yntau am foddi Capel Celyn ac na fyddai'n aros am ganlyniadau'r arolwg. Pilsen lawn mor chwerw oedd gweld nifer o Gymry'n claearu, a'r gwrthwynebiadau a gyflwynwyd i'r Senedd yn cael eu tynnu'n ôl – yn eu plith wrthwynebiadau Cyngor Sir Ddinbych a Byrddau Dŵr Dwyrain Dinbych, Dyfrdwy a Chlwyd.

Yn y Senedd, dim ond dau gorff yn y diwedd a gafwyd i wrthwynebu'n ffurfiol: Cyngor Sir Feirionnydd a thenantiaid plwyfi Llanfor a Llanycil. Ceisiodd Gwynfor wrthweithio hyn a chael datganiad unol gan drigolion Capel Celyn a'i gyflwyno i Dŷ'r Arglwyddi. Ond yn ofer; daeth newyddion syfrdanol yn ôl o Gapel Celyn. Ddechrau Mai 1957, ysgrifennodd Elizabeth Watkin Jones ato i'w hysbysu bod 'anawsterau wedi codi' a fyddai'n ei gwneud hi'n anodd i 'gael datganiad cryfach erbyn hyn'. Ymhelaethodd Elizabeth Watkin Jones:

> Mae peth anghydfod wedi codi – mae nerfau pobl Celyn yn dechrau dangos effaith y straen a'r ansicrwydd am 1½ mlynedd… Yn ôl fy marn i (sy'n gwybod popeth am bawb yng Nghelyn) gwell gadael popeth fel y mae ar hyn o bryd. Mae'r effaith seicolegol yn fwy nag a ŵyr neb.[82]

Dychrynodd Gwynfor hyd waelod ei fod o glywed hyn ac, o fewn dim, profodd bwl cyfarwydd o ddigalondid. Ym Mai 1957, teimlai ei fod wedi methu fel llywydd – nid yn unig ar faterion diwylliannol fel Capel Celyn ond hefyd wrth gynnig arweiniad ym maes economeg. Ers marwolaeth ei gynghorwr economaidd, D J Davies, ym mis Hydref 1956, credai iddo gael ei daflu i ganol maes 'dyrys a chwbl ddieithr'. Yn ei ohebiaeth breifat yn ystod y cyfnod yma, fe'i gwelir yn cyfaddef bod ymddangos ar raglenni teledu i sôn am economeg 'heb wybod am y pwnc' yn straen aruthrol.[83] Ond y brif broblem oedd morâl y blaid, ynghyd â digalondid cynifer o'i haelodau. Ym Mai 1957, daeth cyn lleied o gynigion cynhadledd i law fel y bu'n rhaid i Gwynfor ei hun ysgrifennu nifer ohonynt. Fe'i gwylltiwyd gymaint gan hyn nes peri iddo awgrymu wrth J E Jones mai da o beth fyddai 'gadael y mater i'r rhai a eilw am fwy o gynadledda'. Roedd hefyd yn ddig â'r Pleidwyr hynny a gymerai ei lywyddiaeth a'i weithgarwch yn gwbl ganiataol. Er ei fod wedi cael ei ailenwebu'n llywydd, ni ofynnodd neb iddo am ei ganiatâd, a bu mewn 'cryn amheuaeth' a ddylai ganiatáu i'w enw fynd ymlaen. Gwyddys i sicrwydd fod Gwynfor wedi blino'n lân ac, yn ei ludded, roedd yn bendant o un peth; tymor 1957–59 fyddai ei dymor olaf fel llywydd. Hysbysodd J E Jones i'r perwyl hwn, gan ddweud wrtho y 'dylai'r blaid baratoi gogyfer â newid'. Yr etifedd naturiol, ym marn Gwynfor, oedd yr hanesydd diwinyddol, R Tudur Jones – ffigur, yn nhyb Gwynfor, a wnâi lywydd 'campus'.[84] Fe fyddai hanes Plaid Cymru wedi bod yn dra gwahanol pe byddai hyn wedi digwydd, ond mae'n amlwg i Gwynfor newid ei farn. Ysywaeth, does yna ddim cofnod pam i hyn ddigwydd, na chwaith pa mor ddifrifol oedd y bygythiad. Ond yn niffyg tystiolaeth gadarn, gallwn fod yn sicr o un peth, sef i'w ymwybyddiaeth Feseianaidd o'i genhadaeth bleidiol brofi'n drech na'r gri hon am help. Wedi'r cyfan, gwleidyddiaeth oedd bywyd Gwynfor, a thenau iawn oedd y ffin rhwng y bywyd personol a'r bywyd gwleidyddol.[85]

Eto i gyd, er gwaethaf yr angerdd hwn, a'r gobaith y deuai gwawr genedlatholgar, go brin y byddai ef na neb yn ei gylch wedi gallu rhag-weld y chwalfa a ddigwyddodd pan gafodd Mesur Tryweryn ei ail ddarlleniad ar 3 Gorffennaf 1957. Hon fyddai'r bleidlais seneddol dyngedfennol ond, o'r dechrau'n deg, doedd gan y gwrthwynebwyr ddim gobaith. Gosododd y llywodraeth Geidwadol chwip ar y bleidlais, a dangosodd Henry Brooke gefnogaeth ryfeddol i Fesur nad oedd, cofier, ond yn Fesur preifat – y math mwyaf distadl o Fesur seneddol. O du'r Blaid Lafur, gwelwyd ffigurau dylanwadol fel Barbara Castle a Harold Wilson hefyd yn cefnogi Corfforaeth Lerpwl. Yn y diwedd, pleidleisiodd 166 o blaid y cynllun gyda 117 yn erbyn. Ni phleidleisiodd yr un Aelod Seneddol Cymreig o blaid, ac roedd y mwyafrif o 49 yn llai na'r disgwyl – buddugoliaeth o fath. Mater o ffurfioldeb fyddai'r trydydd darlleniad ymhen tair wythnos.

Dros y Sul wedi'r bleidlais, aeth Gwynfor i Gwm Tryweryn, ar ôl clywed bod aelodau Pwyllgor Dŵr Cyngor Lerpwl am ymweld â'r pentref condemniedig. Ni ddaethant; er hynny, roedd Capel Celyn a'i phobl yn poeni i'r eithaf erbyn hynny. Ar bob ffenestr a thalar, gwelodd Gwynfor y posteri yn erfyn ar i Lerpwl newid ei meddwl: 'Please Do Not Drown The Homes That Welcomed Liverpool's Evacuees; Your Homes Are Safe – Do Not Drown Ours'.[86] Roedd hi'n olygfa enbyd o drist, ond roedd eu presenoldeb yn tystiolaethu i'r modd yr oedd amser yn prysur ddiflannu i Gwynfor. Wedi'r ail ddarlleniad, cynyddodd y pwysau fwy fyth arno i ddweud beth yn union oedd polisi Plaid Cymru ar dorcyfraith unwaith y collid y frwydr seneddol. I raddau helaeth, osgôdd Gwynfor y cwestiwn, gan ddadlau bod y mwyafrif o 49 a gafwyd ar yr ail ddarlleniad yn rhy fychan i gyfiawnhau bwrw ymlaen â chodi'r argae, ond rhethreg wag i lawer oedd hynny erbyn hyn. Roedd yna nifer yn rhengoedd Plaid Cymru yn llwyr grediniol wedi'r ail ddarlleniad fod yna ffin wedi'i chroesi. Yr unig ateb o hynny ymlaen i'r garfan honno oedd gweithredu a thorri'r gyfraith. Roedd J E Jones o blaid gweithredu goddefol, felly hefyd Emrys Roberts; yn wir, dadleuodd Emrys Roberts y dylai cynhadledd Plaid Cymru y flwyddyn honno basio cynnig i 'wrthwynebu'n gorfforol' oherwydd nad oedd dim 'yn aros ond *sabotage* cyson'. Roedd difrifoldeb Plaid Cymru ynghylch gweithredu yn brawf o bwysigrwydd y mater iddi. Rhaid oedd sicrhau, meddai Emrys Roberts, '… nad *bluff* ydyw'r rhybudd hwn'.[87]

Roedd Saunders Lewis hefyd yn meddwl ar hyd y llinellau hyn. Cyn yr ail ddarlleniad tyngedfennol, dadleuodd yn angerddol, wrth ysgrifennu at D J Williams, mai 'dyletswydd rhywun yw mynd yn ôl i'r hen gartref drewllyd hwnnw' (Wormwood Scrubs). Gresynai fod yr 'ysbryd hwnnw wedi darfod ym Mhlaid Cymru' a dyna, heb amheuaeth, pam iddo wneud cymaint i atgyfodi'r ysbryd hwnnw.[88] Yn ystod Gorffennaf 1957, cyfarfu Saunders Lewis â Henry Brooke dros ginio, ac yn ystod y cyfarfod mae'n debyg iddo rybuddio Brooke fod cynllun Lerpwl 'yn ddigon i gyfreithloni gweithredoedd corfforol'.[89] Nid dyma oedd diwedd ymdrechion Saunders Lewis i newid polisi ei blaid cyn y trydydd darlleniad. Aeth cyn belled â ffonio J E Jones gan ofyn am gael cwrdd â Gwynfor a Dewi Watkin Powell. Ei nod oedd darbwyllo'r ddau i lunio ymgyrch dorcyfraith ond, ar gyngor Watkin Powell, penderfynodd Gwynfor beidio â chwrdd â Saunders Lewis.[90] Roedd cyngor Watkin Powell (fel arfer) yn allweddol i Gwynfor ac, mewn llythyr ato, dadleuodd fod Saunders Lewis wedi bod allan o'r blaid ers pedair blynedd ar ddeg ac mai ymgyrchu cyfansoddiadol oedd yn gyfrifol am eu llwyddiant yn ystod y cyfnod hwnnw. Aeth Watkin Powell yn ei flaen:

> … yr wyf yn hollol bendant na ddylid ymgymeryd ag unrhyw weithred, pa mor ddramatig bynnag bo, sy'n anghyfreithlon neu sy'n berygl o aberthu unrhyw un o aelodau'r Blaid.

Ac erfyniodd yn ogystal ar i Gwynfor sylweddoli bod:

> … mwyafrif llethol ardalwyr Tryweryn… yn fwy na bodlon ar yr iawn a gânt yn awr, yn wir, yn fodlon i'r cynllun fynd rhagddo ac yn rhoi'r clod i Blaid Cymru am gwffio mor dda a sicrhau'r fath amodau iddynt.[91]

Yn eu sgyrsiau preifat, roedd Dewi Watkin Powell hefyd wedi rhybuddio Gwynfor y gallai polisi swyddogol o weithredu anghyfreithlon gan Blaid Cymru fod yn sail ddigonol i'r heddlu ddwyn achos cynllwyn yn erbyn aelodau cyffredin y blaid. Mewn geiriau eraill, roedd yn dadlau y byddai'n drosedd bod yn aelod o Blaid Cymru.[92]

Gyda'r galwadau am aberth bersonol yn cynyddu, ceisiodd Gwynfor brynu amser, cyn y trydydd darlleniad ar 31 Gorffennaf ac ar ôl hynny. Y bleidlais honno oedd y bleidlais a seliodd dynged Tryweryn, ond, o boptu iddi, rhoes

Gwynfor gynnig ar sawl ystryw. Y dacteg gyntaf oedd ceisio troi holl sylw ac ymgyrchoedd tymor byr Plaid Cymru yn erbyn Henry Brooke a chael ei blaid i bortreadu Brooke fel rhyw fath o 'Gauleiter Cymreig'.[93] Rhan o'r un strategaeth oedd sicrhau na châi Brooke annerch yn yr Eisteddfod Genedlaethol yn Llangefni y flwyddyn honno. Mewn Pwyllgor Gwaith 'stormus' cyn yr Eisteddfod, trafododd Plaid Cymru yn union sut y gellid ei rwystro; ymysg yr opsiynau, gwyntyllwyd y posibilrwydd o dorri gwifrau'r meicroffon ar y llwyfan.[94] Mae'n debyg hefyd y byddai rhai o aelodau'r blaid wedi torri ar ei draws trwy ganu emyn gwladgarol Elfed, 'Cofia'n Gwlad, Benllywydd Tirion'.[95] Roedd Gwynfor yn arbennig o frwd dros y symudiadau hyn, ac ysgrifennodd at Ysgrifennydd Pwyllgor Gwaith yr Eisteddfod gan ei rybuddio y byddai Brooke yn sicr o gael 'derbyniad terfysglyd a fyddai'n lletchwith iddo ef a'r Eisteddfod'. Pwysleisiodd hefyd y 'gallai ei ddyfodiad ar ôl holl helynt Tryweryn' ymddangos i rai 'fel bendith Cyngor yr Eisteddfod ar "weithredoedd" Henry Brooke'.[96] Arweiniodd llythyr Gwynfor at un o'r helyntion chwerwaf a welwyd yn y Sanhedrin Eisteddfodol. Roedd yr Aelod Seneddol lleol, Cledwyn Hughes, yn benwan, a chyhuddodd Gwynfor o ymddwyn mewn ffordd 'highly impertinent'. Credai'n ogystal iddo ddod â'i 'political predilections' i mewn i'r Eisteddfod. Roedd hyn, meddai, yn 'unforgiveable'.[97] Wrth i'r helynt yma fynd rhagddo, gwnaeth yr Eisteddfod bopeth o fewn ei gallu i ynysu Gwynfor, a mynnodd Ysgrifennydd Cyffredinol yr Eisteddfod wrth y gwas sifil, Blaise Gillie, fod y Brifwyl yn unedig yn ei phenderfyniad i weld Brooke yn dod i Langefni.[98]

Erbyn 1 Awst, roedd Mesur Tryweryn yn gyfraith gwlad – y diwrnod pan anwyd cyw melyn olaf Gwynfor, Rhys. Clywodd Gwynfor am y newyddion o lwyfan cynhadledd flynyddol y blaid, ond y cwestiwn gwleidyddol ar wefusau pawb yno oedd a fyddai Brooke yn dod i Langefni. Pan agorodd yr Eisteddfod fore dydd Llun, roedd hi'n amlwg nad oedd dim sail i hyder Ysgrifennydd Cyffredinol yr Eisteddfod, gan gymaint y casineb tuag at Brooke. O'r foment y cyrhaeddodd Blaise Gillie faes y Brifwyl, sylweddolodd fod yna glamp o storm ar fin torri a bod y mater wedi rhannu Cyngor yr Eisteddfod. Ar y naill law, roedd yr elfen ddof a pharchus am adael i bethau fod; ond roedd yna garfan arall, o dan arweinyddiaeth Thomas Parry, yn bendant na ddylai'r Eisteddfod, o bob corff, adael i'r 'Babbling Brooke' ddod i'r maes. Aeth pethau mor boeth nes i garfan Thomas Parry fygwth peidio â mynd i seremoni'r Cymry ar Wasgar, a'r garfan hon, y rebeliaid gwladgarol, a gariodd y dydd. Canlyniad hyn i gyd oedd y bu'n rhaid i Brooke ildio a pheidio â mynd i'r Eisteddfod.[99]

Cymysg oedd yr ymateb, fodd bynnag. 'Ill mannered and discourteous act' [100] oedd dyfarniad y *Daily Post*, a phroffwydodd un o bileri bywyd Cymreig Llundain y byddai'r Eisteddfod o hyn ymlaen yn cael ei hadnabod fel y 'Republican Nationalist Jamboree'.[101] Ond yn rhengoedd Plaid Cymru, dehonglwyd y cyhoeddiad fel gwyrth. Credai D J Williams, er enghraifft, mai 'absenoldeb Brooke o Langefni yn wyneb yr amgylchiadau oedd yr ergyd unedig bwysicaf a roddodd Cymru i'r llywodraeth Seisnig ar Gymru yn ein cyfnod ni'.[102] Yn yr un modd, medrai Tudur Jones ddatgan yn herfeiddiol: 'Liverpool will not hold Tryweryn for ever'.[103] Fodd bynnag, siarad gwag oedd hynny ar ran ffyddloniaid Gwynfor. Doedd gan adain gyfansoddiadol y blaid ddim diddordeb go iawn mewn torri'r gyfraith – yn rhannol oherwydd deisyfiadau pleidwyr Meirion, yn rhannol oherwydd eu cred ddi-sigl mewn gwleidyddiaeth seneddol, ac yn rhannol oherwydd eu hamheuon ynghylch ymarferoldeb tacteg o'r fath. Roedd Gwynfor yn nwfn ei galon yn argyhoeddedig na fyddai niferoedd digonol o bobl – rhai degau – yn fodlon mynd i garchar dros Gapel Celyn.[104] Yn sylfaenol, yr hyn a wnâi Gwynfor a'i gynghorwyr oedd talu teyrnged wag i draddodiad Penyberth. Ond ffalsio neu beidio, bu eu rhan yn y cynllwyn i rwystro Brooke yn ddigon i droi'r fantol o blaid adain gyfansoddiadol Plaid Cymru. Mewn dau gyfarfod – un yn ystod Ysgol Haf neilltuol o stormus, a'r llall ar 31 Awst – penderfynwyd y byddai Plaid Cymru'n parhau i wrthwynebu trwy ddulliau cyfansoddiadol yn unig.

Ni cheir gwell prawf o wir anian Gwynfor na'r hyn a wnaeth wedi'r trydydd darlleniad. Ar 1 Awst, aeth heb ymgynghori â neb i weld David Cole, Golygydd y *Western Mail* – y papur sefydliadol hwnnw a synnodd nifer gyda'i gefnogaeth i bobl Capel Celyn. Treuliodd Gwynfor yn agos i bedair awr gyda Cole er mwyn ceisio ennill cefnogaeth y papur i 'syniad pert' o'i eiddo a fyddai'n rhoi argae a dŵr digonol i Lerpwl gan achub Capel Celyn ar yr un pryd.[105] Rhan uchaf Cwm Tryweryn, yn ôl y cynllun hwn, a gâi ei boddi wedyn. Heb amheuaeth, lles pentrefwyr Capel Celyn a sbardunodd ymdrech Gwynfor ond, wrth lunio'r fath gynllun, roedd yn tanseilio holl ddadleuon Plaid Cymru. Wedi'r cyfan, dros y ddwy flynedd flaenorol, roedd Plaid Cymru wedi dadlau'n gryf nad oedd angen rhagor o ddŵr ar Lerpwl. Yn awr, roedd Gwynfor fel pe bai'n ildio'r pwynt allweddol hwnnw. Roedd hefyd yn bradychu naïfrwydd tost wrth feddwl y gellid darbwyllo Lerpwl i newid ei chynlluniau. Fodd bynnag, roedd David Cole yn frwdfrydig, ac ar ôl i Dewi Watkin Powell esbonio'r cynllun ymhellach wrtho, cytunodd i gefnogi syniad Gwynfor a chynnull cynhadledd genedlaethol ar y mater. Digwyddodd hyn i gyd cyn yr Eisteddfod Genedlaethol, ond ni soniodd Gwynfor yr un gair am y fargen gudd pan gyrhaeddodd Langefni a chael ei longyfarch fel arwr ar gownt Henry Brooke.

Am y misoedd i ddod, Tryweryn a aeth â holl sylw Gwynfor a'i blaid. Gofynnwyd iddo ysgrifennu pamffled ar yr hyn a ddigwyddodd, ac yna, maes o law, argraffwyd rhai miloedd o gopïau o'i lith pwysig, *We Learn from Tryweryn*, ym mis Hydref 1957. Yn ystod y degawdau nesaf hefyd, achubodd ar bob cyfle i atgoffa pobl o'r anfadwaith, gan gysylltu iaith a thir wrth yr angen am senedd Gymreig. Drosodd a thro, pwysleisiodd mai'r hunllef go iawn fyddai gweld hanes yn ei ailadrodd ei hun, a'r Gymraeg yn cyrraedd y cyflwr enbydus a ragwelid yn nofel newydd Islwyn Ffowc Elis, *Wythnos yng Nghymru Fydd*. Dyma, meddai, oedd ergyd ganolog ei bamffled:

> As things are, July 31ᵗ, 1957, can be repeated in 1958 and 1959 and through the years until the terrible vision of Islwyn Ffowc Elis's novel, *Wythnos yng Nghymru Fydd* (A week in future Wales) is the terrible reality.[106]

Bathodd ferf newydd yn ogystal, ' "To Tryweryn" – to exploit the land or natural resources of a small nation, or to destroy its social life or language, in the interests of a big neighbouring country or part of it'.[107] Ac fel rhan o'r ymgyrch i sicrhau y byddai pawb yn 'Cofio Tryweryn', gofynnwyd i bob rhanbarth drefnu o leiaf ddeuddeg cyfarfod cyhoeddus ar wersi Tryweryn. Ymhellach, ffurfiwyd pwyllgor i drafod y posibilrwydd o brynu fferm yng Nghwm Tryweryn mewn ymgais i rwystro'r contractwyr pan ddeuent.[108] Yn y cyfamser, ofnai'r awdurdodau fod gwaeth i ddod yn achos Tryweryn. Ysgrifennodd David Cole, golygydd y *Western Mail*, at Henry Brooke gan ei rybuddio bod 'the seeds of an Irish problem' wedi eu plannu yng Nghymru.[109] Fis yn ddiweddarach, yn Nhachwedd 1957, cyflwynodd Brooke bapur gerbron y Cabinet yn galw am godi pont ar draws aber afon Hafren er mwyn lliniaru'r 'wide and deep distrust of the Government's attitude towards Wales'.[110] Roedd y penderfyniad, flwyddyn yn ddiweddarach, i rannu'r gwaith dur newydd enfawr rhwng Ravenscraig yn yr Alban a Llanwern ger Casnewydd hefyd yn adlewyrchu'r pryder hwn, serch i raddau llai.[111]

Bu ymdrechion Gwynfor i atgoffa pobl o Dryweryn yn gyfraniad hynod bwysig i hanes deallusol Cymru ond, yn y tymor byr, sianelodd yntau ei egnïon i gyfeiriad y Gynhadledd Genedlaethol. Llwyddodd i sicrhau cefnogaeth Arglwydd

Faer Caerdydd i'r fenter a chytunodd yntau i lywyddu'r gynhadledd. Cafwyd ymateb cadarnhaol hefyd gan Gyngor Gwledig Penllyn a'u Cadeirydd, Emrys Bennett Owen – gŵr hynod ddylanwadol yn y cylch. Fodd bynnag, roedd gan nifer, y tu mewn a thu fas i Blaid Cymru, amheuon dwfn ynghylch y gynhadledd. Gwrthododd sawl Cyngor anfon cynrychiolwyr iddi – yn eu plith Gyngor Deudraeth, y Cyngor agosaf at Benllyn. Credai nifer o'r cynghorwyr hyn fod yr argymhelliad i foddi rhan yn unig o'r cwm lawn cynddrwg â chynllun Lerpwl a'i fod yn gwbl anghyson. Tybiai nifer ar Gyngor Meirion hefyd mai codi pais ar ôl piso oedd trafod yn y fath fodd â Lerpwl.[112] Doedd gan Gyngor Caerdydd ychwaith, y cyngor a fyddai'n croesawu'r gynhadledd, fawr o hygrededd o gofio bod y brifddinas wrthi'n codi argae dadleuol yn Llandegfedd, Sir Fynwy. Profodd y cynllun yn amhoblogaidd ymysg Pleidwyr Meirion a phentrefwyr Capel Celyn yn ogystal, gan y byddai wedi arwain at achub tai y pentref ond ar draul eiddo dau deulu yn uwch i fyny'r cwm.[113]

Ac nid Tryweryn oedd yr unig frwydr diriogaethol i boeni Gwynfor yn ystod 1957. Câi ei ddwysbigo hefyd gan y sefyllfa yn Sir Fôn. Yno, roedd y Cyngor Sir wedi codi coblyn o nyth cacwn ar ôl gwahodd dinas Birmingham i symud 9,500 o'i thrigolion i'r ynys. Bwriad y Cyngor oedd atal diboblogi ym Môn, ond fe'i dehonglwyd fel penderfyniad cwbl wallgof gan garedigion y Gymraeg. O safbwynt Gwynfor, roedd y bygythiad hwn, mor fuan wedi colli'r frwydr seneddol, yn arbennig o alaethus. Wrth fwrw'i linyn Mesur dros Gymru yn ystod hydref 1957, digalonnodd yn llwyr o weld yr hyn a ddigwyddasai i'w genedl. Mewn llythyr at Pennar Davies, mynnodd fod argyfwng Cymru'n gwaethygu – sefyllfa a'i llenwai 'ag ymdeimlad o ddiymadferthwch ac o chwerwedd wrth weld y brad a'r difrawder ar bob llaw'. Teimlai hefyd fod 'llif y galluoedd grymusaf yn y wlad yn erbyn y mudiad cenedlaethol, gan adael cenedlaetholwyr 'fel plant yn ceisio taflu'r llanw yn ôl â bwcedi'. Roedd hyn, meddai, yn hollol 'hunllefus' iddo.[114]

Ond er gwaethaf y digalondid, aeth y Gynhadledd Genedlaethol ar Dryweryn rhagddi ar ddiwedd mis Hydref 1957. Llwyddwyd i gael dros ddau gant o gynrychiolwyr ynghyd yng Nghaerdydd a chafwyd sylw ffafriol iddi. Hwn, yn ôl y *Western Mail*, oedd '…The True Voice of Wales… Its Tone is Friendly, Reasonable'.[115] Haerodd Gwynfor, mewn datganiad eithriadol o hygoelus, fod y gynhadledd yn cynnig 'a real chance of success' ac y gellid darbwyllo Lerpwl i fwrw ymlaen â chynllun gwahanol, llai tramgwyddus.[116] Ond, mewn gwirionedd, doedd yna ddim gobaith o gwbl. Roedd penderfyniad Cyngor Meirion i beidio ag anfon cynrychiolwyr i'r gynhadledd wedi rhoi'r farwol i'r holl ddigwyddiad.[117] O ganlyniad i hyn, fe gystwywyd y cynghorwyr hyn fel bradwyr ym mhapurau Plaid Cymru – 'the sellers-in-chief of our national birthright' – ond, mewn gwirionedd, doedd Cyngor Meirion ond yn plygu i'r anochel.[118] Doedd prin neb (ac eithrio Gwynfor) yn disgwyl llwyddiant, a phan wrthodwyd pob cynllun cyfaddawd gan Lerpwl ar ddechrau 1958, gwelwyd hyn gan nifer fel diwedd anochel ar saga druenus.[119] I'r beirniaid, roedd hefyd yn brawf terfynol o'r camau gweigion a gymerwyd gan Gwynfor ers Eisteddfod Llangefni.

Disgrifiwyd penderfyniad Lerpwl fel 'a deliberate slap in the face' gan Gwynfor a mynnodd yn rhethregol nad dyma fyddai diwedd stori Tryweryn.[120] Roeddent yn eiriau dewr ond doedd yntau, fel trwch caredigion y Gymraeg, ddim yn gwybod lle i droi ar drothwy 1958. Wrth edrych yn ôl ar y flwyddyn a fu, haerodd Daniel, colofnydd *Y Faner*, y byddai 1957 yn cael ei chofio am ddau beth: y Spwtnic yn un peth, ac yna am iddi hefyd fod yn 'un o'r blynyddoedd y rhoddwyd ynddi fwy nag arfer o ergydion i Gymreictod'.[121] Roedd ei ddadansoddiad o naws 1957 yn hollol gywir, ac fe dueddai agweddau fel hyn i fwydo'r ansicrwydd cenedlatholgar ynghylch tactegau. Erbyn dechrau 1958, roedd llywodraeth Macmillan yn fwy cyfforddus nag erioed ac yn addo gwlad o laeth a mêl i'r Cymry. Golygai hynny na fyddai gan Gwynfor gyfle buan i herio T W Jones ym Meirionnydd, a chynnal balot ar yr ymdrechion yn y frwydr i achub Tryweryn. A hithau'n gynyddol amlwg na fedrai Plaid Cymru wneud dim i rwystro Lerpwl, dechreuodd Gwynfor droi ei egnïon i gyfeiriadau eraill.

Dechreuodd ymgyrch yn enw Plaid Cymru yn erbyn y Bom Hydrogen o dan yr arwyddair 'A lead back to sanity'. Cynhaliwyd cyfres o gyfarfodydd ar y mater, ond digon dilewyrch fu'r ymdrechion hyn. At ei gilydd, materion ieithyddol yn unig a fedrai danio angerdd Plaid Cymru, a'r bwgan mawr i lawer o genedlatholwyr ym 1958 (ac am y blynyddoedd i ddod) oedd dyfodiad teledu masnachol. Ym mis Ionawr 1958, dechreuodd cwmni TWW ddarlledu o'u stiwdios ym Mhontcanna, Caerdydd – y tro cyntaf i deledu masnachol gael ei weld gan wylwyr yn ne Cymru. Yn y gogledd, roedd cwmni Granada eisoes yn y maes. Dros nos, trawsnewidiwyd arferion gwylio a phatrwm diwylliannol y Cymry. Erbyn 1957, medrai ITV hawlio 76 y cant o'r holl gynulleidfa a wyliai deledu – canran ryfeddol o gofio mai dim ond ym mis Medi 1955 y dechreuodd ITV.[122] Ond, i'r Gymraeg, roedd effaith teledu masnachol yn enbydus. Er bod Granada'n darlledu dwy awr o Gymraeg bob wythnos, o'r braidd y gellir dweud bod yr ymrwymiad hwnnw'n un cadarn, er bod cynhyrchwyr disglair fel Rhydwen Williams a Warren Jenkins yn gweithio ar y rhaglenni. Ar Sul y Pasg 1959, er enghraifft, diffoddwyd rhaglen Gymraeg Granada er mwyn darlledu reslo proffesiynol! [123] Roedd teyrngarwch TWW tuag at y Gymraeg lawn mor sigledig. Er dycned ymdrechion unigolion fel Wyn Roberts a Meurig Jones i Gymreigio'r cwmni, gwneud arian oedd blaenoriaeth cyfranddalwyr TWW – yn eu plith yr *impresario* Jack Hylton a phapur newydd y *News of the World*.

Gyda phob cyfiawnhad, rhagwelai Gwynfor ddiwedd ar yr iaith oni fyddai'r ddarpariaeth yn gwella ac, wrth i nifer y trwyddedau teledu gynyddu, daeth i weld gwasanaeth teledu Cymreig fel un o amodau 'pwysig parhad y genedl a'r iaith'.[124] Ond roedd ceisio'r ffordd orau ymlaen yn gymhleth ac yn destun cryn densiwn ymysg nifer o Gymry Cymraeg blaenllaw – gan gynnwys Gwynfor ei hun. Dadleuai rhai o gyfranddalwyr TWW fel Syr Ifan ab Owen Edwards a Huw T Edwards mai cydweithio rhwng y cwmnïoedd masnachol a'r BBC oedd yr ateb. Gwrthodwyd y ddadl hon yn llwyr gan y BBC a'i rheolwr yng Nghymru, Alun Oldfield-Davies. Fodd bynnag, dewisodd Gwynfor (a Phlaid Cymru) ochri gyda'r rheiny a gredai y gallai'r BBC a TWW gydweithio a rhannu'r drydedd sianel deledu newydd. Dyma oedd barn trwch caredigion yr iaith, ac ymddengys felly i Gwynfor roi i'r naill ochr y syniad a oedd ganddo ddwy flynedd ynghynt o ddechrau cwmni teledu masnachol Cymraeg. Gydol 1958, pregethai'n barhaus ar y pwnc gan gyhoeddi (ar y cyd â J E Jones) bamffled ar y pwnc, *TV in Wales*. Ond, at ei gilydd, derbyniad eithaf llugoer a gafodd ymdrechion Plaid Cymru gan nifer o'r bobl hynny oedd fwyaf brwd dros ehangu teledu Cymraeg a Chymreig. Erbyn gwanwyn 1958, roedd cyd-bwyllgor o garedigion y Gymraeg wedi bod yn ymgyrchu'n ddyfal ers dwy flynedd ar fater Cymreigio'r BBC a TWW, a theimlent fod Plaid Cymru yn cymhlethu'r pwnc gyda'u dadleuon ymwthgar a hwyrfrydig yn galw am sefydlu pwyllgor arall i drafod y mater. Yn yr un modd, penderfynodd yr hoelion wyth hynny fel Jac L Williams ac R E Griffith, a oedd yn aelodau o'r cyd-bwyllgor, beidio â chefnogi deiseb gan Blaid Cymru ar y pwnc.[125]

Roedd penderfyniad Gwynfor i anghofio'r syniad o sefydlu sianel deledu fasnachol hefyd yn newid tactegol o bwys ar ei ran. Mae'n anodd gwybod i sicrwydd beth oedd ei gymhelliad, ond dichon mai un esboniad yw ei fod, er Rhagfyr 1957, yn aelod o Gyngor Darlledu Cymru – y corff oedd (ac sydd) yn rheoleiddio BBC Cymru. Fel y gellid disgwyl, achubodd ar bob cyfle i geisio ennill cefnogaeth i'w ddadleuon ac arweiniodd hynny at densiynau. Y gynnen fwyaf amlwg oedd honno rhwng Gwynfor ac Alun Oldfield-Davies, gŵr a ddisgrifir yn haeddiannol gan John Davies, hanesydd BBC Cymru, fel tad teledu Cymraeg.[126] Roedd Oldfield-Davies yn ŵr craff, pwyllog a wyddai sut i ymwneud â'r system ac, yn y bôn, doedd ganddo fawr o barch at Gwynfor a'i ddwrdio parhaus ar fater teledu Cymreig. Achwynodd Oldfield-Davies wrth brif swyddfa'r BBC fel hyn ynghylch Gwynfor:

> I question the propriety of having the leader of a political party as a member of the Council... [Evans] brushes aside technical difficulties, supposing them to be easily surmountable given the will... I find myself unsympathetic to his political approach to a question which seems to me to be one of constantly balancing competing tastes and demands in relation to available resources.[127]

Ond doedd pregethu Gwynfor ddim yn gwbl aflwyddiannus. Barnai gweision sifil y Swyddfa Gartref yn ystod 1959 y byddai'r Aelodau Seneddol Cymreig yn debygol o ddatblygu'r 'Welsh Nationalist Case' ar ddarlledu. Dyna a ddigwyddodd, a defnyddiodd Gwynfor ei gyfeillgarwch â'r Aelodau Seneddol Raymond Gower a Tudor Watkins i gael y maen i'r wal, a bu'r ddau'n flaenllaw yn yr ymdrechion i argyhoeddi'r Postfeistr Cyffredinol o werth trydedd sianel Gymreig.[128] Nis caed ond, erbyn 1960, roedd yna ymwybyddiaeth ddofn o ddiffygion darlledu Cymraeg wedi ei meithrin. Er mor amrwd ei dactegau, haedda Gwynfor (ynghyd ag aelodau'r cyd-bwyllgor) lawer o'r clod am ddeffro'r Cymry Cymraeg i'r bygythiad a'u hwynebai ym maes darlledu.

Sylweddolai pawb, wrth gwrs, y byddai hon yn frwydr tymor hir. Yn y cyfamser, roedd Gwynfor yn dal i orfod ymladd brwydr a oedd yn llawer pwysicach i aelodau Plaid Cymru a'r to iau, sef y frwydr i achub Cwm Tryweryn. Ond, wedi methiant y Gynhadledd Genedlaethol, roedd Plaid Cymru'n gwbl hesb o syniadau ymarferol. Yn ystod Chwefror 1958, anfonwyd datganiad gan Bwyllgor Gwaith Plaid Cymru at Arglwydd Faer Caerdydd yn galw am streic undydd gan lowyr a gweithwyr dur Cymru er mwyn achub Capel Celyn. Tybiai arweinwyr Plaid Cymru y gallai'r fath weithredu newid sefyllfa Tryweryn dros nos ond, heb gefnogaeth yr undebau, roedd y syniad yn gyfan gwbl hurt. Canlyniad ymarferol y syniad o streic oedd i Blaid Cymru golli cefnogaeth y *Western Mail*, y papur a fuasai fwyaf taer dros y Gynhadledd Genedlaethol. Yn ôl golygydd y papur: 'Such action as the Welsh Nationalists are now advocating would merely be a piece of futile industrial vandalism'.[129] Heb ymrwymiad pendant i arwain ymgyrch dorcyfraith, ni fedrai Gwynfor wneud nemor ddim i newid y canfyddiad bod Plaid Cymru wedi methu ar fater Capel Celyn. Wrth i ffermwyr Cwm Tryweryn ddechrau gwerthu eu ffermydd i Gorfforaeth Lerpwl, defnyddiodd John Aelod Jones ei golofn olygyddol yn *Y Cymro* i nodi'r hyn oedd yn amlwg i nifer bellach: 'Nid oes un peth mor ddistaw â distawrwydd. Ystyriwch fusnes Tryweryn'.[130] Tebyg oedd barn trigolion Capel Celyn, a theimlent nad oedd dim y medrai'r Pwyllgor Amddiffyn ei wneud bellach i achub y pentref.[131]

Yn y fath wagle arweinyddol, dychwelodd y galwadau drachefn ar i Gwynfor 'weithredu'n bendant'. Clywyd y rhain o gyfeiriad bonedd a gwrêng Plaid Cymru. Anfonodd un aelod cyffredin, Nest Lewis Jones, ysgrifennydd cangen Caerdydd, lythyr at Gwynfor yn ymbil arno i wneud 'safiad dewr ar Drywyeryn… gan ddefnyddio unrhyw ddull y tybia ei bod yn gymwys'.[132] Ar haenen uchaf y blaid, cafwyd trafodaeth bellach ynghylch priodoldeb torri'r gyfraith. Ym Mehefin 1958, gadawyd y penderfyniad i weithredu'n anghyfreithlon ar y bwrdd, gydag adain fwy pwyllog y Pwyllgor Gwaith yn dadlau mai 'gweithred er mwyn yr aberth' fyddai unrhyw weithred dorcyfraith yng Nghwm Tryweryn bellach – nid gweithred er mwyn achub y cwm.[133] Ni chafwyd pleidlais ar y mater ond roedd 'gweithredu' erbyn hyn yn rhannu Plaid Cymru'n fwy nag erioed. Ddyddiau cyn Eisteddfod Genedlaethol 1958, gwrthodwyd cais cangen Caerdydd ar i'r blaid dorri'r gyfraith yng Nghwm Tryweryn. Ond, eto fyth, barn y mwyafrif ar y Pwyllgor Gwaith oedd na ellid gwneud hynny, ac y câi gweithred anghyfansoddiadol effaith drychinebus ar y farn gyhoeddus.[134] Yn hyn o beth, ni allesid bod wedi cael datganiad cliriach nag un J E Jones yn ystod Cynhadledd Flynyddol Awst 1958. 'There remains,' meddai J E Jones, 'no practical method of freeing Tryweryn from the grasp of Liverpool Corporation. We have lost a battle; now we must win the war.'[135]

Roedd gafael Gwynfor ar y Pwyllgor Gwaith, cysegr sancteiddiolaf Plaid Cymru, cyn dynned â feis, ond roedd hi'n stori dra gwahanol ymhlith rhai o'r aelodau cyffredin; roedd y rhain yn parhau i foesymgrymu wrth ddelw eu heilun, Saunders Lewis, ac roedd yntau'n parhau i ferwi â dicter. Yn ystod Awst 1958, penderfynodd Saunders Lewis na fedrai gnoi ei dafod mwyach, a defnyddiodd ei araith o lwyfan Eisteddfod Genedlaethol Glynebwy i fflangellu Plaid Cymru am gefnogi'r syniad o godi atomfa yn Nhrawsfynydd. Aeth ati'n fwriadol yn ogystal i wawdio'r miloedd hynny o Ddyffryn Nantlle a orymdeithiodd yn Chwefror 1958 o blaid codi'r atomfa, gyda baneri'n datgan 'Bread Before Beauty' a 'Pylons Before Poverty'. Trodd Saunders Lewis y boblach hyn yn gyff gwawd mewn araith eisteddfodol sy'n haeddu cael ei chyfrif fel un o'i gampweithiau siwdo-uchelwrol:

> Na foed inni werthu ein dyfodol yn yr ugeinfed ganrif am saig o fwyd. Ewch â'ch
> baneri i Dryweryn, a mwy na baneri hefyd. Mae'n ddyletswydd ar bobl ieuainc Cymru
> i achub bywyd gwledig Cymru a dylent fod yn wrol wrth amddiffyn eu gwlad ar gyfer
> yr ugeinfed ganrif ar hugain. Yr hyn sy'n cyfrif yw hunan barch ac urddas cenedl.[136]

Wedi'r araith, cyfaddefodd Saunders Lewis wrth D J Williams mai ei fwriad oedd gweld gweithred arall fel Penyberth yng Nghapel Celyn, ac y byddai wedi bod yn barod i dorri'r gyfraith oni bai am ei 'ofalon' ac amharodrwydd ei wraig, Margaret.[137]

Mae'n bosibl taw siarad mawr wedi gwydraid neu ddau'n ormod o *Sauternes* oedd hyn, ond fe brofodd dychweliad Saunders Lewis i'r llwyfan gwleidyddol yn niweidiol i Gwynfor ar fwy nag un cyfrif. Yn gyntaf, fe fwydodd y canfyddiad cynyddol bod Gwynfor yn gachgi – gŵr na fynnai faeddu ei ddwylo er mwyn achub cymdeithas Gymraeg. Yn ail, fe lwyddodd i danseilio gwaith Gwynfor a Phlaid Cymru ymysg undebau llafur Meirionnydd o fewn tri mis i etholiad cyffredinol posibl. Ar y pryd, roedd trafodaethau ar fin dechrau rhwng Gwynfor ac Undeb y Gweithwyr Rheilffyrdd ym Meirionnydd. Yn y cyd-destun hwn, roedd penderfyniad Saunders Lewis i ladd ar weithwyr cyffredin Sir Feirionnydd a Sir Gaernarfon yn amseru trychinebus. Dyma oedd dehongliad llidiog R Tudur Jones, is-lywydd Plaid Cymru, o'r hyn a wnaeth Saunders Lewis:

> Ofnaf nad yw Saunders mewn cysylltiad digon agos â chyflwr meddwl Gwynedd ar hyn
> o bryd… Yn sicr, mae'n bwysig inni ei wneud yn eglur nad ydym ni'n ochri gyda'r
> cymdeithasau ffansi o Loegr sy'n ei wneud yn brif fusnes iddynt eu hunain i ymyrryd
> ym materion Cymru nid am eu bod yn caru Cymru ond am eu bod yn lecio gwyliau
> yng Ngwynedd.[138]

Ond roedd y niwed i Blaid Cymru ym Meirionnydd, ac i ddelwedd Gwynfor fel gwaredwr gwerinol y mudiad cenedlaethol, wedi ei wneud. Ac nid Saunders Lewis ychwaith oedd yr unig ffigur enwog yn y Gymru Gymraeg a anogai genedlaetholwyr i fynd i'r gad dros Dryweryn. Yn Hydref 1958, sigwyd Cymru i'w seiliau pan ddywedodd Huw T Edwards, Cadeirydd Cyngor Cymru a

Mynwy, fod Lerpwl yn haeddu popeth a ddeuai i'w rhan pe byddai yna brotestio milwriaethus. Roedd yn ddatganiad cwbl ddiflewyn-ar-dafod:

> Many thousands of Welshmen, I am convinced, will be prepared to make sacrifices to prevent Liverpool getting away with Tryweryn... many thousands would be willing to face gaol over this issue... I would remind you that threats have been made against the Mersey Tunnel. That is the kind of thing that might happen. The Welsh people will not forgive Liverpool.[139]

Ddyddiau'n ddiweddarach, cododd y gwres gwleidyddol fwy fyth pan ymddiswyddodd Huw T Edwards fel Cadeirydd Cyngor Cymru a Mynwy – gweithred a oedd, yn nhyb y wasg, yn ddim llai na 'bombshell' gwleidyddol.[140]

Byddai rhywun wedi disgwyl i Blaid Cymru fod wedi elwa o ddatganiad Huw T Edwards, ond nid felly y bu. Yn wir, yr hyn sy'n drawiadol yw'r tawelwch byddarol a glywyd o du'r blaid pan safodd 'Prif Weinidog Cymru' i lawr. Er bod Plaid Cymru'n falch o weld unrhyw ymdrech i danseilio hygrededd Cyngor Cymru a Mynwy, roedd Huw T Edwards ei hun hefyd yn peri problemau i'r mudiad cenedlaethol. Yn gyntaf, roedd yn dal i fynnu mai Llafurwr ydoedd – er gwaethaf ymdrechion Gwynfor i'w ddenu i gorlan Plaid Cymru. Tueddai hyn felly i dynnu sylw at fethiant Gwynfor. Yn ail, câi ei weld fel gwleidydd llawer mwy carismatig a thanbaid na Gwynfor ar y pwnc a oedd yn prysur ddatblygu'n obsesiwn i genedlaetholwyr.

Ac mae yna reswm da arall hefyd dros dawedogrwydd Gwynfor yn ystod y dyddiau a ddilynodd ymddiswyddiad Huw T Edwards. Erbyn diwedd mis Hydref, roedd Plaid Cymru (ac Elwyn Roberts) wrthi fel lladd nadroedd yn trefnu taith hynod uchelgeisiol i Gwynfor yn yr Unol Daleithiau a Chanada. Nod syml y daith saith wythnos o hyd – er gwaethaf yr hyn a ddywedodd Gwynfor flynyddoedd yn ddiweddarach – oedd codi arian.[141] Y gobaith oedd efelychu'r hyn a wnaethai'r Gwyddelod a'r Iddewon alltud yn America, a throi hiraeth yn ddoleri – arian a fyddai'n cynnal Plaid Cymru yn y degawdau i ddod. Dyna oedd y theori, beth bynnag, ond fe fu'n daith gythreulig o anodd i'w threfnu. Er bod 'Don Hywel' yn Bogotá wedi cyfrannu'r swm anferthol o £1,000 i dalu am y siwrnai, roedd yna nifer ym Mhlaid Cymru yn credu bod y fenter yn gwbl ddiwerth ac nad oedd Cymry alltud America mor wleidyddol â'r Gwyddelod yno.[142] Problem arall oedd amharodrwydd llywodraeth Prydain i fod o unrhyw gymorth. Gwrthodwyd cais Plaid Cymru am statws swyddogol i'r daith, ac fe siarsiwyd Llysgenhadaeth America gan Henry Brooke i gadw llygad ar Gwynfor – gŵr a ddisgrifiwyd ganddo fel 'prosperous farmer in Carmarthenshire'.[143] Ond er gwaethaf y rhwystrau, gadawodd Gwynfor lannau Southampton ar fwrdd yr *SS America* ar 3 Tachwedd 1958. Y tu ôl iddo, roedd helbulon Tryweryn, ond nid 'jyncet' oedd y daith. Gwyddai'n iawn y byddai methiant yn atgyfnerthu braich y beirniaid hynny oddi mewn i'w blaid pan ddychwelai.

Wyth niwrnod yn ddiweddarach, cyrhaeddodd dir mawr America gyda'r Ddraig Goch yn cyhwfan ar y cei yn Efrog Newydd. Yno'n aros i'w groesawu, roedd cwmni o gefnogwyr a dau blentyn mewn gwisg Gymreig – serch bod eu rhieni'n dod o Swydd Efrog![144] A dyma, am y pum wythnos nesaf, fyddai cywair y daith – chwifio'r ddraig a cheisio tanio Cymreictod cysgadlyd yr Americanwyr. Ar ôl codi arian mewn banc yn Wall Street a chyfnewid siec Hywel Hughes am hanner can doler, dechreuodd Gwynfor ar y gwaith go iawn, gan roi degau o gyfweliadau i'r wasg a'r cyfryngau Americanaidd.[145] Y bore hwnnw'n unig, fe'i holwyd ar raglen deledu fwyaf poblogaidd America, *The Garroway Show* – rhaglen ac iddi gynulleidfa o ddeng miliwn o bobl. Roedd y diddordeb yn Gwynfor a'i genadwri yn rhyfeddol o gofio dinodedd Plaid Cymru yn ôl ym Mhrydain. Gyda chymorth y newyddiadurwr Americanaidd, Colin Edwards, llwyddodd i ymweld â phob math o lefydd a chwrdd â phob math o bobl. O Washington, lle cyfarfu â'r undebwr Americanaidd byd-enwog John L Lewis, i ganol eira Utica ac ymlaen i wres San Francisco, roedd Gwynfor yn cael ei gydnabod fel rhywun ac adlewyrchid y diddordeb hwn yn rhyddiaith borffor y wasg. Yn ôl y *New York Times*: 'Mr Evans' ruddy face and his manner suggest the poet Dylan Thomas'.[146] Tebyg oedd broliant y *Washington Post*: 'Evans, a witty, soft-spoken Welsh revolutionary who wants Wales to get rid of England'.[147] Roedd Gwynfor yn fwy na pharod i chwarae'r gêm, gan awgrymu bod y Cymry fel y Gwyddelod: 'Perhaps we'll learn from the Irish', meddai wrth y *New York Times*, 'they're very good politically'.[148]

Ac wrth i'r daith fynd rhagddi, cynyddai pwysau gwaed yr awdurdodau Prydeinig. Llwyddodd Gwynfor, er enghraifft, i greu ffrae cwbl artiffisial ynghylch ei hawl i gael cwrdd â'r Arlywydd Eisenhower. Doedd hynny byth yn mynd i ddigwydd, ond mynnodd fod Llysgennad Prydain yn Washington wedi'i rwystro. Eto fyth, cafodd fwy o sylw ffafriol iddo'i hun yn America ac yng Nghymru.[149] Ateb yr awdurdodau i'w pryderon oedd cael unigolion a gweision sifil i anfon adroddiadau'n ôl i Brydain ar yr hyn a ddigwyddai. Aeth Peter Brooke, mab Henry Brooke, i ysbïo ar Gwynfor mewn cyfarfod a gynhaliwyd yn Boston. 'Mad, quite mad' oedd ei ddyfarniad siarp ar berfformiad llywydd Plaid Cymru.[150] Ond er y sylw a gafwyd yn sgil anniddigrwydd yr awdurdodau Prydeinig, ac er dycned ymdrechion Gwynfor, pur grintachlyd, ar y cyfan, fu'r ymateb a 'chwpwl o filoedd o ddoleri' yn unig a gafwyd.[151] Byrhoedlog hefyd fu gobeithion Plaid Cymru o danio Cymreictod yr Americanwyr. Wrth adael America, credai Gwynfor fod agwedd y Cymry alltud yno wedi newid yn sylfaenol, ond flynyddoedd yn ddiweddarach yn ei hunangofiant, barnodd mai rhywbeth 'cwbwl sentimental' oedd Cymreictod America.[152]

Ddyddiau cyn y Nadolig, dychwelodd Gwynfor i Gymru ac i fonllefau o gymeradwyaeth o du ei gynghorwyr agosaf. Ysgrifennodd Islwyn Ffowc Elis ato i ddweud bod y daith wedi 'calonogi pob cenedlaetholwr' y bu'n siarad ag ef.[153] Roedd Gwynfor ar ben ei ddigon. Roedd y daith wedi bod yn donig, ac yn yr hinsawdd lesmeiriol yma y penderfynodd, o'r diwedd, gamu oddi ar y ffens – roedd am arwain ymgyrch dorcyfraith yng Nghwm Tryweryn. Ar droad y flwyddyn, pasiodd Pwyllgor Gwaith Plaid Cymru gynnig o blaid 'gweithredu goddefol yn Nhryweryn pan fo'n bryd'. I'r perwyl hwn, dewiswyd nifer bychan o aelodau i ystyried y dulliau a'r paratoadau.[154] Wrth annerch ei gyd-aelodau, dywedodd Gwynfor fod yr amser i weithredu wedi cyrraedd. 'Teimlwn yn llwfr,' meddai, 'pe na wnawn ddim i brofi ein didwylledd. Fel Trawsfynydd.' Roedd hefyd am anfon neges glir i ddinasoedd eraill, yn enwedig Birmingham, na chaent ysbeilio cymunedau Cymreig. Aeth Gwynfor yn ei flaen i osod allan yr amodau ynghlwm wrth weithredu troseddol: 'Dim corfforol o gwbl; Dim rhoi tywod mewn peiriant; Dim troi cement mixer'. Doedd Gwynfor ychwaith, fe ymddengys, ddim yn poeni'n ormodol am yr effaith y byddai gweithredu'n ei chael ar obeithion Plaid Cymru yn ystod yr etholiad cyffredinol. 'Ie, etholiad neu beidio', oedd ei ateb i gwestiwn Dafydd Orwig, pan rybuddiodd yntau y gallai torcyfraith niweidio'i obaith o gipio Meirionnydd. Yn wir, roedd Gwynfor wedi bod yn braenaru'r tir ac eisoes wedi siarad ag arweinwyr Plaid Cymru ym Meirion ynghylch y dacteg newydd. Yr unig gonsesiwn i wleidyddiaeth gyfansoddiadol oedd gwaharddiad ar dorcyfraith yn ystod pythefnos yr etholiad cyffredinol.[155]

Pam y newid meddwl, felly? Mae'n amlwg bod y ganmoliaeth yn America wedi cael effaith ar Gwynfor, a bod y rebel (am y tro) yn drech na'r cyfreithiwr yn ei gynhysgaeth. Ond roedd yna ffactorau eraill hefyd. Ar ddechrau 1959, a'r contractwyr ar fin dechrau paratoi safle Capel Celyn, gorfu i Blaid Cymru benderfynu y naill ffordd neu'r llall ynghylch ei hagwedd at weithredu anghyfansoddiadol. Rheswm arall dros y radicaliaeth newydd oedd y modd yr enillodd heddychwyr Lloegr gryn gydymdeimlad yn sgil protestiadau'r 'Committee of 100'. Y Parchedig Michael Scott – gŵr yr oedd Gwynfor yn gyfarwydd ag ef, ac a oedd eisoes wedi annerch Ysgol Haf y blaid – a arweiniodd y protestiadau hyn yn erbyn safle tanio roceti Swaffham. Mae yna dystiolaeth hefyd bod arweinwyr Plaid Cymru mewn cysylltiad clòs iawn â Michael Scott yn ystod y cyfnod hwn.[156] Yn y cyd-destun hwn, felly, newidiodd y polisi gan roi terfyn, fe gredai pawb, ar y blynyddoedd o ansicrwydd tactegol. Pasiwyd o blaid sefydlu is-bwyllgor i drafod y ffordd ymlaen, ond roedd yr ymateb yn hynod gymysg ac fe ymrannodd y blaid. Ar y naill law, roedd adain fwy milwriaethus Plaid Cymru wrth ei bodd. Mynnodd un o'r garfan honno, Elystan Morgan, y dylai'r symudiad nesaf 'fod yn weithred gadarn, pendant a dewr, wedi ei chynysgaeddu ag elfen o hunan-aberth'. Yn nhyb Elystan Morgan, roedd yr amser i falu awyr wedi darfod gan fod 'cyfran helaeth o'r genedl wedi alaru ers talm ar glywed yr enw Tryweryn'.[157] Roedd eraill, fodd bynnag, yn arswydo o weld y polisi newydd. Cafodd Dewi Watkin Powell gryn ysgytwad ac anfonodd lythyr piwis at Gwynfor gan ddweud mai 'arwydd o anaeddfedrwydd gwleidyddol' oedd gweld y drafodaeth ynghylch torcyfraith yn dechrau drachefn. Iddo ef, 'fixation patholegol a phathetig' oedd sôn am weithredu. Mynnodd yn ogystal fod protestio fel Swaffham yn iawn i griw bach oedd am ddylanwadu ar lywodraeth y dydd 'ond nid i blaid sydd â'i bryd ar ffurfio, ryw ddydd, lywodraeth i Gymru'. Ond gwaeth na dim, yn ôl Watkin Powell, fyddai'r effaith ar obeithion etholiadol Plaid Cymru ym Meirion: 'Gall gweithred sy'n ffôl yng ngolwg y bobl hyn golli Meirion i ni'. Crefodd Dewi Watkin Powell ar i Gwynfor rwystro'r is-bwyllgor ac i dagu'r cynllun yn ei fabandod.[158]

Nid y llythyr hynod bwysig hwn oedd yr unig ohebiaeth a dderbyniodd Gwynfor yn ymbil arno i gallio ac i ystyried yr effaith y byddai gweithred fel Penyberth yn ei chael. Ddyddiau wedi llythyr Watkin Powell, cafodd lythyr tebyg gan R Tudur Jones – gŵr a oedd lawn mor ddylanwadol â'r bargyfreithiwr gofalus. Pryderai Tudur Jones ynghylch gelynion gwleidyddol Plaid Cymru – Llafurwyr fel Goronwy Roberts a T W Jones – ac fe dybiai y byddent yn 'gobeithio i'r nefoedd y gwnawn gamgymeriad fel y cânt hwy fedi'r ffrwyth'. Yn wyneb hyn, crefodd arno i ddwys ystyried dymuniadau Pleidwyr Meirionnydd.[159] Ategwyd y neges hon gan gynghorion tebyg o Feirionnydd. Credai Ifor Owen, er enghraifft, y gallai gweithredu yn Nhryweryn 'effeithio'n ddrwg ar y bleidlais *ofnus* a ddisgwyliwn i Gwynfor yn yr etholiad'.[160] Roedd hi hefyd yn hysbys bod yr amlycaf o'r Pleidwyr hyn, sef Tom Jones, Llanuwchllyn, erbyn hynny'n trefnu iawndal ar gyfer pobl Capel Celyn.

Roedd y pwysau ar Gwynfor yn sylweddol, a dechreuodd simsanu. Ddiwedd Ionawr, pan gyfarfu'r is-bwyllgor ar dorcyfraith yng ngwesty'r Llew Aur, Dolgellau, daeth hi'n amlwg bod Gwynfor wedi cael traed oer ac nad oedd bellach am weld torcyfraith. Y cyfarfod hwn ar 31 Ionawr 1959, mae'n deg dweud, yw un o'r cyfarfodydd pwysicaf erioed yn hanes cenedlaetholdeb Cymreig. Heb nemor ddim ymgynghori, penderfynodd y pwyllgor barchu tro pedol y llywydd a phasiwyd i 'beidio â threfnu i weithredu cyn etholiad os deuai'r etholiad yn yr haf'. Fyddai yna ddim Penyberth arall, felly, gan adael y 'gweithredwyr' yn gwbl gegrwth.[161] Methent â choelio fod Gwynfor, yn y dull lleiaf democrataidd posibl, wedi nacáu penderfyniad y Pwyllgor Gwaith ar fater mor dyngedfennol. Ond yn hytrach na cheisio cyfannu'r rhwyg gynyddol amlwg yn y cyfarfod, gwnaeth Gwynfor sefyllfa anodd yn ganmil gwaeth trwy ddadlennu cynllun newydd o'i eiddo a fyddai'n rhoi rhywfaint o elw yn ôl i gymdeithas Meirionnydd unwaith y boddid Capel Celyn. Hwn, yn ddios, fyddai camgymeriad gwleidyddol mwyaf gyrfa Gwynfor, gan fod y cynllun yn golygu elfen o gyfaddawd â Lerpwl. Yn wir, roedd yn gam gwag mor fawr nes i Gwynfor, nid y mwyaf gwylaidd o wleidyddion, orfod cyfaddef yn ei hunangofiant iddo weithredu 'mewn ffordd y gwelais yn ddiweddarach ei bod yn annoeth'.[162]

Enw'r cynllun a gyflwynwyd i Blaid Cymru yn y cyfarfod hwnnw yn Nolgellau oedd *Tryweryn – New Proposals*. Er mai Gwynfor a J E Jones oedd cyd-awduron y pamffled, pensaer y weledigaeth ddadleuol oedd Dewi Watkin Powell. Roedd i'r argymhellion dri phen: bod y gweithwyr fyddai'n codi'r argae yn Gymry; bod y gweithwyr fyddai'n cael eu cyflogi ar safle Tryweryn yn Gymry; yn olaf, bod yna Fwrdd Dŵr Tryweryn yn cael ei sefydlu, gyda chynrychiolaeth gyfartal rhwng Lerpwl a Chyngor Gwledig Penllyn. Byddai gan y bwrdd newydd hwn bencadlys yn y Bala a chanddo'r hawl i werthu dŵr dros ben i ddiwydiannau neu awdurdodau lleol.[163] Does dim dwywaith bod y *New Proposals* yn ymgais onest gan Dewi Watkin Powell i wynebu yr hyn a ystyriai yntau fel realiti sefyllfa hynod anodd. Ceisiodd gynnig rhywbeth ymarferol i blaid a oedd yn rhanedig ar dorcyfraith ac a wyddai yn nwfn ei chalon y byddai cynllun Tryweryn yn mynd rhagddo, costied a gostio. Wedi peth trafodaeth, cymeradwywyd y *New Proposals* yn Nolgellau a diflannodd brwdaniaeth Gwynfor dros ymgyrch dorcyfraith fel diffodd cannwyll.

Y broblem sylfaenol gyda chynllun Watkin Powell, fodd bynnag, oedd ei fod yn gynllun clyfar gan fargyfreithiwr Llundeinig heb ryw lawer o grebwyll gwleidyddol. Nid oedd unrhyw debygrwydd y byddai Lerpwl, o ystyried yr holl ddadlau a fu, yn fodlon ystyried rhannu dŵr, na chwaith unrhyw elw a ddeuai i'w rhan o'i werthu i gynghorau eraill. Cwbl ffantasïol oedd breuddwyd Gwynfor a J E Jones o weld Penllyn yn ymgyfoethogi 'just as very small states in the world profit from the presence of oil in their land'.[164] Yn anochel, gwrthodwyd y cynllun gan Gorfforaeth Lerpwl a chan y Weinyddiaeth Dai a Llywodraeth Leol.[165] Y diffyg sylfaenol arall gyda'r argymhellion newydd oedd eu bod yn tanseilio holl rethreg genedlatholgar Plaid Cymru ynghylch hawl absoliwt y Cymry i reoli eu tir a'u hadnoddau naturiol. Tryweryn, ys dywedodd Harri Webb rai blynyddoedd yn ddiweddarach, oedd 'Munich' Plaid Cymru.[166]

Oddi mewn a thu allan i Blaid Cymru, roedd yr ymateb yn bur anffafriol. Eithriad oedd canmoliaeth *Y Faner*. Cafodd y *Western Mail* fodd i fyw trwy wawdio Plaid Cymru am yr hyn a wnaeth o dan y pennawd 'Plaid Does About Turn Over Tryweryn'.[167] Ac ym Meirionnydd, roedd yna syndod hefyd. Ysgrifennodd Ifor Owen, Llanuwchllyn, at Emrys Roberts gan ddatgan ei bryder ynghylch y 'gwendidau' gan ychwanegu nad oedd 'pobl y gogledd yma yn gweld yr ochr economaidd i ddŵr Tryweryn cyn gliried â phobl y de'.[168] Ac er gwaethaf y ffaith bod Gwynfor yn disgrifio'r prosiect fel 'gross affront to Wales', roedd rhai o aelodau ei blaid yn ddig tu hwnt – ymateb a oedd yn ernes o'r chwerwder llawer mwy niweidiol a fyddai'n ysu Plaid Cymru rhwng 1959 a 1964.

Roedd ymateb Gareth Miles, ysgrifennydd cangen Coleg Bangor o Blaid Cymru, yn nodweddiadol o deimladau'r genhedlaeth iau; roedd yntau, yn ôl un adroddiad a gyrhaeddodd swyddfa ganolog y blaid, wedi 'pwdu'n llwyr ar fater Tryweryn'.[169] Yn yr un cywair, ysgrifennodd yr ymgyrchwraig iaith ddiflino honno, Eileen Beasley, at Gwynfor gan ei gystwyo am y fargen yr oedd newydd ei tharo.[170] Rai misoedd yn ddiweddarach, yn y gynhadledd flynyddol, cyflwynwyd cynnig gan gangen Llangennech, cangen Eileen a Trefor Beasley, yn datgan gofid 'bod y Pwyllgor Gwaith wedi methu â rhoi'r arweiniad dyledus ar fater boddi Cwm Tryweryn' gan ofyn i'r pwyllgor fod 'yn barod i drefnu gwrthwynebiad goddefol yn erbyn cynlluniau Lerpwl yn y cwm'.[171] Gadawyd y cynnig ar y bwrdd, ond nid y Beasleys oedd yr unig genedlatholwyr amlwg i ffromi. Cynddeiriogwyd Saunders Lewis pan gyhoeddodd arweinwyr Plaid Cymru erthygl o'u heiddo yn *Y Ddraig Goch* ym Mai 1959 yn datgan nad y 'Gwyddyl yw'r Cymry' ac mai 'anweddus i neb bellach, yw ymadroddi fel Elias gerbron Ahab, onid yw'n gwbl argyhoeddedig y try ei eiriau yn weithredoedd'.[172] Ceisio rhoi clawr ar y dadlau oedd nod penaethiaid y blaid ond, ar ôl darllen yr erthygl hon, dywedodd Saunders Lewis mai'r datganiad 'Nid Gwyddelod ydym ni' fyddai 'beddargraff y Blaid'.[173] Mae'n amlwg hefyd iddo 'feddwl o ddifri' am dorri pob cysylltiad â Phlaid Cymru oherwydd 'brad Tryweryn'.[174]

Arwydd pellach o falltod y blaid i'r 'gweithredwyr' oedd ei methiant i gefnogi safiad yr wyth a ymddiswyddodd o Bwyllgor Gwaith Eisteddfod Genedlaethol Caerdydd. Gwnaethant hyn yn sgil y penderfyniad i wahodd y Frenhines ac, ymhlith yr wyth, roedd yna genedlaetholwyr amlwg fel A O H Jarman a Griffith John Williams. Fodd bynnag, er eu bod yn perthyn i bendefigaeth Plaid Cymru, ni chawsant gefnogaeth y blaid. Yn wir, fe'u gadawyd yn ynysig mewn ffrae chwerw a hawliodd y penawdau Cymreig am wythnosau ben bwygilydd. Pryder Gwynfor oedd y byddai Plaid Cymru yn cael ei thynnu i ganol cwffas ddiangen ynghylch y Goron.[175] Ond yn hytrach nag ymuno mewn brwydr allweddol dros Gymreictod yr Eisteddfod, y cwbl a gafwyd ganddo oedd datganiad a fynegai siom bod rhai unigolion yn porthi'r fflamau. Ychwanegodd, rhyw fymryn yn optimistaidd efallai, fod ei blaid yn 'edrych ymlaen am y dydd y bydd hi'n Frenhines y Gymru Rydd'.[176] Ond er i hyn arbed beirniadaeth o du yr eisteddfotwyr Prydeinllyd hynny fel Cynan a David James, cynddeiriogwyd adain anghyfansoddiadol Plaid Cymru drachefn. O ddarllen y datganiad, barnodd Kate Roberts, er enghraifft, y 'gallai estron feddwl... nad yw Plaid Cymru yn credu mewn Cymru Gymraeg' ac anogodd y blaid i 'ddyfod allan yn ei lliw priodol, beth bynnag bo'r canlyniad a bod yn fwy ymosodol'.[177]

Eto i gyd, er gwaethaf yr ymrannu a'r digalondid, mae'n bwysig peidio gorliwio amhoblogrwydd Gwynfor yn y misoedd a ddilynodd gyhoeddi'r *New Proposals*. Ar y pryd, roedd Gwynfor yn parhau'n arwr i lawer, ac roedd y disgwyliadau'n hynod uchel gydag etholiad cyffredinol ar y trothwy. Y gred gyffredinol yn rhengoedd Plaid Cymru oedd y byddai'r 'torri trwyddo' yn digwydd, o'r diwedd, ac y byddai ymdrechion y blaid dros Gapel Celyn yn cael eu haeddiant yn y sedd bwysicaf oll, sef Meirionnydd. I nifer, gan gynnwys Gwynfor ei hun, mater o wythnosau oedd yna cyn y byddai'n cael ei adnabod fel Gwynfor Evans A.S. – datblygiad dramatig fyddai'n agor pennod newydd yn hanes Plaid Cymru.

A dechreuodd yr ymgyrchu rhag-etholiadol yn y modd gorau posibl. Wedi misoedd o geisio'i ddenu, cyhoeddodd Huw T Edwards y byddai'n ymuno â Phlaid Cymru – plaid y bu mor llym ei feirniadaeth ohoni, ac o Gwynfor yn bersonol, rai blynyddoedd ynghynt. Ond ta waeth am y gorffennol, gwelai Gwynfor y diwrnod hwn fel digwyddiad o bwys aruthrol. Hyd yn oed cyn iddo ddod i rengoedd Plaid Cymru, dywedodd Gwynfor wrth Huw T Edwards y byddai'n 'ddigwyddiad hanesyddol na byddai haneswyr Cymru yn y dyfodol yn medru peidio â thrafod ei arwyddocâd' pe meiddiai adael y Blaid Lafur.[178] Pan ddaeth y newydd mawr adeg Eisteddfod Caernarfon, roedd Gwynfor yn dalp o ddedwyddwch a chredai o'r diwedd fod y cyfle wedi dod i chwalu gafael y Blaid Lafur ar y Gymru Gymraeg.[179] Yn awr, tybiai fod y rhwyg rhwng y mudiad Llafur a'r mudiad cenedlaethol wedi ei gyfannu.[180] Fel y gwelir maes o law, crych dros dro oedd symudiad Huw T Edwards, gweithred maferic gwladgarol, serch ei bod yn un bwysig tu hwnt. Ond ar y pryd, ystyrid ei benderfyniad fel ffrwydrad a fyddai'n trawsnewid map gwleidyddol Cymru. Dechreuodd colofnwyr yn y wasg Gymraeg ddyfalu pwy fyddai nesaf, gan gryfed gafael Huw T Edwards dros adain genedlaethol y mudiad Llafur. Ymhlith yr enwau posibl, soniwyd am Lafurwyr uchel eu parch fel Syr David Hughes Parry, Mary Silyn Roberts, David Thomas a Huw Morris-Jones.[181] Byddai'r rhain i gyd wedi bod yn ychwanegiadau pwysig i Blaid Cymru; er hynny, Gwilym Prys Davies oedd *y* Llafurwr y dyheai Gwynfor am ei weld yn dychwelyd i'r gorlan.[182] Ond, yn y diwedd, siomedig fu effaith tröedigaeth 'Huw T'. Dim ond Isaac Stephens[183] – undebwr y daeth Gwynfor i'w adnabod yn dda wedi i Blaid Cymru geisio achub glofa Cwmllynfell – a benderfynodd ddilyn yn ôl traed y dyn mawr.[184]

Eto i gyd, er prinned y rhai a efelychodd weithred Huw T Edwards, roedd ei bresenoldeb yn ddigon i borthi'r ymdeimlad bod Plaid Cymru am wneud yn rhyfeddol o dda. Wrth lansio'u maniffesto, *Free Wales,* dywedodd Gwynfor y byddai Plaid Cymru'n siŵr o ennill o leiaf 100,000 o bleidleisiau ac y byddai etholwyr Cymru yn gwerthfawrogi'r ffaith mai hi oedd yr unig blaid a fynnai ddatganoli grym ar bob lefel i'r bobl.[185] Cyn bwysiced â datganoli grym, credai Gwynfor y byddai'r 'ban' darlledu, ac anallu Plaid Cymru i gael darllediadau gwleidyddol, yn ennill pleidleisiau wrth y miloedd i'w blaid. Elfen ganolog yn yr ymdrech hon i dynnu sylw at y 'ban' oedd yr orsaf radio beirat a sefydlwyd gan Blaid Cymru i dynnu sylw at yr annhegwch. Er mis Mawrth 1959, roedd 'Radio Wales' wedi bod yn darlledu propaganda cenedlaetholgar trwy setiau teledu unwaith y byddai'r rhaglenni teledu nosweithiol wedi darfod. Pan glywyd y darllediad cyntaf, methodd un o weision sifil Whitehall â chredu'i glustiau:

The transmission by 'Radio Free Wales' opened with extracts from a speech
(language used not known) by Cynfor Evans [*sic*]... followed by a song in Welsh,
an announcement that now that Plaid Cymru was on the air further broadcasts from
different districts would be made and closed by a rousing chorus of Men of Harlech.[186]

Yn gyhoeddus, honnodd Gwynfor nad oedd ganddo unrhyw gysylltiad â'r orsaf
– datganiad a oedd yn hynod gamarweiniol o gofio bod Pwyllgor Gwaith Plaid
Cymru wedi trefnu'r holl beth![187] Roedd sefyllfa Gwynfor yn odiach fyth o gofio
ei fod yn aelod o Gyngor Darlledu Cymru, ond bid a fo am hynny. Er i'r *Western
Mail* gyhuddo Plaid Cymru o 'ddwyn' tonfedd, bu Radio Wales yn llwyddiant
ysgubol yn y cyfnod yn arwain at yr ymgyrch etholiadol.[188] Cafwyd sylw rhyfeddol
yn y wasg Saesneg, a theimlai aelodau ifanc o'r blaid fel Glyn James ac Elystan
Morgan fod yna fodd i dynnu blewyn o drwyn yr awdurdodau heb niweidio
delwedd y blaid.[189]

Yn genedlaethol, roedd gan Blaid Cymru 20 o ymgeiswyr – nifer rhyfeddol
o uchelgeisiol o gofio'r gost – ond roedd hyn i gyd yn unol â gweledigaeth
Gwynfor o greu plaid i Gymru gyfan. Er hynny, Meirionnydd, 'Green, Golden
and Glorious',[190] chwedl gohebydd *The Times*, oedd y wobr fawr yn ystod mis
Hydref. Wrth i'r ymgyrch fynd rhagddi, dylifodd cannoedd o ymgyrchwyr ifanc
i'r sir yn y gobaith y byddent yn cyfrannu at fuddugoliaeth hanesyddol. Credai
David Rosser, golygydd gwleidyddol profiadol y *Western Mail*, fod yna newid
hynod arwyddocaol ar droed:

This volunteer corps is stamping around the county with a fervour akin to a religious
revival. Even the most outspoken critics of the Blaid agree that it is becoming a
movement to be reckoned with in the area.[191]

Ac wrth ddarllen adroddiadau fel y rhain, rhoes mater Tryweryn hwb pellach
i'r cenedlaetholwyr. Yn ôl Llwyd o'r Bryn, roedd safiad Gwynfor dros Gapel
Celyn yn union fel safiad Tom Ellis dros ferthyron Rhyfel y Degwm. Ategwyd
hyn gan Elizabeth Watkin Jones, a gymharodd safiad Gwynfor dros Gwm
Tryweryn ag arafwch malwodaidd T W Jones. Gwynfor, meddai, oedd 'Moses
pobl Tryweryn'.[192]

Ymatebodd Llafur i'r bygythiad hwn trwy ymladd yn galed a brwnt, gan
ddefnyddio sawl tric er mwyn arbed croen T W Jones. Wrth edrych yn ôl ar ei
ddyddiau fel gwleidydd, haerodd Gwynfor mai hon oedd yr ymgyrch ffyrnicaf o'r

deuddeg etholiad iddo eu hymladd.[193] Anfonodd y Blaid Lafur un o'i chynghorwyr ar Gyngor Sir Caerfyrddin i Feirionnydd am ddeng niwrnod er mwyn taenu'r neges fod Gwynfor yn Dori.[194] Y dacteg arall oedd pardduo Gwynfor a'i deulu ar gownt eu cefndir dosbarth canol. Gyda sêl bendith y blaid yn ganolog, cyhoeddodd Llafur ddeg cwestiwn a luniwyd yn fwriadol er mwyn ei danseilio. Gofynnai un cwestiwn celwyddog pam fod Rhiannon yn prynu ei dillad ym Mharis; cwestiwn arall oedd pam yr anfonodd Gwynfor ei blant i ysgol fonedd yn Lloegr. Daeth bygythiad arall, ond tecach, o gyfeiriad y Rhyddfrydwyr; wedi'r cyfan, roedd ganddyn nhw obaith o ennill y sedd, ac roedd eu hymgeisydd, Ben G Jones, yn wleidydd solet, uchel ei barch. Ar y cyd ag Emlyn Hooson, ceisiodd y ddau ohonynt adfer yr oruchafiaeth Ryddfrydol. Bu'n frwydr boeth ond, ar drothwy'r pôl, roedd y sylwebwyr yn unfryd – rhai cannoedd fyddai ynddi y naill ffordd neu'r llall rhwng Llafur a Phlaid Cymru.

Roedd y canlyniad pan ddaeth ar 9 Hydref 1959 yn sioc aruthrol i gefnogwyr Plaid Cymru.[195] Nid yn unig yr oedd Gwynfor wedi colli, ond roedd wedi colli'n wael a phleidlais 'Moses Tryweryn' 116 o bleidleisiau'n is na'r hyn a gawsai bedair blynedd ynghynt. Am y ddwy blaid arall, arhosodd pleidlais Llafur yn gadarn ac, er mawr syndod i nifer, cynyddodd y bleidlais Ryddfrydol yn sylweddol. Wedi'r holl ymdrech, ni chafodd Gwynfor unrhyw wobr am yr hyn a wnaeth dros bentrefwyr Capel Celyn; roedd T W Jones – er gwaethaf ei ddiffyg gweithredu – yn ôl yn San Steffan gan adael Gwynfor yn y diffeithwch. Roedd y darlun lawn cyn waethed ar draws Cymru. Er y cafwyd ambell ganlyniad da yn y cymoedd, roedd cyfanswm pleidlais genedlaethol Plaid Cymru – 77,571 o bleidleisiau – yn fyr iawn o'r nod cyhoeddus o 100,000 a osodwyd iddi gan Gwynfor. Ond yr hyn a bryderai'r ffyddloniaid fwyaf oedd gweld nad oedd Meirion yn eithriad. Mewn seddau Cymraeg a Chymreig eraill fel Sir Gaerfyrddin ac Aberdâr, cwympodd pleidlais Plaid Cymru. Roedd strategaeth genedlaethol Gwynfor wedi methu â gwireddu'r disgwyliadau afreal a osodwyd ar ei chyfer, a dechreuodd ei blaid sylweddoli nad oedd llwyddiant yn anochel. Yn y cyd-destun anaddawol hwn, edrychai'r nod o ennill sedd seneddol yn ddim byd amgenach na breuddwyd gwrach. Dros y pum mlynedd nesaf, rhwygodd y blaid ei hun yn ddarnau mân ynghylch y ffordd ymlaen. Roedd y freuddwyd o achub Capel Celyn yn yfflon ac, wrth i gontractwyr Lerpwl ddechrau o ddifrif ar y gwaith o ladd cymuned Gymraeg, gwaethygai'r edliw ynghylch pam y methodd Plaid Cymru ag achub

Tryweryn. Ni allai Gwynfor fod wedi gwneud mwy dros Gapel Celyn, ond ei fai ef a neb arall oedd y dryswch tactegol a ddigwyddodd rhwng 1956 a 1959. Yn awr, byddai'n talu'r pris: byddai'r pum mlynedd nesaf yn flynyddoedd difaol iddo yn ei yrfa.

RHYFEL CARTREF, 1959–64

YM MHOB AGWEDD, roedd canlyniad siomedig etholiad cyffredinol 1959 fel picell i galon y cylch cyfrin o amgylch Gwynfor. Nid yn aml y byddai D J Williams yn gwegian, ond fe gafodd ei fwrw'n bedwar o glywed y canlyniad. Yn ei ddyddiadur drannoeth y pôl, disgrifiodd yr hyn a ddigwyddodd ym Meirionnydd fel 'siom erchyll', a dadrithiad enbyd o greulon i Gwynfor yn fwy na neb. Roedd hon, meddai, yn 'ergyd y bydd hi'n anodd iawn dod drosti' ac yn hynny o beth roedd D J Williams wedi datgan calon y gwir.[1] O safbwynt gwleidyddol, roedd byd Gwynfor wedi ei dynnu'n rhacs am ei ben. Wedi'r cyfan, roedd cynifer o Bleidwyr yn sicr y llwyddai ym 1959. O ystyried y canlyniad, felly, gellid disgwyl i Gwynfor fod â'i ben yn ci blu, ond yr hyn sy'n syndod efallai yw ei fod yn llawer llai digalon na'i gynghorwyr. Er mai ei reddf gyntaf o glywed canlyniad Meirion oedd 'diawlio'r bobl' a disgrifio'r etholwyr fel 'pobl sâl', sadiodd yn bur fuan. Bedwar diwrnod wedi'r canlyniad, ysgrifennodd at D J Williams gan rannu ei weledigaeth o'r ffordd ymlaen. Serch y siom, credai fod 'safle strategol y Blaid yn gryfach nag erioed', gan fod y Rhyddfrydwyr wedi dioddef 'ergyd waeth' na'i blaid ef o gryn dipyn. Bendith iddo hefyd oedd y ffaith bod llywodraeth Geidwadol Macmillan wedi cael ei hailethol. Felly, a'r Blaid Lafur bellach yn ddi-rym, daeth Gwynfor i'r casgliad y byddai datganoli yn 'fwy deniadol' ac mai gwaith Plaid Cymru o hynny ymlaen fyddai troi'r sosialwyr yn ymreolwyr Cymreig. Trwy gyfarfod â'r Llafurwyr hyn, 'yn bersonol ac mewn grwpiau', tybiai Gwynfor fod yna fodd i Blaid Cymru lywio cwrs gwleidyddol pur wahanol i'r un a gymerasai ei blaid rhwng 1955 a 1959. Ac oedd, yr oedd gobaith, fel y dywedodd wrth D J Williams, 'yn dal i darddu' o dan ei 'fron friw'.[2]

Roedd oblygiadau hyn yn anferthol gan fod Gwynfor yn galw ar i Blaid Cymru ymestyn allan i'r chwith gwleidyddol a gweithredu'n rhannol fel cydwybod

Gymreig y Blaid Lafur. Erbyn hynny, roedd Llafur yn addo Ysgrifenyddiaeth i Gymru, a thrwyddi hi yn unig y gwelai Gwynfor unrhyw obaith o gael mymryn o ddatganoli. Yr eironi mawr wrth gwrs yw mai Gwynfor, y lleiaf eciwmenaidd a chydymdeimladol tuag at achos Llafur, oedd yn dweud hyn. Yr eironi arall yw nad oedd gan Gwynfor syniad sut i dreiddio i fêr diwylliannol gweithwyr y de, gan ei fod yn parhau i ddirmygu bingo, bwcis a chlybiau gweithwyr y de mor angerddol ym 1959 ag y gwnâi yn Rhydychen bymtheg mlynedd ar hugain ynghynt. Ond o gofio'r cyfyngder yr oedd ynddo, doedd ganddo ddim dewis: roedd yn rhaid iddo gynnig rhywbeth newydd i'w blaid.

Ddiwedd mis Hydref 1959, galwodd gyfarfod arbennig a hynod bwysig o 'Bwyllgor y Llywydd' – cynulliad o'i gynghorwyr gwleidyddol mwyaf triw – i drafod y ffordd ymlaen.[3] Cyn dechrau ar y gwaith go iawn, bwriwyd pleidlais unfrydol o hyder yn ei arweinyddiaeth. Doedd unfrydedd cyhoeddus ddim yn syndod, ond mae'r ffaith i bleidlais ddigwydd o gwbl yn brawf o'r pwysau gwleidyddol ar Gwynfor. Wedi cael sêl bendith y brodyr, dadlennodd Gwynfor ei weledigaeth gogyfer â'r dyfodol gwleidyddol ar ffurf memorandwm Saesneg. Dechreuodd o'r rhagdyb fod twf Plaid Cymru wedi bod yn rhy araf, ac na fyddai o hyn ymlaen yn gallu ymelwa rhagor ar y bleidlais Ryddfrydol. Rhaid, meddai, oedd i'r cenedlaetholwyr fynd i ganol y bleidlais Lafur – cam a olygai fod un o dri dewis yn wynebu Plaid Cymru: ffurfio Plaid Lafur newydd; uno Plaid Cymru â'r Blaid Lafur; ynteu'r trydydd dewis – ennill cefnogaeth sylweddol o rengoedd y Blaid Lafur. Doedd y dewis cyntaf, wrth reswm, ddim yn bosibl i Gwynfor: '… my emotional attachment to Plaid Cymru dictates this belief'. Roedd yr ail ddewis lawn mor amhosibl iddo hefyd. Sut yn y byd, gofynnodd Gwynfor, y gellid uno plaid Cliff Prothero, Ness Edwards ac Aneurin Bevan gyda Phlaid Cymru? Gadawai hyn y trydydd dewis: 'Win from LP [Labour Party] – to win substantial support from Labour ranks to PC'. Ond doedd hyn ychwaith ddim heb ei broblemau, yn ôl Gwynfor: 'this cannot be done on an official or national level. And it cannot be done publicly, or it will arouse fatal antagonism'. Er hynny, credai y gellid ymestyn allan trwy dargedu grwpiau penodol o unigolion – yn eu plith ymgyrchwyr gwrth-niwclear ac aelodau o'r undebau llafur. Roedd hefyd am i Blaid Cymru liniaru ei brwdfrydedd dros ennill statws dominiwn i Gymru: 'The opposition to our policy of dominion status is so widespread that we have to say that we are prepared to co-operate in establishing a limited measure of self-government'.[4]

Cytunwyd ar hyn i gyd, a cheisiodd Plaid Cymru ei hail-lansio ei hun fel plaid y chwith, plaid nad oedd yn mwydro'i phen yn llwyr gyda'r syniad o ryddid i Gymru. Diflannodd yr holl sôn am fudiad cenedlaethol hefyd, y corff annelwig a oedd, yn nhyb Gwynfor, yn bodoli fel rhyw endid sanctaidd uwchben dwndwr y byd gwleidyddol go iawn. Yn ei le, clywyd Gwynfor yn datgan bod Plaid Cymru 'ymhellach i'r chwith na'r Comiwnyddion' ac mai'r traddodiad asgell chwith oedd y traddodiad a etifeddodd Plaid Cymru.[5] Mae yna elfen gref o wirionedd yn hyn, ond prin y gellir dweud bod Gwynfor wedi talu unrhyw fath o wrogaeth go iawn i'r traddodiad hwn yn ystod ei bymtheng mlynedd blaenorol fel llywydd. Fodd bynnag, rhwng hydref 1959 a gwanwyn 1960, dyma'r math o rethreg a glywyd gan Gwynfor mewn ymgais i ehangu apêl Plaid Cymru ac i sôn am rywbeth heblaw Tryweryn drwy'r amser.

Tila oedd yr enillion, fodd bynnag. Er bod y Blaid Lafur ar ddechrau 1960 yn rhanedig, ni lwyddodd Plaid Cymru i wneud nemor ddim argraff etholiadol yng nghadarnleoedd sosialaidd y de ac, i drwch aelodaeth Plaid Cymru, roedd pob llwybr, ymarferol ac emosiynol, yn arwain o hyd at Gapel Celyn. Roedd y farn hon yn uno'r blaid: yr hen a'r ifanc, yr adweithiol a'r don newydd o radicaliaid sosialaidd a ddeuai o'r de-ddwyrain. Wyneb yn wyneb â'r pwysau hwn, diflannodd syniad mawr Gwynfor o symud Plaid Cymru i'r chwith, a disgynnodd y blaid i'r merddwr ôl-etholiadol drachefn erbyn dechrau 1960.

I raddau helaeth, roedd Gwynfor yn wystl i'r hyn a ddigwyddai yng Nghwm Tryweryn, ac wrth i'r gwaith adeiladu brysuro, daeth methiant Plaid Cymru yn amlycach fyth. Am bum munud i naw y bore, 2 Ionawr 1960, aeth y trên olaf trwy Gapel Celyn. Gwisgai nifer o bobl yr ardal ddillad du fel arwydd o barch; wylai eraill yn hidl wrth i Seindorf Arian y Bala chwarae'r ffefryn angladdol 'O Fryniau Caersalem'.[6] Wrth dystio i olygfeydd dirdynnol fel hyn, dyfnhaodd anniddigrwydd y genhedlaeth iau gyda'r arweinyddiaeth, a dechreuodd rhai ohonynt gynllunio a chynllwynio ar eu liwt eu hunain. Dechreuodd Emrys Roberts lunio cynllun preifat i gynnal ympryd yn Lerpwl, ac ysgrifennodd at Pedr Lewis, cyfaill iddo, gan ddweud:

> It would have good effect on the public I believe – far better than blowing anything up… Most important would be the effect on Plaid itself – I think it might give new heart to our members, silence the critics… All this would create greater public interest in the Blaid, and a willingness on the part of other people to throw in their lot with an organisation with some life and guts in it.[7]

Roedd aelodau eraill o Blaid Cymru hefyd yn meddwl ar hyd yr un llinellau erbyn hynny. Ysgrifennodd John Daniel, y galluocaf o'r radicaliaid ifanc hyn, at J E Jones gan ofyn yn bigog iddo beth oedd wedi digwydd yn Nhryweryn. A oedd y blaid, holodd, 'wedi rhoi'r gorau i achos Tryweryn?'[8] Mewn ateb i'r llythyr, gorfu i J E Jones gyfaddef bod y cynllun cyfaddawd, neu'r *New Proposals,* heb eu derbyn; 'prin y disgwyliai fawr neb y câi'. Fel ateb, doedd hwn ddim yn argyhoeddi. Cyn wanned â hyn oedd addewid J E Jones i John Daniel, fod Plaid Cymru yn dal i wylio'r safle ac yn:

> … chwilio a oes rhywbeth y gellir ei wneud pan fo Lerpwl yn dechrau ar waith yno… nid oes angen egluro i chwi na chaiff neb hi'n hawdd i weled yn fanwl-eglur sut i weithredu'n effeithiol ynglŷn â gwaith o'r fath a fydd yn nwylo contractors, ond mae'r awydd yn gryf yn y rhan fwyaf ohonom.[9]

Fodd bynnag, mae hi bron yn sicr taw siarad gwag ar ran yr arweinyddiaeth oedd hynny. Erbyn Ebrill 1960, roedd Gwynfor yn fwy pendant nag erioed nad oedd diben torri'r gyfraith yng Nghwm Tryweryn. Ceisiodd aildanio'r frwydr gyfansoddiadol trwy barhau gyda'r *New Proposals* – cynllun a oedd, yn ôl addefiad preifat Gwynfor ei hun, yn 'golled llwyr i ni'.[10] Ond syrthiodd yr ymdrech hon hefyd ar dir caregog. Erbyn canol 1960, roedd cenedlaetholwyr Meirionnydd am gadw hyd braich oddi wrth Gapel Celyn. Roedd cynllun Tryweryn erbyn hynny'n dod â gwaith i bobl leol, ac roedd pobl Penllyn bellach yn derbyn y gwir trist bod y frwydr wedi'i cholli'n derfynol. Ofnai un o Bleidwyr Meirion, Vernon Jones, y byddai protestio pellach yn destun 'sbort yn fuan iawn', yn enwedig yn y papur lleol, *Y Seren.*[11] Problem fawr Gwynfor, fodd bynnag, oedd bod cynifer yn ei blaid yn gwrthod derbyn y feto lleol hwn, a bod Tryweryn, iddyn nhw, yn bwnc cenedlaethol – nid problem leol mewn cwm diarffordd.

Ceisiodd sianelu ei ymdrechion i gyfeiriadau eraill, ond aflwyddiannus fu'r rhain hefyd. Un ymgyrch y rhoddodd Gwynfor a J E Jones ystyriaeth ddwys iddi oedd ymgyrch ddewr Eileen Beasley i gael Cymraeg ar ffurflenni Cyngor Dosbarth Llanelli – brwydr a aeth rhagddi cyhyd nes bod rhai cenedlaetholwyr amlwg fel Saunders Lewis wedi dechrau beirniadu amharodrwydd Plaid Cymru i gynorthwyo'r teulu. Penderfynodd Gwynfor wneud rhywbeth ynghylch hyn ac, yn gyfrinachol, lluniodd ef a J E Jones gynllun a fyddai wedi gweld ugain o Bleidwyr yn ymuno ag Eileen Beasley trwy wrthod talu'r dreth. Aed cyn belled ag anfon holiaduron at y rhai mwyaf tebygol o gefnogi ymgyrch o'r fath, ond roedd yr ymateb o du'r blaid yn Llanelli yn llugoer tu hwnt. Er bod pawb yn cefnogi Eileen a Trefor Beasley, prin oedd y Pleidwyr cyffredin hynny oedd yn barod i wynebu colli eiddo a charchar posibl dros yr iaith.[12]

Roedd yr wybren yn prysur dduo i Blaid Cymru a dechreuodd y wasg synhwyro fod yna rywbeth mawr o'i le. Ers misoedd, roedd y *Western Mail* wedi bod yn cynnal ymgyrch a gyhuddai Blaid Cymru o fod yn hiliol.[13] Roedd hynny ynddo'i hun yn ddigon anodd delio ag ef, ond yr hyn a frifodd Gwynfor fwyaf oedd y ffordd y trodd y wasg Gymraeg yn ei erbyn o Fai 1960 ymlaen. Y mwyaf amlwg o'r beirniaid oedd Huw T Edwards, a blediodd ar i'w blaid newydd ddangos mwy o egni a milwriaeth.[14] Roedd hwn yn ganfyddiad cyffredin; i nifer yn y blaid ac i sylwebwyr fel Mignedd yn *Y Faner*, roedd angen 'gwneud rhywbeth pendant i ladd y syniad mai crinolin Fictoriannaidd ydi'r wisg fwyaf addas i ddilynwyr Gwynfor Evans'.[15] Wedi mynd trwy'r drain a'r drysni cyhyd dros achos cenedlaetholdeb, roedd Gwynfor yn dechrau ei amau ei hunan erbyn canol 1960. Mewn llythyr tryloyw o onest at J E Jones, cyfaddefodd fod tactegau'r beirniaid wedi llwyddo ac mai coblyn o dasg fyddai lladd y syniad bod Plaid Cymru yn blaid llawn: '... pobl hen-ffasiwn, ar ôl yr oes, stwffi – hyd yn oed am fynd yn ôl i'r Canol Oesoedd weithiau, ond dim pellach yn ôl nag oes Victoria fel arfer'. Roedd y beirniaid hyn, ychwanegodd Gwynfor, wedi cael 'eu ffordd yn rhy rwydd wrth lunio'r ddelwedd hon', oherwydd bod 'prif gyfryngau cyhoeddusrwydd y wlad' yn eu meddiant. Gresynai hefyd na wnaeth Plaid Cymru fwy i gyflwyno ei 'hachos yn nhermau ac yn erbyn cefndir yr oes'.[16]

Nid Gwynfor oedd yr unig un yn ei gylch cyfeillion i synied yn y cywair hwn. Yn yr un cyfnod, derbyniodd lythyr brawychus, onid bisâr, gan R Tudur Jones yn ymateb i alwad ddienw yn *Y Faner* oedd yn argymell ffurfio mudiad tebyg i'r Haganah – y mudiad terfysgol a ymladdodd dros ymreolaeth Israel. Byddai ffurfio mudiad tebyg i hwn, yn ôl llythyrwr anhysbys *Y Faner*, yn ganlyniad i'r ffaith fod Plaid Cymru 'wedi methu â rhoddi arweiniad' fel 'prif ladmerydd y genedl Gymreig'.[17] Dan amgylchiadau normal, byddai arweinyddiaeth Plaid Cymru wedi diystyru llythyr o'r fath fel crancyddiaeth, ond roedd Plaid Cymru mor ddiffrwyth erbyn hyn nes bod galwad debyg yn cael ei chymryd o ddifri. Ysgrifennodd Tudur Jones at Gwynfor gan ei rybuddio y gallai mudiad o'r fath fod yn llwyddiannus: 'synnwn i ddim pe codai mudiad treisgar a chudd na cheid cannoedd o Teddy Boys a fyddai'n awchus i fenthyca eu raseri a'u cyllyll at y gwaith'. Ei gynllun er mwyn gwrthweithio'r duedd hon oedd 'ffurffio byddin di-drais' led braich i Blaid Cymru a fyddai'n 'gweithredu ar linellau Gandhiaidd'. Awgrymodd y dylid galw'r mudiad newydd yn 'Byddin Rhyddid' a'i drefnu ar hyd llinellau bataliynau rhanbarthol o Arfon i Uwch-Aeron. Byddai wedyn â'r hawl i gynnal protestiadau di-drais ar faterion penodol fel arfau niwclear neu'r ddarpariaeth Gymraeg ar y teledu.[18]

Ni weithredodd Gwynfor ar syniad ecsentrig R Tudur Jones, ond roedd y ddau ohonynt yn chwilio am ymgyrch, unrhyw fath o ymgyrch, a fyddai'n gallu aildanio Plaid Cymru. Manna o'r nefoedd iddynt oedd clywed yn haf 1960 mai Rachel Jones, menyw ddi-Gymraeg a gwraig deon Aberhonddu, oedd i fod yn gadeirydd Cyngor Darlledu Cymru. Hi felly, i bob pwrpas, fyddai pennaeth y BBC yng Nghymru. Maes o law, fe brofodd yn gadeirydd hynod effeithiol ar y Cyngor Darlledu rhwng 1960 a 1965 ond, yn haf 1960, ystyrid ei phenodiad gan lawer o Gymry fel un rhyfedd tu hwnt. Dim ond ers degawd y buasai Rachel Jones yn byw yng Nghymru ers dychwelyd o Awstralia, ac ychydig iawn o bobl y tu allan i Aberhonddu a wyddai amdani. Yn rhengoedd Plaid Cymru a'r Blaid Lafur, y gred gyffredinol oedd mai ei chyfeillgarwch â Vivian Lewis, dirprwy Henry Brooke, a sicrhaodd y swydd iddi.

Heb oedi dim, aeth Gwynfor ati i ladd ar y penodiad gan ei weld fel cynllwyn a saernïwyd gan glîc o Dorïaid Ucheleglwysig yn Esgobaeth Aberhonddu. Roedd ei dyrchafiad, meddai Gwynfor wrth J E Jones, 'yn ergyd fwriadol gan y Torïaid i Gymru'. Tybiai yn ogystal fod Henry Brooke wedi bod yn benderfynol ers 'o leiaf chwe mis' na châi'r un Cymro Cymraeg y swydd, ac i'r Ceidwadwyr ddewis Rachel Jones er mwyn ei 'defnyddio gan y llywodraeth'.[19] O dipyn i beth, aeth ffrae sefydliadol yn anghydfod cenedlaethol, a defnyddiwyd sawl tacteg er mwyn rhwystro'r penodiad. Pleidleisiodd y Cyngor Darlledu o chwech i un yn erbyn rhoi'r gadeiryddiaeth i Rachel Jones ac anfonasant lythyr at y Prif Weinidog, Harold Macmillan, yn mynegi eu hanfodlonrwydd. Ond yn ofer; ar 28 Mehefin, gwrthododd Macmillan dalu unrhyw sylw i'r safiad dramatig hwn. Drannoeth, cafwyd storm o brotest yn Nhŷ'r Cyffredin; lambastiodd George Thomas y penodiad, gan ei fod, fe gredai, yn drewi o ffrindgarwch. Wrth i'r ffrae fynd rhagddi, rhoes Gwynfor ystyriaeth i'r posibilrwydd o ddwyn achos cyfreithiol yn erbyn y llywodraeth fel dull o rwystro'r penodiad. Roedd John Roberts Williams hefyd yn meddwl ar hyd yr un llinellau, a chynigiodd agor cronfa yn Y Cymro i dalu'r costau a 'allai fynd yn gwpwl o filoedd'.[20]

Doedd dim symud ar Rachel Jones, fodd bynnag, ac erbyn canol Gorffennaf dim ond dau ddewis oedd gan Gwynfor – naill ai aros oddi mewn i Gyngor Darlledu Cymru neu ymddiswyddo. Roedd hyn yn gryn ddilema iddo; er bod ei galon yng ngwaith y Cyngor, ni chredai fod ganddo unrhyw ddewis ond ymddiswyddo.[21] Un o'r rhai a ymbiliodd arno i ymbwyllo oedd Alun Oldfield-Davies, rheolwr BBC Cymru. Ysgrifennodd at Gwynfor pan oedd yr argyfwng yn ei anterth gan ei atgoffa mai ei fwriad oedd 'ceisio'r gorau gallaf i sicrhau llwyddiant gwaith y Gorfforaeth yng Nghymru'.[22] Ym Mhlaid Cymru ei hunan hefyd, roedd yna wahaniaeth barn; roedd rhai fel Islwyn Ffowc Elis a Huw T Edwards yn grediniol y syrthiai Gwynfor i drap trwy ymddiswyddo. Ond roedd mater Rachel Jones yn llawer mwy na ffrae ynghylch darlledu. Fel gyda'r frwydr dros sefydlu'r Bedwaredd Sianel ugain mlynedd yn ddiweddarach, ceid ystyriaethau gwleidyddol y tu hwnt i ddarlledu ynghlwm wrth y ddadl wreiddiol. Roedd nifer ym Mhlaid Cymru yn annog Gwynfor i ymddiswyddo gan y byddai, chwedl R Tudur Jones, yn 'rhoi arweiniad unwaith eto i chwi ac i'r Blaid; yn genedlaethol, rhoddai ysbryd newydd i bobl yng Nghymru'.[23] Dweud pader wrth berson oedd hyn wrth gwrs. Wedi ffiasgo Tryweryn, roedd Gwynfor yn ysu am wneud safiad na fyddai'n ordramgwyddus. Barnodd hefyd y byddai ymddiswyddo yn profi i'r awdurdodau nad oedd Plaid Cymru cyn wanned â hynny, er gwaethaf canlyniad yr etholiad ym Meirionnydd.[24] Ar 18 Gorffennaf, cyhoeddodd ei fod yn ymddiswyddo o'r Cyngor Darlledu, ar y cyd ag aelod arall, Huw Morris-Jones. Parhaodd Gwynfor i weithio gwythïen Henry Brooke yn dilyn ei ymddiswyddiad, a gwrthododd gwrdd â Brooke mewn garddwest a drefnwyd gan hwnnw ar achlysur ymweliad y Frenhines ag Eisteddfod Caerdydd. Ar yr wyneb, roedd Gwynfor mor danbaid ag unrhyw un o'r radicaliaid ifanc wrth haeru na allasai Brooke, 'dyn a fu mor anghwrtais tuag at ein cenedl ddisgwyl gael ei ystyried yn westai cyfeillgar'.[25]

Byddai'n rhesymol i Gwynfor fod wedi disgwyl croeso twymgalon adeg y Gynhadledd Flynyddol yng Nghaerdydd, ond nid felly y bu. I drwch y genhedlaeth iau, roedd Plaid Cymru'n gwbl golledig. Methai'r cynadleddwr ifanc Gerald Morgan â choelio'i lygaid wrth weld golygfa na fyddai'n amhriodol yn yr Undeb Sofietaidd gyda chynigion dirifedi'n cael eu pasio 'like sausages and emerged in hygienic plastic jackets full of breadcrumbs'. Ni feiddiodd neb herio'r Adroddiad Blynyddol ac ni chafwyd unrhyw ymgais gan Gwynfor na'r cylch difrycheulyd o'i amgylch i drafod pam y bu'r etholiad yn gymaint o lanastr: 'The stinking fish of last October were shovelled into a corner and the Party turned away its respectable nose'. Ond yr hyn a ddigiai Gerald Morgan yn fwy na dim oedd pwyslais Plaid Cymru ar barchusrwydd yn hytrach na phrotest go iawn: 'Instead, we have a Noson Lawen and a tent in the Eisteddfod. How respectable can we get – parchus, clean shave a dwy iaith'.[26] Roedd dyfarniad aelod ifanc arall, Cynog Dafis, yn syndod o debyg. Mewn llythyr preifat, cwynodd wrth J E Jones fod 'Mr Gwynfor Evans' wedi osgoi: 'yn llwyr y gosfa greulon a gafodd ef yn yr Etholiad ym Meirion, ac aeth ati yn union at ei gocyn hitio arferol, Henry Brooke a'i gyw diweddara, Mrs Rachel Jones… amheuaf yn fawr a yw condemniad ar weithrediadau un Blaid arall, ac un dyn yn arbennig, yn ffordd ddeinamig iawn o agor cynhadledd'.[27]

Camgymeriad pellach ar ran Gwynfor oedd iddo gyhoeddi pamffled a drawsnewidiodd bolisi cyfansoddiadol Plaid Cymru heb ymgynghori ag odid neb. Cyhoeddwyd *Self Government for Wales and a Common Market for the Nations of Britain*[28] er mwyn denu cefnogwyr y Blaid Lafur a lladd y cyhuddiad mai trychineb economaidd fyddai ymreolaeth. O hynny ymlaen, gobeithiai Gwynfor weld Marchnad Gyffredin wedi ei seilio ar wledydd ynysoedd Prydain.[29] Y bwriad clir oedd claddu'r syniad fod Plaid Cymru am 'dorri bywyd economaidd Cymru i ffwrdd oddi wrth Lloegr' ond, trwy wneud hynny, claddwyd polisi statws dominiwn ag un ergyd hefyd.[30] Yn ei le, dechreuodd Plaid Cymru alw am statws Cymanwlad. Bwriad Gwynfor oedd gosod amcanion cyfansoddiadol Plaid Cymru oddi mewn i gyd-destun modern ond, i genedlaetholwyr puryddol, roedd hyn yn dystiolaeth bellach fod y blaid wedi neidio ar y 'free trade bandwaggon'.[31] Yn breifat, roedd rhai o aelodau mwy annibynnol y Pwyllgor Gwaith yn llawer mwy damniol. Credai Harri Webb, er enghraifft, mai ffiloreg oedd yr holl sôn am 'British Customs Union' a bod y syniad newydd yn adlewyrchu teithi meddwl plaid oedd yn llawn o 'docile decorous language nationalists'.[32] Roedd agwedd Plaid Cymru tuag at y Gymraeg, a'r ffordd orau o'i hamddiffyn, hefyd yn ganolog i'r drafodaeth hon ynghylch dyfodol y blaid a'i llywydd. Ar ôl cynhadledd flynyddol 1960, gwelwyd aelodau iau y blaid yn fwyfwy beirniadol ynghylch y ffordd ymlaen, a chyda Gwynfor mor hesb llenwyd y gwagle gyda'u syniadau hwy. Dyma hefyd oedd barn y gweision sifil hynny a gadwai lygad ar Gymru. Ym mis Hydref 1960, ysgrifennodd Blaise Gillie at Henry Brooke i'w rybuddio bod yna: '… widespread impression that Alderman Gwynfor Evans, the present leader of the Party, is in danger of losing his grip over the party to an extreme and younger section'.[33]

Pwy, felly, oedd yr 'eithafwyr' honedig hyn a oedd, yn gam neu'n gymwys, y tu ôl i'r her gyntaf go iawn i arweinyddiaeth Gwynfor? O edrych ar y byd newydd hwn, yr hyn sy'n amlwg yw bod yna sbectrwm amryliw wedi datblygu erbyn dechrau'r degawd newydd. Roedd yna rai fel John Davies, y gŵr a fyddai'n gyd-ysgrifennydd cyntaf Cymdeithas yr Iaith Gymraeg, a gredai mai'r ateb oedd mudiad trefnedig i ymladd dros statws swyddogol i'r Gymraeg – y math o gorff a fyddai'n gallu cynnal breichiau teulu fel y Beasleys. Yr ateb iddo ef oedd mudiad lle byddai'r aelodau'n addo peidio â thalu trwyddedau – o drwydded teledu i drwydded cadw ci.[34] Trwy greu mudiad tebyg, gobeithiai John Davies godi'r pwysau oddi ar Blaid Cymru gan ei galluogi i weithredu yn y dyfodol fel plaid gyfansoddiadol bur. Dyma, maes o law, a ddigwyddodd pan sefydlwyd Cymdeithas yr Iaith Gymraeg yn Awst 1962.

Yn y bôn, roedd awgrym John Davies yn un pur barchus a chredadwy o'i gymharu â'r cynlluniau eraill, rhai'n fwy ffantasïol na'i gilydd, a gâi eu llunio gan aelodau Plaid Cymru. Yn Nhŷ Cymunedol Garthnewydd ym Merthyr Tudful, roedd dyrnaid o Bleidwyr a heddychwyr yn cwrdd yn rheolaidd o dan lygaid y *paterfamilias*, Harri Webb.[35] Seilid y trafodaethau hyn ar y syniad y gellid defnyddio torcyfraith fel erfyn gwleidyddol fel ag y gwnaeth Gandhi ac, wedi hynny, y duon yn yr Unol Daleithiau.[36] Lluniwyd rhaglen waith a chynllun hyfforddi er mwyn mynd â'r maen i'r wal a dechreuodd un o ddisgyblion Garthnewydd, Emrys Roberts, ganfasio ynghylch y posibilrwydd o dorri'r gyfraith yng Nghwm Tryweryn. Ond doedd yr atebion o du rhai o'r bobl agosaf at Gwynfor ddim yn galonogol – rhywbeth a oedd, yn ei dro, yn bwydo'r ymdeimlad o rwystredigaeth ynghylch y llywydd. Atebodd Islwyn Ffowc Elis gais Emrys Roberts trwy ddweud y byddai 'terfysg, o'i gychwyn yn beth anodd rhoi terfyn arno; dyna wers yr IRA yn Iwerddon'.[37] Tybiai aelod arall, Meirion Lloyd Davies, y byddai awgrym Emrys Roberts yn gwaethygu sefyllfa Gwynfor ym Meirionnydd ac yn porthi'r dyfarniad a glywyd yn ystod yr ymgyrch, bod 'Mr Gwynfor Evans' yn 'first rate candidate' ond bod ei gefnogwyr yn 'too often juveniles, even juvenile delinquents'.[38]

Nid Garthnewydd oedd yr unig academi ar gyfer gwrthryfelwyr breuddwydiol. Yn ystod hydref 1960, dechreuodd dau grŵp gwrdd ar wahân i drafod y ffordd anghyfansoddiadol ymlaen. Y cyntaf oedd grŵp y Belle Vue – casgliad o unigolion, nifer ohonynt yn fyfyrwyr yng ngholeg Aberystwyth, a benderfynodd bwyso ar Blaid Cymru i ddefnyddio dulliau anghyfansoddiadol dan amgylchiadau arbennig. Roedd yr ail gorfflu yn llawer mwy ecsentrig a lliwgar. Enw'r grŵp hwnnw oedd Grŵp Garthewin – casgliad o unigolion a ddeuai ynghyd o dan arweiniad y sgweiar Celto-Catholig hwnnw, R O F Wynne, i drafod gwrthryfel arfog a'u dirmyg llwyr o Gwynfor. Ymysg nodweddion eraill Grŵp Garthewin, gellir rhestru Pabyddiaeth, eilunaddoliaeth o Saunders Lewis ynghyd â diléit gan rai mewn gwleidyddiaeth asgell dde. Roedd J E Jones yn air rheg – gŵr a oedd, yn ôl un o aelodau ifanc Garthewin, Harri Pritchard Jones, yn 'ffuantus' a 'rhagrithiol'. Roedd yna anniddigrwydd hefyd ynghylch agwedd 'drahaus' R Tudur Jones tuag at Babyddiaeth.[39] Lleisiwyd y teimladau hyn o haf 1961 ymlaen yn *Cymru Ein Gwlad*, cylchgrawn tŷ y grŵp fitriolig hwn, o dan olygyddiaeth Raymond Edwards. Roedd paranoia hefyd yn un o nodweddion y cwlt yma. Ofnai rhai o'r aelodau fod yr heddlu cudd yn eu dilyn a byddai eraill yn tyrchu am offer clustfeinio cyn dechrau pob cyfarfod.[40] Serch mai dyrnaid o bobl yn unig fyddai'n mynd i seiadau dethol Garthewin, y grŵp hwn, o gofio dylanwad Saunders Lewis arnynt, oedd y garfan a ofnid fwyaf gan Gwynfor.

Fesul tamaid, cynyddai'r pwysau gwleidyddol ar Gwynfor, ond gwrthododd ef ildio yr un fodfedd i'w feirniaid, nac ar y dde nac ar y chwith, wrth i 1960 a'i helbulon wenwyno'r flwyddyn newydd. Penderfynodd, er enghraifft, y dylai chwarae rhan amlwg yn yr ymgyrch yn erbyn agor tafarnau ar y Sul – er bod nifer yn ei blaid am eu hagor. 'Patriotism,' meddai un o'r beirniaid hyn, 'cannot be confined by the clasps of a prayer-book, nor is it measured out in pint pots.'[41] Yn rhengoedd Plaid Cymru, ceid rhaniad clir ar gwestiwn agor tafarnau, gydag Emrys Roberts, J E Jones ac eraill yn gred

iniol na ddylai Plaid Cymru wneud sylw cyhoeddus ar y mater. Dyna oedd y polisi swyddogol – peidio cael polisi – ond roedd Gwynfor yn bendant bod rheidrwydd arno i amddiffyn diwrnod yr ystyriai ef fel 'sefydliad Cymreig'.[42] Er gwaethaf y gwrthwynebiad mewnol, felly, daeth Gwynfor yn rhan amlwg o'r frwydr dros achub y Sul Cymreig, gan annerch dros 14 o gyfarfodydd cyn y refferendwm a gynhaliwyd ddiwedd 1961. Roedd yn benderfyniad hynod egwyddorol ond, o safbwynt etholiadol, roedd clymu Plaid Cymru mor agos wrth ymgyrch a berthynai i oes yr arth a'r blaidd yn gam annoeth i lawer.

Gwelwyd yr un ystyfnigrwydd yn y ffaith fod Gwynfor yn dal i fynnu ymladd pob isetholiad. Yn Nhachwedd 1960, safodd y carismataidd Emrys Roberts yn erbyn Michael Foot yng Nglynebwy gan ennill 2,091 o bleidleisiau – canlyniad rhyfeddol o dda o ystyried pa mor anobeithiol oedd y sedd i Blaid Cymru. Ond i feirniaid Gwynfor, roedd glynu wrth bolisi o'r fath yn gwbl ynfyd o gofio'r llu methiannau yn y gorffennol. Roedd y ffaith fod dyled Plaid Cymru o £4,500 ar derfyn 1960 yn fwy nag y bu hi erioed hefyd yn chwarae ar feddyliau nifer.[43] Ymysg y rhain roedd rhai o gyfeillion agosaf Gwynfor fel Dr Gwenan Jones. Roedd *Y Faner* yn ddeifiol, gan weld canlyniad Glynebwy fel 'brathiad chwannen' a phrawf bod y llywydd yn 'taflu arian i'r pedwar gwynt'.[44] Roedd Islwyn Ffowc Elis yn finiocach fyth, gan feio'r ddyled ar sefyllfa adfydus gyda 'gweledigaeth dan gwmwl a brwdfrydedd ar drai'. Roedd y swyddogion, meddai, 'wedi blino' a'r aelodau 'wedi diflasu' gan yr ymdrech ariannol.[45]

Ond yn rhyfeddol, efallai, nid lleihau dyled ei blaid oedd blaenoriaeth Gwynfor. Ynghanol yr holl ddadlau ynghylch cyfeiriad gwleidyddol Plaid Cymru a phriodoldeb ymladd etholiadau, roedd Gwynfor yn dawel bach wedi ieuo Plaid Cymru wrth un o fentrau mwyaf dyrchafedig – ond trychinebus hefyd – y chwedegau, sef yr ymgais i sefydlu sianel deledu fasnachol yn Gymraeg. Roedd yna hen drafod wedi bod ynghylch y ffordd ymlaen ac, ym mis Medi 1959, galwyd cynhadledd genedlaethol ar y pwnc.[46] Penderfynwyd sefydlu Pwyllgor Parhau i gario ymlaen â'r gwaith ond yna, dan amgylchiadau dramatig a chwerw, ymrannodd y Pwyllgor Parhau yn ddau yn ystod haf 1960. Yn y naill wersyll, roedd Jac L Williams a'i gefnogwyr, a ddadleuai mai'r unig ateb oedd datblygu gwasanaeth Cymraeg y BBC ac mai gwastraff amser – o ystyried anferthedd yr her – fyddai ceisio sefydlu sianel fasnachol Gymraeg. Yn y gwersyll arall, ceid grŵp bychan o dan arweinyddiaeth Haydn Williams, Cyfarwyddwr Addysg Sir y Fflint, a gredai y gallai'r Gymraeg oroesi mewn cyd-destun cyfalafol. Erbyn diwedd 1960, roedd y rhwyg hon rhwng cefnogwyr y BBC a phleidwyr y sector fasnachol wedi caledu. Ochrodd Gwynfor gyda chefnogwyr Haydn Williams, a sefydlwyd pwyllgor bychan i geisio am yr hawl i redeg gorsaf Gymraeg. Maes o law, byddai'r orsaf hon yn darlledu i ranbarth newydd de a gorllewin Cymru o Ben Llŷn i Sir Benfro.[47]

Y syniad o greu cwmni newydd oedd y 'newydd pwysicaf i Gymru ers blynyddoedd', yn ôl Gwynfor, ac yn ei ddull brwdfrydig arferol, fe'i taflodd ei hun (a'i blaid) i ganol y gwaith o godi'r swm anferthol o £200,000 yr oedd ei angen i ennill y drwydded.[48] Bedyddiwyd y cwmni newydd yn Teledu Cymru – talfyriad o'i enw cywir, Wales West and North Television Limited – ac o fis Rhagfyr 1960 ymlaen, anfonwyd llythyrau o Swyddfa Plaid Cymru ym Mangor at fuddsoddwyr posibl gan wneud defnydd helaeth o enw da Gwynfor fel abwyd. Gwnaed defnydd helaeth hefyd o'r enwau eraill oedd ar y pwyllgor sefydlu – yn eu mysg rhai tipyn llai cenedlatholgar na Gwynfor – rhai fel y Cyrnoliaid Williams Wynne a Traherne. Llifodd yr arian i mewn ac, erbyn Mai 1961, roedd Elwyn Roberts yn Swyddfa Bangor wedi llwyddo i godi £62,525. Ymhlith y tanysgrifwyr roedd aelodau o gylch cyfeillion Gwynfor fel Islwyn Ffowc Elis a gyfrannodd £540 – swm na fedrai wir ei fforddio. Rhoes Alcwyn, brawd Gwynfor, swm o £5,000 i fuddsoddi – y rhodd fwyaf o blith yr holl gyfarwyddwyr a phrawf diamwys, os oedd angen un, o hyder Gwynfor yn nichonoldeb y cynllun.[49]

Eithriadau oedd y Pleidwyr hynny a gredai fod yr holl beth yn oruchelgeisiol ac annelwig. Yn yr un modd, profodd cariad at y Gymraeg yn drech na synnwyr cyffredin pan benderfynwyd dechrau darlledu gyda dim ond dau drosglwyddydd – sefyllfa a olygai mai dim ond cyfran fechan o Gymru fyddai'n medru gwylio'r rhaglenni. Barnodd Gwynfor, fodd bynnag, fod yn rhaid dechrau yn rhywle ac y byddai'n ddiwedd ar raglenni Cymraeg yn y dyfodol oni ellid gwneud llwyddiant o Deledu Cymru.[50] Erbyn Mehefin 1961, roedd y newyddion da o lawenydd mawr wedi cyrraedd Gwynfor a'i gyd-gyfarwyddwyr – cyhoeddodd yr Awdurdod Teledu Annibynnol (ITA) fod y cwmni wedi ennill y drwydded. Ond o fewn dwy flynedd, byddai'r hwch wedi mynd trwy'r siop a'r dathlu wedi troi'n ddagrau wrth i oes fer Teledu Cymru ddod i ben.

Ar drothwy 1961 – un o flynyddoedd gwaethaf a mwyaf tymhestlog ei fywyd – Teledu Cymru oedd yr unig lygedyn o obaith i Gwynfor. Dechreuodd y flwyddyn gyda drwgdybiaeth yn rhemp yn y blaid. Nododd D J Williams yn ei ddyddiadur i Bwyllgor Gwaith Plaid Cymru dreulio oriau yn 'trafod y clîc newydd dan arweiniad y Catholigion yn bennaf, sy'n dra beirniadol o'r Blaid ac yn bygwth ei harweiniad i ryw fesur'.[51] Ymgorfforwyd yr ofnau hyn yn nelw Catherine Daniel, gwraig y cyn-lywydd, Pabyddes a chyfeilles agos i Saunders Lewis. Ym mis Chwefror, derbyniodd Gwynfor lythyr ysgytwol gan Elwyn Roberts yn adrodd am gyfarfod a ddigwyddodd rhyngddo ef a Catherine Daniel. Rhestrodd Elwyn Roberts ei chwynion fesul un mewn litani fyddai wedi bod yn arteithiol i Gwynfor. Y gŵyn fawr oedd arweinyddiaeth, a safon ei arweinyddiaeth yntau fel llywydd. Yr oedd Catherine Daniel, adroddodd, yn cyhuddo Gwynfor o siomi'r to iau yn y blaid – rhai fel ei mab, John Daniel, a Gareth Miles. Canlyniad hyn i gyd, yn ôl Catherine Daniel, oedd bod y blaid wedi datblygu'r gallu i 'ladd' arweinwyr ifanc, sef y math o bobl fyddai'n gallu cynnig achubiaeth yn ei hawr dduaf. Mwy trist na thristwch iddi hefyd oedd yr hyn a ddigwyddodd yn Nhryweryn – credai mai'r arweinwyr a ddylai weithredu yno, ac mai rhai misoedd o garchar yn unig a gaent am eu haberth o'i gymharu â'r 10–15 mlynedd a fyddai'n wynebu'r to ifanc pe gweithredent hwythau. Yr ateb o hynny ymlaen, meddai, oedd i Blaid Cymru gael gwared ar y gweriniaethwyr a chanolbwyntio ar 'dir, dŵr a iaith' ac 'nid marchnad gyffredin'.[52]

Does dim dwywaith i'r llythyr hwn siglo hunanhyder Gwynfor. Roedd hefyd yn poeni mai un o 'ystrywiau pobl cwrdd y Belle Vue, Aberystwyth' oedd 'ceisio cadw arian yn ôl yn y canghennau heb ei ddanfon'.[53] Ddeuddydd wedi clywed am fwriadau Catherine Daniel, gwnaeth Gwynfor un o benderfyniadau pwysicaf ei yrfa: gadawodd Feirionnydd ac ildio'r enwebiad seneddol. Yn y bôn, roedd Gwynfor wedi cael digon ar y sedd a'r pentref hwnnw yng Nghwm Tryweryn a ddaethai'n symbol gwastadol o frad. Er mai penderfyniad Gwynfor oedd hwn, ac er i Blaid Cymru ym Meirionnydd erfyn arno i ailystyried, mae hefyd yn wir i 'amryw' o genedlaetholwyr y sir deimlo mai da o beth fyddai iddo adael, o gofio marweidd-dra'r blaid a'r drwgdeimlad parhaus ynghylch Tryweryn.[54] Ni ddatgelwyd penderfyniad Gwynfor i ildio'r em yng nghoron Plaid Cymru tan ddiwedd y flwyddyn, a bu'r blaid yn rhyfeddol o lwyddiannus yn ei hymdrech i gadw'r rhesymau go iawn dan gêl. 'Cynnydd' Plaid Cymru a'r galwadau parhaus arno yng Nghymru benbaladr oedd cyfiawnhad cyhoeddus Gwynfor, ond does dim dwywaith bod gadael Meirionydd yn glec anferthol iddo.[55] O safbwynt etholiadol, ni wyddai i ble i droi, ac er bod sedd Caerfyrddin yn awyddus i'w gael fel ymgeisydd, oedodd tan Ebrill 1962 cyn derbyn enwebiad etholaeth Caerfyrddin. Gwnaeth hyn gan ei bod hi'n siop siafins ar drefniadaeth y blaid yno, ac mai 'peth gwael' fyddai i'r llywydd wneud sioe wacl ohoni mewn etholiad.[56]

Dechrau gofidiau Gwynfor oedd cwynion Catherine Daniel, fodd bynnag. Ym mis Chwefror 1961, roedd hi'n edrych fel petai'r fantol am droi o blaid y rheiny a oedd am dorri'r gyfraith yn Nhryweryn, ac ar safle'r gronfa newydd yr oedd Corfforaeth Birmingham am ei chodi yng Nghlywedog. Rhybuddiwyd Gwynfor gan Emrys Roberts fod yna sôn am ddechrau 'Direct Action Party', plaid fyddai'n cyflawni gweithredoedd fel dwyn lorïau o Dryweryn neu dorri pob 'ffenestr yn y stryd fawr yn Lerpwl'.[57] Ni wyddys beth oedd ymateb Gwynfor i'r rhybudd hwn, ond o fewn dyddiau i anfon y llythyr at y llywydd, dechreuodd Emrys Roberts ganfasio am gefnogaeth dros weithred fawr yn Nhryweryn. Anfonodd lythyr at nifer dethol o aelodau'r blaid yn eu gwahodd i ymuno ag ef mewn gweithred dorcyfraith. Cynigiai Emrys Roberts dri dewis. Y cyntaf oedd: 'Violent action of a destructive nature with the intention of causing such a disturbance that extra police and eventually troops would have to be called in to deal with it'. Yr ail oedd gwneud y gwaith o godi'r argae mor gostus i'r contractwyr 'that they would either refuse to carry on or Liverpool find it impossible to raise enough'. Yr opsiwn olaf – a'r un a ffafriai Emrys Roberts – oedd gweld gweithred fechan yn cael ei chyflawni, gyda streic newyn yn y carchar i ddilyn.[58]

Teimlai Gwynfor fod Emrys Roberts yn ei danseilio, a chafwyd ymateb chwyrn i'r llythyr ym Meirionnydd hefyd. Ysgrifennodd Dafydd Orwig at Gwynfor i'w hysbysu mai 'Blydi Gandhi yw adwaith y werin' pan glywsant am yr hyn yr oedd Emrys Roberts am ei wneud.[59] Ond roedd yna waeth i ddod. Er bod gan Gwynfor groen trwchus ac er ei fod yn gyfarwydd â beirniadaeth bersonol, cyhoeddwyd erthygl yn *Y Faner* ganol Ebrill 1961 a drodd ei fyd ben i waered. O dan y ffugenw 'Glyndŵr', gwnaed cymhariaeth fileinig rhwng y 'Y Ddau Wynfor' – Gwynfor Evans, llywydd y blaid, a'r llall, Gwynfor S Evans, cynghorydd ar Gyngor Sir Caerfyrddin a frwydrai dros yr hawl i gael papurau enwebu Cymraeg mewn etholiadau llywodraeth leol. I 'Glyndŵr', roedd safiad Gwynfor S Evans yn brawf digamsyniol bod y disgybl yn 'fwy na'i athro' gan mai arferiad yr athro hyd hynny oedd 'cydymffurfio â'r drefn fel y mae hi'. Edliwiwyd pob math o bethau i Gwynfor yn yr erthygl: fe'i beirniadwyd am dderbyn cadeiryddiaeth yr Annibynwyr yn ogystal â'r sedd Henadurol – prawf, meddid, mai Tori ydoedd.[60] Atebwyd yr erthygl bythefnos yn ddiweddarach gan Elystan Morgan a Tom Jones, Llanuwchllyn, gan ddisgrifio'r holl honiadau fel rhai 'maleisus'.[61]

Ond, i Gwynfor, roedd y niwed wedi ei wneud ac, ar 20 Ebrill 1961, rhannodd ei ofidiau mwyaf preifat a thywyll gydag Elwyn Roberts. Mewn galwad ffôn a'i rhyfeddodd, clywodd Elwyn Roberts lais Gwynfor ar y pen arall. Roedd ei dôn 'yn bur ddigalon' ac yn daer am rannu newyddion syfrdanol gydag ef; roedd yn ystyried ymddiswyddo o'r llywyddiaeth gan weld erthygl 'Glyndŵr' fel tystiolaeth glir o'r 'gwrthwynebiad dwfn iddo'. Ceisiodd Elwyn Roberts ei berswadio i feddwl fel arall, ac addawodd y câi air gyda Gwilym R Jones, golygydd *Y Faner*, ynghylch pam iddo gyhoeddi'r fath lith dichellgar. Nid dyma oedd unig ymdrech Elwyn Roberts yn ystod y dyddiau hyn a ddisgrifiwyd ganddo fel rhai 'tywyll' i Gwynfor. Trefnodd i gyfeillion Gwynfor anfon gair ato mewn ymgais i'w argyhoeddi nad oedd 'Glyndŵr' yn cynrychioli 'unrhyw gorff o aelodau, gwerth sôn amdano, ac mai di-sail yw'r cyhuddiadau'.[62] A dyna a ddigwyddodd. Gyda'r troad, derbyniodd Gwynfor nifer o lythyrau gan y cynghorwyr ffyddlonaf, gwŷr 'Llys Llangadog'.

R Tudur Jones oedd *Godfather* y Llys ac aeth ef ati'n syth i sicrhau na fyddai

Gwynfor yn ymddiswyddo. Anfonodd lythyr ato gan fynnu nad oedd yna reswm pam y dylai Tryweryn fod ar ei gydwybod. Roedd yna reswm arall hefyd, meddai:

> Chwi yn unig a all ddal y Blaid wrth ei gilydd. Gwn yn dda fod hynny yn dasg ddiddiolch yn aml a chefais achos lawer tro i ryfeddu at eich amynedd. Ond ni ddylech am foment feddwl am ollwng yr awenau o'ch llaw.

Aeth Tudur Jones rhagddo i ddweud ei fod yn synhwyro bod yna 'gynllwynio trefnedig' yn digwydd, ac mai'r gŵr drwg oedd Emrys Roberts – gŵr a fyddai'n 'cipio'r wir arweinyddiaeth' pe gwireddid ei gynllun o weithredu yn Nhryweryn. Ond roedd yna rywbeth, yn ôl Tudur Jones, a oedd hyd yn oed yn beryclach na 'chyfeillion sy'n cecru' – yr hyn a ofnai yn fwy na dim oedd y 'melancoli' oedd 'wedi lledu drwy'r mudiad yn ddiweddar'.[63]

Yn y tymor byr, bu geiriau caredig Tudur Jones yn ddigon o falm i enaid Gwynfor, ond lliniaru'r broblem, nid ei datrys, a wnaeth yr anogaeth. Ac roedd yna broblemau pellach i ymgiprys â nhw. Er nad oedd yna neb a fyddai'n debygol o'i herio am y llywyddiaeth, cafwyd sawl ymdrech i danseilio awdurdod ei gynghorwyr a, thrwy hynny, ei arweinyddiaeth yntau. Ym Mai 1961, er enghraifft, enwebwyd Trefor Morgan gan grŵp y Belle Vue i sefyll yn erbyn R Tudur Jones am yr is-lywyddiaeth. Ni lwyddodd Trefor Morgan, ond roedd Gwynfor yn gweld yr ymgais i danseilio Tudur Jones fel rhan o gynllwyn ehangach. Credai fod Trefor Morgan yn ceisio cael gwared ar J E Jones – gŵr a oedd erbyn hynny, os yw dyddiadur D J Williams i'w goelio, yn 'bur wael, ac yn isel ei ysbryd' ynghylch cyflwr y blaid.[64] Fel 'diawl' y cyfeiriai Gwynfor yn breifat at Trefor Morgan, ac wrth weld ei gyfeillion yn mynd trwy'r felin, dechreuodd ymwroli a tharo'n ôl. Mynnodd mai ei ddyletswydd ef a'i gyfeillion oedd arbed J E Jones 'rhag pob diflastod ac erledigaeth'.[65] Roedd yr un pendantrwydd i'w weld yng nghais Gwynfor ar i Blaid Cymru Meirionnydd ryddhau datganiad i'r wasg mewn ymdrech i brofi nad llwfrgi ydoedd ac mai Pleidwyr Meirionnydd a wrthododd ei gynnig i weithredu'n anghyfreithlon yn Nhryweryn. Pan gyhoeddwyd y cyfryw ddatganiad, pwysleisiwyd i Gwynfor gynnig torri'r gyfraith ond i hynny gael ei rwystro oherwydd diffyg cefnogaeth:

> … nid yn unig yn ein Sir ni, ond mewn cylchoedd uwch yn y Blaid. Gwelsom i Mr Gwynfor Evans ac eraill o swyddogion y Blaid gael eu beirniadu ar y mater hwn o weithredu, o rai cyfeiriadau. Eithr gwybydded pawb mai plaid wleidyddol ddemocrataidd yw Plaid Cymru. Nid unbenaethiaid yw eu harweinwyr.'[66]

I'r beirniaid, fodd bynnag, doedd esboniad o'r fath ddim yma nac acw a dehonglwyd *apologia* Meirionnydd fel ymgais dila i wyngalchu gwendidau Gwynfor. Atebwyd memorandwm Meirionnydd gan ddatganiad miniog i'r wasg a arwyddwyd gan aelodau amlwg o Bwyllgor Gwaith Plaid Cymru, sef Harri Webb, David Pritchard a Peter Hourahane. Ynddo, cafwyd ymosodiad deifiol ar smygrwydd ceidwadol Plaid Cymru ym Meirionnydd. Crisialwyd ergyd eu dadl yn nheitl eu datganiad – 'Tryweryn is in Merioneth, Tryweryn is also in Wales'.[67] Mewn geiriau eraill, roedd rhai cenedlaetholwyr, nifer o dde-ddwyrain Cymru, yn bendant eu barn nad aelodau Plaid Cymru ym Meirionnydd fyddai â'r gair olaf ynghylch gweithredu yn Nhryweryn. Roedd yr hinsawdd yn gwbl afiach gyda dwy garfan glir wedi ymffurfio erbyn haf 1961 – carfan Gwynfor a charfan y 'gweithredwyr'. Ceisiwyd trefnu cyfarfod rhwng y ddwy adain ar 1 Gorffennaf 1961 mewn ymgais i dorri'r ddadl, ond does yna ddim tystiolaeth i hyn erioed ddigwydd. Yn awr, byddai'n rhaid wrth gynhadledd flynyddol stormus a thyngedfennol i glirio'r awyr.

Digwyddodd hynny fis yn ddiweddarach yn Llangollen – y dref lle dechreuodd llywyddiaeth Gwynfor un mlynedd ar bymtheg ynghynt. Roedd yr awyrgylch y tro hwn, fodd bynnag, yn dra gwahanol wrth i'r 'gweithredwyr' a'r 'Gwynforiaid' ddod ynghyd gogyfer ag un o'r trafodaethau pwysicaf yn hanes cenedlaetholdeb Cymreig. Hon oedd Ysgol Haf gyntaf Dr Phil Williams, a ddaeth wedyn yn genedlaetholwr amlwg, ac ni allai lai na rhyfeddu at angerdd y gweithredwyr: 'these felt total despair and an emotional need for some dramatic turning point. They quoted Penyberth and even Dublin Post Office'.[68] O flaen y gynhadledd, roedd yna gynnig gan gangen Merthyr a alwai ar i Blaid Cymru weithredu'n uniongyrchol yn erbyn cynlluniau tebyg i argae Clywedog. Gwyddai pawb oedd yn bresennol yn y gynhadledd pa mor bwysig oedd y foment hon. Pe bai'r cynnig yn cael ei basio, byddai hanes diweddar Plaid Cymru er 1945 yn cael ei drawsnewid, a chlamp o farc cwestiwn yn cael ei roi ar arweinyddiaeth Gwynfor. Roedd yr awyrgylch yn ddigon dramatig fel ag yr oedd, hyd yn oed cyn i'r cynigydd gamu i'r llwyfan – sef neb llai na Catherine Daniel.

Mewn araith sy'n haeddu cael ei disgrifio fel un o'r rhai mwyaf trydanol i'w chlywed erioed yn un o gynadleddau Plaid Cymru, aeth Catherine Daniel ati i ddarnio llywyddiaeth Gwynfor. Haerodd nad oedd Plaid Cymru yn rym moesol bellach ac mai ysgol o 'ddialectics' asgell chwith ydoedd. Erbyn hyn, roedd hi'n mynd i hwyl, gan gyhuddo'r arweinyddiaeth o fradychu'r gorffennol, a thraddodiad Penyberth yn enwedig. Trwy gydol y cenllif yma, gwrandawai

Gwynfor yn astud ond yn dawel, wrth i'r ymosodiad ffyrnicaf erioed ar ei arweinyddiaeth fynd rhagddo. O'r llawr, roedd yna weiddi parhaus, gyda'r ddwy ochr yn heclo'i gilydd. Ond doedd Gwynfor ddim am faeddu'i hun gyda'r ffrae hon. Yn ei ddull dihafal ei hun, gadawodd y dasg ddiddiolch honno i Roy Lewis, golygydd *Y Ddraig Goch*; yn ei araith yntau, cyhuddodd y gweithredwyr o fod yn 'sentimental' ac o fod heb syniad am yr hyn a olygent pan sonient am weithredu o fore gwyn tan nos. Y nesaf ar ei draed oedd Elystan Morgan. 'Hollol ffals' yn ei dyb ef hefyd oedd y cyhuddiad bod y blaid wedi bradychu ei chefnogwyr ar fater Tryweryn. Roedd y bwian yn fyddarol erbyn hyn, ond rhyngddynt, fe lwyddodd Roy Lewis ac Elystan Morgan i achub croen Gwynfor.[69] Trechwyd y cynnig o 51 pleidlais i 30 – mwyafrif digon tila ond gallai pethau fod wedi bod yn agosach fyth pe byddai Harri Webb wedi cadw at ei air a chefnogi Catherine Daniel.[70]

Yn y tymor hir, bu Llangollen yn drobwynt yng ngyrfa Gwynfor – y foment gathartig pan lwyddodd y 'constitutionalists' i drechu'r 'actors'. Ond, yn y tymor byr, achosodd Llangollen hyd yn oed ragor o chwerwder, yn enwedig o gyfeiriad Saunders Lewis. Ddyddiau wedi'r bleidlais, ysgrifennodd at D J Williams gan ddatgan taw:

> … meicrob fel twbercolosis yw'r heddychiaeth yma; hynna a laddodd Plaid Cymru dair blynedd yn ôl… Fe ddylid cael offeiriad o *exorcist* i roi tawelwch i'r truan ysbryd. Heddwch i'w llwch hi ddweda i.[71]

Roedd Catherine Daniel yn llawn mor sur; gwrthododd gyfrannu yr un ddimai i goffrau Plaid Cymru gan ei beio am wastraffu amser ar bethau 'megis y Bom H, lliw yn Affrica, marchnad rydd rhwng Cymru a Lloegr'.[72] Ni ddiflannodd y sôn am weithredu yn Nhryweryn ychwaith; roedd Emrys Roberts yn dal i sôn am ymprydio yn Lerpwl. Mewn ymateb i hyn a chynlluniau eraill, ceisiodd yr arweinyddiaeth gynnig cyfaddawd yn enw J E Jones: o hyn ymlaen, fyddai yna ddim gweithred dorcyfraith yn enw Plaid Cymru, ond fe fyddai'n 'agored i aelodau ymgymryd â "gweithred" arbennig, pan fo'n fater o gydwybod neu argyhoeddiad ganddynt y dylent ei wneuthur'.[73]

Cymrodedd angenrheidiol oedd hwn ac fe lwyddodd i gadw'r blaid rhag ymrannu yn y cyfnod wedi Llangollen. I bob pwrpas, felly, roedd y blaid yn fodlon troi llygad ddall tuag at unrhyw weithredoedd anghyfreithlon a gyflawnid gan ei haelodau. Ond roedd yna un amod, sef na fyddai'r aelodau hynny'n hawlio eu bod yn gweithredu yn enw Plaid Cymru. Yn unol â'r polisi hwn, cyhoeddodd

Y Ddraig Goch y byddai Emrys Roberts a nifer o Bleidwyr unigol yn ymprydio yn Lerpwl ar ddiwedd mis Medi.[74] Er hynny, roedd yna bris i'w dalu am sicrhau rhyw fath o dir canol gan iddo wneud i Gwynfor edrych fel llywydd neilltuol o wan. Golygai hyn nad oedd pobl yn ei gymryd o ddifrif – fel a ddigwyddodd pan gyhoeddodd Plaid Cymru ei bwriad i ymladd 30 o seddau yn yr etholiad cyffredinol. Bu'r *Western Mail* yn arbennig o greulon ynghylch ymlyniad Plaid Cymru wrth heddychiaeth a'r llwybr cyfansoddiadol. Dyma, yn ôl un gohebydd, fyddai'r ffordd heddychol ymlaen:

> ... there will be a 'great march' with banners and slogans – lots of them – and finally, that most devastating of weapons, a Noson Lawen at 6.30 p.m. This is being planned by Misses Cassie Davies and Nel Davies which suggests there will be a most successful night.[75]

Ar bob lefel, roedd cwpan gofidiau Gwynfor yn orlawn. Erbyn Tachwedd 1961, roedd hyd yn oed Teledu Cymru, y cwmni a fu gynt yn destun balchder, yn cael ei ddefnyddio fel pastwn i'w gledro. Asgwrn y gynnen oedd na ddarlledid rhaglenni Cymraeg Teledu Cymru yn ystod yr oriau brig fel yr addawyd yn wreiddiol. Oherwydd ystyriaethau masnachol, gorfodwyd y cwmni i ddarlledu eu rhaglenni Cymraeg rhwng 6 a 7 o'r gloch ac yna wedi 10 y nos. 'We are,' meddai Gwynfor wrth gyfiawnhau'r penderfyniad, 'a commercial company and have to depend on advertising revenue. The network progammes carry the heaviest advertising. We must make the best of things as they are.'[76] O safbwynt busnes, roedd y cyhoeddiad yn gwneud synnwyr perffaith, ond doedd dim dwywaith ei fod yn dro pedol sylweddol ar ran y cwmni. Roedd mater yr amseru hefyd yn dinoethi naïfrwydd y cyfarwyddwyr am iddynt roi addewid oedd yn amhosibl ei gadw. Er mai penderfyniad y Bwrdd oedd newid amseriad y rhaglenni Cymraeg, daeth Gwynfor, oherwydd ei gysylltiadau gwleidyddol, yn gocyn hitio ac ymosodwyd arno'n ddiarbed gan ei elynion gwleidyddol am fod yn rhagrithiwr. Teledu Cymru, yn ôl un o'r beirniaid hynny, Iorwerth Peate, oedd y cwmni 'duwiolaidd' a fyddai'n troi '*Rawhide* a *Maverick* a quizzes dirifedi'r teledu masnachol allan wrth y llathenni – yn enw cenedlaetholdeb'.[77] Penllanw yr ymosodiadau hyn oedd pamffled ysgubol *Teledu Mamon* gan Aneirin Talfan Davies, Dirprwy Bennaeth Rhaglenni BBC Cymru. Ynddo, dan y ffugenw 'Sodlau Prysur', galwodd Talfan Davies ar i Gwynfor ymddiswyddo o fwrdd Teledu Cymru ac aros yn driw i'w egwyddorion.[78] Ni roddodd Gwynfor eiliad o ystyriaeth i gais Talfan Davies, gan

1950: gyda Dafydd ac Alcwyn yn Tynllidiart.

Gwynfor yn annerch Cynhadledd Llandrindod ym 1950. Y gynhadledd
hon oedd yr ymgais gredadwy gyntaf i roi datganoli yn ôl ar yr agenda ers
dyddiau Mudiad Cymru Fydd, dros hanner can mlynedd ynghynt.

Y 'Clark Gable cenedlaetholgar': Gwynfor yn annerch un o
gyfarfodydd cynnar Ymgyrch Senedd i Gymru, c.1950.

Hau hadau datganoli: un o gyfarfodydd Ymgyrch Senedd i Gymru,
Sir Gaerfyrddin, yn ystod y pumdegau.

Gwên Fêl yn Gofyn
Fôt'? Gwynfor yn
annerch rali fawr
Ymgyrch Senedd i
Gymru, Caerdydd,
Tachwedd 1953.

Y drafodaeth ynghylch protestiadau Trawsfynydd a 'Gwynfor's squatters' yn parhau: Gwynfor mewn dadl radio gyda Iorwerth Thomas, Aelod Seneddol Llafur Gorllewin y Rhondda, Medi 1951.

'Cofia'n Gwlad, Benllywydd Tirion': ail brotest Trawsfynydd, Medi 1951.

Dadbrydaineiddio'r Cymry: Rali Maen Pencader, Medi 1952.

Gadael Wernellyn: symud
i'r Dalar Wen, 1953.

Math newydd o ymgyrchu: ffenestr
siop Plaid Cymru, isetholiad
Aberdâr, mis Hydref 1954.

Cyflwyno deiseb Senedd i Gymru yn Neuadd Idris, Dolgellau, Ebrill 1956. Yma gwelir
Goronwy Roberts yn cyflwyno'r ddeiseb i Megan Lloyd George.

Ymdeithio trwy Lerpwl yn erbyn boddi Tryweryn: daeth y brotest hon yn un o ddelweddau diffiniol Cymru'r pumdegau. Dyma sut y'i disgrifiwyd gan ohebydd y *Manchester Guardian*: 'Small boys in new boots, with the tags sticking out behind; bigger boys in the pride of long trousers; and girls; a group of women in neat winter coats who might have been part of a women's outing; farmers with tweed caps and faces under them tanned to the protuberant bones; a tiny girl with a fur muff staggering slightly.'

Croesawu Dadi adref: yma gwelir Gwynfor a'i deulu wedi'r daith hynod lwyddiannus i America. Fis yn ddiweddarach, yn Ionawr 1959, penderfynodd Gwynfor yn derfynol na fyddai'n cyflawni gweithred dorcyfraith yng Nghwm Tryweryn.

Troi'r sect yn enwad: cyfarfod etholiadol ym Mryn-crug, Meirionnydd, mis Hydref 1959.

Gwrthod 'Moses Tryweryn': cyhoeddi canlyniad sedd Meirionnydd yn Nolgellau, adeg etholiad cyffredinol Hydref 1959.

Ymgyrchu ym Meirionnydd yn ystod etholiad cyffredinol Hydref 1959.

I'r dde a'r chwith gyda Gwynfor: rhai o bosteri Plaid Cymru adeg etholiad cyffredinol mis Hydref 1959.

Cynhyrchu un o ddarllediadau gorsaf radio peirat Plaid Cymru a elwid
'Radio Wales'. Emrys Roberts yw'r gŵr ifanc a welir yn traethu yma.
Maes o law, daeth yn Ysgrifennydd Cyffredinol Plaid Cymru ac yn
estun ymrafael dicllon.

Troedio'r tir canol, Hydref 1961. Ar y chwith i Gwynfor, gwelir un o aelodau amlycaf 'Llys Llangadog', R Tudur Jones. Ar y dde i Gwynfor, gwelir Harri Webb, y gŵr a fathodd y term 'Llys Llangadog'.

ddewis credu mai cynllwyn Rhyddfrydol rhwng Aneirin Talfan Davies a'i frawd, Alun Talfan Davies, darpar ymgeisydd y Rhyddfrydwyr yn Sir Gaerfyrddin, ydoedd. Ond roedd y drwg wedi ei wneud a phoenai Gwynfor yn ddirfawr y byddai'r ymosodiadau parhaus hyn yn gwanychu ffydd 'ein pobl' yn y fenter.[79]

Roedd menter Teledu Cymru hefyd yn brawf i feirniaid Gwynfor ei fod yn orbarod i gyfaddawdu, ac i osgoi cwestiynau caletach ynghylch argyfwng gwacter ystyr Plaid Cymru. Ar droad y flwyddyn, dechreuodd y dadlau drachefn a gorfu i Roy Lewis ddefnyddio'r *Ddraig Goch* i apelio'n gyhoeddus am gadoediad rhwng '... yr aelodau ifainc sy'n gweld y Blaid yn cael ei pharlysu gan freuddwydion sentimental am Gymru Fydd' a'r 'rhai sy'n gas ganddynt yr elfennau rhyddfrydol a heddychol ym Mhlaid Cymru'.[80] Mae'n arwydd o ddyfnder argyfwng Plaid Cymru nad oedd ffraeo cwbl gyhoeddus fel hyn yn cael ei weld fel rhywbeth anarferol erbyn dechrau 1962, ond roedd yr ymryson yn gadael ei ôl ar bob haenen o'r blaid. Diau mai'r ergyd galetaf i Gwynfor oedd penderfyniad J E Jones, ei gyfaill gwleidyddol agosaf, i ymddiswyddo fel Ysgrifennydd Cyffredinol Plaid Cymru. Wrth esbonio ei benderfyniad yn ei lythyr ffarwél, dywedodd wrth Gwynfor fod y gwaith 'yn gryn dreth' arno.[81] Hanner y gwir oedd hyn, fodd bynnag. Roedd J E Jones wedi bod yn dioddef o broblemau nerfol ers blynyddoedd, a'r rheswm go iawn pam iddo ymadael pryd y gwnaeth oedd y brwydro parhaus rhyngddo ef a'i ddirprwy, Emrys Roberts, ym mhencadlys y blaid. Ar bopeth, o drefniadaeth i ideoleg, llwyddai'r ddau i dynnu'n groes i'w gilydd. Yn fynych, câi Emrys Roberts ei yrru'n benwan gan amharodrwydd J E Jones i symud gyda'r oes. Ceisiodd esbonio'r sefyllfa mewn llythyr at Elwyn Roberts, gŵr a oedd yn ei ddeall yn well:

> Y gwir amdani yw er bod gennyf barch at J E am iddo roi ei fywyd i'r Blaid, nid oes gennyf barch o gwbl at ei ddulliau nac ymddiriedaeth ynddynt (mae'n rhy dueddol o lawer i drin pobl fel plant bach), ac mae'n codi gwrychyn bechgyn y de yma beth bynnag.[82]

O'r braidd y gallai plaid fechan fel Plaid Cymru fforddio'r fath densiynau, ac yn aflwyddiannus y ceisiodd Gwynfor achub J E Jones trwy gynnig creu swyddfa i edrych ar ôl siroedd y canolbarth.

Ond doedd dim ailfeddwl i fod (neu felly yr oedd pethau'n edrych ar y pryd – gan i J E Jones ddychwelyd yn ddiweddarach fel ymgynghorydd cyflogedig).[83] Yna, yn ddisymwth, trodd sefyllfa anodd yn hunllef i Gwynfor pan ysgrifennodd

Emrys Roberts ato'n gwbl annisgwyl, o fewn mis i ymddiswyddiad J E Jones yn Ionawr 1962, i'w hysbysu ei fod yntau hefyd am fynd. Achwynodd wrth Gwynfor mai 'bach iawn' oedd ei gyfraniad a'i fod yn cael ei ddefnyddio fel 'rhyw glerc bach'. Roedd ceidwadaeth y Pwyllgor Gwaith (a Gwynfor) ar fater ad-drefnu hefyd wedi ei ddigio.[84] O safbwynt sefydliadol, roedd hi'n draed moch, a bu'n rhaid wrth dri mis o drafodaethau hynod ddelicet cyn y darbwyllwyd Emrys Roberts i aros. Wrth aros, camodd Emrys Roberts i sgidiau J E Jones, ond nid ymataliodd rhag datgan ambell wirionedd ynghylch sut yr oedd Gwynfor yn rhedeg ei blaid. Roedd Plaid Cymru, meddai mewn un Pwyllgor Gwaith, yn blaid nad oedd ganddi 'barch at ddulliau cyfansoddiadol' ac a oedd '… yn aml yn anwybyddu swyddogion rhanbarthau a changhennau'.[85] Heb amheuaeth, roedd datganiadau fel y rhain yn dweud y gwir, ond roeddent hefyd yn erydu seiliau awdurdod Gwynfor. Eto i gyd, mae'n amlwg iddo benderfynu bod goddef Emrys Roberts yn bris gwerth ei dalu er mwyn diweddu opera sebon ei swyddfa ganolog. Ac nid dyma oedd yr unig gonsesiwn i'r prif swyddog tanllyd newydd. Cafodd Emrys Roberts addewid yn ogystal y sefydlid comisiwn i edrych ar drefniadaeth y blaid – consesiwn bychan ar y pryd – ond maes o law, trodd yr addewid yn faen melin i Gwynfor, y mwyaf absoliwt o lywyddion.

Roedd yna gaddug dudew yn hongian dros Blaid Cymru erbyn 1962, ac yn y cyd-destun hwn o ffraeo gweinyddol ac ideolegol y penderfynodd Saunders Lewis 'achub' ei blaid rhag mynd i ddifancoll. Nos Fawrth, 13 Chwefror 1962, darlledwyd ei ddarlith *Tynged yr Iaith* – y ddarlith bwysicaf yn hanes yr iaith Gymraeg ond y ddarlith sydd wedi cael ei chamddeall fwyaf yn hanes yr iaith hefyd. Mae un peth yn sicr: doedd y ddarlith ddim yn gais ar i garedigion yr iaith ffurfio cymdeithas i warchod buddiannau'r Gymraeg: dyna, o gofio cyflwr truenus Undeb Cymru Fydd, oedd y peth olaf ar feddwl Saunders Lewis. Roedd darlith Saunders Lewis yn ymgais fwriadus i danseilio holl strategaeth wleidyddol Gwynfor, ac i gladdu ei ymlyniad angerddol wrth ddulliau cyfansoddiadol. Dyna, yn bendifaddau, wir arwyddocâd *Tynged yr Iaith*. Serch na chaiff Gwynfor ei enwi, mae 'brad' Tryweryn yn ganolog i'r ddarlith, gan ddechrau gyda haeriad Saunders Lewis mai 'anonest' oedd beirniadu'r Gweinidog dros Gymru (Henry Brooke). Y Cymry, yn ôl Saunders Lewis, a fethodd amddiffyn Capel Celyn am iddynt wrthod cenedlaetholdeb Gwyddelig, ac am iddynt hefyd gredu bod 'Bread before Beauty' yn bwysicach nag egwyddorion sylfaenol.[86] Trasiedi arall, yng ngolwg Saunders Lewis, oedd achos y Beasleys a'u brwydr ddewr ac unig yn Llanelli. Yn awr, barnodd fod yr amser wedi dod i fudiad trefnedig eu cynorthwyo nhw a'u tebyg. Dyma, wrth iddo gyrraedd penllanw ei berorasiwn ar donfeddi'r BBC, oedd yr 'unig fater politicaidd' yr oedd yn 'werth i Gymro ymboeni ag ef'. O hynny ymlaen, gobeithiai y gwelid 'cyfnod o gas ac erlid' – rhywbeth a oedd yn llawer, llawer mwy dymunol 'na'r cariad heddychol' a oedd yn gymaint nodwedd o wleidyddiaeth Cymru 1962.[87]

Ni allai Saunders Lewis fod wedi bod lawer cliriach, ond nid dyma oedd ei air olaf. O fewn yr wythnos, ar ddygwyl Dewi, darlledwyd ei ddrama ddychanol *Excelsior*. Yma, eto fyth, cafwyd ymosodiad ffyrnig ar wleidyddiaeth gyfansoddiadol, a ffwlbri'r sawl a goeliai y gellid achub Cymru trwy San Steffan. Roedd *Excelsior*, fel *Tynged yr Iaith*, yn ymgais i anrheithio seiliau deallusol Gwynfor ac roedd Saunders Lewis yr un mor ddiedifar. Fe'i hysgrifennwyd yn yr hydref wedi cynhadledd Llangollen ym 1961 ac yntau'n berwi â dicter ynghylch Gwynfor a'i fath. Ys dywedodd wrth ei gyfaill, David Jones: 'It [*Excelsior*] is a satirical farce on Welsh MPs and the Welsh Nationalist Party and on Welsh Socialists – the pent up anger of twenty years'.[88]

Disgrifiodd Saunders Lewis ei ddarlith fel 'five minute stir' ond, i eraill, roedd y profiad o'i chlywed yn drydanol.[89] Gwnaeth nifer y camgymeriad o gamddehongli ei hergyd, ond gwyddai Gwynfor a'i gylch yn union beth oedd ei hamcan. Er nad oes cofnod o ymateb preifat Gwynfor, roedd ei gyfeillion agosaf yn ddig tu hwnt gydag ymyriad mawr olaf Saunders Lewis mewn bywyd cyhoeddus. Ysgrifennodd Tudur Jones at Gwynfor i ddweud mai 'ffolineb' oedd 'gosod hunan-lywodraeth a thynged yr iaith gyferbyn â'i gilydd'[90] tra ofnai J E Jones fod yna berygl mewn awgrymu mai dim ond 'trwy godi gwrychyn yr ochr arall' y gellid gweithredu.[91] Roedd eraill, fel Dafydd Orwig, yn fwy plaen ei gefnogaeth i strategaeth Gwynfor. 'Yr wyf yn meddwl,' ysgrifennodd at Gwynfor, 'fod SL yn siarad drwy ei het os yw am i'r Blaid fod yn Fudiad Iaith.'[92] Gyda chefnogaeth fel hon, doedd yna byth unrhyw obaith i agenda Saunders Lewis lwyddo oddi mewn i Blaid Cymru. Roedd llwyddiant i Saunders Lewis a'i gefnogwyr hyd yn oed yn fwy annhebygol o gofio na chynigiwyd yr un enw credadwy i herio Gwynfor fel llywydd. Er hynny, ni ddihangodd Gwynfor yn ddianaf rhag bustl Saunders Lewis. Dros y pedair blynedd nesaf, rhwng cyhoeddi *Tynged yr Iaith* ac ennill sedd Caerfyrddin, bu ei sefyllfa gymaint â hynny'n wannach o ganlyniad i'r ddarlith. Yn ystod y blynyddoedd hynny, Saunders Lewis fyddai arwr eiconig trwch y genhedlaeth iau, nid Gwynfor.

Yr eironi wrth gwrs, yw i'r genhedlaeth honno ddewis anwybyddu cenadwri'r gŵr doeth o Benarth trwy sefydlu Cymdeithas yr Iaith Gymraeg. Ond roedd pryder Saunders Lewis ynghylch dyfodol ei blaid cyn ddyfned nes iddo ddychwelyd at *Tynged yr Iaith* fis ar ôl ei chyhoeddi. Anfonodd Saunders Lewis lythyr gwiberog at *Y Faner* yn gresynu bod 'rhai pobl eisoes yn camddehongli' ei ddarlith radio gan ychwanegu na soniodd air am gychwyn mudiad newydd yng Nghymru. Yn yr ohebiaeth, haerodd ei bod yn 'boenus amlwg mai cenadwri uniongyrchol i Blaid Cymru' oedd *Tynged yr Iaith* ac i'r ddarlith gael ei hysgrifennu ar yr un pryd ag *Excelsior* er mwyn cyrraedd y nod hwnnw. Doedd dim angen aros wythnos, haerodd. 'Y cwbl' yr oedd ei angen oedd 'ysbryd a chalon chwyldro'. Ac os na cheid yr ysbryd hwnnw, yna cyngor Saunders Lewis i'w blaid oedd hwn: 'diflanned'.[93]

I rai yng nghylch Gwynfor, roedd y llythyr hwn yn *Y Faner* fel datganiad o ryfel, gweithred a aildaniodd y gynnen rhwng y ddau lwyth – y Gwynforiaid a'r Saundersiaid. I un o'r Gwynforiaid hynny, R Tudur Jones, roedd y llythyr 'mursennaidd' at Gwilym R Jones, golygydd *Y Faner*, gam yn rhy bell, hyd yn oed yn ôl safonau Saunders Lewis. Yr oedd hi'n 'amlwg' meddai wrth Gwynfor, fod 'Saunders yn dechrau ymosod yn gyhoeddus arnom yn awr – ac y mae hynny'n newid oddi wrth yr ymosod *via* Catherine Daniel a Raymond Edwards. Dowch inni fod yn gwbl glir ein golygon; gyda phob dyledus barch i Saunders a'i allu mawr, pe bai ef wrth y llyw, ni byddai'r Blaid ond cwmni dibwys o bobl od, os mewn bodolaeth o gwbl'.[94] Ond od neu beidio, roedd hi'n fendeta, serch i Gwynfor ymatal rhag taro'n ôl yn bersonol yn erbyn Saunders Lewis.

Ddeuddydd wedi darlledu *Tynged yr Iaith*, cyhoeddodd Gwynfor y gyntaf o dair erthygl yn *Y Tyst* ar gyflwr enbydus y Gymraeg yn Sir Gaerfyrddin.[95] Fel Saunders Lewis, galwodd am weld newid buan yn agwedd yr awdurdodau tuag at yr iaith ond dyma, fodd bynnag, oedd yr unig debygrwydd rhwng y ddwy weledigaeth. Yn hytrach nag aberth, galwodd Gwynfor am wella'r ddarpariaeth ym myd addysg a theledu, ac erfyniodd ar y capeli i ddangos arweiniad. Roedd hefyd mor bendant ag erioed mai senedd i Gymru, nid mudiad iaith, a fedrai adfer urddas y Gymraeg. Gwelai Gwynfor yr erthyglau hyn fel cyfraniad golau i'r drafodaeth ac, yn fuan wedi hynny, cyhoeddodd bamffled yn crynhoi eu prif ddadleuon, *Cyfle Olaf yr Iaith Gymraeg*.[96] Ond er ei ddidwylledd, roedd ymyriad Gwynfor ym mrwydr yr iaith yn tueddu i danlinellu ei wendid. Darlith Saunders Lewis a welodd olau dydd gyntaf, nid erthyglau Gwynfor, serch ei fod wedi bod yn llafurio arnynt ers o leia fis Ionawr. Yr argraff glir a gafwyd oedd bod Gwynfor yn ymateb i ddigwyddiadau, nid yn eu mowldio nhw. Halen ar y briw oedd i Saunders Lewis ymosod ar *Cyfle Olaf yr Iaith Gymraeg* gan ddweud nad oedd gobaith i'r Gymraeg pe dilynid y llwybr parchus, capelyddol a gâi ei argymell gan Gwynfor. Yn awr, meddai Saunders Lewis, wynebai Plaid Cymru ddewis: 'ai adran Gymreig o'r heddychwyr sosialaidd Seisnig yw hi, ai ynteu mudiad cenedlaethol Cymreig? Os y cyntaf yw'r dewis, nid dyna'r Blaid y bu gennyf innau gynt gyfran yn ei sefydlu. Gall fod rhagor nag un ffurf ar frad'.[97]

Dyma, am y tro, fyddai'r gair olaf ar *Tynged yr Iaith*. Roedd yn ddiwedd ar dri mis tymhestlog i Blaid Cymru ac, wrth i bethau dawelu, ceisiodd Gwynfor gynnig dewis arall. Dyw hi ddim yn syndod nodi mai dôs bellach o wleidyddiaeth gyfansoddiadol oedd y feddyginiaeth gyfarwydd a gynigiwyd ganddo. Yn wir, os rhywbeth, roedd *Tynged yr Iaith*, a'r ffraeo gyda Saunders Lewis, yn ei gymell i weithio'n galetach fyth dros lwyddiant mewn etholiad seneddol. Hon oedd ffordd boléit Gwynfor o dynnu blewyn o drwyn Saunders Lewis. Er gwaethaf problemau cynyddol gyda'r busnes garddwriaeth, a'i bryder y byddai'n rhaid iddo adael bywyd cyhoeddus oherwydd diffyg arian, ymgysegrodd i'r gwaith o wireddu agenda cwbl groes i *Tynged yr Iaith*. Mewn cyfnod o chwe wythnos yn ystod gwanwyn 1962, un noson yn unig a dreuliodd yn y Dalar Wen. Am weddill yr amser, byddai'n annerch cyfarfodydd ledled Cymru a thu hwnt. I Gwynfor, pobl 'heb fod yn gyson yn y gwaith' oedd y beirniaid, ac er arafed y symud, roedd yn bendant bod Plaid Cymru'n symud ymlaen yn gyson. Roedd hyn, meddai mewn llythyr at Huw T Edwards, yn fwy nag y gellid ei ddweud am fudiadau cenedlaethol 'Scotland, Llydaw a Gogledd Iwerddon'. Yr ateb, felly, oedd rhoi yr alwad am senedd ar flaen rhaglen y blaid 'gan ganolbwyntio arno a cheisio pob cefnogaeth posibl i'r nod ymhob rhyw ffordd'.[98]

Mae'r ffaith i Gwynfor wneud hyn mor fuan ar ôl *Tynged yr Iaith* ac ar ôl i'w blaid ddioddef cosfa arall mewn isetholiad, y tro hwn ym Maldwyn ym Mai 1962, yn tystio i'w unplygrwydd. Serch i'r ymgeisydd yno, Islwyn Ffowc Elis, golli'n drwm, credai Gwynfor fod 'y gwaith, y trefnu, y cyhoeddusrwydd, Islwyn, didwylledd y neges' i gyd wedi gwneud 'lles mawr'.[99] Llwyddodd Gwynfor a'i gymheiriaid hefyd i drechu ymgais gan Moses Gruffydd – gŵr doeth arall a chyfaill mynwesol i Saunders Lewis – i roi pen ar y polisi o ymladd isetholiadau. Pan drafodwyd ei gynnig o ymladd dwy neu dair o seddau yn yr etholiad cyffredinol nesaf, pump o aelodau'n unig a gafodd i'w gefnogi.[100]

Dyma baradocs canolog llywyddiaeth Gwynfor yn ystod y blynyddoedd hyn. Er bod ei afael ar ei blaid yn lled absoliwt, arweinydd gwan ydoedd. Un peth oedd cael cyfeillion gwenieithus ar y Pwyllgor Gwaith fyddai'n ei amddiffyn hyd y ffos olaf, ond mater arall oedd bod â'r gallu i greu agenda ddeallusol fyddai'n hawlio'r penawdau. Yn ystod haf 1962, roedd ymdrechion Plaid Cymru i rwystro codi argae Clywedog trwy brynu lleiniau o dir hefyd yn prysur ffaelu.[101] Llwyddwyd ymhen hir a hwyr i atgyfodi'r cynllun lleiniau tir yng Nghlywedog ond, yn y fath hinsawdd, dechreuodd aelodau Plaid Cymru edrych i gyfeiriadau eraill. Yn Ysgol Haf y flwyddyn honno, daeth rhai o aelodau Plaid Cymru ynghyd ym Mhontarddulais gan ffurfio cymdeithas i amddiffyn yr iaith Gymraeg. Fel hyn y dechreuodd Cymdeithas yr Iaith Gymraeg, serch na wnaeth y gymdeithas ddim byd ond paratoi a threfnu tan fis Chwefror y flwyddyn ganlynol.

Ac nid aelodau'r gymdeithas oedd yr unig Bleidwyr a ysai am y cyfle i dorri'r gyfraith yn enw Cymru. Toc wedi hanner nos ar 23 Medi 1962, derbyniodd Gwynfor alwad ffôn gan Elystan Morgan yn ei hysbysu fod dau aelod o Blaid Cymru wedi eu restio am adael i olew lifo ar drawsnewidydd trydan yn Nhryweryn. Roedd y difrod yn bur sylweddol ond roedd Plaid Cymru, gorff ac enaid, wrth ei bodd gyda gweithred David Walters a David Pritchard, ill dau'n ddi-Gymraeg ac yn hanu o Went. Y teimlad cathartig cyffredinol oedd bod rhywbeth wedi'i wneud – serch y gallasai'r effaith fod wedi bod gymaint â hynny'n fwy o gofio bod yna bedwar aelod arall o Blaid Cymru hefyd yn eu cynorthwyo ar safle Tryweryn y noson honno. Ond bid a fo am hynny, doedd dim pall ar y dathlu. Pan welodd eu twrnai, Elystan Morgan, y ddau am y tro cyntaf yn Swyddfa Heddlu'r Bala, ei ebychiad cellweirus oedd y byddai wedi ymuno â nhw 'If I'd known you were going to do this'.[102]

Yr hyn y gellir ei ddatgelu yma yw y gwyddai Gwynfor ymlaen llaw am y weithred, a hynny mewn cryn fanylder. Cyn iddynt adael am Gwm Tryweryn, roedd Gwynfor wedi cwrdd â Walters a Pritchard, gan roi sêl ei fendith ar eu cynllun. Gwnaeth hynny gan osod un amod clir – roedd yn rhaid i'w gweithred fod yn un heddychlon. Pan dorrodd y newyddion, felly, roedd hi'n anochel y byddai Plaid Cymru, o'r llywydd i lawr, yn eu cefnogi. Er hynny, roedd yr hyn a wnaethai Gwynfor yn gambl anferthol; pe bai'r wybodaeth am y cyfarfod rhyngddo ef, David Walters a David Pritchard fyth wedi cyrraedd clustiau'r wasg, yna y tebyg yw y byddai wedi gorfod ildio'r llywyddiaeth. Mae hefyd yn bosibl y byddai'r awdurdodau wedi ei gyhuddo yntau o fod yn rhan o gynllwyn.

Mae hefyd yn ddi-ddadl i'r weithred greu dryswch pellach ynghylch agwedd Plaid Cymru tuag at dorcyfraith. Wythnos wedi gweithred Walters a Pritchard, mynnodd Gwynfor y byddai enwau'r ddau yn cael eu hanrhydeddu am byth ymhlith gwladgarwyr Cymru er iddyn nhw, meddai, weithredu'n groes i bolisi'r Blaid.[103] Ar gais Gwynfor, anfonwyd llythyr at aelodau Plaid Cymru yn gofyn i gynifer â phosib fynd i achos llys y ddau yn y Bala,[104] rhywbeth a wnaeth Gwynfor ei hun heb ymgynghori â neb. 'Strange thinking' oedd dedfryd olygyddol y *Western Mail* ynghylch hynny,[105] ac i'w wrthwynebwyr gwleidyddol roedd ymddygiad Gwynfor yn ymylu ar ragrith. 'Twyll' oedd disgrifiad Alun Talfan Davies o'r fath ymresymu, ac nid ef oedd yr unig berson i feddwl felly.[106] Wedi clywed brwdfrydedd y llywydd dros dorcyfraith, ysgrifennodd cangen myfyrwyr Plaid Cymru, Aberystwyth, at y blaid yn ganolog i fynegi eu gobaith y byddai'r weithred yn symbyliad i Blaid Cymru newid ei hagwedd tuag at weithredoedd o'r fath.[107] Cafwyd datganiad cyffelyb gan Raymond Edwards o gangen Edeirnion,[108] ond y mwyaf treiddgar ei gondemniad o'r amwysedd moesol hwn oedd John Daniel. Ysgrifennodd yntau at y swyddfa ganolog gan nodi mai: '… ansicr a chymhleth bu datganiadau swyddogol ar y pwnc holl-bwysig hwn; ac fel canlyniad ni all hyd yn oed aelodau o'r Pwyllgor Gwaith ein sicrhau'n awdurdodol beth yw bwriad Plaid Cymru yn y cyswllt hwn'.[109]

Ni chafwyd trydydd tro pedol ar Dryweryn. Teimlai Gwynfor fod y math o gyfaddawd deallusol y llwyddodd i'w gyflwyno yn ystod achos Walters a Pritchard wedi taro deuddeg – er gwaethaf y feirniadaeth ei fod yn rhagrithiwr. Gyda'i fraich wedi ei nerthu yn y fath fodd, dechreuodd ar y broses o ddiarddel un o'i feirniaid mwyaf llafar ond disylwedd, Neil Jenkins. Yr hyn sy'n anhygoel yw i fater Neil Jenkins, o bawb, ddiweddu'r fendeta epig rhyngddo ef a Saunders Lewis, felly mae'n werth oedi rhyw ychydig i esbonio'r cefndir. Oddi ar dechrau 1962, roedd Neil Jenkins wedi bod yn ddraenen yn ystlys Gwynfor, gan ysgrifennu llythyrau cas amdano a'i gyhuddo ar fwy nag un achlysur o fod yn llwfrgi heddychol.[110] Dechreuodd penaethiaid Plaid Cymru gadw llygad arno ac, yn ôl un adroddiad swyddogol ar ei ymddygiad, roedd yn 'chwerthin ac yn hisian, ac yn bwian pan enwir Llywydd y Blaid'. Roedd hefyd, nodwyd, yn hoff o ddefnyddio ymadroddion fel 'Merseyside Scum' – er mawr ofid i barchusion y Pwyllgor Gwaith.[111] Gyda'r fath swmp o dystiolaeth yn erbyn yr *enfant terrible* hwn, sefydlwyd is-bwyllgor i drafod ei achos a gofynnwyd iddo ymddiheuro. Gwrthododd wneud hynny a daeth mater ei aelodaeth yn destun ymrafael dicllon rhwng aelodau *Cymru Ein Gwlad* a'r sefydliad Gwynforaidd. Barnodd Raymond Edwards, golygydd *Cymru Ein Gwlad*, er enghraifft, ei bod hi'n gwbl warthus bod cenedlaetholwr dilychwin fel Neil Jenkins yn cael ei erlid. Gwaeth na dim iddo oedd nad oedd Plaid Cymru'n gwneud dim i fynd i'r afael â'r 'Communists and fellow-travellers' yn ei rhengoedd. Ond annhegwch neu beidio, roedd Jenkins ar ei ffordd allan.[112]

Ar 1 Tachwedd 1962, pleidleisiodd y Pwyllgor Gwaith o 50 pleidlais i 8 dros ddiarddel Neil Jenkins.[113] Er na siaradodd Gwynfor, mae'n amlwg ei fod yn neilltuol o frwd dros esgymuno Jenkins, yn y gobaith o gau ceg swynyn afreolus. Ond ar y pwynt yma, camodd Saunders Lewis i ganol y miri gan anfon llythyr at Gwynfor yn haeru bod penderfyniad y Pwyllgor Gwaith yn enghraifft 'arall o ddynwared y Blaid Lafur Seisnig'. O'r herwydd, hysbysodd Gwynfor y byddai'n 'ymddeol yn gyhoeddus oni chyhoeddir fod y diarddeliad yn ddi-rym'.[114] Dyma pryd yr aeth hi'n dân gwyllt. Ofnai Gwynfor a J E Jones am eu bywydau y câi newyddiadurwyr y BBC a Theledu Cymru afael ar y stori – un o sgŵps mawr hanes Plaid Cymru.[115] Llwyddasant i gadw'r ffraeo rhag clustiau'r wasg, ond roedd Saunders Lewis yn glynu wrth ei fygythiad. Rhaid felly oedd ceisio tacteg arall ac, ar gais Gwynfor a J E Jones, gofynnwyd i Griffith John Williams, un o sylfaenwyr Plaid Cymru, ymweld â Saunders Lewis mewn ymgais i roi taw ar ei gyfaill. Dyna a ddigwyddodd, ond roedd yr ateb a gafodd Gwynfor ddeuddydd wedi'r Nadolig yn hynod siomedig. Roedd Saunders Lewis, yn ôl Griffith John Williams, yn ddiwyro. O gofio pendantrwydd ei ffrind, cyngor Griffith John Williams i Gwynfor oedd 'rhoi arweiniad' trwy anwybyddu mater Neil Jenkins – fel a wnaed gydag elfennau anystywallt eraill, tebyg i aelodau'r Mudiad Gwerin ym 1938, neu'r Gweriniaethwyr ym 1949.[116]

Ond doedd Gwynfor ddim am ildio. Yn wir, fe'i cynddeiriogwyd gan bengaledwch Saunders Lewis. Drannoeth clywed newyddion Griffith John, ysgrifennodd Gwynfor at D J Williams gan flingo Saunders Lewis am ei annheyrngarwch. Yn ei lythyr, dywedodd ei fod yn ystyried Neil Jenkins fel rhan o grŵp 'a fu'n gythryblus' dros y ddwy flynedd ddiwethaf ac mai Pabyddiaeth oedd y drwg yn y caws. Er nad oedd Neil Jenkins yn Babydd, roedd Gwynfor yn saff ei farn nad cyd-ddigwyddiad oedd y ffaith fod cynifer o'i elynion yn Gatholigion a'u bod wedi mynegi 'syrffed ar reolaeth Ymneilltuwyr ar y Blaid'. 'Meddyliwch,' meddai wrth D J Williams, 'am Cathrin a John Daniel, Victor Jones, R O F Wynne, O T L Huws, H W J Edwards, Raymond Edwards a'i wraig (ar ymuno â'r Eglwys), Miserotti, Peter Hourahane a'i chwaer, Mair S. L. a Haydn ei gŵr ar y cyd gyda Trefor Morgan a Harri Webb.' Credai hefyd fod y grŵp hwn wedi gofyn i Saunders Lewis am ei gefnogaeth, ac iddo gytuno i amddiffyn Neil Jenkins. Dyna pam, yn ôl Gwynfor, fod Saunders Lewis yn awr yn dal 'dryll ei ymddeoliad' wrth ben Plaid Cymru, a hynny er mwyn amddiffyn 'bachgen afiach' fel Jenkins. Wedi ymladd cynifer o frwydrau dros y ddwy flynedd ddiwethaf, doedd Gwynfor Evans ddim am blygu i ŵr a oedd, yn ei dyb ef, wedi meithrin 'anundeb' trwy ei 'gefnogaeth i'r cythryblwyr'. Ond roedd hyn yn glamp o ddilema i Gwynfor. Ar y naill law, gwyddai'n dda y byddai 'ymddeoliad' Saunders Lewis yn 'rhodd odidog i'r Western Mail', i 'elynion y blaid oll, ac i'r cythryblwyr oddi mewn'. Ar y llaw arall, ofnai y gallai ildio i Saunders Lewis greu 'mwy byth o niwed'.[117]

Byddai ildio i Saunders Lewis ar fater Neil Jenkins hefyd wedi dinistrio hygrededd Gwynfor fel llywydd. O sylweddoli maint yr argyfwng, dechreuodd ei gyfeillion gwleidyddol gau'r rhengoedd a'i atgyfnerthu gogyfer â'r frwydr anochel. Ysgrifennodd Elystan Morgan ato gan fynnu nad oedd camu i lawr i fod a bod 'achos NJ ond rhan fechan o gynllwyn ar rhan [sic] ugeiniau o "falcontents" sy'n dal syniadau cwbwl groes i'r Blaid'. Roedd y 'malcontents' hyn, ychwanegodd, naill ai'n defnyddio Plaid Cymru fel cerbyd i'w 'hegotistiaeth' neu i'w 'Pabyddiaeth' a'i bod bellach yn 'amhosibl i'r Blaid gario mlaen gyda hwynt'.[118] Derbyniodd lythyr tebyg gan Dafydd Orwig a fynnai mai 'myth' gwleidyddol oedd Saunders Lewis ers chwarter canrif.[119]

Bu'r ohebiaeth yma'n foddion i sadio Gwynfor, ond yr ymyriad pwysicaf oll oedd un D J Williams. O sylweddoli maint yr argyfwng, aeth ati i achub croen Gwynfor a'i arbed rhag yr hyn a ddisgrifiodd 'fel cynllwyn y catholigion yn y Blaid'. Hon, o blith y miloedd o gymwynasau a wnaeth D J Williams i Gwynfor, oedd y fwyaf oll. Ar ddydd Calan 1963, ysgrifennodd D J Williams at Saunders Lewis gan ei rybuddio fod y 'Cylch Catholig' oddi mewn i Blaid Cymru yn debygol o'i rhwygo a hynny o ganlyniad i'r 'ffars fwyaf rhagrithiol' y gwyddai amdani 'yn holl hanes Cymru'.[120] Am o leiaf ddeuddydd, ni chafodd cenadwri D J Williams unrhyw effaith ar Saunders Lewis gan iddo ysgrifennu drachefn at Gwynfor i bledio arno i beidio diarddel Neil Jenkins. Haerai Saunders Lewis yn y llythyr hwn mai gwŷr fel Neil Jenkins 'na fyddant yn gweithredu yn y dull a eilw'r Blaid yn gyfansoddiadol' oedd unig obaith Plaid Cymru. Ac wrth gloi ei lythyr, trawodd yr ergyd galetaf oll: '… fe wyddoch mai er gwaethaf polisi'r Pwyllgor Gwaith ers tair blynedd yr arhosaf i'n aelod o'r Blaid. Pwyllgor Gwaith Plaid Cymru a fradychodd achos Tryweryn. Ni allaf anghofio hynny. Maddeuwch imi am eich poeni, Saunders.'[121] Roedd yn llythyr mileinig, ond tân mewn eithinen oedd y bygythiad i ymddiswyddo. O fewn dyddiau, mi dynnodd Saunders Lewis ei fygythiad yn ôl, er na olygodd hynny y byddai yna gadoediad rhwng y ddeuddyn. Er gwaethaf holl ymdrechion D J Williams, methwyd â threfnu cyfarfod i geisio cymod rhwng Saunders Lewis a Gwynfor yn ystod 1963.[122] Fodd bynnag, er na chiliodd y bygythiad o gyfeiriad Saunders Lewis yn llwyr, roedd brwydr diarddel Neil Jenkins yn un allweddol i Gwynfor fod wedi ei hennill. O Ionawr 1963 ymlaen, edwinodd dylanwad y Saundersiaid ac, yn araf bach, dechreuodd obsesiwn Plaid Cymru ynghylch gweithred arall debyg i Benyberth gilio.

Roedd gweld Cymdeithas yr Iaith yn dod allan o'i chragen ar ddechrau 1963 hefyd yn gymorth i dymheru dylanwad Saunders Lewis. Oddi ar ei sefydlu, yn ôl yn Awst 1962, roedd yna ddyfalu mawr wedi bod ynghylch beth yn union ydoedd, a phwy yn union oedd yn gysylltiedig â'r 'militant faction' newydd yma, chwedl y *Western Mail*. Ateb gonest Gwynfor oedd na wyddai beth oedd yn digwydd a dywedodd wrth y wasg nad oedd yn cymryd bodolaeth y garfan hon o ddifrif.[123] Ond pan welodd y weithred fawr gyntaf yn enw'r gymdeithas ar Bont Trefechan, Aberystwyth, synhwyrai (yn gywir) fod yna bennod newydd wedi agor yn hanes Cymru. O hynny ymlaen, teimlai y byddai ei bodolaeth yn gwneud pethau gymaint â hynny'n haws i Blaid Cymru gan ei gadael yn rhydd i ganolbwyntio ar wleidyddiaeth gyfansoddiadol, barchus.

O fewn rhai oriau i glywed am y brotest, ysgrifennodd Gwynfor at Tedi Millward, cyd-ysgrifennydd newydd y gymdeithas, gan ymfalchïo yn yr hyn a wnaed. 'Mor dda,' meddai, oedd gweld 'cwmni o bobl ifanc yn gweld cymaint o werth yn yr iaith Gymraeg nes bod yn barod i ddioddef drosti'. Credai Gwynfor fod y weithred o eistedd ar y bont wedi 'cynhesu cyfeillion yr iaith' ac y byddai'n cael ei gweld fel 'carreg filltir yn hanes yr iaith'. Yn yr un llythyr hynod ddadlennol a hirben, esboniodd wrth Tedi Millward pam nad oedd am weld Plaid Cymru'n arwain ymgyrch dorcyfraith. Y rheswm cyntaf oedd diffyg adnoddau dynol. I fabwysiadu'r math o bolisi a oedd gan Gymdeithas yr Iaith Gymraeg, roedd gofyn, meddai, am barodrwydd 'ugeiniau o aelodau, o leiaf, dros gyfnod o flynyddoedd, i wynebu carchar am dymhorau hir – carchar a allai ddinistrio eu busnes, eu galwedigaeth, eu bywyd teuluol'. Mewn 'sefyllfa chwyldroadol', credai Gwynfor y gallai fod yn iawn 'i ddyn aberthu ei deulu er mwyn achos mawr gwleidyddol yng Nghymru' ond doedd yna ddim 'sefyllfa chwyldroadol' yng Nghymru. Roedd Gwynfor lawn mor sicr ynghylch ei ail reswm, sef y byddai polisi o anufudd-dod sifil 'yn debyg o ddinistrio gwaith gwleidyddol, cyfansoddiadol y Blaid'. Yr oedd yna hefyd drydydd rheswm nad oedd mor siŵr ohono. Hwnnw, meddai wrth Tedi Millward, oedd 'y gallai polisi o'r fath bellhau rhan fawr o'r genedl oddiwrth ein nod, a rhwygo'r Cymry mewn ffordd anobeithiol'. Yn awr, gyda Chymdeithas yr Iaith Gymraeg ar y maes, gwelai Gwynfor ffordd newydd o wleidydda yn ymagor o'i flaen. O hyn ymlaen, byddai Plaid Cymru'n canolbwyntio ar 'ei gwaith gwleidyddol a rhoi cefnogaeth foesol i genedlaetholwyr a ddefnyddia dulliau [sic] anghyfansoddiadol'. [124]

Cynhaliwyd protest Cymdeithas yr Iaith Gymraeg flwyddyn yn union wedi darlith *Tynged yr Iaith*, a defnyddiodd Gwynfor yr achlysur i groesi cleddyfau gyda Saunders Lewis unwaith eto. Y gwahaniaeth y tro hwn oedd mai Gwynfor a roes y glewtan gyntaf ac nid oracl Penarth. Ym mis Chwefror 1963, ysgrifennodd Gwynfor erthygl hir i'r misolyn newydd, *Barn*, gan ddatgan y byddai polisi o fabwysiadu dulliau Saunders Lewis yn 'prysuro diwedd' y Gymraeg, gan fod y Cymry'n byw mewn 'sefyllfa anchwyldroadol'. Bu ennill y frwydr i ddiarddel Neil Jenkins yn hwb i hyder Gwynfor (er gwaethaf yr anawsterau) ac aeth cyn belled â dweud y deuai senedd i Gymru ymhen ugain mlynedd, 'pe câi fyw'. Ychwanegodd y byddai'n mynd â'i deulu 'o'r hen wlad i New South Wales' oni bai fod yna obaith i hynny ddigwydd.[125] Fis yn ddiweddarach, atebwyd erthygl Gwynfor gan Saunders Lewis a rhybuddiodd drachefn ynghylch y 'perigl [sic] enbyd i Blaid Cymru werthu'r iaith Gymraeg er mwyn ymladd etholiadau seneddol'.[126]

Roedd Saunders Lewis wedi colli rhywfaint o'i hygrededd erbyn hynny yn llygaid arweinyddiaeth Plaid Cymru, ond doedd rhoi sgwrfa i'w brif elyn gwleidyddol ddim yn golygu y byddai 1963 yn wynfyd i Gwynfor. Wrth i Gymru rynnu yn yr oerfel, roedd yna broblemau dirifedi, rhai ohonynt yn newydd, ac eraill yn bodoli eisoes, yn ei wynebu. Y broblem fwyaf cyfarwydd oedd datblygu cronfeydd dŵr, a'r ffordd orau i Blaid Cymru gynnal gwrthwynebiad credadwy iddynt gan barchu'r gyfraith ar yr un pryd. Sgubwyd rhengoedd Plaid Cymru gan sïon ynghylch pa gwm fyddai'r nesaf i'w foddi. Honnodd *Y Ddraig Goch* yn Ionawr 1963 fod yna gynllun ar droed i foddi Cwm Twrch yn Sir Drefaldwyn, a bod peiriannydd Indiaidd o'r enw 'Mr Panelle' wedi bod yn tyrchu yno.[127] Pryder di-sail oedd hwn, ond mae'n hawdd deall pam fod y dychymyg cenedlaetholgar wedi ei lethu gan y fath ofnau. Roedd Cwm Twrch o fewn ergyd carreg i Glywedog lle roedd y gwaith o godi cronfa eisoes wedi hen ddechrau. Roedd yna ofnau hefyd ynghylch dyfodol y Gwendraeth Fach gan fod Cyngor Abertawe wedi bod yn llygadu'r ardal er 1959. Ond, dro ar ôl tro, Tryweryn, fel symbol o ddiymadferthedd Plaid Cymru a gwanc Lloegr, a hawliai sylw'r cenedlaetholwyr iau.

Am chwarter wedi tri, fore Sul 10 Chwefror 1963, symudodd saga boenus Tryweryn i dir llawer peryclach pan ddefnyddiwyd ffrwydron yno am y tro cyntaf. Greddf gyntaf Gwynfor oedd condemnnio'r weithred gan gondemnio Lerpwl ar yr un pryd am ei rhaib,[128] ond pan restiwyd Emyr Llywelyn Jones, myfyriwr ifanc o bryd ceriwbaidd a mab y Prifardd T Llew Jones, newidiodd ei diwn yn gyflym iawn. Holodd a oedd Emyr Llywelyn yn aelod o Blaid Cymru a phan welodd ei fod yn aelod o'r teulu cenedlaetholgar, dewisodd Plaid Cymru ei amddiffyn i'r carn.[129] Roedd Emyr Llywelyn wedi bod yn cynllunio'r weithred ers o leiaf flwyddyn, a'r gŵr a roddodd y ffrwydron iddo oedd neb llai na David Pritchard − y Pleidiwr (ac aelod o'r Pwyllgor Gwaith) y bu Gwynfor mor daer i'w amddiffyn wedi'r weithred gyntaf. Pritchard, chwedl Emyr Llywelyn, oedd y 'dyn mawr'. Ac nid dyma oedd yr unig gysylltiad â Phlaid Cymru. Gwyddai rhai o ffigurau amlycaf Plaid Cymru fod Emyr Llywelyn yn cynllunio gweithred fawr. Cafodd rhai o benaethiaid y blaid gynnig i ymuno ag ef yn y fenter, ac aeth Emyr Llywelyn cyn belled ag ymweld â Saunders Lewis i gael ei gyngor. Fel mae'n digwydd, dywedodd Saunders Lewis wrtho am beidio ag arddel tacteg o'r fath gan ei atgoffa o erchyllterau carchar.[129]

Ond bellach, roedd y weithred wedi ei chyflawni, a'r 'mudiad cenedlaethol' yn gorfod amddiffyn Emyr Llywelyn. Pan ymddangosodd 'Emyr Llew' am y tro cyntaf yn Llys Ynadon y Bala, sicrhaodd Gwynfor − a oedd yn methu â bod yn bresennol − y byddai cynrychiolaeth swyddogol o Blaid Cymru yno. Yna, ganol mis Mawrth, cafodd Gwynfor gyfarfod preifat gydag Emyr Llywelyn pan gytunasant i ysgrifennu pamffled ar y cyd ynghylch dŵr. Aeth Gwynfor ati i drefnu ei argraffu 'ar fyrder', ond ni chafodd Emyr Llywelyn gyfle i gwblhau'r gwaith.[130] Roedd eraill am fynd gam ymhellach. Ysgrifennodd Emrys Roberts at Islwyn Ffowc Elis, er enghraifft, gan ddatgan bod 'angen gweithredoedd fel Emyr Llew' ac y 'dylai'r Blaid yn swyddogol wneud pethau o'r math yma'.[131] Ni ddigwyddodd hynny, ond roedd y cysylltiadau rhwng Plaid Cymru a'r 'gweithredwyr' yn parhau'n gryf pan ddaeth yr achos llawn gerbron Brawdlys Caerfyrddin. Clywyd bonllefau o gymeradwyaeth pan gerddodd Gwynfor i mewn i adeilad y Guildhall, a dosbarthwyd taflenni Plaid Cymru ymysg y dorf fawr ar y sgwâr.[132] Mewn cyfweliadau teledu a phapur newydd, gwrthododd Gwynfor gondemnio carcharu Emyr Llywelyn ac, mewn un cyfweliad, ar raglen *Gallery* y BBC, dywedodd fod ganddo'r edmygedd moesol mwyaf tuag at 'weithredwyr' ac na fyddai byth yn eu taflu allan o'r blaid.[133] Yn wir, cymaint oedd edmygedd Gwynfor o Emyr Llywelyn nes iddo ystyried gofyn iddo sefyll fel ymgeisydd Plaid Cymru yn yr etholiad cyffredinol nesaf.[134]

Gwnaeth Gwynfor ddatganiadau cydymdeimladol pellach pan restiwyd dau ŵr ifanc arall, John Albert Jones ac Owain Williams, ym mis Ebrill 1963 ar amheuaeth o ffrwydro peilon a gariai drydan i Dryweryn. Wrth i Blaid Cymru gael ei gorfodi i gefnogi gweithredwyr, synhwyrodd rhai cenedlaetholwyr y gallent newid polisi Plaid Cymru ar dorcyfraith, a galwodd rhai o Bleidwyr amlycaf y gogledd-ddwyrain fel Kate Roberts a Gwilym R Jones, am gynhadledd arbennig i drafod y sefyllfa. Roedd Emyr Llywelyn, yn ôl datganiad cyhoeddus o'u heiddo, wedi gweithredu 'ar eu rhan' ac roedd yr hyn a wnaeth yn rhywbeth i'w 'edmygu'.[135] Ond gwrthododd Gwynfor ailystyried ei safbwynt blaenorol. Gydag etholiad cyffredinol ar y gorwel a heb fod yna'r un dref na rhanbarth wedi eu canfasio, credai fod ganddo ef a'i gyd-genedlaetholwyr 'lawer gormod o waith' ar eu plât yn barod.[136] Yn yr un cywair, barnodd y byddai'n annoeth i Blaid Cymru gynnal protest y tu allan i garchar Lerpwl, lle cedwid Emyr Llywelyn.[137] Doedd Gwynfor ychwaith, fe ymddengys, ddim am gael ei weld fel petai'n closio'n ormodol at Saunders Lewis ac R O F Wynne. Dyma, mae'n debyg, pam iddo wrthod cais gan Wynne a Saunders Lewis yn gofyn iddo ei gysylltu ei hun a'i blaid yn ffurfiol ag apêl ariannol 'Cronfa Emyr Llywelyn Jones'.[138]

Yn nhyb ei elynion gwleidyddol, oddi mewn ac oddi allan i'r gwersyll cenedlaetholgar, roedd Gwynfor yn chwarae'r ffon ddwybig. Twyll deallusol i'r rhain oedd clywed heddychwr a gwleidydd cyfansoddiadol yn datgan cydymdeimlad â'r person a'r cymhelliad, tra oedd ar yr un pryd yn condemnio'r weithred. Yn rhifyn yr haf hwnnw o *Cymru Ein Gwlad*, fe'i tynnwyd yn gareiau am gymryd mantais wleidyddol ar draul 'gwrhydri' y tri a ddefnyddiodd ffrwydron yng Nghwm Tryweryn.[139] A gwelid y weithred yn ogystal fel prawf fod Gwynfor wedi colli ei afael ar Blaid Cymru. Yn ôl un o'r beirniaid, Roderic Bowen, Aelod Seneddol Rhyddfrydol Sir Aberteifi, roedd Plaid Cymru bellach ar groesffordd 'where they will soon have to decide whether they are to take over the role of the IRA and operate by the bomb or the ballot-box'.[140] Nonsens oedd hynny, wrth gwrs, ond roedd Gwynfor ei hunan yn barod i siarad dwli o'r fath pan oedd hynny'n fanteisiol iddo.

Rai wythnosau wedi bomio Tryweryn, llwyddodd Gwynfor i gwrdd â Noel Jerman, un o brif weision sifil Adran Gymreig y Weinyddiaeth Dai a Llywodraeth Leol. Yn y cyfarfod hwn, gofynnodd Jerman i Gwynfor beth fyddai'n digwydd pe byddai ei sefyllfa bersonol oddi mewn i Blaid Cymru yn gwaethygu. Ateb Gwynfor, yn ôl memorandwm Jerman i'r Gweinidog, Keith Joseph, oedd hyn:

> He did not think that he would lose the leadership or the loyalty of the Party but that he would have to declare his hand and throw in his lot with those who intend more violent action if measures of devolution are not forthcoming.

Cyngor y gwas sifil i'w weinidog oedd ei bod yn bwysig sicrhau bod Plaid Cymru'n parhau fel plaid gyfansoddiadol, 'rather than a disintegrating party broken into militant cells'. Roedd Jerman lawn cyn gliried ei farn ynghylch anian gwleidyddol Gwynfor ei hun: 'It is clear that Evans is anti-Labour and is a Conservative in his party loyalty'. O ganlyniad i hyn, sicrhawyd y cyfarfod swyddogol cyntaf rhwng Gwynfor ac un o weinidogion y Goron.[141] Y flwyddyn honno, llwyddodd Gwynfor i gael dau gyfarfod gyda Keith Joseph, y Gweinidog Materion Cymreig, ac ym 1964 cyfarfu ag Edward Heath, y Gweinidog Datblygu Rhanbarthol. Yn dilyn y cyfarfodydd hyn gyda Joseph, medrodd Gwynfor honni, ond heb fawr o sail, fod y llywodraeth wedi sefydlu Uned Ymchwil Economaidd yng Nghymru oherwydd ei ddylanwad yntau. Y gwir nas datgelwyd yw y credai Joseph fod Gwynfor yn siarad drwy'i het ar faterion economaidd.[142]

Nid dyma oedd yr unig beth da – o safbwynt Gwynfor – i ddeillio o'r ffrwydradau. Doedd Emyr Llywelyn ei hun ddim am i'w weithred gael ei gweld fel her bersonol i Gwynfor. Rai dyddiau cyn ei garcharu, mynnodd yn *Y Ddraig Goch* nad oedd y gweithredwyr yn 'elyniaethus i Mr Gwynfor Evans', ac mai 'lladd ar arweinyddiaeth y Blaid' fu unig gyfraniad *Cymru Ein Gwlad* hyd hynny.[143] O gofio agwedd Emyr Llywelyn tuag ato, mae'n ddealladwy felly pam i Gwynfor honni i'r bomiau wneud 'cymwynas amhrisiadwy' â Phlaid Cymru trwy ei gorfodi i dderbyn y ffaith mai 'gweithredoedd gwleidyddol' oedd ei dull hi o weithredu. Gweithred Tryweryn, yn ôl Gwynfor, a roddodd ben 'ar y scitsoffrenia wahanodd y Blaid gymaint am dair blynedd neu fwy, gan ei gwneud yn ansicr o'i hunan, yn blaid heb wastadrwydd amcan'.[144] Mae hyn yn wir, ond dim ond cylch o ddeallusion a ddeallai ddadl soffistigedig o'r fath.

Ar lawr gwlad, roedd yna ganfyddiad poblogaidd fod Plaid Cymru cyn farwed â hoel. Ddiwedd mis Mawrth 1963, ar y diwrnod y carcharwyd Emyr Llywelyn, dioddefodd Plaid Cymru gosfa etholiadol arall – y tro hwn yn isetholiad Dwyrain Abertawe. Llwyddodd ymgeisydd Plaid Cymru, Chris Rees, i grafu 1,620 o bleidleisiau, ond fe'i bwriwyd i'r pumed safle y tu ôl i'r Parchedig Leon Atkin – maferic nad oedd gan ei blaid ond dau aelod, sef ef a'i wraig. Yng nghyd-destun tensiynau Plaid Cymru, roedd hwn yn ganlyniad hynod arwyddocaol, a chytunodd nifer o genedlaetholwyr amlwg â chasgliad *Y Faner* mai ffiasgo oedd yr holl ymgyrch.[145] O fewn dyddiau, pentyrrodd y galwadau ar i Gwynfor roi'r gorau i'w freuddwyd seneddol. Penderfynodd Moses Gruffydd ymddiswyddo o'r Pwyllgor Gwaith gan hysbysu Gwynfor iddo fethu â chael Cymry 'da â chydymdeimlad â'r Blaid' i gyfrannu'n ariannol ati oherwydd bod Plaid Cymru'n ymladd 'cymaint' o etholiadau seneddol.[146]

Roedd colli cenedlaetholwr o'r hen stamp fel Moses Gruffydd yn ergyd ddiamheuol, ond yr alwad fwyaf arwyddocaol am newid polisi oedd honno o eiddo Islwyn Ffowc Elis – gŵr a fu hyd hynny mor ddiwyro ei gefnogaeth i Gwynfor. Yn dilyn canlyniad Dwyrain Abertawe, ysgrifennodd at Gwynfor gan fwrw ei fol ynghylch cyflwr presennol ei blaid. Roedd Plaid Cymru, meddai, wedi cyrraedd 'impasse' a rhybuddiodd Gwynfor mai canlyniad anochel ymladd etholiadau seneddol fyddai 'curfa yn yr etholiad cyffredinol nesaf' a fyddai'n 'waeth ac yn fwy difaol' i ysbryd Plaid Cymru na'r hyn a gafwyd bedair blynedd ynghynt ym 1959. A'r gyflafan etholiadol a brofodd ym Maldwyn flwyddyn ynghynt yn parhau'n fyw yn y cof, ymbiliodd ar i Gwynfor symud holl egnïon Plaid Cymru i gyfeiriad etholiadau llywodraeth leol ac i beidio ag ymladd etholiadau seneddol tan oddeutu 1974. Mynnodd yn ogystal y byddai hyn yn 'dacteg annisgwyl' ac yn osgoi 'cyfnod o gynhenna chwerw fel a gafwyd ar ôl 1959'. Byddai hefyd, rhybuddiodd, yn osgoi galwad bosibl ar Gwynfor i ymddiswyddo 'o'r llywyddiaeth' gan amddiffyn yr undod a greodd 'mor ddewr a dygn' rhag 'cael ei chwalu'n derfynol'. Y flaenoriaeth yn awr, meddai, oedd cadw yr 'elfen gref ymysg ieuenctid deallus y Blaid' oedd yn anghytuno ag ymladd etholiadau seneddol ar y raddfa bresennol, a'u harbed rhag 'curfa a fyddai'n andwyol'.[147]

Roedd llythyr angerddol Islwyn Ffowc Elis yn tanlinellu dyfnder argyfwng Gwynfor – cymaint felly nes iddo orfod anfon llythyr 'cyfrinachol' at holl aelodau

Plaid Cymru gan fynnu y byddai gweithredu uniongyrchol yn 'dinistrio'r blaid'. Y llythyr hwn oedd yr amddiffyniad cyhoeddus taeraf o'i strategaeth seneddol ac fe gynhwysai rybudd tywyll y 'byddai Plaid Cymru o gefnu ar etholiadau seneddol, yn crebachu, yn clafychu ac yn datgymalu'.[148] I lywydd a fu'n gymaint o giamstar ar guddio tensiynau mewnol Plaid Cymru, roedd gorfod defnyddio tacteg newydd fel hon yn brofiad bychanol ond, serch hynny, methodd yn ei ymgais i ddod â llwythau Plaid Cymru ynghyd. Ac yntau'n rhydd o hualau'r Pwyllgor Gwaith, galwodd Huw T Edwards ar i Blaid Cymru beidio â bod yn blaid wleidyddol ac iddi droi'n 'Welsh National Movement', corff amlbleidiol fyddai'n canolbwyntio ar ennill cefnogwyr i'r syniad o senedd i Gymru. Byddai hyn, dadleuodd, yn sicrhau bod y 'rhaniadau personol yn suddo i mewn i un ffrydlif rymus, ymosodol'.[149] Fodd bynnag, gyda Gwynfor yn gwrthod symud yr un fodfedd, unig effaith hyn oedd gwneud pethau'n waeth.

Dechreuodd gwrthwynebwyr Plaid Cymru lafoeri o weld plaid ar wastad ei chefn. Credai'r Rhyddfrydwyr fod ganddyn nhw gyfle euraidd i ddechrau adfywiad go iawn yng Nghymru, tebyg i'r hyn oedd i'w weld yn Lloegr o dan arweinyddiaeth Jo Grimond.[150] Roedd yr un gorfoledd i'w weld yn rhengoedd y Blaid Lafur. Erbyn hynny roedd hithau'n ymgymreigio ac ysgrifennodd Gwilym Prys Davies at Jim Griffiths gan ddatgan yn ffyddiog fod nifer cynyddol o bobl wedi sylweddoli 'that Plaid Cymru no longer has a potential' a bod y dydd yn agosáu pan fyddai yna 'a reconciliation of interest between the Welsh "establishment" and Labour'.[151] Adlewyrchwyd y teimlad ei bod hi'n ben set ar lywyddiaeth Gwynfor yn y wasg boblogaidd hefyd a chyhoeddodd y *Western Mail* gyfres o erthyglau niweidiol yn ystod Gorffennaf 1963 yn dwyn y teitl *Crisis in Plaid Cymru*.[152] Ceisiodd J Gwyn Griffiths, aelod ffyddlon o'r *Cosa Nostra* Gwynforaidd, rwystro eu cyhoeddi ar y sail eu bod yn enllibus. Fe'u disgrifiwyd fel 'undergraduate gossip' gan Gwynfor ei hun, ond roedd Peter Kane, gohebydd y *Western Mail*, yn grediniol y gallai Gwynfor golli'r arweinyddiaeth:

> If the present leadership cannot persuade the rebels to toe the line, it will be swept away and a radically different and more militant party will emerge; or the Plaid will disintegrate into a host of tiny groups, each pursuing their own immediate aims in their own way'.[153]

Isafbwynt yr ymholi hwn oedd y pennill dychanol 'Mae Creisis yn y Blaid' a gyhoeddwyd yn *Y Ddraig Goch*:

Mae creisis yn y Blaid,

Meddan nhw,

A Chymru yn y llaid,

Meddan nhw,

Mae dadlau dygyn digllon

Yn rhwygo'r Blaid yn yfflon

A Gwynfor yn ddigalon,

Meddan nhw.[154]

Ymgais i watwar y *Western Mail* oedd y brydyddiaeth dalcen slip yma, ond fe lwyddodd y gerdd i gadarnhau'r teimlad bod yna argyfwng ym Mhlaid Cymru ac na fedrai Gwynfor wneud dim i dawelu'r storm.

Roedd yr hyn a ddigwyddodd i Deledu Cymru yn haf 1963 hefyd yn porthi'r syniad bod Gwynfor yn arweinydd diymadferth a oedd yn afradu ei amser ar betheuach amherthnasol. Drwy gydol hydref 1962 a gaeaf 1963, cafodd Gwynfor a chyd-gyfarwyddwyr y cwmni eu hunain ynghanol sefyllfa hunllefus, wrth i'r cwmni ddechrau darlledu a gwneud colledion mawr. Er y cafwyd rhaglenni nodedig, yn enwedig ym maes rhaglenni plant a newyddion o dan gyfarwyddyd John Roberts Williams, roedd y cwmni o'r dechrau'n deg yn debygol o fethu. Nid bai Teledu Cymru oedd y ffaith bod ganddyn nhw gyn lleied o drosglwyddyddion, ond roedd y penderfyniad i ddechrau darlledu dan amgylchiadau anffafriol yn gamgymeriad tost. Roedd y penderfyniad i godi clamp o stiwdio ddrudfawr yn Western Avenue, Caerdydd, hefyd yn gam gwag ond efallai mai'r camgymeriad mwyaf oedd anallu patholegol dyrnaid o'r cyfarwyddwyr i sylweddoli nad oedd arian yn tyfu ar goed. Haydn Williams oedd arweinydd y garfan hygoelus hon, ond roedd Gwynfor ymysg ei chefnogwyr selocaf. Hyd yn oed ar ôl i Gwynfor dderbyn rhybudd yn Chwefror 1963 fod Teledu Cymru mewn dyfroedd dyfnion iawn,[155] daliodd i ddweud wrth gyd-gyfarwyddwr fel T H Parry-Williams fod 'y rhagolygon yn foddhaol iawn'. Ond barnodd T H Parry-Williams yn hollol gywir fod y 'cwmni'n cael ei redeg gan glic bychan' a bod eu harweinydd, Haydn Williams, yn llawer 'rhy optimistig'.[156] Ceir prawf pellach o hyn, os oes ei angen, yn y modd y darfu am y cwmni. Serch i Gwynfor glywed fod y sefyllfa ariannol yn hynod dywyll,[157] roedd yn parhau i fynnu'n breifat y medrai'r cwmni dalu'i ffordd pe daliai ei dir tan fis Hydref 1963.[158]

Breuddwyd gwrach oedd hynny ac, ar 17 Mai 1963, cafwyd cyfarfod tyngedfennol o gyfarwyddwyr Teledu Cymru lle daethpwyd i'r casgliad bod yr hwch wedi mynd drwy'r siop; ar 20 Mai, cyhoeddwyd na fedrai'r cwmni barhau i gynhyrchu rhaglenni Cymraeg. Er bod y cwmni'n parhau i ddarlledu rhaglenni Saesneg, roedd y rheswm dros fodolaeth Teledu Cymru wedi diflannu ac, ym mis Medi 1963, fe'i traflyncwyd gan gwmni TWW. Nid yn unig yr oedd yn ergyd drom i'r Gymraeg, roedd hefyd yn ddyrnod economaidd i'r Cymry hynny a adawsai swyddi saff er mwyn gweithio i'r cwmni. Wynebai rhai o'r gweithwyr ddyledion a diweithdra ac, o'r herwydd, rhoes arweinwyr undeb gweithwyr Teledu Cymru y bai ar amaturiaeth ronc y cyfarwyddwyr.[159] Beiwyd y cyfarwyddwyr yn ogystal am hudo 900 o Gymry a'u perswadio i roi o'u cynilion prin i fenter a aeth yn ffliwt mor hawdd. Roedd yr 'holl fusnes', chwedl Frank Price Jones, adolygydd teledu'r *Faner*, 'yn drewi'.[160] Ond er bod yna bedwar ar bymtheg o gyfarwyddwyr ar y Bwrdd, roedd diwedd Teledu Cymru'n ergyd arbennig o greulon i Gwynfor a Haydn Williams. Y ddeuddyn hyn, wedi'r cyfan, oedd penseiri'r fenter; nhw oedd y ddau a arllwysodd gymaint o amser, hygrededd a gobaith i mewn i'r cwmni. Yn awr, ar ôl bod trwy ddŵr a thân, doedd dim y medrai Gwynfor ei wneud ond beio pawb arall. Yn *Y Ddraig Goch*, priodolwyd methiant Teledu Cymru i bobl a oedd am weld 'diflaniad yr iaith' a serch nad enwyd hwy, gwelid Aneirin Talfan Davies a Iorwerth Peate fel y gwŷr drwg.[161] Y partneriaid eraill yn yr hyn a bortreadwyd gan Blaid Cymru fel cynllwyn ysgeler oedd y llywodraeth, yr ITA a chwmnïoedd masnachol tebyg i Granada a TWW. Y drindod hon, meddid, a ewyllysiodd ddiwedd Teledu Cymru. Y gwir amdani, fodd bynnag, oedd i TWW a'r ITA (i raddau llai) wneud mwy nag oedd raid i gynorthwyo Teledu Cymru. Er hynny, dyma, hyd y diwedd un, oedd y ffordd y ceisiodd Gwynfor ailysgrifennu hanes ac esgusodi ei ran ef mewn drama druenus.[162]

Bwriodd galanastra Teledu Cymru ei gysgod dros Gwynfor am fisoedd i ddod. Er bod gwres y Saundersiaid yn dechrau tymheru, ni olygai hynny fod Gwynfor â'i draed yn rhydd. O'i amgylch, roedd symbolau ei fethiant arweinyddol yn amlhau: Tryweryn, Clywedog ac, erbyn mis Medi, Llangyndeyrn. Yn achos Llangyndeyrn, rhybuddiwyd Gwynfor gan y Pwyllgor Amddiffyn i gadw draw, gan gymaint eu hofn y byddai ei bresenoldeb yn niweidio'u brwydr yn erbyn Corfforaeth Lafur Abertawe.[163] Y cwbl y medrai Gwynfor ei wneud, felly, oedd awgrymu cynllun arall i ddiwallu anghenion dŵr Abertawe trwy godi cronfa ym mhen uchaf Dyffryn Tywi. Dyna a ddigwyddodd yn y diwedd, ac achubwyd Llangyndeyrn, ond ni chafodd Gwynfor ddim o'r clod haeddiannol am ei ran fwy preifat yn y frwydr.[164] Roedd brwydr Clywedog yn llai llwyddiannus fyth i Gwynfor o safbwynt gwleidyddol. Er i gannoedd o gefnogwyr Plaid Cymru brynu lleiniau o dir yno, gwyddai Corfforaeth Birmingham mai mater o amser oedd hi cyn y byddai gorchymyn pryniant gorfodol yn gorfodi'r cenedlaetholwyr i ildio'u tir.[165] Yn y fath awyrgylch, roedd hi'n amlwg yn ystod haf 1963 fod diffyg disgyblaeth wedi mynd i waed Plaid Cymru ac anwybyddwyd cri Gwynfor am undod a gwaith etholiadol. Yn y Gynhadledd Flynyddol, cafwyd rhagor o ffraeo niwrotig ynghylch pa mor Gymraeg neu beidio yr oedd Plaid Cymru, a gwelwyd Kate Roberts yn dwrdio cenedlaetholwyr di-Gymraeg y de-ddwyrain am fentro dod trwy byrth Plaid Cymru heb falio 'ffeuen am y Gymraeg'.[166] Bygythiodd beidio rhoi sentan o'i hewyllys i Blaid Cymru os oedd y blaid, meddai, yn mynd i gadw'r 'Gymraeg allan o'i pholisi fel y mae'r trefnydd presennol [Emrys Roberts] a'i ddilynwyr yn bygwth'.[167]

Fodd bynnag, doedd yna ddim owns o wirionedd yng nghyhuddiad Kate Roberts fod Emrys Roberts am gadw'r Gymraeg allan o weithgarwch Plaid Cymru. Roedd Emrys Roberts, a hanai o Leamington Spa, wedi dysgu Cymraeg yn rhugl, ond mae'r ffaith iddi ymosod mor hallt arno yn tystio i'r ffaith bod presenoldeb cenedlaetholwyr ifanc, dawnus o'r de-ddwyrain yn aflonyddu ar yr hen do a sefydlodd Blaid Cymru. Arweinydd ysbrydol y don newydd hon yn ddiau oedd Emrys Roberts, ond roedd ganddo gynorthwywyr hynod ddawnus fel Phil Williams a Harri Webb, ynghyd â threfnydd y de, Ray Smith. Byth oddi ar siom 1959, roedd nifer ohonynt wedi bod yn meddwl yn galed am ateb i'r cwestiwn oesol hwnnw: pam fod Plaid Cymru wedi profi cyn lleied o lwyddiant, yn enwedig yn y cymoedd? Yr ateb i garfan Emrys Roberts oedd bod angen i Blaid Cymru newid o fod yn blaid a fodolai'n *unig* er mwyn achub y Gymraeg i fod yn blaid fyddai'n ymgyrchu dros Gymru rydd, ddwyieithog a sosialaidd. Roedd seciwlariaeth hefyd yn elfen gref yn y ffordd y synient am y byd ac roeddent yn daer am dorri'r llinyn bogail hwnnw rhwng Plaid Cymru a'r capeli. Yn y bôn, roedd eu gwerthoedd gwleidyddol a chymdeithasol yn rhai hynod o debyg i rai'r Gweriniaethwyr ac, fel hwythau ar y dechrau, teimlent y medrent ddiwygio Plaid Cymru o'r tu fewn. Achub Plaid Cymru a Gwynfor oedd eu nod, a sicrhau y byddai yna ddyfodol i'r blaid a'i llywydd yn eu gwendid. Heb amheuaeth, felly, rhai nobl oedd eu hamcanion cychwynnol ond, o'r dechrau'n deg, roedd Gwynfor a'i gynghorwyr yn ddrwgdybus. Iddo ef, roedd diwygio'n gyfystyr ag ildio ei rym absoliwt ac efallai ei lywyddiaeth. Dyma sut, yn ystod hydref 1963, y crëwyd un o'r rhwygiadau dyfnaf a mwyaf arhosol yn holl hanes Plaid Cymru.

Ad-drefnu oedd cri cefnogwyr Emrys Roberts, ac, wrth weld cyflwr Plaid Cymru ym 1963, mae'n hawdd deall pam i weinyddiaeth Plaid Cymru ddod yn gymaint o obsesiwn iddyn nhw. Yn un peth, credent fod Gwynfor yn or-rymus yn rhinwedd y ffaith ei fod yn llywydd, a hefyd yn gadeirydd y Pwyllgor Gwaith – sefyllfa a ddefnyddid yn sgilgar gan Gwynfor i fygu unrhyw drafodaeth a fyddai'n feirniadol ohono. Yr ail beth oedd trefniadaeth Plaid Cymru, a'r ffaith bod gan Blaid Cymru ddwy swyddfa – un ym Mangor a'r llall yng Nghaerdydd. Roedd swyddfa'r de yn delio â chwestiynau gwleidyddol a swyddfa'r gogledd yn ymdrin â phopeth ariannol, ond golygai hyn aneffeithlonrwydd ar raddfa gwbl ryfeddol. Er mwyn arwyddo siec sylweddol roedd angen saith llofnod, a châi'r siec honno ei hanfon o Gaerdydd i Fangor, ei dychwelyd i Gaerdydd cyn cael ei hanfon *via* Porthmadog yn ôl i Gaerdydd unwaith eto! Pan ofynnwyd i gwmni ariannol edrych ar gyllid y blaid, gwrthododd y cwmni hwnnw ymgymryd â'r gwaith gan y gwyddai fod y dasg yn un gwbl ofer. Ac ni cheid gwell symbol o'r blerwch hwn na swyddfa ganolog y blaid: roedd aelodau amlwg o'r staff fel Emrys Roberts a Nans Jones yng ngyddfau ei gilydd ac, uwchlaw popeth, gweithredai J E Jones fel ymgynghorydd pur annelwig. Roedd y cyfan, meddai Ray Smith wrth y Pwyllgor Gwaith, yn gawdel o'r radd flaenaf: 'The impression of the Party which I have gained in the few short months I have worked at Cardiff is that it exists but it does not live: it stands, but it does not move'.[168]

Ddiwedd Awst 1963, cyfarfu Gwynfor â'r 'diwygwyr' am y tro cyntaf. Addawodd sefydlu pwyllgor i drafod ad-drefnu ond, mewn gwirionedd, ychydig o ddiddordeb go iawn a ddangosodd yn y mater allweddol hwn. Gallai Gwynfor fod wedi dysgu llawer wrth wrando ar Emrys Roberts, Ray Smith a'u tebyg, ond roedd ei bryder ynghylch gwir amcanion Roberts a'i griw yn drech na'i synnwyr cyffredin. Ac roedd yr un duedd i'w gweld ymysg cyfeillion Gwynfor. Ceisiodd Emrys Roberts a'i gefnogwyr godi mater trefniadaeth drachefn yn y Pwyllgor Gwaith, ond ymateb claear a gafwyd unwaith eto. O fewn dim, trodd yr awyrgylch gochelgar yn gwbl wenwynig, a dechreuodd carfan Emrys Roberts gwrdd yn rheolaidd, gan eu galw'u hunain yn 'The New Nation Group'. Ymhlith yr aelodau amlwg eraill roedd Harri Webb, Margaret Tucker, Roger Boore a'r ecsentrig asgell dde hwnnw, John Legonna. O weld hyn yn digwydd, methodd R Tudur Jones â brathu'i dafod, gan ddisgrifio'r beirniaid newydd hyn, mewn llythyr at Emrys Roberts, fel: 'cyfeillion sy'n anaeddfed yn deimladol ac yn amrwd eu hymddygiad – pobl â chŵyn sefydlog ganddynt yn erbyn cymdeithas'.[169]

Caed ymateb cyffelyb gan Elystan Morgan. Roedd Emrys Roberts, meddai wrth J E Jones, 'yn debygol o wneud difrod enbyd i'r Blaid', gan ddieithrio rhai o'i chefnogwyr traddodiadol ym Meirion fel Tom Jones, Ifor Owen a Gerallt Jones. 'Ni all y rhain,' ychwanegodd, 'roddi o'u gorau a theimlo bod y pencadlys yn cael ei redeg gan un sy'n dirmygu eu hymdrechion.'[170]

Gyda gwyntoedd croes y New Nation yn magu nerth, ceisiodd Gwynfor roi taw ar bethau trwy bwysleisio y gallai hen do'r blaid gyd-fyw â'r radicaliaid newydd. Gwnaeth yr apêl hon ar ddechrau 1964 yn *Rhagom i Ryddid*, cyfrol a geisiai briodi cenedlaetholdeb traddodiadol Plaid Cymru â syniadau modern. Roedd y llyfr hefyd yn gyffes ffydd ac yn rhywbeth yr oedd Gwynfor wedi bod eisiau ei wneud ers tro. Er hynny, ei flaenoriaeth wrth roi rhywbeth ar glawr oedd rhoi arweiniad newydd i'w blaid a chael heddwch. Dyna pam y gwnaeth Elwyn Roberts sicrhau y byddai rhai o hoelion wyth Plaid Cymru yn canmol *Rhagom i Ryddid* i'r entrychion pan ddaeth o'r wasg. Cyhoeddodd D J Williams mai 'dyma Lyfr Exodus y Cymry' gan 'Foses' o awdur, tra disgrifiwyd y gwaith gan Lewis Valentine fel 'fflam dân' o gyfrol. Ategwyd hyn gan J E Jones. O hyn ymlaen, meddai, yr oedd hi'n 'ddigon eglur bod i bwyslais, neu "athroniaeth" Plaid Cymru relifans i fwy na phroblem achub Cymru'.[171] Ond methodd Elwyn Roberts â chael Huw T Edwards i delynegu yn yr un modd. Awgrymodd yntau'n bigog ddigon wrtho mai da o beth fyddai i Gwynfor 'fel Cristion... geisio gweld peth daioni yn ei wrthwynebwyr' a 'chaniatáu iddynt safon o onestrwydd'.[172]

Llythyr preifat oedd hwnnw gan Huw T Edwards ond, ar ddechrau Ionawr, llwyddodd i chwalu ymgais Gwynfor i ail-lansio ei lywyddiaeth. Yn *Y Faner*, cyhoeddodd Huw T Edwards erthygl a ddadleuai eto fyth mai un sedd yn unig y dylai Plaid Cymru ei hymladd ac mai rheitiach peth fyddai i'r blaid droi'n fudiad amhleidiol er mwyn amddiffyn Cymru.[173] O hyn ymlaen, daeth Gwynfor i ystyried Huw T Edwards nid yn gymaint fel niwsans annibynadwy ond fel gelyn. Ond nid llef un yn llefain oedd hon ychwaith; roedd syniad tebyg i un Huw T Edwards wedi ei wyntyllu gan Alun Talfan Davies, Cadeirydd y Rhyddfrydwyr yng Nghymru, a chan Gwilym Prys Davies o'r Blaid Lafur hefyd. Y mis Chwefror hwnnw, ysgrifennodd Gwynfor at D J Williams i ddatgan ei anniddigrwydd: 'Pe dilynid hwn, byddai ar ben arnom. Sylwer mai'r unig rai sy'n cefnogi Huw T yw pobl fel Gwilym Prys, Alun Talfan a Iorwerth Peate, a gefnodd ar y Blaid bob un. Yr unig fuddugwr pe dilynid H. T. fyddai'r Blaid Lafur. Ond ymwrthodir yn ddirmygus â'u crawcio o Fôn i Fynwy'.[174] Er hynny, roedd Gwynfor yn poeni am effaith bosibl y wasg Gymraeg. Cafwyd sawl trafodaeth hir yn y Pwyllgor Gwaith ynghylch 'sut i ladd' y cylchgrawn newydd *Barn* a dim ond ar bleidlais fwrw Gwynfor y penderfynwyd peidio â mabwysiadu polisi ffurfiol o niweidio'r cylchgrawn.[175] Roedd stumio cwrs golygyddol *Y Faner* dipyn yn haws ac ysgrifennodd Gwynfor at y golygydd, Gwilym R Jones, gan ofyn iddo beidio cyhoeddi rhagor o erthyglau dadleuol ynghylch polisi etholiadol Plaid Cymru. Er syndod, cytunodd Gwilym R Jones â'r cais gan addo peidio cyhoeddi sillaf ar y cwestiwn tan ar ôl yr etholiad. Addawodd hefyd y byddai Plaid Cymru'n cael cefnogaeth *Y Faner* 'tra byddwn, mae'n siŵr, am na allwn beidio â'i chefnogi'.[176] O fewn mis i anfon y llythyr hwn, cyhoeddodd *Y Faner* bolisi o 'beidio â chyhoeddi gohebiaeth ar bolisi Plaid Cymru' tan ar ôl yr etholiad cyffredinol.[177] Roedd hi'n weithred anghyffredin o hunansensoriaeth, ond bu'n fodd i dawelu'r dyfroedd ryw gymaint a chaniatáu i Gwynfor ddechrau canolbwyntio ar yr etholaeth yr oedd wedi ei hesgeuluso cyhyd: Sir Gaerfyrddin.

Yr hyn sy'n drawiadol am sefyllfa Gwynfor rai misoedd cyn etholiad cyffredinol 1964 yw'r bwlch rhwng ei enwogrwydd lleol a chyflwr Plaid Cymru yn Sir Gâr. Chwe mis cyn etholiad cyffredinol mis Hydref 1964, doedd gan y blaid ddim un gangen yn nhref Caerfyrddin ac, ar y gorau, tua chant o ymgyrchwyr gweithgar oedd ganddi yn y sedd wasgaredig.[178] Ni allasai'r cyferbyniad rhwng Meirionnydd a Sir Gaerfyrddin fod yn fwy amlwg; roedd sedd Sir Feirionnydd wedi ei neilltuo ar gyfer y llywydd ac yno, roedd pobl yn disgwyl iddo ennill a thorri trwodd. Fodd bynnag, roedd Gwynfor wedi methu ym Meirion, ac Elystan Morgan bellach a gariai obeithion y blaid yno. Gadawyd Gwynfor i ddioddef yr embaras o sefyll mewn sedd gwbl anenilladwy. Ar y gorau, ystyrid cadw'r ernes a chael tua 6,000 o bleidleisiau fel canlyniad da.[179] Mae'n rhaid bod ymladd am y tro cyntaf yn etholaeth Caerfyrddin wedi bod yn brofiad hynod ddigalon iddo ac nid cyd-ddigwyddiad yw hi i'r *Ddraig Goch* baratoi cefnogwyr Gwynfor am siom wrth ddisgrifio'i sedd fel hyn: 'Nodweddion gwleidyddol yr etholaeth – ceidwadaeth; ymlyniad wrth berson. Etholaeth anwleidyddol iawn… Nid yw'r bobl yn meddwl yn wleidyddol – ychydig eithriadau prin'.[180] Ond yn hytrach na chwyno, ymrôdd Gwynfor i sefydlu peirianwaith go iawn yn y sir. Ailsefydlwyd cangen tref Caerfyrddin a llwyddwyd i gael athrylith ifanc o drefnydd, Cyril Jones, i roi llun ar bethau.

Wrth i hadau gobaith gael eu hau yn Sir Gaerfyrddin, âi pethau o ddrwg i waeth i Blaid Cymru ar lefel genedlaethol gyda'r carfanu'n waeth nag erioed.

Ysgrifennodd Cassie Davies at Emrys Roberts gan bledio arno i roi'r gorau i'w weithgarwch gyda'r New Nation ac i ffrwyno'i gyfeillion radical. Y symbol mwyaf gweladwy o'r dadlau iddi hi oedd cyfarfodydd y Pwyllgor Gwaith. 'Bellach,' meddai, 'maent yn dirywio i fod yn gecru cyson, yn ddannod a chwilio beiau, yn hen bigo diderfyn ar bawb a phopeth, ac yn ddinistriol. Mae mwy o ddiflastod ynddynt nag o ysbrydiaeth. Yn wir, gwn fod y mân gecru yma yn cadw rhai o bobl orau Cymru draw ac yn eu dieithrio.'[181] Ond roedd carfan Emrys Roberts yn ddiedifar: credent fod yn rhaid diwygio er mwyn arbed Plaid Cymru rhag ei thranc anochel. Buasai canlyniadau etholiadau lleol Mai 1964 yn hynod siomedig a galwodd Owen John Thomas, un o gefnogwyr ifanc Emrys Roberts, am 'virile radical alternative' i danio plaid a oedd yn marw ar ei thraed: '… no spirit of fervour amongst members, and little sign of a battle being fought'.[182]

Roedd Emrys Roberts yn neilltuol o gignoeth yn ei drafodaethau preifat gyda'i gyd-aelodau yng ngrŵp y New Nation. Wrth weld nifer o aelodau'n gadael Plaid Cymru, paratôdd femorandwm ar gyfer aelodau'r New Nation gan ddinoethi'r hyn a ystyrid ganddo fel sefyllfa gwbl druenus. Yn ôl Ysgrifennydd Cyffredinol Plaid Cymru, dyma oedd prif ddiffygion ei blaid ym Mehefin 1964:

(1) The party is scarcely known at all.

(2) Where it is known, the image is bad, old-fashioned, puritan, wanting to put the clock back, fanatical, impractical.

(3) It is regarded as being almost synonymous with the Welsh language.

(4) Its aim of self-government and a seat in the UNO seems far too remote from the ordinary man to be taken realistically.

Roedd Emrys Roberts yn llawn mor ymosodol ynghylch 'Llys Llangadog':

These 'public' weaknesses are caused by the Party's 'private' – i.e. internal, weaknesses. These are: it is amateurish, conservative, lethargic, with no drive or initiative. It is also far too academic.

Ac er gwaethaf ei swydd, nid ymataliodd Emrys Roberts rhag ymosod yn hallt ar ddiffygion Gwynfor:

The weaknesses noted appear to be part of the leader's personality – shy, weak, unimaginative, lacking in drive. This is heightened by the fact that the leader's chosen advisers are largely of the same stamp and make things worse rather than better.

Yn yr un ddogfen, cyfaddefa Emrys Roberts iddo ystyried sefydlu plaid newydd ond iddo benderfynu mai'r ateb oedd: 'a fairly small group, with a number of agreed objectives and an agreed plan of campaign'. Ac roedd cadw Gwynfor fel llywydd yn rhan o'r strategaeth, pe medrent ei ddiwygio: 'With good organisation and handling, he [Gwynfor] might develop into a fairly effective front man'.. Hunllef i Emrys Roberts fyddai gweld 'Elystan Morgan, Wynne Samuel or someone else like them, worse than Gwynfor' yn ennill y llywyddiaeth. Ond doedd Emrys Roberts ddim yn gwbl deyrngar i Gwynfor, o bell ffordd, ac roedd yn barod i ystyried rhywun arall, pe gwireddid ei 'hunllef': 'In the fight to establish improved organisation, a leader might emerge who would later be able to take over the Presidency, if it were found that Gwynfor still did not measure up to requirements'.[183] Fis yn ddiweddarach, dengys cofnod arall a ysgrifennwyd gan Emrys Roberts fod yna: 'disagreement on our attitude to Gwynfor – should he be kicked upstairs, or completely discredited and kicked out'.[184] Hyd yn oed gyda synnwyr trannoeth, mae'n anghredadwy nodi fod Emrys Roberts, Ysgrifennydd Cyffredinol Plaid Cymru, yn rhan o'r trafodaethau hyn ac yn ysgrifennu memoranda yn cofnodi'r cyfarfodydd hyn.

Ar drothwy'r gynhadledd flynyddol, dechreuodd sïon gyniwair fod Huw T Edwards am ailymuno â'r Blaid Lafur. Ni wyddai Gwynfor ddim am hyn ac fe'i gadawyd i droi fel cwpan mewn dŵr. 'The last I heard of him,' meddai Gwynfor yn gegrwth, 'was that he had promised his full support in our election effort and had offered his house as an office.'[185] Arhosodd Huw T Edwards ym Mhlaid Cymru am chwe mis arall cyn ailymuno â'r Blaid Lafur, ond roedd yr holl ansicrwydd yn cyfrannu at yr ymdeimlad y byddai'r gynhadledd yn fwy fyth o draed moch. Ac felly y bu hi. 'Brwydr Genedlaethol y Cymry' oedd y thema i fod, ond roedd y cynadleddwyr a gyrhaeddodd Abergwaun yn llawer parotach i frwydro ymysg ei gilydd. Trodd y ras am yr is-lywyddiaeth rhwng Elystan Morgan a Chris Rees yn ymgiprys chwerw rhwng carfanau Gwynfor Evans ac Emrys Roberts. Er na ddangosodd Chris Rees unrhyw gydymdeimlad tuag at grŵp y Genedl Newydd, roedd carfan Emrys Roberts yn ysu am ei weld yn cael ei ethol er mwyn torri crib 'Stan' fel y byddai gelynion Elystan Morgan yn ei lysenwi. Drwy'r cyfan, roedd Gwynfor ac Elystan Morgan mewn cysylltiad agos. Rai dyddiau cyn y bleidlais, ysgrifennodd Elystan Morgan at Gwynfor yn hynod ddigalon wrth weld Plaid Cymru'n chwalu:

... teimlaf yn ddig iawn wrth hyn. Credaf fod Emrys efallai yn anelu ataf fi fel ymgeisydd am yr is-lywyddiaeth. Druan ohono!!! Ni faliaf fotwm corn os etholir Chris Rees. Mae'n fachgen ardderchog. Nid hynny ydyw'r cwestiwn, ond y perygl y bydd i Emrys lyffetheirio'r Gynhadledd. Credaf ei fod erbyn hyn yn sbeitlyd a maleisus.[186]

Roedd Emrys Roberts yn coleddu barn debyg ynghylch Elystan Morgan; honnodd wrth aelodau'r New Nation i Elystan Morgan ei bardduo yn y gynhadledd trwy ddweud ei fod yn cael 'nervous breakdown'.[187]

Beth bynnag fo'r gwir am y cyhuddiadau hyn, trasiedi'r sefyllfa o safbwynt Gwynfor oedd iddo golli rheolaeth ar ddau aelod ifanc mwyaf talentog Plaid Cymru. Pan etholwyd Chris Rees i'r is-lywyddiaeth yn Awst 1964, dechreuodd Elystan Morgan goleddu amheuon dyfnion ynghylch pam ei fod yn trafferthu gwleidydda yn lliwiau cecrus Plaid Cymru. Ochr arall y geiniog oedd i Emrys Roberts a'r New Nation ddod yn fwy hyderus. Roedd ethol Chris Rees yn brawf iddyn nhw fod *ancien régime* Gwynfor a'r 'Bopas' di-glem ar y Pwyllgor Gwaith ar fin dod i ben. Ond penderfynasant ohirio eu chwyldro cyfansoddiadol tan wedi'r etholiad cyffredinol a oedd i'w gynnal ar 15 Hydref. Yn y cyd-destun anniben hwn, mae'n hynod eironig taw *Nerth* (o bob enw) oedd enw maniffesto etholiadol Plaid Cymru.

Doedd pethau fawr gwell pan ddechreuodd yr ymgyrchu go iawn. Gyda'r 'ban' darlledu yn dal mewn grym, gorfu i Blaid Cymru wneud defnydd helaeth o Radio Wales er mwyn cyrraedd y 23 etholaeth lle roedd ganddi ymgeiswyr. Yn wreiddiol, roedd Gwynfor yn gobeithio y byddai Plaid Cymru'n medru darlledu ar orsaf radio beirat, Radio Caroline, 'between the pops'.[188] Roedd Plaid Cymru a Gwynfor yn gwbl agored ynghylch y trefniadau hyn a chyhoeddwyd fod y blaid wedi trefnu i gyfreithiwr o'r gogledd gwrdd â phenaethiaid yr orsaf oedd wedi ei hangori oddi ar arfordir Ynys Manaw. A hwythau wedi mynd i'r drafferth yma, clywodd arweinwyr Plaid Cymru maes o law nad oedd Radio Caroline am gydweithredu â nhw, a chyda'r cynllun mawr wedi'i chwalu bu'n rhaid bodloni ar wyth trosglwyddydd yn y gobaith y deuai hyn â sylw a chydymdeimlad, fel a ddigwyddodd i ryw raddau ym 1959. Ond y tro hwn, roedd y wasg yn llawer mwy sinicaidd ynghylch y fenter, a daeth yr holl beth yn dipyn o 'charade', chwedl y *South Wales Evening Post* – yn enwedig pan wadai'r blaid fod yna unrhyw gysylltiad swyddogol rhyngddi hi a Radio Wales.[189]

Tueddai Gwynfor hefyd i roi bai ar y 'ban' am bopeth heb sylweddoli fod ei gwpwrdd syniadol ef ei hun yn wag. Mewn blwyddyn pan gynigiai Wilson

Ysgrifenyddiaeth a chwyldro technegol i Gymru, roedd Gwynfor a'i homilïau parod yn swnio'n hesb. Bellach, roedd y bregeth orgyfarwydd ynghylch gwrth-Gymreictod y Blaid Lafur hefyd yn swnio'n wag a dieneiniad. Pen tost arall oedd y sloganau a baentiwyd ar draws Cymru yn enw mudiad newydd annelwig o'r enw FWA ac, ar fwy nag un achlysur, gorfodwyd y blaid i wadu mai hi oedd yn gyfrifol. Gyda'r FWA yn addo gweithredu'n uniongyrchol yng Nghwm Tryweryn, dewisodd y wasg ddilyn y sgwarnog honno yn hytrach na gwrando ar ddatganiadau Gwynfor ynghylch toriadau Beeching ac ar y 'ban' darlledu.[190] Wrth i'r ddedfryd etholiadol agosáu, digalonnodd Emrys Roberts yn llwyr a chwynodd wrth Gwynfor iddo fynd yn 'llesg, yn ddi-fywyd, yn ddi-syniadau – yn gwneud fawr dim [*sic*] mwy erbyn hyn na chadw'r peth i dicio drosodd rywsut'.[191]

Hanner y gwir oedd hynny, fodd bynnag. Ymysg aelodau'r New Nation, roedd Emrys Roberts yn fwrlwm o syniadau ac, ynghanol yr ymgyrch, ysgrifennodd femorandwm yn mynegi ei obaith taer y byddai Gwynfor yn colli cadeiryddiaeth Pwyllgor Gwaith Plaid Cymru yn syth wedi'r etholiad. Ef, Emrys Roberts, fyddai wedyn yn camu i'r gadair cyn ei throsglwyddo i Ray Smith. Roedd hefyd wrthi'n cynllunio strategaeth fyddai'n gweld rhai o'i gyfeillion agosaf yn dod yn 'Gyfarwyddwyr' ar Blaid Cymru. Yn unol â'r weledigaeth hon, byddai John Legonna yn cael ei benodi'n Gyfarwyddwr Trefniadaeth, Meic Stephens yn dod yn Gyfarwyddwr Polisi ac Ymchwil, Harri Webb yn cael Cyhoeddusrwydd a Chyhoeddi gan adael Roger Boore yng ngofal Cyllid.[192]

Yn wir, bron y gellir dweud mai gweithgarwch dygn Gwynfor oedd yr unig agwedd nad oedd yn ddiffygiol. Yn Sir Gaerfyrddin, byddai'n annerch o leia bum cyfarfod cyhoeddus bob nos, gan atgoffa'i gynulleidfaoedd drosodd a thro mai gweithred foesol oedd pleidleisio dros Blaid Cymru.[193] Heb amheuaeth, roedd yr awyrgylch 'yn dda' yno, a gwelwyd nifer o ymgyrchwyr ifanc yn tyrru i rengoedd y blaid yn lleol.[194] Ymdrechodd Gwynfor ymdrech deg, ond roedd brwydr Sir Gaerfyrddin yn un amhosibl i'w hennill, gan gymaint apêl a charisma'r ymgeisydd Llafur, Megan Lloyd George. Roedd presenoldeb yr ymgeisydd Rhyddfrydol amlwg, Alun Talfan Davies, hefyd yn gwneud pethau'n anos fyth iddo.

Cyhoeddwyd canlyniad Caerfyrddin am chwarter i ddau y bore o flaen torf o rai cannoedd ar Sgwâr y Guildhall. Yn ôl y disgwyl, roedd Megan Lloyd George wedi ei hailethol gyda Gwynfor yn drydydd ar 5,495. O safbwynt personol, roedd yn ganlyniad di-ddrwg, di-dda; er iddo godi cyfran pleidlais Plaid Cymru o 5.2 y cant i 11.7 y cant, methodd â dal gafael ar ei ernes gan ddod 500 yn fyr o'r nod cyhoeddus yr oedd wedi'i osod iddo'i hun. Roedd y nifer hefyd fymryn yn llai na'r hyn a gawsai Jennie Eirian Davies yn ôl ym 1957. 'Satisfactory progress' oedd ei ddyfarniad diplomataidd. Fodd bynnag, Caerfyrddin oedd y lleiaf o'i broblemau.[195] Yn ystod oriau mân bore 16 Hydref 1964, daeth hi'n amlwg fod Plaid Cymru wedi dioddef noson ofnadwy. Roedd hi wastad yn mynd i fod yn ras agos rhwng Llafur a'r Torïaid, ond wrth ethol llywodraeth Lafur, daliwyd Plaid Cymru yn y wasgfa. Am y tro cyntaf yn ei hanes, syrthiodd pleidlais genedlaethol y blaid, o 77,571 ym 1959 i 69,507 gan chwalu strategaeth wleidyddol Gwynfor yn yfflon. Ar bob tu, roedd y cigfrain yn ymgasglu. Ni wyddai i ble i droi ac ymdebygai i wleidydd yn dyheu am wyrth. O fewn dwy flynedd, fe gafodd waredigaeth ac atebwyd gweddïau Gwynfor Evans – A.S.

Pennod 8

GWAWR WEDI HIRNOS, 1964–66

DRANNOETH YR ETHOLIAD, deffrodd y Cymry a thystio i dirlun gwleidyddol cwbl newydd. Nid yn unig yr oedd Harold Wilson yn Brif Weinidog ond, am y tro cyntaf, wedi blynyddoedd o ymgyrchu, cafwyd Ysgrifennydd i Gymru a Swyddfa Gymreig. O'r diwrnod y croesodd Jim Griffiths riniog ei swyddfa newydd ym Mharc Cathays, dechreuwyd ar chwyldro tawel yn y modd y câi Cymru ei rheoli. Yn awr, roedd gan Gymru ei hegin-lywodraeth ei hun. Er mai Swyddfa geiniog-a-dimai a grëwyd, ni allai neb ond y sinig mwyaf digymrodedd wadu arwyddocâd y datblygiad hwn. Am y tro cyntaf, cafwyd symbol diriaethol o barodrwydd y Blaid Lafur i ddatganoli grym. Roedd yna hefyd ffresni ac arlliw Gymreig i'r llywodraeth newydd, ac addewid y byddai Gweinidogion fel Cledwyn Hughes a Jim Callaghan yn rhoi llais i Gymru ar y lefel uchaf. Y Blaid Lafur bellach, chwedl John Morris, Aelod Seneddol Aberafan, oedd plaid Cymru.[1] Trwy greu un sefydliad, dinistriwyd cyfran helaeth o arfau rhethregol Plaid Cymru. Golygfa amheuthun oedd gweld Gwynfor yn gorfod llongyfarch y Blaid Lafur ar gadw at ei gair. 'I warmly welcome its belated arrival,' meddai, 'because this gets rid of a great block on the road to Welsh self-government.'[2]

Roedd y cyferbyniad rhwng y Blaid Lafur a Phlaid Cymru yn greulon o amlwg. Wrth i'r Blaid Lafur ddechrau ar y broses o lywodraethu, gwelwyd y trengholiad etholiadol mwyaf chwerw eto yn hanes Plaid Cymru. Roedd bron yn anochel y byddai'r tensiynau a fu'n ffrwtian cyhyd yn berwi drosodd. Halen ar y briw oedd i'r SNP – plaid a fu tan hynny'n llawer gwannach na Phlaid Cymru – wneud yn dda. I lawer o Bleidwyr, roedd Plaid Cymru wedi camu i dir newydd dieithr. Ar aelwyd Gwynfor ei hun, teimlid y canfyddiad hwn i'r byw. Yn ei ddyddiadur, ysgrifennodd ei fab, Dafydd, fod y gostyngiad ym mhleidleisiau'r blaid wedi 'ei rhoi mewn cyd-destun newydd a dieithr' gan fod Plaid Cymru 'bob amser wedi meddwl amdani fel plaid sy'n tyfu'.[3] Fel y mab, gwyddai'r tad hefyd ei fod mewn picil ofnadwy, ac un o'i weithredoedd cyntaf wedi'r etholiad oedd anfon llythyr at aelodau o'r blaid yn esbonio pam iddi wneud cynddrwg. Roedd y llythyr yn ymgais i dawelu'r dyfroedd, a cheisiodd Gwynfor liniaru ychydig ar boen ei aelodau trwy ddweud y gallai pethau fod wedi bod yn waeth gan fod y Blaid Lafur wedi 'ymadfer yn gryf yng Nghymru'. Rhoddodd gyfran o'r bai hefyd ar 'sefyllfa anhapus y Blaid wedi'r etholiad o'r blaen', ond ystyriai'r 'ban' fel y rheswm go iawn am y siom. Yr hawl i ddarlledu, yn ôl dehongliad Gwynfor, a sicrhaodd y byddai pleidlais y Rhyddfrydwyr mewn seddau Cymraeg fel Môn a Meirion yn aros yn sefydlog. Nid esgus oedd hwn meddai, 'ond ffaith'. Ond y flaenoriaeth i Gwynfor o hyn ymlaen oedd disgyblaeth o fewn ei blaid ei hun, a gorffennodd ei druth ar y nodyn cyhoeddus mwyaf hunandosturiol iddo erioed ei daro: 'Mae'n hanfodol inni gyd-symud fel Plaid unol a disgybledig. Mae'n siŵr y collwn rai o'n haelodau; fe adferir yr hen gri am weithredu trwy'r Pleidiau Seisnig ac am weithredu "uniongyrchol". Caled yn wir yw ein rhan… '[4] Defnyddiodd yr un apêl at emosiwn mewn cyfweliadau â'r wasg hefyd. Pan ofynnwyd iddo gan *Y Cymro* sut y medrai gario ymlaen fel rhyw Ioan Fedyddiwr yn yr anialwch, ateb Gwynfor oedd hyn: 'Fyddai dim ystyr i'm bywyd petawn i'n rhoi'r gorau iddi'.[5]

Erbyn hynny, fodd bynnag, roedd rhai o aelodau'r blaid, yn enwedig aelodau'r New Nation, yn ysu am weld Gwynfor yn rhoi'r gorau iddi. Dridiau wedi'r bleidlais, ysgrifennodd Harri Webb at John Legonna gan ddatgan bod pethau cynddrwg nes bod 'the very existence of the party… in doubt'. Methai Webb ychwaith â deall beth gebyst oedd yn cymell dallineb Gwynfor: '[Gwynfor] doesn't seem to realise exactly what has happened and the extreme unlikelihood of the party being able to carry on as at present. Still reluctant to recognise the importance of reorg. [anisation]. Makes excuses. Seems to be utterly obsessed by the effects of the TV ban'.[6] O'r braidd fod angen i Harri Webb ddweud hyn wrth John Legonna, oherwydd roedd yntau hefyd wrthi fel lladd nadroedd yn ceisio tanseilio Gwynfor. I'r perwyl hwn, anogodd Legonna ei gyd-aelodau yn y New Nation i ymbaratoi gogyfer ag un frwydr fawr olaf.

Ar adain arall y blaid hefyd, dechreuodd y Saundersiaid ddeffro o'u trwmgwsg rhamantaidd gan weld eu cyfle. Gofynnodd Nina Wynne, merch ROF Wynne, i Saunders Lewis a fyddai'n fodlon dychwelyd fel llywydd. Ffantasi pur oedd hynny, wrth gwrs, ond serch iddo wrthod y cynnig, rhoes Saunders Lewis anogaeth i'w gefnogwyr ddechrau brwydro drachefn yn erbyn y polisi o ymladd etholiadau seneddol:

> As for the nationalists, I am now (after the election results) quite hopeful, I think the
> idea that a nationalist movement can succeed by parliamentary elections has now been
> proved preposterous. So the younger element of Plaid Cymru may drop their socialistic
> trend and begin again to be nationalistic.[7]

O fewn y mis, cafwyd datganiad gan Grŵp Garthewin yn cyhoeddi eu bod fel
'... Ysgol Sadwrn o genedlaetholwyr Cymreig' yn datgan 'eu ffydd yn athroniaeth
wleidyddol Saunders Lewis fel y ceir hi yn y ddarlith radio *Tynged yr Iaith*'.[8]
Cafwyd ymateb cyffelyb gan rai o arweinwyr Cymdeithas yr Iaith Gymraeg hefyd,
ac anfonwyd llythyr yn enw Cynog Dafis a John Davies yn ymbil ar i Gwynfor
roi heibio ymladd etholiadau. Gwnaethant hyn gan y byddai parhau i ymladd
etholiadau yn 'gam yn nes i ddistryw a difodiant'. Roedd yna addewid plaen
yn ogystal y byddent ill dau yn: '... cefnogi mudiad arall mwy realistig (megis
Cymdeithas yr Iaith Gymraeg) ac yn recriwtio cynifer fyth a allom o aelodau'r
Blaid i unrhyw fudiad. Nid bygythiad yw hwnna ond gosodiad o wirionedd
plaen'.[9]

Ond er taered y pwysau o du'r cenedlaetholwyr iaith, roedd yr elyniaeth
go iawn i'w gweld rhwng grŵp y New Nation a Gwynfor. Bwriad gwreiddiol
Gwynfor oedd tawelu'r dyfroedd ond daeth dan bwysau trwm i chwalu'i feirniaid
yn y de-ddwyrain, unwaith ac am byth. Ar 20 Hydref 1964, ysgrifennodd
R Tudur Jones ato gan erfyn arno i weithredu gan gymaint ei bryder 'mawr' y
gallai'r 'mudiad (yn arbennig yn Sir Fôn)... ymchwalu'n llwyr'. Aeth ymlaen i
ddweud bod yr amser wedi dod i weithredu:

> Y mae'n rhaid inni geisio carthu'r Pwyllgor Gwaith o'r elfennau afrywiog sydd wedi
> bod mor amlwg ynddo'r blynyddoedd diwethaf. Bu amser pan oedd cyfarfodydd y P.G.
> [Pwyllgor Gwaith] yn ysbrydiaeth ac yn gymorth i weithgarwch. Byddai dyn yn edrych
> ymlaen ato. Prin y gellir dweud hynny yn ystod y blynyddoedd diwethaf yma. Nid oes
> gennyf ddim i'w ddweud ar y pen yma ar bapur heblaw awgrymu f'agwedd er mwyn
> ichwi wybod fy mod yn rhannu eich pryder ac yn awyddus i helpu.[10]

Y broblem i Tudur Jones a Gwynfor, fodd bynnag, oedd nad oedd ganddynt na'r
modd na'r dystiolaeth i ddinistrio'r 'elfennau afrywiog' ond, o fewn dyddiau, fe'u
cafwyd.

Nid Tudur Jones oedd yr unig aelod amlwg o Blaid Cymru i roi pìn ar
bapur y diwrnod hwnnw. Yng Nghaerdydd, roedd Emrys Roberts hefyd yn
meddwl am ddyfodol ei blaid, serch ei fod eisoes wedi dweud wrth Gwynfor y

byddai'n gadael fel Ysgrifennydd Cyffredinol unwaith y câi swydd arall. Ar 20 Hydref, ysgrifennodd Emrys Roberts at ei gyd-aelodau yn y New Nation, gan nodi'r hyn a drafodwyd pan gyfarfu'r grŵp ar 26 Medi. Dywed y cofnodion hyn fod yn rhaid i'r Cyfarwyddwr Cyllid, Elwyn Roberts, fynd, gan ei fod yn 'completely ineffectual'. Nododd Emrys Roberts yn ogystal fod y grŵp wedi bod yn trafod yn eu cyfarfod p'run oedd orau: cael Arweinydd neu 'Directorate' i Blaid Cymru, a'i fod wedi llwyr alaru ar esgusodion pathetig Gwynfor: 'Blame the TV and Radio Ban and lack of Plaid Coverage on the news. Blame the Liberals, try to get the Home Rule MPs to put forward a bill of some form of s. [self] government – to show their true colours not in expectation of any concrete results'. Fel dadansoddiad o gyflwr plaid, roedd yn llythyr cwbl anhygoel i unrhyw Ysgrifennydd Cyffredinol ei anfon, ond roedd yna un pwynt clo a brofodd yn fwy damniol na'r un arall. Ymhelaethodd Emrys Roberts ar yr alwad gyfarwydd am yr angen i Blaid Cymru gael Cadeirydd, ac esboniodd wrth y New Nation sut yn union y rhagwelai'r Llywydd a'r Cadeirydd yn cydweithio:

> We have to decide whether we are prepared to accept this and let the Chairman fight it out later with the best man coming out on top, or whether we want to put into the constitution a division of responsibility – President over development of policy, Chairman over organisation. This is what we want.[11]

Anfonwyd yr epistol at lond llaw o aelodau'r New Nation, ond y noson honno yn swyddfa Plaid Cymru yng Nghaerdydd, agorwyd un o'r llythyrau hyn trwy gamgymeriad gan ysgrifenyddes Plaid Cymru, Nans Jones. Yr arfer yn y swyddfa ar y pryd oedd cofrestru pob llythyr, ond anghofiodd Emrys Roberts gau un o'r amlenni oedd yn cynnwys ei femorandwm ffrwydrol. Profodd yn gamgymeriad trychinebus. O weld bod un o'r amlenni'n agored, dechreuodd Nans Jones ddarllen yr ohebiaeth i weld beth oedd ynddi, a chael ei syfrdanu gan y cynnwys. Wedi sadio rhyw ychydig, ceisiodd hi siarad â Gwynfor. Doedd ef ddim gartref yn y Dalar Wen, ond llwyddodd i gael gafael ar Rhiannon. O glywed yr hanes, roedd hithau hefyd yr un mor ddig â Nans Jones a chredai fod yna gynllwyn yn erbyn ei gŵr, felly dyma ofyn i Nans Jones gopïo'r llythyr a'i anfon gyda'r troad i Langadog.[12] Heb oedi eiliad, dyblygodd Nans Jones y llythyr a'i anfon at Gwynfor. Mae'n amhosibl dweud beth oedd ei ymateb pan welodd y llythyr am y tro cyntaf, ond ar y copi hwnnw o'r llythyr yn y Llyfrgell Genedlaethol, ceir un gair yn llawysgrifen Gwynfor sy'n crynhoi ei deimladau tuag at Emrys Roberts. Y gair hwnnw yw 'Bradwr'.[13] Rai dyddiau'n ddiweddarach, ysgrifennodd Gwynfor at ei is-lywydd, Chris Rees, gan roi cofnod manwl o'i deimladau.

Yn y llythyr hwn, a ysgrifennodd ar 1 Tachwedd 1964, dywed Gwynfor fod yna 'sefyllfa tra difrifol ynglŷn ag Emrys' wedi datblygu a bod y llythyr (a ddaeth i gael ei adnabod fel y 'Judas Letter') yn brawf digamsyniol bod yna 'nifer o bobl sy'n gweithredu fel clymblaid oddi mewn i'r Blaid'. Aeth Gwynfor rhagddo i ddweud bod yna ddau beth 'arbennig o ddychrynllyd' wedi dod i'r amlwg o ganlyniad i lythyr Emrys Roberts. Y cyntaf oedd: 'Bod Ysgrifennydd Cyffredinol y Blaid yn arwain clymblaid o gynllwynwyr oddi mewn i'w rhengoedd'. Ond yr hyn oedd yn waeth na dim, yn nhyb Gwynfor, oedd agwedd 'fradwrus Ysg. Cyffredinol y Blaid at ei gyd-swyddogion, ac yn arbennig at Elwyn [Roberts]. Lle bo diffyg teyrngarwch mor gwbl affwysol, ni all mudiad fyw'. Mae hefyd yn amlwg mai dim ond ar ôl darllen llythyr Emrys Roberts y gwnaeth Gwynfor ddechrau meddwl am y New Nation fel bygythiad go iawn:

> Teifl… oleuni ar lawer digwyddiad yn hanes y Blaid yn ystod y blynyddoedd diwethaf. Fe'm rhybuddiwyd lawer gwaith mai Emrys oedd y drwg yn y caws, ond bûm yn rhy ddiniwed i gredu; a phwysais yn drwm arno y ddau dro iddo ymddiswyddo i aros, a'i berswadio (yn erbyn cyngor llawer) i aros at yr etholiad.

Bellach, disgynnodd y darnau i'w lle, a chredai Gwynfor fod Emrys Roberts wedi arwain cynllwyn i gael gwared ar J E Jones, Nans Jones ac Elwyn Roberts. Er hynny, roedd Gwynfor yn bur ansicr ynghylch beth i'w wneud ynglŷn ag Emrys Roberts. Yr unig gysur iddo oedd y ffaith bod 'y drwg a ddatguddir yn y llythyr yn gyfyngedig i nifer gymharol fach o bobl' a bod 'y sefyllfa yn y gorllewin yn iach iawn'.[14]

Dyfnhaodd yr argyfwng pan dderbyniodd cyfeillion Gwynfor gopïau o lythyr Emrys Roberts. Hwn, nododd D J Williams yn ei ddyddiadur, oedd y 'llythyr a'm syfrdanodd yn fwy na dim erioed… yn datgelu cynllwyn i ddi-orseddu Gwynfor fel Llywydd Plaid Cymru'. Cafodd yr un cylch cyfeillion wybod gan J E Jones fod Emrys Roberts wedi gadael ei wraig am Margaret Tucker, un o hoelion wyth y Mudiad Ieuenctid.[15] Does dim dwywaith bod hyn yn rhan o ymgais fwriadol gan J E Jones i fraenaru'r tir ar gyfer diswyddo Emrys Roberts ac, o fewn wythnos, cyrhaeddodd y stori dudalennau'r wasg dabloid. Mae'n amhosibl dweud ai J E Jones a gysylltodd â'r *Sunday Mirror*, ond roedd gweld y stori mewn print â phennawd bras 'Private Lives Row in Party' yn ysgytwol i blaid gapelyddol fel

Plaid Cymru.[16] Siaradodd R Tudur Jones ar ran nifer yn y blaid pan daranodd wrth Gwynfor: 'Y mae helyntion teuluol Emrys yn gwneud drwg mawr inni... Meddyliwch am yr holl siarad a glywsom am "image" y Blaid! Y mae "image" pert iawn gennym yn awr! A ninnau wedi sôn mor dalog yn yr Ysgol Haf am y Torïaid "collapsing from scandal to scandal".'[17] Roedd cyhoeddi'r stori hefyd yn sioc enbyd i Emrys Roberts, a dechreuodd yntau ddyfalu ai Gwynfor oedd yn gyfrifol am ollwng y gath o'r cwd. 'I have wondered,' meddai wrth Harri Webb, 'whether he [Gwynfor] was clever enough in order to weaken my position. I don't really think he would do this, but one never knows.'[18]

Beth bynnag y gwir, roedd Emrys Roberts yn ymladd am ei einioes gwleidyddol ac am yr hawl i adael fel Ysgrifennydd Cyffredinol ar ei delerau ei hun. Anogwyd Gwynfor gan Tudur Jones i ddangos 'peth ffyrnigrwydd at y bobl hyn' ac mae'n amlwg i Gwynfor dderbyn y cyngor gan iddo ffonio Emrys Roberts a'i gyhuddo o 'ddiffyg teyrngarwch personol a brad personol'.[19] Gwrthododd Emrys Roberts dderbyn gair o hyn ac, ar 13 Tachwedd, ysgrifennodd at Gwynfor gan fynnu na wnaeth erioed geisio cael gwared ar J E Jones a chan bwysleisio ei fod yn hoff o Elwyn Roberts. Yr unig aelod o staff Plaid Cymru a haeddai feirniadaeth, meddai, oedd Nans Jones. Gwadodd yn ogystal mai amcan y New Nation oedd ennill grym. 'Mae'n wir,' meddai wrth Gwynfor, 'fod yna un aelod o'r grŵp sy'n teimlo mai fel hyn yn unig y gellid cael y Blaid i weithio'n effeithiol – ond nid felly y gweddill ohonom.' Y brad mwyaf, yn ôl Emrys Roberts, oedd hwnnw a gâi ei gyflawni gan sefydliad y blaid, y boblach hynny oedd yn parhau i weld Gwynfor fel: 'rhyw Iesu Grist... dyn i gario'r holl faich ei hun a dwyn eu pechodau hwy – h.y. gwneud y gwaith dros Gymru y dylent hwy fod wrthi'n ei wneud'. Roedd hi hefyd yn hwyr bryd, meddai, i Gwynfor sylweddoli nad oedd yn:

> ... fod goruwch-ddynol, anffaeledig, holl wybodol, holl ddoeth, ac nid yw teyrngarwch
> i Gymru yn hollol yr un peth â theyrngarwch i chi. Gallech fod yn Llywydd gwych ar
> blaid gwir effeithiol pe baech chi'n fodloni [*sic*] ar hynny yn lle meddwl fod unrhyw un
> sy'n ceisio gwneud rhywbeth dros y Blaid nad ydych chi ddim yn hollol gytuno ag ef
> yn fradwr.

A chlodd Emrys Roberts ei lythyr gyda'r cyngor deifiol hwn i Gwynfor: 'A pheidiwch â bod mor barod i ddefnyddio'r gair bradwr mewn ffordd blentynnaidd'.[20]

Greddf Gwynfor oedd osgoi gwrthdaro diangen ond, y tro hwn, doedd ganddo ddim dewis. Yn ôl ei ohebiaeth, mae'n eglur iddo drafod 'brad criw Caerdydd' am oddeutu wythnos a hanner gydag R Tudur Jones ac Elystan Morgan, gan ddod i'r casgliad bod yn rhaid i Emrys Roberts fynd. Roedd tynged Emrys Roberts wedi'i selio felly ac, ar 14 Tachwedd, daeth Pwyllgor Gwaith Plaid Cymru ynghyd yng ngwesty'r Belle Vue yn Aberystwyth gogyfer ag un o'r cyfarfodydd bryntaf a mwyaf siabi yn holl hanes y blaid. Gwyddai nifer o bobl yn dda beth oedd ar fin dod, ond ni freuddwydiodd neb y gallai sant fel Gwynfor fod ar yr un pryd yn ddiawl mewn croen. Ond, yn allweddol, roedd ei brif gynghorwyr i gyd o'i blaid. Yn wir, roedd gwŷr fel Tudur Jones ac Elystan Morgan wedi bod yn breuddwyddio am y foment hon wrth i Gwynfor ddechrau amlinellu achos yr erlyniad yn erbyn Emrys Roberts.

Yn ei lais pwyllog arferol, dywedodd na châi Emrys Roberts barhau i weithio dros y blaid hyd nes y câi swydd arall fel y cytunwyd yn wreiddiol. Y rheswm, meddai, oedd 'hanes sefyllfa bersonol a chartrefol Emrys' a'r ffaith bod hyn wedi cael 'cryn gyhoeddusrwydd yn ystod y bythefnos cyn y Pwyllgor Gwaith'. Ei bryder, meddai, oedd y gallai rhagor o gyhoeddusrwydd 'wneud niwed mawr i'r Blaid pe byddai Emrys yn parhau yn aelod o'r staff'. Gan hynny, meddai Gwynfor wrth orffen, byddai'n 'well i Emrys beidio â pharhau i weithio yn y Swyddfa'.[21] Gwnaed defnydd llawn hefyd o'r 'Judas Letter' fel tystiolaeth ddigamsyniol o 'frad' Emrys Roberts. Yna, cafwyd pleidlais ar y mater, ond cael a chael oedd hi. Er i Gwynfor fynd am fan gwan Emrys Roberts, ac er iddo sicrhau y byddai'r Pwyllgor Gwaith yn orlawn o'i gefnogwyr, dim ond mwyafrif o saith a gafwyd dros sacio Emrys Roberts ac ataliodd saith aelod arall o'r Pwyllgor Gwaith eu pleidlais.[22]

Dim ond wedi'r bleidlais y cafodd Emrys Roberts yr hawl i wneud datganiad i'r Pwyllgor Gwaith. Unwaith eto, mynnodd wrth Gwynfor nad oedd yn fradwr o fath yn y byd. Pwysleisiodd hefyd mai ei nod oedd sicrhau dyfodol i'r blaid. Fodd bynnag, roedd y weithred wedi'i chyflawni, a Gwynfor wedi llwyddo i ddiorseddu'r gŵr a ystyrid ganddo fel ei elyn pennaf. Roedd tybiaeth Gwynfor yn hollol anghywir, fodd bynnag. Nid oedd Emrys Roberts erioed wedi chwennych y llywyddiaeth; trosedd Emrys Roberts oedd naïfrwydd difrifol am iddo gredu y medrai gael gwared â chyfeillion gwleidyddol Gwynfor tra oedd yn parhau'n Ysgrifennydd Cyffredinol. Gadawodd y bennod flas cas iawn yng ngheg nifer am i Gwynfor ddefnyddio moesoldeb fel erfyn gwleidyddol.[23] Mewn gohebiaeth breifat, disgrifiwyd Gwynfor gan Harri Webb fel 'loathsome stoat' am iddo groeshoelio Emrys Roberts. Hon, meddai Harri Webb, oedd 'one of the most horrible scenes I ever want to see'. Roedd y ffaith iddo sicrhau cefnogaeth 'gogs and bogs as rhubarb chorus' – pobl fel Elystan Morgan, Ioan Bowen Rees a Cassie Davies – yn gwneud sefyllfa annifyr filgwaith yn waeth.[24]

Roedd y profiad o sacio Emrys Roberts yn brofiad diflas i Gwynfor hefyd. Bythefnos wedi mwstwr y Pwyllgor Gwaith, ysgrifennodd at D J Williams a chyfaddef wrtho iddo fod yn 'betrus' cyn agor ei geg yn y Belle Vue ond iddo deimlo nad oedd ganddo ddewis arall. Gwnaeth hyn, meddai, yn bennaf oll oherwydd sefyllfa briodasol ei Ysgrifennydd Cyffredinol: 'Gallai'r wasg felen ein dinistrio trwy adeiladu'r stori. Mae pob cenedlatholwr yn cofio hanes Parnell; dinistriwyd y Blaid Genedlaethol Wyddelig gan ei benderfyniad (dewr neu benstiff) i lynu wrth ei swydd'. Roedd diweddu gyrfa Emrys Roberts hefyd yn gleddyf deufin i Gwynfor. Ystyriai'r holl beth 'yn drychineb' gan na welsai Plaid Cymru 'wleidydd galluocach nag ef' ac addefodd y byddai yna 'golled drom' ar ei ôl – rhywbeth, meddai wrth D J Williams, na ellid ei ddweud pe bai pobl fel '… Ray Smith, Boore, Legonna, Tucker etc...' a rhai o 'bobl Garthewin, megis y Danieliaid' yn mynd. Ond roedd yna un peth na fedrai ei anghofio. Roedd yna, meddai wrth D J Williams, 'ryw wyrni peryglus' yng nghymeriad Emrys Roberts.[25]

Ceisiodd Gwynfor gymodi ag Emrys Roberts ac ymbiliodd arno i sicrhau na fyddai 'ysgariad' personol yn digwydd rhyngddynt, ond gwrthododd Emrys Roberts y cynnig. Mewn llythyr pigog at Gwynfor, dywedodd Emrys Roberts wrtho nad oedd yn wir yn adnabod Gwynfor yn ddigon da i gael 'ysgariad' ac y dylai'r arweinyddiaeth gywilyddio am iddynt ei droi'n fwch dihangol. Cyhuddodd Gwynfor yn ogystal o roi camargraff i bobl am ei fywyd preifat gan ddweud nad oedd Mike Tucker, gŵr Margaret Tucker, erioed 'yn gyfaill agos' iddo fel yr awgrymwyd wrth Gwynfor. Ond cwyn fawr Emrys Roberts oedd bod Gwynfor heb ddysgu dim, a'i bod yn bryd iddo ddechrau gwrando ar ei gyfeillion go iawn: '… mae'n hen bryd i chi adnabod eich gwir gyfeillion – y rhai sydd yn debyg o'ch helpu i wneud y Blaid yn effeithiol dros Gymru – yn hytrach na'r criw o gynffonwyr sydd o'ch cwmpas ar hyn o bryd'.[26]

Nid dyma oedd diwedd y dadlau a'r edliw poeth. Ofnai Gwynfor y byddai'n anodd yn 'Nwyrain Morgannwg', ac felly y bu hi am ddeufis arall. Bygythiodd nifer o aelodau yn y de-ddwyrain ymddiswyddo o ganlyniad i fater Emrys Roberts a chafwyd un adroddiad bod yna 'general unrest amongst our membership here in the South East'.[27] Aeth un o'i gefnogwyr, Owen John Thomas, cyn belled â rhybuddio Gwynfor y gallai rhwyg drychinebus ymagor yn rhengoedd Plaid Cymru. Meddai mewn llythyr at Gwynfor: 'When it becomes known that he [Emrys Roberts] is now "On the Dole" after serving our Party (no doubt to the detriment of his own home and family) then the reaction amongst our members can only be one of hostility towards those responsible'.[28] Erbyn canol Rhagfyr, cyhoeddodd aelodau'r New Nation eu bodolaeth yn gyhoeddus,[29] gan dderbyn anogaeth gan Emrys Roberts: 'don't let the forces of reaction daunt you or other go-ahead elements out of the party. If we stick together, our point of view will win'.[30]

Oerodd y gwres yn fuan wedi hynny. Serch i aelodau'r New Nation ddechrau cyhoeddi eu cylchgrawn eu hunain, *Cilmeri*, bu penderfyniad Emrys Roberts i adael Cymru am waith yn niffeithwch Siberaidd Stockton-on-Tees yn allweddol, ac o fewn blwyddyn roedd Emrys Roberts ei hun yn cyfaddef bod y New Nation yn: '... pretty ineffective, all scattered all over the place, the only thing we've done is produce *Cilmeri* and that's not much'.[31] Mae hynny'n wir cyn belled ag yr â, ond mae'n ddyfarniad crintachlyd pan dafolir pwysigrwydd y New Nation. Erbyn Ionawr 1966, roedd Gwynfor wedi gweithredu y rhan helaethaf o argymhellion y New Nation ynghylch sut y dylid trefnu Plaid Cymru a bu hyn yn gyfraniad allweddol yn y broses o foderneiddio'r blaid. Bu carfan y New Nation hefyd o bwysigrwydd neilltuol gan iddynt barhau â gwaith y Gweriniaethwyr gan fynd â neges Plaid Cymru i'r de-ddwyrain. Yn wahanol i Gwynfor, roedd y New Nation yn deall diwylliant a theithi meddwl y dosbarth gweithiol, a chydag Emrys Roberts yn ben, roedd ganddynt y cenhadwr perffaith. Gallasai fod yn uniad perffaith, ond am i Gwynfor ac Emrys Roberts fethu â deall ei gilydd, talodd Plaid Cymru bris hallt iawn.

Ond cyn gynted ag y gwastrodwyd gwrthryfel y New Nation, daeth argyfwng arall cwbl annisgwyl i ganol byd garw Gwynfor. Ar 5 Ionawr 1965, fel taranfollt, dywedodd ei ffefryn, a'i etifedd gwleidyddol, Elystan Morgan, ei fod am adael Plaid Cymru am borfeydd brasach a llai cynhennus y Blaid Lafur. Wrth roi ei resymau, esboniodd Elystan Morgan wrth Gwynfor ei fod wedi dod i'r casgliad na fedrai Plaid Cymru ennill llawer mwy na 3,000 o bleidleisiau mewn unrhyw sedd a bod ei blaid wedi cyrraedd 'plateau'.[32] Roedd yna resymau eraill hefyd. Dyn ifanc uchelgeisiol oedd Elystan Morgan ac roedd 1965 yn flwyddyn hynod gyffrous i'r Blaid Lafur. Hon fyddai blwyddyn gyntaf go iawn Ysgrifenyddiaeth Jim Griffiths a hon hefyd oedd y flwyddyn pan ddechreuwyd dadlau o ddifrif yn rhengoedd Llafur ynghylch cael Cyngor etholedig i Gymru. Yn y cyd-destun hwn, nid syndod oedd bod gwladgarwr pragmataidd fel Elystan Morgan wedi cael ei ddenu. Mae hefyd yn wir i Elystan Morgan gael llond bol ar y blagardio parhaus ymysg arweinwyr Plaid Cymru. Er hynny, roedd y newyddion, pan ddaeth, yn sioc anferthol i Gwynfor. 'Elystan,' ysgrifennodd Dafydd Evans yn ei ddyddiadur, oedd y 'blue eyed boy' a theimlai 'Dadi' fod hwn yn 'greisis o bwys'.[33] Gwir y gair. Mor fuan wedi colli Emrys Roberts, buasai colli gwleidydd arall o faintioli Elystan Morgan yn ergyd dorcalonnus iddo. Dyma pam i Gwynfor symud pob gewyn er mwyn sicrhau na fyddai Elystan Morgan yn gadael ei gorlan. Aeth i Wrecsam i'w weld ac, erbyn 10 Ionawr, roedd yn ffyddiog ei fod wedi ei ddarbwyllo i aros. Fodd bynnag, nid am y tro cyntaf, roedd Gwynfor wedi dewis edrych ar y byd trwy sbectol rosliw.[34] Erbyn mis Chwefror, roedd y si yn dew bod yna aelod amlwg o Blaid Cymru ar fin gadael am y Blaid Lafur a dechreuodd y wasg roi sylw i'r stori. Dyfalodd *Y Cymro* pwy oedd yr aelod hwnnw gan enwi Elystan Morgan, Nefyl Williams, Geraint Williams a Dafydd Alun Jones fel y rhai mwyaf tebygol o adael. Gwadodd Gwynfor ei fod yn gwybod am unrhyw un aelod anesmwyth o Blaid Cymru.[35] Bu'n rhaid i Elystan Morgan hefyd wadu ei fod am adael a mynnodd wrth y *Western Mail* mai siarad ofer oedd yr holl ddarogan ynghylch ei ddyfodol.[36] Y tu ôl i'r llenni, fodd bynnag, roedd Elystan Morgan yn dal i simsanu. Am wythnosau, bu'n trafod ei ddyfodol â Gwynfor a threfnodd Gwynfor i Lewis Valentine roi cyngor tadol iddo. Aeth Elystan Morgan i weld Valentine a chael 'trafodaeth frawdol, hyfryd' gydag ef ac erbyn Chwefror 1965 roedd hi'n edrych fel pe bai ymdrechion taer Gwynfor wedi llwyddo. Un nos Sul ym mis Chwefror 1965, cyfarfu Gwynfor ag Elystan Morgan yng ngwesty'r Metropole yn Llandrindod pryd y dywedodd Elystan Morgan wrtho na fyddai'n ymuno â'r Blaid Lafur.[37]

Roedd y newyddion yn glwt o awyr las i Gwynfor, ond mae'n ddi-ddadl iddo gael ei archolli gan y digwyddiadau hyn. Cyfaddefodd wrth ei gyfeillion gwleidyddol agosaf ei fod yn teimlo'n 'eitha digalon' gan fod ei blaid 'wedi cynhyrchu cyn lleied o arweinwyr sy'n gwbl o ddifrif'. Roedd yr ychydig o arweinwyr a oedd ganddi, meddai, yn hanu o'r de, ond y 'malltod' yng Ngwynedd a'i siomai fwyaf. Yno, wedi deugain mlynedd o waith, ni welai neb a weithredai'n 'gyson fel arweinydd cyhoeddus. Dylai fod dwsin o arweinwyr yno heddiw, yn gweithio'n galed ac yn cario'r wlad o'u blaenau, ond nid oes un'. *Cri de coeur* oedd y llythyr, ond ar ei gyffes ei hun, doedd gan Gwynfor ddim syniad sut i gael yr arweinwyr hyn 'allan o'u celloedd' ac i ganol y frwydr. Efallai, casglodd yn benisel, 'fod y gadair freichiau a theledu bellach yn rhy gryf inni, a bydd yn rhaid inni ail-ddechrau gyda'n to ifanc'. Yn hynny o beth, ni allai lai nag edrych yn fwyfwy eiddigeddus ar yr hyn a ddigwyddai yn yr Alban. Yno, roedd yr SNP yn mynd o nerth i nerth o dan arweinyddiaeth bragmataidd ffigurau fel Billy Wolfe ac Ian Macdonald gan lwyddo i ddenu 6,000 o aelodau newydd er mis Hydref 1964.[38]

Roedd undod newydd a threfniadaeth well hefyd yn trawsnewid yr SNP, ond ni chafwyd yr un symudiad cyffelyb yng Nghymru.[39] Yn ystod mis Mawrth, ailgyneuodd fflamau'r ffrae rhyngddo ef a Saunders Lewis pan ysgrifennodd Saunders Lewis erthygl yn *Barn* yn galw ar i aelodau Plaid Cymru anghofio'r llwybr seneddol. Amcan Saunders Lewis oedd cael aelodau Plaid Cymru i weithredu ar argymhellion *Tynged yr Iaith* ac i beidio â bod mor llednais: 'Ni ellir coginio omled heb dorri wyau… Nid gwên fêl yn gofyn fôt a eill achub Cymru'.[40] Gyda chyhoeddi'r erthygl, ofnai Gwynfor a'i gylch cyfeillion y gwaethaf. Credai J E Jones fod 'SL yn gwanychu yn ei feddwl' a chytunodd y ddau y byddai'n rhaid i Blaid Cymru ateb Saunders Lewis er mwyn sicrhau na fyddai'r Saundersiaid yn codi'u baneri drachefn.[41] Yr ofn hwn sy'n esbonio pam i Gwynfor a J E Jones ddefnyddio tudalen flaen *Y Ddraig Goch* y mis hwnnw i 'brofi' pa mor anghyson oedd Saunders Lewis. Neilltuwyd y dudalen flaen bron yn llwyr i ddyfyniadau o ddatganiadau a wnaethai Saunders Lewis yn ystod y dauddegau a'r tridegau, dyfyniadau a oedd yn gefnogol i'r dacteg o ymladd etholiadau seneddol.[42] Mae hefyd yn amlwg i Gwynfor gysylltu â Saunders Lewis gan ofyn am esboniad. Ateb Saunders Lewis oedd iddo ysgrifennu'r llith yn *Barn* er mwyn 'ceisio rhwystro'r tueddiadau at gychwyn mudiadau i ymchwalu yn y Blaid' a chynigiodd gwrdd â Gwynfor er mwyn trafod y bwlch rhyngddynt.[43] Roedd yn gynnig anarferol o gymodlon, ond does dim tystiolaeth i hyn ddigwydd yn y cyfnod hwn. Methiant hefyd fu ymdrech D J Williams i dynnu Saunders yn ôl i weithgarwch Plaid Cymru. Gwrthod y gwahoddiad a wnaeth Saunders Lewis gan ddweud wrth D J Williams nad oedd ef wedi newid dim er pan gychwynasant Blaid Cymru gyda'i gilydd. 'Y Blaid sydd wedi newid,' meddai.[44]

Wedi'i daro cyhyd o bared i bost, ceisiodd Gwynfor roi trefn o'r newydd ar ei lywyddiaeth yn ystod gwanwyn 1965. Cafwyd protestiadau pur lwyddiannus yng Nghlywedog a thresmasodd Gwynfor yn symbolaidd ar dir yr argae.[45] Cafodd cyfres o erthyglau ganddo yn y *Western Mail* ynghylch datganoli sylw anarferol, ond doedd hi ddim yn hir cyn i bethau fynd o chwith eto.[46] Ym Mehefin, aeth Plaid Cymru i drybini ariannol ofnadwy a gwrthododd ei banc fenthyg dimai ychwanegol iddi – hyd yn oed am wythnos. Roedd pethau cynddrwg nes i'r banc wrthod talu cyflogau aelodau staff y blaid a gorfu i Gwynfor fenthyg arian gan garedigion fel ei frawd, Alcwyn, Thomas Parry a Dewi Watkin Powell er mwyn cadw'r blaidd o'r drws.[47] Roedd hi'n sefyllfa ddifrifol ond nid hanner mor argyfyngus â'r sefyllfa ynghylch Elystan Morgan. Erbyn canol Mehefin, dechreuodd simsanu drachefn gan ddweud wrth Gwynfor ei fod 'yn llipa a blinedig' a bod ei sefyllfa yn dra gwahanol i'r hyn ydoedd bedwar mis ynghynt. Ystyriodd Gwynfor ganiatáu i Elystan Morgan ymuno â'r Fabians er gwaethaf y perygl y câi 'ei chwarae ganddynt fel pysgodyn, a'i fachu maes o law'.[48] Gobaith taer Gwynfor oedd y byddai Elystan Morgan yn ailystyried am yr eildro ond, y tro hwn, doedd yna ddim byd y medrai ei wneud. Ar 12 Gorffennaf 1965, ysgrifennodd J E Jones at Gwynfor i'w hysbysu fod Elystan Morgan 'yn benderfynol' o adael.[49] Erbyn hynny, roedd Elystan Morgan wedi anfon llythyr hirfaith a theimladwy at J E Jones yn esbonio pam ei fod am newid ei got wleidyddol. Y prif reswm, meddai wrtho, oedd ei fod yn rhag-weld 'cwymp gweddol gyson' ym mhleidlais Plaid Cymru ac nad oedd iddi 'rithyn o lwyddiant' fel plaid a geisiai 'ddylanwadu'n awdurdodol'. Ar ôl llawer 'o fyfyrdod a gweddi', daethai i'r casgliad bod 'siawns bychan yn well na sicrwydd methiant'.[50]

Profodd Gwynfor sawl siomedigaeth yn ystod ei yrfa wleidyddol, ond roedd ymadawiad Elystan Morgan ymysg y mwyaf chwerw ohonynt. Hyd yn oed cyn i Elystan Morgan adael, roedd newyddiadurwyr yn dechrau gofyn i Gwynfor sut ar wyneb daear y medrai gario ymlaen, ac yntau wedi bod wrthi am ugain mlynedd fel llywydd. Ei ateb i'r cwestiwn hwn oedd ei fod wedi ystyried y sefyllfa, ond bod yn rhaid i rywun wneud y gwaith, er mor flinedig yr ydoedd.[51] Ond wedi i Elystan Morgan adael, daethai ei sefyllfa unig yn waeth nag erioed. Bellach, doedd yna neb iau nag ef ei hun y medrai Gwynfor ei ystyried fel olynydd teilwng iddo. A chydag Emrys Roberts hefyd mewn alltudiaeth, roedd hi'n gliriach nag erioed bod goreuon y Gymru Gymraeg yn sianelu'u hegnïon i gyfeiriad Cymdeithas yr Iaith Gymraeg neu'r Blaid Lafur.

Ceisiodd Elystan Morgan adael yn y ffordd fwyaf graslon posibl ond, yn ddiarwybod iddo yntau, torrodd y newyddion ar ddydd Iau Eisteddfod

Genedlaethol y Drenewydd – y diwrnod prysuraf oll. Credai nifer o genedlaetholwyr i Elystan Morgan wneud hyn yn fwriadol, ac ymatebodd Plaid Cymru a Gwynfor yn bur chwerw hefyd. Dewisodd Gwynfor anwybyddu'r ffaith mai penderfyniad egwyddorol oedd un Elystan Morgan gan awgrymu wrth y wasg mai hunan-les oedd wrth wraidd penderfyniad y mab darogan syrthiedig. 'It is not surprising,' meddai, 'that we occasionally lose one because we are not yet in a position to ensure them a successful career in politics.'[52] Yn yr un cywair, ysgrifennodd Gwynfor at Elystan Morgan gan ei atgoffa ei fod yn awr 'yn yr un blaid â Bessie Braddock', penlleiddiad Capel Celyn.[53] Nid syndod ychwaith, o gofio teimladau'r llywydd, yw i J E Jones ac yntau daflu baw at Elystan Morgan, gan lunio cymhariaeth rhyngddo a Cledwyn Hughes, cyn-aelod arall o Blaid Cymru na fedrid dibynnu arno.[54] Mewn erthygl yn *Y Cymro*, cyhuddwyd Cledwyn Hughes gan J E Jones o fod yn gyn-aelod o Blaid Cymru. Arweiniodd hyn at gyhuddiadau o enllib a gwadodd Cledwyn Hughes iddo erioed gofrestru fel cenedlaetholwr. Yn y bôn, gair J E Jones yn erbyn gair Cledwyn Hughes oedd hi, ond roedd Gwynfor ar ben ei ddigon. Wedi'r ysgrif honno yn *Y Cymro*, ysgrifennodd Gwynfor at J E Jones gan ei longyfarch fel hyn:

> Wrth gwrs, y mae'r stori yn rhoi Cledwyn mewn golau gwael, ond y cwestiwn pwysig i'r cyhoedd yw beth yw'r gwir? Mae datguddio'r gwirionedd er budd y wlad, a'r gwir a saif. Nid pardduo Cledwyn oedd eich amcan, ond dangos mor amhosibl yw bod yn genedlaetholwr Cymreig cywir oddi mewn i'r Blaid Lafur.[55]

Roedd esgymuno Elystan Morgan fel hyn yn foddion i Gwynfor geisio rhoi pennod drallodus y tu ôl iddo. Ond wrth i'r haf cythryblus hwnnw stryffaglu at ei derfyn, doedd yna ddim hoe i fod. Bu darllediadau gwleidyddol cyntaf Plaid Cymru yn gymorth i anghofio Elystan Morgan, serch mai pum munud, unwaith y flwyddyn, oedd consesiwn crintachlyd y llywodraeth – a hynny wedi degawd o frwydro. Teledwyd y darllediad am y tro cyntaf ar 29 Medi a does dim dwywaith i Gwynfor ddisgleirio gyda'i arddull enillgar i gyfeiliant 'We'll Keep a Welcome'.[56] Roedd y darllediad (a drefnwyd gan Islwyn Ffowc Elis ac a gyfarwyddwyd gan y Tori, Wyn Roberts) hefyd yn fodd i Blaid Cymru gyflwyno neges adeiladol. Fodd bynnag, yr hydref hwnnw, un pwnc yn unig a hawliai sylw cenedlaetholwyr Cymru, sef seremoni agor cronfa Tryweryn. Roedd Gwynfor wedi gofyn i benaethiaid Corfforaeth Lerpwl beidio â mynd i'r agoriad swyddogol o barch at ddymuniadau'r gymuned leol, ond wrth i'r dyddiad agor, 21 Hydref, agosáu, dechreuodd y tensiwn gynyddu'n arw.[57] Penderfynodd Plaid Cymru drefnu protest swyddogol a heddychol, ond trawsnewidiwyd sefyllfa a oedd eisoes yn anodd gan gyhoeddiad bechgyn yr FWA y byddent yn ceisio rhwystro'r holl ddigwyddiad.[58] Beiwyd Gwynfor yn hallt (a heb reswm) gan Frank Cain o Gorfforaeth Lerpwl am wenwyno'u 'cordial relations with most people down there', ond yr hyn a boenai Plaid Cymru fwyaf oedd presenoldeb yr FWA.[59] Erfyniodd J E Jones ar i Gwynfor ganslo'r brotest, cymaint oedd ei bryder y byddai'r 'Fyddin' yn 'wirion' gan faeddu 'enw da'r Blaid wedi ichi ennill cymaint o ffafr a chefnogaeth'.[60]

Dewisodd Gwynfor wrthod cyngor J E Jones ac aeth y brotest yn ei blaen gan osod y llwyfan gogyfer ag act olaf, drist a blêr trasiedi Tryweryn. Methodd Gwynfor â chyflwyno llythyr i'r Henadur Sefton, Arweinydd Cyngor Lerpwl, wrth i dorf luosog o 500 (gan gynnwys tri aelod o'r FWA mewn lifrai) droi'r diwrnod yn draed moch llwyr.[61] Pan gyrhaeddodd patriarchiaid Lerpwl y safle, ceisiodd rhai o aelodau Plaid Cymru rwystro'u ceir a'u pledu â cherrig. Aeth eraill ati i ddymchwel y babell fawr a oedd yn ganolbwynt i'r dathliadau. O ganlyniad, bu'n rhaid i Gwynfor ymyrryd ar gais yr heddlu er mwyn sicrhau na fyddai pethau'n troi'n fwy annifyr fyth. Daeth y diwrnod i ben pan bwysodd yr Henadur Cain fotwm ac agor y llifddorau'n ddiedifar ac yn fuddugoliaethus. Ond wrth i'r dŵr raeadru i afon Tryweryn islaw, roedd y pwynt wedi ei wneud. Wrth iddynt droi am adref ymdynghedodd cannoedd o genedlaetholwyr na châi Lerpwl nac unrhyw ddinas arall fyth eto ladd cymuned Gymraeg.

Drannoeth y ffair, hawliodd Plaid Cymru y clod am drefnu'r brotest gathartig ond, o fewn deuddydd, trodd canmoliaeth yn sen pan sylweddolwyd fod Gwynfor wedi bod yn chwarae'r ffon ddwybig. Gydol yr amser y bu Plaid Cymru'n trefnu'r brotest, roedd Gwynfor hefyd mewn cysylltiad â Chorfforaeth Lerpwl, gan gytuno i gwrdd â'r Henadur Sefton mewn un ymgais olaf, cwbl naïf, i'w perswadio i dalu am y dŵr.[62] I bob pwrpas, roedd yn ceisio adfer ei gynllun *New Proposals* ond ni synnwyd neb (ac eithrio Gwynfor efallai) pan wrthododd Lerpwl y cynnig. Er hynny, denodd hyn ymateb eithriadol o chwerw gan rai o feirniaid pwysicaf Gwynfor. Prin y medrai Kate Roberts ddeall pam yr oedd Gwynfor yn trafod â Lerpwl ar awr mor hwyr [63] a chyfaddefodd Saunders Lewis wrthi ei fod yn ystyried 'o ddifri' ysgrifennu pamffled i drafod dyfodol plaid oedd yn codi 'cyfog' arno.[64] Ar sawl ystyr, roedd ymdrech funud olaf Gwynfor yn crisialu'n berffaith union natur ei gyfraniad enfawr ac amwys i'r frwydr dros Gwm Tryweryn. Roedd y safiad hwnnw'n gyfuniad o angerdd, gor-optimistiaeth ac ansicrwydd – tair elfen anghymarus a wnaeth niwed sylweddol iddo ef a'i blaid rhwng 1955 a 1965.

Ond hyd yn oed gyda Chapel Celyn o dan y dŵr, ni lwyddodd Gwynfor i ddianc rhag gwenwyn Tryweryn a'r lludded a oedd, erbyn hynny, yn rhan enynnol o Blaid Cymru. Daethai'r flwyddyn i ben gyda'r sylwebwyr gwleidyddol yn darogan pryd y byddai'r etholiad cyffredinol nesaf yn cael ei alw. Mwyafrif o un oedd gan lywodraeth Wilson erbyn yr hydref ac, wrth i'r pleidiau eraill ymbaratoi o ddifrif gogyfer ag etholiad, daliai Gwynfor i orfod argyhoeddi ei blaid ei hun ynghylch gwerth gornest o'r fath. Roedd amheuon Islwyn Ffowc Elis cyn ddyfned ag erioed, a bu'n rhaid i Gwynfor geisio lliniaru ei amheuon trwy ddweud fod Plaid Cymru yn 'fwy o rym pan fydd yn ymladd, er cael mil yn unig o bleidleisiau, na phan na fydd yn ymladd'.[65] Ond roedd grym y bregeth hon yn swnio'n gynyddol wag. Anwybyddodd Islwyn Ffowc Elis siars Gwynfor gan fynd â'i neges at Elwyn Roberts, Ysgrifennydd Cyffredinol newydd Plaid Cymru. Crefodd am newid cyfeiriad gan: 'y byddai i'r Blaid ymladd yr etholiad... *yn yr awyrgylch gwleidyddol presennol* yn hunanladdiad noeth. Dim ond teyrngarwch dall sy'n cadw llawer o Bleidwyr da yn y Blaid y dyddiau hyn, a byddai un gnoc enbyd eto yn ergyd farwol i'r teyrngarwch hwnnw'. Derbyniodd Gwynfor gopi o'r llythyr at Elwyn Roberts, felly does wybod sut y byddai wedi ymateb i'r frawddeg olaf hon o eiddo Islwyn Ffowc Elis: 'Nid fi yn unig sy'n credu hyn. Mae nifer o Bleidwyr da a phrofiadol yn teimlo'r un fath â mi. Yr ydym wedi cadw'n barn i ni ein hunain rhag brifo Gwynfor a chreu rhwyg newydd yn y Blaid'.[66] O glywed am hyn, pa ryfedd i rai o anwyliaid Gwynfor gredu bod popeth wedi dod i'r pen. Dyma a ysgrifennodd D J Williams yn ei ddyddiadur: 'Er gwneud popeth o fewn fy ngallu, hyd y gwelaf i nid oes argoel o lwyddiant. Pawb mor ddifraw, hyd yn oed pobol y Blaid eu hunain'.[67]

Roedd natur cenedlaetholdeb Cymreig ar drothwy 1966 hefyd yn newid ac yn gwneud pethau'n anodd i Gwynfor. Ar y naill law, roedd arweinwyr Cymdeithas yr Iaith Gymraeg – rhai fel Cynog Dafis, Gareth Miles a John Davies – wedi dechrau ar gyfres o brotestiadau dadleuol dros Gymreigio'r 'Llythyrdai'. Atgyfnerthwyd y canfyddiad bod yna fath newydd o genedlaetholdeb i'w gael pan ymprydiodd pedwar o aelodau Cymdeithas yr Iaith Gymraeg dros y Calan er mwyn tynnu sylw at statws annigonol yr iaith. Barnodd y *Manchester Guardian* y byddai 'nuisance value' protest fel hon yn llawn mor ddylanwadol ag unrhyw brotest swyddogol, ac wrth weld hyn yn digwydd, dyw hi fawr o syndod i nifer o blith y genhedlaeth iau dyrru i ganol berw'r dadlau.[68] Ar y llaw arall, rhuthrodd y sefydliad Cymraeg i ganmol Adroddiad Syr David Hughes Parry ar yr iaith, ac addawodd Jim Griffiths weithredu arno'n fuan a chreu Cymru ddwyieithog. Effaith y tueddiadau hyn oedd i Gwynfor gael ei adael yn nhir neb: ni fedrai organmol y genhedlaeth iau amharchus ond gwyddai hefyd na fedrai ganu salmau o fawl i unrhyw lywodraeth Lafur.

Gyda'i afael ar y 'mudiad cenedlaethol' yn llacio, chwysai Gwynfor fwyfwy wrth weld y wasg yn cymryd yr FWA o ddifrif. Yn wir, mae'n anodd gorbwysleisio faint o niwed a wnaeth y crancod hanner-pan a siwdo-ffasgaidd hyn i Blaid Cymru o'r foment y daethant allan o'r cysgodion. Erbyn Tachwedd 1965, roedd eu harweinydd, Julian Cayo Evans, yn medru datgan bod gan y 'fyddin' 500 o aelodau yn y gorllewin, a'u bod yn cwrdd ac yn hyfforddi'n rheolaidd. Roedd y ffaith bod rhai o gefnogwyr Saunders Lewis hefyd yn rhyw chwarae â nhw yn rhoi 'hygrededd' i'r sefyllfa ryfedd.[69] O'r herwydd, mae'n rhaid i unrhyw gofnod o fywyd Gwynfor eu cymryd o ddifrif gan fod yna nifer yn credu bod yna gysylltiad rhwng yr FWA a Phlaid Cymru. Ni waeth pa hurtrwydd a ddeuai o enau eu 'harweinydd', Julian Cayo Evans, gwyddai sut i dynnu blewyn o drwyn y sefydliad Prydeinig a sefydliad Plaid Cymru. Dyma, mae'n debyg, pam y gwnaeth yr FWA anfon llythyr cellweirus at Blaid Cymru oddeutu'r cyfnod yma yn cynnig clymblaid:

> Is it not time that the Party faced up to the fact that by the time they get one Member returned to Parliament, Wales will not exist… Time will not stand still to save us, and time is running out fast. Plaid Cymru has the Membership and the potential support which, together with the FWA, could easily win freedom within about four years.[70]

Digwyddodd hyn i gyd o fewn wythnosau i etholiad cyffredinol posibl, ac roedd cyhoeddiad Harold Wilson y byddai'r pôl yn cael ei gynnal ar 31 Mawrth yn rhyddhad i bob gwleidydd ar ôl wythnosau o ddarogan. Ond, i Gwynfor, roedd yr amseru'n ofnadwy. Yn ariannol, prin y medrai Plaid Cymru fforddio talu staff y swyddfa heb sôn am ymladd etholiad, a bu'n rhaid i Gwynfor anfon cyfarwyddyd allan yn gorchymyn pob aelod o'i blaid i dorri'u costau etholiadol hyd yr asgwrn.[71] Bu'n rhaid i Gwynfor hefyd ffrwyno'i freuddwyd o weld cynifer o ymgeiswyr Plaid Cymru â phosibl yn sefyll ac, yn y diwedd, dim ond ugain o ymgeiswyr – tri yn llai nag ym 1964 – y medrwyd fforddio talu amdanyn nhw. O gofio hyn, roedd rhodd o £2,000 gan D J Williams i'r blaid, sef yr elw a gafodd o werthu

Penrhiw, ei hen gartref, yn gwbl amhrisiadwy. Nid na fu yna feirniadu ar hyn, hyd yn oed. I un aelod blaenllaw o Gymdeithas yr Iaith Gymraeg, Harri Pritchard Jones, roedd rhodd D J Williams yn fwy 'trist na thristwch', a phroffwydodd y byddai'r arian yn talu am 'ychydig o gyhoeddusrwydd' cyn i Blaid Cymru ddisgyn yn ôl i'r drefn arferol o: '... werthu mwy a mwy o botiau picls, a gwneud ac yfed mwy a mwy o goffi boreol, a threfnu ffeiriau sborion, i gyd i hel arian at y loddest bum-flynyddol nesaf, pryd am ychydig wythnosau cyn yr etholiad fe deimla aelodau'r Blaid ei bod hi'n cyfrif ym mywyd y genedl'.[72]

Roedd beirniadaeth Harri Pritchard Jones hefyd yn tystio i'r tensiwn a fodolai yn ystod yr ymgyrch etholiadol rhwng Cymdeithas yr Iaith Gymraeg a Phlaid Cymru. Dros y misoedd nesaf, datblygodd y gymdeithas yn fwyfwy milwriaethus ac, yn Ebrill, carcharwyd y cyntaf o'i haelodau, Geraint Jones. Digiwyd rhai o aelodau'r gymdeithas gan yr hyn a ystyrient fel agwedd glaear J E Jones tuag atynt, ac roedd y newyddion bod Saunders Lewis 'yn dod yn ôl i'r maes politicaidd' ac am lywyddu Cymdeithas yr Iaith Gymraeg yn destun gorfoledd i rai. Ond parodd hyn ias o ofn i Gwynfor a J E Jones. Yn wir, gymaint oedd eu pryder ynghylch dychweliad gwleidyddol Saunders Lewis nes iddynt ofyn i Lewis Valentine a D J Williams ysgrifennu ato yn y gobaith y medrent gau ei geg.[73] Trwy drugaredd, ni chlywyd smic gan Saunders Lewis, ond nid y cyn-lywydd yn unig oedd â'r gallu bellach i ddrysu ymdrechion cyfansoddiadol Gwynfor. Ar 6 Mawrth, ffrwydrodd bom ger argae Clywedog. Bron yn anochel, heriwyd Gwynfor i gondemnio'r weithred ond gwrthododd wneud hynny, gan ddweud y byddai rhagor o bobl yn troi at drais pe byddai'r awdurdodau'n parhau i anwybyddu ymdrechion cyfansoddiadol Plaid Cymru.[74] Yn odiach fyth, ddeuddydd wedi'r ffrwydrad, galwodd yr heddlu yn y Dalar Wen gyda chap a sgarff y cawsant hyd iddynt ger yr argae er mwyn gweld p'un ai a oedd y cap yn ei ffitio ai peidio.[75]

Ond, at ei gilydd, dyma'r unig gyffro a gafwyd yn ystod yr etholiad. Yn genedlaethol ac yn etholaeth Caerfyrddin lle safai Gwynfor am yr eildro, roedd hi'n gwbl farwaidd. Disgwyliai pob proffwyd gwerth ei halen i Lafur ennill yn hawdd gyda Chymru (fel gweddill Prydain) yn mwynhau cyfnod o dwf economaidd a hyder cymdeithasol. Roedd y Swyddfa Gymreig yn bodoli, a'i Chymreictod cynhenid yn cyfrannu at y bodlonrwydd hwn, a phrin oedd y bygythiad a ddeuai o du'r Ceidwadwyr a'u harweinydd newydd, Edward Heath. Yng Nghaerfyrddin, golygai hyn fod canlyniad yr etholiad yn gwbl anochel o gofio enwogrwydd Megan Lloyd George. Er gwaethaf hyn, daliodd Gwynfor i weithio gydol yr amser ac i greu peiriant etholiadol yno. Gwelwyd nifer mawr o bobl ifanc yn gweithio drosto, ond roedd ennyn 'hwyl' yn anodd yn absenoldeb y seren ddisgleiriaf oll, Megan Lloyd George ei hun.[76] Ar ddechrau'r ymgyrch, cyhoeddwyd fod Megan Lloyd George yn dioddef o 'virus infection' ac y byddai'n codi o'i gwely erbyn wythnos olaf yr ymgyrchu.[77] A hithau'n gaeth i'w gwely yng Nghricieth, syrthiodd y baich o ymgyrchu drosti ar ysgwyddau ei nai, Benjy Carey-Evans, a'r cyn-Bleidiwr, Gwilym Prys Davies. Rhwng popeth, roedd yr awyrgylch yng Nghaerfyrddin yn rhyfedd ar y naw ac, wrth i'r ymgyrchu ddirwyn i ben, dechreuodd y wasg amau fod rhywbeth, efallai, o'i le. Dyma sut y gwelodd y *Western Mail* bethau: 'There is something unreal about the Carmarthen fight somehow. It is a listless affair. The reason of course is that it is a remote-control operation for Labour... Lady Megan's absence has robbed the election of any excitement which might have stimulated'.[78] Ond doedd neb – yn llythrennol – o blith Plaid Lafur Caerfyrddin yn gwybod y gwir trist am Megan Lloyd George, sef ei bod yn dihoeni o'r cancr ac nad oedd gwella i fod. Dim ond ar ôl cyfarfod olaf yr etholiad y clywodd Gwilym Prys Davies gan Benjy Carey-Evans ei bod hi'n marw.[79] Mae'n amhosibl dweud a wnaeth Megan Lloyd George gelu'r gwir yn fwriadol rhag etholwyr Sir Gaerfyrddin ond, ymhen rhai wythnosau, byddai yna arwyddocâd anferthol i'r modd y deliodd ffigur mor gyhoeddus â'i salwch mewn ffordd mor breifat.

Llwyddodd Megan Lloyd George i sicrhau na fyddai ei chyfrinach dywyll yn cael ei bradychu yn ystod yr ymgyrch, a'r unig beth anarferol am noson y cyfrif oedd i Benjy Carey-Evans orfod sefyll yn yr adwy drosti pan gyhoeddwyd y canlyniad. Yn ôl y disgwyl, cynyddodd pleidlais Megan Lloyd George yn sylweddol, ac unig sioc yr ymgyrch, os sioc yn wir, oedd perfformiad Gwynfor. Chwyddodd pleidlais Plaid Cymru o 5,495 i 7,416, yn bennaf ar draul y Rhyddfrydwyr. Ond roedd canlyniad da fel hwn yn ei alluogi i ddweud wrth y dorf y tu allan ar Sgwâr y Guildhall y byddai'n ennill y tro nesaf. Doedd yna'r un dyn byw yn ei gymryd o ddifrif – wedi'r cyfan, roedd hi'n ddiwrnod ffŵl Ebrill – ac roedd llwyddiant cymharol Gwynfor o ddiddordeb pur gyfyng mewn cymhariaeth â llwyddiant rhyfeddol y Blaid Lafur yng Nghymru.[80] Y noson honno, gwelwyd llanw uchel Llafuriaeth Gymreig a Chymraeg wrth i blaid Harold Wilson ennill 32 allan o'r 36 sedd yng Nghymru. Cipiwyd ceyrydd Ceidwadol fel Mynwy a Gogledd Caerdydd. I Blaid Cymru, fodd bynnag, roedd y canlyniad yn waeth na thanchwa 1964, gan i'w phleidlais ostwng mewn pymtheg o etholaethau.

Ond mân lwch y cloriannau oedd hyn i lawer o genedlaetholwyr gan fod yna un canlyniad uwchlaw pob un arall a safai fel symbol o'u methiant. Y noson honno, wedi canrif o Ryddfrydiaeth, enillodd Elystan Morgan sedd Sir Aberteifi dros y Blaid Lafur. Rhoddwyd rhagor o halen ar y briw pan wnaed Cymro mor gywir â Chledwyn Hughes yn Ysgrifennydd Cymru. Yn awr, roedd yna addewid y ceid Cyngor Etholedig i Gymru a Chynllun Economaidd. Siaradodd Syr Ifan ab Owen Edwards ar ran trwch y sefydliad gwladgarol pan ysgrifennodd at Cledwyn Hughes i'w longyfarch: '...Ymysg y gwersi eraill a ddysgodd yr Etholiad diwethaf yma, fe ddysgwyd na all y Blaid Genedlaethol o tan amodau heddiw byth lwyddo fel plaid wleidyddol ac mai'r Blaid Llafur bellach yw Plaid Genedlaethol Cymru. Gwyn fyd na ellid ychwanegu Gwynfor ac un neu ddau tebyg iddo a chwyddo eich rhif.'[81] Roedd yr ymateb yn rhengoedd Plaid Cymru hefyd yn adlewyrchu'r anobaith a oedd wedi parlysu'r blaid. Ni chafwyd tân a brwmstan fel ag ym 1959 a 1964 ond, yn hytrach, derbyniwyd y canlyniad siomedig fel rhan o'r drefn ragluniaethol. Gyda'r beirniaid wedi'u carthu, roedd derbyn arweiniad Gwynfor yn ddigwestiwn hefyd yn rhan o'r meddylfryd hwn.

Yn syth wedi'r etholiad, aeth Gwynfor a Rhiannon i Iwerddon am rai dyddiau o hoe haeddiannol cyn dychwelyd i Gymru ac yn ôl i'r rhigolau arferol – gwaith yn y gerddi a gwaith gyda'r blaid. Ond erbyn diwedd mis Ebrill, newidiodd yr hinsawdd yn gyfan gwbl pan sylweddolwyd bod Megan Lloyd George yn dioddef o gyflwr llawer mwy difrifol na 'virus infection' ac y byddai'n rhaid paratoi gogyfer ag isetholiad. Yn ddiarwybod i'r Blaid Lafur, dechreuodd Plaid Cymru Sir Gaerfyrddin ar y gwaith hwn mewn modd anarferol o drefnus (a sensitif), felly pan ddaeth y cyhoeddiad ar 15 Mai am farwolaeth 'The First Lady of Wales', cafodd Plaid Cymru ei hun mewn sefyllfa gref.[82] Doedd yna neb i wybod hynny ar y pryd ond, ar ddiwrnod ei marwolaeth, bu farw Rhyddfrydiaeth Gymreig hefyd. Cynhaliwyd angladd Megan Lloyd George ar 18 Mai ac, yn ôl y disgwyl, aeth Gwynfor i Gricieth ar gyfer y gladdedigaeth. Yno, ar lan y bedd, gyda mynyddoedd Eryri o'i amgylch, y dyfodol, nid gorffennol llachar Megan, oedd ar flaen ei feddwl, a dyfalai sut y gwnâi yn yr isetholiad. Yn nwfn ei galon, credai y medrai ddod yn ail da. Ar ei ffordd yn ôl i Langadog y dydd Mercher hwnnw, galwodd yn Nhynllidiart, tŷ haf y teulu ger Dolgellau, ac un o'i hoff fannau yng Nghymru. Yno, dywed yn ei hunangofiant i ryw ysictod ddod drosto ac iddo brofi rhyw deimlad cyfriniol o weld arwyddion pendant ym myd natur bod pethau'n newid. Yn y sir a'i gwrthodasai, gwelai afon Gwynant yn wynnach nag erioed a'r haul yn tywynnu ar lynnoedd Crogenan. Teimlai mewn difrif calon fod Cymru 'yn anadlu'n dawel' o'i gwmpas.[83]

Fodd bynnag, dychwelodd Gwynfor i Sir Gaerfyrddin ac i ganol ansicrwydd. Mae'n arwydd o wendid Plaid Cymru (a phoblogrwydd personol Gwynfor) iddo orfod taeru wrth y wasg na fyddai'n sefyll dros na'r Blaid Lafur na'r Blaid Ryddfrydol pan ddeuai'r isetholiad.[84] Ond yr amseru a barai'r ansicrwydd mwyaf. Er bod Cyril Jones ac Islwyn Ffowc Elis wedi llunio cynlluniau manwl gogyfer â'r isetholiad, roedd hi'n edrych yn fwyfwy tebygol mai yn yr hydref y byddai'r pôl yn cael ei alw. Yn eu doethineb, penderfynodd y Pleidwyr weithredu ar yr egwyddor y gallai'r isetholiad ddod unrhyw bryd, a rhoddwyd cynlluniau manwl Islwyn Ffowc Elis a Cyril Jones ar waith. Am y tro cyntaf yn ei hanes, dechreuodd peiriant cyhoeddusrwydd Plaid Cymru weithredu'n ymwthgar, ac am y tro cyntaf yn hanes cenedlaetholdeb Cymreig hefyd, cafwyd 'sbin' gwleidyddol. Dysgodd Islwyn Ffowc Elis nifer o wersi pwysig gan ei gyfaill, Willie Kellock, y gŵr a drawsnewidiodd ddelwedd yr SNP. Dechreuwyd anfon newyddion ynghylch Plaid Cymru i'r ddau bapur lleol, ond y peth pwysicaf oll i Islwyn Ffowc Elis oedd bod pob adroddiad yn cynnwys datganiad gan Gwynfor a'i fod 'o flaen y cyhoedd yn gyson'. Bu'r strategaeth yn llwyddiant ysgubol. Eisoes, roedd y *Carmarthen Times* yn gefnogol a dechreuodd y *Carmarthen Journal* – y papur mwyaf ei gylchrediad – feirioli hefyd, gymaint felly nes y gwelwyd y golygydd yng nghyfarfod mabwysiadu Gwynfor.[85]

Nid hwn oedd yr unig benderfyniad doeth a wnaed yn ystod y cyfnod hwn. Rhwng yr etholiad cyffredinol a'r isetholiad, daeth Gwynfor i gysylltiad â Clem Thomas, cyn-asiant Megan Lloyd George a gŵr oedd yn adnabod Plaid Lafur Sir Gâr fel cefn ei law. Yn ystod yr ymgyrch etholiadol, roedd Clem Thomas yn gweithio ar y *Carmarthen Times* ond, serch ei gefndir Llafurol, roedd wedi ei ddadrithio'n llwyr gyda'r hyn a ystyrid ganddo fel Staliniaeth wrth-Gymraeg y Cyngor lleol. Yn y cyfwng hwn, dechreuodd gynnig ei wybodaeth fewnol o'r Blaid Lafur i Gwynfor gan erfyn arno i dargedu pentrefi dwyreiniol y maes glo carreg – pentrefi a oedd bellach yn profi'r caswir bod llywodraethau Llafur yn medru cau pyllau glo wrth y dwsinau.[86] Talodd hyn ar ei ganfed, ond nid y maes glo oedd unig ran yr etholaeth i deimlo gwyntoedd cras ail lywodraeth Harold Wilson. Digiwyd y ffermwyr yn arw gan y dreth ar fusnesau bychain, ac roedd streic y morwyr yn rhoi pwysau aruthrol ar werth y bunt. Fel pe na bai hynny'n ddigon, roedd y Cyngor lleol yn ystyried cau 22 o ysgolion gwledig.

Wrth i fis mêl Harold Wilson ddirwyn i ben – y byrraf erioed, mae'n debyg – syrthiodd y darn olaf o'r jigsô gwleidyddol i ran Plaid Cymru pan glywyd mai Gwilym Prys Davies fyddai ymgeisydd y Blaid Lafur. Ar lawer ystyr, roedd yn ymgeisydd perffaith o safbwynt Llafur: roedd yn ŵr ifanc hynod alluog, yn Gymro i'r carn, a medrai ddibynnu ar nawddogaeth ddiwyro neb llai na Jim Griffiths. Ond roedd Gwilym Prys Davies hefyd yn bostyn sgwâr mewn twll crwn. Yn gyntaf, roedd bod yn ogleddwr yn cyfri yn ei erbyn – yn fwy fyth felly yn nhyb rhai Llafurwyr lleol am iddo guro'r bargyfreithiwr ifanc lleol o Gynwyl Elfed, Denzil Davies, am yr enwebiad. Yn ail, roedd rhai Llafurwyr yn ddrwgdybus o Gwilym Prys Davies am iddo adael Plaid Cymru am gorlan bechadurus y Ripyblicanod cyn callio. Prin fod angen dweud i Blaid Cymru ddefnyddio hyn yn ei erbyn yn ystod yr ymgyrch. Lluniodd Gwynfor ei hun ddogfen gyfrinachol a ddosbarthwyd ymysg canfaswyr Plaid Cymru yn eu hatgoffa i Gwilym Prys Davies adael y blaid am nad oedd hi'n 'sufficiently extremist'.[87] Gyda'r fath anogaeth, dyw hi fawr o syndod i Gwilym Prys Davies gael ei heclo yn ystod cyfarfodydd cyhoeddus yr ymgyrch, ac i gefnogwyr Plaid Cymru edliw iddo ei 'shameful past'.[88] Ond efallai mai personoliaeth Gwilym Prys Davies oedd y diffyg mwyaf. Er ei fod yn ymgynghorydd polisi tra ardderchog, roedd ei anallu i gysylltu â'r dyn cyffredin – gwaeth na Gwynfor hyd yn oed – yn golygu fod pobl yn camddehongli ei swildod am ffroenuchelder. Rhwng y tair elfen hyn, roedd y llanw'n troi'n araf bach o blaid Gwynfor pan wnaed y cyhoeddiad annisgwyl mai ar 14 Gorffennaf y câi'r isetholiad ei gynnal. Rhoes hyn hwb pellach i ymgyrch Gwynfor, oherwydd mor fuan wedi etholiad cyffredinol mis Mawrth, tueddai i gadarnhau'r farn boblogaidd nad oedd y Blaid Lafur wedi bod yn hollol onest ynghylch cyflwr Megan Lloyd George.

Cwta dair wythnos y parodd isetholiad Caerfyrddin ond, o'r foment y'i galwyd ar 22 Mehefin, dechreuodd *Rolls Royce* etholiadol Plaid Cymru symud yn dawel ac yn effeithiol tuag at y nod o sicrhau safle ail da i Gwynfor. Gweithiai Islwyn Ffowc Elis a Cyril Jones fel llaw a maneg gan berffeithio'r dacteg o droi 'Gwynfor' – a dyma pryd y dechreuwyd arddel y Gwynfor heb yr Evans – yn ddyn y bobl. Anfonwyd allan 'lythyr personol' yn ei enw at etholwyr y sir gan atgoffa pobl bod ei wreiddiau'n ddwfn yn Sir Gâr. Yr oedd Gwynfor, meddid, yn 'byw yn Shir Gâr' ac yn gweithio yno 'ymysg pobl ei hunan'.[89] Roedd y llythyr yn ergyd glir i wersyll dyn dŵad fel Gwilym Prys Davies, ond yn ochr ddwyreiniol, lofaol y sir, cyflwynwyd neges y blaid o ongl bur wahanol. Yno, dosbarthwyd taflen Saesneg o'r enw *Plaid Cymru and You* a gwnaed sefyllfa'r maes glo yn brif ergyd y genadwri. Ceisiwyd hefyd droi ar ei phen y ddadl Lafurol mai gwastraff pleidlais oedd cefnogi Plaid Cymru: 'Don't make this Government too smug by returning yet another London-Labour M.P. Return a Welsh one and make it jump!' [90] Ymhob cwr o'r sir, roedd hi'n anodd osgoi y ffigur newydd, dengar hwn, 'Gwynfor' – yn enwedig ar ôl i Blaid Cymru logi saith o hysbysfyrddau anferth ar gyngor Willie Kellock. Roedd ei neges ef i Islwyn Ffowc Elis yn ddiamwys: 'People think that if you APPEAR big, you ARE big'. Ac fel gyda'r pamffledi, teilwriwyd sloganau gwahanol ar gyfer dwy ran y sir. Yn y gorllewin gwladgarol y neges oedd 'Gwynfor Evans says... For a Better Wales, Support Plaid Cymru'. Yn y rhan ddwyreiniol sosialaidd, y neges oedd 'For Work in Wales, Support Plaid Cymru'. Ond y strocen fwyaf oedd llunio map o Gymru ac arno'r slogan 'Your Hand Can Make History'. Hwn, serch i Gymdeithas yr Iaith feirniadu'r defnydd o'r iaith fain, fu'r abwyd gweledol mwyaf effeithiol mewn ymgyrch neilltuol o soffistigedig. [91]

Bu Plaid Cymru hefyd yn ffortunus gyda'r amseru. Digwyddodd yr isetholiad yn ystod y gwyliau coleg, a thyrrodd rhai cannoedd o genedlaetholwyr ifanc i Gaerfyrddin i ymuno ym merw'r ymgyrch. Elwodd y blaid hefyd o'r ffaith bod nifer o bobl ifanc leol wedi troi at Blaid Cymru rhwng 1964 a 1966 (yn groes i'r duedd genedlaethol). Golygai hyn fod canghennau ieuenctid Caerfyrddin a Rhydaman yn gryf, ac yn barod am ddiwrnod o waith pan alwyd yr isetholiad. Yn ffodus i Gwynfor, roedd trwch y bobl ifanc yma heb eu llygru gan gecru a gwenwyn y blynyddoedd diweddar. Golygai hyn hefyd fod yna nifer beiblaidd o ganfaswyr ar gael i Blaid Cymru ac, wedi iddynt dderbyn y siars nad oeddent ar unrhyw gyfri i wisgo lifrai'r FWA, aeth y bobl ifanc hyn allan yn eu cannoedd i'r caeau a'r priffyrdd gan atgoffa'r etholwyr am rinweddau Gwynfor: 'Dyn mor alluog a chywir, ydyw. Yn byw ac wedi byw yn y Sir, ac wedi ei gwasanaethu gymaint. Yn sefyll fel ymgeisydd er mwyn gwasanaethu'r Sir a Chymru; nid er mwyn swydd neu safle'. [92] Roedd cenedlaetholdeb pur yn eilbeth; ni chlywyd sôn am sedd yn y Cenhedloedd Unedig na chwaith am gymhlethdodau academaidd fel 'Annibyniaeth'. Y bregeth barhaus oedd bod Gwynfor yn ddyn da ac yn Gymro gwell na'r un dyn arall. Yr unig un, fe ymddengys, na rannai'r gred bod gobaith yn tarddu o'r newydd oedd Saunders Lewis. Wrth i ymgyrch Caerfyrddin ddechrau poethi, ysgrifennodd at Elwyn Roberts gan watwar yr holl drefniadau:

> Y mae'r peth yn chwerthinllyd; mae'n dangos mai *hobi* yw cenedlaetholdeb iddynt neu ynteu eu bod yn blentynnaidd ddiniwed. Yr wyf i wedi peidio â sgrifennu dim politicaidd ers tro rhag gwneud niwed i'r Blaid, ond y mae ei hymarweddiad hi yn un o siomedigaethau bywyd i mi. Ac y mae hunan-fodlonrwydd datganiadau'r arweinwyr yn achos chwerwder mawr. Mae'r Blaid yn debycach i sect grefyddol nag i fudiad politicaidd-genedlaethol. Mae hi'n meddwl y gellir *perswadio* dynion i fotio drosti a hynny'n ddigon! [93]

Mewn cymhariaeth, ni wnaeth ymgyrch Gwilym Prys Davies erioed gyrraedd y trydydd gêr. Yn un peth, roedd peirianwaith y Blaid Lafur yn gwbl ddiffygiol a hithau wedi dibynnu mor drwm ar bersonoliaeth Megan Lloyd George i gywain y pleidleisiau. Yn eilbeth, mae'n eglur na wnaeth rhai Llafurwyr weithio dros Gwilym Prys Davies oherwydd ei gefndir cenedlaetholgar. Ond y prif reswm (er nad yr unig reswm) pam i'r Blaid Lafur wneud cynddrwg oedd i'r isetholiad ddigwydd ynghanol un o'r cyfnodau mwyaf tymhestlog erioed yn hanes unrhyw un o lywodraethau'r ugeinfed ganrif. Ers wythnosau, roedd streic y morwyr wedi peri helynt enbyd i Harold Wilson, ond y trobwynt diamheuol oedd ymddiswyddiad y Gweinidog Technoleg, Frank Cousins, ar 3 Gorffennaf. Dewisodd Cousins (a oedd yn undebwr o hil gerdd) fynd oherwydd polisi Wilson ar gyflogau, a rhoes hyn bwysau anferthol ar y marchnadoedd arian. Wrth i hapfasnachwyr danseilio gwerth y bunt, dechreuodd y 'Tri Mawr' – Wilson, George Brown a James Callaghan – ddadlau ymysg ei gilydd yn chwerwach nag erioed gan roi'r argraff glir bod y llywodraeth ar chwâl. Erbyn 4 Gorffennaf, roedd Jim Griffiths mor bryderus nes iddo ysgrifennu at Gwilym Prys Davies gan gydymdeimlo ag ef: 'I am sorry that your Campaign has to bear the strain of the rifts and resignations. This is political life – one can never be sure what may happen any day… Do concentrate on the areas where our Vote is strongest to get our full Vote there'.[94]

Dygnodd Gwilym Prys Davies ymlaen gyda'i fagad go ysgafn o gefnogwyr, ond i ddim pwrpas. Roedd hi'n amhosibl symud y canfyddiad ei bod hi'n draed moch ar lywodraeth Harold Wilson o'r top i'r gwaelod. Er hynny, gydag un diwrnod ar ddeg i fynd, go brin bod yna unrhyw un yn credu bod hanes ar fin cael ei greu yn Sir Gâr. Y diwrnod hwnnw, canfu gohebydd y *Guardian* fod Gwilym Prys Davies yn rhwym o gael ei ethol, ac mai prif hynodrwydd yr ornest oedd y frwydr am yr ail safle rhwng Gwynfor a'i wrthwynebydd Rhyddfrydol, Hywel Davies. 'Between them,' meddai, 'they are fighting over the anti-Labour vote with almost suicidal fervour.' Ond creai Gwynfor argraff, ac roedd y tebygolrwydd na châi ei ethol yn siom chwerw i ddyn y *Guardian*: 'It is unfortunate that in these circumstances victory begins to look assured for the Labour candidate, Gwilym Prys Davies'.[95]

Dechreuodd wythnos olaf yr ymgyrch mewn cywair cyfarwydd i Gwilym Prys Davies gyda Harold Wilson yn rhefru'n gyhoeddus ynghylch y 'defeatist cries, moaning minnies and wet editorials' a oedd yn dinistrio Prydain.[96] Ond er taered protestiadau'r Prif Weinidog, roedd yna rywbeth rhyfedd, organig, yn digwydd yn Sir Gaerfyrddin. Dechreuodd Gwilym Prys Davies synhwyro oerni tuag ato ar garreg y drws lle cynt bu cynhesrwydd, a phallodd rhai cefnogwyr edrych i fyw ei lygaid. Yn wyneb hyn, gorfu i Cledwyn Hughes gyfaddef yn gyhoeddus ar ymweliad â Chaerfyrddin fod pleidlais y Blaid Lafur yn debygol o gwympo o ryw 3–4,000 o bleidleisiau.[97] Dywedodd hynny ar 12 Gorffennaf – ddeuddydd cyn y bleidlais – ac erbyn hynny, roedd Gwynfor yn cael ei drin fel aelod o'r teulu brenhinol ymhobman yr âi. Y gwahaniaeth trawiadol erbyn hyn oedd bod pobl gwbl gyffredin am glywed beth oedd ganddo i'w ddweud, a hynny am y tro cyntaf yn ei yrfa: 'In the old days,' meddai Gwynfor, 'they wanted to chuck us in the river. But now they're listening to what we have to say. Take this election. At first, we thought it was another uphill battle. But I've never seen anything like it.'[98] Ar y diwrnod hwnnw, ym mart Llanymddyfri, daeth ffermwyr drosodd *en masse* i Blaid Cymru; mewn rhannau eraill o'r etholaeth, roedd lorïau sbwriel yn 'blastar o sticeri' Plaid Cymru ac, yn Llandeilo, gwelwyd sticeri Plaid Cymru ar fotobeic un o'r 'Teds' lleol.[99] Doedd Dafydd, mab Gwynfor, erioed wedi gweld y fath beth, na chwaith ei gyd-ddyddiadurwr, D J Williams. Ar 12 Gorffennaf, aeth D J Williams i ganfasio ffermydd top Sir Gâr – yr union ffermydd hynny a anfarwolwyd ganddo – a chanfod, rhwng pyliau enbyd o angina, fod 'Bron pawb yn addo foto i Gwynfor'.[100] Ni bu sôn gan neb am Dryweryn na thwf cenedlaetholdeb ond roedd yna un gytgan barhaus i'w chlywed, sef bod Gwynfor 'yn ddyn da' ac yn haeddu cyfle.[101] Dechreuodd Gwynfor – a fu mor ochelgar hyd hynny – borthi'r symudiad ac, am y tro cyntaf, dechreuodd siarad am ennill y sedd.

Ailddyblodd ymgyrchwyr Plaid Cymru eu hymdrechion ar ddiwrnod olaf yr isetholiad, gan ddod ynghyd y noson honno ar gyfer un rali derfynol yn Sinema'r Lyric yn nhref Caerfyrddin. Ar yr un noson, roedd y tair plaid arall hefyd wedi trefnu cyfarfodydd cyhoeddus yn y dref, gydag addewid o bresenoldeb rhai o sêr San Steffan megis Cledwyn Hughes ac Alec Douglas-Home. Wrth glywed am hyn, dechreuodd rhai o drefnwyr Plaid Cymru boeni'n ddirfawr am iddyn nhw logi neuadd anferth a lle i fil ynddi. Credai'r rhai mwy pruddglwyfus yn eu plith nad oedd ganddynt obaith mul o'i llenwi, ond siom ar yr ochr orau a gawsant mewn gwirionedd. Roedd y cyfarfod chwyslyd yn orlawn; y 'lad from Llanuwchllyn', Dafydd Iwan, yn arwain y canu, a'r dorf yn dân llosg dros Gwynfor – cymaint felly nes i'r noson emosiynol hon ddod yn rhan o gof gwerin Plaid Cymru.[102] Am y tro cyntaf roedd *torf,* nid casgliad o unigolion, yn dechrau credu yng ngrym y myth hwnnw, sef y byddai Gwynfor, ryw ddydd, yn ennill gwaredigaeth i'r Gymru Gymraeg trwy'r llwybr cyfansoddiadol.

Drannoeth, wedi'r holl waith, a Haleliwias llesmeiriol y noson cynt, roedd yna ben clwc o fath yn aros Gwynfor a'i dîm. Er bod penawdau'r diwrnod hwnnw cystal ag erioed – y llywodraeth dan bwysau enbyd a darogan y byddai'n rhaid i gyfraddau llog godi – gwelodd Plaid Cymru arwyddion fod y Blaid Lafur heb ddiflannu o'r tir. Aeth Islwyn Ffowc Elis i bentref Red Roses ym mhen eithaf y sir a gweld y Blaid Lafur 'wedi staffio'r bŵth yn anrhydeddus'. Tebyg oedd profiad Gwynfor ei hun; aeth i Frynaman a gweld ugain o ganfaswyr y Blaid Lafur am bob un o Blaid Cymru.[103] Er bod gan Blaid Cymru gynllun manwl i sicrhau y byddai ei chefnogwyr hithau yn troi allan, rywsut rywfodd, roedd y diwrnod mawr ei hun fel trochfa oer wedi gwres y diwrnodau olaf. Ni wnaeth y cyhoeddiad bod cyfraddau llog wedi codi drachefn fawr i godi'r hwyliau, a phan gaeodd y bythau pleidleisio am naw o'r gloch, disgynnodd rhyw 'chwithdod', chwedl Islwyn Ffowc Elis, ar y Pleidwyr. Yn awr, doedd dim y medrai'r tîm canolog ei wneud ond aros, disgwyl a gweddïo am y defnyn lleiaf o newyddion da o'r Guildhall.

Nifer bychan o Bleidwyr oedd â'r hawl i fod yn y Guildhall ond medrodd asiant Gwynfor, Cyril Jones, weld yn o fuan bod yna batrwm yn ymffurfio a bod Gwynfor ar y blaen. Cyrhaeddodd Gwynfor tua hanner nos ac, wrth groesi'r sgwâr oedd yn dal yn wag, gwelodd Elwyn Roberts a ddaeth ato gyda newyddion cwbl anhygoel: 'Rych chi mewn,' meddai. 'Nac ydw', atebodd Gwynfor, 'rwy'n gwrthod yn lân â chredu' gan ychwanegu y byddai'n hapus pe câi'r ail safle. Ond cyn gynted ag yr aeth drwy ddrws y Guildhall, gwelodd Gwynfor fod Elwyn Roberts yn llygad ei le. Oddeutu'r un pryd, ffoniodd Elwyn Roberts y Dalar Wen gan rannu'r un newyddion â Rhiannon. Fodd bynnag, fel ei gŵr, gwrthododd gredu yr hyn oedd ar fin digwydd. Y tu allan ar y sgwâr, dechreuodd y cenedlaetholwyr ymgasglu ar ôl i'r tafarnau gau. Roedd rhai'n canu emynau, rhai'n gweiddi 'Rŷn ni isie Gwynfor' ond roedd eraill yn ymbaratoi gogyfer â siom arall wrth i'r sïon ddechrau chwyrlïo. Clywodd rhai ei bod hi'n bleidlais isel; clywodd eraill fod nifer o gefnogwyr Plaid Cymru yn dal ar eu gwyliau; si arall oedd bod Llafur wedi gwneud yn dda ar ochr lofaol y sedd. 'I'm going out to try and forget it', oedd ymateb Harri Webb ac nid efe oedd yr unig un a ddylai wybod yn well i gredu bod Gwynfor wedi colli. Ni thrafferthodd Cliff Phillips, gohebydd chwedlonol y *Press Association*, aros yng Nghaerfyrddin gogyfer â'r canlyniad. Yn hytrach, ffoniodd ei swyddfa yn Llundain cyn y cyfrif a datgan y pennawd chwedlonol hwnnw: 'Labour Have It In The Bag'.

Toc cyn un o'r gloch, canodd y dorf 'Hen Wlad Fy Nhadau' ag arddeliad. Yna, fel pe bai'r noson wedi ei threfnu i'r blewyn, gwelwyd symud drwy ffenestri'r Guildhall. Cyhoeddwyd y canlyniad oddi mewn i'r Guildhall yn gyntaf ac yna daeth y clerc allan i'r balconi gyda'r pedwar ymgeisydd y tu ôl iddo. Yna, dechreuodd ar ei ailgyhoeddiad hanesyddol. Enw Gwilym Prys Davies oedd y cyntaf i gael ei gyhoeddi a phan glywyd ei fod ef wedi cael 13,473 o bleidleisiau aeth ochenaid drwy'r dorf o ddwy fil o bobl. I nifer, ni allasai canlyniad mor siomedig i Lafur ond golygu un peth – buddugoliaeth i'r Rhyddfrydwr, Hywel Davies. Ei enw ef oedd y nesaf ond pan glywyd mai 8,650 o bleidleisiau'n unig yr oedd ef wedi'u cael, gwefrwyd y dorf. Ni wrandawodd neb ar ganlyniad y Tori, Simon Day, wrth i W S Thomas yngan y geiriau bythgofiadwy hynny: 'Gwynfor Richard Evans, un fil ar bymtheg…'. Ni chlywodd neb y gweddill oherwydd, ar yr eiliad honno, torrodd yr argae.[104]

Torrodd yr argae a throdd myth y gwaredwr yn realiti wrth i'r cenedlaetholwyr gofleidio buddugoliaeth syfrdanol. Ymdebygai'r sgwâr i fôr o ddathlu wrth i'r dorf, yn hen ac ifanc, gyfarch eu harwr. Yr unig un na chollodd ei ben y noson honno oedd Gwynfor, a'r eironi yw iddo brofi ofn parlysol wedi'r fuddugoliaeth – ofn o feddwl na fyddai'n deilwng o'r achlysur, ac ofn o feddwl am ei waith newydd fel Aelod Seneddol. Ond doedd dim troi yn ôl yn awr. Daeth Gwynfor i lawr o falconi Neuadd y Guildhall ac i ganol y miri gan weld cannoedd yn wylo'n hidl; roedd eraill yn bloeddio 'Gwynfor, Gwynfor' – enw'r mab darogan a oedd, yn eu tyb nhw, wedi arwain y genedl o'r gaethglud. I gefnogwyr Plaid Cymru, hwn oedd y diwrnod y daeth Cymru'n rhydd, y 'Genedlaethol Wawr', chwedl Gwenallt, a throdd y canlyniad yn ernes o ryddid pellach i ddod.[105] Roedd y profiad yn arbennig o felys ac emosiynol i do hŷn Plaid Cymru – y gwŷr hynny a fu wrthi ers y dechrau un. Roedd J E Jones yn ei ddagrau y noson honno, tra ysgrifennodd D J Williams yn ei ddyddiadur taw ei ddymuniad oedd cael 'marw'n fuan' oherwydd bod gobaith unwaith eto'n fyw.[106]

O'r diwrnod hwnnw ymlaen, daeth Gwynfor yn eicon i nifer yng Nghymru a gwelwyd arwyddocâd rhyfeddol yn y dyddiad hefyd: 14 Gorffennaf oedd y diwrnod pan ddathlwyd rhyddhau carchar y Bastille yn Ffrainc. Roedd yr isetholiad hefyd wedi syrthio bedwar ugain mlynedd i'r diwrnod er pan etholwyd yr arwr Rhyddfrydol, Tom Ellis, am y tro cyntaf i'r Senedd. Cafodd y canlyniad sylw aruthrol – o'r *New York Times* i *Pravda* – ond efallai mai pennawd tudalen flaen y *Daily Mail* – o bob papur – ddaeth agosaf at gostrelu iwfforia'r noson: '1 a.m.: The Welsh Unseat Labour'.[107] Cariwyd Gwynfor ar ysgwyddau ei gefnogwyr ifanc i swyddfa fechan Plaid Cymru yn Stryd y Bont, ond doedd yna ddim lloches i'w gael yn fan'no. Gan gymaint y gorfoledd, bu'n rhaid ei 'achub' er ei les ei hun a'i yrru'n ôl i Langadog.[108]

Ond roedd pethau'n siandifang yn y Dalar Wen hefyd; drwy'r nos, canai'r ffôn yn ddi-baid wrth i'r newyddion ledu. I Gwynfor, roedd yn noson fythgofiadwy am bob math o resymau, nid y lleiaf am ei fod o'r diwedd wedi llwyddo. Fodd bynnag, natur y llwyddiant oedd bwysicaf iddo. Roedd Plaid Cymru wedi llwyddo fel plaid gyfansoddiadol a'r noson honno, yn derfynol, medrodd gladdu unwaith ac am byth y dyheu am Benyberth arall. Yn awr, fel y dywedodd wrth y wasg rai oriau wedi'r fuddugoliaeth, gellid efelychu'r gamp mewn rhannau eraill o Gymru. Drannoeth, derbyniodd Gwynfor gannoedd o deligramau, ond yr un mwyaf arwyddocaol yw'r teligram a gyrhaeddodd y Dalar Wen o Benarth am chwarter wedi deg y bore hwnnw yn enw Saunders Lewis. Arno, cafwyd y cyfarchiad syml hwn: 'Llongyfarchion a diolch calon'.[109] Roedd hi'n weithred fawrfrydig ar ei ran ond, yn sgil canlyniad Caerfyrddin, collodd Saunders Lewis reolaeth yn derfynol ar y blaid a sefydlasai. O hyn ymlaen, plaid Gwynfor oedd Plaid Cymru a byddai honno (gyda rhai eithriadau) yn blaid heddychol a chyfansoddiadol.

Erys un cwestiwn heb ei ateb. Beth ddigwyddodd? Yn syth wedi'r fuddugoliaeth, cynigiwyd dau esboniad am y daeargryn. Y cyntaf – a hwn oedd dehongliad y Blaid Lafur – oedd bod y canlyniad yn ddim byd ond ffliwc neu 'freak' gwleidyddol.[110] Yr ail esboniad a gynigiwyd gan Gwynfor ei hunan oedd bod yna ddeffroad wedi digwydd ac na ddylai neb synnu at hyn o gofio mai Sir Gaerfyrddin oedd crud y Diwygiad Methodistaidd![111] Mae'r gwirionedd rywle yn y canol. Do, bu Gwynfor yn eithriadol o lwcus. Digwyddodd yr etholiad dan yr amgylchiadau gwaethaf posibl i'r Blaid Lafur a hithau'n dibynnu ar ymgeisydd na feddai ar bersonoliaeth ddengar ac nad oedd ganddo ychwaith beiriant etholiadol effeithiol yn gefn iddo. Do, bu Gwynfor yn ffodus yn rhinwedd y ffaith na ddylai Megan Lloyd George fod wedi sefyll ym Mawrth 1966. Do, bu Gwynfor yn eithriadol o ffodus o gofio bod Rhyddfrydiaeth yn prysur farw o'r tir, a bod Caerfyrddin yn sedd lle nad oedd traddodiad Torïaidd yn bodoli. A do, bu Gwynfor hefyd yn ffodus am i'r isetholiad ddigwydd mewn sedd ecsentrig ei gwleidyddiaeth, sedd a roddai fwy o bwys ar y person na'r blaid. Yn hyn o beth, roedd Gwynfor yn dilyn yn ôl traed personoliaethau mawr fel Alfred Mond, Syr Rhys Hopkin Morris a Megan Lloyd George. Ond hanner esboniad yw hwn. Roedd Gwynfor yn llwyr haeddu ennill y sedd am mai ef oedd y dyn iawn i'r sedd ar yr adeg iawn; go brin y gellir meddwl am unrhyw aelod arall o Blaid Cymru a fyddai wedi gallu efelychu ei gamp – hyd yn oed o dan y fath amgylchiadau ffafriol. Ac oedd, roedd Gwynfor yn haeddu ennill am iddo danseilio Rhyddfrydiaeth Gymreig i'r fath raddau nes bod ei seiliau'n gwbl simsan. Ac oedd, er mai nifer gweddol fychan o genedlaetholwyr a bleidleisiodd drosto, roedd Gwynfor wedi creu cenhedlaeth o wladgarwyr gwleidyddol a gredai fod pleidlais dros Blaid Cymru'n bleidlais dros Gymru. Efallai nad oedd y rhain, plant amddifad Rhyddfrydiaeth Gymreig, am weld Cymru annibynnol, ond gwyddai'r ffermwyr a'r dynion busnes bach hyn yn burion mai'r peth cywir o safbwynt moesol oedd pleidleisio dros 'Y Blaid'. Gwynfor a greodd y glymblaid gymhleth hon trwy ei ymdrechion diflino ac ef oedd y cyntaf i fedi'r cynhaeaf. Byddai mwy o lwyddiant yn dod i'w ran ond, yn awr, roedd yn rhaid troi am Lundain a dechrau ar gyfnod mwyaf anhapus ei fywyd – cyfnod y penyd seneddol.

YR AELOD DROS GYMRU, 1966–70

Roedd Gwynfor yn anterth ei fri yn ystod y diwrnodau a'r misoedd hynny a ddilynodd fuddugoliaeth Caerfyrddin. Yn wir, fel 'gwaredwr cenedlaethol', ni fyddai byth eto mor rymus â hyn. Ar y penwythnos cyntaf wedi'r isetholiad aeth ar daith drwy'r etholaeth, a gweld golygfeydd rhyfeddol wrth i'w fodurgad sgubo drwy'r sir. Ymhob pentref, câi ei saliwtio fel arwr; rhuthrai pobl allan o'u tai i'w gyfarch, codwyd baneri ac, ar hyd y daith, bloeddid 'Gwynfor, Gwynfor'.[1] Roedd dychwelyd i Langadog, a'r pentref dan gwrlid o niwl yn brofiad arbennig o deimladwy; yno, ar sgwâr ei bentref bach mabwysiedig, arhosai torf o dros gant i'w gyfarch. Ac am ddyddiau bwygilydd, ni fu pall ar y galwadau ffôn a'r negeseuon. Yn wir, derbyniodd gynifer o deligramau nes i Lythyrdy Rhydaman blygu o dan y pwysau.[2] Heidiodd yr hacs Llundeinig i Sir Gaerfyrddin i gwrdd ag aelod mwyaf anarferol Tŷ'r Cyffredin. Drannoeth y cyhoeddiad mawr, cynhaliodd gynhadledd newyddion ar eu cyfer yn y Dalar Wen lle datganodd mai ei fwriad oedd siarad dros Gymru yn y Tŷ: 'Anything that will be of benefit to Wales I shall support. Anything that is destructive to Welsh life I shall have to oppose'.[3] Ond doedd ei waith ddim ar ben. Y noson honno, rhoes gyfweliad i brif raglen materion cyfoes y BBC, *24 Hours*, cyn clwydo. Oedd, roedd y dyddiau blinderus hynny o ysgrifennu llythyrau ffug i'r *Western Mail* wedi hen ddarfod.

Wedi'r holl flynyddoedd o gecru, medrai Gwynfor hefyd honni ei fod yn ben yn awr ar blaid gwbl unedig. Ond doedd yr undod hwn ddim yn gyfyngedig i genedlaetholeb pleidiol ychwaith. Cyhoeddodd yr FWA gadoediad (er mwyn gweld beth a ddeilliai o bresenoldeb y cenedlaetholwr newydd yn San Steffan); yn yr un modd, gwelwyd rhai o ddefaid duaf plaid Gwynfor yn dychwelyd i gorlan y cadwedig. Ysgrifennodd Neil Jenkins ato i ymddiheuro am y gorffennol, gan ddweud mai ef [Gwynfor] 'oedd yn iawn drwy gydol yr amser, yn mynnu cadw at ddulliau cyfansoddiadol y tu fewn i Blaid Cymru'.[4] Syrthiodd Cynog Dafis ar ei fai hefyd, gan gyfaddef wrth Gwynfor iddo gael ei brofi'n 'hollol anghywir' yn ei gred y byddai 'polisi etholiadau y Blaid yn ei arwain i ddifodiant'.[5] Yn wir, am rai misoedd, cafodd y fuddugoliaeth effaith ddiamheuol ar Gymdeithas yr Iaith Gymraeg gan dynnu'r gwynt o'i hwyliau. Byddai'n rhaid aros tan fis Hydref 1967, a siom cenhedlaeth newydd, fwy amharchus, yn Neddf Iaith y flwyddyn honno, cyn y gwelid dadeni yng ngweithgarwch Cymdeithas yr Iaith Gymraeg.[6]

Fodd bynnag, roedd yr effaith fwyaf i'w gweld ar Blaid Cymru ei hun, wrth reswm. Rhoes y canlyniad genedlaetholdeb Cymreig yn ôl ar y map gwleidyddol am y tro cyntaf ers llosgi Penyberth. Gyda hyn, daeth Plaid Cymru yn rym drachefn (serch am gyfnod byr) yng ngwleidyddiaeth Prydain. Ond yn fewnol hefyd, roedd goblygiadau'r isetholiad yn gwbl wefreiddiol. O fewn tridiau i'r fuddugoliaeth, enillodd y blaid saith gant o aelodau newydd a bu'n rhaid agor canolfannau brys i alluogi'r don newydd hon i godi'u tocynnau aelodaeth; o fewn blwyddyn, dyblodd aelodaeth Plaid Cymru o 14,000 i 27,000. Wrth reswm, efallai, roedd y twf mwyaf i'w weld yn yr etholaethau gorllewinol fel Caerfyrddin a Meirionnydd, ond ym mhob rhan o Gymru, llifodd gwaed newydd i wythiennau'r blaid. Yn ariannol, roedd yr enillion lawn mor doreithiog: cofia Owen John Thomas am fwrdd yn swyddfa Plaid Cymru ac arno fynydd o sieciau ac archebion banc.[7] O ganlyniad, llwyddodd y blaid i godi £10,000 yn fwy na'r disgwyl y flwyddyn honno.[8]

Ar ôl crafu byw cyhyd, ymdebygai'r sefyllfa newydd hon i nefoedd ar y ddaear i Blaid Cymru, ond roedd yna bris i'w dalu am y golud annisgwyl. O amgylch Gwynfor, datblygodd cwlt personoliaeth a ymylai ar fod yn afiach, ac roedd yr hyn a ddisgwylid ohono fel Aelod Seneddol yn gwbl afresymol ac annheg. Roedd Gwynfor ei hun yn lled anghyfforddus gyda'r eilunaddoliaeth yma, ond doedd ganddo ddim gobaith o reoli'r nodwedd hon. Yn llythrennol, daeth miloedd o genedlaetholwyr i gredu yng ngalluoedd Gwynfor fel achubwr cenedl gyfan.[9] Mae'r ffaith i lwyrymorthodwr parchus ddod yn eilun i genhedlaeth amharchus y chwedegau yn fwy eithriadol fyth. Yn wir, os oedd yna'r fath beth â 'counterculture' Cymraeg i'w gael ym 1966, yna Gwynfor (o bawb) a'i hymgorfforai. Ynghlwm wrth hyn, roedd y gred (a goleddid gan nifer o bobl ddeallus) fod yna chwyldro wedi digwydd yng nghefn gwlad Cymru. Trwy'r haf, aeth y dybiaeth o nerth i nerth, wrth i'r wasg gymryd y ffenomenon Wynforaidd o ddifrif. Haerodd un 'hearty, bearded nationalist, who keeps a Union Jack in his lavatory' wrth *The Times* mai hwn oedd y pedwerydd chwyldro i Gymru ei brofi a'i fod cyn bwysiced â'r tri chwyldro blaenorol mewn crefydd, gwleidyddiaeth ac economeg![10] Gormodiaith oedd hynny, wrth gwrs, ond roedd yn brawf o feddylfryd y cyfnod; roedd hefyd yn adlewyrchu'r gred mai Gwynfor oedd yr 'Aelod dros Gymru'. Penderfyniad Gwynfor oedd ei alw ei hun yn 'Aelod dros Gymru', ond golygai hyn y byddai ei feichiau'n afresymol o drwm. Byddai'r penderfyniad hefyd, fel y gwelir maes o law, yn anesmwytho rhai o'i gefnogwyr yn Sir Gaerfyrddin.

Ond y pris trymaf y bu'n rhaid iddo ef a'i deulu ei dalu oedd ei absenoldeb wythnosol yn Llundain. Dyma, heb amheuaeth, un o eironïau mwyaf ei yrfa: ei uchelgais ysol oedd ennill sedd yn Nhŷ'r Cyffredin, ond pan gyrhaeddodd y nod hwnnw, llwyddodd i gasáu pob eiliad o'r profiad. Ar y penwythnos cyntaf hwnnw o ddathlu, roedd yn gwbl agored ynghylch ei niwrosis, gan ddweud wrth yr *Herald of Wales* ei fod yn arswydo o feddwl am orfod mynd i Lundain: 'The last thing I wanted was to leave Wales, but if it will be for the good of the nation, I must go'.[11] Yr hyn na ddywedodd oedd pam fod cymaint o arswyd arno. Bu'n rhaid aros nes cyhoeddi ei hunangofiant cyn iddo ddatgelu yr âi ei nerfau'n rhacs pan fyddai'n siarad yn gyhoeddus – cymaint felly nes y câi 'hunllefau mynych' wrth feddwl am wneud hynny. Yn yr hunllefau hyn, âi popeth 'mor drychinebus o chwith' nes y byddai'n ei ddeffro ei hun gyda'i 'waeddiadau brawychus'.[12] Daethai hefyd i weld San Steffan fel y symbol grymusaf o'r salwch hwnnw a alwai'n 'Brydeindod'.[13] Rhwng popeth, bu'r straen yn ddifrifol a daeth dyddiau Gwener yn ddyddiau o ollyngdod pur iddo. Ar y daith wythnosol yn ôl adref o orsaf Castell-nedd, er enghraifft, byddai'n mynnu stopio ar dop y Mynydd Du er mwyn anadlu awyr bur Cymru. Ond hyd yn oed wedi cydnabod y rhesymau hyn, mae'n anodd deall yn union pam i Lundain ennyn ynddo'r fath ymateb poenus. Wedi'r cyfan, roedd Gwynfor yn hen gyfarwydd â sefydliadau Seisnig; yn wir, byth ers cyfnod y Barry County School, roedd wedi byw a bod yng nghwmni'r teips ymffrostgar sy'n mynd i Rydychen neu i San Steffan.

Ond ei throi hi am Lundain oedd rhaid, gan adael stesion Caerfyrddin ar fwrdd yr 'Evans Express' brynhawn Mercher, 20 Gorffennaf. Fel gyda'r 'ymdaith frenhinol' drwy'r etholaeth, bu'r daith yn gofiadwy gyda thorfeydd disgwylgar yn aros amdano ym mhob gorsaf ar draws y de: torchau o flodau yn Abertawe, emynau yng Nghastell-nedd a dau gant o gefnogwyr yng Nghaerdydd. Prin y medrai Rhiannon goelio'r golygfeydd a chyfaddefodd wrth y wasg ei bod yn teimlo fel pe bai o dan effaith cyffuriau! Pan ofynnwyd iddi am arwyddocâd y diwrnod iddi hi, dyma oedd ganddi i'w ddweud: 'I've been a Plaid widow since 1945 when Gwynfor became President of the party, but it's all been worth it'.[14] Roedd hi'n nosi pan gyrhaeddodd y trên orsaf Paddington, ac yno roedd torf o 500 yn aros i gyfarch dyn yr awr. Dywedodd un porthor na welodd ddim byd tebyg ers i'r Beatles basio drwy'r stesion. Er hynny, go brin y byddai'r 'Fab Four' wedi meiddio dweud, fel y gwnaeth Gwynfor, mai dod i Lundain i ddad-wneud gwaith Harri'r Seithfed yr ydoedd.[15] Yna, o Paddington, aethant yn eu blaen i gyfarfod croeso nodedig a drefnwyd iddo gan Dafydd Wigley, gyda'i wraig, Elinor Bennett, yn canu penillion croeso ar y delyn.

Ond doedd y diwrnod ddim ar ben: roedd yna waith yn dal i'w wneud. Cyn clwydo yng ngwesty'r Strand Palace, ceisiodd Gwynfor ddelio â'r broblem fwyaf a'i hwynebodd yn y dyddiau cyntaf hynny wedi ei fuddugoliaeth, sef yr FWA. Byth oddi ar ennill y sedd, roedd y wasg wedi bod yn chwilio pac cenedlaetholdeb Cymreig am unrhyw gysylltiad posibl rhwng Plaid Cymru, yr FWA a'r ymgyrch fomio. Roedd y dystiolaeth, fel arfer, yn denau ryfeddol, ond anlwc Gwynfor oedd i'r 'Rhymney and Sirhowy Valleys Column' o'r FWA gyhoeddi wrth *The Times* fod eu cadoediad byrhoedlog tu hwnt wedi dod i ben ddiwrnod cyn iddo gyrraedd Llundain.[16] Roedd y stori'n lol botes maip, ond fe'i llyncwyd yn ddihalen, ac ar y noson gyntaf honno yn Llundain, bu'n rhaid i Gwynfor ddefnyddio'i anerchiad i'r wasg er mwyn ceisio lladd yr ensyniad. Gwnaeth hyn, fel arfer, trwy eu bychanu: 'I have met all three members of the Free Wales Army,' meddai Gwynfor. 'They are nice lads, but Plaid Cymru has nothing to do with them'.[17] Damcaniaeth Gwynfor oedd bod yna 'smear campaign' bwriadus yn cael ei rhedeg o Lundain, a gwnaeth bwynt arbennig o enwi Leo Abse, Aelod Seneddol Llafur Pontypŵl, fel y math o berson fyddai'n porthi straeon celwydd golau'r FWA. Fodd bynnag, roedd hon yn frwydr y byddai'n ei cholli'n rhacs. Er dycned ei ymdrechion, defnyddiwyd a choeliwyd dwli'r FWA gan newyddiadurwyr a nifer mewn awdurdod nad oeddynt am wybod y gwir.[18]

Drannoeth, gorchwyl cyntaf Gwynfor oedd cwrdd â George Thomas yn y Swyddfa Gymreig. Cawsant sgwrs fer ac, oddi yno, aeth ar draws Parliament Square gan gyrraedd Tŷ'r Cyffredin am y tro cyntaf fel Aelod Seneddol. Gwnaeth hyn heb ddim stŵr, yn y gobaith y gallai ymgynefino â'i gartref newydd cyn y cyrhaeddai ei gefnogwyr.[19] Aethpwyd ag ef o'r Central Lobby i'r Siambr lle esboniwyd iddo'r drefn a'r bywyd digon digysur a'i hwynebai: digonedd o fariau (diwerth i lwyrymwrthodwr), ond dim swyddfa na desg na ffôn. Fel hyn y bu hi yn ystod ei gyfnod cyntaf yn y Senedd ond, ar y diwrnod hwnnw, roedd yna gwestiwn pwysicach na lletty seneddol yn wynebu Gwynfor. Y cwestiwn mawr y diwrnod hwnnw oedd a fyddai'n cael cymryd y llw yn ddwyieithog. Byth oddi ar ei ethol, hwn, yn fwy na'r un cwestiwn arall, a aeth â sylw'r wasg, a rhagwelai ambell bapur y câi ei daflu allan o'r Siambr am feiddio siarad Cymraeg yno.[20] Ond o leiaf roedd yna gefnogaeth enfawr iddo yn Llundain ar y diwrnod cyntaf hwnnw. Pan gyrhaeddodd Gwynfor y Senedd am yr eildro – y cyrhaeddiad 'swyddogol' fel petai – roedd yna olygfeydd anhygoel yn ei aros. Y tu allan i borth St Stephen's, ymgasglodd yn agos i fil o gefnogwyr mewn awyrgylch nid yn annhebyg i gwrdd diwygiad. Roedd yr heddlu am i'r dorf wasgaru, ond doedd dim symud arni. Wedi aros cyhyd am weld cenedlaetholdeb Cymreig yn cyrraedd y llwyfan mawr, doedd yna'r un dyn byw am golli'r foment hon. Pan gyrhaeddodd Gwynfor, bu'n rhaid i'r heddlu glirio llwybr trwy eu canol gan wneud eu gorau i brysuro dyfodiad yr aelod newydd. Ond roedd Gwynfor am fwynhau pob eiliad o'r achlysur ac, er mawr siom i'r heddlu, oedodd gan annerch ei gefnogwyr wrth sefyll ar risiau'r porth cyn camu i ganol ei fydysawd newydd.

Dyna, i raddau helaeth, fyddai'r tro olaf y câi Gwynfor wneud pethau ar ei delerau ei hun yn y Tŷ. Er hynny, roedd yr arwyddion cychwynnol yn addawol. Am ddeng munud wedi tri y pnawn, daeth y foment yr arhosodd cyhyd amdani pan gamodd i far y Tŷ a chael ei dderbyn fel cyflawn aelod. Ar y naill ochr a'r llall iddo roedd ei ddau noddwr, Jim Griffiths ac S O Davies. Yn unol â'r drefn, cymerodd Gwynfor y llw yn Saesneg cyn herio'r drefn seneddol am y tro cyntaf trwy eistedd ar fainc flaen y llywodraeth. Edrychai ei gyd-aelodau seneddol yn syn gan feddwl ei fod yn cyfeiliorni ond, o fewn eiliadau, gwelsant beth oedd ei fwriad. O fainc y Llywodraeth, gofynnodd Gwynfor am yr hawl i gael cymryd y llw am yr eildro – yn Gymraeg. Yn ôl y disgwyl, gwrthodwyd y cais gan Lefarydd y Tŷ, Dr Horace King, ond nid cyn i Arweinydd y Tŷ addo edrych eto ar y rheolau. A bu King yn driw i'w air; erbyn 1970, newidiwyd y rheolau a rhoddwyd yr hawl i'r Cymry gymryd y llw yn Gymraeg. Roedd safiad Gwynfor yn un ysbrydoledig, a barnodd y gwybodusion seneddol nad oedd yr un aelod newydd wedi gwneud cymaint o argraff ar ei ddiwrnod cyntaf ers blynyddoedd.[21] Camp Gwynfor oedd dewis mater syml ond arwyddocaol i danlinellu safle ddiffygiol y Gymraeg gan uno y 'Gaels and Celts', chwedl y *Daily Mail*, 'in clangathering protest'.[22] Gwelwyd sawl aelod yn ei gefnogi, ond y gefnogaeth fwyaf diddorol o beth tipyn oedd y gefnogaeth anhunanol honno a gafodd Gwynfor ar ei ddiwrnod cyntaf gan Elystan Morgan – gŵr a fu'n gyfaill cywir i Gwynfor hyd nes y'i dyrchafwyd yn weinidog yn y Swyddfa Gartref.

Wrth adael y Siambr, medrai Gwynfor gerdded â'i ben yn uchel, yn gymaint felly nes i un newyddiadurwr nodi dyfnder yr ewyllys da tuag ato y diwrnod hwnnw.[23] Ond rhyw lwynog o gefnogaeth oedd hyn. Y diwrnod hwnnw, fe'i tywyswyd o amgylch y Tŷ gan un o gymeriadau mawr sosialaeth Prydain, Emrys Hughes, Aelod Llafur De Swydd Ayr – mab-yng-nghyfraith Keir Hardie a gor-wŷr yr emynydd John Hughes, Pontrobert. Roedd Emrys Hughes hefyd wedi ysgrifennu arweinlyfr i'r Senedd ac, ar y diwrnod cyntaf hwnnw, esboniodd wrth Gwynfor beth i'w wneud a beth i beidio â'i wneud. Un rheol euraidd oedd honno a ddeddfai na ddylai fyth eistedd ar y Bwrdd Cymreig yn yr ystafell de gan gymaint yr elyniaeth a deimlid tuag ato gan y Blaid Lafur. 'I wouldn't sit there if I were you,' meddai Emrys Hughes wrtho, 'your name is mud there.' Ac ni feiddiodd Gwynfor eistedd yno ychwaith, a bu'n rhaid iddo aros nes i Dafydd Elis Thomas a Dafydd Wigley gyrraedd ym 1974 cyn magu digon o blwc i eistedd ymysg y brodyr Llafurol. Ceid agweddau eraill ar yr elyniaeth hon: byddai'r aelod Llafur, Donald Coleman, yn gwrthod ei gyfarch o gwbl ar fore Llun pan ddaliai'r ddau ohonynt y trên o orsaf Castell-nedd; gwrthododd Ness Edwards siarad ag ef, tra byddai Goronwy Roberts yn gwrthod edrych arno. Ac eithrio Elystan Morgan, yr unig ddau aelod Cymreig arall i ddangos unrhyw diriondeb tuag ato oedd Cledwyn Hughes a Michael Foot.[24] Mae'r hyn a ddigwyddodd i Gwynfor yn dangos plentyneiddiwch llwythol y Blaid Lafur ar ei waethaf, ond llawn cyn wired â hyn yw bod hanes wedi'i ailadrodd ei hun. Fel a ddigwyddodd yn ystod ei gyfnod ar Gyngor Sir Gaerfyrddin, ymdebygai Gwynfor i feudwy duwiol – gŵr nad oedd yn ddigon bydol i herio'r Blaid Lafur yn y modd y gwnaethai Winnie Ewing o'r SNP, neu'r ddau Ddafydd yn ddiweddarach. Yn ymarferol, golygai hyn y bu Gwynfor dan anfantais ddybryd gydol y tymor seneddol cyntaf hwnnw, ond roedd gwaeth i ddod. Maes o law, datblygodd y gynnen hon rhyngddo ef a sosialwyr y de yn gasineb di-dderbyn-wyneb pan welodd y Blaid Lafur fod Gwynfor ar delerau pur dda gyda rhai o ffigurau amlycaf y Blaid Geidwadol.

Fe gymerodd hi beth amser i'r elyniaeth hon frigo i'r wyneb go iawn, ond dechreuodd y tywydd gwleidyddol droi o'r diwrnod y traddododd Gwynfor ei araith forwynol ar 26 Gorffennaf. Yn draddodiadol, mae areithiau morwynol yn bethau digon diddrwg–didda, ond nid felly hon; araith sy'n haeddu cael ei chyfrif fel yr un orau iddo erioed ei thraddodi. Ynddi, cafwyd y cyffyrddiadau Gwynforaidd cyfarwydd: apêl at draddodiad Cristnogol, a brad y Blaid Lafur a'r drefn Brydeinig. Ond y peth mwyaf trawiadol oedd i Gwynfor fynnu siarad 'for Wales' yn y Gysegr Sancteiddiolaf. 'Patronising rubbish,' meddai, oedd i Harold Wilson sôn am Gymru'n elwa o dan Lafuriaeth. 'You will not be able to get away with it much longer because the Welsh are beginning to take their country as seriously as the Danes and the Swedes take their countries.' Ond y gri o'r galon wrth gloi, y weledigaeth iwtopaidd yn iaith y Diwygiad, oedd fwyaf nodedig: 'Looking round the country in which I live, I can see something different from the light of the setting sun. It looks more like the rising of a new dawn. "Westward look, the land is bright".'[25] Rhyfeddwyd y byd gwleidyddol gan yr araith, a chredai'r sylwebwyr i Gwynfor drechu pob confensiwn. Hon, meddai'r *Western Mail*, oedd 'the most fiery maiden speech of recent years,'[26] ond roedd yna bris gwleidyddol i'w dalu. Credai rhai sylwebwyr y dylai fod wedi rhoi araith 'somewhat more gracious' o gofio'r 'considerable warmth of the welcome' a ddangoswyd iddo ar y diwrnod cyntaf.[27] O hyn ymlaen, targedwyd Gwynfor yn ddidrugaredd.

Dychwelodd Gwynfor fel arwr i gynhadledd flynyddol Plaid Cymru ym Maesteg ddiwedd Gorffennaf. Fel y gellid disgwyl, roedd hi'n gynhadledd lwyddiannus tu hwnt, a defnyddiodd Gwynfor yr achlysur i gyhoeddi y byddai'r blaid yn ymladd pob sedd yn yr etholiad cyffredinol nesaf. Roedd hwn, dywedodd, yn gyhoeddiad cwbl hanesyddol: 'Historians in the future will study our attitude towards the present challenge'.[28] Roedd yn hollol gywir; hwn oedd cymal olaf chwyldro cyfansoddiadol Gwynfor. Eto i gyd, er cymaint ei ddylanwad, ni fedrai rwystro'r FWA rhag ei blagio. Fel huddug i botes, dewisodd aelodau'r 'fyddin' eistedd yn rhes flaen y gynhadledd a hynny mewn lifrai milwrol. Bu'n rhaid i Gwynfor ymbil ar y newyddiadurwyr yno (yn enwedig hacs y BBC) i beidio â pharddu'o'i blaid, ac yntau'n bersonol trwy awgrymu fod yna gysylltiad rhwng yr FWA a Phlaid Cymru. Ond roedd yna fwy nag un wedd ar yr FWA. Yn ystod Awst 1966, cafodd datganiad gan y 'Ffrynt Gwladgarol', adain wleidyddol (honedig) yr FWA, sylw mawr. Daethant allan yn gyhoeddus o blaid 'gweithredu uniongyrchol' a haerodd ysgrifennydd y Ffrynt, Gethin ap Iestyn, y byddai'r Ffrynt yn fwy na Phlaid Cymru.[29] Yn ystod yr hydref, gwelwyd Plaid Cymru yn gwneud ei gorau i roi caead ar eu piser a cheisiodd Gwynfor bopeth: trefnodd fod cyfeillion yn ysgrifennu i'r *Welsh Nation* ar y pwnc; bwydodd straeon anffafriol i golofn glecs Westgate y *Western Mail*; bu hyd yn oed yn gohebu ag A H Llewys (un o arweinwyr y Ffrynt)[30] a threfnodd fod swyddogion Pwyllgor Ieuenctid Plaid Cymru yn cael gair â'r Ffrynt.[31]

Ond ofer fu'r holl ymdrechion. Roedd yr FWA a'r Ffrynt Gwladgarol wedi cael modd i fyw o ganlyniad uniongyrchol i'r diddordeb newydd a grëwyd mewn cenedlaetholdeb Cymreig. Yn anochel, cafodd hyn effaith ofnadwy ar Blaid Cymru. Bu'n rhaid, er enghraifft, i Is-lywydd Plaid Cymru, Tedi Millward, argyhoeddi perthnasau iddo o Loegr nad oedd Gwynfor yn un o arweinwyr mintai derfysgol.[32] Tueddai'r wasg i gredu popeth a ddeuai allan o enau Cayo Evans a'i gymheiriaid, a châi bechgyn yr FWA hwyl arw wrth dynnu blewyn o drwyn parchusion capelyddol Plaid Cymru. Yn aml, byddai Cayo Evans yn ffonio'r wasg o dafarnau de Ceredigion gan raffu celwyddau cwbl amlwg, dim ond i weld y nonsens hwnnw (fel y stori ynghylch cynllwyn i saethu Cledwyn Hughes) yn ymddangos mewn cylchgronau fel *Paris Match*.[33] Y cennad, yn amlach na pheidio, oedd newyddiadurwr digon brith o'r enw John Summers – gŵr a ddaeth yn dipyn o obsesiwn i Gwynfor. Ond roedd yna reswm da pam iddo ddrwgdybio Summers mor gryf ag y gwnaeth. Ys dywedodd y Prif Arolygydd F J Jones o heddlu Llambed: 'In Lampeter and amongst the majority of Welsh people they are objects of ridicule and the [*sic*] cause for shame. They have been kept alive by the press, in particular, by the work of John Owen Summers'.[33]

Roedd y frwydr yn erbyn yr FWA hefyd yn dreth gwbl ddiangen ar amser Gwynfor ac ni chafodd fawr o hoe yn ystod yr haf hwnnw. Roedd y wasg mor awchus ag erioed; ddiwedd Awst, mentrodd rhaglen *Panorama* y BBC cyn belled â Chaerfyrddin, a daeth newyddiadurwyr o'r Iseldiroedd ac o'r *Los Angeles Times* i'w holi yn Llangadog.[34]

Byddai problemau a digwyddiadau lleol hefyd yn traflyncu cyfran helaeth o'i amser, a daeth yn arbenigwr ar yr hyn a ddisgrifiwyd ganddo wrth D J Williams fel bywyd 'cymdeithasol hafaidd Sir Gaerfyrddin' – 'yn sioeau, ffeiriau bach, treialon cŵn defaid, carnifalau'.[35] Ac fel pe na bai hynny i gyd yn ddigon, roedd y llythyrau a ysgrifennid ato'n parhau i ddylifo – tua chant a hanner bob wythnos – rhai'n llythyrau gan etholwyr, eraill yn llythyrau a gâi eu cyfeirio'n llythrennol at 'The Member for Wales' neu 'The Unofficial Leader of Wales'. Tueddai Gwynfor i weithio fel ag y gwnaethai yn ystod y degawdau cynt. Ef ei hun fyddai'n ateb ymron pob galwad ffôn a llythyr, ac ni fyddai prin byth yn gwrthod gwahoddiad i annerch rhyw gyfarfod neu'i gilydd. Ond o fewn dyddiau i ennill Caerfyrddin, arswydodd rhai o'i gyfeillion at ei ddull annisgybledig o weithio. Un o'r rhai cyntaf i ddweud hyn oedd Harri Webb, a ysgrifennodd at Elwyn Roberts gan fynnu bod yn rhaid i Gwynfor gael cymorth er mwyn sicrhau nad ef fyddai Aelod Seneddol cyntaf ac olaf Plaid Cymru. Roedd hefyd am i Gwynfor gwtogi ar ei weithgarwch cyhoeddus: 'One of the few criticisms in the past was that he was too readily available. This is now no longer physically possible nor tactically desirable. Henceforward a sense of occasion must invest his appearances outside his own area'.[36] Dewisodd Gwynfor anwybyddu'r cyngor doeth hwn ac, yn yr un modd, anwybyddodd awgrym T I Ellis mai'r peth cyntaf y dylai ei wneud oedd cael ysgrifennydd seneddol.[37] Erbyn diwedd Awst, cafodd rybudd pellach gan Islwyn Ffowc Elis, a ysgrifennodd ato i ddweud ei fod ef a'i gyfeillion yn pryderu 'rhag ichi drethu gormod arnoch eich hun'.[38] Derbyniodd lythyr plaenach fyth gan Emrys Roberts a'i rhybuddiodd mai'r her oedd peidio efelychu Dr Robert Macintyre, Aelod Seneddol cyntaf yr SNP. 'Yr oedd ei lwyddiant ef,' meddai Emrys Roberts, 'ac wedyn ei fethiant a methiant ei blaid yn llyffethair i'r blaid honno am 15 mlynedd.'[39] Ond i ddim pwrpas; doedd Gwynfor ddim am ildio grym na newid ei ffordd gynefin o weithio. Mae'n bosibl hefyd nad oedd am fod yn dreth ar ei blaid gan nad oedd lwfansau staff ar gael; yn y cyfamser, aeth y drafodaeth hon ynghylch 'Help i Gwynfor' rhagddi am fisoedd, ond doedd dim modd newid ei agwedd fulaidd a gwrthododd bob help personol.[40] Trwy gydol ei gyfnod seneddol yr unig gymorth a gâi oedd gan Clem Thomas, a benodwyd fel cynrychiolydd rhan-amser iddo ar lawr gwlad Sir Gâr. Gartref yn y Dalar Wen, byddai ei ferch, Meleri Mair, hefyd yn gweithio fel ysgrifenyddes ar ei ran. Dim ond yn achlysurol iawn y deuai hithau i weithio drosto yn Llundain a hyd yn oed wedyn, byddai Gwynfor — nad oedd ganddo swyddfa — a Meleri'n gorfod gweithio ar un o feinciau Palas San Steffan.[41]

Cafodd y penderfyniad annoeth hwn i wrthod cymorth effaith glir ar ansawdd ei fywyd, ond o leiaf roedd yna fwy o siâp ar drefniadaeth y blaid wedi'r isetholiad. Roedd yna ymwybyddiaeth, fel y nododd R Tudur Jones, na allai Plaid Cymru fforddio cario ymlaen fel ag y gwnaethai yn y gorffennol, ond y cwestiwn oedd sut y byddai'r blaid, chwedl yntau, yn medru 'ymddiosg o'r agweddau hynny oedd yn briodol ddigon mewn cyfnod arloesol — yr amaturiaeth, y pwdu parod, y gweld bai diddiwedd ar bawb ond arnom ein hunain, y diogi — a chymryd ei hun o ddifri?'[42] Penderfynwyd mai Tedi Millward fyddai'n gwylio'r siop tra byddai Gwynfor yn Llundain, ond roedd dirfawr angen proffesiynoleiddio holl weithgarwch Plaid Cymru. Yn ffodus i Gwynfor a Tudur Jones, roedd un o Bleidwyr galluocaf ei gyfnod yn meddwl ar hyd union yr un llinellau. Ei enw oedd Dafydd Wigley: tecnocrat talentog a weithiai ar y pryd yn ffatri cwmni Ford yn Dagenham, Essex. Roedd yna sôn wedi bod er 1965 am greu 'think-tank' oddi mewn i Blaid Cymru, ond doedd neb wedi mynd â'r peth ymhellach. Ar 12 Awst, fodd bynnag, derbyniodd Gwynfor lythyr allweddol gan Dafydd Wigley yn amlinellu cynllun o'i eiddo i greu grŵp ymchwil i Blaid Cymru. Ynddo, dywedodd Dafydd Wigley ei fod eisoes wedi siarad â dau wyddonydd a oedd am ymuno ag ef yn y fenter. Y cyntaf oedd Dr Gareth Morgan Jones, gwyddonydd a oedd wedi dychwelyd o Ganada; yr ail oedd y disgleiriaf oll, Dr Phil Williams, athrylith lliwgar o Goleg Clare, Caergrawnt. Roedden nhw, meddai, yn barod i ymuno ag ef er mwyn sicrhau dau amcan allweddol i Gwynfor a Phlaid Cymru. Y gorchwyl cyntaf, yn ôl Dafydd Wigley, oedd casglu ffeithiau er mwyn sicrhau y byddai gan Blaid Cymru ateb pan fyddai 'Mr Abse yn gwneud ryw [sic] osodiad amheus ar y nifer o blant sydd yn [sic] eisiau addysg drwy'r Gymraeg'. Yr ail dasg a'u hwynebai oedd dyfeisio ffordd o gofnodi dyfyniadau gwleidyddol.[43]

Y rhain oedd amcanion gwreiddiol Dafydd Wigley, ac fe'u derbyniwyd yn eiddgar gan Gwynfor. Yn fuan, tyfodd y Grŵp Ymchwil fel caseg eira gan ddenu rhagor o aelodau dawnus fel Eurfyl ap Gwilym, Keith Bush a Roderic Evans. O fewn blwyddyn, roedd tua phymtheg o bobl ifanc galluocaf y blaid yn cwrdd bob nos Lun yn Clerkenwell, Llundain, gan gynnig cymorth polisi allweddol i Gwynfor a Phlaid Cymru.[44] Cyflwynent eu gwaith i Gwynfor bob nos Fawrth, ac am y tro cyntaf ers i D J Davies farw ddegawd ynghynt, roedd gan Blaid Cymru dîm o economegwyr a allai gynnig polisïau credadwy nad oedd ag olion bysedd Saunders Lewis arnynt.

Felly, pan ddychwelodd Gwynfor i San Steffan roedd yna lawer mwy o siâp ar bethau ac, am rai misoedd, gwnaeth argraff ddofn fel band un dyn ynghanol dros chwe chant o Aelodau Seneddol eraill. Gyda chymorth y Grŵp Ymchwil, daeth i'r casgliad mai'r dacteg orau fyddai iddo ymladd rhyfel *guerrilla* a gofyn cwestiynau dirifedi ynghylch cyflwr Cymru. Bryd hynny, roedd Cymru'n byw mewn gwagle ystadegol, a llwyddodd i wasgu pob math o ffigurau difyr a dadlennol o groen llywodraeth Wilson. Byddai cwestiynau Gwynfor yn gyrru'r gwasanaeth sifil yn wallgo bost ond, ar gost o £14 y tro, profodd yn ffordd hawdd iddo o atgoffa pobl nad oedd wedi diflannu ynghanol y llu o Aelodau Seneddol eraill. Erbyn diwedd y flwyddyn gyntaf, roedd wedi gofyn dros chwe chant o gwestiynau, a chyhoeddwyd yr atebion ar ffurf tair cyfrol – *Llyfrau Du Caerfyrddin*. Pe bai dim ond am hyn, fe fyddai'r dacteg wedi cael ei gweld fel llwyddiant, ond yn y misoedd a ddilynodd drychineb Aber-fan ym Medi 1966 y gwelwyd y rhyfel cwestiynau ar ei fwyaf effeithiol. Gyda nifer o atebion ynghylch cyflwr y maes glo yn ei arfogaeth, llwyddodd Gwynfor i ddinoethi'r ffordd gwbl siabi y cafodd trigolion y cymoedd eu trin gan yr NCB a llywodraeth Harold Wilson. Ynddynt, cyhuddodd Cledwyn Hughes a llywodraeth Wilson o gelu'r gwirionedd ynghylch Aber-fan – cyhuddiad a enynnodd gythraul o ffrae.[45] Gweithredodd ar ran aelodau Cymdeithas yr Iaith Gymraeg hefyd ac, erbyn Nadolig 1966, roedd Gwynfor wedi ennill enw iddo'i hunan fel 'the stormy petrel of the Welsh benches' – i'r fath raddau nes i David Rosser, golygydd gwleidyddol y *Western Mail*, farnu nad oedd yna fyth eiliad anniddorol i'w chael 'with Mr Evans in the House'.[46] Manteisiodd Gwynfor ar hyn gan geisio ei bortreadu ei hun fel merthyr – stynt a ddigiodd y sosialwyr yn fwy fyth. Iddynt hwy, conyn hunangyfiawn ydoedd, a chyn y Nadolig, cafodd y rhybudd hwn gan Alan Williams o'r meinciau Llafur: 'If this is the level which he regards as rough, brutal and personal, he will find that his attempts to don the martyr's crown of thorns will not convince the public'.[47]

Ond roedd Gwynfor ar ben ei ddigon erbyn Nadolig 1966. O safbwynt personol, roedd Llundain ychydig yn fwy goddefadwy ac yntau wedi cael ei dderbyn yn gyflawn aelod o'r Reform Club – y clwb hynod grachaidd a chostus fyddai'n gartref iddo am y tair blynedd nesaf.[48] Er hynny, y peth pwysicaf oll i Gwynfor yn y cyfnod hwnnw oedd natur gwleidyddiaeth Cymru. Bedwar mis wedi llwyddiant Caerfyrddin, barnai llawer o Bleidwyr a sylwebwyr fod yna rywbeth arhosol wedi digwydd a bod cenedlaetholdeb yn dechrau bwrw gwreiddiau. Yn aml, pan ddychwelai Gwynfor i Gymru, deuai cannoedd o bobl i wrando arno'n annerch rhyw gyfarfod neu'i gilydd. Mwy trawiadol fyth oedd y gymhariaeth rhwng y Blaid Lafur a Phlaid Cymru. Wrth i Blaid Cymru fwynhau'r poblogrwydd newydd hwn, rhoes y Cymry eu cas ar y Blaid Lafur. Yn un peth, daeth Aber-fan yn symbol o fethiant y blaid honno yn y cymoedd, a hynny mewn cyfnod pan oedd diweithdra ar ei uchaf er 1948. Ond y peth mwyaf trawiadol a chalonogol i'r cenedlaetholwyr oedd y problemau a achosodd Gwynfor i Ysgrifennydd Cymru, Cledwyn Hughes. Yn ei swydd flaenorol yn Swyddfa'r Gymanwlad, enillasai Cledwyn Hughes enw da iddo'i hun am fod yn weinidog tan gamp, ond roedd pethau'n dra gwahanol yn y Swyddfa Gymreig.[49]

Wrth i'r cwlt dyfu o amgylch Gwynfor, gadawyd Cledwyn Hughes yn nhir neb: ar y naill law, roedd y cenedlaetholwyr yn ei weld fel bradwr; ar y llaw arall, tybiai adain unoliaethol y Blaid Lafur Gymreig na wnâi ddigon i golbio'r 'Nats'.

Gwelodd y flwyddyn newydd newidiadau gwleidyddol lawn mor garlamus â rhai 1966. Ym mis Ionawr, ymddiswyddodd Jo Grimond fel arweinydd y Rhyddfrydwyr a dewiswyd Jeremy Thorpe yn ei le. Gobaith Gwynfor oedd y byddai hyn yn rhwygo'r Rhyddfrydwyr.[50] Ond y prif reswm am gynnwrf 1967 (o safbwynt Plaid Cymru) oedd y cyhoeddiad y cynhelid isetholiad yn y Rhondda – y 'cwm mwya sosialaidd yn y byd', yn ôl y gred gyffredin. Roedd yn gyfle euraidd, ond serch y disgwylgarwch, dechreuodd pethau'n neilltuol o araf. Bu farw aelod Llafur Gorllewin y Rhondda, Iori Thomas, dair wythnos cyn y Nadolig ond bu'n rhaid aros am hydoedd cyn y cafwyd unrhyw drefn ar yr ymgyrch genedlatholgar. Dridiau wedi'r Calan, gwrthododd Phil Williams yr enwebiad gan ddweud wrth Gwynfor nad oedd yn gwybod nemor ddim am y Rhondda: 'I've hardly been there.'[51] Gwrthododd Wynne Samuel hefyd ac mae'n glir taw trydydd dewis o gryn bellter oedd Vic Davies fel ymgeisydd. Nid heb reswm, teimlai trefnydd Plaid Cymru yn y Rhondda, Cennard Davies, fod yna dasg amhosibl yn ei wynebu pan ddechreuodd yr ymgyrch yng nghanol gwyntoedd rhynllyd Clydach Vale.[52]

Ond wrth i'r mis fynd rhagddo, dechreuodd pethau newid. Yn un peth, roedd poblogrwydd Gwynfor yn cael effaith fawr ar yr hinsawdd wleidyddol; ganol Ionawr, cyhoeddwyd fod tair mil o gopïau o'i *Lyfr Du* cyntaf wedi eu gwerthu ac, o fewn tri mis, bu'n rhaid argraffu pum mil arall.[53] Roedd cyflwr economaidd truenus y Rhondda hefyd yn annog pobl i ddarogan pethau mawr i Blaid Cymru. Rhwng y ddau gwm, roedd tua naw y cant o ddynion y Rhondda yn ddi-waith – y ganran uchaf ers pum mlynedd. Roedd yna ganfyddiad yn ogystal i'r Swyddfa Gymreig din-droi am fisoedd ynghylch lleoliad y bathdy brenhinol newydd. Y ddau safle o dan ystyriaeth yng Nghymru oedd Pen-y-bont neu Lantrisant, dewis amlwg brodorion y Rhondda. Yn wir, câi parodrwydd gweision sifil y Swyddfa Gymreig i ystyried Pen-y-bont ei weld gan bobl y Rhondda fel sen ar eu galluoedd a'u sefyllfa economaidd. Fe'u digiwyd hefyd gan agwedd Cledwyn Hughes a chredent ei fod yn orffyddiog ynghylch dyfodol economaidd y Rhondda. Yr eisin ar y gacen – o safbwynt Plaid Cymru – oedd ymddygiad annemocrataidd rhai cynghorwyr Llafur a'u hoffter o wneud penderfyniadau y tu ôl i ddrysau caeedig.

Trodd y papur lleol, y *Rhondda Leader*, yn erbyn y Blaid Lafur ac erbyn dechrau Chwefor, trosglwyddwyd ysbryd diwygiad Caerfyrddin i'r Rhondda.[54] Aeth Gwynfor i gwrdd mabwysiadu Vic Davies ar 11 Chwefror, ac erbyn hynny roedd rhai Pleidwyr wedi dechrau siarad o ddifrif ynghylch y posibilrwydd o ennill y sedd. Cadarnhawyd hyn gan faint y dorf a ddaeth i wrando ar Gwynfor yn Neuadd Cwmparc. Er gwaethaf ymgeisydd digon dieneiniad, roedd o leiaf 400 o bobl yn y Rhondda (o bob man) wedi dod i'r cyfarfod gan gredu y gallai Plaid Cymru ennill gyda Gwynfor wrth y llyw. Dychwelodd Gwynfor i San Steffan gan adael rhan helaethaf trefniadau'r Rhondda yn nwylo abl y Grŵp Ymchwil, ond o Lundain, gwnaeth ei orau i lywio cwrs digwyddiadau. Gofynnodd dwr yn rhagor o gwestiynau seneddol ynghylch materion glofaol yn y gobaith o beri embaras i Harold Wilson, a phan ddychwelodd drachefn i'r Rhondda gogyfer â chyfarfod olaf yr ymgyrch, gwelodd fod tân y diwygiad yn llosgi'n ffyrnicach fyth.[55] Fel a ddigwyddodd yng Nghaerfyrddin, llogodd Plaid Cymru honglad mawr i gynnal y cyfarfod olaf a phryderai'r rhai mwy niwrotig yn eu plith nad oedd ganddyn nhw obaith o'i lenwi. Ond eto fyth, fe'u siomwyd ar yr ochr orau. Ar 8 Mawrth, llenwyd Neuadd y Park and Dare yn Nhreorci hyd yr ymylon. Drannoeth, roedd gwell i ddod, wrth i Blaid Cymru ddod o fewn modfedd i gyflawni'r sioc etholiadol fwyaf yn hanes gwleidyddol Cymru gan lorio mwyafrif Llafur o 16,888 i 2,306 pleidlais.

Y noson honno, 9 Mawrth, gwnaeth yr SNP yn arbennig o dda yn isetholiad Glasgow Pollok, a serch nad enillwyd y sedd (daethant yn drydydd), roedd effaith y ddau ganlyniad gyda'i gilydd yn wefreiddiol. Roedd trydydd isetholiad ar yr un noson, yn sedd Nuneaton, hefyd yn cadarnhau'r farn gyffredinol bod y llanw'n troi yn erbyn Harold Wilson. Ond y cwestiwn mawr i'r wasg Gymreig a Phrydeinig oedd p'un a oedd cenedlaetholdeb wedi bwrw gwreiddiau go iawn ai peidio. Bron yn ddiwahân, roedd sylwebwyr y dydd yn gweld canlyniad Gorllewin y Rhondda nid yn gymaint fel pleidlais genedlaetholgar ond fel pleidlais brotest. Dyfarnodd yr *Observer* fod Plaid Cymru a'r SNP bellach wedi cymryd drosodd the 'traditional Liberal role of safety-valve for people who want to let off steam'.[56] Dehonglodd y *Rhondda Leader* y canlyniad yn yr un cywair, gan nodi nad cyd-ddigwyddiad oedd y ffaith bod nifer o Gymdeithasau Trethdalwyr a Thenantiaid wedi'u sefydlu yn ne Cymru yn ystod y chwedegau, a bod y rhain, fel Plaid Cymru, yn elwa ar gorn yr anniddigrwydd a fodolai ynghylch y ddwy brif blaid.[57] Mae hyn yn wir i raddau helaeth, ond roedd yna elfen genedlaetholgar i bleidlais Gorllewin y Rhondda hefyd, a thros dro, yn enwedig ymysg y genhedlaeth iau, 'crëwyd' cenedlaetholwyr newydd. Roedd hon hefyd yn bleidlais brotest Gymreig ac, am y tro cyntaf, trodd pobl y Rhondda at Blaid Cymru ac nid at y Comiwnyddion er mwyn mynegi'u rhwystredigaeth. Nid syndod yw nodi i Gwynfor anwybyddu amwysedd y canlyniad, a mynnu ymhob un o'i ddatganiadau cyhoeddus fod y Cymry, o'r diwedd, yn troi at genedlaetholdeb a bod llewyrch y wawr a dorrodd ar draws Caerfyrddin i'w weld bellach yn rhannau tywyllaf y genedl. Y nod cyhoeddus o hyn ymlaen, meddai, oedd gweld Plaid Cymru yn ennill cynifer o seddau yn yr etholiad cyffredinol nes medru ffurfio 'a party more like the Irish party than the House of Commons has known since 1918'.[58]

Yn ystod y penwythnos rygbi hwnnw a ddilynodd ganlyniad y Rhondda, boddwyd *God Save the Queen* ym Mharc yr Arfau gan floeddiadau o 'Gwynfor, Gwynfor'. Dychwelodd Gwynfor i San Steffan gan gredu bod y 'Rhondda wedi cadarnhau Caerfyrddin mewn ffordd ryfeddol'.[59] Ac nid heb reswm. Roedd rhai rhannau o'r Blaid Lafur wedi mynd i banig a châi Gwynfor y clod am ddatblygiadau nad oedd ganddo ddim dylanwad uniongyrchol drostynt. Yr wythnos honno, cyhoeddodd Cledwyn Hughes na fyddai'r llywodraeth yn bwrw ymlaen â'i chynllun i godi hylltod o dref newydd yn y Canolbarth. Roedd y cyhoeddiad wrth fodd nifer mawr o Aelodau Seneddol Cymreig ond i ddylanwad Gwynfor y priodolwyd penderfyniad Cledwyn Hughes.[60] Ac yntau yn anterth ei alluoedd seneddol, dechreuodd y Torïaid ei ganlyn ac, yn ystod Mawrth 1967, bu Gwynfor mewn 'cyffyrddiad â llawer' o arweinwyr y Ceidwadwyr ynghylch datganoli. Cafodd sawl sgwrs â Keith Joseph; wedi'r cyfarfodydd hyn, byddai Joseph yn adrodd yn ôl amdanynt wrth Ted Heath, arweinydd y Ceidwadwyr. Credai Gwynfor fod Heath am gwrdd ag ef (er nad oes tystiolaeth i hyn fyth ddigwydd) a chafodd sgyrsiau tebyg ynghylch datganoli gydag Enoch Powell, Quintin Hogg a Selwyn Lloyd.[61] Yn fwy rhyfeddol fyth, honnodd wrth D J Williams i George Thomas ddod ato â'i 'lygaid fel soseri' gan ddweud bod y Rhondda wedi newid ei safbwynt ynghylch datganoli: 'Well Gwynfor boy, I must say I am deeply shocked. But the message is loud and clear. We will have to think again'.[62]

Mae'n anodd iawn, iawn coelio bod George Thomas yn golygu'r hyn a ddywedodd a'r tebyg yw i Gwynfor ei gamddehongli, ond bid a fo am hynny, roedd yna deimlad cyffredinol mai Plaid Cymru oedd yn gosod y cywair gwleidyddol yng Nghymru ac yn San Steffan. Pan gyhoeddwyd na cheid agoriad swyddogol ger safle argae Clywedog, teimlai ambell bapur fel y *Liverpool Daily Post* ei bod hi'n bryd dechrau herio Plaid Cymru.[63] Hiraethai'r un papur hefyd am weld Jim Griffiths yn dychwelyd i'r maes, gan ddweud y byddai ef wedi chwalu Gwynfor a'i ddiwygiad ceiniog-a-dimai pe bai'n dal i fod ym Mharc Cathays.[64] Rhennid y teimlad hwn gan unigolion yn y Blaid Lafur; yn ystod Mawrth 1967, daethant i'r casgliad nad oedd diben pwdu ynghylch Gwynfor a bod rhaid diosg y menig. Ddiwedd y mis, gwelwyd blaenffrwyth yr ymagweddu newydd: ar lawr Tŷ'r Cyffredin, disgrifiwyd Gwynfor fel 'Neo-Nazi' gan ddau aelod Llafur blaenllaw, Merlyn Rees ac Ivor Richard.[65] Ddechrau Ebrill, roedd yr un ysbryd ar gerdded yn Sir Gaerfyrddin yn ystod yr etholiadau lleol. Yno, cyhoeddwyd taflen gan y Blaid Lafur yn dyfynnu'r geiriau hyn yr honnid iddynt ddod o enau Cayo Evans: 'We must continue to have dedicated leadership to carry on the struggle. Military training and discipline will be tough. We are not revolutionaries and not a political group... recent by-elections have clearly illustrated our success.'[66] Ar yr un daflen, holodd y Blaid Lafur a oedd ymgeiswyr Plaid Cymru'n cefnogi datganiad Cayo Evans ai peidio. Roedd yn gwbl amlwg i Gwynfor mai nod y Blaid Lafur oedd pardduo Plaid Cymru ac arswydodd o weld papurau lleol fel y *Llanelli Star* yn archwilio'r berthynas mewn cryn fanylder.[67] 'Ein cysylltiad honedig â'r FWA,' meddai wrth Harri Webb, 'yw'r unig beth y bydd pobl y sir hon yn mynegi imi bryder yn ei gylch mewn perthynas â'r Blaid.' Roedd Gwynfor hefyd yn amau Cayo Evans o fod 'ym mhai Llundain' ond, heb brawf, roedd hi'n amhosibl iddo daro yn ôl.[68]

Roedd awgrymu fod Plaid Cymru a'r FWA yn adar o'r unlliw yn dacteg amrwd, ond hynod effeithiol, gan i Blaid Cymru golli peth tir yn yr etholiadau lleol. Ond, yn bendifaddau, y ddyfais fwyaf celfydd a ddefnyddiwyd gan Lafur i ffrwyno Gwynfor oedd Arwisgo'r Tywysog Siarl. Er Gorffennaf 1958, roedd hi'n hysbys y byddai'r Frenhines yn Arwisgo'r Tywysog Siarl yng Nghaernarfon; fodd bynnag, am flynyddoedd wedyn, ni chafwyd penderfyniad o fath yn y byd ynghylch y dyddiad. Ond wedi isetholiad Caerfyrddin a thrychineb Aber-fan, dechreuodd popeth newid a dechreuodd y Swyddfa Gymreig ddwyn pwysau dros gael Arwisgo buan. Yn wir, oddi ar fis Rhagfyr 1966, bu Cledwyn Hughes yn plagio Downing Street a Phalas Buckingham am ddyddiad pendant i'r fath raddau nes i Harold Wilson ddweud wrtho am bwyllo.[69] Ni ellir ond dychmygu gorfoledd Cledwyn Hughes felly, pan gyhoeddwyd ar 17 Mai 1967 y câi'r Arwisgo ei gynnal ar 1 Gorffennaf 1969.

Mewn chwip o dro, dechreuodd y Cymry ddathlu o glywed y newyddion da. Ysgrifennodd Caradog Prichard yn y *Daily Telegraph* y byddai'r Arwisgo yn gyfle i'r Cymry ddangos nad oedd ganddyn nhw 'divided loyalties' – er gwaethaf canlyniadau Caerfyrddin a Gorllewin y Rhondda.[70] Roedd 'John y Gŵr' – neu I B Griffith – colofnydd *Y Cymro*, lawn mor frwd ynghylch y cyfle euraidd hwn gan atgoffa'r Cymry bod: '… aelod newydd o'r teulu yn dod i Gymru – yn dod yma i Gaernarfon. Cael mab newydd y byddwn ni, ac felly gadewch inni ddangos iddo ef a'i dad a'i fam beth all y teulu wneud'.[71] Gydag agweddau fel y rhain yn bur gyffredin yn y Gymru Gymraeg, rhoddwyd Gwynfor mewn sefyllfa arbennig o anodd ac, yn anochel, mynnodd y wasg Brydeinig a rhyngwladol wybod sut y byddai'r 'rebel' Cymreig yn ymateb. Ar y diwrnod y gwnaed y cyhoeddiad, cyfyngodd ei hun i ddatganiad moel a ddywedai ei fod yn 'un-enthusiastic' ynghylch y sbloets.[72] Ond, yn allweddol, doedd Gwynfor (heb drafod ei safbwynt â gweddill ei blaid) ddim yn gwrthwynebu'r Arwisgo. Un rheswm da dros hyn – o'i safbwynt ef – oedd yr ofn y byddai gwrthwynebiad croch yn pechu miloedd o'i gefnogwyr naturiol. Yn ail, roedd polisi cyfansoddiadol Plaid Cymru o alw am statws Cymanwlad hefyd yn ei gwneud yn glir eu bod hwythau fel cenedlaetholwyr yn cydnabod y Goron. Nid gweriniaethwyr oeddent. Yn wyneb y fath anawsterau, rhuthrodd Gwynfor am gysur y ffens wleidyddol yn y gobaith y byddai dweud dim, fel y gwnaethai adeg Coroni 1953, yn ddigonol.

Fe gymerodd hi amser i feddyginiaeth y Blaid Lafur weithio, fodd bynnag. Wedi'r Sulgwyn, dychwelodd Gwynfor yn weddol fodlon i Dŷ'r Cyffredin ac i ganol yr hyn a ddatblygasai'n drefn feunyddiol iddo. Yn ystod y dydd, byddai'n gofyn ei gwestiynau ac yn cyfrannu i'r dadleuon cyn ei throi hi am Lyfrgell y Tŷ. Yna, wedi darllen rhyw ychydig a gorffen ei ohebiaeth doreithiog, byddai'n ymgilio i'r Reform – oni fyddai'n rhaid annerch rhyw gyfarfod neu'i gilydd yn Llundain. Roedd yn batrwm meudwyaidd, ond medrai ddygymod â'i unigedd. Wedi'r cyfan, roedd grym ei sefyllfa yn ad-daliad sylweddol am y neilltuaeth Lundeinig. Ac roedd y diddordeb ynddo ef yn parhau gan fod ei blaid yn meddu ar lais cryf ar faterion mor amrywiol â pholisi Plaid Cymru ar Ewrop (pleidleisiodd yn erbyn ymuno â'r Gymuned Economaidd Ewropeaidd) neu leoliad y bathdy (daeth i Lantrisant yn hytrach na Phen-y-bont neu'r Alban).[73] Rhagwelai Eirene White, un o Weinidogion y Swyddfa Gymreig, fod yna 'winter of discontent' yn wynebu llywodraeth Wilson yng Nghymru.[74] Yn yr un cywair, crefodd Cledwyn Hughes ar i'r Weinyddiaeth Drafnidiaeth achub lein y canolbarth rhag bwyell

Beeching gan fod Gwynfor yn gallu ennyn ymateb 'peryglus'.[75] Roedd Gwynfor yn ennill ar bob cyfrif – ac eithrio un, hynny yw.

Un o baradocsau mawr y cyfnod seneddol cyntaf yw'r ffordd y gwnaeth twf cenedlaetholdeb rhwng 1966 a 1967 niwed enbyd i'r ddadl dros gorff etholedig i Gymru. Fel y gwelwyd eisoes, roedd y Blaid Lafur wedi bod yn trafod y syniad o Gyngor Etholedig er 1965, a chymeradwywyd y cynllun flwyddyn yn ddiweddarach, ym Mai 1966. Roedd tasg anodd yn wynebu'r datganolwyr sosialaidd ond roeddent yn hyderus y medrent gael y maen i'r wal.[76] Ond bu ethol Gwynfor yn drobwynt, a chwalwyd gobeithion carfan Cledwyn Hughes, Elystan Morgan a Gwilym Prys Davies. Wrth i Gwynfor ennill ei blwyf yn y talwrn seneddol, daeth sefyllfa'r datganolwyr Llafurol gymaint â hynny'n wannach. Daeth sylwadau dilornus, tebyg i rai Merlyn Rees ac Ivor Richard ym Mawrth 1967, yn bur gyffredin, ac amlygwyd teimlad fod Gwynfor, chwedl Leo Abse, yn 'boring' gyda'i bregethu parhaus o fainc yr wrthblaid (ochr y Torïaid).[77] Yn ystod y misoedd hyn, dewisodd adain George Thomas o'r Blaid Lafur ddehongli popeth Cymreig (tebyg i'r Cyngor Etholedig a Deddf Iaith 1967) fel consesiynau i genedlaetholdeb. Gwelwyd ymateb tebyg yn Sir Gaerfyrddin hefyd, ac yno penderfynodd y cynghorwyr Llafur beidio â chefnogi'r Cyngor Etholedig. Ym mis Gorffennaf 1967, enillodd y gwrth-ddatganolwyr eu brwydr fewnol pan laddwyd breuddwyd Cledwyn Hughes o sefydlu'r cyngor hwnnw. O safbwynt gwleidyddol, bu Gwynfor yn gyfrifol am ddinistrio hygrededd Cledwyn Hughes a chreu'r fath baranoia. Yn eironig ddigon, felly, dinistriwyd achos datganoli tan 1973, a hynny oherwydd twf cenedlaetholdeb. Ond roedd Gwynfor, gan gymaint cryfder ymddangosiadol cenedlaetholdeb Cymreig, yn ddall bost i'r hyn a ddigwyddodd. Ar y pryd, tybiai fod twf Plaid Cymru mor anorchfygol fel na fyddai'n rhaid dibynnu mwyach ar y Blaid Lafur i wireddu datganoli i Gymru. Dyma sy'n esbonio ei duedd i watwar y datganolwyr oddi mewn i'r Blaid Lafur 'a hwythau', meddai, 'wedi cael eu bychanu'n annioddefol gan weithrediadau'r Llywodraeth yn ddiweddar'.[78]

Roedd sefyllfa Cledwyn Hughes ac Elystan Morgan hefyd yn brawf pellach i Gwynfor mai dim ond trwy Blaid Cymru y gellid sicrhau datganoli. Yng ngoleuni hyn, aeth ati i garthu ei blaid o unrhyw elfennau fel yr FWA a fyddai'n niweidio'i hymdrechion. Yn ystod gwanwyn a dechrau haf 1967, gofidiai Gwynfor fwyfwy ynghylch yr FWA a'r Ffrynt Gwladgarol. Roedd yr hyn a ddigwyddodd yn ystod etholiadau lleol gwanwyn 1967 wedi ei serio ar ei gof, ac er y credai fod y rhan fwyaf ohonynt yn 'ffyliaid diniwed', roedd hefyd yn amau rhai ohonynt 'fwy fwy'.[79] Roedd hefyd wedi clywed gan Elwyn Roberts nad oedd problem yr FWA yn gyfyngedig i'r de, ac i ganfaswyr gael eu holi'n dwll ymhob rhan o Gymru ynghylch y berthynas rhwng Plaid Cymru a'r FWA. Erbyn Gorffennaf 1967, roedd Gwynfor ac Elwyn Roberts yn gweld yr FWA fel 'hostile organisation' a dyma pam i Blaid Cymru basio cynnig adeg Eisteddfod y Bala (Eisteddfod y Blew a'r yfed trwm) o blaid diarddel unrhyw aelod o Blaid Cymru a oedd hefyd yn aelod naill ai o'r FWA neu'r Ffrynt Gwladgarol.[80] Owain Williams, bomiwr Tryweryn, oedd y cyntaf i gael ei daflu allan ar gyhuddiad o ddablo â'r FWA, ac er gwaethaf y sylw a gafodd ei achos ym mis Medi, ystyriai Gwynfor hynny fel prawf o allu ei blaid i ddelio ag elfennau anystywallt.[81] Yn yr un modd, penderfynodd ef ei hun beidio adnewyddu ei docyn aelodaeth o Gymdeithas yr Iaith Gymraeg gan ddweud, rai blynyddoedd yn ddiweddarach, iddo wneud hynny oherwydd ei phwyslais ar weithredu uniongyrchol.[82]

Roedd glawio tân a brwmstan ar ben yr FWA yn gymharol hawdd. Pasiwyd y cynnig i'w diarddel, a hynny o fwyafrif mawr yn y gynhadledd, ond roedd diogelu enillion Caerfyrddin yn profi'n anos. Er bod nifer yr aelodau newydd yn parhau'n rhyfeddol o iach, pryderai Gwynfor fod yna 'urgent need' i gael staff a swyddfeydd parod – yn enwedig a'r *Welsh Nation* ar fin troi'n wythnosolyn drachefn.[83] Ac nid dyma oedd yr unig boenau prifiant a welwyd. Erbyn haf 1967, roedd yna wahaniaeth amlwg wedi ymagor rhwng modernwyr y Grŵp Ymchwil a rhai o bileri'r hen achos. Gresynai R Tudur Jones, er enghraifft, na chlywyd gair yn yr Ysgol Haf am hanes Cymru 'a darlithiau i ysbrydoli'. Cwynodd hefyd fod 'egwyddorion ac athroniaeth' yn cael eu gweld fel pethau di-fudd.[84] Roedd yna densiynau i'w gweld yn ogystal rhwng yr aelodau newydd, di-Gymraeg a hen stêjars fel Kate Roberts. Cwynodd rhai o'r garfan iau wrth Emrys Roberts (a oedd erbyn hynny wedi dychwelyd o'i alltudiaeth fewnol) fod 'amryw o hen aelodau'r Blaid, ac aelodau hen ffasiwn, yn disgwyl i aelodau newydd o'r Blaid ddysgu'r iaith yn beth cyntaf'.[85] Bu'n rhaid i Gwynfor geisio cau'r gagendor diwylliannol hwn yn ogystal â dioddef ymosodiadau allanol. Achoswyd cryn embaras iddo gan benderfyniad rhieni Aber-fan i feirniadu Plaid Cymru am yr hyn a ddisgrifient fel methiant y blaid i sicrhau cyfran deg o'r gronfa a gasglwyd ar eu cyfer. Penllanw'r ffrae hon oedd i'r rhieni orymdeithio o flaen Castell Caerdydd yn cario placardiau yn dwyn y sloganau 'Plaid Cymru Has Let Us Down' a 'Plaid Cymru Traitors to Aberfan Dead'.[86] Bu gweld hyn, os rhywbeth, yn symbyliad pellach i'r Blaid Lafur golbio Plaid Cymru. Cwta bedwar diwrnod ar ôl ceisio ateb rhieni Aber-fan, traddododd Cledwyn Hughes ei araith fwyaf ymosodol erioed ynghylch Plaid Cymru gan gyhuddo'i harweinyddiaeth o annog cenedlaetholdeb milwriaethus ac o ddefnyddio crefydd i barchuso'i neges. [87]

Ar ben hyn, gweithiai Gwynfor ei hun mor ddidostur ag erioed. Dros gyfnod o dair wythnos ym mis Medi 1967, aeth i 31 o gyfarfodydd gan roi straen aruthrol ar ei iechyd. Yn breifat, soniai ei gyfeillion ei fod yn edrych yn ofnadwy ar y teledu ac fe'i rhybuddiwyd gan Elwyn Roberts i wneud llai. [88] Ond roedd Roberts yn breuddwydio breuddwydion wrth ddweud y fath beth. Er i Gwynfor a Rhiannon gymryd pythefnos o wyliau yn yr Eidal ac Iwgoslafia ar ddiwedd Medi, doedd dim newid i fod yn y steil o weithio yr oedd ef wedi ei ddewis. Os rhywbeth, fe brysurodd y gweithgarwch wrth i'r dail grino ac wrth i hydref 1967 droi'n aeaf. Erbyn hynny, roedd Gwynfor yn gorfod cymryd un o benderfyniadau anoddaf ei lywyddiaeth, sef agwedd Plaid Cymru at yr Arwisgo. O'r dechrau'n deg, gwyddai y byddai'n gyfyng o'r ddeutu, gydag un garfan am i Blaid Cymru anwybyddu'r peth yn llwyr a charfan arall am i'r blaid foicotio'r seremoni. Dros yr haf, roedd pleidwyr y ddadl hon wedi dechrau magu nerth a gwelwyd un o'u harweinwyr ifanc, Dafydd Elis Thomas, yn gwrthod sefyll i'r Frenhines pan ganwyd *God Save the Queen* adeg seremoni raddio yng Ngholeg y Brifysgol, Bangor. Yn ôl Elis Thomas, gwnâi hynny drwy'r amser yng Nghymru '… because I do not acknowledge the Queen of England as being the Queen of my country'. [89] Cafwyd protest debyg gan saith o fyfyrwyr Aberystwyth a phenderfynodd Cymdeithas yr Iaith Gymraeg y byddai hithau'n 'boicotio'r holl firi gwacsaw a ffuantus'. [90]

Roedd agweddau gwrthfrenhinol fel hyn ar gynnydd yn rhengoedd Plaid Cymru a hynny – yn waeth fyth o safbwynt Gwynfor – mewn cyfnod pan ffrwydrai bomiau'n gyson. Drannoeth ei ymweliad ag etholaeth Hamilton yn yr Alban ar 31 Hydref, ysgrifennodd at Islwyn Ffowc Elis i rannu ei ofidiau ag ef. Y broblem sylfaenol, meddai, oedd bod Pleidwyr amlwg fel Glyn James a Ted Merriman eisoes yn dangos 'byrbwylldra' gyda'u datganiadau gwrthfrenhinol. Ei bryder yn awr, ymhelaethodd, oedd y byddai'r 'rhai ifancach yn fwy gwyllt' fyth. Ymhen dwy flynedd, rhagwelai sefyllfa pryd y gallai 'teimladau fod yn uchel iawn o blaid yr arwisgo' gyda 'jolihoitian trwy Gymru' a 'thaith wythnos i Charles' a fyddai'n denu'r plant allan i ochrau'r ffyrdd 'ymhob sir'. Cyn waethed â hyn oedd ei bryder ynghylch yr arhosiad a drefnwyd ar gyfer Siarl yng Ngholeg y Brifysgol, Aberystwyth. Er y gwyddai y byddai'n rhaid gwneud y Tywysog 'yn gwbl gartrefol a hapus' roedd Gwynfor, fel y cyfaddefodd wrth Islwyn Ffowc Elis, yn dal i fod yn ansicr 'pa gyfarwyddyd i'w roi i aelodau'r blaid yno'.[91]

Dros y dyddiau nesaf, bu Gwynfor yn meddwl yn galed ynghylch y penderfyniad tyngedfennol hwn, a hynny ynghanol cyfnod hynod gyffrous i genedlaetholdeb Cymreig ac Albanaidd. Fel y gwelwyd eisoes treuliodd Gwynfor dridiau yn yr Alban yn ymgyrchu dros yr SNP a'u hymgeisydd, Winnie Ewing, yn isetholiad Hamilton. Dywed Winnie Ewing i gyfraniad Gwynfor fod yn 'fantastic boost' iddi ac, ar 2 Tachwedd, cipiodd y sedd. Dehonglwyd hyn fel buddugoliaeth i Blaid Cymru a'r SNP a bu dyfodiad y danllyd Winnie Ewing i San Steffan yn eli ar sawl briw. O safbwynt personol, bu'r ddau'n hynod driw i'w gilydd; pan siaradai Gwynfor yn y siambr, âi Winnie Ewing yno i'w gefnogi. Gwnâi Gwynfor yr un gymwynas â hithau pan fyddai'n rhaid iddi hi ddioddef y cenllif mochynnaidd o'r meinciau Llafur. Yn wir, roedd y driniaeth a dderbyniodd hi lawer gwaeth na'r sen a wynebodd Gwynfor. Yn amlach na pheidio, câi Winnie Ewing ei phastynu bob tro yr agorai ei cheg yn y siambr, a disgrifiodd y profiad o siarad yn Nhŷ'r Cyffredin fel petai'n cael ei chroeshoelio. Awgrymodd un aelod Llafur wrthi y dylai weld seiciatrydd, tra aeth un arall o'r meinciau Llafur cyn belled â'i stelcio.[92] Roedd y wasg Albanaidd hefyd yn gyfan gwbl ddidostur tuag ati; mewn cymhariaeth, byddai'r *Western Mail* a'r *Liverpool Daily Post* yn wastadol gwrtais tuag at Gwynfor. Yn ddiamau, roedd yn awyrgylch annifyr a daeth Winnie Ewing i gasáu'r Senedd bron cymaint ag y gwnâi Gwynfor. Fodd bynnag, roedd Winnie Ewing yn gyfreithwraig a fwriasai ei phrentisiaeth yn llysoedd ynadon garw Glasgow ac, o'r herwydd, roedd hi'n wytnach na Gwynfor. Hi, yn anad neb, a roes ddur yn ei wythiennau, a chyda'i gilydd llwyddasant i ddal eu tir gan gyflwyno'u hymdrechion fel 'prosiect' Celtaidd a ddatrysai 'a common problem, namely the English Government'.[93]

Eto i gyd, er mor bwysig y bu dyfodiad Winnie Ewing i San Steffan – o safbwynt gwleidyddol a phersonol – bwriai'r Arwisgo ei gysgod dros y cyfan. Ddeuddydd wedi buddugoliaeth Winnie Ewing, ar 4 Tachwedd, cwblhaodd Gwynfor ddogfen drafod allweddol i'r Pwyllgor Gwaith a fu'n sail i'w trafodaethau ynghylch yr Arwisgo. Ynddi, dadleuodd fod y llywodraeth wedi gosod magl i Blaid Cymru ac mai'r peth pwysig oedd hyn: 'We must play it cool'. Y canllaw o safbwynt Gwynfor oedd yr hyn a ddigwyddodd wedi llosgi Penyberth, a'r niwed a wnaed wedi i Blaid Cymru foicotio'r Coroni ym 1937: '… all the good that had been done during the previous year was ruthlessly sacrificed and we were thrown back to a position of greater weakness than we had in 1935. We would be foolish indeed to repeat this kind of mistake now'.

Yng ngoleuni hyn, mynnodd y dylai arweinwyr Plaid Cymru wneud dau beth. Y cyntaf oedd hwn: 'we should be as quiet as possible'. Yr eilbeth oedd ceisio troi'r dŵr i'w melin eu hunain trwy fynnu bod y Tywysog yn ymuniaethu ei hun â Chymru: 'It will be something to have a King of England who speaks Welsh'.[94] Dyma pam i Blaid Cymru ganiatáu i'w his-lywydd, Tedi Millward, fod yn diwtor Cymraeg i'r Tywysog. Derbyniwyd y dadleuon hyn gan y Pwyllgor Gwaith, ac mae'n hawdd deall pam. Nid Gwynfor, o bell ffordd, oedd yr unig un o blith yr hoelion wyth i gofio pa mor ddinistriol y bu'r penderfyniad i foicotio'r Coroni a'r modd y diflannodd y gefnogaeth ymddangosiadol anferth a oedd gan y blaid yn ôl ym 1936–37. Y tu allan i Blaid Cymru hefyd, roedd yna gryn gefnogaeth i'r farn hon. Dyma, er enghraifft, oedd safbwynt Alwyn D Rees, golygydd carismataidd y cylchgrawn *Barn*, a chytunai llawer o genedlaetholwyr ag ef na ddylai Plaid Cymru gael ei rhwydo gan rwysg yr Arwisgo.[95] Yn y tymor hir, fodd bynnag, profodd polisi Gwynfor o beidio bod nac yn oer nac yn frwd yn gwbl anghynaliadwy.

Roedd amgylchiadau gwleidyddol hefyd yn cyfiawnhau awydd angerddol Gwynfor i osgoi ffraeo dibwrpas. Yn ystod Tachwedd 1967, credai nifer o sylwebwyr praff fod Llafur mewn trafferthion enbyd, os nad terfynol, yn yr Alban a Chymru. Disgrifiwyd yr hyn a ddigwyddodd yn yr Alban gan gylchgrawn y *New Statesman* fel 'a forest fire certain to consume more'.[96] Yn yr un gwynt, rhybuddiwyd Harold Wilson gan Richard Crossman, Arweinydd Tŷ'r Cyffredin, pa mor annoeth fyddai anwybyddu'r 'growing feeling that Wales and Scotland are not getting a fair deal from Whitehall'.[97] Dechreuwyd trafod datganoli o ddifrif ar lefel Cabinet unwaith eto, a chyhoeddodd Torïaid yr Alban eu bod o blaid datganoli – dridiau'n unig wedi buddugoliaeth Winnie Ewing.[98] Roedd y glowyr hefyd ar ben eu tennyn ac ar 21 Tachwedd bu'n rhaid dibrisio'r bunt. Rhwng popeth, roedd llywodraeth Wilson mewn dyfroedd dyfnion iawn, a dechreuodd Gwynfor ddweud yn gyhoeddus y gallai Plaid Cymru ennill y mwyafrif o'r seddau seneddol yng Nghymru.[99] Roedd hefyd yn credu (er gwaethaf yr hyn a ddigwyddodd i gyngor etholedig Cledwyn Hughes) mai'r cwestiwn bellach oedd nid a ddeuai senedd ond yn hytrach pryd yn union y gwireddid ei freuddwyd fawr.[100]

A'r tân cenedlaetholgar yn bygwth ysu popeth yn ei ffordd (a sôn am isetholiad posibl yn Llanelli), teimlai Gwynfor yn ddigon hyderus i ymgymryd â thaith hynod ddadleuol a pheryglus i Fietnam dros y Nadolig. Roedd yna siarad wedi bod ynghylch hyn er haf 1967, a'r cynllun gwreiddiol digon amwys oedd i Gwynfor fynd yno fel rhan o ddirprwyaeth ddyngarol gan weithio mewn ysbyty neu fel labrwr ar safle adeiladu. Ei nod syml a delfrydgar oedd gwneud 'rhywbeth ynglŷn â'r sefyllfa yn hytrach na siarad amdani'.[101] Ond o'r cychwyn cyntaf un, roedd yna broblemau difrifol gyda threfniadau'r daith o dan arweiniad yr hen gyfaill o ddyddiau Tryweryn, y Parchedig Michael Scott. Er ceisio am fisoedd bwygilydd, methwyd â chael fisas a dechreuodd amryw o'r darpar deithwyr simsanu – yr enwocaf i glaearu oedd yr hyfforddwr rygbi, Carwyn James. Roedd Gwynfor ei hun o dan bwysau mawr i dynnu'n ôl hefyd. Pryderai ei gyfeillion am ei ddiogelwch personol, a rhagwelai rhai ohonynt y câi ei ladd. Yn wir, roedd y pryder gymaint nes i Islwyn Ffowc Elis a nifer o Bleidwyr Caerfyrddin lunio cylchlythyr yn erfyn arno i beidio mynd.[102] Yr ail reswm dros geisio'i rwystro oedd delwedd Plaid Cymru, a'r ofn y byddai taith o'r fath yn cadarnhau'r caricatur o'r 'Member for Wales' – yr aelod absennol a esgeulusai ei etholaeth er mwyn mynd ar bererindodau rhyngwladol. Roedd yna beth pryder hefyd o gyfeiriad adain dde Plaid Cymru, gan yr ofnid y byddai'r blaid yn cael ei chyhuddo o gefnogi comiwnyddiaeth pe byddai'n mynd.[103]

Bu'r drafodaeth hon yn ffrwtian am fisoedd, ond ni wyrodd Gwynfor o gwbl. Er ei fod (yn ôl ei fab, Dafydd) yn credu fod yna bosibilrwydd y câi ei ladd, roedd yn hollol bendant bod mynd i Fietnam yn gydnaws ag amcanion heddychol, gwrthimperialaidd Plaid Cymru.[104] Roedd y llywodraeth hefyd yn gweld y daith fel un lled-ddefnyddiol a gobeithiai Bill Rodgers, Gweinidog yn y Swyddfa Dramor, y medrai Gwynfor ddefnyddio ei ddylanwad i wneud ymholiadau yn Hanoi, prifddinas Gogledd Fietnam, ynghylch William Wallis, gŵr busnes o Brydain a oedd wedi diflannu yno.[105] Ar 3 Ionawr 1968, gadawodd Gwynfor a'r 25 arall oedd ar y daith am Phnom Penh, prifddinas Cambodia, gan obeithio codi fisas yno cyn mynd yn eu blaenau i Hanoi. Yn Phnom Penh, fodd bynnag, cawsant eu siomi'n arw pan glywsant na chaent y fisas angenrheidiol ar gyfer Fietnam gan fod y sefyllfa mor eithriadol o beryglus yno. Yn y cyfamser, bu'n rhaid i Gwynfor a Michael Scott fodloni ar gwrdd â'r Tywysog Sihanouk, Arlywydd Cambodia. Defnyddiodd Gwynfor weddill yr amser yn ymchwilio i'r sefyllfa ddyngarol yno. Ond serch yr wyneb dewr, does dim dwywaith i'r daith brofi'n fethiant gwleidyddol. Methwyd â gwireddu unig bwrpas y daith, sef mynd i Fietnam, a chafodd Plaid Lafur Sir Gaerfyrddin fodd i fyw. O'r diwedd, credai ei darpar ymgeisydd yno, Gwynoro Jones, fod Gwynfor wedi cymryd cam gwag anferthol, a bod yr ymateb ar lawr gwlad lawn mor anffafriol â'i reddf yntau. Derbyniodd Gwynoro Jones adroddiadau am lowyr Cwm Gwendraeth yn chwerthin yn uchel o glywed am gyfarfodydd gweddi'n cael eu cynnal yng Nghapel Providence, Llangadog, er mwyn sicrhau dychweliad saff i Gwynfor.[106]

Ymosododd Gwynoro Jones arno'n awchus gan wawdio'r daith fel 'non-event' am iddo fethu â chyrraedd Hanoi. Ac nid Gwynoro Jones oedd yr unig un a gredai fod Gwynfor wedi gwneud coblyn o gamgymeriad.[107] Pan ddychwelodd Gwynfor i Gymru, fe'i ceryddwyd yn swyddogol gan Bwyllgor Rhanbarth Plaid Cymru yn Sir Gaerfyrddin. Dengys eu cofnodion iddyn nhw benderfynu 'cael gair â'r Aelod Seneddol i beidio a chymryd gormod o alwadau tu allan i'r etholaeth yn ystod y 18 mis nesaf hyn, ac i roi mwy o'i amser yn yr etholaeth ei hun. Fe bryderai pawb fod yr Aelod Seneddol yn gorfod bod yn Aelod Seneddol dros Gymru yn ogystal â thros Gaerfyrddin'.[108] Gwnaeth Gwynfor niwed pellach iddo'i hun pan ddaeth adref wrth iddo awgrymu fod yr NLF, neu'r Comiwnyddion yn Fietnam, yn ymladd brwydr debyg i un Plaid Cymru.[109] Cafwyd ymateb neilltuol o anffafriol hefyd i gronfa a agorwyd gan Blaid Cymru i geisio talu am y daith – er mawr siom i Elwyn Roberts.[110]

Roedd yna broblem ariannol cryn dipyn yn waeth yn wynebu Gwynfor ar ei ddychweliad – a'r broblem honno yn rhannol o'i wneuthuriad ei hun. Ers canol 1967, roedd Plaid Cymru wedi bod yn trafod y posibilrwydd o gael ei gwasg argraffu ei hun a chredai Gwynfor ei fod wedi cael hyd i'r ateb perffaith. Ar daith trên, cyfarfu Gwynfor ag *entrepreneur* o'r enw Brian Kelly, argraffwr a wnaeth bob math o addewidion iddo ynghylch y posibilrwydd o gael cyd-bartneriaeth rhyngddo ef a Phlaid Cymru. Y fargen yn syml iawn oedd hon: byddai Plaid Cymru'n buddsoddi mewn argraffty ar y ddealltwriaeth y câi ef, felly, rwydd hynt i'w ddefnyddio pan fyddai amser yn caniatáu. Ar bapur, roedd hi'n ymddangos fel bargen berffaith ac, ym Mehefin 1967, aeth Gwynfor i Bromley yng Nghaint a gweld peiriannau argraffu 'rhyfeddol' Kelly wrth eu gwaith.[111] O ganlyniad i hyn, buddsoddodd Plaid Cymru a'i chefnogwyr £10,000 yn y bartneriaeth, ond yn ddiarwybod i Gwynfor a'i blaid, roedd Brian Kelly yn dderyn brith a dweud y lleiaf.[112]

Erbyn i Gwynfor ddychwelyd o Fietnam, daeth hi'n amlwg nad oedd Plaid Cymru wedi llwyr sylweddoli hyd a lled Brian Kelly. Y broblem sylfaenol oedd bod Kelly wedi defnyddio llawer o'r arian a fuddsoddwyd yn y cwmni newydd, Gwasg Cymru, i gynnal ei fusnes ei hunan.[113] Roedd Elwyn Roberts yn gandryll, ac fel hyn y disgrifiodd y sefyllfa enbydus wrth Islwyn Ffowc Elis: 'Yr ydym mewn helbulon gyda Brian Kelly a'r Wasg. Y mae wedi dwyn arian (buddsoddi yw ei air ef am y peth), ac mae'n pentyrru anwiredd ar anwiredd'.[114] Ond yn gam neu'n gymwys, credai Brian Kelly fod ganddo'r hawl i fuddsoddi arian segur. Roedd hynny ynddo'i hun yn ddigon o embaras i Gwynfor ond, i wneud pethau'n waeth iddo, daeth Emrys Roberts yn rhan o'r ffrae. Tybiai Emrys Roberts na wnaethai Brian Kelly ddim o'i le, a chytunodd â dadl ganolog Kelly ynghylch ei hawl i fuddsoddi arian segur.[115] Yn ystod Ebrill 1968, rhoes Emrys Roberts gymorth golygyddol i Wasg Cymru gyhoeddi cylchgrawn answyddogol o'r enw *Free Nation*, gan ddefnyddio eitemau a fwriedid ar gyfer y *Welsh Nation*. Argraffwyd 6,000 o gopïau, ond dim ond tua 50 a ddosbarthwyd. Byrhoedlog fu'r bartneriaeth rhwng Kelly ac Emrys Roberts a daeth pethau i ben yn ddisymwth rhyngddynt ar ôl i Emrys Roberts dderbyn 'some friendly advice to break away from this venture'.[116] Fodd bynnag, doedd pethau ddim chwarter mor 'gyfeillgar' rhwng Plaid Cymru a Brian Kelly, a chymerodd hi nifer o flynyddoedd cyn i Elwyn Roberts adennill cyfran o'r arian a fuddsoddwyd. Er hynny, gadawodd y bennod flas cas iawn yn y ceg. Wrth edrych yn ôl ar y ffiasgo, gresynai Islwyn Ffowc Elis at sefyllfa y dylid bod wedi ei hosgoi: '… a lot of good Plaid members have lost money and the whole thing has shaken the movement'.[117]

Digwyddodd argyfwng Brian Kelly ynghanol cyfnod o newidiadau gwleidyddol mawr. Yn rhyngwladol, roedd 1968 yn flwyddyn o gynnwrf a thrais; o Grosvenor Square yn Llundain i Baris yn Ffrainc a Phrifysgol Berkeley, California, roedd hi'n flwyddyn a welodd brotestiadau cynhyrfus ac, yn hyn o beth, doedd Cymru ddim yn eithriad. Yn wir, hon oedd y flwyddyn pan ddaeth y Cymry cenedlaetholgar i'w hoed. O fis Ionawr 1968 ymlaen, dechreuodd Cymdeithas yr Iaith Gymraeg ymddwyn yn llawer mwy milwriaethus ar fater yr Arwisgo mewn ymateb i baratoadau Pwyllgor Croeso '69. Addawodd Gareth Miles, cadeirydd y gymdeithas, y cynhelid cyfres o wrthdystiadau yn erbyn y Tywysog. Roedd adain ieuenctid Plaid Cymru hefyd am ddangos ei dannedd a chynigiodd Dafydd Elis Thomas, cadeirydd mudiad ieuenctid Plaid Cymru, y cyngor hwn i'r Tywysog: 'If you don't want to make a fool of yourself in the greatest farce of Welsh history, don't come to Caernarvon in 1969 – but go back to Cambridge, Charlie boy. Wales has her own leaders and destiny now'.[118] Yn yr un modd, dechreuodd aelodau'r Mudiad Ieuenctid efelychu barn liwgar eu cadeirydd drwy arddangos sticeri ceir yn dwyn y slogan 'Senedd nid Tywysog'.

Fesul tipyn, newidiodd yr hinsawdd wleidyddol yng Nghymru. Gwelwyd rhybuddion dirifedi yng ngholofnau llythyrau'r *Liverpool Daily Post* fod Cymdeithas yr Iaith Gymraeg yn rhannu Cymru'n ddwy. Roedd Adroddiad Gittins, a alwodd am ragor o ddwyieithrwydd mewn ysgolion, hefyd wedi codi'r tymheredd. Ond y ddau newid mawr yng ngwanwyn 1968, yn wir y ddau newid a drawsnewidiodd gyfnod seneddol cyntaf Gwynfor, oedd y cynnydd a welwyd yn nifer y ffrwydradau, ynghyd â'r penderfyniad i ddiswyddo Cledwyn Hughes fel Ysgrifennydd Cymru ar 5 Ebrill. Y dyddiad hwn, heb amheuaeth, yw'r trobwynt yn stori Gwynfor y seneddwr gan i George Thomas ddilyn Cledwyn Hughes fel Ysgrifennydd Cymru. Ar ryw ystyr, roedd gan Gwynfor a George Thomas dipyn yn gyffredin: roedd y ddau yn heddychwyr o argyhoeddiad ac roeddent hefyd yn Gristnogion ac yn llwyrymwrthodwyr pybyr. A phan aeth Gwynfor i'r Senedd gyntaf, ysgrifennodd George Thomas ato'n gofyn a fyddai'n dymuno ymuno â Chylch Cristnogol, er nad oedd yna, mewn gwirionedd, ryw lawer o ruddin Cristnogol yn George Thomas ei hun. Yn ôl Richard Crossman, cyd-aelod o'r Cabinet, fe ystyriai George Thomas Lafuriaeth Gymreig Cledwyn Hughes fel 'sheer treason'.[119] O'i ddiwrnod cyntaf un, fodd bynnag, aeth George Thomas ati'n fwriadol i danseilio Gwynfor gan ddefnyddio cyfuniad o falais, dichell a thalent – cyneddfau y gŵr mwyaf cynhennus erioed i fod yn Ysgrifennydd Cymru.

Ond araf fu ymateb Gwynfor a'i blaid i'r perygl newydd. Yn hytrach, fe ddewisodd Gwynfor ganolbwyntio'i sylw ar 'fethiant' Cledwyn Hughes ac ar benderfyniad Elystan Morgan i dderbyn swydd fel gweinidog yn y Swyddfa Gartref.[120] Roedd llwyddiant Plaid Cymru hefyd yn dal i'w galonogi. Ddiwedd y mis, fe aeth i gyfarfodydd cyhoeddus enfawr gan annerch rhai cannoedd ym Mynwy a Chaerdydd. Llonnodd drwyddo hefyd ar ôl i Keith Joseph ddweud wrtho ei fod ar fin rhoi 'adroddiad i Edward Heath' am bob un o'r trafodaethau fu rhyngddynt ill dau.[121] Cyfarfu yn ogystal â Willie Whitelaw, Prif Chwip y Torïaid, gan ddod i'r casgliad 'bod y Torïaid bellach yn fodlon meddwl o ddifrif yn nhermau Senedd Gymreig'.[122] Yn yr un modd, cynhyrfodd ar ôl cwrdd â theicŵn cefnogol i Blaid Cymru o'r enw'r Arglwydd Arwyn. Nid yn unig yr oedd Arwyn yn gyfaill i Wilson, ond dywedodd wrth Gwynfor ei fod am 'ddod yn gynrychiolydd Plaid Cymru yn Nhŷ'r Arglwyddi'. Dehonglodd Gwynfor hynny fel arwydd pendant o gefnogaeth, ond eto ni ddaeth dim o'r cyfarfyddiad er i Arwyn barhau'n gefnogol.[123]

Yn etholaethol, roedd Gwynfor hefyd yn arddangos yr un duedd orhyderus. Yn ystod Ebrill 1968, rhannodd lwyfan am y tro cyntaf gyda'i wrthwynebydd Llafur, Gwynoro Jones. Erbyn hynny roedd Gwynoro Jones wrthi o fore gwyn tan nos yn ceisio adennill y sedd, ac aeth ati i anrhydeddu degau o garnifalau a sioeau â'i bresenoldeb. Roedd gweithgarwch Gwynoro Jones yn hysbys er haf 1967, ond gwnaeth Gwynfor y camgymeriad dybryd o'i gymryd yn ysgafn. Dyma sut y'i disgrifiodd wrth ei gyfaill Ioan Bowen Rees: 'Mae'n gwbl hunan-hyderus ac yn boenus o "fawr" a hunan-bwysig (26 oed): Tub-thumper medrus. Felly, cael pobl i chwerthin am ei ben yw'r ffordd orau i'w drin'.[124] I'r perwyl hwnnw, awgrymodd Gwynfor wrth Ioan Bowen Rees y dylai ysgrifennu llythyr dychanol i'r wasg leol yn ymosod ar ymffrost ei wrthwynebydd ifanc. Ar achlysur arall, lluniodd Gwynfor lythyr (a anfonwyd at y wasg yn enw 'cyfaill ifanc yn Llanymddyfri') gan feirniadu Gwynoro a thynnu sylw: 'at wallau gramadegol sy'n britho'i iaith ac at enghreifftiau gorchestol o'i hiwmor anfwriadol. Yr unig beth i'w wneud â Gwynoro yw chwerthin am ei ben. Y mae'n meddwl cyn uched ohono'i hun ag yw Goronwy Roberts neu Harold Wilson. Bydd yn pregethu gyda'r Hen Gorff, a chlywais amdano'n dechrau pregeth mewn dau le trwy ddweud "Gwynoro Jones yw fy enw ac y mae gennyf radd mewn economeg." '[125] O'i ran yntau, ni fedrai Gwynoro Jones stumogi Gwynfor gan weld nid yn gymaint sant, ond yn hytrach wleidydd hunanfoddhaus, hunangyfiawn. Roedd Gwynoro Jones hefyd yn ei ddrwgleicio gan y credai fod Gwynfor yn orbarod i arwain yr ifanc i byrth y carchardai ac yntau, y gwleidydd parchus, heb aberthu dim oll.[126]

Talodd Gwynfor yn ddrud am orffwys ar ei rwyfau, ond nid cyn ddruted ag y gwnaeth ef a'i blaid am orfod gwleidydda mewn cyfnod o derfysgaeth Gymreig. Er bod y Blaid Lafur yn baglu o un broblem i'r llall – cau'r pyllau, symud tipiau Aber-fan – roedd ffrwydradau cyson adain derfysgol cenedlaetholdeb Cymreig yn achubiaeth o fath iddi. Ar 25 Mai 1968, ffrwydrodd bom yn y Swyddfa Gymreig yng Nghaerdydd a chafwyd hyd i ddyfais arall, ddeuddydd yn ddiweddarach, ger Llyn Efyrnwy. Dyma pryd y gwnaeth George Thomas y cyhuddiad enwog hwnnw bod y cenedlaetholwyr wedi creu bwystfil na fedrent ei reoli. Hwn, heb amheuaeth, oedd ymosodiad mwyaf llwyddiannus George Thomas. Ond yn hytrach na chondemnio'r defnydd o drais a'i gadael hi ar hynny, mynnodd Gwynfor wneud pethau'n waeth trwy awgrymu mai *agents provocateurs* yn gweithio ar ran yr heddlu cudd oedd yn gyfrifol. Gwnaeth Gwynfor hyn er gwaethaf cyngor doeth Dafydd Orwig a'i rhybuddiodd na ddylai awgrymu mai cynllwynio trefnedig o'r fath oedd y tu ôl i'r ffrwydradau. Trodd Gwynfor glust fyddar i'r cyngor, a daliai i wneud datganiadau hynod ddifrifol heb rithyn o dystiolaeth.[127] Dyma, er enghraifft, oedd ganddo i'w ddweud wrth y *Liverpool Daily Post* ar ôl y ffrwydrad yn y Swyddfa Gymreig: 'There are a number of possibilities, one of which is that they are the work of the Secret Service who want to do the maximum damage to Plaid Cymru. This sounds fantastic but should not be ruled out'.[128]

Nid dyna oedd diwedd y mater. Ar 27 Mai, beiwyd Gwynfor gan George Thomas ar lawr Tŷ'r Cyffredin am roi swcr i'r bomwyr ac am fod yn hollol anghyson: '... on the last occasion when a man was found guilty and sentenced, the Hon. Member for Carmarthen issued leaflets outside the court in which he said: "Although we do not agree with the action they have taken, we cannot condemn them"'. Fe geisiodd Gwynfor ateb ond boddwyd ei sylwadau gan y gweiddi yn y Tŷ, a chafodd ei feirniadu'n hallt gan y wasg Gymreig.[129] Yn y *Caernarvon and Denbigh Herald*, awgrymwyd ei fod wedi darllen gormod o lyfrau ysbïo, tra disgrifiwyd ei sylwadau fel rhai 'ridiculous' gan y *South Wales Voice*.[130] Ni ddihangodd George Thomas yn ddianaf ychwaith, a gofynnodd y *South Wales Echo* y cwestiwn hynod deg hwn: 'Who emerges as the saddest figure after the recriminations, Mr Gwynfor Evans or Mr George Thomas? Take your pick'.[131] Cynghorwyd George Thomas gan y *Liverpool Daily Post* i roi caead ar bethau ond, erbyn hynny, roedd Ysgrifennydd Cymru yn cael ei longyfarch gan wrthwynebwyr Gwynfor yn Sir Gaerfyrddin am ei waith ardderchog.[132] Ysgrifennodd Loti a Douglas Rees Hughes, dau o hoelion wyth achos Llafur y sir, at George Thomas gan gyfleu eu hedmygedd o'i waith: 'your great courage in tackling Gwynfor Evans in the House about his frequent utterings in the past which were so irresponsible and merely condoning these acts of violence which must give Wales a bad name. He refused categorically to condemn these people during the Tryweryn episodes'.[133]

Gyda'r fath gefnogaeth y tu ôl iddo, daeth yn bolisi *de facto* i'r Blaid Lafur awgrymu bod Plaid Cymru wedi creu'r hinsawdd a alluogai terfysgaeth i fodoli. Yn wir, awgrymodd Gwynoro Jones wrth George Thomas mai da o beth fyddai gwneud y mwyaf o gysylltiadau honedig Plaid Cymru â'r terfysgwyr. O dan y pennawd 'Suggestions', nododd Gwynoro Jones dri pheth yr oedd am i George Thomas eu hystyried:

1 – The continual emphasis of the Nationalists on the 'London' or 'English' Government does create the wrong atmosphere. Such emotive words do not help.

2 – Use of statements like 'freeing' Wales also lends itself to various interpretations. Especially the words used by Gwynfor Evans after he returned from Cambodia – comparing the NLF to Plaid Cymru 'fighting' for self-government.

3 – Emphasize that in early 60's there was a definite silence from the Nationalist leaders regarding condemning bomb outrages.[134]

Gwnaeth hyn niwed aruthrol i Blaid Cymru, a does dim dwywaith y buasai llwyddiant cenedlaetholdeb Cymreig rhwng 1966 a 1970 gymaint â hynny'n fwy oni bai am George Thomas a'r ensyniad parhaus bod Plaid Cymru, rywsut rywfodd, yn gyfrifol am y bomiau. Yr enghraifft orau o'r drwg a wnaed oedd yr hyn a ddigwyddodd adeg isetholiad Caerffili yng Ngorffennaf 1968. Ar ryw ystyr, parhâi'r cyfnod gwynfydedig; roedd Gwynfor a'i blaid mor boblogaidd ag erioed ar ddechrau etholiad a ystyriai Gwynfor fel un â'r potensial i fod yn 'dyngedfennol'.[135] Ar ddechrau'r ymgyrch, aeth i annerch cyfarfod yn yr etholaeth a gweld torf o 600 o gefnogwyr yno. Roedd yn ddechreuad penigamp, os nad gwell na'r hyn a gafwyd yn y Rhondda a Chaerfyrddin. Yr unig 'ofid bach' ym meddwl Gwynfor oedd tuedd ymgeisydd Plaid Cymru, Phil Williams, i fod 'mor drahaus'.[136] Ond trahauster ai peidio, gwelwyd golygfeydd anhygoel wrth i filoedd o bobl ifanc droi at Blaid Cymru a Phil Williams. Yn Francis Street, y Bargoed, y stryd lle maged Morgan Phillips, cyn-Ysgrifennydd Cyffredinol y Blaid Lafur, roedd yna 14 o bosteri Plaid Cymru i'w gweld yn ffenestri'r tai.[137] Roedd Plaid Cymru, chwedl Neil Kinnock, yn ymdebygu i 'Hell on Wheels' a llwyddodd Phil Williams i ddod o fewn 1,874 pleidlais i ennill y sedd.[138] Roedd y canlyniad yn hwb diamheuol i Blaid Cymru ac ofnai neb llai na Gwilym Prys Davies fod Plaid Cymru bellach yn cael ei gweld fel 'proffwyd cyfiawnder yng nghanolfannau twf y 19eg ganrif, yn amddiffyn cartrefi a chyflog ac ieuenctid a chymdeithas'.[139] Ond serch y gefnogaeth ryfeddol, byddai'r ymchwydd cenedlaetholgar wedi bod yn fwy fyth oni bai am y bomiau a'r ffaith i'r ymgyrch gael ei hymladd yng nghysgod yr ymgyrch derfysgol fwyaf a welsai Cymru erioed. Ar lefel amrwd *vox pops* y *South Wales Echo*, credai nifer o bobl a holwyd fod a wnelo Plaid Cymru rywsut â'r sefyllfa.[140] Gwaeth na hyn oedd y stori oedd yn dew drwy gylch Caerffili, chwedl Islwyn Ffowc Elis, 'mai un o feibion Gwynfor sy'n arwain y teroristiaid'.[141] Ni wyddai Islwyn Ffowc Elis, Cyfarwyddwr Cyhoeddiadau Plaid Cymru, sut i ladd yr enllib, ac roedd y sefyllfa hefyd yn poeni Gwynfor yn 'ofnadwy'.[142]

Am ysbaid, fe ostegodd y storm rhwng Gwynfor a George Thomas cyn bygwth ailgydio mewn lle annisgwyl iawn – Eisteddfod y Barri. Yn eu doethineb Solomonaidd, roedd Bwrdd yr Orsedd wedi llwyddo i bechu tipyn o bawb trwy ethol George Thomas i'r Orsedd, gan rwystro Gwynfor rhag bod yn Llywydd y Dydd yn ei dref enedigol. Dadl Cyngor yr Eisteddfod oedd na ddylai'r un gwleidydd dderbyn anrhydedd o'r fath gan y byddai hynny, o bosibl, yn eu gorfodi i ddewis rhwng gwleidyddion pe ceid mwy nag un enwebiad gwleidyddol. Yn waeth fyth, rhieni Gwynfor a roddodd y Goron y flwyddyn honno a gwelai Plaid Cymru 'gynllwyn budr' i gadw Gwynfor draw.[143] Mae'n amheus iawn a oedd yna gynllwyn ond, yn sicr, roedd hi'n ffordd neilltuol o siabi a phitw o drin teulu a wnaethai gymaint i gynnal Cymreictod y Barri. Bu'n rhaid i'r Archdderwydd, Gwyndaf, ymddiheuro'n gyhoeddus am y cam a wnaed â Gwynfor, 'the most brilliant of Barry's recent sons'. Ond er mor ddidwyll yr ymddiheuriad, ni wnaeth hynny rhyw lawer i dawelu'r dyfroedd na chwaith i unioni'r cam a wnaed â Llywydd Plaid Cymru.[144]

Wrth i ddiwrnod seremoni urddo George Thomas agosáu, aeth yr heddlu i ofidio'n ofnadwy am ddiogelwch Ysgrifennydd Cymru pan gyrhaeddai faes yr Eisteddfod. Roedd y pryder hwnnw cyn ddyfned nes i Gwyndaf orfod ymweld â'r Dalar Wen er mwyn trafod y mater. Yno, rhybuddiwyd Gwynfor y gallai 'terfysg mawr' wneud drwg enbyd i'r Eisteddfod ac y byddai canlyniadau canslo ymweliad yr Ysgrifennydd Gwladol yn fwy pellgyrhaeddol fyth. Ar gais Gwyndaf, cytunodd Gwynfor i gydgerdded â George Thomas ar hyd y Maes. Pan ddaeth y diwrnod mawr, felly, roedd yna densiwn sylweddol i'w deimlo gyda thros 60 o blismyn, heb sôn am aelodau o'r heddlu cudd, ar ddyletswydd pan gamodd George Thomas i ffau'r llewod. Er hynny, ni wnaeth y mesurau rhyfeddol hyn leddfu ofnau Ysgrifennydd Cymru ac, wrth sefyll y tu allan i fynedfa'r maes, cyfaddefodd George Thomas wrth Gwynfor fod ei bengliniau 'like jelly'. Ond aeth y trefniant fel watsh; cerddodd y ddau rhwng gosgordd o blismyn gan adael y dorf o 50 a ymgasglodd i heclo George Thomas yn gyfan gwbl 'baffled'.[145] Pan gyrhaeddodd y pafiliwn, sibrydodd George Thomas yng nghlust ei fam: 'It's all right, Mam, Gwynfor is with me'.[146] Rai dyddiau'n ddiweddarach, ysgrifennodd Gwyndaf at Gwynfor i fynegi ei ddiolch difesur: 'Ofer a fuasai apelio am heddwch oni bai am eich presenoldeb... yr wyf yn sicr i chwi achub y sefyllfa ar y Maes, a sgorio "trei" aruthrol yr un pryd'.[147]

Roedd hi'n weithred hynod hael gan Gwynfor o ystyried pa mor anghristnogol fu George Thomas tuag ato yn ei gyfnod cyntaf yn y Senedd. Llwyddodd y weithred hefyd i dynnu peth sylw oddi ar gyfweliad a roes Saunders Lewis i'r BBC pan ddywedodd mai'r unig iaith yr oedd 'Llywodraeth Loegr' yn ei deall oedd 'trais'.[148] Ond ni pharhaodd yr heddwch Eisteddfodol yn hir. Wedi Ysgol Haf a ystyriai Gwynfor fel un 'ardderchog' (trafodwyd sut i gyllido'r Gymru Rydd), dychwelodd gwleidyddiaeth yn ôl i'r rhigolau terfysglyd.[149] Ar 9 Medi, ffrwydrodd bom ym Mhen-bre, gan anafu awyrennwr o'r enw William Houghton. Yn ôl y disgwyl, cystwywyd Plaid Cymru am greu hinsawdd a ganiatâi derfysgaeth. Jim Griffiths, aelod Llafur Llanelli, a arweiniodd y feirniadaeth: 'If the leaders of Plaid Cymru continue to use such emotive terms as "the London Government" or "the English" or to refer to their opponents as "enemies of Wales", they will reap the whirlwind of Nationalist frenzy'.[150] Awgrymodd George Thomas fod y ffrwydrad yn yr un llinach â'r tân yn Llŷn, a'r noson honno darlledwyd lluniau o Saunders Lewis yn ystod adroddiadau'r BBC (*Week In Week Out)* ac ITV (*News at Ten)* ar y ffrwydrad.[151] Roedd hi'n gŵyn gyfarwydd ond, y tro hwn, gwnaed sefyllfa anodd ganwaith gwaeth pan ddechreuodd Saunders Lewis a'i gefnogwyr fynegi, heb unrhyw amwyster, gydymdeimlad â thrais. Ar 10 Medi, gofynnodd Denis Tuohy, cyflwynydd y rhaglen *24 Hours*, i R O F Wynne a fyddai'n fodlon gosod bom er mwyn Cymru. Ei ateb oedd hwn: 'Well, I am getting a bit old for that sort of thing; but I suppose if I felt that it was my duty and that it was necessary, I would have to pull up my socks and do something'.[152]

Roedd Saunders Lewis ar ben ei ddigon pan glywodd am sylwadau Wynne ac ysgrifennodd ato i'w longyfarch am ei 'courageous speech', ond aeth arweinyddiaeth Plaid Cymru yn gwbl benwan.[153] Gofynnodd Elwyn Roberts i'r BBC am drawsysgrifiad o'r cyfweliad; yn y cyfamser, datgelodd Elwyn Roberts wrth Gwynfor fod nifer o aelodau'r blaid wedi cysylltu ag ef gan fynnu y dylid diarddel R O F Wynne.[154] Heb amheuaeth, buasai Gwynfor wrth ei fodd pe medrid delio â phloryn fel Wynne, ond yr hyn na ddatgelwyd gan Elwyn Roberts oedd i arweinyddiaeth Plaid Cymru hefyd dderbyn cyfres o lythyrau yn erfyn ar i'r blaid beidio â'i esgymuno. Ymhlith y gohebwyr roedd Dafydd Iwan, un o arweinwyr amlycaf Cymdeithas yr Iaith Gymraeg. Ysgrifennodd ef at Elwyn Roberts i ddweud y dylid: 'cydnabod y gall gweithred trais ar eiddo fod yn hwb aruthrol i'r achos cenedlaethol – mewn amgylchiadau arbennig... Pe diarddelid ef, byddai'n fuddugoliaeth i rai o bobl y BBC yn eu brwydr i geisio rhwygo'r

Blaid. Byddai hefyd yn agor y drws i ugeiniau lawer o aelodau ffyddlonaf y Blaid i ystyried eu sefyllfa, ac efallai i adael ei rhengoedd'.[155] Tebyg oedd ymateb Lewis Valentine, a ysgrifennodd i ddweud na welai ddim 'byd tramgwyddus' yn syniadau Wynne.[156] A hithau mor gyfyng ar Gwynfor a'r blaid daeth yr arweinyddiaeth i'r casgliad, ar ôl hir drafod, y byddai'n amhosibl diarddel Wynne. Gwnâi'r Arwisgo, a'r angen i osgoi rhwygiadau diangen, sefyllfa R O F Wynne yn un fwy delicet fyth. Wythnos wedi'r ffraeo ynghylch sylwadau Wynne, gorfu i'r arweinyddiaeth gael sêl bendith y gynhadledd ar ei pholisi o anwybyddu'r Arwisgo. Llwyddasant i wneud hynny â chryn fedrusrwydd, a gadawyd ar y bwrdd gynnig yn galw ar i Blaid Cymru ei datgysylltu ei hun oddi wrth yr Arwisgo – ond dim ond ar ôl areithiau emosiynol gan D J Williams a Wynne Samuel.[157] Trwy beidio â chael polisi, medrodd Gwynfor gadw unoliaeth Plaid Cymru ac osgoi y math o densiynau a rwygodd cynifer o sefydliadau yn ystod 1968 – o'r Urdd i'r Annibynwyr.

Llai llwyddiannus oedd ei ymdrechion i reoli Saunders Lewis yn ystod hydref 1968. Eisoes, roedd y blaid wedi gorfod crefu ar y cyn-lywydd i beidio cyhoeddi erthygl o'i eiddo yn rhifyn Gorffennaf o'r cylchgrawn *Barn*. Dan y teitl 'Y Bomiau a Chwm Dulas', galwai Saunders Lewis am 'drais cyfrifol' yng Nghwm Dulas – cwm a oedd ar y pryd yn cael ei lygadu gan Awdurdod Afon Hafren.[158] Arswydodd yr arweinyddiaeth pan glywsant am gynnwys yr erthygl a gofynnodd Elwyn Roberts i Lewis Valentine a D J Williams erfyn ar Saunders Lewis i beidio â'i chyhoeddi er mwyn osgoi 'rhwyg'.[159] Ond gwrthododd Lewis Valentine a D J Williams gais Elwyn Roberts, tra barnodd D J Williams y gwnâi'r erthygl les i'r achos cenedlaethol. Yn y diwedd, wedi'r holl wewyr, ni chyhoeddwyd yr erthygl gan adael i Gwynfor ddianc drwy groen ei ddannedd yn unig. Fodd bynnag, doedd yna ddim owns o ochelgarwch i'w weld yng nghyfraniad Saunders Lewis yn rhifyn mis Hydref 1968 o *Barn*. Ynddo, ymosododd yn ddiarbed ar heddychiaeth Gwynfor gan edliw iddo yr hyn a ystyriai fel methiannau tost Tryweryn a Chlywedog. Y gwir plaen amdani, meddai, oedd bod 'diffrwythdra seithug y Blaid yn y Tŷ a'i pharchedig ofn o "gyfansoddiad" Lloegr yn arwain yn dawel i'w difodiant hi'. Roedd hynny'n ddigon damniol, ond roedd gwaeth i ddod. Aeth Saunders Lewis yn ei flaen i ddweud – nid am y tro cyntaf: 'Ni ellir omlet heb dorri wyau. Y mae dweud wrth bobl Cymru y daw hunan-lywodraeth heb ddim ond pleidleisio di-gost a "gwên fêl yn gofyn fôt", y mae y peth yn hunan-dwyll ac yn anwiredd'. Yr unig ffordd ymlaen, meddai, oedd trwy wneud y broses o lywodraethu Cymru yn 'rhy ddrud ac yn cynhyrfu gormod o ddig a gormod o ddirmyg drwy'r byd i'r ormes fedru parhau'.[160] Hyd yn oed yn ôl safonau Saunders Lewis, roedd hon yn erthygl neilltuol o ddiofal ac erbyn hynny dyfalai cyn-lywydd y blaid yn gwbl agored a fyddai Plaid Cymru yn ei ddiarddel. Doedd hynny byth yn mynd i ddigwydd, ond gorfodwyd Plaid Cymru i gymryd y cam anarferol iawn o'i feirniadu'n gyhoeddus am godi'r mater 'thereby playing into the hands of its opponents'.[161]

O safbwynt gwleidyddol, roedd ymyriad Saunders Lewis yn anffodus tu hwnt gan iddo danseilio hygrededd llythyr yr oedd Gwynfor newydd ei anfon at yr Ysgrifennydd Cartref, Jim Callaghan, yn galw am wahardd yr FWA ac am ymchwiliad i'r posibilrwydd bod y llywodraeth yn defnyddio *agents provocateurs* yng Nghymru. Yn yr un llythyr, cyhuddodd Gwynfor y llywodraeth o fod â 'political interest in ascribing the explosions to the Welsh Nationalists or to Welsh extremists'.[162] Yn ôl y disgwyl, enynnodd yr awgrym bod yna gynllwyn ymateb ffyrnig gan yr Ysgrifennydd Cartref, ac atebodd Callaghan lythyr Gwynfor gan ddisgrifio'r cyhuddiadau fel 'ridiculous allegations and no one who is of sober judgement would believe them'.[163] Dyna oedd barn y wasg hefyd, a heb fod ganddo dystiolaeth roedd Gwynfor yn gwneud sefyllfa anodd yn waeth iddo ef ei hun. Roedd y cyhuddiad o gynllwyn trefnedig hefyd yn niweidiol i'r berthynas fregus rhyngddo a'r aelodau Llafur. Rai dyddiau wedi derbyn llythyr Callaghan, dioddefodd Gwynfor yr ymosodiad mwyaf milain erioed arno yn y Senedd. Am dros chwe awr yn ystod y Ddadl Gymreig ddiwedd mis Hydref 1968, bu'n rhaid iddo eistedd yn siambr y Tŷ a chlywed beirniadu parhaus ar anallu ei blaid i reoli terfysgaeth Gymreig. Erbyn hyn, roedd y diffyg parch ato o du'r meinciau Llafur yn gwbl amlwg, a gwelwyd nifer o aelodau fel Arthur Probert (Aberdâr) yn rhuthro i longyfarch George Thomas am iddo chwalu '… the infantile utterings of the hon. Member for Carmarthen, whom I regard, because of his presence in the chamber as a disgrace to Welsh public opinion'.[164]

Doedd pethau fawr gwell pan honnodd Gwynfor fod ganddo dystiolaeth i esbonio pwy oedd yn gyfrifol am un o'r ffrwydradau. Yn Nhachwedd 1968, cafodd dystiolaeth a awgrymai mai aelod o'r Awyrlu oedd yn gyfrifol am y bom ym Mhen-bre. Ficer y bachgen hwnnw oedd ffynhonnell wybodaeth Gwynfor, a dywedodd wrtho fod y bachgen wedi cyfaddef y weithred a'i fod bellach dan glo mewn uned seiciatryddol yn un o ysbytai'r RAF. Ar wahoddiad Gwynfor, daeth Jock Wilson, y ditectif chwedlonol a oedd yng ngofal yr ymchwiliad, i gwrdd ag ef yn y Dalar Wen i drafod y mater. Rhoes Gwynfor yr holl fanylion a oedd ganddo i Wilson gan ddangos llythyrau'r ficer iddo hefyd, ond ni wnaeth hynny fawr o argraff ar Wilson. Eto, nid dyna oedd diwedd y stori; daliai Gwynfor i fynnu mai ef oedd yn iawn a gofynnodd i George Thomas esbonio yn Nhŷ'r Cyffredin pam fod y llywodraeth yn parhau i ddweud mai cenedlaetholwyr Cymreig a osododd y bom. Ateb George Thomas oedd bod yr holl beth yn 'monstrous slur' a bod y bachgen eisoes wedi ei gael yn ddieuog.[165] Wedi hyn, cafodd Gwynfor lythyr pellach gan y ficer a haerai drachefn fod y bachgen yn gyfrifol. Beth bynnag oedd y gwir, roedd yna argraff hynod anffodus wedi ei chreu, a'r caswir diymwad oedd i Gwynfor gyhuddo'r llywodraeth o gynllwynio heb unrhyw dystiolaeth gadarn.

Yn fwy rhyfeddol fyth, dechreuodd y KGB, heddlu cudd yr Undeb Sofietaidd, ymddiddori mewn gwleidyddiaeth Gymreig a'r honiadau a wnaed gan Gwynfor. Mae'n debyg i rai o ysbïwyr y KGB gynllunio i osod bom ar y ffordd rhwng Porthmadog a Chaernarfon a'i ffrwydro ar noswyl yr Arwisgo. Pe byddai 'Operation Edding' wedi mynd rhagddo, byddai'r Sofietiaid wedi anfon llythyr at Gwynfor i'w rybuddio mai M15 oedd yn gyfrifol a hynny yn y gobaith y byddai ef wedyn yn beio heddlu cudd Prydain. Gobaith mwy hir-dymor y Sofietiaid oedd yr arweiniai hyn at feirniadaeth ehangach o waith heddlu cudd Prydain gan genedlaetholwyr fel Gwynfor. Yn ffodus iddo yntau (ac i'r KGB efallai), ni weithredwyd y cynllun gwallgof gan ei fod yn rhy beryglus. Ni chafodd manylion y cynllwyn eu dadlennu ychwaith tan 1999 pan ddaethpwyd o hyd iddynt yn nyfnderoedd archifau'r KGB yn Moscow.[166]

Ond yn ôl â ni i 1968. Erbyn diwedd y flwyddyn honno, roedd Gwynfor wedi dod i gasáu Tŷ'r Cyffredin, ac wrth i'r flwyddyn gythryblus gerdded at ei therfyn, doedd yna ddim llawer i'w galonogi nac i'w ysbrydoli yn ei unigedd seneddol. Roedd y bomiau'n ei boeni a thybiai'n ogystal fod gwasanaethau cudd Prydain yn ei dargedu trwy geisio ei hudo i ganol sgandal rhyw. Ar fwy nag un achlysur tra oedd yn cerdded ym mharciau Llundain, ceisiodd aml i ferch brydferth siarad ag ef.[167] Mae'n amhosibl dweud i sicrwydd ai paranoia pur ar ran Gwynfor oedd hyn, ond roedd ei bryder ynghylch 'honeytraps' yn arwydd o'r amseroedd. Ymddangosai datganoli o dan y Blaid Lafur mor bell ag erioed, ac ni wnaeth y cyhoeddiad y ceid comisiwn ar y cyfansoddiad fawr o argraff ar Gwynfor na'i blaid. Yr unig lygedyn o obaith, hyd y medrai weld, oedd y Blaid Geidwadol a chais Keith Joseph am 'very brief, telegraphic notes' gan fod y blaid honno'n llunio ei pholisi ar Gymru. Ond eithriad oedd cael ambell lygedyn gobeithiol fel hyn i Gwynfor. O'i flaen, roedd blwyddyn arall o waith yn y 'lle diflas' hwnnw, sef Tŷ'r Cyffredin, ac ysai am gael dychwelyd o Lundain i 'fywyd Sir Gaerfyrddin a Chymru'. Yr oedd, meddai wrth Ioan Bowen Rees, wedi cael digon ac yn hiraethu am gwmnïaeth wâr: 'Pe bai ychydig o gwmni pobl debyg gallai fod yn wahanol, ond "ffrinds gwŷr mawr" yw'r rhai mwyaf cyfeillgar, ac y mae rhai Cymry yma sy'n peri i ddyn edrych dros ei ysgwydd lle bynnag yr â a pha beth bynnag a wna'.[168]

Ond doedd yna ddim dyddiau gwell i ddod. Roedd 1969 yn flwyddyn ffyrnicach ei gwleidyddiaeth na 1968 hyd yn oed. Ar ddydd Calan, dechreuodd Cymdeithas yr Iaith Gymraeg ar ymgyrch arwyddion a fyddai ymhen amser yn dod yn lled agos at baentio'r byd yn wyrdd. Roedd hon yn ymgyrch flêr dros egwyddor bwysig ond roedd hi hefyd yn ymgyrch neilltuol o amhoblogaidd, ac ystyrid gwŷr fel Gareth Miles a Dafydd Iwan fel cythreuliaid diegwyddor gan lawer o Gymry. Ochr yn ochr â hyn, roedd trefniadau'r Arwisgo a'r ymgyrch gwrth-arwisgo yn ystod Ionawr 1969 yn amlycach fyth gan bolareiddio Cymru yn fwy nag erioed. Yn Sir Gaerfyrddin, ceid addewid o 'first class programme of events' fel rhan o Groeso '69;[169] ochr arall y geiniog oedd y siarad a welid yn y wasg Gymraeg y byddai cenedlaetholwr yn sefyll yn erbyn Plaid Cymru pan ddeuai'r etholiad cyffredinol oherwydd ei pharodrwydd i 'gyfaddawdu' ar fater yr Arwisgo.[170] Erbyn diwedd y mis, roedd pedwar o fyfyrwyr Coleg Aberystwyth ar streic newyn fel protest yn erbyn dyfodiad y Tywysog i'r Coleg ger y Lli.[171]

Effaith ddeublyg y datblygiadau hyn oedd gorfodi'r Cymry (ac yn enwedig y Cymry Cymraeg) i ddewis p'un ai oedden nhw o blaid Cymru George Thomas ynteu Cymru J R Jones, llais coethaf y garfan a wrthwynebai'r Arwisgo. Roedd Gwynfor yn arswydo o weld yr ymrannu hwn a theimlai'n breifat fod J R Jones yn gwneud 'drwg mawr i'r achos cenedlaethol' trwy siarad fel 'pe bai'r Goron yn brif berygl i fodolaeth cenedl y Cymry'. Roedd ei athroniaeth, meddai wrth Pennar Davies rai blynyddoedd wedi'r Arwisgo, yn gynnyrch 'diffyg cytbwysedd' a arweiniai at 'ffolinebau'.[172] Ond ffolinebau neu beidio, roedd Cymru ar groesffordd, ac roedd yn rhaid i Gwynfor wneud un o benderfyniadau anoddaf ei fywyd. Eisoes, roedd wedi penderfynu na fyddai'n mynd i Gaernarfon; yn awr, roedd yn rhaid iddo benderfynu a fyddai'n cwrdd â'r Tywysog yng Nghaerfyrddin fel rhan o'i daith wedi'r Arwisgo.

Roedd arweinwyr Plaid Cymru yn rhanedig ar y mater. Credai rhai ohonynt, fel Tudur Jones a Dafydd Orwig, mai'r peth doethaf fyddai i Gwynfor gwrdd â'r Tywysog yng Nghaerfyrddin gan y byddai'n gwneud hynny yn rhinwedd ei waith fel Aelod Seneddol, nid fel rhan o'r Arwisgo. Roedd yna garfan arall yn anghytuno'n gryf â hyn – yn eu mysg Robyn Léwis a rybuddiodd Gwynfor y gallai Owain Williams (bomiwr Tryweryn) sefyll yn erbyn y blaid mewn etholiad cyffredinol pe gwelid 'y blaid yn cyfaddawdu gormod â'r Sefydliad'. Yr oedd, meddai wrth Gwynfor, wedi dychryn o weld cynifer o bobl Gwynedd a aethai i rali'n gwrthwynebu'r Arwisgo: 'Nid pobl ifanc o bell ffordd. Rhai canol oed a rhai hŷn yn ogystal. Yn athrawon, pregethwyr, cyfreithwyr, meddygon, pobl busnes, gyrwyr lorïau, gweithwyr ac ati'.[173]

Roedd yn benderfyniad neilltuol o anodd i Gwynfor. Dyma, fel y rhybuddiodd yn ôl ym 1967, oedd y trap a osodwyd ar gyfer cenedlaetholdeb Cymreig. Ar y naill law, gwyddai y byddai 'nifer o bobl ifanc' yr oedd yn eu parchu 'yn anfodlon' pe bai'n cyfarfod â'r Tywysog'. Ar y llaw arall, gwyddai y gallai cadw draw 'greu atgasedd... a effeithiai'n ddrwg ar ganlyniad yr etholiad nesaf'. Roedd yna ystyriaethau eraill hefyd, fel y pwysleisiodd wrth Elwyn Roberts. Rhaid, meddai, oedd 'gwahaniaethu rhwng yr arwisgiad ei hun a'r daith trwy'r wlad a'i dilyna'. Roedd rhaid hefyd ystyried y broblem a fyddai'n debygol o godi pe byddai'r Frenhines yn mynd ymhen rhai blynyddoedd i Gaerfyrddin. Ystyriaeth bwysig arall i Gwynfor oedd cwrteisi gan fod Siarl yn 'ymwelydd o fri' ac ofnai y byddai peidio cwrdd ag ef yn 'sarhad personol arno'. Yn hyn o beth, cofiai Gwynfor am yr hyn a ddigwyddodd pan aeth ewythr Siarl ar daith drwy India ym 1925. Yno, meddai, 'boicotiwyd y darpariadau swyddogol gan y Gyngres, ond yr oedd Gandhi'n trin y dyn yn bersonol gyda phob cwrteisi'.[174]

Wedi tafoli'r dadleuon hyn, penderfynodd Gwynfor yn ystod Chwefror 1969 nad oedd ganddo ddewis ond cwrdd â'r Tywysog pan ddeuai i Gaerfyrddin. A dyna yn wir fu ei strategaeth gydol yr Arwisgo – ceisio ennill ychydig o fantais i'r mudiad cenedlaethol trwy drin y Tywysog â pharch ond heb gymeradwyo'r digwyddiad. Roedd hi'n strategaeth beryglus ond gallasai pethau fod hyd yn oed yn waeth. Profodd ei berthynas dda â Dafydd Iwan, Cadeirydd Cymdeithas yr Iaith Gymraeg, yn allweddol yn ystod y cyfnod hwn, a chafodd yntau addewid gan Gwynfor y gwnâi bopeth i sicrhau na fyddai yna 'rwyg ymysg cenedlaetholwyr Cymreig'.[175] Credai Gwynfor fod y gymdeithas yn 'gwneud gwaith godidog' er na theimlai'n 'gwbl hapus' â phenderfyniad y gymdeithas i gydio 'ym mater yr Arwisgiad'.[176] Ond er gwaethaf y ddealltwriaeth â Dafydd Iwan, roedd yna nifer yn rhengoedd Cymdeithas yr Iaith yn gwbl anhapus â pholisi Plaid Cymru o ddifaterwch bwriadus. Lladmerydd croywaf y garfan hon oedd Gareth Miles, radical disglair a gredai, nid heb reswm, fod Gwynfor yn Sioni Bob Ochr.[177]

Y sefyllfa odiaf oll oedd honno a welwyd yn Aberystwyth pan fu Is-lywydd Plaid Cymru, Tedi Millward, yn diwtor Cymraeg i'r Tywysog am dymor – tymor a oedd, i Gwynfor, yn gyfle euraidd i Gymreigio aer y Goron. Cyn i Siarl gyrraedd Aberystwyth, roedd Gwynfor mewn cysylltiad â Tedi Millward ynghylch labordai iaith ac, ar ôl iddo ymweld ag un o'r sefydliadau hyn ym Mawrth 1969, daeth Gwynfor i gredu bod modd dysgu iaith yn drwyadl dda mewn chwech wythnos.[178] Cyrhaeddodd Siarl Aberystwyth ar 20 Ebrill ac yn ystod y cyfnod hwn, mewn llythyr arall at Tedi Millward, cynigiodd Gwynfor raglen waith i'r Tywysog:

> Yn ogystal â rhoi ffeithiau ariannol, economaidd a gwleidyddol i'ch cyfaill am Gymru, da iawn yw ei ddiddori yn ein hanes. Yn arbennig, byddai'n dda iddo wybod rywbeth [sic] am ymdrechion rhai o'r arweinwyr a fu'n dywysogion mewn gwirionedd yn y gorffennol. Y mae ymweliadau â mannau o ddiddordeb, yn arbennig os ydynt yn rhamantus eu lleoliad yn help rwy'n credu. Er enghraifft, tybed a fu draw i Ystrad Fflur lle y mae Dafydd ap Gwilym wedi ei gladdu. Pe câi fynd draw yn eich cwmni yno gallai ddysgu tipyn am orffenol ein llenyddiaeth ni a gallai fynd oddi yno i Dregaron lle mae colofn Henry Richard sydd yn gysylltiedig â chymaint yn ein hanes cyfoes yn ogystal â bod yn gartref i Dwm Siôn Cati ac i lawer i borthmon diwylliedig yn y gorffennol.[179]

I'r graddau y mae'n bosibl troi etifedd y Goron yn genedlaetholwr, cafodd ymdrechion Gwynfor a Tedi Millward (a'r Pleidiwr arall o diwtor, Bobi Jones) beth effaith. Aeth arch-frenhinwr fel John Eilian yn benwan o weld y Tywysog ynghanol nythaid o genedlaetholwyr Adran y Gymraeg, Aberystwyth. 'Most irresponsible' oedd ei ddyfarniad ef; roedd George Thomas yn ddicach fyth gan gwyno wrth Harold Wilson am y ffordd ysgeler yr oedd cenedlaetholwyr Aberystwyth yn hwrjio syniadau ar Charles.[180] Mae yna dystiolaeth i hyn ddigwydd. Ganol tymor Charles yn Aberystwyth, ysgrifennodd Tedi Millward at Gwynfor gan roi adroddiad cyfrinachol ar addysg y Tywysog. Ynddo, dywed Tedi Millward y canlynol am ei ddisgybl enwog: 'Y mae ei feddwl yn gwbl rydd oddi wrth yr ystrydebau gwleidyddol sy'n caethiwo ein "cyfeillion" yn y pleidiau eraill ac y mae eisoes gryn dipyn o dir cyffredin rhyngom.' Credai Millward hefyd fod: 'ei farn ar y Gymraeg yn gwbl iach; deil na ddylai fod yn bwnc gwleidyddol ac na ddylai neb fanteisio arni'n wleidyddol. Dywedodd wrthyf ei fod yn teimlo'n fwyfwy cenedlaethol (nationalistic) po fwyaf y siarad am ryng-genedlaetholdeb ac unedau mawr. Heddiw, cafodd y tri *Llyfr Du* a'r *Voice of Wales* a'r daflen ddŵr – "I'd better hide them, or people will think I've joined Plaid Cymru". Ar ben hyn, dywed ei fod ef yn rhydd i ddweud pethau na all y gwleidydd mo'u llefaru'. Yng ngoleuni hyn, barnai Millward: '... fod gobaith y bydd y tywysog yn uniaethu ei hun – i ryw raddau o leiaf – â'r deffroad yng Nghymru. Credaf ei bod yn gwbl bosibl y bydd yn dweud rhywbeth dros yr iaith e.e. a all wneud daioni mawr. Gobeithio y bydd – daw cyfle yn Eisteddfod yr Urdd ac y mae am siarad â'r genedl – yn Gymraeg – ar deledu Harlech. Ni allaf lai na meddwl fod yma bosibilrwydd cyfaill hynod werthfawr'.[181]

Roedd Siarl hefyd yn dra ymwybodol o sefyllfa Gwynfor. Dengys gohebiaeth bellach rhwng Tedi Millward a Gwynfor mai un o'r cwestiynau a ofynnai Charles i'w ddiwtor tra oedd yn ymarfer ei Gymraeg oedd: 'Ydy Gwynfor Evans yn mynd i Gaernarfon?'[182] Yn wir, nid Siarl oedd yr unig un i deimlo fymryn yn chwithig ynghylch penderfyniad Gwynfor i beidio â mynd i Gaernarfon. Yn ystod Mai 1969, ceisiodd Thomas Parry, Prifathro Coleg y Brifysgol, Aberystwyth, gau'r gagendor rhwng Gwynfor a Siarl trwy ofyn i Gwynfor gyfarfod â'r Tywysog dros ginio. Gwrthododd Gwynfor 'rhag ofn y deuai i glustiau rhai o'n bois ifanc'; ofnai hefyd y byddai'n agored i'r cyhuddiad o fod 'yn chwarae'r ffon ddwy-big yn y mater'. Ond nid dyma oedd y diwedd gan i Gwynfor wneud cynnig cyfrinachol anghyffredin tu hwnt i Thomas Parry: cynigiodd Gwynfor i'r Tywysog ddod i Langadog am swper. Yn y Dalar Wen, credai Gwynfor y 'byddai'n sicr o groeso twymgalon a châi gyfle i gyfarfod â theulu go luosog o Gymry Cymraeg a rhai o gwmpas ei oedran ei hun. Awgrymais ryw ddydd Sul gogyfer â hyn'.[183]

Afraid dweud na ddigwyddodd y cyfarfod rhyfeddol, arfaethedig hwnnw yn y Dalar Wen, ond roedd y gwahoddiad yn tystio i'r parch diffuant, os nad difeddwl-ddrwg, a oedd gan Gwynfor at y Tywysog. Ac yn sicr, yn ystod misoedd cychwynnol 'proses' yr Arwisgo, credai Gwynfor nad oedd y blaid yn dioddef o'i herwydd. Y bwgan, dro ar ôl tro, oedd yr FWA. Ers diwedd Chwefror, roedd eu haelodau mwyaf blaenllaw yn y ddalfa ar gyhuddiad o droseddau'n ymwneud â'r drefn gyhoeddus. Golygai hyn (a'r ffaith fod bomiau'n dal i ffrwydro) i derfysgaeth Gymreig gael sylw anferthol gan y wasg Brydeinig. Ceisiodd Gwynfor stumio rhyw gymaint ar yr achos llawn yn erbyn yr FWA pan ddechreuodd ym Mrawdlys Abertawe trwy gael yr awdurdodau i alw John Summers, un o newyddiadurwyr llawrydd y *Daily Telegraph*, fel tyst. Roedd Summers wedi ysgrifennu erthygl ddadleuol yn y *Telegraph* a honnai fod dylanwad yr FWA gymaint â hynny'n fwy nag ydoedd go iawn.[184] Poenai Gwynfor yn ddirfawr am gynnwys yr erthygl hon a cheisiodd ddefnyddio'i ddylanwad nid yn unig er mwyn dinistrio hygrededd Summers fel newyddiadurwr ond er mwyn dinistrio hygrededd yr FWA. Yn wir, cyfaddefodd wrth Islwyn Ffowc Elis iddo dreulio 'tipyn o amser yn siarad â rhai yn Abertawe er mwyn cael yr amddiffyniad i'w alw' ond yn ofer. Ni chafodd Summers ei alw gan fod y llywodraeth, yn nhyb Gwynfor, 'yn benderfynol o beidio â chaniatáu hynny'.[185] Yn hynny o beth, roedd greddf Gwynfor yn iawn. Fel y gwelwyd eisoes, gwyddai'r heddlu er 1966 nad oedd Summers yn rhyw gyfrifol iawn o ran yr hyn a ysgrifennai, ond, er gwaethaf hyn, defnyddiasant ei erthygl yn y *Telegraph* fel sail i'w hachos.

Cynhyrfwyd y dyfroedd ymhellach gan benderfyniad Saunders Lewis i ymddiddori yn achos yr FWA gan weld rhyw arwriaeth yn y modd y caent gymaint: '… o hwyl yn pryfocio a chythruddo blaenoriaid parchus a heddgeidwadol y mudiad parchus a elwir yn Blaid Cymru'.[186] Ceisiodd Saunders Lewis sicrhau fod Gwynfor yn mynd i'r achos ond ni lwyddod yn hynny o beth. Er hynny, camgymeriad fyddai meddwl nad oedd gan Gwynfor gydymdeimlad o fath yn y byd â'r bechgyn a hwythau'n wynebu achos mor wleidyddol ei natur. I'r gwrthwyneb; dyma'r hyn a ddywedodd wrth D J Williams ynghylch yr FWA: 'Byddai'n dda gennyf gyd-synio am y credaf fod bechgyn yr FWA, sydd ymhlith penbyliaid mwyaf y wlad, wedi cael, a'u bod yn cael, cam mawr iawn. Mae'r driniaeth a gawsant o'r funud y cymerwyd gafael ynddynt yn gwbl gywilyddus a bydd yn rhaid dweud yn eglur beth yw ein meddwl ar hyn maes o law'. Ond er y cydymdeimlad amlwg hwn, credai Gwynfor fod her bersonol Saunders Lewis iddo'n hurtrwydd gwleidyddol o'r radd eithaf:

> O hyd, ac ymhob rhan o'r wlad, y mae rhai wrthi yn ein cysylltu ni ynghyd. Ped awn i'r treial, fel yr es i achos y bechgyn yn y Bala [Walters a Pritchard] ac Emyr Llew, ofnaf y byddai'n weithred ffôl. Cydiai'r wasg yn y peth ac efallai y ceid llun yn y papur ac ati. Mae'n siŵr y byddai'r annwyl George yn y Senedd yn cyfeirio at y ffaith fy mod wedi bod yno, er cymaint yr hoffwn fynd ni allaf fforddio bod yno, a hynny er mwyn y Blaid wrth gwrs.[187]

Oddeutu'r cyfnod hwn, roedd y berthynas rhwng Gwynfor a Saunders Lewis ar ei mwyaf rhewllyd – cymaint felly nes i'r ddau gwrdd mewn ymgais i geisio cymodi. Daeth y ddau ynghyd tros ginio yng ngwesty cyfnither Gwynfor, Nesta Howe, yn y Barri. Yno, dywed Gwynfor i Saunders Lewis lamu 'fel hydd' pan ddygwyd potel o Bordeaux '46 i'r bwrdd tra sipiai yntau ei Jaffa '64. Mae'n hanesyn doniol, ond y pwynt allweddol yw na chymodwyd y ddau ar fater yr FWA.[188] Credai Saunders Lewis fod Gwynfor yn 'amddifad o haelioni a mawrfrydigrwydd' am iddo wrthod mynd i'r achos, ac fe brofodd y rhwyg yn un arhosol. Wedi marw Saunders Lewis, cyfaddefodd Gwynfor na wnaeth Saunders Lewis faddau iddo am beidio â mynd i Frawdlys Abertawe.[189]

Yn ystod Mai 1969, cafodd y Cymry gyfle i roi eu barn ar ddatblygiadau gwleidyddol y dydd pan gynhaliwyd nifer o etholiadau Cyngor. Synhwyrai Gwynfor fod pethau'n dal i fynd o'u plaid gyda'r 'Blaid Lafur yn ogystal â'r Blaid Ryddfrydol bellach yn ymddadfeilio'.[190] Dyna hefyd oedd barn y sylwebwyr gwleidyddol; proffwydodd Geraint Talfan Davies, gohebydd y *Western Mail*, y byddai Plaid Cymru'n ennill seddau dirifedi o gofio bod ganddyn nhw yn agos i gant o ymgeiswyr – y nifer mwyaf erioed.[191] Ond roedd siom enbyd yn disgwyl y blaid: saith sedd yn unig a enillwyd wrth i'r bleidlais Geidwadol gynyddu. Disgrifiwyd y canlyniad fel 'catastrophe' i Blaid Cymru gan y *Liverpool Daily Post* a bu'n rhaid i Elwyn Roberts gyfaddef bod cyfuniad o'r FWA ac ymgyrch arwyddion Cymdeithas yr Iaith yn dechrau gwneud niwed mawr iddyn nhw.[192] Derbyniai Gwynfor adroddiadau duach fyth ynghylch yr hinsawdd wleidyddol. Yn ôl un adroddiad a ysgrifennwyd gan ddau swyddog o'r swyddfa ganol, Dr Gareth Morgan Jones a Dafydd Williams: '… in the year of the investiture, further bomb outrages, the FWA trial, sign–daubing. Canvassers from all areas reported that the public raised these matters frequently during the campaign. There can be little doubt that these things affect Plaid Cymru's progress'.[193] Bu'n rhaid canslo taith hel arian i America – taith y byddai Gwynfor wedi ei harwain – gan fod yr Arwisgo wedi troi cynifer o Gymry alltud yn Brydeinwyr brwd. Yn ôl un o gefnogwyr Plaid Cymru a oedd yn yr Unol Daleithiau ar y pryd: 'people either do not know what Plaid Cymru means or have a sentimental idealised dream of the old country… they are thrilled with the Investiture'.[194]

Roedd y brotest a gynhaliwyd yn erbyn y Tywysog Siarl adeg Eisteddfod yr Urdd yn drobwynt pellach ac, yn wyneb y sefyllfa wleidyddol eirias, dechreuodd cyfeillion agosaf Gwynfor boeni ynghylch ei obeithion o ddal gafael ar ei sedd. Ddechrau Mehefin, ysgrifennodd Islwyn Ffowc Elis at Dafydd Iwan i'w atgoffa pa mor bwysig yr oedd sedd Gwynfor fel symbol ac fel realiti. Fe'i rhybuddiodd hefyd o'r hyn a ddigwyddai pe collai Gwynfor: 'Fe achosai chwerwedd ymysg y to ifanc a digalondid (terfynol y tro hwn) ymysg y cenedlaetholwyr hŷn a ddisgwyliodd mor hir am doriad gwawr. Ac fe âi deg neu ugain mlynedd heibio cyn y gellid cael cenedlaetholwr arall'.[195] Roedd y llythyr yn ble cynnil gan Islwyn Ffowc Elis ar i Gymdeithas yr Iaith Gymraeg ostwng y tymheredd gwleidyddol ond, erbyn Mehefin 1969, roedd Plaid Cymru'n brae i rymoedd llawer grymusach a mwy sinistr na gweithredoedd y gymdeithas. Ffrwydrai bomiau'n gyson ac, am dridiau hyd at yr Arwisgo, yr oedd hi, chwedl Saunders Lewis, yn 'go agos i rywbeth tebyg i ryfel agored rhwng plismyn y llywodraeth a phobl ifanc Cymru Gymraeg'.[196] Ar fore'r Arwisgo, 1 Gorffennaf, lladdwyd dau ŵr ifanc, George Taylor ac Alwyn Jones, wrth iddynt osod dyfais ffrwydrol yn Abergele. 'All of Wales Exploded into a Holiday of Song' oedd pennawd tra anffodus y *Sun* y bore hwnnw, ond nid felly yr oedd miloedd o genedlaetholwyr yn gweld pethau.[197] Ar ddiwrnod yr Arwisgo, fe'i cafodd Gwynfor ei hun mewn siambr dri chwarter gwag yn Nhŷ'r Cyffredin yn gofyn cwestiwn ynghylch ffrwydrad Abergele. Halen ar y briw oedd y ffaith i George Thomas drefnu mai is-weinidog o'r Alban a atebai ei gwestiwn. Ugain mlynedd yn ddiweddarach, cyfaddefodd George Thomas fod yr holl beth yn fwriadol: 'That was my wheeze … I knew this would irritate Gwynfor more than anything, and I wanted all my junior ministers in Caernarfon'.[198] Ar yr un diwrnod, yn yr hyn na ellir ond ei ddisgrifio fel enghraifft wych o allu'r sefydliad Prydeinig i drefnu pethau, cafwyd chwe aelod o'r FWA yn euog am eu rhan yng ngweithredoedd 'terfysgol' y mudiad.

Wedi pasiantri ffug Caernarfon, aeth Charles ar daith o amgylch Cymru gan gyrraedd Caerfyrddin ar 3 Gorffennaf. Yn ôl y disgwyl, roedd y cyfarfod rhwng Charles a Gwynfor ym Mharc Caerfyrddin yn hynod gwrtais a gweddus; cafwyd sgwrs fer rhyngddynt yn Gymraeg a chymdymdeimlodd Gwynfor ag ef yn ei ymdrechion i ddysgu'r iaith. Ateb y Tywysog (a oedd erbyn hyn wedi troi i'r Saesneg) oedd: 'The trouble is people don't know what I'm talking about when I talk about mutations'.[199] Ar un olwg, roedd yn berfformiad hynod urddasol gan Gwynfor o gofio'r pwysau arno, ond nid felly yr oedd pawb yn ei gweld hi. Credai nifer o genedlaetholwyr i'r cyfarfod fod yn glamp o gamgymeriad, a barnodd George Thomas yn ei hunangofiant mai 'humbug' llwyr ar ran Gwynfor oedd boicotio Caernarfon ac yna mynd i'r dathliad yng Nghaerfyrddin.[200] Ond 'humbug' ai peidio, roedd yr wythos wedi bod yn 'hunlle' i Gwynfor. Dridiau wedi cyfarfod â'r Tywysog, anafwyd bachgen bach gan fom a adawyd yng Nghaernarfon. Roedd yn brawf pellach i Gwynfor mai terfysgaeth, nid yn gymaint yr Arwisgo, a oedd yn gwneud pethau mor eithriadol o anodd. Meddai mewn llythyr at Islwyn Ffowc Elis:

Y bomiau sy'n suro'r awyrgylch, a chan i'r dymheredd sy'n eu cynhyrchu gael ei greu [*sic*] gan y Sefydliad trwy'r wasg a'r teledu, ofnaf y bydd mwy ohonynt. A chânt eu hecsploetio mor ddi-drugaredd yn ein herbyn. Meddyliwch am y ffordd y mae Wil Edwards [Aelod Seneddol Llafur Meirionnydd] ac eraill yn ceryddu heddlu Gwynedd am na ddywedwyd yn gynt mai bom a niweidiodd y crwtyn bach.[201]

Byddai'n rhesymol disgwyl i Gwynfor gredu fod yr Arwisgo wedi niweidio Plaid Cymru'n arw. Yn sicr, dyma'r dehongliad a gynigia yn ei hunangofiant lle sonia am gefnogaeth yn diflannu yng nghefn gwlad Sir Gaerfyrddin, ond nid felly yr oedd Gwynfor yn gweld pethau yn ystod haf 1969.[202] Efallai mai mater o roi wyneb dewr ar sefyllfa annifyr iawn oedd ei dacteg, ond roedd yn bendant nad oedd ei absenoldeb o Gaernarfon wedi gwneud 'llawer o niwed'. Dyna'r farn a fynegodd wrth Islwyn Ffowc Elis, er enghraifft, gan bwysleisio sut y gwnaeth aelodau amlwg o'r Annibynwyr, y Bedyddwyr a'r Urdd foicotio'r Arwisgo hefyd er mwyn tanlinellu'r ffaith nad oedd yr hyn a wnaeth ef yn eithriadol.[203] Yn wir, wedi'r Arwisgo, credai Gwynfor mai blaenoriaeth ei blaid oedd 'cymryd yr arwisgiad' drosodd a chreu'r argraff fod Plaid Cymru wedi 'cryfhau'n ddirfawr'.[204] Bythefnos wedi'r Arwisgo, roedd Gwynfor yn glynu wrth ei theori. Mewn llythyr at Harri Webb, dywedodd ei fod yn credu: 'y gwelwn ymhen chwe mis i'r Arwisgiad wneud mwy o les nag o ddrwg inni, yn arbennig trwy'r hwb a roes i'r iaith Gymraeg (a gysylltir mor agos â ni) a'r ysgytiad a roes i genedligrwydd y Cymry claear.'[205] Erbyn diwedd Gorffennaf, credai Gwynfor fod pethau cystal ag erioed: roedd gweld Cymdeithas yr Iaith yn ennill brwydr y ddisg treth ffordd iddo'n brawf bod '… symud mawr y dyddiau hyn, yn arbennig ym maes yr iaith'. Yn lleol hefyd, roedd yna fuddugoliaethau i'w sawru: cyhoeddiad y ceid pont newydd ar draws afon Tywi ynghyd â llwyddiant y blaid mewn etholiadau lleol yn Sir Gaerfyrddin.[206]

Gyda synnwyr trannoeth, mae hyder Gwynfor wrth iddo ystyried adladd yr Arwisgo yn ymddangos yn ddyfarniad hynod ecsentrig, ond roedd trwch arweinwyr Plaid Cymru yn meddwl yn yr un modd. Tybiai Robyn Léwis ei fod ef, 'fel Gwynfor, yn ffyddiog yr aiff y cyfnod anghysurus hwn drosodd';[207] yn yr un modd, haerodd R Tudur Jones i'r Arwisgo fod yn 'fflop' mawr yn y gogledd ond ei fod wedi gwneud niwed yn y de. Ond hyd yn oed yn y fan honno, gwelai arwyddion gobaith. Yn y cymoedd, meddai Tudur Jones ar ei fwyaf nawddoglyd: '… y proletariat sydd yno yn barod i weiddi gydag unrhyw fand sy'n pasio – ddoe'n pleidleisio i'r Blaid, heddiw'n cwhwfan Union Jack. Ond cofier, ni bydd

Gwynfor yn llongyfarch David Walters a David Pritchard ar eu gweithred
droseddol yng Nghwm Tryweryn, Medi 1962. Ar chwith eithaf y llun, y tu allan
Lys Ynadon y Bala, gwelir eu twrnai, Elystan Morgan. Ystyrid ef yn olynydd
aturiol i Gwynfor. Lai na thair blynedd yn ddiweddarach, gadawodd am
orfeydd mwy cyfansoddiadol y Blaid Lafur.

Diwedd y freuddwyd ac ildio ymgeisyddiaeth Meirion: Cyfarfod anrhegu
Gwynfor gan Bleidwyr Meirionnydd ym 1962. Yn y rhes flaen gwelir (o'r
chwith) Dr Gwenan Jones, Rhiannon a Gwynfor, T.C. Jones, Elystan
Morgan a'i wraig, Alwen.

Sunday, November 8, 1964

Sunday Mirror

The Daily Mirror Newspapers, Ltd. 1964

Telephone:
FLEet-street 0246

I would like a reunion with my husband, says wife

'PRIVATE LIVES' ROW IN PARTY

'Tame' eagle is shot dead by ex-Commando

A "TAME" East African eagle called Nita was shot dead three hours after escaping from a zoo.

Last night, retired Royal Marine Commando Major H. G. Northcott, of Prestatyn, North Wales, told how he shot the eagle with three blasts from his 12-bore double-barreled shotgun.

He was on his private shoot at Mochdre, near Colwyn Bay, with his two teen-aged sons and a new golden retriever called Barney, "when Barney suddenly came running towards me, yelping.

Docile

"About a yard over his head the eagle was flying with its claws up. It was obviously in a position of attack. I fired, it veered overhead, and I shot it again. It fell about a quarter of a mile away. It was injured. We finished it off."

Major Northcott added: "I've had some experience of these birds in Abyssinia. I've seen them break a goat's neck."

Earlier, at the Welsh Mountain Zoo, Colwyn Bay, managing-director Mr. Robert Jackson said Nita was tame and docile.

She had been out of the zoo before, and had done no harm.

Police at Colwyn Bay said: "We are looking into the matter."

Mr. Roberts . . . giving up £1,000-a-year job.

Mrs. Tucker . . . youngest election candidate

Woman official leaves home

By RONALD MAXWELL and LYNN LEWIS

CRITICISM of the private lives of some leaders of the Welsh Nationalist movement is threatening to cause a crisis in the Party.

Some members fear the Party will lose prestige because of two events which have happened in the past ten days.

THE FIRST concerned Mrs. Margaret Tucker, 21-year-old secretary of the Party youth committee and the youngest Parliamentary candidate in last month's General Election.

Mrs. Tucker left her husband Mr. Michael Tucker, a member of the party executive, and took their two children with her.

THE SECOND EVENT involved Mr. Emrys Roberts, 32, the party's organising secretary, who was also a General Election candidate.

Mr. Roberts left his wife and their two children.

Since he left his home in Mayflower-avenue, Llanishen, Cardiff, Mr. Roberts has been staying with his parents. He said:

"My domestic affairs have nothing to do with politics. I am willing to discuss political matters, but not personal matters."

'Why I Quit'

Mr. Roberts announced two days ago that he was giving up his £1,000 a year job at Party headquarters.

He explained: "This has nothing to do with what has happened. When I took the job I said I would hold it until after the General Election."

Mr. Roberts's wife said of the parting: "Personally I would like a reunion, but Emrys says it is final."

Mrs. Tucker, who has been staying with relatives in Great Yarmouth, is expected to return to Cardiff tomorrow to stay with her mother in Cornwall-street, Grangetown.

Election note: In the election, twenty-one of the Party's twenty-three candidates lost their deposits. These included Mr. Roberts and Mrs. Tucker.

Three senior detectives leave the liner Reina del Mar at Southampton.

MURDER NIGHT PARTY IS PROBED

Sunday Mirror Reporter

DETECTIVES probing the Southampton taxi-driver murder were told yesterday of a wild party attended by 14 members of the liner Reina del Mar's crew.

The party took place in Northumberland road, Southampton, near the home of 60-year-old George Newberry, on the night he was found battered to death seven miles away at Chandler's Ford.

Next day the Reina del Mar sailed on a Mediterranean cruise.

When the liner returned yesterday, thirty detectives led by Hampshire CID chief, Detective Chief Superintendent Walter Jones, went aboard.

Fingerprints of all the 401 crew were compared with prints found on the murdered man's car.

Members of the crew who were at the party said there were girls there and that drink flowed.

Most of them remembered very little about it.

A steward on the liner said after the detectives left: "It must have been around three in the morning when we got a taxi back to the ship."

Meanwhile, other detectives searched for a blonde seen getting into Mr. Newberry's cab with a man on what was believed to be his last journey.

NEXT. A STORY OF HOPE

'Gallai'r wasg felen ein dinistrio trwy adeiladu'r stori.' Roedd adroddiad fel hwn o eiddo'r *Sunday Mirror* am fywyd personol Emrys Roberts yn allweddol ym mhenderfyniad Gwynfor (a'i gylch cyfeillion) i sacio'i Ysgrifennydd Cyffredinol yn Nhachwedd 1964.

Gwynfor a George Thomas
– dau begwn gwleidyddiaeth
y chwedegau.

Diwedd yr artaith: Gwynfor gydag Elwyn Roberts (chwith) a D J Williams (de)
adeg seremoni agor cronfa Tryweryn, Hydref 1965.

Dagrau o lawenydd:
Gwynfor ynghyd â'i ferch
Meinir (ar y chwith iddo)
a Lynfa Jones ar noson yr
isetholiad.

'Y Genedlaethol Wawr', chwedl Gwenallt. Cyhoeddi canlyniad
isetholiad Caerfyrddin, 14 Gorffennaf, 1966.

'1 a.m.: The Welsh Unseat Labour'. Y dorf yn sgwâr y Guildhall pan glywsant
ganlyniad isetholiad Caerfyrddin, 15 Gorffennaf 1966.

Trannoeth y fuddugoliaeth, 15 Gorffennaf 1966.

Creu'r eicon: Gwynfor, Rhiannon a'r teulu'n cyfarch y torfeydd, Gorffennaf 1966.

Yr Aelod Dros Gymru: Criw rhaglen deledu *Panorama* y BBC
yn holi Gwynfor, Awst 1966.

'Wyt ti'n cofio?': rhagor o ddathlu ar sgwâr Caerfyrddin.

Rhagor o longyfarchion: yr 'Evans Express' yng ngorsaf Pen-bre a
Phorth Tywyn, Gorffennaf 1966.

Gorfoledd cyn y penyd
seneddol: Gwynfor a
Rhiannon yn gadael am
Lundain, 20 Gorffennaf 1966.

Disgwyl am yr 'Evans Express', yng ngorsaf Caerfyrddin, 20 Gorffennaf
1966. Ar y dde i Gwynfor gwelir Islwyn Ffowc Elis, yr awdur arloesol a
luniodd bropaganda'r ymgyrch.

Dathlu yn y Dalar Wen: Gwynfor a'r teulu'n cofleidio'r
fuddugoliaeth annisgwyl, Gorffennaf 1966.

1967: Gwynfor yn annerch fel Llywydd Eisteddfod yr Urdd.

Rhyddid a rhyddhad: Gwynfor yn cyfarch Meinir wrth iddi adael y carchar, Chwefror 1970.

Yr arwr a'r eicon: Gwynfor yng nghwmni Carwyn James, yr hyfforddwr
rygbi athrylithgar a safodd dros Blaid Cymru yn etholaeth Llanelli adeg
etholiad cyffredinol 1970.

yn unrhyw ryfeddod eu gweld yn pleidleisio i'r Blaid eto yfory'.[208]

Ond doedd y Blaid Lafur ddim am i hinsawdd a ystyrient fel un neilltuol ffafriol iddynt hwy newid yr un iot. Ddeuddydd wedi'r Arwisgo, ysgrifennodd Gwynoro Jones (a oedd bryd hynny'n gweithio'n amser-llawn i'r Blaid Lafur) femorandwm arall, at sylw George Thomas gan nodi o dan y teitl 'Extremism in Wales', fod yna gyfres o gwestiynau'n codi i Blaid Cymru ac i Gwynfor yn arbennig o ganlyniad i'r hyn a ddigwyddodd dros y misoedd blaenorol:

> Whilst it is true that the Welsh Nationalist Party have condemned violence and have said that they dissociated themselves from the extremists, the following points must be borne in mind:
>
> (1) The seeds of discontent and the potential atmosphere for extreme action to take place have already been planted long before last year or so.
>
> (2) I believe that the Welsh Nationalist Party only disowned these extremists from the party some three or four years ago. Why the delay?
>
> (3) Is Saunders Lewis – the founder member of the movement – still in the Party? If so all people who call for extreme action have not been ostracised from the party.[209]

Gweithredwyd yn awchus gan y Blaid Lafur ar sail y sylwadau hyn yn ystod yr wythnosau i ddod. Roedd yr ymgyrch fomio'n dal i fynd rhagddi; roedd Cymdeithas yr Iaith yn dal mor greadigol ag erioed a daliai Gwynfor i orfod wynebu cyhuddiadau'r Blaid Lafur mai ef a'i blaid, rywsut rywfodd, oedd yn gyfrifol am y gwres gwleidyddol yng Nghymru.[210]

Nid fod y polisi hwn o dargedu Gwynfor yn gwbl negyddol ychwaith. Rhoddwyd mwy o sylw i'w etholaeth ef wedi'r Arwisgo nag i'r un etholaeth Gymreig yn ystod y cyfnod hwnnw. Ar 25 Gorffennaf, daeth Harold Wilson a George Thomas i Gaerfyrddin; ddeuddydd yn ddiweddarach ysgrifennodd George Thomas at Wilson gan erfyn arno i beidio cau lein reilffordd y canolbarth. Yn ôl George Thomas: 'Three marginal seats border on this railway, and also Llanelli where we are faced with a strong Welsh Nationalist challenge… The timing of the announcement and then of the closure itself could have catastrophic effects for us…'[211] Ddeuddydd yn ddiweddarach, cafwyd ple tebyg gan Eirene White ac ysgrifennodd hithau at y Prif Weinidog (fel ag y gwnaethai at John Morris ddwy flynedd ynghynt) gan ddweud: 'The Central Line (Shrewsbury to Llanelli) is a money loser. But it is the one issue, other than water on which the Welsh Nationalists could really hope to regain the initiative which has been slipping from them'. Byddai cau'r lein, meddai wrth Wilson, yn golygu dinistr etholiadol i'w phlaid: 'We should lose Brecon and Radnor and Cardigan and forfeit any hope of defeating Gwynfor in Carmarthen'.[212] Ddeufis yn ddiweddarach, cyhoeddwyd y byddai'r lein, trwy ragluniaeth, yn aros yn agored. Digwyddiad dadlennol arall oedd i George Thomas ddewis Caerfyrddin yn ystod Awst er mwyn cyhoeddi ei fod am ganiatáu rhai arwyddion ffyrdd dwyieithog pe mynnai'r cynghorau ddefnyddio'r hawl newydd.[213]

Bwriai strategaeth ddeuol y Blaid Lafur gysgod dros holl ymdrechion Plaid Cymru i adennill rhywfaint o fomentwm gwleidyddol. Drwy'r haf, bu arweinwyr y blaid yn gweithio ar y dystiolaeth y byddent yn ei chyflwyno i Gomisiwn Crowther ar y Cyfansoddiad. Fe'i cyflwynwyd gerbron y comisiwn ym mis Medi ac roedd yn gynnyrch misoedd o drafod manwl gan (yn bennaf) Gwynfor, Dafydd Wigley a Dewi Watkin Powell. Gwelwyd gwaith y Grŵp Ymchwil yn blaguro hefyd ac, yn sgil ei chynhadledd flynyddol, roedd gan Blaid Cymru (diolch i Dafydd Wigley a Phil Williams) bolisi credadwy ar yr economi am y tro cyntaf ers dyddiau'r TVA – dros ugain mlynedd ynghynt. Gobeithiai Gwynfor yn ogystal wneud yr ymgyrch i achub Cwm Dulas yn brif ymgyrch ei blaid, ond mynnai'r wasg roi ei sylw yn anochel i'r drindod felltigedig honno o baent, bomiau a Thywysog. Ychydig y medrai Gwynfor ei wneud ynghylch y ddau olaf ond, erbyn Medi 1969, teimlai fod rhaid iddo ffrwyno ryw gymaint ar ysbryd milwriaethus Cymdeithas yr Iaith Gymraeg.

Ddiwedd Medi, ysgrifennodd Gwynfor at Dafydd Iwan gan ofyn i Gymdeithas yr Iaith Gymraeg roi eu brwsys paent i'r naill ochr, gan gymaint y niwed y gallent ei wneud mewn blwyddyn etholiad cyffredinol. Roedd tôn ei lythyr at Dafydd Iwan mor gyfeillgar ag erioed ond roedd yr ergyd yn gwbl glir:

> Byddai'n drueni gweld defnyddio dulliau yn ystod y flwyddyn nesaf a all lesteirio ein cynnydd. Fel y cawsom weld eto yn ystod eisteddiadau'r Comisiwn Cyfansoddiadol, dibynna bron popeth ar lwyddiant Plaid Cymru. Dywedodd Houghton, sy'n Gadeirydd y Blaid Lafur Seneddol, wrthyf yn bersonol fod yr hyn a wna'r Llywodraeth yn dibynnu ar y gefnogaeth a gaiff Plaid Cymru.

Awgrym Gwynfor, felly, oedd y dylai aelodau'r gymdeithas gynnal: 'ymgyrch trwy'r wlad… i geisio perswadio siopwyr ac unigolion eraill i ddefnyddio'r iaith Gymraeg yn gyhoeddus. Ni ellir gwneud hyn trwy eu gorfodi, ond fe ellir ei wneud trwy berswâd'.[214] Nid Gwynfor oedd yr unig un o blith ei gylch cyfeillion i rybuddio Dafydd Iwan fel hyn. Derbyniodd Dafydd Iwan lythyr tebyg gan Cassie Davies a'i hysbysodd fod pethau'n ddu iawn yng nghylch Tregaron: 'rhwng y Gwrth-Arwisgo a'r bomiau, mae'r awyrgylch wedi newid yn llwyr hollol, a gobaith y Blaid yn wan iawn i'm tyb i'. Roedd yr un effaith, meddai, i'w gweld yng Nghaerfyrddin: 'Credwch chi fi, fe fydd y paentio yn Sir Gaerfyrddin yn wir o golli unig sedd y Blaid i ni yng Nghymru'.[215]

Ganol Tachwedd, clywodd Gwynfor fod y gymdeithas wedi galw cadoediad am flwyddyn gyfan yn ei hymgyrch arwyddion er mwyn caniatáu i'r awdurdodau godi mynegbyst dwyieithog.[216] O safbwynt gwleidyddol, roedd yn newyddion ardderchog yn ystod mis digon digalon pan fu farw ei fam. Yn wir, serch y golled, fe'i calonogwyd ymhellach pan glywodd fod Jim Griffiths wedi clafychu'n arw ac y gellid cael isetholiad yn Llanelli wedi'r Nadolig.[217] Fodd bynnag, bu'r patriarch Llafur fyw tan 1975 ac ni chafodd Gwynfor yr isetholiad delfrydol yr oedd wedi gobeithio amdano. Ond er gwaethaf y siom, medrai ddatgan yn hyderus ar drothwy 1970 mai'r saithdegau fyddai'r degawd pan enillai Cymru ei rhyddid a chymryd ei sedd yn y Cenhedloedd Unedig.[218] Ac roedd yna well i ddod yn syth wedi'r Calan. Er gwaethaf yr epidemig ffliw, tyrrodd y ffyddloniaid i weld D J Williams yn agor swyddfa newydd Plaid Cymru yn Heol Dŵr, Caerfyrddin. Yn addas ddigon, Penrhiw, enw'r Hen Dŷ Ffarm, oedd enw'r swyddfa newydd.

Dyma, fodd bynnag, fu gweithred gyhoeddus olaf D J Williams yn enw'r blaid y rhoes ei fywyd drosti; o fewn deuddydd i agor Penrhiw, bu farw yng nghapel Rhydcymerau, gan adael Gwynfor yn gwbl ddiymadferth gan ddyfned y cyfeillgarwch rhyngddynt. Am dridiau, bu corff D J Williams yn gorffwys yn y Dalar Wen cyn ei gladdu, ac roedd y golled i Gwynfor yn enfawr. O blith cylch cyfeillion agosaf Gwynfor, D J Williams oedd y ffigur pwysicaf, gyda'i gefnogaeth barhaus a'r llythyrau bach hynny o anogaeth ddigwestiwn, ddiamod. 'I shall miss him more than I can say', oedd teyrnged syml Gwynfor i ŵr a ystyrid ganddo fel sant.[219] Yn dilyn y fath ergyd, ceisiodd Gwynfor ailgydio yn y gwaith o baratoi ei blaid gogyfer â'r etholiad, ond bu marwolaeth D J Williams yn ddechrau ar gyfnod o dryblith personol mawr iddo ef a Phlaid Cymru. Asgwrn y gynnen oedd carcharu Dafydd Iwan ar 14 Ionawr – gweithred a arweiniodd at gyfres o wrthdystiadau ar draws Cymru yn ystod y mis yn galw am ei ryddhau. Ond roedd y brotest fwyaf dramatig i ddod. Ar 4 Chwefror, ac yntau newydd adael siambr Tŷ'r Cyffredin, rhuthrodd newyddiadurwyr seneddol ato â newyddion syfrdanol: roedd Meinir ei ferch, ynghyd â thri ar ddeg o brotestwyr Cymdeithas yr Iaith Gymraeg, wedi ei charcharu am dri mis fel cosb am darfu ar achos enllib PQ 17 yn yr Uchel Lys yn Llundain. Tynnu sylw at achos Dafydd Iwan oedd y nod ac, yn hynny o beth, fe lwyddodd y weithred yn rhyfeddol. Er hynny, ni wnaeth yr un o'r protestwyr ifanc fyth freuddwydio y caent eu trin mor llym gan yr awdurdodau. Cafodd y carchariadau sylw enfawr a hynny'n bennaf am fod Meinir, merch i Aelod Seneddol, wedi ei rhoi dan glo. Brasgamodd Gwynfor tuag at y Strand er mwyn gweld beth oedd yn digwydd ac, ar ei ffordd i mewn i'r llys, gofynnodd un o newyddiadurwyr y BBC am ei ymateb. Mewn cyfweliad a synnodd nifer o barchusion Plaid Cymru, dywedodd Gwynfor ei fod yn llawn edmygedd o ddewrder ei ferch ac, mewn cyfweliadau eraill, glynodd wrth yr un neges. 'What father,' meddai wrth *The Times*, would not be proud of a daughter with such courage and conviction?'[220]

O gofio pa mor agos oedd ei blaid at etholiad cyffredinol, roedd datgan cefnogaeth mor ddifloesgni yn weithred ddewr ar ei ran a gwyddai'n dda beth fyddai'r canlyniadau. Bore trannoeth, roedd camp a rhemp Meinir, y 'blonde student', ar dudalennau'r *Sun* a beirniadwyd Gwynfor am ochri â chiwed a fynnai ymyrryd â'r gyfraith.[221] Dros y penwythnos, gorymdeithiodd Cymdeithas yr Iaith Gymraeg i brotestio yn erbyn y dedfrydau a chynhaliwyd gwasanaethau Cymraeg yng ngharchardai Pentonville a Holloway. Blaenoriaeth Gwynfor, fodd bynnag, oedd rhyddhau Meinir a'r lleill. Yn ystod y munudau prin hynny a dreuliodd gyda'r protestwyr yng nghelloedd yr Uchel Lys, fe lwyddodd i'w darbwyllo mai'r llwybr doethaf fyddai apelio yn erbyn y dedfrydau. Gadawodd Gwynfor y trefniadau yn nwylo Dewi Watkin Powell ac, ymhen wythnos, ar 11 Chwefror, rhyddhawyd un ar ddeg ohonynt serch i dri o'r bechgyn wrthod apelio gan dreulio deufis pellach dan glo.

Yn ystod yr apêl, dywedodd Meistr y Rholiau, yr Arglwydd Denning, fod yna lawer o rinweddau ynghylch amcanion y protestwyr. Ychwanegodd (er mawr syndod i lawer) y dylai'r Gymraeg gael yr un statws â'r Saesneg.[222] Ond buddugoliaeth Cymdeithas yr Iaith, nid Plaid Cymru, oedd hon. Am wythnosau ben bwygilydd, condemniwyd Gwynfor am y berthynas rhyngddo ef a Chymdeithas yr Iaith Gymraeg; o lawr Tŷ'r Cyffredin, cyhuddwyd Gwynfor gan George Thomas o fod wedi gwneud popeth o fewn ei allu 'to stir up members of the Welsh Language Society to the sort of hooligan exercises we have witnessed'.[223] Aeth Gwynoro Jones fymryn ymhellach na'i feistr gan herio Gwynfor i ddisgyblu Saunders Lewis ar gownt ei ddatganiadau ynghylch trais, ac i dymheru'r math o iaith 'extremist' yr oedd ef ei hun yn ei defnyddio.[224] Penllanw hyn, meddai, fyddai creu sefyllfa debyg i Ogledd Iwerddon yng Nghymru.[225]

Mae'n ddi-ddadl i feirniadaethau fel hyn effeithio ar boblogrwydd Plaid Cymru a Gwynfor. Wythnos wedi helynt yr Uchel Lys, rhybuddiodd ffermwyr Cwm Dulas nad oeddent am gael eu cysylltu â'r 'demo boys', a siarsiwyd cenedlaetholwyr yn ddiwahân i gadw draw o'r frwydr i achub eu cwm.[226] Mynegwyd yr un pryder gan gyfeillion Gwynfor hefyd ynghylch effaith Cymdeithas yr Iaith. Ddyddiau wedi sicrhau apêl lwyddiannus i Meinir a'r gweddill, ysgrifennodd Dewi Watkin Powell at Dafydd Iwan gan grefu arno i sylweddoli fod yr adroddiadau:

> … o'r etholaethau o Fôn i Fynwy yn dangos bod tactegau anghyfreithlon Cymdeithas yr Iaith yn rhwystr yn hytrach nag o help. Trasiedi a dim llai fyddai dadwneud gwaith da 1966. Y mae angen a galw sianelu'r egni sydd yng Nghymdeithas yr Iaith trwy ddulliau gwahanol a chyfreithlon… Y mae'n argyfwng gwirioneddol ar y mudiad cenedlaethol.[227]

Yr eironi, wrth gwrs, oedd bod Dafydd Iwan ar adain gymedrol Plaid Cymru, ond ni chyfyngwyd y feirniadaeth ar Gymdeithas yr Iaith i deip ceidwadol fel Watkin Powell. Cafodd Dafydd Iwan ohebiaeth debyg gan Peter Hughes Griffiths, ffigur cynyddol ddylanwadol yn rhengoedd Plaid Cymru. Yn y llythyr hwnnw, rhybuddiodd Peter Hughes Griffiths nad oedd: 'ond ychydig yn gwahanu y Blaid a Chymdeithas yr Iaith. Bron yn ddieithriad UN yw'r ddau i'r rhan fwyaf o bobl y sir'.[228] Yn yr un modd, clywodd Dafydd Iwan gan Cynog Dafis fod: 'ymgyrchoedd diweddaraf y Gymdeithas wedi creu gelyniaeth a dicter ymhlith y werin sy'n debyg o effeithio'n ddifrifol ar y gefnogaeth a gaiff y Blaid yn yr etholiad nesaf'.[229]

Wedi'r fath helynt, ceisiodd Gwynfor sicrhau fod Plaid Cymru a Chymdeithas yr Iaith Gymraeg yn symud ymlaen. Cytunodd, ar gyngor Dewi Watkin Powell, na ddylai carcharorion y Llys Apêl apelio yn erbyn eu dirwyon. Derbyniodd y cyngor hwn mewn ymgais i roi diwedd ar y mater a symud sylw'r wasg o brotestiadau i wleidyddiaeth gyfansoddiadol.[230] Roedd cyhoeddi cylluniau Plaid Cymru ar y cyfansoddiad Cymreig yn ystod Mawrth 1970 yn ymdrech deg ganddo i wneud hyn. Honnodd Gwynfor fod manylder polisi Plaid Cymru ar y mater yn brawf o hyder ei blaid, ond y gwir amdani yw bod dyfnder y chwerwder ynghylch y Gymraeg yn gwneud unrhyw drafodaeth gall ar gyfansoddiad newydd i Gymru yn hynod anodd.[231] Gellid priodoli llawer o'r bai am yr hinsawdd a

grëwyd i ddylanwad y *Liverpool Daily Post*, papur George Thomas os bu un
erioed. Ond roedd yna ddylanwadau eraill i'w teimlo hefyd. Yn ystod Ebrill
1970, cynhaliwyd achos John Jenkins a Frederick Alders, y ddau a fu'n gyfrifol am
y ffrwydradau hynny a greithiodd gyfnod seneddol cyntaf Gwynfor. Ysgrifennodd
Elwyn Roberts at aelodau Plaid Cymru i'w hannog i beidio â mynd i'r llys i'w
cefnogi, gan y byddai hi'n anochel y byddai gwrandawiad mor bwysig yn niweidio
Plaid Cymru. Datgelwyd yn y llys i Alders fod yn gyn-aelod o Blaid Cymru gan
atgyfodi'r ensyniad hwnnw fod y blaid rywsut yn gyfrifol am y ffrwydradau.[232]
Roedd cyflwr yr economi hefyd yn golygu bod Llafur wedi adennill llawer o'i
phoblogrwydd ac, yn ystod etholiadau lleol Ebrill 1970, gwelwyd Plaid Cymru'n
cael canlyniadau neilltuol o siomedig ymhob rhan o Gymru.

Erbyn Ebrill 1970, roedd pawb ar bigau'r drain am gael gwybod dyddiad
yr etholiad, ond math arall o anesmwythyd oedd yn poeni Gwynfor erbyn
hynny. Yn ystod y mis hwnnw, cafodd gyfres o archwiliadau pelydr-X er mwyn
darganfod pam ei fod yn dioddef o boenau stumog a pham ei fod yn edrych
mor felyn. Ymhen hir a hwyr, darganfuwyd ei fod yn dioddef o gerrig bustl neu
'*gallstones*' – cyflwr cyffredin, ond hynod boenus, a oedd, bryd hynny, yn golygu
llawdriniaeth a thua chwe mis o dendans. Wrth aros am ei lawdriniaeth, gorfu i
Gwynfor ganslo nifer o gyfarfodydd allweddol, ond gwaeth na dim o'i safbwynt
ef oedd y byddai'n rhaid 'gollwng hyn i'r wasg'.[233] Ar 28 Ebrill, aeth Gwynfor
dan y gyllell yn Ysbyty Middlesex yn Llundain ond, o gofio'i statws, roedd hwn
yn salwch a gâi fwy o sylw na'r arfer. Gorfu i Blaid Cymru gyhoeddi bwletinau
dyddiol ar ei gyflwr ac aeth y si ar led mai dim ond chwe mis oedd ganddo i fyw.
Roedd ffôn swyddfa Plaid Cymru yng Nghaerfyrddin yn dân llosg gyda phobl
yn holi a oedd yna unrhyw wir yn y stori. Clywodd eraill ei fod yn dihoeni o'r
cancr ac amheuai ymgyrchwyr Plaid Cymru fod y Blaid Lafur wedi taenu'r stori'n
fwriadol er mwyn ei niweidio.[234] Drwgdybient y Blaid Lafur hefyd o roi'r si ar led
ei fod yn gyflogwr gwael yn y Tai Gerddi.[235]

Ar 18 Mai, cyhoeddodd Harold Wilson y cynhelid yr etholiad cyffredinol
ymhen union fis ond, ar y diwrnod pwysig hwnnw, roedd Gwynfor yn dal yn
gaeth i'w wely. Heb amheuaeth, roedd Gwynfor wedi dioddef dechrau ofnadwy
i'w ymgyrch etholiadol gyda phethau mor agos yng Nghaerfyrddin a'i blaid,
am y tro cyntaf, yn ymladd pob sedd yng Nghymru. Roedd hynny'n gwireddu
breuddwyd i Gwynfor ond golygai hefyd fod y disgwyliadau lleol a chenedlaethol
ohono'n anferthol. Teimlai llawer o genedlaetholwyr (er gwaethaf helbulon yr

Arwisgo a'r bomiau) fod cenedlaetholdeb Cymreig ar drothwy newid gyda'r pwysicaf ers tranc y Blaid Ryddfrydol. I'r cenedlaetholwyr hynny, etholiad 1970 fyddai'r cyfle i brofi nad 'ffliwc' oedd canlyniad 1966 ac y gellid ymestyn ar lwyddiant Caerfyrddin a chipio seddau eraill fel Arfon a Meirionnydd.[236] Ac er bod gan Blaid Cymru faniffesto call a ymgorfforai lawer o syniadau blaengar Dafydd Wigley a Phil Williams, Gwynfor oedd canolbwynt yr holl sylw; o ganlyniad, rhoes y cenedlaetholwyr eu holl obeithion yn ei ddyfodol ef. Fel y nododd Trevor Fishlock, gohebydd *The Times*: 'Defeat of Mr Gwynfor Evans, the party's president, would be akin to the toppling of a king…'[237]

Yn wyneb y fath sefyllfa enbyd o anffodus iddo, dewisodd Gwynfor anwybyddu cyngor ei feddygon a dychwelyd i'r frwydr wleidyddol erbyn diwedd y mis. Eto i gyd, roedd y sïon ynghylch ei salwch yn parhau. Yn ei gyfarfod etholiadol cyntaf, bu'n rhaid i Blaid Cymru bwysleisio nad oedd dim byd yn bod arno a'i fod yn iach fel y gneuen.[238] Roedd y gwir dipyn yn wahanol; doedd Gwynfor ddim yn iach ar y pryd nac ychwaith yn ystod yr ymgyrch a gwnaeth y Blaid Lafur yn fawr o ddelwedd Gwynoro Jones fel dyn ifanc, cydnerth. Roedd salwch Gwynfor hefyd yn golygu mai cwta dair wythnos oedd ganddo i atgoffa pobl Caerfyrddin o'r hyn a wnaethai drostynt yn ystod y pedair blynedd a fu: o wella ffyrdd y sir i gadw rheilffordd Canolbarth Cymru ar agor, hawliodd Gwynfor y clod, a hynny gyda chryn gyfiawnhad.[239] Y broblem, wrth gwrs, oedd mai llywodraeth Lafur a sicrhaodd y fath fanteision i Sir Gâr.

Ymladdwyd yr etholiad cyffredinol mewn tywydd crasboeth a gyfrannodd at y difaterwch cyffredinol. A'r bwcis yn darogan mai Llafur fyddai'n ennill, ymatebodd y cyhoedd trwy ddangos mwy o ddiddordeb yng Nghwpan y Byd a champau Pélé na'r gwleidydda. Ar ben hynny, niweidiwyd ymgyrch Plaid Cymru yn ddirfawr pan fu farw J E Jones yn ddisyfyd yn ystod yr ymgyrch; malltod pellach oedd i'r blaid orfod ymladd drachefn am gyfran deg o'r amser a roddid i ddarllediadau gwleidyddol. Yn y diwedd, aeth hi'n achos cyfreithiol a gorfu i Dewi Watkin Powell gario brwydr Gwynfor a Phlaid Cymru drwy'r Uchel Lys a haenau uchaf y BBC yn Llundain.[240] Enillwyd y frwydr honno'n rhannol ond, yng Nghaerfyrddin, roedd yna ffactorau penodol yn gwneud pethau'n anos fyth i Gwynfor. Yno, roedd Gwynoro Jones fel gafr ar d'ranau, gan gymaint ei frwdfrydedd dros adennill y sedd i Lafur. Ond y ffactor allweddol, y gŵr a wnaeth y gwahaniaeth rhwng ennill a cholli, oedd ymgeisydd y Rhyddfrydwyr, Huw Thomas. Fel cyn-ddarllenydd newyddion gydag ITN, roedd Huw Thomas yn ffigur adnabyddus, ond yr hyn oedd fwyaf trawiadol yn ei gylch oedd ei agwedd gwbl fileinig tuag at Gwynfor. Mewn adlais o rethreg George Thomas, ymosodai'n hallt ar Gwynfor a Phlaid Cymru am yr ymgyrch fomio a fu. Yn breifat, roedd Huw Thomas yn daer am gael gwared ar Gwynfor, a phan welai Gwynoro Jones yn ymgyrchu byddai'n rhoi anogaeth breifat iddo.[241] Gelyn peryglus arall oedd y 'cuddly candidate' fel y gelwid y Tori addfwyn, Lloyd Havard Davies.

Gwta bedair awr ar hugain cyn y bleidlais ar 18 Mehefin roedd *Y Cymro*, ynghyd â nifer o Gymry Cymraeg, yn bendant o'r farn mai Gwynfor fyddai'n cario'r dydd ac y gallai Plaid Cymru ennill Caernarfon, Meirionnydd, Ceredigion a Maldwyn.[242] Porthwyd yr ymdeimlad optimistaidd hwn gan Gwynfor hefyd ond, mewn gwirionedd, roedd clamp o siom yn ei aros ar noson y cyfrif. Wrth i'w gefnogwyr nerfus adael y tafarnau a'i throi hi am y sgwâr, dechreuodd y cyfryngau Prydeinig adrodd fod Edward Heath i ennill yr etholiad cyffredinol ond mai Gwynoro Jones fyddai'n cipio Caerfyrddin. Roedd hi'n noson lawn tensiwn ac am dri o'r gloch y bore daeth y dyfarniad: roedd Gwynoro Jones wedi ennill o dair mil o bleidleisiau. Boddwyd ymdrechion Gwynoro Jones i annerch y dorf gan floeddiadau byddarol o 'Gwynfor, Gwynfor'. Ond er mai Plaid Cymru a enillodd y frwydr dorfol, roedd y ddedfryd etholiadol yn ddiamwys. Yn groes i'r hyn a ddigwyddodd yn ystod yr isetholiad, llwyddodd y Blaid Lafur i gael ei chefnogwyr allan tra dychwelodd nifer o Ryddfrydwyr a Thorïaid yn ôl i'w corlannau. Am y tro cyntaf fel Aelod Seneddol, rhoddwyd Gwynfor yn y glorian etholiadol ac fe'i cafwyd yn brin – nid am unrhyw reswm penodol ond o ganlyniad i glytwaith cymhleth o ffactorau. Mae'r esboniad hwnnw'n cynnwys yr FWA a Chymdeithas yr Iaith, yr Arwisgo a'r bomio. Mae'r esboniad hefyd yn cynnwys y canfyddiad mai 'Aelod dros Gymru', nid Caerfyrddin, ydoedd Gwynfor. Mae elfen ffortunus buddugoliaeth 1966 hefyd yn rhan o'r tapestri esboniadol hwn a'r syndod efallai yw nid yn gymaint ei fod wedi colli ond ei fod wedi gwneud cystal o ystyried y ffactorau. Ac mae'r un peth yn wir am berfformiad cenedlaethol ei blaid y noson honno, gan i ganran Plaid Cymru o'r bleidlais dreblu o 4.3 y cant i 11.5 y cant. Ond er gwaethaf y canlyniadau da a gafwyd, fel pleidlais Robyn Léwis yng Nghaernarfon neu Phil Williams yng Nghaerffili, Caerfyrddin oedd *y* sedd i Blaid Cymru a bellach roedd hi'n golledig. Yn awr, roedd Gwynfor yn gadael cyfnod seneddol disglair y tu ôl iddo. Ac yntau'n 57 oed, roedd yn ôl yn yr anialwch heb arian, heb swydd ac yn ben ar blaid glwyfedig.

WEDI ELWCH, 1970–74

WEDI PWYS A GWRES y frwydr etholiadol, roedd Plaid Cymru a Gwynfor yn gybolfa o deimladau croes. Ar y naill law, roedd yna falchder yn yr hyn a wnaed ac a gaed. Bellach, Plaid Cymru oedd y drydedd blaid yng Nghymru yn sgil y chwalfa Ryddfrydol. Roedd hynny'n bwysig, ond doedd yr ymchwydd cenedlaetholgar ddim yn gyfyngedig i'r Gymru wledig; yn y cymoedd, roedd yna obaith bod sylfeini cadarn wedi'u gosod a bod y cnwd da o bleidleisiau a gafwyd mewn seddau fel Aberdâr (30 y cant) a Dwyrain y Rhondda (25 y cant) yn ernes o well i ddod. Roedd y cynnydd yng nghanran y bleidlais genedlaetholgar hefyd yn sylweddol uwch yng Nghymru nag yn yr Alban – gwlad na welodd Arwisgiad nac ymgyrch fomio.[1] Ond, ar y llaw arall, o weld Gwynfor yn colli ei sedd, dychwelodd yr hen wae hwnnw a'r pryder fod clwy aflwyddiant am ailafael yng nghorff y blaid. Ofnai is-lywydd y blaid, Tedi Millward, fod colli Caerfyrddin yn debygol o aildanio'r pryderon nas mynegwyd yn ystod cyfnod seneddol cyntaf Gwynfor. Ac roedd y cwestiynau niwrotig hynny yn lliaws: ai 'ffliwc' oedd 1966? Ai dim ond Gwynfor a fedrai ennill sedd yn lliwiau Plaid Cymru? Oedd yna ddeffroad cenedlaethol wedi bod o gwbl?[2]

Yr ofn arall ymysg cyfeillion Gwynfor oedd y byddai Plaid Cymru'n dychwelyd i fod yn blaid brotest. Doedd yna neb yn fwy croch na Dafydd Wigley ynghylch hyn, a mynnodd fod rhaid i Blaid Cymru wrthsefyll: 'the overtures of those who wish to use less moderate methods of changing the status quo... The days of showing the flag are over. There is a battle to be won. Glorious defeats are no substitutes for victory'.[3] Gresynai eraill ynghylch yr hyn a ystyrient fel y cyfle a gollwyd wedi buddugoliaeth '66, a theimlent na wnaed digon i osod seiliau di-sigl. Islwyn Ffowc Elis oedd y gŵr a gomisiynwyd i wneud y *post-mortem* ac, yn ei ddull cwrtais arferol, roedd yn gignoeth. Ei brif gasgliad oedd hwn: doedd Plaid Cymru ddim yn 'barod am y diwygiad cenedlaethol' a gerddodd y tir yn sgil buddugoliaeth Caerfyrddin; ni chredai ychwaith fod y blaid yn 'barod am y gwyntoedd oerion a chwythodd ar y diwygiad hwnnw ym 1969 a 1970'. Yn wyneb y fath bwysau, canfu Islwyn Ffowc Elis i nifer o aelodau ddiflannu o ganlyniad i'r 'ymgyrch baentio a phrawf yr FWA a'r etholiad teledu'.[4]

Doedd yna neb yn fwy cymysglyd yn y dyddiau a'r wythnosau a ddilynodd yr etholiad na Gwynfor ei hun. Ar ryw ystyr, roedd yn ddyn hapus gan fod penyd Llundain ar ben. Yn wir, cofia Meinir am ei thad yn dweud wrthi mai colli a'i cadwodd yn fyw, gan gymaint ei bryder y byddai cyfnod seneddol arall wedi ei ladd.[5] Ond doedd dychwelyd i Gymru ddim yn fêl i gyd; golygai colli ei sedd fod Gwynfor hefyd wedi colli'r ddwy lythyren fach hynny – AS – a oedd wedi dilysu ei holl strategaeth. Bod yn Aelod Seneddol a roes iddo'r fath oruchafiaeth foesol dros radicaliaid hirwallt cenedlaetholdeb Cymreig. Ond, yn awr, roedd Gwynfor yn ffigur dipyn gwannach. A dyma eironi canolog 1970: er cymaint y rhyddhad o fod wedi ymddihatru o Lundain, gwyddai Gwynfor fod yn rhaid iddo geisio adennill y sedd – a hynny ar fyrder. A dyna a wnaeth; o fewn deng munud i golli, roedd Gwynfor ar y ffôn yn trefnu'r ymgyrch etholiadol nesaf.[6]

Ac nid heb reswm ychwaith, gan fod mwyafrif seneddol bregus Edward Heath yn gwneud pôl arall yn bur debygol. Ond y broblem fawr i Gwynfor oedd arian. Roedd ildio Caerfyrddin yn ergyd drom, gan fod cyflog seneddol o £3,250 wedi rhoi cynhaliaeth annibynnol iddo am y tro cyntaf ers ei ddyddiau fel cyw-gyfreithiwr. Bu derbyn cyflog o'r fath hefyd yn fodd i sicrhau na fu'n rhaid iddo ddibynnu ar ei frawd, Alcwyn. Fodd bynnag, yn awr, roedd pethau'n dduach nag y buont erioed. Roedd y tai gwydr hefyd yn gwneud colledion sylweddol, ond roedd yna waeth i ddod. Wythnos wedi'r pôl, cyhoeddodd Elwyn Roberts – y gŵr a achubodd Blaid Cymru rhag y bwmbeili ar fwy nag un achlysur – ei fod am ymddeol o'i swydd fel Ysgrifennydd Cyffredinol. Edrychai'n debyg y byddai'n rhaid i Gwynfor ddibynnu drachefn ar drugaredd hael ei frawd. Roedd hi'n edrych yn ddu. Yna, bron yn wyrthiol, o fewn dyddiau i golli Caerfyrddin, clywodd Gwynfor am achubiaeth bosibl – achubiaeth a'i gwnaeth yn bosibl iddo barhau â'r gwaith o genhadu ac o aildanio injan Plaid Cymru.

Hysbyswyd Gwynfor ac Elwyn Roberts fod dyn busnes cefnog o ogledd-ddwyrain Cymru o'r enw Rhys Davies am gynorthwyo'r blaid. Erbyn diwedd Mehefin roedd Rhys Davies wedi cysylltu â Phlaid Cymru ac, o fewn dyddiau i glywed oddi wrth y gŵr hwn, synhwyrodd arweinwyr y blaid fod yna waredigaeth ar fin dod i'w rhan.[7] Ar 17 Tachwedd 1970, aeth Gwynfor, Elwyn Roberts a

Hywel Heulyn Roberts i weld yr adeiladwr cefnog a chlywed newyddion o lawenydd mawr. Dadlennodd Rhys Davies ei fod yn fodlon cynnal Gwynfor ar gyflog Aelod Seneddol hyd nes y byddai'n adennill ei sedd. Roedd Rhys Davies hefyd am gyfrannu symiau sylweddol iawn i goffrau gweigion Plaid Cymru.[8] Yn gyfnewid am hyn i gyd, byddai Gwynfor yn cael sedd ar fwrdd cwmni Rhys Davies, Caergwrle Investments Limited. Derbyniwyd y cynnig yn ddi-oed, ond prin y medrai Gwynfor gredu ei lwc. Rai dyddiau'n ddiweddarach, ysgrifennodd Gwynfor at Rhys Davies i fynegi ei ddiolchgarwch di-ben-draw yn ogystal â'i sioc:

> The trio who visited you on the 17th have not yet recovered from the impact of the plan you uncovered for helping the national party. We still talk to each other with awe and in hushed whispers about its staggering proportions… November was a historic day for Plaid Cymru.[9]

A bu Rhys Davies yn driw i'w air. Yn wahanol i Hywel Hughes, Bogotá – breuddwydiwr a addawodd fwy nag a roddodd byth – gwelodd Gwynfor lawer o liw arian Rhys Davies. Dros y pedair blynedd nesaf, derbyniodd Gwynfor gyflog teilwng a'i cadwodd yn gyfforddus. Yn yr un modd, sianelwyd arian mawr i goffrau'r blaid yn ganolog – arian a gadwodd y blaidd o'r drws. Am resymau amlwg, cadwyd yr holl drefniant oddi wrth brif bobl eraill y blaid ei hun rhag i'r wasg a'r gwrthwynebwyr gael achlust o'r newydd. O ganlyniad i'r datblygiad hwn, ni allai Dafydd Williams, olynydd ifanc Elwyn Roberts, fod wedi dechrau mewn gwell amgylchiadau. Rhwng popeth, amcangyfrifa Rhys Davies iddo gyfrannu ffortiwn fechan o £50,000 i Blaid Cymru dros y blynyddoedd nesaf gan drawsnewid ei gobeithion etholiadol. Ar ôl adennill ei sedd ym 1974, ysgrifennodd Gwynfor at Rhys Davies gan ddiolch iddo o waelod calon am 'munificence which stands on its own in the history of Welsh nationalism during recent centuries'.[10]

Er hynny, un peth oedd arian; roedd gan Gwynfor sawl pont i'w croesi cyn adennill ei sedd. Y gyntaf a'r bwysicaf oedd cyfeiriad gwleidyddol Plaid Cymru mewn cyfnod mor newydd ac mor ddieithr. Am rai misoedd, stryffaglodd i geisio cynnig goleuni ac, yn rhyfedd iawn, gwelodd Gwynfor a sawl cenedlaetholwr arall golled wrth i George Thomas orfod gadael y Swyddfa Gymreig. Rhinwedd George Thomas o safbwynt y cenedlaetholwyr oedd bod yna ryw sefydlogrwydd i'w gael gyda'i ddwrdio parhaus. Gwyddai pawb lle y safai, ac er gwaethaf y niwed a wnaethai, roedd yna fanteision mewn cael bwci-bo gwleidyddol wrth y llyw.

Fodd bynnag, roedd Peter Thomas, tenant newydd Parc Cathays, yn greadur tra gwahanol. Ac yntau'n Gymro Cymraeg (a chyn-aelod o Blaid Cymru), ni ddisgwyliai neb i'r Ysgrifennydd Gwladol newydd fod mor ddialgar na llidiog â George Thomas. Roedd Thomas hefyd ar adain chwith y Blaid Geidwadol, gan arwain sylwebwyr gwleidyddol i broffwydo y byddai Cymru'n fwy heddychol nag y bu ers blynyddoedd. Ar ôl iddo fod wrth y llyw ym Mharc Cathays am dri mis, haerodd golygydd *Y Faner*, er enghraifft, fod y gwahaniaeth rhwng y ddau Domos yn anferth: '... nid yw'r ail Mr Thomas wedi benthyca dim o eirfa histerig y Mr Thomas a'i rhagflaenodd – ni ddaeth geiriau fel "arwahanwyr", "eithafwyr", "bomwyr" etc. o'i enau'.[11] Yn gyhoeddus, ni newidiodd Gwynfor ei dôn rhyw lawer gan ymosod ar y Ceidwadwyr a'u cyhuddo o fod cynddrwg â'r Blaid Lafur. Ond, yn breifat, roedd agwedd Gwynfor yn dra gwahanol, gan ddisgrifio Peter Thomas fel hyn wrth Rhys Davies: 'Much as one dislikes a Conservative Government, P. T. is the best man we have had in the Welsh Office: an immeasurable improvement on his immediate predecessor'.[12]

Eto i gyd, er ei fod yn welliant ar ei ragflaenydd, roedd Peter Thomas hefyd yn broblem i Gwynfor, ac fe geisiodd rhai Pleidwyr gymryd mantais o'r canfyddiad na fedrai Gwynfor gynnig ateb parod i'r cyfnod gwleidyddol newydd. Yn anochel, daeth y bygythiad mwyaf i'w hegemoni o gyfeiriad yr adain sosialaidd a'u harweinydd (mewn popeth ond enw), Dr Phil Williams. Ef, erbyn hydref 1970, oedd cadeirydd newydd Plaid Cymru a chredai mai'r peth naturiol oedd i'r blaid symud i'r chwith – yn enwedig a'r glowyr yn debygol o streicio. Roedd hefyd am lacio gafael absoliwt Gwynfor ar ei blaid, a hynny yn ystod y flwyddyn pan ddathlai Gwynfor bum mlynedd ar hugain wrth y llyw. Wrth dderbyn cadeiryddiaeth y blaid, er enghraifft, dywedodd Phil Williams wrth y wasg ei fod yn gweld yr arweinyddiaeth o hyn ymlaen fel 'a joint one' ac mai ef fyddai'n cynrychioli yr 'anglicised industrial area of South-East Wales'.[13] Hon, meddid, oedd awr fawr y 'bugeiliaid newydd' a ofalai am Blaid Cymru, awr fawr 'gwŷr hyddysg y gwyddorau, yr economegwyr a'r technolegwyr i gyfeirio polisi a thacteg y Blaid tuag at ddelfrydau mwy ymarferol'.[14] Maes o law, byddai'r berthynas rhwng Phil Williams a Gwynfor yn profi sawl cyfnod anodd ond nid dyma oedd yr unig her i Gwynfor. Yn fuan wedi etholiad 1970, daeth o dan bwysau i daro cytundeb etholiadol gyda'r Rhyddfrydwyr – bargen a olygai na fyddai Plaid Cymru na'r Rhyddfrydwyr yn herio'i gilydd yn y seddau lle roeddent gryfaf. Roedd eraill am i Blaid Cymru fynd gam ymhellach ac uno â'r Rhyddfrydwyr,[15] ond gwrthododd

Gwynfor y naill gynllun fel y llall gan ddweud wrth ei gyd-arweinwyr y byddai'r 'gost yn rhy uchel' ac y 'gallai rannu'r Blaid' – yn enwedig gan fod y 'genhedlaeth ifanc', chwedl yntau, 'yn erbyn peth o'r fath'.[16]

Er hynny, y ffactor allweddol oedd gallu Gwynfor i reoli Cymdeithas yr Iaith Gymraeg. Yn groes i'r disgwyliadau, ni pharhaodd mis mêl Peter Thomas yn hir ac, erbyn Nadolig 1970, roedd y gymdeithas wedi dechrau ar ymgyrchoedd torcyfraith difrifol ar hyd dau ffrynt: darlledu ac arwyddion. Erbyn diwedd 1971, byddai 300 o aelodau Cymdeithas yr Iaith wedi ymddangos gerbron llys, a 68 o'u plith wedi'u carcharu. Roedd hi'n strategaeth hynod uchelgeisiol gan Dafydd Iwan, ac fe lwyddodd yn rhyfeddol i radicaleiddio'r hen a'r ifanc wrth i Gymdeithas yr Iaith Gymraeg gyrraedd yr hyn a ddisgrifiwyd gan ei hanesydd, Gwilym Tudur, fel penllanw ei chyfnod 'poblogaidd'.[17] Yn ystod Rhagfyr 1970, daeth rhai o ffigurau trymaf y Gymru Gymraeg – fel yr Archdderwydd Tilsli, Tom Parry a Goronwy Daniel – allan o blaid ymgyrchoedd y gymdeithas. Yn sgil y gefnogaeth honno, lluniwyd deiseb a ddenodd rai miloedd o enwau.[18] Gwelwyd mudiad mwy parchus o'r enw 'Cyfeillion yr Iaith Gymraeg' hefyd yn ymgyrchu dros amcanion y gymdeithas; erbyn Ionawr 1971, credai Alwyn D Rees fod y 'bwlch rhwng yr hen Gymru a'r Gymru newydd' y teimlai'r diweddar J R Jones mor angerddol yn ei gylch, yn cau. O hyn ymlaen, byddai nifer o'r parchusion hyn yn cyd-gerdded â'r radicaliaid.[19]

Roedd hi'n sefyllfa anodd i Gwynfor gan fod cynifer o'i gefnogwyr naturiol am symud eu hegnïon tuag at Gymdeithas yr Iaith Gymraeg. Roedd hi hefyd yn chwithig am ei fod yn llawn edmygedd o aelodau'r Gymdeithas ac yn rhannu'r un daliadau â hwy. Yn ystod haf 1970, er enghraifft, cyhoeddodd bamffled ar y cyd ag Alwyn D Rees a Pennar Davies a alwai ar y capeli i weithredu'n galetach dros y Gymraeg. Roedd y llyfryn hwnnw, *Gwerth dy Grys*, hefyd yn ailddatgan cred Gwynfor fod yr 'iaith genedlaethol wedi cyd-dyfu â'r traddodiad Cristnogol' yng Nghymru.[20] Yn yr un modd, credai fod restio 30 o aelodau Cymdeithas yr Iaith Gymraeg ganol Rhagfyr 1970 yn brawf o barodrwydd ieuenctid Cymru i ysgwyddo cyfrifoldebau moesol trwm.[21] Ond hyd yn oed wedi datgan hyn, deuai senedd, fel arfer, o flaen popeth i Gwynfor. Mynnodd fod rhaid i Blaid Cymru wrthsefyll y demtasiwn o droi'n blaid brotest ac mai'r unig ffordd ymlaen iddi yn y cyfnod newydd, od hwn oedd iddi barhau â'i gweithgarwch cyfansoddiadol. Roedd hefyd yn parhau'n gwbl grediniol fod Cymdeithas yr Iaith yn niweidio Plaid Cymru. Synnodd nifer o bobl ym Mawrth 1971, er enghraifft, pan ddywedodd Gwynfor yn gyhoeddus am y tro cyntaf yr hyn a gredai'n breifat, sef mai Cymdeithas yr Iaith Gymraeg a gollodd sedd Caerfyrddin iddo.[22]

Wedi misoedd o din-droi tactegol, penderfynodd Gwynfor mai'r ffordd ymlaen oedd cael deiseb arall o blaid senedd i Gymru. Ei amcan, fel yr esboniodd wrth ei Bwyllgor Gwaith ar ddechrau 1971, oedd denu'r elfennau mwy 'blaengar' hynny yn y Blaid Lafur − rhai fel Gwilym Prys Davies, Tudor Watkins a'r Arglwydd Maelor − a chael cyd-ymgyrch gref o blaid yr egwyddor.[23] Ei nod terfynol oedd deiseb boblogaidd a chynhadledd genedlaethol dan lywyddiaeth Goronwy Daniel. Aeth Gwynfor cyn belled â chysylltu â Daniel a chytunodd yntau i'r cais. Fodd bynnag, cafwyd ymateb ffyrnig i syniad a oedd, yn y bôn, yn dwyn Plaid Cymru'n ôl i'r pumdegau. Er i Dafydd Wigley a Phil Williams ddechrau trafod â'r Rhyddfrydwyr, gwrthod cydweithredu a wnaeth Emlyn Hooson, eu harweinydd Cymreig.[24] Y Blaid Lafur oedd yr allwedd i lwyddiant neu fethiant unrhyw ddeiseb arall ond, ar ôl blynyddoedd gwrthwynebus George Thomas, doedd yna'r un cenedlaetholwr am faddau i'r Blaid Lafur am yr hyn a wnaethai.

Y tu mewn i Blaid Cymru, mynegwyd gwrthwynebiad croch (gan ffigurau fel Tudur Jones) i unrhyw ymgais a fyddai wedi gorfodi Plaid Cymru i fynd ar drugaredd 'Cymry Da' y Blaid Lafur fel Elystan Morgan. Roedd cyfraniad Tudur Jones i'r ddadl yn bwysig a chlywyd nifer o wrthwynebiadau cyffelyb. Ond, er eu pwysiced, ymddengys mai Pleidwyr Sir Aberteifi a drodd y fantol. Yn y sir honno, roedd pethau'n chwerw eithriadol gan fod Elystan Morgan, yr aelod Llafur lleol, yn gwrthwynebu sefydlu ysgol ddwyieithog yn Aberystwyth. Hwn, yn ddiau, fyddai camgymeriad gwleidyddol mwyaf gyrfa Elystan Morgan, gan i Ysgol Gyfun Penweddig brofi'n llwyddiant ysgubol unwaith y sefydlwyd hi. Ond cafodd y ffrae effaith bwysig arall hefyd am i'r gwrthwynebiad i Elystan Morgan sicrhau na cheid deiseb arall. Yn Chwefror 1971, a'r drafodaeth ynghylch deiseb arall ar ei thanbeitiaf, anfonodd tri o genedlaetholwyr mwyaf blaenllaw Ceredigion (gan gynnwys Deulwyn, brawd Elystan Morgan) lythyr at Elwyn Roberts yn ei atgoffa na ddylai'r blaid anghofio dichell y gwrthwynebwyr hynny a fu yn y gorffennol mor barod i 'wisgo mantell Cymreictod a chenedlaetholdeb pan oedd hynny o fudd iddynt hwy'.[25] Mewn geiriau eraill, doedd yna ddim cydweithredu i fod ac, yn wyneb gwrthwynebiad anferth, gollyngodd Gwynfor ei gynllun yn dawel bach.

Roedd methiant deiseb senedd i Gymru yn ergyd drom i Gwynfor, ac nid cyd-ddigwyddiad yw hi i Gymdeithas yr Iaith Gymraeg lenwi gofod gwleidyddol y 'mudiad cenedlaethol' bron yn llwyr. Y digwyddiad a drawsnewidiodd bopeth gan ddisgyn fel mellten ar Gymru oedd penderfyniad yr awdurdodau i restio wyth o arweinwyr Cymdeithas yr Iaith Gymraeg (gan gynnwys Dafydd Iwan) ar amheuaeth o gynllwynio i ddinistrio arwyddion.[26] Ni allai'r awdurdodau fod wedi meddwl am gyhuddiad mwy gwleidyddol i'w ddwyn yn erbyn yr 'Wyth', a gwelwyd protestiadau ffyrnig o ganlyniad. Roedd oblygiadau hyn yn ddifrifol iawn i Gwynfor; ac yntau heb gynllun gwleidyddol, a chyda'r fath angerdd yn llifo i gyfeiriad Cymdeithas yr Iaith Gymraeg, gorfodwyd Plaid Cymru i ddod i'r adwy. Erbyn i achos yr wyth ddechrau ar 3 Mai, roedd Cymru'n ferw dân, a'r disgwyliad oedd y byddai'r diffynyddion yn cael dedfrydau trymion mewn ymgais i chwalu Cymdeithas yr Iaith.

Ar ddiwrnod cyntaf yr achos ym Mrawdlys Abertawe, carcharwyd Meinir, merch Gwynfor, am dri mis ar ôl iddi geisio annerch y llys o'r oriel gyhoeddus. Canlyniad hyn, eto fyth, oedd llusgo Gwynfor i ganol helyntion Cymdeithas yr Iaith. Er hynny, ni chywilyddiodd am yr hyn a wnaethai ei ferch. Trannoeth, aeth i weld Meinir yng ngharchar Pucklechurch, ac fe'i rhyfeddwyd pan orfodwyd ef i siarad Saesneg â'i ferch. Ildiodd i'r drefn am y rheswm syml na fyddai wedi cael siarad â Meinir am fis arall, ond roedd yn gandryll. Pan ddychwelodd o Pucklechurch, ysgrifennodd at Peter Thomas gan grefu arno i ddiwygio'r system garchardai, ac i sefydlu comisiwn nerthol i edrych ar holl gwestiwn y Gymraeg. Byddai'r gost, meddai Gwynfor yn sarrug wrth Ysgrifennydd Cymru, '… o leiaf 0.25 y cant o gost Concorde bob blwyddyn'.[27] Ofer fu'r alwad am ffurfio comisiwn, ond nid dyna oedd terfyn gweithgarwch Gwynfor dros Gymdeithas yr Iaith Gymraeg. Ar y diwrnod y carcharwyd Meinir, gorfu iddo weithredu fel cyfieithydd mewn achos arall yn ymwneud â'r gymdeithas – y tro hwn yn Llys Ynadon Caerfyrddin. Pan gamodd ymlaen i gyfieithu ar ran y diffynnydd, merch 17 oed o'r enw Cathi McGill, clywyd bonllefau o gymeradwyaeth yn y llys.[28] Roedd ei safiad hi, fel safiad yr wyth yn Abertawe, yn nodweddiadol o'r hyn a ddisgrifiodd wrth Rhys Davies fel y 'brilliant young people who are dedicating themselves to the cause'.[29]

Nodwedd arall achos yr wyth yn Abertawe oedd cieidd-dra'r heddlu a'u hymddygiad tuag at y cannoedd o brotestwyr a ymgasglodd o gylch y llys. Anafwyd degau o blith cefnogwyr Cymdeithas yr Iaith wrth i'r heddlu chwalu protestiadau heddychlon gyda thrais cwbl ddiangen. Nid arbedwyd teulu Gwynfor rhag pastynau a gwadnau'r plismyn – sefyllfa a barodd i Gwynfor uniaethu'n agosach fyth â'r gymdeithas. Dyma, mewn llythyr at Rhys Davies, oedd ei argraffiadau o ddigwyddiadau cynhyrfus Abertawe:

> I was present at the open-air meeting in Swansea on Saturday – 1500 present – when the police attacked the demonstrators without the shadow of an excuse. Meleri – one of my girls – was bruised by being thrown about bodily by the police; Guto was three times dragged by his hair; Alcwyn had his spectacles smashed by a policeman's provocation – this has happened many times; twice in the last fortnight at Carmarthen. When Meinir was dragged from the court gallery (the press report that she 'struggled' is a lie) one policeman said to her 'I have had my eyes on you a long time and I have been dying to lay my hands on you'. They threw her down the stone steps from the gallery and she was almost unconscious at the bottom. She is a small, slight, and pretty girl who, like the others, is conscientiously non-violent. These matters are doing the Blaid a lot of harm just now – at local election time – but they are doing Wales a power of good, and before long the party will benefit.[30]

Nid ceisio am swcr yr oedd Gwynfor pan soniai am y niwed a wnâi achos Abertawe a phrotestiadau tebyg i Blaid Cymru – yn enwedig yn Sir Gaerfyrddin. Wrth i achos yr wyth dynnu at ei derfyn, gwelodd Plaid Lafur Sir Gaerfyrddin ei chyfle, ac aeth Gwynoro Jones ati i feirniadu'r gweinidogion hynny a gerddodd i mewn i Swyddfa Heddlu Caerfyrddin gan hawlio cyfrifoldeb am dynnu arwyddion Saesneg.[31] Roedd nifer o'r gweinidogion hyn yn gyfeillion personol i Gwynfor a bu'n rhaid iddo ef eu hamddiffyn hwy a'u hawl i brotestio. Credai Gwynfor fod y gweinidogion yn gweithredu oddi mewn i'r un traddodiad o 'complete commitment' a ysgogodd weinidogion radical fel S R, Henry Richard neu Gwilym Hiraethog i ymyrryd mewn materion daearol.[32] Roedd Gwynfor hefyd yn fwy na pharod i ymddangos ar y teledu i gefnogi'r gweinidogion hyn. Er hynny, serch ei fod yn falch o fedru dangos ei ochr, mae'n amheus a wnaeth ei ddatganiadau unrhyw les yn etholaeth Caerfyrddin – etholaeth a oedd, er gwaethaf canlyniad 1966, yn parhau'n ddrwgdybus iawn o genedlaetholdeb milwriaethus. Esgorodd hyn ar drafodaeth hynod chwerw yn y wasg leol ynghylch pwy yn union a reolai Plaid Cymru – y radicaliaid iaith ynteu'r parchusion. Codwyd cwestiynau drachefn ynghylch heddychiaeth Gwynfor ac awgrymodd un llythyrwr fod cefnogaeth Plaid Cymru i Gymdeithas yr Iaith yn yr un llinach â'r 'gefnogaeth' a ddangosodd Gwynfor i Natsïaeth adeg yr Ail Ryfel Byd.[33]

Daeth achos Abertawe i ben ar 14 Mai, ac yn groes i'r disgwyl ni charcharwyd yr un o'r wyth diffynnydd. Yn hytrach, rhoes y Barnwr Mars Jones ddedfrydau gohiriedig o garchar i arweinwyr Cymdeithas yr Iaith – tacteg glyfar a dynnodd y gwynt allan o hwyliau'r gymdeithas yn y tymor hir. Ond, ar y pryd, y farn gyffredinol ymysg cenedlaetholwyr oedd i'r heddlu wneud clamp o gamgymeriad trwy ddwyn cyhuddiad mor amlwg wleidyddol gerbron llys barn. Yn wir, wedi'r achos, dyblodd aelodaeth Cymdeithas yr Iaith ac fe achosodd y twf hwn gryn anesmwythyd i rai o gefnogwyr Plaid Cymru. Galwodd rhai o aelodau Plaid Cymru am i'r blaid ddiarddel aelodau Cymdeithas yr Iaith Gymraeg o'i rhengoedd, ond roedd Gwynfor yn grediniol mai dyletswydd ei blaid oedd cefnogi Cymdeithas yr Iaith, costied a gostio.[34] Mae'n amheus a fyddai wedi mynegi ei farn â'r fath hyder ddegawd ynghynt ond, erbyn 1971, roedd yn ddigon hirben i synhwyro fod gweithgarwch Cymdeithas yr Iaith yn gwrteithio cenedlaetholdeb yn ei gyflawnder. Yn y tymor hir, gobeithiai weld Plaid Cymru'n elwa wrth i genhedlaeth o bobl ifanc bleidio'r radicaliaeth newydd. Y symbol cliriaf o'r newid deallusol hwn, yn nhyb Gwynfor, oedd Dafydd Iwan, gŵr a ystyrid ganddo yn 'arweinydd y Genhedlaeth ifanc'. Fel arwydd o barch ato, ysgrifennodd at Dafydd Iwan gan ei longyfarch ar ei safiad diweddar ac awgrymu y dylai'r gymdeithas ymgyrchu dros Gymreigio'r gyfundrefn addysg ochr yn ochr â'r ymgyrch ddarlledu.[35] Bythefnos yn ddiweddarach, ym Mehefin 1971, penderfynodd Pwyllgor Gwaith Plaid Cymru roi 'holl beirianwaith y blaid y tu ôl i gyfarfodydd protest' o eiddo'r gymdeithas pe rhoddid dedfrydau trwm ar arweinyddiaeth Cymdeithas yr Iaith yn y dyfodol.[36]

Ni fu'n anodd i'r blaid gydsynio i gefnogi Cymdeithas yr Iaith, ond golygai'r sylw parhaus i'r gymdeithas na roddwyd fawr o sylw i faterion anieithyddol ym Mhlaid Cymru. O'r braidd y gellir dweud y cafwyd trafodaeth aeddfed, er enghraifft, ar fater mor allweddol ag agwedd y blaid at Ewrop pan gyhoeddwyd Papur Gwyn ar y pwnc ym Mehefin 1971. Penderfynodd Gwynfor a'i blaid wrthwynebu ymuno â'r Gymuned Economaidd Ewropeaidd gan y byddai corff o'r fath yn niweidio heddwch rhyngwladol a'r economi Gymreig. Fodd bynnag, ni roddwyd rhyw lawer o feddwl i'r mater gan Gwynfor na'i gyd-aelodau. Yn wir, eithriad oedd cenedlaetholwr tebyg i Saunders Lewis a ymddiddorai mewn materion Ewropeaidd, ac ysgrifennodd yntau at Gwynfor i gwyno am agwedd Phil Williams, prif ladmerydd carfan wrth-Ewropeaidd y blaid.[37] Yr eithriad arall oedd Gwynn Matthews, aelod o Bwyllgor Gwaith Plaid Cymru ac awdur llyfryn ar y pwnc – unig gyfraniad ystyrlon y blaid ar Ewrop. Heb amheuaeth, roedd y cyferbyniad rhwng cenedlaetholdeb Cymreig a gweddill gwleidyddiaeth Prydain yn drawiadol; yng ngweddill Prydain, Ewrop oedd *y* pwnc llosg ond, yng Nghymru, dychwelai popeth at wleidyddiaeth iaith, gan orfodi Gwynfor i edrych am ffyrdd eraill o efengylu.

Oedd, roedd hi'n fwyfwy anodd cael cyhoeddusrwydd, a bu'n rhaid iddo feddwl am ddulliau amgenach. Yn ystod Nadolig 1970, dechreuodd ysgrifennu cyfrol boblogaidd ar hanes Cymru y gobeithiai y byddai'n gwrthweithio'r 'anwybodaeth' honno oedd yn 'gwanhau ewyllys y genedl'. Ni threuliodd Gwynfor − yn ôl ei addefiad ei hun − eiliad yn 'darllen yr un hen lawysgrif' nac yn 'anadlu llwch yr un hen ddogfen'. Yn hytrach, dibynnodd yn drwm ar lyfrau ysgolheigion, ond ni fenodd hynny yr un iot ar ei sicrwydd mai ei fersiwn ef o hanes oedd yn gywir. Roedd y gyfrol y gweithiai arni, *Aros Mae*, yn waith o bropaganda pur, nid yn annhebyg i ymdrechion ei arwr, O M Edwards, rhwng cloriau'r cylchgrawn *Wales*. Ond, i Gwynfor, holl ddiben ysgrifennu hanes poblogaidd oedd propagandeiddio a throi pobl yn Gymry trwy eu gwneud yn ymwybodol o barhad gogoneddus y genedl. Y dylanwad arall arno oedd Dr Ceinwen Thomas, academydd a oedd hefyd o'r farn na ellid cael hanes diduedd.[38] A dyna felly a gafwyd rhwng cloriau *Aros Mae* − hanes amrwd, cenhadol. I'r perwyl hwn, disgrifir brodorion cyntaf Cymru yn *Aros Mae* fel Cymry − serch nad dyna oedden nhw o gwbl mewn gwirionedd. Ond roedd Gwynfor yn gwbl ddiedifar, gan lambastio'r academyddion am bedlera'r 'arfer pedantig… o roddi enw arall ar y Cymry yn gynnar yn eu hanes'.[39]

Saith mis yn unig a gymerodd hi iddo gwblhau'r gyfrol swmpus gyda Rhiannon yn gofalu am y teipio. Ac er gwaethaf amheuon cychwynnol y cyhoeddwyr, John Penry, ynghylch doethineb argraffu cyfrol mor wleidyddol, bu mynd mawr arni.[40] Yn ystod Eisteddfod Genedlaethol Bangor, gwerthodd yr argraffiad cyntaf o 3,000 o gopïau fel slecs a bu'n rhaid wrth ail argraffiad. Darllenai'r gyfrol yn rhwydd ac, yn ei ffordd unigryw ei hun, mae'n gymaint o gampwaith propagandyddol ag ydoedd gweithiau Churchill ar hanes Lloegr. Fodd bynnag, er mor boblogaidd oedd y gyfrol, nid arbedwyd *Aros Mae* rhag adolygiadau digon beirniadol gan haneswyr proffesiynol. Honnodd y disgleiriaf ohonynt, Rees Davies, fod rhai o gymariaethau Gwynfor yn 'treisio synnwyr cyffredin heb sôn am hanes'.[41] Ond doedd cydnabyddiaeth broffesiynol ddim yn bwysig i Gwynfor; yr hyn a gyfrifai iddo ef oedd bod y Cymry Cymraeg yn prynu'r gyfrol yn eu miloedd gan ddysgu am eu tras. Er mwyn sicrhau hynny, rhoes Gwynfor bob gewyn ar waith gan anfon y cyfarwyddyd hwn allan i'w blaid yn ganolog:

Y prif symbyliad inni sicrhau dosbarthiad eang i'r llyfr hwn yw… yr effaith ar ysbryd pobl, ar eu hymwybyddiaeth genedlaethol, ac felly ar wleidyddiaeth a rhagolygon Plaid Cymru. Rhaid ceisio cael y deallusion Cymraeg oll i'w ddarllen, yn athrawon, gweinidogion, cyfreithwyr, gweision sifil etc… Rhaid ceisio cael pawb sydd â rhywfaint o ddylanwad… A rhaid cael y werin weddol ddeallus i'w brynu… Wrth edrych dros gant o aelodau mewn capel mentrwn fy nghrys y ceid deg i brynu, a dyna'r ffordd i fynd o gwmpas y peth.[42]

Ni fu pall ar boblogrwydd *Aros Mae*, a gwerthodd yr ail argraffiad lawn cyn gyflymed â'r cyntaf. Er hynny, methiant oedd y gyfrol o safbwynt gwleidyddol pur, ac ni welodd yr hydref hwnnw unrhyw fath o ddadeni i Blaid Cymru. Trwy gydol Tachwedd 1971, Cymdeithas yr Iaith Gymraeg ac achos mawr arall, y tro hwn yn yr Wyddgrug, a hawliodd yr holl benawdau cenedlaetholgar. Carcharwyd tri o aelodau'r gymdeithas am gyfnodau maith – yn eu plith Ffred Ffransis, darpar fab-yng-nghyfraith Gwynfor. Ond, fel yn Abertawe, nid oedodd Gwynfor rhag dangos ei ochr gan ddisgrifio'r carchariadau fel rhai milain.[43] Roedd hefyd am weithredu'n ymarferol, a llwyddodd i berswadio Syr Goronwy Daniel i gadeirio pwyllgor ymgyrch dros sianel deledu Gymraeg – cefnogaeth a ystyriai Gwynfor fel cam allweddol ym mrwydr y sianel.[44] Bu Gwynfor hefyd yn flaenllaw yn ymdrechion Pwyllgor Darlledu Prifysgol Cymru (eto ar y cyd â Goronwy Daniel)[45] i ennill cefnogaeth *academia* Cymru i'r sianel. Ymledodd y dwymyn deledu trwy *intelligentsia* Cymraeg Cymru ac, erbyn dechrau Ionawr, roedd dros 300 o genedlaetholwyr (bron i gyd yn Bleidwyr gan gynnwys enwau amlwg fel Derec Llwyd Morgan, R Tudur Jones a Harri Pritchard Jones) wedi cyhoeddi na chodent drwydded deledu.

Yn y cyd-destun hwn, ni allai Gwynfor lai na mentro cefnogi ymdrechion Cymdeithas yr Iaith Gymraeg ond roedd yr holl ganolbwyntio ar faterion diwylliannol – boed hanesyddol, boed gyfryngol – yn parhau i bylu gallu Gwynfor i ennill dylanwad mewn meysydd eraill. Methiant llwyr, er enghraifft, fu ymdrechion Gwynfor i uniaethu Plaid Cymru â streic y glowyr yn Ionawr 1972 – y streic genedlaethol gyntaf er 1926. Roedd Gwynfor am i'w blaid wneud 'popeth posibl'[46] i'w chefnogi, a gorchmynnwyd y canghennau i gynorthwyo gyda'r gwaith o godi arian.[47] Cafwyd streic saith wythnos o hyd, a gwelwyd golygfeydd enbyd o dlodi mewn rhannau o Gymru. Ond er i'r blaid, a'i llywydd, ymroi i gynorthwyo'r coliers, teimlai rhai Pleidwyr fod diddordeb y blaid yn rhy ychydig, yn rhy hwyr – cymaint felly nes i ysgrifennydd un o ganghennau'r de gwyno fod y gefnogaeth hwyrfrydig wedi rhoi'r argraff 'of "band-waggoning".'[48]

Yn bendifaddau, roedd Gwynfor wedi cyrraedd deufor-gyfarfod, rhwng y diwylliannol a'r diwydiannol, ac yn ei chael hi'n anodd tu hwnt i weld rhediad y dyfroedd. Ddiwedd Ionawr, ysgrifennodd at Elwyn Roberts gan ddarlunio sefyllfa bur dywyll:

> Prin iawn yw'r gwaith o hyd o'i gymharu â'r chwyldro a ddylai fod yn mynd ymlaen yn awr. Un ffordd sydd gennyf i farnu yw nifer y gwahoddiadau sydd gen i yn bersonol i ddod i Wynedd. Nid oes un gennyf i ddod i Wynedd… eleni. Byddai'n rhaid mynd yn ôl 30 mlynedd i weld sefyllfa debyg yn fy nyddiadur.[49]

Doedd Sir Gaerfyrddin ddim yn eithriad i'r cysgadrwydd a châi Gwynoro Jones hwyl neilltuol wrth watwar Gwynfor fel dyn yr oedd ei haul wedi machlud – cyhuddiad a oedd yn rhannol wir erbyn hynny. Yn wyneb y diffyg gweithgarwch hwn, doedd hi ddim yn syndod yr ystyriai Gwynfor benodiad Peter Hughes Griffiths fel trefnydd Plaid Cymru yn Nyfed fel 'digwyddiad hanesyddol' pan gyflogwyd ef yn ystod Chwefror 1972.[50] Roedd i Peter Hughes Griffiths enw arbennig o dda fel trefnydd effeithiol a ddeallai'r hyn yr oedd gwerin datws Sir Gâr yn ei feddwl. Ac o gofio delwedd baternalistaidd Gwynfor, bu presenoldeb Peter Hughes Griffiths hefyd yn allweddol wrth i Blaid Cymru ddechrau gwrthweithio demagogiaeth Gwynoro Jones; gwnaeth hyn drwy hybu dulliau mwy poblogaidd fel cyngherddau pop a chystadleuaeth *Eurovision* Cymreig.[51]

Ond ni fedrai trefnydd cystal â Peter Hughes Griffiths hyd yn oed gonsurio gwyrthiau dros nos ac, yn y cyfnod hwn o lesgedd, dechreuodd Gwynfor feddwl o ddifrif am ymddeol o'r llywyddiaeth ymhen tair blynedd yn ystod 1975, blwyddyn Jiwbilî i'r blaid.[52] Ni wellodd pethau ryw lawer i garfan Gwynfor pan alwyd isetholiad Merthyr yn Chwefror 1972. Roedd hon yn sedd y disgwylid i'r blaid wneud yn dda ynddi wedi'r hyn a ddisgrifiwyd gan y *Welsh Nation* fel y 'long period of calm' yng ngwleidyddiaeth gyfansoddiadol Cymru.[53] Fodd bynnag, synnwyd nifer pan ddewiswyd Emrys Roberts yn ymgeisydd. Emrys Roberts oedd y dewis naturiol ar gyfer sedd o'r fath, a bu Gwynfor yn ddigon hirben i beidio gwrthwynebu ei ymgeisiaeth. Er hynny, o'r braidd y gellir dweud iddo ddangos brwdfrydedd tuag ato, ac roedd nifer o blith cylch cyfeillion Gwynfor yn gweld y penderfyniad fel un cwbl waradwyddus. Ysgrifennodd Islwyn Ffowc Elis at Gwynfor gan fynegi teimladau llawer o gefnogwyr traddodiadol y blaid:

… mi wn y bydd yn anodd iawn gan unrhyw Bleidiwr, o'r Gogledd, beth bynnag, sy'n cofio'r cynllwynio hyll yn eich erbyn chi rhwng 1959 a 1964 godi bys bach… Fe allaf ddyfalu tipyn am y cynllunio a'r cymrodeddu anodd a arweiniodd i'r dewis hwn, ac rwy'n siŵr nad oes unrhyw fath o fai arnoch chi am y cam a gymerwyd. Gobeithio na'ch digalonnir yn ormod.[54]

Does yna ddim tystiolaeth i hynny ddigwydd gan i Emrys Roberts sicrhau canlyniad ardderchog drwy ennill 37 y cant o'r bleidlais. Ei gamp ef, yn anad neb, oedd dod mor agos i lorio Llafur yn Ebrill 1972. Roedd rhaniadau Llafur ar Ewrop hefyd o'i blaid, ond diystyrodd Gwynfor hyn i gyd. Ystyriai ganlyniad Merthyr fel trobwynt ond roedd Gwynfor, fel nifer yn ei blaid ei hun, yn camddarllen yr hin.[55] Penllanw ar ffyniant poblogaidd Plaid Cymru fyddai Merthyr, nid ernes o lwyddiant pellach i ddod.

Wedi 1972, gwelwyd trai yng nghefnogaeth Plaid Cymru yn y cymoedd – nid yn lleiaf o ganlyniad i bresenoldeb arweinwyr ifanc egnïol yn y Blaid Lafur Gymreig fel Elystan Morgan a Gwynoro Jones. Ond bu Gwynfor ei hun hefyd yn gyfrifol am brysuro'r tueddiadau hyn ac am fethu â chynnal y gefnogaeth a welwyd yn y cymoedd i Blaid Cymru rhwng 1967 a 1972. Yn dilyn isetholiad Merthyr, ni wnaeth Plaid Cymru odid ddim i faethu ei chefnogaeth yn y de. Eithriadau prin oedd y rheini, fel Emrys Roberts a Glyn James, a oedd o ddifrif am weld Plaid Cymru'n bwrw gwreiddiau yn nhir yr addewid.

Yn hytrach, collwyd cyfle. Sianelodd Plaid Cymru ei hegnïon drachefn i gyfeiriad Cymdeithas yr Iaith Gymraeg – penderfyniad strategol a fu o gymorth i'r gymdeithas ond yn sicr nid felly i Blaid Cymru. 'Dewrion pennaf' y gymdeithas, chwedl Gwynfor, nid Plaid Cymru a elwodd fwyaf o'r berthynas.[56] Gyda'r fath rethreg yn dod o enau'r llywydd, cafwyd y peth agosaf i briodas wleidyddol rhwng y ddau fudiad wedi gwanwyn 1972. Yn ystod Mai a Mehefin, gwelwyd Plaid Cymru'n cefnogi'r ynadon hynny a wrthododd erlyn protestwyr Cymdeithas yr Iaith ac, yn Arfon, aed cyn belled â bygwth tarfu ar ocsiynau tai haf.[57] Yn yr un ysbryd milwriaethus, penderfynodd y Pwyllgor Gwaith 'annog pleidwyr yn answyddogol' i 'groesawu' Arglwydd Hailsham pan ddaeth i Fangor. Ysgogwyd y brotest hon gan haeriad Hailsham mai mater o radd yn unig a fodolai rhwng 'baboons' yr IRA a phrotestwyr iaith.[58]

Fodd bynnag, roedd yna derfynau i barodrwydd Gwynfor i weld Plaid Cymru'n ochri gyda Chymdeithas yr Iaith Gymraeg. Gwrthododd argymhelliad Clive Betts, golygydd y *Welsh Nation*, y dylid gwneud gwrthod talu trwyddedau teledu yn bolisi swyddogol y blaid.[59] Roedd Gwynfor hefyd yn ddigon ymwybodol o'i ddyletswyddau fel gwladweinydd i dderbyn doethuriaeth er anrhydedd gan Brifysgol Cymru ar yr un pryd â'r Barnwr Mars Jones – y barnwr hwnnw a lywyddodd dros achos llys Abertawe ym 1971. Uwchlaw popeth roedd yr angen i adennill sedd Caerfyrddin, a'r rheidrwydd ar i'w blaid elwa ar argymhellion y Comisiwn ar y Cyfansoddiad pan welent olau dydd. Yn wir, daethai Gwynfor yn grediniol, o haf 1972 ymlaen, fod y comisiwn (erbyn hynny o dan gadeiryddiaeth Arglwydd Kilbrandon) yn sicr o alw am gynulliad i Gymru. Amcan mwy hir-dymor Gwynfor oedd gwneud argymhellion Kilbrandon yn brif ymgyrch ei blaid yn ystod y gaeaf hwnnw.[60] Ond roedd yna siom yn ei aros. Ym mis Tachwedd, cyhoeddodd y comisiwn na chyhoeddid yr adroddiad tan haf 1973. Gadawodd hyn Gwynfor unwaith eto ar drugaredd pobl eraill – yn benodol Cymdeithas yr Iaith a chomisiwn hirymarhous. Fis yn ddiweddarach, bu farw Dan, tad Gwynfor, wedi gwaeledd hir.[61] Cysurai Gwynfor ei hun â'r wybodaeth iddo droi ei dad yn heddychwr ac o bosibl yn genedlaetholwr. Er hynny, roedd colli'i dad, a gweld Meinir a'i chariad Ffred yn ôl yn y carchar yn yr un cyfnod, yn glo digalon ar flwyddyn ddigon digyfeiriad.[62]

Am gyfnod byr, o ddiwedd Rhagfyr 1972 hyd 1 Mawrth 1973, ataliodd Cymdeithas yr Iaith Gymraeg ei hymgyrch arwyddion dwyieithog. Y bwriad oedd rhoi amser i'r llywodraeth ymateb yn gadarnhaol i Gomisiwn Bowen – comisiwn oedd wedi argymell rhoi'r Gymraeg uwchben y Saesneg. Ond ni chafwyd cadoediad o fath yn y byd ym maes darlledu. Yn y tri mis rhwng Ionawr a Mawrth, ni welwyd tebyg i weithgarwch y gymdeithas wrth i ganolfannau'r BBC gael eu targedu drosodd a thro. O dan arweiniad Wynfford James, meddiannwyd adeiladau'r Gorfforaeth a tharfwyd ar raglenni tebyg i un Pete Murray, troellwr disgiau enwog Radio 2.[63] Ar 2 Mawrth, ailddechreuodd ymgyrch arwyddion y gymdeithas gan sicrhau y byddai gwleidyddiaeth iaith unwaith eto'n tra-arglwyddiaethu dros holl weithgareddau Plaid Cymru. O safbwynt Gwynfor, roedd yr amseru'n hynod anffodus, gan ei fod, erbyn mis Mawrth, ynghanol yr etholiadau cyntaf i Gyngor Dyfed – y cyngor a olynodd Sir Gaerfyrddin. Roedd yr etholiad yn brawf pwysig i Blaid Cymru, a gobeithiai Gwynfor ddefnyddio Dyfed i Gymreigio'r fro gyfan, gan ddechrau trwy greu ysgol ddwyieithog yng Nghaerfyrddin. Ond chwalwyd y strategaeth gan y sefyllfa gas a gododd yn Llangadog. Yno, penderfynodd D T Williams, Rhyddfrydwr ac un o gyd-ddiaconiaid Gwynfor yng nghapel Providence, sefyll yn ei erbyn. Roedd hynny ynddo'i hun yn ddigwyddiad hynod, ond ddyddiau cyn y bleidlais, tynnodd allan o'r ras gan drosglwyddo ei gefnogaeth i George Morgan, annibynnwr mewn enw, ond Tori wrth reddf. Canlyniad y fargen hon (a ymrannodd y capel) oedd i Gwynfor golli sedd Llangadog am y tro cyntaf er 1949.[64]

O safbwynt gwleidyddol, roedd y canlyniad yn sioc enbyd – yn enwedig o gofio fod yna lawer yn disgwyl etholiad cyffredinol buan. Credai'r *Carmarthen Times* fod y canlyniad yn golygu '*finis*' ar ei obeithion o adennill Caerfyrddin pan ddeuai'r Etholiad Cyffredinol.[65] Yn y wasg Gymraeg hefyd, roedd yna deimlad fod Gwynfor wedi chwythu'i blwc, a'i fod, chwedl Viriamu, colofnydd *Barn*, wedi cyrraedd y trigain oed heb ryw lawer i ddangos am ei ymdrechion.[66] Ond o safbwynt personol roedd yr effaith ar Gwynfor, ac yn enwedig ar Rhiannon, yn ddirdynnol. Teimlai'r ddau ohonynt fod Llangadog, eu pobl hwy, eu cymuned fabwysiedig, wedi'u gwrthod. O'r holl siomedigaethau a brofodd Gwynfor, roedd colli ei sedd fel cynghorydd ymysg y mwyaf chwerw – sefyllfa a wnaed ganwaith gwaeth gan ddyfned y rhwyg yn y capel.[67] Gyda'r capel wedi'i rannu rhwng cefnogwyr Gwynfor a chefnogwyr George Morgan, penderfynodd Gwynfor a Rhiannon symud yn fuan wedi hynny i gapel Bethlehem yn yr un ofalaeth. Buont yn hapus yno, ond gadawodd y ffrae archoll ddofn, gan drawsnewid y ffordd yr edrychai Rhiannon ar ei milltir sgwâr.[68]

Parodd chwalfa Llangadog, ynghyd â chanlyniadau siomedig cyffelyb ar draws Dyfed, sioc wirioneddol i Blaid Cymru. Y Rhyddfrydwyr a elwodd yn anad neb arall, a barnodd Gwynfor y gellid priodoli ei fethiant ef a nifer o ymgeiswyr eraill i weithgareddau Cymdeithas yr Iaith. Bum niwrnod wedi'r etholiad, dywedodd wrth ei Bwyllgor Etholaeth fod Plaid Cymru yn rhy radical i lawer, a bod Cymdeithas yr Iaith Gymraeg, 'er yn nerth i Wynedd yn rhwystr i Ddyfed'.[69] Nid hel esgusodion oedd hyn ar ei ran; cyn y pôl, dangosai canlyniadau canfasio Plaid Cymru yn Sir Gaerfyrddin fod perthynas Gwynfor a Meinir yn destun beirniadaeth ar draws y sir – yn enwedig gan yr henoed. Yn gam neu'n gymwys, daethai llawer i'r casgliad mai Plaid Cymru oedd adain wleidyddol Cymdeithas yr Iaith. Daeth Pwyllgor Gwaith Plaid Cymru i'r un casgliad, a chytunasant fod cenedlaetholdeb yn ddyfnach yng Ngwynedd nag 'yn Nyfed lle roedd gweithgareddau Cymdeithas yr Iaith yn bwnc yn yr etholiadau. Teimlid bod ffermwyr yn Nyfed yn ymwrthod â radicaliaeth y Blaid yn ogystal â'i chenedlaetholdeb'.[70] O ganlyniad i'r tueddiadau hyn, penderfynodd Pleidwyr Caerfyrddin ffurfio pwyllgor bach i ystyried delwedd y blaid a sicrhau y byddai'r 'ddelwedd hon yn hollol glir ac annibynnol o ddelwedd Cymdeithas yr Iaith'.[71]

Doedd yna fawr y medrai Gwynfor ei wneud, fodd bynnag, i gynnig y math o arweiniad y gofynnai Pleidwyr Sir Gaerfyrddin amdano heb achosi rhwyg yn rhengoedd y cenedlaetholwyr. Roedd hefyd, er gwaethaf y niwed a wnaethai'r gymdeithas, yn parhau'n gwbl edmygus o'i harweinwyr. Pan gyhoeddodd ei gyfrol *Wales Can Win* ym Mehefin y flwyddyn honno, rhoes deyrnged wresog ynddi i Dafydd Iwan a Ffred Ffransis ynghyd â Gronw ap Islwyn.[72] Ond yn raddol bach, dechreuodd y fantol droi o gyfeiriad Cymdeithas yr Iaith Gymraeg yn ôl tuag at Blaid Cymru a gwleidyddiaeth gyfansoddiadol. Roedd hyn o ganlyniad i ddau beth nad oedd a wnelent ddim oll â Gwynfor. Y datblygiad cyntaf oedd yr adroddiadau calonogol bod olew yn debygol o gael ei ddarganfod yn y Môr Celtaidd – digon, meddid ar y pryd, i gyflenwi ugain miliwn o alwyni bob dydd.[73] Mae'n anodd gorbwysleisio pa mor bwysig oedd y posibilrwydd hwn o *Eldorado* Cymreig gan iddo rymuso ffydd y cenedlaetholwyr y gellid chwarae gêm San Steffan a'i hennill.[74] Yr ail ddatblygiad oedd agwedd neb llai na'r Prif Weinidog ei hun, Edward Heath, tuag at ddatganoli. Ar 12 Mai, mewn araith yn Perth, cyhoeddodd Heath y byddai yna gynulliad i'r Alban. Rai dyddiau'n ddiweddarach, ysgrifennodd Dafydd Williams at Heath i'w longyfarch ar ei ddatganiad.[75] Ni ddywedodd Heath nemor ddim am Gymru, ond roedd Gwynfor yn gwbl bendant ei farn bod y Prif Weinidog am addo corff tebyg i Gymru a bod y sefyllfa bellach yn 'hynod iawn o gyffrous'. Roedd Gwynfor hefyd cyn sicred ei farn bod Ysgrifennydd Cymru, Peter Thomas, ynghyd â Wyn Roberts, ei Ysgrifennydd Seneddol Preifat, o blaid Cynulliad i Gymru.[76]

Ddechrau Mehefin, cafwyd rhagor o dystiolaeth fod Heath yn cynhesu at y syniad o ddatganoli i Gymru pan gyhoeddodd y câi'r Cymry reolaeth dros eu materion eu hunain. Roedd y datganiad hwn ganddo'n ddigon amwys, onid penagored, ond roedd Gwynfor yn grediniol fod y sefyllfa wleidyddol yn cael ei chwyldroi.[77] Ac roedd gwell i ddod. Ar ddechrau Gorffennaf, derbyniodd Gwynfor lythyr preifat gan Wyn Roberts yn dweud fod Cymru i gael Cynulliad. Wrth adrodd yr hanes mewn llythyr at Rhys Davies, prin y medrai Gwynfor gadw rheolaeth ar ei deimladau:

> Mr Heath's speeches in Scotland and Wales have transformed the prospects for parliamentary self-government. This was confirmed in an amazing way by a letter (not for publication) which I received after a tv programme from Wyn Roberts, M.P. who is Peter Thomas' PPS. We had both been on a progamme to discuss Heath's speeches.

He had disagreed with my interpretation of them. Within three days he wrote to apologise, and said (in Welsh), 'There is no doubt that Mr Heath intends that Wales shall have a Parliament… Only lack of public support in Wales could prevent this.' He could scarcely have written in his own hand to me, the President of Plaid Cymru, unless he wanted the word to go further.[78]

Ysywaeth, nid yw'r llythyr allweddol hwn o eiddo Wyn Roberts wedi goroesi ond roedd ei oblygiadau'n bellgyrhaeddol i Blaid Cymru. O ganlyniad i'r modd y dehonglodd Gwynfor ei gynnwys, daeth Plaid Cymru i gredu fod datganoli yn rhwym o ddigwydd, ni waeth bynnag pa blaid a etholid pan ddeuai'r etholiad. Wedi hynny, ystyriai Gwynfor 1974 fel y flwyddyn a fyddai'n 'pwyso tafol tynged Cymru y naill ffordd neu'r llall' – y flwyddyn, meddai wrth Peter Hughes Griffiths, a 'benderfyna'r hyn a wneir o Kilbrandon gan y Llywodraeth nesaf'.[79] Y cam cyntaf ar hyd y llwybr hwn oedd cyhoeddi adroddiad Comisiwn Kilbrandon, a serch nad oedd dyddiad cyhoeddi wedi dod i law, mynnodd Gwynfor fod ei blaid yn barod ar ei gyfer. Dyma felly fu strategaeth wleidyddol Plaid Cymru ar hyd haf 1973, a cheisiwyd sicrhau fod aelodau cyffredin y blaid yn gwybod am yr adroddiad ac yn ei ddisgwyl.[80] Ochr yn ochr â hyn, bu Gwynfor, Dafydd Wigley a Phil Richards yn cynllunio gogyfer â'r hyn y dylid ei wneud pan welai Kilbrandon olau dydd. Rhoddwyd ystyriaeth i gyfres o ddigwyddiadau trawiadol i nodi'r digwyddiad – o goelcerthi i gystadleuaeth Miss Kilbrandon![81]

Roedd brwdfrydedd Gwynfor dros Kilbrandon yn gwbl heintus i'r graddau ei fod yn rhoi'r ceffyl yn gyfan gwbl o flaen y cart. Yn ystod Awst 1973, synnodd nifer yn yr Ysgol Haf pan ddywedodd na ddylai Plaid Cymru ymladd etholiadau seneddol unwaith y sefydlid y Cynulliad. Beirniadwyd y datganiad gan rai yn ei blaid gan y byddai gweithredu'r awgrym yn rhoi rhwydd hynt i'r Blaid Lafur ond, ym meddwl Gwynfor, doedd yna ddim cwestiwn erbyn hynny y byddai'r naill blaid neu'r llall yn sefydlu Cynulliad.[82] Cyflymodd y drafodaeth gyfansoddiadol yn rhengoedd Plaid Cymru wrth i frwydr yr iaith oeri – yn enwedig pan sefydlwyd Cyngor yr Iaith Gymraeg ym mis Medi. Siop siarad ddihafal oedd y cyngor (er cystal y bobl arno), ond yn ffodus i Gwynfor, bu ei sefydlu yn fodd o dynnu'r gwres o'r frwydr ieithyddol gan hoelio sylw cenedlaetholwyr ar gwestiynau cyfansoddiadol.

Erbyn Cynhadledd Flynyddol Plaid Cymru, ddiwedd mis Hydref 1973, roedd Gwynfor fel plentyn teirblwydd ar noswyl Dolig. Dyddiau'n unig oedd yna cyn cyhoeddi Kilbrandon a theimlai'n ddigon hyderus i fedru dweud heb

flewyn ar ei dafod wrth y gohebwyr a ymgasglodd yn Aberystwyth mai'r chwe
mis nesaf fyddai'r pwysicaf yn hanes Cymru.[83] Roedd hyder y llywydd i'w weld
yn y cynadleddwyr hefyd. O fwyafrif mawr, trechwyd cynnig o eiddo cangen
Rhiwbina a ofidiai'n 'ddwys dros y brwdfrydedd gormodol a ddangosid gan
arweinyddion y Blaid tuag at y Cynulliad Cymreig rhagweledig'.[84] I Gwynfor,
fodd bynnag, doedd yna ddim dewis arall: ac yntau wedi ymgyrchu dros senedd
cyhyd, barnodd mai hurtrwydd fyddai hollti blew ynghylch y wobr fawr. A chyda
phethau'n edrych cystal, nid cyd-ddigwyddiad yw hi i Gwynfor gyhoeddi ei fwriad
i ymddeol o'r llywyddiaeth ymhen dwy flynedd pan fyddai'n 63 oed.[85] Gadawodd
hyn, yn ôl y sylwebwyr, dri olynydd posibl: Dr Phil Williams, Emrys Roberts a
Dafydd Wigley, gyda Phil Williams yn ffefryn clir i ennill yr olyniaeth.[86]

Ddeuddydd ar ôl i Gwynfor ddatgelu ei fwriad i ymddeol, ar 30 Hydref,
cyhoeddwyd Adroddiad Kilbrandon. Serch ei fod yn erthyl o adroddiad ar lawer
ystyr, plesiwyd Plaid Cymru'n arw gan ei gasgliad canolog, sef y dylai Cymru a'r
Alban gael cynulliadau. Anwybyddwyd yr anghydfod sylfaenol yn yr adroddiad
ynghylch sut yn union y dylai datganoli weithio, ac o fewn dim, dechreuodd Plaid
Cymru weithredu ei chynllun Kilbrandon gan ddatgan yn groch mai hi oedd yn
gyfrifol am yr argymhellion. Calonogwyd Gwynfor yn fwy fyth gan yr ymateb
lled gadarnhaol a gafwyd gan Heath, wrth iddo addo cyflwyno Papur Gwyn ar
ddatganoli cyn yr etholiad cyffredinol.[87] Roedd hi hefyd yn edrych yn debyg
y byddai'r Blaid Lafur Gymreig yn gweithredu ar Kilbrandon ar ôl i Michael
Foot lwyddo i argyhoeddi'r aelodau Cymreig yn llwyr o rinweddau'r adroddiad.
Roedd y grŵp hwn yn cynnwys aelodau fel Alan Williams, Neil Kinnock a Ted
Rowlands, ond doedd yna ddim amheuaeth ym meddwl David Rosser, golygydd
gwleidyddol y *Western Mail*, fod y beirniaid wedi'u dofi: 'At the end of two hours,
the Welsh group contained no waverers'.[88] Ddiwedd Tachwedd, gwireddwyd yr
addewid gofalus hwn pan gyhoeddodd George Thomas, Llefarydd yr Wrthblaid
ar Gymru, y byddai Llafur yn sefydlu Cyngor etholedig yng Nghaerdydd.[89] Yn
wir, dim ond yn y wasg Seisnig – mewn papurau fel y *Sun*, yr *Express* a'r *Daily
Telegraph* – y ceid tystiolaeth glir fod yna garfan hollol wrthwynebus i argymhellion
Kilbrandon. Ond fesul tipyn, fel y ceir gweld, trodd y grwgnach hwn yn gorwynt
o feirniadaeth.

Gyda synnwyr trannoeth, mae'n eglur fod hyder cychwynnol Plaid
Cymru yn Kilbrandon yn gamgymeriad enbyd ond, yn y dyddiau a ddilynodd
cyhoeddi Kilbrandon, ni welwyd unrhyw wrthwynebiad trefnedig gan Aelodau

Seneddol Llafur na Cheidwadol i'w argymhellion. Roedd yr argyfwng olew hefyd o gymorth i Blaid Cymru gan fod hynny'n grymuso'u dadl ynghylch hawl Cynulliad i elwa o olew Cymreig. O gofio hyn, gellir maddau i Gwynfor am ei ffydd ddi-sigl bod datganoli ar y ffordd, a bod Kilbrandon wedi newid popeth. Mewn un cyfarfod yn Llandeilo ganol Tachwedd, er enghraifft, honnodd nad oedd y blaid wedi profi 'such heady days since the Carmarthen by-election of 1966'.[90] Anos, fodd bynnag, yw deall agwedd Gwynfor o fis Rhagfyr ymlaen, pan ddechreuodd gwrthwynebiad gyniwair yn rhengoedd y Blaid Lafur. Wrth weld y nacawyr Llafurol hyn yn magu plwc, daeth i'r casgliad y byddai Plaid Cymru'n elwa o unrhyw rwyg yn rhengoedd Llafur ar ddatganoli.[91] Mantais fawr arall Kilbrandon (er na soniodd Gwynfor erioed am hyn) oedd ei fod yn caniatáu i Blaid Cymru wahaniaethu eu hunain yn gwbl glir o Gymdeithas yr Iaith. I'r gymdeithas a'u cadeirydd ffwndamentalaidd, Emyr Hywel, roedd Plaid Cymru'n brwydro dros ryw 'dwyll fesur ar lywodraeth a argymhellwyd... heb sylweddoli fod blynyddoedd lawer yn rhwym o fynd heibio cyn y bydd Senedd Lloegr yn rhoi unrhyw ystyriaeth i argymhellion y Comisiwn hwnnw'.[92]

Roedd tawedogrwydd Cymdeithas yr Iaith Gymraeg hefyd yn hwb ar drothwy etholiad cyffredinol tebygol. Y symbol grymusaf o hyn oedd dewis Dafydd Iwan yn ymgeisydd Plaid Cymru dros Ynys Môn – penderfyniad a ddehonglwyd gan y *Western Mail* fel prawf bod Cymdeithas yr Iaith 'at the crossroads' a bod yr elfen gymedrol yn y gymdeithas yn troi at Blaid Cymru.[93] Digwyddodd y symudiad yn ôl at wleidyddiaeth gyfansoddiadol wrth i'r sefyllfa economaidd waethygu'n arw. Gydag olew yn brin a'r glowyr yn gweithio oriau byrion, gwelwyd golygfeydd digon gerwin: yn y gogledd, roedd yna brinder affwysol o danwydd, diffoddai'r trydan yn fynych a rhwystrwyd y capeli rhag cynhesu eu hadeiladau. Erbyn Rhagfyr 1973, synhwyrai Gwynfor fod y llywodraeth ar fin syrthio, a rhybuddiodd ei Ysgrifennydd Cyffredinol, Dafydd Williams, y gallai Heath 'gael ei demtio i fynd am etholiad yn gynnar yn y flwyddyn' – yn enwedig, meddai, 'wrth weld helynt y rheilffyrdd yn debyg o ychwanegu at helyntion y glowyr'.[94]

Drwy gydol Ionawr, aeth y darogan rhagddo ynghylch pryd yn union y byddai'r etholiad, ond roedd hi'n amlwg mai mater o amser yn unig oedd hi cyn i lywodraeth Heath syrthio. Ar 4 Ionawr, cymeradwywyd maniffesto Plaid Cymru – *Cymru Gyfoethog neu Brydain Dlawd* – a geisiodd gyplysu argymhellion Kilbrandon gyda'r angen i reoli cyfoeth newydd Cymru pan lifai'r olew.[95] Roedd y ddogfen hefyd, o dan ddylanwad John Osmond a Phil Williams, yn un neilltuol o asgell chwith. Ond trwy Blaid Cymru gyfan, roedd yna deimlad bod Kilbrandon a'r argyfwng ynni wedi creu hinsawdd 'tailor made', chwedl golygydd y *Welsh Nation*,[96] ar gyfer llwyddiant etholiadol i'r blaid, yn enwedig i Dafydd Wigley yng Nghaernarfon – y sedd yr ystyrid fel yr un debycaf o syrthio i gôl Plaid Cymru.[97] Credai Gwynfor y gallai Plaid Cymru ennill cynifer ag wyth o seddau ac y byddai 'snap election' yn fanteisiol i'w blaid.[98] Pan bleidleisiodd y glowyr o blaid streic genedlaethol ar ddiwedd Ionawr, rhagwelwyd ei bod yn gwbl anochel y deuai'r pôl yn fuan – proffwydoliaeth a gadarnhawyd ar 7 Chwefror, pan alwyd etholiad gan Edward Heath.

Yn genedlaethol roedd Plaid Cymru, yn dilyn cymaint o ddarogan ynghylch dyddiad y lecsiwn, yn barod. Yn etholaeth Caerfyrddin – *y* sedd Gymreig a ddenodd y sylw mwyaf – roedd pethau'n well fyth, a'r gobaith yno'n adlewyrchu'r gwaith caled a wnaed yn ystod hydref 1973 gan Peter Hughes Griffiths. Trwy chwys ei lafur ef, dosbarthwyd taflen – *Gwynfor Evans and You* – i ymron pob tŷ yn yr etholaeth, ac erbyn i'r etholiad gael ei alw, roedd llawer o'r gwaith angenrheidiol eisoes wedi ei wneud.[99] Roedd Peter Hughes Griffiths hefyd yn barod i wneud y gwaith brwnt dros Gwynfor, ac elwodd ar bob cyfle i bortreadu Gwynoro Jones fel rwdlyn gwrth-Gymraeg a chanddo ymlyniad sentimental wrth anghydffurfiaeth.[100] Sicrhaodd Peter Hughes Griffiths a'r asiant, Cyril Jones, fod yna dîm ymroddedig ar y maes yn ogystal – gwŷr fel Alun Lloyd, Aled Gwyn a D O Davies a adwaenai Sir Gâr a'i phobl yn llawer gwell na Gwynfor. Roedd D O Davies yn ddigon siarp ei dafod i sicrhau mai Caerfyrddin, nid gweddill Cymru, fyddai blaenoriaeth Gwynfor ac ysgrifennodd ato gyda'r rhybudd diamwys hwn: 'Ni ellir fforddio lot o bobl bach neis yn llio'u gweflau wrth addoli Gwynfor a mynd i gysgu dan freuddwydio am 1966 a "Gad fi'n llonydd" yn weddi iddyn nhw. Ddaw 1966 fyth nôl gyda'i ramant meddwol'.[101] Erbyn diwedd yr wythnos gyntaf, roedd y canfas cyntaf wedi ei gwblhau – camp ryfeddol o gofio maint yr etholaeth. Rhyfeddach fyth oedd egni Gwynfor yn ystod yr ymgyrch fer ac yntau erbyn hynny yn tynnu at oed pensiwn.

Ond er gwyched y peiriant etholiadol, nid ar chwarae bach y gellid trechu Gwynoro Jones. Roedd streic y glowyr yn creu problemau penodol i Blaid Cymru gan i'r etholiad gael ei ymladd bron â bod yn gyfan gwbl ar faterion 'Prydeinig'. Hwn oedd yr etholiad a oedd i fod penderfynu pwy a reolai Brydain – y glowyr ynteu Heath – ond, yn y wasgfa ddeallusol, tueddid i anghofio materion Cymreig. Roedd streic y glowyr hefyd yn golygu fod y Blaid Lafur yn debygol o gael ei phleidleiswyr allan, gan ddwysáu dilema Plaid Cymru. A oedd hi am ymladd y Blaid Lafur ar faterion diwydiannol ynteu a oedd hi am dorri ei chwys ei hun a phwysleisio ei chenedlaetholdeb? Roedd mantais Gwynoro Jones yn fwy fyth gan fod ei dad yn saer yng nglofa Cynheidre – er bod Jones mewn gwirionedd ar adain dde'r Blaid Lafur, a heb nemor ddim cydymdeimlad ag arweinwyr yr NUM. Ond ta waeth am hynny, Gwynoro Jones, os coelir ei faldordd etholiadol, oedd 'cyfaill y colier', y Dafydd a ymladdai yn erbyn y Goliath cenedlatholgar hwnnw, Gwynfor Evans.

Heb amheuaeth, roedd hi'n sefyllfa anodd i Blaid Cymru wrth iddi geisio setlo ar gwrs gwleidyddol. Yn genedlaethol, yr oedd strategaeth sosialaidd wedi ei saernïo i Blaid Cymru ond, yn etholaeth Caerfyrddin, anwybyddodd Gwynfor dalpiau helaeth o faniffesto ei blaid mewn ymgais i ennill pleidleisiau Rhyddfrydol. Wedi'r etholiad, cyfaddefodd wrth Rhys Davies pa mor anhapus yr oedd gyda'r sefyllfa gan fod llawer o'r syniadau a ddatblygwyd gan Phil Williams ynglŷn â rheolaeth y gweithwyr yn 'half-baked'. Barnai hefyd y dylai'r blaid fod yn 'tentative and experimental' gyda syniadau o'r fath. Llawn cynddrwg, yn nhyb Gwynfor, oedd i'r maniffesto fethu â rhoi cenedlaetholdeb wrth wraidd gweledigaeth Plaid Cymru:

> There was a general feeling that the impression had been given that we were more socialist (a word that I have always rejected) than nationalist… My own campaign was almost wholly on national political and cultural issues.[102]

Nid na wnaeth Gwynfor ddim dros y glowyr, a dim ond teg yw nodi iddo bwysleisio droeon pa mor annigonol oedd eu codiad cyflog.[103] Er hynny, roedd y rhethreg a ddefnyddiwyd yng Nghaerfyrddin yn hollol wahanol i'r hyn a gafwyd yn genedlaethol gan ei blaid – gwahaniaeth a welwyd gliriaf pan gyhoeddodd Gwynfor bamffled etholiadol a danlinellai pa mor bwysig oedd cadw'r 'Gwareiddiad Cristnogol' yn fyw.[104]

Ond roedd y ddrama fawr i ddod ar 28 Chwefror – noson y bleidlais. Pan gyrhaeddodd y blychau cyntaf adeilad cyfarwydd y Guildhall yng Nghaerfyrddin, edrychai pethau'n hynod addawol i Gwynfor. Yr argraff glir wrth i'r sgwâr lenwi oedd bod Plaid Cymru'n gwneud yn dda ac, mewn rhai llefydd, yn curo Llafur. Yna, wrth i ragor o flychau gyrraedd ac wrth i'r pleidleisiau gael eu dosbarthu, daeth hi'n amlwg y byddai'r canlyniad yn un agos tu hwnt.[105] Trodd pawb eu sylw at y 97 pleidlais a ddifethwyd – cyfran bitw o'r 50,000 a fwriwyd, ond digon i droi'r fantol. Roedd y tensiwn yn drydanol pan sylweddolwyd, am ddeng munud i dri y bore, fod Gwynoro Jones ar y blaen o ddeg pleidlais yn unig – 17,205 i 17,195. Dyna pryd y galwyd am yr ailgyfrif cyntaf. Awr a hanner yn ddiweddarach, am bum munud ar hugain i bump y bore, gwelwyd bod y bwlch yn fwy cyfyng fyth ac mai tair pleidlais bellach oedd mantais Gwynoro Jones. Yn anochel, o gofio'r amgylchiadau, galwyd am ailgyfrif arall. Erbyn hyn, roedd nerfau nifer yn y cyfrif yn rhacs, a neb yn fwy felly na Gwynoro Jones ei hun. Byddai'n dal ambell bapur pleidleisio i fyny yn erbyn y golau gan graffu i weld pwy yn union oedd piau'r groes.[106] Roedd y Pleidwyr hefyd yn dioddef yn enbyd, a chyfaddefodd Peter Hughes Griffiths fod yn rhaid 'wrth galon o ddur' i fod yno.[107] Ymgiliodd Gwynfor i ystafell o'r neilltu i wylio'r cyfan ac am ddeng munud i chwech y bore, gyda'r sgwâr ynghudd dan niwlen drwchus, clywyd y newydd yr oedd Gwynfor wedi bod yn gweddïo amdano – roedd ar y blaen o bedair pleidlais ac o bosibl am ymuno â Dafydd Elis Thomas a Dafydd Wigley yn Nhŷ'r Cyffredin. Ond, yn awr, tro'r Blaid Lafur oedd hi i alw am gyfrif arall; fodd bynnag, oherwydd blinder y clercod, cyhoeddodd y Swyddog Etholiadol na fyddai'r pedwerydd cyfrif yn digwydd tan bedwar o'r gloch y prynhawn hwnnw.

Roedd llygaid y byd ar Gaerfyrddin wrth i'r pleidiau ailymgynnull ar yr awr a bennwyd. Erbyn hynny, roedd hi'n amlwg fod Prydain am gael senedd grog – y gyntaf er 1929 – gan wneud canlyniad Caerfyrddin yn fwy arwyddocaol fyth. Dair awr a hanner yn ddiweddarach, am bum munud ar hugain i wyth y nos, trodd y fantol unwaith eto a gwelwyd bod Llafur yn ôl ar y blaen – y tro hwn gyda mwyafrif o un. Am y tro olaf, y pumed gwaith, cyfrifwyd y pleidleisiau drachefn, ond doedd yna ddim gwyrth am ddigwydd y tro hwn i Gwynfor. Am ddeg o'r gloch, cyhoeddwyd bod Gwynoro Jones ar y blaen o dair pleidlais. Daeth Gwynfor o dan bwysau anferthol i alw am chweched cyfrif ond, ar y pwynt yma, cafodd gyngor amhrisiadwy o ddoeth. Cynghorwyd Gwynfor gan Wynne Samuel i dderbyn y canlyniad, gan y credai y byddai'n llawer gwell colli o dair pleidlais nag ennill o dair. Gydag etholiad cyffredinol arall yn debygol o gael ei alw o fewn misoedd, dadleuodd Samuel y byddai momentwm, heb sôn am gydymdeimlad, yn debygol o fod ar ochr Gwynfor. Bu'n ddigon doeth hefyd i anwybyddu'r sôn a gafwyd am ddyrnaid o bleidleisiau a ganfuwyd mewn bin sbwriel. Am ddeg o'r gloch y nos, cyhoeddwyd bod Gwynfor, er mawr siom i'w gefnogwyr yn y sgwâr islaw, wedi derbyn y canlyniad.[108]

Roedd yn ben ar un o'r diwrnodau mwyaf chwedlonol yng ngwleidyddiaeth

Cymru, ond roedd yna deimladau cymysg yn rhengoedd Plaid Cymru. Ar y naill law, roedd yna lawer i'w ddathlu gan fod cyfanswm y seddau – dwy – yn fwy nag y bu erioed. Am y tro cyntaf, roedd Plaid Cymru wedi ennill seddau seneddol mewn etholiad cyffredinol. Golygai presenoldeb y 'Ddau Ddafydd' yn San Steffan fod gan Blaid Cymru echel gref i ysgwyddo'r beichiau yr oedd Gwynfor wedi eu cario cyhyd. Ond y peth mawr i Gwynfor oedd ethol Dafydd Wigley. Yn awr, gwyddai i sicrwydd fod yna rywun dibynadwy y medrai drosglwyddo awenau'r llywyddiaeth iddo ymhen blwyddyn. Gwyddai hefyd fod Wigley yn ddigon cryf bellach i drechu unrhyw her bosibl gan Emrys Roberts neu Phil Williams. O hyn ymlaen, Gwynedd a Dafydd Wigley, yn nhyb Gwynfor, fyddai'n llywio cwrs gwleidyddol y blaid. Ddyddiau wedi'r etholiad, ysgrifennodd at Rhys Davies er mwyn datgan bod ei etifeddiaeth yn saff yn nwylo Dafydd Wigley ac na châi ei difetha gan giwed gecrus y de:

> His [Dafydd Wigley] parliamentary position gives him a great advantage; and anyway there has been a massive shift in party leadership from the south to Gwynedd, not only in the parliamentary field but even more in local government. Gwynedd will be setting the pace for years to come; this is the historic bastion of Welsh nationhood.[109]

Ond nid cadernid Gwynedd oedd yr unig beth i lonni Gwynfor. Yng Nghaerfyrddin hefyd, roedd yna addewid mawr gan fod cyfanswm pleidleisiau terfynol Gwynfor (17,162) yn uwch na'r bleidlais a gawsai yn yr isetholiad. Yr unig faen tramgwydd i Gwynfor oedd presenoldeb Rhyddfrydwyr Sir Gâr, a'r ffaith i'w pleidlais gynnal yn wyrthiol a hwythau wedi ymgyrchu cyn lleied. Ys dywedodd wrth Rhys Davies: 'If there had been an election at Carmarthen three weeks earlier, we would have won by 10,000 and the Liberals would have lost their deposit'.[110]

Ar y llaw arall, roedd yna ddigalondid i'w deimlo ar adain chwith Plaid Cymru. Yn breifat, teimlai prif ladmerydd y garfan honno, Dr Phil Williams, siom gan fod y canlyniad yn cadarnhau'r canfyddiad mai plaid i'r gorllewin Cymraeg oedd Plaid Cymru.[111] Yn y trefi, diflannodd Plaid Cymru, ac roedd perfformiad y blaid yn y cymoedd hefyd yn hynod siomedig. Os oedd angen prawf mai tân siafins oedd y llwyddiant a gafwyd rhwng 1967 a 1972, hwn ydoedd. Yn genedlaethol, collodd Plaid Cymru dir a chwympodd y bleidlais o'r 11.5 y cant a gafwyd ym 1970 i 10.8 y cant. Yn yr Alban, roedd yna duedd wahanol i'w gweld; yno, cynyddodd pleidlais yr SNP yn sylweddol. Mewn geiriau eraill, roedd Plaid Cymru ar fin cyrraedd carreg derfyn ddiwylliannol ac etholiadol; o hynny ymlaen, byddai'n cryfhau yn ei chadarnleoedd ond yn edwino y tu allan i'r Gymru Gymraeg. Yn hynny o beth, roedd dadansoddiad pesimistaidd Phil Williams o'r canlyniad yn hollol gywir.

Byr, a dweud y lleiaf, oedd yr ymholi gan fod yna bethau pwysicach fyth i'w gwneud. Am rai dyddiau wedi'r etholiad, parhaodd y berw gwleidyddol, wrth i Edward Heath geisio llunio llywodraeth glymblaid rhwng y Torïaid, y Rhyddfrydwyr ac o bosibl Plaid Cymru. O gofio pa mor dynn oedd y rhifyddeg – 296 sedd i Heath a 301 i Wilson – bu'n rhaid i Blaid Cymru benderfynu ar ei hagwedd tuag at y cwestiwn tyngedfennol hwn, a hynny ar fyrder.[112] Ar nos Sul, 3 Mawrth, cyfarfu penaethiaid Plaid Cymru yn Nolgellau i drafod y mater. Ofnai ambell Bleidiwr y câi Gwynfor ei demtio gan fargen ond gwrthodwyd y cynnig – penderfyniad nad oedd yn syndod o gofio cysylltiadau agos Dafydd Elis Thomas ac, i raddau llai, Dafydd Wigley, ag asgell chwith y Blaid Lafur.[113] Ddeuddydd yn ddiweddarach, hysbyswyd Edward Heath nad oedd Jeremy Thorpe ychwaith yn bleidiol i briodas wleidyddol. O ganlyniad, camodd Harold Wilson drachefn dros drothwy rhif deg Downing Street.

Roedd yn ddiwedd ar bum niwrnod rhyfeddol yng ngwleidyddiaeth Prydain, ond roedd methiant Wilson i ennill mwyafrif wedi rhoi Plaid Cymru mewn sefyllfa hynod gref. Yn San Steffan, aeth y chwipiaid Llafur ati i gyfarch y 'Ddau Ddafydd' fel tywysogion a chawsant eu rhoi yn rhai o ystafelloedd mwyaf ysblennydd Palas Westminster. Ond roedd y trawsnewidiad yng Nghymru yn fwy trawiadol fyth. Yn gwbl groes i'r disgwyl, John Morris, ac nid George Thomas, a benodwyd yn Ysgrifennydd Cymru. Golygai hyn fod yna ddatganolwr pybyr ym Mharc Cathays ac, o'r dechrau'n deg, fe'i gwnaeth yn gwbl glir mai ei flaenoriaeth fyddai gweithredu argymhellion Kilbrandon.[114] Er bod nifer yn amau diffuantrwydd Wilson ynghylch datganoli, nid oedd lle o gwbl i amau John Morris – canfyddiad a atgyfnerthwyd pan benodwyd Gwilym Prys Davies yn ymgynghorydd arbennig iddo. Ac yn syth wedi'r etholiad, cafwyd awgrym cryf bod Wilson ei hun am weld datganoli'n llwyddo pan benodwyd yr Arglwydd Crowther-Hunt i fod yn ymgynghorydd iddo ar y mater. Cafwyd addewid hefyd y byddai Crowther-Hunt ar gael i roi cyngor i Blaid Cymru a'r SNP os mynnent. O fewn y mis, cyfarfu Crowther-Hunt â Wigley ac Elis Thomas gan eu canmol wrth John Morris am ddangos 'a most friendly and co-operative attitude'. Ar sail y trafodaethau cudd hyn, credai Crowther-Hunt fod Wigley ac Elis Thomas yn barod i fargeinio a derbyn 'something that fell very short of their long term aims'.[115] Prin y medrai

Gwynfor goelio beth oedd yn digwydd gan ddisgrifio tirlun gwleidyddol cwbwl newydd wrth Elwyn Roberts:

> Onid yw pethau'n symud yn gyflym yn awr? Mae'n amlwg fod Wilson yn cymryd Kilbrandon o ddifrif, er y gall fod yn paratoi am etholiad. Nid yw'n debyg iawn yr aiff ymlaen am flwyddyn, ond pe gwnâi, gallem weld mesur i sefydlu rhyw fath o Gynulliad etholedig i Gymru gerbron y Senedd eleni.[116]

Roedd yna nifer, yn enwedig ar chwith ei blaid, yn amau ai doeth oedd hyder o'r fath, ond achubodd Gwynfor ar bob cyfle i argyhoeddi aelodau cyffredin ei blaid ei hun o'r newid a ddigwyddai yn rhengoedd y Blaid Lafur. Gwnâi'n fawr hefyd o allu'r 'Ddau Ddafydd' i wasgu pob math o gonsesiynau allan o groen y Llafurwyr. Yn amlach na pheidio, felly, Dafydd Wigley a Phil Williams oedd yr unig ffigurau o bwys yn rhengoedd Plaid Cymru i amau cymhellion Llafur, fel ar fater y Papur Gwyrdd ar ddatganoli a gyhoeddwyd ym Mehefin.[117] O enau Gwynfor, ni chlywyd smic.

Ond wrth i Blaid Cymru a Llafur anwylo'i gilydd ar lefel Brydeinig, roedd hi'n stori dra gwahanol ar lawr gwlad yn Sir Gâr. Yno, gyda phawb yn disgwyl etholiad buan, roedd pethau'n futrach nag erioed ac, i bob pwrpas, bu'n rhaid i bobl dda etholaeth Caerfyrddin ddioddef ymgyrch etholiadol ddi-baid o Chwefror tan Hydref 1974. Roedd yna fai ar y ddwy ochr am y cecru plentynnaidd a welwyd ond, heb amheuaeth, Gwynoro Jones, â'i gefn yn erbyn y wal, oedd fwyaf ar fai. Ceisiodd lanio sawl ergyd heb fawr o lwyddiant, ond y trobwynt diamheuol oedd y defnydd a wnaeth o'r Ail Ryfel Byd wrth iddo gyhuddo arweinwyr Plaid Cymru o fethu â dewis rhwng Prydain a Hitler. Hyd yn oed yng nghyd-destun gwleidyddiaeth Sir Gaerfyrddin, roedd hi'n ergyd galed. Y paragraff hwn o'i eiddo – a ddyfynnwyd yn llawn yn y papur lleol – a daniodd y goelcerth:

> When the Nationalist Party policy towards the Second World War was NEUTRALITY – i.e. they could not choose between Britain and Hitler – there were sufficient patriots in Wales who fought so that we can enjoy the freedom of speech, religion, etc. today.[118]

Os bwriad Gwynoro Jones oedd creu helynt, yna fe lwyddodd y tu hwnt i'w ddisgwyliadau. Am wythnosau wedi hynny, atgyfodwyd hen ddadleuon ynghylch heddychiaeth Gwynfor a chollodd Plaid Cymru fomentwm sylweddol.

Yn ychwanegol at hynny, roedd yna broblem bersonol anos fyth yn wynebu Gwynfor. Ddiwedd Mai 1974, daeth hi'n amlwg bod yr hwch ar fin mynd drwy'r siop yn y Tai Gerddi a bod y busnes garddwriaethol yn wynebu dyledion o filoedd o bunnoedd. Yr unig ateb rhesymegol oedd cau'r busnes a dyna oedd dymuniad rhan o'r teulu, ond y broblem fawr oedd bod y busnes ar dafod leferydd yn Sir Gâr yn cael ei adnabod fel busnes Gwynfor. Achosodd hyn anghydweld yn y teulu a bu Ceridwen yn arbennig o feirniadol o flerwch ei brawd gan ysgrifennu ato fel hyn: 'I really cannot understand Gwynfor why all these wonderful opportunities in such a glorious part of Wales are left to rot... If English people bought the farm and glasshouses and made an attractive estate of it, I suppose it would get bashed about'.[119] Ond er dued y sefylla, ni fedrai Gwynfor gau'r gerddi rhag ofn y gwnâi'r Blaid Lafur fôr a mynydd o'r diswyddiadau anochel a ddeilliai o'r fath sefyllfa. Canlyniad hyn oedd i Alcwyn ei frawd orfod cadw'r busnes i fynd tan yr etholiad. Wedi hynny, fe gaewyd y gerddi yn dawel bach gan adael dyledion o filoedd o bunnoedd yn enw Gwynfor – dyledion a gliriwyd unwaith eto gan Alcwyn.

Bu cymorth Alcwyn yn allweddol, gan alluogi Gwynfor i ymgyrchu'n barhaus (er gwaethaf ei flinder) trwy gydol gwanwyn a haf 1974. Fel yn ystod etholiad Chwefror 1974, dibynnai'n drwm ar Cyril Jones a Peter Hughes Griffiths wrth i'r Blaid Lafur arllwys adnoddau dihysbydd i mewn i'r etholaeth. Rhwng dau etholiad y flwyddyn honno, tyrrodd nifer o Weinidogion Llafur amlwg i'r sir gan geisio rhoi sbonc i ymgyrch Gwynoro Jones. Ond, y tro hwn, roedd yna lawer o bethau o blaid Gwynfor, nid yn lleiaf y rhaniadau yn rhengoedd Plaid Lafur Caerfyrddin. Ers tua 1972, roedd Gwynoro Jones wedi digio rhai o hoelion wyth Llafur yn yr etholaeth gyda'i gefnogaeth i Ewrop a'i ochelgarwch tuag at ofynion cyflog yr NUM. Gwaeth na dim o safbwynt y beirniaid, fodd bynnag, oedd y ffaith iddo ochri gydag adain dde y Blaid Lafur, y garfan honno a gynhwysai wŷr trymion fel Bill Rodgers a Roy Jenkins – y gwŷr a fyddai ymhen saith mlynedd yn sefydlu'r SDP. Erbyn haf 1974, roedd asgell chwith y Blaid Lafur am waed Gwynoro Jones a dechreuodd rhai o'i gefnogwyr llai teyrngar gilio.[120] Digwyddodd hyn i'r fath raddau nes i Neil Kinnock, aelod Bedwellte ac un o lefarwyr amlycaf y chwith, fedru haeru'n hyderus fod Gwynoro yn: '... myopic old fool who, by denying the elementary conviction of party has probably committed electoral hari-kiri – so we won't have to worry about him'.[121]

Nid am y tro cyntaf, roedd Neil Kinnock yn gormodieithu, ond roedd yna elfen o wirionedd yn ei ryddiaith borffor. Mae hefyd yn wir i Gwynfor elwa o fudandod byddarol Cymdeithas yr Iaith Gymraeg wrth i'r ymrannu rhwng carfanau Adfer a Chymdeithas yr Iaith waethygu.[122] Golygai'r tensiynau hyn na ddigwyddodd fawr o weithredu uniongyrchol rhwng y ddau etholiad. Golygai hefyd na chafwyd y penawdau condemniol hynny a fu'n gymaint o falltod ar Blaid Cymru Sir Gaerfyrddin. O gofio hyn, ni chafodd penderfyniad Cymdeithas yr Iaith Gymraeg i wrthod cais Plaid Cymru Sir Gaerfyrddin am gadoediad fawr o effaith.[123] Fodd bynnag, efallai mai'r arwydd cliriaf o afael Gwynfor dros genedlaetholdeb Cymreig oedd penderfyniad Saunders Lewis i wrthod derbyn llywyddiaeth anrhydeddus Plaid Cymru. Wrth esbonio'i resymau, haerodd Saunders Lewis y deuai haeddiant Gwynfor: 'yn amlycach gyda'r blynyddoedd. Fe gadwodd y blaid rhag peryglon mawr o'r tu mewn ac fe enillodd iddi barch ac ofn o'r tu allan'.[124]

Oherwydd ei sefyllfa gref, cafodd Gwynfor ei hun yn rhydd i fedi'r clod gwladgarol a ddaeth i'w ran pan gyhoeddwyd papur gwyn y llywodraeth ar ddatganoli i Gymru a'r Alban – y tro cyntaf i bapur o'r fath weld golau dydd yn hanes gwleidyddol Prydain. Hwn, meddai Ann Clwyd, gohebydd y *Guardian*, oedd 'the most important event since the Act of Union in 1536'[125] serch i Gwynfor ei ddisgrifio fel 'raspberry'.[126] A hon, i bob pwrpas, fyddai gweithred olaf ail lywodraeth Wilson. Ddeuddydd yn ddiweddarach, ar 19 Medi, galwodd Wilson etholiad yn y gobaith yr enillai fwyafrif i'w lywodraeth. Rhoes hyn Plaid Cymru mewn sefyllfa gref; nid yn unig yr oedd dechrau'r ymgyrchu go iawn yn ddiwedd ar wythnosau o ddarogan diflas, ond roedd galw etholiad mor fuan yn dilyn cyhoeddi'r papur gwyn yn golygu y medrai Plaid Cymru'n droi'r pôl yn 'etholiad y papur gwyn'. Drachefn a thrachefn, pwysleisiodd Plaid Cymru mai dim ond hi a fedrai roi rhywfaint o gig ar addewidion Wilson.

Dyma lle roedd Gwynfor ar ei hapusaf ac ar ei orau efallai – y gwleidydd pragmataidd a geisiai argyhoeddi etholwyr Cymru o allu ei blaid i ddiwygio'r drefn drwy San Steffan. Dyna gyfeiriad yr apêl a gafwyd yn Sir Gaerfyrddin, ac achubodd Gwynfor ar bob cyfle i atgoffa'r etholwyr o'r hyn a gyflawnodd Dafydd Elis Thomas a Dafydd Wigley oddi ar fis Chwefror.[127] O ran egwyddorion gwleidyddol, ni chafwyd sill am sosialaeth dybiedig Plaid Cymru yn ei lenyddiaeth etholiadol, ac atebai'r cyhuddiad cyfarwydd o fod yn Dori Cymreig â'r ateb llawn mor gyfarwydd taw 'radical' Cymreig ydoedd. Roedd Gwynfor *yn* digwydd credu hynny o waelod calon, ond roedd medru apelio at bawb, yn enwedig ffermwyr Ceidwadol a Rhyddfrydol Sir Gâr, yn allweddol yn yr ornest a ddisgrifid gan y wasg fel 'Gwynoro v Gwynfor'.[128] Gwelid yr etholiad hefyd fel cyfle olaf Gwynfor i ddychwelyd i'r Senedd ac, wrth i'r ymgyrch ddirwyn i ben, roedd yna deimlad clir mai ef a fyddai'n fuddugol. Yn siop bwcis Dai George yng Nghaerfyrddin, Gwynfor oedd y ffefryn o led hewl wrth i un o ymgyrchoedd etholiadol hwyaf gwleidyddiaeth Cymru ddirwyn i ben. Gadawodd y drin argraff derfynol drawiadol ar ohebydd y *Daily Post*: Gwynoro Jones yn 'harrassed' a Gwynfor yn 'calm and confident'.[129]

Gwireddwyd yr hyder hwnnw yn ystod oriau mân 11 Hydref wrth i dorf o dair mil gyrraedd Sgwâr Nott i glywed y canlyniad. Hwn oedd y tro cyntaf i gyfrif etholiadol ddigwydd yn Neuadd San Pedr gerllaw ac, os rhywbeth, roedd y disgwylgarwch yn fwy na'r hyn oedd yn draddodiadol yn Sgwâr y Guildhall. Bron yn anochel, roedd chwerwder a meithder yr ymgyrch wedi creu awyrgylch sur ac annifyr, ac ofnai'r plismyn yno y gwaethaf. Fodd bynnag, achubwyd sefyllfa gas rhag troi'n anhrefn llwyr gan benderfyniad ysbrydoledig y Prif Arolygydd Viv Fisher i arwain y canu o falconi'r neuadd. Dechreuodd Fisher, cawr o blismon cydnerth a baswr o fri, ledio gyda 'Sosban Fach' a 'Calon Lân'. Erbyn cyrraedd 'Bendigedig Fyddo'r Iesu', roedd y dorf yn dathlu buddugoliaeth Dafydd Elis Thomas ym Meirion. Yna, wrth i gyfrif Caerfyrddin fynd rhagddo, tawelodd y dyrfa pan glywyd si am ailgyfrif yng Nghaernarfon. Ond buan y cododd banllef pan glywyd fod yr ail Ddafydd yn ôl yn San Steffan.[130]

Dim ond un canlyniad oedd yn weddill ac, am hanner awr wedi tri y bore, cyhoeddwyd Gwynfor yn fuddugol gyda 23,325 o bleidleisiau – y bleidlais fwyaf i unrhyw ymgeisydd yn hanes Plaid Cymru. Hon hefyd oedd yr unig sedd i Lafur ei cholli y noson honno ar draws y Deyrnas Unedig wrth i filoedd o Doriaid a Rhyddfrydwyr uno i drechu Gwynoro Jones. Heb amheuaeth, roedd yn ganlyniad cwbl unigryw ar noson ddigon siomedig i Blaid Cymru. Yn y cymoedd, roedd llanw Plaid Cymru ar drai ond aeth Caerfyrddin yn erbyn y lli – prawf clir bod gallu Gwynfor i apelio at genedlaetholwyr a gwladwyr ceidwadol cyn gryfed ag erioed. Fodd bynnag, yr un oedd yr effaith; am yr eildro, roedd yn ôl yn San Steffan er nad oedd pall ar ei atgasedd tuag at y lle. Ond, mewn cymhariaeth â 1966, roedd yna un gwahaniaeth enfawr. Gyda Llafur yn ôl mewn grym (serch gyda mwyafrif tila o dri), roedd Plaid Cymru a'r SNP mewn sefyllfa ymddangosiadol wych. Wrth iddo droi at San Steffan, credai Gwynfor yn gwbl ddiffuant fod Cynulliad ar ei ffordd ac y câi gwblhau cenhadaeth oes ymhen tair blynedd.[131] Prin y credai undyn y trôi'r freuddwyd yn llwch fel ag y gwnaeth, ond roedd hadau methiant 1979 eisoes wedi'u hau. Byddai'r methiant hwnnw'n peryglu popeth y safodd Gwynfor drosto – gan gynnwys ei einioes ei hun.

Pennod 11

CHWALFA, 1974–79

A R RYW YSTYR ARWYNEBOL, roedd canlyniad mis Hydref 1974 yn fuddugoliaeth ryfeddol i Blaid Cymru. Os oedd propaganda'r blaid i'w goelio, roedd Gwynfor yn dychwelyd yn fuddugoliaethus i San Steffan ac yn gwneud hynny er gwaethaf holl ddichell Plaid Lafur Sir Gaerfyrddin a chenedl o Gymry cachgïaidd. Roedd hefyd, meddid, yn dychwelyd fel gwaredwr, y gŵr fyddai'n troi'r papur gwyn ar ddatganoli yn gynulliad. Arwydd o'r parch newydd hwn oedd iddo gael ystafelloedd ysblennydd ger tŵr Big Ben pan ddychwelodd i'r Tŷ – symbol bychan ond clir bod pwysau Plaid Cymru'n cyfrif yng nghysegr sancteiddiolaf Prydeindod. Roedd yna arwyddion eraill bod yr amseroedd wedi newid. Ddyddiau wedi'r etholiad, fe'i ffoniwyd gan Jeremy Thorpe, arweinydd y Rhyddfrydwyr, ac fe gynigiodd ef y dylai'r ddwy blaid ddod i ddealltwriaeth. Doedd yna ddim clymblaid ar y bwrdd ond, yn sicr, ystyriai Thorpe gefnogaeth Plaid Cymru fel rhywbeth gwerth ei gael. Wedi'r cyfan, mwyafrif o dair sedd yn unig a gynhaliai Harold Wilson. O'i safle newydd grymus, gwrthododd Gwynfor gynnig Jeremy Thorpe.[1]

Ac yn wahanol i 1966, nid band-un-dyn oedd Gwynfor. Yn awr, roedd gan Blaid Cymru dri Aelod Seneddol, trindod a anfarwolwyd mewn llun a ddaeth i gael ei adnabod fel y 'Tad, y Mab a'r Ysbryd Glân'. Doedd neb yn hollol siŵr pwy oedd y Mab na'r Ysbryd Glân yn y *tableau* pert – y peth pwysig oedd bod Gwynfor, Wigley ac Elis Thomas yn driawd anwahanadwy ac ar fin mynd â'r maen i'r wal. Ym meddyliau'r cannoedd o genedlaetholwyr a ymgasglodd wrth borth y Senedd i gyfarch Gwynfor ar ei ddiwrnod cyntaf yn ôl, mater o amser yn unig oedd hi cyn y cymerai Cymru ei cham cyntaf go iawn tuag at ei rhyddid. I Gwynfor yn bersonol, roedd dyfodiad y ddau Ddafydd gyda'u hyder iach ynghanol yr Aelodau Llafur yn ddigon – am y tro beth bynnag – i drawsnewid ei agwedd tuag at Dŷ'r Cyffredin. Atgof pellennig oedd hunllef seneddol 1966–1970 ac, o'r foment gyntaf pan eisteddodd y 'Ddau Ddafydd' ar y 'Welsh Table', daeth y Tŷ yn lle cymharol ddiddig. Yr unig wahaniaeth ymddangosiadol rhyngddo a'r 'Ddau Ddafydd' oedd hoffter Elis Thomas a Wigley o gymdeithasu gydag aelodau asgell chwith y Blaid Lafur yn y dyddiau hynny pan oedd y blaid honno'n blaid sosialaidd. Gyda'r hwyr, âi'r 'Ddau Ddafydd' i gael peint gyda'r cyfryw aelodau hyn, tra ymgiliai Gwynfor i'w swyddfa i ysgrifennu rhagor o lythyrau.[2] Er hynny, gwahaniaeth bychan iawn oedd hwn; wedi'r cyfan, roedd yn agos iawn at Wigley a chydletyai Gwynfor ag Elis Thomas mewn fflat yn Chelsea gan fwynhau sawl sgwrs hir â'r aelod diddorol dros Feirion.

Ond roedd gorfoledd yn dallu nifer o Bleidwyr i fân graciau a fyddai, ymhen pum mlynedd, yn troi'n rhwygiadau dyfnion. Y pwysicaf a'r mwyaf arhosol o blith y rhain oedd perthynas Dafydd Elis Thomas â Dafydd Wigley. Rhwng Chwefror 1974 a Hydref 1974, mae'n eglur i Elis Thomas a Wigley gydweithredu'n dda gan rannu'r gwaith seneddol yn effeithiol. Efallai nad oeddent yn gyfeillion mynwesol ond, yn sicr, doedd yna ddim cynnen bersonol rhyngddynt. Llwyddasant hefyd i lyfnhau eu gwahaniaethau gwleidyddol gydag Elis Thomas ar y chwith a Wigley rywle yn y canol. Ond gyda dyfodiad Gwynfor, teimlai Dafydd Elis Thomas i bethau newid, ac i Wigley ddechrau ochri gyda Gwynfor mewn *ménage à trois* cenedlaetholgar. Yn raddol bach, dywed Elis Thomas i'w berthynas â Wigley ddirywio gan fraenaru'r tir ar gyfer yr ymgecru a welwyd rhyngddynt yn ystod yr wythdegau a'r nawdegau.[3] Fodd bynnag, roedd Dafydd Wigley yn ddall i hyn, ac ni soniodd Elis Thomas wrtho am ei ymdeimlad yntau o'r ymbellhau rhyngddynt. Yn wir, haera Wigley mai ar ddechrau'r wythdegau yr aeth ei berthynas ef ag Elis Thomas ar y goriwaered pan ddechreuodd Elis Thomas ddablo o ddifrif gyda'r chwith Prydeinig.[4] Ond o safbwynt Elis Thomas, roedd y niwed wedi ei wneud cyn hynny a theimlai fod yna hollt bersonol ac ideolegol wedi ymagor. Maes o law, dim ond mymryn yn llai arwyddocaol fyddai'r gagendor hwn na'r hollt honno rhwng Saunders Lewis a Gwynfor.

Nid hon oedd yr unig berthynas a brofai'n straen yn Senedd 1974–79. Ar y dechrau fel hyn, cafwyd siarad mawr ynghylch potensial cynifer o genedlaetholwyr yn y Tŷ – tri aelod Plaid Cymru ac un ar ddeg yr SNP. Disgwylid o leiaf y câi grŵp cenedlaetholgar grymus ei ffurfio ac roedd yna rai, fel Gwynfor, am fynd gam ymhellach gan ffurfio clymblaid seneddol fwy ffurfiol. Yn wir, byth oddi ar 1938 pan gyfarfu Gwynfor â'r SNP am y tro cyntaf, roedd wedi dyheu am weld carfan ban-Geltaidd yn cael ei ffurfio yn y Senedd. Roedd ei berthynas â Winnie

Ewing hefyd wedi dangos cymaint y gallai'r ddwy blaid elwa o drefniant o'r fath. Ar ei ddiwrnod cyntaf yn ôl yn y Senedd, felly, cyhoeddodd Gwynfor mai ei nod oedd cael clymblaid seneddol rhwng yr SNP a Phlaid Cymru gan ddisodli'r Rhyddfrydwyr fel y drydedd 'blaid'.[5] Ond cymylodd y berthynas genedlatholgar bron yn syth wrth i Blaid Cymru a'r SNP drafod ffordd bosibl ymlaen. Yn ei hanfod, roedd grŵp seneddol yr SNP yn nythaid o seirff, heb fawr ddim i'w huno, nac yn bersonol nac yn ideolegol.[6] Cymlethdod ychwanegol oedd tuedd rhai o blith grŵp yr SNP i ystyried aelodau Plaid Cymru fel cenedlatholwyr mwy cyfaddawdus na hwy – wedi'r cyfan, annibyniaeth oedd nod swyddogol yr SNP. Yn dilyn trafodaethau anffurfiol rhyngddynt, daeth i'r amlwg erbyn diwedd mis Hydref mai breuddwyd gwrach oedd y sôn am glymblaid. O hynny ymlaen, cydweithio lle medrid cydweithio fyddai'r polisi.

Collwyd cyfle diamheuol o ganlyniad i hyn, ond nid bai Gwynfor na Phlaid Cymru oedd anallu'r ddwy blaid i ffurfio grŵp grymusach. Fodd bynnag, roedd bai ar Gwynfor am fethu mynd i'r afael â phroblemau eraill yr oedd dirfawr angen eu hateb yn syth wedi etholiad Hydref 1974. Y cyntaf a'r pwysicaf oedd ei fethiant i lywio cwrs gwleidyddol newydd yn y cymoedd, lle gwnaeth ei blaid mor affwysol o sâl yn ystod yr etholiad cyffredinol. Roedd yr aflwydd hwn i'w weld ar draws y blaid wrth i drwch aelodau Plaid Cymru hoelio'u sylw ar fuddugoliaeth 'Y Tri' yn y gorllewin. Eithriad prin i'w ryfeddu ato oedd Pleidiwr fel Emyr Price a geisiodd drafod y canlyniad yn ddeallus. Yn ei ddull nodweddiadol dreiddgar, dywedodd Emyr Price galon y gwir pan ddadleuodd fod Plaid Cymru'n dibynnu'n drwm ar gefnogaeth rhai o elfennau mwyaf ceidwadol Cymru:

> Yn wir, hyd yn oed yn y seddau a enillwyd, heblaw Meirion efallai, lle mae'r Blaid wedi llwyddo i uniaethu ei hun â'r mudiad Llafur, yn arbennig ym Mlaenau Ffestiniog, ychydig iawn o argraff a wnaeth ar y bleidlais Lafur. Onid polisi tymor-byr, polisi a fydd yn y pendraw yn wrth-gynhyrchiol ac aflwyddiannus yw dibynnu ar gefnogaeth amheus, carfannau cymdeithasol esoterig, gwrth-Lafur ac mewn rhai achosion, adweithiol yn hytrach nag apelio at drwch y boblogaeth – y bobl gyffredin weithgar.[7]

Roedd Emyr Price yn llygad ei le ac roedd ei feirniadaeth yn mynd i galon diffygion gwleidyddol Gwynfor erbyn Hydref 1974. Problem sylfaenol Gwynfor oedd bod y syniad o fudiad cenedlaethol yr oedd ef mor hoff ohono yn syniad a weddai i'r pumdegau a'r chwedegau – cyfnod pan chwiliai Plaid Cymru am droedle ar yr ysgol wleidyddol. Bellach, roedd y troedle hwnnw ganddi ac roedd angen mwy nag agenda ddiwylliannol gyfyngedig y 'mudiad cenedlaethol' os am ddianc o'r ceyrydd gorllewinol. Yr ateb i Emyr Price, Dafydd Elis Thomas a Phil Williams – i enwi dim ond tri o wleidyddion praffaf adain chwith Plaid Cymru – oedd troi'r blaid yn blaid a fyddai'n falch o arddel sosialaeth ac a fyddai'n mynd â'r frwydr o ddifrif i ganol y Blaid Lafur yn y cymoedd. Ond, fel a ddigwyddodd gydag Emrys Roberts yn y chwedegau, rhuthrodd Gwynfor i daflu dŵr oer ar unrhyw syniad o'r fath. Dadleuodd mai cam gwag enfawr fyddai ymladd ar yr un tir â'r sosialwyr. Yn hytrach, haerodd mai camgymeriad mawr Plaid Cymru yn ystod yr etholiad oedd iddi geisio efelychu Llafur trwy ddweud eu bod yn well sosialwyr na'r sosialwyr eu hunain.[8] Dan ddylanwad R Tudur Jones, ceisiodd Gwynfor barhau i ddadlau mai'r ateb i Blaid Cymru oedd aros yn blaid 'radical' – plaid fyddai'n cyplysu cenedlaetholdeb a Christnogaeth, fel ag y gwnaethai Michael D Jones naw deg o flynyddoedd ynghynt. Mewn cyfnod o seciwlareiddio cynyddol, roedd hi'n weledigaeth hynod gyfyng ac amherthnasol. Ond bid a fo am hynny, roedd Gwynfor yn hyderus gan rag-weld buddugoliaeth fuan i'w ffordd ef o feddwl gan ddweud wrth Tudur Jones mai'r 'ffaith amdani yw bod ein gwerthoedd ni yn gwbl Gristnogol ac ni fyddai'n rhyfedd darganfod fod pobl Cymru cyn bo hir yn troi yn ei chrynswth bron at y ffordd hon o feddwl a gweithredu'n gymdeithasol'.[9]

Roedd Gwynfor, o gofio natur cymdeithas de Cymru, yn hurt o naïf wrth ddadlau felly, ac mae'n deg dweud mai un o nodweddion mwy anffodus ei ail gyfnod seneddol oedd ei duedd i ddiystyru problemau. Ei amcan oedd osgoi cynnen ond mae'n ddi-ddadl iddo niweidio'i blaid o ganlyniad i hyn. Ni cheir gwell enghraifft o'r geidwadaeth hon nag yn ei agwedd tuag at drefniadaeth Plaid Cymru yn syth wedi'r etholiad. Yn Nhachwedd 1974, derbyniodd lythyr ysgytwol oddi wrth John Osmond, newyddiadurwr ar y *Western Mail*, a gŵr y dibynnai'n drwm arno am gyngor ar bolisi. Roedd y llythyr hwnnw yn ei rybuddio fod trefniadaeth y blaid yn draed moch:

> To the outside casual observer, the immediate impression of the Cardiff Headquarters is 'chaos'. There is a definite lack of professionalism about it. This would not be so bad if it were not reflected in all the incredible filing systems, especially on the finance side… I shouldn't think the SNP work from an HQ that looks like ours. It could do with a coat of paint.

Ac yn ôl Osmond, adlewyrchid trefniadaeth glonciog y blaid yn ganolog yn y diffygion anferthol ar lawr gwlad – yn enwedig yn y cymoedd dwyreiniol:

> In many of our key areas in the South-East this has never existed adequately and where it has is coming apart… At present the state of the organisation is appalling. In some areas e.g. Aberdare I think we need an influx from outside of a new energy… I do feel very strongly that the leadership needs to take a firm grip now. I sense the sand beginning to slip through our fingers.[10]

Nid John Osmond oedd yr unig ffigur o bwys i rybuddio Gwynfor bod y blaid yn marw ar ei thraed. Yn wir, flwyddyn ynghynt, yn ôl ym 1973, derbyniodd lythyr gan Harri Webb yn poeni ynghylch yr effaith y byddai diffyg trefnusrwydd Dafydd Williams yn ei chael ar ei arweinyddiaeth. 'He,' meddai Harri Webb am Dafydd Williams, 'is an exceptionally nice chap, and I couldn't be as unpleasant to him as he deserves. But if he were a member of my own staff, he'd be on the carpet in a big way.'[11] Ond roedd Gwynfor erbyn y saithdegau yn rhy garedig i roi chwip din i unrhyw un ac, er gwaethaf y rhybuddion hyn, ni wnaeth nemor ddim yn y cyfnod hwn i ddiwygio Plaid Cymru. Yn waeth na dim, roedd y berthynas allweddol rhwng Gwynfor a'i gadeirydd, Phil Williams, yn un wael a thueddai Gwynfor i wgu ar Phil Williams nid yn unig oherwydd ei sosialaeth danbaid, ond oherwydd y ffaith ei fod hefyd yn cael perthynas y tu allan i'w briodas â merch a weithiai yn swyddfa'r blaid.[12] Ym mha ffordd bynnag yr edrychir ar y sefyllfa a fodolai yr adeg honno, roedd hi'n dipyn o gawl, a byddai Plaid Cymru'n talu'n ddrud am geidwadaeth Gwynfor yn y blynyddoedd i ddod.

Ond yn ogystal â phersonoliaeth Gwynfor, mae gwleidyddiaeth y cyfnod a'r sicrwydd cyffredinol y deuai datganoli yn esbonio pam na fynnai droi'r drol bleidiol. Ar 5 Tachwedd, cyhoeddodd y llywodraeth Lafur y byddai'n cyflwyno Mesur datganoli gerbron Tŷ'r Cyffredin yn ystod y sesiwn honno. Roedd addewid felly'n awgrymu i Gwynfor fod gwlad y llaeth a'r mêl o fewn cyrraedd. Ac roedd yna arwyddion pellach fod y datganolwyr oddi mewn i'r Blaid Lafur yn mynd i ennill y tro hwn. Yn yr un mis, gwnaed Cledwyn Hughes yn gadeirydd y Blaid Lafur Seneddol. Yn ystod yr un mis hefyd, cyhoeddodd John Morris y byddai yna gynulliad yn eistedd yng Nghaerdydd o fewn cwrs y llywodraeth honno.[13] Yn goron ar y cyfan, clywyd y câi sianel deledu Gymraeg ei sefydlu – pan fyddai arian yn caniatáu. Yn y cyd-destun hwn, doedd yna fawr o reswm i Gwynfor bechu neb yn ei blaid ei hun. Wrth edrych ymlaen tua 1975, gwelai un o'r blynyddoedd mwyaf llwyddiannus yn hanes Plaid Cymru ar fin gwawrio. Yn ei ddatganiadau cyhoeddus dyma oedd ei neges barhaus, ond roedd yr un peth yn wir am ei lythyrau preifat hefyd. Wedi tri mis yn ôl yn Nhŷ'r Cyffredin, medrai ddweud wrth Elwyn Roberts mai'r 'argraff a gefais yw bod y llywodraeth o ddifrif ynglŷn â'r Alban a Chymru a chawsom arwyddion nad amhosibl yw gweld Senedd ar ddaear Cymru, gyda'r un safle â'r Alban cyn pedair blynedd'.[14]

Yr eironi, wrth gwrs, yw bod datganoli'n cael ei gyflwyno i'r Cymry ar yr union adeg pan oedd cenedlaetholdeb yn nychu yng Nghymru a thu hwnt. Dangosai ymchwil preifat y Ceidwadwyr, er enghraifft, nad oedd gan y werin datws affliw o ddim diddordeb mewn datganoli: 'it was really an in-group subject – the Press, TV and politicians were interested, people were not'.[15] Yn Ionawr 1975, gwelodd y Torïaid eu cyfle ac ysgrifennodd eu llefarydd ar Gymru, Nicholas Edwards, at lefarydd yr wrthblaid ar addysg, Margaret Thatcher, gan ei hysbysu fod yna 'growing hostility to an Assembly' i'w deimlo yng Nghymru.[16] Ymhen mis, etholwyd Margaret Thatcher yn arweinydd yr wrthblaid a throdd polisi'r Ceidwadwyr o ddrwgdybiaeth yn wrthwynebiad digymrodedd tuag at ddatganoli. Fodd bynnag, roedd Plaid Cymru mor ddall ag erioed i'r cynyrfiadau hyn a rhedai gwythïen drwchus o optimistiaeth drwyddi pan agorwyd drysau ei Chynhadledd Flynyddol yn Ionawr 1975 – bedwar mis yn hwyrach nag arfer oherwydd yr etholiad. Llef un yn llefain oedd un Dafydd Wigley a rybuddiodd ei gyd-Bleidwyr y dylent ymochel rhag cael eu gwthio i lawr 'a sterile and time-wasting blind alley'.[17] Erbyn hynny, fodd bynnag, roedd trwch aelodau Plaid Cymru wedi dod i gredu'n angerddol yn natganiadau cyhoeddus Gwynfor a John Morris. Roedd yr aelodau, fel trwch yr arweinwyr, yn argyhoeddedig mai mater o amser oedd hi cyn y sefydlid Cynulliad. Gyda phopeth mor ymddangosiadol ffafriol, daeth Gwynfor o dan bwysau cynyddol, yn enwedig o gyfeiriad yr hen do, i beidio â rhoi'r gorau i'r llywyddiaeth yn Hydref 1975. Yn nhyb rhai o'r hoelion wyth hyn, fel O M Roberts, 1975 fyddai'r 'cyfwng gwaethaf' i Gwynfor ollwng yr awenau gan y byddai'r misoedd nesaf yn rhai 'tyngedfennol'. Ac nid dyma oedd unig gyngor O M Roberts i Gwynfor; credai hefyd na allai Plaid Cymru 'fforddio cael ymryson rhwng gwahanol bersonau am y llywyddiaeth' gan y byddai ambell un o'r olynwyr posibl yn achosi 'rhwyg yn y Blaid'.[18]

Roedd geiriau O M Roberts yn rhai cryfion a phrofasant yn ddylanwadol gan i Gwynfor ddechrau ailystyried y penderfyniad a wnaeth ym 1973 i ymddeol o'r llywyddiaeth pan ddeuai ei dymor i ben. Ond, ar droad y flwyddyn, roedd yna fater pwysicach na hyd yn oed datganoli yn hawlio sylw aelodau Plaid Cymru a'r pleidiau eraill fel ei gilydd. Erbyn Ionawr 1975, roedd hi'n hysbys y cynhelid refferendwm ar Ewrop ym mis Mehefin, ac roedd yn rhaid i Blaid Cymru benderfynu ar ei thactegau – ymgyrchu o blaid aros i mewn, ynteu ymgyrchu o blaid tynnu allan o'r Gymuned Economaidd Ewropeaidd. Byth oddi ar 1971, pan gyhoeddwyd papur gwyn y llywodraeth ar Ewrop, polisi swyddogol Plaid Cymru oedd gwrthwynebu Ewrop gan ddadlau y byddai Cymru ar ei cholled drwy ymuno â'r fath glwb annemocrataidd a chyfalafol. Roedd heddychiaeth yn symbyliad ychwanegol i wrthwynebiad Gwynfor gan yr ystyriai'r gymuned fel grym milwrol a beryglai sefydlogrwydd rhyngwladol.[19] Nod tymor hir Plaid Cymru (ac adain chwith y blaid o dan Dafydd Elis Thomas yn arbennig) oedd ymuno â chorff Ewropeaidd tebyg i EFTA (yr European Free Trade Area). Crisielid y polisi hwn o dan y slogan 'Ewrop Ie, Y Farchnad Gyffredin Na' a dyna, pan aeth hi'n bleidlais, oedd barn trwch aelodau Plaid Cymru – gan gynnwys Gwynfor. Ond ni lwyddwyd i gytuno ar y polisi yn Ionawr 1975 heb gryn anghydweld. Penderfynodd Dafydd Wigley anwybyddu polisi ei blaid ei hun, a gwelwyd Saunders Lewis yn ymysgwyd o'i drwmgwsg gan gollfarnu Plaid Cymru yn y *Western Mail* am bleidleisio 'o blaid sofraniaeth Westminster ac yn erbyn Ewrop'.[20] Yn breifat, aeth y cyn-lywydd dipyn pellach gan haeru fod 'arweinwyr y Blaid – gyda Mr Dafydd Wigley yn eithriad gwrol ac anrhydeddus – wedi bradychu holl egwyddorion sylfaenol y Blaid ar fater y refferendwm. Oni bai am Mr Wigley… ni buasai'n anodd gennyf i dorri'n gyhoeddus fy nghysylltiad â'r Blaid'.[22]

Wrth i ymgyrch y refferendwm godi stêm, ofnai Gwynfor y gwaethaf, gan rybuddio'r blaid yn ganolog y dylai 'baratoi gogyfer â thipyn o drafferth' wrth i garfanau lliwgar ymffurfio.[22] Ar y naill law, gwelwyd Dafydd Wigley yn ymgyrchu'n gwbl agored o blaid pleidlais Ie, gan wneud hynny ochr yn ochr â Thorïaid, Llafurwyr a Rhyddfrydwyr. Ar y llaw arall, gwelwyd Dafydd Elis Thomas yn arwain y frwydr dros ymddihatru, gan rannu llwyfannau gyda rhai o sêr asgell chwith y Blaid Lafur – yn enwedig Neil Kinnock. Ond er gwaethaf presenoldeb Kinnock yn y garfan Na, roedd yna nifer o Bleidwyr yn gweld pleidlais nacaol fel ffordd i'r Cymry ddatgan eu harwahanrwydd gwleidyddol o'r cyfalafwyr Llundeinig hynny a fynnai mai Ewrop oedd lle Cymru. I raddau helaeth, cadwodd Gwynfor draw o frwydr y refferendwm – ambell lythyr i'r wasg ac erthygl yma ac acw oedd swm a sylwedd ei gyfraniad. Gyda Phlaid Cymru (fel y Blaid Lafur) yn rhanedig ar y mater, roedd cadw'n lled dawel yn gam pur ddoeth – yn enwedig pan ddaeth hi'n amlwg fod polisi Plaid Cymru o dynnu allan yn lled amhoblogaidd. Yn y wasg Gymraeg, er enghraifft, gwelwyd Geraint Talfan Davies, golygydd cynorthwyol y *Western Mail*, yn datgan anghredinedd bod Plaid Cymru, o bawb, yn ymgyrchu yn erbyn Ewrop.[23] Mewn datblygiad llawn mor arwyddocaol i Gwynfor, gwelwyd bod ffermwyr Sir Gaerfyrddin wrth eu boddau gydag Ewrop a'i grantiau hael. Yn wyneb hyn, ysgrifennodd Peter Hughes Griffiths at Dafydd Elis Thomas yn gofyn am 'dipyn o soft pedal' ar y pwnc gan fod ffermwyr y sir yn 'ddiawled twp'.[24] Mae'n anodd dweud a oedd Peter Hughes Griffiths yn gohebu ar ran Gwynfor ond, yn sicr, roedd yna sail i'w bryderon ynghylch brwdaniaeth Elis Thomas. Yn lleol, cyhuddid Gwynfor gan Gwynoro Jones o fod o dan bawen Dafydd Elis Thomas – gŵr a oedd, yn ei dro, fe haerai Gwynoro Jones, yn eilunaddoli Tony Benn, cranc â'i fryd ar sefydlu gweriniaeth sosialaidd.

Heb amheuaeth, roedd hi'n gyfnod rhyfedd yng ngwleidyddiaeth Cymru a Phrydain gan i Ewrop dra-arglwyddiaethu ar bob cwestiwn arall am gyfnod o chwe mis. Pan ddaeth y bleidlais ar 5 Mehefin, pleidleisiodd y Cymry o ddau i un dros aros yn rhan o'r Gymuned. Ymhob rhan o Gymru, cafwyd mwyafrifoedd clir o blaid Ewrop a chwalwyd hygrededd y garfan honno a broffwydodd y byddai'r Cymry Cymraeg mwy gwladgar yn pleidleisio dros dynnu allan. Roedd hi'n amlwg, fel y dyfarnodd y *Liverpool Daily Post*, i Blaid Cymru a'i llywydd wneud clamp o gamsyniad: 'The Yes majorities in both Wales and Scotland were a severe rebuff for the Nationalist opponents of the Market. Both Plaid Cymru and the SNP saw the referendum as a fortuitous means of demonstrating that their countries wanted separatism. They too, have been given their verdict'.[25]

Wedi'r bleidlais, cydnabu Gwynfor fod Plaid Cymru, fel y pleidiau eraill, wedi mynd trwy gyfnod anodd ac na fyddai hanes Prydain fyth yr un peth eto.[26] Gallai fod wedi ychwanegu yn y cyfweliad hwnnw â'r *Carmarthen Journal* na fyddai hanes cyfansoddiadol Plaid Cymru fyth yr un peth eto ychwaith. Yn ystod y penwythnos a ddilynodd y bleidlais, cyfarfu arweinwyr y blaid yn Nolgellau i drafod y ffordd ymlaen ac, o fewn oriau, penderfynasant ollwng eu gwrthwynebiad i Ewrop.[27] Roedd yn dro pedol anferthol ond hwn, heb amheuaeth, oedd y penderfyniad doeth a phragmataidd i'w gymryd o gofio barn y bobl. Anghofiwyd yn llwyr yr hen bolisi o wrthwynebu Ewrop, a dechreuodd Gwynfor â llechen lân gan ddadlau'n angerddol tros y polisi newydd. Ond llawn cyn bwysiced â chofleidio

Ewrop oedd yr effaith a gafodd hyn ar amcanion cyfansoddiadol tymor hir Plaid Cymru. Wedi cyfarfod Dolgellau, gollyngwyd y nod o ennill statws Cymanwlad (neu Ddominiwn fel y'i gelwid o hyd gan rai) a dechreuodd y blaid ymgyrchu o blaid ennill statws cenedlaethol llawn i Gymru, ond oddi mewn i Ewrop.

Llwyddodd Plaid Cymru i fyw yn gymharol hapus gyda'r disgrifiad hwn o'i pholisi cyfansoddiadol tan 2003 – y flwyddyn pan bleidleisiodd o blaid arddel annibyniaeth i Gymru. Ond er mor ddidramgwydd fu'r newid polisi, roedd y refferendwm wedi tanlinellu'n gliriach nag erioed pa mor llydan oedd eglwys Plaid Cymru. Personoliaeth Gwynfor, i raddau helaeth iawn, oedd y sment a ddaliai'r meini anghymarus ynghyd ac, o gofio hyn, doedd hi fawr o syndod i'r galwadau arno i barhau â'r llywyddiaeth gynyddu. Yng Ngorffennaf 1975, derbyniodd y Pwyllgor Gwaith lythyr gwirioneddol ddylanwadol gan Ranbarth Arfon yn galw arno i barhau yn ei swydd.[28] Roedd yn ymyriad pwysig, ond roedd hynafgwyr Arfon yn gwthio drws oedd eisoes yn agored. Os dangosodd refferendwm 1975 un peth i Gwynfor, yna y bygythiad clir a ddeuai i unoliaeth ei blaid pe symudai i'r chwith oedd hwnnw.

Yn wyneb hyn, rhoes Gwynfor ail gynnig ar waddoli ideoleg i'w blaid – gweithred gŵr nad oedd am ildio'r llywyddiaeth. Ym Mehefin 1975, er enghraifft, ysgrifennodd at Dafydd Glyn Jones, un o ddeallusion pwysicaf ei genhedlaeth, gan ddweud mai'r hyn yr oedd yn 'awyddus iawn' i'w sefydlu oedd y canfyddiad 'ein bod ni ym Mhlaid Cymru yn radicaliaid Cymreig, a bod y fath beth yn bod â Radicaliaeth Gymreig a'i fod yn *sui generis*'. Y perygl clir, meddai wrth Dafydd Glyn Jones, oedd hwnnw a ddeuai o'r chwith: 'Y mae cael ein galw yn sosialwyr a gweld cynifer o'm pobl yn ein galw yn sosialwyr yn gwneud tipyn o niwed inni'.[29] Roedd Gwynfor yn trafod syniadau tebyg, gwrth-sosialaidd, gydag R Tudur Jones yn yr un cyfnod gan ddweud wrtho y byddai'n well sôn am 'gymdeithasiaeth' yn hytrach na sosialaeth gan y byddai'n 'rhoi ideoleg Cymreig i'n pobl'.[30] Ac ni chyfyngwyd y teimladau hyn i'w ohebiaeth breifat. Yn rhifyn Gorffennaf o'r *Welsh Nation*, gwelwyd Gwynfor ar ei fwyaf gonest ynghylch pwy a ystyriai fel cefnogwyr naturiol ei blaid: 'As things are, although Plaid Cymru is the most radical Welsh party, the fundamental conservative element in the policy makes it the natural home for those conservative patriots who give their first loyalty to the nation'.[31] Fesul tipyn, felly, roedd Gwynfor yn paratoi'r tir gogyfer ag un o droeon pedol mwyaf ei yrfa: parhau â'r llywyddiaeth hyd nes y byddai datganoli wedi'i sicrhau. Roedd elfen o reolaeth – peidio gadael awenau'r llywyddiaeth i neb arall, llai fyth i unrhyw un o'r chwith – wrth wraidd y newid meddwl. Ond roedd swydd y llywydd hefyd yn fwy atyniadol nag y buasai erioed o gofio teneued y mwyafrif Llafur, a dichon fod hunan-les yn ffactor hefyd. Yn ei hunangofiant, sonia Gwynfor am y ffordd y daeth 'yn bwysigyn parchus' ar ôl blynyddoedd 'bron yn esgymun'. Golygai hyn giniawau seneddol crand ac, ar un achlysur, gwahoddwyd Gwynfor i gyd-fwyta â Wilson, Douglas-Home, Heath a Dug Caeredin. Y gwestai arall y noson honno, nododd Gwynfor â chryn falchder, 'oedd y Frenhines'.[32]

Ond roedd yna un ystyriaeth bwysig arall a newidiodd yr hinsawdd wleidyddol yn llwyr i Gwynfor. Yr haf hwnnw, gwelwyd *putsch* gwleidyddol ysgytwol yn rhengoedd Plaid Lafur Sir Gaerfyrddin pan gyhoeddodd Roger Thomas, cadeirydd y blaid yn lleol, ei fod am herio Gwynoro Jones am yr enwebiad seneddol. Roedd yn gam beiddgar ar y naw gan na chredai Roger Thomas fod ganddo obaith ennill rownd gyntaf y broses ddewis. Ac felly y bu hi gan i Gwynoro Jones ei drechu'n hawdd.[33] Yna, gwnaeth Gwynoro Jones gamgymeriad mwyaf ei yrfa wleidyddol: pwdodd gyda Roger Thomas, gan dynnu ei enw'n ôl o'r ras – penderfyniad a adawodd y maes yn glir i'r meddyg teulu 51 oed o'r Garnant. Ar ôl tri mis o ffraeo chwerw, enillodd Roger Thomas yr enwebiad, ond gan adael ei blaid yn gwbl ranedig. Nid oedd penderfyniad Gwynoro Jones yn ddim llai na 'bombshell' i'w gefnogwyr, ond roedd enwebu ymgeisydd mor ddibrofiad â Roger Thomas yn ddigwyddiad arwyddocaol i Gwynfor hefyd.[34] Gyda diflaniad Gwynoro Jones, ymddangosai pethau gymaint â hynny'n haws i Gwynfor, gan wneud y llywyddiaeth yn fwy apelgar fyth. Dan yr amgylchiadau hyn, cyhoeddodd na fyddai'n ymddeol o'i swydd ac y byddai'n gwasanaethu fel llywydd am ddwy flynedd arall.

Mae'n arwydd o afael Gwynfor ar ei blaid na chafwyd smic o feirniadaeth gyhoeddus ynghylch ei benderfyniad, a dim ond gyda synnwyr trannoeth y daeth hi'n amlwg i nifer iddo wneud camsyniad anferth trwy beidio ildio'r maes i ymgeisydd iau. Ond roedd Gwynfor erbyn hynny fel llygoden untwll – un syniad yn unig oedd ganddo, sef cael datganoli i Gymru. Arwydd pellach o'r methdaliad gwleidyddol hwn erbyn hydref 1975 oedd na chlywyd yr un gair, nac yn gyhoeddus na chwaith yn breifat, am ei nod o orseddu 'cymdeithasiaeth' fel priod ideoleg y blaid. Mae'r ateb i'r cwestiwn pam i Blaid Cymru droi llygad dall i'r methiannau tyngedfennol hyn i'w ganfod i raddau helaeth ym mhersonoliaeth Gwynfor a'r modd y llwyddodd i argyhoeddi ei blaid mai ef, drachefn, fyddai Moses y cenedlaetholwyr, y gŵr a fyddai'n arwain Cymru i'w rhyddid. Er ei fod yn tynnu at oed yr addewid, roedd cyfaredd Gwynfor cyn gryfed ag erioed ac, yng nghynhadledd flynyddol 1975, gwelwyd cannoedd o bobl ifanc am y gorau yn siantio'i enw ac yn bloeddio 'Gwynfor, Gwynfor'. O gofio'r fath eilunaddoliaeth, ni theimlai unrhyw reidrwydd arno'i hun i newid ei gwrs gwleidyddol. Ond ar unrhyw gownt gwrthrychol, roedd datganoli yn araf suddo i ffos anobaith yn wyneb ymosodiadau aelodau Llafur megis Donald Anderson a Leo Abse. Amcangyfrifai John Osmond, yn rhinwedd ei swydd fel gohebydd y *Western Mail*, fod cynifer â 10 o'r 23 Aelod Seneddol Llafur Cymreig yn wrthwynebus i ddatganoli.[35] Roedd hi hefyd yn amlwg bod yna rwyg enfawr ar y mater yn y Cabinet Prydeinig, yn enwedig rhwng Cledwyn Hughes a Ted Short, y gweinidog â chyfrifoldeb dros ddatganoli. Ar lawr gwlad hefyd, roedd y gwrthwynebiad ar gynnydd a dangosodd arolwg yn y *Liverpool Daily Post* fod mwyafrif etholwyr y gogledd yn erbyn datganoli.[36] Ond lleiafrif oddi mewn i Blaid Cymru – Phil Williams a Dafydd Wigley yn bennaf – a sylweddolai fod yna rywbeth mawr o'i le. Roedd y gweddill (gan gynnwys Dafydd Elis Thomas) naill ai'n camddarllen arwyddion yr amseroedd neu'n orbarod i rannu hyder gormodol Gwynfor yn y Blaid Lafur.

Roedd y gwahaniaeth hwn rhwng Phil Williams/Dafydd Wigley a'r gweddill yn agendor tactegol sylweddol a olygai y medrai'r Blaid Lafur ddibynnu'n llwyr ar gefnogaeth Plaid Cymru. Yn y gynhadledd, penderfynodd Plaid Cymru y byddai'n dymchwel y llywodraeth pe ceid unrhyw oedi pellach gyda'r papur gwyn bondigrybwyll, a phasiwyd cynnig i'r perwyl hwn. Ar hyn, addawodd Dafydd Wigley i'r gynhadledd na fyddai'n cymrodeddu o gwbl pe byddai'r Blaid Lafur yn oedi ar ddatganoli.[37] Ond drannoeth datganiad bygythiol Wigley, tanseiliwyd y polisi newydd yn llwyr mewn memorandwm cyfrinachol a luniwyd ar gyfer arweinwyr y blaid gan Dafydd Elis Thomas a Gwynfor. Yn y memorandwm, *The Latest Situation*, cynigiodd Elis Thomas a Gwynfor ddarlun cwbl wahanol i'r mwrllwch yr oedd Wigley wedi ei bortreadu. Lle gwelai Wigley dywyllwch, gwelai Elis Thomas lewyrch yn y Blaid Lafur gan ddweud hyn:

> As far as Wales is concerned, the Privy Council Office were not expecting any trouble from the Labour MPs. The Labour Party in Wales has a historic commitment to devolution and the so-called anti-devolutionists were out on a limb, for example, Abse and Anderson... I also detect a far more open attitude among some regional English MPs whom I had considered were opposed to devolution.

Ond y peth mwyaf diddorol am y ddogfen hon, o gofio holl ddatganiadau Gwynfor ar y perygl o oedi ar ddatganoli, oedd y ffaith ei fod yn breifat *am* weld Llafur yn llusgo ei thraed. Mewn nodyn atodol i femorandwm Elis Thomas, dywed Gwynfor hyn:

> A year's delay in implementing the devolutionary package will be opposed… but in fact it could be a good thing… It will bring disrepute on the Government; will annoy the many people (by no means all Plaid Cymru) whose expectations have been raised high… It could ensure that a General Election for Westminster is held before the Assembly election. This would be the best order for us.[38]

I bob pwrpas, felly, doedd gan Blaid Cymru – er gwaethaf ei datganiadau cyhoeddus – ddim unrhyw fath o bolisi call ar ddatganoli gan fod hyder Gwynfor yn y Blaid Lafur yn llosgi fel ffwrnais. Yn ei ohebiaeth breifat, er enghraifft, fe'i gwelir yn dweud wrth Elwyn Roberts ar ddechrau Tachwedd 1975 nad 'oes dwy waith na ddaw'r Senedd; yr unig gwestiwn yw y galluoedd a fydd ganddo'. Roedd hefyd yn parhau i obeithio y byddai yna oedi am flwyddyn. A dyna yn wir a ddigwyddodd – gan beri problemau pellach, fel y gwelir maes o law, i achos datganoli.[39] Er hynny, doedd gan Blaid Cymru neb i'w feio ond hwy eu hunain am y traed moch a welwyd pan gyhoeddwyd papur gwyn y llywodraeth ar ddatganoli ddiwedd y mis. Serch nad oedd dim byd annisgwyl yng nghynlluniau John Morris, roedd y Cynulliad arfaethedig a gynigiwyd ganddo yn llawer gwannach na'r hyn y gobeithiai nifer o Bleidwyr amdano. Fe'i beirniadwyd gan y wasg hefyd am fod yn ddogfen ddigon blêr – 'more of a liability than an asset', ys dywedodd yr *Economist*.[40] Adlewyrchwyd y sgeptigiaeth yma yn y wasg ranbarthol Gymreig hefyd; o'r *Caernarvon and Denbigh Herald* i'r *Cambrian News*, doedd gan fawr neb air da i ddweud am gynlluniau John Morris. Y farn gyffredinol oedd y byddai Plaid Cymru yn gwrthwynebu'r papur gwyn, ond nid felly y bu hi gan i Gwynfor ei groesawu cyn ymgynghori â neb.[41] Roedd Gwynfor, wrth reswm, hefyd yn galw am bwerau llawnach, ond synnodd llawer o Bleidwyr at y croeso a roes i gynlluniau Wilson a John Morris – yn eu plith Dafydd Wigley. Barnodd Wigley fod penderfyniad Gwynfor 'yn wleidyddol anghywir' serch ei fod hefyd 'yn parchu Gwynfor'.[42] I'r perwyl hwn, mynegodd Dafydd Wigley ei deimladau'n glir wrth Gwynfor gan ysgrifennu ato i'w hysbysu na safai am y Cynulliad gan wanned ei bwerau.[43]

Nid Dafydd Wigley oedd yr unig un a deimlai'n anghysurus, ond bu'n rhaid i Blaid Cymru aros tan Ionawr 1976 cyn iddi fedru ceisio datrys y dryswch a grëwyd gan ei llywydd. Erbyn hynny, roedd y papur gwyn wedi ei drafod ar lawr Tŷ'r Cyffredin a'r gwrthwynebiad croch iddo o du'r meinciau Llafur yn brawf fod hyder Gwynfor yn gwbl ddi-sail. Roedd yr SNP hefyd wedi ymateb yn chwyrn ac unedig i'w argymhellion; o ganlyniad, porthodd yr ymatebion hyn amheuon cynyddol ymysg aelodau cyffredin Plaid Cymru fod eu llywydd wedi gwneud clamp o gamgymeriad trwy groesawu'r papur gwyn. Brigodd y tensiynau hyn i'r wyneb yn ystod cyfarfod allweddol o Gyngor Cenedlaethol Plaid Cymru yn Llandrindod pan bleidleisiwyd (ar gynnig o Arfon) i wrthod y papur gwyn yn llwyr.[44] Heb amheuaeth, roedd pasio'r cynnig yn glec ac yn gerydd personol i Gwynfor, a gwelodd ei elynion gwleidyddol fod Plaid Cymru wedi ffrwyno Gwynfor am unwaith. Medrai Roger Thomas ymhyfrydu yn y cawdel cenedlatholgar gan wawdio Gwynfor fel hyn yn y *Carmarthen Journal*: '… the Gwynfor who composed a presidential New Year message could hardly have been the same man who agreed to the Plaid National Council's brusque rejection of the same White Paper'.[45]

Dychwelodd Gwynfor i San Steffan a'i grib wedi ei thorri ryw gymaint ond doedd hyd yn oed cerydd Llandrindod ddim yn ddigon i sigo'i ffydd yn y Blaid Lafur. Yn wir, buan iawn yr anghofiodd am y chwip din pan ddechreuodd Tŷ'r Cyffredin drafod datganoli ganol Ionawr. Llusgodd y ddadl ddiflas yn ei blaen am bedwar diwrnod gyda natur y cyfraniadau'n brawf pellach, os oedd angen, y byddai nifer o aelodau Llafur yn troi tu min ar gynlluniau Ted Short a John Morris. Ond, er gwaethaf y dystiolaeth hon, roedd Gwynfor mor bendant ag erioed erbyn Ionawr 1976 fod Cynulliad ar y gorwel. Roedd ei hyder mor gryf nes iddo ysgrifennu at Brian Morgan Edwards, dirprwy drysorydd y blaid, i fynegi ei bryder ynghylch yr arian y byddai ei angen i ymladd refferendwm posibl ar ddatganoli ym Mehefin y flwyddyn honno. Deuai'r wybodaeth honno, yn ei lythyr at Morgan Edwards, 'from a pretty reliable source'.[46] Ni wyddys pwy oedd ffynhonnell 'eithaf dibynadwy' Gwynfor ond arweiniodd ei agwedd ddisgwylgar at feirniadaeth gyhoeddus eto. Yn y *Welsh Nation*, holodd y golygydd, Clive Betts, a oedd Plaid Cymru'n cysgu yn Nhŷ'r Cyffredin, o gofio bod Wilson newydd golli ei fwyafrif a hynny ynghanol argyfwng economaidd. Pam felly, meddai pen-bandit y *Nation*, bod Plaid Cymru i'w gweld 'hanging on to Ted Short's coat tails, relying on a succession of Labour manifesto promises, and reckoning that all we need to win the battle (as much as we can in the present situation) is Wilson in power for long enough? It is a case of don't rock the boat'.[47]

Er hynny, ni chafwyd newid polisi. Yn hytrach na dewis llwybr seneddol mwy milwriaethus, fel hwnnw a fabwysiadwyd gan yr SNP, awgrymodd Gwynfor mai da o beth fyddai cael ymgyrch fawr i chwyddo cefnogaeth Plaid Cymru. Roedd yn syniad da, ond ni chafwyd hyd yn oed rywbeth mor amwys â hynny. Ac ni chafwyd ymgyrchu cymunedol o unrhyw werth ychwaith gan fod sylw'r cenedlaetholwyr wedi ei hoelio'n barhaus ar y gêm a gâi ei chwarae yng nghoridorau Neo-Gothig San Steffan. Eithriad oedd yr ymgais lew gan ffigur fel Emrys Roberts i ennill rheolaeth dros Gyngor Merthyr. O ran Gwynfor, yr unig beth newydd a gafwyd ganddo yn y cyfnod hwn oedd cyfrol arall, *A National Future for Wales* – llyfr a oedd, fel y nododd y *Daily Post*, yn bolemig i'r cadwedig.[48] Greddf Gwynfor oedd cynorthwyo'r Blaid Lafur, aros yn dawel a gadael i'r SNP wneud y gwaith caib a rhaw. Yn breifat, barnai fod y 'Scottish situation near revolutionary' ac na fyddai angen i'w blaid wneud gormod. Ond roedd y tywydd ar droi.[49] Yn ystod Chwefor a Mawrth 1976, newidiodd yr hinsawdd wleidyddol ar drawiad amrant wrth i Gymry cyffredin ddechrau lleisio yr ofnau hynny a oedd, hyd hynny, wedi eu datgan mor sgilgar gan Kinnock, Abse ac Anderson. Yn ystod y deufis hynny, gwelwyd twr o gynghorau a chyrff cyhoeddus – o'r NFU i fasnachwyr Powys – yn rhuthro i wrthod cynlluniau datganoli'r llywodraeth. Pilsen chwerw arall i'r cenedlaetholwyr oedd cyhoeddiad y canghellor, Roy Jenkins, y byddai'r llywodraeth yn gohirio sefydlu sianel deledu Gymraeg oherwydd y wasgfa economaidd.[50] O fewn dyddiau, roedd Cymdeithas yr Iaith wedi cyhoeddi y byddai ymgyrchu torcyfraith yn ailddechrau er mwyn gwireddu'r sianel.

Rhwng popeth, doedd hi ddim yn syndod i Dafydd Wigley ddychwelyd at ei fygythiad i ddymchwel y llywodraeth. Roedd ef wedi llwyr ddanto â'r 'Short Road' ond roedd y pryder hwn ynghylch diffuantrwydd y Blaid Lafur yn ymestyn erbyn hyn hyd at Gwynfor hefyd. Am y tro cyntaf er 1974, dechreuodd amau ei strategaeth o ymddiried yn y Blaid Lafur gan ysgrifennu at Tudur Jones ym Mawrth 1976 i fynegi ei bryder y byddai'r 'llywodraeth yn gwneud rhyw fath o fargen gyda'r gwrthwynebwyr cryf sydd ar feinciau cefn y Blaid Lafur. Rhagwelaf y gallent addo iddynt, ond cael eu cefnogaeth i'r Mesur ar yr ail ddarlleniad, nad aiff ddim pellach cyn yr etholiad cyffredinol nesaf'.[51] Oedd, roedd hi'n ben set ar ddatganoli, ac ar hygrededd Gwynfor, ond yn annisgwyl, daeth achubiaeth yn nelw neb llai na Jim Callaghan. Ddiwedd Mawrth 1976, ymddiswyddodd Harold

Wilson gan roi allweddi Rhif 10 Downing Street yn nwylo Aelod Seneddol de-ddwyrain Caerdydd.

Roedd yn benderfyniad cwbl ysgytwol ac iddo oblygiadau pellgyrhaeddol i agwedd Plaid Cymru tuag at ddatganoli hefyd. Wrth ddewis ei gabinet, penderfynodd Callaghan roi Michael Foot, Arweinydd y Tŷ, yng ngofal datganoli ac o fewn dim o dro, newidiodd popeth drachefn gan gymaint brwdfrydedd heintus Foot dros ddatganoli. Ar y gorau, gorfod gwireddu datganoli oherwydd ymrwymiad hanesyddol oedd agwedd Wilson a Ted Short. Ond roedd Foot (os nad Callaghan) yn greadur tra gwahanol. Yn ei ddatganiad cyntaf ar y pwnc, addawodd Michael Foot na fyddai dim troi'n ôl. Heb amheuaeth roedd Foot o ddifrif ac aeth y cenedlaetholwyr i berlewyg pan glywsant y ceid offer cyfieithu yn y Deml Heddwch, yr adeilad a fyddai'n gartref i'r Cynulliad. Mewn dim o dro, ffurfiwyd cysylltiad personol clòs rhwng Foot a Gwynfor, a thros y tair blynedd nesaf gwelodd y ddau lawer ar ei gilydd gan ddod yn gyfeillion agos.[52] Yn goron ar y cyfan, dangosai pôl piniwn yn y *Western Mail* ganol Ebrill fod dwy ran o dair o'r Cymry yn cefnogi datganoli.[53] Heb amheuaeth, credai Gwynfor fod datganoli wedi ei achub o safn angau, a medrodd adael am America a thaith hel arian arall mewn hwyliau ardderchog. Wrth droi am lannau'r Iwerydd ar 20 Ebrill, ysgrifennodd at Elwyn Roberts gan gadarnhau wrtho fod yna newid mawr ar droed: 'Mae'n siŵr i chi weld y datganiad calonogol a wnaed gan Michael Foot yn y Senedd yr wythnos ddiwethaf. Mae'n dechrau edrych fel pe bai'r llywodraeth o ddifri am gael Mesur trwodd cyn yr etholiad cyffredinol'.[54]

Am ryw reswm od, dewisodd Gwynfor wadu wrth bob copa walltog mai codi arian oedd bwriad ei daith i America ond, er taered ei brotestiadau, llyffetheiriwyd yr holl fenter gan gecru cyhoeddus ynghylch amcan y siwrnai. Ysgrifennodd Terry Thomas, darpar ymgeisydd y Rhyddfrydwyr yn Sir Gâr, at gymdeithasau Cymraeg ar draws America gan erfyn ar y Cymry yno i beidio cyfrannu i Blaid Cymru gan fod cenedlaetholdeb Cymreig mor debyg i genedlaetholdeb Gwyddelig.[55] Mynnodd Plaid Cymru nad oedd unrhyw sail i gyhuddiad Terry Thomas ac nad hel arian oedd pwrpas y daith ond, mewn gwirionedd, nid oes nemor ddim amheuaeth mai dyna oedd prif nod Gwynfor. Er mis Hydref 1975, roedd Pwyllgor Gwaith y blaid wedi ystyried taith o'r fath fel gwaredigaeth ariannol, ac ysgrifennodd Elwyn Roberts at Colin Edwards, trefnydd y daith, gan ei atgoffa pa mor awyddus yr oedd Gwynfor i gwrdd â phobl 'who are likely to help Plaid Cymru financially'.[56] Yn yr un modd, anfonwyd cylchlythyr o eiddo

Plaid Cymru at Americanwyr o dras Gymreig gan ymbilio ar yr alltudion ariangar i gyfrannu'n hael 'for the cause'.[57] Yn yr Unol Daleithiau, ni chelodd Gwynfor ei fwriadau, ond er gwaethaf y gonestrwydd hwn, bu ymateb yr Americanwyr Cymreig yn wirioneddol glaear. Dychwelodd Gwynfor i Gymru ar 2 Mai gyda $302 gan obeithio mai blaenffrwyth yn unig oedd hyn ac y ceid rhagor wedyn, ond nis caed.[58] Yn yr un modd ag y dysgodd yn ystod taith 1958 i'r America, doedd rhamantu am Gymru ddim o reidrwydd yn arwain at gyfraniadau hael i goffrau Plaid Cymru.

Nid taith Gwynfor i America oedd unig ymgais Plaid Cymru i godi arian yn ystod gwanwyn 1976. Mae yna dystiolaeth hefyd iddi ystyried sefydlu cwmni allforio cig ar y cyd â llywodraeth Libya – llywodraeth a amheuid yn gryf o fod â chysylltiadau clòs â'r IRA. Dr Phil Williams oedd pensaer y cynllun a barnodd ei gyfaill, Dafydd Wigley, hefyd ei bod hi'n fargen wych. Dywedodd ef wrth y *Sunday Times* y byddai'r Libiaid yn prynu hen gig oen o Gymru 'and at a good price'.[59] Fodd bynnag, roedd hi'n berthynas od a dadleuol. Cwynodd John Powell, yr ymgeisydd Llafur yng Ngheredigion, yn ffurfiol wrth yr Ysgrifennydd Cartref Roy Jenkins ynghylch y mater.[60] Yng ngholofn lythyrau'r *Western Mail*, disgrifiwyd y cysylltiad gan John Roderick Rees, bardd gwlad ceidwadol o Ben-uwch, fel prawf o anaeddfedrwydd gwleidyddol 'the thrustful new crop of Plaid leaders'. Roedd llythyrwr arall, Hywel S Williams, yn fwy cignoeth, a gwelai yntau'r ddolen fel prawf pellach o 'accumulating lunacies' Dr Phil Williams.[61] Roedd doethineb cynllun o'r fath yn bryder i rai o aelodau Plaid Cymru hefyd ond anfonodd y blaid ddirprwyaeth i Tripoli, prifddinas Libya, yn ystod Ebrill 1976.[62] Mewn llythyr at Ahmad Shahmati, Ysgrifennydd Materion Tramor Undeb yr Arabiaid Sosialaidd, roedd Dafydd Williams yn ddibrin ei ddiolch am 'the splendid hospitality they received during their visit and for the programme that was organized for them. They are all most impressed with what they saw and look forward to very close links between Wales and Libya in the future'.[63] Yn yr un modd, daeth dirprwyaeth o lywodraeth Libya i Ysgol Haf Plaid Cymru a gynhaliwyd yn Llanbed y flwyddyn honno.[64] Dyn yn unig a ŵyr beth oedd argraff dynion Gaddafi o Lanbed, ond mae un peth yn saff – o gofio gafael Gwynfor ar ei blaid, mae'n anodd coelio na fyddai wedi gwybod am y cysylltiadau diddorol hyn ac yn eu cymeradwyo.

Ymddengys na ddaeth dim o'r ddolen Libiaidd ac, o gofio natur Gaddafi, unben Libya, cafodd y Pleidwyr ddihangfa ffodus. A beth bynnag, roedd gan

Gwynfor a'i blaid bethau pwysicach i boeni amdanynt. Dychwelodd Gwynfor o'r America ar 2 Mai ac i ganol bwrlwm yr etholiadau lleol – digwyddiad o bwys a phrawf o boblogrwydd Plaid Cymru wyneb yn wyneb â gweinyddiaeth newydd Jim Callaghan. Byddai methiant wedi bod yn ergyd drom, ond fe siomwyd y Jeremeiaid ar yr ochr orau. Y canlyniad mwyaf ysgytwol oedd camp Emrys Roberts yn cipio Cyngor Merthyr, crud sosialaeth Gymreig. Y fuddugoliaeth hon ar 6 Mai, yn ôl Dafydd Wigley, oedd 'Waterloo' y Blaid Lafur ac aeth rhai Pleidwyr cyn belled â datgan bod y canlyniad yn bwysicach na bachu Caerfyrddin ddegawd ynghynt.[65] Ond roedd yna enillion calonogol eraill i'w gweld hefyd. Enillodd Plaid Cymru 23 sedd ar Gyngor Rhymni a chwe sedd ychwanegol ar Gyngor Arfon gan ddod yn brif blaid. Roedd yna batrwm llewyrchus hefyd i'w weld yng Ngheredigion, Dwyfor, Maldwyn ac Ynys Môn.

Rhwng popeth, enillwyd 81 o seddau ychwanegol, ond go brin y gellir priodoli'r llwyddiant cymharol hwn i ryw gynllun gwleidyddol eneiniedig ar ran Gwynfor – na'r 'Ddau Ddafydd' o ran hynny. Yn anad neb arall, Emrys Roberts ei hun a'i ymgyrchu cymunedol diflino a enillodd Ferthyr. Mae hefyd yn werth nodi i Blaid Cymru elwa o ddiflastod mwy cyffredinol gyda llygredigaeth rhai o gynghorau Llafur y de – y math o bydredd a ddadlennwyd mor gofiadwy yn y cylchgrawn ardderchog hwnnw, *Rebecca*. A'r Blaid Lafur ar chwâl a'r Rhyddfrydwyr mewn helbul ofnadwy oherwydd Jeremy Thorpe, doedd hi fawr o syndod i Blaid Cymru a'r Toriaid elwa ar gorn trafferthion eu gwrthwynebwyr. Ond, yn y cyfwng hwnnw, fodd bynnag, roedd y canlyniad yn cadarnhau canfyddiad Gwynfor a thrwch aelodau Plaid Cymru fod cenedlaetholdeb yn rym drachefn. Yn dilyn yr etholiadau, penderfynwyd ar ymgyrch a anelai, yn ôl Dafydd Williams, at 'gipio cymaint o gefnogaeth oddi wrth y Blaid Lafur yn bennaf a'r Rhyddfrydwyr' gan 'gyrraedd uchafbwynt yn ystod mis Mai 1977 pan ymleddir yr Etholiadau Sirol'.[66] Dyna oedd y nod ac awdurdodwyd cyllideb o £1,000 ar gyfer ymgyrch 'Chwarae Teg i Gymru'. Ond ychydig iawn o argraff, os o gwbl, a wnaeth yr ymgyrch. Yn y tymor hir, gwnaeth yr etholiadau lleol fwy o ddrwg nag o les, gan i lwyddiant cymharol Mai 1976 gadarnhau'r darlun camarweiniol o'r amserau oedd yn cael ei baentio gan Gwynfor a'i gyd-Bleidwyr. Oedd, roedd cenedlaetholdeb yn rym yn San Steffan, ond roedd hyn i'w briodoli bron yn llwyr i broblemau Wilson ac, yn awr, Callaghan. Yn ôl yng Nghymru, daethai cenedlaetholdeb yn fwyfwy amhoblogaidd yn ystod misoedd cychwynnol 1976, ac ni roddwyd nemor ddim sylw gan Gwynfor na'i gyd-Bleidwyr i'r ffaith bod

Kinnock, Abse a'r gwrth-ddatganolwyr wedi hydreiddio ymwybod poblogaidd y Cymry gyda'u dadleuon bustlaidd. Efallai mai demagogiaid oeddynt, ond erys un ffaith anwadadwy: Kinnock, Abse a'r gwrth-ddatganolwyr a ddeallai Gymru orau, nid Plaid Cymru.

Dros fisoedd yr haf crasboeth, datblygodd y ddwy duedd hyn yn gliriach fyth. Yn San Steffan, aeth Plaid Cymru a'r SNP o nerth i nerth tra cynyddai'r gwrthwynebiad poblogaidd i ddatganoli. Ddiwedd Mai, addawodd Foot roi rhagor o bwerau i'r Awdurdod Datblygu a llwyddodd Plaid Cymru, wedi cyfarfodydd niferus rhyngddyn nhw a'r llywodraeth, i sicrhau na châi cwmni Bristol Channel Ship Repairers ei wladoli. Roedd Gwynfor yn enwedig yn arbennig o awyddus i weld y cwmni'n cael ei achub rhag crafangau'r wladwriaeth – cam nad yw'n gymaint â hynny o syndod o gofio cysylltiadau hanesyddol Dan Evans â chwmnïoedd llongau'r Barri. Roedd cyfeillgarwch Gwynfor â Christopher Bailey, perchennog y cwmni, hefyd yn ystyriaeth, ond roedd eraill yn y blaid – yn enwedig Dafydd Elis Thomas – yn llawer mwy llugoer o weld Gwynfor mor frwdfrydig dros Fesur ymddangosiadol asgell dde. Yn y bôn, teimlai fod ei farn (nid am y tro cyntaf) yn cael ei hanwybyddu gan y llywydd.[67] Cafodd bargen gyffelyb ei tharo gyda'r SNP yn yr Alban er mwyn achub cwmnïoedd llongau ar Lannau Clud. Er hynny, byddai'n gamgymeriad meddwl bod y cenedlaetholwyr yn gŵn bach i'r llywodraeth. Dair wythnos cyn helynt y cwmnïoedd trwsio llongau, pleidleisiodd Plaid Cymru gyda'r Torïaid ar gynnig o ddiffyg hyder yn y llywodraeth. Doedd yna ddim perygl i'r llywodraeth syrthio yn y bleidlais symbolaidd honno ar 9 Mehefin ond, ar hyd coridorau grym San Steffan, roedd yna gydnabyddiaeth ymysg sylwebwyr gwleidyddol fod cenedlaetholdeb wedi dod i oed. Dyma, er enghraifft, ddyfarniad David Rosser o'r *Western Mail* ar y modd yr achubwyd cwmni Bristol Channel Ship Repairers: 'A new dimension is appearing at Westminster. The trio of Plaid Cymru MPs are emerging as a pocket power bloc with grim and purposeful determination... Rightly and judiciously too, they are playing the artful dodger to Michael Foot and the Government's other managers to no mean effect'.[68] A chanmoliaeth y *Western Mail* yn atseinio yn ei glustiau, medrodd Gwynfor ddathlu degawd ers buddugoliaeth Caerfyrddin yn fodlon ei fyd fel arwr cenedlatholgar.

Ar 10 Gorffennaf, cyflwynwyd cofiant iddo gan ei gyfaill, Pennar Davies, mewn rali yn Llangadog – cyfrol a oedd yn salm fwriadol o fawl i'w arwr, gan adrodd hanes twf anochel y 'mudiad cenedlaethol'. Buchedd sant oedd y llyfr, ond er gwaethaf ei dôn gormodieithus, ni phrofodd Gwynfor fymryn o embaras wrth ei dderbyn a chyfaddefodd wrth Islwyn Ffowc Elis fod 'llyfrau fel hyn yn bwysig i'r Blaid ac i'r wlad'.[69] O ganlyniad i lyfr Pennar Davies, datblygodd cwlt Gwynfor yn fwy fyth, a thueddid i edrych ar unrhyw feirniadaeth ohono fel teyrnfradwriaeth. Yn sgil hyn, daeth ei air yn ddeddf – yn enwedig ar bolisi datganoli'r blaid. Yn rali Llangadog, ac mewn twr o gyfarfodydd cyhoeddus trwy gydol haf 1976, glynodd Gwynfor wrth ei ffydd ddi-sigl na fedrai Plaid Cymru golli, gan fod Callaghan wedi ei ddal ar 'y naill bigyn neu'r llall o fforch cenedlaetholdeb'.[70] Calon dadl Gwynfor oedd y byddai Plaid Cymru ar ei hennill pe anrhydeddai Callaghan ymrwymiad ei faniffesto, ond roedd hefyd lawn mor argyhoeddedig y byddai Plaid Cymru'n elwa pe syrthiai'r Mesur datganoli yn Nhŷ'r Cyffredin. Yn syml iawn, credai Gwynfor y byddai methiant yn grymuso'i blaid i'r fath raddau nes y deuai senedd yn ei sgil.[71] Heb os, roedd yn ddull effeithiol a syml o ymresymu ac, yn ystod haf o brinder dŵr, daeth y cadwedig i gredu'n angerddol yn hyn, ac yng ngallu'r Cynulliad i ddatrys popeth gan gynnwys y sychdwr. Mae'r rhesymeg seml hon hefyd yn esbonio pam na phoenai Gwynfor nemor ddim ynghylch ymdrechion y gwrth-ddatganolwyr. Dim ond gyda synnwyr trannoeth y gellir gweld iddi fod yn rhesymeg bur naïf gan i ddiwedd datganoli ddinistrio Plaid Cymru hefyd.

Ond yn ystod y misoedd allweddol hyn, y misoedd pan fowldiwyd agweddau'r Cymry tuag at ddatganoli, credai trwch aelodau Plaid Cymru fod dadanasoddiad ei llywydd yn gwbl ddi-nam. Yn wir, unig bryder gwleidyddol Gwynfor yn ystod y cyfnod hwn oedd sefyllfa'r Gymraeg, a'r angen i Blaid Cymru lunio polisi manwl ar yr iaith. Ac eisoes, roedd yna beth trafodaeth wedi bod. Cwynai Cymdeithas yr Iaith Gymraeg, er enghraifft, fod Plaid Cymru'n treulio gormod o amser ar ddatganoli. Ac roedd rhai Pleidwyr amlwg hefyd yn coleddu'r farn hon – yn eu plith Dafydd Iwan.[72] Aeth y newyddiadurwr Clive Betts cyn belled ag ymddiswyddo o olygyddiaeth y *Welsh Nation* oherwydd hyn.[73] Ar y llaw arall, roedd eraill ar y Pwyllgor Gwaith, megis John Dixon, wedi rhybuddio Gwynfor mai taw piau hi, gan mai'r 'perygl mawr mewn ymgyrch mawr ar yr iaith' oedd y byddai'r blaid yn cael ei chyhuddo 'o boeni mwy amdani nag am swyddi'.[74]

Roedd yn ddilema cyfarwydd i Gwynfor ond, er tegwch iddo, roedd yn daer am weld ei blaid yn ymgyrchu'n galetach ar fater y Gymraeg. Yn un peth, ni chredai y gellid niweidio achos datganoli ac, yn ail, teimlai'n angerddol fod y Gymraeg ar drai. Yn Llangadog ei hun, gwelsai nad oedd y 'plant a'r bobl ifanc yn gwrando ar deledu Cymraeg am gymaint â hanner awr mewn wythnos – y mwyafrif ohonynt ddim yn gweld munud o deledu Cymraeg o un pen yr wythnos i'r llall'.[75] Yr oedd yr 'argyfwng', ys dywedodd wrth Dafydd Williams, 'yn dwyshau', yn enwedig ym maes llywodraeth leol lle na welai yr un awdurdod yn cymryd y Gymraeg o ddifrif – ac eithrio Gwynedd. O ganlyniad i hyn, cynigiodd Gwynfor amryw byd o awgrymiadau i'w Ysgrifennydd Cyffredinol ynghylch y ffordd ymlaen. Roedd y rhain yn cynnwys datblygu byd 'y theatr a'r ddrama'; roedd hefyd am gynhyrchu 'polisi effeithiol fyddai'n dwyn yr Urdd, yr Eisteddfod a Merched y Wawr gyda'i gilydd'. Uwchlaw dim, credai Gwynfor y dylai'r ymgyrch newydd hon uno'r Cymry Cymraeg: 'Nid arwain fel cenedlaetholwyr gwleidyddol a fyddem ond yn hytrach fel Cymry unigol sy'n caru'r iaith'.[76] Penllanw hyn i gyd oedd i Gwynfor gynnull grŵp o Gymry blaenllaw ynghyd gyda'r bwriad o lunio polisi iaith newydd. Ond fel gyda chynifer o gynlluniau Plaid Cymru yn y saithdegau, tân siafins ydoedd.[77] Ni ddaeth dim byd ohono oherwydd bu'n rhaid i Blaid Cymru ganolbwyntio ei holl sylw, eto fyth, ar yr hyn a gâi ei ddisgrifio gan werin gwlad erbyn hydref 1976 fel 'The Great Devolution Bore'. Yn wir, unig arwyddocâd cyhoeddiad iaith Gwynfor, er mor ddidwyll y cymhelliad gwreiddiol, oedd iddo sicrhau cynhadledd lwyddiannus ac osgoi cwffas deuluol â Chymdeithas yr Iaith.

Ond os oedd y Gynhadledd Flynyddol yn llwyddiant, roedd yna newid i'w glywed yn y rhethreg wleidyddol a leisid gan Gwynfor. Serch ei fod yn dal i gredu na fedrai Plaid Cymru golli, a serch iddo longyfarch John Morris ar ddewis y Gyfnewidfa Lo yn hytrach na'r Deml Heddwch fel cartref y Cynulliad newydd, roedd pryderon ehangach yn dechrau ei gnoi – yn benodol, natur dymhestlog gwleidyddiaeth Prydain.[78] A Callaghan newydd orfod mynd â'i gap yn ei law at fanc yr IMF, roedd Prydain erbyn Hydref 1976 yn ferw dân. Ynghanol yr argyfwng, ysgrifennodd Gwynfor at Tudur Jones gan ofyn am gyngor ynghylch sut y gellid 'datblygu athroniaeth Gymreig' a fyddai'n 'nerth i'r Mudiad Cenedlaethol'. Fodd bynnag, roedd hi'n llawer rhy hwyr erbyn hynny i Gwynfor ofyn am oleuni gan ei hen gyfaill.[79] Am y tro cyntaf yn y ddadl epig hon, synhwyrai'r Ceidwadwyr a'r gwrth-ddatganolwyr y medrent gario'r maes. Rywsut, rywfodd, roedd Callaghan yn disgwyl i Michael Foot gyflwyno Mesur datganoli i Gymru a'r Alban ymhen rhai wythnosau, a hynny heb fwyafrif seneddol ac ynghanol yr argyfwng economaidd gwaethaf ers y tridegau.

Yn breifat, ofnai Foot y gwaethaf. Hyd yn oed cyn i'r Mesur gyrraedd llawr Tŷ'r Cyffredin, fe ddechreuodd baratoi ar gyfer y posibilrwydd o weld yr holl gynlluniau'n cael eu darnio'n llwyr. Dechreuodd hefyd fraenaru'r tir ar gyfer refferendwm posibl.[80] Yna, ddiwedd yr hydref, torrodd y storm. Wrth i'r drafodaeth seneddol ddechrau, gwelwyd yr 'English Backlash'. Holodd y *Sun*, er enghraifft, a fyddai'r Undeb yn chwalu, unwaith ac am byth – serch bod eu pôl piniwn hwythau'n dangos mwyafrif clir yn erbyn datganoli.[81] Dyma hefyd pryd y dechreuodd y Ceidwadwyr ymgyrchu o ddifrif am y tro cyntaf yn erbyn datganoli. O'r herwydd, closiodd Gwynfor yn agosach fyth at y Blaid Lafur. Parodd hyn hefyd i Gwynfor ddechrau casáu'r Ceidwadwyr gan eu cystwyo yn y termau hyn wrth Dafydd Orwig:

> … pan edrychwch ar record y Torïaid ers deng mlynedd a mwy bellach, ni welwch ddim a wnaethant yn gadarnhaol dros Gymru… Ni fyddant byth yn ymgyrchu o blaid dim byd Cymraeg na Chymreig. Y mae Wyn Roberts gyda'r gwaethaf ohonynt, ac wrth gwrs y mae Geraint Morgan yn gwbl dawedog. Cynrychioli Saeson a'u haelodaeth a wnânt i bob pwrpas.[82]

Yn ôl y disgwyl, croeso digon oeraidd a gafodd y Mesur datganoli gan Blaid Cymru pan gyhoeddwyd ef ar 30 Tachwedd. Galwodd Plaid Cymru am ei gryfhau ac addawodd Gwynfor y byddai ei blaid yn dymchwel y llywodraeth oni chadwai at ei gair.[83] Cysur bychan i'r cenedlaetholwyr oedd eu hundod mewnol a'r ffaith na chafwyd ffiasgo tebyg i'r un a welwyd pan gyhoeddwyd papur gwyn 1975. Mewn gwirionedd, doedd yna ddim gwahaniaeth go iawn rhwng y Mesur seneddol a'r papur gwyn ac roedd yr ymateb mwy cyffredinol yn argoeli'n drychinebus i obeithion Gwynfor o sicrhau Cynulliad i Gymru. Drannoeth cyhoeddi'r Mesur, ymddiswyddodd Ioan Evans, Aelod Seneddol Llafur Aberdâr, o'i swydd fel Ysgrifennydd Seneddol John Morris. Yn yr un modd, dechreuodd y polau piniwn Cymreig ddangos fod y Cymry'n ddrwgdybus iawn o ddatganoli. Dangosodd un arolwg mai dim ond 27 y cant o'r Cymry a gefnogai'r Mesur. Roedd yr un arolwg yn awgrymu fod 31 y cant o gefnogwyr Plaid Cymru naill ai'n llugoer ynghylch y Mesur ynteu yn ei wrthwynebu'n llwyr.

Yng ngoleuni tueddiadau fel y rhain, dechreuodd rhai Pleidwyr amau doethineb rhoi unrhyw gefnogaeth i'r Mesur.[84] Anfonodd Phil Williams, er enghraifft, lythyr at Bwyllgor Rhanbarth Caerfyrddin gan ofyn iddynt beth oedd eu teimladau ynghylch datganoli. Dengys y cofnodion i'r llythyr gael ei drafod mewn 'sgwrs hir' ac i nifer o amheuon dyfnion gael eu lleisio.[85] Ni chlywodd y wasg am y pryderon a wyntyllwyd yn iard gefn Gwynfor ond roedd hi *yn* hysbys erbyn canol Rhagfyr bod adain Phil Williams o Blaid Cymru am ymladd un frwydr olaf mewn ymgais i rwystro'r blaid rhag cefnogi'r Mesur.[86] Er mai lleiafrif oedd y puryddion hyn, roedd yn ben tost arall i Gwynfor pan ddechreuodd y Mesur ar ei daith drwy Dŷ'r Cyffredin ar 13 Rhagfyr. Yn ystod pedwar diwrnod o ymgecru chwerw, trafodwyd datganoli i Gymru a'r Alban ar lawr y Tŷ mewn dadl a gynhyrchodd lawer mwy o wres nag o oleuni. Serch i Gwynfor geisio dyrchafu'r cywair ryw gymaint trwy ddadlau fod datganoli yn foddion i achub gwareiddiad Cristnogol Cymru, y gwrth-ddatganolwyr a enillodd y dydd a hynny'n hawdd.[87] Er i'r Mesur lwyddo i gael ail ddarlleniad, bu'n rhaid i Michael Foot ildio ar un pwynt allweddol: cadarnhaodd y llywodraeth, wedi misoedd o geisio osgoi'r mater, y byddai yna refferendwm ar ddatganoli.[88]

Gadawodd y ddadl annifyr hon ei hôl ar Gwynfor. Yn aml, byddai ei ddiwrnod gwaith yn dechrau tua naw o'r gloch y bore ac yn ymestyn hyd oriau mân y diwrnod canlynol. Roedd gwyliau'r Nadolig felly'n ollyngdod anferthol iddo a gwnaeth cyn lleied â phosib dros yr ŵyl mewn ymgais fwriadol i arbed ei egnïon ar gyfer blwyddyn oedd yn debygol o fod yn un allweddol. Ar ei throthwy, proffwydodd wrth Elwyn Roberts fod 1977 yn debygol o wireddu gobeithion cenhedlaeth gyfan o genedlaetholwyr:

> Mae amser caled o'n blaen ymhobman, gan gynnwys oriau hwyr iawn yn Westminster a'r straen o geisio cael rhyw fath o Senedd… Bydd hon yn flwyddyn refferendwm, ac efallai etholiad cyffredinol. Fel hyn y caiff hanes ei wneud. Daeth y Blaid ymhellach nag yr oeddem ein dau yn meddwl yn ein munudau realistig.[89]

Sŵn gwleidydd yn tynnu at ddiwedd ei yrfa a glywir yma, ond wedi'r Nadolig, ni chafodd Gwynfor gyfle arall i fwrw golwg ar ei le ef nac ychwaith le Elwyn Roberts mewn hanes. Blaenoriaeth y blaid ar drothwy 1977 oedd datrys ei hagwedd tuag at ddatganoli – y grachen honno y mynnai Phil Williams ei phigo. Ar 31 Rhagfyr, cyfarfu penaethiaid y blaid yn Nhrefyclo (o bob man) i geisio torri'r ddadl. Roedd y bererindod, chwedl Dafydd Wigley, yn fath arbennig o 'Presbyterian self-deprivation'. Er hynny, profodd y daith yn fuddiol gan i arweinwyr Plaid Cymru (er gwaethaf rhai amheuon) gytuno â Gwynfor i'r graddau bod hanner torth yn well na dim bara o gwbl.[90] O hyn ymlaen, felly, penderfynodd Plaid Cymru gefnogi Llafur mewn unrhyw refferendwm.[91] Drannoeth, ar ddydd Calan 1977, brwydrodd aelodau'r Cyngor Cenedlaethol eu ffordd drwy'r eira i'r un dref er mwyn rhoi sêl eu bendith ar y polisi. Ac eithrio Phil Williams ac un neu ddau arall, ni siaradodd neb yn erbyn Gwynfor ac, o'r diwedd, ar ddiwrnod cyntaf 1977, roedd hi'n ymddangos bod gan Blaid Cymru ryw fath o bolisi unol ar ddatganoli.[92]

Gyda'r sicrwydd hwn o gefnogaeth Plaid Cymru, sefydlwyd ymgyrch Ie amhleidiol a dechreuwyd gweithio ar gyfer y refferendwm.[93] Llwyddwyd i ddenu cefnogaeth bagad eclectig o sêr, yn cynnwys y chwaraewr pêl-droed John Toshack, y cyn-fandarin Goronwy Daniel ynghyd ag Archesgob Cymru, G O Williams. Er hynny, gwyddai Gwynfor yn dda na fyddai cefnogaeth o'r fath yn ysgafnhau'r baich oedd yn debygol o syrthio ar Blaid Cymru, ac mai ei blaid ef fyddai'n gorfod ysgwyddo polisi'r Blaid Lafur pan ddeuai'r refferendwm, mwyaf tebyg ym mis Hydref. Roedd yn gyfrifoldeb enfawr, a daeth y baich ar Gwynfor yn destun siarad. Erbyn canol Ionawr, roedd ei wallt yn hollol wyn wrth i'r straen corfforol ac emosiynol ei amlygu ei hun fwyfwy.[94] Mewn anerchiad i Bwyllgor Gwaith Etholaeth Caerfyrddin yn ystod y mis hwnnw, siaradodd yn blaen ynghylch yr her anferthol a wynebai Plaid Cymru. Yn niffyg unrhyw ymdrech o werth gan y Blaid Lafur na chwaith gan yr undebau, rhybuddiodd rai o'i gyfeillion agosaf mai nhw fyddai'n gwneud y gwaith diddiolch ond y byddai rhaid i hyn, hyd yn oed, fod yn lled gyfrinachol: 'Hyd at y bythefnos ddiwethaf yn y refferendwm rhaid gweithredu yn dawel ond yn effeithiol. Yna yn y bythefnos olaf, holl *razzmatazz* i gynhyrfu y bobl i deimlo dros Gymru. Deffro'r teimladau'.[95]

Mae cofnodion y cyfarfod yng Nghaerfyrddin yn dangos i anerchiad Gwynfor wasgaru 'llawer o amheuon', ond roedd Gwynfor, mewn gwirionedd, yn gofyn i'w gefnogwyr gyflawni'r amhosibl trwy ymgyrchu dros ddatganoli ar yr un pryd ag aros yn dawel yn ei gylch. Nid fod bai ar Gwynfor gan mai dyma'r unig lwybr oedd yn agored iddo. Yn y cyfamser, âi pethau o ddrwg i waeth yn Nhŷ'r Cyffredin. Pan ailymgynullodd y Tŷ ar 10 Ionawr, darganfu'r datganolwyr fod 300 o welliannau wedi eu gosod i lawr gan y Torïaid a'r rebeliaid Llafur. Y rhain oedd dyddiau (ac yn amlach na pheidio, nosweithiau) y *filibusters* seneddol. Serch i'r datganolwyr drechu ymgais y Torïaid i eithrio Cymru o'r Mesur, roedd arafwch y trafodaethau'n boenus o falwodaidd i Gwynfor a Michael Foot. Erbyn dechrau Chwefror, dechreuodd Gwynfor amau a fyddai'r Mesur byth yn cael ei basio, gan mai dim ond tri chymal allan o Fesur a gynhwysai 115 o gymalau oedd wedi eu trafod. Ar 3 Chwefror, ysgrifennodd Gwynfor, Dafydd Elis Thomas a Dafydd Wigley at Jim Callaghan yn erfyn ar y Prif Weinidog i gyflymu'r broses gan fynegi, ill tri, 'our very grave concern at the unconscionably slow progress of the Scotland and Wales Bill… These debates have included no more than one seriously debated issue, that of continued representation at Westminster'.[96] Yn breifat, roedd Gwynfor yn daerach fyth, gan grefu ar Michael Foot i ddisgyblu'r gwrthryfelwyr Llafur (yn enwedig Neil Kinnock). Ond doedd byth unrhyw obaith i hynny ddigwydd gan fod Foot ei hun, fel gwleidydd ifanc, wedi gwrthryfela drosodd a thro yn erbyn ei blaid ei hun.[97]

Penderfynodd Callaghan a Foot ar ddyfais arall o'r enw'r gilotîn seneddol er mwyn achub y dydd. Wrth gyflwyno'r gilotîn, bwriad y llywodraeth oedd rhoi terfyn ar y tin-droi di-ben-draw. Hyn a hyn o amser a ganiateid ar lawr Tŷ'r Cyffredin, felly, ond roedd gosod dyfais o'r fath yn hynod amhoblogaidd gan y Blaid Lafur, a gwyddai Gwynfor yn dda mai 'tynnu trwy fwlch y *guillotine*' oedd y peth mawr.[98] Pennwyd 22 Chwefror ar gyfer y bleidlais gilotîn, y bleidlais fyddai'n caniatáu ei defnyddio ac, yn ystod y dyddiau tyngedfennol nesaf, aeth Plaid Cymru ati i ddwyn y pwysau mwyaf posibl ar y llywodraeth Lafur. Diau mai'r cam mwyaf arwyddocaol oedd y bleidlais a fwriwyd ar 12 Chwefror gan Bwyllgor Gwaith Plaid Cymru dros ddymchwel y llywodraeth oni cheid refferendwm.[99] Aeth Dafydd Williams ati'n ogystal i lunio cyfres o brotestiadau a rali genedlaethol pe na lwyddai'r llywodraeth i gario'r dydd. Ond roedd yna ddur yn y rebeliaid Llafur. Mewn pleidlais lawn drama ac angerdd, trechwyd y cynnig gilotîn a syrthiodd y Mesur. Ystyriai Gwynfor hyn fel ergyd anferthol ac fe'i gwelai fel digwyddiad bron mor arwyddocaol â 'brad y Blaid Lafur' yng Nghapel Celyn.[100] Y noson honno, ysgrifennodd at Dafydd Williams gan ddweud wrtho fod y diwedd seneddol wedi dod. 'Mae'n amlwg,' meddai, 'y bydd yn rhaid inni chwilio am ffordd o gael etholiad yn gynt, a hynny ar y cyd gyda'r SNP.'[101] Roedd Dafydd Wigley yn meddwl ar hyd yr un llinellau a galwodd am etholiad cyffredinol. Ddeuddydd yn ddiweddarach, cyflwynodd yr SNP a Phlaid Cymru gynnig o ddiffyg hyder yn y llywodraeth.[102] Yn ôl yng Nghymru, trefnwyd nifer o gyfarfodydd protest ac anfonodd y blaid deligram at Callaghan a haerai na fedrai'r un gwladgarwr Cymreig gefnogi Llafur, gan gymaint eu brad.[103] Oedd, roedd breuddwyd Gwynfor wedi'i chwalu, ond roedd y bleidlais yn fwy nag ergyd wleidyddol: roedd hi hefyd yn un o'r ergydion personol caletaf iddo erioed ei phrofi, gan mai ef a fu barotaf i arwain ei blaid i lawr y llwybr seneddol. Yn awr, roedd y llwybr hwnnw'n gaeedig. O gofio hyn, nid yw'n rhyfedd i Gwynfor ddechrau gwaelu a suddo i'r hyn na ellir ond ei ddisgrifio fel pwl enbyd o iselder ysbryd a gwendid corfforol.

Yn syth wedi'r bleidlais gilotîn, aed â Gwynfor i'r ysbyty 'mewn twymyn ac yn siarad llawer o ddwli' yn sgil nifer o broblemau gyda'r 'ochr nerfol, gyfansoddiadol a meddyliol'. Dr Linford Rees, seiciatrydd nodedig a 'chenedlaetholwr da', fu'n gofalu amdano ac, yn fuan, llwyddodd i ganfod bod yna ddiffyg 'rhyw gemeg arbennig' ar ymennydd Gwynfor.[104] Ond er cywired y farn feddygol, roedd Gwynfor ymhell o fod yn ddyn iach. Am rai wythnosau, gorffwysai yn nhŷ ei chwaer Ceridwen yn ysblander Swydd Buckingham. Treuliodd beth amser yn dod ato'i hun yn Llangadog hefyd cyn cael llawdriniaeth bellach yn Ysbyty Glangwili, Caerfyrddin. Golygai hyn mai Dafydd Elis Thomas a Dafydd Wigley a lywiai gwrs Plaid Cymru mewn cyfnod allweddol, nid yn unig i'r blaid, ond hefyd i wleidyddiaeth Prydain. Wedi'r cyfan, roedd gan y cenedlaetholwyr y grym a'r cymhelliad i alw etholiad cyffredinol, pe mynnent hynny. Ar 24 Chwefror, gwahoddwyd Plaid Cymru a'r SNP i gwrdd â Jim Callaghan ac, yn yr un cywair, ysgrifennodd Michael Foot at Gwynfor yn gofyn am ei syniadau ynghylch sut y gellid cael rhagor o gytuno rhwng y pleidiau ar fater datganoli.[105] A hwythau newydd gyflwyno cynnig o ddiffyg hyder, gellid meddwl y byddai Plaid Cymru wedi troi tu min ar y cynllun yn syth. Ar y cychwyn, dyna oedd ymateb cyntaf Gwynfor hefyd, ac ar 3 Mawrth, ysgrifennodd at Elwyn Roberts o'i wely yn Ysbyty Glangwili, gan ddweud wrtho bod 'achos mawr datganoli wedi dod i ben' ac na chaent 'ddim byd yn awr am rhai [sic] blynyddoedd'. Yr unig gysur iddo oedd y byddai'r 'brad' yn 'rhwym o helpu'r Blaid'.[106]

Ond o fewn dyddiau, dechreuodd Gwynfor gynhesu at y syniad o atgyfodi datganoli a phrofodd pragmatiaeth yn drech na rhethreg seneddol gyda'r blaid (fel y Rhyddfrydwyr) am weld beth y gallent wasgu o groen llywodraeth oedd yn wan fel brwynen. Dyma pam i Gwynfor, ar 7 Mawrth, ysgrifennu at Dafydd Williams gan roi ei sêl bendith amodol ar gyd-drafod â Llafur: 'Mae'n iawn i'r bechgyn [Elis Thomas a Wigley] weld beth sydd gan Foot ac eraill i'w ddweud wrth gwrs, ond ni ddylem gymryd rhan mewn unrhyw beth swyddogol'.[107] A dyna'n union yr hyn a ddigwyddodd. Cyfarfu'r 'bechgyn' gyda Callaghan ond ni chawsant eu calonogi. Ni fu'r cyfarfod, meddai Dafydd Wigley wrth Gwynfor, 'o fawr fudd i ni' gan fod Callaghan yn parhau i feddwl y gellid ennill pleidlais gilotîn. Yr unig gysur y medrai Dafydd Wigley ei gynnig i Gwynfor oedd y ffaith 'fod [Callaghan] yn derbyn mai trwy argyhoeddi ei bobl ei hun y mae'r ffordd ymlaen yn hytrach na cheisio â chael cytundeb gyda'r Torïaid'.[108]

Mae'n anodd gweld pa ddewis arall oedd gan Gwynfor, Wigley ac Elis

Thomas. O ganlyniad, dechreuasant drafod gyda'r llywodraeth ar ddechrau Mawrth 1977. Yn ôl yng Nghymru, fodd bynnag, roedd y teimlad fod y drindod seneddol yn chwarae rhyw gêm seneddol orglyfar yn lledu. Ac er mawr bryder i Gwynfor, dechreuodd Cymdeithas yr Iaith godi ei phen drachefn. Gwnaed difrod sylweddol i drosglwyddydd Blaenplwyf ger Aberystwyth. Yn breifat, arswydai Gwynfor o weld ymchwydd mewn gwleidyddiaeth anghyfansoddiadol, ac ysgrifennodd at ei gydnabod, yr Athro Dewi Eirug Davies, gan rannu ei bryder 'am y ffordd y mae Cymdeithas yr Iaith yn mynd o gwmpas pethau (er eu bod yn tra rhagori ar Adfer)'. Dagrau pethau, meddai, oedd nad oedd 'modd o gwbl inni eu rheoli [Cymdeithas yr Iaith Gymraeg]'.[109] Yn y cyfamser, wrth i wleidyddiaeth gyfansoddiadol nychu, dechreuodd aelodau cyffredin Plaid Cymru fynnu bod eu harweinwyr yn gwrando arnyn nhw. Derbyniodd chwip seneddol y blaid, Dafydd Elis Thomas, rybudd clir gan aelodau Plaid Cymru yng Ngheredigion, yn gorchymyn yr Aelodau Seneddol i 'ddatgysylltu' eu hunain 'oddiwrth unrhyw fesur sy'n cynnig llai inni fel cenedl'.[110] Mynegodd Saunders Lewis ei deimladau'n fwy croyw fyth. Ysgrifennodd yntau at y *Western Mail* gan fynegi ei obaith y byddai 'serious Welsh Nationalists' wedi eu calonogi gymaint ag yntau gan fethiant y Mesur datganoli. 'It confirmed,' meddai Saunders Lewis, 'my forecast of many years ago, and I think it is an axiom worth repeating: as long as there is a Welsh Nationalist parliamentary party in the House of Commons there will be no responsible self-government for Wales… only after frantic police activity will the English Parliament pass a measure to recognise and legally establish a Welsh government'.[111]

Drannoeth y datganiad hwn, cyfarfu Pwyllgor Gwaith Plaid Cymru a chafwyd pleidlais o blaid galw ar yr Aelodau Seneddol 'i beidio â chario ymlaen â thrafodaethau ymhellach â'r llywodraeth'.[112] Ni allai Saunders Lewis fod wedi gobeithio am ganlyniad rhagorach ond roedd hi'n ergyd arall i Gwynfor mewn cyfnod pan oedd yn parhau'n fregus iawn o safbwynt iechyd corff ac enaid. Yn yr un Pwyllgor Gwaith, penderfynodd aelodau Plaid Cymru anfon neges yn 'dymuno'n dda i'r Llywydd a gofyn iddo gymeryd gwyliau' ond golygai'r cynnwrf gwleidyddol nad oedd gobaith iddo gael hoe o fath yn y byd.[113] Bu'n rhaid i Gwynfor ohirio llawdriniaeth yn yr ysbyty gan fod pleidlais o hyder yn y llywodraeth wedi ei hamserlennu ar gyfer 23 Mawrth. Gyda phob pleidlais fel aur, daeth amcanion gwleidyddol tri aelod Plaid Cymru yn allweddol i ddyfodol gwleidyddol Prydain. Ddeuddydd cyn y bleidlais, cyhoeddodd Gwynfor, Wigley ac

Elis Thomas y byddent yn dymchwel y llywodraeth gan ochri gyda'r Ceidwadwyr. Y cyfiawnhad dros hyn, meddent, oedd bod y ddwy blaid cynddrwg â'i gilydd.[114] Er hynny, roedd y polisi hwn yn bell o fod yn boblogaidd yn rhengoedd Plaid Cymru – yn enwedig ymhlith cenedlaetholwyr sosialaidd y cymoedd.[115] Roedd datganiad unol y tri hefyd yn cuddio tensiynau rhyngddynt hwy eu hunain gan fod Elis Thomas (er gwaethaf y rhethreg gyhoeddus) eisoes wedi dweud wrth Cledwyn Hughes, cadeirydd y Blaid Lafur Seneddol, yr ataliai ei bleidlais pe byddai'n mynd yn dynn iawn ar Lafur.[116] Ond gyda'r amser yn prysur ddarfod ar noson 23 Mawrth, achubwyd croen Callaghan pan gytunodd y Rhyddfrydwyr i glymbleidio â'r Blaid Lafur. Y noson honno, pleidleisiodd tri Plaid Cymru gyda'r Ceidwadwyr, ond protest wag, ddi-gost oedd hon i'r cenedlaetholwyr. Drwy groen ei ddannedd (a chyda chymorth sawl aelod clwc a gludwyd i'r Tŷ mewn ambiwlansys), dihangodd y Prif Weinidog. A gwell fyth, wedi'r holl firi, roedd ganddo fwyafrif seneddol.

Roedd hi'n ddiwedd ar bedwar mis brochus yng ngwleidyddiaeth Cymru a Phrydain – pedwar mis a ddinistriodd ddatganoli ac a welodd Blaid Cymru'n ddarostyngedig i Blaid Lafur ranedig. Ychydig, mewn gwirionedd, a gafodd Plaid Cymru yn gyfnewid am ei pharodrwydd i chwarae gêm y gwyddbwyll seneddol, ond Gwynfor a dalodd y pris halltaf. Roedd y pedwar mis hwnnw wedi dinistrio ei iechyd ac wedi tolcio rhyw gymaint ar ei hygrededd hefyd. O hyn ymlaen, Wigley a gâi ei ystyried fel arweinydd go iawn Plaid Cymru. Roedd Gwynfor yn fwy ymwybodol o hyn na neb, ac ni cheisiodd frwydro yn erbyn yr anorfod. Ddeuddydd wedi i Callaghan sicrhau achubiaeth seneddol, rhoes Gwynfor bìn ar bapur gan ddweud wrth Lewis Valentine fod yna gyfnod wedi dod i ben. Yn awr, synhwyrai fod 'gwleidyddiaeth Gymreig wedi mynd i gyfnod tawelach eto dros dro' gan nad oedd yn edrych yn debyg y ceid 'unrhyw fath o Gynulliad etholedig yn y dyfodol agos iawn'.[117]

Ond roedd Gwynfor yn mynd o flaen gofid. Dychwelodd datganoli cyn gynted ag y diflannodd. Ar ddiwedd Mawrth 1977, cyhoeddodd Michael Foot ei fwriad i ailgyflwyno datganoli ar ffurf un Mesur i Gymru ac un arall i'r Alban. O fewn oriau, derbyniodd Gwynfor lythyr gan Foot yn addo bod y llywodraeth yn parhau'n 'fully committed' i ddatganoli.[118] Unwaith eto, felly, wynebai Gwynfor glamp o ddilema: beth oedd ei blaid am ei wneud? A oedd am gefnogi Mesur a fyddai'n debygol o gael ei chwalu drachefn gan y rebeliaid Llafur ynteu a fyddai'n aros yn wynnach na gwyn a chael dim oll i'w wneud â'r Blaid Lafur? Roedd yn gyfyng-gyngor gyda'r anoddaf i Gwynfor ei wynebu, ond profodd atyniad ail gynnig yn drech na'r atgof am brofiad chwerw 1976–77. Roedd yr un ymateb i'w weld yn y blaid yn genedlaethol, a thros y gwanwyn daeth trwch yr aelodau i gytuno bod deryn mewn llaw yn well na dau mewn llwyn. Er hynny, roedd yr aelodau cyffredin yn llawer mwy llugoer y tro hwn, a rhybuddiwyd y triawd seneddol yn y modd cliriaf posibl i fod yn fwy gochelgar ynghylch bargeinio â'r Blaid Lafur. Roedd y sgeptigiaid hyn (dan arweiniad Phil Williams) hefyd am weld strategaeth y blaid yn cael ei phenderfynu ar sail blwyddyn, nid fesul mis. Ei nod, wrth ddweud hyn, oedd osgoi yr hyn a ddisgrifiai fel '*zigzags*'. Ategwyd neges Phil Williams gan Dafydd Wigley ac ysgrifennodd yntau at Gwynfor gan fynnu bod yn rhaid i Blaid Cymru 'adolygu'n fanwl' ei hagwedd 'tuag at ddatganoli a Mesur y llywodraeth'.[119] Ar bapur, roedd Phil Williams a Dafydd Wigley yn llygad eu lle, wrth gwrs, ond roedd hanes ar fin ei ailadrodd ei hun mewn modd ofnadwy i Gwynfor. Ddiwedd Gorffennaf, cyflwynodd Michael Foot y papur gwyn ar ddatganoli i Gymru, ac o'r eiliad honno ymlaen, camodd Plaid Cymru i ganol dyfroedd dyfnion iawn fel ag y gwnaethai rai misoedd ynghynt. Fodd bynnag, roedd yna un gwahaniaeth allweddol. Y tro hwn, roedd gan Blaid Cymru lai fyth o ddylanwad dros y Blaid Lafur gan fod Callaghan yn meddu ar fwyafrif seneddol, ac yn rhydd o'r angen i iro llaw Plaid Cymru. Dros fisoedd yr hydref, felly, llafur cariad Michael Foot a John Morris yn unig a fedrai sicrhau y gwireddid breuddwyd Gwynfor o ennill datganoli.

Bu'r haf hwnnw yn un tawel tu hwnt i Gwynfor ac, am rai misoedd, gwelwyd cyfnod o sefydlogrwydd anarferol yng ngwleidyddiaeth Cymru. A chan na chredai y deuai'r etholiad cyffredinol tan wanwyn 1979, medrai orffwys ryw gymaint ar ei rwyfau ac adfer ei iechyd. Dilynodd y blaid yng nghamre ei llywydd gan ddefnyddio'r cyfnod i godi arian a symud o'r hofel chwedlonol honno, Rhif 8 Stryd y Frenhines, i adeilad mwy pwrpasol ac urddasol ar Ffordd y Gadeirlan, Caerdydd. Roedd hi'n anodd osgoi symbolaeth y symudiad wrth i'r hoelion wyth ildio eu lle i'r llafnau ifanc. Roedd hi hefyd yn anodd osgoi'r casgliad bod gwleidyddiaeth gonsensws Gwynfor, gwleidyddiaeth y 'mudiad cenedlaethol', yn gwbl amherthnasol i nifer ar adain chwith gynyddol filwriaethus Plaid Cymru. Yng nghynhadledd flynyddol y blaid y flwyddyn honno, trechwyd cynnig lled-Farcsaidd a alwai am 'the social ownership of the instruments of production and distribution' – ond dim ond o 108 pleidlais i 82.[120]

Ddyddiau'n ddiweddarach, ar 4 Tachwedd, dechreuodd taith seneddol

Mesur yr Alban. Wrth reswm, roedd yn ddigwyddiad tyngedfennol i'r Sgotiaid ond roedd yn achlysur allweddol i Gymru hefyd gan y câi ei ystyried fel 'treial' i'r math o dderbyniad a gâi Mesur Cymru ymhen rhai misoedd. Rhoes hyn wedd newydd ar bethau i Gwynfor, ac er gwaethaf yr amheuon a leisiwyd ganddo yn y gwanwyn, llwyddodd i aildanio ei frwdfrydedd arferol. Yn un peth, barnai na fedrai Plaid Cymru ond ennill o helyntion rhywiol Jeremy Thorpe, Arweinydd y Rhyddfrydwyr.[121] Ond y prif reswm am y sioncrwydd newydd hwn oedd gweld datganoli yn ôl yn y ffurfafen wleidyddol. A'r hyn a'i llonnodd yn fwy na dim oedd bod Callaghan a John Morris wedi addo gwneud datganoli yn fater o hyder. Y tro hwn, felly, roedd pethau'n ymddangos gymaint â hynny'n haws: pe syrthiai datganoli yna fe syrthiai'r llywodraeth. Rhoes Gwynfor ei holl gefnogaeth i'r Mesur gan ddweud wrth aelodau ei blaid fod yna ddeuddeg rheswm da dros gefnogi'r Cynulliad. Roedd nifer o'r rhesymau yn rhai gweinyddol digon call ond y prif reswm, yn ôl Gwynfor, dros gefnogi'r Mesur oedd ei gariad at Gymru – y cariad angerddol hwnnw a'i gyrrodd cyhyd ers y dröedigaeth honno yn ôl ym 1929.[122]

Am rai wythnosau, edrychai'r sefyllfa'n addawol a chafwyd sawl awgrym bod tacteg Michael Foot o droi datganoli'n fater o hyder wedi llwyddo. Er y cafwyd peth gwrthwynebiad i Fesur yr Alban, doedd hyn yn ddim o'i gymharu â'r mileindra trefnedig a welwyd ddeng mis ynghynt. O'r diwedd, credai Gwynfor fod yr awr fawr ar fin cyrraedd ac, ar 21 Tachwedd, ysgrifennodd lythyr cyfrinachol at Michael Foot yn diolch iddo am ei waith 'splendid' wrth lywio'r Mesur drwy ddyfroedd gwenwynig Tŷ'r Cyffredin. 'I admired,' meddai wrth Foot, 'the heroic way in which you sat through the long debates and the way in which you conducted them. This was an extremely difficult task performed with mastery and obvious commitment.' Ac yn goron ar y cyfan, teimlai fod yna ysbryd newydd ar gerdded:

> I noticed a different spirit in the debates this time and from many parts of Wales. I hear that the spirit too has changed for the better… our people will support it 100 per cent. There would be something very seriously wrong if the Bill failed to get a good majority in Wales where the only organised opposition at present is in the Conservative Party, the National Front and a few Labour mavericks.[123]

Anfonodd neges breifat debyg at Dafydd Wigley gan farnu mai'r unig broblem oedd y Torïaid. Yn wyneb y perygl hwn, anogodd Dafydd Wigley i 'ymosod yn barhaus arnynt fel plaid a fu'n ddi-fudd i Gymru erioed. Ar y Torïaid y dylid canolbwyntio'r ymosodiad, gan anwybyddu yr ychydig aelodau Llafur sy'n wrthwynebus'.[124]

Fodd bynnag, roedd y fath hyder yn ddi-sail a hynny ar drothwy 1978, blwyddyn a ystyriai Gwynfor fel 'the most important year in Welsh history, at least for many centuries'.[125] Hyd yn oed cyn Nadolig 1977, daethai'n amlwg fod y gwrthwynebiad Llafurol yn Nhŷ'r Cyffredin yn llawer helaethach na'r 'few Labour mavericks' y soniodd amdanynt wrth Michael Foot. Amcangyfrifai'r *Liverpool Daily Post* fod cynifer â 30 o Aelodau Seneddol Llafur yn debygol o fynd i'r stanc er mwyn rhwystro datganoli.[126] Ond, os rhywbeth, roedd yr asesiad hwn yn bell o'r nod gan iddi ddod yn amlwg, pan ddychwelodd yr Aelodau Seneddol i'r Tŷ yn Ionawr 1978, fod y gwrthwynebiad wedi sgubo fel parlys drwy'r rhengoedd Llafur. Gwaeth na hynny, roedd hi'n amlwg i Gwynfor na chodai barwniaid y Blaid Lafur fys bach i sicrhau pleidlais Ie. Ar ddydd Calan 1978, penderfynodd ei bod hi'n hwyr bryd i Foot glywed aml i gaswir. Ac am y tro cyntaf, dechreuodd Gwynfor ofni y gallai datganoli fethu. Yn un peth, meddai wrth Foot, ni welodd:

> … no speech, statement or letter from your colleagues, either in the Labour Party
> or the unions… My fear is that if by the summer there has been inadequate counter
> action, or rather insufficient initiative taken by the Welsh Assembly supporters, the
> positions taken against it will have hardened too much to change them.

Er cydnabod bod ffigurau fel Gwilym Prys Davies, Foot ei hun a John Morris o blaid datganoli, y broblem sylfaenol oedd bod 'Labour county councillors seem to be almost *en bloc* in opposition'. Priodolai Gwynfor y gwrthwynebiad hwn i hunan-les y cynghorwyr, ac ymhobman yr edrychai, gwelai arwyddion fod hyn yn rhemp. Meddai drachefn wrth Foot:

> In Dyfed, for example, where one would expect a big pro-majority, the Aberystwyth
> Labour branch voted 20–1 against an Assembly, and the Ceredigion constituency
> Labour party 14–9 against. The Labour agent and organiser of the Carmarthen
> constituency has come out strongly against, as has the Labour-controlled Dinfewr
> District Council and even the Brynaman branch of the party. I have heard no sound in
> favour from Llanelli and Pembroke or from the neighbouring Swansea constituencies.[127]

Ond roedd y llythyr yn fwy na dadansoddiad teg o sut roedd pethau ar lawr gwlad – dweud pader wrth berson fyddai rhywbeth felly, yn enwedig yn achos Michael

Foot. Amcan Gwynfor oedd brawychu'r Blaid Lafur, gan fygwth Foot â'r ymateb posibl a ddôi o du'r cenedlaetholwyr pe na byddai pethau'n newid:

> … the nationalists, who are young and vigorous, would direct their criticism at the Labour rather than the Conservative party – who should be the common enemy. The consequences to Labour in Wales could be very damaging, especially if the result were a fiasco and that is not impossible.

Yr hyn a fynnai Gwynfor gan Foot a'r Blaid Lafur felly oedd nerth bôn braich ac, o'i gael, credai y gellid osgoi'r 'black scenario' hwn 'with comparative ease'.[128]

Ond ni chafwyd y gefnogaeth honno a gadawyd Plaid Cymru drachefn ar drugaredd y Blaid Lafur. Doedd dim yn newydd yn hyn; wedi'r cyfan, fel hyn y bu pethau ers pedair blynedd bellach, ond y gwahaniaeth mawr yn awr oedd bod y gwrthwynebiad oddi mewn i'r Blaid Lafur gymaint â hynny'n fwy trefnedig. O dan arweiniad Robin Cook, Aelod Llafur Canol Caeredin, trefnwyd gwrthwynebiad chwyrn i Fesur yr Alban, a chyrhaeddodd ei benllanw yn addas ddigon ar 'Burns Night', noson fwyaf Albanaidd (a meddwol) y Tŷ. Yn yr hyn a ddisgrifiwyd fel 'Burns Night Blitz', llwyddodd y gwrthddatganolwyr ar y noson honno, 25 Ionawr 1978, i osod cymal a sicrhaodd y byddai'n rhaid cael 40 y cant o *holl* etholwyr yr Alban i bleidleisio dros Gynulliad. Golygai'r gwelliant newydd hwn a gynigiwyd gan yr aelod Llafur, George Cunningham, fod cael pleidlais Ie gymaint â hynny'n anos, ac na fyddai mwyafrif syml bellach yn ddigon.

Hwn, heb amheuaeth, yw trobwynt stori datganoli, ac mae'n un o drobwyntiau stori bywyd Gwynfor. Nid heb reswm, fe ddisgrifiwyd gweithred George Cunningham fel y weithred fwyaf arwyddocaol gan unrhyw feinciwr cefn er 1945.[129] Drannoeth, mynnodd y gwrthddatganolwyr Cymreig fod gwelliant cyffelyb yn cael ei gyflwyno i Fesur Cymru pan âi hwnnw drwy'r Tŷ . Ac er i neb llai nag Emrys Jones, ysgrifennydd y Blaid Lafur Gymreig, ddisgrifio'r amod fel un 'absurd, illogical and unfair', roedd y sgrifen ar y mur.[130] Mater o amser oedd hi bellach cyn y byddai trothwy tebyg yn rhan o Fesur Cymru. Yn ôl y disgwyl, ymatebodd Plaid Cymru'n ffyrnig i'r hyn oedd newydd ddigwydd, a disgrifiodd Gwynfor yr amod newydd fel un cwbl annemocrataidd. Heb fawr o argyhoeddiad, awgrymodd Dafydd Wigley y byddai hyn o fantais i Blaid Cymru ac y medrai'r blaid droi'r fath ystryw yn 'Dryweryn arall'. Ond breuddwyd gwrach oedd hynny.[131] Roedd yn rhaid i Gwynfor benderfynu ar fyrder beth roedd am ei wneud – cefnogi Mesur Cymru ymhen rhai wythnosau ai peidio.

Hwn oedd un o'r argyfyngau mwyaf a welodd Plaid Cymru yn ei hanes, ac roedd ei hymateb yn ystod dyddiau cyntaf Chwefror yn ddryslyd a dweud y lleiaf. Am rai dyddiau, awgrymodd arweinwyr y blaid na fyddent yn cefnogi Mesur Cymru pe cyflwynid cymal 40 y cant. Anfonodd Dafydd Williams lythyr at Callaghan yn ei rybuddio am hyn. Ond, o fewn dyddiau, roedd Gwynfor wrthi'n cyflwyno cynllun seithug fyddai'n gwneud pleidleisio'n orfodol pan ddeuai'r refferendwm. Awgrymai hyn fod Gwynfor am dderbyn Mesur Cymru hyd yn oed gyda chymal mor amhosibl ynddo. Ond yn ystod y dyddiau allweddol hynny o ymgynghori, daeth o dan bwysau i wrthod y cwbl. Ysgrifennodd Dafydd Orwig at Gwynfor gan ei gynghori y byddai'n ddoethach gwrthod yr holl gynllun gydag anrhydedd gan nad oedd gobaith ennill refferendwm o dan y fath amgylchiadau. Proffwydodd yn ogystal y byddai 'grŵp yn gweithredu yn uniongyrchol filwriaethus' pe ceid pleidlais Na.[132] Roedd yr awydd hwn i wrthod cynlluniau Llafur yn amlycach fyth pan gyhoeddwyd mai Elystan Morgan fyddai'n cadeirio'r ymgyrch Ie. Fodd bynnag, gyda Mesur Cymru ar fin cael ei gyflwyno, daeth Gwynfor i'r casgliad anochel nad oedd ganddo ef na'i blaid ddim dewis ond ei gefnogi.[133] Cadarnhawyd y farn hon gan ei Bwyllgor Gwaith ac, ar 20 Chwefror, atebodd Dafydd Orwig mewn llythyr a ddangosai pa mor ddiymadferth oedd sefyllfa Plaid Cymru erbyn hynny. Meddai:

> … ni byddai [sic] pobl Cymru yn deall o gwbl pe pleidleisiem yn erbyn y mesur.
> Gallai'r llywodraeth yn rhwydd wedyn roi'r bai arnom ni am ei drechu. Ni fyddai
> dim yn fwy wrth eu bodd. Teimlwn oll yma yn ffyrnig ynglŷn â'r mater ond nid oes
> lawer iawn y gallwn ei wneud. Mae'n siŵr y bydd yn rhaid i ni ddefnyddio y cyfle a
> rydd ymgyrch y refferendwm i ni i ddyfnhau'r ymwybyddiaeth genedlaethol ac felly
> i gryfhau Plaid Cymru. Rywsut neu'i gilydd y mae'n rhaid i ni gael ein pobl i'w taflu
> eu hunain yn llwyr i mewn i'r gwaith. Mae pob ymgyrch fel hon – efallai y cofiwch yr
> ymgyrch dros Senedd i Gymru yn nechrau'r pumdegau – yn foddion cryfhau ewyllys y
> Cymry i fyw fel cenedl'.[134]

Gyda threigl amser, daeth rhai o arweinwyr Plaid Cymru fel Dafydd Wigley a Phil Richards i weld y penderfyniad hwn fel un o gamgymeriadau mwyaf Plaid Cymru, ond mae'n anodd gweld pa ddewis arall oedd gan Gwynfor.[135] Ni fyddai'r cyhoedd wedi deall Plaid Cymru pe bai wedi pleidleisio yn erbyn Mesur Cymru, a hwythau wedi clywed hyd at syrffed am ddatganoli ers pum mlynedd. Gallai Plaid Cymru fod wedi tynnu allan o'r broses, yn ôl yn Nhachwedd 1975 dyweder, ond gyda Mesur yr Alban ar fin gorffen ei daith seneddol helbulus, doedd yna ddim dewis. Yn syml iawn, roedd hi'n rhy hwyr. Rhaid oedd cadw'r lamp ynghyn a chefnogi Mesur Cymru – costied a gostio.

Roedd y pris y byddai Plaid Cymru a chenedlaetholdeb yn ei dalu yn amlwg o'r eiliad y cyflwynwyd Mesur Cymru gerbron Tŷ'r Cyffredin ar Ddygwyl Dewi. Y noson cynt, ar 28 Chwefror, ysgrifennodd Gwynfor at Cledwyn Hughes gan ei atgoffa cyn drymed oedd y 'cyfrifoldeb ar gyfeillion Llafur y Mesur' ac mai da o beth fyddai 'trefnu bod digon o'r meinciau cefn yn siarad ar y Mesur Cymreig'.[137] Roedd Cledwyn Hughes cystal datganolwr â Gwynfor bob tamaid ond, er cystal ei ddoniau gwleidyddol yntau, doedd gan ddatganolwyr y Blaid Lafur ddim gobaith. Dros gyfnod o ddyddiau, dangosodd carfan o'r Blaid Lafur Gymreig fod ei dannedd Prydeinllyd mor finiog ag erioed. 'Uchafbwynt' y ddadl oedd cyhuddiad di-sail Neil Kinnock fod rhai o blant ysgolion Ynys Môn yn cael eu gwahardd rhag mynd i'r tŷ bach am na fedrent ofyn yn Gymraeg.[137] O enau Neil Kinnock hefyd daeth y cyhuddiad bod Plaid Cymru'n Natsïaidd am iddi gefnogi llosgi Penyberth,[138] a gwelwyd Leo Abse yn ymosod ar Gwynfor fel hyn: 'In Pontypool, we need no lectures from you on the Welshness of Pontypool. You have only to look at our rugby team. We know how to express our Welshness in the front line. It is not by returning to the parish pump and becoming Ancient Britons'.[139] Rhygnodd yr ymgecru diurddas hwn ymlaen am wythnosau a daeth toiledau Ynys Môn yn rhan o gythreuleg y cyfnod. Gyda'r gwynt yn eu hwyliau, llwyddodd y gwrthddatganolwyr i sicrhau y byddai yna gymal 40 y cant yn rhan o Fesur Cymru hefyd.

Cwblhaodd y Mesur ei daith drwy Dŷ'r Cyffredin ar 25 Ebrill. Oddi yno, aeth i Dŷ'r Arglwyddi ond roedd hi'n amlwg erbyn hynny fod Gwynfor wedi torri ei galon a'i fod, yn ei oriau duaf, yn dal i ystyried dymchwel y Mesur. Drannoeth, ysgrifennodd at Cledwyn Hughes gan fwrw ei lach ar y Blaid Lafur, a Callaghan yn enwedig, am ei ddiffyg brwdfrydedd amlwg. 'Pan ddaw refferendwm,' meddai wrth Cledwyn Hughes, 'fe gollwn yn anobeithiol… Mae Elystan wedi torri ei galon. Neithiwr ar y teledu, pan ofynnwyd i John Morris a gawn ddatganoli, yn lle dweud, "Wrth gwrs y cawn; mae'n rhaid ei gael, mae'n gwbl angenrheidiol", atebodd "Wel, mae'r llywodraeth wedi cadw at ei gair"'.[140] Adlewyrchai dicter Gwynfor tuag at John Morris yr annealltwriaeth ddofn a fodolai rhwng y ddeuddyn ac mae'n drawiadol mai dim ond un cyfarfod a gawsant wyneb yn wyneb yn ystod yr holl gyfnod hwn i drafod datganoli. Roedd beirniadaeth Gwynfor o John Morris, serch hynny, yn annheg o gofio cynifer o frwydrau a ymladdasai

Ysgrifennydd Cymru dros sicrhau Cynulliad i Gymru. Fodd bynnag, y mwyaf beius o blith arweinwyr y Blaid Lafur, yn nhyb Gwynfor, oedd Callaghan. Nid heb gyfiawnhad, dywedodd Gwynfor hyn amdano wrth Cledwyn Hughes: 'Os na chawn *sicrwydd* fod y Prif Weinidog yn mynd i roi arweiniad cyhoeddus nerthol yn fuan, fy nheimlad yw y bydd yn rhaid inni bleidleisio yn erbyn y Mesur a chael yr SNP i wneud yr un peth'.[141]

Heb amheuaeth, blyff oedd hyn ar ran Gwynfor gan fod y cyfle i ddweud 'na' wedi hen basio. O fewn pythefnos iddo gyhoeddi'r wltimatwm gwag hwn, roedd Gwynfor, 'wedi hir bendroni', yn esbonio wrth Dafydd Williams sut orau y gellid defnyddio'r refferendwm. Yr oedd, meddai, wedi dod i'r casgliad mai defnyddio'r refferendwm 'â'n holl egni i geisio hyrwyddo yr achos Cenedlaethol trwy wynebu pobl wrth y drysau a chwestiwn bywyd a dyfodol Cymru' oedd yr unig ffordd o ddelio â'r gurfa anochel. Y cysur arall oedd hwn: 'Un peth a lwyddodd y Mesur i'w wneud ydyw cadw cwestiwn Cymru gerbron meddwl pobol am spel go hir o amser'.[142] Ond roedd yr amheuon yn parhau, a chafodd strategaeth ddigon llac Gwynfor fawr o effaith ar Dafydd Williams. Atebodd lythyr Gwynfor gan ddweud wrtho mai'r peth doethaf fyddai i Blaid Cymru ddymchwel y Mesur refferendwm.[143] Roedd y simsanu hwn – gan ddechrau ar y brig gyda'r llywydd – yn gwbl gydnaws â'r modd yr oedd y blaid wedi cynnal llawer o'i thrafodaethau ynghylch datganoli.

Yn wyneb y diffygion arweinyddol a welwyd gydol Mai 1978, camodd Dafydd Wigley i'r adwy trwy fynnu bod rhaid i'w blaid gefnogi'r Mesur datganoli. Mewn memorandwm cyfrinachol a chignoeth, aeth ati i ddweud calon y gwir wrth ei gyd-arweinwyr. Dechreuodd Wigley o'r rhagdyb fod mwyafrif aelodau Plaid Cymru am weld pleidlais Ie mewn unrhyw refferendwm. Meddai: 'Ar drothwy'r naid gyfansoddiadol bwysicaf yn hanes Cymru, mae'r mudiad cenedlaethol yn ansicr o'i hun, yn ofnus ac yn nerfus. Mae bron fel plentyn sydd ar fin eistedd arholiad bwysig [*sic*], ond ofn cydnabod pwysigrwydd yr arholiad rhag ofn iddi fethu'. Deilliai hyn, yn ôl Dafydd Wigley, o fethiant 'arweinyddiaeth y Blaid i gymeryd safbwynt digon clir dros neu yn erbyn y Cynulliad'. Mewn gair, roedd y dydd o brysur bwyso wedi cyrraedd: 'Rhaid i'r ddadl fewnol ddod i ben ac mae'n rhaid dechrau ymladd dros Gymru yn lle ymladd ein hunain... Nid yw'n ddigon medru dweud ar ôl y refferendwm: "Mae wedi colli ond mae'n dwylo ni yn lân, gan mai nid dyma oeddem ei eisiau, p'run bynnag". Nid y Blaid yn unig fydd yn colli ond Cymru hefyd'.[144]

Ar ryw ystyr, roedd homili Dafydd Wigley yn feirniadaeth lem ar feddalwch arweinyddol Gwynfor, ond fe lwyddodd i glirio'r awyr, ac roedd y siarad plaen yn gymwynas enfawr â'i blaid. O fewn chwinciad, rhoes Gwynfor a'i gyd-arweinwyr y gorau i'w gogordroi chwedlonol. Roedd yr unoliaeth newydd hwn yn gysur i Gwynfor, ond yr hwb diamheuol oedd cyhoeddiad y Rhyddfrydwyr na fyddent yn parhau â'r glymblaid wedi'r haf. Unwaith eto, felly, roedd yna bwrpas i'r drindod seneddol, a dechreuasant chwarae'r gêm a fu mor gyfarwydd iddynt rhwng 1974 a 1977. Ond y gwahaniaeth y tro hwn oedd ei bod mor fain ar Callaghan fel y medrent wasgu consesiynau digon pwysig o'i groen. Yn ystod mis Mehefin, llwyddwyd i gael addewid gan Callaghan y byddai'n ymgyrchu o ddifrif dros y Cynulliad ac, o fewn dyddiau, fe'i gwelwyd yn datgan ei gefnogaeth yn gyhoeddus i ddatganoli o lwyfan rali flynyddol y Blaid Lafur Gymreig. Yn yr un mis, awgrymodd Joel Barnett, Prif Ysgrifennydd y Trysorlys, y byddai'n rhoi ystyriaeth i gais Plaid Cymru am dorri trethi yn y gyllideb.

Oedd, roedd Gwynfor yn grediniol bod y 'sefyllfa wedi gwella' a bod y cyhoedd erbyn hyn 'yn gweld mai Mesur Llafur ydyw'.[145] Ond doedd yna ddim sail i'r hyder hwnnw ac ni welwyd unrhyw dystiolaeth bod ymrwymiad Callaghan fymryn cadarnach. O ganlyniad i hyn, breuodd y cadoediad a saernïwyd gan Wigley ac, ar ddechrau Gorffennaf, ymddiswyddodd Phil Williams o is-lywyddiaeth Plaid Cymru. Yn ei lythyr ymddiswyddo at Gwynfor, rhoddodd y bai ar y 'clear difference of political philosophy' a fodolai ymysg arweinwyr y blaid. Roedd hefyd yn ddig gan mai clîc bychan, yn ei dyb ef, o'r enw 'Pwyllgor y Llywydd' a lywiai'r blaid 'yet it had no place in the party's Constitution'.[146] A chyda datganoli'n farw-anedig, nid cyd-ddigwyddiad yw hi i nifer o genedlaetholwyr iau weld mwy o obaith yng Nghymdeithas yr Iaith nag ym Mhlaid Cymru o dan Gwynfor. Yr haf hwnnw, ystyrid Rhodri Williams, cadeirydd y gymdeithas, fel symbol mwyaf carismatig cenedlaetholdeb Cymreig. Ef, yn ei got ledr drwsiadus, oedd 'bogeyman' y *Liverpool Daily Post* ac am ddyddiau bwygilydd – rhoddwyd sylw anferthol i'r achos cynllwynio yn ei erbyn ef a Wynfford James yn Llys y Goron, Caerfyrddin.[147] Arestiwyd degau o aelodau'r gymdeithas a tharfwyd ar weithgareddau'r llys drosodd a thro. Y tu allan, gwelwyd golygfeydd annifyr iawn, a chynghorwyd Dafydd Elis Thomas gan rai o gyfeillion agosaf Gwynfor i gadw draw rhag ofn y niweidiai obeithion etholiadol aelod Caerfyrddin.[148] Yn y diwedd, methodd y rheithgor â dod i ddyfarniad a bu'n rhaid wrth ail achos – cam a oedd, i rai, yn adlais o Benyberth.

Yng nghysgod y digwyddiadau hyn, daeth y tymor seneddol tymhestlog i ben ar 27 Gorffennaf. Roedd Mesur Cymru wedi cwblhau ei daith drwy'r Tŷ ond y flaenoriaeth i Gwynfor, fel gweddill ei gyd-aelodau, oedd yr etholiad cyffredinol anochel oedd i'w alw gan Callaghan yn yr hydref. Gofynnodd Gwynfor i'r newyddiadurwr John Osmond lunio strategaeth etholiadol ar ei gyfer, ond roedd casgliadau'r strategaeth honno'n ddigon digalon i'r blaid ac i Gwynfor yn bersonol. Ynddi, dywedodd Osmond wrth Gwynfor mai'r gorau y medrai Plaid Cymru obeithio amdano oedd iddi aros yn ei hunfan:

> In a situation where Labour seems likely to do well in Wales this may be all we can hope for. However, there is the uncertainty of the Liberal vote plus the fact that since 1974 the Blaid must have made a greater impact (though it is probable that the publicity emanating from Westminster, associated particularly with the devolution legislation will benefit Labour since the party will be seen as at least expending time and effort on Welsh problems). Nevertheless, it is reasonable to hope that we could increase our percentage as high as 15 %, plus make a bigger impact in a number of constituencies.[149]

Os oedd hynny'n ddigon anaddawol, wynebai Plaid Cymru broblem fwy penodol yn etholaeth Caerfyrddin. Yno, roedd mewnlifiad o Loegr wedi dechrau trawsnewid seiliau ieithyddol y sir a bu'n rhaid i Gwynfor atgoffa Peter Hughes Griffiths o'r angen i 'gofio am y Saeson' gan fod 'llu' ohonynt wedi dod 'i'r etholaeth wedi'r etholiad diwethaf'. 'Yn yr amgylchiadau hyn,' meddai, yr oedd 'adeiladu'r ymgeisydd yn oll bwysig.'[150]

Ond wrth i'r paratoadau hyn fynd rhagddynt, roedd yna ddatblygiadau cudd yn digwydd a fyddai'n cael effaith arhosol ar wleidyddiaeth Prydain yn fwy cyffredinol. Yr haf hwnnw, pendronai Callaghan ynghylch beth i'w wneud am yr etholiad. Wedi hir ymholi yn ei fferm yn Sussex, daeth i'r casgliad y medrai gario ymlaen tan y gwanwyn. Pam felly? Yn un peth, dywed K O Morgan, cofiannydd Callaghan, i Gwynfor ddweud wrth John Morris ar ddiwedd Gorffennaf na fyddai'n dymchwel y llywodraeth. Roedd Callaghan hefyd wedi ei galonogi gan awgrym Unoliaethwyr Ulster y medrai ddibynnu ar eu cefnogaeth pe câi'r dalaith ragor o Aelodau Seneddol. Yn goron ar y cyfan, roedd perthynas Callaghan ag arweinwyr anhydrin yr undebau llafur hefyd yn gwella.[151]

Yn ystod mis Awst, aeth Callaghan ati i sicrhau cefnogaeth Plaid Cymru. Adeg Eisteddfod Genedlaethol Caerdydd, cyfarfu Gwynfor a Dafydd Wigley â Michael Foot yn nhŷ ei ysgrifennydd seneddol, Caerwyn Roderick, i drafod y math o fargen seneddol a fyddai'n dderbyniol i Blaid Cymru.[152] Roedd telerau arweinwyr Plaid Cymru yn gignoeth o bragmataidd: yn gyfnewid am gonsesiynau Cymreig, rhoesant eu gair na fyddent yn dymchwel y llywodraeth. Mae'n ymddangos i Foot a Gwynfor gwrdd drachefn yr haf hwnnw,[153] ond y cyfarfod allweddol oedd yr un a gynhaliwyd rai wythnosau'n ddiweddarach ar 1 Medi rhwng Dafydd Wigley, Dafydd Elis Thomas a Cledwyn Hughes. Yn y cyfarfod hwnnw yn yr Anglesey Arms, Porthaethwy, cyflwynodd y ddau Ddafydd (wedi iddynt ymgynghori â Gwynfor ac arweinwyr eraill y blaid) restr siopa benodol i Cledwyn Hughes o'r mesurau Cymreig yr hoffent eu gweld yn Araith y Frenhines.

Addawodd Cledwyn Hughes y gwnâi ei orau, ond doedd disgwyliadau'r Pleidwyr ddim yn uchel. Wedi'r cyfan, roedden nhw, fel pob newyddiadurwr gwleidyddol gwerth ei halen, yn cymryd yn ganiataol y byddai Callaghan yn galw etholiad ymhen rhai dyddiau. Ond pan ddaeth yr awr o brysur bwyso ar 7 Medi, syfrdanwyd pob copa walltog pan gyhoeddodd Callaghan na fyddai yna etholiad. Roedd yn ddatganiad rhyfeddol ac yn gambl mwy fyth, ond roedd yr oblygiadau i Blaid Cymru a'r SNP yn hynod ddifrifol. Roedd Callaghan i bob pwrpas yn herio'r cenedlaetholwyr i'w ddymchwel. Gwyddai fod hyn yn annhebygol o ddigwydd o gofio'r pris y byddai'n rhaid iddynt ei dalu. O ran Plaid Cymru, gwyddai yn ogystal nad oedd yr ewyllys gwleidyddol yno i wneud hyn (gyda rhai eithriadau); roedd hi hefyd yn hysbys bod yr SNP yn gwbl ranedig ar y mater. Ar y diwrnod hwnnw, 7 Medi, cyhoeddodd Gwynfor na fyddai yna glymblaid o fath yn y byd rhwng ei blaid ef a'r Blaid Lafur ond doedd hyn ddim yn ateb y cwestiwn allweddol ynglŷn ag agwedd Plaid Cymru at fargeinio seneddol.[154] Bu'n rhaid aros am yr ateb tan gyfarfod y Cyngor Cenedlaethol ar 10 Medi pan gytunwyd y dylai Plaid Cymru fabwysiadu'r safbwynt mwyaf pragmataidd posibl ac ystyried pob bargen seneddol yn ôl ei haeddiant.[155]

Roedd hi'n sefyllfa dda i Blaid Cymru fod ynddi: câi'r cenedlaetholwyr eu refferendwm a chaent fynnu hefyd fod Callaghan yn gwireddu eu dymuniadau hwy. Ond profodd y straen o feddwl am dymor seneddol arall yn ormod i Gwynfor. Ddeuddydd yn ddiweddarach, ar 12 Medi, ysgrifennodd lythyr cyfrinachol at ei frawd, Alcwyn, gan ei hysbysu na fyddai'n sefyll eto yn yr etholiad cyffredinol. Nid ar chwarae bach y daeth i'r casgliad hwn, a chyfaddefodd wrth ei frawd fod y penderfyniad wedi bod yn un 'anodd iawn'. Cynddrwg â hyn oedd ofn Gwynfor y byddai ei fywyd yn 'wag iawn' ar ôl yr etholiad. Ond er gwaethaf y pryderon hyn, daeth i'r casgliad nad oedd ganddo ddewis gan fod ei 'egni yn dal i leihau'.

Bob bore, meddai wrth Alcwyn, roedd yn 'gwbl lesg' – sefyllfa a effeithiai ar 'egni meddwl yn ogystal â chorff'. Dan yr amgylchiadau, barnodd na fedrai wneud y 'gwaith trwm' a'i hwynebai ac mai annhegwch â Phlaid Cymru fyddai parhau fel gwleidydd. Siarsiodd ei frawd i gadw'r gyfrinach.[156] Yn wir, mae'n ymddangos na wyddai hyd yn oed Rhiannon am y llythyr hwn. Fodd bynnag, am ryw reswm sy'n aneglur, dewisodd Gwynfor gario ymlaen fel ymgeisydd seneddol. Byddai hwnnw'n benderfyniad tyngedfennol iddo ef a'i blaid.

Nid hwn oedd y tro cyntaf i Gwynfor fygwth sefyll o'r neilltu a newid ei feddwl wedyn. Gwelwyd eisoes iddo wneud hyn, ym 1949, 1956, 1961 a 1975. Fodd bynnag, y tro hwn, byddai goblygiadau'r penderfyniad i barhau yn rheng flaen arweinyddiaeth Plaid Cymru yn ddirfawr iddo yntau a'i blaid. Yn un peth, ar drothwy hydref 1978, roedd y pwysau ar Gwynfor yn drymach nag yn yr un cyfnod arall yn ei yrfa wleidyddol, ond odid. Wedi'r cyfan, roedd yna refferendwm yn yr arfaeth ac roedd parhad llywodraeth y Deyrnas Gyfunol yn dibynnu, i raddau helaeth, ar arweinwyr Plaid Cymru. O fewn wythnos i anfon y llythyr at Alcwyn, dadlennodd Plaid Cymru yr hyn a ystyriai fel y lleiafswm a fyddai'n dderbyniol yn gyfnewid am gadw Callaghan mewn grym. Ar restr siopa Plaid Cymru, roedd yna alwad am ragor o arian i liniaru effeithiau diweithdra, iawndal i chwarelwyr y gogledd, ynghyd â grantiau i hyfforddi athrawon.[157] Ysgrifennodd Gwynfor at Cledwyn Hughes i'w atgoffa pa mor 'rhesymol' oedd y gofynion ac nad oedd gofyn am y mesurau hyn yn 'ormod i'w ddisgwyl'. Nid oeddynt, meddai, 'ond ymestyniadau o bolisïau a ddilynwyd gan y llywodraeth eisoes'.[158] Ond wrth i Blaid Cymru chwythu bygythion ynghylch yr hyn a allasai ddigwydd i Callaghan, dechreuodd y polau piniwn ddangos bod cefnogaeth i'r blaid a datganoli ar drai.[159] Yn yr un modd, mynegwyd anniddigrwydd cynyddol ynghylch parodrwydd arweinwyr Plaid Cymru i gael eu 'prynu'. O ganlyniad i hyn, bu'n rhaid i Dafydd Williams gyhoeddi datganiad a bwysleisiai nad oedd y blaid 'For Sale'.[160] Dan yr amgylchiadau, roedd Gwynfor yn parhau i ddioddef yn dawel a daeth i'r casgliad bod yn rhaid ildio rhywbeth. Dyma pryd yr hysbysodd ef Dafydd Williams na fynnai gael ei ailenwebu ar gyfer y llywyddiaeth.[161]

Mynnodd Gwynfor, fodd bynnag, na ddylid datgelu ei benderfyniad tan wedi'r refferendwm. O hynny ymlaen, gan wybod y byddai ei feichiau'n ysgafnhau, ceisiodd danio brwdfrydedd ei blaid ynghylch datganoli. Mynnodd wrth Dafydd Williams fod 'rhaid i'r ymgyrch lwyddo' a bod y refferendwm yn bwysicach na hyd yn oed yr etholiad cyffredinol. Soniodd yn ogystal wrth

Dafydd Williams am lunio strategaeth a fyddai'n gweld yr 'ymgyrch yn codi i uchafbwynt' yn yr wythnos olaf. Ond i rai cenedlaetholwyr, er hynny, roedd sôn am ennill y refferendwm yn gwbl hurt.[162] Ar lefel boblogaidd, dechreuodd y rhecsyn dychanol hwnnw, *Lol*, gyfeirio at Gwynfor fel 'Gwynfyd Evans', ac yng nghynhadledd flynyddol ei blaid y flwyddyn honno, cododd y ddadl ynghylch y refferendwm ei phen eto fyth.[163] Cyflwynwyd cynnig yn galw ar i Blaid Cymru foicotio ymgyrch 'Cymru dros y Cynulliad' a bu'n rhaid wrth araith ysgubol gan Emrys Roberts (o bawb) i sicrhau y byddai'r arweinyddiaeth yn cario'r dydd.[164] Er hynny, roedd canlyniad y bleidlais – 62 o blaid gyda 47 yn erbyn – yn brawf o ba mor ddwfn y rhedai amheuon nifer o Bleidwyr.[165]

Ond nid y refferendwm oedd yr unig asgwrn i'w grafu. Roedd agwedd Plaid Cymru at lywodraeth Callaghan hefyd yn creu trafferth. Galwodd rhai Pleidwyr fel Phil Williams a Ted Merriman ar i'r tri Aelod Seneddol bleidleisio yn erbyn y llywodraeth a llorio Callaghan, pe byddai Araith y Frenhines yn annigonol o'r safbwynt Cymreig. Ceisiodd Gwynfor wynebu hyn i gyd yn ddi-ildio gan ddisgrifio'r refferendwm fel 'the most considerable improvement in Welsh government that Westminster has ever agreed to'.[166] Roedd hynny'n ddigon gwir, ond doedd dim celu'r ffaith anwadadwy y sylwodd y *Western Mail* arni: 'If there was one thing that characterised Plaid Cymru's annual conference it was a feeling of discomfort'.[167]

Ddiwedd mis Hydref, dychwelodd Gwynfor i San Steffan i glywed Araith y Frenhines – araith allweddol y byddai ei chynnwys yn brawf o'i allu arweinyddol. Roedd yna rai'n amau bod Plaid Cymru am brynu cath mewn cwd ond profwyd y Jeremeiaid pleidiol hynny fel Phil Williams yn gwbl anghywir pan sylweddolwyd fod yna resaid o fesurau Cymreig yn yr Araith. Yn wir, roedd Gwynfor wedi cael popeth yr oedd wedi gobeithio amdano – o iawndal i'r chwarelwyr i gychwyn buan ar sianel deledu Gymraeg. Pennwyd dyddiad ar gyfer y refferendwm hefyd: Dydd Gŵyl Dewi. Drannoeth y cyhoeddiad ar 1 Tachwedd, disgrifiwyd yr araith gan y *Financial Times* fel un oedd yn cynnwys 'unprecedented Welsh proposals', tra dywedodd gohebydd y *Western Mail* na welodd erioed y fath beth yn ystod y 32 o flynyddoedd y bu'n gweithio fel hac yn y Tŷ.[168] Heb amheuaeth, roedd hyn yn brawf clir i aelodaeth Plaid Cymru y medrai ei harweinyddiaeth ofyn am lawer heb ofyn yr amhosibl. Yn dilyn hyn, cyhoeddodd Gwynfor na fyddai'r blaid yn pleidleisio yn erbyn y llywodraeth yn y bleidlais o hyder oedd i ddod. O safbwynt ymarferol, roedd addewid fel hwn yn ddigon, fel y cydnabu Margaret Thatcher, i sicrhau na fyddai yna etholiad tan y gwanwyn.[169]

Dilynwyd hyn gan arwyddion pellach bod y bartneriaeth yn mynd i weithio. Cafwyd addewid gan Callaghan y byddai'n gorfodi ei weinidogion i siarad o blaid datganoli a llwyddodd Gwynfor i gael cyfarfod â Merlyn Rees, yr Ysgrifennydd Cartref, i drafod darlledu Cymraeg. Wedi'r cyfarfod, credai Gwynfor iddo sicrhau dechrau buan i'r gwaith peirianyddol angenrheidiol gogyfer â sefydlu sianel Gymraeg.[170] Ond nid oedd hyn namyn piso dryw bach yn y môr mewn cymhariaeth â'r hyn a ystyriai Gwynfor fel newid mwy arhosol yng ngwleidyddiaeth Cymru. Erbyn diwedd Tachwedd, roedd wedi dechrau dod i gredu y gellid ennill y refferendwm, a bod y gwrthwynebiad angerddol ar y meinciau Llafur yn cilio. Ar 23 Tachwedd, ysgrifennodd at Pennar Davies fel dyn oedd newydd brofi dadeni personol: 'Yn y ddadl neithiwr ar y Gorchmynion gogyfer â refferendwm y Cynulliad yr oedd y gwrthwynebwyr am y tro cyntaf yn ymddangos braidd yn wan eu hysbryd a'u cynffonnau rhwng eu coesau. Diflannodd eu hyder. Mae'r Blaid Lafur a'r undebau yn dangos arwyddion gwaith'.[171]

Glynodd Gwynfor wrth y farn hon gydol Rhagfyr 1978 er gwaethaf datganiad gan grŵp o Aelodau Seneddol Llafur Cymreig yr ymgyrchent yn gwbl agored yn erbyn datganoli. Yr aelodau hyn oedd y 'Gang of 6', ond yn hytrach na chanolbwyntio ar fygythiad Kinnock ac Abse, hoeliodd Gwynfor ei holl sylw ar agweddau mwy cadarnhaol y Mudiad Llafur. Wrth i'r ymgyrchu ddechrau ynghanol argyfwng diwydiannol, adroddodd Gwynfor fod y Canghellor, Denis Healey, wedi cael 'amser hapus' mewn cyfarfod Ie yn Llanelli. Gwell fyth, roedd wedi cael gair 'gyda sawl un o Weinidogion y Goron yn ystod yr un cyfarfod' ac wedi clywed y byddai ffigurau o faintioli David Owen, Michael Foot a Merlyn Rees yn rhoi eu trwyn ar y maen. Roedd hefyd, meddai, wedi siarad â Callaghan ac wedi cael addewid ganddo y deuai i 'gwrdd arbennig yn Abertawe ac y cymer Gynhadledd i'r wasg'. Rhwng popeth, roedd hi'n argoeli'n dda 'gyda'r Blaid Lafur a'r undebau yn swyddogol selog dros yr achos'. Roedd hefyd yn hyderus y gellid cyrraedd y 40 y cant.[172] O ran Plaid Cymru, fe gynghorwyd yr aelodau i beidio â chymryd rhan rhy flaenllaw yn yr ymgyrchu rhag digio cefnogwyr Llafur. Fodd bynnag, y neges barhaus gan Gwynfor oedd y gellid ennill – er gwaethaf y 40 y cant 'creulon'.[174]

Mae'n anodd dweud i sicrwydd ai hunan-dwyll oedd hyn, ond does yna ddim rheswm i amau ei ddiffuantrwydd ar derfyn 1978 – yn enwedig gan mai at Pennar Davies yr ysgrifennai. Er hynny, roedd y dystiolaeth i gyfiawnhau ei hyder yn brin tu hwnt. Yn wir, yr unig gasgliad teg y gellir dod iddo yw i Gwynfor benderfynu mai trwy ffydd ac efengylu yn unig y medrai gynnal ei blaid, ac ef ei hun hefyd, yn ystod y refferendwm. I bob pwrpas, roedd yn troi'r cloc yn ôl i ddyddiau ei genhadu cynnar wrth i 1979 wawrio dan eira mawr a thywydd iasoer. Ond doedd hyd yn oed ffydd Gwynfor ddim yn wrthglawdd digon cryf rhag hunllefau Ionawr y flwyddyn honno a daeth y tywydd gwaethaf ers pymtheg mlynedd yn ddrych o'r ymdderu cymdeithasol a rwygai Gymru. Dechreuodd stociau bwyd a thanwydd brinhau wrth i streic y gyrwyr lorïau frathu. Ond yng Nghymru a'r Alban, roedd y chwerwder gymaint â hynny'n waeth o ganlyniad i ddatganoli.

Y rhaniad amlycaf, wrth reswm, oedd hwnnw rhwng y datganolwyr a'r gwrthddatganolwyr, ond roedd yna densiynau eraill hefyd yn gwneud y sefyllfa'n annioddefol i Gwynfor. Er bod Ymgyrch Cymru dros y Cynulliad o dan Elystan Morgan i fod yn un amhleidiol, roedd honno'n frith o densiynau. Bygythiodd George Wright, Ysgrifennydd Undeb y Gweithwyr Cludiant, foicotio'r lansiad swyddogol yn Llandrindod ar 6 Ionawr pe siaradai Gwynfor yno hefyd. Cafwyd sefyllfa debyg yng Nghaerfyrddin gyda John Morris, Ysgrifennydd Cymru, yn gwrthod rhannu llwyfan â Gwynfor. Diau mai rhesymau tactegol oedd yn bennaf cyfrifol am y pellhau hwn rhwng Llafur a Phlaid Cymru, ond mae'n anodd osgoi'r casgliad bod yna elfen o enwadaeth wleidyddol wrth wraidd hyn hefyd. Roedd hyn yn ei dro yn gwneud i Blaid Cymru edrych fel iâr yn sengi ar farwor. Hi (gydag ambell eithriad fel Foot, Elystan Morgan a John Morris) fyddai'n gorfod gwneud popeth o ran ymgyrchu, ond doedd wiw i Gwynfor gydnabod hynny. Dechreuai hyn ar yr haenen uchaf un, a chyfaddefodd Gwynfor wrth Carwyn James fod yr ymgyrch yn cael ei rhedeg 'mewn gwirionedd gan y Blaid er nad yw'r Blaid Lafur yn sylweddoli hynny'. 'Ni,' ychwanegodd, 'sydd wedi paratoi pob taflen a sicrhau pa siaradwyr sy'n mynd i wahanol fannau a threfnu'r cyrddau oll.'[174] Roedd yr un darlun i'w weld yn Sir Gaerfyrddin, a phan gyfarfu Pwyllgor Rhanbarth y sir ar 6 Ionawr, nodwyd 'nad oedd y Blaid Lafur yn gwneud fawr o ddim – siomedig oedd yr ymateb'.[175] Roedd sefyllfaoedd cyffelyb i'w gweld ar draws Cymru benbaladr ac, yn niffyg unrhyw ateb arall, bu'n rhaid i Blaid Cymru geisio megino tân i ymgyrch farwaidd.

Ond mewn cyfarfod ar ôl cyfarfod yn ystod yr Ionawr hwnnw, daliai Gwynfor i fynnu, fel ag y gwnaeth wrth ei Bwyllgor Rhanbarth drachefn, bod yr 'ysbryd i ennill y refferendwm yn codi'n ardderchog'. Roedd hefyd am i'r cenedlaetholwyr sylweddoli fod 'hwn yn gyfle mewn hanes i bobl Cymru'.[178] Doedd gan Gwynfor ddim dewis ond gwneud datganiadau cwbl ddi-sail fel y rhain, ond ni chawsant fawr o effaith. Yn ystod mis Ionawr, dechreuodd cenedlaetholwyr – yn enwedig yr ymgyrchwyr iaith – leisio eu hamheuon ynghylch yr ymgyrch yn gwbl agored. Yng ngholofnau'r *Faner*, cystwywyd yr ymgyrch Ie gan y golygydd, Jennie Eirian Davies, am fod yn 'hynod o amwys' ynghylch ei hagwedd at y Gymraeg. Prawf o hyn, yn ôl Jennie Eirian, oedd na cheid 'yn llenyddiaeth yr Ymgyrch unrhyw gyfeiriad penodol fanwl at ei ffyniant na'i pharhad'.[177] Roedd Jennie Eirian yn ddigon pragmataidd i weld nad oedd fawr o ddewis ond cydweithio, ond aeth eraill yn llawer pellach. Ymhlith y rhain roedd senedd Cymdeithas yr Iaith Gymraeg a bleidleisiodd o blaid peidio ag ymgyrchu fel corff dros ddatganoli.[178] Gwnaed hyn yn rhannol er mwyn i'r gymdeithas fedru amddiffyn ei hannibyniaeth, ond roedd hefyd yn adlewyrchu barn nifer o'i haelodau bod y refferendwm yn wastraff amser llwyr. Ysgrifennodd un o aelodau amlycaf y gymdeithas, Angharad Tomos, at *Y Cymro* i ddweud mai ei dymuniad hithau oedd parhau 'i amharu ar dderbyniad teledu' fel rhan o'r ymgyrch ddarlledu 'yn hytrach na gweithio dros bleidlais gref o blaid cynllwyn y Blaid Lafur i ddofi cenedlaetholwyr Cymru'.[179] Yn dilyn hyn, bu'n rhaid i Islwyn Ffowc Elis ateb ei lythyr er mwyn achub croen Gwynfor. Cyhuddodd arweinwyr y gymdeithas o rannu gwely â Kinnock, ac apeliodd arnynt i sylweddoli yr hyn a olygai'r refferendwm i genhedlaeth Gwynfor: 'Os bydd i chi daflu'ch pwysau yn erbyn Datganoli, fe fyddwch yn chwarae gêm eich gelynion. Mwy na hynny, fe fyddwch yn digalonni rhai fel Gwynfor, sydd wedi ymlafnio ac ymdreulio dros Gymru ers yn agos i hanner canrif'.[180]

Ond y pryder mwyaf i Gwynfor oedd y sefyllfa yng Ngholeg y Brifysgol, Bangor. Yno, roedd blynyddoedd o wrthdaro rhwng y Prifathro gwrth-Gymraeg, Charles Evans, a'r myfyrwyr yn cyrraedd eu penllanw. Arestiwyd nifer o fyfyrwyr fel rhan o'r protestiadau a chafodd tri myfyriwr eu diarddel. Cafodd digwyddiadau Bangor sylw anferthol, yn enwedig yn y gogledd, a chafodd yr 'hwliganiaid' le amlwg tu hwnt yn oriel pechaduriaid y *Daily Post* drwy gydol Ionawr 1979. Teimlai'r myfyrwyr nad oedd ganddynt ddewis ond protestio yn erbyn cyfundrefn Charles Evans, ond arswydodd Gwynfor wrth weld eu brol a'u swae. Dyma felly pam iddo anfon llythyr at Alwyn Gruffudd, Llywydd Undeb Myfyrwyr Cymraeg Coleg Bangor, gan erfyn arno i ddwyn perswâd ar y giwed brotestgar. Meddai:

> Pryderaf yn fawr o achos y sefyllfa a grewyd yng Ngholeg y Brifysgol, Bangor. Yn ôl y
> sôn y mae rhai pobl, sy'n perthyn i Adfer yn fodlon cymryd camau gwyllt iawn megis

defnyddio deinameit i chwythu peth o'r adeilad yn deilchion. Byddai unrhyw weithred o'r fath cyn y refferendwm ac yn wir cyn yr etholiad cyffredinol yn gwneud y drwg mwyaf posibl i ni ym Mhlaid Cymru canys beth bynnag a ddywedir gan aelodau'r mudiadau fe gysylltir popeth a wneir gan Gymdeithas yr Iaith a chan Adfer yn dynn iawn â Phlaid Cymru.[181]

Yn bendifaddau, roedd Gwynfor yn gorymateb ac yn amlwg wedi cael ei gamarwain gan rywun. Doedd dim bygythiad terfysgol o fath yn y byd i'w gael gan Adfer, ond roedd ei sensitifrwydd yn adlewyrchu ei ddyhead i gael rheolaeth lwyr dros y 'mudiad cenedlaethol'. Mynegodd yr un rhwystredigaeth gyda'r wasg, ac anfonodd lythyr dicllon at Duncan Gardiner, golygydd y *Western Mail*, gan ei golbio am gyhoeddi 'shocker' o rifyn ar ddatganoli yn dilyn y cyfarfod cyntaf hwnnw yn Llandrindod.[182] Mewn gwirionedd, fodd bynnag, doedd gan Gwynfor ddim lle o gwbl i feio'r *Western Mail* ac, os rhywbeth, roedd Gwynfor yn pigo ar y papur heb fod ganddo reswm digonol i wneud hynny. Roedd y *Western Mail* mor gefnogol i ddatganoli ag y bu erioed yn ystod y blynyddoedd hynny – rhywbeth na ellir ei ddweud am gyfran helaeth o'r wasg Gymreig. I bapur fel y *South Wales Echo*, er enghraifft, roedd datganoli'n gynllwyn cenedlatholgar a orfodwyd ar y Blaid Lafur yn ei gwendid seneddol gan John Morris, 'The Voice of Cardigan in South Wales'.[183]

Fesul diwrnod, llwyddodd y wasg, ynghyd â gwrthddatganolwyr y Blaid Lafur, i eplesu ofnau'r Cymry ynghylch Cynulliad yng Nghaerdydd. Cawsant gymorth parod gan y Blaid Geidwadol, rhai undebau llafur, a thrwch cynghorau'r de. Cafwyd cefnogaeth hefyd o du Ffederasiwn y Busnesau Bach – corff a gynrychiolid ym 1979 gan y 'Tredegar Businessman', Brian Kelly, yr argaffwr hwnnw a achosodd gymaint o drafferth i Gwynfor yn ôl ym 1968.[184] Roedd hi'n glymblaid od ar y naw, ond roedd gwrthwynebiad sylfaenol y gwrthddatganolwyr yn un a drawodd dant o Fôn i Fynwy. Roedd cost y Cynulliad hefyd yn fwgan defnyddiol i'r ymgyrch Na, a llwyddasant i agor y llifddorau ar sawl math o ragfarn dywyll – daearyddol a diwylliannol. I goroni'r cwbl, roedd amhoblogrwydd Callaghan yn troi refferendwm ar ddatganoli yn refferendwm ar gyflwr truenus ei lywodraeth yntau. Ceisiodd Gwynfor yn aflwyddiannus i gael Callaghan i alw stad o argyfwng yn y gobaith y byddai hynny'n lliniaru rhyw gymaint ar y sefyllfa. Roedd Gwynfor hefyd yn poeni ynghylch prinder bwyd i wartheg a defaid, ond baglodd y Prif Weinidog ymlaen serch ei bod hi'n amlwg fod ei lywodraeth wedi hen golli'r awydd i lywodraethu.[185] Dan yr amgylchiadau, doedd yna affliw o ddim y medrai Gwynfor a'i gyd-deithwyr ei wneud ond parhau i annerch cyfarfodydd a dosbarthu taflenni drwy'r tywydd mawr.

Yn fwriadol, treuliodd Gwynfor gymaint o amser â phosib yng Nghymru yn ystod mis Chwefror. Gwnaeth hynny mewn un ymgais daer olaf i gael pleidlais Ie ond, os rhywbeth, roedd yr ymgyrchu hwn yn gwanhau achos y datganolwyr. Ar 9 Chwefror, dangosodd arolwg barn gan BBC Cymru fod y ganran a gefnogai gynulliad wedi gostwng bump y cant er Medi 1978 – o 38 y cant i 33 y cant.[186] Ymhobman, dechreuodd arwyddion y grasfa anochel ddod i'r amlwg a chafodd rhai o weinidogion y llywodraeth eu trin fel gwahangleifion. Mewn un cyfarfod yn Aberdâr, tri yn unig a drafferthodd ddod i wrando ar Barry Jones, yr is-weinidog yn y Swyddfa Gymreig, ac roedd y tri hynny'n 'ysbïwyr' o'r ymgyrch Na. Mae'n anodd dychmygu beth oedd effaith sefyllfaoedd cyffelyb ar ysbryd yr ymgyrch Ie, ond dichon nad oedd yr un profiad yn fwy diflas nag un y gweinidog yn y Swyddfa Dramor, Ted Rowlands. Pan ddychwelodd ef i annerch cyfarfod dros ddatganoli yn ei etholaeth, Merthyr, ni wnaeth yr un o'i etholwyr ffwdanu i roi gwrandawiad iddo. Cafodd John Morris yntau brofiad pur debyg, ac eithriad oedd y cyfarfod mawr hwnnw a gafwyd yn Abertawe ar 21 Chwefror pan ddangosodd Callaghan ei wyneb am yr unig dro trwy gydol yr ymgyrch.[187] Anogwyd Callaghan i ymbellhau o'r holl lanastr ac, wrth i'r ymgyrch dynnu at ei therfyn, aeth y datganolwyr i banig wrth geisio ennill rhywfaint o falchder pleidiol yn wyneb yr anochel. Ysgrifennodd George Wright at Dafydd Williams gan ofyn am 'public guarantee' na fyddai Plaid Cymru'n dymchwel y llywodraeth pe ceid pleidlais Na.[188] Gwrthododd Dafydd Williams roi gwarant o'r fath i'r Blaid Lafur, ond doedd y cenedlaetholwyr ddim yn ddi-fai ychwaith wrth i frawdoliaeth frau y datganolwyr chwalu.[189] Gyda'i lygad ar yr etholiad cyffredinol, ffoniodd Gwynfor nifer o'i ddarpar ymgeiswyr seneddol gan ofyn iddynt gasglu tystiolaeth ynghylch diffyg gweithgarwch y Blaid Lafur. Gyda throad y post, cafwyd ymatebion toreithiog o ddigalon. Nododd John Rogers, darpar ymgeisydd Plaid Cymru yn sedd Dwyrain Fflint, mai dim ond dau gynghorydd Llafur yn yr holl sir a wnaeth unrhyw beth i gynorthwyo'r ymgyrch Ie.[190] Yn Wrecsam, roedd pethau lawn cyn dded; yno, adroddodd yr ymgeisydd, Hywel Roberts, nad oedd yr un Llafurwr, ac eithrio Wil Edwards a rhyw un cynghorydd arall, wedi symud gewyn dros bleidlais gadarnhaol.[191]

Ond nid ildiodd Gwynfor tan y diwrnod olaf un. Ar 28 Chwefror, plygodd i'r anochel gan gyfaddef wrth ohebydd y *Daily Post* nad oedd digon o waith wedi ei wneud ar garreg y drws a bod ei freuddwyd o weld Cymru ddatganoledig yn deilchion. Yr unig gysur, meddai wrth yr hac, oedd bod yr ymgyrch wedi addysgu'r Cymry ynghylch 'the needs of Wales and looking to the future'.[192] Cyhoeddwyd y cyfweliad ar Ddygwyl Dewi, diwrnod y bleidlais, ond go brin bod yna unrhyw un wedi rhag-weld gwres y danchwa pan ddechreuwyd cyhoeddi'r canlyniadau fesul sir toc wedi cinio ar 2 Mawrth. Gan ddechrau gyda Gwynedd, daeth hi'n amlwg bod y Cymry wedi gwrthod datganoli o fwyafrif enfawr. Yng Ngwynedd, roedd 66 y cant o'r etholwyr wedi dweud Na, ond roedd Sir Gaerfyrddin, sir Gwynfor, lawn mor wrthwynebus. Pleidleisiodd 72 y cant o etholwyr Dyfed yn erbyn ac roedd y darlun cenedlaethol yn dduach fyth. Erbyn amser te, daethai'n amlwg fod 80 y cant o etholwyr Cymru wedi troi clust fyddar i ymreolaeth. Disgrifiodd John Morris anferthedd y canlyniad fel cael eliffant ar garreg y drws.[193] Roedd hwnnw'n ddatganiad gwych o enau gwleidydd oedd yn enwog am ei rethreg ddilewyrch, ond John Roberts Williams a grisialodd wae ei genhedlaeth orau: 'Aeth y genedl am eiliad fer ar lwyfan y byd. Beth a wnaethom? Llanw ein trowsusau'.[194]

Bu llawer tro ar fyd yng ngyrfa Gwynfor, ond hon oedd yr ergyd drymaf. I Gwynfor a'i genhedlaeth o genedlaetholwyr, roedd y refferendwm yn fwy na phleidlais ar weinyddu Cymru; iddyn nhw, roedd y refferendwm yn bleidlais ar gwestiwn ysbrydol a dirfodol ynghylch bodolaeth Cymru.[195] Ar 2 Mawrth, wedi degawdau o ofyn y cwestiwn, cafodd Gwynfor yr ateb a hynny yn y modd mwyaf nacaol posibl. Torrodd Gwynfor ei galon a chyfaddefodd na wyddai beth a godai 'fwyaf o gyfog arno… gwaseidd-dra a thaeogrwydd y Cymry neu dwyll a llygredd y Blaid Lafur'.[196] Yr unig gysuron iddo oedd yr hyn a ystyriai fel arwriaeth y rhai a ymgyrchodd dros ddatganoli. Gobeithiai hefyd y byddai i'r 'mwyafrif edifarhau iddynt bleidleisio fel y gwnaethant'.[197] Er hynny, cysuron bychain oedd y rhain. Yn y dyddiau a ddilynodd y refferendwm, gwelodd Gwynfor gyfeillion, cyd-fforddolion ar y daith honno ers y tridegau, yn digalonni'n llwyr. Agwedd arall ar y siom enbyd hon oedd yr edliw a'r estyn bys, a chystwywyd Gwynfor yn hallt am iddo arwain ei blaid i lawr lôn bengaead, *cul de sac* cenedlaetholgar. Roedd Dafydd Elis Thomas ymysg y cyntaf i gicio dros y tresi gan gollfarnu naïfrwydd y sawl a gredai fod 'llwybr byr drws cefn at ymreolaeth' i'w gael 'ar drol y Blaid Lafur'. Roedd hefyd yn barod i ddatgan y caswir bod Plaid Cymru wedi ffalsio gwir natur ei dylanwad seneddol rhwng 1974 a 1979 a honni iddi gael 'pethau nad ydan ni mewn gwirionedd'.[198]

Ond byddai'n rhaid i *post mortem* '79 aros am y tro gan fod yna gwestiynau tactegol tyngedfennol yn wynebu Plaid Cymru. Y mwyaf o'r rhain oedd a fyddai Plaid Cymru a'r SNP yn dial ar 'frad' y llywodraeth trwy ei dymchwel. I nifer ym Mhlaid Cymru, doedd yna ddim dadl a rhoddwyd pwysau mawr ar yr arweinyddiaeth i ddatgan yn gwbl glir y byddai'n rhaid i'r Llafurwyr dalu'r pris eithaf. Fodd bynnag, yn yr Alban doedd pethau ddim mor ddu a gwyn. Yno, er bod mwyafrif bychan o blaid, methwyd â chroesi'r trothwy o 40 y cant a osodwyd gan welliant Cunningham. Gadawodd hyn Callaghan yn cerdded y 'tartan tightrope' ac, am rai dyddiau wedi'r refferendwm, bu'n rhaid i bawb aros i weld a oedd unrhyw obaith o sefydlu Cynulliad i'r Alban.[199] Ceisiodd y Prif Weinidog brynu amser, a phan ddychwelodd yr Aelodau Seneddol i San Steffan ar 5 Mawrth awgrymodd y gellid cynnal trafodaethau amlbleidiol er mwyn gweld a ellid cael cytgord. Ond pylodd y gobaith hwn cyn gynted ag y daeth ac, erbyn 10 Mawrth, roedd hi'n amlwg nad oedd gan Callaghan unrhyw obaith o chwythu anadl einioes i fewn i gynulliad yr Alban.

Gyda'r wybodaeth hon yn hysbys, cyhoeddodd yr SNP y cyflwynai gynnig o ddiffyg hyder yn llywodraeth Callaghan ymhen pythefnos oni fyddai'n atgyfodi ei chynlluniau ar ddatganoli. Dilynodd Plaid Cymru yng nghamre'r Sgotiaid, ac mewn cyfarfod stormus o Gyngor Cenedlaethol Plaid Cymru ar 10 Mawrth (lle beirniadwyd Gwynfor yn hallt am ei fethiannau arweinyddol), cafwyd pleidlais o blaid cynorthwyo'r SNP yn ei hymdrechion.[200] Yn ystod yr un penwythnos, daeth un o Aelodau Seneddol amlycaf yr SNP, George Reid, i drafod tactegau gydag arweinwyr Plaid Cymru. Wedi'r cyfarfod, gadawodd Reid am yr Alban gyda'r bygythiad cliriaf posibl o undod Celtaidd: 'Time is running out for the Prime Minister... If the Government did not honour its commitment for a Scottish Assembly within two weeks the SNP would go on the offensive'.[201] Y penwythnos hwn oedd y trobwynt. Dechreuodd y wasg sylweddoli fod y cenedlaetholwyr o ddifrif am unwaith ac y gallai llywodraeth Callaghan ddarfod amdani cyn diwedd y mis. Ar 13 Mawrth, cyfarfu Donald Stewart, arweinydd seneddol yr SNP, â Callaghan gan ddweud wrtho y cyflwynai'r cynnig hwnnw o ddiffyg hyder oni cheid dadl ar ddatganoli i'r Alban. Ar sail pleidlais Cyngor Cenedlaethol Plaid Cymru, credai'r SNP y medrent ddibynnu ar dri Aelod Seneddol Plaid Cymru ac, ar 15 Mawrth, cadarnhaodd Stewart wrth y wasg y byddai Plaid Cymru hefyd yn cyflwyno cynnig o'i heiddo ei hun mewn datganiad o frawdoliaeth Geltaidd.[202]

Cafodd hyn effaith drydanol, a phennwyd dyddiad gan y Sgotiaid ar gyfer

Dydd y Farn: 22 Mawrth. Ni allai Donald Stewart fod wedi bod llawer cliriach ynghylch yr hyn a ddigwyddai nesaf. Roedd Stewart hefyd yn hollol eglur ynghylch rhan Plaid Cymru yn y dymestl hon pe na châi'r cenedlaetholwyr eu ffordd ar ddatganoli gan ddweud hyn wrth y *Western Mail*: '… by next Thursday the SNP will put down a motion of no confidence. A similar motion will be tabled by Plaid Cymru'.[203] Ategwyd y teimladau hyn gan elfennau ym Mhlaid Cymru. Galwodd canghennau Arfon ar i'r tri Aelod Seneddol roi'r farwol i Callaghan. Yn yr un cywair, haerodd Dafydd Wigley fod saga bum mlynedd o hyd ar fin dod i ben.[204] Dechreuodd y Ceidwadwyr lyfu eu gweflau wrth weld yr Armagedon seneddol yn agosáu, ond roedd Callaghan ei hun yn rhyfeddol o hunanfeddiannol. Wedi'r cyfan, roedd hi'n wyrth bod ei lywodraeth wedi parhau cyhyd ac roedd ganddo enw fel rhyw fath o Harry Houdini seneddol. Ar 20 Mawrth, bum niwrnod wedi i'r cenedlaetholwyr gyhoeddi eu hamserlen, adroddodd y wasg fod Callaghan yn argyhoeddedig na fyddent yn dymchwel y llywodraeth.[205] Ond roedd y cenedlaetholwyr o ddifrif. Drannoeth yr adroddiad hwn, anfonodd Dafydd Wigley lythyr bygythiol at Michael Cocks, Prif Chwip y llywodraeth, gan ddweud na ddylai amau difrifoldeb Plaid Cymru am eiliad. Rhybuddiodd hefyd y byddai Elis Thomas a Gwynfor, fel yntau hefyd, yn cefnogi cynnig o ddiffyg hyder pe na sefydlid Cynulliad yn yr Alban.[206]

Newidiodd agwedd y llywodraeth yn llwyr drannoeth derbyn y llythyr hwn. Am y tro cyntaf yn yr argyfwng, synhwyrodd Cocks a'i dîm profiadol – y gwŷr hynny a gadwodd Callaghan mewn grym cyhyd – fod yna berygl difrifol i einioes seneddol y Prif Weinidog. Ar 21 Mawrth – cwta ddiwrnod cyn i'r SNP a Phlaid Cymru gyflwyno eu cynigion o ddiffyg hyder – torrodd y stori fod y llywodraeth yn meddwl o ddifrif am daro bargen seneddol na fedrai Plaid Cymru ei gwrthod.[207] Y ddêl oedd hon: yn gyfnewid am iawndal buan i tua 800 o chwarelwyr silicotig a'u teuluoedd, byddai Plaid Cymru'n rhoi ei chefnogaeth seneddol i Callaghan. I bob pwrpas nid oedd y Blaid Lafur ond yn addo'r hyn a addawsai bedwar mis ynghynt yn Araith y Frenhines. Roedd hynny'n ffrwyth pedair blynedd caled o ymgyrchu gan Wigley, Elis Thomas ac undebau llafur Meirion ac Arfon. Greddf Gwynfor oedd gwrthod y fargen gan ei fod wedi clywed addewidion tebyg o'r blaen. Roedd hefyd am ddial ar y llywodraeth am y modd y credai i'r Blaid Lafur fradychu datganoli. 'I don't think,' meddai wrth y wasg, 'that we can be persuaded with any such late offer to vote for the Government which has done nothing until now.'[208] Roedd Dafydd Elis Thomas hefyd, cyn hwyred â phrynhawn 22

Mawrth, yn dweud yr un peth. Ond erbyn amser te, penderfynodd y drindod seneddol gamu'n ôl o ymyl y dibyn a pheidio â chyflwyno cynnig o ddiffyg ymddiriedaeth. Nod y blaid oedd gweld beth a ddigwyddai ac ystyried unrhyw gynnig a ddôi gerbron ond aeth yr SNP yn gwbl benwan pan glywsant am hyn. Wedi'r cyfan, roedden nhw'n grediniol fod yna gytundeb ffurfiol rhyngddynt. Haerodd y *Daily Telegraph* fod y cenedlaetholwyr wedi cytuno ar eiriad cynnig drafft o ddiffyg hyder.[209] Nid heb gyfiawnhad, teimlai'r SNP i'r cenedlaetholwyr Cymreig eu bradychu. Roedd y glymblaid Geltaidd (undod digon bregus a sentimental ar y gorau) yn chwilfriw, ond doedd yr SNP ddim am gymrodeddu. Y noson honno, cyflwynasant gynnig o ddiffyg hyder yn llywodraeth Callaghan. Yn fuan wedi hynny, toc wedi saith o'r gloch y nos, cyflwynodd y Ceidwadwyr gynnig o ddiffyg hyder o'u heiddo eu hunain – i'w drafod ar 28 Mawrth. Roedd y ddrama seneddol yn cyrraedd ei hact olaf un.

Pam y gwahaniaeth, felly, rhwng Plaid Cymru a'r SNP? Mae yna ddau reswm am hyn. Y cyntaf oedd natur y grwpiau seneddol. Roedd grŵp seneddol yr SNP (gyda rhai eithriadau) yn llawer mwy asgell dde nag Aelodau Seneddol Plaid Cymru. Ynghlwm wrth hyn mae'r ail reswm. Roedd Aelodau Seneddol yr SNP (at ei gilydd) yn dibynnu'n drwm ar bleidleisiau ceidwadol. O gofio hyn, credent y medrent lorio Callaghan heb dalu pris etholiadol. Ond nid felly oedd hi gyda Phlaid Cymru. Dibynnai Wigley ac Elis Thomas i raddau helaeth ar bleidleisiau ardal y chwareli, ac roedd y ddau ohonynt o ran anian hefyd ar y chwith, Elis Thomas gryn dipyn yn fwy na Wigley. Gyda'r fath gynnig gerbron, doedd yna fawr o berygl y gwelid Elis Thomas a Wigley yn diorseddu Callaghan. Roedd sefyllfa Gwynfor, fodd bynnag, yn wahanol. Doedd Gwynfor erioed wedi ei weld ei hun nac ar y chwith nac ar y dde. O dan faner ei 'radicaliaeth Gymreig', ceid elfennau eclectig, anghymarus a'i gwnâi'n amhosibl ei wthio i focs gwleidyddol cyfleus. Golygai hyn ei bod yn llawer haws iddo ef ystyried pleidleisio yn erbyn y llywodraeth. Roedd profiad personol hefyd yn ffactor; roedd Gwynfor yn llwyr gasáu'r Blaid Lafur ac, yn wahanol i'r to iau yn ei blaid, medrai roi canlyniad y refferendwm mewn llinach fradwrus a ymestynnai o Gyngor Sir Gaerfyrddin heibio i Dryweryn gan orffen yn lludw '79. Yn olaf, roedd natur ei etholaeth a theithi meddwl ei gefnogwyr yn wahanol i rai Elis Thomas a Wigley. Os rhywbeth, roedd Sir Gaerfyrddin ym 1979 yn fwy ceidwadol nag y bu ym 1966 ac, o orfod dewis rhwng dau ddrwg, byddai llawer o Gymry Cymraeg a chefnogwyr Plaid Cymru wedi ffafrio Margaret Thatcher.

Yn wyneb y croestyniadau hyn, dyw hi ddim yn syndod i'r Ceidwadwyr synhwyro y gellid ennill pleidlais Gwynfor. Funudau'n unig wedi i'r Toriaid gyflwyno eu cynnig hwythau, gwelwyd Nicholas Edwards, llefarydd yr wrthblaid ar Gymru, yn mynd at Gwynfor ar berwyl penodol iawn.[210] Cynigiodd i Gwynfor y gallai'r Ceidwadwyr hefyd gyflwyno cynllun iawndal llawn cystal ag un y Blaid Lafur. Ni wyddys beth ddwedodd Gwynfor wrtho y noson honno ond mae'n amlwg i Nicholas Edwards deimlo y gallai ei argyhoeddi gan iddo anfon llythyr ato'n amlinellu'r cynnig mewn manylder. Yn y llythyr hwnnw, datgelodd Nicholas Edwards wrtho fod Margaret Thatcher wedi rhoi sêl ei bendith ar y cynllun iawndal ac y câi ei setlo yn ystod sesiwn gyntaf y Senedd nesaf.[211] Ac nid Nicholas Edwards oedd yr unig un i weithredu fel llatai. Cafodd Gwynfor ddwy sgwrs ar yr un mater gyda Willie Whitelaw, y gŵr a weithredai fel dirprwy i Mrs Thatcher.

Roedd y cynigion hyn yn demtasiwn hynod rymus i Gwynfor. Yn wir, roeddent yn rymusach na'r addewid amwys a gawsai gan y Prif Weinidog y byddai'n gweithredu 'possible changes which could improve the quality of government in Wales'.[212] Drannoeth, ar 24 Mawrth, cyfarfu'r tri Aelod Seneddol yn Aberystwyth er mwyn penderfynu'n derfynol sut y byddent yn pleidleisio. Trefnwyd y byddent yn cyfarfod yng ngwesty'r Belle Vue, ond roedd cynifer o ohebwyr yno nes iddynt orfod symud i Neuadd Pantycelyn lle roedd y warden hynaws hwnnw, John Davies, wedi neilltuo ystafell ar eu cyfer. Fodd bynnag, cyn gadael am Bantycelyn, cafodd Wigley sgwrs fer gyda Gwynfor. O'r dechrau, roedd hi'n amlwg bod Gwynfor am ddymchwel Callaghan – penderfyniad a oedd yn nhyb Wigley yn 'fyrbwyll'. Rhybuddiodd Wigley hefyd rhag gweithredu 'yng ngwres y frwydr, nac mewn dicter at Lafur am fradychu Cymru'. Roedd Wigley hefyd yn bendant y byddai pleidleiso gyda'r Ceidwadwyr yn niweidio Plaid Cymru yn y cymoedd, ond roedd hi'n edrych yn ddu ar unrhyw obaith o undod pleidiol ar y pwnc.[213] Nid dyma oedd y gair olaf. Pan gyrhaeddodd Elis Thomas y Belle Vue, mynnodd Wigley ei fod yn dod yn ei gar gydag ef i Bantycelyn er mwyn cael gair sydyn ag ef. Yn ystod y siwrnai fer, esboniodd Wigley wrth Elis Thomas fod Gwynfor am dorri ei gwys ei hun a phleidleisio gyda'r Ceidwadwyr – gweithred a fyddai wedi creu rhwyg arhosol yn rhengoedd Plaid Cymru. Wyneb yn wyneb â'r argyfwng mewnol hwn, cytunodd y ddau fod rhaid iddynt geisio newid barn Gwynfor – rhywbeth nad oedd mor hawdd â hynny o gofio'i dueddiadau mulaidd. Wrth i'r drafodaeth fynd rhagddi, rhoes

John Davies botelaid o win i'r Aelodau Seneddol ac addawodd gorcsgriw 'ar yr amod eu bod yn gwneud dim byd i gefnogi'r Torïaid!' [214] Roedd yn gyffyrddiad doniol ynghanol trafodaeth ddifrifddwys ynghylch dyfodol llywodraeth Prydain. Yn ôl ei arfer, ni chyffyrddodd Gwynfor â diferyn o *Rioja Alavesa* John Davies ond roedd yn anarferol o barod i wrando. Ar ôl oriau o drafod cafwyd cytundeb: penderfynodd Gwynfor beidio â dymchwel y llywodraeth.

Roedd hi'n weithred ddewr, hunanaberthol, a gwyddai Gwynfor yn well na neb pa mor amhoblogaidd fyddai'r penderfyniad ymysg ei gefnogwyr yn Sir Gâr. O'r foment honno, roedd mewn perygl o golli ei sedd, ond er mwyn achub undod pleidiol yn fwy na dim, penderfynodd gefnogi Elis Thomas a Wigley. Wrth edrych yn ôl, gellir gweld mai hwn oedd y dewis doeth, gan i'r SNP dalu pris eithriadol o drwm am beidio â chefnogi'r llywodraeth. Er hynny, roedd effeithiau'r penderfyniad yn llawer mwy cymysg i Gwynfor o ystyried natur geidwadol gwleidyddiaeth Sir Gaerfyrddin. Fodd bynnag, ar ôl selio concordat Pantycelyn, doedd dim troi'n ôl. Drannoeth, hysbyswyd y llywodraeth am union delerau Plaid Cymru ac, ar y bore Llun canlynol, fe'u trafodwyd gan weinidogion y Goron. Teimlai rhai Aelodau Seneddol Llafur fod Plaid Cymru yn eu blacmêlio ac, yn yr un modd, cyhuddwyd Plaid Cymru gan undebwyr Sir Gaernarfon a Meirionnydd o elwa'n wleidyddol ar gefn dioddefaint y chwarelwyr.[215] Ond doedd gan lywodraeth Callaghan ddim dewis gan fod y rhifyddeg seneddol mor dynn. Ar 27 Mawrth, cyfarfu Dafydd Wigley â Michael Foot ac, yn y cyfarfod hwn, dadlennodd Wigley y byddai ei blaid yn cefnogi'r llywodraeth yn gyfnewid am iawndal i'r chwarelwyr.[216]

Drannoeth, fe wawriodd y diwrnod mawr, diwrnod y bleidlais ymddiriedaeth. Ond hyd yn oed wedi ennill cefnogaeth y tri chenedlaetholwr Cymreig, edrychai'n hynod fain ar lywodraeth Callaghan. Dechreuodd y ddadl ymddiriedaeth am ddau y pnawn ac ynddi siaradodd Gwynfor ynghylch y ffordd y pleidleisiai'r noson honno. Yn y bôn, meddai wrth ei gyd-aelodau, doedd ganddo ddim dewis ond ceisio cynorthwyo'r chwarelwyr: 'I have seen them struggling painfully step by step up a small incline, having to stop every two to three steps because of the trouble that they have in drawing breath. Sometimes these men are in their thirties and forties'.[217] Roedd hi'n araith deimladwy, a'r un olaf yn wir i Gwynfor ei thraddodi gerbron Tŷ'r Cyffredin. Ond er mor rymus oedd rhethreg Gwynfor, nid Plaid Cymru a hawliai sylw'r wasg. Yn hytrach, roedd sylw pawb wedi ei hoelio ar y bagad ecsentrig hwnnw o Aelodau Seneddol o Ulster na wyddai neb yn iawn sut byddent yn pleidleisio. Ys dywedodd Frank Johnson, gohebydd y *Daily Telegraph*, 'the House thinned but it kept filling up every time some normally obscure Celt rose because it might disclose voting intentions'.[218] Yn odiach fyth i Dŷ'r Cyffredin, roedd pawb yn y Tŷ yn gwbl sobr y diwrnod hwnnw gan fod y ceginau ar streic, ond ni wnaeth sobrwydd ddim i dymheru'r cyffro wrth i'r bleidlais agosáu. Am 10.19 p.m. fe'i cafwyd, a syrthiodd llywodraeth Callaghan o un bleidlais – y tro cyntaf i lywodraeth golli pleidlais o ymddiriedaeth oddi ar 1924. Drannoeth, ildiodd Callaghan i'r anochel gan gyhoeddi y cynhelid etholiad ar 3 Mai.

Dychwelodd Gwynfor o San Steffan i Sir Gaerfyrddin ac i ganol brwydr etholiadol nad oedd ganddo nemor ddim archwaeth ati, a llai fyth o egni ar ei chyfer. Ond ymladd oedd raid. Yn ystod yr ymgyrch fer, ceisiodd atgoffa'i etholwyr o'r hyn a wnaethai drostynt; fe oedd 'Gwynfor Dual Carriageway', y gŵr a sicrhaodd y byddai darnau meithion o heolydd peryglus y sir yn cael eu deuoli.[219] Roedd ei gyfraniad i sicrhau canolfan hamdden a chanolfan i'r henoed yng Nghaerfyrddin hefyd, yn ôl ei gefnogwyr, yn tystio i'w lafur diflino.[220] Roedd yr un duedd i'w gweld ym maniffesto cenedlaethol y blaid. Ergyd ganolog y ddogfen anwleidyddol hon na soniodd fawr am gynulliad oedd y buddiannau a ddaeth i ran y Cymry yn ystod y Senedd grog – o iawndal y chwarelwyr i sefydlu'r WDA, mynnodd Plaid Cymru hawlio'r clod. Rhwng popeth, haerodd Gwynfor y medrai Plaid Cymru ennill pum sedd o'r newydd gan gynnwys Môn a Merthyr.[221]

Wrth reswm, rhethreg gwbl wag oedd hyn gan y gwyddai Gwynfor y byddai ei blaid yn gwneud yn neilltuol o dda pe bai ond yn aros yn ei hunfan. Ond yn y fath gyfyngder, rhethreg oedd ei unig arf yn wyneb twf Thatcheriaeth. Roedd y chwerwder a ddilynodd y refferendwm hefyd yn gwenwyno gobeithion y cenedlaetholwyr. Yn Sir Gaerfyrddin, gwelwyd hyn ar ei gliriaf efallai wrth i'r ymgeisydd Llafur, Dr Roger Thomas, ddefnyddio canlyniad y refferendwm fel pastwn i gledro Gwynfor. 'The people of Wales,' meddai Thomas, 'spoke very decisively on how much we value being part of the United Kingdom. Here in Carmarthen our flirtation with the separatist party is coming to an end.'[222] Ategwyd hyn gan ei drysorydd ffyddlon (a'i olynydd fel Aelod Seneddol), Dr Alan Williams. Roedd y refferendwm iddo yntau'n brawf i'r Cymry ddatgan eu 'total hostility to nationalism… Gwynfor's vision lies in ruins – his whole life has been dedicated to achieving independence for Wales'.[223] Yng ngwres y frwydr, mae'n debyg na sylwodd y meddyg na'r doethur ar eironi'r sefyllfa, na chwaith ar y ffaith eu bod yn defnyddio methiant polisi Llafur i wawdio Plaid Cymru. Ond ta waeth am hynny, roedd yn rhan o strategaeth glir ar eu rhan i ddinistrio hygrededd Gwynfor. Gwelir hyn mewn llythyr arall o eiddo Dr Alan Williams i'r wasg: 'The dignified course of action for Gwynfor now would be to retire at the end of Parliament – at 66 years of age, he has no political future'.[224] Yn ôl eu harfer, arllwysodd y Blaid Lafur gymaint o adnoddau ac arian ag y medrent i'r ymgyrch yn y gobaith o adennill Caerfyrddin. Daroganodd y proffwydi y byddai'r ornest mor agos ag erioed, er gwaethaf y ffaith nad oedd Dr Roger Thomas hanner cystal ymgeisydd â Gwynoro Jones.

Ond y tro hwn, roedd yna gystadleuaeth lem o fath arall yn wynebu Gwynfor. Am y tro cyntaf ers ymgeisiaeth Huw Thomas dros y Rhyddfrydwyr yn ôl ym 1970, roedd yna ymgeisydd credadwy a geisiodd ennill y bleidlais geidwadol 'c fach' y dibynnai Gwynfor mor drwm arni. Y gwahaniaeth y tro hwn, fodd bynnag, oedd mai ymgeisydd Ceidwadol, nid Rhyddfrydwr, a wnâi'r pwyso. Y Ceidwadwr hwnnw oedd Nigel Thomas, bargyfreithiwr 27 oed o San Clêr a serennodd yn ystod yr ornest. Ar 28 Ebrill, proffwydodd arolwg barn y *Western Mail* y gwnâi'n rhyfeddol o dda ac y byddai pleidlais y Ceidwadwyr yn codi o'r 7 y cant tila a gafwyd yn Hydref 1974 i 23 y cant o'r bleidlais.[225] Roedd ei bersonoliaeth hefyd yn dechrau chwalu'r glymblaid wrth-Lafurol yn Sir Gaerfyrddin ac elwodd yn ogystal wrth i'r llanw cenedlaethol droi at y Ceidwadwyr. Mewn cymhariaeth, edrychai ymgyrch Plaid Cymru'n weddol fflat a di-ffrwt.

Roedd cwpan gofidiau Gwynfor bron â chyrraedd yr ymylon, ond roedd yna un weithred fawr yn weddill a'i sigodd i'w waelodion. Ynghanol yr ymgyrch, cyhoeddodd Saunders Lewis lythyr yn *Y Faner* a oedd, hyd yn oed yn ôl ei safonau ef, yn neilltuol o hallt. Ynddo, beiodd Plaid Cymru am beidio â phleidleisio gyda'r SNP a dymchwel y llywodraeth:

> Gwrthodwyd y cyfle a gwerthwyd pleidleisiau Plaid Cymru i'r llywodraeth Lafur mewn bargen ddianrhydedd. Ymddengys i mi fod dyddiau Plaid Cymru wedi eu rhifo. Rhaid i genedlaetholwyr Cymreig sydd o ddifri edrych am arweiniad o'r carcharau, sy'n magu onestrwydd, nid o Westminster. Gwae inni golli J R Jones ac Alwyn D Rees, proffwydi unplyg.[226]

Roedd hi'n apêl gyfarwydd ganddo, ond yn yr hinsawdd a oedd ohoni, ni allai fod wedi anfon llythyr mwy niweidiol. Gyda'r troad, derbyniodd Gwynfor lythyr gan Islwyn Ffowc Elis i geisio codi ei galon:

Mae ail blentyndod hen bobl ddiniwed yn ennyn tosturi rhywun, ond mae ail blentyndod athrylith yn beth i arswydo ato… Does dim amheuaeth mai cenfigen atoch chi sydd wrth wraidd y llythyr. Trueni mawr am hynny. Fe fuasai SL wrth ei fodd yn eich sefyllfa chi, yn medru bargeinio â llywodraeth nerthol Lloegr am ei heinioes hi.[227]

Yn arferol, byddai Gwynfor wedi anwybyddu epistolau chwerw Saunders Lewis, ond nid y tro hwn. Roedd ef, heb sôn am ei deip ef o genedlaetholdeb Cymreig, yn rhy glwyfedig. Yr wythnos ganlynol, atebwyd llythyr Saunders Lewis gan Gwynfor yn *Y Faner* ac, yn ei ffordd ei hun, mae'n gampwaith bustlaidd. Ynddo, llifa rhwystredigaeth y degawdau a fu wrth i Gwynfor gystwyo 'cyn-arweinydd disglair y Blaid' am ddewis 'dweud ei feddwl yn y *Western Mail* a'r *Faner* yn hytrach nag yn bersonol wrth y rhai sy'n gorfod penderfynu cwrs y Blaid mewn amgylchiadau dyrys'. Aeth Gwynfor ymlaen i atgoffa Saunders Lewis o hyn hefyd: 'Wn i ddim a welodd Mr Lewis un o'r dioddefwyr silicotig hyn, yn ŵr ifanc efallai neu ganol oed, yn ceisio dringo rhiw fach, ychydig gamau ar y tro cyn sefyll i gael ei anadl yn ôl; neu'n gorwedd ar ei wely gyda ffiol fawr o ocsigen wrth ei ochr, yn ymladd am anadl i ddweud ychydig eiriau cryg'. Roedd hi'n ddelweddaeth gref, emosiynol a adleisiai ei araith glo yn y Senedd, ond roedd yna ragor i ddod. Gorffennodd Gwynfor trwy ddweud ei fod yn amau 'a gytunai yr holl wŷr a gwragedd glew a aberthodd gymaint wrth fynd trwy'r carcharau â barn Mr Lewis… Terfynaf trwy ddweud mor drist imi yw gorfod ysgrifennu'r llith hon i'n hamddiffyn ein hunain yn erbyn ymosodiad un y mae fy mharch iddo mor fawr a'm dyled iddo mor drwm'.[228]

Digwyddasai'r ffrae hynod gyhoeddus hon wrth i'r etholiad dynnu at ei derfyn, ond roedd gwaeth i ddod. Ar 1 Mai, cyhoeddwyd arolwg barn gan BBC Cymru a awgrymodd fod Gwynfor yn debygol o ddod yn drydydd y tu ôl i'r Tori yn etholaeth Caerfyrddin. Cynddeiriogwyd cefnogwyr Plaid Cymru gan hyn a chredent yn gwbl ddiffuant fod yr arolwg a'r cwmni a'i gwnaeth yn hollol ddiffygiol. Ond roedd y niwed wedi ei wneud.[229] Ailadroddwyd yr honiad ar bob uchelseinydd o eiddo'r Blaid Lafur yn y sir a thybiodd Plaid Cymru fod nifer o'u cefnogwyr 'naturiol' wedi dechrau ochri gyda'r Toriaid fel y blaid debycaf o gadw Llafur allan. Roedd hyn yn drychinebus, ond ni feddyliodd neb y byddai Saunders Lewis yn gwneud yr hyn a wnaeth dridiau'n ddiweddarach. Ar derfyn yr etholiad, anfonodd lythyr arall at *Y Faner* lle mynnodd na ddylai Gwynfor nac 'unrhyw un arall sy'n fy nrwg-leicio… beidio fyth mwy â son am "Gymro mwyaf y ganrif" na dim ffwlbri diystyr a diraddiol wenieithus o'r fath. Pechadur yw fy enw a phechadur dig a chas'. Gwir y gair, gan i'w lythyr orffen yn y modd mwyaf amwys posibl: 'Yr wyf yn gobeithio y derbynia'r tri [Aelod Seneddol] hyn eu gwobr ar y trydydd o Fai, ond y mae Cymru yn bwysicach i mi na Phlaid Cymru, ac nid trwyddi hi, gyda'i harweiniad presennol, a'i pholisi presennol, y daw hunan-lywodraeth i Gymru'.[230]

Cyhoeddwyd llythyr Saunders Lewis ar 4 Mai, fore'r canlyniad. Toc cyn pump o'r gloch y bore hwnnw, cafodd Gwynfor ei 'wobr' gan etholwyr Caerfyrddin. Aeth mwyafrif Plaid Cymru bron yn llwyr i'r Ceidwadwyr. Gostyngodd pleidlais Gwynfor o 23,325 i 16,689 wrth i bleidlais Nigel Thomas lamu i 12,272. Roedd yn ganlyniad syfrdanol mewn sedd heb unrhyw draddodiad Ceidwadol, ond roedd yr effaith yn alaethus i Blaid Cymru. Gyda'r ymchwydd yn y bleidlais Dorïaidd, gadawyd Gwynfor 1,978 pleidlais yn brin o gyfanswm Dr Roger Thomas. Roedd colli ei sedd yn ergyd dost, ond mater bychan oedd hynny i Gwynfor mewn cymhariaeth â'r galanastra cenedlaetholgar a'i hwynebai. Disgynnodd pleidlais Plaid Cymru o 11 y cant i 8 y cant, a thros nos, trodd Cymru i fod yn wlad Geidwadol. Gwaeth na hynny, tybiai Gwynfor fod y Cymry wedi cyfnewid eu radicaliaeth frodorol am ddogn hallt o Thatcheriaeth Brydeinllyd. Yn awr, medrech deithio o Fôn i Fynwy heb adael yr un etholaeth Geidwadol. Roedd datganoli'n farw gelain, a chyda Thatcher yn brif weinidog, ofnai'r cenedlaetholwyr mai mater o amser yn unig fyddai hi cyn i'r Gymraeg farw hefyd. Teimlai Gwynfor y gwae hwn i'r byw; fel un gwrthodedig, llithrodd i noson dywyllaf ei enaid.

ANY OTHER BUSINESS? 1979–83

A M WYTHNOSAU BWYGILYDD wedi colli Caerfyrddin, bu Gwynfor yn hel meddyliau ynghylch y canlyniad a'r hyn a ddigwyddodd. Mae'n wir y gallai ymgysuro mewn rhai pethau. Elwodd ar y rhyddid newydd i dreulio rhagor o amser gyda Rhiannon; gwnaeth ryw gymaint o gylch y tŷ am y tro cyntaf mewn cantoedd hefyd. Ond uwchlaw popeth, roedd pôl y BBC yn parhau i gorddi drwg.[1] Yn wir, datblygodd hwnnw'n rhyw fath o obsesiwn iddo ef a'i gefnogwyr. Rai dyddiau wedi'r bleidlais, mynnodd wrth Pennar Davies mai'r hanes a gâi drwy'r etholaeth oedd i'r arolwg beri 'i lu (yn arbennig y ffermwyr) i droi at y Torïaid... Yr oeddem ymhell ar y blaen gyda'r pleidleisiau post'.[2] Ac er ei fod bellach ar ei bensiwn seneddol digon bychan, doedd Gwynfor ddim am ildio'r maes heb safiad. Anfonodd Plaid Cymru ddatganiad i'r wasg gan ddisgrifio'r gogwydd o 600 y cant yn y bleidlais Geidwadol fel yr un mwyaf rhyfeddol yn holl hanes gwleidyddiaeth Prydain.[3] Yn yr un modd, galwodd ei asiant, Peter Hughes Griffiths, am ymchwiliad 'gan rywun o statws' i'r hyn a ddigwyddodd. Anfonodd yntau lythyr piwis at yr Ysgrifennydd Cartref, Willie Whitelaw, yn gofyn iddo ystyried y cais,[4] a derbyniodd Owen Edwards, Rheolwr BBC Cymru, gennad tebyg.[5] Ni chafwyd ymchwiliad swyddogol ond, ymhen hir a hwyr, fe ddaeth Cyngor Darlledu BBC Cymru i'r casgliad fod arolwg barn cwmni Abacus wedi bod yn 'annerbyniol bell ohoni'.[6] Eto i gyd, doedd hwnnw fawr o gysur i Gwynfor; ar y pryd, ac am flynyddoedd i ddod, barnai fod yr holl beth wedi bod yn weithred fwriadol – tric 'brwnt' ar ran BBC Cymru.[7] Roedd yn gyhuddiad di-sail, onid diurddas, ac yn adlewyrchiad clir o'i gred mai'r BBC oedd i'w beio am iddo golli Caerfyrddin. Ond serch iddo gwyno, newidiodd hynny ddim ar ei sefyllfa. Roedd ei blaid ag un droed yn y bedd ac yn disgwyl am yr eneiniad olaf. Yn wir, ym Mai 1979, wynebai Plaid Cymru ei hargyfwng ymarferol a deallusol mwyaf ers dechrau'r Ail Ryfel Byd.

Y llinyn arian a gysylltai'r ddau argyfwng hyn oedd Gwynfor ei hun, ond roedd yna un gwahaniaeth allweddol: ym 1939, Gwynfor oedd y gwaredwr; ddeugain mlynedd yn ddiweddarach, Gwynfor a pholisïau 'neis-neis' y mudiad cenedlaethol oedd y broblem. Oedd, roedd yr aur Gwynforaidd wedi hen bylu. Coleddid y dybiaeth hon gan nifer ym Mhlaid Cymru, ac roedd yn ddigon pwerus i uno cyfaill a gelyn gwleidyddol. Ond o ran Gwynfor, braw a hunan-dwyll sy'n crisialu orau ei ymateb digon truenus i adfyd 1979. Yng nghyfarfod cyntaf ei Bwyllgor Rhanbarth, haerodd mai 'rhywbeth dros dro oedd y canlyniad yma'. Yr ateb syml, meddai, oedd 'gweithio'n galed rhwng etholiadau i droi Cymru'n ôl o fateroliaeth i ddelfrydiaeth'. Y cysur mawr arall, ys dywedodd wrth ffyddloniaid Sir Gâr, oedd bod 'goreuon y genedl gyda ni'.[8]

Yn ei ohebiaeth breifat, fodd bynnag, gwelir gwedd arall ar ymateb Gwynfor wrth iddo ymbalfalu am rywbeth i aildanio cenedlaetholdeb Cymreig. Gyda datganoli'n farw gelain, daeth i'r casgliad bod yn rhaid dyrchafu'r Gymraeg uwchben popeth arall. Yn wyneb chwyldro Mrs Thatcher, dechreuodd ymfalchïo yn natur geidwadol, 'c' fach, Plaid Cymru hefyd. 'Daliais erioed,' meddai wrth y Tori hwnnw o genedlatholwr, H W J Edwards, 'mai Plaid Cymru yw'r unig Blaid sydd yn wir Geidwadol yng Nghymru. Gwyddom ni beth yr ydym am ei gadw ac mae'n beth aruchel. Nid yw'r Torïaid Cymraeg am gadw dim ond safle cysurus.'[9] I'r perwyl hwn, galwodd Gwynfor am sefydlu mudiad i hyrwyddo'r Gymraeg ar hyd llinellau Undeb Cymru Fydd. Ei amcan oedd cael 'cydweithredu calonnog' yn y maes gan mai'r Gymraeg oedd y 'pwnc pwysicaf yng Nghymru oll' iddo bellach.[10] Ceisiodd danio diddordeb yr Aelod Seneddol Ceidwadol, Geraint Morgan, ac Ysgrifennydd Cyffredinol Plaid Cymru, Dafydd Williams, yn y mudiad a fyddai wedi cydlynu ymdrechion Merched y Wawr, yr undebau, yr eglwysi a'r cynghorau. I bob pwrpas, roedd Gwynfor wedi penderfynu troi'r cloc yn ôl i'r tridedgau hwyr o ran strategaeth Plaid Cymru. O'i ran ei hun, daeth i ddau benderfyniad. Y cyntaf oedd na fyddai'n sefyll etholiad eto. 'Rhaid,' meddai wrth Wyn Thomas, un o aelodau amlycaf Plaid Cymru yng Nghaerfyrddin, 'wrth rywun ifancach.' Credai hefyd fod y dyn iawn (nas enwodd) mewn golwg.[11] Yn eilbeth, roedd am i Blaid Cymru ei ddefnyddio ef, Gwynfor, i 'genhadu dros yr achos cenedlaethol'.[12] Fel y dywedodd wrth y *Western Mail*, 'it'll be like the old days for me'.[13]

Ond lol botes maip oedd sôn am ddychwelyd i'r hen ddyddiau da fel ag y gwnaeth Gwynfor yn ystod Mai a Mehefin 1979. Yn un peth, roedd Cymru fel cenedl yn wynebu'r cyfnod o newid economaidd a diwylliannol mwyaf er 1945; yn eilbeth, roedd Plaid Cymru'n sychedu am ymateb mwy soffistigedig na'r hyn a gafwyd gan Gwynfor. Yn y diwedd, diolch digon poléit yn unig a gafodd gan Dafydd Williams ynghylch ei syniad o fudiad iaith newydd.[14] Nid bod yn negyddol oedd amcan Dafydd Williams, ond roedd ei ymateb claear yn adlewyrchu'r ffaith ddiymwad bod Plaid Cymru'n edrych am achubiaeth o gyfeiriadau amgenach na Gwynfor. Roedd hefyd yn adlewyrchiad o'r teimlad clir bod yna gyfnod newydd ar droed wrth i'r ras am y goron lywyddol ddechrau o ddifrif yn haf 1979. O ganlyniad, daeth Gwynfor yn fwyfwy ymylol. Galwodd yr etifedd tebycaf, Dafydd Wigley, ar i Blaid Cymru ailfeddwl ymron popeth ynghylch ei chyfeiriad a'i chenadwri gan fod y methiant etholiadol 'too significant to be shrugged off or explained away by excuses'. Credai hefyd fod y Cymry Cymraeg yn wynebu tranc tebyg i 'Indiaid Cochion' America.[15] Cynigiodd Dafydd Elis Thomas ddadansoddiad lled-Farcsaidd o broblemau Plaid Cymru, ond roedd ef hefyd yn bendant bod rhaid 'iddi fod yn llai ymddiheurol'. Yr oedd ei blaid a'r Cymry, meddai, wedi derbyn gormod 'o eidioleg y darostyngiad'.[16]

Ergydion agoriadol oedd y rhain gan y ddau Ddafydd yn y frwydr dros enaid Plaid Cymru, ond roedd un peth yn hollol sicr: nid plaid Gwynfor oedd Plaid Cymru mwyach ac amheuid pob math o fuchod cysegredig. Clywyd sawl galwad am genedlaetholdeb mwy ymosodol yn ystod cyfarfod y Cyngor Cenedlaethol ym Mehefin 1979 [17] a phasiwyd cynnig gan yr un corff yn galw ar i Blaid Cymru wadu bodolaeth 'Pwyllgor y Llywydd'. Roedd yna ganfyddiad cyffredinol hefyd bod yn rhaid i ddulliau cyfrinachol ac annemocrataidd Gwynfor o weinyddu'r blaid ddod i ben.[18] Ategwyd y teimlad hwn o ddiymadferthedd gan fethiannau etholiadol pellach. Ar 7 Mehefin, dioddefodd Plaid Cymru gurfa yn yr etholiad cyntaf erioed a gynhaliwyd ar gyfer Senedd Ewrop. Serch bod ei chanran o'r bleidlais genedlaethol – 11.7 y cant – fymryn yn well na'i phleidlais yn yr etholiad cyffredinol, dim ond yn sedd y Gogledd y gwnaeth y blaid a'i hymgeisydd, Ieuan Wyn Jones, unrhyw argraff o gwbl. Yn goron ar y gofidiau, ddyddiau'n ddiweddarach, datgelwyd bod Plaid Cymru wedi colli chwarter o'i haelodau iau rhwng 1976 a 1979.[19] Maes o law, clywodd arweinwyr Plaid Cymru fod y blaid yn wynebu dyled o £116,897 – sefyllfa a ystyriai Elwyn Roberts, y mwyaf profiadol o'u giamstars ariannol, fel 'argyfwng difrifol iawn'.[20]

Penllanw'r tensiynau hyn oedd i Blaid Cymru ddilyn cyngor ei his-lywydd,

Ieuan Wyn Jones, a sefydlu comisiwn ymchwil i weld beth aeth o'i le. Roedd
y nod yn un anrhydeddus ddigon, ond o safbwynt delwedd Gwynfor roedd yn
ddyrnod bellach; yn awr, roedd panel o bump am gynnal cwest nid yn unig ar y
blaid y bu ef yn ei harwain ond hefyd ar yr etifeddiaeth wleidyddol a draddododd
iddi. Ni fu'r comisiwn ychwaith yn foddion i gysgodi Gwynfor rhag y gwres
beirniadol ac, os rhywbeth, gwnaeth y trengholiad hwn bethau'n waeth o safbwynt
disgyblaeth fewnol cenedlaetholdeb Cymreig. Roedd Cymdeithas yr Iaith ymysg
y cyntaf i roi pwniad i'r blaid a defnyddiodd Cen Llwyd, golygydd *Tafod y Ddraig*,
ei golofn fisol i leisio'i obaith y byddai:

> … methiant Plaid Cymru yn yr etholiad diwethaf a methiant datganoli yn… fodd i
> ddenu yn ôl y llif cyson o gyn-aelodau sydd wedi nofio o'r Gymdeithas i weithio o
> fewn rhengoedd y Blaid dros y blynyddoedd. Mae llwybr y bwth pleidleisio wedi
> methu yn drychinebus… [21]

Ameniwyd y neges hon yn yr un rhifyn gan Rhodri Williams, cadeirydd y
gymdeithas. Haerodd yntau mai'r unig ffordd y medrai Plaid Cymru 'gadw neu
ail-ennill parch a chefnogaeth y genhedlaeth iau' oedd trwy 'osod y Gymraeg a'i
dyfodol yng nghanol ei gwleidyddiaeth'.[22]

Mae datganiadau fel y rhain i gyd yn tystio i'r modd y dadfeiliodd
cenedlaetholdeb ac etifeddiaeth Gwynfor yn ystod y misoedd hyn, ond llawn
cyn bwysiced â dadeni gwleidyddiaeth iaith oedd y twf byrhoedlog a gafwyd
mewn syniadau gweriniaethol. Dechreuodd y Gweriniaethwyr Sosialaidd, carfan
a arweinid gan Gareth Miles a Robert Griffiths ('Red Rob', swyddog ymchwil y
blaid), sgyrnygu eu dannedd trwy alw ar i Blaid Cymru ymestyn allan i'r dosbarth
gweithiol. I raddau helaeth, roedd y gweriniaethwyr hyn yn ailbobi llawer o
syniadau Gweriniaethwyr y pumdegau ond roedd eu dadansoddiad yn ymglywed
ag ysfa nifer ym Mhlaid Cymru am fath gwahanol o genedlaetholdeb. Yn ystod
Eisteddfod Caernarfon 1979, ysgydwyd y sefydliad Gwynforaidd i'w seiliau pan
gyhoeddodd Robert Griffiths a Gareth Miles bamffled hynod ddadleuol o'r enw
Sosialaeth i'r Cymry. Galwai'r gyfrol am uno Sosialaeth â'r iaith Gymraeg, ond
y tôn oedd fwyaf trawiadol. Hwn, yn ddios, oedd un o'r ymosodiadau mwyaf
dicllon ar Gwynfor erioed, gan iddo leisio y math o feirniadaeth na feiddiodd hyd
yn oed y Gweriniaethwyr na grŵp y New Nation ei ddatgan yn gyhoeddus. Gwell
fyth (o safbwynt Miles a Griffiths), llwyddasant i berswadio Dafydd Elis Thomas i
ysgrifennu rhagair i'r clasur hwn a feiddiodd gyhoeddi sawl gwirionedd am Blaid
Cymru. Eu casgliad sylfaenol oedd hwn:

Nid yw'n syn mai parodrwydd i gyfaddawdu, amharodrwydd i fentro, anwadalwch bwriad a llwfrdra yw prif nodweddion y blaid y mae cyfran helaeth o'i haelodau, gan gynnwys ei harweinwyr, yn fân-fwrgeisiaid, yn Anghydffurfwyr ac yn heddychwyr.[23]

Yn wyneb y fath feirniadaeth, ceisiodd aelodau hŷn Llys Llangadog swcro Gwynfor a'i annog i beidio digalonni. Derbyniodd lythyr gan Dewi Watkin Powell yn crefu arno i beidio â gwrando ar genedlaetholwyr iaith fel Meredydd Evans a alwai am ddychwelyd at ddulliau anghyfansoddiadol. Yr oedd Meredydd Evans, yn ôl Watkin Powell, yn cynrychioli tuedd 'gwrth-wleidyddol' gwleidyddiaeth Cymru. Mynnodd hefyd y dylai Gwynfor geisio siarad ag Elis Thomas – gŵr yr oedd Dewi Watkin Powell yn ei barchu'n fawr am ei allu, ond gŵr hefyd yr oedd yn ei amau'n fawr ar gownt ei anaeddfedrwydd a'i ddiffyg crebwyll gwleidyddol tybiedig.[24] Yr ateb felly i brif gynghorydd Gwynfor, Dewi Watkin Powell, oedd addysg ddiwylliannol a harneisio Cymreictod er mwyn datrys problemau Cymru. Roedd yn ddatrysiad saff i fethiant cenedlaetholdeb Cymreig wrth i'r ideoleg honno wynebu un o'i chyfnodau duaf. Yn economaidd, roedd yr hinsawdd yn fwy gerwin nag erioed, a'r arwydd cliriaf o hyn oedd y penderfyniad i ddiswyddo 6,300 o weithwyr dur gwaith Shotton, Glannau Dyfrdwy, yng Ngorffennaf. Yn amgylcheddol, brawychwyd pobl y canolbarth pan ddechreuwyd tyllu am lefydd addas i gael gwared â gwastraff niwcliar. Yn ieithyddol hefyd, roedd yna gymylau duon – er gwaethaf polisi goleuedig preswylwyr newydd y Swyddfa Gymreig o gyllido'r Gymraeg yn decach nag erioed. Deuai'r bygythiad newydd i'r Gymraeg o du HTV Cymru; erbyn Gorffennaf 1979, roeddent yn daer am weld rhaglenni Cymraeg yn cael eu rhoi ar ddwy sianel yn hytrach nag ar un fel yr addawyd ym maniffesto etholiad cyffredinol y Torïaid.[25] Yn cydredeg â hyn, roedd Rheolwr BBC Cymru, Owen Edwards, wedi dechrau amau'n gyhoeddus o ble y dôi'r arian angenrheidiol ar gyfer cyllido'r sianel deledu Gymraeg newydd.[26]

Yn y cyfwng hwnnw, ychydig mewn gwirionedd y gallasai unrhyw un ei wneud i godi calon Gwynfor. Yn y misoedd hyn, dwysaodd ei ymwybyddiaeth o argyfwng Cymru ac atgyfodwyd y teimladau hynny a brofasai fel llanc yn y Barri ynghylch marwolaeth cenedl. Roedd cydwybod euog ynghylch ei arweiniad gwleidyddol yntau hefyd yn rhan o'r ing hwn. Ond os oedd yr estheteg ramantaidd-anghydffurfiol hon ynghylch marwolaeth ac achubiaeth genedlaethol yn un gyfarwydd iddo, doedd yna ddim gwaredigaeth hawdd wrth law. Wedi'r cyfan, Gwynfor oedd y gwaredwr syrthiedig – y gŵr a roes bopeth i'w genedl cyn 'methu' yr un mor drychinebus gyda'r refferendwm ag y gwnaethai yn achos

Tryweryn. Yn awr, roedd yn gyff gwawd, gŵr y medrid ei ddifenwi a'i gablu. Ym mhridd y digalondid hwn, gyda phopeth ar chwâl a'r winllan syniadol wedi ei dihysbyddu, y gwreiddiodd syniad mwyaf brawychus Gwynfor: penderfynodd mai'r unig beth y medrai ei gynnig mwyach i Gymru oedd ei fywyd. Ganol yr wythdegau, cyfaddefodd Gwynfor wrth ei fab, Dafydd, iddo benderfynu ei ladd ei hun rywdro ym 1979 gan roi ei fywyd, y peth gwerthfawrocaf oll, yn ôl i'w genedl. Byddai'r weithred o hunanladdiad, dywedodd wrth Dafydd, wedi bod yn un 'fer a buan' ac ar Ddygwyl Dewi. Roedd yn gynllun anhygoel, serch bod iddo amcan gwleidyddol cwbl glir. Yr amcan hwnnw oedd chwythu'r marwor yn dân cenedlaetholgar gan symbylu'r ifanc i frwydro drachefn dros y genedl a'i bradychodd yntau.[27]

Ni weithredodd Gwynfor ar ei gynllun gan i argyfwng o fath gwahanol achub ei fywyd – a hynny'n llythrennol. Ar 12 Medi 1979, cyhoeddodd yr Ysgrifennydd Cartref, William Whitelaw, mewn darlith i'r Gymdeithas Deledu Frenhinol yng Nghaergrawnt, na fyddai'r llywodraeth yn sefydlu sianel deledu Gymraeg. Yn hytrach, byddai rhaglenni teledu Cymraeg yn cael eu darlledu ar sianelau'r BBC ac ar donfeddi'r bedwaredd sianel newydd, sef ITV 2 fel y'i gelwid. Roedd y cyhoeddiad yn bradychu'r addewid clir a wnaed ym maniffesto etholiadol y Ceidwadwyr ac fe'i dehonglwyd gan ymron bob cenedlaetholwr fel cyhoeddiad cwbl ysgytwol. Ond y gwir amdani yw nad oedd Whitelaw yn ystyried ei gyhoeddiad fel un mor ddichellgar na dadleuol â hynny. Yn wir, mae deall cymhellion Whitelaw yn allweddol i'n stori gan mai'r hyblygrwydd hwn, yn y diwedd, a achubodd fywyd Gwynfor. Yn gyntaf peth, roedd y Ceidwadwyr am ddyblu'r ddarpariaeth a geid trwy rannu 22 awr o raglenni teledu Cymraeg rhwng y BBC a'r bedwaredd sianel newydd, ITV 2. Roedd nifer yr oriau fymryn yn llai na'r hyn a arfaethwyd ar gyfer un sianel Gymraeg ond, i lawer o'r Toriaid hynny a boenai ynghylch y Gymraeg, roedd cynllun Whitelaw yn ffordd deg ac ymarferol o ddatrys y cyfwng mewn cyfnod o gyni ariannol. Wedi'r cyfan, y cwbl a gollwyd, o safbwynt cefnogwyr cynllun Whitelaw, oedd yr egwyddor o roi rhaglenni Cymraeg ar un sianel. Y naill ffordd neu'r llall, boed ar un sianel neu ddwy, byddai'r cynnyrch gweladwy, y rhaglenni, gryn dipyn yn fwy sylweddol. Yr ail reswm dros y tro pedol yw'r pwysau a roddwyd ar Whitelaw gan y Fonesig [Susan] Littler, ymgynghorydd ar ddarlledu yn y Swyddfa Gartref. Hi, yn anad neb, a'i hargyhoeddodd fod yr anawsterau technegol ynghlwm wrth greu sianel newydd yn rhai anorchfygol. Yn olaf, credai pleidwyr cynllun Whitelaw y byddai rhaglenni Cymraeg ar sianelau 'amlwg' ac nid, chwedl Jac L Williams a'r *Western*

Awst 1974, Caerfyrddin: Gwynfor, Dafydd Elis Thomas a Dafydd Wigley yn ymgyrchu.
Er gwaethaf teis Dafydd Elis Thomas, llwyddodd Gwynfor i adennill y sedd ymhen deufis.

Y 'malcontents': Harri Webb ac Emrys Roberts.

Yn y Tai Gerddi: buont hwy (yn ogystal ag arian Dan ac Alcwyn) yn
gynhaliaeth i Gwynfor a'r teulu yn ystod y blynyddoedd locust. Aeth yr hwch
drwy'r siop yn fuan wedi etholiad cyffredinol mis Hydref 1974.

Codi arian i Blaid Cymru: ar y dde i Gwynfor, gwelir Rhiannon
ac ar y dde iddi hithau, Ysgrifennydd Cyffredinol Plaid Cymru,
J E Jones.

Y propagandydd toreithiog: Gwynfor yn arwyddo'i lyfrau ym
marchnad Caerfyrddin, Awst 1974.

'Gwynfor y tro hwn': y dorf ddisgwylgar
yn sgwâr Nott, Caerfyrddin, adeg etholiad
cyffredinol mis Hydref 1974.

Dychwelyd i San Steffan: Gwynfor yn cyfarch y dorf yn sgwâr Nott, Caerfyrddin, ym mis
Hydref 1974. Y tro hwn, adeg ail etholiad y flwyddyn honno, llwyddodd i guro Gwynoro
Jones gyda mwyafrif cyfforddus.

'A fo ben, bid bont': Gwynfor gyda Dafydd Wigley a Dafydd Elis Thomas
ym 1974. Wedi dychweliad Gwynfor i Dŷ'r Cyffredin ym mis Hydref
y flwyddyn honno, dywed Dafydd Elis Thomas i'w berthynas â Dafydd
Wigley ddechrau newid.

Ménage à trois? Gwynfor a'r 'Ddau Ddafydd' yn cyfarch y dorf y tu allan i
Dŷ'r Cyffredin wedi etholiad cyffredinol mis Hydref 1974.

Y 'Godfather': erbyn canol y saithdegau, câi Gwynfor ei gyflwyno i
etholwyr Sir Gâr fel y gwladweinydd profiadol.

Eisteddfod Genedlaethol Dyffryn Lliw, Awst 1980. Yma fe'i gwelir pan oedd brwydr y sianel yn ei hanterth.

'Any Other Business?': gorymdeithio drwy ganol Caerdydd
adeg argyfwng y sianel, Awst 1980.

Dathlu'r fuddugoliaeth: Ar y mur gyferbyn â Thŷ'r Cyffredin, paentiwyd slogan enwocaf brwydr y sianel, Medi 1980. Bu'n rhaid clymu'r gŵr a'i paentiodd i raff er mwyn caniatáu iddo gwblhau ei gelfyddyd gain.

Y frwydr etholiadol olaf: Gwynfor ar noswyl pleidlais etholiad cyffredinol 1983.

Dyffryn Tywi a Sir Gâr: serch mai dyn dŵad
ydoedd, daeth Gwynfor i ystyried yr ardal Gymraeg
hon fel y 'wir Gymru'.

Hen Ŵr Pencarreg: Gwynfor yn ei ardd yn
y Dalar Wen, Pencarreg, ym mis Medi 1999.

Diwedd y daith: angladd Gwynfor, 27 Ebrill 2005.

Mail, mewn 'ghetto' Cymraeg.[28]

Dyma'r ystyriaethau cyntaf felly y tu ôl i'r hyn y daethpwyd i'w adnabod fel 'brad' Whitelaw. Er hynny, mae'n bwysig peidio meddwl mai yn Whitehall yn unig yr heuwyd hadau'r argyfwng. Yr ail elfen yn y stori hon yw'r modd y rhoes HTV Cymru bwysau anferthol ar Whitelaw i newid ei feddwl. Yn wir, roedd ffigurau dylanwadol iawn ar fwrdd y cwmni wedi bod yn lobïo Whitelaw ers misoedd yn y gobaith y câi draed oer ynghylch yr holl beth. I Gyfarwyddwyr HTV, fel Arglwydd Harlech ac Alun Talfan Davies, niwsans digymysg oedd y cynllun i roi rhaglenni Cymraeg i gyd ar yr un sianel honno, ITV 2 neu S4C fel y daeth i gael ei galw. Eu hofn mawr (nas gwireddwyd gan i HTV Cymru flingo S4C yn ei babandod) oedd y collent arian gan na fyddai'r sector annibynnol o dan yr Awdurdod Darlledu Annibynnol [IBA] yn rheoli'r sianel. Ym Mehefin 1979, felly, penderfynodd HTV wneud rhywbeth o ddifrif ynghylch y sefyllfa. Rhwng teithiau i Rhodesia, ysgrifennodd Arglwydd Harlech, Cadeirydd HTV, at ei gyd-Dori, William Whitelaw, gan ddweud ei fod yn 'gravely concerned' ynghylch y sefyllfa. Ei bryder mawr, meddai, oedd gweld rhaglenni Cymraeg mewn 'ghetto', 'lumped together on the new 4ᵗʰ channel'.[29] Mae'n debyg i Harlech gwrdd â Whitelaw, ac roedd ei lythyr a'i ddagrau crocodeil ynghylch y Gymraeg yn rhan o ymdrech ehangach gan y cwmni i danseilio addewid maniffesto'r Torïaid. Mae yna dystiolaeth hefyd i HTV a chadeirydd Cymreig y cwmni hwnnw, Syr Alun Talfan Davies, ddwyn pwysau ar yr IBA i ollwng eu cefnogaeth hwy i sianel Gymraeg. Ategwyd y symudiadau hyn gan y Fonesig Plowden, cadeirydd yr IBA, a draig o fenyw nad oedd am weld sianel Gymraeg dros ei chrogi.[30]

Yr elfen olaf yn y jig-so hwn yw'r cyd-destun gwleidyddol. Yn sicr, doedd Whitelaw na Nicholas Edwards, dau Dori cyn wlyped â'r Sul Pabyddol, ddim am fychanu'r Cymry, ond roedd methiant datganoli yn golygu bod cefnu ar y sianel gymaint â hynny'n haws. Roedd maint y bleidlais Na hefyd yn golygu bod grym y Swyddfa Gymreig oddi mewn i Whitehall (grym digon tila ar y gorau) gymaint â hynny'n llai erbyn hynny. Ond prif bryder y Swyddfa Gartref oedd bod yr ymrwymiad i sefydlu pedwaredd sianel yng Nghymru yn drysu'r cynllun llawer pwysicach (o'u safbwynt hwy) i sefydlu Channel 4 yng ngweddill y Deyrnas Unedig. Yna daeth darnau'r jig-so hwn ynghyd. Ganol mis Gorffennaf, lluniwyd memorandwm gan weision sifil y Swyddfa Gartref a ragwelai ddyfodol i raglenni Cymraeg ar ddwy sianel. Dyma sut y braenarwyd y tir ar gyfer 'brad' y sianel. Fodd bynnag, ym Mharc Cathays, cartref y Swyddfa Gymreig, cafwyd yr hyn na ellir ond ei ddisgrifio fel ffrwydrad sefydliadol pan glywyd am fodolaeth y memorandwm hwn. Aeth R H Jones, un o'r prif weision sifil â chyfrifoldeb dros y Gymraeg, yn benwan pan glywodd am yr hyn a ddigwyddodd, ac ysgrifennodd fel hyn at was sifil arall yn y Swyddfa Gymreig:

> I consider that the Home Office have behaved disgracefully in this matter; for the Secretary of State to be presented with what is virtually a fait accompli is really quite intolerable and to argue that the Secretary of State has no statutory responsibility for broadcasting is no answer... These proposals, if accepted, and I would be very surprised if they are not, will cause considerable embarrassment, not only to the Secretary of State... but also to the Government'.[31]

Roedd ei asesiad o oblygiadau'r penderfyniad yn hollol gywir. Ond byddai'n annheg meddwl bod Ysgrifennydd Cymru yn hapus â'r polisi hwn. I'r gwrthwyneb; roedd yn gandryll ac ysgrifennodd lythyr eirias at William Whitelaw gan fynnu bod y llywodraeth yn glynu at y polisi gwreiddiol. 'I was frankly astonished,' meddai Nicholas Edwards wrth Whitelaw, 'to receive this paper last night and to see the proposal which it made for the treatment of Welsh Language broadcasting on the fourth channel.' Aeth ymlaen:

> It is not merely that what you now propose will create the most profound political problems in Wales, where as you know, this Government's commitment to the furtherance of the language is already being questioned and a major political row is brewing... What I find unacceptable is that the recommendations in your paper should have emerged in the way that they did one week before they are due to be discussed by colleagues without any prior consultation whatever with me or with my Department... in the meantime the paper which you circulated should be withdrawn until we can, if not agree on proposals to put to colleagues at least produce acceptable options for consideration.[32]

Roedd yn llythyr anarferol iawn, ac fe'i dilynwyd gan epistol piwis arall. Y tro hwn, anfonodd Syr Hywel Evans, Ysgrifennydd Parhaol y Swyddfa Gymreig, lythyr at Syr Robert Armstrong, Ysgrifennydd Parhaol y Swyddfa Gartref, yn ei rybuddio ynghylch 'some very ruffled feathers' yn ôl yng Nghaerdydd.[33]

Ond er y tân hwn, gwyddai gwleidyddion a gweision sifil y Swyddfa Gymreig nad oedd ganddynt obaith pe deuai'n frwydr rhyngddyn nhw a'r Swyddfa Gartref. Roedd hyn yn rhan o drefn rhagluniaeth yn y modd y gweinyddid Cymru, a chyngorwyd Nicholas Edwards yn ffurfiol i beidio trafferthu gwrthwynebu ymhellach. Ys dywedodd R H Jones, y gwas sifil hwnnw a oedd fwyaf croch yn erbyn y newid polisi: 'I do not think that there would be much mileage in advising the Secretary of State to oppose the proposals because, quite clearly, this is the solution which commends itself to the Home Office and to the broadcasting authorities'.[34] A dyna'n union a ddigwyddodd. Yn ei hunangofiant, dywed William Whitelaw na wnaeth gweinidogion y Swyddfa Gymreig wrthwynebu'r awgrym o beidio creu sianel Gymraeg.[35] Os yw Ysgrifennydd Cymru, Nicholas Edwards [Arglwydd Crucywel], i'w gredu, penderfynodd y Gweinidog Gwladol, Wyn Roberts, ynghyd â Syr Hywel Evans, yr Ysgrifennydd Parhaol yn y Swyddfa Gymreig, beidio â chodi llef pan drafodasant eu camau nesaf. Yn wir, dywed Nicholas Edwards mai'r hyn a drodd y fantol yn ei achos ef oedd gweld dau Gymro cystal â Wyn Roberts a Hywel Evans yn coleddu amheuon mor fawr ynghylch sianel Gymraeg. Fodd bynnag, mae yna ddehongliad cwbl wahanol hefyd wedi ei gynnig gan ei ddirprwy.[36] Mewn cyfweliad â'r awdur, haerodd Wyn Roberts [Yr Arglwydd Roberts o Gonwy] mai fel arall yn union yr oedd hi ac i bethau fod yn 'o boeth' yn ei ymdrechion yntau dros y sianel.[37]

Ond bid a fo am y gwir digoll, roedd un peth yn sicr: doedd yna ddim sianel i fod. Ar 11 Medi, ddiwrnod cyn araith Whitelaw yng Nghaergrawnt, gofynnodd Wyn Roberts am gyfarfod gyda'r Ysgrifennydd Cartref gan gymaint ei ofn y byddai yna 'outcry' yng Nghymru unwaith y deuai'n amlwg na cheid y sianel. Amcan Wyn Roberts oedd ceisio gwneud y gorau o'r sefyllfa a sicrhau y byddai'r ddarpariaeth Gymraeg ar ddwy sianel cyn gryfed â phosibl. Er hynny, mae'n amlwg o gofnodion y cyfarfod hwnnw fod Wyn Roberts yn derbyn yr egwyddor o ddarlledu rhaglenni Cymraeg ar ddwy sianel. Mae hefyd yn amlwg o'r un cofnodion nad oedd symud i fod ar Whitelaw.[38] Yn y cyfarfod hwnnw, cadarnhaodd yr Ysgrifennydd Cartref fod y Swyddfa Gartref wedi ailfeddwl ac mai'r cynllun rhesymol yn awr fyddai cael tua 10 awr o raglenni Cymraeg ar y BBC a 12 awr ar ITV 2. Yn faen clo ar y cyfan, addawodd yr Ysgrifennydd Cartref hawddgar y ceid peirianwaith ymgynghorol i sicrhau tegwch i'r Gymraeg.

Gyda synnwyr ddoe, gellir gweld bod argyfwng y sianel yn *'cock-up'* gyda'r gwaethaf o gamsyniadau gweinyddol Whitehall, ond nid felly yr oedd hi'n ymddangos i lawer ar y pryd. I nifer o Gymry Cymraeg, roedd yr hyn a ddigwyddodd ar ddechrau Medi 1979 yn yr un llinach bradwrus â'r Llyfrau Gleision neu'r refferendwm. Wedi'r cyfan, doedd yr hyn a addawyd gan y Ceidwadwyr ddim yn radical o gwbl ac roedd yr egwyddor o sianel Gymraeg wedi ei chadarnhau gan bedwar adroddiad swyddogol: Crawford [1974], Siberry [1975], Annan [1977] a Littler [1978]. Gyda'r syniad o sianel deledu Gymraeg yn farw gelain, dywed Wyn Roberts ac Owen Edwards, rheolwr BBC Cymru, iddynt ill dau ystyried ymddiswyddo cyn penderfynu mai'r peth mwyaf anrhydeddus fyddai dygnu arni yn y gobaith o newid pethau.[39]

Ond i genedlatholwyr Cymreig, roedd cyhoeddiad Whitelaw yn fwy na methiant gweinyddol a niweidiai'r Gymraeg. Yn un peth, roedd yn debygol o olygu y byddai'n rhaid i ragor o bobl ifanc ddioddef cyfnodau llym o garchar fel y profasai Angharad Tomos a Ffred Ffransis – i enwi ond dau o ymgyrchwyr amlycaf Cymdeithas yr Iaith Gymraeg. Roedd hyn ynddo'i hun yn ddigon i ennyn ymateb eirias ond, o'r eiliad y traddododd ei eiriau yng Nghaergrawnt, dehonglwyd araith Whitelaw fel mynegiant o awydd y Ceidwadwyr i ddifa Cymreictod ac i amddifadu'r Cymry o'r hawl i greu a rhedeg sefydliad Cymreig. Roedd gweld HTV â'u bys yn y brywes (cwmni yr oedd nifer o aelodau Plaid Cymru yn ei gasáu â chas perffaith) yn cadarnhau'r canfyddiad mai cynllwyn cyfalafol, gwrth-Gymraeg oedd y cyfan.[40] Fel mae'n digwydd, rhennid y canfyddiad hwn gan weision sifil y Swyddfa Gymreig hefyd. Eisoes, roeddent yn rhybuddio'n fewnol ynghylch 'a very real danger that this administration may be projecting a somewhat hostile attitude to Welsh cultural matters. This could well bring about a very nasty situation'.[41]

Y ddadl hon, y ddadl symbolaidd yn anad un arall, a symbylodd Gwynfor i weithredu ac i gamu i ganol brwydr beryclaf ei fywyd. Roedd hefyd, mae'n rhaid dweud, yn gyfle iddo adfer ei enw da wedi methiannau mawr y refferendwm a Thryweryn cyn hynny. O hyn allan, roedd ganddo rywbeth gwerth brwydro drosto. Fel hyn y dechreuodd rhan Gwynfor ym mrwydr y sianel, ond yn y bôn nid brwydr dros sianel oedd hi. Yn wir, roedd ystyriaethau personol a gwleidyddol yn bwysicach o beth tipyn iddo na dyfodol y Gymraeg ar y bocs sgwâr. Hwn oedd y cyfle euraidd, yr achos mawr y bu Gwynfor yn aros amdano. Drannoeth araith Whitelaw, cyhoeddodd Gwynfor fod yna bennod newydd wedi ei hagor yn hanes Plaid Cymru. Yn awr, meddai, roedd yna reidrwydd ar i Blaid Cymru arddel dulliau 'other than conventional political methods' gan fod y llywodraeth am gefnu ar ei haddewidion.[42] Roedd y datganiad hwn, a wnaed yn Ystrad Mynach, yn un ysgytwol, ac yn fwy o lawer o dro pedol nag un Whitelaw ei hun mewn gwirionedd. Diflannodd y gochelgarwch a'r ofnusrwydd tactegol a nodweddai ymddygiad Gwynfor yn Nhrawsfynydd a Thryweryn gan iddo ddychwelyd i egwyddorion sylfaenol cenedlaetholdeb Penyberth. Peidiodd yr holl sôn am droi Plaid Cymru'n blaid gyfansoddiadol, barchus. Roedd chwyldro cyfansoddiadol Gwynfor wedi chwythu ei blwc ac ymdebygai gwaddol Saunders Lewis yn llawer mwy ffrwythlon. Er hynny, does yna ddim tystiolaeth bod ildio ar y pwynt allweddol yma wedi menu ryw lawer ar Gwynfor. Erbyn hynny, roedd methiant cenedlaetholdeb gymaint mwy na'i fethiant tybiedig ef fel gwleidydd. Doedd cysondeb ychwaith ddim yn bwysig iddo, a chredai fod yna berffaith gyfiawnhad dros droi'r cloc yn ôl i'r tridegau ac i arwriaeth symbolaidd Penyberth. O'r foment honno ymlaen, gwyddai Gwynfor y byddai'n rhaid iddo yntau fod o ddifrif ynghylch dilyn camre Gandhi a gweithredu'n unol â'r llwybr hwnnw.

Agorodd cyhoeddiad Whitelaw y llifddorau ar ymatebion tebyg gan nifer o genedlaetholwyr blaenllaw. Addawodd Aled Eirug, ysgrifennydd grŵp darlledu Cymdeithas yr Iaith, mai'r unig opsiwn ar ôl i'r gymdeithas oedd ymgyrch dorcyfraith fwy eithafol.[43] Yn yr un modd, dywedodd Angharad Tomos wrth R Tudur Jones fod cenedlaetholdeb Cymreig 'yn wynebu Penyberth neu Dryweryn arall a'i bod yn bryd gweithredu'n ddramatig'.[44] O fewn dyddiau wedi iddi ddweud hynny, roedd Meredydd Evans wrthi'n hel enwau pobl a fyddai'n barod i gyflawni gweithred debyg. Gwrthododd Tudur Jones gymryd rhan ond cytunodd Pennar Davies, y parchusaf o'r parchedigion, heb oedi.[45] Adlewyrchwyd y camau anghyfansoddiadol hyn oddi mewn i Blaid Cymru hefyd. Ymrwymodd Dafydd Elis Thomas ei hun i beidio â thalu ei drwydded deledu ac, o fewn dyddiau, roedd Gwynfor a Dafydd Wigley wedi addo gwneud yr un peth. Ond er bod Plaid Cymru a Chymdeithas yr Iaith Gymraeg yn closio, camgymeriad fyddai meddwl bod llwythau'r naill a'r llall wedi uno. Ar y dechrau fel hyn, roedd Cymdeithas yr Iaith yn wirioneddol ochelgar o Blaid Cymru. Pan gyfarfu senedd y gymdeithas, dridiau wedi cyhoeddiad Whitelaw, dengys y cofnodion sut y mynegwyd 'ofn y gallai cydweithio'n ormodol â'r Blaid ac eraill gyfyngu ar bosibiliadau gweithredol yr ymgyrch'.[46] Fis yn ddiweddarach, yng nghyfarfod cyffredinol y gymdeithas, gwrthodwyd cynnig a alwai ar i Gymdeithas yr Iaith wneud 'pob ymdrech i gydweithio gyda Phlaid Cymru'.[47]

Byddai hefyd yn gamgymeriad meddwl bod pawb o fewn rhengoedd Plaid Cymru, a'r 'mudiad cenedlaethol' ehangach, yn hapus â'r penderfyniad i droi'r blaid dros nos yn blaid led-anghyfansoddiadol. Cwynodd John Dixon, Trysorydd Plaid Cymru, am benderfyniad Gwynfor a Dafydd Elis Thomas i gyhoeddi ymgyrch dorcyfraith heb ymgynghori o fath yn y byd. Yr oedd y penderfyniad, yn ôl Dixon, yn dangos 'nad yw rhai yn y Blaid yn parchu cyfansoddiad y Blaid a ddim yn fodlon gadael i'r corff mwyaf democrataidd yn y Blaid benderfynu'. Pryder arall John Dixon (nad oedd yn un dibwys yn nhyb nifer o aelodau Plaid Cymru) oedd agwedd yr aelodau hynny o'r blaid a ddeuai o ardaloedd Seisnig lle na roddid yr un pwyslais ar y Gymraeg.[48] Roedd yna genedlaetholwyr eraill yn amheus o werth dechrau ar ymgyrch dorcyfraith pan ellid mynd â'r maen i'r wal mewn meysydd llawn cyn bwysiced, onid pwysicach, fel addysg Gymraeg. Dadleuodd Harri Pritchard Jones, gŵr a fu mor frwd dros dorri'r gyfraith yn Nhryweryn, mai ffwlbri fyddai mynd 'allan i'r anialwch am flynyddoedd, yn ein holl burdeb athronyddol, i geisio Sianel Gymraeg pan mae yna rywbeth sylweddol ar gael i ni ar y funud'.[49] Roedd datganiad o'r fath gan genedlaetholwr mor ddigymrodedd ag ef yn dweud cyfrolau am yr her a wynebai achubwyr y sianel. Ond roedd yna un math olaf o wrthwynebiad. Deuai'r gwrthwynebiad hwnnw o du Jennie Eirian Davies, golygydd athrylithgar *Y Faner*. Credai'n gwbl ddiffuant, fel y diweddar Jac L Williams, y byddai rhoi rhaglenni Cymraeg ar un sianel yn niweidio'r iaith. Iddi hi, roedd tro pedol Whitelaw yn gyfle y dylid manteisio arno, a gobeithiai y gellid meithrin 'yr addewidion a roed inni, a mynnu eu troi yn wasanaeth darlledu i'n cenedl'.[50]

A'r 'mudiad cenedlaethol' yn frith o densiynau, daethai cefnogwyr Whitelaw yn fwyfwy hyderus. Ar 19 Medi, ysgrifennodd Syr Brian Young, Cyfarwyddwr Cyffredinol yr IBA, at Alun Talfan Davies i ddatgan ei lawenydd ynghylch doethineb tro pedol Whitelaw. 'It looks,' meddai Young, 'as if those of us who have long fought this battle will get more kicks on the shins but now have a decent chance of scoring.'[51] Drannoeth ysgrifennu'r llythyr hwn, dechreuodd aelodau Cymdeithas yr Iaith Gymraeg ar eu hymgyrch dorcyfraith hwy. Rhoesant lud yng nghloeon rhai o faniau'r BBC ond, yn addas ddigon o gofio dechrau herciog yr ymgyrch, chafodd hynny ddim effaith. Ymhen wythnos, ymosododd Cymdeithas yr Iaith ar adeiladau'r BBC ym Mangor ond, mewn gwirionedd, roedd hon yn ymgyrch heb fawr o siâp arni. Yn nwfn ei galon, roedd Gwynfor yn fwy ymwybodol o hyn nag odid neb. Ni cheir gwell tystiolaeth o hynny na'r hyn a ddigwyddodd ar 28 Medi pan aeth Meredydd Evans a'i wraig, Phyllis Kinney, i weld Gwynfor yn y Dalar Wen. Nod Meredydd Evans oedd cael sêl bendith Gwynfor ar y weithred yr oedd ef, Pennar Davies a Ned Thomas yn ei chynllunio. Bwriad y tri oedd diffodd trosglwyddydd teledu Pencarreg ac, yn ôl y disgwyl, ameniodd Gwynfor y cynllun yn llawen. Fodd bynnag, ar y ffordd allan o'r Dalar Wen, fe syfrdanwyd Meredydd Evans a'i wraig gan yr hyn a ddywedodd Gwynfor wrthynt. 'Yr ydwyf,' meddai wrth y ddau, 'yn meddwl am wneud rhywbeth llawer mwy difrifol.' Ar y pryd, credai Phyllis Kinney fod Gwynfor yn ystyried ei roi ei hun ar dân fel y gwnaeth y myfyriwr hwnnw o Tsiecoslofacia, Jan Palach. Ond roedd yr olwg yn ei lygaid mor frawychus o angerddol nes y teimlai'r ddau mai'r peth doethaf fyddai peidio holi rhagor.[52]

Yn amlwg felly, roedd Gwynfor, mor fuan â Medi 1979, wedi cyplysu ei syniad o weithred fawr ddifrifol gyda'r ymgyrch ddarlledu. Fodd bynnag, ymddengys nad oedd y syniad o ympryd wedi gwreiddio. Yn y cyfamser, aeth Plaid Cymru ati i geisio sefydlu ei hymgyrch hithau o wrthod talu trwydded. Drannoeth y cyfarfod â Meredydd Evans a Phyllis Kinney, taniodd Gwynfor yr ergyd gyntaf; mewn erthygl yn *Y Faner*, mynegodd ei obaith taer y byddai 'miloedd yn gwrthod talu am drwyddedi teledu'. Ond gwell gan Gwynfor fyddai 'gweld mil o Gymry parchus yn y carchar' – gweithred a fyddai'n 'ysgwyd y llywodraeth' ac yn 'gweddnewid ein rhagolygon cenedlaethol'.[53] Ar 11 Hydref, diffoddwyd trosglwyddydd Pencarreg gan dri o'r Cymry parchus hynny. Roedd gweithred Meredydd Evans, Pennar Davies a Ned Thomas yn un ddifrifol, a dehonglwyd safiad y drindod fel adlais o Benyberth wrth i genedlaetholdeb symud fwyfwy tuag at gyfeiriad torcyfraith. Ond parhâi Plaid Cymru'n rhanedig. Roedd rhai, yn enwedig cenedlaetholwyr ar chwith y blaid, yn hollol sinicaidd wrth weld y Gwynforiaid parchus yn rhuthro am y celloedd. Dyma'r hyn a ddywedodd Harri Webb yn ei ddyddiadur, er enghraifft:

> 2 of them have shown mettle *déjà*, but Pennar hitherto noted for oversanctimonious posturing and as GE's chaplain and confessor, probably responsible for the fatal volte-face over Tryweryn early 60s. Now trying to make up for it. But the damage has already been done, and the drama of Y Tri has already been played.[54]

Ond dridiau'n ddiweddarach, ar 14 Hydref, pleidleisiodd Pwyllgor Gwaith Plaid Cymru yn ffurfiol o blaid ymgyrch o beidio talu trwyddedau. Drannoeth, o lwyfan y Gynhadledd Genedlaethol ar ddarlledu (corff amlbleidiol, *ad hoc*), gofynnodd Gwynfor i gefnogwyr y sianel dalu arian eu trwyddedau i gronfa arbennig. Roedd hi'n hen dacteg – yr un dacteg yn wir ag a ddefnyddiodd Cymdeithas y Gwrandawyr yn ôl ym 1954 ond, y tro hwn, roedd yr hinsawdd wleidyddol yn dra gwahanol. Y gwahaniaeth sylfaenol rhwng 1954 a 1979 oedd bod dyfodol Plaid Cymru bellach yn dibynnu ar yr ymgyrch hon.

Eto i gyd, er gwaethaf y rhethreg danllyd a'r emosiwn, roedd yr ymgyrch ym mis Hydref 1979 ond megis mudlosgi. Gwrthododd Tom Ellis, Aelod Seneddol Llafur Wrecsam, ac un o gefnogwyr mwyaf pybyr darlledu Cymraeg, ag ymuno â'r gynhadledd genedlaethol. Yn sylfaenol, credai nad oedd modd ennill. 'Yr oedd yn rhaid,' meddai, 'i ni wynebu ffeithiau a derbyn y sefyllfa – fel y mae'n rhaid i weithwyr Shotton wneud… Y peth pwysig rwan ydi cael y BBC a'r cwmni masnachol i gydweithredu.'[55] Porthwyd agweddau fel y rhain gan HTV Cymru – corff nad oedd am blygu i'r storm. Yn ystod mis Hydref, cyhoeddasant lyfryn yn dadlau pam yn union fod cynlluniau 'Mr William Whitelaw… yn argoeli bod datblygiadau cyffrous ar droed mewn teledu'.[56] Dosbarthwyd 5,000 o gopïau o'r cyfryw bamffled gan ennyn beirniadaeth lem o gyfeiriad Plaid Cymru a Dafydd Elis Thomas. Yn ei dro, beirniadwyd Elis Thomas gan David Meredith, llais Cymraeg HTV Cymru (a phennaeth y wasg i S4C wedi hynny), am greu 'rhwygiadau cymdeithasol drwy leoli'r holl raglenni teledu Cymraeg ar un sianel'.[57]

Roedd agweddau 'Cymry da' fel David Meredith hefyd yn tystio i'r modd yr oedd Plaid Cymru a Chymdeithas yr Iaith Gymraeg yn colli'r ddadl. Yn breifat, barnodd David Meredith, mewn memorandwm dan y teitl '*Our Critics in Wales*' a gylchredodd oddi mewn i HTV Cymru, mai fel hyn oedd hi:

> He [Gwynfor Evans] mentioned to me then that he was prepared to go to prison to further his belief… Dafydd Williams of Plaid Cymru has informed me that although he recognises that the fourth channel has been lost they are determined to continue the struggle in the hope of gains in other directions – e.g. early introduction of the IBA fourth channel in Wales.

Addawodd David Meredith y gwnâi bopeth er mwyn bod 'one jump ahead of our critics' (yn enwedig Dafydd Elis Thomas), ond nid Dafydd Williams oedd yr unig genedlaetholwr amlwg o bell ffordd a gredai fod yr ymgyrch yn llesgáu.[58] Ddiwedd mis Hydref, yn ei araith gyntaf fel cadeirydd newydd Cymdeithas yr Iaith Gymraeg, cyfaddefodd Wayne Williams fod ymgyrch y sianel yn marw ar ei thraed.[59] Yn yr awrgylch yma, felly, y daeth Plaid Cymru ynghyd ar gyfer ei Chynhadledd Flynyddol bwysicaf mewn degawdau. Ar un wedd, roedd y cyfarfod fel cwrdd diwygiad ond, yma hefyd, roedd yna ymwybyddiaeth ddofn o ddiffygion yr ymgyrch. Yn anochel, arweiniodd y pwysau hyn at gamgymeriadau tactegol – y mwyaf ohonynt efallai oedd y penderfyniad plentynnaidd i daflu newyddiadurwyr HTV Cymru allan o'r gynhadledd. Roeddent hwy, gwŷr da fel

Gwilym Owen a Max Perkins, yn gwbl ddiwyro eu gwrthrychedd ond, fel gyda chynifer o'r ymgyrchoedd cenedlaetholgar, roedd rhywun naill ai o blaid neu yn erbyn. Yn syml iawn, doedd yna ddim tir canol mewn cynhadledd a welodd Gwynfor yn cytuno i barhau fel llywydd am flwyddyn arall. Oedd, chwedl Rhoslyn, colofnydd gwleidyddol *Y Cymro*, roedd 'hi'n union fel bod yn un o gynadleddau'r blynyddoedd cynnar'.[60]

Ond wrth gytuno i beidio ag ildio'r llywyddiaeth, ac wrth ddatgan o lwyfan y gynhadledd bod mater y sianel cyn bwysiced â Thryweryn, roedd Gwynfor yn cynyddu'r pwysau arno ef ei hun.[61] Wedi'r cyfan, gallai fod wedi ildio'r swydd yn y gynhadledd honno a gadael i ffigur arall, fel Dafydd Wigley neu Emrys Roberts, achub Plaid Cymru o'r twll yr oedd ynddo. Heb amheuaeth, roedd y penderfyniad i gario ymlaen fel ag y gwnaeth yn benderfyniad dewr gan nad oedd yr ymgyrch ddarlledu yn gwneud nemor ddim argraff ar y llywodraeth. Erbyn diwedd mis Hydref, dechreuodd y llywodraeth amddiffyn ei pholisi o ddifrif; cyhuddwyd Wigley ac Elis Thomas gan Wyn Roberts o geisio gwneud cyfalaf gwleidyddol ar gorn y Gymraeg.[62] O fewn dim, penderfynodd nifer o gynghorau Cymru ailystyried eu cefnogaeth i ymgyrch y sianel. Yng Nghyngor Dyfed, ar garreg drws Gwynfor, lleisiodd rhai o gynghorwyr Plaid Cymru amheuon ynghylch y cynllun un sianel;[63] erbyn Chwefror 1980, dim ond Cyngor Gwynedd fyddai'n ddiamwys ei gefnogaeth i'r sianel. A dechreuodd rhai o ddarlledwyr amlycaf Cymru ailfeddwl; yn *Y Faner*, dadleuodd Euryn Ogwen Williams, y gŵr a ddaeth yn bennaeth rhaglenni cyntaf S4C, y byddai un sianel 'wedi gwneud mwy o gyfraniad at wanhau sefyllfa'r iaith nag unrhyw benderfyniad gwleidyddol yn San Steffan'.[64] Cafodd agweddau fel y rhain effaith ar wleidyddiaeth fewnol Plaid Cymru hefyd; wrth i'r ymgyrch ddarlledu gloffi, dechreuodd y gweriniaethwyr godi stêm a datgan sawl caswir wrth Gwynfor. Dyma fel y gwelai Gareth Miles bethau: '... does dim amser. Ffliwc oedd Caerfyrddin; allwn ni ddim aros am ffliwc arall. Tiwn gron yw tiwn y Blaid, ac nid yw'r Gymdeithas wedi sefydlu ei hunan fel y mudiad *"avant garde"* chwyldroadol y gobeithiai pobl iddi fod'.[65]

O fewn mis i ysgrifennu'r llith, roedd Plaid Cymru wedi sacio Robert Griffiths, ei swyddog ymchwil. Diffyg arian a gafodd y bai am ddiswyddo Robert Griffiths ond, erbyn troad y flwyddyn, roedd Griffiths a Gareth Miles wedi sefydlu'r Mudiad Gweriniaethol Sosialaidd Cymreig, mudiad a fodolai fel plaid oddi mewn i Blaid Cymru. Er hynny, buddugoliaeth wag oedd rhoi cic ym mhen-ôl beirniaid pigog fel Robert Griffiths a Gareth Miles. Roedd y frwydr fawr, brwydr y sianel, yn gwbl ddigyfeiriad, ac roedd nifer o aelodau Plaid Cymru'n amharod iawn i ymroi iddi. Ar 21 Tachwedd, ysgrifennodd Dafydd Wigley lythyr allweddol at Gwynfor gan ddweud wrtho fod yn rhaid i rywbeth newid ar fyrder. Yn ei ddull dihafal ei hun, siaradodd Wigley heb flewyn ar ei dafod:

> Yr wyf wedi cael ymateb cymysg iawn gan gyfeillion – rhai sydd yn Bleidwyr pybyr, yn mynegu gwrthwynebiad i'r polisi [o beidio talu trwyddedau] … Os ydym am osgoi i'r ymgyrch yma ddisgyn yn fflat ar ei gwyneb y mae'n rhaid gweithredu a gweithredu'n fuan fel mudiad neu y mae yna berygl i'r holl beth edrych yn bathetig. Rhaid i'n haelodau gael gwybodaeth heb *oedi*… Y peth hawsaf yn y byd yw codi stêm mewn cynhadledd neu Gyngor Cenedlaethol ar angen rhyw ymgyrch neu'i gilydd ond peth cwbl wahanol yw ymgymeryd â'r gwaith manwl a dyfal sydd yn gwbl angenrheidiol os yw plaid wleidyddol am drosglwyddo ei neges mewn ffordd gredadwy… Yr wyf yn bryderus iawn ynglŷn â'r dechreuad a wnaed ar yr ymgyrch.[66]

Roedd yn llythyr sobreiddiol i Gwynfor ei dderbyn, ond doedd profiad Wigley ddim yn unigryw. Yn Sir Gaerfyrddin hefyd, clywodd Gwynfor fod yna 'lusgo traed ynglŷn â chael pobl i arwyddo eu bod yn gwrthod talu'r dreth deledu'.[67] Y broblem yno, os nad mewn rhannau eraill o Gymru, oedd bod cynifer wedi dod i gredu y byddai'r Gymraeg ar sail gadarnach pe bai ar ddwy sianel yn hytrach nag un. Dro ar ôl tro, roedd 'dadl Jac L' yn gwneud synnwyr i lawer iawn o Gymry Cymraeg.

O ganlyniad i hyn, ailddyblodd Plaid Cymru ei hymdrechion. Ar 11 Rhagfyr, apeliodd Dafydd Elis Thomas drachefn ar i garedigion yr iaith i beidio â thalu'u trwyddedau teledu. Cyd-ddigwyddodd hyn gyda dirywiad pellach yn y sefyllfa ddiwydiannol. Y diwrnod hwnnw, cyhoeddodd Corfforaeth Dur Prydain y byddai'n haneru'r dur a gynhyrchid yng Nghymru. Dechreuwyd rhoi ystyriaeth i gau naill ai Llanwern neu Bort Talbot, ac ofnai undebwyr blaenllaw fel George Wright, ysgrifennydd TUC Cymru, fod Cymru ar fin profi cyni enbytach nag unrhyw un ers y tridegau.[68] Roedd hi'n sefyllfa alaethus ond, wrth i'r ymgyrchoedd diwylliannol ac economaidd ddechrau cydgordio, penderfynodd rhai Cymry mai ofer oedd disgwyl rhagor. Ar 12 Rhagfyr, drannoeth ymdrech Dafydd Elis Thomas i aildanio ymgyrch 'Dim Sianel, Dim Trwydded', cafwyd tân a hynny'n llythrennol. Y noson honno, llosgwyd pedwar tŷ, dau ar Ben Llŷn a dau yn Sir Benfro; er nad oedd neb i wybod hynny ar y pryd, roedd ymgyrch losgi Meibion Glyndŵr wedi dechrau ac, erbyn ei diwedd ym 1991, byddai dros ddau gant o fythynnod yn lludw. I Blaid Cymru'n fwy nag unrhyw blaid arall, roedd hwn yn ddatblygiad allweddol a pheryglus. Golygai'r ymgyrch losgi y byddai'r blaid yn colli peth cefnogaeth i'r tanwyr ac y byddai ei gwrthwynebwyr yn defnyddio'r tanau er mwyn pardduo Plaid Cymru hefyd.

Rhwng popeth, roedd y Nadolig hwnnw'n un neilltuol o anodd i Gwynfor. Doedd ef ddim wedi llwyr dorri ei galon, ond cael a chael oedd hi; roedd yn parhau, fel y cyfaddefodd wrth Lewis Valentine, i synnu at 'y gwaith a gyflawnir, llawer ohono yn ddiwylliannol' wedi 'blwyddyn anodd i Gymru a'r Blaid'.[69] Cafodd flas anarferol hefyd ar wylio Miss Piggy, seren rhaglen y *Muppet Show*, ar y teledu gyda'i wyrion a'i wyresau. Er hynny, cysuron pitw oedd y rhain.[70] O'i amgylch, gwelai blaid ar ddisberod a chenedlaetholdeb ar drai. Yn Sir Gaefyrddin y Nadolig hwnnw, gwelodd gyfeillion ffyddlon fel ei fab-yng-nghyfraith, Ffred Ffransis, ynghyd â Peter Hughes Griffiths, yn ceisio rhoi hwb unwaith eto i'r ymgyrch ddarlledu ond ni chawsant fawr o hwyl arni. Er i Blaid Cymru a Chymdeithas yr Iaith drefnu sawl ympryd a phrotest ar y cyd, tenau mewn gwirionedd oedd y niferoedd a ddaeth ynghyd dros yr ŵyl. Gorfu i 'Mudiad y Sianel' (term a fathwyd gan Peter Hughes Griffiths er mwyn cyfleu'r syniad bod yna fudiad grymus y tu ôl i bethau) ganslo sawl digwyddiad cyffelyb oherwydd llifogydd.[71] Ar drothwy degawd newydd, ystyrid Mrs Thatcher gan y wasg fel 'person y flwyddyn' a dechreuodd nifer o genedlaetholwyr wangalonni'n llwyr. Wedi'r Calan, roedd rhai o arweinwyr Cymdeithas yr Iaith Gymraeg, fel Rhodri Williams, yn sôn am 'fod yn realistig' gan holi sut y medrent 'dorri'r newydd i'r Cymry gobeithiol nad oedd Sianel Gymraeg am ddod wedi'r cwbl'.[72]

Ond doedd Gwynfor ddim am gyfaddawdu. Iddo ef, 1980 oedd y flwyddyn pan fyddai'r Cymry naill ai'n 'codi i lefel hanes' ynteu'n syrthio i ddinodedd llwyr. Ni adawodd hyn ond un dewis iddo. Yn wyneb yr her enbyd hon, penderfynodd ymprydio. A gwnaeth hynny am resymau tactegol da; gwyddai'n iawn y medrai ennill cydymdeimlad anferthol rhwng dechrau ei ympryd a'i farwolaeth debygol. Yn hynny o beth, roedd y cof a oedd ganddo o lwyddiant ymprydiau Gandhi yn ystod y tridegau yn wers bwysig. Er hynny, roedd moesoldeb y weithred yn ei boeni. Pryderai'n ddirfawr y gellid dehongli marwolaeth trwy ympryd fel hunanladdiad a gweithred anfoesol. Gyda'r gofid hwn yn ei gnoi, a chyn dweud wrth neb o'i deulu am ei fwriad, aeth i drafod y mater gyda Pennar Davies. Roedd yn gyfarfod allweddol ond fe'i calonogwyd. Barnodd Pennar Davies nad Gwynfor fyddai'n gyfrifol am ei farwolaeth ei hun, ond yn hytrach y llywodraeth. Yn yr un modd, tybiai Pennar Davies nad oedd angen iddo boeni am y trais tebygol a ddeuai yn sgil ei ddiwedd annhymig. Gan hynny, daeth Gwynfor i'w weld ei hun a'i weithred fel ymddygiad milwr ar faes y gad.[73]

Does dim dwywaith bod yna elfennau cryf o hunan-dwyll ac amwysedd yn y modd yr oedd Gwynfor, un o heddychwyr Cymreig pwysicaf yr ugeinfed ganrif, yn ymresymu. Wedi'r cyfan, roedd llwyddiant neu fethiant yr ympryd yn dibynnu ar ofn y llywodraeth o drais. Yn wir, mae'n ddi-ddadl ac yn hynod eironig i Gwynfor orffen ei ddyddiau fel gwleidydd trwy ddefnyddio trais fel erfyn gwleidyddol – rhywbeth na wnaeth Saunders Lewis erioed. Mae'n amhosibl osgoi'r caswir hwn ond y pwynt allweddol yw i'r arfogaeth foesol a gafodd gan Pennar Davies ei rymuso gogyfer â'r dyddiau a'r misoedd anodd i ddod. Wedi hyn, ysgrifennodd Pennar Davies ato gan ddweud na ddylai betruso ailystyried. Ond doedd yna ddim simsanu tactegol i fod;[74] ar fater byw a marw, roedd Gwynfor yn gwbl bendant ei farn ac roedd yn fodlon mynd â'r ympryd i'r pen; y cwbl oedd yn weddill yn awr oedd dweud wrth y teulu, un ac un.

Yr hir-ddioddefus Rhiannon oedd y gyntaf i glywed, a serch iddi arswydo o glywed bwriadau dramatig ei gŵr, cytunodd i'w gefnogi, serch yn anfoddog iawn. Rhywbeth tebyg oedd ymateb y plant hefyd; cymysgedd o edmygedd at unplygrwydd eu tad, ond dagrau a braw iasol ynghylch ei farwolaeth bosibl.[75] Y ddau nesaf i glywed oedd Peter Hughes Griffiths a Dafydd Williams – y ddau ŵr y tybiai Gwynfor y byddent yn bennaf cyfrifol am drefnu unrhyw ympryd. Cawsant hwy eu galw i'r Dalar Wen er mwyn clywed y newyddion; buont gydag ef am brynhawn cyfan ac, fel yn achos y teulu, roeddent hwy hefyd yn gyfan gwbl syfrdan. Roeddent ill dau yn wrthwynebus i'r cynllun a Dafydd Williams yn fwy felly na Peter Hughes Griffiths. Ond roedd Gwynfor, fodd bynnag, yn hollol hunanfeddiannol; nid chwiw neu fympwy oedd yr ympryd. Yn hytrach, fe ystyriai Gwynfor y penderfyniad fel rhan o strategaeth gydlynol a roddai anadl einioes i genedlaetholdeb Cymreig. Ac yn y cyfarfod hwnnw, dadlennodd gynllun manwl ynghylch trefniadau'r ympryd. Cynhelid yr ympryd yn swyddfa Plaid Cymru yn Cathedral Road, Caerdydd, ac roedd hi'n amlwg bod popeth – pryd, ble a phwy – wedi ei drefnu i'r blewyn.[76]

Ddyddiau'n ddiweddarach, ar 12 Chwefror, anfonodd lythyr at Dafydd Williams gan ailddatgan llawer o'r hyn yr oedd eisoes wedi ei ddweud wrtho. Ynddo, ceir cadarnhad mai ei fwriad gwreiddiol oedd cyflawni gweithred (nad yw'n ymhelaethu yn ei chylch) wrth faen Cilmeri ar Ddygwyl Dewi. Mae'n bosibl ei fod yn cyfeirio at hunanladdiad yn y fan hyn, ond beth bynnag am hynny, roedd wedi newid ei feddwl. Ei gynllun yn awr oedd ymprydio ddechrau mis Hydref gan fod y mis hwnnw, fe gredai, 'yn nechrau tymor gweithgarwch mawr y Blaid'. Roedd y llythyr hefyd yn ymrwymo Dafydd Williams i gyfrinachedd llwyr: 'Gallaf yn awr ddweud wrthych yn gwbl gyfrinachol am y bwriad am fod Rhiannon yn ddewr wedi cytuno. Heb ei chytundeb hi, ni fyddai'n deg imi gyflawni'r bwriad sydd gennyf mewn golwg.' Mae'r llythyr hefyd yn hynod ddadlennol am ei fwriadau; yn wir, nid gormodiaith yw dweud mai hwn yw'r eglurhad gonestaf ganddo pam yn union iddo ddewis ymprydio: 'Er y byddaf yn anelu at y llywodraeth, pwysicach lawer fydd yr effaith ar y Cymry. Gobeithiaf y gall symbylu'r cenedlaetholwyr i wneud mwy o waith penderfynol, ac y bydd yn rhoi tipyn o haearn yng ngwaed y Cymry eraill ac yn cyfeirio eu meddwl. Bydd yr argyfwng diwydiannol yn ogystal â diwylliannol yn y cefndir'. Rhwng popeth, 'am fod yr iechyd yn well nag y bu ers blynyddoedd', rhagwelai y byddai'n bosibl 'parhau am bedair i bump wythnos'.[77]

Yn ystod yr wythnosau nesaf, cafwyd cyfres o gyfarfodydd pellach rhwng Gwynfor, Dafydd Williams a Peter Hughes Griffiths er mwyn trefnu'r ympryd. Ond yn y cyfamser, er taered ymdrechion y dyrnaid bychan oedd wrthi, dyfnhaodd yr ofnau ynghylch parodrwydd pobl i beidio â thalu eu trwydded. Cyfaddefodd Peter Hughes Griffiths wrth Wayne Williams, cadeirydd Cymdeithas yr Iaith, fod 'problem fawr ym Morgannwg' a'i fod yntau, ynghyd â Dafydd Williams, wedi gorfod cysylltu 'â nifer o bobl am y trydydd tro' er mwyn eu hannog i beidio â chodi trwydded.[78] Mae'n amlwg hefyd i rai cenedlaetholwyr ddechrau beirniadu Gwynfor am ei lwfrdra tybiedig ac am beidio dilyn esiampl tri Pencarreg. Ar ymweliad â Phenarth ar 11 Ionawr, cafodd Meredydd Evans glywed Saunders Lewis yn lambastio Gwynfor am beidio gweithredu. Yr oedd Gwynfor, meddai'r hynafgwr wrth Meredydd Evans, 'wedi llygru'r frwydr genedlaethol'. A gwaeth na hynny, credai fod y 'Y Blaid wedi dweud celwydd am chwarter canrif y gellir ennill rhyddid Cymru trwy fotio'.[79]

Roedd y rhethreg yn dra chyfarwydd ond roedd rhefru Saunders Lewis hefyd yn adlewyrchu hyder y llywodraeth ar ddechrau 1980 mai hi fyddai'n ennill y frwydr hon. Ddiwedd Ionawr, derbyniodd Gwynfor gopi o lythyr preifat oddi wrth Arglwydd Belstead (y Gweinidog yn y Swyddfa Gartref â chyfrifoldeb dros ddarlledu) at Dafydd Wigley. Yn y llythyr, fe'i gwnaeth yn gwbl glir nad oedd ganddynt obaith mul mewn *Grand National* o ennill. 'We have already made it clear,' meddai Belstead, 'that Government finance will not be available for the fourth channel.'[80] Ac yntau ar fin ymprydio, dyn yn unig a ŵyr beth fyddai Gwynfor wedi ei wneud o ddarllen gohebiaeth mor derfynol â hon. Ond roedd gan Dafydd Wigley ei hunan amheuon cynyddol ynghylch union gyfeiriad yr ymgyrch. Mewn llythyr a anfonodd at Gwynfor ar 22 Ionawr, teimlai mai 'cam gwag' oedd cynnal rali ar ddarlledu yng Nghaerdydd 'ar yr amser pan ddylem fod wedi bod yn tanio'r sefyllfa ddiwydiannol'. Nid dadl oedd hon, meddai, yn erbyn ymgyrch y sianel, ond roedd yn grediniol erbyn hynny fod rhaid i Blaid Cymru deilwrio ei hymgyrchoedd ar gyfer gwahanol gymunedau Cymru:

> Yr oedd y dynion yn Llanwern yn erfyn arnom i ymladd drostynt – roeddynt yn dweud mai dyma oedd y cyfle i Gymru godi ei phen a chyfle i'r Blaid wneud marc. Credaf eu bod yn gywir ac fod perygl i ni golli'r cyfle os nad ydym yn adweithio'n fwy pendant i'r sefyllfa… credaf fod mwyafrif llethol pobl Caerdydd a Morgannwg yn teimlo ei fod braidd yn amherthnasol mewn cymhariaeth â'r dyfodol economaidd sydd yn ein gwynebu ar hyn o bryd.[81]

Ni wyddai Wigley am gyfrinach dywyll Gwynfor pan ysgrifennodd y llythyr hwn, ond ni fu'n rhaid iddo aros lawer yn rhagor. Ar nos Wener, 29 Chwefror 1980, roedd Wigley yn teithio'n ôl o gyfarfod Plaid Cymru yn Llanberis gyda Gwynfor pan soniodd wrtho am ryw gynllun neu'i gilydd a oedd ganddo ar y gweill. Fel y cofia Dafydd Wigley yn ei hunangofiant, ateb Gwynfor mewn llais meddal oedd 'Ie, da iawn. Ond fydda i ddim gyda chwi pryd hynny!' Credai Dafydd Wigley fod Gwynfor am ddweud ei fod yn dioddef o ryw salwch angheuol ond, erbyn cyrraedd yr Hen Efail, cartref Dafydd Wigley yn y Bontnewydd, roedd Gwynfor wedi rhannu ei gyfrinach ag ef.[82] Roedd Wigley'n gwbl syfrdan ond roedd Gwynfor yn fwy pendant nag erioed. Roedd yn 'amhosibl', meddai wrth Dafydd Wigley, i'r llywodraeth ildio, ond barnodd fod yn rhaid iddo yntau wneud rhywbeth i 'ail-gynnau'r fflam'. Ar y pryd, roedd Wigley mor gegrwth fel na fedrodd ddweud rhyw lawer, ond po fwyaf y meddyliai am y peth, fe'i llenwid gan gyfuniad o edmygedd ac arswyd. Roedd hefyd, wrth edrych yn ôl ar y digwyddiad, yn gweld yr ympryd fel gweithred led amwys ei moesoldeb i heddychwr ymgymryd â hi. Ond, i Wigley, roedd yr ympryd yn brawf terfynol iddo bod Cymru'n bwysicach na dim i Gwynfor: 'Er bod pobl yn meddwl bod Gwynfor yn rhoi mwy o bwyslais yn ei gredo bersonol ar heddychiaeth na hyd yn oed cenedlaetholdeb, falle pan oedd y *chips* i lawr, fod yna mwy o bwyslais ar Gymru a chenedlaetholdeb Cymru nag oedd ar ganlyniadau fyse'n deillio o weithred o'r fath'.[83]

Erbyn Dygwyl Dewi 1980, felly, roedd y tri gŵr yr ystyriai Gwynfor hwy fel
y rhai pwysicaf pan ddeuai'r ympryd, wedi cael clywed: y trefnydd, Peter Hughes
Griffiths; pennaeth gweinyddol y blaid, Dafydd Williams, a'r etifedd gwleidyddol,
Dafydd Wigley. Yn awr, byddai'n rhaid i'r triawd gadw'r gyfrinach am ddeufis
arall. Ond er bod y darnau hyn wedi syrthio i'w lle, o'r braidd y gellir dweud
bod sefyllfa'r ymgyrch ddarlledu fawr gwell. Mae'n wir, ar y naill law, bod nifer
y Cymry Cymraeg hynny oedd yn addo peidio â thalu eu trwyddedau fymryn yn
uwch. Tystiai hyn i ymdrechion diflino pellach Peter Hughes Griffiths ynghyd â
Dennis Jones o Lanrhaeadr, Sir Ddinbych.[84] Fodd bynnag, yn wleidyddol, roedd
grym Plaid Cymru'n parhau i fod ar y goriwaered. Yn un peth, daliai Dafydd Elis
Thomas i gorddi. Mynnodd ochri gyda'r Gweriniaethwyr Sosialaidd a chododd
wrychyn sawl aelod o'i blaid ei hun pan haerodd fod ffyddloniaid Gwynfor wedi
trosglwyddo eu teyrngarwch i'r aer, Dafydd Wigley. Roedd Elis Thomas hefyd o'r
farn bod ymateb y blaid i'r argyfwng economaidd wedi bod yn gwbl annigonol.
Yn gynyddol, gwelid Elis Thomas fel y ffefryn i etifeddu'r llywyddiaeth – hunllef
i Gwynfor a'i gefnogwyr. Dyfnhaodd y pryderon hyn ddiwedd Mawrth 1980
pan gyhoeddodd Dafydd Wigley na safai am y llywyddiaeth oherwydd salwch ei
ddau fab, Alun a Geraint.[85] Gadawodd hyn y sefydliad Gwynforaidd mewn twll
dyfnach fyth. Gyda Wigley allan o'r ras a Phil Williams ac Eurfyl ap Gwilym ddim
am sefyll, y tebyg oedd y byddai Emrys Roberts (o'i anfodd) yn gorfod camu i'r
adwy.[86] Y dewis arall oedd gweld Dafydd Elis Thomas yn cipio'r llywyddiaeth,
ond roedd yn hollol amlwg mai dyma'r peth olaf yr oedd Gwynfor am ei weld.
Yn wir, erbyn Mawrth 1980, roedd Gwynfor yn barod i weld y gŵr drwg ei hun,
Emrys Roberts, yn llywydd dros dro am flwyddyn gan y byddai hynny'n 'gohirio
problem olynydd'.[87]

Roedd hi'n neilltuol o fain ar Blaid Cymru ac roedd cenedlaetholdeb hefyd
yn sengi ar diriogaeth lom tu hwnt. Câi'r Gweriniaethwyr a'r ymgyrch losgi tai haf
sylw cynyddol wrth i'r gwagle arweinyddol fygwth dinistrio Plaid Cymru. Ar Sul
y Blodau, Mawrth 1980, restiwyd degau o genedlaetholwyr heb unrhyw reswm
o gwbl. O'r herwydd, daeth nifer o Gymry Cymraeg i gredu eu bod hwythau,
a'u ffordd o fyw, o dan warchae. Hwn oedd apocalyps mawr y genhedlaeth hon,
ond nid elwai Plaid Cymru o'r teimladau hyn. I gymhlethu'r darlun ymhellach,
roedd y Ceidwadwyr hefyd yn barod i daro'n ôl mewn ffyrdd cadarnhaol. Yn
Llanrwst ar 14 Ebrill 1980, traddododd Nicholas Edwards araith bwysicaf y
Ceidwadwyr erioed ar fater y Gymraeg. Ynddi, addawodd roi £1.5 miliwn i
addysg Gymraeg gan osod sylfaen ddeallusol gref ar gyfer polisi o gefnogaeth

hael a chonsenswcynnes. Dros y ddau ddegawd nesaf, rhoes y polisi hwn hwb sefydliadol newydd i'r Gymraeg ond llwyddodd hefyd i sbaddu gwleidyddiaeth iaith.[88] Rhwng popeth, doedd hi fawr o syndod i Dafydd Williams grefu drachefn ar Gwynfor i roi'r gorau i'w ympryd. Ddiwedd Ebrill, ysgrifennodd at Gwynfor gan ddweud ei fod yn amau a fyddai'r llywodraeth 'yn ildio' ac na fyddai sianel deledu Gymraeg, hyd yn oed o'i chael, yn debygol o gael 'yr adnoddau ariannol' y byddai eu hangen arni.[89]

Roedd eraill, fodd bynnag, yn fwy cadarnhaol. Ar 7 Ebrill, diwrnod geni ei ddegfed ŵyr, Hedd, soniodd Gwynfor am y weithred wrth dad y newydd-anedig, Ffred Ffransis. Roedd yntau'n gefnogol a chafodd gyngor ymarferol gan Ffransis, gŵr a hoffai ymprydio'n amlach na Gandhi.[90] Ond eithriad oedd cefnogaeth ac anogaeth ffigur dylanwadol fel Ffred Ffransis. Bron yn ddiwahân, roedd cylch cyfeillion Gwynfor yn wrthwynebus. Ar Galan Mai, derbyniodd Gwynfor lythyr gan Ioan Bowen Rees, ac ynddo crefodd ar Gwynfor i roi'r gorau iddi gan nad oedd '… trefniadaeth unrhyw wasanaeth teledu… yn ddigon o fater o egwyddor… i gyfiawnhau ymprydio'.[91] Tebyg hefyd oedd ymateb pedwar cyfaill agos arall. Ar yr un diwrnod ag y derbyniodd lythyr Ioan Bowen Rees, ysgrifennodd Elwyn Roberts, O M Roberts, Alun Lloyd ac R Tudur Jones ato gan ddweud bod 'dyfodol yr ymgyrch dros ryddid gwleidyddol' yn bwysicach na theledu. Y peth hanfodol nawr, meddent, oedd bod Cymru'n cael arweiniad ar gyfer honno.[92]

Ond fe ddylai'r gwŷr hyn, hoelion wyth Plaid Cymru oll, fod wedi gwybod yn well – doedd yna ddim symud i fod ar Gwynfor. Ar 3 Mai, 1980, rhannodd Gwynfor ei gyfrinach fawr â'r byd a'r betws. Pwyllgor Gwaith Plaid Cymru a glywodd gyntaf ac fe wnaeth Gwynfor y cyhoeddiad yn y modd mwyaf dramatig, onid ecsentrig. Gyda chyfarfod y Pwyllgor Gwaith yn tynnu at ei derfyn, gofynnodd y cadeirydd a oedd yna unrhyw fater arall, *Any Other Business*, i'w drafod. Roedd nifer o aelodau'r Pwyllgor Gwaith eisoes wedi gadael y cyfarfod syrffedus yn Neuadd Pantycelyn, Aberystwyth, ac roedd y gweddill yn ysu am gael troi am adref. Yna, yn ddisymwth, cododd Gwynfor ei law i fynegi bod ganddo fater arall i'w drafod. Yn ei lais pwyllog, cyhoeddodd ei fod am ymprydio hyd at farwolaeth oni cheid sianel. Roedd yr ympryd, meddai fel ffaith, i ddechrau ar 5 Hydref.

Mewn gwirionedd, mae'n anodd cyfleu mewn geiriau yr ias a brofwyd yn Neuadd Pantycelyn y prynhawn hwnnw. Roedd pawb, wrth reswm, yn gyfan gwbl gegrwth. Er bod Gwynfor yn chwedl am weithredu yn y dirgel gan gadw llawer, os nad gormod, o bethau iddo ef ei hun a'i gylch cyfrin, roedd hwn yn fater gwahanol. Roedd hwn, yn llythrennol, yn fater o fyw a marw nid yn unig iddo ef yn bersonol, ond hefyd i Gymru pe deuai trais a therfysg yn sgil ei ddiwedd yntau. Roedd y rhan fwyaf o'r aelodau'n gawdel o emosiynau; parch at yr unplygrwydd rhyfeddol y tu ôl i'r datganiad ond braw hefyd o feddwl y gallai Gwynfor farw cyn y Nadolig. Ac yntau wedi datgan ei fwriad mor ddirybudd, ni fedrai ei gyd-aelodau ond ei gefnogi.[93] Er hynny, ni chafwyd pleidlais i'r perwyl hwnnw.[94] Y cwbl a gafwyd oedd penderfyniad i barchu a derbyn yr ympryd. Ac oedd, roedd yna ddicter ynghylch y modd cwbl annemocrataidd yr oedd y bugail wedi gorfodi Plaid Cymru i'w ddilyn fel defaid trwy adwy.

Roedd Dafydd Elis Thomas (er na fradychodd ei deimladau) yn ddyn arbennig o flin y diwrnod hwnnw ac, wrth edrych yn ôl ar yr hyn a ddigwyddodd, mae'r teimladau hynny'n dal i gyniwair. 'Dim ond Gwynfor,' meddai Elis Thomas wrth yr awdur, 'fyddai'n cyhoeddi hyn dan "unrhyw fater arall".' Roedd y ffordd y gwnaed y penderfyniad yn dân ar ei groen, ond yr hyn a gynddeiriogai Elis Thomas fwyaf oedd ei bryder y byddai'r 'ympryd yn ddargyfeiriad anferthol i Blaid Cymru fel plaid seneddol ac i Blaid Cymru fel plaid wleidyddol oedd yn ceisio datblygu delwedd sosialaidd'. Credai aelod Meirionnydd yn ogystal fod y dacteg yn 'naïf' ac yn 'drysu pethau' gan yr âi â Phlaid Cymru yn ôl i'r gorffennol. Ymhellach, gwelai'r hyn a wnaeth Gwynfor fel rhywbeth nodweddiadol o dueddiadau plaid genedlaethol mewn marwlewyg. Y dueddi honno oedd 'ymladd brwydrau ar ei hen dir'. Ond nid dyma oedd unig reswm Dafydd Elis Thomas dros ffromi. Ni chredai ychwaith fod cyhoeddiad Whitelaw mor drychinebus â hynny gan ei fod ef, Elis Thomas, yn 'gwbl sicr' y ceid cyllid teg ar gyfer rhaglenni Cymraeg ar ddwy sianel. Ac yr oedd ganddo hefyd 'wrthwynebiad moesol, sylfaenol' i ymprydio 'fel arf mewn gwleidyddiaeth'. Deilliai'r gwrthwynebiad hwnnw, meddai, o'r ffaith bod ymprydio yn golygu 'defnyddio y bygythiad o hunan-drais fel arf gwleidyddol'. Gyda thrais eisoes yn creithio tirlun gwleidyddol Ynysoedd Prydain, ni fedrai Elis Thomas ond dod i'r casgliad bod y 'bygythiad ynddo ei hun yn anghyfrifol'. Drwy'r cwbl, fodd bynnag, arhosodd Dafydd Elis Thomas yn syndod o deyrngar i Gwynfor gan gnoi ei dafod drwy gydol yr argyfwng. Er hynny, ni chelodd ei deimladau. Aeth Dafydd Elis Thomas yn unswydd i gwrdd â Gwynfor gan wneud ei deimladau'n gwbl glir, ond i ddim pwrpas.[95]

Gwyddai Dafydd Elis Thomas na newidiai Gwynfor ei feddwl, ond teimlai'n gryf y dylai glywed beth oedd ganddo i'w ddweud. Tebyg oedd ymateb ei chwaer, Ceridwen. Ar 5 Mai, y diwrnod pan wnaed y cyhoeddiad swyddogol ynghylch yr ympryd, clywodd chwaer Gwynfor am ei fwriadau ar y teledu. Yn ddi-oed, anfonodd lythyr siarp at ei brawd gan fynnu ei fod yn rhoi'r gorau i'r hyn a ystyriai hi fel gweithred ffôl.[96] Ond ni syflodd Gwynfor am eiliad. Yr unig newid i'w gynllun gwreiddiol oedd mai yn y Dalar Wen, ac nid yn swyddfa Plaid Cymru, y digwyddai'r ympryd. Gwnaed hyn ar awgrym Dafydd Wigley er mwyn osgoi 'rhoi pwysau mawr ar y staff yno'.[97] Yn y cyfamser, porthwyd teimladau apocalyptaidd Gwynfor ynghylch y Gymraeg gan gyfeillion fel Islwyn Ffowc Elis. Ysgrifennodd hwnnw ato i ddweud ei fod yn 'teimlo fod y Trydydd Rhyfel Byd gerllaw, ac fe all ddod arnom cyn Mis Medi... Byddai hwnnw yn setlo problem Sianel Deledu Gymraeg am byth'.[98]

A'r fath syniadau ynghylch bywyd a marwolaeth cenedl yn cylchredeg ymysg ei gylch cyfeillion, doedd hi fawr o syndod i Gwynfor ddechrau ystyried merthyrdod. Ar ddiwrnod cyhoeddi'r ympryd, atebodd lythyr Elwyn Roberts a'r pedwar cyfaill arall a grefodd arno bum niwrnod ynghynt i roi'r gorau iddi. Ynddo, dywed iddo deimlo 'ers blwyddyn' fod 'yr argyfwng' ym mywyd Cymru cyn ddyfned nes mynnu ei fod ef 'fel Llywydd y Blaid yn gwneud rhywbeth go fawr'. Bellach, doedd ganddo ddim dewis ond gweithredu gan i'r llywodraeth ddangos ei 'dirmyg at weithredu cyfansoddiadol gan genedlaetholwyr Cymreig'. Tybiai Gwynfor i'r Ceidwadwyr weithredu yn y fath fodd 'bradwrus' yn dilyn 'y *signal* a roes y refferendwm a phleidlais y Blaid iddi efallai'. Ers 'saith mis', felly, penderfynodd 'mai ar fater gwasanaeth teledu Cymraeg' y byddai'n gweithredu ac i'r farn honno galedu yn wyneb methiant yr ymdrechion a fu. 'Mae'n amlwg,' meddai, 'na chaiff gweithredoedd Cymdeithas yr Iaith a'r fil a wrthododd dalu ffi'r drwydded, a gweithred fawr Pennar, Ned a Merêd – mae'n glir na chaiff y rhain ddigon o ddylanwad.' Yn awr, roedd Gwynfor yn barod i farw, os nad yn deisyfu merthyrdod: 'Amod cyntaf llwyddiant yw parodrwydd i fynd i'r pen os bydd yn rhaid. Eithr gallai fynd i'r pen brofi'n llesol. O'r diwedd byddai rhywun wedi rhoi ei fywyd i amddiffyn Cymru; rhoes ugeiniau o filoedd eu bywyd i amddiffyn buddiannau Prydain. Gallai wneud dipyn i hyrwyddo'r frwydr dros ryddid Cymru; yn sicr gwnâi lawer mwy na dim byd arall y gallwn ei wneud'.[99]

Roeddent yn eiriau ysgytwol a danlinellai ei bendantrwydd absoliwt. Er hynny, doedd pawb ddim yn gweld pethau yn yr un goleuni. Ar y dechrau, roedd nifer o wleidyddion, yn enwedig gwleidyddion y Blaid Geidwadol, yn meddwl mai jôc oedd yr holl beth. Wrth glywed am yr ympryd, dywedodd un aelod Ceidwadol: 'Gwynfor starving himself to death? I'll sponsor him'. Dyma hefyd oedd y farn ymysg haenau uchaf y Swyddfa Gymreig ac, yn ystod yr wythnosau cynharaf, aeth sawl jôc ddi-chwaeth a si ar led. Ymysg y sïon hyn, clywyd yr awgrym ei fod yn dioddef o salwch angheuol ac y byddai'n troi ei farwolaeth yn un stynt bropagandaidd derfynol.[100] Ond roedd y newyddiadurwyr a'r gwleidyddion a rannai'r ffraethinebau hyn wedi camddehongli'r ymateb a gaed mewn rhannau o'r Gymru Gymraeg i gyhoeddiad Gwynfor. Er gwaethaf yr amheuon, ac er gwaethaf yr anniddigrwydd ynglŷn â'r ffordd y gwnaed y cyhoeddiad, daeth 'y mudiad cenedlaethol' ynghyd i raddau nas gwelwyd ers dyddiau llosgi Penyberth. O hyn ymlaen, byddai'n frwydr nid yn unig i achub bywyd Gwynfor ond hefyd i brofi bod cenedlaetholdeb Cymreig yn dal yn fyw.

O fewn oriau i gyhoeddiad Gwynfor, tyrrodd ymgyrchwyr i rengoedd Cymdeithas yr Iaith Gymraeg er mwyn protestio o'r newydd. Drannoeth, ar 6 Mai, rhwystrwyd trafnidiaeth ar nifer o strydoedd Llundain gan Gymdeithas yr Iaith Gymraeg. Carcharwyd Angharad Tomos am baentio colofn Nelson ac aed â'r brotest i Balas Buckingham. Dechreuwyd hefyd ar y broses o lobïo'r Aelodau Seneddol. Wrth i'r brotest fagu nerth, blodeuodd Gwynfor gan arddangos cyfuniad o nerth mewnol a thawelwch meddwl. Ar 15 Mai, daeth 'dyn y drwydded' i archwilio teledu'r Dalar Wen. Darganfu fod y set yn gweithio ond nad oedd neb wedi codi trwydded ar ei chyfer ers mis Chwefror. Erbyn hyn, roedd rhai cannoedd o bobl wedi efelychu penderfyniad Gwynfor i beidio â thalu ei drwydded ac, o fewn yr wythnos, roedd y llygedyn cyntaf, egwan, o oleuni i'w weld. Ar 22 Mai, clywodd gan Dafydd Wigley ei fod yntau wedi siarad ag Ysgrifennydd Cymru ynghylch yr ympryd. Yr oedd hi'n amlwg, meddai Wigley wrtho, bod Nicholas Edwards 'yn poeni ond yn gwneud y sŵn arferol ynglŷn â "*blackmail*"'.[101]

Gyda hyn, dechreuodd y cenedlatholwyr ymagweddu'n fwy unol fyth, a meiriolodd ambell un a fuasai'n amheus ynghylch yr achos a'r dyn. Ysgrifennodd Harri Pritchard Jones yn *Y Faner* mai'r unig beth gweddus i'w wneud bellach oedd ei gefnogi: 'Mae Gwynfor Evans yn anterth ei arweinyddiaeth yn sefyll yn y bwlch, a rhaid i ni oll, "cyffredin ac ysgolhaig" sefyll gydag ef'.[102] Fel mae'n digwydd, roedd awdur *Buchedd Garmon* yn meddwl ar hyd yn union yr un llinellau. Yn *Y Cymro*, ymorchestodd Saunders Lewis yn nhrôedigaeth wleidyddol

Gwynfor Evans: 'O'r diwedd, y mae'r ateb i Refferendwm trychinebus Cymru yn dechrau ymffurfio. Gyda Gwynfor Evans, Pennar Davies, Meredydd Evans a Ned Thomas, mae cyfnod newydd yn hanes cenedlaetholdeb ac yn hanes Cymru yn agor, sef cyfnod trasiedi ac arwriaeth'.[103]

Ymddengys i'r unoliaeth yma sigo ambell Aelod Seneddol Ceidwadol Cymreig. Ar 3 Mehefin, cyhoeddodd Keith Best, Aelod Seneddol Ceidwadol Ynys Môn, ei fod yn ei chael hi'n fwyfwy anodd cefnogi polisi presennol y llywodraeth. Rai diwrnodau'n ddiweddarach, cymerodd y cam hynod anarferol o gadarnhau hyn mewn llythyr at Elwyn Roberts: 'I am finding increasingly that more and more people, for a variety of different reasons, would wish to see all Welsh Language programmes on one channel'.[104] Wrth i'r dydd o brysur bwyso agosáu, dechreuodd newyddiadurwyr hefyd gymryd y sefyllfa o ddifrif. Nododd y *Glasgow Herald* fod y Red Lion yn Llangadog eisoes yn llawn ar gyfer dechrau'r ympryd ym mis Hydref tra llogwyd neuadd y pentref ar gyfer y cynadleddau newyddion dyddiol a gynhelid i'r hacs.[105] Penderfynwyd hefyd y ceid *rota* o wirfoddolwyr wrth giât y Dalar Wen er mwyn rheoli'r newyddiadurwyr. Pryder arall oedd sut y gellid rhwystro lensys ymwthgar y camerâu teledu rhag sbecian i mewn i'r stydi lle cynhelid yr ympryd. Ond pryderon bychain oedd y rhain gan fod y frwydr bropaganda'n dechrau llwyddo. Er na wnaeth mwy na thua 600 addo peidio â thalu eu trwyddedau ar unrhyw adeg yn ystod yr ymgyrch, llyncwyd honiadau Peter Hughes Griffiths yn ddihalen gan y wasg. Ym mis Mehefin, 'cadarnhawyd' bod 1,500 yn barod i fynd drwy'r llysoedd ac mai'r tebyg oedd y byddai 2,800 o enwau wedi eu casglu erbyn mis Awst.[106] Lol, wrth gwrs, ond doedd neb i wybod yn wahanol ac eithrio'r criw bychan ymroddedig.

Ac yn ben ar y cyfan, roedd Gwynfor, y sant mwyaf llwynogaidd a fu erioed. Drwy'r cyfnod, bu'r wasg yng nghledr ei law a mesurodd y gêm gyfryngol yn berffaith. Ar 16 Mehefin, rhoes gyfweliad i'r *Western Mail*, gan ddatgan yn y modd cliriaf posibl nad blyff oedd yr ympryd. Yr oedd popeth, meddai, yn ei le, ac roedd yn barod i farw: 'My brother-in-law has the farm here in Llangadog. I'm just an old-age pensioner since May last year'. Ac yn gefn iddo, roedd ei deulu: 'One of the hardest things is to think of leaving them. That may be easier at the time. I don't know. But I think since we are so close as a family, it won't be too difficult for the children and Rhiannon to stand up by standing together. They have been wonderful, they accept the crisis'. Datgelodd hefyd y byddai'r ympryd yn digwydd yn llyfrgell y Dalar Wen gyda chwe chyfrol ar Gandhi yn borthiant ymenyddol iddo. Ac fel Gandhi, penderfynodd roi halen a soda yn ei ddiodydd er mwyn cadw'n fyw cyhyd â phosib. Yr unig beth tramgwyddus iddo yn y fath amgylchiadau fyddai aroglau coginio Rhiannon – yn enwedig ei hoff bryd o dato newydd, cig moch, pinafal a phys.[107] Mewn cyfweliad arall, cynigiodd ateb i'r penysgafnder a ddeuai yn sgil ei nychdod corfforol: 'I understand you'll get a bit light-headed. So I'll listen to music on the gramophone… the record player you call it? But then I suppose if I'll get weaker I'll probably lie on the couch'.[108]

O enau unrhyw wleidydd arall, byddai datganiadau fel yr uchod wedi swnio'n barodïaidd ond, yn gynyddol, sylweddolai'r Swyddfa Gymreig fod problem fawr iawn yn ei hwynebu. Y broblem honno, yn syml iawn, oedd ansawdd bywyd Gwynfor. Gan iddo roi ei fywyd dilychwin yn y fantol, golygai hynny fod yna gymaint â hynny'n fwy o werth yn ei ddatganiadau cyfryngol. Golygai hefyd y byddai ei farwolaeth wedi bod yn gyfan gwbl drychinebus. A dyma, yn gynyddol, sut y dehonglwyd y bygythiad. Dechreuodd y *Daily Post* amau a fyddai'r IRA yn mabwysiadu tacteg debyg ac, ar 17 Mehefin, anfonodd grŵp o Gymry dylanwadol, gan gynnwys cyn-Ysgrifennydd Cymru, John Morris, lythyr at William Whitelaw yn galw arno i newid ei feddwl. Ddeuddydd yn ddiweddarach, wedi cyfarfod y Cabinet, cyfarfu Whitelaw â Nicholas Edwards a chytunasant fod yn rhaid cael rhyw fath o gynllun cyfaddawd. Gwnaethant hyn nid yn unig oherwydd eu pryder cynyddol am drais ond oherwydd bod Whitelaw yn hynod o hoff o Gwynfor. Cafwyd y consesiwn cyntaf i Gwynfor ar noson 24 Mehefin wrth i Whitelaw addo adolygu'r sefyllfa yng Nghymru o fewn blwyddyn. Haerodd Whitelaw fod hwn yn gynnig pwysfawr ond, mewn gwirionedd, cais cyntaf ar *fudge* ydoedd. Doedd hi ddim yn syndod pan wrthodwyd ef yn syth gan Gwynfor.

Yn groes i'r disgwyl, felly, edrychai'n debygol y byddai'r frwydr yn mynd i'w therfyn eithaf. Ar 28 Mehefin, cafwyd rali fawr yn Aberystwyth – y gyntaf o nifer – ac, ar 30 Mehefin, haerodd *The Times* fod y llywodraeth yn debygol o wynebu haf poeth a hir: 'Mr Nicholas Edwards, Secretary of State for Wales, undoubtedly will have advised his colleagues in the Cabinet that Mr Evans is one of the few men from whom such a threat can be taken seriously'.[109] Ond serch y bygythiad amlwg, doedd y llywodraeth ddim am ildio ar yr egwyddor ganolog o roi rhaglenni Cymraeg ar ddwy sianel. Mewn cyfarfod rhyngddo ef a Wyn Roberts, mynnodd Nicholas Edwards na cheid 'a double U-turn' gan gymaint yr 'extremely awkward practical and political difficulties'.[110] Hon oedd y farn breifat ac fe'i hadlewyrchwyd yn ymddygiad cyhoeddus y Prif Weinidog. Ar 10

Gorffennaf, gwrthododd Mrs Thatcher gwrdd â Gwynfor ac, i ategu'r pwynt hwn, ysgrifennodd hithau at Dafydd Wigley gan ddweud na welai unrhyw 'useful purpose' i'r fath gyfarfod.[111]

Ildio i flacmel oedd pryder y Prif Weinidog ond, yn ffodus i Gwynfor, roedd darlledu yng ngofal yr arch-bragmatydd hwnnw, Willie Whitelaw. Y tu ôl i'r llenni, roedd y tir yn cael ei fraenaru ar gyfer hau hadau newydd. Yn un peth, roedd Whitelaw wedi ei ysgwyd gan fygythiad Gwynfor a chyfaddefodd wrth Nicholas Edwards fod yn rhaid i'r llywodraeth ddechrau meddwl am gyfaddawd amgenach.[112] Rhennid y farn hon yn gynyddol gan Ysgrifennydd Cymru hefyd. Ar 7 Gorffennaf, cyfarfu Nicholas Edwards â Whitelaw pan haerodd Ysgrifennydd Cymru na fyddai modd osgoi 'very unpleasant consequences' petai Gwynfor yn dechrau ymprydio. Roedd Ysgrifennydd Cymru hefyd o'r farn bod Gwynfor yn 'serious, determined and obstinate'.[113] Er hynny, daliai Nicholas Edwards a Whitelaw i ddadlau na ellid atgyfodi'r cynllun i sefydlu sianel Gymraeg. Yn hytrach, cytunodd y ddau mai'r unig gyfaddawd posibl y gellid ei gynnig i Gwynfor oedd pwyllgor grymus i gydlynu rhaglenni Cymraeg y BBC a'r IBA. Dridiau'n ddiweddarach, ar 10 Gorffennaf, cafwyd cyfarfod brys yn y Swyddfa Gartref mewn ymgais i geisio datrys 'problem' Gwynfor. Yno, y diwrnod hwnnw, roedd rhai o ffigurau pwysicaf y byd darlledu ym Mhrydain: William Whitelaw, Nicholas Edwards, Wyn Roberts, cadeiryddion a rheolwyr gyfarwyddwyr y BBC a'r IBA, ynghyd â llywodraethwyr y BBC. Yno hefyd roedd Glyn Tegai Hughes, Aelod Cymreig Bwrdd Channel 4. Yn ôl Alwyn Roberts, llywodraethwr Cymreig y BBC, a oedd hefyd yn bresennol, cynigiodd Whitelaw y gellid cael pwyllgor i gydlynu gwaith y rhaglenni Cymraeg ar y ddwy sianel. A phe bai raid, addawodd sefydlu un sianel pe gellid profi bod y cynllun dwy sianel yn ddiffygiol. Heb oedi dim, gwrthodwyd y cynlluniau hyn gan y cynrychiolwyr Cymreig gan na fyddent yn cwrdd ag odid un o ofynion Gwynfor. Ond i Alwyn Roberts, yr hyn a oedd fwyaf trawiadol oedd y trafodaethau a gafwyd wedi'r cyfarfod; mewn sgyrsiau anffurfiol, daeth hi'n amlwg bod Whitelaw yn poeni ei enaid am yr effaith y gallasai penderfyniad i ildio ei chael ar y sefyllfa yng Ngogledd Iwerddon.[114]

Yn y cyfamser, cyhoeddodd y llywodraeth ei chynllun cyfaddawd ar 16 Gorffennaf. Adroddodd y wasg fod Dafydd Wigley wedi ffonio Gwynfor yn y gobaith y byddai abwyd Whitelaw yn ddigon i Gwynfor ailystyried. Ond doedd dim simsanu i fod. Wfftiwyd yn llwyr y syniad o bwyllgor cydlynu gan Gwynfor gan y gwelai'r cynnig fel rhywbeth a oedd yn rhy ychydig ac yn rhy hwyr.[115] Ac erbyn hyn, roedd ffrae 'fechan' ynghylch darlledu Cymraeg wedi dod yn destun trafod i Brydain gyfan. Yn wir, fel y sylweddolodd Alwyn Roberts, roedd sefyllfa Gwynfor bellach yn peryglu sefydlogrwydd y wladwriaeth Brydeinig. Roedd amser hefyd yn prinhau; tair wythnos ar ddeg oedd i fynd cyn i'r ympryd ddechrau. Yn ei dro, rhoes hyn chwistrelliad pellach o angerdd i'r protestwyr. Ar 18 Gorffennaf, gwelwyd protestiadau ffyrnig yn Sir Fôn pan ymwelodd Mrs Thatcher â'r ynys. Taflodd gwrthdystwyr eu hunain o flaen car y Prif Weinidog gan ddyrnu'r cerbyd a gweiddi 'Gwynfor, Gwynfor'.[116] Y brotest hon, yn ôl Angharad Tomos, oedd y 'peth agosaf at *mass hysteria* iddi erioed ei brofi mewn torf'.[117] Ar yr un diwrnod, gosodwyd dwy ddyfais ffrwydrol y tu allan i dŷ Nicholas Edwards tra oedd yn Llundain, a tharfodd Dafydd Wigley ar gyfarfod o'r Uwch Bwyllgor Seneddol ar Faterion Cymreig. Gwnaeth hyn, meddai wrth Gwynfor, er mwyn 'codi'r gwres yn gyffredinol fel y gallai Nicholas Edwards adrodd wrth y Cabinet y math o gyfeiriad y byddai gwleidyddiaeth yn symud iddo pe baech yn mynd ymlaen â'r ympryd'.[118] Doedd Dafydd Elis Thomas ddim yn segur ychwaith. Ar fwy nag un achlysur, cyfarfu â'r Ysgrifennydd Gwladol yn breifat er mwyn arbed Gwynfor ac arbed Plaid Cymru rhag dychwelyd i fod yn 'blaid iaith'.[119]

Ar 20 Gorffennaf, cafwyd protest yn erbyn Mrs Thatcher pan ddaeth i annerch y Ceidwadwyr Cymreig yn Abertawe. Y tu allan, gwelwyd golygfeydd stormus wrth i gannoedd o blismyn ymladd â chenedlaetholwyr a chydag undebwyr a brotestiai ynghylch y diswyddiadau dur. Am eiliad fer yn hanes Cymru, roedd hi'n edrych fel petai'r uniad hirddisgwyliedig hwnnw rhwng cenedlaetholdeb a sosialaeth wedi digwydd. Byddai'n rhaid aros tan streic y glowyr cyn y gwelid cydweithio go iawn, ond roedd gweld dau draddodiad gwleidyddol yn dod ynghyd yn dra arwyddocaol i nifer. Wedi protest Abertawe, cafwyd cyfarfod anodd iawn rhwng yr Aelodau Seneddol Ceidwadol Cymreig a Nicholas Edwards lle daeth yn amlwg bod nifer ohonynt yn anhapus iawn â'r sefyllfa.

A Dafydd Wigley yn darogan 'insurrection', gwelwyd ymdrechion pellach gan y sefydliad Cymreig i achub y sefyllfa.[120] Os yw Gwynfor i'w gredu, trefnodd Nicholas Edwards i Archesgob Cymru, G O Williams, Syr Cennydd Traherne a Syr Goronwy Daniel weld y Prif Weinidog ond ni ddaeth dim o'r syniad. Roedd yr unig gyfarfod a gafodd Gwynfor wyneb yn wyneb â Nicholas Edwards hefyd lawn mor anaddawol. Daeth y gwahoddiad i Gwynfor trwy Cledwyn Hughes, a chyfarfu'r ddeuddyn ar 21 Gorffennaf 1980 yng nghartref Syr Hywel Evans, Ysgrifennydd Parhaol y Swyddfa Gymreig. Mewn cyfarfod dwy awr, trafodwyd pob agwedd ar y broblem gan gynnwys y gost a materion technegol, ond yn ofer. Cafodd Gwynfor yr argraff fod Nicholas Edwards yno 'i osod y ddeddf i lawr'.[121] Ymhob ffordd, roedd y cyfarfod yn gadarnhad o'r hyn a ddywedodd Owen Edwards, Rheolwr BBC Cymru, wrth Gwynfor y bore hwnnw, sef nad oedd yn 'obeithiol bod newid polisi yn debygol'.[122] Yn wir, roedd y Cynulliad mor ddiwerth nes i Nicholas Edwards anghofio'r cwbl amdano nes iddo ddarllen am y seiad yn hunangofiant Gwynfor, *Bywyd Cymro*.[123]

Yn dilyn y cyfarfod, ar 22 Gorffennaf, anfonodd Keith Best lythyr hynod bwysig at Nicholas Edwards gan rybuddio'r Ysgrifennodd Gwladol na fedrai gefnogi polisi'r llywodraeth rhagor. Yn fwy arwyddocaol fyth, haerodd fod 'a majority of the Conservative back bench members' yn ei gefnogi a'u bod hwy, fel yntau, am i'r llywodraeth newid ei meddwl.[124] Daeth pwysau o du'r Blaid Lafur hefyd wrth i ffigurau amlwg fel Leo Abse a Ioan Evans alw ar Nicholas Edwards i ddatrys y sefyllfa. Gwnaethant hyn am reswm tra gwahanol i Gwynfor; eu hamcan hwy oedd cael gwared ar y niwsans diawledig hwnnw a elwid 'rhaglenni Cymraeg' gan adael y sianelau Saesneg yn rhydd o'r fath gleber wast. Ond er bod y cymhelliad yn wahanol, yr un oedd yr effaith: roedd y feis yn tynhau o gylch y llywodraeth. Roedd y cyfarfod hefyd yn brawf bod y llywodraeth, chwedl Gwynfor, 'yn poeni o ddifri' am y sefyllfa yr oedd ef wedi esgor arni.[125]

Ar 31 Gorffennaf 1980, cyhoeddodd y Pwyllgor Dethol Seneddol ar Faterion Cymreig, corff newydd ond cynyddol ddylanwadol, y cynhalient ymchwiliad i ddarlledu yng Nghymru. Roedd yr ymchwiliad yn ymgais gan gadeirydd y pwyllgor, Leo Abse, i leddfu rhyw gymaint ar y sefyllfa ond gwrthodwyd yr awgrym gan Gwynfor. Ond roedd yr Aelodau Seneddol Cymreig yn hynod bryderus a rhybuddiasant fod Cymru'n wynebu 'serious social disorder'.[126] Roedd yn ddatganiad na ellid yn hawdd ei anwybyddu ac, ar yr un diwrnod, carcharwyd Dafydd Iwan (a oedd erbyn hyn yn rhan ganolog o'r ymgyrch) am beidio â thalu ei drwydded. Wrth i Orffennaf droi'n Awst ac wrth i'r Eisteddfod Genedlaethol fwyaf gwleidyddol mewn cof agor ei drysau yn Nyffryn Lliw, paratôdd yr ymgyrchwyr am un safiad olaf. Gyda chefnogaeth barod yr Archdderwydd, Geraint Bowen, rhwystrwyd car Nicholas Edwards a chwalwyd stondinau HTV Cymru a'r IBA'n dipiau mân. Beirniadwyd y protestwyr yn hallt gan Syr Alun Talfan Davies (neu 'Syr Alun Mammon' fel y'i bedyddiwyd gan Harri Webb) ac anghymeradwywyd unrhyw un nad oedd yn rhan o'r symudiad i gadw Gwynfor yn fyw. Fel y nododd *Y Ddraig Goch*, roedd y Gymru Gymraeg wedi ei rhannu'n ddwy rhwng y Cymry 'realistaidd' a'r delfrydwyr.[127] Yn y canol, daliwyd rhai o newyddiadurwyr amlycaf Cymru. Cafodd Jennie Eirian, golygydd *Y Faner*, ei thrin yn enbyd o wael am feiddio cwestiynu'r uniongrededd newydd hwn. Maes o law, byddai'r feirniadaeth hon yn cyfrannu tuag at ei hunanladdiad trasig, colled enfawr i newyddiaduraeth Gymraeg.[128] Derbyniodd Gwilym Owen, newyddiadurwr Cymraeg amlycaf ei genhedlaeth, yr un driniaeth warthus wrth i eilunaddoliaeth o Gwynfor droi'n anoddefgarwch annifyr.[129] Ychydig, mewn gwirionedd, a wnaeth Gwynfor i dawelu'r sefyllfa gan apelio ar i'w gefnogwyr beidio â throi at drais pe byddai'n marw. Fe'u siarsiodd yn ogystal i ochel rhag *agents provocateurs* a geisiai borthi'r fflamau.[130]

A'r gwir amdani yw nad oedd gan Gwynfor fawr o reswm dros oeri tymheredd gwleidyddol Cymru. Wedi'r cyfan – a dyma ddychwelyd at eironi canolog ei weithred – dim ond y bygythiad o drais ac anghydfod cymdeithasol difrifol fyddai'n debygol o symud y llywodraeth. O safbwynt personol, roedd Gwynfor yn feistr ar domen cenedlaetholdeb wrth i'w feirniaid anghofio chwerwder y refferendwm. Yr ympryd, a dyfynnu Saunders Lewis, a achubodd Gwynfor 'fel arweinydd – ac ennyn siom a dicter y papur gwarthus hwnnw, *Y Faner*, papur sy'n dysgu ofn a brad i ferchetos Cymru'.[131] Ond wrth i'r dwymyn ledu, gwnaed ymdrechion pellach i achub Gwynfor o'r sefyllfa yr oedd wedi esgor arni. Hyd yn oed cyn miri'r eisteddfod, roedd Bwrdd yr Orsedd wedi trafod y posibilrwydd o drefnu dirprwyaeth i fynd i weld Whitelaw.[132] Yn awr, doedd dim eiliad i'w golli a threfnodd Llys yr Eisteddfod Genedlaethol y byddai trindod gyda'r trymaf yn ymweld â'r Ysgrifennydd Cartref. Cytunwyd mai aelodau'r ddirprwyaeth fyddai'r Archesgob G O Williams, Cledwyn Hughes a Syr Goronwy Daniel.

Yn y cyfamser, roedd gwrthwynebiad y llywodraeth yn meirioli. Ar 4 Awst, anfonodd William Whitelaw lythyr preifat at Archesgob Cymru, G O Williams, yn pwysleisio rhesymoldeb y consesiynau a oedd eisoes wedi eu gwneud.[133] Ddeuddydd yn ddiweddarach, clywodd Nicholas Edwards fod y BBC wedi ysgrifennu at Whitelaw gan ei rybuddio am 'insurmountable scheduling problems' ynghlwm wrth y cynllun i roi rhaglenni Cymraeg ar ddwy sianel.[134] Roedd clywed am hyn yn ergyd drom iddo, ond daeth y farwol ar 9 Awst. Y diwrnod hwnnw, ysgrifennodd Wyn Roberts ato i'w hysbysu y byddai Arglwyddi o bob plaid yn ceisio diwygio'r ddeddf ddarlledu pan fyddai'n cyrraedd Tŷ'r Arglwyddi – a hynny, fe ofnai, ynghanol ympryd Gwynfor.[135] Yna, rai dyddiau'n ddiweddarach, cafwyd yr adroddiad papur newydd cyntaf bod y llywodraeth am ildio.

Ategwyd hyn gan erthygl olygyddol yn *The Times* a alwai ar i'r llywodraeth feddwl eto.[136] Ond yn gyhoeddus, beth bynnag, parhaodd y llywodraeth mor ddi-ildio ag erioed. Defnyddiodd Nicholas Edwards raglen *Panorama* y BBC i apelio'n uniongyrchol ar i Gwynfor roi'r gorau iddi; yn yr un modd, ar 19 Awst, dywedodd Ysgrifennydd Cymru'n gyhoeddus wrth Keith Best na châi un sianel Gymraeg ei sefydlu.[137] Cafodd Whitelaw anogaeth hefyd gan rai gwleidyddion i beidio â chwrdd â'r ddirprwyaeth eisteddfodol. Ar 8 Awst, ysgrifennodd Roger Thomas AS, olynydd Gwynfor, at William Whitelaw yn ymbil arno i wrthod croesawu'r ddirprwyaeth eisteddfodol. 'This I feel would be a very unwise move indeed,' meddai Thomas, 'for I can assure you that the voice of the loud vociferous minority in Wales is no true reflection of the feeling on this matter particularly amongst Welsh speakers. I have questioned hundreds in my own constituency in this matter and Carmarthen has nearly 60 per cent of bilingual people amongst its residents.'[138]

Ymysg darlledwyr Cymru hefyd, gwnaed ymdrechion cyffelyb i gynnal yr un ffasâd di-ildio. Ar Awst 29, gwelodd Alwyn Roberts lythyr o'r Swyddfa Gartref yn galw cyfarfod o'r pwyllgor a fyddai'n cydlynu gwaith y ddwy sianel.[139] Ni ddigwyddodd y cyfarfod hwnnw byth a'r gwir amdani yw bod Nicholas Edwards yn ymladd brwydr unig erbyn hyn. Prin oedd ei gefnogwyr a thueddai eu datganiadau hwy i niweidio'r achos. Ymhlith y rhai mwyaf cofiadwy, caed y perlau hyn o enau Delwyn Williams, aelod Ceidwadol Maldwyn: 'Mr Gwynfor Evans can only die once. If this Government or any other Government gives in to a threat of suicide by this foolish old man what will be the next cause that he intends to die for?'[140] Ynghanol y cynnwrf hwn, cyhoeddwyd y byddai Gwynfor yn parhau fel llywydd am flwyddyn arall, sef hyd at 1981. Daethpwyd i'r casgliad hwn, meddid, er mwyn osgoi ras lywyddol ynghanol ei ympryd. Hwn, heb amheuaeth, oedd y peth call i'w wneud, ond roedd yn benderfyniad y byddai iddo oblygiadau pellgyrhaeddol unwaith y cyrhaeddai ymgyrch y sianel ei therfyn.[141]

Ar 1 Medi, dathlodd Gwynfor ei ben-blwydd yn 68 oed ond, dan yr amgylchiadau, doedd yna ddim llawer i lawenhau yn ei gylch. I'w deulu a'i gyfeillion, yr ofn go iawn oedd mai hwn fyddai ei ben-blwydd olaf a dyma hefyd oedd teimlad Gwynfor. 'I cannot see Thatcher yielding on this. I don't see the Government backing down,' meddai Gwynfor wrth y *Guardian* ar fore'i ben-blwydd. Roedd hefyd yn barod i farw ac yn ewyllysio nid yn gymaint marwolaeth ond sgil-effeithiau merthyrdod:

> There are ripple effects everywhere and if I were allowed to die there would be a tremendous upsurge of Welsh nationalism… The odds are that we cannot survive as a nation. Something very big has to happen if we are to live. I can see this fast leading to something very, very big in Wales.[142]

Gobeithiai hefyd weld uniad rhwng cenedlaetholwyr iaith a'r dosbarth gweithiol, a thrannoeth y cyfweliad â'r *Guardian*, cytunwyd ar y trefniadau terfynol ynghylch sut i ddelio â'r wasg. Ar ddechrau'r ympryd, y cynllun oedd iddo annerch y wasg bron yn ddyddiol ac, wrth i'w gyflwr ddirywio, cyhoeddid bwletin meddygol dyddiol.[143] Ar yr un diwrnod, 2 Medi, ysgrifennodd yr Athro Linford Rees ato gan awgrymu sut y medrai barhau cyhyd â phosibl: '… I would recommend that you drink three to four pints of water a day and also take vitamins in the form of Plurivite M, one or two tablets daily and glucose, about 100 gms a day'.[144]

Gyda dim ond mis i fynd, dechreuwyd hefyd ar gyfres o ralïau hynod lwyddiannus er mwyn tynnu sylw at yr achos. Eto fyth, roedd y trefniadau'n fanwl a rhoddwyd cyfarwyddiadau gofalus i bwy bynnag fyddai'n cyflwyno Gwynfor:

> Taith i godi'r Blaid a thaith i danio gobaith i'r dyfodol yw ei holl bwrpas. Mae'n bwysig gofalu nad yw'r cyfarfodydd yn datblygu i fod yn un ffarwel a fydd yn creu embaras i Gwynfor… I'r un fydd yn cyflwyno Gwynfor – Ni ddylai grybwyll ei ympryd na'r posibilrwydd o'i farwolaeth o gwbl, dyna ddymuniad Gwynfor. Cyflwyniad llawen a chanmoliadwy – ie, ond dim byd trist a digalon.[145]

Dilynwyd y trefniadau i'r llythyren a chafwyd cyfarfodydd gorlawn yng Nghymru ac un yn yr Alban. Y cynulliad mwyaf cofiadwy oedd hwnnw yng Nghaerdydd ar 6 Medi pan orymdeithiodd dros 2,000 o bobl drwy ganol y brifddinas. Y brotest hon oedd un o'r protestiadau cenedlaetholgar mwyaf ers cyfarfod croeso Penyberth yn ôl ym 1937 ac, yng ngwres y digwyddiadau hyn, golchodd ton o emosiynoldeb dros gefnogwyr Gwynfor. Barnodd Saunders Lewis nad oedd yna ddim byd 'yn holl hanes Cymru ers 1536 hyd heddiw' wedi peri'r un anesmwythyd i'r llywodraeth. Yn yr un erthygl i'r *Faner*, rhoes Saunders Lewis anogaeth glir i genedlaetholwyr ddefnyddio trais pe bai angen.[146] Roedd apêl Lewis Valentine hefyd yr un mor ddirdynnol, er yn fwy preifat. Ar 9 Medi, ysgrifennodd fel hyn at Gwynfor:

Ni chefais hi erioed mor anodd ysgrifennu llythyr at gyfaill, ac nid yw yr oedi ysgrifennu wedi gwneud y dasg fymryn yn haws… Ni ddychmygais y digwyddai dim byd fel hyn, ac fe'm parlyswyd hyd fudandod, a haws y dagrau na geiriau na thaeru… Cymysg iawn yw fy nheimladau wrth eich adduned drist, odidog – cymysg o euogrwydd a gorfoledd. Gorfoledd am godi o'n mysg un o'ch bath chwi, ac euogrwydd am na fuaswn i a'm tebyg wedi rhoi treth drymach arnom ein hunain, a'n disgyblu ein hunain yn fwy llym wrth geisio gwasanaethu ein cenedl yn ein cenhedlaeth.[147]

Drannoeth derbyn y llythyr, gwawriodd bore mwyaf tyngedfennol bywyd Gwynfor: 10 Medi, y diwrnod pan gyfarfu'r ddirprwyaeth â William Whitelaw. Eisoes, roedd yna drafod wedi bod rhyngddynt ac roedd Gwynfor wedi ysgrifennu at Syr Goronwy Daniel i ddweud na fyddai'n ildio'r un fodfedd: 'Byddai'n ddrwg iawn gennyf pe sicrhaech gytundeb, ddim ond i ffeindio na byddwn yn ei gadw… Nid oes mwy o gyfaddawdi [sic] yn bosibl'.[148] Ond y gwir amdani yw i Gwynfor gyfaddawdu rhyw gymaint drwy dderbyn awgrym ei gydnabod, Leopold Kohr, y gellid rhoi S4C ar brawf am ddwy flynedd er mwyn gweld a fyddai'n llwyddiannus ai peidio.[149] Llawn cyn bwysiced â hyn oedd bod y ddirprwyaeth (yn enwedig felly Cledwyn Hughes a Syr Goronwy Daniel) yn cynnwys gwŷr oedd yn feistri corn ar y grefft o ddiplomydda. Cyn y cyfarfod allweddol, rhoddasant ystyriaeth ddwys i'w tactegau. Ar 26 Awst, ysgrifennodd Syr Goronwy Daniel at Cledwyn Hughes i ddweud y byddai'n ddoethach iddynt 'beidio mynd i fanylion ynglŷn â phethau fel costau neu'r ffordd o redeg y sianel'. Credai hefyd fod rhaid i Whitelaw amgyffred '… tueddiad i fwy o genedlaetholwyr a sosialwyr troi [sic] at ddulliau eithafol o weithredu'. Roedd Syr Goronwy hefyd am i Whitelaw werthfawrogi y pwynt canolog hwn: 'Y parch cyffredinol sydd i Gwynfor… Os bydd Gwynfor farw bydd yr effaith emosiynol yn enfawr'.[150] Cytunodd Cledwyn Hughes â'r dadleuon i gyd serch iddo fynnu wrth Goronwy Daniel fod rhaid sôn am y gost. Wedi'r cyfan, roedd Whitelaw eisoes wedi dweud wrth Cledwyn Hughes mai pryderon ynghylch ariannu'r sianel a arweiniodd at y tro pedol. Roedd hwn yn bwynt allweddol, ond roedd gan Cledwyn Hughes un ddadl hollbwysig arall – byddent yn mynd i weld Whitelaw nid fel llateion ar ran Gwynfor, ond fel llais y Gymru Gymraeg gymedrol:

… Er fod yn rhaid inni fod yn ymwybodol o safiad Gwynfor a'i barchu, ni chredaf y dylem gymryd ein rhwymo draed a dwylo ganddo chwaith. Nid fel llysgenhadon iddo ef ydym yn mynd at Whitelaw, ac os yr ymddengys fod dull trefniadol… y gellid ei ddefnyddio fyddai'n cynorthwyo'r llywodraeth i newid cwrs, heb fradychu egwyddor Gwynfor, oni ddylid ei ystyried.[151]

Gyda hyn o gynllun, a chyfarfod terfynol yn un o glybiau crandiaf Llundain, cyfarfu'r ddirprwyaeth â Whitelaw yn y Swyddfa Gartref ar brynhawn Mercher, 10 Medi. Dengys y cofnodion fod yna chwech yn bresennol: yr Ysgrifennydd Cartref ac Ysgrifennydd Cymru, ynghyd â'r tri gŵr allweddol a enwyd o'r cychwyn, sef Archesgob Cymru, Cledwyn Hughes a Syr Goronwy Daniel. Yn olaf, ac nid yn lleiaf, roedd Emyr Jenkins, Cyfarwyddwr yr Eisteddfod Genedlaethol, ac iddo ef mae'r diolch bod yna gofnod manwl o'r cyfarfod hwn wedi goroesi. Cledwyn Hughes a siaradodd gyntaf; yn wir, cyfarfod Cledwyn Hughes oedd hwn wrth iddo swyngyfareddu ei hen gyfaill Whitelaw gyda'i resymoldeb Monwysaidd.[152] Dechreuodd trwy sôn am weithred Pencarreg a'r ffaith bod yna 'developing a lack of respect for the democratic processes. The Welsh hitherto have been a law-abiding people'. Yn annatod glwm wrth hyn roedd y pryder ynghylch yr hyn a ddigwyddai pe byddai Gwynfor yn marw. 'If Gwynfor Evans dies,' meddai Cledwyn Hughes, 'the consequences would be incalculable… One cannot separate the linguistic/cultural side from the economic situation.'

Yna, daeth y cwestiynau. Pryder Whitelaw oedd hwn: 'Where do Gwynfor Evans's demands end?' Pwysleisiodd hefyd mai'r ddau faen tramgwydd oedd cyllid, ynghyd ag amharodrwydd yr IBA i golli'r arian a ddeuai iddynt pe medrent redeg y bedwaredd sianel newydd, ITV 2. Roeddent yn ystyriaethau pwysig ond, mewn gwirionedd, pryderon bychain oedd y rhain o'u cymharu â'r llifeiriant cwestiynau a gafwyd gan Nicholas Edwards. Daliai i fynnu bod rhoi rhaglenni Cymraeg ar ddwy sianel yn glamp o syniad da ac y byddai colli Channel 4 i'r Gymraeg yn ennyn 'a much larger reaction'. Ofnai hefyd ynghylch yr effaith y byddai sianel Gymraeg yn ei chael ar HTV: 'If the 4th channel is given to Welsh language programmes, people will switch aerials to Mendips thereby depriving HTV of viewers to its present channel'. Yn olaf, ond nid yn lleiaf, datganodd Nicholas Edwards brif wrthwynebiad gwleidyddol y llywodraeth: '… others may follow if he succeeds'. Ond roedd 'y tri' yn barod gyda'u hateb i'r cwestiwn hwn, y mwyaf pigog oll. Wrth i'r cyfarfod awr a hanner o hyd dynnu at ei ddiwedd, cynigiodd Cledwyn Hughes yr hyn a ddatrysodd yr holl sefyllfa, sef y gellid rhoi'r sianel Gymraeg ar brawf am ddwy flynedd. O wneud hyn, ni fyddai'r llywodraeth yn brae i unrhyw gyhuddiad o fod wedi ildio i flacmel. 'I do not see this as final and irrevocable,' meddai Cledwyn Hughes, 'but as an experimental period which will take the heat out of the situation.'[153]

Yn ddiamau, roedd yn berfformiad cwbl feistraidd, ond tystia ymyriad Cledwyn Hughes hefyd i fawrfrydigrwydd y dyn, yn enwedig o gofio pa mor amharchus y bu Gwynfor tuag ato ar wahanol gyfnodau cyn 1980. Wedi argyfwng y sianel, fodd bynnag, diolchodd Gwynfor iddo o waelod calon. Ond y noson honno, 10 Medi, ni chafwyd unrhyw arwydd bod Cledwyn Hughes wedi achub bywyd Gwynfor. Cofia Alwyn Roberts iddo ffonio dau o'r ddirprwyaeth a chlywed adroddiadau pur ddigalon am ymateb Whitelaw a Nicholas Edwards.[154] Yr un oedd ymateb Syr Goronwy Daniel. Drannoeth, fe ffoniodd Gwynfor gan ddweud i'r ddirprwyaeth gael ei derbyn yn foneddigaidd ond na chredai y byddai'r llywodraeth yn ildio. Cafodd Michael Foot argraff debyg ar ôl iddo yntau gwrdd â Whitelaw i drafod y sefyllfa. Yn dilyn y cyfarfod, ysgrifennodd at Gwynfor gyda'r newyddion siomedig na fyddai'r llywodraeth yn debygol o blygu i'r storm.[155] Tebyg oedd datganiadau swyddogol y llywodraeth wrth y wasg. Mewn awyrgylch o densiwn aruthrol, cyhoeddwyd datganiad gan Whitelaw a fynnai mai'r ffordd ymlaen oedd i'r BBC a HTV gydlynu eu hamserlenni a'u cynnwys. Cyhoeddodd hefyd mai Dafydd Jones-Williams fyddai cadeirydd newydd y Pwyllgor Teledu Cymraeg i gydlynu gwaith y ddwy sianel. Ymddangosai Nicholas Edwards yntau lawn mor llugoer. Dywedodd wrth y wasg iddo wrando ar 'y tri' cyn dod i'r casgliad y byddai un sianel yn golygu 'very considerable difficulties'.[156]

Ond roedd yna elfen gref o *bluff* yn natganiadau Whitelaw a Nicholas Edwards. Er bod y ddirprwyaeth wedi gwthio drws lled-agored, doedd y llywodraeth ddim am roi buddugoliaeth rhy hawdd i Gwynfor. Y tu ôl i'r llenni, fodd bynnag, roedd pethau'n dra gwahanol. Oriau'n unig cyn y cyfarfod allweddol, cynghorwyd Nicholas Edwards gan ei fandariniaid i ildio. Ar 9 Medi, ysgrifennodd un o brif weision sifil y Swyddfa Gymreig at Nicholas Edwards gyda'r cyngor cwbl allweddol hwn:

> … Mr Evans and his friends are mounting a most effective campaign; there are signs that this will continue and it shows every indication of being a skilfully orchestrated exercise. The Government, on the other hand, has had a poor press… the tide of public opinion seems to be running against the Government on this issue… it may be possible for the Government to win the day in Parliament and the country – but this will not stop Gwynfor from seeking the martyr's crown. And I find it very difficult to predict whether it will be possible to isolate the major problems we face in other fields from his campaign on this emotive issue.[157]

Wrth i bawb ddyfalu a holi beth a wnâi'r llywodraeth, cafwyd rhagor o brotestiadau: tresmaswyd ar faes tanio'r Epynt a gwelwyd grwpiau mor amrywiol â mamau a gweinidogion yr Annibynwyr yn protestio dros sianel Gymraeg. Roedd hi'n ymdrech enfawr ar ran nifer cymharol fychan o ymgyrchwyr Cymdeithas yr Iaith a Phlaid Cymru ond, yn ddiarwybod iddynt hwy, roedd y ddrama ar fin dod i ben. Ar 15 Medi, cyfarfu Nicholas Edwards â Whitelaw. Yn y cyfarfod hwnnw, cytunasant nad oedd dewis ond ildio.[158] Wedi cinio, aeth y ddau i rif deg Downing Street er mwyn cael sêl bendith y Prif Weinidog, Margaret Thatcher. Yn ystod y cyfarfod hwnnw, clywodd y Prif Weinidog ei Hysgrifennydd Cartref yn cyfaddef iddo ef a Nicholas Edwards gael eu syfrdanu gan yr ymateb i fygythiad Gwynfor. Yn wyneb y 'likely consequences', cynghorwyd y Prif Weinidog gan Whitelaw mai'r peth doethaf fyddai iddynt blygu i'r anochel. Ategwyd y neges gan Nicholas Edwards. Dywedodd yntau wrth Mrs Thatcher fod yn rhaid sefydlu sianel deledu Gymraeg yn wyneb yr 'intolerable consequences'. Gwrandawodd Mrs Thatcher arnynt cyn cytuno â hwy.[159] Roedd y ddynes haearn wedi troi. Ac felly, yn y cyfarfod hanesyddol hwn, ac wedi dros ddegawd o garchariadau a bygythiad i ymprydio, y ganed S4C.

Ar fore 17 Medi, y bore y derbyniodd Gwynfor wŷs am beidio â thalu ei drwydded, adroddodd rhai o bapurau Llundain fod y llywodraeth yn mynd i ildio. Wrth i'r si ledu, aeth y Dalar Wen yn gwch gwenyn o brysurdeb. Pan glywodd am y newyddion, rhuthrodd y darlledwr adnabyddus, Emyr Daniel, draw i'r Dalar Wen er mwyn cael ymateb Gwynfor. Bu Emyr Daniel yno drwy'r dydd gan dystio i'r ymatebion gwahanol a gafwyd. Roedd Rhiannon yn ei dagrau a chrefodd ar i Emyr Daniel gymell ei gŵr i roi'r gorau iddi. Yn y cyfamser, daeth y cadarnhad swyddogol o Lundain a Chaerdydd y byddai yna sianel. Roedd y fuddugoliaeth fawr wedi dod ond siom yw'r gair sy'n crisialu ymateb Gwynfor orau. Yn ddi-oed, dechreuodd Gwynfor holi pac Emyr Daniel ynghylch faint o arian ac oriau a gâi'r sianel.[160] Roedd yna nifer o resymau da dros yr ymholi manwl; yn nwfn ei galon, gwyddai Gwynfor fod yr argyfwng wedi dod i ben yn llawer rhy gynnar ac yr oerai'r tân cenedlaetholgar yn fuan. O hynny ymlaen, gwyddai hefyd y byddai'r gyfres o ralïau y trefnwyd i'w cynnal gan Blaid Cymru yn gymharol ddiystyr. Byddai'n rhaid yn ogystal i Gymdeithas yr Iaith roi'r gorau i'w chynlluniau i ddinistrio pencadlysoedd rhai o gyrff darlledu Prydain. Byddai hynny, gobeithid, wedi arwain at garcharu rhai cannoedd o bobl.[161] Doedd dim amdani ond derbyn cyngor Emyr Daniel a chofleidio'r fuddugoliaeth amherffaith fel ag yr oedd hi. Ac felly y bu hi. Ar 17 Medi, rhoes Gwynfor y gorau i'w fygythiad i ymprydio.

Y noson honno yng Nghrymych, cyfarchwyd Gwynfor fel arwr ac, am bum munud gyfan, bu'r dorf luosog yn siantio'i enw. Yn Llundain, paentiwyd y slogan mwyaf cofiadwy yn holl hanes cenedlaetholdeb Cymreig ar fur yr Embankment, gyferbyn â Thŷ'r Cyffredin: Gwynfor 1, Whitelaw 0. Disgrifiodd Gwynfor ei hun y fuddugoliaeth fel yr un fwyaf yn hanes yr iaith Gymraeg. Yr oedd ei dyfodol yn sicr, meddai. Drannoeth, aeth ar daith o amgylch Cymru gan ddechrau ym Mhorthmadog cyn gorffen ym Melin-y-Wig, man geni J E Jones. Yno, dadorchuddiodd garreg er cof am ei hen gyfaill ac, ymhobman yr âi, rhuthrai pobl ato i ddangos eu diolchgarwch. Ond roedd y golygfeydd teimladwy hyn yn gamarweiniol o ran grym cenedlaetholdeb. Roedd y diolch am y ffaith i'r frwydr ddigwydd o gwbl i'w briodoli i ymdrechion dyrnaid bychan iawn o bobl. Gwrthododd cyd-bensaer yr ymgyrch, Peter Hughes Griffiths, fynd i Grymych gan weld rhai o'r bobl a aeth yno fel rhagrithwyr am beidio dangos eu hochr yn llawer, llawer cynt. 'Allwn i,' meddai Peter Hughes Griffiths, 'ddim stumogi'r holl beth.'[162] Wrth edrych yn ôl, gellir priodoli'r fuddugoliaeth i dri pheth: parodrwydd Gwynfor i farw, ymyriad 'y tri' ac, yn olaf, y bygythiad o drais. A dyma efallai y caswir creiddiol am yr ymgyrch: sefydlwyd S4C yn rhannol oherwydd ofn y trais a ddeuai yn sgil marwolaeth y mwyaf o blith heddychwyr Cymru. Ys dywedodd Saunders Lewis rai dyddiau wedi'r fuddugoliaeth wrth Meredydd Evans: '… nid cam heddychwr cyson oedd y bygythiad. Ond diolch byth amdano'.[163] Gwir y gair gan i'r IRA efelychu tacteg Gwynfor o fewn blwyddyn. Yn ôl Michael Pierse, hanesydd gweriniaethol y streiciau newyn, gwefreiddiwyd y Gwyddelod gan yr hyn a ddigwyddodd: 'Prisoners in Long Kesh were encouraged in their demands to the IRA's Army Council that they be allowed to begin a hunger strike, strangely through the inspiration of a development in Wales'.[164]

Ond os oedd moesoldeb y bygythiad i ymprydio yn amwys, roedd yr effaith ar Blaid Cymru'n fwy cymysglyd fyth. Er mor bwysig fu sefydlu S4C i ddarlledu Cymraeg, ychydig mewn gwirionedd yr elwodd Plaid Cymru fel plaid ohoni. Gwynfor, os rhywbeth, a etifeddodd yr holl glod dyladwy. Yn wir, gellir dadlau i sefydlu S4C, a'r twf mewn darlledu o Gaerdydd, niweidio Plaid Cymru gan i'r ehangu amddifadu'r 'mudiad cenedlaethol' o lawer o'i arweinwyr naturiol. O hyn ymlaen, ailgyfaneddu gorllewin Caerdydd ac addurno eu tai yn steil Llanuwchllyn fyddai diléit llawer o'r bobl ifanc ddawnus hyn, nid arwain 'y

Blaid' yn ôl yn 'y Fro'. Gellir hefyd ddadlau i ymgyrch y sianel, er ei phwysiced, gadarnhau canfyddiad llawer o etholwyr mai plaid yr iaith yn unig oedd Plaid Cymru.[165] Yn rhengoedd Plaid Cymru hefyd, arweiniodd y fuddugoliaeth at beth diogi deallusol wrth i rai o'i harweinwyr loddesta ar floneg 'gwyrth y sianel'. A dyfynnu'r *Guardian* rai dyddiau wedi gorchest Gwynfor: 'TV Victory leaves Plaid Cymru without a Cause… This week's score may well be Gwynfor 1 Whitelaw 0. But next year, Plaid Cymru may find itself relegated to the bottom division'.[166] Yn olaf, ond nid yn lleiaf, fe wnaeth ymgyrch y sianel wneud sefyllfa Plaid Cymru fel plaid gyfansoddiadol gymaint â hynny'n anos hefyd. Ar ddechrau'r wythdegau, er enghraifft, ceir tystiolaeth bod Ysgrifennydd Cymru, Nicholas Edwards, yn ystyried ildio i syniadau Plaid Cymru ar dai fforddiadwy fel 'a further capitulation to violent Nationalist pressure'.[167]

Teg hefyd yw dadlau i ymgyrch y sianel ddrysu'r syniad oedd gan yr etholwyr hefyd o bwrpas Plaid Cymru. Ar ôl brwydr S4C, hawdd iawn fyddai dod i'r casgliad mai adain wleidyddol Cymdeithas yr Iaith Gymraeg oedd Plaid Cymru ac nid plaid wleidyddol. Ynghlwm wrth hyn, bu dryswch ynghylch y dulliau ac ailagorwyd y cwestiwn oesol am *raison d'être* Plaid Cymru. Beth oedd hi, go iawn? Plaid gyfansoddiadol ynteu plaid anghyfansoddiadol? Dim ond un ateb oedd yna, wrth gwrs, sef plaid gyfansoddiadol; plant buddugoliaeth Caerfyrddin oedd y to newydd o arweinwyr, a phlaid gyfansoddiadol fu Plaid Cymru byth oddi ar 1980. Mae'n wir i Blaid Cymru basio cynnig yn ei Chynhadledd Flynyddol ym 1980 yn galw am ymgyrch dorcyfraith yn erbyn diweithdra, ond siarad gwag oedd hyn. Serch y cafwyd ymgyrch gymharol lwyddiannus o beidio â thalu trethi dŵr ym 1982, o'r braidd y gellir dweud i dorcyfraith barhau'n strategaeth hir-dymor. Yn hynny o beth, ni chafwyd y 'parodrwydd… i ddangos cryfder ein teimladau' y galwodd Dafydd Iwan amdano.[168] Eithriad i'r rheol hefyd oedd brwydr anghyfansoddiadol fel honno y bu Plaid Cymru'n rhan ohoni ym 1991 yn erbyn treth y pen. Do, gyda'r haul yn machlud ar ei lywyddiaeth, dewisodd Gwynfor gefnu ar rai o'i egwyddorion sylfaenol – cyn camu yn ôl i'r llwybr cul, cyfansoddiadol drachefn. Enillwyd sianel, ond ar draul cawlach pleidiol.

Er tegwch i Gwynfor, fe geisiodd symud yr agenda ymlaen ryw gymaint. Yn un o'r ralïau cyntaf wedi'r ymgyrch ddarlledu, addawodd symud pob gewyn i liniaru ar effeithiau diweithdra yng Nghymru. Ei obaith clir, fel y mynegodd Dafydd Wigley, oedd defnyddio ei statws newydd i arwain ffrynt unedig yn erbyn polisïau economaidd Thatcher.[169] I'r perwyl hwn, ffurfiodd Plaid Cymru gronfa i godi £50,000 ar gyfer ymgyrch o'r fath, ond tân siafins oedd y cam hwn mewn gwirionedd. Ni ddaethpwyd yn agos at gyrraedd y targed ariannol, a gwnaed camgymeriadau tactegol hefyd. Ys dywedodd Emrys Roberts rai misoedd yn ddiweddarach: 'Dewiswyd ymladd yn erbyn cynlluniau'r Gorfforaeth Ddur pan oedd y penderfyniadau pwysig eisoes wedi eu gwneud a'r undebau llafur, ysywaeth, wedi eu derbyn. A dewiswyd gwrthdystio yn erbyn Margaret Thatcher. Mae pawb yn cael hwyl a sbri mewn gwrthdystiad o'r fath. Ond i ba ddiben?'[170]

Ategwyd y diffygion hyn gan y gwagle arweinyddol. Roedd hi'n hysbys erbyn hydref 1980 fod Gwynfor am ildio'r llywyddiaeth ymhen blwyddyn ac, yn wyneb hyn, dechreuwyd ar frwydr ffyrnig (ond cwbl angenrheidiol) am yr etifeddiaeth ddeallusol. Gwelwyd carfanu clir rhwng chwith a de, ond brwydr y chwith oedd hon, wrth i'w deallusion ddechrau chwalu syniad Gwynfor o 'fudiad cenedlaethol'. Ymosododd Cynog Dafis yn arbennig o hallt ar hyn, gan ddadlau'n groyw fod yn rhaid i Blaid Cymru ymadael â'r hen 'syniad o Blaid Cymru fel corff sy'n cynnwys dan yr un ymbarél bobl o olygiadau politicaidd – chwith a de – sy'n cytuno bod eisiau achub Cymru. Oherwydd mae "achub Cymru" yn gysyniad gwag'.[171] Yr ateb i Cynog Dafis oedd sosialaeth, a chydag ethol Dafydd Elis Thomas yn is-lywydd yn ystod cynhadledd 1980, daeth y cwestiwn chwith-de yn gwbl ganolog i'r drafodaeth ynghylch dyfodol Plaid Cymru. Ond wrth i'r ddadl danio, ymddangosai Gwynfor yn fwyfwy fel Brenin Caniwt y cenedlaetholwyr gan ddadlau yn *Y Ddraig Goch* mai 'brwydr ffug' oedd y fath ymrannu ideolegol. Yr oedd yn sicr, meddai, fod sosialaeth yn derm 'aneglur, camarweiniol sy'n rhannu. Prin iawn yw ei apêl at y Werin'. Na, dewisach o lawer i Gwynfor oedd 'y traddodiad radicalaidd Cymreig' y safai 'Michael D Jones yn ei ganol'.[172]

Corsen ysig oedd y traddodiad hwnnw ar drothwy 1981, fodd bynnag. Os dysgodd asgell chwith y blaid un peth rhwng 1974 a 1979, y wers bwysicaf oll oedd bod yn rhaid i Blaid Cymru ddweud yn union lle y safai ar y sbectrwm gwleidyddol. Cadarnhawyd hyn gyda chyhoeddi adroddiad y Comisiwn Ymchwil yn Ionawr 1981 – dogfen a wnaeth, er gwaethaf ei holl ddiffygion, gladdu nifer o sibolethau anwylaf 'y mudiad cenedlaethol'. Calon dadl yr adroddiad, a'i 73 o argymhellion, oedd y dylai Plaid Cymru gyfuno radicaliaeth, sosialaeth a chenedlaetholdeb o dan enw 'sosialaeth ddatganoledig' ac osgoi yr hyn a ddilornid fel 'Westminster-based consensus and compromise politics'.[173] Yn breifat, credai Gwynfor fod adroddiad y Comisiwn Ymchwil wedi cael 'derbyniad eithaf caredig' ond roedd y canlyniadau i 'Wynforiaeth' yn bellgyrhaeddol. Rhoes yr adroddiad hwb pellach i'r eiconoclastiaid a arweinid gan eu heilun, Dafydd Elis Thomas. Yn breifat, ofnai Gwynfor y gwaethaf o weld 'Dafydd Êl gyda'i ymgyrch bersonol' yn erbyn traddodiad. Barnai Gwynfor fod ei syniadau'n torri 'ar draws polisi canolog y Blaid' [174] a rhoes anogaeth i Ioan Bowen Rees daclo yr hyn a ystyriai fel Marcsiaeth Elis Thomas.[175] Ond yn ofer; gwrthododd Ioan Bowen Rees, a beth bynnag, roedd y llanw erbyn hynny'n rhy gryf.

Yr unig beth o sylwedd i galonogi Gwynfor yn ystod y misoedd hyn oedd datblygiad S4C. Ar ôl dechrau lled araf, bu'r llywodraeth yn driw i'w gair gan sicrhau amodau teg i'r sianel a llonnodd Gwynfor drwyddo pan glywodd mai Syr Goronwy Daniel ac nid Glyn Tegai Hughes fyddai cadeirydd Awdurdod S4C.[176] Bu'n ddewis ardderchog gan i Syr Goronwy brofi'n gadeirydd Solomonaidd o ddoeth, gan roi'r cychwyn gorau posibl i S4C. Ond wrth i'r sianel fynd o nerth i nerth, dyfnhaodd argyfwng Plaid Cymru, a gwaethygodd y berthynas rhwng Dafydd Elis Thomas a Dafydd Wigley. Yn Ebrill 1981, rhoes Dafydd Elis Thomas wahoddiad i Marcella, chwaer Bobby Sands, a'i asiant, Owen Carron, i ddod i'r Senedd i annerch y wasg. Roedd yn gam hynod ddewr ar ran Elis Thomas, ac ymhen hir a hwyr, fe'i profwyd yn hollol gywir, gan i ethol Bobby Sands yn Aelod Sinn Fein dros Fermanagh a De Tyrone brysuro'r broses heddwch. Ond, ar y pryd, roedd Sands ar streic newyn ac yn ysgymun i nifer mawr o bobl. Arswydodd Dafydd Wigley o weld yr hyn a ddigwyddai ac, yn ystod y misoedd hyn, gweithredodd Gwynfor fel rhyw dad-gyffeswr iddo. Drannoeth y penderfyniad i wahodd chwaer Bobby Sands, ysgrifennodd Dafydd Wigley at Gwynfor i fynegi ei bryder 'arswydus ynglŷn â'r cyfeiriad' yr oedd y blaid yn symud iddo.[177] Mewn llythyr arall, awgrymodd Wigley wrth Gwynfor y byddai'n rhaid iddo herio'r is-lywydd newydd: 'yn amlwg, ni allwn ganiatáu i'r llithriad presennol barhau am unrhyw gyfnod'.[178] Derbyniai Gwynfor gopïau yn ogystal o lythyrau Wigley at swyddfa ganol y blaid, ac ynddynt câi ddarlun clir o'r berthynas rhwng dau Aelod Seneddol Plaid Cymru. Yn un o'r llythyrau hyn, dywed Wigley fod effaith penderfyniad Dafydd Elis Thomas i ymhel â gwleidyddiaeth Gogledd Iwerddon wedi bod yn hollol drychinebus: 'mae'r adwaith (cyfnod byr o leiaf) i hyn oll yn ddrwg i'r Blaid. Yn Eisteddfod yr Urdd, yn Sioe Gogledd Cymru, yn ogystal ag yn fy etholaeth, rwyf wedi cael adwaith oer a chwbl negyddol. *Efallai* yn y cyfnod hir y bydd cyfiawnhad. Ond yn gwbl sicr nid tair wythnos cyn etholiadau lleol'.[179]

Ac roedd gan Wigley le i fod yn bryderus. Yn etholiadau lleol Mai 1981, gwnaeth Plaid Cymru'n neilltuol o wael. Collodd draean o'i seddi ond doedd y problemau ddim o'i gwneuthuriad ei hun yn unig. Yng ngwanwyn 1981, hoeliwyd sylw pob copa walltog gan dwf chwyldroadol plaid newydd yr SDP – plaid a fyddai'n cyfuno chwith a de gan gynnig ateb i'r etholwyr hynny oedd wedi alaru ar eithafion ideolegol Llafur a'r Ceidwadwyr. Diflannodd yr SDP cyn gyflymed â chicaion Jonah ond, am rai misoedd ym 1981, bygythiodd agor cwys newydd yng ngwleidyddiaeth Prydain gyda'i chymedroldeb. I Blaid Cymru, roedd yna fygythiad neilltuol yma o gofio sut y bu iddi lwyddo dan Gwynfor i ennill y bleidlais radical a chymedrol yng ngorllewin Cymru. Honnwyd bod yr SDP ar fin ennill troedle yng Ngwynedd a chlywyd adroddiadau am rai o *stalwarts* y Blaid Lafur mewn llefydd fel Llanberis yn ymuno â'r blaid newydd. Doedd yna fawr o sylwedd i'r straeon hyn, mwy nag yr oedd yna i'r stori bod Dafydd Wigley ar fin ymuno â'r SDP. Ond roedd gorfod gwadu stori mor hurt â honno ynghylch Wigley yn brawf o ba mor fain yr oedd pethau ar Blaid Cymru. Nid cyd-ddigwyddiad, felly, yw hi i Gwynfor ailystyried ei benderfyniad i beidio â sefyll eto yng Nghaerfyrddin.

Eisoes, roedd Dafydd Wigley wedi clustnodi y Parchedig Aled Gwyn fel olynydd teilwng i Gwynfor a chytunodd Aled Gwyn i'w enw fynd ymlaen.[180] Yn ddiamau, byddai Aled Gwyn wedi gwneud ymgeisydd solet gan ei fod yn boblogaidd ac yn adnabod Sir Gâr yn dda. Ond, yn ddiarwybod i Aled Gwyn, roedd rhai o Bleidwyr Sir Gaerfyrddin yn amharod iawn i weld Gwynfor yn mynd. Yn wir, o fewn deuddydd i'r cyhoeddiad na fyddai Gwynfor yn sefyll eto, ysgrifennodd cadeirydd yr etholaeth at Gwynfor gan ddweud bod Pleidwyr yr etholaeth 'yn ymbilgar yn eu dyhead a'u gobaith' y byddai'n ailystyried.[181] Dair wythnos yn ddiweddarach, daeth dirprwyaeth etholaethol i'r Dalar Wen gyda'r un neges. Roeddent yn daer am iddo ailfeddwl ac, yn wyneb y fath bwysau, simsanodd Gwynfor. Penderfynodd sefyll eto ac, wrth gyfiawnhau ei benderfyniad, dywedodd na fyddai ei oedran yn broblem o fath yn y byd gan mai oes yr hen stêjars oedd hi ta beth. 'It is not,' proffwydodd wrth y *Western Mail*, 'the age of the very young any more. The rulers of Russia and China are in their 80s – and look at Ronald Reagan.' Roedd hi'n gymhariaeth amserol ond abswrd; roedd hi hefyd, maes o law, yn weithred fyddai'n niweidio Gwynfor a Phlaid Cymru yn Sir Gaerfyrddin.[182]

Problem sylfaenol Gwynfor oedd ei anallu i ildio'r maes. Wedi'r cyfan, gwleidydda oedd ei fywyd; cyfyng hefyd oedd ei ddiddordebau a doedd yna ddim llawer o ddim byd arall i lenwi'r gwagle a ddeuai yn sgil ymddeol. Yn yr un cywair, daliai i fynnu mai crych dros dro oedd problemau Plaid Cymru ym Mehefin 1981 ac na fyddai sôn am broblemau chwith/de ymhen blwyddyn neu ddwy. Ond, a'r haul yn machlud ar ei yrfa, nid oes dadl i Gwynfor golli rheolaeth ar rannau helaeth o'i blaid ei hun yn ystod haf 1981, cymaint felly nes i rai aelodau ddechrau ymbilio arno i barhau fel llywydd hefyd.[183] Y digwyddiad allweddol oedd penderfyniad Dafydd Elis Thomas a'i ddisgyblion yn y ffydd – rhai fel Aled Eirug ac Emyr Wyn Williams – i sefydlu 'Y Chwith Genedlaethol'. Amcan y mudiad oedd helaethu sylfaen gefnogaeth Plaid Cymru gan gysylltu â mudiadau ac unigolion ar y chwith ac yn y Blaid Lafur. Nodweddid y grŵp gan gryn greadigrwydd deallusol, a bu ei bresenoldeb byrhoedlog yn ddatblygiad pwysig yn y broses o droi Plaid Cymru i fod yn blaid asgell chwith, aeddfed. Roedd yr un broses i'w gweld yn yr Alban gyda thwf y '79 Group oddi mewn i'r SNP. Yno, bu'r '79 Group yn achos rhwyg o fewn yr SNP ac roedd yr un peth yn wir, serch i raddau llai, am y Chwith Genedlaethol hefyd. I lawer o genedlaetholwyr, roedd y Chwith Genedlaethol yn gweithredu fel *Militant Tendency* Plaid Cymru, plaid oddi mewn i blaid a gadwai ei rhestrau aelodaeth ei hun. Credai'r sefydliad Gwynforaidd fod y Chwith Genedlaethol yn feichiog o ddrygioni, a thrannoeth cyfarfod cyhoeddus cyntaf y Chwith Genedlaethol anfonodd Gwynfor lythyr at yr *Observer* a haerai fod Plaid Cymru wastad wedi bod ar y chwith. Doedd hyn ddim yn wir ond, gyda Phlaid Cymru wedi symud yn wyrthiol i'r chwith dros nos, caniataodd hyn i Gwynfor bortreadu dilynwyr Dafydd Elis Thomas fel Marcsiaid.[184]

Heb amheuaeth, roedd yna ambell siwdo-Farcsydd (ac ambell *siwd*) ynghlwm wrth y Chwith Genedlaethol, ond roedd penderfyniad Gwynfor i ailfedyddio'i blaid fel plaid y chwith gymedrol yn hynod graff. Synnodd Saunders Lewis, er enghraifft, o weld fod Plaid Cymru wedi symud cyn gyflymed i'r chwith, ond yr un oedd yr effaith: llwyddodd Gwynfor i bortreadu aelodau'r Chwith Genedlaethol fel eithafwyr.[185] Yn y cyfamser, cynyddodd y darogan ynghylch pwy fyddai'n amddiffyn etifeddiaeth Gwynfor. Da y dywedodd Jennie Eirian Davies fod y frwydr a oedd yn mynd rhagddi yn frwydr 'am enaid' Plaid Cymru.[186] Cafwyd adroddiad ym mhapur newydd y *Guardian* a awgrymai fod pethau cynddrwg ar Blaid Cymru nes y byddai'n rhaid i Gwynfor ei hun ddychwelyd er mwyn rhwystro'i blaid rhag chwalu'n llwyr.[187] Doedd yna ddim sail i'r darn hwnnw yn y *Guardian* na chwaith i'r si a glywyd bod Gwynfor ar ei ffordd i Dŷ'r

Arglwyddi. Ond yn yr awyrgylch yma o ddrwgdybiaeth a charfanu y chwaraeodd adain gymedrol Plaid Cymru ei cherdyn olaf, sef Dafydd Wigley.[188] Fel y nodwyd eisoes, doedd Wigley ddim am ysgwyddo beichiau'r llywyddiaeth oherwydd ei sefyllfa deuluol, ond roedd pethau ar fin newid. Wedi haf o 'foddhad pur' yn Tynllidiart ger Dolgellau, lle y darllenodd gasgliad o ysgrifau llenyddol Saunders Lewis, clywodd Gwynfor y newyddion da o lawenydd mawr: roedd Wigley am ymgeisio am y llywyddiaeth.[189] Dywed Wigley na roes Gwynfor bwysau arno i ailystyried, ond fe wnaeth dderbyn ei gefnogaeth. Ac roedd amcanion y ddau yn syndod o debyg: roeddent yn bendant eu barn bod yn rhaid 'achub' y blaid rhag Elis Thomas.[190]

Roedd yr un ymdeimlad o ollyngdod i'w weld gan deulu a chylch cyfeillion Gwynfor. Derbyniodd lythyr gan ei fab, Guto Prys, yn llawenhau bod Wigley'n mynd i herio 'Dafydd Êl' – gŵr y credai fod ei weledigaeth wedi 'ei gymylu'.[191] Ymysg pobl Gwynfor, Pleidwyr Sir Gaerfyrddin, daeth Elis Thomas ar waelod y pôl pan fwriwyd pleidlais i weld pwy y byddent yn ei enwebu gogyfer â'r llywyddiaeth.[192] Ond nid felly yr oedd hi yng ngweddill Cymru wrth i ras hynod agos a chwerw ddatblygu rhwng y canol a'r chwith. Bu Gwynfor yn ddigon doeth a grasol i aros ymhell o'r drin serch iddo roi anogaeth breifat i Wigley. Hyd y diwrnod olaf un, gwleidydd plaid, un blaid, 'Y Blaid', oedd Gwynfor ac uwchlaw popeth arall, dyrchafai undod pleidiol. Yn ei anerchiad olaf i'r wasg fel llywydd, mynnodd wrth y newyddiadurwyr a heidiodd i'r gynhadledd yng Nghaerfyrddin nad oedd yna nemor ddim gwahaniaeth rhwng Elis Thomas a Wigley. Roedd Elis Thomas, meddai, yn apelio at y dosbarth gweithiol, sef mwyafrif y bobl, yn yr un modd ag yr oedd Wigley yn apelio at fwyafrif y bobl, sef y dosbarth gweithiol![193] Nonsens wrth gwrs; roedd yna wahaniaethau mawr rhwng Wigley ac Elis Thomas ond, i Gwynfor, roedd yn rhaid parhau i briodi gwahaniaethau o'r fath rhwng cyfyng furiau'r 'mudiad cenedlaethol'. Y peth olaf yr oedd am ei weld oedd rhwyg ideolegol fel honno rhwng Tony Benn a Denis Healey a fu mor niweidiol i'r Blaid Lafur. Lle roedd cenedlaetholdeb yn y cwestiwn, roedd cyfaddawd wastad yn bosibl i Gwynfor.

Rai oriau wedi'r datganiad hwn, cafwyd yr enghraifft berffeithiaf o bragmatiaeth Gwynfor pan bleidleisiodd o blaid cynnig cymhleth, Sofietaidd ei naws, a alwai am wneud 'sosialaeth ddatganoledig' yn un o amcanion y blaid. Roedd yr un cynnig hefyd yn galw am ddileu hunanlywodraeth fel un o amcanion y blaid gan roi 'gwladwriaeth sosialaidd ddatganoledig' yn ei le.[194] Ystyrid y cynnig fel un hynod ddadleuol gan ei fod yn nacáu degawdau o draddodiad pleidiol ac o'r herwydd y disgwyl oedd y byddai'n bleidlais agos. Disgwylid i Gwynfor, o bawb, bleidleisio yn erbyn ond fe synnwyd y gynhadledd pan bleidleisiodd Gwynfor o'i blaid. Wrth weld ei law yntau'n codi, fe ddilynodd nifer o Bleidwyr ei esiampl gan sicrhau i'r geiriad ddod yn rhan o gyfansoddiad y blaid. Hyd y dydd heddiw, mae'r penderfyniad wedi parhau'n ddirgelwch ac awgrymodd rhai, fel Rhydwen Williams, golygydd *Barn*, i Gwynfor bleidleisio y ffordd anghywir.[195] Awgrym arall a gafwyd gan rai ar y chwith oedd bod cefnogaeth Gwynfor yn dangos pa mor 'despret' ydoedd.[196] Mae'n anodd gwybod i sicrwydd beth a ddigwyddodd ond yr esboniad tebycaf yw'r un a gynigiwyd gan Gwynfor ei hun, sef mai mater o eiriad yn unig oedd y cynnig gan fod y polisïau'n aros yn ddigyfnewid.[197] Ac roedd Gwynfor yn iawn. Gyda Wigley'n debygol o gael ei ethol yn llywydd, sicrhaodd Gwynfor undeb pleidiol ar draul mymryn o falchder a hollti blew.

Drannoeth, ar brynhawn Sadwrn 31 Hydref, digwyddodd yr hyn yr oedd am ei weld pan etholwyd Dafydd Wigley yn llywydd ar y blaid. Roedd y canlyniad, 273 pleidlais i Wigley, 212 pleidlais i Elis Thomas, yn agos fel y proffwydwyd. Yn wir, trwch bys oedd ynddi ond i Gwynfor roedd 'Marcsydd Meirionnydd' wedi ei drechu, yr aer wedi ei goroni a'r etifeddiaeth yn saff wedi 36 o flynyddoedd di-dor wrth y llyw.[198] Rai dyddiau'n ddiweddarach, ysgrifennodd Gwynfor at Robyn Léwis i danlinellu rhinweddau Wigley. 'Bydd Dafydd Wigley,' meddai, 'yn gwneud Llywydd o'r radd flaenaf. Dangosodd ddoethineb a chydbwysedd ar hyd y ffordd ac y mae'n gwneud pob ymdrech i gadw'r Blaid ynghyd ac i hyrwyddo ei hundeb hi.' Ei unig bryder oedd iechyd Wigley gan gymaint y 'straen deuluol', ond addawodd o'r dechrau un y gwnâi'r hyn a fedrai 'i'w amddiffyn rhag gorweithio'.[199] Prin fod angen dweud i Gwynfor gadw'n ddeddfol at yr addewid hwnnw. Yn yr un gynhadledd, cyflwynwyd set deledu *Fidelity (Made in England)* yn anrheg iddo ond, mewn gwirionedd, ychydig o ddefnydd a gafodd honno. Wrth gamu i lawr o'r llywyddiaeth wedi cyfnod mor hirfaith o lafur cariad, ni feddyliodd Gwynfor am eiliad na ddylai barhau i wneud yr hyn a fedrai i hyrwyddo'r blaid.

Er hynny, roedd y blaid yn syndod o anniolchgar am yr holl lafur a roes Gwynfor drosti. Yn dilyn cynhadledd 1981, casglwyd tysteb ar ei gyfer ond roedd yr ymateb yn bur siomedig. Gobaith Elwyn Robers a'i trefnodd oedd y gellid casglu £18,000 erbyn y Nadolig ond fe synnodd yntau at 'gyfraniadau pitw' rhai Pleidwyr 'amlwg'. Arfon a gyfrannodd fwyaf (£2,112) ond roedd yr ymateb o'r de yn wael iawn: £60 o ardal Merthyr, £1,280 o Gaerdydd a £664 o Abertawe.

Bwgan mawr y dysteb oedd y dybiaeth fod Gwynfor yn ddyn cefnog. Serch iddo elwa'n fawr iawn o haelioni ei dad a'i frawd, Alcwyn, perthynas ddibynnol oedd hi, ac o'r braidd y gellir dweud fod gan Gwynfor lawer wrth gefn. Yn wir, roedd ei sefyllfa ariannol erbyn hyn, chwedl Elwyn Roberts, 'yn dynn iawn'. Er bod dyledion Gwynfor wedi eu talu, roedd yr arian a etifeddodd ar ôl Dan wedi eu gwario – yn rhannol ar gynorthwyo Meinir a Ffred, yn rhannol ar glirio dyledion eraill. Yn ychwanegol at hyn, roedd angen £1,000 i drwsio'r Dalar Wen ac yntau heb geiniog yn y banc.[200] Ymhen hir a hwyr, llwyddwyd i gyrraedd y targed o £18,000 a buddsoddwyd yr arian mewn 'annuity' ar ei ran. Rhwng yr arian blynyddol bychan hwn ynghyd â'i bensiwn seneddol (eto, swm cymharol fychan), llwyddodd Gwynfor i gadw'r blaidd o'r drws. Parhaodd Alcwyn hefyd i fod yr un mor haelfrydig; fodd bynnag, go brin y gellir dweud i Gwynfor gael ymddeoliad bras.

Nid fod hwn yn ymddeoliad normal o gwbl. Yn un peth, roedd ei egnïon yn parhau mor ddihysbydd ag erioed, ac fe'u sianelodd i wahanol gyfeiriadau: rhai'n gyfarwydd, eraill yn fwy anghyfarwydd. Ddiwedd 1981, cyhoeddodd gyfrol bolemig, *Diwedd Prydeindod*, a geisiodd argyhoeddi cenhedlaeth newydd mai eu cenhadaeth hwy oedd llafur diddiolch dros y genedl. Roedd hi'n ddelwedd ddigyfnewid er bod cywair gwrth-Lafurol y gyfrol yn chwerwach nag erioed wrth iddo gyfosod 'taeogrwydd gwangalon' Neil Kinnock a Roy Jenkins gydag 'urddas a hyder' ffigurau fel Llywelyn Fawr ac Owain Glyndŵr.[201] A bod yn blwmp ac yn blaen, ailddatgan tiwn gron oedd *Diwedd Prydeindod* a bychan oedd ei effaith. Llawer mwy arhosol o safbwynt cyfeiriad Plaid Cymru oedd ymdrechion Gwynfor yn y cyfnod hwn i ieuo'r blaid wrth fudiadau gwrthniwclear ac amgylcheddol. Penllanw'r ymdrechion hyn oedd cyd-ymgeisyddiaeth lwyddiannus Plaid Cymru a'r Gwyrddion wrth gipio sedd seneddol Ceredigion ym 1992, ond Gwynfor a arweiniodd Blaid Cymru i gyfeiriad y Mudiad Gwyrdd. Yn ystod haf 1981, ysgrifennodd Brig Oubridge, cydlynydd Cymreig y Blaid Ecolegol, at Gwynfor gan gynnig mai doeth o beth fyddai cyfnewid syniadau. Nod Oubridge oedd gwrthbwyso'r hyn a ddisgrifiwyd ganddo fel meddylfryd 'sky blue-pink' y tair plaid arall ac fe ymddengys i Gwynfor – er gwaethaf pryderon nifer ym Mhlaid Cymru ei fod yn dablan â 'hipi' – gynhesu at ei syniadau.[202] Yn ystod Tachwedd 1981 y cyfarfu Gwynfor ag Oubridge ac wedi'r cyfarfod daeth Gwynfor i'r casgliad fod y mudiad amgylcheddol nid yn unig yn costrelu llawer o'i syniadau – bychander, heddychiaeth, amgylcheddaeth – ond ei fod hefyd yn ateb i fethiant gwleidyddol y chwith Brydeinig.[203]

Roedd Gwynfor hefyd am i Blaid Cymru symud drachefn, fel ag y gwnaeth adeg yr Ail Ryfel Byd, i gyfeiriad heddychiaeth ymosodol. Eto fyth, fel gyda chymaint o'r hyn a wnaeth Gwynfor fel gwleidydd, roedd yn gyfuniad o'r egwyddorol a'r pragmataidd. O ran cymhelliad egwyddorol, does yna ddim amheuaeth i Gwynfor, fel cynifer o heddychwyr, arswydo o weld y ras arfau yn prysuro yn ei blaen. Bu penderfyniad y llywodraeth i ganiatáu defnyddio Comin Greenham yn Berkshire fel cartref i 96 o daflegrau Cruise yr Americanwyr yn symbyliad i filoedd o heddychwyr Cymreig. Gwelai Gwynfor hefyd y datblygiadau hyn fel 'mass murder on a scale hitherto uncontemplated'.[204] Wrth i'r hinsawdd ryngwladol dduo, penderfynwyd sefydlu adain Gymreig i CND yn ystod 1981 a gwelodd Gwynfor gyfle yma – nid yn unig i bleidio heddychiaeth ond hefyd i gryfhau Plaid Cymru. Mewn adlais o berthynas Plaid Cymru â Heddychwyr Cymru ddeugain mlynedd ynghynt, mynnodd Gwynfor wrth Dafydd Williams fod ei blaid 'yn cipio'r arweiniad sydd yn awr yn nwylo Saeson o achos eu hymroddiad clodwiw'.[205] Roedd hi'n siars amrwd ond dyna ddigwyddodd a gwnaeth ffigurau fel Jill Evans, Dafydd Iwan a Toni Schiavone gyfraniad pwysig dros CND Cymru yn enw Plaid Cymru.

Amcan arall Gwynfor wrth 'estyn allan' fel hyn oedd dod â'r Cymry Cymraeg a'r di-Gymraeg yn nes at ei gilydd wedi'r refferendwm. I ryw raddau, fe ddigwyddodd hynny rhwng aelodau o Blaid Cymru ac aelodau eraill yn y mudiadau heddwch ac amgylcheddol, ond ar lawr gwlad Sir Gaerfyrddin roedd hi'n stori dra gwahanol. Yn un peth, roedd y Cymry Cymraeg yn bur ddrwgdybus o'r mudiad heddwch. Pan drefnodd Gwynfor gyfres o gyfarfodydd ganol Mawrth 1982 er mwyn dangos y ffilm heddychol *The War Game*, prin oedd y Cymry Cymraeg a ddaeth i'w gweld.[206]Aeth rhai Pleidwyr amlwg yn Sir Gaerfyrddin – rhai fel D O Davies – cyn belled â'i rybuddio i dreulio llai o amser gyda'r mudiad heddwch.[207] Ni newidiodd Gwynfor ei gwrs gwleidyddol o gwbl ond roedd pryder ffigur fel D O Davies yn adlewyrchu'r ofn fod Gwynfor yn esgeuluso'r gwaith o adennill yr etholaeth. Yno, roedd gwleidyddiaeth, a gwleidyddiaeth iaith yn enwedig, mor frwnt ag erioed ac yn y llacs yma y bu'n rhaid i Gwynfor dreulio ei gyfnod olaf fel ffigur cyhoeddus. Ddiwedd 1981, a thrwy gydol 1982, brithid colofnau'r wasg leol gan ymosodiadau fitriolig ar Gwynfor gan Dr Alan Williams, ysgrifennydd Plaid Lafur etholaeth Caerfyrddin. Wedi i Gwynfor ildio'r llywyddiaeth, bwriodd Alan Williams iddi gan atgoffa pobl Caerfyrddin fod y penderfyniad i 'orfodi' hen ŵr fel Gwynfor i sefyll eto fel ymgeisydd yn greulon.[208] Byddai'n thema gyfarwydd gan Williams hyd yr etholiad cyffredinol ym 1983, ond arbenigedd y doethur oedd corddi drwg ynghylch y Gymraeg. Tybiai ambell Bleidiwr fod Alan Williams wedi dysgu wrth draed Dr Goebbels gan iddo lusgo gwleidyddiaeth iaith Sir Gaerfyrddin i'r gwter.[209] Ond roedd Alan Williams yn giamstar ar yr hyn a wnâi wrth ddefnyddio'r Gymraeg (a'r ymgyrch losgi tai haf yn enwedig) er mwyn difenwi Gwynfor.

Ceisiodd Gwynfor ei ateb ond aflwyddiannus fu ei alwad ar i Alan Williams roi'r gorau iddi.[210] O dwf addysg Gymraeg i gychwyn S4C yn Nhachwedd 1982, ni fu pall ar allu diarhebol Williams i weld cynllwyn mewn cenedlaetholdeb. Gwnâi hyn i gyd yn enw ei feistr, Dr Roger Thomas, a bu'n hynod lwyddiannus mewn cyfnod eithriadol o fain i Gwynfor. Yn breifat, datblygodd casineb Gwynfor tuag at y Blaid Lafur i'r fath raddau nes iddo ddechrau dyheu'n breifat am weld plaid yr SDP yn torri cefn y Blaid Lafur Gymreig.[211] Ni soniodd am hyn yn gyhoeddus a serch iddo geisio adennill rhywfaint o fomentwm gwleidyddol trwy dynnu sylw at faterion lleol megis cyflwr truenus Castell Dinefwr, dinistriwyd yr holl ymdrechion hyn gan wleidyddiaeth iaith.[212] Ond nid Gwynfor yn unig a ddioddefai yn ystod y cyfnod hwn. Baglu ymlaen yr oedd Plaid Cymru, mewn gwirionedd, a bygythiodd Dafydd Wigley ymddiswyddo fel llywydd oni wnâi ei gyd-Bleidwyr fwy i glirio dyledion y blaid.[213] Ni ddigwyddodd hynny, ond roedd llywyddiaeth Wigley yn cloffi yn wyneb ei anallu yntau i gyfannu'r rhwyg de/chwith ac i greu 'mudiad cenedlaethol' mor effeithiol ag y gwnaeth Gwynfor.[214] Cafodd rhyfel y Falklands yng ngwanwyn 1982 effaith ddiamheuol hefyd, wrth i don o wladgarwch jingoistaidd olchi dros Gymru. Edrychai Plaid Cymru'n ynysig, er yn dra egwyddorol, gan mai hi oedd yr unig blaid Brydeinig o bwys i wrthwynebu'r rhyfel. Yn yr hinsawdd hynod anaddawol yma yn hydref 1982 y dechreuodd Gwynfor gynllunio ar gyfer etholiad cyffredinol.

Hwn fyddai ei gynnig etholiadol olaf ac ymdrechodd i'w gyflwyno'i hun i bobl Sir Gaerfyrddin fel gwleidydd profiadol ac nid fel hen begor ar ddisberod. Fodd bynnag, er taered ei brotestiadau, roedd Gwynfor yn tynnu at ddiwedd ei ddyddiau fel gwleidydd ac fe fradychodd ei hun trwy ei weithredoedd. Yng ngwanwyn 1982, lluniodd ei hunangofiant, *Bywyd Cymro*, mewn cwta dri mis dan gyfarwyddyd y golygydd, Manon Rhys. Roedd medru cwblhau'r gwaith o fewn y fath amserlen gyfyng yn gryn gamp. Er hynny, roedd y gyfrol yn ddrych o rinweddau a ffaeleddau Gwynfor. Yn *Bywyd Cymro*, ni cheir unrhyw dir canol; mae pawb naill ai'n rhagorol neu'n ffaeledig. Y cenedlaetholwyr, wrth reswm, yw'r rhagorolion hyn; mae'r gweddill yn golledig. Roedd y gyfrol hefyd yn nodedig am yr hyn a ddywedai am ddehongliad Gwynfor o hanes. Yn un peth, doedd hi ddim yn gyfrol wylaidd, gan i Gwynfor achub ar bob cyfle i'w ganmol ei hun a'i blaid. Plaid Cymru hefyd, o ddarllen dehongliad Gwynfor o hanes, a 'achubodd' y genedl – ni wnaeth neb arall ddim drosti. Ond y peth mwyaf trawiadol yw'r hyn y penderfynodd Gwynfor ei hepgor o *Bywyd Cymro*. Ni cheir nemor ddim sôn am rwygiadau Tryweryn na chwaith am ei fygythiad i ymddiswyddo ym 1961. Prin hefyd yw'r cyfeiriadau at ei berthynas â Saunders Lewis ac Emrys Roberts. Drwyddi draw, mae'r gyfrol yn ymgais fwriadus ganddo i'w ddyrchafu ei hun a'i blaid.

Eto i gyd, serch ei diffygion, mae hi'n gyfrol bwysig tu hwnt gan ei bod yn cloriannu cyfraniad mor fawr dros gyfnod mor faith. Roedd hefyd yn ddiddorol am iddi dynnu sylw'r byd at y diffygion hynny, fel nerfusrwydd cyhoeddus, a fu'n gymaint o boen iddo. Bu mynd mawr ar y llyfr, ac fe gyfrannodd mewn modd nid ansylweddol at y broses o ganoneiddio Gwynfor. Y cam cyntaf ar y llwybr hwnnw oedd gwneud Gwynfor yn llywydd anrhydeddus ar Blaid Cymru yn Rhagfyr 1982. Ond rhwng derbyn yr anrhydedd honno a chyhoeddi *Bywyd Cymro*, daeth hi'n fwyfwy amlwg bod Gwynfor ei hun yn synhwyro bod yr haul wedi machlud ar ei yrfa fel gwleidydd. Gwelai apêl gynyddol mewn hanes hefyd gan gyhoeddi pamffledyn yn Ionawr 1983 ar Facsen Wledig a geni'r genedl Gymreig.[215] Gweithiodd yn agos gyda'r mudiad Cofiwn er mwyn sicrhau y câi Macsen ei gofio ag urddas, ac ysgrifennodd Dafydd Iwan gân gofiadwy, 'Yma o Hyd', ar gyfer y dathlu. Maes o law, datblygodd y gân hon i fod y rhyfelgri i rwystredigaeth y Cymry Cymraeg ac fe'i clywid mewn sefyllfaoedd mor amrywiol â gêmau pêl-droed ac aml briodas feddwol.

Roedd yr ymdrechion hyn i gyd yn gymeradwy ac mae'n ddi-ddadl iddynt ddyfnhau angerdd carfan o Gymry tuag at eu cenedl mewn cyfnod pryd yr ofnid fod Cymreictod ar drai. Eto i gyd, mae'n amheus faint o les a wnaethant i ddelwedd Gwynfor y gwleidydd modern, a hynny ar drothwy etholiad cyffredinol. Disgwylid i ganlyniad Caerfyrddin fod yn glòs; yn wir, tybid y byddai ad-drefnu ffiniau yn gweithio er budd Gwynfor ac mai trwch blewyn fyddai ynddi rhyngddo ef a'r ymgeisydd Llafur, Dr Roger Thomas.[216] Doedd Nigel Thomas, y Tori a wnaeth cystal ym 1979, ddim i'w weld yn un man a chynigiodd Plaid Cymru wobr i bwy bynnag a'i gwelai.[217] Er hynny, roedd ymgyrch Plaid Cymru yn bur ddiffygiol a datblygodd oedran Gwynfor i fod yn ffactor allweddol. Ar fwy nag un achlysur, gorfu iddo argyhoeddi'r wasg nad oedd yn rhy hen i fynd i'r Senedd. Mewn cyfweliad â dyn y *Guardian*, ceisiodd gymharu ei sefyllfa â Jim Griffiths a Ronald Reagan – dau ŵr a barhâi i wleidydda a hwythau yn eu saithdegau.[218] Roedd hi'n gymhariaeth anffodus o gofio bod y naill wedi marw a'r llall yn bengelyn i heddychwyr radical Plaid Cymru! Oedd, roedd yn gam gwag ond doedd hwnnw ddim hanner cymaint o gamgymeriad â'i benderfyniad gwreiddiol yn ôl ym 1981 i sefyll eto.

Ond roedd y niwed wedi ei wneud. Yn ystod oriau mân bore Gwener 10 Mehefin, daeth y diwedd i Gwynfor fel gwleidydd pan fethodd yn ei ymgais i adennill Caerfyrddin. Llwyddodd Dr Roger Thomas i ddal gafael ar y sedd gyda mwyafrif o 1,154, a chyda hynny daeth diwedd ar gyfnod unigryw o wleidydda a ddyddiai yn ôl i 1945. Roedd colli'n brifo ond gwaeth, llawer gwaeth na hynny, oedd y profiad o ddod yn drydydd y tu ôl i'r Tori, Nigel Thomas. Yn genedlaethol, roedd yna ddarlun cyffelyb i'w weld wrth i'r Cymry gofleidio Thatcher a'i chwyldro. Cwta wyth y cant o'r bleidlais genedlaethol a gafodd Plaid Cymru, ac ofnai nifer o sylwebwyr fod cenedlaetholdeb a gwleidyddiaeth y chwith wedi eu dinistrio'n derfynol. O fewn dyddiau i'r bleidlais genedlaethol, roedd Wyn Roberts, y Gweinidog Gwladol yn y Swyddfa Gymreig, yn annog ei feistr, Nicholas Edwards, i sicrhau mai hi, y Blaid Geidwadol, a ddatblygai'n blaid i'r Cymry. Byddai'r Geidwadaeth hon, fe obeithiai Wyn Roberts, hefyd yn esblygu i fod yn 'native, organic force like some of our best national institutions'.[219] Fodd bynnag, wrth i'r Ceidwadwyr ddathlu, arswydai Gwynfor o weld cyflwr ei genedl gan fod y tri pheth a garai fwyaf – y Gymraeg, Cymru a heddwch byd – yn y fantol. Pan ofynnwyd iddo beth fyddai ei gam nesaf, ni fedrai Gwynfor ond troi at y cywair pruddglwyfus, herfeiddiol: 'Old soldiers never retire, they gradually fade away. I am not retiring from politics'.[220] Ond y gwir amdani oedd bod llafur oes eisoes wedi dirwyn i ben ac yntau (gydag eithriad sefydlu S4C) heb gael fawr o addaliad. Yn awr, byddai'n rhaid iddo ef a'i gyd-genedlatholwyr herio'r oriau du.

Pennod 13

HEN ŴR PENCARREG, 1983–2005

D ROS Y MISOEDD NESAF, ymdebygai Gwynfor i anifail clwyfedig, yn drwblus ei feddyliau ac yn drwm ei ysbryd. I bob pwrpas, roedd pwysau'r pedair blynedd diwethaf wedi ei dorri, gorff ac ysbryd. Ni fedrai gysgu ac ni ddymunai weld neb. Uwchlaw popeth, sychedai am lonydd ac amser i feddwl ynghylch beth aeth o'i le yn etholaeth Caerfyrddin. Ni fedrai ddeall pam fod cenedlaetholdeb yn dihoeni a pham i sefydlu S4C roi cyn lleied o hwb etholiadol iddo. Ac nid Gwynfor yn unig a aeth yn benisel: roedd y blynyddoedd diwethaf wedi dweud ar Rhiannon hefyd. Iddi hi, roedd yr hyn a ddigwyddodd i Gwynfor ym Mehefin 1983 yn ddim llai na thrychineb. Yn y bôn, methai'n deg â deall pam y gwnaeth etholwyr Caerfyrddin wrthod Gwynfor yn y fath fodd ac yntau, fe gredai Rhiannon, wedi rhoi ei fywyd drostynt.[1] Wyneb yn wyneb â'r fath sefyllfa, penderfynodd y ddau mai'r unig ateb oedd ymgilio i lonyddwch ardal Dolgellau am noddfa. A dyna a ddigwyddodd; am rai wythnosau, yno y bu Gwynfor a Rhiannon gyda'u hŵyr bach, Hedd, yn gwmni iddynt.[2]

Defnyddiodd Gwynfor yr wythnosau hyn i lyfu ei glwyfau a cheisio sadio ond, o'i amgylch, daliai'r storm i ruo ynghylch cyfeiriad Plaid Cymru. Roedd hon yn frwydr rhwng cefnogwyr Dafydd Elis Thomas a chefnogwyr Dafydd Wigley ond, i Gwynfor, roedd hi hefyd yn frwydr dros ei etifeddiaeth yntau. O gofio hyn, ni fedrai lai nag arswydo wrth weld y modd y datblygodd Elis Thomas yn fwyfwy milwriaethus yn ystod y misoedd hyn. I Elis Thomas, roedd galanastra 1983 yn brawf pellach, onid *y* prawf digamsyniol, fod yn rhaid i Blaid Cymru ddianc rhag llaw farw Gwynfor a'i etifedd saff, Dafydd Wigley. Y flaenoriaeth i Elis Thomas yn awr oedd trawsnewid Plaid Cymru a chreu dim byd llai na 'thraddodiad gwleidyddol newydd'.[3] Roedd yn ddweud mawr, ond roedd Elis Thomas o ddifrif. Ar awr anterth y dde Brydeinig, ni chredai fod gan Blaid Cymru ddewis arall. O hynny ymlaen, datblygodd y Chwith Genedlaethol yn fwy hyderus nag erioed heb falio ffeuen am ochelgarwch Gwynfor, Wigley a'u cymheiriaid yng ngrŵp Hydro, carfan a sefydlwyd i 'achub' y blaid rhag Elis Thomas.[4] Yn hyn o beth, fe gynorthwywyd datblygiad y chwith hefyd gan sefydlu *Radical Wales*, cylchgrawn a sefydlwyd ac a gâi ei ariannu gan Blaid Cymru, ond a fu'n gyfrwng i alluogi chwith y blaid i flodeuo. I olygyddion y cylchgrawn hwnnw, y cwestiwn allweddol a wynebai Plaid Cymru yn hydref 1983 oedd hwn: 'Is Plaid Cymru a political party or an extramural branch of Merched y Wawr and Côr Meibion Cwmsgwt?'[5]

Roedd hwn yn gwestiwn canolog i nifer ar y chwith ond, wrth weld yr ymholi yma, aeth Gwynfor yn gynyddol ddrwgdybus o Dafydd Elis Thomas gan ofni ei effaith ar y blaid. Yn breifat, tueddai Gwynfor i sarhau Elis Thomas gan ddilorni ei ddiléit gorhyderus mewn syniadau. A dyma ddod at eironi arall ynghylch Gwynfor. Serch iddo ei amgylchynu ei hun â rhai o ddeallusion disgleiriaf Cymru'r ugeinfed ganrif, gwŷr fel Tudur Jones, Pennar Davies a J Gwyn Griffiths, ni fu Gwynfor erioed yn ddyn syniadau. Yn wir, roedd gorddibyniaeth ar syniadau mewn gwleidyddiaeth yn beth drwg yn nhyb Gwynfor. Yn awr, fodd bynnag, gwelai ddeallusyn yn ceisio herwgipio ei blaid ef yn enw'r chwith Gymreig. Dyma un esboniad pam y drwgleiciai Dafydd Elis Thomas y gwleidydd, ond mae yna ystyriaethau eraill hefyd. Teimlai Gwynfor yn ogystal fod Elis Thomas yn wleidydd annibynadwy, maferic, ac na wyddai neb beth fyddai ei 'chwiw' ddiweddaraf. A fyddai'n Gomiwnydd? A fyddai'n Anarchydd? A fyddai'n Wyrdd? Holai hefyd a oedd gan Elis Thomas ryw obsesiwn ag ennill sylw personol. Ond gyda 'Dafydd Êl' roedd ansicrwydd i'w ddisgwyl, ac roedd Gwynfor yn casáu'r anwadalwch hwn – tuedd a briodolai Gwynfor i berthynas honedig gymhleth Elis Thomas â'i dad.[6]

Bu Gwynfor yn y merddwr hwn am rai misoedd ond, yn raddol, gyda chymorth meddygol a chariad gwraig dda, daeth drwyddi. Erbyn y Nadolig hwnnw, cysgai'n well ac roedd yn barod i weld pobl drachefn.[7] Ac fel gwyfyn at fflam, dychwelodd at wleidyddiaeth. Y trobwynt diamheuol oedd yr hyn a ddigwyddodd yng Nghaerfyrddin a'r newyddion ysgytwol ynghylch restio'r aelod lleol, Dr Roger Thomas, ar amheuaeth o anweddustra mewn tŷ bach ger Abertawe. Roedd hi'n stori enbyd o drist ac roedd Gwynfor yn llawn cydymdeimlad â'r hyn a ddisgrifiodd fel 'trychineb personol yr AS dros Gaerfyrddin'.[8] Roedd yn ymateb haelfrydig o gofio'r effaith a gafodd Roger Thomas ar ei fywyd yntau, ond gwyddai Gwynfor yn iawn beth fyddai'r canlyniadau i'r Aelod Seneddol – byddai'n rhaid iddo ildio'i sedd a galw isetholiad. Dyna a addawodd Roger Thomas ac, yn ddi-oed, aeth Gwynfor ati i ddarganfod olynydd iddo fel ymgeisydd. Soniodd ambell sylwebydd am y posibilrwydd y gallai Gwynfor ei hun ddychwelyd fel ymgeisydd ond, y tro hwn, doedd yna ddim ailfeddwl i fod.[9] Ymhen hir a hwyr, dewiswyd Hywel Teifi Edwards, talp o garisma ac academydd o fri, i'w olynu.

Penderfynodd Hywel Teifi Edwards dderbyn yr enwebiad ar anogaeth Gwynfor. Ond y gwir amdani yw nad oedd Hywel Teifi fawr o wleidydd. O'i anfodd y cytunodd i sefyll a chofia'n dda amdano'i hun yn ymweld â Gwynfor gan gyrraedd y Dalar Wen yn llawn amheuon. Gadawodd yno, fodd bynnag, wedi ei ysbrydoli a chan gredu y medrai fod yn brif weinidog ymhen pum mlynedd![10] Oedd, mewn rhai rhannau o Blaid Cymru, roedd apêl Gwynfor cyn gryfed ag erioed. Ond wrth i Gwynfor ailgydio ym mhethau, ysai Rhiannon am adael Llangadog a'r sir a fradychodd ei gŵr. Barnai Rhiannon fod pobl Llangadog yn casáu Gwynfor ac, yn y diwedd, fe fynnodd adael.[11] Yn ddelfrydol, byddai wedi hoffi symud i Ddolgellau neu Gaerdydd. Mae'n wir hefyd fod yna ystyriaethau eraill; roedd y Dalar Wen yn llawer rhy fawr iddynt a'r grisiau'n dramgwydd cynyddol i Gwynfor a Rhiannon. Fodd bynnag, roedd Gwynfor am barhau i fyw yn Sir Gaerfyrddin ac, wedi peth chwilio, cawsant hyd i lain o dir ym mhentref bach Pencarreg, yng nghwr gogleddol y sir. Cyhoeddwyd y newyddion am eu hymadawiad ym Mawrth 1984 a chynhaliwyd seremoni swper i ffarwelio â hwy yn Neuadd Llangadog yng Ngorffennaf. Roedd hi'n noson 'fythgofiadwy', chwedl y papur bro, noson i dros 200 o bobl dalu teyrnged i ddau a wnaeth gymaint dros Gymreictod eu cymdogaeth dros gyfnod o 45 o flynyddoedd.[12] Er hynny, roedd hi'n ffordd ddigon trist o adael eu bro fabwysiedig.

Symudasant i'r byngalo newydd ym Mhencarreg yn haf 1984 gan obeithio y caent fyw'n hapus am weddill eu dyddiau yn y Dalar Wen newydd. Ond roedd rhagor o wae yn eu haros. Yn ystod yr haf hwnnw, darganfu Rhiannon ei bod yn dioddef o glefyd Parkinson, cyflwr creulon a hynod ddiurddas. Er hynny, ni chwynodd Rhiannon erioed gan dderbyn ei thynged yn gwbl stoicaidd. Tebyg oedd ymateb Gwynfor serch mai ef, wedi'r holl flynyddoedd o dendans gan Rhiannon, a fyddai yn awr yn gorfod gofalu amdani hithau. Ond cymysg, a dweud y lleiaf, oedd ei allu i goginio a golchi dillad dros y blynyddoedd nesaf. Yn amlach na pheidio, gweithredu ar orchmynion Rhiannon a wnâi. Yn raddol fach, fodd bynnag, datblygodd rhyw fath o batrwm cartrefol a fu'n fodd iddynt ddygymod â'u henaint. Gan ddyfned cariad y ddau at ei gilydd a chyda gofal eu plant, llwyddasant i roi trefn ar bethau.

Fodd bynnag, nid oedd pall ar y siomedigaethau gwleidyddol i Gwynfor. Yn Awst 1984, siomwyd pob Pleidiwr yn Sir Gaerfyrddin pan glywyd na cheid isetholiad wedi'r cyfan. Roedd penderfyniad y Blaid Lafur yn un doeth ond, o ganlyniad, lladdwyd gobeithion Plaid Cymru o elwa ar drafferthion Neil Kinnock ym maes glo'r de a Chymru ynghanol streic epig y glowyr. Ac wrth i Brydain ymrannu rhwng de a chwith yng nghysgod y streic, aeth Plaid Cymru hithau hefyd, yn derfynol, i'r chwith.

Ym mis Hydref 1984, fe etholwyd Dafydd Elis Thomas yn Llywydd ar Blaid Cymru gan drechu Dafydd Iwan, ymgeisydd adain draddodiadol Plaid Cymru, o drwch blewyn. Ond os oedd y bleidlais yn bur agos, nid oedd yna unrhyw amheuaeth ynghylch ei harwyddocâd gan i'r llywyddiaeth ganiatáu i Elis Thomas fowldio'r blaid yn ôl ei ddelw ei hun. O hyn ymlaen, byddai Plaid Cymru (os nad y cefnogwyr traddodiadol) yn troi'r tu min ar wleidyddiaeth y 'mudiad cenedlaethol' ac yn ceisio achubiaeth yn y cymoedd. Ys dywedodd y llywydd newydd: 'I doubt if we really appreciate the seriousness of the position... Last year we dropped to 5.6 per cent in the mainly English-speaking areas and 36.5 per cent in the mainly Welsh-speaking areas. We have become more than ever a party of only part of the Welsh nation'. [13] O safbwynt etholiadol, mae'n ddi-ddadl bod yna sail gadarn i ddadansoddiad Elis Thomas ond fe frawychwyd Gwynfor a rhai o'i gyd-gyn-arweinwyr gan yr hyn a ddigwyddai. Clywodd Gwynfor fod Saunders Lewis yn rhefru ar ei wely angau ynghylch Elis Thomas gan ofni ei ddylanwad ar 'y Blaid'. [14] Ac yn ei hanfod, roedd Gwynfor yn llwyr gytuno â Saunders Lewis.

Er hynny, ni wnaeth fyth leisio'i amheuon preifat yn gyhoeddus gan yr ystyriai Gwynfor ddisgyblaeth bleidiol fel yr unfed gorchymyn ar ddeg – hyd yn oed gyda 'Dafydd Êl' wrth y llyw. Wedi'r cyfan, un o'r pethau cyntaf a wnaeth Gwynfor wedi cyrraedd Pencarreg oedd sefydlu cangen newydd o Blaid Cymru, cangen Bro Deifi. Dewisodd Gwynfor ddefnyddio'i ddylanwad yn breifat ar gyrff mewnol dylanwadol fel y Pwyllgor Gwaith a'r Cyngor Cenedlaethol. Ac fesul tipyn, mae'n amlwg i Elis Thomas a Gwynfor ddechrau cymodi. Rai misoedd wedi ennill y llywyddiaeth, ysgrifennodd Elis Thomas at Gwynfor gan gynnig rhyw fath o esboniad, os nad ymddiheuriad, ynghylch ei awydd i godi gwrychyn: 'Fel y gwyddoch rwyf wedi bod yn corddi yn ddiweddar – teimlaf bod rhaid agor ceg yn gyhoeddus oherwydd bod cefnogwyr traddodiadol y Blaid yn prysur cilio [sic] .' Yn y cyfamser, gofynnodd Elis Thomas iddo amddiffyn yr

Ysgrifennydd Cyffredinol, Dafydd Williams, gan fod 'rhai yn y Blaid â'u cyllyll allan amdano'.[15]

Ond nid teyrngarwch yn unig a symbylai Gwynfor i weithredu fel hyn. Wrth i streic arteithiol y glowyr fynd rhagddi, synhwyrai yn breifat fod 'pethau'n sadio – D. El yn dod at ei goed – gwych gyda'r glowyr'.[16] Heb amheuaeth, roedd y streic, a rhan amlwg Dafydd Elis Thomas ynddi, wedi dangos i Gwynfor nad siarad gwag oedd sôn y Chwith Genedlaethol am ennill cefnogaeth grwpiau cymdeithasol eraill. Ategwyd hyn gan yr ochr arall hefyd, fel petai. Ys dywedodd Kim Howells, swyddog ymchwil yr NUM yn ne Cymru: 'We discovered old links, *ancestral* links'.[17] Oedd, yng ngwres y streic, roedd Gwynfor yn gweld fod Cymru'n uno, yn genedlaetholwyr ac yn undebwyr. Wrth weld y broses hon yn digwydd, achubodd Gwynfor ar y cyfle i ganu clodydd Elis Thomas. Mewn ysgrif bwysig o'i eiddo yn *Y Ddraig Goch*, mynnodd fod modd i genedlaetholwyr a sosialwyr gymuno oddi mewn i eglwys lydan Elis Thomas:

> Mae'n rhaid cael gwared ar y ddelwedd, a greais yn anfwriadol, o genedlaetholdeb gwledig, ymneilltuol, a'i holl bwyslais ar yr iaith. Nid ydym well o achwyn mai digriflun yw'r ddelwedd honno. Mae'n bod ac y mae'n rhaid cael ei gwared.[18]

Yn ddiamau, roedd hi'n weithred haelfrydig ar ran Gwynfor os cofir i ba raddau y dinistriwyd Gwynforiaeth gan Elis Thomas. Rai dyddiau'n ddiweddarach, derbyniodd Gwynfor y nodyn hwn o ddiolchgarwch gan Elis Thomas:

> Gofidiais yn fawr yn ystod y misoedd diwethaf am yr ymdrechion bwriadol i ymrannu o rai cyfeiriadau. Rwy'n sicr y bydd yr ysgrif yn fodd i gwrdd â gofidiau llawer oedd yn poeni am newid pwyslais.[19]

Daeth streic y glowyr i ben ym Mawrth 1985 ond, yn y tymor byr, ni chafodd Plaid Cymru unrhyw ad-daliad am ei chefnogaeth i'r coliers. Ac os rhywbeth, gwelodd Gwynfor bethau'n mynd o ddrwg i waeth. Yng Ngorffennaf, treuliodd ddyddiau yn ymgyrchu dros Blaid Cymru yn isetholiad Brycheiniog a Maesyfed, yr isetholiad mwyaf enbyd yn holl hanes y blaid. O'r dechrau hyd y diwedd, nodweddwyd yr isetholiad gan drefniadaeth drychinebus. Wedi'r canlyniad truenus, aeth Wigley'n gaclwm wyllt gan feio'r chwith ac Elis Thomas am y 'shambyls', chwedl yntau, ond parhaodd Gwynfor yn gwbl gefnogol.[20] Neu, a dyfynnu o'i ddyfarniad cyhoeddus ar y ffiasgo: "My impression was that if we had the Archangel Gabriel as a candidate and the most perfect organisation our resources would not permit'.[21]

Oedd, roedd Gwynfor yn gorfod sengi'n ofalus ar y tir gwleidyddol a grëwyd gan Dafydd Elis Thomas. Gwelwyd yr un ysfa i gadw undod y blaid pan fu farw Saunders Lewis ym Medi 1985. Er dyfned y rhwyg rhyngddynt, nid achubodd ar y cyfle i gladdu Saunders y gwleidydd gan ei gyfyngu ei hun i nodi'n gynnil fod yna wahaniaethau wedi bod rhyngddynt.[22] Fodd bynnag, ni ddangosodd yr un gochelgarwch pan ddaeth yn fater o orfod amddiffyn heddychiaeth Plaid Cymru – mater a oedd, i Gwynfor, yn bwysicach na chenedlaetholdeb ei hun. Yn annisgwyl, ailgyneuodd y ddadl hanesyddol hon yn ystod hydref 1985 pan geisiodd Phil Williams argyhoeddi ei blaid o werth cael byddin Gymreig i wladwriaeth Gymreig. I'r perwyl hwn, credai mai'r ateb oedd cael 'citizens' army' a rhoi dryll ym mhob cartref.[23] Barnai nifer ym Mhlaid Cymru fod y cynllun yn hurt bost ond Gwynfor a'i trechodd yn derfynol.[24]

Roedd Gwynfor hefyd ar y pryd yn is-lywydd CND Cymru, ac yn rhan o'r frwydr i rwystro cynllun dadleuol gan Gyngor Dosbarth Caerfyrddin i godi byncar niwclear o dan faes parcio'u pencadlys. Ond nid cadw'r glendid heddychol a fu oedd cyfraniad olaf ystyrlon Gwynfor fel gwleidydd i Blaid Cymru. Daeth y cyfraniad hwnnw yn ystod gwanwyn 1986 pan gytunodd i eistedd ar is-bwyllgor cyfansoddiadol Plaid Cymru – corff sydd, serch ei deitl anniddorol, yn wir bwysig o ran esbonio hanes datganoli. Hwn oedd y corff a roes datganoli yn ôl ar yr agenda i Blaid Cymru a chyfarfu'r pwyllgor bach yn rheolaidd dros y misoedd nesaf. Penllanw eu hymdrechion oedd Cynhadledd Genedlaethol yn Chwefror 1987, a roes sail gredadwy i ymgyrch newydd gan Blaid Cymru dros senedd Gymreig.[25]

Wedi hyn, dechreuodd gweithgarwch Gwynfor dros Blaid Cymru arafu ryw gymaint. Serch ei fod yn annerch cyfarfodydd dirifedi yn enw'r blaid, sianelodd ei egnïon i gyfeiriadau mwy diwylliannol, llai pleidiol. Dyma'r cyfnod olaf yn ei fywyd – cyfnod Gwynfor yr ysgogwr, y gŵr a geisiai gynnal cenedlaetholdeb yn yr ystyr letaf. Eisoes, roedd wedi perswadio'r Athro Geraint Jenkins i ddechrau ar y gwaith o olygu'r gyfres ardderchog honno o ysgrifau hanesyddol, *Cof Cenedl*. Yn yr un modd, cyhoeddodd gyfrol o'i eiddo'i hun ym 1986, *Seiri Cenedl*.[26] Gohebai'n achlysurol hefyd â phenaethiaid cyrff cyhoeddus yng Nghymru er mwyn sicrhau y câi arwyr cenedlaethol gydnabyddiaeth ddigonol. Ar y cyd â Merched y Wawr, arweiniodd y frwydr i sicrhau y ceid cofeb urddasol i Gwenllïan yng Nghydweli. Ar ôl blynyddoedd o din-droi, ildiodd CADW a dadorchuddiwyd y gofeb yn 1991. Nid esgeulusodd hawliau Glyndŵr ychwaith. Bu mewn cysylltiad rheolaidd â'r giwed liwgar y tu ôl i Lysgenhadaeth Glyndŵr hefyd. I'r un perwyl, ceisiodd ddylanwadu ar S4C. Ar un achlysur, aeth yn boeth rhyngddo ef ac Owen Edwards, rheolwr S4C Cymru, gan na chredai Gwynfor fod y sianel yn rhoi hanner digon o sylw i raglenni hanesyddol.[27]

Ond yr hyn a roes fod i gyfraniad cyhoeddus mawr olaf Gwynfor oedd y mewnfudo i gefn gwlad Cymru a welwyd ganol yr wythdegau. Ers 1985, roedd llewyrch economaidd de-ddwyrain Lloegr wedi arwain at ffenomenon gymdeithasol newydd, sef dyfodiad y 'Yuppie' yng Nghymru. Yn amlach na pheidio, roedd y bobl hyn yn ifanc, yn oludog a chanddynt y modd i brynu erwau dirifedi o ddaear Cymru. Eisoes, yn Eisteddfod Abergwaun ym 1986, roedd Gwynfor wedi tynnu sylw at yr hyn a ddigwyddai gan ddadlennu'r dirywiad ieithyddol yn ei filltir sgwâr. Heb ormodiaith, ofnai Gwynfor y câi'r Gymraeg ei boddi oni cheid gweithredu buan i geisio troi'r llanw. Wedi hyn, cyhoeddodd ddatganiad grymus ynghylch y mater ar y cyd â Dr Meredydd Evans gan ddadlennu anferthedd y bygythiad.[28] Yn hynny o beth, roedd trwch aelodau Plaid Cymru yn gytûn ond roedd yna gryn wahaniaeth barn ynghylch sut i droi'r llanw. Roedd rhai'n cefnogi'r ymgyrch losgi; roedd eraill, fel Dr Meredydd Evans, am weld deddfau caeth i gyfyngu ar y niferoedd a gâi ymsefydlu yn y 'Fro' Gymraeg. Disgrifiwyd hyn fel 'linguistic apartheid' gan rai o garedigion y Gymraeg, ac ni chafodd Meredydd Evans odid ddim cefnogaeth gan Blaid Cymru.[29] Yn Chwefror 1987, gadawodd Meredydd Evans Blaid Cymru gan na chredai fod Dafydd Elis Thomas yn cymryd y sefyllfa o ddifrif.[30] Credai Gwynfor mai'r ateb yn rhannol oedd sefydlu dosbarthiadau Wlpan ym mhob rhanbarth gan Gymreigio 'the English influx'.[31] Roedd hefyd am ddefnyddio sefydliadau pwysicaf y Gymru Gymraeg i dynnu sylw at y sefyllfa ond, fel yn achos Meredydd Evans, profodd yntau siomedigaeth hefyd. Aflwyddiannus fu ei ymdrech i gael Cyngor yr Eisteddfod Genedlaethol i ymgyrchu ar y mater. Fe'i hysbyswyd yn swta ddigon gan Bedwyr Lewis Jones, cadeirydd Cyngor yr Eisteddfod, mai dyletswydd llywodraeth leol a chanol oedd peth felly.[32] Gyda Chymdeithas yr Iaith yn troi ei hegnïon i gyfeiriad Deddf Iaith Newydd a Chorff Datblygu Addysg Gymraeg, ni adawai hyn ond un dewis i Gwynfor – sefydlu mudiad newydd.

A dyna'n union a ddigwyddodd ym 1988. Yn 75 oed, sefydlodd fudiad PONT i geisio cyfannu'r gagendor diwylliannol rhwng y Cymry Cymraeg a'r mewnfudwyr. Eisoes, roedd Gwynfor wedi gosod y seiliau, gan iddo sefydlu cangen i aelodau di-Gymraeg o Blaid Cymru yn ardal Llanybydder flwyddyn ynghynt.[33] Er hynny, parhâi i deimlo fod angen rhywbeth llawer grymusach, sef partneriaeth, fe obeithiai, 'rhwng y Cymry brodorol a'r Cymry newydd'.[34] Yn ffodus iddo, roedd eraill, fel y cenedlaetholwr ifanc, Marc Phillips, hefyd yn meddwl ar hyd yr un llinellau gan gredu mai mudiad cenedlaethol yr oedd ei angen.[35] Ond heb amheuaeth, roedd Gwynfor yn synied am rywbeth tra uchelgeisiol a'r baich gwaith ynghlwm ag ef yn ddigon i lorio dyn ifanc. Fodd bynnag, rhoes hyn nod a nwyd newydd i fywyd Gwynfor. Ar 9 Mehefin 1988, gwahoddwyd trawstoriad o bobl cylch Pencarreg, yn fewnfudwyr ac yn garedigion y Gymraeg, i drafod y ffordd ymlaen. Ar ddechrau'r cyfarfod, amlinellodd Gwynfor ei weledigaeth gan bwysleisio mai'r Gymraeg a gynhaliodd Cymru fel cenedl ac na fyddai'r genedl fyw heb yr iaith. Ond yn hytrach na dwrdio'r di-Gymraeg am ddod i Gymru, gwelai Gwynfor gyfle i genhadu ac i Gymreigio'r newydd-ddyfodiaid drwy addysg – i blant ac oedolion – ynghylch Cymru.[36]

Roedd y genadwri yn od o debyg i'r modd y syniai Gwynfor am yr 'ifaciwîs' hanner canrif ynghynt, a thrwy goleddu'r agwedd hon cafodd PONT beth llwyddiant. Dair wythnos yn ddiweddarach, dadlennodd Gwynfor ei syniad mawr ynghylch y mewnfudo mewn erthygl dra phwysig o'i eiddo yn *Y Faner*.[37] Erbyn 1989, roedd i'r mudiad dair adran gyda changhennau yng Ngwynedd, Clwyd, Dyfed a Chaerdydd. Cynhelid dosbarthiadau nos mewn ymgais i Gymreigio'r mewnfudwyr gan lwyddo i dynnu peth o'r gwres allan o sefyllfa gas. Denodd ddeallusion o faintioli'r Athro Gwyn Alf Williams a pheth cyllid o ffynonellau fel Banc Cymru, Banc Nat West ac, wrth gwrs, gan gwmni Dan Evans. Gwnaeth PONT safiad urddasol hefyd yn erbyn mudiad Education First, corff a arweinid gan Dr Alan Williams ac a geisiai ffrwyno twf addysg Gymraeg.[38] Fodd bynnag, ni thyfodd PONT i fod y mudiad 'grymus' y gobeithiai Gwynfor ei greu, a daeth i ben ganol y nawdegau oherwydd diffyg arian.[39] Er hynny, roedd ei weithgarwch yn llygedyn o gymod mewn cyfnod pan oedd yr ymrafael ynghylch y mewnlifiad ar ei chwerwaf. Pan anwyd PONT yng ngwanwyn 1988, rhoes Dafydd Elis Thomas ragor o danwydd ar ben coelcerth o lid pan gymharodd y bardd R S Thomas (a gefnogai'r ymgyrch losgi) a'r ffasgydd Ffrengig, Jean–Marie Le Pen.[40] Y datganiad hwn, i nifer, oedd un ffolaf Elis Thomas o blith nifer, ac mae'n amlwg i Gwynfor gael llond bol ar y modd yr ymosodai'n gyson ar y llosgwyr. Eisoes, roedd Gwynfor wedi croesi cleddyfau ag Elis Thomas yn breifat ynghylch ei amharodrwydd i'w alw ei hunan yn genedlaetholwr. Dyma sut y'i dwrdiodd:

Beth sydd mewn cenedlaetholdeb Cymreig yr ymwrthodwch ag ef mor llwyr nes eich bod yn anfodlon arddel y gair? Rwy'n genedlaetholwr. Bûm â llaw mewn adeiladu plaid genedlaethol (nationalist) o genedlaetholwyr... Beth yw'r gwahaniaethau mawr rhyngom sy'n eich arwain i ymwrthod â chenedlaetholdeb fel y deallwyd ef gen i a'r Blaid? Ai yn ein hagwedd at ddosbarth? Gwelaf ddosbarth fel ffaith bwysig yn ein cymdeithas, ond credaf fod cenedligrwydd yn bwysicach na chymdeithas.[41]

Ergyd agoriadol oedd hon ganddo ar drothwy misoedd pur sigledig i lywyddiaeth Dafydd Elis Thomas. Yn y cyfnod hwn, ceisiai Elis Thomas symud ei blaid i ganol ffrwd ganol gwleidyddiaeth Cymru, gan ddadlau mai'r unig ffordd y gellid rhoi ymreolaeth ar yr agenda oedd trwy ymwrthod â chenedlaetholdeb. Rhan ganolog o'r agenda hon oedd colbio Meibion Glyndŵr a'u cymheiriaid amheus tebyg i'r Cyfamodwyr. I Gwynfor, fodd bynnag, roedd hyn gam yn rhy bell ac ym mis Hydref 1988, ysgrifennodd at Elis Thomas i'w atgoffa pa mor ddifrifol oedd y sefyllfa a bod 'swampio', yn groes i'r hyn a haerai llywydd Plaid Cymru, yn digwydd.[42] Ond y llythyr mwyaf dadlennol yw hwnnw a anfonodd Gwynfor at Elis Thomas yn Rhagfyr 1988. Yn y llythyr hwn, gan ddued y bygythiad i Gymreictod Pencarreg, daw Gwynfor yn agos iawn, iawn at gefnogi amcanion Meibion Glyndŵr, os nad eu dulliau:

Dywedsoch am y Cymry sy'n gyfrifol eu bod yn 'racists concerned with the purity of the nation', gan eu cymharu â'r National Front. A gaf anghytuno'n llwyr? Amheuaf a oes neb mewn bywyd cyhoeddus, ar wahân i Elwyn Jones [asiant y Ceidwadwyr] yn cytuno mai 'racists' ydynt... Er condemnio eu dulliau, fel y condemniaf bob trais, credaf fod eu cymhellion yr un â'm cymhellion innau a chymhellion pobl Estonia a phobl Ardal y Llynnoedd wrth wrthwynebu mewnlifiad torfol sy'n gwrthwynebu cymunedau lleol... Pwy yw'r racists? Yma yn Nyfed, nid oes un ysgol wledig gynradd y gwn amdani lle mae'r Cymry yn y mwyafrif. Doedd na ddim un plentyn Seisnig dair blynedd yn ôl yn ysgol Llanfihangel ar Arth, lle'r â plant Ffred a Meinir; heddiw y mae'r plant Seisnig yn y mwyafrif... Does dim un gymuned ar ôl yn Nyfed lle y mae 80 y cant neu fwy o'r bobl yn Gymry Cymraeg – y ffigwr angenrheidiol medd cymdeithasegwyr i ddiogelu'r Gymraeg fel prif iaith cymuned i bob pwrpas; does dim ond tair neu bedair cymuned dros 70 y cant... Bywyd cenedl sydd yn y fantol. Dyna gymhelliad y bomwyr tân, nid hiliogaeth. Am gadw'r genedl yn fyw, nid ei chadw'n bur y maen nhw, er mor wyrdroëdig eu dulliau.[43]

Ond serch ei anniddigrwydd, ni feiddiodd Gwynfor feirniadu Dafydd Elis Thomas yn gyhoeddus. Gwyddai'n iawn y byddai hynny wedi rhwygo Plaid Cymru'n ddarnau mân yn ystod 1988–89. Pan dderbyniai lythyrau gan Dafydd Wigley'n sôn am 'anfodlonrwydd aruthrol ymhlith rhengoedd Pleidwyr Gwynedd', gwyddai'n iawn faint o'r gloch oedd hi.[44] Yn syml iawn, doedd dim angen iddo ef borthi'r fflamau.

Drwy gydol y dymestl a grëwyd gan y mewnlifiad, parhaodd Gwynfor yn gwbl driw i Blaid Cymru, os nad i lywyddiaeth ddadleuol Elis Thomas. Daliai hefyd ar bob cyfle i efengylu a thanio ei fwledi inc. Ym Mawrth 1989, cyhoeddodd ei filiynfed gair yn ei unfed llyfr ar ddeg, *Pe Bai Cymru'n Rhydd*.[45] O fewn dwy flynedd, llifodd cyfrol arall o'i ysgrifbin, *Fighting for Wales,* ac os oes yna thema'n uno'r cyfrolau hyn, y gobaith a welai'n deillio o dwf Ewrop oedd honno. I Gwynfor, fel i lawer o genedlaetholwyr, roedd esblygiad Ewrop ar ddechrau'r nawdegau yn datrys y pen tost oesol hwnnw o safle Cymru rydd. Yn awr, roedd yna noddfa i genhedloedd llai. Gyda'r Undeb Sofietaidd hefyd wedi chwalu o dan Gorbachev, synhwyrai fod *raison d'être* y wladwriaeth Brydeinig wedi ei dinistrio a'i gadael fel 'imperial Victorian relic'.[46]

Bu dychwelyd Dafydd Wigley i'r llywyddiaeth yn Hydref 1991 hefyd yn fodd i sefydlogi cenedlaetholdeb Cymreig. Gyda hyn hefyd, atgyfodwyd elfennau cryf o'r hen fydolwg Gwynforaidd, sef pragmatiaeth a pharodrwydd i gyfaddawdu er mwyn ennill tamaid o rym. Flwyddyn yn ddiweddarach, gydag ethol Cynog Dafis yn etholiad cyffredinol 1992, cafodd Plaid Cymru bedwar o Aelodau Seneddol – ei nifer mwyaf. Erbyn hynny, roedd Gwynfor yn 80 oed a chyfaddefodd fod y 'beichiau'n disgyn' serch ei fod yn dal i deithio tua 15,000 o filltiroedd y flwyddyn yn rhinwedd ei swydd fel llywydd anrhydeddus y blaid.[47] Edwinodd y gweithgarwch wedi hyn rhwng 1992 a 1997, sydd ymysg y blynyddoedd pwysicaf erioed i genedlaetholdeb Cymreig. Yn ystod y blynyddoedd hyn, gwelwyd adain wladgarol y Blaid Lafur Gymreig yn cael y llaw uchaf dan Ron Davies, llefarydd yr wrthblaid ar Gymru. Wrth i lywodraeth Geidwadol John Major chwalu, daethai'n amlwg y ceid llywodraeth Lafur ac y byddai Llafur, er gwaethaf y cecru mewnol, yn cyflwyno Cynulliad i Gymru. Serch mai Llafur a aeth â'r maen i'r wal, tueddai'r datblygiadau hyn i gadarnhau dehongliad unochrog Gwynfor o hanes Cymru. Roedd Cymru, fe synhwyrai, yn dod yn ôl o borth marwolaeth, diolch i'r 'Blaid'.[48]

Coron ei yrfa oedd gweld pleidlais Ie yn yr ail refferendwm ar ddatganoli ym Medi 1997. I Gwynfor, roedd y bleidlais hon yn cyfiawnhau nid yn unig bopeth y safodd drosto ond hefyd ei dactegau personol; dyma'r prawf diymwad iddo ef y medrai Cymru gael rhywbeth drwy chwarae'r gêm seneddol. Roedd y wên fêl wedi gofyn fôt ac wedi sicrhau Cynulliad yn ei sgil. Serch mai trwch blewyn oedd ynddi, roedd y ffaith mai Sir Gaerfyrddin a gyhoeddodd olaf ar noson hynod ddramatig yn ategu rôl y sir honno (a'i rôl bersonol yntau) fel gwaredwr cenedlaethol. Er bod y gymhariaeth yn or-syml, ni fedrodd sawl sylwebydd ond gweld tebygrwydd rhwng 1997 a 1966. Drannoeth, tyrrodd y camerâu teledu i Bencarreg er mwyn clywed barn yr hynafgwr ynghylch y noson a ystyriai fel y bwysicaf yn holl hanes Cymru.[49] I Gwynfor, roedd arwyddocâd y canlyniad yn syml: byddai'r Cynulliad, ys dywedodd wrth Bobi Jones, yn 'ddigon i ddiogelu bywyd y genedl'.[50] Rai dyddiau'n ddiweddarach, yng Nghynhadledd Flynyddol Plaid Cymru, cyfarchwyd Gwynfor fel y gŵr a enillodd y chwyldro gweinyddol mwyaf yn holl hanes Cymru. Pan etholwyd 17 o aelodau Plaid Cymru i'r Cynulliad cyntaf ym 1999, gwelai Gwynfor wawr eirias newydd ar fin torri. Dyma oedd thema fawr y gyfrol a gyhoeddodd flwyddyn yn ddiweddarach, *The Fight for Welsh Freedom*. Ar ddechrau milflwydd newydd, ni allai lai nag ymfalchïo fod y Cymry'n byw mewn 'unusually hopeful period'.[51]

Yn sylfaenol, credai Gwynfor fod i bawb ei 'bwrpas' ar y ddaear a thybiai mai ei 'bwrpas' yntau, byth oddi ar y dröedigaeth, oedd achub Cymru. A'r genedl bellach yn saff a'i gorff yn prysur ddadfeilio, barnai fod ei bwrpas daearol yntau'n darfod. Er y credai mewn bywyd tragwyddol, dechreuodd ddarllen llyfrau ysbrydol a châi ei fab, Dafydd, yr argraff ei fod yn paratoi i wynebu ei Dduw. Aeth Gwynfor i Eisteddfod Genedlaethol Llanelli yn 2000 er mwyn derbyn anrhydedd Cymry'r Cyfanfyd ond hwn fyddai ei ymddangosiad cyhoeddus olaf. Serch y bonllefau o gymeradwyaeth, roedd y gadair olwyn a'i cludai yno y diwrnod hwnnw yn symbol clir i bawb fod osteoporosis yn mathru ei esgyrn brau.

Ym Mawrth 2001, cymerodd at ei wely ac fel hyn y bu hi am y pedair blynedd nesaf. Er hynny, roedd yna ambell beth y medrai ei wneud o hyd. Ceisiodd liniaru effeithiau'r ffrae a achoswyd gan sylwadau dadleuol cynghorydd Plaid Cymru, Seimon Glyn, ynghylch mewnfudo.[52] Ei nod trwy wneud hyn oedd ceisio achub llywyddiaeth fregus Ieuan Wyn Jones yn y Gymru ddatganoledig. Daliai hefyd i geisio creu cenedlaetholwyr; dyma oedd amcan y gyfrol y bu'n gweithio'n ysbeidiol arni drwy'r blynyddoedd hyn, *Cymru o Hud*.[53] Erbyn 2001, roedd hefyd yn dioddef o lewcemia ond ni chwynai byth a diolchai'n wastadol am y gofal tyner a gâi gan y nyrsys a'i blant. Câi Rhiannon yr un gofal ac, yn ystod y blynyddoedd olaf hyn, ymdebygai'r Dalar Wen i gartref nyrsio gyda Gwynfor a Rhiannon yn fwyfwy caeth i'w gwelyau. Eto i gyd, llwyddasant i gynnal eu perthynas gydag urddas mewn ffordd ddirdynnol-deimladwy. Yn amlach na pheidio, ni fyddai salwch ond yn caniatáu iddynt weld ei gilydd am ryw bum munud bob dydd, ond defnyddient y munudau hynny i ddal llaw a rhannu cusan. Roedd byddardod hefyd yn broblem i Gwynfor, ond daliai i ymddiddori yn y byd a'i bethau gan fynnu gwybod y diweddaraf am wleidyddiaeth newydd Bae Caerdydd. Un o uchafbwyntiau ei wythnos fyddai gwylio rhaglen wleidyddol David Frost ar y Sul. Byddai hefyd yn gwylio rhaglenni S4C serch ei fod fymryn yn siomedig yn breifat gyda'r hyn a gyflawnodd y sianel honno.[54] Yn achlysurol iawn, rhoddai gyfweliadau hefyd. Defnyddiodd ei gyfweliad olaf un, yn Nhachwedd 2004, i ymosod yn ddiarbed ar Tony Blair a'i benderfyniad i fynd i ryfel yn Irac.[55] I'r newyddiadurwr a wnaeth y cyfweliad hwnnw, Martin Shipton, roedd y profiad o gwrdd â Gwynfor am y tro cyntaf ac yntau yn ei wendid fel cwrdd â gweledydd.[56]

Wrth i 2004 dynnu at ei therfyn, gwaelodd Gwynfor a Rhiannon yn arw. Treuliodd hithau gyfnod maith yn yr ysbyty a thorrodd Gwynfor ei galon oherwydd hyn. Po fwyaf y meddyliai am ei sefyllfa bersonol ei hun, cofiai Gwynfor am yr hyn a ddywedodd Saunders Lewis wrtho ar ei wely angau yntau, sef bod modd byw yn rhy hir. Tua phythefnos cyn iddo farw, synhwyrai Gwynfor ei fod ar fin ymadael â'r byd: 'I'm ready to go', dywedodd wrth ei ofalwyr. Ar 9 Ebrill, dywedodd yr un peth wrth ei fab Dafydd: 'Wi'n marw'. Yn ystod y dyddiau dilynol, fe'i harteithiwyd gan boenau ofnadwy yn ei goes chwith – poenau a wnâi rhywbeth mor syml â'i symud fodfedd neu fwy yn broses ingol. Er hynny, parhâi mor siriol ag erioed serch nad oedd ganddo reswm i fyw. Ddyddiau'n ddiweddarach, daliodd niwmonia a rhoes y gorau i fwyta. Yna, yn gynnar fore Iau 21 Ebrill 2005, fe'i clywyd yn gweiddi: 'Rwy'n dod, rwy'n dod'. At bwy y cyfeiriai, mae'n anodd gwybod, ond roedd Gwynfor ar fin cyrraedd pen y daith. Galwyd y meddyg tua un ar ddeg o'r gloch y bore ond doedd yna fawr ddim y medrai ef ei wneud. Llithrodd Gwynfor i drwmgwsg a bu farw, awr yn ddiweddarach, ym mreichiau ei fab, Guto.[57] Roedd yn 92 oed. Gadawodd fil o bunnoedd i Blaid Cymru a'r gweddill i Rhiannon. Wedi byw cyhyd ar binsiad o bensiwn, doedd ganddo ond ychydig i'w roi. Fodd bynnag, roedd y gwaddol go iawn yn enfawr. Y gwaddol hwnnw yw Cymru a'r hyn yw hi heddiw.

Pennod 14

AROS MAE: YR ETIFEDDIAETH

R OEDD ANGLADD GWYNFOR chwe diwrnod yn ddiweddarach ar 27 Ebrill yn gwbl gydnaws â natur y dyn; seremoni gyhoeddus heb ffin o fath yn y byd rhwng y preifat a'r politicaidd. O'r archgludwyr i'r rhai a roes deyrnged iddo yng nghapel Seion, Aberystwyth, ni allesid fod wedi cael seremoni fwy gwleidyddol. Y cynhebrwng hwn, y tebycaf a welodd y Gymru Gymraeg i angladd gwladol ers claddedigaeth Lloyd George, oedd ei weithred fawr olaf. Yn wir, ystyrid yr angladd cyn bwysiced nes i S4C ei ddarlledu'n fyw. Gydag etholiad cyffredinol ar y trothwy, gobeithiai aml i Bleidiwr hefyd y byddai'r arwyl 'wedi codi'r ysbryd' – a dyfynnu un o hoff ymadroddion Gwynfor. Gadawodd yr hers am amlosgfa Aberystwyth i fonllefau o gymeradwyaeth ac i genllif o ddagrau. Roedd bywyd daearol Gwynfor wedi darfod. Ond i'r bobl a oedd yno, byddai Gwynfor fyw, serch fel eicon. Fodd bynnag, i Gwynfor, roedd yna un daith olaf: y daith i'r Garn Goch, bryngaer Geltaidd ar gopaon Sir Gâr, lle dymunai i'w lwch gael ei wasgaru. Yn addas ddigon, roedd Gwynfor am ddychwelyd i'r pridd a chwblhau'r cylch gan mai yno, yn naear Cymru, y dechreua ei stori.

Ymateb emosiynol i argyfwng diwylliannol Ewrop yn y cyfnod wedi 1918 sydd i gyfrif am genedlaetholdeb Gwynfor. Hyd yn oed cyn y Rhyfel Byd Cyntaf, roedd prif ddeallusion Ewrop eisoes yn ffieiddio moderniaeth gan weld ei holl nodweddion – y dorf, gwyddoniaeth, trefoli a diwydiannaeth – fel salwch. *Dégénérescence* oedd y term ffasiynol a ddefnyddid yn Ffrainc i ddisgrifio'r hyn a welid fel tostrwydd cymdeithasol.[1] Yng Nghymru, ystyrid tranc y Gymraeg a'r trai ar Gymreictod fel arwyddion pellach o falltod moderniaeth. Ond prysurwyd y tueddiadau hyn gan chwalfa 1914–18. Yn yr Almaen, dechreuodd Oswald Spengler, un o ddeallusion pwysicaf y cyfnod, ddadlau fod gwareiddiad ei hunan yn bwdr. Roedd R H Tawney, T S Eliot a'u tebyg yn gwyntyllu syniadau tebyg ym Mhrydain ac, yn yr argyfwng hwn, dechreuodd miloedd o bobl ifanc ailystyried sut y medrent hwy amddiffyn yr hunan rhag y modern a'r materol.[2] Aeth rhai i gofleidio ffasgiaeth; aeth eraill, fel Gandhi, Saunders Lewis a De Valera i anwylo'r syniad o genedl. Gwelent mai yn y genedl yn unig y caent loches rhag y storm a chysgod rhag y gwres; dyma felly sut a pham i'r genhedlaeth hon ddechrau breuddwydio am ddadfeilio Ymerodraeth Prydain.[3] Dim ond gyda'i diflaniad, fe gredent, y câi'r cenhedloedd a'r unigolion fodd i fyw. Dyma, yn syml iawn, oedd yr unig ffordd y medrent hwy a'u dosbarth economaidd, y dosbarth canol, ymdopi â moderniaeth.

Roedd breuddwyd Saunders Lewis a'r cenedlaetholwyr hyn yn ynfyd o ffôl. Ym 1918, rheolai Ymerodraeth Prydain ugain y cant o diriogaeth y byd. Roedd Prydeindod, ei sail ddeallusol, yn iach fel cneuen – er gwaethaf Gwrthryfel Sul y Pasg ddwy flynedd ynghynt. Ond profodd argyfwng moderniaeth yn drech na Phrydeindod, gan greu'r gofod deallusol ar gyfer ideoleg mor herfeiddiol â chenedlaetholdeb. Oblegid hyn, fe garegodd gwladgarwch yn genedlaetholdeb, a throdd cenhedlaeth newydd o wleidyddiaeth gonsensws y 'little piggers', chwedl y *Western Mail*, i wleidyddiaeth yr 'whole hoggers'.[4] Yn wir, wrth i'r dauddegau garlamu tuag at alanastra tridegau'r ganrif honno, daeth yr angen am achubiaeth emosiynol yn gryfach nag erioed. I blentyn mor sensitif â Gwynfor, roedd i wladgarwch apêl neilltuol gryf gyda'i syniadau sicr. Eto fyth, fel Gandhi a Saunders Lewis, cenedlaetholwr y disberod, *hybrid* oedd Gwynfor.[5] Yn y Barri, fe'i daliwyd rhwng dau begwn, y Saesneg a'r Cymraeg, y modern a'r cyn-fodern; dyna pam y cafodd y dröedigaeth. Roedd ei dueddiadau melodramatig yn porthi hyn hefyd ond, wedi iddo groesi'r ffin, diflannodd pob amheuaeth a daeth i weld y byd mewn dau liw: du a gwyn. Roedd hi'n weledigaeth seml, ramantaidd, ond doedd yna ddim byd meddal yn ei chylch; yn y gwythiennau hynny, roedd yna ddur. Ffydd y cadwedig, nid yn annhebyg i ffydd y Marcsydd, oedd hon, ond hyn a'i gyrrodd cyhyd.

Ymserchodd Gwynfor yn neges Saunders Lewis a'i freuddwyd o Gymru Gymraeg, Gristnogol, serch na cheisiodd Gwynfor erioed ddiffinio beth yn union a olygid wrth Gymru o'r fath. Yn wir, teg dadlau mai meddyliwr digon arwynebol oedd Gwynfor er gwaethaf ei ymdrechion diarbed i gyfathrebu â'r Cymry. Yn ystod y pedwardegau a'r pumdegau, ei gyfnod pwysicaf oll, ni cheir byth unrhyw ddadansoddiad treiddgar o economi Cymru na'i chymdeithas. Ar bynciau mor amrywiol â'r diwydiant glo, yswiriant cenedlaethol a thai, ceir bylchau anferthol. Roedd de Cymru'n ddirgelwch llwyr iddo a chyfyngwyd ei neges greiddiol i'r

Gymru Gymraeg, Ryddfrydol. Dim ond gyda dyfodiad Dafydd Wigley a Phil Williams ar ddiwedd y chwedegau y llwyddodd Plaid Cymru i gladdu syniadau D J Davies ar gydweithrediad. Mae'r un niwlogrwydd i'w weld gyda Christnogaeth Gwynfor. Ni wnaeth erioed ddiffinio beth yn union oedd y berthynas rhyngddo ef, ei Grist a'i Dduw. Yn hytrach, ceir cyfres o sloganau ac ymdriniaeth bur arwynebol o'i le ef, a Chymru, yn nhrefn rhagluniaeth. Dryslyd hefyd, a dweud y lleiaf, yw'r ideoleg y ceisiodd ei gwaddoli i'w blaid, sef radicaliaeth. Gwyddai'n iawn pwy a'i cynrychiolai – gwŷr fel Bob Roberts, Tai'r Felin, a Bob Owen, Croesor. Y rhain, gwerinwyr llengar, pobl y 'pethe', oedd y pendefigiaid. Gwyddai'n iawn hefyd beth nad oedd radicaliaeth. Yn anad dim, roedd am i radicaliaeth sicrhau na châi gweithwyr eu cyfundrefnu ar ffurf proletariat y de – rhanbarth colledig y tueddai i'w ystyried nid yn annhebyg i ryw Ulster Cymreig. Y tu hwnt i hynny, doedd ganddo mo'r syniad lleiaf o oblygiadau ymarferol radicaliaeth.

Er hynny, ac wedi cydnabod ei ddiffygion, mae Gwynfor cyn bwysiced â Saunders Lewis yn natblygiad deallusol Plaid Cymru. Wrth groesi'r ffin ddiwylliannol honno o'r Barri i Langadog, ni ollyngodd bob elfen o'i dreftadaeth, gan iddo gadw rhai o nodweddion pwysicaf Rhyddfrydiaeth ei deulu a gwleidyddiaeth Cymru Fydd. Ymhlith y rhain roedd y gred y gallai Senedd Llundain ddod â rhywbeth i Gymru. Ymysg y nodweddion eraill roedd graddoldeb a phwyll. Roedd cyd-ddibyniaeth ryngwladol hefyd yn elfen allweddol o'r prosiect rhyddfrydol, a thrwy gyfrwng heddychiaeth y dechreuodd Gwynfor newid Plaid Cymru. Fe a'i gwnaeth hi'n blaid heddychol gan sicrhau na fyddai Plaid Cymru na chenedlaetholdeb Cymreig (gyda rhai eithriadau prin) byth yn ymarfer trais. Golygai heddychiaeth Gwynfor y byddai Plaid Cymru'n wastadol ymwybodol o'i chyfrifoldebau rhyngwladol yn yr ugeinfed ganrif, canrif fwyaf treisgar holl ddynoliaeth. Ond roedd i heddychiaeth ei goblygiadau mwy arhosol i Gymru hefyd. Gyda chladdu'r syniad am wrthryfel, bu'n rhaid i Blaid Cymru droedio'r llwybr cyfansoddiadol a dychwelyd yn rhannol i ddyddiau Cymru Fydd. Gwynfor oedd yn gyfrifol am hyn (er gwaethaf stori ryfedd sefydlu S4C) ac ef a sicrhaodd gymod rhwng dwy ffrwd bwysicaf cenedlaetholdeb Cymreig. Golygai hynny uniad hanesyddol rhwng tanbeidrwydd gwladgar Emrys ap Iwan a phragmatiaeth O M Edwards. Ymgorfforiad perffeithiaf yr ideoleg newydd oedd Gwynfor, a'r bragmatiaeth hon a arweiniodd yn uniongyrchol at ennill Caerfyrddin ym 1966. A dyma ddod at wir arwyddocâd Caerfyrddin – o hynny ymlaen, byddai Plaid Cymru'n byw trwy etholiadau, nid trwy aberth y llywydd ei hun.

Do, ar lawer ystyr, fe fradychodd Gwynfor genedlaetholdeb Saunders Lewis ond bradychu oedd rhaid, gan mai greddf trwch y Cymry Cymraeg oedd cyfaddawdu â Phrydeindod. Fodd bynnag, ni fyddai Caerfyrddin na'r holl seddau eraill byth wedi eu hennill oni bai am barodrwydd Gwynfor i ennill nifer o blith y garfan hon. Sylweddolai Gwynfor mai deialog rhwng arweinwyr a'u cyhoedd yw gwleidyddiaeth – cysyniad a oedd yn gwbl ddieithr i Saunders Lewis. Yn yr un modd, ni olygodd pragmatiaeth Gwynfor y byddai effeithiau'r cenedlaetholdeb glastwraidd yn llai o'r herwydd. Yn un peth, Gwynfor a sicrhaodd y byddai Plaid Cymru fyw – tasg lawer anos na chreu plaid. Brithir gwleidyddiaeth gan fudiadau a phleidiau sy'n darfod megis tân siafins. Prinnach o beth tipyn yw'r pleidiau hynny a ddatblygodd i fod yn rymoedd credadwy. Sicrhaodd Gwynfor arwriaeth iddo'i hun drwy dramwyo'r holl filltiroedd hynny, noson ar ôl noson, wythnos ar ôl wythnos, er mwyn argyhoeddi'r cyhoedd o'i weledigaeth ef o Gymru. Er mai un ar ddeg y cant o'r Cymry – ar y mwyaf – a bleidleisiodd dros Blaid Cymru yn ystod llywyddiaeth Gwynfor, bu dylanwad y blaid yn aruthrol fwy na hyn, gan mai hi oedd yr unig blaid a roesai fynegiant parhaus i Gymreictod. Fesul tipyn, llwyddodd i argyhoeddi'r pleidiau Prydeinig nad oedd ganddynt ddewis arall ond datganoli grym. Fel hyn, yn araf a pharchus, y dechreuwyd ar y broses o greu gwladwriaeth Gymreig. Mae dylanwad Gwynfor hefyd lawn cyn bwysiced yn hanes deallusol y Cymry. Yn wir, ni wnaeth neb fwy nag ef i sicrhau y blodeuai gwladgarwch mewn drain, ac y câi'r meddwl Cymreig ei ddadbrydaineiddio. Heb amheuaeth, roedd llosgi Penyberth, ys dywedodd Dafydd Glyn Jones, yn chwyldro, ond roedd chwyldro melfedaidd Gwynfor yn llawer pwysicach.[6] Amcan y chwyldro hwn oedd newid strwythurau hunaniaeth y Cymry, ac fe'i hanelwyd at bobl ddigon cyffredin, mewn neuaddau capel a ffeiriau sborion. Erbyn diwedd y chwedegau, roedd yna filoedd o Gymry wedi dod i gredu mai eu dyletswydd hwy oedd rhoi Cymru'n gyntaf.

Ac mae yna ragor. Gwynfor a greodd y 'mudiad cenedlaethol' – y mudiad eciwmenaidd, llac hwnnw a geisiodd sicrhau y ceid pobl o bob plaid i wneud y 'peth iawn dros Gymru'. Dros y degawdau, fe lwyddodd y mudiad annelwig, diaelodaeth hwn i Gymreigio talpiau helaeth o fywyd cyhoeddus Cymru. Gwynfor hefyd oedd tad Ymgyrch Senedd i Gymru – y mudiad hwnnw a roes ddatganoli ar yr agenda am y tro cyntaf ers pedwar degawd. Mae cofeb arhosol yr ymgyrch honno i'w chael ym Mae Caerdydd, ynghanol y bariau *cappuccino* swanc. Fe'i gelwir yn gynulliad, y symbol gloywaf, er gwaeth neu er gwell, o awydd y

Cymry i fyw fel cenedl wleidyddol. Ydi, mae'r cyfraniad yn anferth serch i Blaid Cymru ddioddef o benderfyniad anochel Gwynfor i ieuo'i blaid wrth y syniad o fudiad cenedlaethol. Ar brydiau, ni wyddai Plaid Cymru beth ydoedd: grŵp pwyso ynteu blaid aeddfed. Y dyfarniad tecaf yw i'r mudiad cenedlaethol ennill y dydd ar draul y blaid.

Ond er mor arhosol fu'r dröedigaeth, gwnaeth Gwynfor hefyd golli ffydd. Medrai golli hyder yn ei alluoedd ei hun; ar fwy nag un achlysur, bygythiodd ildio llywyddiaeth Plaid Cymru. Ar brydiau, arweiniai hyn at iselder ysbryd a olygai driniaeth feddygol. Fe'i sigwyd gan ddifaterwch y Cymry hefyd – o'r rhai a fradychodd amaethwyr yr Epynt i siopwyr y Bala a gefnogodd foddi Capel Celyn. A serch y dröedigaeth, doedd Gwynfor ddim yn sant. Medrai fod yn flin, medrai fod yn ddogmataidd, medrai fod yn gwbl fulaidd. Roedd hefyd yn weinyddwr tra cheidwadol ac fe'i hamgylchynodd ei hun â gormod o gynffonwyr. Y rhain yw'r gwŷr a greodd y cwlt gan gynnig gweniaith yn lle cyngor gwleidyddol doeth. Ond roedd Gwynfor a'i syniad lled-Feseianaidd ohono'i hun yn bur hoff o hynny. Does dim dwywaith ychwaith iddo niweidio'i blaid trwy barhau'n llawer rhy hir fel llywydd, ond ni ddylai hyn beri syndod i neb. Gwleidydd oedd Gwynfor, serch mai yn sgil tröedigaeth yr oedd hynny.

Roedd Gwynfor am ddychwelyd i'r Garn Goch, i'r pridd, daear Cymru, y ddaear a roes fod i'w wleidyddiaeth. Ond wrth i'w lwch ddiflannu i'r pedwar gwynt, erys y gwaddol. Trwy ei 'achub' ei hun rhag bryntni'r Barri, newidiodd Gwynfor Evans gwrs hanes Cymru. O Queensferry i Gasgwent, ceir llinell: i'r gorllewin o'r llinell hon y mae'r Cymry'n byw, ond ni chawsant eu geni'n Gymry. Maent yn Gymry am iddynt ddewis bod yn Gymry. Oes, mae yna nifer mawr o bob plaid wedi sicrhau mai fel hyn y byddai hi, ond ni wnaeth neb fwy na Gwynfor yn ystod yr ugeinfed ganrif. Nid hon oedd y Gymru Gymraeg Gristnogol y breuddwydiodd Gwynfor amdani, ond Cymru yw hi o hyd. Roedd Cymru, y genedl a garodd mor angerddol, wedi goroesi, rhag pob brad.

NODIADAU

PENNOD 1 – Tröedigaeth, 1912–1931

[1] 'Barry Since 1939', Peter Stead yn *Barry, The Centenary Book*, gol. Donald Moore (Cardiff, 1985), t. 458.

[2] Dai Smith, 'Barry: A Town Out Of Time', *Morgannwg* XXIX, tt. 80–6.

[3] T Robin Chapman, 'Y Llif Wynebau Llwyd: Cymru Ddiwydiannol a'r Adwaith Moesol yn Hanner Cyntaf yr Ugeinfed Ganrif', *Llên Cymru*, 26, 2003.

[4] Gwynfor Evans, *Western Mail*, Atodiad Eisteddfod Casnewydd, Awst 1988.

[5] 'Ambition, Vice and Virtue: Social Life, 1884–1914', Brian C Luxton yn *Barry, The Centenary Book*, op. cit., tt. 271–333. gol. Donald Moore (Caerdydd, 1985).

[6] Marwnad Habacus (Josiah Davies) i James Evans d.d., -. Yr wyf yn hynod ddiolchgar i Mrs Llywela Evans am gael gweld y ddogfen hon ynghyd â llu o gymwynasau eraill.

[7] J Camwy Evans, *Hanes Eglwys Lloyd Street* (Llanelli, 1937).

[8] *Barry Dock News*, 2 Mehefin 1899.

[9] ibid., 2 Mehefin 1899.

[10] K O Morgan, *Wales in British Politics, 1868–1922* (pedwerydd argraffiad, Cardiff, 1991), tt.181–98.

[11] Beriah Gwyndaf Evans yn *'Yspryd yr Oes'*, cyfrol 2, Rhif 5, 1905; a *'Cenad Hedd'*, Rhif 25, 1905 ac *'Album Aberhonddu'*, 1888, gol. T Stephens, tt. 306–7.

[12] *Barry Dock News*, 14 Awst 1905. Gw. hefyd *Y Tyst*, 2 Awst 1905.

[13] *Barry Herald*, 14 Rhagfyr 1916.

[14] ibid., 14 Gorffennaf 1909.

[15] *Barry Dock News*, 17 Tachwedd 1905.

[16] *South Wales Spectator*, cyfrol 7, rhif 51, Mehefin 1964.

[17] *Barry Dock News*, 14 Ionawr 1910.

[18] Cyfweliad yr awdur ag Alcwyn Evans.

[19] *Barry and District News*, 22 Gorffennaf 1932.

[20] *South Wales Echo*, 9 Chwefror 2005.

[21] Cyfweliad yr awdur â Llywela Evans.

[22] Adroddiad Blynyddol Capel Tabernacl y Barri, 1915.

[23] *Barry Herald*, 22 Rhagfyr 1914.

[24] Gwynfor Evans, *Bywyd Cymro* (Caernarfon, 1982), t. 25.

[25] ESE 2/2/1, Llyfr Log Ysgol Gladstone Road 1.1.1917, Archifdy Morgannwg

[26] PRO ED 21/46358.

[27] Cyfweliad yr awdur â Ceridwen Pritchard.

[28] Adroddiad Blynyddol Capel Tabernacl y Barri, 1911.

[29] *Barry Herald*, 7 Mawrth 1913.

[30] Pennar Davies, *Gwynfor Evans* (Abertawe, 1976), t.14.

[31] *Barry Herald*, 22 Chwefror 1924.

[32] ibid., 28 Mawrth 1919; ibid., 19 Mawrth 1920.

[33] W J Gruffydd, *Owen Morgan Edwards, Cofiant* (Aberystwyth, 1938), t. 1.

[34] *Barry Dock News*, 15 Tachwedd 1918.

[35] Cyfweliad yr awdur â Ceridwen Pritchard.

[36] *Barry and District News*, 2 Ebrill 1924.

[37] *Barry Herald*, 1 Chwefror 1924; ibid., 4 Gorffennaf 1924.

[38] *The Barrian*, Rhif 11, 1924.

[39] 'Gogoniant y Werin Gymraeg', Gwynfor Evans, toriad diddyddiad. Papurau Gwynfor Evans, LlGC, heb eu catalogio.

[40] *The Barrian*, Rhif 17, 1931.

[41] *Gwynfor yn Bedwar Ugain Oed*, cyfweliad â Sulwyn Thomas, BBC Cymru, 1992.

[42] Gwynfor Evans, *Bywyd Cymro*, op. cit., t. 37.

[43] Gwynfor Evans at Griffith John Williams, 7.9.1948 (Casgliad Griffith John Williams, LlGC).

[44] Robin Chapman, *Meibion Afradlon a Chymeriadau Eraill*, op. cit., t. 58.

[45] *Western Mail*, 1 Mawrth 1929.

[46] Gwynfor Evans, *Wales Can Win* (Llandybïe, 1973), t. 138.

[47] Heini Gruffudd, *Achub Cymru* (Tal-y-bont, 1983), t. 22

[48] *Barry and District News*, 30 Medi 1938.

[49] Cyfweliad yr awdur â Gwynfor Evans.

[50] *The Welsh Nation*, Mehefin 1984.

[51] Yn ystod ei gyfnod cyntaf yn Nhŷ'r Cyffredin, byddai'n dyfynnu o weithiau 'seiciatwyr cymdeithasol' er mwyn profi ei ddadl bod diffyg gwreiddiau yn achosi niwed emosiynol ac ansicrwydd o'r crud i'r bedd; gw. Gwynfor Evans yn *Efrydiau Athronyddol*, 31 (1968).

[52] *The Barrian*, Rhif 18, 1932.

[53] B1/46(3), Archif Undeb Cynghrair y Cenhedloedd, LlGC.

[54] *The Barrian*, Rhif 17, 1931.

PENNOD 2 – Cenhadaeth, 1931–39

[1] Gwynfor Evans yn *Dan Sylw*, gol. Gwyn Erfyl (Llandybïe, 1971), t. 14.

[2] E L Ellis, *The University of Wales, Aberystwyth, 1872–1972* (Cardiff, 1972), tt. 249–51.

[3] *The Welsh Gazette*, 15 Hydref 1931.

[4] Gwynfor Evans, *Bywyd Cymro*, op. cit., t. 39.

[5] *Y Cymro*, 16 Tachwedd 1976.

[6] *Y Faner*, 23 Medi 1977.

[7] Pennar Davies, *Gwynfor Evans*, op. cit., t. 18.

[8] *Baner ac Amserau Cymru*, 24 Ebrill, 1958.

[9] Gwynfor Evans, *Bywyd Cymro*, op. cit., t. 43.

[10] Dyfynnir yn D Tecwyn Lloyd, *John Saunders Lewis, Y Gyfrol Gyntaf* (Dinbych, 1988), t. 247.

[11] E L Ellis, *The University of Wales, Aberystwyth, 1872–1972*, op. cit., t. 252.

[12] *The Dragon*, Tymor Mihangel, 1932.

[13] *The Welsh Gazette*, 10 Tachwedd 1932.

[14] ibid., 9 Mawrth 1933.

[15] Dyfynnir yn Martin Ceadel, *Pacifism in Britain, 1914–1945: The Defining of a Faith* (Oxford, 1980), t. 174.

[16] *The Cambrian News*, 17 Tachwedd 1933.

[17] D J Davies, *The Economics of Welsh Self-Government* (Swyddfa'r Blaid Genedlaethol, 1931).

[18] *Y Ddraig Goch*, Mawrth 1934.

[19] Richard Wyn Jones, 'Syniadaeth wleidyddol Gwynfor Evans', *Efrydiau Athronyddol* 63 (2000), tt. 44–63. Gw. hefyd John Davies, *The Green and the Red: Nationalism and Ideology in 20th*

Century Wales (Aberystwyth, 1980), t. 30.

[20] *Y Cymro*, 3 Tachwedd 1934. Gw. hefyd *Y Ddraig Goch*, Tachwedd 1934.

[21] *Western Mail*, 1 Mawrth 1934.

[22] *Y Ddraig Goch*, Gorffennaf 1934.

[23] Cassie Davies, *Hwb i'r Galon* (Abertawe, 1973), t. 80.

[24] *Y Ddraig Goch*, Mawrth 1927.

[25] *Y Cymro*, 18 Awst 1934.

[26] Gwynfor Evans at J E Jones, 14.8.1934 (APC B 84).

[27] *Yr Aradr*, 1993–4, t. 2.

[28] *Isis*, 14 Tachwedd 1934

[29] *The Barrian*, 1 Mai 1935.

[30] ibid.

[31] Harri Williams at J E Jones, 18.2.1935 (APC B 94).

[32] *Y Cymro*, 26 Hydref 1935.

[33] Mss Welsh d.1/17 a d.1/18, Llyfrgell Bodleian, Prifysgol Rhydychen.

[34] *Y Brython*, 6 Mehefin 1935.

[35] *Western Mail*, 26 Awst 1935.

[36] *Yr Herald Cymraeg*, 27 Ebrill 1936.

[37] *Y Tyst*, 19 Mawrth 1936.

[38] *Daily Despatch*, 25 Mai 1936.

[39] *Isis*, 26 Chwefror 1936.

[40] Gwynfor Evans, *Bywyd Cymro*, op. cit., tt. 49–50.

[41] Pennar Davies, *Gwynfor Evans*, op. cit., t. 22.

[42] Cyfweliad yr awdur â Gwynfor Evans.

[43] Gwynfor Evans at J E Jones d.d. (APC B 145).

[44] *Barry and District News*, 3 Gorffennaf 1936.

[45] Dafydd Jenkins, *Tân yn Llŷn* (Caernarfon, 1975) t. 71.

[46] Gwynfor Evans at J E Jones, 9.9.1936 (APC B 152).

[47] *Y Ddraig Goch*, Hydref 1936. Roedd ffatri Pen-y-bont yn rhan o 'arsenal' Woolwich a oedd i'w symud yno. Daeth y cyhoeddiad hwn ag 'unabounded joy' i fasnachwyr y dref. Gw. *Western Mail*, 25 a 27 Mai 1936.

[48] *Y Ddraig Goch*, Ionawr 1937.

[49] D Hywel Davies, *The Welsh Nationalist Party 1925–1945* (Cardiff, 1983) tt. 163–4.

[50] Gwynfor Evans at J E Jones, 26.4.1937 (APC B 177).

[51] *Barry Herald*, 14 Mai 1937.

[52] *Western Mail*, 28 Ebrill 1937.

[53] Gwynfor Evans at J E Jones, 19.5.1937 (APC B 179).

[54] D Hywel Davies, *The Welsh Nationalist Party 1925–1945*, op. cit., tt. 73–9.

[55] Gwynfor Evans, *Y Ddraig Goch*, Gorffennaf 1937.

[56] Gwynfor Evans at J E Jones, 25.5.1937 (APC B 181).

[57] Gwynfor Evans at J E Jones, d.d. (APC B 182).

[58] *Yr Herald Cymraeg*, 1 Chwefror 1937.

[59] Gw. A 20 ac A 32 (APC).

[60] Marion Löffler, 'Cyfraniad y Chwyldroadau Tawel' yn Geraint H Jenkins a Mari A Williams (goln.), *'Eu Hiaith a Gadwant? Y Gymraeg yn yr Ugeinfed Ganrif'* (Caerdydd, 2000) tt. 96–9.

[61] *Barry Herald*, 1 Ebrill 1938.

[62] Gwynfor Evans, *Bywyd Cymro*, op. cit., t. 52.

[63] *Y Ddraig Goch*, Chwefror 1982.

[64] Gwynfor Evans, *Bywyd Cymro*, op. cit., tt. 54–55.

[65] *Seren Cymru*, 23 Mai 1941.

[66] *Y Tyst*, 21 Gorffennaf 1938.

[67] Flwyddyn ynghynt, yng Ngorffennaf 1937, pasiodd yr Undeb gynnig yn galw ar i gymorth arbennig gael ei roi i ardaloedd dirwasgedig de Cymru. Gw. *Western Mail*, 7 Gorffennaf 1937.

[68] *Western Mail*, 13 Gorffennaf 1938.

[69] Papurau preifat ym meddiant Alcwyn Evans.

[70] *Western Mail*, 13 Medi 1937.

[71] *Y Brython*, 24 Mehefin 1937.

[72] *Western Mail*, 18 Mehefin 1937.

[73] *Baner ac Amserau Cymru*, 23 Tachwedd 1937.

[74] *Y Cymro*, 16 Gorffennaf 1938.

[75] Gwynfor Evans at J E Jones, 13.5.1938 (APC B 221).

[76] *Y Ddraig Goch*, Medi 1938.

[77] *Peace News*, 20 Awst 1938.

[78] *Y Brython*, 24 Tachwedd 1938.

[79] *Peace News*, 3 Medi 1938.

[80] Gwynfor Evans, *Bywyd Cymro*, op. cit., t. 57.

[81] *South Wales Echo*, 1 Hydref 1938.

[82] *Y Cymro*, 1 Hydref 1938.

[83] *Y Brython*, 9 Chwefror 1938.

[84] *Y Cymro*, 28 Mai 1938.

[85] Mark Gilbert, 'Pacifist Attitudes to Nazi Germany, 1936–1945', *Journal of Contemporary History*, 27 (1992), tt. 493–511.

[86] *Yr Herald Cymraeg*, 9 Ionawr 1939.

[87] Gwynfor Evans at J E Jones d.d. (APC B 249).

[88] Gwynfor Evans at J E Jones, 5.4.1939 (APC B 287).

[89] J E Jones at Gwynfor Evans, 8.5.1939, ibid.

[90] Saunders Lewis at J E Jones 8.5.1939, ibid. Gw. hefyd ddatganiad Saunders Lewis yn *Liverpool Daily Post*, 1 Mai 1939.

[91] *Cymru'n Niwtral* (APC B 273).

[92] A O H Jarman, 'Y Blaid a'r Ail Ryfel Byd' yn John Davies (gol.), *Cymru'n Deffro, Hanes y Blaid Genedlaethol, 1925–1975* (Tal-y-bont, 1981), t. 77.

[93] *The Welsh Nationalist*, Awst 1939.

[94] Gwynfor Evans, *Bywyd Cymro*, op. cit., t. 61. Gw. hefyd LlGC, Ms 22316 D, 'Y Tyrau', Dan Thomas, tt. 190–1. Ceir proffeil o Dan Thomas yn *Y Ddraig Goch*, Hydref 1936.

[95] Gwynfor Evans at J E Jones, d.d. (APC B 273).

[96] Hugh Wynne Griffith yn *Pathway*, Rhagfyr 1939.

[97] *Baner ac Amserau Cymru*, 30 Awst 1939. Gwnaeth yr apêl ar ffurf llythyr ar y cyd â George M Ll Davies a Richard Bishop.

PENNOD 3 – Yr Heldrin Fawr, 1939–45

[1] *Y Cymro*, 9 Medi 1939.

[2] *South Wales Echo*, 4 Medi 1939.

[3] J E Jones, *Tros Gymru, J.E. a'r Blaid* (Abertawe, 1970), t. 216.

[4] A O H Jarman, *Cymru'n Deffro – Hanes y Blaid Genedlaethol, 1925–1975*, op. cit., t. 74.

[5] Gwynfor Evans at J E Jones, 3.9.1939 (APC B 294).

[6] Gwynfor Evans at W T (Pennar) Davies, 8.9.1939, LlGC Ms 20784D.

[7] *Amman Valley Chronicle*, 7 Medi 1939.

[8] *Baner ac Amserau Cymru*, 13 Medi 1939.

[9] ibid., 20 Medi 1939.

[10] Dyfynnir agwedd Saunders Lewis yn J E Jones at J E Daniel, 12.9.1939 (APC B 294).

[11] *Manchester Guardian*, 8 Medi 1939.

[12] Gwynfor Evans at J E Jones, 3.9.1939 (APC B 294).

[13] *Y Ddraig Goch*, Medi 1939.

[14] *Y Cymro*, 16 Medi 1939.

[15] Gwynfor Evans at J E Jones, 15.10.1939 (APC B 262).

[16] Cyfweliad yr awdur â'r Athro Dafydd Jenkins.

[17] *Barry and District News*, 24 Tachwedd 1939.

[18] Griff Jones at J E Jones, 17.9.1939 (APC, B 274); gw. hefyd gofnodion Heddychwyr Cymru, Cangen Caerffili, meddiant preifat. Carwn ddiolch i Vaughan Roderick am gael gweld y papurau hyn.

[19] Cyfweliad rhwng Gwynfor Evans a Colin Edwards, Papurau Colin Edwards, LlGC.

[20] *Baner ac Amserau Cymru*, 1 Tachwedd 1939.

[21] ibid., 25 Hydref 1939.

[22] Saunders Lewis at J E Jones, 21.11.1939 (APC B 266).

[23] Gwynfor Evans at Pennar Davies, 10.1.1941 (Casgliad Pennar Davies, LlGC).

[24] *Baner ac Amserau Cymru*, 27 Awst 1976.

[25] Gwynfor Evans yn *Munudau Cyfiawnder, Cyfrol Goffa Gareth Thomas* (Abertawe, 1992), tt. 60–71.

[26] Cyfweliad yr awdur â Gareth Howe.

[27] *South Wales Evening Post*, 17 Tachwedd 1939.

[28] *Y Llenor*, XVIII, rhif 3, Hydref 1939.

[29] *The Welsh Review*, Tachwedd 1939.

[30] *South Wales Evening Post*, 10 Medi 1939.

[31] ibid., 23 Medi 1939.

[32] *Y Cymro*, 9 Rhagfyr 1939.

[33] Gwynfor Evans at J E Jones, 22.2.1940 (APC B 303).

[34] Y Parch. J P Davies at Gwynfor Evans, 8.1.1940 (GE, 1973, D, LlGC).

[35] *Y Cymro*, 20 Ionawr 1940.

[36] *Baner ac Amserau Cymru*, 31 Ionawr 1940.

[37] *Y Llenor*, XX, rhif 4, Gaeaf 1941.

[38] Gw. nodyn 5.3.1940 (Casgliad Undeb Cymru Fydd, Blwch 6, LlGC).

[39] *Y Cymro*, 16 Mawrth 1940.

[40] *Baner ac Amserau Cymru*, 20 Mawrth 1940.

[41] ibid., 14 Ebrill 1940.

[42] Gwynfor Evans at T I Ellis, 15.3.1940 (Casgliad Undeb Cymru Fydd, Blwch 5, LlGC).

[43] Saunders Lewis at J E Jones, 29.3.1940 (APC B 313).

[44] Gwynfor Evans at T I Ellis, 2.4.1940 (Casgliad Undeb Cymru Fydd, Blwch 6, LlGC).

[45] William Williams at T I Ellis, 2.4.1940, ibid.

[46] William Williams at T I Ellis, 3.4.1940, ibid.

[47] Gwynfor Evans at T I Ellis, 1.5.1940, ibid.

[48] Gw. Ffeil 88, 4.4.1940 (Casgliad Undeb Cymru Fydd, LlGC). Yr aelodau oedd Saunders Lewis, Moses Gruffydd, Dr Gwenan Jones a Syr Ifan ab Owen Edwards.

[49] *Brecon and Radnor Express and County Times,* 2 Mai 1940.

[50] Ann Gruffydd Rhys, 'Colli Epynt', *Barn*, 366/367, 1993.

[51] Yr wyf yn ddiolchgar i Emyr Price, cynhyrchydd y pedair rhaglen *'Gwynfor'*, a ddarlledwyd gan HTV Cymru ym 1990, am yr wybodaeth hon.

[52] Gwynfor Evans at J E Jones, 24.4.1940 (APC B 314).

[53] Gwynfor Evans at J E Jones, 15.5.1940, ibid.

[54] PRO KV 4/122, Adroddiad ar y 'Celtic Nationalist Movement'.

[55] *Western Mail*, 7 Mai 1940.

[56] *South Wales Evening Post*, 6 Mehefin 1940.

[57] ibid., 8 Mehefin 1940.

[58] ibid., 26 Mehefin 1940.

[59] *Baner ac Amserau Cymru,* 5 Mehefin 1940.

[60] ibid., 29 Mai 1940.

[61] Gwynfor Evans, *Bywyd Cymro*, op. cit., t. 88.

[62] Idris Evans at Gwynfor Evans, 14.5.1940 (GE, 1973, E, LlGC).

[63] Gwynfor Evans at Pennar Davies, 15.5.1940 (Casgliad Pennar Davies, LlGC).

[64] PRO HO 262/4, Adroddiad dyddiedig 17.5.1940.

[65] Gwynfor Evans, *Bywyd Cymro*, op. cit., t. 79.

[66] Gwynfor Evans at J E Jones, 23.5.1940. (APC B 318). Roedd agweddau tebyg i'r rhain yn lled gyffredin ymysg arweinwyr Plaid Cymru. Ysgrifennodd Saunders Lewis fel hyn: 'Nid gwaeth gennyf ba derfyn a fydd ond i Loegr beidio ag ennill. Nid wyf yn selog o blaid iddi golli'n bendant a syfrdanol, ond yr wyf yn selog am iddi beidio ag ennill'. Gw. Saunders Lewis at D J Williams, 12.12.1940 (Casgliad D J Williams, LlGC).

[67] *Y Cymro*, 1 Mehefin 1940.

[68] *Y Llenor*, XIX, rhif 2, Haf 1940.

[69] *Y Cymro*, 15 Mehefin 1940.

[70] ibid., 22 Mehefin 1940.

[71] *Y Tyst*, 27 Mehefin 1940.

[72] Gwynfor Evans at J E Jones, 29.7.1940 (APC B 325).

[73] Gwynfor Evans at J E Jones, 10.7.1940 (APC B 322).

[74] *Baner ac Amserau Cymru*, 10 Gorffennaf 1940.

[75] Gwynfor Evans at T I Ellis, 23.7.1940 (Casgliad Undeb Cymru Fydd, A 5, LlGC).

[76] *Carmarthen Journal*, 19 Gorffennaf 1940.

[77] *Peace News*, 8 Rhagfyr 1939. Roedd y ganran a gâi ryddhad di-amod gan Dribiwnlys y gogledd yn llawer uwch – tua 55 y cant.

[78] Gwynfor Evans at Pennar Davies, 23.8.1940 (Casgliad Pennar Davies, LlGC).

[79] George M Ll Davies at Gwynfor Evans, d.d. (GE, 1973, D, LlGC).

[80] *Baner ac Amserau Cymru*, 28 Awst 1940.

[81] *Y Cymro*, 24 Awst 1940.

[82] Nancy Richardson at Gwynfor Evans, 10.10.1940 (GE, 1973, R, LlGC).

[83] PRO KV 4/123, Crynodeb Rhanbarthol, 13.11.1941. Dywedodd Gwynfor Evans mai 2,920 a benderfynodd sefyll fel gwrthwynebwyr cydwybodol. Gw. Gwynfor Evans, *Heddychiaeth Gristnogol yng Nghymru* (Llangollen, 1991), t. 25.

[84] Y Parch. J P Davies at Gwynfor Evans, 6.9.1940 (GE, 1973, D, LlGC).

[85] 'Rob' at Gwynfor Evans, 5.12.1940 (GE, 1973, B, LlGC).

[86] George M. Ll Davies at Gwynfor Evans, d.d. (GE, 1973, D, LlGC).

[87] George M. Ll Davies at Gwynfor Evans, d.d., ibid.

[88] 'Rob' at Gwynfor Evans, 11.12.1940 (GE, 1973, B, LlGC).

[89] *Y Tyst*, 9 Ionawr 1941.

[90] ibid., 26 Rhagfyr 1940.

[91] *Amman Valley Chronicle*, 5 Rhagfyr 1940.

[92] Gwynfor Evans at J E Jones, 7.12.1940 (APC B 335).

[93] *Amman Valley Chronicle*, 16 Ionawr 1941.

[94] *Baner ac Amserau Cymru,* 14 a 21 Ionawr 1941.

[95] *Carmarthen Journal,* 13 Mehefin 1941.

[96] Gwynfor Evans at J E Jones, 28.1.1941 (APC B 337).

[97] Gwynfor Evans at J E Jones, 21.2.1941 (APC B 338).

[98] Rhiannon Prys Evans yn *Iancs, Conshis a Spam* (Llandybïe, 2002), t. 76.

[99] *Baner ac Amserau Cymru,* 5 Mawrth 1940.

[100] Rhiannon Prys Evans yn *Iancs, Conshis a Spam*, op. cit., t. 79.

[101] Gwynfor Evans at T I Ellis, 24.5.1941 (Casgliad Undeb Cymru Fydd, A 22, LlGC).

[102] George M. Ll Davies at Gwynfor Evans, 31.1.1941 (GE, 1973, D, LlGC).

[103] *Baner ac Amserau Cymru,* 8 Hydref 1941.

[104] *Y Dysgedydd*, Ebrill 1945.

[105] Waldo Williams at Gwynfor Evans, 27.7.1941 (GE, 1973, W, LlGC).

[106] *Peace News*, 17 Hydref 1941.

[107] ibid., 14 Tachwedd 1941.

[108] George M Ll Davies at Gwynfor Evans, d.d. (GE, 1973, D, LlGC).

[109] *Baner ac Amserau Cymru,* 23 Gorffennaf 1941.

[110] ibid., 20 Awst 1941.

[111] Gwynfor Evans at Pennar Davies, 18.9.1941 (Casgliad Pennar Davies, LlGC).

[112] Gwynfor Evans at J E Jones, 5.10.1941 (APC B 350).

[113] Gwynfor Evans at T I Ellis, 28.10.1941 (Casgliad Undeb Cymru Fydd, A 22, LlGC).

[114] Angus Calder, *The People's War* (London, 2003), t. 298.

[115] *Y Tyst,* 25 Rhagfyr 1941.

[116] *Baner ac Amserau Cymru,* 14 Ionawr 1942.

[117] ibid., 28 Ionawr 1942.

[118] *Y Tyst*, 22 Ionawr 1942.

[119] ibid., 5 Chwefror a 12 Mawrth 1942.

[120] Hyd yn oed gyda threigl y blynyddoedd, ni phylodd dicter Gwynfor â'r hyn a wnaeth Llewelyn Evans. Yn ei hunangofiant, cyfeiria at Llewelyn Evans a'i frawd fel 'rhyfelgwn' a aberthodd dros Brydain adeg rhyfel trwy gynhyrchu bwyd yn 'broffidiol'. Gw. Gwynfor Evans, *Bywyd Cymro,* op. cit., t. 73.

[121] *South Wales Evening Post*, 2 Mehefin 1941.

[122] *Carmarthen Journal*, 6 Chwefror 1942.

[123] Gwynfor Evans at J E Jones, 18.2.1942 (APC B 359).

[124] *Amman Valley Chronicle*, 5 Mawrth 1942.

[125] *Baner ac Amserau Cymru,* 4 Mawrth 1942.

[126] ibid., 21 Ionawr 1942.

[127] *South Wales Evening Post*, 28 Chwefror 1942.

[128] Gwynfor Evans at T I Ellis, 2.3.1942 (Casgliad Undeb Cymru Fydd, A 16, LlGC).

[129] *Carmarthen Journal,* 29 Mai 1942.

[130] ibid., 10 Gorffennaf 1942.

[131] *Amman Valley Chronicle*, 11 Mehefin 1942.

[132] Gwynfor Evans at Pennar Davies, 17.6.1942 (Casgliad Pennar Davies, LlGC).

[133] *The Welsh Nationalist*, Mehefin 1942.

[134] *Y Traethodydd*, Gorffennaf 1942.

[135] Gwynfor Evans at y Parch. Gwilym Davies, 6.7.1942 (Casgliad Gwilym Davies, 3/5, LlGC). Roedd Cathrin Huws, fel y'i hadwaenid o dan ei henw morwynol, yn briod â J E Daniel, Llywydd Plaid Cymru, 1939–43.

[136] Gwynfor Evans at T I Ellis, 8.7.1942 (Casgliad Undeb Cymru Fydd, A 21, LlGC).

[137] *Y Goleuad*, 22 Gorffennaf 1942.

[138] Gw. *Western Mail*, 8 Awst 1942. Gw. hefyd *Baner ac Amserau Cymru*, 12 Awst 1942.

[139] Gwynfor Evans at J E Jones, 24.7.1942 (APC A 43).

[140] *Y Cymro*, 8 Awst 1942.

[141] *Baner ac Amserau Cymru*, 23 Medi 1942.

[142] ibid., 2 Rhagfyr 1942.

[143] ibid., 23 Rhagfyr 1942.

[144] ibid., 30 Rhagfyr 1942.

[145] *Amman Valley Chronicle*, 4 Ionawr 1943.

[146] Gwynfor Evans at T I Ellis, 3.1.1943 (Casgliad Undeb Cymru Fydd, A 16, LlGC).

[147] Gwynfor Evans at Pennar Davies, 15.1.1943 (Casgliad Pennar Davies, LlGC).

[148] Gwynfor Evans at J E Jones, 12.1.1943 (APC B 381).

[149] Gwynfor Evans at J E Jones, 25.2.1943 (APC B 388).

[150] Gwynfor Evans at J Dyfnallt Owen, 1.2.1943 (Casgliad J Dyfnallt Owen, LlGC).

[151] Gwynfor Evans at J Dyfnallt Owen, 8.2.1943, ibid.

[152] *Y Ddraig Goch*, Chwefror 1943.

[153] J E Jones at Gwynfor Evans, 16.2.1943 (GE, 1973, J, LlGC).

[154] *Baner ac Amserau Cymru*, 17 Mawrth 1943.

[155] Gwynfor Evans at J E Jones, 2.4.1943 (APC B 401).

[156] Mari A Williams, *A Forgotten Army, The Female Munitions Workers of South Wales, 1939–1945* (Cardiff, 2002), tt. 180–4.

[157] *South Wales Evening Post*, 20 Ebrill 1943.

[158] *Baner ac Amserau Cymru*, 23 Mehefin 1943; *The Welsh Nationalist*, Mehefin 1943.

[159] *Amman Valley Chronicle*, 6 Mai 1943.

[160] James Griffiths at Gwynfor Evans, 9.6.1943 (GE, 1973, G, LlGC).

[161] *South Wales Evening Post*, 24 Mai 1943.

[162] Gw. *Western Mail*, 9 Mai 1945 a'r *Cymro*, 18 Mai 1945.

[163] J E Jones at Gwynfor Evans, 7.5.1943 (GE, 1973, J, LlGC).

[164] Gwynfor Evans at D J a Noëlle Davies, 11.6.1943 (Casgliad Noëlle Davies, LlGC).

[165] Gwynfor Evans at J E Jones, 9.6.1943 (APC B 401).

[166] Yr wyf yn ddiolchgar i'r Athro R Geraint Gruffydd am yr wybodaeth hon.

[167] Gwynfor Evans at J E Jones, 29.6.1943 (APC B 402).

[168] Dan Evans at Gwynfor Evans, 2.7.1943 (GE, 1973, E, LlGC).

[169] Gwynfor Evans at J E Jones, 4.7.1943 (APC B 402).

[170] *Baner ac Amserau Cymru*, 10 Mehefin 1942.

[171] Cyfweliad yr awdur â Gwynfor Evans.

[172] *Y Ddraig Goch*, Medi 1943.

[173] Abi Williams at J E Jones, 10.9.1943 (APC M 70).

[174] *Y Cymro*, 7 Awst 1943.

[175] *Baner ac Amserau Cymru*, 4 Awst 1943.

[176] Gwynfor Evans at J E Jones, 16.9.1943 (APC B 407).

[177] Gohebiaeth oddi wrth T Elwyn Griffiths at yr awdur, 20.3.2003. Gw. hefyd lythyr T Elwyn Griffiths, golygydd *Seren y Dwyrain*, yn *Amman Valley Chronicle*, 24 Chwefror 1944. Mewn sawl ystyr, roedd *Seren y Dwyrain* yn efelychu *Cofion Cymru*, y cylchgrawn hynod hwnnw a

gyhoeddwyd rhwng 1941 a 1946. Amcan y misolyn hwnnw oedd darparu newyddion, straeon a difyrrwch Cymraeg i'r Cymry hynny a wasanaethai yn y lluoedd.

[178] T Elwyn Griffiths, *Seren y Dwyrain* (Y Bala, 1955), t. 27.

[179] ibid., t. 1.

[180] Gwynfor Evans at Pennar Davies, 8.1.1944 (Casgliad Pennar Davies, LlGC).

[181] *Y Cymro*, 25 Mawrth 1944.

[182] Gwynfor Evans at Pennar Davies, 27.9.1944 (Casgliad Pennar Davies, LLGC).

[183] *Baner ac Amserau Cymru,* 12 Ionawr 1944.

[184] J E Jones at Gwynfor Evans, 28.1.1944 (GE, 1983, J, LlGC).

[185] *Y Ddraig Goch*, Ionawr 1944.

[186] Gwynfor Evans at J E Jones, 21.1.1944 (APC B 425).

[187] *Baner ac Amserau Cymru*, 15 Mawrth 1944. Ers misoedd, roedd Plaid Cymru yn rhanedig ar y mater ond mynnodd Gwynfor – yn groes i J E Jones a ddymunai weld y swyddfa yn Aberystwyth – mai yng Nghaerdydd y dylai fod oherwydd ei hyder mai 'Caerdydd fydd Prif-Ddinas Cymru'. Setlwyd y mater yn derfynol ym 1946, ond diau y bu pendantrwydd y Llywydd 'cysgodol' yn allweddol wrth droi'r fantol o blaid Caerdydd yn ystod 1944. Gw. Gwynfor Evans at J E Jones, 12.6.1944 (APC B 1326).

[188] Saunders Lewis at D J Williams, 20.4.1944 (Casgliad D J Williams, LlGC).

[189] Saunders Lewis at D J Williams, 13.12.1944, ibid.

[190] Dyddiadur D J Williams, 20.4.1944, ibid.

[191] Gwynfor Evans at D J Williams, 24.4.1944, ibid.

[192] Gwynfor Evans, *Radio yng Nghymru* (Lerpwl, 1944); Gwynfor Evans, *They Cry Wolf – Totalitarianism in Wales and The Way Out* (Caernarfon, 1944).

[193] *Baner ac Amserau Cymru*, 12 Gorffennaf 1944.

[194] ibid.

[195] *Plan Electricity for Wales* (Llundain, 1944).

[196] Cyfweliad yr awdur â Dewi Watkin Powell.

[197] Gwynfor Evans at J E Jones, 4.9.1944 (APC B 1326).

[198] Cofnodion Pwyllgor Gwaith Plaid Cymru, Calan 1945 (APC A 36).

[199] Dyfynnir yn Pennar Davies, *Gwynfor Evans*, op. cit., t. 34.

[200] R J Edwards at J E Jones, d.d. (APC B 438).

[201] J E Jones at Saunders Lewis, 25.10.1944 (APC B 442).

[202] Marion Eames at Gwynfor Evans, 13.11.1944 (GE, 1983, E, LlGC).

[203] *Baner ac Amserau Cymru*, 13 Rhagfyr 1944.

[204] ibid., 20 Rhagfyr 1944.

[205] Donald Port at Gwynfor Evans, 21.12.1944 (GE, 1983, P, LlGC).

[206] Donald Port at Gwynfor Evans, d.d., ibid.

[207] Donald Port at Gwynfor Evans, 14.3.1945, ibid.

[208] George M Ll Davies at Gwynfor Evans, d.d. (GE, 1973, D, LlGC).

[209] Martin Ceadel, *Semi-Detached Idealists*, op. cit., t. 422.

[210] *Baner ac Amserau Cymru*, 3 Ionawr 1945.

[211] J E Jones at Gwynfor Evans, 31.12.1944 (GE, 1983, J, LlGC).

[212] *Baner ac Amserau Cymru*, 17 Ionawr 1945.

[213] Gwynfor Evans at Marion Eames, 15.2.1945 (APC B 463).

[214] *Y Dydd*, 19 Ionawr 1945.

[215] *Baner ac Amserau Cymru*, 24 Ionawr 1945.

[216] *Western Mail*, 21 Ebrill 1945.

[217] *Baner ac Amserau Cymru*, 28 Chwefror 1945.

[218] Wmffra James at J E Jones, d.d. (APC B 481).

[219] Cyfweliad yr awdur â Marion Eames.

[220] Cyfweliad yr awdur ag Ifor Owen.

[221] *Y Dydd*, 22 Mehefin 1945; *Y Seren*, 7 Gorffennaf 1945.

[222] Gwynfor Evans at Marion Eames, 19.7.1945, meddiant preifat. Yr wyf yn ddiolchgar i Marion Eames am gael gweld y llythyr hwn.

[223] *Y Cymro*, 3 Awst 1945.

[224] Gwynfor Evans at J E Jones, d.d. (APC B 1326).

PENNOD 4 – Dal dy Dir, 1945–51

[1] Cyfweliad yr awdur â'r Parchedig Huw Jones.

[2] Cyfweliad yr awdur â Marion Eames.

[3] Dyddiadur D J Williams, 22.8.1945 (Casgliad D J Williams, LlGC).

[4] *Gwynfor*, HTV Cymru, 7.10.1990.

[5] Gwynfor Evans at J E Jones, d.d. (APC B 1326)

[6] *The Welsh Nationalist*, Awst 1945.

[7] *Baner ac Amserau Cymru*, 1 Awst 1945.

[8] *Y Ddraig Goch,* Hydref 1945.

[9] Gwynfor Evans at Pennar Davies, 12.9.1945 (Casgliad Pennar Davies, LlGC).

[10] *Wales and Monmouthshire, A Summary of Government Action* (Cd. 6938).

[11] Gwynfor Evans at Noëlle a D J Davies, 28.11.1945 (Casgliad Dr Noëlle Davies, 124/13, LlGC).

[12] J E Jones at Gwynfor Evans, 16.12.1945 (APC B 1326).

[13] *Liverpool Daily Post*, 22 Tachwedd 1945.

[14] J E Jones at Gwynfor Evans, 17.4.1946 (GE, 1973, J, LlGC).

[15] *Baner ac Amserau Cymru*, 12 Rhagfyr 1945.

[16] ibid., 2 Ionawr 1946.

[17] *Carmarthen Journal*, 15 Mawrth 1946.

[18] Gwynfor Evans, *Bywyd Cymro*, op. cit., t. 113.

[19] *The Times*, 9 Ebrill 1946.

[20] *Y Cymro*, 15 Mawrth 1946.

[21] *Baner ac Amserau Cymru*, 27 Mawrth 1946.

[22] J E Jones at Gwynfor Evans, 27.3.1946 (GE, 1973, J, LlGC).

[23] Saunders Lewis at D J Williams, 15.7.1946 (Casgliad D J Williams, LLGC).

[24] *Baner ac Amserau Cymru*, 17 Ebrill 1946.

[25] Dewi Watkin Powell at J E Jones, 12.5.1946, ibid.

[26] Gwynfor Evans at J E Jones, 20.1.1946 (APC B 535).

[27] *Baner ac Amserau Cymru,* 6 Mawrth 1946.

[28] *Y Byd ar Bedwar,* HTV Cymru, 3 Mawrth 1990. Yr wyf yn ddiolchgar i Aled Eirug am y cyfeiriad hwn.

[29] Cofnodion Pwyllgor Gwaith Plaid Cymru, d.d. (APC A 37). Gw. hefyd Casgliad Dr Noëlle Davies, 127/1, LlGC.

[30] Gw. y cyfweliad â Yann Fouéré yn *Planet,* 66, 1987, tt. 28–36.

[31] Dr Noëlle Davies at Gwynfor Evans, 13.1.1946 (GE, 1973, D, LlGC).

[32] PRO FO 371/67702, 17.4.1947.

[33] ibid., 22.4.1947.

[34] *Baner ac Amserau Cymru*, 12 Mehefin 1946.

[35] *Y Cymro*, 31 Mai 1946.

[36] *The Observer*, 16 Mehefin 1946.

[37] *Western Mail*, 2 Awst 1946.

[38] *Y Cymro*, 9 Awst 1946.

[39] *Liverpool Daily Post*, 22 Awst 1946.

[40] *The Observer*, 1 Medi 1946.

[41] Gwynfor Evans at T I Ellis, 28.11.1946 (Archif Undeb Cymru Fydd, Ffeil 17, LlGC).

[42] Gwynfor Evans at J E Jones, 16.11.1946 (APC B 534). Am yr ymateb yn y Preselau, gw. *Cardigan and Tivy Side Advertiser*, 6 Rhagfyr 1946.

[43] Gwynfor Evans at J E Jones, d.d. (APC B 534).

[44] *Western Mail*, 18 Rhagfyr 1946.

[45] Am yr ymdriniaeth orau ar gyfnod cychwynnol y brwydrau tir, gw. Janet Davies, *Planet,* 58, 1986, tt. 3–9.

[46] *Baner ac Amserau Cymru*, 8 Ionawr 1947.

[47] *Yr Herald Cymraeg*, 6 Ionawr 1947.

[48] *Baner ac Amserau Cymru*, 1 Ionawr 1947.

[49] *Western Mail*, 13 Ionawr 1947.

[50] *Y Cymro*, 17 Ionawr 1947.

[51] *Picture Post*, 25 Ionawr 1947.

[52] *Y Cymro*, 31 Ionawr 1947.

[53] *Wales*, Cyfrol 5, Rhif 4, 1947.

[54] Gwynfor Evans at J E Jones, 20.1.1947 (APC B 536).

[55] *Y Dydd*, 17 Hydref 1947.

[56] Peter Beresford Ellis, *Celtic Dawn* (Tal-y-bont, 2002), tt. 108–125.

[57] Gwynfor Evans at T I Ellis, 21.1.1947 (Archif Undeb Cymru Fydd, Ffeil 91, LlGC).

[58] *Y Cymro*, 1 Chwefror 1947.

[59] ibid., 28 Mawrth 1947.

[60] *Y Cymro*, 7 Mawrth 1947.

[61] Kate Roberts at T I Ellis, 26.3.1947 (Ffeil 18, Archif Undeb Cymru Fydd, LlGC).

[62] Cofnodion Pwyllgor Gwaith, 3 Ebrill 1947 (APC A 37).

[63] *Liverpool Daily Post*, 27 Mai 1947.

[64] *Baner ac Amserau Cymru*, 2 Gorffennaf 1947.

[65] ibid., 6 Awst 1947.

[66] ibid., 22 Hydref 1947.

[67] PRO BD 28/414, gw. y nodyn yn enw Trevor Williams, Rheolwr Rhanbarthol y Weinyddiaeth Cynllunio Tir a Thref.

[68] *Western Mail*, 11 Tachwedd 1947.

[69] Dyddiadur D J Williams, 16.10.1947 (Casgliad D J Williams, LlGC).

[70] Cofnodion yr is-bwyllgor ar orfodaeth, d.d. (APC M 590).

[71] R Tudur Jones at J E Jones, 4.9.1947, ibid.

[72] Gwynfor Evans at Pennar Davies, 19.12.1948 a 25.5.1949 (Casgliad Pennar Davies, LlGC).

[73] *Baner ac Amserau Cymru*, 18 Mehefin 1947.

[74] Cliff Bere at J E Jones, 29.6.1947 (APC B 648).

[75] *Baner ac Amserau Cymru*, 2 Hydref 1947.

[76] Gwilym Prys Davies at John Legonna, d.d. (Casgliad John Legonna, Ffeil 10, LlGC).

[77] Gwynfor Evans at J E Jones, 28.10.1947 (APC B 550).

[78] Gwynfor Evans at J E Jones, 21.11.1947, ibid.

[79] Gwynfor Evans at J E Jones, 20.11.1947, ibid.

[80] *Welsh Nationalist*, Ionawr 1948.

[81] *Western Mail*, 15 Tachwedd 1947.

[82] Gwynfor Evans at T I Ellis, 12.1.1948 (Archif Undeb Cymru Fydd, Ffeil 2, LlGC).

[83] Gwilym R Jones at J E Jones, 16.1.1948 (APC M 592).

[84] *Baner ac Amserau Cymru*, 17 Mawrth 1948.

[85] *Welsh Nationalist*, Ebrill 1948.

[86] *Baner ac Amserau Cymru*, 21 Ebrill 1948.

[87] *Y Cymro,* 16 Ebrill 1948.

[88] Adroddiad y Pwyllgor Cyllid, 14.9.1948 (Casgliad Dr Noëlle Davies, Ffeil 11, LlGC).

[89] *Y Cymro*, 15 Hydref 1948.

[90] Gwynfor Evans at Dr Gwenan Jones, 20.12.1948 (Casgliad Dr Gwenan Jones, Bocs 1, LlGC).

[91] Gwynfor Evans, '*Eu Hiaith a Gadwant…*': A Oes Dyfodol i'r Iaith Gymraeg? (Caerdydd, 1948).

[92] Gwynfor Evans at J E Jones, d.d. (APC B 564).

[93] Mari Angharad Williams, '*Yr Iaith Gymraeg yn ei Henbydrwydd*': Y Gymraeg yn y 1950au (Aberystwyth, 2001).

[94] Gwynfor Evans at Pennar Davies, 25.5.1949 (Casgliad Pennar Davies, LlGC).

[95] Am ddechreuadau Ymgyrch Senedd i Gymru, gw. ysgrif Elwyn Roberts (Casgliad Elwyn Roberts, Ffeil 40, LlGC).

[96] Gwynfor Evans at Dr D J a Dr Noëlle Davies, 15.3.1949 (Casgliad Dr Noëlle Davies, LlGC).

[97] Gwynfor Evans, *Bywyd Cymro*, op. cit., t. 113. Gw. hefyd Ioan Matthews, 'The Carmarthen By-election of 1957', *The Carmarthenshire Antiquary*, Cyfrol XXXIX, 2003. Am y cefndir ehangach, gw. D M Harries, 'Carmarthen Politics: the struggle between Liberals and Labour 1918–1960', traethawd MA anghyhoeddedig, Prifysgol Cymru.

[98] Cyfweliad yr awdur â Clem Thomas.

[99] *Carmarthen Journal,* 22 Ebrill 1949.

[100] *Baner ac Amserau Cymru,* 25 Mai 1949.

[101] ibid., 8 Mehefin 1949.

[102] *Liverpool Daily Post*, 2 Mai 1949.

[103] Ciff Bere at John Legonna, 11.2.1948 (Casgliad John Legonna, Ffeil 11, LlGC).

[104] Cliff Bere at John Legonna, 27.2.1948, ibid.

[105] Gwynfor Evans at J E Jones, 18.10.1948 (APC B 567).

[106] Trefor Morgan at John Legonna, 22.2.1949 (Casgliad John Legonna, LlGC).

[107] Cofnodion Pwyllgor Gwaith Plaid Cymru, 13.4.1949 (APC A 38).

[108] *Baner ac Amserau Cymru*, 4 Mai 1949.

[109] J E Jones at Gwynfor Evans, 18.5.1949 (GE, J, 1973, LlGC).

[110] Saunders Lewis at Gwynfor Evans, 18.5.1949 (GE, 1983, L, LlGC).

[111] Cofnodion Pwyllgor Gwaith Plaid Cymru, 10.6.1949 (APC A 38).

[112] *News Chronicle*, 30 Gorffennaf 1949.

[113] *Liverpool Daily Post*, 8 Gorffennaf 1949.

[114] Gwynfor Evans at D J Williams, 11.6.1949 (Casgliad D J Williams, LlGC).

[115] D J Williams at Gwynfor Evans, 17.7.1949 (GE, 1983, W, LlGC).

[116] *Liverpool Daily Post*, 2 Awst 1949.

[117] Cyfweliad yr awdur â'r Arglwydd Gwilym Prys Davies.

[118] Gwynfor Evans at Dr D J a Dr Noëlle Davies, 18.12.1949, 12/27 (Casgliad Dr Noëlle Davies, LlGC).

[119] John Davies, *Hanes Cymru* (London, 1990), t. 600.

[120] *Liverpool Daily Post*, 27 Medi 1949.

[121] ibid., 3 Hydref 1949.

[122] *News Chronicle*, 11 Hydref 1949.

[123] *Liverpool Daily Post*, 5 Ionawr 1950.

[124] Elwyn Roberts yn *Cymru'n Deffro*, gol. John Davies, op. cit., tt. 96–7.

[125] ibid., t. 97.

[126] *Baner ac Amserau Cymru*, 4 Ionawr 1950.

[127] ibid., 11 Ionawr 1950.

[128] *News Chronicle*, 19 Ionawr 1950.

[129] *Baner ac Amserau Cymru*, 18 Ionawr 1950.

[130] ibid., 25 Ionawr 1950.

[131] Saunders Lewis at J E Jones, 6.7.1949 (APC A 38). Credai Saunders Lewis mai annoeth fyddai mynd i ddyled o gofio bod dirwasgiad 'yn debygol o ddod'. Am agweddau R Tudur Jones a D J Davies gw. ibid.

[132] *Liverpool Daily Post*, 11 Ionawr 1950.

[133] *Y Cyfnod*, 17 Chwefror 1950.

[134] Robin Jones at Gwynfor Evans, d.d. (GE, 1983, J, LlGC).

[135] *Y Cymro*, 3 Chwefror 1950.

[136] Huw Pritchard at Gwynfor Evans, 16.3.1950 (GE, 1983, P, LlGC). Ni chyfyngwyd y feirniadaeth hon i Feirionnydd. Yn Arfon, roedd yna deimlad mai 'Gweinidogion a graddedigion, bron yn ddieithriad' oedd â'r hawl i annerch cyfarfodydd Plaid Cymru ac mai 'plaid y deallusion a'r gwybodusion' yn unig oedd hi. Gw. Meurig Roberts yn *Baner ac Amserau Cymru*, 8 Mawrth 1950.

[137] *Western Mail*, 2 Mawrth 1950.

[138] *Y Cymro*, 3 Chwefror 1950.

[139] Memorandwm *Gwersi'r Etholiad 1950* (APC A 38).

[140] *Y Ddraig Goch*, Mawrth 1950.

[141] *Baner ac Amserau Cymru*, 8 Mawrth 1950.

[142] Gwynfor Evans at D J Williams, 27.2.1950 (Casgliad D J Williams, LlGC).

[143] Cofnodion Pwyllgor Gwaith, 14 Ebrill 1950 (APC A 38).

[144] Gwynfor Evans, *Plaid Cymru and Wales* (Llandybïe, 1950).

[145] *Baner ac Amserau Cymru*, 5 Ebrill 1950.

[146] ibid., 12 Ebrill 1950.

[147] Dan Thomas at Gwynfor Evans, 4.6.1950 (GE, 1983, T, LlGC).

[148] D J Williams at Pennar Davies, 4.6.1950 (Casgliad Pennar Davies, LlGC).

[149] Cyfweliad yr awdur â Dafydd Evans.

[150] Ysgrif Elwyn Roberts, op. cit., t.4 (Casgliad Elwyn Roberts, Ffeil 40, LlGC).

[151] *Liverpool Daily Post*, 3 Gorffennaf 1950.

[152] Mervyn Jones, *A Radical Life – The Biography of Megan Lloyd George* (London, 1991), t. 232.

[153] *The Welsh Nation*, Awst 1950.

[154] *Y Ddraig Goch,* Ionawr 1950.

[155] Goronwy Roberts at Gwilym Williams, 8.8.1950. (Archifau'r Blaid Lafur, GS/WAL/48, Manceinion).

[156] Cofnodion Pwyllgor Canol Ymgyrch Senedd i Gymru, 4.11.1950, meddiant preifat. Yr wyf yn ddiolchgar i Bethan Miles am gael gweld y casgliad pwysig hwn.

[157] *Baner ac Amserau Cymru*, 28 Mawrth 1951.

[158] Emrys Roberts at Gwynfor Evans, 22.9.1951 (GE, 1983, R, LlGC). Yn y llythyr hwn, dywed Roberts ei fod yn: 'gweithio ers tro i geisio cael y Rhyddfrydwyr i dynnu'n ôl yn yr etholaethau lle mae'r Aelodau presennol yn cefnogi Senedd i Gymru yn ddiamwys'.

[159] Alan Butt Philip, *The Welsh Question: Nationalism in Welsh Politics, 1945–1970* (Cardiff, 1975), t. 77.

[160] Peter Stead, 'The Labour Party and the Claims of Wales' yn John Osmond (gol.), *The National Question Again: Welsh Political Identity in the 1980s* (Llandysul, 1985), t.105.

[161] Cylchlythyr J E Jones, Ebrill 9, 1951 (APC A 39).

[162] Wynne Samuel at J E Jones, 14.4.1951 (APC A 39).

[163] Gwynfor Evans at Pennar Davies, 22.4.1951 (Casgliad Pennar Davies, LlGC).

[164] *Y Ddraig Goch*, Mai 1951.

[165] Tecwyn Lloyd Owen at Gwynfor Evans, 6.5.1951 (GE, 1983, O, LlGC).

[166] *Y Cymro*, 11 Mai 1951.

[167] Wynne Samuel at J E Jones, 14.7.1951 (APC B 583).

[168] *Y Cymro*, 20 Gorffennaf 1951; *Western Mail*, 18 Gorffennaf 1951.

[169] Gwynfor Evans, *Bywyd Cymro*, op. cit., t. 136.

[170] *Western Mail*, 8 Rhagfyr 1955.

[171] *News Chronicle*, 10 Awst 1951.

[172] *Baner ac Amserau Cymru*, 30 Mai 1951. Yn y cyfarfod, cyplysodd Gwynfor goedwigaeth â'r angen i gael Senedd. Dichon mai hyn a wylltiodd Saunders Lewis yn fwy na dim.

[173] ibid., 6 Mehefin 1951.

[174] ibid., 13 Mehefin 1951.

[175] PRO HO 45/25484.

[176] *Baner ac Amserau Cymru*, 18 a 25 Gorffennaf 1951.

[177] Pennar Davies, *Gwynfor Evans*, op. cit., t. 47.

[178] *Baner ac Amserau Cymru*, 5 Medi 1951.

[179] Gw. *Y Faner Newydd*, Rhif 21, Haf 2002.

[180] Saunders Lewis at Swyddfa Plaid Cymru, 31.8.1951 (APC M 592).

[181] Cyfweliad yr awdur â'r Parch. Huw Jones.

[182] *Liverpool Daily Post*, 5 Medi 1951.

[183] *Western Mail*, 11 Medi 1951.

[184] *Baner ac Amserau Cymru*, 19 Medi 1951.

[185] PRO HO 45/2484.

[186] Gwynfor Evans at J E Jones, 5.9.1951 (APC M 592).

[187] *Tros Gymru*, J E Jones, op. cit., t. 305.

[188] Gweler atgofion E G Millward yn *Y Faner Newydd*, op. cit., t. 29.

[189] *Y Dydd*, 5 Hydref 1951.

[190] *Y Goleuad*, 10 Hydref 1951.

[191] *Western Mail*, 30 Medi 1951. Yn breifat, roedd Gwynfor yn fwy ymwybodol na neb o'r anawsterau a gododd wedi'r ddwy brotest. Yn Hydref 1951, ysgrifennodd at R O F Wynne, fel hyn: 'Llwyr ddisgwyliem i'r awdurdodau ein herlyn wedi'r ail ymweliad a [*sic*] Thrawsfynydd, ond mae'n amlwg y credant y byddai hynny yn cryfhau ein hachos. Bu'r Prif Gwnstabl yn dadlau a'r Swyddfa Gartref yn gryf yn erbyn erlyn. Os gallwn, ceisiwn wneud rhywbeth tebyg i'r hyn a awgrymwch yn y Gwanwyn; ond y mae'n syndod faint o amser a aiff i drefnu peth fel hyn'. Gw. Gwynfor Evans at R O F Wynne, 20.10.1951, Ffeil 1135, Garthewin Add., Prifysgol Cymru, Bangor.

[192] *Baner ac Amserau Cymru*, 31 Hydref 1951.

[193] ibid., 21 Tachwedd 1951.

[194] Gwynfor Evans at D J Williams, 8.11.1951 (Casgliad D J Williams, LlGC).

PENNOD 5 – Gwên Fêl yn Gofyn Fôt? 1951–55

[1] Dafydd Miles at Cyril Jones, 14.11.1951, meddiant preifat.

[2] J R Jones at Dafydd Miles, 19.11.1951, ibid.

[3] *Liverpool Daily Post*, 3 Ionawr 1952.

[4] J Graham Jones, 'The Parliament for Wales Campaign, 1950–1956', *Cylchgrawn Hanes Cymru*, rhif 2 (1992), tt. 207–36.

[5] Syr Ifan ab Owen Edwards at Dafydd Miles, 8.12.1951, meddiant preifat.

[6] Gw. adroddiad Dafydd Miles, 15.12.1951 (Casgliad Undeb Cymru Fydd, Ffeil 202, LlGC).

[7] Syr Ifan ab Owen Edwards at Gwynfor Evans, 17.1.1952 (GE, E, 1983, LlGC). Yn y tymor hir, fodd bynnag, cymysg oedd effeithiau y safiad a wnaed yn Rhandirmwyn. Erbyn 1965, roedd cyfanswm y tir a werthwyd yn wirfoddol i'r Comisiwn Coedwigaeth ddwywaith yn fwy na chyfanswm y tir yr oeddent am ei gipio'n wreiddiol. Gw. William Linnard, *Welsh Woods and Forests* (Llandysul, 2000), t. 207. Gw. hefyd, George Ryle, *Forest Service* (London, 1969), tt. 124–5.

[8] *Y Ddraig Goch*, Chwefror 1952.

[9] *Y Cymro*, 29 Chwefror 1952.

[10] *Baner ac Amserau Cymru*, 9 Ionawr 1952.

[11] ibid., 30 Ionawr 1952 a 19 Mawrth 1952.

[12] ibid., 13 Chwefror 1952.

[13] Saunders Lewis at Pennar Davies, 17.2.1952 (Casgliad Pennar Davies, LlGC).

[14] Gwynfor Evans at Pennar Davies, 7.2.1952, ibid.

[15] Gwynfor Evans at Pennar Davies, 13.2.1952, ibid.

[16] *Liverpool Daily Post*, 10 Mawrth 1952.

[17] Gwynfor Evans at T I Ellis, 2.4.1952 (Casgliad Undeb Cymru Fydd, Ffeil 86, LlGC).

[18] Gwynfor Evans at T I Ellis, 9.6.1952, Ffeil 175, ibid.

[19] *News Chronicle*, 27 Medi 1952.

[20] *Baner ac Amserau Cymru*, 1 Hydref 1952.

[21] *Y Cymro*, 9 Mai 1952.

[22] *Western Mail*, 6 Mai 1952.

[23] *Y Cymro,* 10 Hydref 1952.

[24] Cofnodion Pwyllgor Rhanbarth Plaid Cymru, Meirionnydd, 11.10.1952 (APC C 127).

[25] Ambrose Bebb at T I Ellis, 13.2.1953 (Casgliad Undeb Cymru Fydd, Ffeil 202, LlGC).

[26] *News Chronicle*, 12 Rhagfyr 1952.

[27] Gwynfor Evans at J E Jones, 8.2.1952 (APC B 605).

[28] *Baner ac Amserau Cymru*, 24 Rhagfyr 1952.

[29] Cofnodion Pwyllgor Gwaith Plaid Cymru, 2.1.1953 (APC A 40).

[30] Gw. llythyrau David Hughes-Evans a 'Cafan' yn *Baner ac Amserau Cymru*, 7 Ionawr a 14 Ionawr 1953.

[31] ibid., 17 Mehefin 1953.

[32] ibid., 2 Chwefror 1953.

[33] Gwynfor Evans at J E Jones, 16.1.1953 (APC B 611).

[34] J E Jones at Gwynfor Evans, 19.1.1953 (APC B 602).

[35] *Y Ddraig Goch*, Medi 1953.

[36] Gw. APC B 615.

[37] Cyfweliad yr awdur â Dafydd Evans.

[38] Elwyn Roberts yn *Cymru'n Deffro*, gol. John Davies, op. cit., tt. 102–3.

[39] *Y Cymro*, 14 Awst 1953.

[40] *Liverpool Daily Post*, 14 Awst 1953.

[41] Dewi Prys Thomas at Rhys Devlin, yr adeiladwr, d.d. Amcanbris gwreiddiol codi'r Dalar Wen oedd £3, 560. Erbyn i'r tŷ gael ei godi, roedd y pris dros fil o bunnoedd yn is (GE, 1983, T, LlGC).

[42] Anfonodd Gwynfor Evans ei ddau fab hynaf, Alcwyn a Dafydd, i Goleg Llanymddyfri.

[43] Robert Griffiths, *S O Davies – A Socialist Faith* (Llandysul, 1983), t. 163.

[44] *Y Ddraig Goch*, Tachwedd 1953.

[45] *News Chronicle*, 10 Hydref 1953.

[46] *The Observer*, 27 Medi 1953.

[47] *Liverpool Daily Post*, 31 Hydref 1953.

[48] Cliff Prothero at Morgan Phillips 6.10.1953 (Archifau'r Blaid Lafur, GS/WAL/6/ii, Manceinion).

[49] *Liverpool Daily Post*, 9 Tachwedd 1953.

[50] *Western Mail*, 18 Tachwedd 1953.

[51] Y pump oedd: Cledwyn Hughes, AS Môn; Goronwy Roberts, AS Caernarfon; Tudor Watkins, AS Brycheiniog a Maesyfed; T W Jones, AS Meirionnydd; S O Davies, AS Merthyr Tudful.

[52] *Liverpool Daily Post*, 16 Tachwedd 1953.

[53] Gwynfor Evans at Pennar Davies, 30.11.1953 (Casgliad Pennar Davies, LlGC).

[54] Gwynfor Evans at D J Williams, 4.12.1953 (Casgliad D J Williams, LlGC).

[55] Gwynfor Evans at Huw T Edwards, 7.12.1953 (Casgliad Huw T Edwards, LlGC).

[56] *Y Ddraig Goch*, Ionawr 1954.

[57] Cofnodion Pwyllgor Gwaith Plaid Cymru, 1.1.1954 (APC A 40). Gw. hefyd ddyddiadur D J Williams, 1.1.1954 (Casgliad D J Williams, LlGC).

[58] J E Jones at R Tudur Jones, 30.11.1953 (APC B 620/13).

[59] *Welsh Clarion*, Mai 1954, rhif 1.

[60] *Baner ac Amserau Cymru*, 20 Ionawr 1954.

[61] *Liverpool Daily Post*, 31 Mai 1954.

[62] Gwynfor Evans, *The Labour Party and Welsh Home Rule* (Cardiff, 1954).

[63] *Baner ac Amserau Cymru*, 31 Mawrth 1954.

[64] *News Chronicle*, 5 Mehefin 1954.

[65] Gwynfor Evans, *Cristnogaeth a'r Gymdeithas Gymreig* (Llanelli, 1954).

[66] *Y Dysgedydd*, Awst 1954.

[67] *Manchester Guardian*, 27 Mai 1954.

[68] Cofnodion Pwyllgor Gwaith Ymgyrch Senedd i Gymru, 16.10.1954 (Casgliad Undeb Cymru Fydd, Ffeil 202, LlGC).

[69] Gwynfor Evans at D J Williams, 25.7.1954 (Casgliad D J Williams, LlGC).

[70] APC B 640/118. Gw. hefyd Gwynfor Evans at J E Jones, 7.10.1954 (APC B 642/148).

[71] Saunders Lewis at D J Williams, 17.10.1954 (Casgliad D J Williams, LlGC).

[72] *Aberdare Leader*, 30 Hydref 1954.

[73] *Y Ddraig Goch*, Tachwedd 1954.

[74] *Baner ac Amserau Cymru*, 20 Hydref 1954.

[75] *Y Cymro*, 5 Tachwedd 1954.

[76] Datganiad i'r wasg, 27.10.1954 (Archif y Blaid Lafur, Ffeil 29, LlGC).

[77] *Daily Express*, 30 Hydref 1954.

[78] *Western Mail*, 30 Hydref 1954.

[79] Gwynfor Evans at D J Williams, 1.11.1954 (Casgliad D J Williams, LlGC).

[80] *Western Mail*, 16 Medi 1954. Dadl y Blaid Lafur oedd y byddai darllediadau Cymreig yn drysu'r etholwyr. Gw. Cliff Prothero yn y *Liverpool Daily Post*, 26 Hydref 1954.

[81] *Broadcasting and the BBC in Wales*, John Davies (Cardiff, 1994), tt. 243–7.

[82] *Baner ac Amserau Cymru*, 15 Rhagfyr 1954.

[83] *The Welsh Nation*, Awst 1955.

[84] Cofnodion Pwyllgor Gwaith Plaid Cymru, Calan 1955 (APC A 40).

[85] J E Jones at Emrys Bennett Owen, 31.3.1955 (Casgliad Emrys Bennett Owen, LlGC).

[86] *Y Cymro*, 14 Ionawr 1955.

[87] POST 122/56, Gwilym Lloyd George at Iarll de la Warr, 15.3.1955 (Archifdy'r Post Brenhinol, Llundain).

[88] Gw. 11.8.1955, ibid.

[89] Roedd y gwelliant i'w briodoli i'r penderfyniad i godi tri throsglwyddydd newydd a ddefnyddiai'r drefn tonnau byr cyflym (VHF).Y tri throsglwyddydd oedd: Penmon, Gwenfô a Blaenplwyf.

[90] Cofnodion Pwyllgor Gwaith Ymgyrch Senedd i Gymru, 19.3.1955 (Casgliad Undeb Cymru Fydd, Ffeil 202, LlGC).

[91] *Y Cymro*, 10 Mawrth 1955.

[92] *Carmarthen Journal*, 26 Mehefin 1955.

[93] Cyfweliad yr awdur â'r Athro Deian Hopkin.

[94] Gwynfor Evans, *Bywyd Cymro*, op. cit., t. 121.

[95] PRO PREM 11/211.

[96] *Baner ac Amserau Cymru*, 27 Ebrill 1955.

[97] Gwynfor Evans at J E Jones, 30.3.1955 (APC B 651).

[98] Elwyn Roberts at D J Williams, 1.7.1955 (Casgliad D J Williams, LlGC).

[99] *Y Cymro*, 5 Mai 1955.

[100] *Baner ac Amserau Cymru*, 4 Mai 1955.

[101] *Y Dydd*, 6 Mai 1955.

[102] *Y Cymro*, 21 Ebrill 1955.

[103] *Y Cyfnod*, 20 Mai 1955.

[104] *Baner ac Amserau Cymru*, 25 Mai 1955.

[105] *The Times,* 25 Mai 1955.

[106] *Baner ac Amserau Cymru*, 11 Mai 1955.

[107] *Y Ddraig Goch*, Gorffennaf 1955.

[108] Gwynfor Evans at J E Jones, 29.5.1955 (APC B 653).

[109] ibid.

PENNOD 6 – Dŵr Oer Tryweryn, 1955–59

[1] PRO BD 11/2975.

[2] Gwynfor Evans at J E Jones, 20.8.1955 (APC B 659).

[3] *Y Cymro*, 22 Medi 1955.

[4] *Baner ac Amserau Cymru*, 28 Medi 1955.

[5] PRO BD 11/2975, Blaise Gillie at J H Waddell, 5.10.1955.

[6] Nodyn gan Blaise Gillie, 17.12.1955, ibid.

[7] *Baner ac Amserau Cymru*, 4 Ionawr 1956.

[8] ibid.

[9] Cofnodion Pwyllgor Gwaith Plaid Cymru, 20.12.1955 (APC A 42). Gw. hefyd Watcyn L Jones, *Cofio Tryweryn* (Llandysul, 1988), t. 174.

[10] Elizabeth Watkin Jones at J E Jones, 13.1.1956 (APC B 671).

[11] *Y Dydd*, 6 Ionawr 1956.

[12] *Baner ac Amserau Cymru*, 4 Ionawr 1956.

[13] Yr Arglwydd Maelor, *Fel Hyn y Bu* (Dinbych, 1970), t. 161.

[14] Elizabeth Watkin Jones at J E Jones, 28.3.1956.

[15] *Baner ac Amserau Cymru*, 25 Ionawr 1956.

[16] ibid.

[17] Gwynfor Evans at Glerc Corfforaeth Lerpwl, 27.2.1956 (APC B 672).

[18] *Western Mail*, 7 Ionawr 1956. Yn y gynhadledd newyddion roedd yna 60 o newyddiadurwyr tramor gan gynnwys gohebwyr o bapurau mor egsotig ag *Izvestia* o'r Undeb Sofietaidd ac *Azahi Shimbun* o Siapan. I Blaid Cymru, roedd sylw o'r fath fel manna o'r nefoedd.

[19] Gwynfor Evans at R Tudur Jones, 26.4.1956 (APC N 35). Gobaith Gwynfor Evans oedd y gellid sefydlu cwmni teledu masnachol Cymreig. Aeth i'r drafferth yma er gwaethaf y ffaith ei fod yn cael teledu o'r fath yn 'ddiflas'. Y nod oedd casglu £7,500,000 mewn cyfalaf. Ni ddaeth dim o'r fenter.

[20] Elizabeth Watkin Jones at Gwynfor Evans, 26.4.1956 (GE, 1973, J, LlGC).

[21] *Liverpool Daily Post*, 20 Ionawr 1956. Gw. llythyr y Cadfridog Skaife at y golygydd.

[22] *Y Cymro*, 29 Mawrth 1956.

[23] R T Jenkins at Elizabeth Watkin Jones, 26.4.1956 (GE, 1973, J, LlGC).

[24] *Baner ac Amserau Cymru*, 23 Mai 1956.

[25] *Y Seren*, 7 Gorffennaf 1956.

[26] ibid., 26 Mai 1956.

[27] Elizabeth Watkin Jones at J E Jones, 20.6.1956 (APC B 683).

[28] Elizabeth Watkin Jones at J E Jones, 7.6.1956 (APC B 682).

[29] Cofnodion Pwyllgor Gwaith Plaid Cymru, 9.4.1956 (APC A 43).

[30] PRO BD 11/2975. Nodyn Blaise Gillic.

[31] Cofnodion Pwyllgor Gwaith Plaid Cymru, 9.4.1956, loc. cit.

[32] Cyfweliad yr awdur â Gwynfor Evans.

[33] Gwynfor Evans at DJ a Noëlle Davies, 30.9.1956 13/30 (Casgliad Noëlle Davies, LlGC).

[34] Cyfweliad yr awdur â'r Athro Bobi Jones.

[35] Dafydd Orwig Jones at J E Jones, 10.6.1956 (APC B 681).

[36] Gw. yr ohebiaeth yn ffeiliau APC M 55 a B 681.

[37] Elwyn Roberts at Gwynfor Evans, 14.8.1956 (APC N 40).

[38] Gw. nodyn Elwyn Roberts yn APC M258.

[39] Gwynfor Evans at Elwyn Roberts, 30.9.1956 (APC N 30).

[40] Gwynfor Evans at Elwyn Roberts, 15.11.1956, ibid.

[41] Gwynfor Evans at Elwyn Roberts, 16.12.1956 (APC N 33).

[42] *Baner ac Amserau Cymru*, 3 Hydref 1956.

[43] Watcyn L Jones, *Cofio Tryweryn*, op. cit., t. 190.

[44] *Y Glannau,* Mehefin 1956.

[45] Gwynfor Evans at D J a Noëlle Davies, 30.9.1956 (Casgliad Noëlle Davies, LlGC).

[46] *Save Cwm Tryweryn for Wales* (Caerdydd, 1956).

[47] Wynne Samuel at R Tudur Jones, 3.10.1956 (APC N 33).

[48] PRO BD 11/2975, memorandwm dyddiedig 3.10.1956.

[49] *The Times*, 17 Hydref 1956.

[50] Cofnodion Pwyllgor Tryweryn Plaid Cymru, 20.10.1956 (GE, 1973, J, LlGC).

[51] Cyfweliad yr awdur ag Emrys Roberts.

[52] Cyfeirir at farn breifat Saunders Lewis yn Wynne Samuel at D J Williams, 26.10.1963 (Casgliad D J Williams, LlGC).

[53] Elizabeth Watkin Jones at T I Ellis, 22.10.1956 (Undeb Cymru Fydd, Blwch 109, LlGC).

[54] Dyfynnir yn Watcyn L Jones, *Cofio Tryweryn*, op. cit. t. 193.

[55] *Liverpool Echo*, 7 Tachwedd 1956.

[56] Cofnodion Pwyllgor Gwaith Plaid Cymru, 10.11.1956 (APC A 43).

[57] Elizabeth Watkin Jones at J E Jones, 27.11.1956 (APC B 687).

[58] *Liverpool Daily Post*, 22 Tachwedd 1956.

[59] ibid.

[60] *Manchester Guardian*, 22 Tachwedd 1956.

[61] ibid.

[62] ibid.

[63] *Liverpool Echo*, 21 Tachwedd 1956.

[64] R Tudur Jones at Gwynfor Evans, 22.11.1956 (GE, 1973, J, LlGC).

[65] *Liverpool Daily Post,* 24 Tachwedd 1956.

[66] Elizabeth Watkin Jones at Gwynfor Evans, 5.12.1956 (GE, 1973, J, LlGC).

[67] Dewi Watkin Powell at Gwynfor Evans, 10.12.1956 (APC N 33).

[68] *Liverpool Daily Post*, 20 Rhagfyr 1956.

[69] Gwynfor Evans at D J Williams, 25.12.1956 (Casgliad D J Williams, LlGC).

[70] Cofnodion Pwyllgor Gwaith Plaid Cymru, 28.12.1956 (APC A 43).

[71] *Liverpool Daily Post*, 25 Ionawr 1957.

[72] ibid., 3 Ionawr 1957.

[73] *Western Mail*, 14 Ionawr 1957.

[74] ibid.

[75] Elizabeth Watkin Jones at J E Jones, d.d. (APC B 689).

[76] Raymond Gower at Gwynfor Evans 23.1.1957 a 14.3.1957 (GE, 1973, G, LlGC).

[77] *Y Cymro*, 17 Ionawr 1957.

[78] Gwynfor Evans at J E Jones, 10.1.1957 (APC B 689).

[79] Gwynfor Evans at J E Jones, 4.12.1956 (APC B 687).

[80] *Western Mail*, 22 Chwefror 1957.

[81] ibid., 3 Mai 1957.

[82] Elizabeth Watkin Jones at Gwynfor Evans, 5.6.1957 (GE, 1973, J, LlGC).

[83] Gwynfor Evans at J E Jones, 16.10.1956 (APC B 685).

[84] Gwynfor Evans at J E Jones, 11.5.1957 (APC B 696).

[85] Cyfweliad yr awdur â Dafydd Evans.

[86] *Liverpool Daily Post*, 9 Gorffennaf 1957.

[87] Memorandwm Emrys Roberts (APC A 44).

[88] Saunders Lewis at D J Williams, 11.6.1957 (Casgliad D J Williams, LlGC).

[89] J E Jones at Dewi Watkin Powell, 23.7.1957 (APC B 698).

[90] Cyfweliad yr awdur â Dewi Watkin Powell.

[91] Dewi Watkin Powell at Gwynfor Evans, 28.7.1957 (GE, 1973, P, LlGC).

[92] Cyfweliad yr awdur â Dewi Watkin Powell.

[93] *Y Cymro*, 8 Awst 1957.

[94] Gwynfor Evans, *Bywyd Cymro*, op. cit., t. 193.

[95] *Y Dydd*, 9 Awst 1957.

[96] PRO BD 24/17, Gwynfor Evans at Ernest Roberts, d.d.

[97] ibid., Cledwyn Hughes at William Jones, 24.7.1957.

[98] ibid., T Hywel Thomas at Blaise Gillie, 26.7.1957.

[99] PRO BD 24/17, Nodyn Blaise Gillie, 12.8.1957.

[100] *Liverpool Daily Post*, 8 Awst 1957.

[101] *South Wales Echo*, 7 Awst 1957.

[102] D J Williams at Gwynfor Evans, 25.8.1957 (GE, 1973, W, LlGC).

[103] *Western Mail*, 7 Awst 1957.

[104] Cofnodion y Pwyllgor Gwaith Arbennig ar Dryweryn, 31.8.1957 (APC A 44).

[105] Gwynfor Evans at D J Williams, 2.9.1957 (Casgliad D J Williams, LlGC).

[106] Gwynfor Evans, *We Learn from Tryweryn* (Dolgellau, 1957), t. 23.

[107] ibid., t. 24. 'Trywerynu' oedd y ferf Gymraeg a fathwyd ac a ddefnyddiwyd yn helaeth wedi hynny yn llenyddiaeth Plaid Cymru ac mewn caneuon poblogaidd fel rhai Dafydd Iwan.

[108] Elwyn Roberts at Hywel Hughes, 17.9.1957 (APC B 1386).

[109] PRO BD 24/2, David Cole at Henry Brooke, 13.10.1957.

[110] PRO CAB 129/90, memorandwm Henry Brooke, dyddiedig 15.11.1957.

[111] PRO CAB 129/32, Rhan 2, 23.10.1958.

[112] *Liverpool Daily Post*, 21 Medi 1957.

[113] *The Times*, 29 Medi 1957.

[114] Gwynfor Evans at Pennar Davies, 9.10.1957 (Casgliad Pennar Davies, LlGC).

[115] *Western Mail*, 29 Hydref 1957.

[116] ibid., 23 Hydref 1957.

[117] *Y Seren*, 2 Tachwedd 1957.

[118] *Welsh Nationalist*, Tachwedd 1957.

[119] Clywyd am ateb nacaol Corfforaeth Lerpwl ar 21 Ionawr 1958.

[120] *Liverpool Daily Post*, 24 Ionawr 1958.

[121] *Baner ac Amserau Cymru*, 2 Ionawr 1958.

[122] Am drafodaeth fanylach gw. John Davies, *Broadcasting and the BBC in Wales*, op. cit., tt. 214–22.

[123] *Baner ac Amserau Cymru*, Ebrill 1959.

[124] Gwynfor Evans a J E Jones, *TV in Wales* (Caerdydd, 1958).

[125] R E Griffith at J E Jones, 28.3.1958 (Casgliad Undeb Cymru Fydd, Ffeil 186, LlGC). Gw. hefyd T I Ellis at J E Jones, 8.7.1958, ibid.

[126] John Davies, *Broadcasting and the BBC in Wales*, op. cit., t. 217.

[127] ibid., t. 218.

[128] PRO HO 256/408.

[129] *Western Mail*, 18 Chwefror 1958.

[130] *Y Cymro*, 27 Chwefror 1958.

[131] *Baner ac Amserau Cymru*, 24 Ebrill 1958.

[132] Nest Lewis Jones at Gwynfor Evans, 14.5.1958 (APC A 45).

[133] Cofnodion Pwyllgor Gwaith Plaid Cymru, 21.6.1958, ibid.

[134] Cofnodion Ysgol Haf 1958 (APC G 35).

[135] *Merthyr Express*, 9 Awst 1958.

[136] *Y Cymro*, 14 Awst 1958.

[137] Saunders Lewis at D J Williams, 7.10.1958 (Casgliad D J Williams, LlGC).

[138] R Tudur Jones at J E Jones, 10.9.1958 (APC B 731).

[139] *Western Mail*, 16 Hydref 1958.

[140] ibid., 25 Hydref 1958.

[141] ibid., 9 Ebrill 1976.

[142] Wynne Samuel at J E Jones, 11.9.1958 (APC B 730).

[143] PRO BD 25/13.

[144] Gwynfor Evans, *Bywyd Cymro*, op. cit., t. 213.

[145] Gwynfor Evans at J E Jones, 11.11.1958 (APC B 1377).

[146] *New York Times*, 11 Tachwedd 1958.

[147] *Washington Post*, 17 Tachwedd 1958.

[148] *New York Times*, 11 Tachwedd 1958.

[149] *Western Mail*, 17 Tachwedd 1958.

[150] PRO BD 25/13, memorandwm dyddiedig 15.4.1958. Yn ddiweddarach, daeth Peter Brooke yn Ysgrifennydd Gogledd Iwerddon yn ystod llywodraethau Ceidwadol Margaret Thatcher a John Major. Wedi hyn, fe'i gwnaed yn Ysgrifennydd Treftadaeth.

[151] Gwynfor Evans at D J Williams, 29.12.1958 (Casgliad D J Williams, LlGC).

[152] Gwynfor Evans, *Bywyd Cymro*, op. cit., t. 214.

[153] Islwyn Ffowc Elis at Gwynfor Evans, 21.12.1958 (GE, 1973, E, LlGC).

[154] Gw. y cylchlythyr a anfonwyd at aelodau'r Pwyllgor Gwaith, dyddiedig 5.1.1959 (APC M 387).

[155] Cofnodion Pwyllgor Gwaith, 2.1.1959 (APC A 92).

[156] Elwyn Roberts at Reolwr Cyhoeddusrwydd Faber and Faber, 6.1.1959 (N 74 APC. Yn ôl Roberts: '…we are in constant touch with him concerning matters common to Mr Scott and to ourselves'. Daeth Michael Scott i annerch Ysgol Haf Plaid Cymru yn Awst 1958.

[157] Elystan Morgan at J E Jones, d.d. (APC M 387).

[158] Dewi Watkin Powell at Gwynfor Evans, 21.1.1959 (APC M 387).

[159] R Tudur Jones at Gwynfor Evans, 26.1.1959, ibid.

[160] Ifor Owen at J E Jones, d.d. (APC A 46).

[161] Cyfweliad yr awdur ag Emrys Roberts.

[162] Gwynfor Evans, *Bywyd Cymro*, op. cit., t. 193.

[163] Gwynfor Evans a J E Jones, *Tryweryn – New Proposals* (Caerdydd, 1959).

[164] ibid., t. 3.

[165] PRO BD 11/2975, memorandwm dyddiedig 20.11.1959.

[166] Harri Webb at Gwilym Prys Davies, d.d. G1/4 (Casgliad Harri Webb, LlGC).

[167] *Western Mail*, 23 Mawrth 1959.

[168] Ifor Owen at Emrys Roberts, 6.3.1959 (GE, 1973, N, LlGC).

[169] Dafydd Orwig at Emrys Roberts, 7.4.1959 (APC B 752).

[170] Eileen Beasley at Gwynfor Evans, d.d. (GE, 1973, A, LlGC).

[171] Agenda Cynhadledd Flynyddol 1959 (APC A 46).

[172] *Y Ddraig Goch*, Mai 1959.

[173] Saunders Lewis at D J Williams, 29.7.1959, ibid.

[174] Saunders Lewis at D J Williams, 21.11.1959, ibid.

[175] Cyfeirir at hyn yn J E Jones at D J Williams, 2.7.1959, ibid. Yn y llythyr hwn, dywed J E Jones: 'gwn ei fod ef [Gwynfor] yn pryderu canys nid oes bellach dim yn fwy o berygl i Gymru na meithrin rhaniad yn y Blaid ar rym a'r goron'.

[176] *Y Cymro*, 21 Mai 1959.

[177] *Y Ddraig Goch*, Gorffennaf/Awst 1959.

[178] Gwynfor Evans at Huw T Edwards, 15.2.1959 (Casgliad Huw T Edwards, A 1/521, LlGC).

[179] *Baner ac Amserau Cymru*, 13 Awst 1959.

[180] *Y Dydd*, 14 Awst 1959.

[181] *Baner ac Amserau Cymru,* 20 Awst 1959.

[182] Gwynfor Evans at J E Jones, d.d. (APC B 760).

[183] *Baner ac Amserau Cymru*, 17 Medi 1959.

[184] Gwnaeth Gwynfor Evans a Phlaid Cymru gryn argraff ar lowyr Cwmllynfell yn dilyn eu hymdrechion glew i arbed y lofa yno yn Ionawr 1959. Ar y pryd, roedd brwydr y glowyr yn dipyn o *cause célèbre*. Llwyddodd Plaid Cymru i ddarganfod marchnad i lo'r pwll yn yr Iseldiroedd ac aeth Gwynfor cyn belled â llunio cynllun i aros i lawr yn y pwll gyda'r glowyr

fel protest – gw. Gwynfor Evans at Emrys Roberts, 24.2.1959 (APC B 747). Fodd bynnag, gwrthodwyd y datrysiad cydweithredol yn llwyr gan y Bwrdd Glo. Dim ond pyllau â llai na 30 o weithwyr a ganiateid i weithredu fel mentrau preifat – roedd dros drichant o lowyr yng Nghwmllynfell felly byddai'r cynllun wedi tramgwyddo'r egwyddor sanctaidd hon. Er hynny, gormodiaith yw awgrymu, fel y gwna Gwynfor yn ei hunangofiant, mai Aelod Seneddol Llafur Llanelli, Jim Griffiths a laddodd y cynllun (gw. Gwynfor Evans, *Bywyd Cymro*, op. cit., tt.185–6). Yr NCB a roddodd y farwol i'r freuddwyd gydweithredol. Gwrthododd yr NCB gais tebyg gan lowyr pwll Blackhull yn Swydd Northumberland hefyd. Am y cefndir gw. P H G Harries, 'Cwmllynfell Colliery: An Early Attempt To Form A Workers' Co-Operative', *Llafur*, 7/2 (1997), tt. 41–51.

[185] *Western Mail*, 25 Medi 1959.

[186] PRO HO 255/473, memorandwm W Goldsmith, dyddiedig 26.3.1959.

[187] *Western Mail*, 31 Mawrth 1959.

[188] *The Daily Telegraph*, 16 Ebrill 1959.

[189] Crefodd Elystan Morgan am gael set radio ac addawodd y byddai'n mynd i 'unrhyw le yng Nghymru i'w chodi' – gw. Elystan Morgan at Glyn James, d.d. (APC B 767). I Glyn James, trefnydd Radio Wales: 'this was a bid for freedom of expression in the best tradition of British democracy'. Dyfynnir yn *Aberdare Leader*, 25 Ebrill 1959. Er dycned ymdrechion yr awdurdodau, ni chafodd yr un aelod o Blaid Cymru ei erlyn am ddarlledu propaganda *Radio Wales*.

[190] *The Times*, 2 Hydref 1959.

[191] *Western Mail*, 28 Medi 1959.

[192] *Y Seren*, 9 Hydref 1959.

[193] *Gwynfor yn Bedwar Ugain Oed*, cyfwcliad â Sulwyn Thomas, BBC Cymru, 1992.

[194] *Y Cymro*, 10 Mai 1972.

[195] *Liverpool Daily Post*, 10 Hydref 1959.

PENNOD 7 – Rhyfel Cartref, 1959–64

[1] Dyddiadur D J Williams, 9.10.1959 (Casgliad D J Williams, LlGC).

[2] Gwynfor Evans at D J Williams, 13.10.1959, ibid.

[3] Dyddiadur D J Williams, 24.10.1959, ibid.

[4] Memorandwm Pwyllgor y Llywydd, 24.10.1959 (APC B 774).

[5] *Baner ac Amserau Cymru*, 26 Tachwedd 1959.

[6] *Liverpool Daily Post*, 4 Chwefror 1960.

[7] Emrys Roberts at Pedr Lewis, 20.4.1960 (APC B 1379).

[8] J I Daniel at J E Jones, 2.2.1960 (APC B 790).

[9] J E Jones at J I Daniel, 3.2.1960 ibid.

[10] Gw. cofnod llaw-fer J E Jones o'r cyfarfod yn APC B 1380.

[11] Vernon Jones, Ysgrifennydd Gohebiaeth Plaid Cymru, cangen Bala, at Emrys Roberts, 3.4.1960, ibid.

[12] Memorandwm J E Jones at Aelodau Plaid Cymru, Llanelli, 8.4.1960 (APC B 798). Dros gyfnod o wyth mlynedd, derbyniodd y Beasleys ddeuddeg gŵys.

[13] *Western Mail*, 9 Chwefror 1960. Roedd colofnau ymosodol y 'Junior Member for Treorchy' yn destun pryder parhaus i Gwynfor Evans.

[14] *Baner ac Amserau Cymru*, 5 Mai 1960.

[15] ibid., 12 Mai 1960.

[16] Gwynfor Evans at J E Jones, d.d. (APC B 802).

[17] *Baner ac Amserau Cymru*, 7 Gorffennaf 1960.

[18] R Tudur Jones at Gwynfor Evans, 9.7.1960 (GE, 1973, J, LlGC).

[19] Gwynfor Evans at J E Jones, 11.7.1960 (APC B 1064).

[20] Gwynfor Evans at Huw T Edwards, 12.7.1960 (Casgliad Huw T Edwards, A1/635, LlGC).

[21] Gwynfor Evans at Pennar Davies, 6.6.1960 (Casgliad Pennar Davies, LlGC).

[22] Alun Oldfield-Davies at Gwynfor Evans, 11.7.1960 (GE, 1973, D, LlGC).

[23] R Tudur Jones at Gwynfor Evans, 10.6.1960 (APC B 805).

[24] Gwynfor Evans at D J Williams, 17.7.1960 (Casgliad D J Williams, LlGC).

[25] *Baner ac Amserau Cymru*, 11 Awst 1960.

[26] *Welsh Nation*, Rhagfyr 1960.

[27] Cynog Davies at J E Jones, 25.8.1960 (APC B 811).

[28] Gwynfor Evans, *Self Government for Wales and a Common Market for the Nations of Britain* (Caerdydd, 1960). Ymddengys mai'r unig ddau a wyddai go iawn am y polisi newydd oedd Ioan Bowen Rees, aelod blaenllaw o'r Pwyllgor Gwaith, a Leopold Kohr.

[29] Gwynfor Evans at Ioan Bowen Rees, 19.8.1960, meddiant preifat.

[30] *Y Ddraig Goch*, Medi 1960.

[31] Gw. erthygl Michael Tucker yn *Welsh Nation*, Rhagfyr 1960.

[32] Harri Webb at John Legonna, 18.8.1960 (Casgliad John Legonna, 724/1, LlGC).

[33] PRO BD 25/13, Blaise Gillie at Henry Brooke, 14.10.1960.

[34] *Welsh Nation*, Tachwedd 1960.

[35] Cyfweliad yr awdur â'r Athro Meic Stephens.

[36] Gw. N.V.Notes, Rhifyn 1 (APC B 814).

[37] Islwyn Ffowc Elis at Emrys Roberts, 3.9.1960 (APC B 812).

[38] Meirion Lloyd Davies at Emrys Roberts, 9.9.1960, ibid.

[39] Cyfweliad yr awdur â Dr Harri Pritchard Jones.

[40] Cyfweliad yr awdur â John Daniel.

[41] *Welsh Nation*, Ionawr 1962.

[42] Gwynfor Evans at R Tudur Jones, 29.11.1960 (APC N 47).

[43] Cofnodion Pwyllgor Gwaith Plaid Cymru, 30 a 31.12.1960 (APC A 21).

[44] *Baner ac Amserau Cymru*, 24 Tachwedd 1960.

[45] *Y Ddraig Goch*, Ionawr 1961.

[46] *Western Mail*, 19 Medi 1959.

[47] Gw. erthygl bwysig Ifan Gwynfil Evans, 'Drunk on Hopes and Ideals: The Failure of Wales Television, 1959–1963', *Llafur* 7/2 (1997), tt.81–93. Am y cefndir ehangach, gw. Jamie Medhurst, 'Teledu Cymru: Menter Gyffrous neu Freuddwyd Ffôl', *Cof Cenedl* XVII, Gol. Geraint Jenkins (Llandysul, 2002), tt. 165–91.

[48] *Baner ac Amserau Cymru*, 18 Awst 1960.

[49] Gw. memorandwm Elwyn Roberts (APC M 239).

[50] Gwynfor Evans at Elwyn Roberts, 29.4.1961 (APC M 650).

[51] Dyddiadur D J Williams, 1.1.1961 (Casgliad D J Williams, LlGC).

[52] Elwyn Roberts at J E Jones a Gwynfor Evans, 7.2.1961 (APC B 825).

[53] Gwynfor Evans at Elwyn Roberts, 7.2.1961, ibid.

[54] J E Jones at Elwyn Roberts, 25.10.1960 (APC B 1064).

[55] *Y Ddraig Goch*, Tachwedd 1961.

[56] Cofnodion Pwyllgor Rhanbarth Plaid Cymru Sir Gaerfyrddin, 7.4.1962 (Pol 18, Archifdy Cyngor Sir Caerfyrddin).

[57] Emrys Roberts at Gwynfor Evans, 22.2.1961 (APC B 825).

[58] Cylchlythyr Emrys Roberts 28.2.1961 (APC A 93).

59 Dafydd Orwig at Gwynfor Evans, d.d. (GE, 1973, J, LlGC).

60 *Baner ac Amserau Cymru*, 13 Ebrill 1961.

61 ibid., 27 Ebrill 1961.

62 Cylchlythyr Elwyn Roberts, 21.4.1961 (APC N 50).

63 R Tudur Jones at Gwynfor Evans, 25.4.1961 (GE, 1973, J, LlGC).

64 Dyddiadur D J Williams, 19.6.1961 (Casgliad D J Williams, LlGC).

65 Gwynfor Evans at Elwyn Roberts, 17.5.1961 (APC B 1105).

66 Datganiad i'r wasg, 3.6.1961, Pwyllgor Rhanbarth Plaid Cymru, Meirionnydd (APC C 106).

67 Datganiad i'r wasg, d.d. (APC C 106).

68 Phil Williams, *A Voice From the Valleys* (Aberystwyth, 1981), tt. 65–6.

69 *Western Mail*, 8 Awst 1961.

70 Cyfweliad yr awdur â John Daniel.

71 Saunders Lewis at D J Williams, 13.8.1961 (Casgliad D J Williams, LlGC).

72 Catherine Daniel at Islwyn Ffowc Elis, 10.11.1961 (APC B 1063).

73 *Y Ddraig Goch*, Hydref 1961.

74 ibid., Medi 1961. Yn y diwedd, ni wireddwyd cynllun Emrys Roberts o ymprydio yn Lerpwl.

75 *Western Mail*, 18 Medi 1961.

76 ibid., 27 Tachwedd 1961.

77 Iorwerth Peate at Frank Price Jones, 19.1.1962 (Papurau Frank Price Jones, 132/257, LlGC).

78 *Western Mail*, 8 Ionawr 1962.

79 Gwynfor Evans at Elwyn Roberts, 30.11.1961 (APC B 1063).

80 *Y Ddraig Goch*, Ionawr 1962.

81 J E Jones at Gwynfor Evans, 10.12.1961 (APC M 40).

82 Emrys Roberts at Elwyn Roberts, 2.2.1962 (GE, 1973, R, LlGC).

83 Cyfeirir at hyn yn J E Jones at O M Roberts, 10.4.1962 (APC M 40).

84 Emrys Roberts at Gwynfor Evans, 26.1.1962, ibid.

85 Cofnodion Pwyllgor Gwaith, 28.4.1962 (APC M 21).

86 Saunders Lewis, *Tynged yr Iaith* (trydydd arg., Tal-y-bont, 1985), t. 26.

87 ibid., t. 32.

88 Saunders Lewis at David Jones, 19.9.1961 (Casgliad David Jones, LlGC).

89 Saunders Lewis at David Jones, Sul y Pasg, 1962, ibid.

90 R Tudur Jones at Gwynfor Evans, d.d. (GE, 1973, J, LlGC).

91 J E Jones at Lewis Valentine, 26.2.1962 (APC B 848).

92 Dafydd Orwig Jones at Gwynfor Evans, 7.4.1962 (GE, 1973, J, LlGC).

93 *Baner ac Amserau Cymru*, 22 Mawrth 1962.

94 R Tudur Jones at Gwynfor Evans, 28.3.1962 (GE, 1973, J, LlGC).

95 *Y Tyst*, 15, 22 Chwefror a 1 Mawrth 1962.

96 Gwynfor Evans, *Cyfle Olaf yr Iaith Gymraeg* (Abertawe, 1962).

97 *Y Ddraig Goch*, Mehefin 1962.

98 Gwynfor Evans at Huw T Edwards, 7.6.1962 (Casgliad Huw T Edwards, A1/701, LlGC).

99 Gwynfor Evans at Elwyn Roberts, 20.5.1962 (APC B 1105).

100 Cofnodion Pwyllgor Gwaith 28.4.1962 (APC A 21); Gw. hefyd ddyddiadur D J Williams, 28.4.1962 (Casgliad D J Williams, LlGC).

101 Cofnodion Pwyllgor Gwaith, 3.8.1962 (APC A 21).

102 Cyfweliad yr awdur â David Walters.

103 *Y Cymro*, 27 Medi 1962.

[104] Cylchlythyr 26.9.1962 (APC M 467).

[105] *Western Mail*, 4 Hydref 1962.

[106] *Y Cymro*, 25 Hydref 1962.

[107] Geraint Jones a Megan I Davies at Emrys Roberts, 20.11.1962 (APC M 467).

[108] Raymond H Edwards at Emrys Roberts, 28.9.1962, ibid.

[109] J I Daniel at Emrys Roberts, 27.9.1962, ibid.

[110] Gw., er enghraifft, *Western Mail*, 19 Ionawr 1962.

[111] Cofnodion Pwyllgor Gwaith Plaid Cymru, 3.9.1962 (APC A 21).

[112] *Western Mail*, 29 Hydref 1962.

[113] Cofnodion Pwyllgor Gwaith, 1.11.1962 (APC A 48).

[114] Nid yw'r llythyr gwreiddiol at Gwynfor Evans wedi goroesi, ond dyfynnir ohono yn Gwynfor Evans at D J Williams, 28.12.1962 (Casgliad D J Williams, LlGC).

[115] Gwynfor Evans at J E Jones, 20.11.1962 (APC M 40).

[116] Griffith John Williams at Gwynfor Evans, 27.11.1962 (GE, 1973, W, LlGC).

[117] Gwynfor Evans at D J Williams, 28.12.1962 (Casgliad D J Williams, LlGC).

[118] Elystan Morgan at Gwynfor Evans, 1.1.1963 (GE, 1973, M, LlGC).

[119] Dafydd Orwig at Gwynfor Evans, d.d. (GE, 1973, J, LlGC).

[120] Sonnir am y llythyr yn nyddiadur D J Williams, 1.1.1963 (Casgliad D J Williams, LlGC).

[121] Saunders Lewis at Gwynfor Evans, 2.1.1963 (APC A 48).

[122] Dyddiadur D J Williams, 5.1.1963 (Casgliad D J Williams, LlGC).

[123] *Western Mail*, 13 Hydref 1962.

[124] Gwynfor Evans at Tedi Millward, 5.2.1963, meddiant preifat.

[125] *Barn*, Chwefror 1963.

[126] ibid., Mawrth 1963.

[127] *Y Ddraig Goch*, Ionawr 1963.

[128] *Liverpool Daily Post*, 11 Chwefror 1963.

[129] Cyfweliad yr awdur ag Emyr Llywelyn.

[130] Gwynfor Evans at Harri Webb, 2.4.1963 (Casgliad J Gwyn Griffiths, LlGC).

[131] Emrys Roberts at Islwyn Ffowc Elis, 14.5.1963 (APC B 870).

[132] Gwynfor Evans at Elwyn Roberts, d.d. (APC B 867).

[133] *South Wales Evening Post*, 29 Mawrth 1963; *Western Mail*, 30 Mawrth 1963.

[134] Gwynfor Evans at Emrys Roberts, 28.5.1963 (APC B 872).

[135] Datganiad canghennau Sir y Fflint a Sir Ddinbych, 26.2.1963 (APC B 872).

[136] Gwynfor Evans at Elwyn Roberts, 2.5.1963 (APC B 1105).

[137] Emrys Roberts at John Alban Davies, 16.5.1963 (APC B 870).

[138] R O F Wynne at Gwynfor Evans, 21.5.1963 (GE, 1973, W, LlGC). Atebodd Gwynfor lythyr R O F Wynne ar 24 Mai. Ynddo dywedodd hyn: 'I have great personal sympathy and admiration for the men who have acted as these did in Tryweryn, and therefore feel a considerable embarrassment when I am invited to sign the appeal. The policy of Plaid Cymru must be made clear, and the Party must as a Party dissociate itself from the actions. By attending some of the courts I have laid myself and the Party open to the charge of being two-faced and of accepting responsibility for a policy which we have rejected. If I signed the appeal there would be far more ground for such a charge. Therefore I have most reluctantly to decline your kind invitation. I enclose a personal donation to the fund, which I wish every success.' Gw. Gwynfor Evans at R O F Wynne, 24.5.1963, Ffeil 1135, Garthewin Add, Prifysgol Cymru, Bangor. Am y trafodaethau a fu rhwng Sgweier Garthewin a Saunders Lewis, gw. Saunders Lewis at R O F Wynne, 11.5.1963. Dyfynnir yn *Saunders Lewis a Theatr Garthewin*,

Hazel Walford Davies (Llandysul, 1995), t. 366. Llwyddodd y gronfa i godi £569. Yn achos Owain Williams, ceisiodd Elwyn Roberts sicrhau na fyddai'n diodde unrhyw galedi ariannol o ganlyniad i'w garchariad, gw. Elwyn Roberts at John Daniel, 6.4.1964 (APC B 1166).

[139] *Western Mail*, 31 Gorffennaf 1963.

[140] ibid., 2 Mawrth 1963.

[141] PRO BD 15/3, H N Jerman at Blaise Gillie, 1.3.1963.
Roedd aelodau 'Llys Llangadog' wrth eu boddau gyda'r cyfarfod hwn. Ymhyfrydai Islwyn Ffowc Elis yn y ffaith fod: '… un o weinidogion y Goron yn ei benbleth yn galw am Lywydd Plaid Cymru, ac am Gwynfor Evans yn neilltuol, wedi'r frwydr hir.' Gw. Islwyn Ffowc Elis at Gwynfor Evans, 18.3.1963 (GE, 1973, E, LlGC).

[142] Flwyddyn yn ddiweddarach, gorfu i Gwynfor ymddiheuro am y ffaith iddo honni mai o ganlyniad i'r cyfarfod cyntaf rhyngddo ef a Keith Joseph y penderfynodd y Llywodraeth sefydlu'r Ganolfan Ymchwil Economaidd. Cyd-ddigwyddiad oedd i'r cyhoeddiad gael ei wneud ar ôl y cyfarfod cyntaf. Gw. *Western Mail*, 23 Ebrill 1964. Yn breifat, credai Joseph fod llawer o syniadau Gwynfor ynghylch economeg yn gwbl hurt: '… he [Gwynfor] never talks of starting or creating any wealth-earning enterprises but only of attracting or introducing industry from somewhere else. He really does present a picture of a parasitic economy – and the analogy with the enterprising, industrially and commercially super-sophisticated Swiss and Swedes is most inapt.' Gw. PRO BD 25/59 Keith Joseph at Arglwydd Aberhonddu, d.d.

[143] *Y Ddraig Goch*, Medi 1963.

[144] ibid., Mai 1963.

[145] *Baner ac Amserau Cymru*, 4 Ebrill 1963.

[146] Moses Gruffydd at Gwynfor Evans, 9.4.1963 (GE, 1973, G, LlGC).

[147] Islwyn Ffowc Elis at Gwynfor Evans, 10.4.1963 (GE, 1973, E, LlGC).

[148] Cylchlythyr Gwynfor Evans, 3.5.1963 (APC B 870).

[149] *Baner ac Amserau Cymru*, 20 Mehefin 1963.

[150] *Western Mail*, 12 Chwefror 1963.

[151] Gwilym Prys Davies at Jim Griffiths, 30.6.1963 (Casgliad James Griffiths, LlGC).

[152] *Western Mail*, 2, 3, 4, 5, 8, 9 a 10 Gorffennaf 1963.

[153] ibid., 10 Gorffennaf 1963.

[154] *Y Ddraig Goch*, Gorffennaf–Awst, 1963.

[155] Eric Thomas, Rheolwr Gyfarwyddwr Teledu Cymru, at Gwynfor Evans, 20.2.1963 (GE, 1973, T, LlGC). Yn y llythyr hwn, ceir rhybudd clir bod nifer y setiau a fedrai dderbyn Teledu Cymru – 103,000 – yn ergyd, a bod y cwmni'n wynebu dyledion mawr.

[156] T H. Parry-Williams at Emrys Roberts, 30.3.1963 (Casgliad Emrys Roberts, Ffeil 20, LlGC).

[157] Memorandwm Ariannol, Cyfarwyddwyr Teledu Cymru, 4.3.1963, ibid.

[158] Gwynfor Evans at Elwyn Roberts, 27.4.1963 (APC B 1105).

[159] *Western Mail*, 21 a 22 Gorffennaf 1963.

[160] *Baner ac Amserau Cymru*, 30 Mai 1963.

[161] *Y Ddraig Goch*, Mehefin 1963.

[162] *Methiannau*, BBC Cymru, 1987.

[163] Sonnir am hyn yn Emrys Roberts at Mair Edwards, 25.10.1963 (APC M 490).

[164] Credai Saunders Lewis fod Gwynfor wedi bradychu pobl Llangyndeyrn. Ar derfyn brwydr y pentrefwyr ym 1965, ysgrifennodd at W M Rees, Ysgrifennydd y Pwyllgor Amddiffyn, i ddweud mai: 'Fy unig siomiant i oedd nad oedd Llywydd Plaid Cymru, ac yntau'n Henadur yn eich Cyngor Sir, ddim ar flaen y gad yn arwain gyda chi'. Gw. Saunders Lewis at W M Rees, 26.5.1965. Dyfynnir yn *Cloi'r Clwydi*, Robert Rhys (ail arg., Llandybïe, 1993), t. 70.

[165] *Western Mail*, 25 Hydref 1963.

[166] *Y Ddraig Goch*, Tachwedd 1963.

[167] Kate Roberts at J E Jones, 27.11.1963 (APC M 39).

[168] Memorandwm Ray Smith i'r Pwyllgor Gwaith, Awst 1963 (APC N 207).

[169] R Tudur Jones at Emrys Roberts, 13.9.1963 (APC B 885).

[170] Elystan Morgan at J E Jones, 11.1.1964 (APC M 39).

[171] *Y Ddraig Goch*, Mai 1964.

[172] Huw T Edwards at Elwyn Roberts, d.d. (APC N 28).

[173] *Baner ac Amserau Cymru*, 9 Ionawr 1964.

[174] Gwynfor Evans at D J Williams, 1.2.1964 (Casgliad D J Williams, LlGC).

[175] J E Jones at D J Williams, 19.2.1964, ibid.

[176] Gwilym R. Jones at Gwynfor Evans, 11.2.1964 (GE, 1973, J, LlGC).

[177] *Baner ac Amserau Cymru*, 19 Mawrth 1964.

[178] Gwynfor Evans at Emrys Roberts, 29.4.1964 (APC B 898).

[179] *South Wales Evening Post*, 14 Hydref 1964.

[180] *Y Ddraig Goch*, Ebrill 1964.

[181] Cassie Davies at Emrys Roberts, 28.6.1964 (APC B 916).

[182] *Welsh Nation*, Mehefin 1964.

[183] 'Plaid Cymru – The State of the Party', Emrys Roberts, 28.6.1964 (Casgliad Harri Webb, G1/31, LlGC).

[184] Memorandwm Emrys Roberts, 21.7.1964 (Casgliad Harri Webb, G1/132, LlGC).

[185] *Western Mail*, 29 Gorffennaf 1964.

[186] Elystan Morgan at Gwynfor Evans, d.d. (GE, 1973, M, LlGC).

[187] Emrys Roberts at Aelodau'r New Nation, 29.12.1964 (APC M 38).

[188] *Western Mail*, 9 Medi 1964.

[189] *South Wales Evening Post*, 11 Medi 1964.

[190] *Western Mail*, 20 a 31 Awst 1964.

[191] Emrys Roberts at Gwynfor Evans, 25.9.1964 (APC B 898).

[192] Emrys Roberts at Aelodau'r New Nation, 23.9.1964 (Casgliad Harri Webb, G1/131, LlGC).

[193] *Carmarthen Journal*, 11 Medi 1964.

[194] Cyfweliad yr awdur ag Aled Gwyn.

[195] *South Wales Evening Post*, 16 Hydref 1964.

PENNOD 8 – Gwawr Wedi Hirnos, 1964–66

[1] Gw. 'Mabon' yn *Barn*, Tachwedd 1964.

[2] *Western Mail*, 19 Hydref 1964.

[3] Dyddiadur Dafydd Evans, 3.11.1964, fersiwn anghyhoeddedig, meddiant preifat.

[4] Atgynhyrchir y llythyr yn *Y Ddraig Goch*, Tachwedd 1964.

[5] *Y Cymro*, 22 Hydref 1964.

[6] Harri Webb at John Legonna, 18.10.1964 (Casgliad John Legonna, 839/1, LlGC).

[7] Saunders Lewis at Nina Wynne, 16.10.1964. Dyfynnir yn *Saunders Lewis a Theatr Garthewin*, Hazel Walford Davies, op. cit., t. 367.

[8] *Baner ac Amserau Cymru*, 10 Rhagfyr 1964.

[9] Cynog Davies a John Davies at Gwynfor Evans, 8.11.1964 (GE, 1973, D, LlGC). Arwyddwyd y llythyr yn ogystal gan Gareth Miles, John Daniel, T Llew Jones, Emyr Llywelyn a Peter Hourahane. Ar 14 Tachwedd, trafodwyd y cynnig gan y Pwyllgor Gwaith ond fe'i trechwyd yn hawdd.

[10] R Tudur Jones at Gwynfor Evans, 20.10.1964 (GE, 1973, J, LlGC).

[11] Emrys Roberts at aelodau'r New Nation, 20.10.1964 (APC M 211). Y chwe aelod a dderbyniodd y 'Judas Letter' oedd: Michael a Margaret Tucker; Ray Smith; Harri Webb; John Legonna; Roger Boore.

[12] Cyfweliad yr awdur â Nans Jones.

[13] Gw. y copi o lythyr Emrys Roberts (GE, 1973, R, LlGC).

[14] Gwynfor Evans at Chris Rees, 1.11.1964, meddiant preifat.

[15] Dyddiadur D J Williams, 11.11.1964 (Casgliad D J Williams, LlGC).

[16] *Sunday Mirror*, 8 Tachwedd 1964.

[17] R Tudur Jones at Gwynfor Evans, 11.11.1964 (GE, 1973, J, LlGC).

[18] Emrys Roberts at Harri Webb, 8.11.1964 (Casgliad Harri Webb, G1/145 iii, LlGC).

[19] R Tudur Jones at Gwynfor Evans, 11.11.1964 (GE, 1973, J, LlGC)

[20] Emrys Roberts at Gwynfor Evans, 13.11.1964 (GE, 1973, R, LlGC).

[21] Cofnodion Pwyllgor Gwaith Plaid Cymru, 14.11.1964 (APC A 51).

[22] Pleidleisiodd 22 o blaid diswyddo Emrys Roberts gyda 15 yn erbyn. Ymataliodd saith aelod o'r Pwyllgor Gwaith rhag pleidleisio. Gw. dyddiadur D J Williams, 15.11.1964 (Casgliad D J Williams, LlGC).

[23] Cyfweliadau'r awdur ag Owen John Thomas a Dr John Davies.

[24] Harri Webb at John Legonna, 24.11.1964 (Casgliad John Legonna, 848/1, LlGC).

[25] Gwynfor Evans at D J Williams, 29.11.1964 (Casgliad D J Williams, LlGC).

[26] Emrys Roberts at Gwynfor Evans, d.d. (GE, 1973, R, LlGC).

[27] Memorandwm Ray Smith i'r 'South Wales East Co-ordinating Committee of Plaid Cymru' (APC B 1110).

[28] Owen John Thomas at Gwynfor Evans, 18.11.1964 (GE, 1973, T, LlGC).

[29] *Western Mail*, 11 Rhagfyr 1964.

[30] Emrys Roberts at aelodau'r New Nation, 29.12.1964 (APC M 38).

[31] Emrys Roberts at Pedr Lewis, 2.1.1966 (APC B 1102).

[32] Cyfweliad yr awdur â'r Arglwydd Elystan Morgan. Mae hefyd yn werth nodi – yn groes i'r hyn a ddywed Gwynfor Evans yn ei hunangofiant (Gwynfor Evans, *Bywyd Cymro*, op. cit., t. 241) – na wnaeth Aelod Seneddol Aberafan, John Morris, ddenu Elystan Morgan i'r Blaid Lafur. Roedd y ddau yn gyfeillion bore oes ond doedd yna ddim cynllwyn trefnedig o fath yn y byd rhyngddynt.

[33] Dyddiadur Dafydd Evans, 5.1.1965, meddiant preifat.

[34] ibid., 10.1.1965.

[35] *Y Cymro*, 28 Ionawr 1965.

[36] *Western Mail*, 2 Chwefror 1965.

[37] Cyfweliad yr awdur â'r Arglwydd Elystan Morgan.

[38] *Darn o Lythyr y Llywydd*, d.d. (APC B 1052).

[39] Peter Lynch, *SNP – The History of the Scottish National Party* (Cardiff, 2002), t. 99.

[40] *Barn*, Mawrth 1965.

[41] J E Jones at Gwynfor Evans, 15.3.1964 (GE, 1973, J, LlGC).

[42] *Y Ddraig Goch*, Mawrth 1965.

[43] Saunders Lewis at Gwynfor Evans, 18.3.1964 (GE, 1973, L, LlGC).

[44] Dyddiadur D J Williams, 28.3.1965 (Casgliad D J Williams, LlGC).

[45] *Western Mail*, 15 Ebrill 1965.

[46] ibid., 26 a 27 Ebrill 1965.

[47] Elwyn Roberts at Gwynfor Evans, 21.6.1965 (GE, 1973, R, LlGC).

[48] Gwynfor Evans at Elwyn Roberts, 9.6.1964 (APC B 1106).

[49] J E Jones at Gwynfor Evans, 12.7.1965 (GE, 1973, J, LlGC).

[50] Elystan Morgan at J E Jones, d.d. (APC M 38).

[51] *Western Mail*, 30 Gorffennaf 1965.

[52] ibid., 4 Awst 1965.

[53] Cyfweliad yr awdur â'r Arglwydd Elystan Morgan.

[54] Gw. J E Jones yng ngholofn 'Twˆr yr Eryr', *Baner ac Amserau Cymru*, 19 Awst 1965. Gwadodd Cledwyn Hughes iddo erioed fod yn aelod o Blaid Cymru. Gw. ibid., 2 Medi 1965.

[55] Gwynfor Evans at J E Jones, 27.8.1965 (APC B 1052).

[56] Clywyd y darllediad gwleidyddol cyntaf ar 29 Medi. Rhoes Gwynfor Evans y darllediad teledu cyntaf yn Saesneg ar y BBC a TWW am 9.30 p.m. Chris Rees oedd yn gyfrifol am y darllediad radio a wnaed yn Gymraeg yn unig ar yr un noson. Gw. *Welsh Nation*, Tachwedd 1965. Honnwyd i Gwynfor Evans ennill mil o aelodau newydd o ganlyniad i'r darllediad. Gw. *Adroddiad Blynyddol*, Plaid Cymru, 1965 (APC A 53).

[57] Gwynfor Evans at Gorfforaeth Lerpwl, 7.10.1965 (APC M 165).

[58] *Western Mail*, 14 Hydref 1965.

[59] ibid., 20 Hydref 1965.

[60] J E Jones at Gwynfor Evans, 18.10.1965 (GE, 1973, J, LlGC).

[61] Roedd cefnogwyr yr FWA fel Mrs R O F Wynne yn hynod o siomedig gyda'u niferoedd tila a'u hagwedd 'di-ddim a llywaeth'. Gw. nodyn Elwyn Roberts yn APC M 262.

[62] W H Sefton at Gwynfor Evans, 12.10.1965 (APC M 165).

[63] Kate Roberts at Saunders Lewis, 28.10.1965, *Annwyl Kate, Annwyl Saunders*, op. cit., t. 218.

[64] Saunders Lewis at Kate Roberts, 15.11.1965, ibid., t.216.

[65] Gwynfor Evans at Islwyn Ffowc Elis, 30.10.1965 (APC B 1105).

[66] Islwyn Ffowc Elis at Elwyn Roberts, 8.11.1965 (GE, 1973, E, LlGC).

[67] Dyddiadur D J Williams, 3.12.1965 (Casgliad D J Williams, LlGC).

[68] *The Manchester Guardian*, 3 Ionawr 1966. Y pedwar ympdrydiwr oedd Emyr Llywelyn, Gareth Miles, John Daniel a Geraint Jones.

[69] *Western Mail*, 4 Tachwedd 1965. Ymysg y 'gwirfoddolwyr', enwyd Mrs Maureen Huws, gwraig O T L Huws a'i ferch, Non. Roedd enw Gwenllian Wynne, merch R O F Wynne, hefyd yn cael ei gysylltu â'r FWA.

[70] Aelodau'r 'FWA' at Gwynfor Evans, d.d. (APC B 1052).

[71] Gwynfor Evans at 'Gyfaill', d.d., ibid.

[72] *Baner ac Amserau Cymru*, 10 Mawrth 1966.

[73] J E Jones at D J Williams, 25.3.1966 (Casgliad D J Williams, LlGC).

[74] *The Times*, 3 Mawrth 1966.

[75] Gwynfor Evans, *Bywyd Cymro,* op. cit., t.273.

[76] Cyfweliad yr awdur â Cyril Jones.

[77] *Carmarthen Journal*, 4 Mawrth 1966.

[78] *Western Mail*, 24 Mawrth 1966.

[79] Gwilym Prys Davies, *Llafur y Blynyddoedd* (Dinbych, 1991), t. 53.

[80] *Carmarthen Journal*, 8 Ebrill 1966.

[81] Dyfynnir o'r llythyr yn *Gwynfor*, 14.10.1990. HTV Cymru.

[82] *The Guardian*, 16 Mai 1966.

[83] Gwynfor Evans, *Bywyd Cymro*, op. cit., t. 246.

[84] *South Wales Evening Post*, 24 Mai 1966; *Western Mail*, 26 Mai 1966.

[85] Memorandwm Islwyn Ffowc Elis, 6.10, 1966 (Casgliad Harri Webb, G 1/23, LlGC).

[86] Cyfweliad yr awdur â Clem Thomas.

[87] Gwynfor Evans at J E Jones, 16.6.1966 (APC J 16).

[88] *Western Mail*, 30 Mehefin 1966.

[89] Llythyr Personol Gwynfor Evans at Etholwyr Sir Gaerfyrddin (APC B 943).

[90] *Plaid Cymru and You* (APC M 170).

[91] Memorandwm Islwyn Ffowc Elis, 6.10.1966, loc. cit.

[92] Cyfarwyddyd i Ganfaswyr gan D Cyril Jones (APC J 16). Yn ystod Ebrill 1966, gwelwyd aelodau honedig o'r FWA yn gorymdeithio mewn lifrai milwrol adeg yr orymdaith i gofio Gwrthyfel y Pasg yn Nulyn. Argraffwyd llun ohonynt yn gorymdeithio yn y *Carmarthen Times*. Gw. *Carmarthen Times*, 29 Ebrill 1966.

[93] Saunders Lewis at Elwyn Roberts, 19.5.1966 (APC B 1210).

[94] Gwilym Prys Davies, *Llafur y Blynyddoedd* (Dinbych, 1991), op. cit., t. 54.

[95] *The Guardian*, 5 Gorffennaf 1966.

[96] *Daily Telegraph*, 13 Gorffennaf 1966.

[97] *The Guardian*, 13 Gorffennaf 1966.

[98] *Western Mail*, 12 Gorffennaf 1966.

[99] Dyddiadur Dafydd Evans 3.7.1966, meddiant preifat.

[100] Dyddiadur D J Williams, 12.7.1966 (Casgliad D J Williams, LlGC).

[101] Cyfweliad yr awdur â Lili Thomas.

[102] *Liverpool Daily Post*, 14 Gorffennaf 1966.

[103] *Gwynfor yn Bedwar Ugain Oed*, Cyfweliad â Sulwyn Thomas, BBC Cymru, 1992.

[104] Gw. atgofion Elwyn Roberts (APC B 1210); gw. hefyd Islwyn Ffowc Elis yn y *Ddraig Goch*, Awst 1966.

[105] Daw'r llinell o gerdd Gwenallt, 'Sir Gaerfyrddin', a gyhoeddwyd gyntaf yn *Y Ddraig Goch*, Medi 1967.

[106] Dyddiadur D J Williams, 25.7.1966 (Casgliad D J Williams, LlGC).

[107] *Daily Mail*, 15 Gorffennaf 1966.

[108] *Carmarthen Journal*, 22 Gorffennaf 1966.

[109] Saunders Lewis at Gwynfor Evans, 15.1.1966, meddiant preifat. Mewn llythyr pellach o'i eiddo – y tro hwn at D J Williams – dywedodd Saunders Lewis ei fod yn falch dros Gwynfor: 'Yn bennaf er ei fwyn ei hun; mae o wedi cael ad-daliad am ei flynyddoedd hir o lafur'. Er hynny, roedd yn dal i fynnu bod Gwynfor yn arwain Plaid Cymru i'r gors: 'Y mae dysgu mai dulliau cyfansoddiadol sy'n mynd i ennill yn chwarae'n syth i ddwylo llywodraeth Lloegr. A dyna'r hyn y mae Gwynfor a J E yn ei ddysgu o hyd ac o hyd – ac yn gwneud drwg moesol mawr'. Gw. Saunders Lewis at D J Williams, 8.9.1966 (Casgliad D J Williams, LlGC).

[110] *Daily Telegraph*, 16 Gorffennaf 1966.

[111] *Y Cymro*, 21 Gorffennaf 1966.

PENNOD 9 – Yr Aelod Dros Gymru, 1966–70

[1] *Carmarthen Journal*, 22 Gorffennaf 1966.

[2] *The Observer*, 17 Gorffennaf 1966.

[3] *South Wales Evening Post*, 15 Gorffennaf 1966.

[4] Neil Jenkins at Gwynfor Evans, 15.7.1966 (GE, 1973, J, LlGC).

[5] Cynog Davies at Gwynfor Evans, 27.8.1966 (GE, 1973, D, LlGC).

[6] Cynog Davies, 'Cymdeithas yr Iaith Gymraeg' yn Meic Stephens (gol.), *The Welsh Language Today* (Llandysul, 1973), t. 256.

[7] Cyfweliad yr awdur ag Owen John Thomas.

[8] *Adroddiad Blynyddol Plaid Cymru*, 1967 (APC A 2).

[9] Gw. Dyddiadur Dafydd Evans, 31.10.1966, meddiant preifat: 'Rwy'n gweld tueddiad mewn rhai bron i addoli Dadi y dyddiau yma. Credaf fod hyn yn beth peryglus. Nid yw Dadi yn frwd

o gwbl chwaith'.

[10] *The Times*, 15 Gorffennaf 1966.

[11] *Herald of Wales*, 23 Gorffennaf 1966.

[12] Gwynfor Evans, *Bywyd Cymro*, op. cit., tt. 257–8.

[13] ibid., op. cit., t. 256.

[14] *Western Mail*, 21 Gorffennaf 1966.

[15] *South Wales Evening Post*, 21 Gorffennaf 1966.

[16] *The Times*, 19 Gorffennaf 1966.

[17] *Liverpool Daily Post,* 21 Gorffennaf 1966.

[18] Mae'n werth nodi pa mor ddibrisiol oedd heddlu Ceredigion a Sir Gaerfyrddin o 'fygythiad' yr FWA ym 1966. Rhoesant ystyriaeth i'r posibilrwydd o erlyn yr FWA ond daethant i'r casgliad y byddai erlyniad yn fwy o drafferth nag o werth. Yn nhyb yr heddlu, roedd Cayo Evans yn 'unbalanced personality' a Dennis Coslett, y ffigur amlwg arall yn rhengoedd yr FWA, yn meddu ar 'mental age… about 12 years'. Roedd John Summers, y newyddiadurwr y dibynnai'r FWA yn drwm arno fel cwndid, hefyd yn cael ei ystyried yn 'thoroughly unreliable type'. Gw. PRO DPP 2/4455, nodyn dyddiedig 20.9.1966.

[19] *Liverpool Daily Post*, 22 Gorffennaf 1966.

[20] *Daily Mail*, 18 Gorffennaf 1966.

[21] *Liverpool Daily Post*, 22 Gorffennaf 1966.

[22] *Daily Mail*, 22 Gorffennaf 1966.

[23] *Liverpool Daily Post*, 22 Gorffennaf 1966.

[24] Gwynfor Evans, *Bywyd Cymro*, op. cit., tt. 253–6.

[25] *Parliamentary Debates* (Hansard), 5ed gyfres, cyf.762, colofnau 1494–1504 (26 Gorffennaf 1966).

[26] *Western Mail*, 27 Gorffennaf 1966.

[27] *Liverpool Daily Post*, 27 Gorffennaf 1966.

[28] *South Wales Evening Post*, 1 Awst 1966.

[29] *The Times,* 29 Awst 1966.

[30] A H Lewis at Gwynfor Evans, 31.10.1966 (GE, 1973, L, LlGC).

[31] Cofnodion Pwyllgor Gwaith Plaid Cymru, 10.9.1966 (APC A 2).

[32] Cyfweliad yr awdur â Tedi Millward.

[33] *Western Mail*, 5 Awst 1966.

[34] Gwynfor Evans at Harri Webb, 23.8.1966 (Casgliad Harri Webb, G1/29, LlGC).

[35] Gwynfor Evans at D J Williams, 20.8.1966 (Casgliad D J Williams, LlGC).

[36] Harri Webb at Elwyn Roberts, *Memorandum of Immediate Action*, 17.7.1966. (APC B 1208).

[37] T I Ellis at Elwyn Roberts, 12.8.1966 (APC B 1208).

[38] Islwyn Ffowc Elis at Gwynfor Evans, 30.8.1966 (GE, 1973, E, LlGC).

[39] Emrys Roberts at Gwynfor Evans, 6.9.1966, Papurau Chris Rees, meddiant preifat.

[40] Elwyn Roberts at Dewi Watkin Powell, 7.2.1967 (APC B 1208).

[41] Cyfweliad yr awdur â Meleri Mair.

[42] *Y Ddraig Goch*, Medi 1966.

[43] Dafydd Wigley at Gwynfor Evans, 14.8.1966 (GE, 1973, W, LlGC).

[44] Am y cefndir i hanes sefydlu'r Grŵp Ymchwil, gw. Dafydd Wigley, *O Ddifri* (Caernarfon, 1992), tt. 65–6.

[45] *Western Mail,* 15 ac 16 Tachwedd 1966.

[46] ibid., 12 Rhagfyr 1966.

[47] ibid., 5 Rhagfyr 1966.

[48] Ei noddwr oedd y cyn farnwr, Syr Alun Pugh. Gw. Syr Alun Pugh at Gwynfor Evans, 14.12.1966 (GE, 1973, P, LlGC).

[49] *Liverpool Daily Post*, 28 Tachwedd 1966.

[50] Gwynfor Evans at Ioan Bowen Rees, 18.1.1967 (Casgliad Ioan Bowen Rees, LlGC). Yr wyf yn ddiolchgar i Margaret Bowen Rees am weld yr ohebiaeth hon.

[51] Phil Williams at Gwynfor Evans, 3.1.1967 (GE, 1983, W, LlGC).

[52] Am gefndir yr isetholiad, gw. erthygl Cennard Davies yn *Y Ddraig Goch*, Mai 1967.

[53] *Liverpool Daily Post*, 1 Ionawr 1967 a 10 Ebrill 1967.

[54] *Rhondda Leader*, 3 a 24 Chwefror 1967.

[55] *Western Mail*, 24 Chwefror 1967.

[56] *The Observer*, 12 Mawrth 1967.

[57] *Rhondda Leader*, 16 Mawrth 1967.

[58] *Western Mail*, 17 Mawrth 1967.

[59] Gwynfor Evans at Ioan Bowen Rees, 16.3.1967 (Casgliad Ioan Bowen Rees, LlGC).

[60] *Liverpool Daily Post*, 16 Mawrth 1967.

[61] Gwynfor Evans at Ioan Bowen Rees, 16.3.1967 (Casgliad Ioan Bowen Rees, LlGC).

[62] Gwynfor Evans at D J Williams, 27.3.1967 (Casgliad D J Williams, LlGC).

[63] *Liverpool Daily Post*, 19 Ebrill 1967.

[64] ibid., 15 Ebrill 1967.

[65] *Western Mail*, 13 a 18 Mawrth 1967.

[66] *Y Cymro*, 20 Ebrill 1967.

[67] *Llanelli Star*, 15 Ebrill 1967. Am ymateb Gwynfor Evans, gw. ibid. 13 Mai 1967.

[68] Gwynfor Evans at Harri Webb, 10.4.1967, G1/34 (Casgliad Harri Webb, LlGC).

[69] PRO PREM 13/2359, W K Reid, Ysg. Cabinet at Syr Burke Trend 22.12.1966: 'Wales and the Prince of Wales. He said that the PM had spoken to the S/S for Wales advising him to soft-pedal for a bit'.

[70] *Daily Telegraph*, 18 Mai 1967.

[71] *Y Cymro*, 1 Mehefin 1967.

[72] *Liverpool Daily Post*, 18 Mai 1967.

[73] *The Times*, Ebrill 26, 1967.

[74] PRO BD 40/97, Eirene White at John Morris [Ysg. Seneddol y Weinyddiaeth Drafnidiaeth], 14.8.1967.

[75] ibid., Cledwyn Hughes at John Morris, 15.9.1967.

[76] Cyfweliadau'r awdur â'r Arglwyddi Gwilym Prys Davies ac Elystan Morgan. Gw. hefyd Vernon Bogdanor, *Devolution in the United Kingdom* (Oxford, 1999), tt. 162–4.

[77] *Gwynfor*, HTV Cymru, 14.10.1990.

[78] *Y Ddraig Goch*, Medi 1967.

[79] Gwynfor Evans at Harri Webb, 17.8.1967, (Casgliad Harri Webb, G1/38, LlGC).

[80] *Western Mail*, 10 Gorffennaf 1967.

[81] *Liverpool Daily Post*, 20 Medi 1967. Honnodd Owain Williams iddo adael Plaid Cymru cyn iddo gael ei ddiarddel.

[82] *Western Mail*, 24 Tachwedd 1972.

[83] Gwynfor Evans at Colin Edwards, 18.10.1967 (APC B 1101).

[84] *Y Ddraig Goch*, Medi 1967.

[85] Emrys Roberts at Islwyn Ffowc Elis, 8.8.1967 (Casgliad Islwyn Ffowc Elis, LlGC).

[86] *The Times*, 14 Awst 1967.

[87] *Liverpool Daily Post*, 18 Hydref 1967.

[88] Elwyn Roberts at Gwynfor Evans, 26.10.1967. (GE, 1973, R, LlGC).

[89] *Western Mail*, 25 Gorffennaf 1967.

[90] *Tafod y Ddraig*, Hydref 1967.

[91] Gwynfor Evans at Islwyn Ffowc Elis, 31.10.1967 (Casgliad Islwyn Ffowc Elis, LlGC).

[92] Cyfweliad yr awdur â Winnie Ewing. Gw. hefyd Winnie Ewing, *Stop the World, The Autobiography of Winnie Ewing* (Edinburgh, 2004), tt. 63–78.

[93] *The Scotsman*, 4 Tachwedd 1967.

[94] Datganiad Gwynfor Evans i'r Pwyllgor Gwaith, 4.11.1967 (Casgliad Ioan Bowen Rees, LlGC).

[95] *Barn*, Rhagfyr 1967.

[96] *The New Statesman*, 10 Tachwedd 1967.

[97] PRO PREM 13/2151, Richard Crossman at Harold Wilson, 13.11.1967.

[98] *The Scotsman*, 7 Tachwedd 1967.

[99] *Y Ddraig Goch*, Tachwedd 1967.

[100] Gwynfor Evans at D J Williams, 11.12.1967 (Casgliad D J Williams, LlGC).

[101] *Y Cymro*, 31 Awst 1967.

[102] Cylchlythyr Islwyn Ffowc Elis, 9.12.1967 (APC B 1044).

[103] Cofnodion Pwyllgor Gwaith, 9.12.1967 (APC A 54).

[104] Dyddiadur Dafydd Evans, 5.9.1967, meddiant preifat. Yn yr un modd, cyfaddefodd wrth y *Carmarthen Journal* iddo dreulio Nadolig 1967 yn poeni am sut y byddai'n dygymod mewn ffos gyfyng a bomiau'r Americanwyr yn glawio arno. Gw. *Carmarthen Journal*, 5 Ionawr 1968.

[105] Am bapurau achos William Wallis, gw. PRO PREM 13/2275.

[106] Cyfweliad yr awdur â Gwynoro Jones. Yn ddyddiol, byddai Rhiannon a chriw o ffrindiau yn cwrdd yng nghapel Providence, Llangadog, i weddïo dros ei gŵr a'i gyd-deithwyr. Gw. *Carmarthen Times*, 12 Ionawr 1968.

[107] *Carmarthen Journal*, 16 Chwefror 1968.

[108] Cofnodion Pwyllgor Rhanbarth Caerfyrddin, 17.2.1968 (Pol 18, Archifdy Sir Gaerfyrddin).

[109] *Western Mail*, 16 Ionawr 1968.

[110] Elwyn Roberts at Islwyn Ffowc Elis, 6.2.1968 (APC N 206).

[111] Gwynfor Evans at Islwyn Ffowc Elis, 12.6.1967 (Casgliad Islwyn Ffowc Elis, LlGC). Roedd y peiriannau'n 'rhyfeddol' am eu bod yn defnyddio'r dull 'offset-litho' o argraffu, rhywbeth – yn ôl broliant Plaid Cymru i fuddsoddwyr – a fyddai'n 'fendith ddiwahan' i gyhoeddiadau Cymraeg. Gw. Elwyn Roberts at Dr D H Davies, 21.9.1967 (APC B 1188).

[112] Cyfweliad yr awdur â Hywel Heulyn Roberts.

[113] Gwynfor Evans at Duncan Gardiner, 10.1.1979 (GE, 1988, Bocs 25, LlGC).

[114] Elwyn Roberts at Islwyn Ffowc Elis, 19.4.1968 (APC N 206).

[115] Emrys Roberts at Harri Webb, 4.4.1968 (Casgliad Harri Webb, G 1, LlGC).

[116] *Forward* (Bwletin Canghennau Plaid Cymru), 9.4.1968.

[117] Islwyn Ffowc Elis at Willie Kellock, 3.5.1968 (Casgliad Islwyn Ffowc Elis, LlGC).

[118] *Sunday Express,* 7 Ionawr 1968. Gw. hefyd *I'r Gad*, Cyfrol 1, 1968.

[119] Richard Crossman, *The Diaries of a Cabinet Minister*, Cyfrol 2, 1966–8 (London 1976), t. 771.

[120] Gw. erthygl olygyddol R Tudur Jones yn *Y Ddraig Goch*, Mai 1968.

[121] Gwynfor Evans at Ioan Bowen Rees, 23.4.1968 (Casgliad Ioan Bowen Rees, LlGC).

[122] Memorandwm 'Hollol Gyfrinachol ar y cyfarfodydd rhwng Gwynfor Evans a Whitelaw (Prif Chwip y Ceidwadwyr)' (APC M 259).

[123] Gwynfor Evans at Ioan Bowen Rees, 27.4.1968 (Casgliad Ioan Bowen Rees, LlGC).

[124] ibid.

[125] Gwynfor Evans at Harri Webb, 2.1.1969 (Casgliad Harri Webb, G1/42, LlGC).

[126] Cyfweliad yr awdur â Gwynoro Jones.

[127] Dafydd Orwig at Gwynfor Evans, 9.12.1967 (GE, 1973, J, LlGC). Yn y llythyr, dywed Dafydd Orwig: 'Dydw i ddim yn credu y dylech chwi chwarae gormod â'r busnes cefnogwyr y llywodraeth a'r bomio os nad oes gennych chi wybodaeth gudd. Ofnaf mai grŵp bach o Gymry eithafol a phenderfynol sy'n gwneud y gwaith'.

[128] *Liverpool Daily Post*, 27 Mai 1968.

[129] ibid., 28 Mai 1968. Gw. hefyd *Parliamentary Debates* (Hansard), 5ed gyfres, cyf. 765, colofnau 1229–34 (27 Mai 1968).

[130] *Caernarvon and Denbigh Herald*, 31 Mai 1998; *South Wales Voice,* 6 Mehefin 1968.

[131] *South Wales Echo*, 27 Mai 1968.

[132] *Liverpool Daily Post*, 28 Mai 1968.

[133] Loti Rees Hughes a   at George Thomas, 22.6.1968 (Casgliad Is-iarll Tonypandy, Ffeil 50, LlGC).

[134] Memorandwm Gwynoro Jones, d.d., 'Press Quotations by Nationalists' (Ffeil 66, ibid.).

[135] Gwynfor Evans at Ioan Bowen Rees, 6.5.1968 (Casgliad Ioan Bowen Rees, LlGC).

[136] Gwynfor Evans at Ioan Bowen Rees, 1.7.1968, ibid.

[137] *South Wales Echo*, 17 Gorffennaf 1968.

[138] Dyfynnir yn Martin Westlake, *Kinnock – The Biography* (London, 2000), t. 61.

[139] *Y Cymro*, 25 Gorffennaf 1968.

[140] *South Wales Echo*, 12 Gorffennaf 1968.

[141] Islwyn Ffowc Elis at Robyn Léwis, 3.6.1968 (Casgliad Islwyn Ffowc Elis, LlGC).

[142] ibid.

[143] *Y Ddraig Goch*, Gorffennaf/Awst 1968.

[144] *Liverpool Daily Post*, 7 Awst 1968.

[145] *Western Mail*, 9 Awst 1968.

[146] Gwynfor Evans, *Bywyd Cymro*, op. cit., tt. 260–1.

[147] Gwyndaf [Evan Gwyndaf Evans] at Gwynfor Evans, 15.8.1968 (GE, 1973, E, LlGC).

[148] Cyfweliad rhwng Saunders Lewis a Meirion Edwards, 9.8.1968, BBC Cymru.

[149] Gwynfor Evans at Ioan Bowen Rees, 4.9.1968 (Casgliad Ioan Bowen Rees, LlGC).

[150] *Western Mail*, 11 Medi 1968.

[151] *Y Cymro*, 19 Medi 1968.

[152] Cyfweliad rhwng R O F Wynne a Denis Touhy, 10.9.1968, *24 Hours*, BBC 1.

[153] Saunders Lewis at R O F Wynne, 18.9.1968. Dyfynnir yn *Saunders Lewis a Theatr Garthewin,* Hazel Walford Davies, op. cit., t. 371.

[154] *Liverpool Daily Post*, 12 Medi 1968.

[155] Dafydd Iwan at Elwyn Roberts, 12.9.1968 (APC M 191).

[156] Lewis Valentine at Elwyn Roberts, 12.9.1968, ibid.

[157] *Y Cymro*, 26 Medi 1968.

[158] Saunders Lewis, 'Y Bomiau a Chwm Dulas' (NLW 22726 E); am gefndir yr erthygl, gw. Menna Baines yn *Barn*, Gorffennaf/Awst 1994.

[159] Elwyn Roberts at D J Williams, 12.9.1968 (Casgliad D J Williams, LlGC).

[160] *Barn*, Hydref 1968.

[161] *Liverpool Daily Post*, 11 Hydref 1968.

[162] Gwynfor Evans at James Callaghan, 7.10.1968 (GE, 1973, C, LlGC).

[163] James Callaghan at Gwynfor Evans, 12.10.1968 (GE, 1973, C, LlGC).

[164] *Parliamentary Debates* (Hansard), 5ed gyfres, cyf. 770, Colofn 292 (15 Hydref 1968).

[165] ibid., cyf. 774, Colofnau 706–707 (28 Tachwedd, 1968).

[166] *The Times*, 13 Medi 1999.

[167] Cyfweliad yr awdur ag Aled Gwyn.

[168] Gwynfor Evans at Ioan Bowen Rees, 1.12.1968 (Casgliad Ioan Bowen Rees, LlGC).

[169] *Carmarthen Journal*, 31 Ionawr 1969.

[170] *Y Cymro*, 30 Ionawr 1969.

[171] *Western Mail*, 28 Ionawr 1969.

[172] Gwynfor Evans at Pennar Davies, 8.7.1974 (Casgliad Pennar Davies, LlGC).

[173] Memorandwm Robyn Léwis, '*Cyfarfod y Tywysog*', 13.3.1969 (Casgliad Islwyn Ffowc Elis, LlGC).

[174] Gwynfor Evans at Elwyn Roberts, 26.2.1969 (Casgliad Ioan Bowen Rees, LlGC).

[175] Dafydd Iwan at Gwynfor Evans, 15.3.1969 (GE, 1973, I, LlGC).

[176] Gwynfor Evans at Dafydd Iwan, 12.3.1969 (Papurau Ymchwil Dylan Phillips, Ffeil 7, LlGC).

[177] Cyfweliad yr awdur â Gareth Miles.

[178] Gwynfor Evans at Tedi Millward, 12.3.1969, meddiant preifat. Carwn ddiolch i E G Millward am weld y llythyrau hyn.

[179] Gwynfor Evans at Tedi Millward, d.d., ibid.

[180] *Western Mail*, 13 Mawrth 1969.

[181] Tedi Millward at Gwynfor Evans, 30.5.1969 (Casgliad Islwyn Ffowc Elis, LlGC).

[182] Tedi Millward at Gwynfor Evans, d.d. (GE, 1973, M, LlGC). Yn y llythyr hwn, dywed Tedi Millward iddo hefyd ddysgu Charles ynghylch 'y broblem ddŵr' a bod ganddo 'ddiddordeb yng nghefn gwlad a'r bygythion iddo'.

[183] Gwynfor Evans at Tedi Millward, 6.5.1969, meddiant preifat.

[184] *Daily Telegraph*, 6 Medi 1968.

[185] Gwynfor Evans at Islwyn Ffowc Elis, 7.5.1969 (Casgliad Islwyn Ffowc Elis, LlGC).

[186] *Barn*, Awst 1969.

[187] Gwynfor Evans at D J Williams, 24.4.1969 (Casgliad D J Williams, LlGC).

[188] Gwynfor Evans, *Bywyd Cymro*, op. cit., tt. 274–5.

[189] *Barn*, Hydref 1985.

[190] Gwynfor Evans at D J Williams, 24.4.1969, loc. cit.

[191] *Western Mail*, 16 Ebrill 1969.

[192] *Liverpool Daily Post*, 10 Mai 1969.

[193] Adroddiad mewnol Dr Gareth Morgan Jones a Dafydd Williams, 20.5.1969 (APC B 1207).

[194] Dyfynnir o sylwadau'r patholegydd byd-enwog, Bernard Knight. Gw. Dr Gareth Morgan Jones at Elwyn Roberts, 24.6.1969 (APC B 1101).

[195] Islwyn Ffowc Elis at Dafydd Iwan, 5.6.1969 (Papurau Ymchwil Dylan Phillips, Ffeil 5, LlGC).

[196] *Barn*, Awst 1969.

[197] *The Sun*, 1 Gorffennaf 1969.

[198] *Western Mail*, 30 Mehefin 1989.

[199] *Carmarthen Journal*, 11 Gorffennaf 1969; *Western Mail*, 4 Gorffennaf 1969.

[200] George Thomas, *Mr Speaker – The Memoirs of Viscount Tonypandy* (London, 1985), t. 121.

[201] Gwynfor Evans at Islwyn Ffowc Elis, 9.7.1969 (Casgliad Islwyn Ffowc Elis, LlGC).

[202] Gwynfor Evans, *Bywyd Cymro*, op. cit., t. 277.

[203] Gwynfor Evans at Islwyn Ffowc Elis, 9.7.1969, loc. cit.

[204] Gwynfor Evans at J E Jones, 15.7.1969 (APC M 33).

[205] Gwynfor Evans at Harri Webb, 25.7.1969 (Casgliad Harri Webb, G1/48, LlGC).

[206] Gwynfor Evans at Alwyn D Rees, 28.7.1969 (Casgliad Alwyn D Rees, CH 9/7/35, LlGC).

[207] Robyn Léwis at Dafydd Iwan, 14.7.1969 (Papurau Ymchwil Dylan Phillips, LlGC).

[208] R Tudur Jones at Dafydd Iwan, 14.7.1969, ibid.

[209] Memorandwm Gwynoro Jones, *Extremism in Wales*, 3.7.1969 (Casgliad Is-Iarll

Tonypandy, Ffeil 86, LlGC).

[210] Gw., er enghraifft, ymosodiad Eirene White [Gweinidog Materion Cymreig] ar 'idolatry of the Welsh Language' adeg Eisteddfod y Fflint. *Liverpool Daily Post*, 4 Awst 1969.

[211] PRO PREM, 13/2996 George Thomas at Harold Wilson, 28.7.1969.

[212] ibid., Eirene White at Harold Wilson, 30.7.1969.

[213] *Liverpool Daily Post*, 29 Awst 1969.

[214] Gwynfor Evans at Dafydd Iwan, 21.9.1969 (Papurau Ymchwil Dylan Phillips, Ffeil 5, LlGC).

[215] Cassie Davies at Dafydd Iwan, 25.10.1969, ibid.

[216] *Baner ac Amserau Cymru*, 13 Tachwedd 1969.

[217] Gwynfor Evans at D Cyril Jones, 10.11.1969 (GE, 1988, Bocs 34, LlGC).

[218] *Carmarthen Times*, 2 Ionawr 1970.

[219] *Carmarthen Journal*, 9 Ionawr 1970. Y 'sant' arall i Gwynfor oedd George M Ll Davies. Gw. *Y Ddraig Goch*, Chwefror 1970.

[220] Gwynfor Evans, *Bywyd Cymro*, op. cit., tt. 278–9; *The Times*, 5 Chwefror 1970.

[221] *The Sun*, 5 a 6 Chwefror 1970.

[222] *Liverpool Daily Post*, 12 Chwefror 1970.

[223] *Western Mail*, 17 Chwefror 1970.

[224] ibid., 25 Chwefror 1970.

[225] *Carmarthen Times*, 27 Chwefror 1970.

[226] *Liverpool Daily Post*, 23 Chwefror 1970. Ers chwe mis, roedd pethau wedi bod yn anodd rhwng Plaid Cymru ac amaethwyr Cwm Dulas – yn enwedig yn wyneb y ffaith bod Plaid Cymru wedi rhoi peth ystyriaeth i ddulliau torcyfraith fel ffordd o achub y cwm. Ond, ym mis Medi 1969, rhybuddiwyd arweinwyr Plaid Cymru gan Elwyn Roberts ei bod yn 'amlycach fyth erbyn hyn fod y bobl leol yn Nulas – rhai ohonynt o leiaf – ddim am i'r Blaid fod yn y busnes o gwbl'. Gw. Elwyn Roberts at 'Gyfaill', 8.9.1969 (APC M 93).

[227] Dewi Watkin Powell at Dafydd Iwan, 17.2.1970 (GE, 1973, P, LlGC).

[228] Peter Hughes Griffiths at Dafydd Iwan, 16.2.1970 (Papurau Ymchwil Dylan Phillips, Ffeil 5, LlGC).

[229] Cynog Dafis at Dafydd Iwan, 15.2.1970, ibid.

[230] Gwynfor Evans at Elwyn Roberts, 15.2.1970 (APC B 1188).

[231] *Western Mail*, 7 Mawrth 1970.

[232] *Liverpool Daily Post*, 15 Ebrill 1970.

[233] Gwynfor Evans at Elwyn Roberts, 17.4.1970 (APC B 1188).

[234] Cyfweliadau'r awdur â D Cyril Jones a Gwynoro Jones. Mae Gwynoro Jones yn gwadu'n groch iddo awdurdodi unrhyw un i daenu'r stori ynghylch 'cancr' Gwynfor Evans.

[235] Wedi'r etholiad cyffredinol, ysgrifennodd gweithwyr y Tai Gerddi at y papur lleol (a hynny'n gwbl annibynnol ar Gwynfor) i bwysleisio mai celwydd oedd yr awgrym ei fod yn feistr didostur. Gw. *Carmarthen Journal*, 17 Gorffennaf 1970.

[236] Gw. Kenneth O. Morgan, 'Gwleidyddiaeth Cymru yn 1970' yn D Ben Rees (gol.), *Arolwg*, Cyfrol 6, 1970 (Tonypandy, 1971), tt. 27–31.

[237] *The Times*, 4 Mehefin 1970.

[238] *Carmarthen Journal*, 5 Mehefin 1970.

[239] Taflen etholiadol Gwynfor Evans (APC M 211).

[240] Roedd ffrae Plaid Cymru nid yn unig rhyngddi hi a'r Llywodraeth ond rhyngddi hi a'r BBC yn Llundain hefyd. Anfonodd Dewi Watkin Powell nifer o lythyrau ar ran Plaid Cymru at benaethiaid y BBC yn eu cystwyo am eu hagwedd negyddol tuag at y blaid. Yn un ohonynt, dywed hyn: 'Day in day out we are given the unending procession of Wilson-Heath-Thorpe and their assistants which, so far as Wales is concerned, presents a wholly false, misleading and

unbalanced picture of the election… At present it is perilously near to being a cynical disregard of the principle of freedom of expression. This is grave indeed where a state corporation is involved'. Gw. Dewi Watkin Powell at John Crawley, golygydd newyddion a materion cyfoes y BBC, 7.6.1970, Ffeil 1241, Archifdy'r BBC, Caversham. Mae'n werth nodi, wrth basio, fod Ysgrifennydd Cymru, George Thomas, yn credu'n gyfan gwbl fel arall i Watkin Powell a Gwynfor, a hynny yn ystod yr un cyfnod yn union. Ysgrifennodd Thomas at Harold Wilson i gwyno bod 'The BBC of Wales… firmly in the grip of Welsh Nationalists'. Roedd hi'n hen gŵyn gan y Blaid Lafur Gymreig na thalodd Wilson iot o sylw iddi. Gw. George Thomas at Harold Wilson, 10.2.1970, PRO PREM 13/3069.

[241] Cyfweliad yr awdur â Gwynoro Jones.

[242] *Y Cymro*, 17 Mehefin 1970.

PENNOD 10 – Wedi Elwch, 1970–74

[1] Yng Nghymru, gwelwyd cynnydd o 185 y cant yng nghanran etholiadol Plaid Cymru. Yn yr Alban, gwelwyd cynnydd o 134 y cant ym mhleidlais yr SNP.

[2] Cyfweliad yr awdur â Tedi Millward.

[3] *Triban*, Cyfrol 4, Rhif 2, 1970.

[4] Memorandwm Islwyn Ffowc Elis, *Plaid Cymru, 1970–1974 – Rhai Awgrymiadau at y Dyfodol* (APC M 231).

[5] Cyfweliad yr awdur â Meinir Ffransis.

[6] Cyfweliad yr awdur ag Eurfyl ap Gwilym.

[7] Cyfweliad yr awdur â Rhys Davies.

[8] Ar ddiwedd 1970, roedd dyled Plaid Cymru yn £9,230. Gw. Adroddiad Ariannol 1970 (APC B 1226).

[9] Gwynfor Evans at Rhys Davies, 24.11.1970, meddiant preifat. Yr wyf yn ddyledus i Rhys Davies am gael gweld yr ohebiaeth hon.

[10] Gwynfor Evans at Rhys Davies, 18.10.1974, ibid.

[11] *Baner ac Amserau Cymru*, 24 Medi 1970.

[12] Gwynfor Evans at Rhys Davies, 10.8.1970, meddiant preifat.

[13] *Western Mail*, 26 Hydref 1970.

[14] *Baner ac Amserau Cymru*, 5 Tachwedd 1970.

[15] Peter Hourahane at Gwynfor Evans, 8.8.1970 (GE, 1973, H, LlGC).

[16] Cofnodion Pwyllgor Gwaith Plaid Cymru, 23.7.1970 (APC A 57).

[17] Gw. '1971' yn Gwilym Tudur (gol.) *Wyt Ti'n Cofio?: Chwarter Canrif o Frwydr yr Iaith* (Tal-y-bont, 1989), t. 83.

[18] *Y Cymro*, 25 Tachwedd 1970.

[19] *Barn*, Ionawr 1970.

[20] *Gwerth dy Grys* (Llandysul, d.d.), t. 4.

[21] Gwynfor Evans at Rhys Davies, 14.12.1970, meddiant preifat.

[22] *Western Mail*, 15 Mawrth 1971. Am yr ymateb i'w sylwadau gw. Meg Elis yn Gwilym Tudur (gol.) *Wyt Ti'n Cofio?: Chwarter Canrif o Frwydr yr Iaith*, op. cit., t. 84.

[23] Cofnodion Pwyllgor Gwaith Plaid Cymru, 9.3.1971 (APC A 6).

[24] Cofnodion Pwyllgor Gwaith Plaid Cymru, 13.3.1971 (APC A 58) a 10.4.1971 (ibid., A 17).

[25] Deulwyn Morgan, Peter Hughes Griffiths a Tegwyn Jones at Elwyn Roberts, 12.2.1971 (APC B 1086).

[26] *Liverpool Daily Post*, 3 Chwefror 1971. Arestiwyd saith yn wreiddiol – cafodd yr wythfed,

Robat Gruffudd, ei restio'n ddiweddarach.

[27] PRO BD 25/38, Gwynfor Evans at Peter Thomas, 4.5.1971.

[28] *Western Mail*, 4 Mai 1971; *Carmarthen Times*, 7 Mai 1971.

[29] Gwynfor Evans at Rhys Davies, 13.5.1971, meddiant preifat.

[30] ibid. Yn dilyn y protestiadau, dyfarnodd ymchwiliad annibynnol fod yr heddlu wedi ymddwyn yn rhy lawdrwm yn ystod achos Abertawe. Gw. *Liverpool Daily Post*, 28 Awst 1971.

[31] *Liverpool Daily Post*, 17 Ebrill 1971.

[32] *Carmarthen Times*, 7 Mai 1971.

[33] ibid., 4 Mehefin 1971. Awgrymodd un llythyrwr o'r enw Gwyn Charles na fedrai'r blaid benderfynu 'whether to support Britain or Hitler'.

[34] Gw. llythyrau Neil Taylor a Graham George yn y *Welsh Nation*, Gorffennaf ac Awst 1971.

[35] Gwynfor Evans at Dafydd Iwan, 23.5.1971 (Papurau Ymchwil Dylan Phillips, LlGC).

[36] Cofnodion Pwyllgor Gwaith Plaid Cymru, 8.6.1971 (APC A 58).

[37] Saunders Lewis at Gwynfor Evans, d.d. (GE, 1973, L, LlGC). Eithriad oedd cenedlaetholwr tebyg i Saunders Lewis a ymddiddorai mewn materion Ewropeaidd. Ysgrifennodd at Gwynfor i fynegi ei 'dristwch… fod Phil Williams a'i griw yn cystadlu o hyd â'r Blaid Lafur ar dir y Blaid Lafur… Hawlio i Gymru ei lle yn Ewrop fu hanes Plaid Cymru o'r cychwyn'.

[38] *Gwynfor Evans*, Pennar Davies, op. cit., t. 73.

[39] *Y Ddraig Goch*, Mai 1971.

[40] Gwynfor Evans at Harri Webb, 3.9.1971 (Casgliad Harri Webb, G1/52, LlGC).

[41] *Y Cymro*, 22 Medi 1971.

[42] Gwynfor Evans at John Hughes, 1.11.1971 (APC B 1031).

[43] *Liverpool Daily Post*, 11 Tachwedd 1971. Carcharwyd Myrddin Williams a Goronwy Fellows ar y cyd â Ffred Ffransis.

[44] Gwynfor Evans at Rhys Davies, 14.1.1972, meddiant preifat.

[45] Gwynfor Evans at Syr Goronwy Daniel, 15.2.1972 (Casgliad Syr Goronwy Daniel, LlGC). Nod Gwynfor Evans oedd cael Pwyllgor y Brifysgol i chwalu'r ddadl y costiai £38 miliwn o bunnoedd i gael corfforaeth Gymreig. Yn nhyb Gwynfor a'i gyd-aelodau ar y Pwyllgor, roedd ffigwr o £2.75 miliwn dipyn yn nes ati. Ar 14 Gorffennaf 1972, mabwysiadodd Llys y Brifysgol argymhellion y Pwyllgor Darlledu y dylid sefydlu sianel deledu Gymraeg dan reolaeth Bwrdd Annibynnol ac anfonwyd y casgliadau at y Gweinidog Cyfathrebu.

[46] Cofnodion Pwyllgor Gwaith Plaid Cymru, 8.1.1972 (APC A 72).

[47] *Welsh Nation*, 18–24 Chwefror 1972.

[48] Dick Kennard, Ysgrifennydd Cangen Ton-teg at Dafydd Williams, 23.2.1972, ibid.

[49] Gwynfor Evans at Elwyn Roberts, 19.1.1972 (APC B 1105).

[50] Gwynfor Evans at Peter Hughes Griffiths, 21.2.1972 (GE, 1988, Bocs 34, LlGC).

[51] *Liverpool Daily Post*, 17 Mai 1972.

[52] Cyfeirir at hyn am y tro cyntaf yn Islwyn Ffowc Elis at Gwynfor Evans, 17.3.1972 (GE, 1983, E, LlGC).

[53] *Welsh Nation*, 24–30 Mawrth 1972.

[54] Islwyn Ffowc Elis at Gwynfor Evans, 14.3.1972 (GE, 1983, E, LlGC). Cyn etholiad cyffredinol 1970, llwyddodd y Pwyllgor Gwaith i rwystro Emrys Roberts rhag sefyll fel ymgeisydd.

[55] *Y Ddraig Goch*, Mai 1972.

[56] ibid., Gorffennaf 1972.

[57] *Liverpool Daily Post*, 26 Mai ac 1 Mehefin 1972.

[58] Cofnodion Pwyllgor Gwaith, 8.7.1972 (APC A 72).

[59] *Western Mail*, 24 Mehefin 1972.

[60] ibid., 5 Awst 1972.

[61] Am ysgrif goffa Dan Evans, gw. *Baner ac Amserau Cymru*, 1 Rhagfyr 1972.

[62] Cyfweliad rhwng Gwynfor Evans ac Emyr Daniel, *Welshmen of Our Times*, 26.8.1979, BBC Cymru.

[63] *Western Mail*, 16 Rhagfyr 1972.

[64] ibid., 13 Ebrill 1973. Collodd Gwynfor ei sedd 'Llangadog no. 6' yn gymharol hawdd. Cafodd George Morgan 1,309 o bleidleisiau o'i gymharu â 931 pleidlais Gwynfor.

[65] *Carmarthen Times*, 13 Ebrill 1973.

[66] *Barn*, Gorffennaf 1973.

[67] Cyfweliad yr awdur â Meinir Ffransis.

[68] Cyfweliad yr awdur â Dafydd Evans.

[69] Cofnodion Pwyllgor Etholaeth Caerfyrddin, 17.4.1973 (Pol 18, Archifdy Cyngor Sir Caerfyrddin).

[70] Cofnodion Pwyllgor Gwaith Plaid Cymru, 14.4.1973 (APC A 72).

[71] Cofnodion Pwyllgor Etholaeth Caerfyrddin, 5.6.1973 (Pol 18, Archifdy Cyngor Sir Caerfyrddin).

[72] Gwynfor Evans, *Wales Can Win* (Llandybïe, 1973), t. 145.

[73] *Western Mail*, 1 Mehefin 1973.

[74] *The Scotsman*, 14 Mai 1973.

[75] Dafydd Williams at Edward Heath, 16.5.1973 (APC M 685).

[76] Cofnodion Pwyllgor Etholaeth Caerfyrddin, 15.5.1973 (Pol 18, Archifdy Cyngor Sir Caerfyrddin).

[77] *Liverpool Daily Post*, 1 Mehefin 1973.

[78] Gwynfor Evans at Rhys Davies, 3.7.1973, meddiant preifat.

[79] Gwynfor Evans at Peter Hughes Griffiths, 17.8.1973 (GE, 1988, Bocs 34, LlGC).

[80] Memorandwm mewnol, d.d. (APC A 19).

[81] Memorandwm Plaid Cymru, *Kilbrandon – Forcing the Pace* (APC M 685).

[82] *Western Mail*, 4 Awst 1973.

[83] *Liverpool Daily Post,* 26 Hydref 1973.

[84] *Y Cymro*, 3 Tachwedd 1973.

[85] *The Times*, 24 Hydref 1973. Mewn cyfweliad â gohebydd Cymreig y papur hwnnw, Trevor Fishlock, ymfalchïai Gwynfor yn yr hyn a gyflawnwyd gan genedlaetholwyr: 'Thirty or 40 years ago nobody thought of Wales as an economic or political entity. That has changed. We have changed the way that governments think about Wales and we have got our country recognized'.

[86] *Western Mail*, 29 Hydref 1973.

[87] *The Scotsman*, 1 Tachwedd 1973.

[88] *Western Mail*, 12 Tachwedd 1973.

[89] *The Times*, 29 Tachwedd 1973.

[90] *Carmarthen Times*, 16 Tachwedd 1973.

[91] Cofnodion Pwyllgor Rhanbarth Etholaeth Caerfyrddin, 4.12.1973 (Pol 18, Archifdy Cyngor Sir Caerfyrddin).

[92] *Tafod y Ddraig*, Mawrth 1974.

[93] *Western Mail*, 10 Ionawr 1974.

[94] Gwynfor Evans at Dafydd Williams, 4.12.1973 (APC A 72).

[95] *Liverpool Daily Post*, 5 Ionawr 1974.

[96] *Welsh Nation*, 4–10 Ionawr 1974.

[97] *Baner ac Amserau Cymru*, 15 Chwefror 1974.

[98] Datganiad i'r wasg, 24.1.1974 (APC J 235).

[99] Cyfweliad yr awdur â Cyril Jones.

[100] *Y Ddraig Goch*, Ionawr 1974.

[101] D O Davies at Gwynfor Evans, 28.12.1973 (GE, 1983, D, LlGC).

[102] Gwynfor Evans at Rhys Davies, 11.4.1974, meddiant preifat.

[103] *South Wales Guardian*, 10 Ionawr 1974.

[104] Taflen etholiadol Gwynfor Evans, *Y Ffordd yng Nghymru* (APC J 235).

[105] Cyfweliad yr awdur â Cyril Jones.

[106] Gwynfor Evans, *Bywyd Cymro*, op. cit., tt. 297–8.

[107] *Y Ddraig Goch*, Ebrill 1974.

[108] Am adroddiadau manwl o gronoleg y noson gw. *Baner ac Amserau Cymru,* 8 Mawrth 1974 a *The Times*, 2 Mawrth 1974.

[109] Gwynfor Evans at Rhys Davies, 11.4.1974, meddiant preifat.

[110] Gwynfor Evans at Rhys Davies, 9.3.1974, ibid.

[111] Cyfweliad yr awdur â'r Athro Phil Williams.

[112] ibid.

[113] *The Guardian*, 4 Mawrth 1974.

[114] *Liverpool Daily Post,* 6 Mawrth 1974.

[115] PRO BD 111/21, Yr Arglwydd Crowther-Hunt at John Morris, 17.4.1974.

[116] Gwynfor Evans at Elwyn Roberts, 20.3.1974 (APC B 1096).

[117] Gw. *The Times*, 24 Mehefin 1974. Credai Dafydd Wigley, Dafydd Elis Thomas a Dr Phil Williams fod argymhellion y Llywodraeth ar ddatganoli yn annigonol gan na roddent rymoedd digonol i Gynulliad Cymreig. Teimlai Wigley ac Elis Thomas i'r Llywodraeth wneud tro gwael â nhw ac y byddent o hynny ymlaen yn fwy 'spiky' yn Nhŷ'r Cyffredin.

[118] *Carmarthen Times*, 12 Ebrill 1974.

[119] Ceridwen Pritchard at Gwynfor Evans, 31.5.1974, meddiant preifat.

[120] Cyfweliad yr awdur â Gwynoro Jones.

[121] Neil Kinnock at Syr Archibald Lush, d.d. (Papurau Michael Foot, Archifau'r Blaid Lafur, C10, Manceinion).

[122] *Y Cymro*, 17 Medi 1974.

[123] Mae'n deg dweud fod y berthynas rhwng Cymdeithas yr Iaith Gymraeg a Phlaid Cymru yn bur anodd yn y cyfnod hwn. Yn ystod Mai 1974, cyfarfu arweinwyr Cymdeithas yr Iaith Gymraeg a Phlaid Cymru i drafod cais Gwynfor ar i'r Gymdeithas 'atal gweithredu tor-cyfraith' yn etholaeth Caerfyrddin yn ystod yr etholiad. Gwrthodwyd y cais gan y Gymdeithas ac ysgrifennodd Terwyn Tomos, Ysgrifennydd Cymdeithas yr Iaith Gymraeg, at Gwynfor fel hyn: 'Gofynnwyd imi bellach i ddatgan anfodlonrwydd y Senedd at y syniad sydd gan Blaid Cymru o swyddogaeth Cymdeithas yr Iaith… Nid 'Pressure Group' ydym na chwaith aden ieithyddol i Blaid Cymru. Dyna ydy'r rheswm pennaf dros wrthod eich cais am atal gweithredu'. Gw. Terwyn Tomos at Gwynfor Evans, 25.6.1974 (APC M 711).

[124] *Baner ac Amserau Cymru*, 7 Mehefin 1974.

[125] *The Times*, 18 Medi 1974.

[126] *The Guardian*, 18 Medi 1974.

[127] *Pwyntiau i Ganfaswyr Plaid Cymru* (GE, 1988, Bocs 21, LlGC).

[128] *South Wales Guardian*, 10 Hydref 1974.

[129] *Liverpool Daily Post*, 4 Hydref 1974.

[130] *Y Cymro*, 15 Hydref 1974.

[131] Gwynfor Evans at Rhys Davies, 18.10.1974, meddiant preifat.

PENNOD 11 – Chwalfa, 1974–79

[1] *Liverpool Daily Post*, 15 Hydref 1974.
[2] Cyfweliadau'r awdur â'r Arglwydd Elis-Thomas a Dafydd Wigley.
[3] Cyfweliad yr awdur â'r Arglwydd Elis-Thomas.
[4] Cyfweliad yr awdur â Dafydd Wigley.
[5] *Liverpool Daily Post*, 23 Hydref 1974.
[6] Dafydd Wigley, *Dal Ati* (Caernarfon, 1993), t. 51.
[7] *Y Ddraig Goch*, Rhagfyr 1974–Ionawr 1975.
[8] *Welsh Nation*, 18–24 Hydref 1974.
[9] Gwynfor Evans at R Tudur Jones, 21.11.1974 (GE, 1979, Bocs 9, LlGC).
[10] John Osmond at Gwynfor Evans, 1.11.1974 (GE, 1983, O, LlGC).
[11] Harri Webb at Gwynfor Evans, 11.1.1973 (GE, 1973, W, LlGC).
[12] Yn ei ddyddiadur, noda Harri Webb y canlynol: 'Phil's liaison with her … besides being incomprehensible is damaging to him and the party. He is being cold-shouldered by Gwynfor because of it. Sex and the swyddfa have been inseparable throughout its history'. Gw. dyddiadur Harri Webb, 15.8.1975, meddiant preifat. Yr wyf yn dra diolchgar i'r Athro Meic Stephens am gael gweld y dyddiaduron hyn.
[13] *Liverpool Daily Post*, 11 Tachwedd 1974.
[14] Gwynfor Evans at Elwyn Roberts, 5.12.1974 (APC B 1106).
[15] Cofnodion y Conservative Study Group on Devolution, 16.1.1975 (Casgliad yr Arglwydd Crucywel, LLGC).
[16] Nicholas Edwards at Margaret Thatcher, 19.1.1975, ibid.
[17] *Western Mail*, 7 Ionawr 1975.
[18] O M Roberts at Gwynfor Evans, d.d. (GE, 1983, R, LlGC).
[19] *Western Mail*, 2 Mehefin 1975.
[20] ibid., 21 Ionawr 1975.
[21] Saunders Lewis at Peter Hughes Griffiths, 11.6.1975, meddiant preifat. Yr wyf yn ddiolchgar i Peter Hughes Griffiths am gael gweld y llythyr hwn.
[22] Gwynfor Evans at Nans Jones, 19.3.1975 (APC B 1289).
[23] *Barn*, Mai 1975.
[24] Peter Hughes Griffiths at Dafydd Elis Thomas, 20.2.1975 (Casgliad Dafydd Elis Thomas, C 1/2, LlGC).
[25] *Liverpool Daily Post*, 7 Mehefin 1975.
[26] *Carmarthen Journal*, 13 Mehefin 1975.
[27] *Western Mail*, 10 Mehefin 1975.
[28] Sonnir am hyn yng nghofnodion Pwyllgor Gwaith Plaid Cymru, 12.7.1975 (APC A 62).
[29] Gwynfor Evans at Dafydd Glyn Jones, 12.6.1975 (GE, 1979, Bocs 9, LlGC).
[30] Gwynfor Evans at R Tudur Jones, 3.7.1975, ibid.
[31] *Welsh Nation*, 27 Mehefin–3 Gorffennaf 1975.
[32] Gwynfor Evans, *Bywyd Cymro*, t. 305.
[33] Cyfweliad yr awdur â Gwynoro Jones.
[34] *Carmarthen Journal*, 5 Medi 1975.
[35] *Western Mail*, 6 Awst a 30 Hydref 1975.
[36] *Liverpool Daily Post*, 3 Tachwedd 1975.
[37] ibid., 28 Hydref 1975.
[38] Memorandwm *The Latest Situation*, 29.10.1975 (APC L 24).
[39] Gwynfor Evans at Elwyn Roberts, 7.11.1975 (GE, 1979, Bocs 9, LlGC).

[40] *The Economist*, 29 Tachwedd 1975.

[41] *Western Mail*, 28 Tachwedd 1975.

[42] Cyfweliad yr awdur â Dafydd Wigley.

[43] Dafydd Wigley at Gwynfor Evans, 12.12.1975 (GE, 1983, Bocs W, LlGC).

[44] *Liverpool Daily Post*, 5 Ionawr 1976.

[45] *Carmarthen Journal*, 9 Ionawr 1976.

[46] Gwynfor Evans at Brian Morgan Edwards, 29.1.1976 (APC A 63).

[47] *Welsh Nation*, 23–29 Ionawr 1976.

[48] *Liverpool Daily Post*, 1 Mawrth 1976.

[49] Gwynfor Evans at Rhys Davies, 15.2.1976, meddiant preifat.

[50] *Liverpool Daily Post*, 19 Chwefror 1976.

[51] Gwynfor Evans at R Tudur Jones, 10.3.1976 (GE, 1979, Bocs 1, LlGC).

[52] Cyfweliad yr awdur â Michael Foot.

[53] *Western Mail*, 14 Ebrill 1976.

[54] Gwynfor Evans at Elwyn Roberts, 20.4.1976 (APC M 149).

[55] *Carmarthen Journal*, 7 Mai 1976.

[56] Elwyn Roberts at Colin Edwards, d.d. (APC M 149).

[57] Gw. y cylchlythyr at Gymry America, ibid.

[58] Gwynfor Evans at Elwyn Roberts, 6.5.1976, ibid.

[59] *Sunday Times*, 22 Awst 1976.

[60] *Liverpool Daily Post*, 18 Awst 1976.

[61] *Western Mail*, 18 Awst 1976.

[62] Guto ap Gwent at Dafydd Williams, 25.8.1976 (APC A 72).

[63] Dafydd Williams at Ahmad Shahmati, Ysgrifennydd Materion Tramor, Undeb y Sosialwyr Arabaidd, 28.5.1976 (APC G 202).

[64] Cyfweliad yr awdur â Dafydd Williams.

[65] *Liverpool Daily Post*, 12 Mai 1976; *Y Cymro*, 11 Mai 1976.

[66] *Memorandwm ar Strategaeth Plaid Cymru*, Dafydd Williams (APC 72).

[67] Cyfweliad yr awdur â'r Arglwydd Elis Thomas. Gw. hefyd *Western Mail*, 1 Gorffennaf 1976. Yn ogystal â'r cyfarfodydd â Michael Foot, cafwyd sawl cyfarfod rhwng ASau Plaid Cymru a Gerald Kaufman, y Gweinidog Diwydiant.

[68] ibid., 9 Gorffennaf 1976.

[69] Gwynfor Evans at Islwyn Ffowc Elis, 30.8.1976 (Casgliad Islwyn Ffowc Elis, LlGC).

[70] *Y Ddraig Goch*, Awst 1976.

[71] *Carmarthen Journal*, 16 Gorffennaf 1976.

[72] *Baner ac Amserau Cymru*, 26 Mawrth 1976.

[73] Clive Betts at Gwynfor Evans, 22.1.1976 (GE, 1979, Bocs 2, LlGC). Yn ei lythyr ymddiswyddo, dywedodd Clive Betts hyn: 'My decision to leave Plaid Cymru comes after many months of careful consideration. As a number of people know, I have been deeply dissatisfied with the party's lack of activity on the language front'.

[74] John Dixon at Gwynfor Evans, 20.4.1976 (GE, 1983, Bocs D, LlGC).

[75] Gwynfor Evans at Jac L Williams, 7.7.1976 (GE, 1979, Bocs 5, LlGC).

[76] Gwynfor Evans at Dafydd Williams, 6.9.1976 (GE, 1979, Bocs W, LlGC).

[77] *Western Mail*, 21 Hydref 1976.

[78] Gwynfor Evans at John Morris, 26.10.1976. PRO BD 108/292. Yn y llythyr hwn, dywed Gwynfor wrth Ysgrifennydd Cymru y byddai'r Gyfnewidfa Lo yn 'truly wonderful choice, far superior to the Temple of Peace in every way – location, architecture, convenience, accoustics [*sic*] and opportunity for expansion. It will also be a great asset to the City of Cardiff'.

Cyfieithiad swyddogol o'r llythyr gwreiddiol nad oroesodd yw hwn. Gw. hefyd *Liverpool Daily Post*, 22 Hydref 1976, am agwedd fwy petrusgar Gwynfor tuag at ddatganoli.

[79] Gwynfor Evans at R Tudur Jones, 4.11.1976 (GE, 1979, Bocs 3, LlGC).

[80] PRO BD 108/27, 'Devolution − A Timetable Motion', 3.9.1976.

[81] *The Sun*, 20 Hydref 1976.

[82] Gwynfor Evans at Dafydd Orwig Jones, 23.11.1976 (GE, 1979, Bocs 9, LlGC).

[83] *The Guardian*, 1 Rhagfyr 1976.

[84] *Western Mail*, 10 Rhagfyr 1976.

[85] Cofnodion Pwyllgor Rhanbarth Sir Gaerfyrddin, 7.12.1976 (Pol 18, Archifdy Cyngor Sir Caerfyrddin).

[86] *Western Mail*, 13 Rhagfyr 1976.

[87] *Parliamentary Debates* (Hansard), 5ed gyfres, cyf. 922, colofnau 1034–42 (13 Rhagfyr 1976).

[88] *The Guardian*, 17 Rhagfyr 1976. Cytunai Plaid Cymru â'r polisi o gynnal refferendwm. Haerodd Phil Williams y byddai'r refferendwm yn llawn cymaint o gyfle i Blaid Cymru ag ydoedd olew yr Alban i'r SNP. Gw. datganiad i'r wasg, 23.1.1977 (APC M 686).

[89] Gwynfor Evans at Elwyn Roberts, 27.12.1976 (APC B 1096).

[90] *Western Mail*, 3 Ionawr 1977.

[91] Cofnodion Pwyllgor Strategaeth a Pholisi Plaid Cymru, 31.12.1976 (APC A 72).

[92] Cofnodion y Cyngor Cenedlaethol, 1.1.1977 (APC A 64).

[93] Mae'r ansicrwydd a arweiniodd at gyfarfod Trefyclo i'w weld mewn memorandwm a anfonwyd gan Eurfyl ap Gwilym, cadeirydd Plaid Cymru, at ei gyd-benaethiaid. Credai ef y gallai dryswch fod yn beth da: 'It may well be in the interest of the campaign to continue to give the impression that Plaid Cymru is divided on the question of the way we should campaign in the referendum. Journalists are already aware of the presence of "hard liners" in the leadership who are against Plaid Cymru's "soft" line on the Bill. There is no doubt that we could get considerable mileage out of this if we wish. The danger is that some of our members could be confused. However, to the public at large, the impression that Plaid Cymru is lukewarm in suppporting the Assembly needs to be cultivated'. Gw. memorandwm *Plaid Cymru and the Referendum* (APC L 26).

[94] Dyddiadur Harri Webb, 13.1.1977, meddiant preifat. Ynddo, dywed Harri Webb hyn am Gwynfor: 'Gwynfor's hair has gone quite white, he looks saintly, but rather fragile. I imagine the strain of the present touch-and-go situation is very great. Even Leo [Abse], I think, looked slightly appalled by the point put to him that he and the 6 shits [y rebeliaid Llafur] have now got the fate of W[ales] in their hands. He's not wearing too well, either'.

[95] Cofnodion Pwyllgor Gwaith Etholaeth Caerfyrddin, 18.1.1977 (Pol 18, Archifdy Cyngor Sir Caerfyrddin).

[96] Gwynfor Evans, Dafydd Elis Thomas a Dafydd Wigley at James Callaghan, 3.2.1977 (GE, 1988, Bocs 11, LlGC).

[97] Cyfweliad yr awdur â Michael Foot.

[98] *Liverpool Daily Post*, 14 Chwefror 1977.

[99] Gwynfor Evans at Dafydd Williams, 10.2.1977 (APC B 1005).

[100] *Y Ddraig Goch*, Ebrill/Mai 1977.

[101] Gwynfor Evans at Dafydd Williams, 22.2.1977 (GE, 1979, Bocs 9, LlGC).

[102] *Liverpool Daily Post*, 24 Chwefror 1977.

[103] ibid.

[104] Gwynfor Evans at Islwyn Ffowc Elis, 8.3.1977 (GE, 1988, Bocs 31, LlGC).

[105] Michael Foot at Gwynfor Evans, 28.2.1977 (GE, 1979, Bocs 9, LlGC).

[106] Gwynfor Evans at Elwyn Roberts, 3.3.1977 (GE, 1988, Bocs 31, LlGC).

[107] Gwynfor Evans at Dafydd Williams, 7.3.1977, ibid.

[108] Dafydd Wigley at Gwynfor Evans, d.d. (GE, 1983, Bocs W, LlGC).

[109] Gwynfor Evans at yr Athro Dewi Eirug Davies, 7.3.1977 (GE, 1988, Bocs 31, LlGC).

[110] D Philip Davies, Trefnydd Plaid Cymru Ceredigion, at Dafydd Elis Thomas, 4.3.1977 (Casgliad Dafydd Elis Thomas, LlGC).

[111] *Western Mail*, 11 Mawrth 1977.

[112] Cofnodion Pwyllgor Gwaith Plaid Cymru, 12.3.1977 (APC A 73).

[113] ibid.

[114] *Liverpool Daily Post*, 22 Mawrth 1977.

[115] Dyddiadur Harri Webb, 24.3.1977, meddiant preifat.

[116] Dyddiadur yr Arglwydd Cledwyn, 21.3.1977 (Casgliad yr Arglwydd Cledwyn, A 1, LlGC). Ynddo, dywed Cledwyn Hughes hyn: 'Dafydd Elis Thomas is particularly upset... He has a better grasp of political realities than his two colleagues although he is the youngest of them'.

[117] Gwynfor Evans at Lewis Valentine, 25.3.1977 (Casgliad Lewis Valentine, 6/2, LlGC).

[118] PRO BD 108/290, Michael Foot at Gwynfor Evans, 31.3.1977.

[119] Dafydd Wigley at Gwynfor Evans, 3.6.1977 (GE, 1979, Bocs 9, LlGC).

[120] *Liverpool Daily Post*, 28 Hydref 1977.

[121] Gwynfor Evans at Islwyn Ffowc Elis, 4.11.1977 (Pol 18, Archifdy Cyngor Sir Caerfyrddin).

[122] *Y Ddraig Goch*, Rhagfyr 1977.

[123] Gwynfor Evans at Michael Foot, 21.11.1977 (GE, 1988, Bocs 40, LlGC). Unig bryder Gwynfor yn y cyfnod hwn oedd penderfyniad y llywodraeth i ollwng y cynllun i gael system gyfieithu-ar-y-pryd yn y Cynulliad. Gollyngwyd y mater gan John Morris oherwydd y sensitifrwydd gwleidyddol ynghlwm wrth gynllun o'r fath. Yn ôl memorandwm y gwas sifil yng ngofal y mater: 'There was in fact a change of policy. The original intention was to install simultaneous translation facilities (and this was made public) but it was later decided not to provide a full system because of the political sensitivity of so doing.' Gw. PRO BD 108/272. Cyfeiriodd Gwynfor gŵyn ffurfiol at Michael Foot ynghylch y tor-addewid hwn. Gw. Gwynfor Evans at Michael Foot, 8.11.1977, ibid.

[124] Gwynfor Evans at Dafydd Wigley, 8.12.1977 (APC 26).

[125] Gwynfor Evans at Rhys Davies, 5.1.1978, meddiant preifat.

[126] *Liverpool Daily Post*, 14 Tachwedd 1977.

[127] Gwynfor Evans at Michael Foot, 1.1.1978 (GE, 1983, F, LlGC).

[128] ibid.

[129] *Western Mail*, 27 Ionawr 1978.

[130] *The Times*, 28 Ionawr 1978.

[131] *Liverpool Daily Post*, 2 Chwefror 1978.

[132] Dafydd Orwig Jones at Gwynfor Evans, 13.2.1978 (GE, 1979, Bocs 1, LlGC).

[133] *Y Cymro*, 31 Ionawr 1978.

[134] Gwynfor Evans at Dafydd Orwig Jones, 20.2.1978 (GE, 1979, Bocs 1, LlGC).

[135] Cyfweliadau'r awdur â Dafydd Wigley a Phil Richards.

[136] Gwynfor Evans at Cledwyn Hughes, 28.2.1978 (Casgliad yr Arglwydd Cledwyn, C 7, LlGC).

[137] *Western Mail*, 3 Mawrth 1978. Yn dilyn cyhuddiad Neil Kinnock, cynhaliodd Cyngor Gwynedd ymchwiliad gan ddod i'r casgliad nad oedd sail i'w gŵyn. Gw. *Liverpool Daily Post*, 6 Gorffennaf 1978.

[138] *Liverpool Daily Post*, 9 Mawrth 1978.

[139] *Western Mail*, 2 Mawrth 1978. Yn breifat, credai Cledwyn Hughes fod gan Leo Abse 'a strange inexplicable hostility to Wales, or probably Welsh speaking Wales... Anything

outside the anglicised circle of Cardiff is anathema to him'. Gw. dyddiadur yr
Arglwydd Cledwyn, 1.3.1978 (Casgliad yr Arglwydd Cledwyn, A 1, LlGC).

[140] Gwynfor Evans at Cledwyn Hughes, 26.4.1978 (APC L 26).

[141] ibid.

[142] Gwynfor Evans at Dafydd Williams, 3.5.1978 (GE, 1979, Bocs 1, LlGC).

[143] Dafydd Williams at Gwynfor Evans, 5.5.1978, ibid.

[144] Memorandwm Dafydd Wigley, 18.5.1978 (APC L 26).

[145] Gwynfor Evans at Eurys Rowlands, 4.7.1978 (GE, 1979, Bocs 1, LlGC).

[146] Dr Phil Williams at Gwynfor Evans, 7.7.1978 (GE, 1983, Bocs W, LlGC).

[147] *Liverpool Daily Post*, 17 Awst 1978.

[148] Cyfweliad yr awdur â'r Arglwydd Elis-Thomas.

[149] *1978 General Election Strategy*, John Osmond, 14.7.1978 (APC J 236).

[150] Gwynfor Evans at Peter Hughes Griffiths, 21.8.1978 (GE, 1988, Bocs 41, LlGC).

[151] K O Morgan, *Callaghan* (Oxford, 1997), tt. 627–38.

[152] Cyfweliad yr awdur â Caerwyn Roderick. Gw. hefyd Dafydd Wigley, *Dal Ati*, op. cit.,
tt. 39–43.

[153] Gwynfor Evans, *Bywyd Cymro*, op. cit., t. 304.

[154] *Liverpool Daily Post*, 8 Medi 1978.

[155] *Western Mail*, 11 Medi 1978.

[156] Gwynfor Evans at Alcwyn Evans, 12.9.1978, meddiant preifat.

[157] *The Guardian*, 19 Medi 1978.

[158] Gwynfor Evans at Cledwyn Hughes, 13.10.1978 (Casgliad yr Arglwydd Cledwyn, C7,
LlGC).

[159] *Western Mail*, 23 Medi 1978.

[160] *Liverpool Daily Post*, 10 Hydref 1978.

[161] Gwynfor Evans at Dafydd Williams, 5.10.1978 (APC B 1403).

[162] Gwynfor Evans at Dafydd Williams, 13.10.1978, ibid.

[163] *Lol*, Gaeaf 1978/1979.

[164] *Y Cymro*, 24 Hydref 1978.

[165] *Liverpool Daily Post*, 21 Hydref 1978.

[166] ibid., 23 Hydref 1978.

[167] *Western Mail*, 23 Hydref 1978.

[168] *Financial Times*, 2 Tachwedd 1978; *Welsh Nation*, Rhagfyr 1978.

[169] *The Times*, 2 Tachwedd 1978.

[170] Gwynfor Evans at Vernon Howell, ysgrifennydd Undeb Rhieni Cymraeg, 15.11.1983 (GE,
1988, Bocs 9, LlGC).

[171] Gwynfor Evans at Pennar Davies, 23.11.1978 (Casgliad Pennar Davies, LlGC).

[172] *Gallwn Gyrraedd 40%*, Gwynfor Evans, 29.12.1978 (GE, 1988, Bocs 17, LlGC).

[173] *Y Ddraig Goch*, Ionawr 1979.

[174] Gwynfor Evans at Carwyn James, 23.1.1979 (GE, 1988, Bocs 41, LlGC).

[175] Cofnodion Pwyllgor Rhanbarth Caerfyrddin, 6.1.1979 (Pol 18, Archifdy Cyngor Sir
Caerfyrddin).

[176] Cofnodion Pwyllgor Rhanbarth Caerfyrddin, 9.1.1979, ibid.

[177] *Y Faner*, 12 Ionawr 1979.

[178] Cofnodion Senedd Cymdeithas yr Iaith Gymraeg, 13.1.1979 (Archif Cymdeithas yr Iaith
Gymraeg, Bocs 11, LlGC). Ysgrifennodd Tudur Jones, arweinydd Grŵp Statws y Gymdeithas at
Raymond Edwards, trefnydd Ymgyrch Cymru Dros y Cynulliad, gan ei geryddu fel hyn: 'Mae
tawelu ofnau'r Cymry di-Gymraeg yn un peth oherwydd yr angen tymor byr am bleidleisiau,

ond os ydym am sicrhau dyfodol sy'n werth brwydro drosto y mae'n rhaid i'r cyfaddawdu amddiffynnol orffen yn rhywle'. Gw. Tudur Jones at Raymond Edwards, 2.1.1979 (ibid., Ffeil 7/4).

[179] *Y Cymro*, 6 Chwefror 1979.

[180] ibid. 20 Chwefror 1979.

[181] Gwynfor Evans at Alwyn Gruffudd, 11.1.1979 (GE, 1983, G, LlGC).

[182] Gwynfor Evans at Duncan Gardiner, 10.1.1979, ibid.

[183] *South Wales Echo*, 31 Ionawr 1979.

[184] ibid., 6 a 9 Ionawr 1979.

[185] Gwynfor Evans at James Callaghan, 13.1.1979 (APC 1403).

[186] *Western Mail*, 10 Chwefror 1979.

[187] *Liverpool Daily Post*, 16 Chwefror 1979.

[188] George Wright at Dafydd Williams, 15.2.1979 (APC L 35).

[189] Dafydd Williams at George Wright, 16.2.1979, ibid.

[190] John D Rogers at Dafydd Williams, 25.2.1979, ibid.

[191] Hywel Roberts at Dafydd Williams, 25.2.1979, ibid.

[192] *Liverpool Daily Post*, 1 Mawth 1979.

[193] *Daily Telegraph*, 3 Mawrth 1979.

[194] *Y Cymro*, 6 Mawrth 1979.

[195] Cyfweliad yr awdur â Gwynfor Evans.

[196] *Y Faner*, 16 Mawrth 1979.

[197] Gwynfor Evans at Cassie Davies, 8.3.1979 (GE, 1988, Bocs 41, LlGC).

[198] *Y Faner*, 3 Mawrth 1979.

[199] *The Guardian*, 5 Mawrth 1979.

[200] *Western Mail*, 12 Mawrth 1979.

[201] *Daily Telegraph*, 10 Mawrth 1979.

[202] *The Guardian*, 16 Mawrth 1979.

[203] *Western Mail*, 16 Mawrth 1979.

[204] *Liverpool Daily Post*, 16 a 20 Mawrth 1979.

[205] ibid., 20 Mawrth 1979.

[206] Dafydd Wigley at Michael Cocks, 21.3.1979 (APC M 676).

[207] *Western Mail*, 22 Mawrth 1979.

[208] ibid., 23 Mawrth 1979.

[209] *Daily Telegraph*, 23 Mawrth 1979.

[210] *The Guardian*, 23 Mawrth 1979.

[211] Nicholas Edwards at Gwynfor Evans, 23.3.1979 (APC M 676).

[212] James Callaghan at Gwynfor Evans, 23.3.1979 (GE, 1983, C, LlGC).

[213] Dafydd Wigley, *Dal Ati*, op. cit., tt. 90–2.

[214] John Davies, *Plaid Cymru Oddi Ar 1960* (Aberystwyth), tt. 8–9.

[215] *The Guardian*, 26 a 28 Mawrth 1979.

[216] *Daily Telegraph*, 28 Mawrth 1979.

[217] *Parliamentary Debates* (Hansard), 5ed gyfres, cyf. 965, colofnau 499–500 (28 Mawrth 1979).

[218] *Daily Telegraph*, 29 Mawrth 1979.

[219] Taflen etholiad cyffredinol Gwynfor Evans, 1979 (APC 1403).

[220] *Carmarthen Journal*, 13 Ebrill 1979.

[221] *Liverpool Daily Post*, 19 Ebrill 1979.

[222] *Carmarthen Journal*, 13 Ebrill 1979.

[223] ibid., 13 Ebrill 1979.

[224] *South Wales Guardian*, 8 Mawrth 1979.

[225] *Western Mail*, 28 Ebrill 1979.

[226] *Y Faner*, 13 Ebrill 1979.

[227] Islwyn Ffowc Elis at Gwynfor Evans, 12.4.1979 (GE, 1983, E, LlGC).

[228] *Y Faner*, 20 Ebrill 1979.

[229] *Western Mail*, 2 Mai 1979.

[230] *Y Faner*, 4 Mai 1979.

PENNOD 12 – Any Other Business? 1979–83

[1] *Western Mail*, 7 Mai 1979.

[2] Gwynfor Evans at Pennar Davies (Casgliad Pennar Davies, LlGC).

[3] Datganiad i'r wasg, 2.5.1979 (APC J 235).

[4] Peter Hughes Griffiths at William Whitelaw, d.d. (GE, 1988, Bocs 9, LlGC).

[5] Peter Hughes Griffiths at Owen Edwards, 21.6.1979, ibid. Yn y llythyr, dywed asiant Gwynfor Evans: 'Mae cymaint o adroddiadau swyddogol ac answyddogol yn llifo i mewn i'r swyddfa hon ac i'r Dalar Wen yn ein sicrhau mai pôl y BBC a gollodd y sedd hon i Gwynfor Evans nes bod y sefyllfa bron yn annioddefol'.

[6] Gw. Adroddiad Peter Hughes Griffiths ar yr ymchwiliad (GE, 1988, Bocs 2, LlGC). Casgliad sylfaenol Cyngor Darlledu Cymru oedd bod y cwmni a wnaeth yr arolwg, Abacus, yn rhy ddibrofiad a bod y nifer o bobl a holwyd (400) yn rhy fychan.

[7] Gw. *Y Faner*, 18 Mai 1979. Dros ugain mlynedd yn ddiweddarach, roedd yn dal i lynu wrth yr un cyhuddiad mai gweithred fwriadus oedd pôl gwallus BBC Cymru. Gw. *Gwynfor yn Bedwar Ugain Oed*, cyfweliad â Sulwyn Thomas, BBC Cymru 1992.

[8] Cofnodion Pwyllgor Rhanbarth Sir Gaerfyrddin, 8.5.1979 (Pol 18, Archifdy Cyngor Sir Caerfyrddin).

[9] Gwynfor Evans at H W J Edwards, 14.6.1979 (GE, 1979, Bocs 13, LlGC).

[10] Gwynfor Evans at Geraint Morgan A.S., 13.6.1979, ibid.

[11] Gwynfor Evans at Wyn Thomas, 29.6.1979, ibid.

[12] Gwynfor Evans at Gwilym R Jones, 1.6.1979, ibid.

[13] *Western Mail*, Mai 18, 1979.

[14] Dafydd Williams at Gwynfor Evans, 1.6.1979 (GE, 1983, Bocs W, LlGC).

[15] *Liverpool Daily Post*, 9 Mehefin 1979.

[16] *Y Cymro*, 22 Mai 1979.

[17] *Liverpool Daily Post*, 12 Mehefin 1979.

[18] Dr Eurfyl ap Gwilym at Gwynfor Evans, 6.6.1979 (GE, 1983, Bocs G, LlGC).

[19] *Western Mail*, 12 Mehefin 1979.

[20] Elwyn Roberts at Eurfyl ap Gwilym, 26.8.1979 (APC B 1422).

[21] *Tafod y Ddraig*, Mehefin 1979.

[22] ibid.

[23] *Y Faner*, 7 Awst 1979.

[24] Dewi Watkin Powell at Gwynfor Evans, 22.8.1979 (GE, 1983, Bocs P, LlGC).

[25] *Liverpool Daily Post*, 21 Gorffennaf 1979.

[26] *Western Mail*, 30 Mehefin 1979.

[27] Cyfweliad yr awdur â Dafydd Evans.

[28] Cyfweliad yr awdur â'r Arglwydd Roberts o Gonwy. Mae'n werth nodi bod rhai o ffigurau mwyaf dylanwadol darlledu Cymru megis Gareth Price, pennaeth rhaglenni BBC Cymru, o'r un farn. Yn ei dyb ef, byddai pedwaredd sianel Gymraeg yn 'doomed to failure… The Welsh

language audience will shrink when programmes are put on the channel'. Gw. *Western Mail*, 28 Mawrth 1979.

[29] David Ormsby-Gore at William Whitelaw, 28.6.1979 (Archif Syr Alun Talfan Davies, Ffeil 671, LlGC).

[30] Robin Reeves at Gwynfor Evans, 16.6.1991 (GE, 2002, LlGC). Yn y llythyr hwn, dywed Reeves, aelod o Bwyllgor Ymgynghorol Cymreig yr IBA, hyn wrth Gwynfor: 'At a meeting soon after the 1979 General Election, the committee was urged by both the IBA in London and HTV Wales (there was a letter from Alun Talfan Davies) to drop its support for one channel and adopt the "more realistic option" of the two channel solution, in view of the change in political climate'.

[31] PRO BD 25/327, R H Jones at P J Hosegood, 16.7.1979.

[32] Nicholas Edwards at William Whitelaw, d.d., ibid.

[33] Syr Hywel Evans at Syr Robert Armstrong, 17.7.1979, ibid.

[34] R H Jones at P J Hosegood, loc. cit.

[35] William Whitelaw, *The Whitelaw Memoirs* (York, 1998), t. 220. Ynddo, dywed hyn: 'My colleagues in Wales did not consider that the proportion of Welsh speakers could justify delivering the whole new channel in the Welsh language'.

[36] Cyfweliad yr awdur ag Arglwydd Crucywel. Cadarnheir y canfyddiad bod yna 'a good deal of support for, and little argument against the Home Office proposal' yn hunangofiant Arglwydd Crucywel. Gw. Nicholas Edwards, *Westminster, Wales and Water* (Cardiff, 1999), t. 19.

[37] Cyfweliad yr awdur â'r Arglwydd Roberts o Gonwy.

[38] Cofnodion y Swyddfa Gymreig ar Ddarlledu Cymraeg, 11.9.1979, papurau ym meddiant yr awdur.

[39] Cyfweliadau'r awdur â'r Arglwydd Roberts o Gonwy ac Owen Edwards.

[40] Er 1977, roedd perthynas Plaid Cymru â HTV Cymru wedi bod yn un anniddig, a dweud y lleiaf. Er bod y cwmni'n gyfrifol am raglenni Cymraeg campus fel *Y Dydd*, barnai rhai o'r staff ac aelodau Plaid Cymru taw ciwed gwrth-Gymraeg oedd yn rhedeg y cwmni. Cwynai Dafydd Elis Thomas yn fynych am agwedd y cwmni ac mor ddiweddar â Gorffennaf 1979, haerodd fod y cwmni'n haeddu colli ei drwydded ar gownt y 'media imperialism from across the Severn'. Gw. *Western Mail*, 23 Gorffennaf 1979.

[41] PRO BD 25/327, Memorandwm R H Jones, 30.8.1979.

[42] ibid., 14 Medi 1979.

[43] ibid., 15 Medi 1979.

[44] Sonnir am y sgwrs hon yn R Tudur Jones at Gwynfor Evans, 18.9.1979 (GE, 1983, J, LlGC).

[45] ibid., 27.9.1979 (GE, 1983, J, LlGC).

[46] Cofnodion Senedd Cymdeithas yr Iaith Gymraeg, 15.9.1979 (Archif Cymdeithas yr Iaith Gymraeg, Bocs 11, LlGC).

[47] Cofnodion Cyfarfod Cyffredinol Cymdeithas yr Iaith Gymraeg, 19.10.1979 (Archif Cymdeithas yr Iaith Gymraeg, Bocs 20, LlGC).

[48] *Y Ddraig Goch*, Rhagfyr 1979.

[49] ibid., Hydref 1979.

[50] *Y Faner*, 21 Medi 1979.

[51] Syr Brian Young at Alun Talfan Davies, 19.9.1979 (Casgliad Syr Alun Talfan Davies, Ffeil 3, LlGC).

[52] Cyfweliad yr awdur â Dr Meredydd Evans. Daw'r dyddiad a'r atgof manwl o ddyddiadur Dr Meredydd Evans.

[53] *Y Faner*, 28 Medi 1979.

[54] Dyddiadur Harri Webb, 12.10.1979, meddiant preifat.

[55] *Y Cymro*, 23 Hydref 1979.

[56] HTV Cymru, *Y Bedwaredd Sianel yng Nghymru: Datganiad gan HTV Cymru* (Llandysul), t. 15.

[57] *Y Cymro*, 23 Hydref 1979.

[58] *Our Critics in Wales*, 22.10.1979, memorandwm David Meredith at Ron Wordley, rheolwr gyfarwyddwr HTV Cymru (Archif Syr Alun Talfan Davies, Ffeil 671, LlGC).

[59] *Western Mail*, 20 Hydref 1979.

[60] *Y Cymro*, 6 Tachwedd 1979.

[61] *Western Mail*, 26 Hydref 1979.

[62] *Liverpool Daily Post*, 29 Hydref 1979.

[63] *Western Mail*, 11 Tachwedd 1979.

[64] *Y Faner*, 7 Rhagfyr 1979.

[65] *Y Cymro*, 20 Tachwedd 1979.

[66] Dafydd Wigley at Gwynfor Evans, 21.11.1979 (GE, 1983, W, LlGC).

[67] R Maldwyn Jones at aelodau Plaid Cymru, Rhanbarth Caerfyrddin, 9.12.1979 (GE, 1988, Bocs 20, LlGC).

[68] *The Guardian*, 17 Rhagfyr 1979.

[69] Gwynfor Evans at Lewis Valentine, 20.12.1979 (Archif Lewis Valentine, Ffeil 6/4, LlGC).

[70] *Western Mail*, 4 Ionawr 1980. Barnai Gwynfor Evans fod 'Miss Piggy' yn meddu ar 'sex appeal' rhyfeddol.

[71] *S4C: Pwy Dalodd Amdani?* (Castell Nedd, 1985), t. 80.

[72] Angharad Tomos, *Cnonyn Aflonydd* (Caernarfon, 2000), t. 89.

[73] *Gwynfor yn Bedwar Ugain Oed*, cyfweliad â Sulwyn Thomas, 1992, BBC Cymru.

[74] Pennar Davies at Gwynfor Evans, d.d. (Casgliad Pennar Davies, LlGC).

[75] Cyfweliad yr awdur â Meleri Mair.

[76] Cyfweliad yr awdur â Peter Hughes Griffiths.

[77] Gwynfor Evans at Dafydd Williams, 12.2.1980 (APC B 1403).

[78] Peter Hughes Griffiths at Wayne Williams, 15.2.1980 (Archif Cymdeithas yr Iaith Gymraeg, Bocs 11, LlGC).

[79] Cyfweliad yr awdur â Meredydd Evans.

[80] Arglwydd Belstead at Dafydd Wigley, 25.1.1980 (GE, 1983, J, LlGC).

[81] Dafydd Wigley at Gwynfor Evans, 22.1.1980 (GE, 1983, W, LlGC).

[82] Dafydd Wigley, *O Ddifri* (Caernarfon, 1992), tt. 186–7.

[83] Cyfweliad yr awdur â Dafydd Wigley.

[84] *S4C: Pwy Dalodd Amdani?* op. cit., t. 81.

[85] *Daily Post*, 29 Mawrth 1980.

[86] *Western Mail*, 31 Mawrth 1980.

[87] Gwynfor Evans at Dafydd Williams, 24.3.1980 (APC B 1403).

[88] *Daily Post*, 15 Ebrill 1980.

[89] Dafydd Williams at Gwynfor Evans, 22.4.1980 (GE, 1983, W, LlGC).

[90] Cyfweliad yr awdur â Ffred Ffransis.

[91] Ioan Bowen Rees at Gwynfor Evans, 1.5.1980 (GE, 1983, R, LlGC).

[92] R Tudur Jones, O M Roberts, Elwyn Roberts ac Alun Lloyd at Gwynfor Evans, 1.5.1980 (GE, 1983, A, LlGC).

[93] Cyfweliad yr awdur â Dr Eurfyl ap Gwilym.

[94] Cyfweliad yr awdur â Dafydd Wigley.

[95] Cyfweliad yr awdur â'r Arglwydd Elis-Thomas.

[96] Cyfweliad yr awdur â Ceridwen Pritchard.

[97] Dafydd Wigley at Gwynfor Evans, d.d. (GE, 1983, W, LlGC).

[98] Islwyn Ffowc Elis at Gwynfor Evans, 7.5.1980 (GE, 1983, E, LlGC).

[99] Gwynfor Evans at Elwyn Roberts a'i gyfeillion, 5.5.1980 (APC M 507).

[100] Patrick Hannan, 'One Man and His Channel' yn Patrick Hannan (gol.), *Wales in Vision* (Llandysul, 1990), tt. 136–45.

[101] Dafydd Wigley at Gwynfor Evans, 22.5.1980 (GE, 1983, W, LlGC).

[102] *Y Faner*, 13 Mehefin 1980.

[103] *Y Cymro*, 10 Mehefin 1980.

[104] Keith Best at Elwyn Roberts, 9.6.1980 (APC M 507).

[105] *Glasgow Herald*, 16 Mehefin 1980.

[106] Cyfweliad yr awdur â Peter Hughes Griffiths.

[107] *Western Mail*, 16 Mehefin 1980.

[108] *South Wales Echo*, 24 Mehefin 1980.

[109] *The Times*, 30 Mehefin 1980.

[110] Cofnodion y Swyddfa Gymreig ar Ddarlledu Cymraeg, 27.6.1980, papurau ym meddiant yr awdur.

[111] Margaret Thatcher at Dafydd Wigley, 11.7.1980 (GE, 1983, T, LlGC).

[112] Cofnodion y Swyddfa Gymreig ar Ddarlledu Cymraeg, 1.7.1980, papurau ym meddiant yr awdur.

[113] ibid., 7.7.1980.

[114] Alwyn Roberts, 'Some Political Implications of S4C', *Trafodion Anrhydeddus Gymdeithas y Cymmrodorion*, 1989. tt. 211–19.

[115] *Daily Post*, 17 Gorffennaf 1980.

[116] ibid., 19 Gorffennaf 1980.

[117] Angharad Tomos, *Cnonyn Aflonydd*, op. cit., t. 97.

[118] Dafydd Wigley at Gwynfor Evans, 18.7.1980 (GE, 1983, W, LlGC).

[119] Cyfweliad yr awdur â'r Arglwydd Elis-Thomas.

[120] *Western Mail*, 28 Gorffennaf 1980.

[121] Gwynfor Evans, *Bywyd Cymro*, op. cit., t. 315.

[122] Owen Edwards at Gwynfor Evans, 21.7.1980 (GE, 1983, E, LlGC).

[123] Nicholas Edwards, *Westminster, Wales and Water*, op. cit., t. 20.

[124] Keith Best at Nicholas Edwards, 22.7.1980, meddiant preifat. Yr wyf yn dra diolchgar i Keith Best am gael gweld y llythyr hwn.

[125] Gwynfor Evans, *Bywyd Cymro*, op. cit., t. 315.

[126] Gw. y nodyn dyddiedig 31.7.1980 (Casgliad Leo Abse, D i/7, LlGC).

[127] *Y Ddraig Goch*, Awst 1980.

[128] Yn ôl ei fab, Siôn, teimlai Jennie Eirian Davies iddi gael ei 'thorri allan o gyfeillion' Gwynfor Evans. Yn ogystal â dioddef nifer o ymosodiadau cyhoeddus, derbyniodd nifer o lythyrau a galwadau ffôn bygythiol. Fe gafodd hyn effaith arhosol arni gan arwain at iddi golli ei hyder. Bu hyn, yn ogystal â phwysau enbyd golygyddiaeth *Y Faner* yn drech na hi. Lladdodd Jennie Eirian Davies ei hun ym Mai 1982. Cyfweliad yr awdur â Siôn Eirian.

[129] Cyfweliad yr awdur â Gwilym Owen.

[130] *Western Mail*, 8 Awst 1980.

[131] Saunders Lewis at Pennar Davies, 21.8.1980 (Casgliad Pennar Davies, LlGC).

[132] Y tri a oedd i fod i fynd arni'n wreiddiol oedd Syr Goronwy Daniel, Syr Edmund Davies a Cledwyn Hughes. Gw. James Nicholas, Cofiadur yr Orsedd, at Syr Goronwy Daniel, 26.7.1980 (Casgliad Syr Goronwy Daniel, LlGC).

[133] William Whitelaw at Archesgob Cymru, 4.8.1980 (Casgliad yr Arglwydd Cledwyn, C 9, LlGC).

[134] Cofnodion y Swyddfa Gymreig ar Ddarlledu Cymraeg, 6.8.1980, papurau ym meddiant yr awdur.

[135] Wyn Roberts at Nicholas Edwards, 9.8.1980, ibid.

[136] *The Times*, 12 Awst, 1980.

[137] *Daily Post,* 27 Awst 1980.

[138] PRO BD 25/39, Roger Thomas at William Whitelaw, 8.8.1980.

[139] Alwyn Roberts, 'Some Political Implications of S4C', loc. cit., t. 222.

[140] *Daily Post*, 21 Awst 1980.

[141] *Western Mail*, 22 Awst 1980.

[142] *The Guardian*, 1 Medi 1980.

[143] Dafydd Williams at Peter Hughes Griffiths, 2.9.1980 (GE, 1988, Bocs 23, LlGC).

[144] Yr Athro Linford Rees at Gwynfor Evans, 2.9.1980 (GE, 1983, R, LlGC).

[145] Gw. APC B 1405.

[146] *Y Faner*, 5 Medi 1980.

[147] Lewis Valentine at Gwynfor Evans, 9.9.1980 (GE, 1983, V, LlGC).

[148] Gwynfor Evans at Syr Goronwy Daniel, d.d. (Casgliad Syr Goronwy Daniel, LlGC).

[149] Wedi'r cyfarfod, ysgrifennodd Syr Goronwy Daniel at Leopold Kohr gan ddiolch iddo fel hyn: 'Who would have thought that one of the most harrowing problems that Wales has faced would be solved by an Austrian philosopher…Wales has much to be grateful to you for and this is only the latest example'. Gw. Syr Goronwy Daniel at Leopold Kohr, 18.9.1980 (GE, 1983, C, LlGC).

[150] Syr Goronwy Daniel at Cledwyn Hughes, 26.8.1980 (Casgliad yr Arglwydd Cledwyn, C 9, LlGC).

[151] Cledwyn Hughes at Syr Goronwy Daniel, 28.8.1980, ibid.

[152] Gw. y nodyn dyddiedig 14.8.1980, ibid.

[153] *Notes on the Meeting held at the Home Office*, 10.9.1980, ibid.

[154] Alwyn Roberts, 'Some Political Implications of S4C', loc. cit., t. 223.

[155] Ysgrifennodd Michael Foot at Gwynfor Evans ar 10 Medi, 1980. Adroddir am y cyfarfod a theimladau Michael Foot yn y llythyr o eiddo Gwynfor Evans at Dewi Watkin Powell, 3.10.1980 (GE, 1983, P, LlGC).

[156] *Daily Post*, 11 Medi 1980.

[157] PRO BD 25/331, Trevor Hughes at Nicholas Edwards, 9.9.1980.

[158] Cofnodion y Swyddfa Gymreig ar Ddarlledu Cymraeg, 15.9.1980, papurau ym meddiant yr awdur.

[159] ibid.

[160] Cyfweliad yr awdur ag Emyr Daniel.

[161] *S4C: Pwy Dalodd Amdani?* op. cit., t. 90.

[162] Cyfweliad yr awdur â Peter Hughes Griffiths.

[163] Saunders Lewis at Meredydd Evans, 22.9.1980, meddiant preifat.

[164] *An Phoblacht*, 19 Hydref 2000.

[165] Gw. ysgrif Alan Shore, cadeirydd Pwyllgor Talaith Clwyd, d.d. (APC A 74). Ynddi, dywed Alan Shore hyn: '…it [S4C] confirms the suspicion of many outside the party that it is only the language which matters to Plaid Cymru. This is certainly the belief of some party members and "supporters" anyway and it is hard to deny with the public face currently presented through national officers'.

[166] *The Guardian*, 20 Medi 1980.

[167] Cofnodion cyfarfod yn y Swyddfa Gymreig ar dai haf, 1.12.1981. Cofnodion ym meddiant yr awdur.

[168] *Y Cymro*, 28 Hydref 1980.

[169] *Daily Post*, 29 Medi 1980.

[170] *Y Ddraig Goch*, Mai 1981.

[171] ibid., Hydref/Tachwedd 1980.

[172] ibid., Rhagfyr 1980.

[173] *Report of the Plaid Cymru Commission of Inquiry*, 1981, t. iii.

[174] Gwynfor Evans at Ioan Bowen Rees, 28.1.1981 (GE, 1983, R, LlGC).

[175] Gwynfor Evans at Ioan Bowen Rees, 30.1.1981, ibid.

[176] *Y Faner*, 20 Chwefror 1981.

[177] Dafydd Wigley at Gwynfor Evans, 15.4.1981 (GE, 1983, W, LlGC).

[178] Dafydd Wigley at Gwynfor Evans, d.d., ibid.

[179] Dafydd Wigley at Dafydd Williams, d.d., ibid.

[180] Cyfweliad yr awdur ag Aled Gwyn.

[181] Denley Owen [cadeirydd yr etholaeth] at Gwynfor Evans, 19.5.1981 (GE, 1983, O, LlGC).

[182] *Western Mail*, 6 Mehefin 1981.

[183] ibid., 8 Mehefin 1981. Gw. hefyd *The Guardian*, 15 Mehefin 1981.

[184] *The Observer*, 28 Mehefin 1981. Mae'n ddi-ddadl y teimlai Gwynfor yn bur chwerw ynghylch y ffordd y câi ei bortreadu gan asgell chwith ei blaid. Yng Ngorffennaf 1981, ysgrifennodd fel hyn at yr hanesydd Dr John Davies: '... yng ngolwg y Chwith rwyn [*sic*] arch-fwrdais, ac i wneud pethau'n waeth, yn wledig ac ymneilltuol! Ymhlith fy nghyd-ddeaconiaid [*sic*] bu dau weithiwr ar y rheilffordd, gweithiwr yn y tai gerddi a fu'n was fferm, gyrrwr lori, gweithiwr ffordd, clerc, gwehydd a fethodd, saer ac ychydig ffermwyr. Ymhlith gweithwyr ein cangen y mae pedair gweddw dlawd, gwraig gweithiwr heol, gwraig gyrrwr bws, postmon, gweithiwr fferm, gyrrwr lori laeth etc. Sylwaf fod rhai o'n dilornwyr yn bur dda eu byd a'u cefndir; rhai yn gallu fforddio prydiau bwyd costus, gwinoedd etc sydd allan o'n byd ni'. Gw. Gwynfor Evans at Dr John Davies, 18.9.1981, meddiant preifat. Carwn ddiolch i Dr John Davies am gael gweld y llythyr hwn.

[185] Saunders Lewis at Bobi Jones, 12.7.1981 (Casgliad Bobi Jones, Ffeil 592, LlGC).

[186] *Y Faner*, 24 Gorffennaf 1981.

[187] *The Guardian*, 15 Mehefin 1981.

[188] Gwynfor Evans at Dafydd Williams, 25.6.1981 (GE, 1983, W, LlGC).

[189] Gwynfor Evans at Saunders Lewis, 25.8.1981 (GE, 1983, L, LlGC).

[190] Cyfweliad yr awdur â Dafydd Wigley.

[191] Guto Prys ap Gwynfor at Gwynfor Evans, 23.9.1981 (GE, 1983, A, LlGC).

[192] *Arcade*, Medi 18–Hydref 1. Ymysg Pleidwyr Sir Gaerfyrddin, cafodd Wigley 84 pleidlais, Emrys Roberts 58, Dafydd Iwan 52 a Dafydd Elis Thomas 41.

[193] *Daily Post*, 30 Hydref 1981.

[194] *Western Mail*, 31 Hydref 1981. Gw. hefyd Dafydd Wigley, *Dal Ati*, op. cit., tt. 142–3.

[195] *Barn*, Tachwedd 1981.

[196] *Gwynfor*, HTV Cymru, 1990. Cyfweliad â Robert Griffiths.

[197] Gwynfor Evans, *Bywyd Cymro*, op. cit., tt. 342–3.

[198] *Rebecca*, Hydref 1981.

[199] Gwynfor Evans at Dr Robyn Léwis, 9.11.1981, meddiant preifat. Yr wyf yn ddiolchgar i Dr Léwis am gael gweld y llythyr hwn.

[200] Elwyn Roberts at Gareth Evans, 6.12.1981 (APC F 40).

[201] Gwynfor Evans, *Diwedd Prydeindod* (Tal-y-bont, 1981), t. 12.

[202] Brig Oubridge at Gwynfor Evans, 17.8.1981 (APC M 711).

[203] Gwynfor Evans at Brig Oubridge, 25.6.1982 (GE, 1983, A, LlGC). Wedi gweld maniffesto'r

Blaid Ecolegol, ysgrifennodd Gwynfor at Oubridge fel hyn: 'The concensus [sic] between the Ecology Party and Plaid Cymru, judging by this statement, is extraordinary. There is no part of this which I could not accept completely. The majority of its points are central to Plaid Cymru policy'.

[204] Datganiad i'r wasg gan Gwynfor Evans, 5.2.1981 (GE, 1983, E, LlGC).

[205] Gwynfor Evans at Dafydd Williams, 13.7.1981 (APC M 708).

[206] Gwynfor Evans, *Diwedd y Byd* (Abertawe, 1982), t. 7.

[207] D O Davies at Gwynfor Evans, 7.1.1982 (GE, 1983, D, LlGC).

[208] *Carmarthen Journal*, 1 Ionawr 1982.

[209] ibid., 8 Ionawr 1982.

[210] ibid., 19 Chwefror 1982.

[211] Gwynfor Evans at yr Athro Robert J Alexander, 6.11.1982 (GE, 1983, A, LlGC). Mae'n werth ychwanegu nad oedd gan Gwynfor fawr i'w ddweud wrth yr SDP ychwaith gan ei disgrifio fel 'just another British nationalist party'.

[212] *Western Mail*, 21 Gorffennaf 1982. Bu'r frwydr i adfer Castell Dinefwr yn frwydr hir i Gwynfor. Ym 1998, cyhoeddodd Ysgrifennydd Cymru, Ron Davies, y byddai'r Swyddfa Gymreig yn talu am y gwaith o'i drwsio.

[213] *Y Faner*, 11 Mehefin 1982.

[214] ibid., 1 Tachwedd 1982. Ffurfiwyd y grŵp Hydro ddiwedd 1982 er mwyn sicrhau na fyddai Plaid Cymru'n mynd ymhellach i'r chwith.

[215] Gwynfor Evans, *Macsen Wledig a Geni'r Genedl Gymreig* (Abertawe, d.d.).

[216] *Carmarthen Times*, 3 Mehefin 1983.

[217] Datganiad i'r wasg, 26.5.1983 (APC J 237)

[218] *The Guardian*, 1 Mehefin 1983.

[219] Wyn Roberts at Nicholas Edwards, 2.7.1983 (Casgliad yr Arglwydd Crucywel, LlGC).

[220] *Western Mail*, 11 Mehefin 1983.

PENNOD 13 – Hen Ŵr Pencarreg, 1983–2005

[1] Cyfweliad yr awdur â Dafydd Evans.

[2] Cyfweliad yr awdur â'r Parchedig Guto Prys ap Gwynfor.

[3] *Y Faner*, 29 Gorffennnaf 1983.

[4] Sefydlwyd grŵp Hydro yn gwesty'r Hydro, Llandudno, yn Hydref 1982. Denodd nifer cymharol fychan o aelodau o dan arweinyddiaeth y dyn busnes hynod liwgar hwnnw o'r cymoedd, Clayton Jones. Gosododd allan ei amcanion cychwynnol fel a ganlyn: 'Put pressure on Dafydd Elis Tomos [sic]… Get rid of Emyr Williams from Plaid… To show up "loony left" and their policies for what they are'. Gw. Archif Plaid Cymru, Papurau Grŵp Hydro, Ffeil 1, LlGC. Wrth ddirwyn Hydro i ben yng Ngorffennaf 1986, beirniadwyd Gwynfor Evans, Ieuan Wyn Jones a Dafydd Wigley gan aelodau'r grŵp am wrthod dweud yn gyhoeddus 'what they said in private'. Gw. *Western Mail*, 15 Gorffennaf 1986.

[5] *Radical Wales*, Hydref 1983.

[6] Cyfweliad yr awdur â Dafydd Evans.

[7] Dr Huw Edwards [ei seiciatrydd] at Gwynfor Evans, 20.12.1983 (GE, 1994, Ffeil E, LlGC).

[8] Gwynfor Evans at Dafydd Williams, 11.9.1983 (APC B 1404).

[9] *Carmarthen Journal*, 9 Mawrth 1984.

[10] Cyfweliad yr awdur â'r Athro Hywel Teifi Edwards.

[11] Cyfweliad yr awdur â Dafydd Evans.

[12] *Y Lloffwr*, Hydref 1984.

[13] Enillodd Dafydd Elis Thomas o 188 pleidlais yn unig. *Daily Post*, 29 Hydref 1984.

[14] Wynne Samuel at Gwynfor Evans, 14.11.1984 (GE, 1994, Ffeil S, LlGC). Yn y llythyr, dywed Samuel hyn: 'Bûm yn gweld Saunders Lewis yn yr ysbyty ddoe. Mae'n gwbl ddall erbyn hyn ac mewn cyflwr truenus yn gorfforol. Ond mae ei feddwl mor finiog ag erioed. Mae'n pryderu am y Blaid ac yn llym ei feirniadaeth o Dafydd Elis. Cyn y Gynhadledd, bu ef a'i gyfeillion o gwmpas llawer o'r canghennau yn hel pleidleisiau ar gyfer y swydd o Lywydd y Blaid'.

[15] Dafydd Elis Thomas at Gwynfor Evans, d.d. (GE, 1994, Ffeil T, LlGC).

[16] ibid. Ceir y nodyn dadlennol hwnnw yn llawysgrifen Gwynfor Evans ar lythyr a dderbyniodd gan Dafydd Elis Thomas.

[17] *Planet*, Mehefin/Gorffennaf 1985.

[18] *Y Ddraig Goch*, Chwefror/Mawrth 1985.

[19] Dafydd Elis Thomas at Gwynfor Evans, 19.2.1985. Wedi hyn, dechreuodd Elis Thomas symud o'r chwith tuag at y canol gwleidyddol. Nid cyd-ddigwyddiad yw hi i ddylanwad y Chwith Genedlethol ddechrau edwino hefyd. Gw. *Western Mail*, 23 Medi 1986.

[20] *Y Faner*, 17 Gorffennaf 1985. Ategwyd hyn gan lythyr a anfonodd Dafydd Wigley at y Pwyllgor Gwaith. Ynddo, dywed Wigley ei bod hi'n 'warth' i Blaid Cymru ystyried peidio cael ymgeisydd er mwyn rhwyddhau llwybr y Blaid Lafur. Nid 'priod waith' Plaid Cymru, meddai, oedd 'hyrwyddo ffordd Neil Kinnock, na'r un gwleidydd Prydeinig arall'. Gw Dafydd Wigley at Bwyllgor Gwaith Plaid Cymru, 15.7.1985 (APC E 12).

[21] *Welsh Nation*, Awst 1985.

[22] *Barn*, Hydref 1985.

[23] *Welsh Nation*, Medi/Hydref 1985.

[24] ibid., Rhagfyr 1985 a Ionawr 1986.

[25] Aelodau eraill yr is-bwyllgor oedd Dafydd Elis Thomas, Dafydd Huws, Emyr Wyn Williams a Dr Phil Williams.

[26] *Seiri Cenedl* (Llandysul, 1986).

[27] Gwynfor Evans at Owen Edwards, 9.10.1986 (GE, 2002, LlGC).

[28] Gwynfor Evans a Meredydd Evans, *Yr Iaith yn y nawdegau: yr her o'n blaenau* (Dim lleoliad cyhoeddi, 1988).

[29] *Western Mail*, 5 a 11 Awst 1986.

[30] Dr Meredydd Evans at Gwynfor Evans, 3.2.1987 (GE, 1994, Ffeil E, LlGC).

[31] *Western Mail*, 9 Medi 1986.

[32] Bedwyr Lewis Jones at Gwynfor Evans, 27.5.1987 (GE, 1994, Ffeil J, LlGC).

[33] *Cambrian News*, 17 Ebrill 1987.

[34] *Barn*, Rhagfyr/Ionawr 1989/90.

[35] Cyfweliad yr awdur â Marc Phillips.

[36] Cofnodion PONT (GE, 2002, LLGC).

[37] *Y Faner*, 24 Mehefin 1988.

[38] *Western Mail*, 24 Medi 1990.

[39] ibid., 13 Mehefin 1988.

[40] Gwynfor Evans at Emyr Humphreys, 4.3.1989 (Casgliad Emyr Humphreys, AI/459, LlGC).

[41] Gwynfor Evans at Dafydd Elis Thomas, 7.12.1987 (Casgliad Dafydd Elis Thomas, A3/41, LlGC).

[42] ibid., 6.10.1988.

[43] ibid., 13.12.1988.

[44] Dafydd Wigley at Gwynfor Evans, 6.11.1989 (GE, 2002, LlGC).

[45] Gwynfor Evans, *Pe Bai Cymru'n Rhydd* (Tal-y-bont, 1989).

⁴⁶ Gwynfor Evans, *Fighting for Wales* (Tal-y-bont, 1991), t. 208.

⁴⁷ *Gwynfor yn Bedwar Ugain Oed*, cyfweliad â Sulwyn Thomas, BBC Cymru, 1992.

⁴⁸ *Y Ddraig Goch*, Ebrill/Mai 1994.

⁴⁹ Cyfweliad yr awdur â Gwynfor Evans.

⁵⁰ Gwynfor Evans at yr Athro Bobi Jones, 22.9.1997 (Casgliad Bobi Jones, Ffeil 327, LlGC).

⁵¹ *The Fight for Welsh Freedom* (Tal-y-bont, 2000), t. 176.

⁵² *Golwg*, 30 Awst 2001. Ysgrifennodd Elin Jones AC, cadeirydd Plaid Cymru, at Gwynfor i fynegi ei diolchgarwch gan fod yr arweinyddiaeth, fe deimlai, ar '*rollercoaster* didrugaredd gyda'r *Welsh Mirror*, gweddill y wasg, y Blaid Lafur a'n aelodau [*sic*] ni ein hunain yn ein rhwygo i bob cyfeiriad'. Elin Jones at Gwynfor Evans, 10.9.2001 (GE, 2002, LlGC).

⁵³ *Cymru o Hud* (Tal-y-bont, 2001).

⁵⁴ Cyfweliad yr awdur â Dafydd Evans.

⁵⁵ *Western Mail*, 9 Tachwedd 2004.

⁵⁶ *Gwynfor Evans: The Member for Wales*, BBC Cymru, 2005.

⁵⁷ Cyfweliad yr awdur â'r Parchedig Guto Prys ap Gwynfor.

PENNOD 14 – Aros Mae: Yr Etifeddiaeth

¹ Daniel Pick, *Faces of Degeneration, A European Disorder, 1848–1918* (Cambridge, 1989), t. 222.

² Peter Watson, *A Terrible Beauty* (London, 2001), t. 186.

³ Robert Colls, *The Identity of England* (Oxford, 2002), t. 289. Gw. hefyd Grahame Davies, *Sefyll yn y Bwlch* (Caerdydd, 1999), tt. 1–17.

⁴ *Western Mail*, 1 Awst 1925.

⁵ Robert Young, *Postcolonialism* (Oxford, 2001), t. 316.

⁶ Dafydd Glyn Jones, 'His Politics' yn *Presenting Saunders Lewis* (Caerdydd, 1983), goln. Alun R Jones a Gwyn Thomas, tt. 23–78.

MYNEGAI

Abergeirw 142
Aberhonddu 16, 212, 478, 503
Abertawe 51–2, 68, 76, 78, 140, 154, 236, 239, 242, 282, 316–8, 335, 336, 339, 342, 396, 400, 439, 455, 462, 478, 480–2, 501, 515, 530
Abse, Leo 283, 296, 367, 389, 440, 527
ab Owen Edwards, Ifan 64, 135, 145, 146, 171, 192, 270, 482, 492
Adfer 354, 382, 398–9
Afon Hafren 189
Air Raid Protection 304
America 304
Amman Valley Chronicle 60, 75, 84, 87, 482, 484, 485
Amsterdam 57
Amwythig 60, 75, 84, 87, 482, 484, 485
Anderson, Donald 367
Anghydffurfiaeth 304
ap Gwilym, Eurfyl 289, 431, 514, 520, 524, 526
ap Iestyn, Gethin 286
Armstrong, Syr Robert 418
Arwisgo Tywysog Cymru 47, 294, 295, 298, 299, 300, 303, 310, 312–4, 316, 318–9, 320–1, 323, 327–8
Arwyn, yr Arglwydd 304
Atkin, Leon 239
Attlee, Clement 94, 103, 129, 143
Awdurdod Teledu Annibynnol 60, 75, 84, 87, 482, 484–5
Awstralia 60, 75, 84, 87, 482, 484, 485

Babell, Capel y 65, 67
Baghdad 94
Bailey, Christopher 374
Bala, Y 31, 48, 170, 172, 200, 209, 230–1, 236, 297, 317, 477, 486, 499
Banc Cymru 468
Banc Nat West 468
Baner ac Amserau Cymru 479, 481–95, 497, 498–501, 503–4, 506, 513–4, 516–7, 519
Barclay, John 79
Barn 235
Barnett, Joel 391
Barri, y 14–25, 27–32, 38, 44–8, 50, 54–6, 58–9, 62, 69, 70–1, 77, 91–2, 125, 156, 180, 308, 317, 374, 415, 474–5, 477–8
Barrian, The 24, 26, 40, 479, 480
Barry and District News 45, 478, 479, 480, 482
Barry County School (BCS) 24, 29, 282
Barry Cymmrodorion Tests 23
Barry Herald 18, 48, 478–9, 480
Bath and West (sioe) 37

Beasley, Eileen 201, 210, 498
Beasley, Trefor 126, 201, 211
Bebb, Ambrose 27, 55, 85, 103–4, 149, 163, 492
Bedyddwyr, y 320
Beeching (toriadau) 250, 296
Beibl, Y 15
Belg, Gwlad 20
Belle Vue, Grŵp y 215, 219, 221, 258–9, 405
Belstead, yr Arglwydd 429, 526
Benn, Tony 364, 454
Bennett, Elinor 283
Bere, Cliff 120, 126, 128, 488, 489
Bermo, y 102
Best, Keith 436, 440, 442, 527
Betts, Clive 341, 369, 375, 519
Bevan, Aneurin 9, 103, 130, 138, 208
Beveridge, William 88, 89
Bevin, Ernest 89
Bishop, Richard 74, 80, 481
Blaenau Ffestiniog 103, 133, 359
Blair, Tony 472
Boone, Ronnie 24
Boore, Roger 244, 250, 505
Bowen, Geraint 440
Bowen, Roderic 238
Braddock, Elisabeth (Bessie) 178, 264
Braddock, John 178, 179, 180, 182
Bristol Channel Ship Repairers 374
Bronaber 141
Brooke, Henry 183, 185–7, 189, 197–8, 212–4, 226, 497, 500
Brooke, Peter 197, 498
Brown, George 274
Bro Morgannwg 27, 44
Brycheiniog, Sir 114, 154, 165, 193
Brynaman 71, 276, 386
Buckingham, Palas 294, 381, 435
Bush, Keith 289
Butlin, Billy 110
Bwrdd Glo Cenedlaethol (NCB) 108
Bwrdd Trydan i Gymru 118, 164
Byddin Rhyddid Cymru (FWA) 250, 265, 267, 273, 280, 283, 286–7, 294, 296–7

Cadet Corps 84
CADW 466
Caerdydd 12–4, 23, 37, 52, 56, 68, 71, 77, 109, 151, 153, 190–1, 193–4, 202, 213, 241, 258, 269, 297, 371, 384, 392, 428, 430, 448, 472, 476, 478, 480, 486, 489, 495, 497, 498, 500, 532
Caerffili 307, 328, 482
Caerfyrddin, Sir 16, 50, 63, 71, 75–6, 84, 87–8, 114, 136, 146, 150, 156, 162, 183, 205, 225, 228, 246–7, 250, 269–71, 275, 278, 280, 282, 285, 287, 294, 296, 302, 306, 313, 320, 323, 336, 340, 342–4, 353, 355, 357, 364, 366, 397, 401, 404, 406–8, 426, 452, 454, 457–8, 463–4, 471, 500, 507–8, 510, 520, 524, 529
Caergrawnt 289, 416, 419–20
Caergwrle Investments Limited 331
Caernarvon and Denbigh Herald 306, 368, 511
Caeshenkin 16
Cain, Frank 177, 265